广东统计年鉴

GUANGDONG STATISTICAL YEARBOOK

2010

（总第26期 No.26）

广东省统计局
国家统计局广东调查总队
Statistics Bureau of Guangdong Province
Guangdong Survey Office of National Bureau of Statistics

中国统计出版社
China Statistics Press

（京）新登字041号

图书在版编目（CIP）数据

广东统计年鉴. 2010 / 广东省统计局，国家统计局广东调查总队编.
—北京 ：中国统计出版社，2010.8
ISBN 978-7-5037-6021-1/C.2378

Ⅰ. ①广…
Ⅱ. ①广… ②国…
Ⅲ. ①统计资料—广东省—2010—年鉴
Ⅳ. ①C832.65-54

中国版本图书馆CIP数据核字(2010)第148827号

广东统计年鉴-2010

作　　者/ 广东省统计局　国家统计局广东调查总队
责任编辑/ 佘竞雄　刘金成
责任校对/ 马建强　孟贤宝
出版发行/ 中国统计出版社
通信地址/ 北京市西城区三里河月坛南街57号　中国统计出版社
邮　　编/ 100826
电　　话/ (010)63376907
E-mail / yearbook@gj.stats.cn
印　　刷/ 精一印刷深圳有限公司
经　　销/ 新华书店
开　　本/ 890×1240毫米　1/16
字　　数/ 150万字
印　　张/ 44.5印张
印　　数/ 1-4000册
版　　别/ 2010 年 8 月第 1 版
版　　次/ 2010 年 8 月第 1 次印刷
书　　号/ ISBN 978-7-5037-6021-1/C・2378
定　　价/ 350.00　元

2010

编者说明

《广东统计年鉴－2010》(下简称《年鉴》)系统收录了全省及各市、县（区）2009年经济、社会各方面的统计数据，以及1978年以来各个主要时期全省的一些主要统计数据，是一部全面反映广东国民经济和社会发展情况的资料性年刊。

本《年鉴》正文内容分为22个篇章，即：1.行政区划和自然资源；2.综合；3.国民经济核算；4.人口；5.从业人员和职工工资；6.固定资产投资；7.能源；8.财政、银行和保险；9.价格指数；10.人民生活；11.农业；12.工业；13.建筑业；14.运输和邮电；15.国内贸易；16.对外经济；17.旅游；18.教育、科技和文化；19.体育、卫生、社会福利、环保和其他；20.区域经济主要指标；21.城市主要经济指标；22.县（市）区主要经济指标。同时，附录有4个篇章：1.部分省(市)主要统计指标；2.中国香港特别行政区和中国澳门特别行政区主要统计资料；3.中国台湾省主要统计指标；4.部分国家和地区主要统计资料。

本《年鉴》在内容上主要做了如下修订：

1. 根据广东省第二次全国经济普查资料对部分专业2008年及相关年份的数据进行了调整，各相关栏目均已作具体说明。

2. 恢复了《国内贸易篇》限额以上批发和零售业、住宿和餐饮业统计资料。

3. 在《人民生活篇》中增加21个地级以上市城镇居民人均可支配收入和消费支出资料；《体育、卫生、社会福利、环保和其他篇》增加了各市环境保护基本情况资料。

4. 《综合篇》取消了重点企业集团资料。

本《年鉴》资料主要来自政府各级统计局、国家统计局调查总队的各种定期统计报表和抽样调查资料；部分资料来自中央部属单位和省属各主管部门。附录资料根据国家统计局有关资料整理。

资料中所使用的度量衡单位，除灌溉、播种面积照顾我国使用习惯继续用“亩”为单位外，其余均采用国际统一标准计量单位。

本《年鉴》中计算的平均每年增长速度，均用“水平法”。

本《年鉴》统计表中的符号使用说明：

“…”表示数据不足本表最小单位数；

“#”表示其中主要项；

“空格”表示该项统计指标数据不详或无该项数据；

“①”表示本表下有注解。

本《年鉴》在整理编辑过程中，得到省直有关部门和单位的大力支持，在此表示感谢!

EDITOR'S NOTES

Guangdong Statistical Yearbook 2010 (hereinafter referred to as the Yearbook) is an annual statistical publication, which reflects comprehensively the economic and social development of Guangdong Province. It covers data for 2009 and key statistical data in some historically important years since 1978 at the provincial level and the local levels of city, county and district.

The Yearbook contains twenty-two chapters: 1. Administrative Division and Natural Resources; 2. General Survey; 3. National Economic Accounts; 4. Population; 5. Employment and Wages; 6. Investment in Fixed Assets; 7. Energy; 8. Government Finance, Banking and Insurance; 9. Price Indices; 10. People's Living Conditions; 11. Agriculture; 12. Industry; 13. Construction; 14. Transport, Postal and Telecommunication Services; 15. Domestic Trade; 16. Foreign Trade and Economic Cooperation; 17. Tourism; 18. Education, Science, Technology and Culture; 19. Sports, Public Health, Social Welfare, Environmental Protection and Others; 20. Main Economic Indicators of Economic Regions; 21. Main Economic Indicators of Cities; 22. Main Economic Indicators of Counties (County-level Cities) and Districts. Meanwhile, four chapters are listed as appendices: 1. Main Statistical Indicators of Some Provinces and Municipalities; 2. Main Statistics of Hong Kong and Macao Special Administrative Regions; 3. Main Statistical Indicators of Taiwan Province; 4. Main Statistics of Some Countries and Territories.

The following revisions have been made in the Yearbook in terms of the statistical contents and in editing:

1. Data of 2008 and other relevant years in some areas have been adjusted in accordance with the second national economic census in Guangdong Province. Notes on such situations are given in relevant columns.

2. Data on enterprises of wholesale and retail trades, hotels and catering services above designated size have been resumed.

3. In the Chapter of People's Living Conditions, data on Per Capita Disposable Income and Per Capita Consumption Expenditure of Urban Households of 21 cities are added. In the Chapter of Sports, Health Care, Social Welfare, Environmental Protection and Others, data on basic conditions of environmental protection of each city are added.

4. In the Chapter of General Survey, data on key enterprises are omitted.

The data in the Yearbook are mainly obtained from regular statistical reports and sample surveys conducted by the statistical bureaus of all levels of government and the Survey Office of the National Bureau of Statistics in Guangdong. Some data are collected from the departments of the central government and the provincial government. Data in the appendices are compiled from statistical publications published by the National Bureau of Statistics and other sources.

The units of measurement used in The Yearbook are internationally standard measurement units, except that the unit of cultivated land and sown areas uses "mu" with regard to the Chinese tradition.

Horizontal approach is used to calculate the average annual growth rates in the Yearbook.

Notations used in the Yearbook:

" … " indicates that the figure is not large enough to be measured with the smallest unit in the table;

" # " indicates a major breakdown of the total;

" blank space " indicates that the data are unknown or are not available;

" ① " indicates footnotes at the end of the table.

Acknowledgements: Our gratitude goes to relevant departments and units under the provincial government, from which we have received tremendous support when compiling the Yearbook.

《广东统计年鉴—2010》
编委会和编辑出版人员

Guangdong Statistical Yearbook - 2010

EDITORIAL BOARD AND STAFF

目 录
CONTENTS

四、人口
Population

五、从业人员和职工工资
Employment and Wages

六、固定资产投资
Investment in Fixed Assets

七、能源
Energy

八、财政、银行和保险
Government Finance, Banking and Insurance

九、价格指数
Price Indices

十、人民生活
People's Livelihood

十一、农业
Agriculture

十二、工业
Industry

十三、建筑业
Construction

十四、运输和邮电
Transport, Postal and Telecommunication Services

十五、国内贸易
Domestic Trade

十六、对外经济
Foreign Economy

十七、旅游
Tourism

十八、教育、科技和文化
Education, Science & Technology and Culture

十九、体育、卫生、社会福利、环保和其他
Sports, Public Health, Social Welfare, Environmental Protection and Others

二十、区域主要经济指标
Major Economic Regions

二十一、城市主要经济指标
Cities

二十二、县（市）区主要经济指标
Counties and Districts Under City Administration

附录

Appendix

一、行政区划和自然资源

ADMINISTRATIVE DIVISIONS AND NATURAL RESOURCES

一　行政区划和自然资源

简要说明

一、本篇资料反映广东省行政区划、自然资源的开发和利用等情况。自然资源包括土地 、气候、森林、水利、矿产资源情况。

二、本篇资料由广东省统计局综合处负责整理、编辑。

三、资料来源：

行政区划资料由省民政厅提供；

矿产、土地资源资料由省国土资源厅提供；

海洋资料由省海洋与渔业局提供；

气象资料由省气象局提供；

森林资源资料由省林业局提供；

水利资料由省水利厅提供。

1 Administrative Divisions and Natural Resources

Brief Introduction

Ⅰ.This chapter covers the data on divisions of administrative areas, land area, natural conditions and the exploitation and utilization of the natural resources of Guangdong Province. Natural resources cover land, climate, forest, water conservancy and mineral resources.

Ⅱ.The data in this chapter are prepared and compiled by the Division of Comprehensive Statistics of Statistics Bureau of Guangdong Province

Ⅲ.The data resources come as follows:

The data on divisions of administrative areas are provided by the Civil Affairs Department of Guangdong Province.

The data on mineral and land resources are provided by the Land and Resources Department of Guangdong Province.

The data on ocean are provided by the Oceanic and Fishery Administration of Guangdong Province.

The data on meteorological phenomena are provided by the Meteorological Bureau of Guangdong Province.

The data on forest are provided by the Forestry Administration of Guangdong Province.

The data on water conservancy are provided by the Water Resources Department of Guangdong Province.

1-1 行政区划（2009年）

Divisions of Administrative Areas (2009)

单位：个 (unit)

市别	City	地级市 Number of Cities at Prefectural Level	县级市 Number of Cities at County Level	县 Number of Counties	自治县 Number of Autonomous Counties	市辖区 Number of Districts under the Jurisdiction of Cities	市辖镇 Number of Towns under the Jurisdiction of Cities	乡 Number of Townships	#民族乡 Ethnic Townships	街道 Number of Street Communities
全省合计	**Provincial Total**	**21**	**23**	**41**	**3**	**54**	**1137**	**11**	**7**	**436**
广 州	Guangzhou	1	2			10	34			131
深 圳	Shenzhen	1				6				57
珠 海	Zhuhai	1				3	15			8
汕 头	Shantou	1		1		6	32			37
佛 山	Foshan	1				5	21			12
韶 关	Shaoguan	1	2	4	1	3	93	1	1	9
河 源	Heyuan	1		5		1	94	1	1	4
梅 州	Meizhou	1	1	6		1	104			6
惠 州	Huizhou	1		3		2	52	1	1	16
汕 尾	Shanwei	1	1	2		1	42			10
东 莞	Dongguan	1					28			4
中 山	Zhongshan	1					18			6
江 门	Jiangmen	1	4			3	62			17
阳 江	Yangjiang	1	1	2		1	39			9
湛 江	Zhanjiang	1	3	2		4	85	2		34
茂 名	Maoming	1	3	1		2	87			22
肇 庆	Zhaoqing	1	2	4		2	95	1	1	12
清 远	Qingyuan	1	2	3	2	1	77	3	3	5
潮 州	Chaozhou	1		2		1	41			9
揭 阳	Jieyang	1	1	3		1	63	2		18
云 浮	Yunfu	1	1	3		1	55			10

注：本行政区划截止2009年底。
Note: The divisions of administrative areas reflect the status at the end of 2009.

1-2 自然资源（2009年）

Natural Resources (2009)

项　目		Item		2009
一、土地资源和海洋		Land Resources and Sea		
土地面积	（平方公里）	Total Land Area	(sq.km)	179812.7
耕　地	（万公顷）	Cultivated Land	(10000 hectares)	284.14
林　地	（万公顷）	Afforested Land	(10000 hectares)	1011.91
园　地	（万公顷）	Plantation	(10000 hectares)	100.11
牧草地	（万公顷）	Grass Land	(10000 hectares)	2.72
海域总面积	（万平方公里）	Total Area of Sea	(10000 sq.km)	41.9
海洋滩涂面积	（万公顷）	Sea Beach Area	(10000 hectares)	20.4
海岛面积	（平方公里）	Area of Islands	(sq.km)	1592.7
大陆海岸线长度	（公里）	Length of Continental Coastline	(km)	4114.3
岛屿岸线长度	（公里）	Length of Island Coastline	(km)	2428.7
岛屿个数	（个）	Number of Islands	(unit)	1431
二、气候		Climate		
年平均降雨量	（毫米）	Annual Average Precipitation	(mm)	1530.2
年平均气温	（摄氏度）	Annual Average Temperature	(℃)	22.2
年日照时数	（小时）	Annual Sunshine Hours	(hour)	1852.2
三、森林		Forest		
活立木蓄积量	（亿立方米）	Total Standing Stock Volume	(100 million cu.m)	4.18
森林覆盖率	（%）	Forest Coverage Rate	(%)	56.7
四、水力水产		Hydropower and Aquatic Products		
水力资源理论蕴藏量	（万千瓦）	Theoretical Hydropower Resources	(10000 kw)	1137.2
#可开发装机容量		Developable Resources		824.5
海水养殖可养面积	（万公顷）	Cultivatable Area in Marine Areas	(10000 hectares)	77.6
淡水可养面积	（万公顷）	Cultivatable Area in Freshwater Areas	(10000 hectares)	49.6
五、矿产		Mineral Resources		
煤保有资源储量	（万吨）	Ensured Reserve of Coal	(10000 tons)	63026.85
铁矿石保有资源储量	（万吨）	Ensured Reserve of Iron Ore	(10000 tons)	67956.54
硫铁矿保有资源储量	（万吨）	Ensured Reserve of Pyrite Ore	(10000 tons)	47995.46

注：1. 海岛面积、岛岸线长度、岛屿个数是1994年调查数据，大陆海岸线为2008年调查数据。
2. 海域总面积包括200海里专属经济区面积。
3、土地资源、矿产类数据为第二次土地调查结果和2008年土地变更调查的初步推算数据，未经国家审核、确认。

Notes: a) Data of the area of islands，length of island coastline and number of islands were obtained from surveys in 1994, while the length of continental coastline was obtained from surveys in 2008.
b) Total area of sea includes 200 sea miles of exclusive economic zone.
c) Data on land and mineral resources are based on the results of the second land and resources survey and the data of 2008 land-use change survey , and have not yet been examined or confirmed by national authorities.

1-3 各地区年平均气温

Average Temperature by Region

单位：摄氏度 (℃)

年份 Year	粤北 Northern Regions	粤东北 North Eastern Regions	粤西北 North Western Regions	粤东 Eastern Regions	粤中 Central Regions	粤西 Western Regions
1980	20.7	21.5	22.5	21.2	22.2	23.4
1985	20.2	20.9	22.0	21.1	21.6	22.6
1990	21.1	21.5	22.8	21.8	22.6	23.4
1995	20.0	20.0	22.2	21.6	22.3	23.0
1996	19.9	21.4	22.4	21.9	21.6	23.3
1997	20.4	21.3	22.7	22.1	22.0	23.7
1998	21.2	22.5	23.3	23.0	22.8	24.5
1999	20.8	21.9	22.7	22.6	22.5	24.0
2000	20.4	21.9	22.6	22.5	22.5	23.8
2001	20.5	22.0	22.5	22.7	22.6	23.8
2002	21.0	22.3	22.8	23.0	23.0	24.1
2003	20.9	21.9	22.9	22.6	23.0	24.4
2004	20.8	21.6	22.6	22.6	22.8	23.2
2005	20.5	21.6	22.5	22.3	22.8	23.0
2006	20.8	22.1	23.1	22.8	23.2	23.4
2007	21.2	22.0	23.0	22.9	23.2	23.2
2008	20.5	21.5	22.1	22.3	22.5	22.4
2009	20.6	22.3	22.9	22.6	23.0	23.3

1-4 各地区年降雨量

Annual Precipitation by Region

单位：毫米 (mm)

年份 Year	粤北 Northern Regions	粤东北 North Eastern Regions	粤西北 North Western Regions	粤东 Eastern Regions	粤中 Central Regions	粤西 Western Regions
1980	1459.4	1461.7	1586.1	1369.1	1492.2	2274.0
1985	1360.2	1607.8	1726.9	1481.3	1706.0	2411.3
1990	1436.6	1709.0	1284.8	2236.9	1239.5	1510.2
1995	1506.9	1171.0	1766.4	1512.2	1752.4	2082.9
1996	1633.1	1361.5	1693.1	1409.0	1683.4	1222.6
1997	2045.3	1847.5	1815.3	2040.9	1997.3	2344.3
1998	1862.3	1458.2	1737.5	1593.6	1736.1	1266.4
1999	1314.3	1033.8	1318.7	1517.4	1620.4	1392.6
2000	1565.8	1850.9	1318.2	1486.7	1798.9	1762.7
2001	1689.8	1560.3	1889.2	1947.9	2678.9	2314.5
2002	1814.9	1110.3	1480.9	1409.7	1866.7	2263.3
2003	1388.2	1415.2	1251.8	1406.6	1338.7	1372.4
2004	1156.3	1251.8	1034.7	1379.7	1636.5	1068.5
2005	1772.2	1647.3	1905.2	1631.3	1986.2	1387.3
2006	1782.8	2040.2	1727.0	2507.7	2175.7	1149.8
2007	1502.3	1399.2	1252.4	1482.2	1370.3	1620.8
2008	1553.1	1300.2	2221.0	2123.6	2284.0	1865.2
2009	1275.5	1246.7	1440.4	927.9	1472.6	1849.9

1-5 各地区年日照时数
Annual Sunshine Hours by Region

单位：小时 (hour)

年份 Year	粤北 Northern Regions	粤东北 North Eastern Regions	粤西北 North Western Regions	粤东 Eastern Regions	粤中 Central Regions	粤西 Western Regions
1980	1754.1	1811.1	1945.8	1989.2	1921.8	2036.5
1985	1701.6	1926.7	1613.3	1900.6	1406.0	1868.4
1990	1613.9	1893.1	1542.8	1921.3	1648.7	1877.4
1995	1420.6	1868.7	1704.6	2038.3	1559.6	1828.3
1996	1626.5	1965.7	1796.9	2094.8	1564.7	2042.3
1997	1349.1	1490.2	1454.9	1985.8	1209.8	1895.1
1998	1578.3	1689.6	1546.1	1917.5	1469.4	1994.0
1999	1564.0	1819.7	1699.0	2237.0	1599.5	2050.7
2000	1497.2	1672.6	1714.1	2126.3	1609.2	1855.3
2001	1613.0	1884.0	1559.2	2199.8	1651.0	1794.6
2002	1506.4	1813.2	1521.7	2266.6	1566.5	1783.8
2003	1821.1	2030.1	1762.6	2341.5	1741.6	2144.5
2004	1818.5	2117.1	1640.2	2433.5	1767.4	2024.7
2005	1491.2	1736.4	1345.6	1849.5	1288.5	1784.4
2006	1487.7	1779.4	1454.8	1843.5	1328.7	1664.3
2007	1736.3	1750.6	1722.4	1961.2	1616.0	1778.7
2008	1545.0	1853.1	1638.8	1852.1	1482.2	1864.4
2009	1852.9	1962.9	1531.8	2059.8	1671.8	1981.8

1-6 各市土地面积和人口密度
Land Area and Population Density by City

市别	City	土地面积(平方公里) Land Area (sq.km)	人口密度（人/平方公里） Population Density (persons/sq.km) 2000	2005	2006	2007	2008	2009
全省合计	**Provincial Total**	**179813**	**486**	**511**	**518**	**526**	**531**	**536**
广州	Guangzhou	7287	1337	1277	1312	1351	1370	1418
深圳	Shenzhen	1953	3596	4239	4334	4412	4490	4564
珠海	Zhuhai	1654	758	839	859	862	878	902
汕头	Shantou	2248	2263	2395	2408	2423	2449	2271
佛山	Foshan	3848	1400	1507	1522	1539	1547	1558
韶关	Shaoguan	18385	149	159	159	160	161	162
河源	Heyuan	15642	143	176	176	178	181	189
梅州	Meizhou	15876	240	259	259	258	259	261
惠州	Huizhou	11356	288	332	337	347	352	350
汕尾	Shanwei	4902	465	531	533	545	551	599
东莞	Dongguan	2472	2615	2662	2738	2818	2819	2569
中山	Zhongshan	1800	1313	1352	1385	1394	1395	1398
江门	Jiangmen	9541	414	430	431	432	434	440
阳江	Yangjiang	7965	278	297	299	302	303	301
湛江	Zhanjiang	13225	487	536	537	546	553	529
茂名	Maoming	11425	457	510	517	528	534	543
肇庆	Zhaoqing	14822	227	247	249	253	256	262
清远	Qingyuan	19153	164	188	189	191	195	200
潮州	Chaozhou	3100	780	810	815	822	828	830
揭阳	Jieyang	5266	999	1068	1075	1088	1095	1100
云浮	Yunfu	7779	277	301	301	305	307	313

注：1. 2000、2005年数据来源于2000年广东省第五次全国人口普查公报和广东省2005年全国1%人口抽样调查公报。其余年份的数据均为测算评估数。2009年人口密度按调整后的土地面积数据计算。

2. 土地面积为第二次土地调查结果和2008年土地变更调查的初步推算数据，未经国家审核、确认。

Note: a) Data of 2000 and 2005 are based on the Communique of the Fifth National Population Census in Guangdong in 2000 and the Communique of 1% National Population Sample Survey in 2005.Data of other years are all evaluation estimates.The population density of 2009 is calculated in accordance with the adjusted land area.

c) Data on land area are based on the results of the second land and resources survey and the data of 2008 land-use change survey, and have not yet been examined or confirmed by national authorities.

主要统计指标解释

行政区划　指国家对行政区域的划分。根据宪法规定，我国的行政区域划分如下: (1)全国分为省、自治区、直辖市;(2)省、自治区分为自治州、县、自治县、市; (3)自治州分为县、自治县、市; (4)县、自治县分为乡、民族乡、镇; (5)直辖市和较大的市分为区、县; (6)国家在必要时设立的特别行政区。

土地资源　土地指陆地的表层部分，它主要由岩石、岩石的风化物和土壤构成。土地资源按利用类型可以分为农用地、建筑用地和未利用地。农用地包括耕地、园地、林地、牧草地和水面。建筑用地包括居民点及工矿用地、交通用地和水利设施用地。未利用地指农用地和建筑用地以外的土地，包括滩涂、荒漠、戈壁、冰川和石山等。

耕地面积　指经过开垦用以种植农作物并经常进行耕耘的土地面积。包括种有作物的土地面积、休闲地、新开荒地和抛荒未满三年的土地面积。

林业用地面积　指生长乔木、竹类、灌木、沿海红树林等林木的土地面积，包括有林地、灌木林、疏林地、未成林造林地、迹地、苗圃等。

草地面积　指牧区和农区用于放牧牲畜或割草，植被盖度在 5% 以上的草原、草坡、草山等面积。包括天然的和人工种植或改良的草地面积。

森林资源　指森林、林木、林地以及依托森林、林木、林地生存的野生动物、植物和微生物。林木指树木和竹子。森林指以乔木为主体的植物群落，是集生的乔木及与共同作用的植物、动物、微生物和土壤、气候等的总体。

活立木总蓄积量　指一定范围内土地上全部树木蓄积的总量，包括森林蓄积、疏林蓄积、散生木蓄积和四旁树蓄积。

森林覆盖率　指一个国家或地区森林面积占土地总面积的百分比。森林覆盖率是反映森林资源的丰富程度和生态平衡状况的重要指标。在计算森林覆盖率时，森林面积包括郁闭度 0.2 以上的乔木林地面积和竹林地面积，国家特别规定的灌木林地面积、农田林网以及四旁(村旁、路旁、水旁、宅旁)林木的覆盖面积。计算公式为:

$$\text{森林覆盖率}(\%)=\frac{\text{森林面积}}{\text{土地总面积}}\times 100\%$$

森林面积　指由乔木树种构成，郁闭度 0.2 以上(含 0.2)的林地或冠幅宽度 10 米以上的林带的面积，即有林地面积。森林面积包括天然起源和人工起源的针叶林面积、阔叶林面积、针阔混交林面积和竹林面积，不包括灌木林地面积和疏林地面积。

森林蓄积量　指一定森林面积上存在着的林木树干部分的总材积。它是反映一个国家或地区森林资源总规模和水平的基本指标之一，也是反映森林资源的丰富程度、衡量森林生态环境优劣的重要依据。

水资源　水在自然界中以固体、液体和气态三种聚集状态存在，分布于海洋、陆地(包括土壤)以及大气之中，通过水循环形成水资源。水资源包括经人类控制并直接可供灌溉、发电、给水、航运、养殖等用途的地表水和地下水，以及江河、湖泊、井、泉、潮汐、港湾和养殖水域等。水资源是发展国民经济不可缺少的重要自然资源。

矿产资源　矿产指由地质作用形成，富集于地壳中或出露于地表达到工农业利用要求的有用矿物。矿产是一种重要的自然资源，是社会发展的重要物质基础。

矿产基础储量　基础储量是查明矿产资源的一部分。它能满足现行采矿和生产所需的指标要求，是控制的、探明的并通过可行性或预可行性研究认为属于经济的、边界经济的部分，用未扣除设计、采矿损失的数量表表示。

矿产保有资源储量　指查明的矿产资源储量（资源储量=基础储量+资源量）扣除已开采部分损失量和加减应勘查，重算或其它原因增减量而得出的年底实有资源储量。

Explanatory Notes on Main Statistical Indicators

Divisions of Administrative Areas refer to the divisions of administrative areas by the state. The Constitution of the People' s Republic of China stipulates the following principles for the divisions of administrative areas: 1)The whole country is divided into provinces, autonomous regions and municipalities directly under the central government; 2) Provinces and autonomous regions are divided into autonomous prefectures, counties, autonomous counties and cities; 3) Autonomous prefectures are divided into counties, autonomous counties and cities; 4) Counties and autonomous counties are divided into townships, ethnic townships and towns, 5) Municipalities under the central government and large cities are divided into districts and counties; 6) The state will, when necessary, establish special administrative regions.

Land Resource Land refers to the surface of the earth, consisting of mainly rocks and its weathering and earth. Land resource can be classified, by its utilization, as land for agriculture, land for construction and unused land. Land for agriculture includes cultivated land, plantation, forestland, grassland and waters. Land for construction includes land for residential purpose, for manufacturing and mining, for transportation and for water conservancy projects. Unused land refers to land other than land for agriculture and construction, including beaches, deserts, Gobi, glaciers and rock mountains.

Area of Cultivated Land refers to area of land reclaimed for the regular cultivation of various farm crops, including crop-cover land, fallow, newly reclaimed land and land laid idle for less than 3 years.

Area of Afforested Land refers to land for trees, bamboos, bushes and mangrove including forest-cover land, bush-covered land, sparse forest land, land planned for forestation, slash and nurseries of young trees.

Area of Grassland refers to areas of grassland, grass-slopes and grass-covered hills with a vegetation-covering rate of over 5% that are used for animal husbandry or harvesting of grass. It includes natural, cultivated and improved grassland areas.

Forest Resource refers to forests, trees, forestland and wild animals, plants and microorganism that live on forests and trees. Trees include trees and bamboos. Forest refers to the population of clusters of trees and other plants, animals and microorganism as well as the earth and climate that have interactions with the trees.

Total Standing Stock Volume refers to the total stock volume of trees growing in land, including trees in forests, tress in sparse forests, scattered trees and trees planted by the side of villages, farm houses and along roads and rivers.

Forest Coverage Rate refers to the ratio of area of afforested land to total land area. It is a very important indicator that reflects the status of abundance of forest resource and ecosystem balance. Forest area includes the area of trees and bamboo growing with a canopy density above 0.2, the area of shrubby trees according to regulations of the government, the area of forest land inside farm land and the area of trees planted by the side of villages, farm houses and along roads and rivers. The formula for calculating forest coverage rate is as follows:

Forest Coverage Rate (%) = (Area of Afforested Land/Area of Total Land) × 100%

Forest Area refers to wooded area, i.e. the area of forest where trees and bamboo grow with a canopy density above 0.2 (inclusive) or a crown width above 10 meters, including natural and planted coniferous forest, broad-leaved forest, mixed forest, and bamboo groves, but excluding shrubbery and open forest.

Stock Volume of Forest refers to total stock volume of wood growing in forest area, which shows the total size and level of forest resources of a country or a region. It is also an important indicator of the richness of forest resource and the status of forest ecological environment.

Water Resource Water exists in the nature in solid, liquid and gaseous states, is distributed in the ocean, land (including earth) and air, and constitutes water resource through circulation. Water resource includes surface water and underground water that is controlled by human beings for irrigation, power-generation, water supply, navigation and cultivation. It also includes rivers, lakes, wells, springs, tides, gulfs and water area for cultivation. Water resource as an indispensable natural resource for the development of national economy.

Mineral Resources refer to useful minerals that can be used for industrial or agricultural purposes enriched in lithosphere or on earth surface due to geological processes. Minerals are important natural resources and important material basis for social development.

Basic Reserves of Mineral Resources Basic reserves are part of total identified mineral resources that meet present mining and production standards, which is the part of reserve controlled, proven, and found to be of economic or marginal value through feasibility assessment or pre-feasibility study. Basic reserves are indicated as a figure including designing and mining loss.

Ensured Reserves of Mineral Resources refer to the actual reserves of mineral resources at the year-end, calculated as the proven reserves of mineral resources (Reserves of Mineral Resources = Basic Reserves + Resource) minus losses in previous extraction processes, plus or minus increases or losses due to exploration, recalculation or other reasons.

二、综合

GENERAL SURVEY

二 综合

简要说明

一、本篇资料反映广东经济、科技、社会等方面的规模、水平、速度、结构、比例、效益情况，并收录了基本单位统计及企业宏观经济景气相关指标。

二、本篇资料分别由广东省统计局综合处、法规处、普查中心和国家统计局广东调查总队整理提供。

三、综合统计资料是根据广东省统计局各专业统计年报资料以及国家统计局、广东省有关部门提供的统计资料加工整理而成。

四、基本单位资料中的产业活动单位按“在地”原则汇总。2008 年数据为 2008 年广东省第二次全国经济普查资料，部分指标与国家最后反馈的经济普查数据有少量出入，2008 年第一产业为含二三产业的多产业法人单位。

五、企业景气调查资料是国家统计局广东调查总队通过对全省约 2846 家涉及不同行业、不同规模的样本企业调查结果进行汇总整理而成。

2 General Survey

Brief Introduction

Ⅰ.The summary data in this chapter reflect the scale, level, speed, structure, proportion and efficiency of the national economy, science and technology and the social development of Guangdong Province, also covering statistics of basic units and related indicators on key enterprise groups and the macroeconomic climate of enterprises.

Ⅱ.The data are prepared and provided by the Division of Comprehensive Statistics, the Census Center of Statistics Bureau of Guangdong Province and the Survey Office in Guangdong of National Bureau of Statistics respectively.

Ⅲ.The summary data are processed and prepared on the basis of the annual reports of various specialized fields provided by Statistics Bureau of Guangdong Province and the statistics provided by the National Bureau of Statistics and some related departments of Guangdong Province.

Ⅳ. The data on basic industrial units are prepared on the principle of location. The data of 2008 are prepared in accordance with 2008 Guangdong National Economic Census, and some data may be slightly different from the data officially confirmed by the National Bureau of Statistics. Corporate units and industrial establishments of the primary industry in 2008 include multi-industrial units that incorporate the secondary and tertiary industries.

V. The data on business climate are calculated on the basis of survey results of 2,846 sample enterprises of various sizes in various sectors across the province mainly in accordance with the industrial statistical reporting scheme stipulated by the National Bureau of Statistics.

2-1 各部门机构数

Grassroots Units in Various Sectors

部　门		Sector		2000	2005	2008	2009
农村基层组织	**（个）**	**Rural Grassroots Units**	**(unit)**				
镇政府		Town Governments		1556	1145	1139	1137
乡政府		Township Governments		33	11	11	11
村民委员会		Villagers' Committees		22962	21825	22105	22148
乡镇企业	（万个）	Township Enterprises	(10000 units)	76.66	121.29	39.09	39.51
工业企业	**（个）**	**Industrial Enterprises**	**(unit)**	**380231**	**445657**	**585511**	**528691**
规模以上工业		Industrial Enterprises above Designated Size		19695	35157	52603	52217
#国有工业		State-owned		2383	1033	631	588
集体工业		Collective-owned		4158	1272	1024	878
建筑业企业	**（个）**	**Construction Enterprises**	**(unit)**	**4593**	**4182**	**4601**	**4508**
#国有企业		State-owned			704	519	499
批发零售和住宿餐饮企业法人单位数	**（万个）**	**Number of Corporate Units in Wholesale and Retail Trades, Accommodations and Catering Services**	**(10000 units)**		**11.38**		**18.90**
卫生事业	**（个）**	**Health Care**	**(unit)**		**16318**	**15821**	**16238**
#医院及卫生院		Hospitals and Health Centers			2428	2428	2442
社会福利事业单位数		Social Welfare Institutions			2070	2308	2524
教育事业		**Education**					
普通高等学校	（所）	Regular Institutions of Higher Education	(unit)	52	111	125	129
中等学校	（所）	Secondary Schools	(unit)	4808	5115	5169	5157
#普通中学		Regular Secondary Schools		3964	4282	4352	4342
小学	（万所）	Primary Schools	(10000 units)	2.42	2.12	1.93	1.85
幼儿园	（所）	Kindergartens	(unit)	12027	10359	10533	11018
艺术表演团体	（个）	Art Performance Troupes	(unit)	138	139	130	127
文化事业	（个）	Cultural Institutions	(unit)	2492	2132	2167	2370
文物事业	（个）	Cultural Relic Establishments	(unit)	133	209	204	201
广播电视	**（座）**	**Radio and Television**	**(unit)**				
广播电台		Radio Stations		106	22	22	22
电视台		Television Stations		67	24	24	24
县、市广播电视台		Radio and Television Stations in Counties and County-level Cities		83	78	79	79
科技活动机构数	**（个）**	**Number of Scientific and Technological Research Institutions**	**(unit)**	**2566**	**3181**	**4200**	
科学研究与技术开发机构		Scientific Research and Technological Development Institutions		445	197	187	
全日制普通高等学校		Full-time Regular Institutions of Higher Education		343	220	304	
大中型工业企业		Large and Medium-sized Industrial Enterprises		529	976	1678	
其他		Others		1249	1788	2031	

注：“乡镇企业”2007年起按新口径统计。

Note: Since 2007, data of township enterprises are calculated according to new statistical coverage.

2-2 国民经济和社会发展总量与速度指标

指 标	Item	1978	1990	1995
人口与就业	**Population and Employment**			
人口 （万人）	**Population (10000 persons)**			
年末常住人口	Permanent Population at the Year-end	5064.15	6347.19	7387.49
年末户籍总人口	Population with Residence Registration at the Year-end	5064.15	6246.32	6788.74
农业人口	Agricultural Population	4240.92	4769.01	4753.37
非农业人口	Non-agricultural Population	823.23	1477.31	2035.37
男性人口	Male	2586.68	3213.20	3501.19
女性人口	Female	2477.47	3033.12	3287.55
就业 （万人）	**Employment (10000 persons)**			
年末从业人员人数	Employed Persons at the Year-end	2275.95	3118.10	3551.20
#城镇从业人员	Employed Persons in Urban Areas	515.85	785.49	911.90
城镇登记失业人数	Number of Registered Unemployed Persons in Urban Areas			
宏观经济	**Macro Economy**			
国民经济核算 （亿元）	**National Accounting (100 million yuan)**			
地区生产总值	Gross Domestic Product	185.85	1559.03	5933.05
第一产业	Primary Industry	55.31	384.59	864.49
第二产业	Secondary Industry	86.62	615.86	2900.22
第三产业	Tertiary Industry	43.92	558.58	2168.34
人均地区生产总值 （元）	Per Capita Gross Domestic Product (yuan)	370	2484	8129
支出法地区生产总值 （亿元）	Gross Domestic Product by Expenditure Approach(100 million yuan)	194.14	1541.99	5933.05
#最终消费支出	Final Consumption Expenditures	130.02	938.48	3363.38
居民消费	Household Consumption Expenditures	111.46	807.84	2912.58
政府消费	Government Consumption Expenditures	18.56	130.64	450.80
资本形成总额	Gross Capital Formation	54.79	502.90	2394.79
固定资本形成总额	Gross Fixed Capital Formation	37.93	336.61	1819.17
存货增加	Changes in Inventories	16.86	166.29	575.62
固定资产投资 （亿元）	**Investment in Fixed Assets (100 million yuan)**			
全社会固定资产投资总额	Total Investment in Fixed Assets	27.23	381.47	2327.22
城镇	Urban	20.51	309.86	1935.97
#房地产开发	Real Estate Development		32.70	563.89
农村	Rural	6.72	71.61	391.25
财政 （亿元）	**Government Finance (100 million yuan)**			
地方财政一般预算收入	Local Government Budgetary Revenue	41.82	131.02	382.34
地方财政一般预算支出	Local Government Budgetary Expenditure	28.70	150.69	525.63
物价总指数 （上年=100）	**Price Indices (preceding year=100)**			
商品零售价格指数	Retail Price Index	100.4	95.6	111.6
居民消费价格指数	Consumer Price Index	100.3	97.5	114.0
工业品出厂价格指数	Producer Price Indices for Manufactured Goods			
原材料、燃料、动力购进价格指数	Purchasing Price Indices of Raw Material, Fuel and Power			
固定资产投资价格指数	Investment in Fixed Assets Price Indices			
能源生产与消费 （万吨标准煤）	**Production and Consumption of Energy (10000 tons of SCE)**			
能源生产总量	Total Energy Production		1006.24	2622.53
能源消费总量	Total Energy Consumption		4044.28	7344.82

Principal Aggregate Indicators on National Economic and Social Development and Growth Rates

2000	2005	2008	2009	速度指标(%) Indices and Growth Rates (%)								
				指数(2009为以下各年) Index (2009 as percentage of the following years)					平均增长速度 Average Annual Growth Rate			
				1978	1990	1995	2000	2008	1979-2009	1991-2009	1996-2009	2001-2009
8650.03	9194.00	9544.00	9638.00	190.3	151.8	130.5	111.4	101.0	2.1	2.2	1.9	1.2
7498.54	7899.64	8267.09	8365.98	165.2	133.9	123.2	111.6	101.2	1.6	1.5	1.5	1.2
5160.26	3792.32	3950.53	3990.01					101.0				
2338.29	4082.06	4297.78	4358.05					101.4				
3871.13	4080.74	4263.24	4309.11	166.6	134.1	123.1	111.3	101.1	1.7	1.6	1.5	1.2
3627.41	3818.90	4003.85	4056.87	163.8	133.8	123.4	111.8	101.3	1.6	1.5	1.5	1.3
3989.32	5022.97	5553.67	5652.39	248.4	181.3	159.2	141.7	101.8	3.0	3.2	3.4	3.9
759.21	904.27	1007.87	1055.03				139.0	104.7				3.7
	34.49	38.07	39.51					103.8				
10741.25	22557.37	36796.71	39482.56	5173.4	1227.1	502.0	298.3	109.7	13.6	14.1	12.2	12.9
986.32	1428.27	1973.05	2010.27	518.9	209.7	169.1	139.6	104.9	5.5	4.0	3.8	3.8
4999.51	11356.60	18502.20	19419.70	10457.0	2053.0	611.9	345.7	109.2	16.2	17.2	13.8	14.8
4755.42	9772.50	16321.46	18052.59	6446.7	1092.4	485.0	282.8	110.8	14.4	13.4	11.9	12.2
12736	24647	38748	41166	2711.6	803.0	382.0	262.3	108.6	11.2	11.6	10.0	11.3
10741.25	22557.37	36796.71	39482.56									
5714.46	11450.96	16848.93	18584.03									
4474.11	8968.54	13246.53	14665.92									
1240.35	2482.42	3602.40	3918.11									
3850.81	8239.73	12257.79	14948.95									
3093.82	7418.23	11471.36	14025.09									
756.99	821.50	786.43	923.86									
3233.70	7164.11	11165.06	13353.15	49038.4	3500.4	573.8	412.9	119.6	22.1	20.6	13.3	17.1
2710.57	6038.77	8789.19	10395.03	50682.7	3354.8	536.9	383.5	118.3	22.3	20.3	12.8	16.1
858.61	1591.90	2932.34	2961.32		9056.0	525.2	344.9	101.0		26.8	12.6	14.7
523.13	1125.34	2375.87	2958.12	44019.6	4130.9	756.1	565.5	124.5	21.7	21.6	15.5	21.2
910.56	1807.20	3310.32	3649.81					110.3				
1069.86	2289.07	3778.57	4334.37	15102.3	2876.3	824.6	405.1	114.7	17.6	19.3	16.3	16.8
99.9	101.8	106.0	96.8	457.1	179.4	107.4	109.7	96.8	5.0	3.1	0.5	1.0
101.4	102.3	105.6	97.7		220.7	120.5	113.0	97.7		4.3	1.3	1.4
103.4	101.5	103.1	95.8				99.0	95.8				-0.1
110.9	105.0	107.9	93.8				124.9	93.8				2.5
	101.6	108.6	96.7				119.5	96.7				2.0
3711.69	4758.79	4678.14	4391.84		436.5	167.5	118.3	99.5		8.1	3.8	1.9
9447.70	17920.98	23476.17	24653.69		606.7	335.6	260.9	106.9		10.0	9.0	11.2

2-2 续表 1

指 标	Item	1978	1990	1995
产业	**Industry**			
农业	**Agriculture**			
农林牧渔业总产值 (亿元)	Gross Output Value of Farming, Forestry, Animal Husbandry and Fishery (100 million yuan)	85.94	600.71	1445.48
主要农产品产量 (万吨)	Output of Major Farm Products (10000 tons)			
粮食	Grain	1509.51	1896.39	1803.33
油料	Oil-bearing Crops	36.04	58.93	71.02
糖蔗	Sugarcane	835.42	2093.46	1472.21
茶叶	Tea	0.90	2.59	3.96
水果	Fruits	29.40	328.58	414.51
肉类	Meat	48.45	202.45	305.06
水产品	Aquatic Products	65.50	207.66	354.34
工业	**Industry**			
全部工业总产值 (亿元)	Gross Industrial Output Value (100 million yuan)	206.56	1902.25	8849.90
主要工业产品产量	Output of Major Industrial Products			
布 (亿米)	Cloth (100 million m)	2.27	4.59	11.65
机制纸及纸板 (万吨)	Machine-made Paper and Paperboard (10000 tons)	27.47	104.13	288.10
成品糖 (万吨)	Sugar (10000 tons)	96.15	184.50	107.22
家用电冰箱 (万台)	Household Refrigerators (10000 sets)		105.75	213.23
家用洗衣机 (万台)	Household Washing Machines (10000 sets)		143.01	187.51
彩色电视机 (万台)	Color Television Sets (10000 sets)		262.37	763.92
照相机 (万架)	Cameras (10000 sets)		99.30	3277.71
原油 (万吨)	Crude Oil (10000 tons)	10.22	49.05	650.97
发电量 (亿千瓦时)	Electricity (100 million kwh)	92.32	343.98	821.06
粗钢 (万吨)	Raw Steel (10000 tons)	35.84	116.96	207.44
成品钢材 (万吨)	Steel Products (10000 tons)	43.67	133.74	247.26
水泥 (万吨)	Cement (10000 tons)	369.08	2070.91	5317.92
规模以上工业企业主要指标	Main Indicators of Industrial Enterprises above Designated Size			
工业总产值 (亿元)	Gross Industrial Output Value (100 million yuan)	180.73	1605.80	6502.97
工业增加值 (亿元)	Value-added of Industry (101 million yuan)			
资产总计 (亿元)	Total Assets (100 million yuan)			
主营业务收入 (亿元)	Main Business Revenue (100 million yuan)		1287.91	6195.84
利润和税金总额 (亿元)	Pre-tax Profits (100 million yuan)	32.91	121.50	441.40
建筑业	**Construction**			
建筑业企业年末从业人员(万人)	Number of Employed Persons in Construction Enterprises at the Year-end (10000 persons)	14.78	67.22	135.56
建筑业总产值(当年价) (亿元)	Gross Output Value (at current prices) (100 million yuan)	5.47	113.40	635.83
施工房屋建筑面积 (万平方米)	Floor Space of Buildings under Construction (10000 sq.m)			
竣工房屋建筑面积 (万平方米)	Floor Space of Buildings Completed (10000 sq.m)			
交通运输	**Transportation**			
货运量 (万吨)	Freight Traffic (10000 tons)	15204	85809	111063
铁路	Railways	3206	4803	7634
公路	Highways	3967	63709	68884
水运	Waterways	7887	16198	32952
管道	Pipelines	143	1091	1572
民航	Civil Aviation	1	8	21
客运量 (万人)	Passenger Traffic (10000 persons)	15906	78046	130998
铁路	Railways	2410	4467	6283
公路	Highways	10897	70681	118406
水运	Civil Aviation	2546	2428	5146
民航	Civil Aviation	53	470	1163
沿海主要港口货物吞吐量(万吨)	Volume of Freight Handled at Major Coastal Ports (10000 tons)	2786	6895	11904

2-2 1 continued

2000	2005	2008	2009	指数(2009为以下各年) Index (2008 as percentage of the following years)					平均增长速度 Average Annual Growth Rate			
				1978	1990	1995	2000	2008	1979-2009	1991-2009	1996-2009	2001-2009
1701.18	2447.57	3298.01	3337.59	562.6	245.8	185.9	144.5	105.0	5.7	4.8	4.5	4.2
1822.33	1394.97	1243.44	1314.50	87.1	69.3	72.9	72.1	105.7	-0.4	-1.9	-2.2	-3.6
78.78	77.01	81.58	84.64	234.9	143.6	119.2	107.4	103.8	2.8	1.9	1.3	0.8
1137.59	946.02	1079.30	1116.11	133.6	53.3	75.8	98.1	103.4	0.9	-3.3	-2.0	-0.2
4.21	4.45	4.84	5.14	571.2	198.5	129.8	122.1	106.2	5.8	3.7	1.9	2.2
643.52	831.69	983.49	1061.89	3611.9	323.2	256.2	165.0	108.0	12.3	6.4	7.0	5.7
324.48	384.31	411.96	426.99	881.3	210.9	140.0	131.6	103.6	7.3	4.0	2.4	3.1
593.19	695.23	680.41	702.81	1073.0	338.4	198.3	118.5	103.3	8.0	6.6	5.0	1.9
16904.47	41661.74	74414.31	75886.62	29405.4	4158.6	1020.7	461.1	106.4	20.1	21.7	18.0	18.5
16.99	24.82	29.94	29.11					94.9				
260.30	690.61	1153.97	1315.53					114.0				
91.30	119.43	128.06	121.09					92.0				
320.70	601.51	803.39	1058.47					125.7				
244.18	266.41	317.22	338.80					106.8				
1531.53	4089.62	4085.77	4092.79					103.0				
3545.88	4726.47	4338.77	3556.43					81.5				
1393.17	1470.03	1374.52	1345.14					97.9				
1292.69	2163.36	2662.88	2666.40					101.3				
286.99	757.07	1066.73	1111.56					103.9				
406.28	1365.77	2040.34	2285.51					115.6				
5872.00	8031.74	9484.35	10028.93					109.6				
12480.93	35942.74	65424.61	68275.77	27430.4	4302.1	1206.2	576.6	108.9	19.9	21.9	19.5	21.5
3422.60	9416.39	17612.94	18235.21				505.9	108.9				19.7
		45750.15	50321.88					110.0				
12380.65	34781.58	63371.65	66117.81					104.3				
1042.77	2877.81	6136.69	6793.59					110.7				
141.46	166.78	172.54	179.34	1213.4	266.8	132.3	126.8	103.9	8.4	5.3	2.0	2.7
944.61	2200.58	3282.55	3826.83	69960.3	3374.6	601.9	378.3	116.6	23.5	20.3	13.7	16.8
16333.82	26886.00	30295.65	30126.96				184.4	99.4				7.0
13492.94	17053.80	18056.12	18736.95				138.9	103.8				3.7
119216	133992	176279	179722	1182.1	209.4	161.8	150.8	117.3	8.3	4.0	3.5	4.7
15172	18647	11545	11253	351.0	234.3	147.4	74.2	97.5	4.1	4.6	2.8	-3.3
75365	84861	126068	125433	3161.9	196.9	182.1	166.4	123.7	11.8	3.6	4.4	5.8
25696	26422	32318	36623	464.3	226.1	111.1	142.5	107.9	5.1	4.4	0.8	4.0
2952	3989	6263	6322	4421.0	579.5	402.2	214.2	100.9	13.0	9.7	10.5	8.8
31	73	85	90	9000.0	1125.0	428.6	290.3	105.9	15.6	13.6	11.0	12.6
164791	161357	238375	428705	2695.2	549.3	327.3	260.2	88.5	11.2	9.4	8.8	11.2
12165	16106	13739	13394	555.8	299.8	213.2	110.1	97.5	5.7	5.9	5.6	1.1
148945	139158	216902	406704	3732.3	575.4	343.5	273.1	87.8	12.4	9.6	9.2	11.8
2363	2038	1902	1873	73.6	77.1	36.4	79.3	117.6	-1.0	-1.4	-7.0	-2.5
1318	4055	5832	6734	12705.7	1432.8	579.0	510.9	115.5	16.9	15.0	13.4	19.9
18674	48743	69036	70700	2537.7	1025.4	593.9	378.6	102.4	11.0	13.0	13.6	15.9

2-2 续表 2

指　　标		Item		1978	1990	1995
邮电通信业		**Postal and Telecommunication Services**				
邮电业务总量	(亿元)	Total Business Volume	(100 million yuan)	1.59	26.30	204.93
函件	(亿件)	Number of Letters Delivered	(100 million pieces)		4.72	9.85
报刊累计数	(亿份)	Accumulated Number of Newspapers and Magazines Distributed	(100 million copies)		11.63	15.59
本地交换设备容量	(万门)	Capacity of Local Office Telephone Exchanges	(10000 gates)	21.10	180.70	1007.10
本地电话用户	(万户)	Number of Subscribers of Local Telephones	(10000 subscribers)		113.00	591.00
#城市		Urban Areas			72.00	361.00
移动电话用户	(万户)	Number of Subscribers of Mobile Telephones	(10000 subscribers)		1.11	98.78
国际互联网用户	(万户)	Number of Internet Subscribers	(10000 subscribers)			
国内贸易		**Domestic Trade**				
社会消费品零售额	(亿元)	Total Retail Sales of Consumer Goods	(100 million yuan)	79.86	667.36	2478.35
对外贸易		**Foreign Trade**				
海关进出口总额	(亿美元)	Total Exports and Imports	(USD 100 million)		418.98	1039.72
进口额		Imports			196.77	473.80
出口额		Exports			222.21	565.92
利用外资	**(亿美元)**	**Foreign Capital Utilized**	**(USD 100 million)**			
协议外商直接投资		Contracted Foreign Direct Investment			26.89	248.32
实际利用外商直接投资		Foreign Direct Investment Actually Utilized			14.60	101.80
国际旅游		**International Tourism**				
国际游客入境人数	(万人次)	Number of International Visitor Arrivals	(10000 person-times)	169.91	2527.54	3615.03
国际旅游外汇收入	(亿美元)	Foreign Exchange Earnings from International Tourism	(USD 100 million)		7.17	23.94
金融保险		**Banking and Insurance**				
中资金融机构人民币存款余额	(亿元)	RMB Deposits of Domestic-funded Financial Institutions	(100 million yuan)			7090.48
中资金融机构人民币贷款余额	(亿元)	Loans in Renminbi in Domestic-funded Financial Institutions	(100 million yuan)			5495.69
保费收入	(亿元)	Premium Income	(100 million yuan)		18.05	67.93
教育、科技、文化		**Education, Science and Technology and Culture**				
教育		**Education**				
专任教师数	(万人)	Full-time Teachers	(10000 persons)			
普通高等学校		Institutions of Higher Education		0.90	1.57	1.66
中等学校		Secondary Schools		15.93	16.33	21.38
小学		Primary Schools		26.09	27.73	32.14
在校学生数	(万人)	Students Enrollment	(10000 persons)			
普通高等学校		Institutions of Higher Education		3.07	9.59	15.18
中等学校		Secondary Schools		316.96	284.52	417.23
小学		Primary Schools		743.02	747.29	883.19
国家财政用于教育支出	(亿元)	Government Expenditures on Education	(100 million yuan)		21.34	84.56
科技		**Science and Technology**				
从事科技活动人员	(人)	Number of Persons Engaged in Science and Technology	(person)		84576	105469
科技活动经费使用总额	(万元)	Expenditures on Scientific and Technological Activities			128238	398192
研究与试验发展经费支出	(亿元)	Expenditures on R&D				
技术合同金额	(万元)	Amount of Technological Contracts	(10000 yuan)		20262	125972
文化		**Culture**				
出版数量		Number of Publications				
图书	(亿册)	Number of Books Published	(100 million copies)	1.72	2.81	3.69
杂志	(万册)	Number of Magazines Issued	(10000 copies)	1519	11325	22740
报纸	(亿份)	Number of Newspapers Issued	(100 million copies)	3.19	13.81	22.64

2-2 2 continued

2000	2005	2008	2009	指数(2009为以下各年) Index (2009 as percentage of the following years)					平均增长速度 Average Annual Growth Rate			
				1978	1990	1995	2000	2008	1979-2009	1991-2009	1996-2009	2001-2009
602.31	2121.94	3564.85	3938.15				653.8	110.5				23.2
10.66	9.13	8.42	8.01		169.7	81.3	75.1	95.1		2.8	-1.5	-3.1
10.78	11.30	10.18	9.27		79.7	59.5	86.0	91.1		-1.2	-3.6	-1.7
1939.45	4616.57	5395.27	5490.03	26019.1	3038.2	545.1	283.1	101.8	19.6	19.7	12.9	12.3
1414.94	3442.53	3573.32	3366.63		2979.3	569.6	237.9	94.2		19.6	13.2	10.1
916.03	2700.89	2764.46	2554.92		3548.5	707.7	278.9	92.4		20.7	15.0	12.1
1357.26	6406.61	8395.24	8938.85		805301.8	9049.3	658.6	106.5		60.5	38.0	23.3
216.41	1006.36	1031.92	1123.43				519.1	108.9				20.1
4379.81	7915.51	12986.60	14891.78	18647.4	2231.4	600.9	340.0	114.7	18.4	17.8	13.7	14.6
1701.06	4280.02	6834.92	6111.18		1458.6	587.8	359.3	89.2		15.1	13.5	15.3
781.87	1898.31	2793.04	2521.62		1281.5	532.2	322.5	90.3		14.4	12.7	13.9
919.19	2381.71	4041.88	3589.56		1615.4	634.3	390.5	88.5		15.8	14.1	16.3
86.84	237.44	286.40	175.58		653.0	70.7	202.2	61.3		10.4	-2.4	8.1
122.37	123.64	191.67	195.35					101.9				
6729.18	9579.12	10323.47	10232.09	6022.1	404.8	283.0	152.1	99.1	14.1	7.6	7.7	4.8
41.12	63.97	91.78	100.28		1398.6	418.9	243.9	109.3		14.9	10.8	10.4
16908.26	35783.57	53591.06	66766.49			941.6	394.9	124.6			17.4	16.5
11716.93	20745.27	30224.01	38893.06			707.7	331.9	128.7			15.0	14.3
191.88	499.24	1124.99	1231.16		6820.8	1812.4	641.6	109.4		24.9	23.0	22.9
2.04	5.43	6.92	7.39	821.1	470.7	445.2	362.3	106.8	7.0	8.5	11.3	15.4
27.24	35.13	41.20	43.49	273.0	266.3	203.4	159.7	105.6	3.3	5.3	5.2	5.3
36.41	40.38	41.66	41.83	160.3	150.8	130.1	114.9	100.4	1.5	2.2	1.9	1.6
29.95	87.47	121.64	133.41	4345.6	1391.1	878.9	445.4	109.7	12.9	14.9	16.8	18.1
541.72	715.52	833.24	880.68	277.9	309.5	211.1	162.6	105.7	3.4	6.1	5.5	5.5
929.93	1067.03	956.47	887.65	119.5	118.8	100.5	95.5	92.8	0.6	0.9	0.0	-0.5
144.39	329.21	703.32	803.20		3763.8	949.9	556.3	114.2		21.0	17.4	21.0
222073	354488	531887										
2146502	4563599	8446464										
482104	1124740	1847743	2479289		12236.2	1968.1	514.3	134.2		28.8	23.7	20.0
2.70	2.26	2.81	2.31	134.3	82.2	62.6	85.6	82.2	1.0	-1.0	-3.3	-1.7
26299	20371	24608	22594	1487.4	199.5	99.4	85.9	91.8	9.1	3.7	0.0	-1.7
34.63	39.82	43.94	45.58	1428.8	330.1	201.3	131.6	103.7	9.0	6.5	5.1	3.1

2-2 续表 3

指 标	Item	1978	1990	1995
家庭、生活、环境	**Family, People's Livelihood and Environment**			
家庭	**Family**			
城镇居民平均每户家庭人口 (人)	Average Household Size in Urban Areas (person)	4.84	3.85	3.58
农村居民平均每户家庭人口 (人)	Average Household Size in Rural Areas (person)	5.99	5.65	5.36
婚姻	**Marriages and Divorces**			
结婚数 (万对)	Number of Marriages (10000 couples)		50.66	59.67
离婚数 (万对)	Number of Divorces (10000 couples)		2.58	3.42
居住	**Residence**			
城镇居民人均住房使用面积(平方米)	Per Capita Floor Space of Urban Residents (sq.m)	5.47	15.77	21.03
农村居民人均居住面积 (平方米)	Per Capita Floor Space of Rural Residents (sq.m)	8.73	17.39	20.83
生活	**People's Livelihood**			
城镇居民人均可支配收入 (元)	Per Capita Disposable Income of Urban Residents(yuan)	412.13	2303.15	7438.68
农村居民人均纯收入 (元)	Per Capita Net Income of Rural Residents (yuan)	193.25	1043.03	2699.24
城乡居民储蓄存款余额 (亿元)	Savings Deposits by Urban and Rural Residents (100 million yuan)	17.56	752.16	3884.66
工资	**Wages**			
单位从业人员劳动报酬 (亿元)	Earnings of Employed Persons in Urban Areas (100 million yuan)	30.59	223.29	734.14
单位从业人员平均劳动报酬 (元)	Average Earnings of Employed Persons in Urban Areas (yuan)	615	2929	8250
卫生	**Health Care**			
医院、卫生院 (个)	Number of Hospitals (unit)	1968	1885	2267
执业(助理)医师 (万人)	Number of Doctors (10000 persons)	4.79	8.11	9.89
医院、卫生院床位数 (万张)	Number of Hospital Beds (10000 units)	8.41	11.41	13.78
环境、灾害	**Environment and Disaster**			
企事业单位污染治理资金 (万元)	Funds Used for Pollution Treatment by Enterprises and Institutions (10000 yuan)		18331	30007
环保投资占GDP比重 (%)	Percentage of Expenditure on Environmental Protection in GDP (%)		0.37	0.64
火灾发生数 (起)	Number of Fire Disasters (time)		1725	1254
火灾损失 (万元)	Fire Loss (10000 yuan)		9102	17419
交通事故发生数 (起)	Number of Traffic Accidents (time)		25909	42115
交通事故损失 (万元)	Loss of Traffic Accidents (10000 yuan)		5044	28700

注：1. 2003年起职工改为单位从业人员，2000年数据作了相应调整。
2. 农业、工业总产值绝对数按当年价格计算，增长速度按可比价计算。
3. 工业指标(全部工业总产值除外)统计范围为规模以上工业企业(即年主营业务收入500万元以上的法人工业企业，2000-2006年为全部国有工业企业及年主营业务收入500万元以上的非国有工业企业)。规模以上工业总产值1995年及以前为乡及乡以上工业。
4. 2000年起粮食产量为抽样调查数据。
5. 1994年起财政收入按税改新口经统计(即不含中央返还部分)。
6. 邮电业务总量2000年起按2000年不变价计算,1995年以前按1990年不变价计算。
7. 1986年以前中等学校不含成人中专数据。
8. 城乡居民储蓄存款余额为中资金融机构人民币储蓄存款。
9. 2005年起,客运量和货运量中的公路和水路运输开始使用广东省交通厅提供数据。2009年客、货运输量中，公路和水路运输量统计改用新调查方法，数据与往年不可比，本表客、货运输量增长速度按可比口径计算。

2-2 3 continued

2000	2005	2008	2009	指数(2009为以下各年) Index(2009 as percentage of the following years)					平均增长速度 Average Annual Growth Rate			
				1978	1990	1995	2000	2008	1979-2009	1991-2009	1996-2009	2001-2009
3.57	3.27	3.27	3.25	67.1	84.4	90.8	91.0	99.4	-1.3	-0.9	-0.7	-1.0
5.15	5.00	5.00	4.99	83.3	88.3	93.1	96.9	99.8	-0.6	-0.7	-0.5	-0.4
56.21	58.94	79.64	86.49		170.7	144.9	153.9	108.6		2.9	2.7	4.9
4.75	8.09	8.22	9.41		364.7	275.1	198.1	114.5		7.0	7.5	7.9
24.60	25.71	32.95	33.86	619.0	214.7	161.0	137.6	102.8	6.1	4.1	3.5	3.6
22.42	25.71	27.89	28.70	328.8	165.0	137.8	128.0	102.9	3.9	2.7	2.3	2.8
9761.57	14769.94	19732.86	21574.72	5234.9	936.7	290.0	221.0	109.3	13.6	12.5	7.9	9.2
3654.48	4690.49	6399.77	6906.93	3574.1	662.2	255.9	189.0	107.9	12.2	10.5	6.9	7.3
8667.29	19051.35	27417.52	31345.78	178506.7	4167.4	806.9	361.7	114.3	27.3	21.7	16.1	15.4
1057.57	2143.29	3380.75	3800.52				359.4	112.4				15.3
13859	24122	33282	36469				263.1	109.6				11.3
2426	2428	2428	2442	124.1	129.5	107.7	100.7	100.6	0.7	1.4	0.5	0.1
11.12	11.80	14.43	15.57	325.1	192.0	157.4	140.0	107.9	3.9	3.5	3.3	3.8
15.72	19.26	23.16	25.04	297.7	219.5	181.7	159.3	108.1	3.6	4.2	4.4	5.3
167707	370384	403276	227464		1240.9	758.0	135.6	56.4		14.2	15.6	3.4
1.96	2.50		2.02		545.9	315.6	103.1			9.3	8.6	0.3
8622	3176	4876	4548		263.7	362.7	52.7	93.3		5.2	9.6	-6.9
10065	7629	11491	12608		138.5	72.4	125.3	109.7		1.7	-2.3	2.5
66072	67756	39389	31392		121.2	74.5	47.5	79.7		1.0	-2.1	-7.9
27526	20883	10014	8360		165.7	29.1	30.4	83.5		2.7	-8.4	-12.4

Notes: a) The number of staff and workers has been recoded as employed persons in units since 2003.The data of 2000 have been adjusted accordingly

b) Figures in value terms on gross output value of agriculture and industry are calculated at current prices , whereas their growth rates are calculated at constant prices.

c) The statistical coverage of the industrial indicators (excluding the gross output value of industry) refers to the industrial enterprises above designated size, i.e. legal person industrial enterprises with annual main business revenue over 5 million yuan. The industrial indicators from 2000 to 2006 covered all state-owned industrial enterprises and non-state-owned industrial enterprises with annual main business revenue over 5 million yuan. Prior to 1995 (inclusive), the gross output value of industry above designated size covered industrial enterprisesat or above township level.

d) Figures of output of grain have been obtained from sample surveys since 2000.

e) Figures of government revenues since 1994 are calculated according to new standards stipulated in the tax reform (excluding revenues refunded by the central government).

f) Since 2000, the total business volumes of postal and telecommunication services have been calculated at 2000 constant prices, whereas the figures before 1995 were calculated at 1990 constant prices.

g) Before 1986, the figures of secondary schools excluded those of specialized secondary schools for adults.

h) Savings deposits by urban and rural residents are savings deposits in Renminbi in domestic-funded financial institutions.

i) Figures of passenger and freight traffic through highways and waterways since 2005 are provided by Guangdong Provincial Department of Communications. The figures of passenger and freight traffic through highways and waterways of 2009 are calculated in accordance with new survey method, hence the data is not comparable with those of the previous years. The growth rate of passenger and freight traffic is calculated at comparable coverage.

2-3 国民经济和社会发展结构指标
Composition Indicators of National Economic and Social Development

单位：% (%)

指　标	Item	2000	2005	2008	2009
人口与就业	**Population and Employment**				
人口	**Population**				
城乡结构(户籍人口)	Urban and Rural Composition(by residential population)				
非农业	Non-agriculture	31.2	51.7	52.0	52.1
农业	Agriculture	68.8	48.0	47.8	47.7
性别结构(户籍人口)	Sexual Composition(by residential population)				
男	Male	51.6	51.7	51.6	51.5
女	Female	48.4	48.3	48.4	48.5
就业	**Employment**				
产业结构	Industrial Structure				
第一产业	Primary Industry	40.0	32.1	28.8	28.1
第二产业	Secondary Industry	27.9	38.1	39.0	39.1
第三产业	Tertiary Industry	32.1	29.8	32.2	32.8
按登记注册类型分组	Grouped by Status of Registration				
国有单位	State-owned Units	11.8	7.6	7.1	6.9
集体单位	Collective-owned Units	59.4	40.6	35.6	34.5
股份合作单位	Share-holding Cooperative Units	0.3	0.4	0.4	0.4
联营单位	Joint Ownership Units	0.2	0.3	0.4	0.3
有限责任公司	Limited Liability Corporations	1.0	4.1	4.7	5.0
股份有限公司	Share-holding Corporations Ltd.	0.7	1.0	1.3	1.3
外商投资单位	Units with Foreign Investment	1.1	4.3	4.7	4.7
港澳台投资单位	Units with Investment from Hong Kong，Macao and Taiwan	2.6	12.0	12.1	11.6
私营企业	Private Enterprises	5.5	13.3	15.6	16.5
个体经济	Individual Economy	7.7	14.6	16.5	17.4
宏观经济	**Macro Economy**				
国民经济核算	**National Accounts**				
地区生产总值产业结构	Industrial Structure of Gross Domestic Product				
第一产业	Primary Industry	9.2	6.3	5.4	5.1
第二产业	Secondary Industry	46.5	50.4	50.3	49.2
第三产业	Tertiary Industry	44.3	43.3	44.3	45.7
国内支出结构	Domestic Expenditure Structure				
最终消费	Final Consumption	53.2	50.8	45.8	47.1
居民消费	Household Consumption	41.7	39.8	36.0	37.1
农村	Rural Households	12.6	6.2	4.7	4.7
城镇	Urban Households	29.1	33.5	31.3	32.5
政府消费	Government Consumption	11.5	11.0	9.8	9.9
资本形成总额	Gross Capital Formation	35.9	36.5	33.3	37.9
固定资本形成总额	Gross Fixed Capital Formation	28.8	32.9	31.2	35.5
存货增加	Changes in Inventories	7.0	3.6	2.1	2.3
净出口	Net Exports	10.9	12.7	20.9	15.1
投资	**Investment**				
按登记注册类型分	Grouped by Status of Registration				
内资	Domestic-funded	81.2	74.9	78.4	83.7
国有	State-owned	37.7	25.9	22.2	31.4
集体	Collective-owned	12.2	4.6	4.9	5.2
股份合作	Cooperative	0.6	0.9	0.5	0.4
联营	Joint ownership	1.5	0.8	0.5	0.2
有限责任公司	Limited Liability	11.3	17.1	20.7	19.5
股份有限公司	Share-holding	4.7	5.3	5.4	4.9
私营	Private	6.4	15.5	16.8	14.5
个体	Induvidual	7.7	4.1	6.3	5.8
其他	Others	0.6	0.8	1.1	1.8
港澳台投资	Investment from Hong Kong, Macao & Taiwan	12.9	15.1	13.7	10.1
外商投资	Foreign investment	4.4	10.0	7.9	6.2

2-3 续表 1 continued

单位：% (%)

指 标	Item	2000	2005	2008	2009
资金来源结构	Structure of Sources of Funds				
国家预算内资金	State Budgetary Appropriation	1.7	0.9	1.1	2.3
国内贷款	Domestic Loans	17.2	17.2	15.0	16.9
利用外资	Foreign Investment	10.5	9.9	18.5	4.3
自筹投资	Fundraising	42.9	54.1	37.5	54.4
其他投资	Others	27.7	17.9	27.9	22.1
利用外资	**Utilization of Foreign Capital**				
实际利用外资结构	Structure of Foreign Capital Actually Utilized				
外商直接投资	Foreign Direct Investment	84.0	81.5	90.1	96.3
外商其他投资	Other Foreign Investment	11.2	18.5	9.9	3.7
能源生产与消费	**Production and Consumption of Energy**				
能源生产总量结构	Structure of Total Energy Production				
原煤	Coal	8.0	7.2		
原油	Crude Oil	53.6	44.1	42.0	43.8
电力	Electricity	27.1	36.2	41.0	38.5
天然气	Natural Gas	11.3	12.5	17.0	17.7
一次能源消费总量结构	Structure of Total Primary Energy Consumption				
原煤	Coal	52.2	52.8	50.8	45.4
原油	Crude Oil	35.0	26.1	24.6	26.9
电力	Electricity	12.6	20.8	20.5	20.1
天然气	Natural Gas	0.2	0.3	4.1	7.6
产业经济	**Industry Economy**				
农业	**Agriculture**				
农林牧渔业产值结构	Structure of Gross Output Value of Farming, Forestry, Animal Husbandry and Fishery				
农业	Farming	47.5	45.3	44.9	46.5
林业	Forestry	3.5	2.7	2.4	2.6
牧业	Animal Husbandry	26.5	26.1	29.4	27.5
渔业	Fishery	22.5	21.4	19.8	19.8
农林牧渔服务业	Services for Farming, Forestry, Animal Husbandry and Fishery		4.5	3.5	3.6
工业	**Industry**				
年主营业务收入500万元以上工业产值结构	Structure of Gross Industrial Output Value of Non-state-owned Enterprises with Main Business Revenue over 5 Million Yuan				
按轻重工业分	Grouped by Light and Heavy Industry				
轻工业	Light Industry	52.9	40.4	38.3	39.1
重工业	Heavy Industry	47.1	59.6	61.7	60.9
按经济类型分	Grouped by Ownership				
国有工业	State-owned Industry	11.6	5.8	4.4	5.4
集体工业	Collective-owned Industry	9.6	1.3	0.9	0.9
股份合作工业	Share-holding Cooperative Industry	0.9	0.3	0.2	0.2
股份制工业	Share-holding Industry	14.3	25.8	32.7	34.8
外商投资工业	Industry with Foreign Investment	20.2	31.1	29.2	27.5
港澳台商投资工业	Industry with Investment from Hong Kong, Macao and Taiwan	38.0	32.6	28.6	26.3
按企业规模分	Grouped by Size of Enterprise				
大型企业	Large	36.2	34.9	32.8	30.0
中型企业	Medium-sized	11.4	33.0	34.3	35.6
小型企业	Small	52.3	32.1	32.9	34.4
建筑业	**Construction**				
按登记注册类型分	Grouped by Status of Registration				
内资	Domestic-funded	97.6	98.3	96.9	97.0
国有	State-owned	38.8	25.4	21.7	21.3
集体	Collective-owned	33.2	10.5	7.9	7.3
股份合作	Cooperative	0.8	0.5	0.8	0.3
联营	Joint ownership	1.2	1.1	0.9	0.5

2-3 续表 2 continued

单位：% (%)

指　标	Item	2000	2005	2008	2009
有限责任公司	Limited Liability	13.9	37.8	40.4	39.7
股份有限公司	Share-holding	5.2	5.4	6.7	6.6
私营	Private	4.4	17.5	18.5	19.0
其他	Others		0.1		2.2
港澳台投资	Investment from Hong Kong, Macao & Taiwan	1.6	1.2	1.4	1.5
外商投资	Foreign investment	0.8	0.5	1.7	1.5
运输业	**Transportation**				
货运量结构	Structure of Freight Traffic				
铁路	Railways	12.7	13.9	6.5	6.3
公路	Highways	63.2	63.3	71.5	69.8
水运	Waterways	21.6	19.7	18.3	20.4
民用航空	Civil Aviation	...	0.1	0.1	0.1
管道输油(气)	Pipelines	2.5	3.0	3.6	3.5
客运量结构	Structure of Passenger Traffic				
铁路	Railways	7.4	10.0	5.8	3.1
公路	Highways	90.4	86.2	91.0	94.9
水运	Waterways	1.4	1.3	0.8	0.4
民用航空	Civil Aviation	0.8	2.5	2.4	1.6
国内贸易	**Domestic Trade**				
社会消费品零售总额结构	Structure of Total Retail Sales of Consumer Goods				
城镇	Urban Areas	75.1	75.4	75.1	75.1
乡村	Rural Areas	24.9	24.6	24.9	24.9
对外贸易和国际旅游	**Foreign Trade and International Tourism**				
出口按贸易方式分	Exports by Customs Regime				
一般贸易	Ordinary Trade	19.0	22.4	28.7	30.6
加工贸易	Processing Trade	78.1	73.5	64.7	62.2
其他	Others	2.9	4.1	6.6	7.2
进口按贸易方式分	Imports by Customs Regime				
一般贸易	Ordinary Trade	26.7	25.5	29.5	35.3
加工贸易	Processing Trade	63.1	61.7	55.8	52.7
其他	Others	10.2	12.8	14.7	12.0
入境旅游人数结构	Composition of Tourists Visiting China				
外国人	Foreigners	4.2	5.6	6.0	5.9
港澳同胞	Compatriots from Hong Kong and Macao	92.9	92.1	91.9	97.8
台湾同胞	Compatriots from Taiwan	2.8	2.2	2.1	2.0
教育、文化	**Education and Culture**				
教育	**Education**				
在校学生结构	Structure of Enrolled Students				
大学生	Colleges and Universities	2.1	5.0	6.9	7.8
中学生	Secondary Schools	32.4	34.6	38.7	40.5
小学生	Primary Schools	65.5	60.4	54.4	51.7

2-3 续表 3 continued

指 标	Item	2000	2005	2008	2009
专任教师结构	Structure of Full-time Teachers				
大学	Colleges and Universities	3.3	7.1	8.2	8.5
中学	Secondary Schools	37.3	40.1	42.4	43.2
小学	Primary Schools	59.4	52.8	44.4	48.2
文化	**Culture**				
文化事业机构人员结构	Structure of Persons Engaged in Cultural Activities				
艺术事业	Arts	32.7	29.9	27.1	22.7
图书馆事业	Library	10.6	12.9	14.8	12.9
群众文化事业	Mass Culture	28.3	35.5	36.2	32.9
教育事业	Education	2.9	3.6	3.2	2.5
其他文化事业	Other Cultural Activities	25.5	18.1	18.7	29.0
生活、卫生、环境	**People's Livelihood，Health Care and Environment**				
生活	**People's Livelihood**				
城镇居民消费结构	Consumption Structure of Urban Households				
食品类	Food	38.6	36.1	37.8	36.9
衣着类	Clothing	4.6	5.7	6.3	6.3
用品及其他	Articles for Daily Use and Others	43.0	48.2	44.6	46.0
居住	Residence	13.8	10.0	11.3	10.8
农村居民消费结构	Consumption Structure of Rural Households				
食品类	Food	49.8	48.3	49.0	48.3
衣着类	Clothing	3.9	3.9	3.6	3.8
用品及其他	Articles for Daily Use and Others	32.0	33.6	27.6	29.1
居住	Residence	14.3	14.3	19.8	18.8
卫生	**Health Care**				
卫生技术人员结构	Structure of Medical Technical Personnel				
#医生	Doctors	42.0	39.7	37.6	37.7
注册护士	Nurses	31.4	33.2	35.4	36.6
床位结构	Structure of Hospital Beds				
医院	Hospitals	71.4	73.2	74.8	74.4
环境、灾害	**Environment and Disaster**				
工业污染源治理投资结构	Investment Structure of Treatment of Industrial Pollution Sources				
治理废水	Treatment of Waste Water		29.0	14.0	51.8
治理废气	Treatment of Waste Gas		47.4	43.2	40.2
治理固体废物	Treatment of Waste Solid Wastes		3.4	2.6	6.9
治理噪声	Treatment of Noise		0.6	0.5	0.2
治理其它	Treatment of Others		19.6	39.7	1.0
火灾事故损失额结构	Structure of Fire Losses Converted into Cash				
特大或重大	Extraordinarily Serious Fires			8.3	0.2
较大	Serious Fires			0.9	0.4
一般	Ordinary Fires			90.8	99.4
交通事故损失额结构	Structure of Losses from Traffic Accidents Converted into Cash				
机动车道	Roads for Motored Vehicles			84.9	84.7
非机动车道	Roads for Nonmotored Vehicles			1.5	1.3
混合道	Mixed Roads			9.1	10.4
其他道	Others			4.5	3.6

注：1. 由于数据计算进位的原因，部分结构总和不等于100。
2. 2007年起工业污染源治理投资结构进行了调整。

Note: a)Owing to the rounding-off of figures, some totals in this table are not equal to 100.
b)The investment structure of treatment of industrial pollution sources in 2007 has been modified.

2-4 国民经济和社会发展主要指标占全国比重

Percentage of National Total of Main Indicators of Economic and Social Development of Guangdong

指　　标	Item	2008			2009		
		广东 Guang-dong	全国 National Total	广东占全国(%) As Percentage of National Total	广东 Guang-dong	全国 National Total	广东占全国(%) As Percentage of National Total
人口	**Population**						
年末常住人口数 (万人)	Permanent Population at the Year-end (10000 persons)	9544.00	132802	**7.2**	9638.00	133474	7.2
土地面积 (万平方公里)	**Land Area (10000 sp.km)**	**17.98**	**960.00**	**1.9**	**17.98**	**960.00**	**1.9**
国内(地区)生产总值 (亿元)	**Gross Domestic Product (100 million yuan)**	**36796.71**	**314045.4**	**11.7**	**39482.56**	**335352.9**	**11.8**
第一产业	Primary Industry	1973.05	33702.0	5.9	2010.27	35477.0	5.7
第二产业	Secondary Industry	18502.20	149003.4	12.4	19419.70	156957.9	12.4
第三产业	Tertiary Industry	16321.46	131340.0	12.4	18052.59	142918.0	12.6
人均国内(地区)生产总值 (元)	**Per Capita Gross Domestic Product (yuan)**	**38748**	**23708**		**41166**	**25188**	
主要工农业产品产量	**Output of Major Farm Products and Industrial Products**						
粮食 (万吨)	Grain (10000 tons)	1243.40	52870.9	2.4	1314.50	53082.1	2.5
油料 (万吨)	Oil-bearing Crops (10000 tons)	81.58	2952.8	2.8	84.64	3154.3	2.7
肉类 (万吨)	Meat (10000 tons)	411.96	7278.7	5.7	426.99	7649.9	5.6
水产品 (万吨)	Aquatic Products (10000 tons)	680.4	4895.6	13.9	702.81	5120.0	13.7
水果 (万吨)	Fruits (10000 tons)	983.49	19220.2	5.1	1061.89	20395.5	5.2
茶叶 (万吨)	Tea (10000 tons)	4.84	125.8	3.8	5.14	135.9	3.8
农用化肥 (万吨)	Chemical Fertilizer (10000 tons)	50.37	6028.1	0.8	63.77	6599.7	1.0
发电量 (亿千瓦时)	Electricity (100 million kwh)	2662.88	34958.0	7.6	2666.40	37147.0	7.2
水泥 (万吨)	Cement (10000 tons)	9484.35	142356.0	6.7	10028.93	165000.0	6.1
布 (亿米)	Cloth (100 million m)	29.94	723.1	4.1	29.11	740.0	3.9
机制纸及纸板 (万吨)	Machine-made Paper and Paperboard (10000 tons)	1153.97			1315.53	9388.7	14.0
成品钢材 (万吨)	Steel (10000 tons)	2040.3	60460.3	3.4	2285.51	69626.3	3.3
成品糖 (万吨)	Sugar (10000 tons)	128.06	1432.6	8.9	121.09	1321.2	9.2
平板玻璃 (万重量箱)	Flat Glass (10000 wt.cases)	6392.21	59890.4	10.7	8101.29	56073.3	14.4
家用电冰箱 (万台)	Household Refrigerators(10000 units)	803.39	4800.0	16.7	1058.47	5930.5	17.8
家用洗衣机 (万台)	Household Washing Machines (10000 units)	317.22			338.80	4935.8	6.9
彩电电视机 (万台)	Color Television Sets (10000 sets)	4085.77	9187.1	44.5	4092.79	9898.8	41.3
房间空调器 (万台)	Room Air Conditioners (10000 sets)	3987.98	8147.4	48.9	4119.34	8078.2	51.0
汽车 (万辆)	Bicycles (10000 units)	88.18	930.6	9.5	113.08	1379.5	8.2
微型电子计算设备(万台)	Microcomputers (10000 units)	1133.28	15853.7	7.1	1046.99	18215.1	5.7
固定资产投资	**Investment in Fixed Assets**						
全社会固定资产投资额 (亿元)	Total Amount of Investment in Fixed Assets (100 million yuan)	11165.06	172828.4	6.5	13353.15	224845.6	5.9
#内资	Domestic Investment	8763.99	157421.4	5.6	11163.98	209396.5	5.3
港澳台商投资	Investment from Hong Kong, Macao and Taiwan	1524.05	6956.2	21.9	1355.20	7032.2	19.3
外商投资	Foreign Investment	877.02	8450.8	10.4	833.97	8416.9	9.9

2-4 续表 continued

指标	Item	2008 广东 Guang-dong	2008 全国 National Total	2008 广东占全国(%) As Percentage of National Total	2009 广东 Guang-dong	2009 全国 National Total	2009 广东占全国(%) As Percentage of National Total
运输、邮电	**Transport, Postal and Telecommunication Services**						
货物周转量 (亿吨公里)	Freight Traffic (100 million ton-kilometers)	4520.12	110301	4.1	4942.83	122133	4.0
旅客周转量 (亿人公里)	Passenger Traffic (100 million personkilometers)	2844.79	23197	12.3	2853.30	24835	11.5
沿海主要港口货物吞吐量 (万吨)	Volume of Freight Handled at Major Coastal Ports (10000 tons)	69036	429599	16.1	70700	475481	14.9
邮电业务总量 (亿元)	Total Business Volume of Postal and Telecommunication Services (100 million yuan)	3564.85	23649.5	15.1	3938.15	27312.7	14.4
财政金融	**Government Finance and Banking**						
地方财政一般预算收入 (亿元)	Local Government Budgetary Revenue (100 million yuan)	3310.32	28649.8	11.6	3649.81	32580.7	11.2
地方财政一般预算支出 (亿元)	Local Government Budgetary Expenditure (100 million yuan)	3778.57	49248.5	7.7	4334.37	60593.8	7.2
城乡居民储蓄存款余额 (亿元)	Savings Deposits by Urban and Rural Residents (100 million yuan)	28181.18	217885.4	12.9	32136.32	264761.0	12.1
外经旅游	**Foreign Trade and International Tourism**						
进口总额 (亿美元)	Total Imports (USD 100 million)	2793.04	11325.6	24.7	2521.62	10055.6	25.1
出口总额 (亿美元)	Total Exports (USD 100 million)	4041.88	14306.9	28.3	3589.56	12016.6	29.9
实际外商直接投资(亿美元)	Foreign Direct Investment(USD 100 million)	191.67	924.0	20.7	195.35	900.3	21.7
国际旅游外汇收入(亿美元)	Total Foreign Exchange Earnings from International Tourism (USD 100 million)	91.78	408.4	22.5	100.28	396.8	25.3
国内贸易和物价	**Domestic Trade and Prices**						
社会消费品零售总额 (亿元)	Total Amount of Retail Sales of Consumer Goods (100 million yuan)	12986.60	114830.1	11.3	14891.78	132678.4	11.2
商品零售价格指数 (%)	General Retail Price Index (%)	106.00	105.9		96.8	98.8	
居民消费价格指数 (%)	General Consumer Price Index (%)	105.60	105.9		97.7	99.3	
人民生活	**People's Livelihood**						
在岗职工工资总额 (亿元)	Total Wages of Staff and Workers (100 million yuan)	3294.17	33713.8	9.8	3698.34		
城镇居民人均可支配收入 (元)	Per Capita Disposable Income of Urban Households (yuan)	19732.86	15780.8		21574.72	17175.0	
农村居民人均纯收入 (元)	Per Capita Net Income of Rural Households (yuan)	6399.77	4760.6		6906.93	5153.0	
教育、科技、卫生	**Education, Science and Technology and Health Care**						
高等学校在校学生数(万人)	Students Enrolled in Colleges and Universities (10000 persons)	121.64	2021.0	6.0	133.40	2144.7	6.2
国有企事业单位专业技术人员 (万人)	Number of Scientific and Technological Personnel in State-owned Enterprises and Institutions (10000 persons)	141.99	2309.9	6.1	146.29		
医院、卫生院床位数 (万张)	Number of Hospital Beds (10000 units)	23.16	374.8	6.2	25.04	408.1	6.1
专业卫生技术人员 (万人)	Number of Medical Technical Personnel (10000 persons)	38.39	503.0	7.6	41.34	539.7	7.7

注：全国2009年数为快报数。
Note: The 2009 data of the whole nation are based on flash reports.

2-5 法人和产业活动单位数
Number of Corporate Units and Industrial Establishments

单位: 个 (unit)

项目	Item	2008 法人单位数 Corporate Units	2008 产业单位数 Industrial Establishments	2009 法人单位数 Corporate Units	2009 产业单位数 Industrial Establishments
总计	**Total**	**617776**	**763326**	**716670**	**876715**
按行业分	By Sector				
第一产业*	Primary Industry	48	1166	12793	14683
第二产业	Secondary Industry	215797	227713	244292	258528
采矿业	Mining	2326	2381	2612	2707
制造业	Manufacture	191803	199586	216690	225447
电力、燃气及水的生产和供应业	Production and Supply of Electric Power, Gas and Water	7187	9375	7648	9933
建筑业	Construction	14481	16371	17342	20441
第三产业	Tertiary Industry	401931	534447	459585	603504
交通运输、仓储和邮政业	Transport, Storage and Postal Services	14805	21886	17233	25198
信息传输、计算机服务和软件业	Information Transmission, Computer Services and Software	14466	19611	16476	22232
批发和零售业	Wholesale and Retail Trades	141435	175909	172052	211230
住宿和餐饮业	Hotels and Catering Services	13313	16480	14253	17834
金融业	Finance	1984	19874	2628	21074
房地产业	Real Estate	28545	35313	32982	40981
租赁和商务服务业	Leasing and Business Services	55995	69217	63860	79012
科学研究、技术服务和地质勘查业	Scientific Research, Technical Services and Geological Prospecting	16713	19085	20150	22848
水利、环境和公共设施管理业	Management of Water Conservancy, Environment and Public Facilities	3979	5066	4323	5450
居民服务和其他服务业	Services to Households and Other Services	12141	14154	14124	16450
教育	Education	29205	38497	29954	39511
卫生、社会保障和社会福利业	Health Care, Social Security and Social Welfare	8323	19204	8587	19480
文化、体育和娱乐业	Culture, Sports and Recreation	5764	7495	6367	8153
公共管理和社会组织	Public Administration and Social Organizations	55263	72656	56596	74051
按注册类型分	By Status of Registration				
内资企业	Domestic-funded Enterprises	569884	703024	665405	810441
国有企业	State-owned Enterprises	61477	110002	63392	113843
集体企业	Collective-owned Enterprises	25965	40448	32440	47532
股份合作企业	Share-holding Cooperative Enterprises	5638	9827	5907	10227
联营企业	Joint-operation Enterprises	1454	2103	1537	2278
有限责任公司	Limited Liability Corporations	70201	85358	85606	103331
股份有限公司	Share-holding Corporations Ltd.	6610	19082	7617	20821
私营企业	Private Enterprises	335239	358394	401773	431298
其他企业	Other Enterprises	63300	77810	67133	81111
港、澳、台商投资企业	Enterprises with Investment from Hong Kong, Macao and Taiwan	33543	40664	35763	43940
合资经营企业(港或澳、台资)	Joint Ventures	4328	5794	4516	6168
合作经营企业(港或澳、台资)	Cooperative Enterprises	2332	2865	2354	2912
港、澳、台商独资经营企业	Sole Investment Enterprises	26147	30758	28092	33483
港、澳、台商投资股份有限公司	Share-holding Corporations Ltd.	736	1247	801	1377
外商投资企业	Enterprises with Foreign Investment	14349	19638	15502	22334
中外合资经营企业	Sino-foreign Joint Ventures	2974	4067	3139	4575
中外合作经营企业	Sino-foreign Cooperative Enterprises	1015	1209	1015	1244
外资企业	Foreign-funded Enterprises	9952	13673	10873	15690
外商投资股份有限公司	Share-holding Corporations Ltd.	408	689	475	825

注：2008第一产业法人单位为含二三产业的多产业单位，2009年第一产业为全部法人单位。

Note: Corporate units and industrial establishments of the primary industry in 2008 include multi-industrial units that incorporate the secondary and tertiary industries. Corporate units and industrial establishments of the primary industry in 2009 include all legal establishments.

2-6 各市法人和产业活动单位数

Number of Corporate Units and Industrial Establishments by City

单位: 个 (unit)

市别	City	2008 法人单位数 Corporate Units	2008 产业单位数 Industrial Establishments	2009 法人单位数 Corporate Units	2009 产业单位数 Industrial Establishments
总计	**Total**	**617776**	**763326**	**716670**	**876715**
广州	Guangzhou	149896	175109	157357	184277
深圳	Shenzhen	103756	128824	138951	170387
珠海	Zhuhai	22465	26445	24800	29153
汕头	Shantou	22707	26524	25580	29567
佛山	Foshan	61622	70190	70103	79792
韶关	Shaoguan	11533	17793	12665	18979
河源	Heyuan	7685	12035	9620	14156
梅州	Meizhou	13214	21935	14777	23646
惠州	Huizhou	23588	29405	28831	35397
汕尾	Shanwei	5477	7024	6020	7631
东莞	Dongguan	52801	61207	65991	75338
中山	Zhongshan	26585	30890	30133	35272
江门	Jiangmen	21783	26161	25807	30330
阳江	Yangjiang	9150	11702	10345	13003
湛江	Zhanjiang	15666	23826	18462	27140
茂名	Maoming	15444	20250	16937	21987
肇庆	Zhaoqing	13676	19250	15067	20795
清远	Qingyuan	10040	14713	11604	16570
潮州	Chaozhou	11026	12794	12137	13930
揭阳	Jieyang	14081	17365	15231	18566
云浮	Yunfu	5581	9884	6252	10799
按经济区域分	By Region				
珠三角	Pearl River Delta	476172	567481	557040	660741
东翼	Eastern Region	53291	63707	58968	69694
西翼	Western Region	40260	55778	45744	62130
山区	Mountainous Region	48053	76360	54918	84150

2-7 按行业和登记注册类型分组的法人单位数（2009年）
Number of Corporate Units by Sector and by Status of Registration (2009)

单位：个 (unit)

项 目	Item	总 计 Total	内资企业 Domestic-funded Enterprises	国有企业 State-owned Enterprises	集体企业 Collective-owned Enterprises	股份合作企业 Share-holding Cooperative Enterprises
总 计	**Total**	**716670**	**665405**	**63392**	**32440**	**5907**
第一产业	Primary Industry	12793	12623	969	5787	22
第二产业	Secondary Industry	244292	206771	2259	6069	1497
采矿业	Mining	2612	2556	36	105	8
制造业	Manufacture	216690	179628	1147	3674	1295
电力、燃气及水的生产和供应业	Production and Supply of Electric Power, Gas and Water	7648	7449	458	1370	84
建筑业	Construction	17342	17138	618	920	110
第三产业	Tertiary Industry	459585	446011	60164	20584	4388
交通运输、仓储和邮政业	Transport, Storage and Postal Services	17233	15954	1101	536	128
信息传输、计算机服务和软件业	Information Transmission, Computer Services and Software	16476	15528	362	56	70
批发和零售业	Wholesale and Retail Trades	172052	167709	3241	4355	1835
住宿和餐饮业	Hotels and Catering Services	14253	13477	610	510	228
金融业	Finance	2628	2424	231	147	76
房地产业	Real Estate	32982	30883	1355	3957	761
租赁和商务服务业	Leasing and Business Services	63860	61649	3025	7443	786
科学研究、技术服务和地质勘查业	Scientific Research, Technical Services and Geological Prospecting	20150	19090	3073	450	108
水利、环境和公共设施管理业	Management of Water Conservancy, Environment and Public Facilities	4323	4243	2028	243	17
居民服务和其他服务业	Services to Households and Other Services	14124	13856	559	493	232
教育	Education	29954	29883	17550	947	57
卫生、社会保障和社会福利业	Health Care, Social Security and Social Welfare	8587	8573	3978	780	23
文化、体育和娱乐业	Culture, Sports and Recreation	6367	6189	1967	231	59
公共管理和社会组织	Public Administration and Social Organizations	56596	56553	21084	436	8

2-7 续表 1 continued

单位：个 (unit)

项 目	Item	联营企业 Joint-operation Enterprises	有限责任公司 Limited Liability Corporations	股份有限公司 Share-holding Corporations Ltd.	私营企业 Private Enterprises	其他企业 Other Enterprises
总 计	**Total**	**1537**	**85606**	**7617**	**401773**	**67133**
第一产业	Primary Industry	12	687	45	2677	2424
第二产业	Secondary Industry	391	30656	2071	159446	4382
采矿业	Mining	10	220	30	2092	55
制造业	Manufacture	252	25544	1597	142174	3945
电力、燃气及水的生产和供应业	Production and Supply of Electric Power, Gas and Water	81	487	111	4708	150
建筑业	Construction	48	4405	333	10472	232
第三产业	Tertiary Industry	1134	54263	5501	239650	60327
交通运输、仓储和邮政业	Transport, Storage and Postal Services	76	2662	305	10924	222
信息传输、计算机服务和软件业	Information Transmission, Computer Services and Software	31	1935	277	12383	414
批发和零售业	Wholesale and Retail Trades	407	27180	2134	125165	3392
住宿和餐饮业	Hotels and Catering Services	60	1419	158	9883	609
金融业	Finance	11	490	551	870	48
房地产业	Real Estate	128	7484	676	15838	684
租赁和商务服务业	Leasing and Business Services	177	7623	788	32233	9574
科学研究、技术服务和地质勘查业	Scientific Research, Technical Services and Geological Prospecting	53	2495	296	12058	557
水利、环境和公共设施管理业	Management of Water Conservancy, Environment and Public Facilities	12	481	44	1202	216
居民服务和其他服务业	Services to Households and Other Services	31	1661	155	9660	1065
教育	Education	59	273	44	5169	5784
卫生、社会保障和社会福利业	Health Care, Social Security and Social Welfare	29	52	10	1443	2258
文化、体育和娱乐业	Culture, Sports and Recreation	22	474	57	2685	694
公共管理和社会组织	Public Administration and Social Organizations	38	34	6	137	34810

2-7 续表 2 continued

单位：个 (unit)

项 目	Item	港、澳、台商投资企业 Enterprises with Investment from Hong Kong, Macao and Taiwan	合资经营企业(港或澳、台资) Joint Ventures	合作经营企业(港或澳、台资) Cooperative Enterprises	港、澳、台商独资经营企业 Sole Investment Enterprises	港、澳、台商投资股份有限公司 Share-holding Corporations Ltd.
总 计	**Total**	**35763**	**4516**	**2354**	**28092**	**801**
第一产业	Primary Industry	143	26	7	96	14
第二产业	Secondary Industry	27417	3296	1508	22093	520
采矿业	Mining	35	7	3	24	1
制造业	Manufacture	27116	3174	1455	21978	509
电力、燃气及水的生产和供应业	Production and Supply of Electric Power, Gas and Water	127	60	26	37	4
建筑业	Construction	139	55	24	54	6
第三产业	Tertiary Industry	8203	1194	839	5903	267
交通运输、仓储和邮政业	Transport, Storage and Postal Services	847	171	230	412	34
信息传输、计算机服务和软件业	Information Transmission, Computer Services and Software	566	55	10	467	34
批发和零售业	Wholesale and Retail Trades	2583	257	59	2187	80
住宿和餐饮业	Hotels and Catering Services	461	107	62	276	16
金融业	Finance	41	10	1	30	
房地产业	Real Estate	1535	333	361	807	34
租赁和商务服务业	Leasing and Business Services	1185	118	41	987	39
科学研究、技术服务和地质勘查业	Scientific Research, Technical Services and Geological Prospecting	612	62	6	528	16
水利、环境和公共设施管理业	Management of Water Conservancy, Environment and Public Facilities	40	18	5	17	
居民服务和其他服务业	Services to Households and Other Services	155	22	16	112	5
教育	Education	36	6	10	18	2
卫生、社会保障和社会福利业	Health Care, Social Security and Social Welfare	7	3	1	3	
文化、体育和娱乐业	Culture, Sports and Recreation	112	31	36	39	6
公共管理和社会组织	Public Administration and Social Organizations	23	1	1	20	1

2-7 续表 3 continued

单位：个 (unit)

项 目	Item	外商投资企业 Enterprises with Foreign Investment	中外合资经营企业 Sino-foreign Joint Ventures	中外合作经营企业 Sino-foreign Cooperative Enterprises	外资企业 Foreign-funded Enterprises	外商投资股份有限公司 Share-holding Corporations Ltd.
总 计	**Total**	**15502**	**3139**	**1015**	**10873**	**475**
第一产业	Primary Industry	27	4	2	13	8
第二产业	Secondary Industry	10104	1994	550	7327	233
采矿业	Mining	21	8	5	7	1
制造业	Manufacture	9946	1926	524	7275	221
电力、燃气及水的生产和供应业	Production and Supply of Electric Power, Gas and Water	72	32	11	20	9
建筑业	Construction	65	28	10	25	2
第三产业	Tertiary Industry	5371	1141	463	3533	234
交通运输、仓储和邮政业	Transport, Storage and Postal Services	432	168	117	134	13
信息传输、计算机服务和软件业	Information Transmission, Computer Services and Software	382	79	11	279	13
批发和零售业	Wholesale and Retail Trades	1760	309	56	1319	76
住宿和餐饮业	Hotels and Catering Services	315	78	51	171	15
金融业	Finance	163	82	3	61	17
房地产业	Real Estate	564	158	109	279	18
租赁和商务服务业	Leasing and Business Services	1026	103	43	830	50
科学研究、技术服务和地质勘查业	Scientific Research, Technical Services and Geological Prospecting	448	93	10	327	18
水利、环境和公共设施管理业	Management of Water Conservancy, Environment and Public Facilities	40	13	9	16	2
居民服务和其他服务业	Services to Households and Other Services	113	26	17	66	4
教育	Education	35	6	13	13	3
卫生、社会保障和社会福利业	Health Care, Social Security and Social Welfare	7	3	3	1	
文化、体育和娱乐业	Culture, Sports and Recreation	66	17	20	26	3
公共管理和社会组织	Public Administration and Social Organizations	20	6	1	11	2

2-8 各市按机构类型分法人单位数（2009年）

Number of Corporate Units by Type by City (2009)

单位：个 (unit)

市 别	city	法人单位 Corporate Units	企业 Enterprises	事业单位 Institutions	机关 Government Agencies	社会团体 Social Organizations	民办非企业 Non-enterprise Units Run by l NGO	其他组织机构 Other Organi-zations
总 计	**Total**	**716670**	**603624**	**40338**	**11588**	**10440**	**10312**	**40368**
广 州	Guangzhou	157357	145351	5070	1205	1503	958	3270
深 圳	Shenzhen	138951	131844	1738	650	1702	1515	1502
珠 海	Zhuhai	24800	22205	829	359	345	468	594
汕 头	Shantou	25580	20000	2045	549	583	489	1914
佛 山	Foshan	70103	62400	2110	446	910	961	3276
韶 关	Shaoguan	12665	7700	1419	769	448	406	1923
河 源	Heyuan	9620	5352	1679	492	233	201	1663
梅 州	Meizhou	14777	8311	2025	753	457	521	2710
惠 州	Huizhou	28831	23657	1928	580	470	465	1731
汕 尾	Shanwei	6020	3025	1192	454	187	192	970
东 莞	Dongguan	65991	61086	1368	272	331	1078	1856
中 山	Zhongshan	30133	25954	779	183	278	706	2233
江 门	Jiangmen	25807	19811	1996	596	507	329	2568
阳 江	Yangjiang	10345	7578	1119	376	114	121	1037
湛 江	Zhanjiang	18462	11498	3386	792	247	333	2206
茂 名	Maoming	16937	10585	2868	607	494	291	2092
肇 庆	Zhaoqing	15067	9249	2005	678	359	359	2417
清 远	Qingyuan	11604	7486	1522	567	371	316	1342
潮 州	Chaozhou	12137	8409	1754	330	282	105	1257
揭 阳	Jieyang	15231	9054	2323	490	370	374	2620
云 浮	Yunfu	6252	3069	1183	440	249	124	1187
按经济区域分	By Region							
珠 三 角	Pearl River Delta	557040	501557	17823	4969	6405	6839	19447
东 翼	Eastern Region	58968	40488	7314	1823	1422	1160	6761
西 翼	Western Region	45744	29661	7373	1775	855	745	5335
山 区	Mountainous Region	54918	31918	7828	3021	1758	1568	8825

2-9 各市按行业分法人单位数（2009年）

Number of Corporate Units by Sector by City (2009)

单位：个 (unit)

市 别	city	总 计 Total	第一产业 Primary Industry	第二产业 Secondary Industry	采矿业 Mining	制造业 Manufacture	电力、燃气及水的生产和供应业 Production and Supply of Electric Power, Gas and Water
全 省	**Provincial Total**	**716670**	**12793**	**244292**	**2612**	**216690**	**7648**
广 州	Guangzhou	157357	6220	35269	36	31055	227
深 圳	Shenzhen	138951	113	39125	15	36904	71
珠 海	Zhuhai	24800	254	6063	7	4825	38
汕 头	Shantou	25580	259	10033	34	9483	60
佛 山	Foshan	70103	276	35154	27	33607	136
韶 关	Shaoguan	12665	460	3165	258	1608	1032
河 源	Heyuan	9620	953	2116	195	1156	486
梅 州	Meizhou	14777	654	4356	281	2511	1175
惠 州	Huizhou	28831	635	11026	177	8915	337
汕 尾	Shanwei	6020	265	1317	28	1036	154
东 莞	Dongguan	65991	95	33350	7	31108	131
中 山	Zhongshan	30133	88	16378	9	15214	85
江 门	Jiangmen	25807	204	11472	92	10507	183
阳 江	Yangjiang	10345	199	4433	94	3640	478
湛 江	Zhanjiang	18462	541	4122	222	3494	117
茂 名	Maoming	16937	316	4618	302	3554	525
肇 庆	Zhaoqing	15067	267	5119	279	3896	621
清 远	Qingyuan	11604	335	3703	410	1993	1029
潮 州	Chaozhou	12137	318	6053	19	5632	240
揭 阳	Jieyang	15231	156	5976	31	5507	286
云 浮	Yunfu	6252	185	1444	89	1045	237
按经济区域分	By Region						
珠 三 角	Pearl River Delta	557040	8152	192956	649	176031	1829
东 翼	Eastern Region	58968	998	23379	112	21658	740
西 翼	Western Region	45744	1056	13173	618	10688	1120
山 区	Mountainous Region	54918	2587	14784	1233	8313	3959

2-9 续表 1 continued

单位：个 (unit)

市别 city		建筑业 Construction	第三产业 Tertiary Industry	交通运输、仓储和邮政业 Transport, Storage and Postal Services	信息传输、计算机服务和软件业 Information Transmission, Computer Services and Software	批发和零售业 Wholesale and Retail Trades	住宿和餐饮业 Hotels and Catering Services
全　省	**Provincial Total**	**17342**	**459585**	**17233**	**16476**	**172052**	**14253**
广　州	Guangzhou	3951	115868	4542	5403	46639	4555
深　圳	Shenzhen	2135	99713	5660	4536	47056	2551
珠　海	Zhuhai	1193	18483	638	822	7768	506
汕　头	Shantou	456	15288	651	354	6166	416
佛　山	Foshan	1384	34673	866	759	15647	1204
韶　关	Shaoguan	267	9040	223	178	1970	548
河　源	Heyuan	279	6551	139	209	1031	155
梅　州	Meizhou	389	9767	211	117	1974	252
惠　州	Huizhou	1597	17170	514	719	4791	484
汕　尾	Shanwei	99	4438	111	81	792	121
东　莞	Dongguan	2104	32546	1080	1277	12974	992
中　山	Zhongshan	1070	13667	362	339	4368	323
江　门	Jiangmen	690	14131	398	314	4299	373
阳　江	Yangjiang	221	5713	117	110	1681	211
湛　江	Zhanjiang	289	13799	473	391	3923	488
茂　名	Maoming	237	12003	201	181	4100	312
肇　庆	Zhaoqing	323	9681	272	207	1780	253
清　远	Qingyuan	271	7566	286	184	1234	149
潮　州	Chaozhou	162	5766	184	114	1067	131
揭　阳	Jieyang	152	9099	169	121	2015	164
云　浮	Yunfu	73	4623	136	60	777	65
按经济区域分	By Region						
珠三角	Pearl River Delta	14447	355932	14332	14376	145322	11241
东　翼	Eastern Region	869	34591	1115	670	10040	832
西　翼	Western Region	747	31515	791	682	9704	1011
山　区	Mountainous Region	1279	37547	995	748	6986	1169

2-9 续表 2 continued

单位：个 (unit)

市 别	Item	金融业 Finance	房地产业 Real Estate	租赁和商务服务业 Leasing and Business Services	科学研究、服务和技术地质勘查业 Scientific Research, Technical Services and Geological Prospecting	水利、环境和公共设施管理业 Management of Water Conservancy, Environment and Public Facilities
全 省	**Provincial Total**	**2628**	**32982**	**63860**	**20150**	**4323**
广 州	Guangzhou	338	10301	19179	5147	912
深 圳	Shenzhen	557	6026	14024	8217	450
珠 海	Zhuhai	90	1867	2602	779	148
汕 头	Shantou	107	643	1231	243	150
佛 山	Foshan	199	2007	6028	1086	325
韶 关	Shaoguan	64	468	777	268	144
河 源	Heyuan	45	412	413	192	113
梅 州	Meizhou	70	317	588	370	176
惠 州	Huizhou	218	2840	1929	549	301
汕 尾	Shanwei	45	105	183	89	51
东 莞	Dongguan	183	2204	7383	762	304
中 山	Zhongshan	102	1447	3613	334	116
江 门	Jiangmen	100	1015	1720	390	165
阳 江	Yangjiang	73	401	266	142	102
湛 江	Zhanjiang	73	677	669	347	136
茂 名	Maoming	76	413	314	233	149
肇 庆	Zhaoqing	61	570	1305	297	156
清 远	Qingyuan	84	716	608	239	152
潮 州	Chaozhou	34	247	335	152	107
揭 阳	Jieyang	53	147	449	173	84
云 浮	Yunfu	56	159	244	141	82
按经济区域分	By Region					
珠 三 角	Pearl River Delta	1848	28277	57783	17561	2877
东 翼	Eastern Region	239	1142	2198	657	392
西 翼	Western Region	222	1491	1249	722	387
山 区	Mountainous Region	319	2072	2630	1210	667

2-9 续表 3 continued

单位：个 (unit)

市　别	Item	居民服务和其他服务业 Services to Households and Other Services	教育 Education	卫生、社会保障和社会福利业 Health Care, Social Security and Social Welfare	文化、体育和娱乐业 Culture, Sports and Recreation	公共管理和社会组织 Public Administration and Social Organizations
全　省	**Provincial Total**	**14124**	**29954**	**8587**	**6367**	**56596**
广　州	Guangzhou	4636	4022	1839	1849	6506
深　圳	Shenzhen	2994	2332	818	866	3626
珠　海	Zhuhai	616	724	367	294	1262
汕　头	Shantou	423	1687	277	237	2703
佛　山	Foshan	1411	1714	485	614	2328
韶　关	Shaoguan	139	742	471	122	2926
河　源	Heyuan	102	1048	219	86	2387
梅　州	Meizhou	104	753	721	208	3906
惠　州	Huizhou	369	1223	286	197	2750
汕　尾	Shanwei	55	917	122	91	1675
东　莞	Dongguan	1484	1473	497	312	1621
中　山	Zhongshan	394	958	169	179	963
江　门	Jiangmen	344	1212	410	222	3169
阳　江	Yangjiang	96	713	126	76	1599
湛　江	Zhanjiang	243	2588	352	276	3163
茂　名	Maoming	154	2168	325	115	3262
肇　庆	Zhaoqing	159	1271	270	184	2896
清　远	Qingyuan	122	923	253	135	2481
潮　州	Chaozhou	81	975	188	138	2013
揭　阳	Jieyang	96	1912	220	98	3398
云　浮	Yunfu	102	599	172	68	1962
按经济区域分	By Region					
珠三角	Pearl River Delta	12407	14929	5141	4717	25121
东　翼	Eastern Region	655	5491	807	564	9789
西　翼	Western Region	493	5469	803	467	8024
山　区	Mountainous Region	569	4065	1836	619	13662

2-10 各市按注册类型分法人单位数（2009年）
Number of Corporate Units by Status of Registration by City (2009)

单位：个 (unit)

市别	city	总计 Total	内资企业 Domestic-funded Enterprises	国有企业 State-owned Enterprises	集体企业 Collective-owned Enterprises	股份合作企业 Share-holding Cooperative Enterprises
全省	**Provincial Total**	**716670**	**665405**	**63392**	**32440**	**5907**
广州	Guangzhou	157357	149384	9233	13843	2621
深圳	Shenzhen	138951	125942	3457	541	1027
珠海	Zhuhai	24800	22018	1768	799	89
汕头	Shantou	25580	24774	3676	1831	723
佛山	Foshan	70103	66965	2074	1872	508
韶关	Shaoguan	12665	12340	2772	536	84
河源	Heyuan	9620	9290	2554	369	34
梅州	Meizhou	14777	14478	3249	638	67
惠州	Huizhou	28831	25240	3393	938	106
汕尾	Shanwei	6020	5819	2004	265	29
东莞	Dongguan	65991	54828	1439	2166	150
中山	Zhongshan	30133	27559	945	2858	54
江门	Jiangmen	25807	23576	2742	1581	76
阳江	Yangjiang	10345	10181	1746	273	9
湛江	Zhanjiang	18462	18247	5086	786	58
茂名	Maoming	16937	16754	4074	642	56
肇庆	Zhaoqing	15067	14344	3122	647	45
清远	Qingyuan	11604	11048	2445	499	72
潮州	Chaozhou	12137	11677	2481	464	45
揭阳	Jieyang	15231	14895	3247	501	19
云浮	Yunfu	6252	6046	1885	391	35
按经济区域分	By Region					
珠三角	Pearl River Delta	557040	509856	28173	25245	4676
东翼	Eastern Region	58968	57165	11408	3061	816
西翼	Western Region	45744	45182	10906	1701	123
山区	Mountainous Region	54918	53202	12905	2433	292

2-10 续表 1 continued

单位：个 (unit)

市别	city	联营企业 Joint-operation Enterprises	有限责任公司 Limited Liability Corporations	股份有限公司 Share-holding Corporations Ltd.	私营企业 Private Enterprises	其他企业 Other Enterprises
全　省	**Provincial Total**	**1537**	**85606**	**7617**	**401773**	**67133**
广　州	Guangzhou	284	8378	1343	103851	9831
深　圳	Shenzhen	456	8256	1609	106180	4416
珠　海	Zhuhai	55	5669	245	11779	1614
汕　头	Shantou	65	4425	495	10455	3104
佛　山	Foshan	110	17623	812	37813	6153
韶　关	Shaoguan	42	1631	253	4573	2449
河　源	Heyuan	20	888	192	2762	2471
梅　州	Meizhou	53	1062	171	5564	3674
惠　州	Huizhou	74	2467	367	15355	2540
汕　尾	Shanwei	20	199	72	1854	1376
东　莞	Dongguan	107	12717	648	31052	6549
中　山	Zhongshan	2	7105	45	15151	1399
江　门	Jiangmen	51	3492	249	12212	3173
阳　江	Yangjiang	6	545	69	6254	1279
湛　江	Zhanjiang	35	2817	236	6475	2754
茂　名	Maoming	35	2063	184	6770	2930
肇　庆	Zhaoqing	41	1268	151	6051	3019
清　远	Qingyuan	40	2160	170	3750	1912
潮　州	Chaozhou	5	855	101	6047	1679
揭　阳	Jieyang	18	1259	118	6344	3389
云　浮	Yunfu	18	727	87	1481	1422
按经济区域分	By Region					
珠三角	Pearl River Delta	1180	66975	5469	339444	38694
东　翼	Eastern Region	108	6738	786	24700	9548
西　翼	Western Region	76	5425	489	19499	6963
山　区	Mountainous Region	173	6468	873	18130	11928

2-10 续表 2 continued

单位：个 (unit)

市 别	city	港、澳、台商投资企业 Enterprises with Investment from Hong Kong, Macao and Taiwan	合资经营企业（港或澳、台资） Joint Ventures	合作经营企业（港或澳、台资） Cooperative Enterprises	港、澳、台商独资经营企业 Sole Investment Enterprises	港、澳、台商投资股份有限公司 Share-holding Corporations Ltd.
全 省	**Provincial Total**	**35763**	**4516**	**2354**	**28092**	**801**
广 州	Guangzhou	4573	681	614	3164	114
深 圳	Shenzhen	9406	1217	240	7804	145
珠 海	Zhuhai	1974	336	102	1505	31
汕 头	Shantou	514	74	53	374	13
佛 山	Foshan	2012	602	77	1281	52
韶 关	Shaoguan	235	46	31	149	9
河 源	Heyuan	259	20	8	194	37
梅 州	Meizhou	219	27	65	121	6
惠 州	Huizhou	2837	304	254	2221	58
汕 尾	Shanwei	179	19	15	142	3
东 莞	Dongguan	8101	397	419	7058	227
中 山	Zhongshan	1765	191	31	1525	18
江 门	Jiangmen	1677	284	88	1280	25
阳 江	Yangjiang	117	25	42	48	2
湛 江	Zhanjiang	127	55	12	56	4
茂 名	Maoming	130	28	28	70	4
肇 庆	Zhaoqing	478	62	26	378	12
清 远	Qingyuan	433	53	43	311	26
潮 州	Chaozhou	323	50	149	119	5
揭 阳	Jieyang	251	29	43	175	4
云 浮	Yunfu	153	16	14	117	6
按经济区域分	By Region					
珠 三 角	Pearl River Delta	32823	4074	1851	26216	682
东 翼	Eastern Region	1267	172	260	810	25
西 翼	Western Region	374	108	82	174	10
山 区	Mountainous Region	1299	162	161	892	84

2-10 续表 3 continued

单位：个 (unit)

市　别	city	外商投资企业 Enterprises with Foreign Investment	中外合资经营企业 Sino-foreign Joint Ventures	中外合作经营企业 Sino-foreign Cooperative Enterprises	外资企业 Foreign-funded Enterprises	外商投资股份有限公司 Share-holding Corporations Ltd.
全　省	**Provincial Total**	**15502**	**3139**	**1015**	**10873**	**475**
广　州	Guangzhou	3400	705	274	2326	95
深　圳	Shenzhen	3603	745	104	2664	90
珠　海	Zhuhai	808	192	38	555	23
汕　头	Shantou	292	76	56	146	14
佛　山	Foshan	1126	423	64	612	27
韶　关	Shaoguan	90	18	16	48	8
河　源	Heyuan	71	14	12	35	10
梅　州	Meizhou	80	22	24	27	7
惠　州	Huizhou	754	167	56	508	23
汕　尾	Shanwei	22	5	3	13	1
东　莞	Dongguan	3062	248	122	2575	117
中　山	Zhongshan	809	152	23	623	11
江　门	Jiangmen	554	142	50	350	12
阳　江	Yangjiang	47	13	13	16	5
湛　江	Zhanjiang	88	48	9	28	3
茂　名	Maoming	53	27	6	17	3
肇　庆	Zhaoqing	245	58	17	163	7
清　远	Qingyuan	123	34	12	73	4
潮　州	Chaozhou	137	24	70	40	3
揭　阳	Jieyang	85	20	37	25	3
云　浮	Yunfu	53	6	9	29	9
按经济区域分	By Region					
珠三角	Pearl River Delta	14361	2832	748	10376	405
东　翼	Eastern Region	536	125	166	224	21
西　翼	Western Region	188	88	28	61	11
山　区	Mountainous Region	417	94	73	212	38

2-11 民营经济主要指标
Main Indicators on Private Economy

指　　标	Indicator	2002	2005	2007	2008	2009	2009比2008增长(%) Growth Rate in 2009 over 2008 (%)
单位个数 （个）	**Number of Units (unit)**	**2103890**	**2782926**	**3474858**	**3833753**	**4163566**	**8.6**
#私营	Private	258620	449194	622655	732028	813445	11.1
个体	Individual	1753093	2274011	2807239	3025246	3259122	7.7
从业人数 （万人）	**Number of Employed Persons(10000 persons)**	**1002.45**	**1503.11**	**1964.71**	**2015.02**	**2149.14**	**6.7**
#私营	Private	422.35	629.85	829.20	861.91	905.72	5.1
个体	Individual	430.82	659.51	834.01	862.37	936.18	8.6
地区生产总值 （亿元）	**Gross Domestic Product (100 million yuan)**	**5265.20**	**8826.99**	**13124.05**	**15133.33**	**16707.89**	**12.3**
第一产业	Primary Industry	438.48	602.97	1621.43	1885.00	1919.43	4.9
第二产业	Secondary Industry	2129.35	3779.58	5422.55	6393.38	6932.08	14.2
工业	Industry	1857.07	3303.98	4979.53	5901.00	6450.59	15.2
#规模以上	Above Designated Size	923.56	1744.42				
建筑业	Construction	272.28	475.60	443.02	492.38	481.49	0.7
第三产业	Tertiary Industry	2697.36	4444.44	6080.08	6854.95	7856.38	12.2
交通运输仓储和邮政业	Transport, Storage and Postal Services	287.09	390.70	493.82	544.30	702.31	8.9
批发零售贸易业	Wholesale and Retail Trades	1054.80	1650.06	2103.83	2481.88	3014.69	18.8
住宿和餐饮业	Hotels and Catering Services	280.41	415.95	610.46	732.71	851.33	15.2
金融业	Finance	36.25	49.18	127.36	147.70	149.57	11.7
房地产业	Real Estate	552.50	1115.79	1732.62	1786.58	1745.13	7.0
其他服务业	Other Services	486.30	822.76	1011.98	1161.78	1393.35	5.3
工业 （亿元）	**Industry (100 million yuan)**						
工业总产值(当年价)	Gross Output Value of Industry (at Current Prices)	7442.40	12939.08	19385.75	23875.44	25176.78	21.9
产品销售收入	Sales Revenue of Products	7212.02	12498.06	18301.35	21999.09		
利润	Profits	309.80	779.66	627.26	823.74		
税金	Taxes	138.53	326.93	432.46	492.20		
固定资产投资 （亿元）	**Investment in Fixed Assets (100 million yuan)**	**1501.71**	**2480.98**	**3545.51**	**6009.48**	**6958.25**	**15.8**
进出口总额 （万美元）	**Total Value of Imports and Exports (USD 10000)**						
出口总额	Exports	414771	2994773	6671212	7202699	7239838	-1.4
进口总额	Imports	441290	2093517	3248429	3762158	4428122	17.7
运输邮电业	**Transportation, Postal and Telecommunication Services**						
营业收入 （亿元）	Business Revenue (100 million yuan)	122.10	177.38	226.62	231.19	265.75	10.9
批发零售贸易餐饮业 （亿元）	**Wholesale and Retail Trades and Catering Services (100 million yuan)**						
批发贸易业销售额	Sales Value of Wholesale Trade	8821.17	13520.35	16933.81	19237.85	22223.69	15.2
批发贸易业零售额	Retail Sales of Wholesale Trade	3455.13	5277.20	7059.32	8536.71	9772.39	18.4
批发零售贸易税金	Taxes of Wholesale and Retail Trades	119.60	184.07	255.50	274.47	310.74	6.6
餐饮业零售额	Retail Sales of Catering Services	618.01	889.69	1269.69	1564.01	1871.57	21.1
餐饮业税金	Taxes of Catering Services	16.42	23.50	29.78	51.38	58.60	13.4
税金 （亿元）	**Taxes (100 million yuan)**	**535.71**	**1184.49**	**1775.70**	**2226.09**	**2305.59**	**3.6**
#私营	Private	141.72	310.24	493.99	592.73	604.74	2.0
个体	Individual	139.46	210.70	300.62	399.54	338.36	-15.3

注：1. 本表民营经济统计范围是指私营企业和个体经济，以及股份合作企业、其他联营企业、其他有限责任公司中的私人控股部分。
2. 2006-2009年农业、建筑业民营经济统计范围作了调整，数据与其他年份不可比，2009年增长速度根据第二次全国经济普查数据进行调整。
3. 2008、2009年固定资产投资额为民间投资，统计范围包括民营经济固定资产投资额和集体经济固定资产投资额。

Note: a) The statistical coverage of private economy in this table refers to private enterprises, individual economy,and privately-controlled economy in share-holding cooperative enterprises, other joint-operation enterprises, and other limited liability corporations.
b) The statistical coverage of private economy of agriculture and construction from 2006 to 2009 has been adjusted, hence the data are not comparable to the previous years. The growth rate of 2009 is adjusted in accordance with the second national economic census.
c) The volume of investment in fixed assets in 2008 and in 2009 refers to private economy investment. The statistics cover the volume of investment in fixed assets made by private economy and that made by collective economy.

2-12 企业生产经营主要微观经济指标景气指数情况（2009年）
Major Microeconomic Indicators and Climate Index on the Production and Management of Enterprises (2009)

项　目	Item	一季度 1st Quarter	二季度 2nd Quarter	三季度 3rd Quarter	四季度 4th Quarter
生产总量	Total Output	70.6	113.6	124.3	123.1
盈利(亏损)变化	Changes in Profits or Losses	81.6	108.2	118.0	124.1
流动资金	Circulating Funds	109.5	106.7	107.0	111.8
货款拖欠	Payment Delinquent	100.5	100.4	104.5	108.4
劳动力需求	Demand for Labor Force	86.3	101.3	116.7	113.2
固定资产投资	Investment in Fixed Assets	89.3	103.3	111.8	113.6
产品订货	Orders for Products	81.5	97.5	112.4	116.9
企业融资	Corporoate Financing	99.6	99.9	103.4	105.8

2-13 企业家信心指数（2009年）

Entrepreneur Confidence Index (2009)

项 目	Item	一季度 1st Quarter	二季度 2nd Quarter	三季度 3rd Quarter	四季度 4th Quarter
总指数	**General Index**	**98.7**	**112.2**	**124.2**	**132.1**
按行业分	**Grouped by Sector**				
工业	Industry	94.3	109.6	123.0	131.1
#采掘业	Mining and Dressing	65.3	143.6	130.1	171.8
制造业	Manufacture	90.4	107.4	122.0	130.4
电力、燃气及水的生产与供应业	Production and Supply of Electric Power, Gas and Water	128.7	132.8	133.9	136.1
建筑业	Construction	108.2	116.5	126.4	133.6
交通运输、仓储及邮政业	Transport, Storage and Postal Services	106.0	97.5	110.1	110.2
批发和零售业	Wholesale and Retail Trades	106.7	117.3	123.3	135.4
房地产业	Real Estate	99.2	125.0	129.0	148.1
社会服务业	Social Services	107.4	113.8	132.2	125.5
信息传输、计算机服务和软件业	Data Transmission, Computer Services and Software	126.3	142.8	150.4	157.0
住宿和餐饮业	Hotels and Catering Services	79.9	88.2	109.8	113.2
按企业登记注册类型分	**Grouped by Status of Registration**				
国有企业	State-owned Enterprises	122.3	117.7	128.7	130.1
集体企业	Collective-owned Enterprises	91.7	101.0	104.8	118.7
股份合作企业	Cooperative Enterprises	88.0	100.0	108.0	120.0
联营企业	Joint Ownership Enterprises	75.0	100.0	100.0	125.0
有限责任公司	Limited Liability Companies	95.1	104.0	118.9	127.0
股份有限公司	Share-holding Companies	105.5	123.5	129.9	143.6
私营企业	Private Enterprises	89.1	112.9	126.2	131.1
外商及港、澳、台投资企业	Enterprises with Foreign Investment and Enterprises with Investment from Hong Kong, Macao and Taiwan	93.6	112.9	127.6	133.3
按企业规模分	**Grouped by Size of Enterprise**				
大型	Large	106.6	125.8	141.6	147.2
中小型	Small and Medium	95.3	106.7	118.0	126.0
#中型	Medium	95.5	111.0	122.8	131.8
小型	Small	94.8	100.9	111.4	118.0
特殊分组	**Special Group**				
国家重点企业	Key State Enterprises	101.8	100.0	124.0	123.8
乡镇企业	Township Enterprises	96.4	102.5	104.1	121.7
上市企业	Listed Enterprises	111.3	127.8	136.8	149.7
国有控股企业	State-holding Enterprises	110.4	117.9	128.9	136.1

注:企业的景气指数是由国家统计局广东调查总队对全省2846家企业的企业家定期进行问卷调查得出的数(下同)。

Note: The business climate index is calculated on the basis of regular questionnaires answered by 2846enterprises surveyed by survey office of the National Bureau of Statistics in Guangdong. The same applies to following tables.

2-14 企业景气指数（2009年）
Business Climate Index (2009)

项　　目	Item	一季度 1st Quarter	二季度 2nd Quarter	三季度 3rd Quarter	四季度 4th Quarter
总指数	**General Index**	**109.8**	**118.9**	**130.1**	**138.4**
按行业分	**Grouped by Sector**				
工业	Industry	103.8	116.3	129.8	138.3
#采掘业	Mining and Dressing	54.7	118.6	130.1	155.1
制造业	Manufacture	101.6	115.8	128.9	138.0
电力、燃气及水的生产与供应业	Production and Supply of Electric Power, Gas and Water	120.5	122.8	141.5	139.9
建筑业	Construction	113.9	123.6	127.1	136.5
交通运输、仓储及邮政业	Transport, Storage and Postal Services	117.8	105.2	113.7	117.3
批发和零售业	Wholesale and Retail Trades	123.5	129.4	132.7	145.6
房地产业	Real Estate	116.0	131.8	136.3	144.9
社会服务业	Social Services	115.1	113.3	134.0	129.9
信息传输、计算机服务和软件业	Data Transmission, Computer Services and Software	139.1	143.1	151.6	161.7
住宿和餐饮业	Hotels and Catering Services	96.0	94.5	107.4	119.5
按企业登记注册类型分	**Grouped by Status of Registration**				
国有企业	State-owned Enterprises	127.8	123.9	133.4	136.1
集体企业	Collective-owned Enterprises	100.6	107.0	108.0	116.7
股份合作企业	Cooperative Enterprises	93.2	92.0	100.0	108.0
联营企业	Joint Ownership Enterprises	75.0	100.0	100.0	100.0
有限责任公司	Limited Liability Companies	104.1	113.3	120.7	132.8
股份有限公司	Share-holding Companies	118.8	138.5	149.0	154.2
私营企业	Private Enterprises	107.0	115.4	123.3	130.6
外商及港、澳、台投资企业	Enterprises with Foreign Investment and Enterprises with Investment from Hong Kong, Macao and Taiwan	107.3	114.0	131.5	141.3
按企业规模分	**Grouped by Size of Enterprise**				
大型	Large	126.3	140.5	154.1	168.4
中小型	Small and Medium	102.0	110.8	120.9	127.7
#中型	Medium	104.6	115.5	125.9	133.5
小型	Small	96.7	104.5	114.1	119.9
特殊分组	**Special Group**				
国家重点企业	Key State Enterprises	105.9	101.3	117.2	134.8
乡镇企业	Township Enterprises	100.8	105.0	110.5	120.1
上市企业	Listed Enterprises	121.0	137.6	152.1	159.6
国有控股企业	State-controlled Enterprises	122.7	126.2	135.3	142.6

2-15 主要行业大类企业家信心指数（2009年）
Entrepreneur Confidence Index by Major Sector (2009)

项 目	Item	一季度 1st Quarter	二季度 2nd Quarter	三季度 3rd Quarter	四季度 4th Quarter
工业	**Industry**				
农副食品加工业	Processing of Farm and Sideline Food	103.6	109.7	126.2	133.0
食品制造业	Manufacture of Food	133.0	131.1	138.0	146.1
饮料制造业	Manufacture of Beverage	104.5	115.4	139.9	127.8
纺织业	Textile Industry	71.2	90.8	101.2	119.7
纺织服装、鞋、帽制造业	Manufacture of Textile Garments, Footwear and Headgear	75.5	95.7	117.4	130.4
皮革、毛皮、羽绒及其制品业	Leather, Fur, Feather, Down and Related Products	58.2	78.3	84.6	108.1
家具制造业	Furniure Manufacturing	80.4	92.0	103.8	122.8
造纸及纸制品业	Papermaking and Paper Products	86.9	107.3	131.3	133.7
印刷业、记录媒介的复制	Printing and Record Medium Reproduction	89.9	103.1	117.5	129.9
文教体育用品制造业	Cultural, Educational and Sports Articles	93.6	93.1	100.7	120.7
化学原料及化学制品制造业	Manufacture of Raw Chemical Materials and Chemical Products	124.2	115.8	122.5	124.1
医药制造业	Manufacture of Medicines	127.2	134.7	142.3	151.5
塑料制品业	Plastic Products	80.7	98.8	113.6	121.4
非金属矿物制品业	Nonmetal Mineral Products	97.2	99.5	115.9	129.6
黑色金属冶炼及压延加工业	Manufacture and Processing of Ferrous Metals	34.3	55.2	103.2	107.1
有色金属冶炼及压延加工业	Manufacture & Processing of Non-ferrous Metals	69.3	114.7	134.1	133.0
金属制品业	Metal Products	38.5	44.1	59.3	63.4
通用设备制造业	Manufacture of General-purpose Machinery	71.7	103.6	103.6	123.1
专用设备制造业	Manufacture of Special-purpose Machinery	105.5	115.0	127.6	140.1
交通运输设备制造业	Manufacture of Transport Equipment	99.0	119.0	136.8	146.5
电气机械及器材制造业	Manufacture of Electrical Machinery and Equipment	86.1	116.1	131.5	136.5
通信设备、计算机及其它电子设备制造业	Manufacture of Communication Equipment, Computers and Other Electronic Equipment	86.5	118.6	137.5	142.1
仪器仪表及文化、办公用机械制造业	Manufacture of Instruments, Meters and Machinery for Cultural and Office Use	82.1	99.7	113.6	124.8
电力、热力的生产和供应业	Production and Supply of Electric Power and Heat Power	128.0	132.0	134.7	137.6
水的生产和供应业	Production and Distribution of Water	122.8	130.8	126.9	130.6
建筑业	**Construction**				
房屋和土木工程建筑业	Construction of Buildings and Civil Engineering	107.8	117.2	127.2	134.1
建筑安装业	Architectural Installation	94.9	108.3	133.3	125.0
建筑装饰业	Architectural Decoration	126.9	118.9	114.5	136.7
交通运输、仓储及邮政业	**Transport, Storage and Postal Services**				
铁路运输业	Transport Via Railway	191.6	141.8	176.2	118.0
道路运输业	Road Transport	78.4	88.2	94.1	99.7
城市公共交通业	Urban Public Transport	113.2	105.0	113.6	105.0
水上运输业	Waterway Transport	51.6	62.9	73.7	91.0
航空运输业	Air Transport	176.9	152.7	166.8	159.5
装卸运输和其他运输服务业	Loading, Unloading, and Other Transport Services	65.5	83.4	109.6	123.5
仓储业	Storage	78.7	109.1	109.1	100.0
邮政业	Postal Services	129.0	127.1	134.7	130.1
批发和零售业	**Wholesale and Retail Trades**				
批发业	Wholesale	101.1	114.3	114.7	131.3
零售业	Retail Trade	118.4	120.7	140.3	141.5
房地产业	**Real Estate**	**99.2**	**125.0**	**129.0**	**148.1**
社会服务业	**Social Services**				
商务服务业	Business Services	111.1	112.9	137.1	128.6
信息传输和计算机服务及软件业	**Data Transmission, Computer Services and Software**				
信息传输业	Data Transmission	131.3	145.2	155.3	157.2
计算机服务业	Computer Services	108.9	128.5	136.9	136.9
软件业	Software	125.1	145.1	144.8	169.1
住宿和餐饮业	**Hotels and Catering Services**				
住宿业	Hotels	79.1	83.1	102.0	113.1
餐饮业	Catering Services	77.7	95.6	121.6	114.4

2-16 主要行业大类企业景气指数（2009年）
Business Climate Index by Major Sector (2009)

项目	Item	一季度 1st Quarter	二季度 2nd Quarter	三季度 3rd Quarter	四季度 4th Quarter
工业	**Industry**				
农副食品加工业	Processing of Farm and Sideline Food	105.9	107.0	133.4	134.7
食品制造业	Manufacture of Food	136.8	135.0	146.4	159.1
饮料制造业	Manufacture of Beverage	111.3	142.2	154.9	130.6
纺织业	Textile Industry	94.9	99.3	103.5	111.6
纺织服装、鞋、帽制造业	Manufacture of Textile Garments, Footwear and Headgear	102.5	125.8	126.7	134.3
皮革、毛皮、羽绒及其制品业	Leather, Fur, Feather, Down and Related Products	92.5	81.6	118.2	128.1
家具制造业	Furniure Manufacturing	96.8	103.8	92.0	139.7
造纸及纸制品业	Papermaking and Paper Products	79.0	108.3	155.9	136.4
印刷业、记录媒介的复制	Printing and Record Medium Reproduction	109.2	105.2	129.3	120.3
文教体育用品制造业	Cultural, Educational and Sports Articles	103.0	94.8	115.6	112.2
化学原料及化学制品制造业	Manufacture of Raw Chemical Materials and Chemical Products	106.4	135.3	139.3	138.1
医药制造业	Manufacture of Medicines	152.6	147.0	140.9	152.1
塑料制品业	Plastic Products	88.4	102.3	121.0	131.1
非金属矿物制品业	Nonmetal Mineral Products	106.9	104.5	103.9	125.0
黑色金属冶炼及压延加工业	Manufacture and Processing of Ferrous Metals	33.6	81.8	96.0	96.1
有色金属冶炼及压延加工业	Manufacture & Processing of Non-ferrous Metals	77.4	111.0	137.8	137.2
金属制品业	Metal Products	41.5	49.7	65.5	66.3
通用设备制造业	Manufacture of General-purpose Machinery	88.2	104.3	113.4	127.0
专用设备制造业	Manufacture of Special-purpose Machinery	116.5	132.7	121.1	147.0
交通运输设备制造业	Manufacture of Transport Equipment	139.9	121.7	149.9	160.2
电气机械及器材制造业	Manufacture of Electrical Machinery and Equipment	91.9	122.2	140.5	152.5
通信设备、计算机及其它电子设备制造业	Manufacture of Communication Equipment, Computers and Other Electronic Equipment	95.1	121.5	138.3	153.4
仪器仪表及文化、办公用机械制造业	Manufacture of Instruments, Meters and Machinery for Cultural and Office Use	86.7	109.5	122.1	146.4
电力、热力的生产和供应业	Production and Supply of Electric Power and Heat Power	118.7	122.1	150.6	140.7
水的生产和供应业	Production and Distribution of Water	111.8	123.2	119.1	130.8
建筑业	**Construction**				
房屋和土木工程建筑业	Construction of Buildings and Civil Engineering	113.6	123.1	126.6	136.3
建筑安装业	Architectural Installation	111.6	125.0	133.3	116.7
建筑装饰业	Architectural Decoration	121.8	131.2	131.2	153.4
交通运输、仓储及邮政业	**Transport, Storage and Postal Services**				
铁路运输业	Transport Via Railway	158.2	121.8	164.3	118.0
道路运输业	Road Transport	110.4	102.6	104.1	108.5
城市公共交通业	Urban Public Transport	112.0	111.8	116.1	120.5
水上运输业	Waterway Transport	68.1	87.2	102.2	106.0
航空运输业	Air Transport	180.0	121.1	127.4	157.7
装卸运输和其他运输服务业	Loading, Unloading, and Other Transport Services	94.6	98.3	109.1	115.0
仓储业	Storage	96.8	100.0	81.8	100.0
邮政业	Postal Services	125.8	143.0	145.5	143.2
批发和零售业	**Wholesale and Retail Trades**				
批发业	Wholesale	114.2	124.8	127.4	139.6
零售业	Retail Trade	144.3	138.5	143.1	157.2
房地产业	**Real Estate**	**116.0**	**131.8**	**136.3**	**144.9**
社会服务业	**Social Services**				
商务服务业	Business Services	119.4	114.3	140.7	132.7
信息传输和计算机服务及软件业	**Data Transmission, Computer Services and Software**				
信息传输业	Data Transmission	140.6	150.7	153.0	165.0
计算机服务业	Computer Services	135.2	116.3	140.5	154.1
软件业	Software	143.3	136.2	154.3	158.5
住宿和餐饮业	**Hotels and Catering Services**				
住宿业	Hotels	94.1	94.4	106.6	125.1
餐饮业	Catering Services	95.6	94.5	111.1	109.4

2-17 各行业企业景气指数（2009年）

Business Climate Index by Sector (2009)

指 标	Item	一季度 1st Quarter	二季度 2nd Quarter	三季度 3rd Quarter	四季度 4th Quarter
总指数	**General Index**	**109.8**	**118.9**	**130.1**	**138.4**
工业	**Industry**				
企业综合生产经营	Comprehensive Production and Management	105.5	116.3	129.8	138.3
生产成本	Production Cost	102.7	88.7	80.4	69.9
生产总量	Total Output	68.5	120.4	129.1	125.8
产品订货	Orders of Products	76.2	99.8	115.5	122.1
#国外订货	Overseas Order	75.9	91.7	104.7	109.3
产品销售量	Product Sales	68.6	121.7	130.2	129.8
产品销售价格	Product Sales Price	77.8	92.8	100.1	107.6
产成品库存	Finished Product Inventories	109.0	113.0	127.4	131.6
税后利润	After-tax Profits	82.7	113.9	121.3	128.4
流动资金	Circulating Funds	102.3	107.5	105.1	112.4
企业融资	Corporate Financing	93.9	101.5	105.4	107.5
货款拖欠	Payment Delinquent	94.4	96.6	103.6	108.4
劳动力需求	Demand for Labor Force	69.5	103.2	121.7	115.8
固定资产投资	Investment in Fixed Assets	90.5	103.6	113.4	114.3
科技创新	Scientific and Technological Innovation	109.9	107.8	110.7	112.3
主要原材料及能源购进价格	Purchasing Price of Main Raw Materials and Energies	117.3	82.9	72.7	62.0
主要原材料及能源供应	Supply of Main Raw Materials and Energies	139.2	135.1	139.8	136.1
建筑业	**Construction**				
企业综合生产经营	Comprehensive Production and Management	113.9	123.6	127.1	136.5
工程合同	Number of Contracts Signed	84.9	108.8	107.0	121.0
#国(境)外合同	Overseas Contracts	87.7	91.0	89.1	93.7
建筑工程量	Volume of Construction Projects	76.3	117.5	117.2	131.8
新开工工程量	Volume of Newly Started Construction	74.0	105.7	113.2	123.8
技术设备能力	Technological and Facility Capabilities	157.7	150.8	149.7	152.2
工程进度	Project Progress	96.0	124.4	126.9	142.8
工程结算收入	Revenue of Project Settlement Accounts	72.3	106.7	117.6	129.3
建筑材料购进价格	Purchasing Price of Construction Materials	133.1	82.4	64.3	60.9
工程结算成本	Cost of Project Settlement Accounts	117.6	84.3	67.7	60.2
税后利润	After-tax Profits	91.0	106.1	115.5	123.4
流动资金	Circulating Funds	78.9	81.1	92.5	92.9
企业融资	Corporate Financing	77.8	83.7	87.8	89.3
工程款拖欠	Delinquent Payment of Construction Costs	94.1	88.3	93.6	86.2
劳动力需求	Demand for Labor Force	85.8	113.0	124.6	126.9
固定资产投资	Investment in Fixed Assets	87.2	103.3	101.1	111.4
交通运输、仓储及邮政业	**Transport, Storage and Postal Services**				
企业综合生产经营	Comprehensive Production and Management	117.8	105.2	113.7	117.3
业务预订	Reservation of Services	83.8	79.7	110.5	92.4
业务量	Business Volume	87.2	87.5	113.5	95.3
业务收费价格	Business Prices	89.5	83.0	94.3	98.7
营业成本	Business Costs	80.7	87.8	59.9	65.2
税后利润	After-tax Profits	78.7	76.4	105.6	87.9
流动资金	Circulating Funds	113.3	104.3	110.4	106.8
企业融资	Corporate Financing	103.2	100.2	103.8	103.8
货款拖欠	Payment Delinquent	109.2	100.6	106.2	105.8
劳动力需求	Demand for Labor Force	105.0	93.0	107.4	95.3
固定资产投资	Investment in Fixed Assets	93.0	95.7	106.4	108.2

2-17 续表 1 continued

指 标	Item	一季度 1st Quarter	二季度 2nd Quarter	三季度 3rd Quarter	四季度 4th Quarter
批发和零售贸易业	**Wholesale and Retail Trades**				
企业综合生产经营	Comprehensive Production and Management	123.5	129.4	132.7	145.6
商品购进	Purchase of Commodities	89.9	100.0	108.4	116.2
商品购进价格	Purchasing Price	115.7	91.3	72.7	70.8
商品销售	Sales of Commodities	86.3	106.4	116.9	127.2
#出口	Exports	80.8	102.5	101.3	104.7
商品销售价格	Selling Price	74.0	100.9	114.4	122.6
商品库存	Inventories	122.5	124.6	127.8	129.0
经营费用	Operating Expenses	89.6	91.9	85.3	82.3
竞争能力	Competitiveness	136.8	134.6	135.3	137.3
税后利润	After-tax Profits	91.6	108.5	118.3	128.5
流动资金	Circulating Funds	116.0	118.2	119.9	117.6
企业融资	Corporate Financing	111.2	106.6	110.8	110.9
货款拖欠	Payment Delinquent	101.6	115.8	106.4	114.3
劳动力需求	Demand for Labor Force	89.1	96.8	103.7	110.4
固定资产投资	Investment in Fixed Assets	97.2	99.3	105.7	115.3
房地产业	**Real Estate**				
企业综合生产经营	Comprehensive Production and Management	116.0	131.8	136.3	144.9
土地开发面积	Land Areas Developed	67.6	99.1	104.8	108.1
完成投资	Investment Completed	77.4	114.4	118.0	119.7
新开工面积	Area of Newly Started Projects	63.1	93.1	105.4	105.0
房屋竣工面积	Floor Space Completed	69.2	101.0	85.5	109.9
商品房预售面积	Floor Space of Commercial Houses Sold in Advance	76.1	101.1	102.4	101.2
商品房销售面积	Floor Space of Commercial Houses Sold	83.2	105.5	108.0	103.2
商品房销售价格	Selling Price of Commercial Houses	89.9	105.4	120.3	129.9
空置商品房面积	Floor Space of Vacant Commercial Houses	132.2	150.4	150.3	161.9
税后利润	After-tax Profits	79.7	106.2	102.9	127.9
流动资金	Circulating Funds	92.8	94.5	102.5	112.3
企业融资	Corporate Financing	85.5	89.9	91.9	101.0
货款拖欠	Payment Delinquent	120.9	123.2	125.9	128.1
劳动力需求	Demand for Labor Force	77.4	98.5	100.4	110.0
固定资产投资	Investment in Fixed Assets	90.4	101.4	107.9	106.6
社会服务业	**Social Services**				
企业综合生产经营	Comprehensive Production and Management	115.1	113.3	134.0	129.9
服务预订	Reservation of Services	89.4	78.1	117.5	95.7
竞争能力	Competitiveness	149.8	136.3	146.1	144.6
旅游客源	Tourist Source	110.7	71.1	144.2	104.8
收费服务价格	Service Price	83.7	75.3	100.9	81.4
业务量	Business Volume	100.6	85.4	122.2	95.9
营业成本	Business Costs	72.3	75.1	72.0	82.9
税后利润	After-tax Profits	78.9	86.4	119.7	100.7
流动资金	Circulating Funds	108.4	103.0	102.8	102.7
企业融资	Corporate Financing	87.4	91.0	92.5	93.9
货款拖欠	Payment Delinquent	104.6	89.2	94.7	102.2
劳动力需求	Demand for Labor Force	85.6	91.8	114.5	93.5
固定资产投资	Investment in Fixed Assets	99.4	102.3	111.9	102.7

2-17 续表 2 continued

指 标	Item	一 季 度 1st Quarter	二 季 度 2nd Quarter	三 季 度 3rd Quarter	四 季 度 4th Quarter
信息传输、计算机服务和软件业	**Data Transmission, Computer Services and Software**				
企业综合生产经营	Comprehensive Production and Management	139.1	143.1	151.6	161.7
产品销售	Product Sales	114.4	134.5	131.3	138.6
产品订货	Product Order	95.6	114.9	113.8	128.7
竞争能力	Competitiveness	152.1	144.9	149.8	161.1
销售价格	Selling Price	76.5	81.4	81.7	86.1
营业收入	Business Revenue	98.8	132.7	126.7	137.0
营业成本	Business Costs	95.9	88.7	86.3	77.8
税后利润	After-tax Profits	103.2	127.0	130.5	133.1
流动资金	Circulating Funds	132.5	135.9	138.6	137.0
企业融资	Corporate Financing	120.2	124.5	123.7	128.1
货款拖欠	Payment Delinquent	105.0	100.8	102.1	98.4
劳动力需求	Demand for Labor Force	114.5	115.6	126.8	125.6
固定资产投资	Investment in Fixed Assets	115.8	131.2	132.4	139.2
住宿和餐饮业	**Hotels and Catering Services**				
企业综合生产经营	Comprehensive Production and Management	96.0	94.5	107.4	119.5
业务预订	Business Reservation	56.9	65.1	88.9	120.1
业务量	Business Volume	63.3	71.0	95.1	119.5
竞争能力	Competitiveness	122.0	114.3	119.6	125.2
客房出租	Guest Rooms for Rent	69.3	66.8	72.8	89.1
收费服务价格	Service Price	70.6	83.9	84.7	93.2
营业收入	Business Revenue	50.9	75.1	99.5	107.6
营业成本	Business Costs	97.0	95.3	76.7	71.1
税后利润	After-tax Profits	58.5	73.0	91.7	105.8
流动资金	Circulating Funds	90.1	87.2	90.9	97.5
企业融资	Corporate Financing	85.9	75.8	83.7	86.0
货款拖欠	Payment Delinquent	99.2	97.7	95.6	94.8
劳动力需求	Demand for Labor Force	75.7	89.2	105.2	117.4
固定资产投资	Investment in Fixed Assets	97.6	95.8	109.6	113.4

2-18 企业宏观经济景气状况

Macro Economic Climate Situations of Enterprises

指　标	Item	2000	2005	2006	2007	2008	2009
一季度	**1st Quarter**						
乐观	Optimistic	40.8	45.8	44.9	50.5	47.6	20.7
一般	Neither Optimistic Nor Pessimistic	47.9	46.8	47.6	43.9	43.3	57.3
不乐观	Pessimistic	11.3	7.4	7.6	5.6	9.1	22.0
企业家信心指数	Entrepreneur Expectation Index	129.5	138.4	137.3	144.8	138.5	98.7
二季度	**2nd Quarter**						
乐观	Optimistic	41.6	43.4	45.7	51.2	44.1	27.0
一般	Neither Optimistic Nor Pessimistic	46.0	47.1	46.7	43.0	45.8	58.1
不乐观	Pessimistic	12.5	9.6	7.6	5.8	10.1	14.9
企业家信心指数	Entrepreneur Expectation Index	129.1	133.8	138.2	145.4	134.0	112.2
三季度	**3rd Quarter**						
乐观	Optimistic	40.4	40.8	45.0	52.8	38.9	34.0
一般	Neither Optimistic Nor Pessimistic	46.6	50.0	47.5	41.3	47.3	56.2
不乐观	Pessimistic	13.0	9.2	7.5	5.9	13.8	9.8
企业家信心指数	Entrepreneur Expectation Index	127.5	131.6	137.6	146.9	125.1	124.2
四季度	**4th Quarter**						
乐观	Optimistic	41.0	40.6	47.6	51.4	23.6	39.2
一般	Neither Optimistic Nor Pessimistic	45.1	49.7	46.1	41.9	47.2	53.7
不乐观	Pessimistic	14.0	9.7	6.2	6.8	29.3	7.1
企业家信心指数	Entrepreneur Expectation Index	127.0	130.9	141.4	144.7	94.3	132.1

2-19 企业综合生产经营状况

Comprehensive Production and Management Situations of Enterprises

指　标	Item	2000	2005	2006	2007	2008	2009
一季度	**1st Quarter**						
良好	improving	45.0	48.2	46.4	50.3	45.6	27.4
一般	Retaining the Same level	37.4	42.0	44.7	42.5	45.5	55.1
不佳	Worse	17.6	9.8	8.9	7.1	8.9	17.6
企业景气指数	Business Climate Index	127.4	138.5	137.5	143.2	136.7	109.8
二季度	**2nd Quarter**						
良好	improving	40.8	43.5	48.4	52.6	46.0	32.0
一般	Retaining the Same level	44.8	47.6	44.1	41.3	45.6	54.9
不佳	Worse	14.3	8.9	7.5	6.1	8.5	13.1
企业景气指数	Business Climate Index	126.5	134.6	140.9	146.5	137.6	118.9
三季度	**3rd Quarter**						
良好	improving	45.4	44.2	48.7	54.5	42.9	39.8
一般	Retaining the Same level	40.4	47.4	44.5	40.7	47.1	50.5
不佳	Worse	14.2	8.5	6.8	4.7	10.0	9.7
企业景气指数	Business Climate Index	131.3	135.7	141.9	149.9	132.9	130.1
四季度	**4th Quarter**						
良好	improving	46.5	47.8	50.6	53.7	29.8	46.1
一般	Retaining the Same level	40.7	42.7	43.5	39.6	51.5	46.3
不佳	Worse	12.8	9.5	6.0	6.7	18.7	7.7
企业景气指数	Business Climate Index	133.7	138.4	144.6	147.0	111.0	138.4

主要统计指标解释

发展速度 用以反映社会经济发展程度的相对指标，根据两个不同时期发展水平的对比而得。由于比较的标准时期不同，发展速度可分为定期发展速度和环比发展速度两种。

增长速度 发展速度－1（或100%）就是增长速度。即增长速度＝发展速度－1（或100%）。

平均每年增长速度 我国计算平均增长速度有两种方法，一种是习惯上经常使用的“水平法”，又称几何平均法，是以间隔最后一年的水平同基期水平对比来计算平均每年增长（或下降）的速度；另一种是“累计法”又称代数平均法或方程法，是以间隔年内各年水平的总和同基期水平对比来计算平均每年增长（或下降）的速度。具体计算方法，可参照中国财经出版社出版的《平均增长速度查对表》。

在一般正常情况下，两种方法计算的平均每年增长速度比较接近，但在经济发展不平衡出现大起大落时，两种方法计算的结果差别较大。

本《年鉴》内所列的平均每年增长速度都是用水平法计算的。从某年到某年平均增长速度的年份，均不包基期年在内。如1981－2009年平均每年增长速度，是以1980年为基期，2009年为报告期，年份从1981年算起，共29年。

当年价格 是报告期的实际价格，如工厂的出厂价格，农产品的收购价格，商品的零售价格等。按当年价格计算，是指一些以货币表现的物量指标，如工业总产值、国内生产总值等，按照当年的实际价格来计算总量。按当年价格计算的价值指标，在不同年份之间进行对比时，因为包含有各年间价格变动的因素，不能确切地反映实物量的增减变动。因此，在计算增长速度时都使用按可比价格计算的数字。

景气指数 又称景气度，是对企业景气调查中的定性指标进行量化描述。通过其上升和下降的动态变化，直观地反映经济所处的状态。景气指数的数值范围在0—200之间，100为景气指数的临界值：当景气指数大于100时，表明经济状况趋于上升或改善，处于景气状态；当景气指数小于100时，表明经济状况趋于下降或恶化，处于不景气状态。

Explanatory Notes on Main Statistical Indicators

Development Rate is a relative indicator of the degree of social and economic development calculated through the comparison of two different periods in the degree of development. Development rate can take the form of either fixed-base development rate or chain base development rate.

Growth Rate is equal to development rate minus one (or 100%), i.e. growth rate = development rate −1 (or 100%)

Average Annual Growth Rate Two methods for calculating average annual growth rate are applied in China, one is the more commonly-used "level approach" or the method of calculating geometric average, which is derived by comparing the level of the last year of the interval to that of the base year; the other is called "accumulative approach" or algebraic average or equation method, which is derived by comparing the summation of the actual figure of each year in the interval to the figure in the base year. The detailed calculating methods can be found by reference to the Check Table of Average Growth Rate published by China Financial Publishing House.

Under normal conditions the results calculated by the two methods are fairly close, but they differed sharply when uneven economic development occurred with striking fluctuations in growth.

The average annual growth rates listed in this statistical yearbook are calculated by level approach. The base years are not included when the years are listed for average annual growth rates. For instance, the average annual growth rate of 28 years since 1981 is listed as average annual growth rate of 1981-2009, among which 1980 is the base year and 2009 is the reference year.

Current Price refers to the actual price in the reference period, such as ex-factory price, purchasing price of agricultural products, retail price of commodities, etc. Total values of some quantum indicators in value terms at current prices, such as gross industrial output value and gross domestic product, are calculated in accordance with actual prices of the current year. When comparing indicators of value over time at current prices, they cannot accurately reflect the changes in real term due to price fluctuations of each year. That is why growth rates are calculated at constant prices.

Climate Index refers a quantitative description of the qualitative indices of the business climate survey of an enterprise. The increase and decrease of the indices directly reflect the status of an economy. The indices are between 0 and 200. 100 is the critical value—when the index is above 100, the economic situation is improving and the business climate is favorable; when the index is below 100, the economic situation is deteriorating and the business climate is unfavorable.

三、国民经济核算

NATIONAL ECONOMIC ACCOUNTS

三　国民经济核算

简要说明

一、本篇资料反映广东国民经济核算情况。

二、国民经济核算资料主要包括生产总值及其有关资料。生产总值是根据不同产业部门、不同支出构成的特点和资料来源情况而分别采用不同方法计算的。

按支出法计算的生产总值等于最终消费、资本形成总额、货物和服务净流出之和。

分市的国民经济核算数据由各市统计局提供，由于采取分级核算，各市数据相加不等于全省总计。

本统计年鉴公布的国民经济核算资料，最后一年数据不是最终数，还会发生变动；如果遇到普查年份，在能够获得更为详细的基础资料情况下，生产总值的历史数据也会发生变动。1996 年，根据第一次第三产业普查结果，对 1992 年以前全省生产总值的历史数据作了调整；2005 年，根据全国第一次经济普查结果，对 1993-2004 年的全省生产总值历史数据作了调整；2008 年，根据全国第二次经济普查结果，对 2005-2008 年地区生产总值进行了调整。本年鉴的数据是调整后的数据。

三、本篇资料由广东省统计局核算处整理提供。

3 National Economic Accounts

Brief Introduction

Ⅰ.The data in this chapter reflect the national accounts of Guangdong Province.

Ⅱ. The data on national accounts mainly include gross domestic product (GDP) and related data. Data on GDP are calculated with various approaches in accordance with the features of various sectors, various expenditure structures and the data resources.

The GDP figure calculated with the expenditure approach equals the sum of final consumption, total capital formation and net exports of goods and services. The data on GDP with this approach may be unequal to the data on GDP calculated with the approaches mentioned above. There is a statistical discrepancy between the two figures.

The data on national accounts by city are provided by the statistical bureaus of various cities. The sum of the city data is not equal to the provincial total due to the decentralized accounting approach.

Data on the national accounts of the latest year published in the yearbook are not final and are subject to changes. The GDP data of past years may also be revised on the basis of more detailed basic data obtained during a census year. In 1996, the GDP figures of years prior to 1992 were adjusted in accordance with the result of the first tertiary industry census. In 2005, the GDP figures from 1993 to 2004 were adjusted in accordance with the result of the first national economic census. GDP data of 2006 and 2007 were adjusted in accordance with the result of the second national agricultural census. Data published in this yearbook are adjusted data.

Ⅲ. The data in this chapter are prepared and provided by the Division of National Accounts of Statistics Bureau of Guangdong Province.

3-1 地区生产总值

Gross Domestic Product

单位：亿元 (100 million yuan)

年份 Year	地区生产总值 Gross Domestic Product	第一产业 Primary Industry	第二产业 Secondary Industry	工业 Industry	建筑业 Construction	第三产业 Tertiary Industry	#交通运输、仓储和邮政业 Transport, Storage, and Post	#批发和零售业 Wholesale and Retail Trades	#金融业 Financial Intermediation	#房地产业 Real Estate
1978	185.85	55.31	86.62	76.12	10.49	43.92	10.05	19.39	4.53	1.42
1979	209.34	66.62	91.65	82.36	9.29	51.06	11.26	23.52	4.74	1.62
1980	249.65	82.97	102.53	89.87	12.66	64.14	13.72	29.53	6.10	2.13
1981	290.36	94.30	120.34	103.60	16.74	75.71	16.71	33.57	6.76	2.79
1982	339.92	118.17	135.37	113.13	22.24	86.39	18.34	38.07	7.98	3.39
1983	368.75	121.24	152.27	125.82	26.45	95.24	19.47	41.42	8.94	4.09
1984	458.74	145.25	187.55	154.33	33.22	125.93	25.68	54.41	11.76	5.09
1985	577.38	171.87	229.82	185.81	44.01	175.69	35.91	79.86	12.74	6.16
1986	667.53	188.37	255.88	208.46	47.42	223.28	40.18	89.78	20.84	11.69
1987	846.69	232.14	330.35	273.77	56.58	284.20	53.20	104.17	34.25	16.44
1988	1155.37	306.50	460.17	386.35	73.82	388.70	65.22	145.89	46.80	22.84
1989	1381.39	351.73	554.13	464.06	90.07	475.53	79.02	136.65	72.70	41.36
1990	1559.03	384.59	615.86	523.42	92.45	558.58	101.61	152.90	82.46	42.87
1991	1893.30	416.00	782.67	675.55	107.12	694.63	138.54	185.77	94.83	54.09
1992	2447.54	465.83	1100.32	899.28	201.04	881.39	174.28	236.59	122.79	81.74
1993	3469.28	558.70	1704.88	1386.83	318.05	1205.70	233.15	340.49	149.29	126.25
1994	4619.02	692.25	2253.25	1865.44	387.80	1673.52	336.95	486.46	199.84	171.11
1995	5933.05	864.49	2900.22	2448.82	451.40	2168.34	433.10	647.77	229.27	230.75
1996	6834.97	935.24	3307.51	2842.85	464.66	2592.22	505.91	798.55	264.86	283.92
1997	7774.53	978.32	3704.39	3235.42	468.97	3091.81	642.37	944.61	302.87	342.54
1998	8530.88	994.55	4067.12	3564.25	502.87	3469.21	705.98	1073.36	306.39	419.76
1999	9250.68	1009.01	4359.00	3832.44	526.56	3882.66	766.84	1174.76	331.10	505.74
2000	10741.25	986.32	4999.51	4463.06	536.45	4755.42	938.74	1371.49	443.69	626.10
2001	12039.25	988.84	5506.06	4941.20	564.86	5544.35	1114.18	1543.83	450.81	696.41
2002	13502.42	1015.08	6143.40	5548.41	594.99	6343.94	1206.20	1761.27	454.65	808.16
2003	15844.64	1072.91	7592.78	6886.97	705.81	7178.94	1263.39	2009.33	534.28	955.66
2004	18864.62	1219.84	9280.73	8485.85	794.88	8364.05	1419.78	2321.59	602.68	1103.75
2005	22557.37	1428.27	11356.60	10489.73	866.87	9772.50	1031.93	2250.66	661.81	1430.37
2006	26587.76	1532.17	13469.77	12518.59	951.18	11585.82	1208.82	2606.79	899.91	1722.07
2007	31777.01	1695.57	16004.61	14942.91	1061.70	14076.83	1418.57	2912.30	1705.08	2029.77
2008	36796.71	1973.05	18502.20	17304.79	1197.41	16321.46	1634.45	3476.44	1972.40	2057.45
2009	39482.56	2010.27	19419.70	18091.56	1328.14	18052.59	1595.34	3907.43	2283.29	2470.63

注：1. 本表按当年价格计算。

2. 2004年及以前年份第一产业不包括农林牧渔服务业，交通运输仓储和邮政业包括电信业，但不包括城市公共交通业，批发与零售业包括餐饮业（下表同）。

Notes: a) The data in this table are calculated at current prices.

b) In 2004 and prior to it, the primary industry did not include service activities for farming, forestry, animal husbandry and fishery;transport, storage,and postal services included telecommunication services,but excluded urban public transport;and wholesale and retail trades included catering services. The same applies to the following tables.

3-2 地区生产总值指数
Indices of Gross Domestic Product

上年=100 (preceding year=100)

年份 Year	地区生产总值 Gross Domestic Product	第一产业 Primary Industry	第二产业 Secondary Industry	工业 Industry	建筑业 Construction	第三产业 Tertiary Industry	#交通运输、仓储和邮政业 Transport, Storage, and Post	#批发和零售业 Wholesale and Retail Trades	#金融业 Financial Intermediation	#房地产业 Real Estate
1978	101.0	104.3	97.1			101.2				
1979	108.5	106.1	104.3	107.6	89.5	117.6	112.7	123.1	103.1	115.2
1980	116.6	112.7	116.9	113.2	136.6	122.1	119.5	119.6	126.4	136.0
1981	109.0	105.1	112.9	110.8	122.0	110.0	107.5	106.8	106.4	129.5
1982	112.0	111.9	111.5	108.1	124.9	112.5	117.4	108.0	110.0	121.0
1983	107.3	103.6	110.1	109.6	111.6	108.9	105.0	106.9	110.0	117.9
1984	115.6	112.5	118.8	120.5	113.0	115.7	105.7	116.6	116.8	109.3
1985	118.0	106.2	120.7	120.9	120.1	128.7	123.1	127.6	130.0	148.3
1986	112.7	105.6	108.1	108.8	105.4	124.7	120.9	117.9	130.2	161.1
1987	119.6	109.6	127.5	131.6	112.1	120.6	122.2	116.5	140.3	132.2
1988	115.8	106.6	124.9	128.0	111.4	113.7	121.8	108.3	115.0	127.6
1989	107.2	107.2	108.6	110.8	97.1	105.7	118.2	80.1	133.0	141.4
1990	111.6	107.3	112.7	114.4	102.7	113.4	106.8	112.2	117.3	97.6
1991	117.7	105.4	123.6	123.0	127.5	119.4	128.3	119.6	107.2	114.3
1992	122.1	105.6	133.4	130.8	149.8	119.0	120.9	119.4	121.2	146.2
1993	123.0	102.5	136.3	139.8	117.0	116.7	124.9	122.0	102.5	129.0
1994	119.7	103.1	125.7	127.2	116.2	118.4	127.6	119.4	107.4	127.4
1995	115.6	105.4	118.7	119.6	112.8	114.6	117.3	115.9	101.8	122.2
1996	111.3	104.9	112.6	113.9	102.6	111.5	109.4	114.2	107.5	115.8
1997	111.2	104.7	112.9	114.4	100.0	110.7	109.1	113.6	109.6	111.6
1998	110.8	103.8	112.4	112.9	107.6	110.4	106.7	115.0	103.1	110.6
1999	110.1	103.9	110.6	110.9	107.5	111.2	105.7	110.4	110.8	119.3
2000	111.5	102.3	112.0	113.3	99.1	113.2	117.3	109.4	122.7	115.4
2001	110.5	102.2	110.7	111.2	106.1	112.0	114.0	111.6	101.7	108.7
2002	112.4	104.3	113.7	114.9	103.5	112.5	106.3	113.3	100.6	111.9
2003	114.8	102.2	120.3	121.0	113.1	111.3	106.1	111.6	110.6	115.3
2004	114.8	104.1	118.8	120.3	102.9	112.0	112.1	109.8	106.9	108.2
2005	114.1	104.9	115.2	115.9	106.6	114.3	118.8	111.1	107.7	121.2
2006	114.8	104.2	117.0	117.7	109.0	113.8	116.3	113.0	124.7	112.8
2007	114.9	103.2	117.1	117.8	107.5	113.8	111.0	108.0	141.8	113.1
2008	110.4	103.9	111.6	112.3	100.5	109.8	108.4	112.6	109.0	93.5
2009	109.7	104.9	109.2	108.8	115.4	110.8	105.8	115.7	115.1	121.3

注：本表按可比价格计算。
Note: The data in this table are calculated at constant prices.

3-3 地区生产总值指数

Indices of Gross Domestic Product

1978年=100 (1978=100)

年份 Year	地区生产总值 Gross Domestic Product	第一产业 Primary Industry	第二产业 Secondary Industry	工业 Industry	建筑业 Construction	第三产业 Tertiary Industry	#交通运输、仓储和邮政业 Transport, Storage, and Post	#批发和零售业 Wholesale and Retail Trades	#金融业 Financial Interme-diation	#房地产业 Real Estate
1978	100.0	100.0	100.0	100.0	100.0	100.0	100.0	100.0	100.0	100.0
1979	108.5	106.1	104.3	107.6	89.5	117.6	112.7	123.1	103.1	115.2
1980	126.5	119.6	121.9	121.8	122.2	143.5	134.6	147.3	130.4	156.6
1981	137.9	125.8	137.6	135.0	149.1	157.8	144.8	157.2	138.6	202.8
1982	154.4	140.8	153.4	145.9	186.4	177.5	170.0	169.7	152.6	245.3
1983	165.6	145.9	168.8	159.9	208.0	193.3	178.6	181.5	167.8	289.1
1984	191.4	164.1	200.6	192.7	235.1	223.7	188.8	211.7	196.0	316.0
1985	225.7	174.2	242.1	233.0	282.4	287.9	232.5	270.1	254.7	468.8
1986	254.5	184.0	261.6	253.4	297.5	359.0	281.0	318.5	331.7	755.1
1987	304.5	201.7	333.4	333.4	333.5	433.0	343.4	370.9	465.3	998.5
1988	352.6	215.0	416.5	426.7	371.4	492.6	418.2	401.6	535.1	1273.9
1989	377.9	230.6	452.1	472.8	360.6	520.5	494.3	321.8	711.7	1801.5
1990	421.6	247.4	509.3	540.9	370.4	590.1	527.8	361.1	834.5	1758.4
1991	496.1	260.9	629.7	665.4	472.2	704.6	677.2	431.9	894.5	2009.4
1992	605.8	275.4	840.2	870.4	707.4	838.6	818.6	515.7	1084.5	2938.0
1993	745.1	282.4	1145.2	1217.2	827.9	979.1	1022.1	629.1	1111.4	3788.9
1994	891.9	291.2	1439.6	1547.9	962.4	1159.6	1304.3	751.2	1193.3	4828.9
1995	1030.6	306.9	1709.0	1850.6	1085.2	1329.3	1529.5	870.7	1214.2	5898.5
1996	1146.8	321.9	1924.2	2108.2	1113.5	1482.0	1673.6	994.7	1305.1	6832.5
1997	1275.1	336.9	2172.0	2412.2	1113.7	1640.1	1826.4	1129.7	1429.9	7621.7
1998	1412.9	349.6	2441.7	2723.9	1198.7	1810.5	1948.7	1299.0	1474.6	8430.9
1999	1555.9	363.3	2700.6	3021.1	1288.3	2013.9	2060.5	1434.6	1634.4	10060.7
2000	1734.3	371.7	3024.8	3421.5	1276.9	2279.9	2416.0	1570.1	2004.6	11611.0
2001	1916.2	379.9	3347.4	3805.4	1354.2	2554.0	2753.1	1751.8	2039.4	12625.5
2002	2153.3	396.3	3806.6	4372.0	1401.6	2873.3	2926.6	1984.9	2052.4	14124.3
2003	2473.0	405.1	4579.4	5292.0	1585.6	3198.8	3105.3	2215.4	2269.9	16289.3
2004	2838.7	421.8	5438.5	6365.6	1631.6	3582.9	3480.8	2433.5	2427.3	17629.0
2005	3239.7	442.5	6264.8	7378.1	1739.4	4093.5	4134.5	2704.2	2614.1	21371.6
2006	3719.4	461.1	7332.9	8685.2	1895.3	4656.3	4808.1	3055.7	3260.9	24097.0
2007	4272.3	475.9	8586.9	10234.0	2038.1	5296.7	5335.4	3301.6	4625.3	27255.5
2008	4718.1	494.5	9579.9	11496.4	2048.6	5817.7	5781.0	3718.0	5043.4	25488.8
2009	5173.4	518.9	10457.0	12504.1	2364.4	6446.7	6118.3	4302.2	5804.6	30924.9

注：本表按可比价格计算。
Note: The data in this table are calculated at constant prices.

3-4 地区生产总值产业构成

Composition of Gross Domestic Product by Industry

单位：% (%)

年份 Year	地区生产总值 Gross Domestic Product	第一产业 Primary Industry	第二产业 Secondary Industry	#工业 Industry	第三产业 Tertiary Industry
1978	100.0	29.8	46.6	41.0	23.6
1979	100.0	31.8	43.8	39.3	24.4
1980	100.0	33.2	41.1	36.0	25.7
1981	100.0	32.5	41.4	35.7	26.1
1982	100.0	34.8	39.8	33.3	25.4
1983	100.0	32.9	41.3	34.1	25.8
1984	100.0	31.7	40.9	33.6	27.4
1985	100.0	29.8	39.8	32.2	30.4
1986	100.0	28.2	38.3	31.2	33.5
1987	100.0	27.4	39.0	32.3	33.6
1988	100.0	26.5	39.8	33.4	33.7
1989	100.0	25.5	40.1	33.6	34.4
1990	100.0	24.7	39.5	33.6	35.8
1991	100.0	22.0	41.3	35.7	36.7
1992	100.0	19.0	45.0	36.7	36.0
1993	100.0	16.1	49.1	40.0	34.8
1994	100.0	15.0	48.8	40.4	36.2
1995	100.0	14.6	48.9	41.3	36.5
1996	100.0	13.7	48.4	41.6	37.9
1997	100.0	12.6	47.6	41.6	39.8
1998	100.0	11.7	47.7	41.8	40.6
1999	100.0	10.9	47.1	41.4	42.0
2000	100.0	9.2	46.5	41.6	44.3
2001	100.0	8.2	45.7	41.0	46.1
2002	100.0	7.5	45.5	41.1	47.0
2003	100.0	6.8	47.9	43.5	45.3
2004	100.0	6.5	49.2	45.0	44.3
2005	100.0	6.3	50.4	46.5	43.3
2006	100.0	5.8	50.6	47.1	43.6
2007	100.0	5.3	50.4	47.0	44.3
2008	100.0	5.4	50.3	47.0	44.3
2009	100.0	5.1	49.2	45.8	45.7

注：本表按当年价格计算。

Note: The data in this table are calculated at current prices.

3-5 三次产业贡献率

Share of the Contributions of the Three Strata of Industry

单位：%　　　　(%)

年份 Year	地区生产总值 Gross Domestic Product	第一产业 Primary Industry	第二产业 Secondary Industry	#工 业 Industry	第三产业 Tertiary Industry
1979	100.0	30.0	16.6	24.2	53.4
1980	100.0	31.0	32.1	21.0	36.9
1981	100.0	22.4	45.4	31.0	32.2
1982	100.0	37.8	31.5	17.8	30.7
1983	100.0	18.7	45.1	33.4	36.2
1984	100.0	29.2	40.5	34.1	30.3
1985	100.0	12.2	39.8	31.4	48.0
1986	100.0	14.1	22.3	19.1	63.6
1987	100.0	14.7	47.3	42.9	38.0
1988	100.0	11.4	56.8	52.0	31.8
1989	100.0	25.5	46.2	48.8	28.3
1990	100.0	16.0	43.1	41.7	40.9
1991	100.0	7.5	53.1	44.8	39.4
1992	100.0	5.5	63.1	50.1	31.4
1993	100.0	2.1	72.0	66.8	25.9
1994	100.0	2.5	65.9	60.4	31.6
1995	100.0	4.7	63.9	58.5	31.4
1996	100.0	5.3	60.9	59.4	33.8
1997	100.0	4.9	63.5	63.5	31.6
1998	100.0	3.8	64.4	60.6	31.8
1999	100.0	4.0	59.5	55.7	36.5
2000	100.0	2.0	59.7	60.1	38.3
2001	100.0	2.0	47.3	44.4	50.7
2002	100.0	3.0	51.7	50.3	45.3
2003	100.0	1.2	64.5	60.6	34.3
2004	100.0	1.9	62.7	61.8	35.4
2005	100.0	2.3	55.0	53.2	42.7
2006	100.0	1.8	58.0	55.6	40.2
2007	100.0	1.2	59.0	57.2	39.7
2008	100.0	1.9	58.0	57.8	40.1
2009	100.0	2.5	50.1	45.2	47.4

注：1. 本表按可比价格计算。
　　2. 产业贡献率指各产业增加值增量与GDP增量之比。

Notes: a) The data in this table are calculated at constant prices.
　　b) Industrial contribution rate refers to the proportion of the increment of every industrial value added to the increment of GDP.

3-6 三次产业对地区生产总值增长的拉动
Contribution of the Three Strata of Industry to GDP Growth

单位：百分点 (percentage points)

年份 Year	地区生产总值 Gross Domestic Product	第一产业 Primary Industry	第二产业 Secondary Industry	#工业 Industry	第三产业 Tertiary Industry
1979	8.5	2.5	1.4	2.0	4.5
1980	16.6	5.2	5.3	3.5	6.1
1981	9.0	2.0	4.1	2.8	2.9
1982	12.0	4.5	3.8	2.1	3.7
1983	7.3	1.4	3.3	2.4	2.6
1984	15.6	4.5	6.3	5.3	4.7
1985	18.0	2.2	7.1	5.6	8.6
1986	12.7	1.8	2.8	2.4	8.1
1987	19.6	2.9	9.3	8.4	7.5
1988	15.8	1.8	9.0	8.2	5.0
1989	7.2	1.8	3.3	3.5	2.0
1990	11.6	1.8	5.0	4.8	4.7
1991	17.7	1.3	9.4	7.9	7.0
1992	22.1	1.2	14.0	11.1	6.9
1993	23.0	0.5	16.6	15.3	6.0
1994	19.7	0.5	13.0	11.9	6.2
1995	15.6	0.7	9.9	9.1	4.9
1996	11.3	0.6	6.9	6.7	3.8
1997	11.2	0.5	7.1	7.1	3.5
1998	10.8	0.4	7.0	6.5	3.4
1999	10.1	0.4	6.0	5.6	3.7
2000	11.5	0.2	6.9	6.9	4.4
2001	10.5	0.2	5.0	4.7	5.3
2002	12.4	0.4	6.4	6.2	5.6
2003	14.8	0.2	9.6	9.0	5.1
2004	14.8	0.3	9.3	9.1	5.2
2005	14.1	0.3	7.8	7.5	6.0
2006	14.8	0.3	8.6	8.2	6.0
2007	14.9	0.2	8.8	8.5	5.9
2008	10.4	0.2	6.1	6.0	4.2
2009	9.7	0.2	4.8	4.4	4.6

注：1. 本表按可比价格计算。
2. 产业拉动指GDP增长速度与各产业贡献率之乘积。

Notes: a) The data in this table are calculated at constant prices.
b) Industrial pulling rate is the growth rate of GDP multiplying industrial contribution rate.

3-7 地区生产总值项目结构

Components of Gross Domestic Product

单位：亿元 (100 million yuan)

年份 Year	地区生产总值 Gross Domestic Product	劳动者报酬 Compensation of Employees	生产税净额 Net Taxes on Production	固定资产折旧 Depreciation of Fixed Assets	营业盈余 Operating Surplus
1978	185.85	112.58	25.13	21.07	27.07
1979	209.34	126.64	28.07	23.67	30.96
1980	249.65	151.09	32.62	28.25	37.69
1981	290.36	175.16	38.66	33.28	43.26
1982	339.92	207.09	43.58	38.11	51.14
1983	368.75	222.02	48.33	41.82	56.58
1984	458.74	274.33	59.74	52.06	72.61
1985	577.38	343.38	74.24	65.66	94.10
1986	667.53	393.11	84.86	77.99	111.57
1987	846.69	486.39	108.63	99.73	151.94
1988	1155.37	662.14	149.93	135.89	207.41
1989	1381.39	769.17	176.84	169.99	265.39
1990	1559.03	864.69	197.92	192.05	304.37
1991	1893.30	1031.46	248.47	240.20	373.17
1992	2447.54	1287.81	352.00	328.48	479.25
1993	3469.28	1822.72	478.22	450.06	718.29
1994	4619.02	2451.06	630.43	635.37	902.15
1995	5933.05	3077.86	827.17	904.23	1123.79
1996	6834.97	3584.34	985.78	1076.00	1188.84
1997	7774.53	4053.33	1111.15	1209.40	1400.66
1998	8530.88	4858.94	1268.93	1369.14	1033.86
1999	9250.68	5109.07	1375.14	1592.07	1174.40
2000	10741.25	5600.63	1759.12	1853.60	1527.91
2001	12039.25	6104.83	1939.52	1988.27	2006.62
2002	13502.42	7116.01	1988.13	2162.42	2235.87
2003	15844.64	7941.03	2303.35	2471.85	3128.41
2004	18864.62	9016.48	2659.30	2843.99	4344.85
2005	22557.37	10618.90	3177.03	3622.78	5138.66
2006	26587.76	12075.99	4038.50	4275.66	6197.61
2007	31777.01	14212.84	4947.40	4740.53	7876.24
2008	36796.71	16658.38	5796.13	5231.17	9111.03
2009	39482.56	17849.91	6020.88	5524.55	10087.22

注：本表按当年价格计算。
Note: The data in this table are calculated at current prices.

3-8 各行业增加值构成项目（2009年）

Components of Value Added by Sector (2009)

单位：亿元 (100 million yuan)

行业	Sector	地区生产总值 Gross Domestic Product	劳动者报酬 Laborers' Remuneration	生产税净额 Net Taxes on Production	固定资产折旧 Depreciation of Fixed Assets	营业盈余 Operating Surplus
地区生产总值	**Gross Domestic Product**	**39482.56**	**17849.91**	**6020.88**	**5524.55**	**10087.22**
第一产业	Primary Industry	2010.27	1978.07	1.21	30.99	
第二产业	Secondary Industry	19419.70	8149.92	3145.37	2616.95	5507.46
工业	Industry	18091.56	7478.65	2894.68	2519.43	5198.80
建筑业	Construction	1328.14	671.27	250.69	97.52	308.66
第三产业	Tertiary Industry	18052.59	7721.92	2874.30	2876.61	4579.76
交通运输、仓储和邮政业	Transport, Storage and Postal Services	1595.34	723.14	151.35	396.10	324.75
信息传输、计算机服务和软件业	Information Transmission, Computer Services and Software	1291.60	260.47	76.31	378.43	576.39
批发和零售业	Wholesale and Retail Trade	3907.43	1489.61	1451.56	158.33	807.93
住宿和餐饮业	Accommodations and Catering Services	945.76	732.71	73.48	104.41	35.16
金融业	Finance	2283.29	637.86	466.54	42.84	1136.05
房地产业	Real Estate	2470.63	281.48	431.55	1000.58	757.02
租赁和商务服务业	Leasing and Business Services	1317.27	395.56	105.95	227.49	588.27
科学研究、技术服务和地质勘查业	Scientific Research, Technical Services and Geological Prospecting	416.00	234.81	38.37	40.86	101.96
水利、环境和公共设施管理业	Management of Water Conservancy, Environment and Public Facilities	170.15	85.08	8.52	45.56	30.99
居民服务和其他服务业	Services to Households and Other Services	675.65	553.41	27.10	42.30	52.84
教育	Education	938.09	768.50	7.20	137.29	25.10
卫生、社会保障和社会福利业	Health Care, Social Security and Social Welfare	569.91	412.53	6.83	57.32	93.23
文化、体育和娱乐业	Culture, Sports and Recreation	233.20	116.06	24.00	43.07	50.07
公共管理和社会组织	Public Administration and Social Organizations	1238.27	1030.70	5.54	202.03	

注：本表按当年价格计算。

Note: The data in this table are calculated at current prices.

3-9 支出法地区生产总值

Gross Domestic Product by Expenditure Approach

年份 Year	支出法地区生产总值(亿元) Gross Domestic Product by Expenditure Approach (100 million yuan)	最终消费 Final Consumption Expenditure	资本形成总额 Gross Capital Formation	货物和服务净流出 Net Exports of Goods and Services	最终消费率(消费率)(%) Final Consumption Rate (%)	资本形成率(投资率)(%) Capital Formation Rate (%)
1978	194.14	130.02	54.79	9.33	67.0	28.2
1979	215.43	147.11	55.86	12.46	68.3	25.9
1980	259.32	180.93	71.37	7.02	69.8	27.5
1981	305.22	201.43	96.74	7.05	66.0	31.7
1982	349.13	233.21	112.35	3.57	66.8	32.2
1983	367.36	252.07	113.49	1.80	68.6	30.9
1984	446.06	288.26	150.07	7.72	64.6	33.6
1985	568.98	347.18	238.58	-16.78	61.0	41.9
1986	650.99	415.91	256.75	-21.67	63.9	39.4
1987	815.05	516.02	312.33	-13.29	63.3	38.3
1988	1129.64	667.03	462.07	0.54	59.0	40.9
1989	1348.54	857.33	472.75	18.46	63.6	35.1
1990	1541.99	938.48	502.90	100.61	60.9	32.6
1991	1847.99	1081.39	610.18	156.42	58.5	33.0
1992	2440.58	1359.08	987.96	93.54	55.7	40.5
1993	3465.31	1852.06	1554.46	58.79	53.4	44.9
1994	4618.25	2598.57	1930.86	88.82	56.3	41.8
1995	5933.05	3363.38	2394.79	174.89	56.7	40.4
1996	6834.97	3859.32	2782.89	192.75	56.5	40.7
1997	7774.53	4245.18	2974.45	554.90	54.6	38.3
1998	8530.88	4582.16	3331.11	617.60	53.7	39.0
1999	9250.68	5083.60	3511.30	655.78	55.0	38.0
2000	10741.25	5714.46	3850.81	1175.99	53.2	35.9
2001	12039.25	6255.92	4392.51	1390.82	52.0	36.5
2002	13502.42	7286.63	4762.90	1452.89	54.0	35.3
2003	15844.64	8643.44	5911.97	1289.23	54.6	37.3
2004	18864.62	10162.04	7214.70	1487.89	53.9	38.2
2005	22557.37	11450.96	8239.73	2866.68	50.8	36.5
2006	26587.76	12567.79	9309.48	4710.49	47.3	35.0
2007	31777.01	14645.38	10697.06	6434.57	46.1	33.7
2008	36796.71	16848.93	12257.79	7689.99	45.8	33.3
2009	39482.56	18584.03	14948.95	5949.58	47.1	37.9

注：本表按当年价格计算。

Note: The data in this table are calculated at current prices。

3-10 资本形成总额及构成

Gross Capital Formation and Its Composition

年份 Year	资本形成总额 (亿元) Gross Capital Formation (100 million yuan)	固定资本形成总额 Gross Fixed Capital Formation	存货增加 Change in Inventories	比重(资本形成总额=100) Proportion (gross capital formation=100) 固定资本形成总额 Gross Fixed Capital Formation	存货增加 Change in Inventories
1978	54.79	37.93	16.86	69.2	30.8
1979	55.86	41.81	14.05	74.8	25.2
1980	71.37	57.15	14.23	80.1	19.9
1981	96.74	73.39	23.34	75.9	24.1
1982	112.35	94.64	17.71	84.2	15.8
1983	113.49	96.80	16.69	85.3	14.7
1984	150.07	133.04	17.03	88.7	11.3
1985	238.58	163.84	74.74	68.7	31.3
1986	256.75	182.15	74.59	70.9	29.1
1987	312.33	197.01	115.32	63.1	36.9
1988	462.07	286.00	176.07	61.9	38.1
1989	472.75	266.68	206.07	56.4	43.6
1990	502.90	336.61	166.29	66.9	33.1
1991	610.18	396.49	213.70	65.0	35.0
1992	987.96	683.66	304.30	69.2	30.8
1993	1554.46	1110.69	443.77	71.5	28.5
1994	1930.86	1375.09	555.76	71.2	28.8
1995	2394.79	1819.17	575.62	76.0	24.0
1996	2782.89	1919.41	863.48	69.0	31.0
1997	2974.45	2079.15	895.30	69.9	30.1
1998	3331.11	2473.82	857.30	74.3	25.7
1999	3511.30	2870.40	640.89	81.7	18.3
2000	3850.81	3093.82	756.99	80.3	19.7
2001	4392.51	3447.52	944.99	78.5	21.5
2002	4762.90	4023.73	739.17	84.5	15.5
2003	5911.97	4986.53	925.44	84.3	15.7
2004	7214.70	5957.86	1256.83	82.6	17.4
2005	8239.73	7418.23	821.50	90.0	10.0
2006	9309.48	8489.71	819.77	91.2	8.8
2007	10697.06	9964.01	733.05	93.1	6.9
2008	12257.79	11471.36	786.43	93.6	6.4
2009	14948.95	14025.09	923.86	93.8	6.2

注：本表按当年价格计算。

Note: The data in this table are calculated at current prices.

3-11 最终消费及构成

Final Consumption Expenditure and Its Composition

年份 Year	最终消费(亿元) Final Consumption Expenditure (100 million yuan)	居民消费 Household Consumption	农业居民 Rural Households	非农业居民 Non-rural Households	政府消费 Government Consumption	比重 Proportion 最终消费=100 Final Consumption Expenditure=100 居民消费 Household Consumption	政府消费 Government Consumption	居民消费=100 Household Consumption=100 农业居民 Rural Households	非农业居民 Non-rural Households
1978	130.02	111.46	71.34	40.12	18.56	85.7	14.3	64.0	36.0
1979	147.11	128.48	81.91	46.57	18.63	87.3	12.7	63.8	36.2
1980	180.93	156.51	95.95	60.55	24.42	86.5	13.5	61.3	38.7
1981	201.43	175.12	110.62	64.50	26.31	86.9	13.1	63.2	36.8
1982	233.21	202.70	127.93	74.76	30.51	86.9	13.1	63.1	36.9
1983	252.07	220.14	134.45	85.69	31.93	87.3	12.7	61.1	38.9
1984	288.26	250.92	145.05	105.87	37.34	87.0	13.0	57.8	42.2
1985	347.18	298.00	160.16	137.84	49.17	85.8	14.2	53.7	46.3
1986	415.91	349.52	185.03	164.49	66.39	84.0	16.0	52.9	47.1
1987	516.02	442.20	218.69	223.51	73.82	85.7	14.3	49.5	50.5
1988	667.03	566.25	282.86	283.39	100.77	84.9	15.1	50.0	50.0
1989	857.33	743.90	366.82	377.08	113.42	86.8	13.2	49.3	50.7
1990	938.48	807.84	401.62	406.22	130.64	86.1	13.9	49.7	50.3
1991	1081.39	923.37	412.36	511.00	158.02	85.4	14.6	44.7	55.3
1992	1359.08	1118.52	470.01	648.51	240.55	82.3	17.7	42.0	58.0
1993	1852.06	1574.61	617.45	957.16	277.45	85.0	15.0	39.2	60.8
1994	2598.57	2287.69	845.03	1442.66	310.88	88.0	12.0	36.9	63.1
1995	3363.38	2912.58	1021.83	1890.75	450.80	86.6	13.4	35.1	64.9
1996	3859.32	3343.01	1188.44	2154.56	516.32	86.6	13.4	35.6	64.4
1997	4245.18	3539.62	1222.48	2317.15	705.56	83.4	16.6	34.5	65.5
1998	4582.16	3781.21	1281.92	2499.29	800.95	82.5	17.5	33.9	66.1
1999	5083.60	4072.05	1297.91	2774.14	1011.55	80.1	19.9	31.9	68.1
2000	5714.46	4474.11	1348.67	3125.44	1240.35	78.3	21.7	30.1	69.9
2001	6255.92	4733.53	1415.25	3318.28	1522.40	75.7	24.3	29.9	70.1
2002	7286.63	5449.58	1424.04	4025.54	1837.05	74.8	25.2	26.1	73.9
2003	8643.44	6537.53	1263.84	5273.69	2105.91	75.6	24.4	19.3	80.7
2004	10162.04	7953.60	1224.22	6729.38	2208.44	78.3	21.7	15.4	84.6
2005	11450.96	8968.54	1408.30	7560.24	2482.42	78.3	21.7	15.7	84.3
2006	12567.79	9827.33	1414.84	8412.49	2740.46	78.2	21.8	14.4	85.6
2007	14645.38	11584.19	1525.46	10058.73	3061.19	79.1	20.9	13.2	86.8
2008	16848.93	13246.53	1739.89	11506.64	3602.40	78.6	21.4	13.1	86.9
2009	18584.03	14665.92	1839.93	12825.99	3918.11	78.9	21.1	12.5	87.5

注：本表按当年价格计算。
Note: The data in this table are calculated at current prices.

3-12 三大需求对地区生产总值增长的贡献率和拉动

Contribution Share and Contribution of the Three Components of GDP to GDP Growth

年份 Year	最终消费支出 Final Consumption Expenditure		资本形成总额 Gross Capital Formation		货物和服务净流出 Net Exports of Goods and Services	
	贡献率(%) Contribution Share (%)	拉动(百分点) Contribution (percentage points)	贡献率(%) Contribution Share (%)	拉动(百分点) Contribution (percentage points)	贡献率(%) Contribution Share (%)	拉动(百分点) Contribution (percentage points)
1979	95.7	5.3	-13.8	-0.8	18.2	1.0
1980	71.3	13.0	33.5	6.1	-4.8	-0.9
1981	50.5	6.3	56.4	7.1	-6.9	-0.9
1982	72.7	8.3	40.6	4.6	-13.2	-1.5
1983	124.4	5.6	-12.9	-0.6	-11.5	-0.5
1984	56.5	8.5	42.2	6.3	1.3	0.2
1985	32.0	6.9	80.6	17.4	-12.6	-2.7
1986	83.6	8.8	15.5	1.6	0.8	0.1
1987	38.6	4.9	34.9	4.4	26.4	3.3
1988	-2.8	-0.3	60.1	7.4	42.8	5.2
1989	110.8	9.4	-35.6	-3.0	24.8	2.1
1990	60.9	7.2	9.5	1.1	29.6	3.5
1991	39.9	7.1	35.1	6.3	25.0	4.5
1992	56.0	12.4	65.2	14.5	-21.1	-4.7
1993	50.2	11.6	60.1	13.9	-10.3	-2.4
1994	53.8	10.4	36.1	7.0	10.1	1.9
1995	50.2	8.0	40.2	6.4	9.6	1.5
1996	45.3	5.1	52.0	5.9	2.7	0.3
1997	21.8	2.4	6.9	0.8	71.3	8.0
1998	39.8	4.3	43.7	4.7	16.5	1.8
1999	55.5	5.6	21.2	2.2	23.2	2.3
2000	33.8	3.9	25.5	2.9	40.7	4.7
2001	46.2	4.8	48.5	5.1	5.3	0.6
2002	68.5	8.5	22.8	2.8	8.8	1.1
2003	63.6	9.4	50.2	7.5	-13.8	-2.0
2004	50.5	7.5	37.2	5.5	12.3	1.8
2005	43.0	6.1	30.2	4.3	26.8	3.8
2006	29.5	4.4	28.5	4.2	42.0	6.2
2007	42.3	6.3	22.6	3.4	35.1	5.2
2008	41.7	4.3	34.5	3.6	23.8	2.5
2009	58.5	5.6	80.1	7.7	-38.7	-3.7

注：1. 本表按可比价格计算。
2. 三大需求指支出法地区生产总值的三大构成项目，即最终消费支出、资本形成总额、货物和服务净流出；
3. 贡献率指三大需求增量与地区支出法生产总值增量之比。
4. 拉动指地区生产总值增长速度与三大需求贡献率的乘积。

Notes: a) The data in this table are calculated at constant prices.
b) Three major demands refer to three major components of gross domestic product by expenditure approach,i.e.final consumption expenditure, gross capital formation, and net exports of goods and services.
c) Contribution rate refers to the proportion of the increment of three major demands to the increment of gross domestic product by expenditure approach.
d) Pulling rate is the growth rate of gross regional product multiplying the contribution rates of three major demands.

3-13 人均地区生产总值及人均消费水平

Per Capita Gross Domestic Product and Consumption

年份 Year	人均地区生产总值 Per Capita Gross Domestic Product		人均消费水平 Per Capita Consumption					
			居民 Households		农业居民 Rural Households		非农业居民 Non-rural Households	
	绝对数（元）Absolute Figure (yuan)	增长速度（%）Growth Rate (%)	绝对数（元）Absolute Figure (yuan)	增长速度（%）Growth Rate (%)	绝对数（元）Absolute Figure (yuan)	增长速度（%）Growth Rate (%)	绝对数（元）Absolute Figure (yuan)	增长速度（%）Growth Rate (%)
1978	370		222		171		466	
1979	410	6.9	252	8.3	196	9.8	507	2.6
1980	481	14.8	302	14.9	228	14.1	620	12.7
1981	550	7.1	332	7.9	260	13.3	627	-1.9
1982	633	10.0	377	10.3	298	10.4	696	8.3
1983	675	5.6	403	7.2	310	5.1	764	8.5
1984	827	13.8	453	10.3	334	7.8	878	9.7
1985	1026	16.2	529	5.7	372	-2.6	1038	10.2
1986	1164	10.6	609	9.5	430	6.3	1146	8.4
1987	1443	17.0	754	6.4	515	4.9	1382	1.1
1988	1926	13.2	944	-3.5	651	0.5	1716	-6.8
1989	2251	4.8	1212	19.7	831	23.1	2188	15.0
1990	2484	9.1	1287	9.3	896	12.9	2263	4.7
1991	2941	14.7	1434	8.3	906	0.2	2712	14.8
1992	3699	18.8	1690	14.7	1023	9.7	3210	15.7
1993	5085	19.3	2308	20.5	1347	17.6	4280	17.0
1994	6530	15.5	3234	17.8	1831	14.3	5870	15.7
1995	8129	12.0	3991	10.1	2206	8.4	7091	7.6
1996	9139	8.6	4470	6.9	2547	11.6	7660	2.3
1997	10130	8.4	4612	-2.1	2597	-0.4	7807	-4.8
1998	10819	7.9	4796	4.2	2681	5.8	8054	2.2
1999	11415	7.1	5025	4.5	2661	0.8	8598	5.9
2000	12736	7.1	5305	0.2	2680	-1.3	9189	0.2
2001	13852	7.2	5445	1.9	2759	3.0	9312	0.3
2002	15365	11.1	6199	13.2	2904	5.7	10358	10.2
2003	17798	13.4	7342	17.0	3032	3.4	11136	6.4
2004	20876	13.1	8800	15.9	3386	8.2	12409	7.9
2005	24647	12.7	9798	10.0	3915	13.2	13607	8.5
2006	28747	13.6	10625	7.5	4010	2.2	14704	7.0
2007	33890	13.3	12354	13.0	4405	5.0	17009	12.7
2008	38748	9.0	13949	7.3	4986	5.8	19155	7.3
2009	41166	8.6	15291	11.1	5239	7.2	21098	11.6

注：本表绝对数按当年价格计算，增长速度按可比价格计算。

Note: The absolute figures in this table are calculated at current prices, whereas the growth rates are calculated at constant prices.

3-14 人均地区生产总值及人均消费水平指数

Indices of Per Capita Gross Domestic Product and Consumption

年份 Year	人均地区生产总值 Per Capita Gross Domestic Product		人均消费水平 Per Capita Consumption					
			居民 Households		农业居民 Rural Households		非农业居民 Non-rural Households	
	绝对数（元） Absolute Figure (yuan)	1978年为100（%） 1978=100 (%)	绝对数（元） Absolute Figure (yuan)	1978年为100（%） 1978=100 (%)	绝对数（元） Absolute Figure (yuan)	1978年为100（%） 1978=100 (%)	绝对数（元） Absolute Figure (yuan)	1978年为100（%） 1978=100 (%)
1978	370	100.0	222	100.0	171	100.0	466	100.0
1979	410	106.9	252	108.3	196	109.8	507	102.6
1980	481	122.6	302	124.4	228	125.2	620	115.6
1981	550	131.3	332	134.2	260	141.9	627	113.4
1982	633	144.4	377	148.1	298	156.7	696	122.8
1983	675	152.5	403	158.7	310	164.8	764	133.3
1984	827	173.5	453	175.0	334	177.6	878	146.3
1985	1026	201.6	529	184.9	372	172.9	1038	161.2
1986	1164	223.1	609	202.5	430	183.7	1146	174.7
1987	1443	260.9	754	215.6	515	192.6	1382	176.6
1988	1926	295.4	944	208.1	651	193.6	1716	164.6
1989	2251	309.6	1212	249.0	831	238.2	2188	189.3
1990	2484	337.7	1287	272.1	896	269.0	2263	198.2
1991	2941	387.5	1434	294.7	906	269.5	2712	227.5
1992	3699	460.3	1690	338.1	1023	295.7	3210	263.2
1993	5085	549.0	2308	407.5	1347	347.8	4280	308.1
1994	6530	633.9	3234	480.2	1831	397.6	5870	356.5
1995	8129	709.8	3991	528.9	2206	430.8	7091	383.5
1996	9139	770.8	4470	565.4	2547	480.6	7660	392.3
1997	10130	835.2	4612	553.4	2597	478.6	7807	373.5
1998	10819	900.8	4796	576.9	2681	506.5	8054	381.6
1999	11415	965.1	5025	602.6	2661	510.6	8598	404.2
2000	12736	1033.7	5305	603.5	2680	503.8	9189	405.0
2001	13852	1108.3	5445	615.2	2759	519.0	9312	406.3
2002	15365	1231.8	6199	696.1	2904	548.8	10358	447.6
2003	17798	1396.4	7342	814.5	3032	567.2	11136	476.2
2004	20876	1579.1	8800	944.4	3386	613.6	12409	513.8
2005	24647	1779.5	9798	1039.1	3915	694.4	13607	557.7
2006	28747	2021.6	10625	1117.1	4010	710.0	14704	596.8
2007	33890	2290.5	12354	1262.2	4405	745.9	17009	672.6
2008	38748	2497.5	13949	1353.8	4986	789.0	19155	721.4
2009	41166	2711.6	15291	1504.1	5239	845.8	21098	805.1

注：本表绝对数按当年价格计算，增长速度按可比价格计算。

Note: The absolute figures in this table are calculated at current prices, whereas the growth rates are calculated at constant prices.

3-15 各市地区生产总值

Gross Domestic Product by City

单位: 亿元 (100 million yuan)

市 别	City	2000	2005	2006	2007	2008	2009
广 州	Guangzhou	2492.74	5154.23	6081.86	7140.32	8287.38	9138.21
深 圳	Shenzhen	2187.45	4950.91	5813.56	6801.57	7786.79	8201.32
珠 海	Zhuhai	332.35	635.45	746.46	894.81	997.16	1038.66
汕 头	Shantou	450.16	635.88	718.70	829.49	951.81	1035.87
佛 山	Foshan	1050.38	2429.38	2983.90	3660.18	4378.30	4820.90
韶 关	Shaoguan	192.72	337.03	404.61	481.14	553.85	578.75
河 源	Heyuan	87.22	204.81	258.08	329.61	395.88	405.50
梅 州	Meizhou	180.50	314.61	349.58	411.62	479.61	519.29
惠 州	Huizhou	439.19	803.92	928.92	1117.91	1304.05	1414.70
汕 尾	Shanwei	128.49	205.75	239.86	288.71	346.58	390.04
东 莞	Dongguan	820.25	2183.20	2627.98	3160.05	3703.60	3763.91
中 山	Zhongshan	345.44	885.72	1053.61	1268.04	1457.01	1566.41
江 门	Jiangmen	504.66	801.70	943.79	1097.26	1270.88	1340.88
阳 江	Yangjiang	160.20	294.40	346.14	405.29	480.50	527.27
湛 江	Zhanjiang	373.81	680.97	805.52	924.41	1099.41	1156.67
茂 名	Maoming	417.36	738.35	872.95	997.08	1177.84	1231.25
肇 庆	Zhaoqing	249.78	435.05	506.27	619.69	760.50	862.00
清 远	Qingyuan	157.92	323.28	430.80	601.96	768.80	861.59
潮 州	Chaozhou	177.87	282.39	320.72	372.80	438.08	480.18
揭 阳	Jieyang	311.09	414.00	480.22	585.99	724.23	816.09
云 浮	Yunfu	137.70	201.84	230.63	275.55	324.55	344.51
按经济区域分	By Region						
珠 三 角	Pearl River Delta	8422.24	18279.55	21686.34	25759.83	29945.66	32147.00
东 翼	Eastern Region	1067.61	1538.02	1759.50	2076.99	2460.70	2722.18
西 翼	Western Region	951.37	1713.72	2024.61	2326.78	2757.74	2915.19
山 区	Mountainous Region	756.06	1381.57	1673.69	2099.87	2522.69	2709.63

注：本表按当年价格计算。

Note: The data in this table are calculated at current prices.

3-16 各市地区生产总值指数

Indices of Gross Domestic Product by City

上年=100 (preceding year=100)

市 别	City	2000	2005	2006	2007	2008	2009
广 州	Guangzhou	113.3	112.9	114.9	115.3	112.5	111.7
深 圳	Shenzhen	115.7	115.1	116.6	114.8	112.1	110.7
珠 海	Zhuhai	112.0	113.1	116.1	117.0	109.2	106.6
汕 头	Shantou	107.0	111.3	111.6	113.0	110.5	110.7
佛 山	Foshan	112.5	119.4	119.3	119.2	115.2	113.5
韶 关	Shaoguan	111.3	110.1	115.3	114.9	110.8	110.1
河 源	Heyuan	110.7	122.9	127.9	122.6	110.3	110.1
梅 州	Meizhou	108.2	107.8	109.8	112.5	110.2	109.8
惠 州	Huizhou	111.3	115.9	116.8	117.6	111.6	113.2
汕 尾	Shanwei	111.5	116.0	115.7	118.5	115.8	116.3
东 莞	Dongguan	119.7	119.5	119.2	118.3	114.0	105.3
中 山	Zhongshan	112.4	120.9	117.3	116.6	111.1	110.2
江 门	Jiangmen	110.2	112.6	115.2	115.0	110.8	109.7
阳 江	Yangjiang	109.6	113.9	116.3	113.8	111.8	112.2
湛 江	Zhanjiang	107.1	113.3	113.7	115.1	111.7	110.6
茂 名	Maoming	111.2	114.1	113.9	113.1	109.8	110.3
肇 庆	Zhaoqing	110.6	115.7	116.3	117.4	116.2	113.9
清 远	Qingyuan	108.3	127.8	130.4	132.9	120.2	116.3
潮 州	Chaozhou	105.6	111.4	112.4	114.5	112.2	112.5
揭 阳	Jieyang	105.4	111.3	114.9	118.1	116.0	116.0
云 浮	Yunfu	105.3	113.4	114.5	115.6	110.3	110.5
按经济区域分	By Region						
珠 三 角	Pearl River Delta	113.7	115.7	116.8	116.3	112.8	109.4
东 翼	Eastern Region	106.7	111.9	113.2	115.4	113.1	112.1
西 翼	Western Region	109.4	113.8	114.2	114.0	110.9	110.4
山 区	Mountainous Region	108.7	115.7	119.3	120.3	113.2	110.8

注：1. 本表按可比价格计算。
2. 2009年区域生产总值增速由广东省统计局统一调整核算，以往年份增速由分市汇总计算。

Note: a) The data in this table are calculated at constant prices.
b) The GDP growth rates of 2009 are calculated by Statistics Bureau of Guangdong Province, and those of the previous years are calculated by each city.

3-17 各市第三产业增加值

Value-added of the Tertiary Industry by City

单位：亿元 (100 million yuan)

市别	City	2000	2005	2006	2007	2008	2009
广州	Guangzhou	1376.75	2978.79	3511.84	4164.67	4890.33	5560.77
深圳	Shenzhen	1085.80	2298.64	2746.51	3378.06	3918.03	4367.55
珠海	Zhuhai	145.14	273.58	307.66	374.19	423.68	465.88
汕头	Shantou	193.39	264.83	295.13	341.43	373.07	409.32
佛山	Foshan	435.03	876.52	1036.60	1268.63	1482.97	1687.44
韶关	Shaoguan	73.00	138.05	160.24	188.69	227.34	260.74
河源	Heyuan	35.87	81.93	95.01	111.79	129.60	141.35
梅州	Meizhou	61.30	112.56	121.36	150.45	179.84	203.79
惠州	Huizhou	121.70	273.09	321.16	400.08	472.14	535.45
汕尾	Shanwei	44.48	76.53	86.85	102.95	126.88	148.84
东莞	Dongguan	343.64	934.78	1109.37	1393.49	1787.17	1926.04
中山	Zhongshan	141.09	315.59	380.80	476.86	562.39	616.73
江门	Jiangmen	200.73	303.66	343.08	388.04	425.35	459.08
阳江	Yangjiang	50.21	103.32	118.01	139.97	163.74	189.75
湛江	Zhanjiang	133.24	222.75	259.19	307.62	368.49	461.45
茂名	Maoming	143.73	311.83	343.88	394.90	469.54	530.02
肇庆	Zhaoqing	104.93	200.36	230.48	275.26	328.03	376.98
清远	Qingyuan	55.77	124.83	151.75	194.17	237.48	274.45
潮州	Chaozhou	62.59	99.08	111.47	132.05	156.99	180.76
揭阳	Jieyang	98.11	146.66	166.60	195.39	236.15	274.36
云浮	Yunfu	42.90	65.34	72.93	83.49	101.95	116.06
按经济区域分	By Region						
珠三角	Pearl River Delta	3954.80	8455.01	9987.49	12119.28	14290.09	15995.92
东翼	Eastern Region	398.57	587.10	660.05	771.83	893.09	1013.28
西翼	Western Region	327.18	637.90	721.07	842.49	1001.78	1181.23
山区	Mountainous Region	268.84	522.71	601.30	728.59	876.20	996.39

注：本表按当年价格计算。
Note: The data in this table are calculated at current prices.

3-18 各市第三产业增加值指数

Indices of Value-added of the Tertiary Industry by City

上年=100 (preceding year=100)

市 别	City	2000	2005	2006	2007	2008	2009
广 州	Guangzhou	116.3	113.3	114.7	116.7	113.8	113.4
深 圳	Shenzhen	113.3	112.2	117.0	115.6	112.5	112.5
珠 海	Zhuhai	108.9	109.1	111.1	116.3	110.6	111.1
汕 头	Shantou	106.9	109.9	110.6	113.2	105.6	111.3
佛 山	Foshan	113.6	112.3	116.7	118.8	113.3	113.8
韶 关	Shaoguan	110.9	113.9	115.0	116.7	118.7	113.0
河 源	Heyuan	112.4	117.1	116.7	115.1	109.7	110.9
梅 州	Meizhou	112.6	110.9	108.6	120.2	116.1	111.6
惠 州	Huizhou	108.6	117.4	114.5	118.5	113.5	114.7
汕 尾	Shanwei	112.0	117.1	113.1	117.3	118.5	121.2
东 莞	Dongguan	120.0	119.3	117.1	123.3	124.0	111.4
中 山	Zhongshan	110.0	126.0	118.8	121.6	114.1	112.5
江 门	Jiangmen	110.2	104.0	111.7	112.1	106.1	108.1
阳 江	Yangjiang	111.1	120.5	115.3	117.6	113.7	115.4
湛 江	Zhanjiang	110.4	114.2	115.3	116.7	117.1	117.7
茂 名	Maoming	114.4	120.5	116.8	114.3	115.1	116.2
肇 庆	Zhaoqing	112.2	120.2	114.5	117.9	114.8	113.1
清 远	Qingyuan	120.0	118.2	119.8	123.9	116.8	111.9
潮 州	Chaozhou	107.8	110.2	110.9	115.5	115.8	117.2
揭 阳	Jieyang	107.2	112.0	112.9	114.1	113.6	118.2
云 浮	Yunfu	104.7	111.0	112.1	116.5	116.8	113.7
按经济区域分	By Region						
珠 三 角	Pearl River Delta	113.9	113.7	115.7	117.5	114.3	110.5
东 翼	Eastern Region	107.7	111.4	111.5	114.4	111.1	112.7
西 翼	Western Region	112.3	118.2	116.0	115.7	115.6	116.2
山 区	Mountainous Region	111.9	114.4	114.7	118.9	116.0	111.0

注：本表按可比价格计算。

Note: The data in this table are calculated at constant prices.

3-19 各市地区生产总值（2009年）

Gross Domestic Product by City (2009)

单位：亿元 (100 million yuan)

市 别	City	地区生产总值 Gross Domestic Product	第一产业 Primary Industry	第二产业 Secondary Industry	工业 Industry	建筑业 Construction
广 州	Guangzhou	9138.21	172.28	3405.16	3117.34	287.82
深 圳	Shenzhen	8201.32	6.69	3827.08	3593.05	234.03
珠 海	Zhuhai	1038.66	28.82	543.96	506.76	37.19
汕 头	Shantou	1035.87	56.86	569.69	526.16	43.53
佛 山	Foshan	4820.90	95.77	3037.69	2933.15	104.54
韶 关	Shaoguan	578.75	81.53	236.48	204.63	31.86
河 源	Heyuan	405.50	53.28	210.87	193.84	17.03
梅 州	Meizhou	519.29	109.12	206.37	170.37	36.00
惠 州	Huizhou	1414.70	90.29	788.96	738.31	50.65
汕 尾	Shanwei	390.04	67.57	173.63	148.31	25.32
东 莞	Dongguan	3763.91	14.79	1823.08	1741.53	81.55
中 山	Zhongshan	1566.41	45.26	904.42	859.61	44.80
江 门	Jiangmen	1340.88	104.35	777.45	745.07	32.39
阳 江	Yangjiang	527.27	122.33	215.18	188.00	27.19
湛 江	Zhanjiang	1156.67	249.29	445.93	397.69	48.23
茂 名	Maoming	1231.25	240.44	460.79	426.79	34.00
肇 庆	Zhaoqing	862.00	165.35	319.67	283.69	35.98
清 远	Qingyuan	861.59	101.85	485.29	443.59	41.70
潮 州	Chaozhou	480.18	35.55	263.87	250.14	13.73
揭 阳	Jieyang	816.09	96.51	445.22	413.01	32.21
云 浮	Yunfu	344.51	89.13	139.31	124.29	15.02
按经济区域分	By Region					
珠 三 角	Pearl River Delta	32147.00	723.62	15427.46	14518.51	908.95
东 翼	Eastern Region	2722.18	256.49	1452.41	1337.62	114.79
西 翼	Western Region	2915.19	612.06	1121.90	1012.48	109.42
山 区	Mountainous Region	2709.63	434.91	1278.32	1136.72	141.61

注：本表按当年价格计算。
Note: The data in this table are calculated at current prices.

3-19 续表 continued

单位：亿元 (100 million yuan)

市别	City	第三产业 Tertiary Industry	交通运输、仓储和邮政业 Transport, Storage and Post	批发和零售业 Wholesale and Retail Trades	住宿和餐饮业 Hotels and Catering Services	金融业 Financial Interme-diation	房地产业 Real Estate	其他服务业 Others
广州	Guangzhou	5560.77	645.66	1123.72	263.32	551.45	705.86	2270.76
深圳	Shenzhen	4367.55	309.18	849.79	171.02	1110.62	612.01	1314.93
珠海	Zhuhai	465.88	24.08	100.86	27.01	46.45	78.88	188.60
汕头	Shantou	409.32	22.31	130.40	34.90	23.22	36.34	162.15
佛山	Foshan	1687.44	141.90	357.33	99.84	162.69	276.69	648.99
韶关	Shaoguan	260.74	38.95	40.13	17.97	13.16	26.94	123.57
河源	Heyuan	141.35	9.46	31.04	12.20	15.27	19.00	54.38
梅州	Meizhou	203.79	18.12	37.13	11.95	15.56	23.81	97.21
惠州	Huizhou	535.45	56.76	116.15	50.28	41.39	80.86	190.01
汕尾	Shanwei	148.84	9.20	51.94	17.43	6.13	16.11	48.04
东莞	Dongguan	1926.04	79.91	360.58	147.33	154.04	283.09	901.10
中山	Zhongshan	616.73	33.10	126.21	33.21	60.41	69.02	294.78
江门	Jiangmen	459.08	49.99	110.53	31.29	37.19	44.24	185.83
阳江	Yangjiang	189.75	12.94	70.99	19.87	9.43	22.35	54.17
湛江	Zhanjiang	461.45	83.25	88.02	22.57	20.69	32.48	214.43
茂名	Maoming	530.02	43.88	172.01	54.53	16.96	36.02	206.63
肇庆	Zhaoqing	376.98	28.92	86.61	37.17	25.67	34.21	164.41
清远	Qingyuan	274.45	37.10	48.58	30.46	15.14	33.34	109.82
潮州	Chaozhou	180.76	14.53	53.85	7.33	15.27	22.96	66.82
揭阳	Jieyang	274.36	10.64	127.56	16.04	8.77	28.34	83.02
云浮	Yunfu	116.06	8.36	22.42	9.12	6.53	17.44	52.18
按经济区域分	By Region							
珠三角	Pearl River Delta	15995.92	1369.51	3231.78	860.47	2189.92	2184.86	6159.40
东翼	Eastern Region	1013.28	56.67	363.75	75.70	53.39	103.75	360.02
西翼	Western Region	1181.23	140.07	331.02	96.98	47.08	90.85	475.23
山区	Mountainous Region	996.39	112.01	179.31	81.70	65.67	120.53	437.18

3-20 各市地区生产总值增长速度（2009年）

Growth Rates of Gross Domestic Product by City (2009)

单位：% (%)

市别	City	地区生产总值 Gross Domestic Product	第一产业 Primary Industry	第二产业 Secondary Industry	工业 Industry	建筑业 Construction
广州	Guangzhou	11.7	3.8	9.3	9.2	11.5
深圳	Shenzhen	10.7	-15.6	9.1	8.5	23.1
珠海	Zhuhai	6.6	3.8	3.3	2.4	18.7
汕头	Shantou	10.7	4.0	10.8	10.2	19.3
佛山	Foshan	13.5	3.4	13.6	13.7	9.2
韶关	Shaoguan	10.1	5.1	8.6	6.1	28.9
河源	Heyuan	10.1	3.1	11.4	12.5	-1.6
梅州	Meizhou	9.8	6.7	9.5	8.3	16.0
惠州	Huizhou	13.2	3.8	13.3	13.0	18.6
汕尾	Shanwei	16.3	6.3	15.8	14.1	28.3
东莞	Dongguan	5.3	2.3	-0.3	-0.6	4.7
中山	Zhongshan	10.2	3.3	9.0	9.0	8.9
江门	Jiangmen	9.7	4.0	11.3	11.0	18.2
阳江	Yangjiang	12.2	4.3	13.7	13.5	14.7
湛江	Zhanjiang	10.6	6.2	6.9	5.5	23.8
茂名	Maoming	10.3	5.3	5.2	5.6	0.3
肇庆	Zhaoqing	13.9	5.2	19.8	20.6	12.6
清远	Qingyuan	16.3	7.1	20.8	20.4	25.7
潮州	Chaozhou	12.5	6.1	10.3	9.9	19.0
揭阳	Jieyang	16.0	5.2	16.8	16.4	23.8
云浮	Yunfu	10.5	5.5	10.8	9.7	20.8
按经济区域分	By Region					
珠三角	Pearl River Delta	9.4	3.9	8.6		
东翼	Eastern Region	12.1	5.4	12.8		
西翼	Western Region	10.4	5.4	7.1		
山区	Mountainous Region	10.8	5.7	12.2		

注：本表按可比价格计算。

Note: The data in this table are calculated at constant prices.

3-20 续表 continued

单位：% (%)

市 别	City	第三产业 Tertiary Industry	交通运输、仓储和邮政业 Transport, Storage and Post	批发和零售业 Wholesale and Retail Trades	住宿和餐饮业 Hotels and Catering Services	金融业 Financial Interme-diation	房地产业 Real Estate	其他服务业 Othres
广 州	Guangzhou	13.4	3.4	18.1	9.5	26.9	17.2	11.2
深 圳	Shenzhen	12.5	2.5	11.5	4.2	16.5	28.6	6.9
珠 海	Zhuhai	11.1	5.7	6.8	-8.7	2.0	47.2	9.6
汕 头	Shantou	11.3	11.9	17.3	17.1	27.7	-6.3	7.9
佛 山	Foshan	13.8	0.9	29.7	15.2	9.1	20.6	8.3
韶 关	Shaoguan	13.0	5.7	14.4	9.3	13.8	23.9	14.0
河 源	Heyuan	10.9	-2.6	22.4	6.4	32.1	3.0	7.0
梅 州	Meizhou	11.6	6.9	18.4	-6.9	30.3	3.5	12.6
惠 州	Huizhou	14.7	9.9	22.8	-0.8	19.0	23.8	11.6
汕 尾	Shanwei	21.2	15.3	26.2	43.1	28.9	5.9	16.0
东 莞	Dongguan	11.4	-4.7	13.1	3.9	16.2	3.5	15.4
中 山	Zhongshan	12.5	6.4	15.7	8.2	16.8	-3.0	15.4
江 门	Jiangmen	8.1	8.0	13.9	-7.4	15.4	22.0	3.9
阳 江	Yangjiang	15.4	11.8	22.0	29.8	25.6	3.8	8.7
湛 江	Zhanjiang	17.7	6.7	19.1	-0.3	20.7	12.1	25.8
茂 名	Maoming	16.2	6.9	22.2	19.0	31.4	6.2	14.0
肇 庆	Zhaoqing	13.1	-4.9	16.6	23.6	22.5	17.7	10.6
清 远	Qingyuan	11.9	6.1	10.7	30.9	17.9	22.1	6.8
潮 州	Chaozhou	17.2	14.0	20.8	30.6	20.7	8.3	16.3
揭 阳	Jieyang	18.2	11.3	25.9	19.6	15.8	12.1	10.1
云 浮	Yunfu	13.7	-0.9	11.9	25.2	29.3	15.7	12.7
按经济区域分	By Region							
珠 三 角	Pearl River Delta	10.5						
东 翼	Eastern Region	12.7						
西 翼	Western Region	16.2						
山 区	Mountainous Region	11.0						

3-21 各市地区生产总值产业构成（2009年）

Composition of Gross Domestic Product by Industry by City (2009)

单位：%　　　　(%)

市别	City	地区生产总值 Gross Domestic Product	第一产业 Primary Industry	第二产业 Secondary Industry	#工业 Industry	第三产业 Tertiary Industry
广州	Guangzhou	100.0	1.9	37.2	34.1	60.9
深圳	Shenzhen	100.0	0.1	46.7	43.8	53.2
珠海	Zhuhai	100.0	2.8	52.4	48.8	44.8
汕头	Shantou	100.0	5.5	55.0	50.8	39.5
佛山	Foshan	100.0	2.0	63.0	60.8	35.0
韶关	Shaoguan	100.0	14.1	40.9	35.4	45.0
河源	Heyuan	100.0	13.1	52.0	47.8	34.9
梅州	Meizhou	100.0	21.0	39.7	32.8	39.3
惠州	Huizhou	100.0	6.4	55.8	52.2	37.8
汕尾	Shanwei	100.0	17.3	44.5	38.0	38.2
东莞	Dongguan	100.0	0.4	48.4	46.3	51.2
中山	Zhongshan	100.0	2.9	57.7	54.9	39.4
江门	Jiangmen	100.0	7.8	58.0	55.6	34.2
阳江	Yangjiang	100.0	23.2	40.8	35.7	36.0
湛江	Zhanjiang	100.0	21.5	38.6	34.4	39.9
茂名	Maoming	100.0	19.5	37.4	34.7	43.1
肇庆	Zhaoqing	100.0	19.2	37.1	32.9	43.7
清远	Qingyuan	100.0	11.8	56.3	51.5	31.9
潮州	Chaozhou	100.0	7.4	55.0	52.1	37.6
揭阳	Jieyang	100.0	11.8	54.6	50.6	33.6
云浮	Yunfu	100.0	25.9	40.4	36.1	33.7
按经济区域分	By Region					
珠三角	Pearl River Delta	100.0	2.2	48.0	45.2	49.8
东翼	Eastern Region	100.0	9.4	53.4	49.1	37.2
西翼	Western Region	100.0	21.0	38.5	34.7	40.5
山区	Mountainous Region	100.0	16.0	47.2	42.0	36.8

注：本表按当年价格计算。
Note: The data in this table are calculated at current prices.

3-22 各市支出法地区生产总值（2009年）

Gross Domestic Product by Expenditure Approach by City (2009)

市 别	City	支出法地区生产总值(亿元) Gross Domestic Product by Expenditure Approach (100 million yuan)	最终消费 Final Consumption	资本形成总额 Gross Capital Formation	货物和服务净流出 Net Export of Goods and Services	最终消费率(消费率)(%) Final Consumption Rate (%)	资本形成率(投资率)(%) Capital Formation Rate (%)
广 州	Guangzhou	9138.21	3712.40	3101.29	2324.52	40.6	33.9
深 圳	Shenzhen	8201.32	3172.70	2543.76	2484.86	38.7	31.0
珠 海	Zhuhai	1038.66	419.34	526.82	92.50	40.4	50.7
汕 头	Shantou	1035.87	660.57	348.57	26.73	63.8	33.7
佛 山	Foshan	4820.90	1716.17	1422.13	1682.60	35.6	29.5
韶 关	Shaoguan	578.75	332.50	276.60	-30.35	57.5	47.8
河 源	Heyuan	405.50	267.91	240.52	-102.94	66.1	59.3
梅 州	Meizhou	519.29	437.70	173.88	-92.29	84.3	33.5
惠 州	Huizhou	1414.70	707.75	824.47	-117.52	50.0	58.3
汕 尾	Shanwei	390.04	273.32	282.05	-165.33	70.1	72.3
东 莞	Dongguan	3763.91	1988.31	1197.22	578.38	52.8	31.8
中 山	Zhongshan	1566.41	639.10	544.33	382.98	40.8	34.8
江 门	Jiangmen	1340.88	617.41	556.73	166.75	46.0	41.5
阳 江	Yangjiang	527.27	281.87	234.82	10.58	53.5	44.5
湛 江	Zhanjiang	1156.67	632.45	409.18	115.04	54.7	35.4
茂 名	Maoming	1231.25	537.98	333.31	359.97	43.7	27.1
肇 庆	Zhaoqing	862.00	440.52	376.45	45.03	51.1	43.7
清 远	Qingyuan	861.59	370.58	884.65	-393.64	43.0	102.7
潮 州	Chaozhou	480.18	303.44	159.85	16.89	63.2	33.3
揭 阳	Jieyang	816.09	484.03	285.65	46.41	59.3	35.0
云 浮	Yunfu	344.51	219.48	250.56	-125.53	63.7	72.7
按经济区域分	By Region						
珠 三 角	Pearl River Delta	32147.00	13413.69	11093.20	7640.11	41.7	34.5
东 翼	Eastern Region	2722.18	1721.37	1076.12	-75.30	63.2	39.5
西 翼	Western Region	2915.19	1452.30	977.31	485.58	49.8	33.5
山 区	Mountainous Region	2709.63	1628.17	1826.20	-744.75	60.1	67.4

注：本表按当年价格计算。
Note: The data in this table are calculated at current prices.

3-23 各市资本形成总额及构成（2009年）
Gross Capital Formation and Its Composition by City (2009)

市 别	City	资本形成总额（亿元）Gross Capital Formation (100 million yuan)	固定资本形成总额 Gross Fixed Capital Formation	存货增加 Change in Inventories	比重(资本形成总额=100) Proportion (gross capital formation=100) 固定资本形成总额 Gross Fixed Capital Formation	存货增加 Change in Inventories
广 州	Guangzhou	3101.29	2785.79	315.50	89.8	10.2
深 圳	Shenzhen	2543.76	2155.84	387.92	84.8	15.2
珠 海	Zhuhai	526.82	496.30	30.53	94.2	5.8
汕 头	Shantou	348.57	318.21	30.36	91.3	8.7
佛 山	Foshan	1422.13	1315.25	106.89	92.5	7.5
韶 关	Shaoguan	276.60	266.37	10.23	96.3	3.7
河 源	Heyuan	240.52	203.79	36.73	84.7	15.3
梅 州	Meizhou	173.88	159.35	14.53	91.6	8.4
惠 州	Huizhou	824.47	760.51	63.96	92.2	7.8
汕 尾	Shanwei	282.05	274.83	7.22	97.4	2.6
东 莞	Dongguan	1197.22	1012.27	184.95	84.6	15.4
中 山	Zhongshan	544.33	515.29	29.04	94.7	5.3
江 门	Jiangmen	556.73	469.18	87.55	84.3	15.7
阳 江	Yangjiang	234.82	215.74	19.08	91.9	8.1
湛 江	Zhanjiang	409.18	356.22	52.97	87.1	12.9
茂 名	Maoming	333.31	173.09	160.21	51.9	48.1
肇 庆	Zhaoqing	376.45	343.32	33.13	91.2	8.8
清 远	Qingyuan	884.65	879.20	5.45	99.4	0.6
潮 州	Chaozhou	159.85	154.10	5.75	96.4	3.6
揭 阳	Jieyang	285.65	243.28	42.37	85.2	14.8
云 浮	Yunfu	250.56	240.40	10.16	95.9	4.1
按经济区域分	By Region					
珠 三 角	Pearl River Delta	11093.20	9853.73	1239.47	88.8	11.2
东 翼	Eastern Region	1076.12	990.42	85.70	92.0	8.0
西 翼	Western Region	977.31	745.05	232.26	76.2	23.8
山 区	Mountainous Region	1826.20	1749.10	77.10	95.8	4.2

注：本表按当年价格计算。
Note: The data in this table are calculated at current prices.

3-24 各市最终消费及构成（2009年）

Final Consumption Expenditure and Its Composition by City (2009)

市别	City	最终消费(亿元) Final Consumption Expenditure (100 million yuan)	居民消费 Household Consumption	农村居民 Rural Households	城镇居民 Non-rural Households	政府消费 Government Consumption	比重 Proportion: 最终消费=100 Final Consumption Expenditure=100: 居民消费 Household Consumption	政府消费 Government Consumption	居民消费=100 Household Consumption=100: 农村居民 Rural Households	城镇居民 Non-rural Households
广　州	Guangzhou	3712.40	2513.24	163.76	2349.48	1199.15	67.7	32.3	6.5	93.5
深　圳	Shenzhen	3172.70	2621.75		2621.75	550.95	82.6	17.4		100.0
珠　海	Zhuhai	419.34	298.24	12.16	286.08	121.10	71.1	28.9	4.1	95.9
汕　头	Shantou	660.57	531.02	63.98	467.03	129.55	80.4	19.6	12.0	88.0
佛　山	Foshan	1716.17	1346.01	33.35	1312.65	370.16	78.4	21.6	2.5	97.5
韶　关	Shaoguan	332.50	238.61	87.20	151.41	93.89	71.8	28.2	36.5	63.5
河　源	Heyuan	267.91	192.69	78.68	114.01	75.23	71.9	28.1	40.8	59.2
梅　州	Meizhou	437.70	328.00	105.00	223.00	109.70	74.9	25.1	32.0	68.0
惠　州	Huizhou	707.75	566.40	68.76	497.65	141.35	80.0	20.0	12.1	87.9
汕　尾	Shanwei	273.32	213.55	56.96	156.59	59.78	78.1	21.9	26.7	73.3
东　莞	Dongguan	1988.31	1732.06	174.00	1558.06	256.25	87.1	12.9	10.0	90.0
中　山	Zhongshan	639.10	530.53	40.17	490.36	108.56	83.0	17.0	7.6	92.4
江　门	Jiangmen	617.41	494.93	119.38	375.55	122.48	80.2	19.8	24.1	75.9
阳　江	Yangjiang	281.87	205.48	73.19	132.29	76.39	72.9	27.1	35.6	64.4
湛　江	Zhanjiang	632.45	482.97	162.32	320.65	149.48	76.4	23.6	33.6	66.4
茂　名	Maoming	537.98	422.52	172.44	250.08	115.46	78.5	21.5	40.8	59.2
肇　庆	Zhaoqing	440.52	308.09	94.17	213.91	132.43	69.9	30.1	30.6	69.4
清　远	Qingyuan	370.58	267.04	109.24	157.80	103.54	72.1	27.9	40.9	59.1
潮　州	Chaozhou	303.44	254.76	52.88	201.88	48.68	84.0	16.0	20.8	79.2
揭　阳	Jieyang	484.03	410.14	148.34	261.79	73.90	84.7	15.3	36.2	63.8
云　浮	Yunfu	219.48	168.66	69.47	99.19	50.81	76.8	23.2	41.2	58.8
按经济区域分 By Region										
珠三角	Pearl River Delta	13413.69	10411.25	705.76	9705.49	3002.45	77.6	22.4	6.8	93.2
东　翼	Eastern Region	1721.37	1409.46	322.16	1087.30	311.91	81.9	18.1	22.9	77.1
西　翼	Western Region	1452.30	1110.97	407.94	703.03	341.33	76.5	23.5	36.7	63.3
山　区	Mountainous Region	1628.17	1195.00	449.59	745.41	433.18	73.4	26.6	37.6	62.4

注：本表按当年价格计算。

Note: The data in this table are calculated at current prices.

3-25 各市人均地区生产总值

Per Capita Gross Domestic Product by City

单位：元 (yuan)

市别	City	2000	2005	2006	2007	2008	2009
广州	Guangzhou	25626	53809	63184	72123	81941	89082
深圳	Shenzhen	32800	60801	69450	79645	89587	92772
珠海	Zhuhai	27770	45320	52098	61620	67938	69889
汕头	Shantou	9741	12883	14495	16634	18927	20385
佛山	Foshan	20231	42066	51188	62134	73732	80686
韶关	Shaoguan	7028	11608	13828	16370	18773	19549
河源	Heyuan	3826	7483	9271	11765	13921	13928
梅州	Meizhou	4728	7670	8486	10001	11646	12558
惠州	Huizhou	13877	21909	24881	29284	33428	35819
汕尾	Shanwei	5262	7419	8557	10167	12004	13363
东莞	Dongguan	13679	33287	39490	46146	53301	56601
中山	Zhongshan	15077	36435	42760	50687	58038	62304
江门	Jiangmen	12851	19546	22983	26644	30738	32139
阳江	Yangjiang	7377	12717	14874	17282	20337	22132
湛江	Zhanjiang	6231	10243	12033	13688	16038	16647
茂名	Maoming	7981	12729	14836	16653	19356	19979
肇庆	Zhaoqing	7422	11890	13725	16628	20133	22415
清远	Qingyuan	5003	9079	11951	16550	20805	22796
潮州	Chaozhou	7444	11215	12692	14675	17134	18681
揭阳	Jieyang	6001	7417	8552	10341	12665	14159
云浮	Yunfu	6399	8664	9852	11690	13636	14276
按经济区域分	By Region						
珠三角	Pearl River Delta	20280	40336	47241	55048	63065	67407
东翼	Eastern Region	7294	9729	11063	12954	15198	16665
西翼	Western Region	7099	11608	13583	15424	18021	18816
山区	Mountainous Region	5344	8838	10610	13248	15779	16726

注：1. 本表按当年价格计算。
2. 2009年区域人均生产总值增速由广东省统计局统一调整核算，以往年份增速由分市汇总计算。

Note: a) The data in this table are calculated at current prices.
b)The growth rates of per capital GDP of 2009 are calculated by Statistics Bureau of Guangdong Province, and those of the previous years are calculated by each city.

3-26 各市人均地区生产总值指数

Indices of Per Capita Gross Domestic Product by City

上年=100 (preceding year=100)

市别	City	2000	2005	2006	2007	2008	2009
广州	Guangzhou	108.3	114.3	114.4	112.1	110.2	110.1
深圳	Shenzhen	105.2	111.6	113.4	112.6	110.2	108.8
珠海	Zhuhai	104.9	110.3	113.6	115.4	108.1	105.2
汕头	Shantou	104.5	110.3	111.1	112.3	109.6	109.5
佛山	Foshan	106.3	117.8	118.2	118.0	114.3	112.8
韶关	Shaoguan	111.8	108.7	114.4	114.4	110.4	109.7
河源	Heyuan	111.9	118.3	125.8	121.8	108.6	107.5
梅州	Meizhou	108.9	106.4	109.3	112.6	110.2	109.4
惠州	Huizhou	107.7	113.0	114.8	115.0	109.2	111.8
汕尾	Shanwei	110.2	113.3	114.5	117.0	113.9	115.0
东莞	Dongguan	106.6	119.4	117.5	114.9	112.4	110.0
中山	Zhongshan	105.4	120.6	115.8	114.9	110.7	110.0
江门	Jiangmen	108.8	112.1	115.1	114.7	110.3	108.7
阳江	Yangjiang	109.6	112.7	115.7	112.9	111.0	111.3
湛江	Zhanjiang	106.0	111.3	112.9	114.1	110.0	109.1
茂名	Maoming	110.5	112.0	112.3	111.2	108.0	108.9
肇庆	Zhaoqing	109.9	114.1	115.4	116.2	114.6	111.8
清远	Qingyuan	108.8	124.8	128.8	131.7	118.3	113.7
潮州	Chaozhou	104.3	110.7	112.0	113.9	111.5	111.9
揭阳	Jieyang	103.0	110.2	114.2	117.0	114.9	115.1
云浮	Yunfu	105.1	111.9	114.0	114.8	109.3	109.0
按经济区域分	By Region						
珠三角	Pearl River Delta	107.2	114.6	115.3	114.1	111.1	108.9
东翼	Eastern Region	104.7	110.6	112.5	114.5	112.0	111.1
西翼	Western Region	108.6	111.8	113.2	112.6	109.3	109.1
山区	Mountainous Region	109.2	113.4	118.3	119.8	112.2	109.3

注：本表按可比价格计算。

Note: The data in this table are calculated at constant prices.

3-27 各市人均地区生产总值指数

Indices of Per Capita Gross Domestic Product by City

2000年=100 (2000 = 100)

市别	City	2000	2005	2006	2007	2008	2009
广州	Guangzhou	100.0	194.0	221.9	248.7	274.0	301.6
深圳	Shenzhen	100.0	174.5	197.9	222.7	245.3	266.9
珠海	Zhuhai	100.0	163.0	185.2	213.8	231.1	243.2
汕头	Shantou	100.0	130.5	144.9	162.7	178.3	195.3
佛山	Foshan	100.0	191.4	226.3	267.0	305.2	344.2
韶关	Shaoguan	100.0	155.9	178.3	204.0	225.2	247.1
河源	Heyuan	100.0	179.3	225.5	274.8	298.5	321.0
梅州	Meizhou	100.0	147.9	161.7	182.0	200.5	219.3
惠州	Huizhou	100.0	156.7	179.8	206.7	225.7	252.2
汕尾	Shanwei	100.0	158.1	181.1	211.8	241.3	277.4
东莞	Dongguan	100.0	230.2	270.5	310.8	349.2	384.1
中山	Zhongshan	100.0	228.6	264.7	304.0	336.5	370.2
江门	Jiangmen	100.0	153.4	176.6	202.5	223.4	242.8
阳江	Yangjiang	100.0	163.5	189.2	213.6	237.1	263.8
湛江	Zhanjiang	100.0	146.8	165.8	189.1	208.1	227.0
茂名	Maoming	100.0	158.9	178.4	198.3	214.3	233.3
肇庆	Zhaoqing	100.0	160.3	185.0	214.9	246.4	275.6
清远	Qingyuan	100.0	181.2	233.4	307.4	363.8	413.6
潮州	Chaozhou	100.0	151.6	169.8	193.3	215.5	241.1
揭阳	Jieyang	100.0	125.8	143.7	168.1	193.2	222.2
云浮	Yunfu	100.0	139.9	159.4	183.0	200.0	218.0
按经济区域分	By Region						
珠三角	Pearl River Delta	100.0	187.6	216.2	246.7	274.2	298.6
东翼	Eastern Region	100.0	135.3	152.1	174.1	195.0	216.6
西翼	Western Region	100.0	154.9	175.2	197.4	215.8	235.3
山区	Mountainous Region	100.0	158.5	187.4	224.4	251.9	275.4

注：本表按可比价格计算。
Note: The data in this table are calculated at constant prices.

主要统计指标解释

国内（地区）生产总值 指按市场价格计算的一个国家（或地区）所有常住单位在一定时期内生产活动的最终成果。国内（地区）生产总值有三种计算方法，即生产法、收入法和支出法。三种方法分别从不同的方面反映国内生产总值及其构成。

增加值 指常住单位生产过程创造的新增价值和固定资产的转移价值。它可以按生产法计算，也可以按收入法计算，按生产法计算，它等于总产出减去中间投入；按收入法计算，它等于劳动者报酬、生产税净额、固定资产折旧和营业盈余之和。

劳动者报酬 指劳动者因从事生产活动所获得的全部报酬。包括劳动者获得的各种形式的工资、奖金和津贴，既有货币形式的，也有实物形式的，还包括劳动者所享受的公费医疗和医药卫生费、上下班交通补贴、单位支付的社会保险费、住房公积金等。对于个体经济来说，其所有者所获得的劳动报酬和经营利润不易区分，这两部分统一作为劳动者报酬处理。

生产税净额 指生产税减生产补贴后的差额。生产税指政府对生产单位从事生产、销售和经营活动以及因从事生产活动使用某些生产要素（如固定资产、土地、劳动力）所征收的各种税、附加费和规费。生产补贴与生产税相反，指政府对生产单位的单方面转移支付，因此视为负生产税，包括政策性亏损补贴、价格补贴等。

固定资产折旧 指一定时期内为弥补固定资产损耗按照规定的固定资产折旧率提取的固定资产折旧，或按国民经济核算统一规定的折旧率虚拟计算的固定资产折旧。它反映了固定资产在当期生产中的转移价值。各类企业和企业化管理的事业单位的固定资产折旧是指实际计提的折旧费；不计提折旧的政府机关、非企业化管理的事业单位和居民住房的固定资产折旧是按照统一规定的折旧率和固定资产原值计算的虚拟折旧。原则上，固定资产折旧应按固定资产的重置价值计算，但是目前我国尚不具备对全社会固定资产进行重估价的基础，所以暂时还不能采用这种办法。

营业盈余 指常住单位创造的增加值扣除劳动者报酬、生产税净额和固定资产折旧后的余额。它相当于企业的营业利润加上生产税补贴，但要扣除从利润中开支的工资和福利等。

支出法国内（地区）生产总值 指一个国家（或地区）所有常住单位在一定时期内用于最终消费、资本形成总额，以及货物和服务净出口的总额，它反映本期生产的国内生产总值的使用情况。

最终消费 指常住单位在一定时期内对于货物和服务的全部最终消费支出，也就是常住单位为满足物质、文化和精神生活的需要，从本国经济领土和国外购买的货物和服务的支出，不包括非常住单位在本国经济领土内的消费支出。最终消费分为居民消费和政府消费。

居民消费 指常住住户对货物和服务的全部最终消费支出。它除了常住住户直接以货币形式购买货物和服务的消费之外，还包括以其他方式获得的货物和服务的消费，即单位以实物报酬及实物转移的形式提供给劳动者的货物和服务；住户生产并由住户自己消费的货物和服务，其中的服务仅指住户的自有住房服务和付酬的家庭服务；金融机构提供的金融媒介服务；保险公司提供的保险服务。

政府消费 指政府部门为全社会提供公共服务的消费支出和免费或以较低价格向住户提供的消费货物和服务净支出。前者等于政府服务的产出价值减去政府单位所获得的经营收入后的价值，政府服务的产出价值等于它的经常性业务支出加上固定资产折旧；后者等于政府部门免费或以较低价格向住户提供的货物和服务的市场价值减去向住户收取的价值。

资本形成总额 指常住单位在一定时期内获得的减去处置的固定资产加存货的净变动额，包括固定资本形成总额和存货增加。

固定资本形成总额 指生产者在一定时期内获得的固定资产减处置的固定资产的价值总额。固定资产是通过生产活动生产出来的，其使用年限在一年以上，单位价值在规定标准以上的资产，不包括自然资产。固定资本形成总额分有形固定资本形成总额和无形固定资本形成总额。有形固定资本形成总额包括一定时期内完成的建筑工程、安装工程、设备工器具购置（减处置）价值以及土地改良、新增役、种、奶、毛、娱乐用牲畜和新增经济林木价值。无形固定资本形成总额包括矿藏的勘探、计算机软件等获得减处置。

存货增加 指常住单位存货实物量变动的市场价值，即期末价值减期初价值的差额，再扣除当期由于价格变动而产生的持有收益。存货增加可以是正值，也可以是负值；正值表示存货增加，负值表示存货减少。它包括生产单位购进的原材料、燃料和储备物资等存货，以及生产单位生产的产成品、在制品存货等。

货物和服务净流出 指货物和服务流出减货物和服务流入的差额。流出包括常住单位向非常住单位出售或无偿转让的各种货物和服务的价值；流入包括常住单位从非常住单位购买或无偿得到的各种货物和服务价值。由于服务活动的提供与使用同时发生，因此服务的流入流出业务并不发生出入境现象，一般把常住单位从非常住单位得到的服务作为流入，常住单位向非常住单位提供的服务作为流出。

三次产业 根据社会生产活动历史发展的顺序对产业结构的划分，产品直接取自自然界的部门称为第一产业，初级产品进行再加工的部门称为第二产业，为生产和消费提供各种服务的部门称为第三产业。它是世界上通用的产业结构分类，但各国的划分不尽一致。我国的三次产业划分是：

第一产业是指农、林、牧、渔业。

第二产业是指采矿业，制造业，电力、燃气及水的生产和供应业，建筑业。

第三产业是指除第一、二产业以外的其他行业。第三产业包括：交通运输、仓储和邮政业，信息传输、计算机服务和软件业，批发和零售业，住宿和餐饮业，金融业，房地产业，租赁和商务服务业，科学研究、技术服务和地质勘查业，水利、环境和公共设施管理业，居民服务和其他服务业，教育，卫生、社会保障和社会福利业，文化、体育和娱乐业，公共管理和社会组织，国际组织。

Explanatory Notes on Main Statistical Indicators

Gross Domestic (Regional) Product refers to the final products at market prices produced by all resident units in a country (or a region) during a certain period of time. It is calculated with three approaches, i.e. production approach, income approach and expenditure approach, which reflect gross domestic product and its composition from different aspects.

Value-added refers to value newly created in the process of production by resident units and the transfer value of fixed assets. It can be calculated by both production approach and income approach. In terms of production approach, it is the total output minus intermediate input. In terms of income approach, it is the summation of laborers' remuneration, net taxes on production, depreciation of fixed assets and operating surplus.

Laborers' Remuneration refers to the whole payment of various forms earned by laborers from productive activities they are engaged in, including wages, bonuses and allowances earned in monetary form and in kind, as well as free medical services provided to the laborers and the medicine expenses, traffic subsidies, and social insurance fee and housing fund paid by the laborers' working units for them. In terms of individual economy, since laborers' remuneration is not easily distinguished from the operating profit, both are treated as laborers' remuneration.

Net Taxes on Production refers to the residual of the taxes on production minus the subsidies on production. The taxes on production refers to the various taxes, extra charges and fees levied on the production units on their production, sale and business activities as well as on some factors of production, such as fixed assets, land and labor force, used in the production activities they are engaged in. In contrast to the taxes on production, the subsidies on production refer to the unilateral transfer of part of the 〖BF〗government' s〖BFQ〗 revenue to the production units and are therefore regarded as negative taxes on production. They include subsidies on the loss due to implementation of government policies and price subsidies, etc.

Depreciation of Fixed Assets refers to the depreciation of fixed assets of a given period, drawn in accordance with the stipulated depreciation rate for the purpose of compensating the wear loss of the fixed assets or the depreciation of fixed assets calculated in a fictitious way in accordance with the stipulated unified depreciation rate in the national economic accounting system. It reflects the value of transfer of the fixed assets in the production of the current period. The depreciation of fixed assets in various enterprises and institutions managed as enterprises refers to the depreciation expenses actually drawn and calculated as part of the cost. In government agencies and institutions not managed as enterprises which do not draw the depreciation expenses, as well as for the houses of residents, the depreciation of fixed assets is the imputed depreciation, which is calculated in accordance with the stipulated unified depreciation rate and the original value of the fixed assets. In principle, the depreciation of fixed assets should be calculated on the basis of the repurchase value of the fixed assets. However, there is no actual condition to reevaluate all the fixed assets in China. Therefore, the above-mentioned methods are temporarily adopted at present.

Operating Surplus refers to the balance of the value-added created by the resident units deducting the laborers' remuneration, net taxes on production and the depreciation of fixed assets. It is equivalent to the business profit of the enterprises plus subsidies on production, but the wages and welfare expenses paid from the profits should be deducted.

Gross Domestic (Regional) Product Calculated by Expenditure Approach refers to total expenditure on final consumption, total capital formation and net exports of goods and services by resident units of a country in a certain period of time. It reflects the use of gross domestic product produced in the current period.

Final Consumption refers to the total expenditure of resident units on final consumption of goods and services in a certain period, namely the expenditure of the resident units for purchases of goods and services from domestic economic territory and abroad to meet the requirements of material, cultural and spiritual life. It excludes the expenditure of nonresident units on consumption in the economic territory of the country. The final consumption is classified into household consumption and government consumption.

Household Consumption refers to the total expenditure of resident households on the final consumption of goods and services. In addition to the consumption of goods and services paid for in monetary form by the resident households , the expenditure on goods and services obtained by the resident households in other ways is also included in the household consumption, which includes: (a) goods and services provided to the households by the units in the form of payment in kind and transfer in kind; (b) goods and services produced and consumed by the households themselves, where services refer only to services related to residential buildings owned by the households and paid services for the households; (c) services of financial intermediary provided by financial institutions; and (d) insurance services provided by insurance companies.

Government Consumption refers to the expenditure on the consumption of public services provided by the government to the whole society and the net expenditure on goods and services provided by the government for households free of charge or at low prices. The former equals the output value of the government services minus the value of operating income obtained by the government departments. The latter equals the market value of goods and services provided by the government free of charge or at low prices for households minus the value charged by the government on households.

Total Capital Formation refers to the net value of change within a certain period calculated as fixed assets acquired minus those disposed plus inventory, which includes total fixed assets formation and increase in inventory.

Total Fixed Capital Formation refers to the value of fixed assets acquired minus the value of fixed assets disposed within a certain period, where fixed assets refer to assets produced through productive activities with a term of use of over one year and a unit price above designated standards, excluding natural assets. Total fixed capital formation can be classified into total tangible assets formation and total intangible assets formation. Total tangible assets formation includes the value of the construction projects, installation projects completed and the equipment, apparatus and instruments purchased as well as the value of land improved, the value of draught animals, breeding stock, milk, wool and recreational animals and newly-increased economic forest in a certain period. Total intangible assets formation includes value acquired through the prospecting of minerals, computer software, and other operations minus the disposal of them.

Increase in Inventory refers to the market value of the change in inventory in resident units, i.e. the difference in value between the beginning and the end of the period minus benefits aquired through the posession of inventory that have appreciated during the period. The increase in inventory can be positive or negative. A positive value indicates the increase in stock while a negative value indicates the decrease in stock. The inventory includes the raw materials, fuels and reserve materials purchased by the production units as well as the inventory of finished products, semi-finished products and work in progress, etc.

Net Outflow of Goods and Services refers to the difference between the outflow of goods and services andthe inflow of goods and services. The outflow includes the value of various goods and services sold or gratuitously transferred by resident units to nonresident units. The inflow includes the value of various goods and services purchased or gratuitously acquired by resident units from non-resident units. As the provision of services and the use of them happen simultaneously, the inflow and outflow of services do not involve border crossing. The acquisition of services by the resident units from nonresident units is usually treated as inflow while the provision of services by the resident units for nonresident units is usually treated as outflow.

Three Industries are the classification of industrial structure according to the historical sequence of development of social production. Primary industry refers to direct extraction of natural resources; secondary industry involves processing of primary products; and tertiary industry provides services of various kinds for production and consumption. Such classification is a common practice in the world, though grouping varies to some extent from country to country. In China the three industries are defined as follows:

Primary industry refers to farming, forestry, animal husbandry and fishery.

Secondary industry refers to mining, manufacturing, production and supply of electric power, water and gas, and construction.

Tertiary industry: refers to all other industries not included in primary or secondary industry, including transport, storage and post, information transmission, computer services and software, wholesale and retail trades, hotels and catering services, financial intermediation, real estate, leasing and business services, scientific research, technical services, and geological prospecting, management of water conservancy, environment and public facilities, services to households and other services, education, health care, social security and social welfare, culture, sports and recreation, public administration and social organizations, and international organizations. ns, and international organizations.

四、人口

POPULATION

四 人口

简要说明

一、本篇资料反映广东人口发展变化基本情况，主要内容包括：

1. 年末常住人口、性别比例、年龄比例、城镇人口比例以及人口出生率、人口死亡率和人口自然增长率。数据由广东省统计局根据人口普查、1%人口抽样调查或年度人口变动情况抽样调查推算所得。

2. 1990-2004 年年末常住人口数、出生率、死亡率以及自然增长率，除 1990 和 2000 年为根据人口普查结果直接推算外，其余年份均按 2005 年全国 1%人口抽样调查结果进行平滑调整，故上述年份的数据与以往相应年份发表的数据有所差异。

3. 户籍总人口、按性别分和按农业、非农业分的人口以及迁移人口等，数据来源于广东省公安厅人口统计年报。

二、本资料由广东省统计局人口和就业统计处整理提供。

4 Population

Brief Introduction

Ⅰ. The data in this chapter show the basic conditions of development and changes of population in Guangdong, including mainly:

1. Permanent population at the year-end, proportion of population by sex, proportion of population by age, proportion of urban population, birth rate, death rate and natural growth rate of population. The data are estimated by Guangdong Provincial Bureau of Statistics on the basis of population censuses, the one percent sample survey on population， or annual sample surveys on population changes.

2. Permanent population at the year-end, birth rate, death rate and natural growth rate of population from 1990 to 2004 result from smooth adjustment on the 2005 national one-percent sample survey on population with the exceptions of 1990 and 2000 data, which are direct estimates from the result of population censuses. Consequently, data of these years are different from those issued in the corresponding years.

3. The total population with residence registration, population by sex, by agricultural and non-agricultural population, and migrant population are obtained from the annual reports of population of Guangdong Provincial Department of Public Security.

Ⅱ. The date in this chapter are prepared and provided by the Division of Population and Employment Statistics of Statistics Bureau of Guangdong Province.

4-1 人口主要指标

Main Population Indicators

项 目	Item	1990	1995	2000	2005	2008	2009
年末常住人口 （万人）	**Permanent Population at the Year-end (10000 persons)**	**6347.19**	**7387.49**	**8650.03**	**9194.00**	**9544.00**	**9638.00**
男性比例 (%)	Proportion of Male Population (%)	51.2	50.7	50.9	50.6	51.2	51.0
女性比例 (%)	Proportion of Female Population (%)	48.8	49.3	49.1	49.4	48.8	49.0
0-14岁人口比例 (%)	Proportion of Population Aged 0-14 (%)	29.9		24.2	21.3	19.7	19.3
15-64岁人口比例 (%)	Proportion of Population Aged 15-64 (%)	64.2		69.8	71.3	72.4	72.7
65岁及以上人口比例(%)	Proportion of Population Aged 65 And Over (%)	5.9		6.0	7.4	7.9	8.0
城镇人口比例 (%)	Proportion of Urban Population (%)	36.8	39.3	55.0	60.7	63.4	63.4
人口密度（人/平方公里）	Population Density (person/sq.km.)	353	411	486	511	531	536
户籍人口	**Population with Residence Registration**						
年末总户数 （万户）	Total Households at the Year-end(10000 households)	1411.08	1631.03	1901.91	2096.29	2218.60	2258.76
年末总人口 （万人）	Total Population at the Year-end (10000 persons)	6246.32	6788.74	7498.54	7899.64	8267.09	8365.98
#农业人口	Agricultural Population	4769.01	4753.37	5160.26	3792.32	3950.53	3990.01
非农业人口比例 (%)	Proportion of Non-agricultural Population (%)	23.65	29.98	31.18	51.67	51.99	52.09
性别比 （女=100）	Sex Ratio (female=100)	105.9	106.5	106.7	106.9	106.5	106.2
人口变动情况 （‰）	**Status of Population Changes (‰)**						
出生率	Birth Rate	22.26	16.93	12.91	11.70	11.80	11.78
死亡率	Death Rate	5.76	5.33	4.77	4.68	4.55	4.52
自然增长率	Natural Growth Rate	16.50	11.60	8.14	7.02	7.25	7.26
迁入率	Immigration Rate	15.38	16.04	16.59	13.65	13.46	11.64
迁出率	Emigration Rate	12.56	13.31	12.94	8.97	9.68	7.81
总迁移率	Total Migration Rate	27.94	29.35	29.53	22.62	23.14	19.45
净迁移率	Net Migration Rate	2.82	2.73	3.65	4.68	3.79	3.83
跨省净迁移率	Net Cross-Provincial Migration Rate	0.35	1.09	1.01	2.55	2.87	2.75

4-2 年末户籍总人口

Total Population with Residence Registration at the Year-end

单位：万人 (10000 persons)

年份 Year	总人口 Total Population	按性别分 By Sex		按农业、非农业分 By Agricultural & Non-agricultural Population		人口密度（人/平方公里） Population Density (person/sq.km.)
		男 Male	女 Female	非农业人口 Non-agricultural Population	农业人口 Agricultural Population	
1978	5064.15	2586.68	2477.47	823.23	4240.92	285
1980	5227.67	2671.28	2556.39	909.71	4317.96	294
1982	5415.35	2771.86	2643.49	971.46	4443.89	304
1983	5494.12	2818.92	2675.20	1001.05	4493.07	309
1984	5576.62	2865.90	2710.72	1097.36	4479.26	313
1985	5655.60	2909.52	2746.08	1197.92	4457.68	318
1986	5740.70	2955.68	2785.02	1254.60	4486.10	323
1987	5832.15	3003.09	2829.06	1309.91	4522.24	328
1988	5928.31	3053.50	2874.81	1366.54	4561.77	333
1989	6024.98	3106.37	2918.61	1422.75	4602.23	338
1990	6246.32	3213.20	3033.12	1477.31	4769.01	353
1991	6348.95	3266.26	3082.69	1540.92	4808.03	363
1992	6463.17	3327.67	3135.50	1640.80	4822.37	373
1993	6581.60	3390.37	3191.23	1808.09	4773.51	386
1994	6691.46	3450.68	3240.78	1964.72	4726.74	401
1995	6788.74	3501.19	3287.55	2035.37	4753.37	411
1996	6896.77	3559.54	3337.23	2107.80	4788.97	421
1997	7013.73	3620.32	3393.41	2173.50	4840.23	433
1998	7115.65	3676.95	3438.70	2219.07	4896.58	444
1999	7298.88	3769.70	3529.18	2276.42	5022.46	457
2000	7498.54	3871.13	3627.41	2338.29	5160.25	486
2001	7565.33	3905.28	3660.05	2391.31	5174.02	486
2002	7649.29	3948.25	3701.04	2767.31	4881.98	492
2003	7723.42	3989.24	3734.18	3681.93	4003.07	499
2004	7804.75	4025.87	3778.88	3797.92	3973.52	507
2005	7899.64	4080.74	3818.90	4082.06	3792.32	511
2006	8048.71	4154.03	3894.68	4149.42	3880.37	518
2007	8156.05	4204.47	3951.58	4242.85	3894.02	526
2008	8267.09	4263.24	4003.85	4297.78	3950.53	531
2009	8365.98	4309.11	4056.87	4358.05	3990.01	536

注：1. 2003年起"按农业、非农业分"的人口，不包括未落常住户口的人数，4-7表同；
2. 人口密度数为常住人口的人口密度。

Note:1. Population grouped by agricultural and non-agricultural population since 2003 does not include the number who does not register as permanen population. The same applies to Table 4-7.
2. The population density refers to that of the permant population.

4-3 人口自然变动情况

Status of Natural Population Changes

单位：万人、‰ (10000 persons, ‰)

年 份 Year	出生 Birth		死亡 Death		自然增长 Natural Growth	
	出生人数 Number of Birth	出生率 Birth Rate	死亡人数 Number of Death	死亡率 Death Rate	自然增长人数 Number of Natural Growth	自然增长率 Rate of Natural Growth
1978	111.23	22.14	27.35	5.44	83.88	16.70
1980	118.31	22.82	28.40	5.48	89.91	17.34
1982	123.98	23.09	31.79	5.92	92.19	17.17
1983	114.55	21.00	34.47	6.32	80.08	14.68
1984	114.86	20.75	34.37	6.21	80.49	14.54
1985	115.70	20.60	35.53	6.33	80.17	14.27
1986	126.23	22.15	32.48	5.70	93.75	16.45
1987	128.00	22.12	32.98	5.70	95.02	16.42
1988	122.90	20.90	29.81	5.07	93.09	15.83
1989	121.15	20.27	34.25	5.73	86.90	14.54
1990	140.11	22.26	36.25	5.76	103.86	16.50
1991	131.31	20.40	38.04	5.91	93.27	14.49
1992	125.17	18.92	40.00	6.05	85.17	12.87
1993	120.00	17.59	38.00	5.57	82.00	12.02
1994	121.00	17.11	38.00	5.37	83.00	11.74
1995	123.54	16.93	38.91	5.33	84.63	11.60
1996	124.80	16.69	42.11	5.63	82.69	11.06
1997	118.40	15.43	37.83	4.93	80.57	10.50
1998	117.00	14.84	40.00	5.07	77.00	9.77
1999	110.00	13.57	39.00	4.81	71.00	8.76
2000	108.85	12.91	40.21	4.77	68.64	8.14
2001	107.99	12.42	39.63	4.56	68.36	7.86
2002	103.94	11.82	39.73	4.52	64.21	7.30
2003	108.00	12.13	41.98	4.71	66.02	7.42
2004	106.73	11.81	41.62	4.60	65.11	7.21
2005	107.11	11.70	42.24	4.68	64.87	7.02
2006	108.96	11.78	41.53	4.49	67.43	7.29
2007	112.00	11.96	43.00	4.66	68.00	7.30
2008	112.00	11.80	43.00	4.55	69.00	7.25
2009	113.00	11.78	43.00	4.52	70.00	7.26

4-4 户籍人口迁移变动情况

Status of Migrant Changes

单位：万人、‰ (10000 persons, ‰)

年份 Year	迁入 Immigration		迁出 Emigration		总迁移 Total Migration		净迁移 Net Migration	
	迁入人数 Number of Immigration	迁入率 Immigration Rate	迁出人数 Number of Emigration	迁出率 Emigration Rate	总迁入数 Total Number of Migration	总迁移率 Total Migration Rate	净迁移人数 Net Number of Migration	净迁移率 Net Migration Rate
1978	81.83	16.29	75.58	15.04	157.41	31.33	6.25	1.25
1980	91.45	17.64	82.09	15.83	173.54	33.47	9.36	1.81
1982	71.63	13.34	65.06	12.11	136.69	25.45	6.57	1.23
1983	66.26	12.14	59.35	10.88	125.61	23.02	6.91	1.26
1984	92.30	16.67	83.31	15.05	175.61	31.72	8.99	1.62
1985	100.10	17.82	84.90	15.12	185.00	32.94	15.20	2.70
1986	85.61	15.02	70.83	12.43	156.44	27.45	14.78	2.59
1987	92.89	16.05	73.26	12.66	166.15	28.71	19.63	3.39
1988	93.82	15.96	73.46	12.49	167.28	28.45	20.36	3.47
1989	95.26	15.94	73.87	12.36	169.13	28.30	21.39	3.58
1990	94.39	15.38	77.07	12.56	171.46	27.94	17.32	2.82
1991	97.23	15.44	83.74	13.30	180.97	28.74	13.49	2.14
1992	135.89	21.21	108.39	16.92	244.28	38.13	27.50	4.29
1993	158.20	24.25	128.06	19.63	286.26	43.88	30.14	4.62
1994	140.93	21.24	115.72	17.44	256.65	38.68	25.21	3.80
1995	108.09	16.04	89.74	13.31	197.83	29.35	18.35	2.73
1997	130.94	18.83	98.90	14.22	229.84	33.05	32.04	4.61
1998	117.93	16.69	94.18	13.33	212.11	30.02	23.75	3.36
1999	107.68	14.94	89.13	12.37	196.81	27.31	18.55	2.57
2000	122.72	16.59	95.76	12.94	218.48	29.53	26.96	3.65
2001	109.88	14.59	92.34	12.26	202.22	26.85	17.54	2.33
2002	102.26	13.44	81.95	10.77	184.21	24.21	20.31	2.67
2003	105.27	13.70	83.22	10.83	188.49	24.53	22.05	2.87
2004	133.91	17.25	104.26	13.43	238.17	30.68	29.65	3.82
2005	107.21	13.65	70.45	8.97	177.66	22.62	36.76	4.68
2006	145.49	18.25	80.56	10.10	226.05	28.35	64.93	8.14
2007	119.95	14.80	71.67	8.85	191.62	23.65	48.28	5.96
2008	110.56	13.46	79.47	9.68	190.03	23.14	31.09	3.79
2009	96.80	11.64	64.93	7.81	161.73	19.45	31.87	3.83

4-5 各市年末常住人口数

Permanent Population at the Year-end by City

单位：万人 (10000 persons)

市 别	City	2000	2002	2003	2004	2005	2006	2008	2009
广 州	Guangzhou	994.80	984.76	972.93	966.06	949.68	975.46	1018.20	1033.45
深 圳	Shenzhen	701.24	746.62	778.27	800.80	827.75	846.43	876.83	891.23
珠 海	Zhuhai	123.65	131.61	134.85	138.86	141.57	144.99	148.11	149.12
汕 头	Shantou	467.78	482.05	486.15	492.74	494.45	497.19	505.60	510.71
佛 山	Foshan	534.05	556.66	564.35	575.01	580.03	585.83	595.29	599.68
韶 关	Shaoguan	273.65	280.94	284.65	288.41	292.26	292.94	295.16	296.94
河 源	Heyuan	226.78	248.10	257.77	269.16	278.24	278.52	286.91	295.35
梅 州	Meizhou	380.52	395.99	401.21	408.53	411.84	412.09	412.54	414.49
惠 州	Huizhou	321.80	343.41	352.27	363.18	370.69	375.99	392.71	397.21
汕 尾	Shanwei	245.71	260.86	267.05	274.76	279.87	280.74	290.22	293.54
东 莞	Dongguan	644.84	654.84	655.25	655.66	656.07	674.88	694.98	635.00
中 山	Zhongshan	236.47	240.13	241.98	242.73	243.46	249.34	251.09	251.74
江 门	Jiangmen	395.24	404.58	406.48	410.03	410.29	411.01	414.27	420.14
阳 江	Yangjiang	217.20	224.91	227.30	230.86	232.14	233.29	236.80	239.68
湛 江	Zhanjiang	603.43	633.62	645.19	660.66	668.95	669.85	690.24	699.43
茂 名	Maoming	524.82	552.02	562.49	576.05	584.04	592.76	612.37	620.17
肇 庆	Zhaoqing	337.69	352.07	357.17	364.17	367.60	370.14	380.29	388.83
清 远	Qingyuan	314.98	334.81	342.81	352.75	359.37	361.55	373.19	382.71
潮 州	Chaozhou	240.44	247.02	248.67	251.59	252.01	253.37	256.66	257.42
揭 阳	Jieyang	524.61	542.55	548.21	556.70	559.69	563.42	573.73	579.06
云 浮	Yunfu	215.49	224.53	227.64	231.95	233.99	234.21	238.81	243.83
按经济区域分	By Region								
珠 三 角	Pearl River Delta	4289.78	4414.68	4463.55	4516.50	4547.14	4634.07	4771.77	4786.24
东 翼	Eastern Region	1478.54	1532.48	1550.08	1575.79	1586.02	1594.72	1626.21	1645.76
西 翼	Western Region	1345.45	1410.55	1434.98	1467.57	1485.13	1495.90	1539.41	1561.66
山 区	Mountainous Region	1411.42	1484.37	1514.08	1550.8	1575.7	1579.31	1606.61	1644.35

注：2009年各市常住人口不包离开户口居住地已半年，但在登记地居住不够半年的流动人口38.28万人。

Note: The by-city permanent pululation in 2009 does not include those who have left the place of permanent household registration for 6 months and live in the place of registration for less than 6 months.The number of such population is 382,800.

4-6 各市城镇人口占常住人口的比例

Proportion of Urban Population to Permanent Population by City

单位：% (%)

市 别	City	2000	2005	2006	2007	2008	2009
全 省	**Provincial Total**	**55.00**	**60.68**	**63.00**	**63.14**	**63.37**	**63.40**
广 州	Guangzhou	83.79	91.51	82.04	82.17	82.23	82.53
深 圳	Shenzhen	92.46	100.00	100.00	100.00	100.00	100.00
珠 海	Zhuhai	85.48	87.90	85.06	85.10	85.14	87.16
汕 头	Shantou	67.00	72.34	70.05	70.05	70.28	69.58
佛 山	Foshan	75.06	78.39	90.92	90.98	91.82	92.36
韶 关	Shaoguan	51.13	49.76	46.25	46.26	46.88	47.29
河 源	Heyuan	26.53	32.47	40.12	40.12	40.50	40.50
梅 州	Meizhou	37.21	41.63	46.51	46.51	46.00	46.20
惠 州	Huizhou	51.66	55.01	61.21	61.22	61.27	61.27
汕 尾	Shanwei	52.58	51.88	52.39	52.39	52.59	57.00
东 莞	Dongguan	60.04	73.02	85.09	85.20	86.39	86.39
中 山	Zhongshan	60.67	74.29	84.24	84.96	86.14	86.34
江 门	Jiangmen	47.08	56.78	48.68	48.70	49.45	50.08
阳 江	Yangjiang	41.92	44.09	44.46	45.91	45.89	46.72
湛 江	Zhanjiang	38.47	39.71	39.26	39.26	38.94	38.99
茂 名	Maoming	37.45	39.30	36.98	36.98	37.04	37.50
肇 庆	Zhaoqing	32.52	38.99	44.85	44.86	44.89	44.89
清 远	Qingyuan	32.60	38.46	34.35	34.40	34.63	34.93
潮 州	Chaozhou	43.41	53.62	62.90	62.90	59.20	62.10
揭 阳	Jieyang	37.91	41.15	45.02	45.02	45.36	45.36
云 浮	Yunfu	35.86	37.26	49.80	49.83	50.20	50.20
按经济区域分	By Region						
珠 三 角	Pearl River Delta	71.59	77.32	79.64	79.61	80.05	80.19
东 翼	Eastern Region	50.45	54.75	56.96	56.92	56.58	57.61
西 翼	Western Region	38.64	40.23	39.17	39.38	39.25	39.59
山 区	Mountainous Region	36.96	40.16	43.04	43.04	43.16	43.32

注：1. 本表2000、2005年数据按国家统计局1999年发布的《关于统计上划分城乡的规定(试行)》计算；2006年起数据按国家统计局2006年颁布的《关于统计上划分城乡的暂行规定》计算。

2. 2009年各市城镇人口统计口径为可比口径。

Note: 1. The 2000 and 2005 data in this table are calculated according to Interim Regulations on Statistical Classification of Urban and Rural Populationissued by National Bureau of Statistics in 1999. The 2006 data are calculated according to Provisional Regulations on Statistical Classification of Urban and Rural Population issued by National Bureau of Statistics in 2006.

2. The urban population in 2009 is calculated at comparable coverage.

4-7 各市年末户籍人口数（2009年）

Total Population with Residence Registration at the Year-end by City (2009)

单位：万人 (10000 persons)

市别	City	总人口 Total Population	按性别分 By Sex 男 Male	女 Female	按农业、非农业分 By Agricultural & Non-agricultural Population 非农业人口 Non-agricultural Population	农业人口 Agricultural Population
广州	Guangzhou	794.62	403.69	390.93	714.00	79.23
深圳	Shenzhen	245.96	130.78	115.18	245.96	
珠海	Zhuhai	102.65	52.30	50.35	102.65	
汕头	Shantou	510.73	255.97	254.76	505.89	4.84
佛山	Foshan	367.63	183.29	184.34	367.63	
韶关	Shaoguan	325.54	167.69	157.85	165.48	158.63
河源	Heyuan	348.98	177.92	171.06	82.09	266.89
梅州	Meizhou	507.36	260.32	247.04	132.63	374.73
惠州	Huizhou	324.36	165.09	159.27	187.07	137.28
汕尾	Shanwei	340.61	177.33	163.29	168.29	171.40
东莞	Dongguan	178.73	90.77	87.95	80.96	97.37
中山	Zhongshan	147.86	73.74	74.12	78.43	68.95
江门	Jiangmen	391.52	197.68	193.84	220.30	171.11
阳江	Yangjiang	275.67	146.67	129.01	114.67	159.83
湛江	Zhanjiang	763.14	404.27	358.87	282.14	481.00
茂名	Maoming	735.31	390.22	345.09	275.83	457.54
肇庆	Zhaoqing	413.69	213.19	200.50	117.83	294.80
清远	Qingyuan	408.82	210.62	198.20	119.04	289.74
潮州	Chaozhou	257.89	130.91	126.97	74.37	183.51
揭阳	Jieyang	649.11	332.16	316.95	221.60	421.01
云浮	Yunfu	275.8	144.49	131.31	101.19	172.15
按经济区域分	By Region					
珠三角	Pearl River Delta	2967.02	1510.53	1456.48	2114.83	848.74
东翼	Eastern Region	1758.34	896.37	861.97	970.15	780.76
西翼	Western Region	1774.12	941.16	832.97	672.64	1098.37
山区	Mountainous Region	1866.5	961.04	905.46	600.43	1262.14

4-8 各市年末户籍迁移人口数（2009年）

Number of Migrant Population at the Year-end by City (2009)

单位：人 (person)

市别	City	迁入 Immigration		迁出 Emigration		净迁移 Net Migration	
		省内迁入 Within Guangdong	省外迁入 Outside Guangdong	迁往省内 Within Guangdong	迁往省外 Outside Guangdong	省内 Within Guangdong	省外 Outside Guangdong
广州	Guangzhou	81863	76396	52819	24464	29044	51932
深圳	Shenzhen	30482	80742	2459	6480	28023	74262
珠海	Zhuhai	10173	24124	3222	5844	6951	18280
汕头	Shantou	12591	6831	15073	3755	-2482	3076
佛山	Foshan	13488	13801	6348	5407	7140	8394
韶关	Shaoguan	25633	9453	25400	9437	233	16
河源	Heyuan	19963	6525	26907	2580	-6944	3945
梅州	Meizhou	30685	7112	37932	5659	-7247	1453
惠州	Huizhou	54330	20311	36555	9289	17775	11022
汕尾	Shanwei	28538	4877	18420	3261	10118	1616
东莞	Dongguan	13373	23014	2668	4713	10705	18301
中山	Zhongshan	10750	6517	7599	3052	3151	3465
江门	Jiangmen	33123	10937	32083	8194	1040	2743
阳江	Yangjiang	20726	3050	22513	1712	-1787	1338
湛江	Zhanjiang	48463	9740	56137	7725	-7674	2015
茂名	Maoming	40690	18898	31302	8995	9388	9903
肇庆	Zhaoqing	39040	7830	37999	6270	1041	1560
清远	Qingyuan	18501	6618	22862	4552	-4361	2066
潮州	Chaozhou	13081	3143	16293	1517	-3212	1626
揭阳	Jieyang	50869	14440	49318	4700	1551	9740
云浮	Yunfu	11943	5354	14056	3687	-2113	1667
按经济区域分	By Region						
珠三角	Pearl River Delta	286622	263672	181752	73713	104870	189959
东翼	Eastern Region	105079	29291	99104	13233	5975	16058
西翼	Western Region	109879	31688	109952	18432	-73	13256
山区	Mountainous Region	106725	35062	127157	25915	-20432	9147

主要统计指标解释

总人口 指一定时点、一定地区范围内有生命的个人的总和。按不同的统计范围可分为常住人口和户籍人口；统计时点通常为每年 12 月 31 日 24 时。

0-14 岁人口比例 （少年儿童人口系数或少年儿童人口比例） 指 0-14 岁的少年儿童人口与同期总人口之比，反映人口的年龄结构特征。通常以百分比表示。

15-64 岁人口比例 （成年人口系数或成年人口比例） 指 15-64 岁的成年人口与同期总人口之比，反映人口的年龄结构特征。通常以百分比表示。

65 岁及以上人口比例 （老年人口系数或老年人口比例） 指 65 岁及以上的老年人口与同期总人口之比，反映人口的老龄化程度。通常以百分比表示。

城镇人口比例 指城镇人口与同期总人口之比，反映该区域人口的城镇化水平。通常以百分比表示。

人口密度 指某一时点单位土地面积上居住的人口数。通常以每平方公里常住的人口数表示。

非农业人口 指按常住户口性质划分的人口。具体为：（1）设区市的市区和不设区市的市区所辖街道办事处区域内的常住人口；（2）市辖镇、县辖镇所辖居民委员会或镇政府驻地村民委员会区域内的常住人口。按非农业、农业分的人口中，不包括未落常住户口的人数。

性别比 总人口（或分年龄人口）中男性人数与女性人数之比。通常以每 100 个女性人口相应有多少男性人口表示。

出生率 也称粗出生率。指某一人口在一定时期（通常为一年）内活产婴儿数与同期总人口的生存人口数（或同期平均总人口、年中人口数）之比。通常以千分比表示。

死亡率 也称粗死亡率。指一定时期（通常为一年）内全部死亡人数与同期平均总人口之比，反映该时期人口的死亡强度。通常以千分比表示。

自然增长率 指一定时期（通常为一年）内人口自然增加数（出生人口减死亡人口）与同期平均总人口之比。通常以千分比表示。

迁入率（迁出率） 指一定时期（通常为一年）内迁入（迁出）人数与同期平均总人口之比。通常以千分比表示。

总迁移率 指一定时期（通常为一年）内人口迁移总量（迁入人口加迁出人口）与同期平均总人口之比。通常以千分比表示。

净迁移率 指一定时期（通常为一年）内人口迁入迁出相抵后（迁入人口减迁出人口）与同期平均总人口之比。通常以千分比表示。

跨省净迁移率 指一定时期（通常为一年）内省外迁入人口和迁往省外（含出国）人口之差与同期平均总人口之比。通常以千分比表示。

Explanatory Notes on Main Statistical Indicators

Total Population refers to the total number of people alive within a given area at a certain point of time. It can be divided into the permanent population and the population with residence registration according to different statistical coverage. The reference time of the statistics on total population is usually taken at midnight of December 31.

Proportion of Population Aged 0-14 (coefficient of child population or proportion of child population) refers to the proportion of population aged 0-14 in the total population during the same period of time. It is an indicator of age structure, usually expressed in percentage.

Proportion of Population Aged 15-64 (coefficient of adult population or proportion of adult population) refers to the proportion of population aged 15-64 in the total population during the same period of time. It is an indicator of age structure, usually expressed in percentage.

Proportion of Population Aged 65 and Over (coefficient of aged population or proportion of aged population) refers to the proportion of population aged 65 and over in the total population during the same period of time. It is an indicator of population ageing, usually expressed in percentage.

Proportion of Urban Population refers to the proportion of urban population in the total population during the same period of time. It is an indicator of population urbanization in a certain region, usually expressed in percentage.

Population Density refers to the number of people located in a given land area at a certain point of time, usually expressed in the number of permanent population per square kilometer.

Non-agricultural Population refers to a population classified by the status of permanent population, including (1) the permanent population under the jurisdiction of urban districts or sub-district offices in cities without urban districts; and (2) the permanent population under the jurisdiction of neighborhood committees of townships in cities and counties or villagers' committees where the township governments are located.

Sex Ratio refers to the ratio of the male population to the female population among the total population (or population grouped by age), usually expressed in the number of males per 100 females.

Birth Rate (or Crude Birth Rate) refers to the ratio of live births to the total number of population alive (or average population, mid-year population) during a certain period of time (usually one year), expressed in ‰.

Death Rate (or Crude Death Rate) refers to the ratio of deaths to the average population during a certain period of time (usually one year), expressed in ‰. Death rate reflects the death intensity of the population during the same period of time.

Natural Growth Rate refers to the ratio of natural increase in population (number of births minus number of deaths) during a certain period of time (usually one year) to the average population of the same period, expressed in ‰.

Immigration Rate (Emigration Rate) refers to the ratio of the number of immigration (emigration) to the average population during a certain period of time (usually one year), expressed in ‰.

Total Migration Rate refers to the ratio of the total number of migration (number of immigration plus number of emigration) to the average population during a certain period of time (usually one year),expressed in ‰.

Net Migration Rate refers to the ratio of the net number of migration (number of immigration minus number of emigration) to the average population during a certain period of time (usually one year), expressed in ‰

Net Migration Rate across Province refers to the ratio of the number of immigration from outside the province minus the number of emigration to outside the province (including those going abroad) to the average population during a certain period of time (usually one year), expressed in ‰.

五、从业人员和职工工资

EMPLOYMENT AND WAGES

五　从业人员和职工工资

简要说明

一、本篇资料反映广东劳动就业与工资的基本情况。主要内容包括全社会从业人员数、城镇以上单位在岗职工人数、城镇私营企业和个体工商业从业人数、在岗职工工资总额、平均工资和城镇登记失业率等。

二、本篇资料由广东省统计局人口和就业处整理提供。

三、本篇资料主要根据国家统计调查制度搜集汇总，部分由省劳动和社会保障厅、省工商行政管理局等部门提供并加工整理。

四、本篇资料中的城镇从业人员、在岗职工及其工资统计范围只包括城镇以上国有、集体及其他经济类型单位，不包括私营企业和个体劳动者。

五、1998 年，劳动统计年报中对全部调查单位改按企业登记注册类型分组。即国有单位中不再包括国有联营和有限责任公司中的国有独资公司；城镇集体单位中不再包括集体联营和股份合作企业；其他单位则包括国有联营和有限责任公司中的国有独资公司，集体联营和股份合作企业。

5 Employment and Wages

Brief Introduction

Ⅰ. The data in this chapter show the basic conditions of labor employment and wages of Guangdong Province, mainly including the number of all employed persons, number of fully employed staff and workers in units in urban areas, number of the persons employed in urban private enterprises and self-employed persons in industry and commerce, total wages and average wage of fully employed staff and workers and registered urban unemployment rate, etc.

Ⅱ. The data in this chapter are prepared and provided by the Division of Population and Employment Statistics of Statistics Bureau of Guangdong Province.

Ⅲ. The data in this chapter are collected and tabulated mainly in accordance with the statistical survey scheme of the National Bureau of Statistics, part of which are processed and prepared from figures provided by Guangdong Provincial Department of Labor and Social Security, Guangdong Provincial Administration for Industry and Commerce and some other related organs.

Ⅳ. The statistical coverage of urban employed persons, fully employed staff and workers, staff and workers and wages in this chapter only includes state-owned units, collective-owned units and other types of ownership in urban areas, but excludes private enterprises and self-employed individuals.

Ⅴ. In annual labor reports since 1998, survey units are categorized by registration status. As a result, exclusively state-invested companies in state-owned joint ownership units and limited liability companies are no longer entered as state-owned units, and collective-owned joint ownership units and cooperative units are no longer entered as urban collective-owned units. These units excluded from the categories of state-owned joint ownership units and urban collective-owned units are now categorized as units of other types of ownership.

5-1 从业人员主要指标
Main Indicators of Employed Persons

指 标	Item	1995	2000	2005	2007	2008	2009
从业人员人数 （万人）	**Number of Employed Persons (10000 persons)**	**3551.20**	**3989.32**	**5022.97**	**5402.65**	**5553.67**	**5652.39**
#城镇从业人员	Urban Employed Persons	911.90	759.21	904.27	1001.46	1007.87	1055.03
国有单位	State-owned Units	548.98	425.52	380.19	381.00	385.14	389.17
城镇集体单位	Urban Collective-owned Units	202.36	105.97	68.70	65.49	60.64	58.33
其他各种单位	Units of Other Types of Ownership	160.56	227.73	455.38	554.97	562.09	607.53
#农村乡(镇)劳动者	Rural Employed Persons	2394.40	2789.98	3089.48	3235.37	3326.63	3366.13
#城镇私营企业从业人员	Employed Persons in Urban Private Enterprises	76.00	151.73	402.05	574.14	650.11	758.06
#城镇个体从业人员	Self-employed Individuals in Urban Areas	168.90	288.40	627.17	591.68	569.06	473.17
第一产业劳动者	Employed Persons in Primary Industry	1473.60	1593.68	1609.89	1588.21	1599.27	1584.96
第二产业劳动者	Employed Persons in Secondary Industry	1199.00	1114.86	1916.16	2106.46	2163.43	2211.71
第三产业劳动者	Employed Persons in Tertiary Industry	878.60	1280.78	1496.92	1707.98	1790.97	1855.73
城镇失业人员就业数	Employees from Urban Unemployed Persons	43.67	52.65	59.48	55.25	59.45	58.35
城镇从业人员劳动报酬 （亿元）	**Earnings of Urban Employed Persons (100 million yuan)**	**734.14**	**1057.57**	**2143.29**	**2934.97**	**3380.75**	**3800.52**
国有单位	State-owned Units	458.86	612.17	1078.00	1365.97	1546.29	1718.71
城镇集体单位	Urban Collective-owned Units	124.32	93.04	90.36	106.00	112.68	117.25
其他各种单位	Units of Other Types of Ownership	150.96	352.37	974.93	1463.00	1721.78	1964.56
城镇从业人员平均劳动报酬 （元）	**Average Labor Remuneration to Urban Employed Persons (yuan)**	**8250**	**13859**	**24122**	**29658**	**33282**	**36469**
国有单位	State-owned Units	8540	14296	28553	36053	40391	44403
城镇集体单位	Urban Collective-owned Units	6395	8605	13249	16347	18446	20318
其他各种单位	Units of Other Types of Ownership	9546	15538	22018	26801	30109	32888

注：2003年起城镇职工改为城镇从业人员，2000年的数据作了相应调整。2007年以前城镇个体从业人员的数据已作相应调整。

Note: Since 2003, the urban staff and workers have been referred to as the urban employed persons. The figures in 2000 are adjusted correspondingly. The data on self-employed individuals before 2007 have been adjusted accordingly.

5-2 从业人员年末人数

Number of Employed Persons at the Year-end

单位：万人 (10000 persons)

年份 Year	从业人员年末人数 Number of Employed Persons at the Year-end	#城镇国有、集体、其他单位从业人员 Employed Persons in State-owned, Collective-owned and Other Units in Urban Areas	#城镇私营企业从业人员年末人数 Employed Persons in Urban Private Enterprises	#城镇个体从业人员年末人数 Self-employed Individuals in Urban Areas	#农村社会劳动者人数 Employed Persons in Rural Areas
1978	2275.95	515.85			1757.50
1979	2304.95	535.37			1767.00
1980	2367.78	563.62			1793.20
1981	2423.79	587.34			1825.70
1982	2521.38	608.12			1901.30
1983	2569.70	612.65			1938.50
1984	2637.49	631.77			1980.80
1985	2731.11	660.82			2038.60
1986	2811.92	686.20			2092.00
1987	2910.99	720.34			2148.62
1988	2994.72	747.67			2178.62
1989	3041.27	762.61			2220.55
1990	3118.10	785.49			2264.67
1991	3259.20	827.58	19.58	121.63	2290.41
1992	3367.21	858.12	26.21	146.75	2336.13
1993	3433.91	877.16	39.51	191.30	2325.94
1994	3493.15	879.84	58.22	209.90	2345.19
1995	3551.20	911.90	76.00	168.90	2394.40
1996	3641.30	904.07	89.40	241.76	2406.07
1997	3701.90	897.32	105.80	250.71	2448.07
1998	3783.87	884.80	126.42	265.08	2507.57
1999	3796.32	857.07	132.95	268.00	2538.30
2000	3989.32	759.21	151.73	288.40	2789.98
2001	4058.63	737.12	182.09	280.71	2858.71
2002	4134.37	751.23	221.09	377.66	2784.39
2003	4395.93	781.14	276.70	513.56	2824.53
2004	4681.89	830.72	311.21	595.38	2944.58
2005	5022.97	904.27	402.05	627.17	3089.48
2006	5250.09	954.44	533.04	531.05	3231.56
2007	5402.65	1001.46	574.14	591.68	3235.37
2008	5553.67	1007.87	650.11	569.06	3326.63
2009	5652.39	1055.03	758.06	473.17	3366.13

注：2007年以前城镇个体从业人员的数据已作相应调整。

Note: The data on self-employed individuals before 2007 have been adjusted accordingly.

5-3 按各种分组的从业人员年末人数

Number of Employed Persons at the Year-end by Grouping

单位：万人 (10000 persons)

项　目	Item	2000	2005	2007	2008	2009
从业人员总数	**Total Number of Employed Persons**	**3989.32**	**5022.97**	**5402.65**	**5553.67**	**5652.39**
按登记注册类型分组	Grouped by Status of Registration					
国有单位	State-owned Units	471.03	380.19	380.06	391.99	389.58
集体单位	Collective-owned Units	2368.89	2037.35	1999.34	1977.20	1948.83
股份合作单位	Cooperative Units	11.07	20.19	21.60	21.56	21.70
联营单位	Joint Ownership	7.28	16.53	19.90	19.51	16.49
有限责任公司	Limited Liability Corporations	38.29	205.69	241.43	263.28	281.92
股份有限公司	Share-holding Corporations Ltd.	29.79	52.33	63.77	71.01	74.48
外商投资单位	Foreign Funded Units	43.47	216.68	261.32	262.49	266.89
港澳台投资单位	Units Funded by Entrepreneurs from Hong Kong, Macao and Taiwan	103.74	602.72	675.53	672.40	658.38
私营企业	Private Enterprises	217.54	666.20	829.20	868.52	933.09
个体经济	Individuals	308.88	732.92	834.01	917.14	983.22
按国民经济行业分组	Grouped by Economic Sector					
农、林、牧、渔业	Farming, Forestry, Animal Husbandry and Fishery		1609.89	1588.21	1599.27	1584.96
采掘业	Mining and Quarrying		15.92	17.17	17.61	17.09
制造业	Manufacture		1666.23	1840.67	1893.89	1927.65
电力、燃气及水的生产和供应业	Production and Supply of Electric Power, Gas and Water		24.27	27.28	30.94	29.63
建筑业	Construction		209.74	221.34	220.99	237.34
交通运输、仓储和邮政业	Transport, Storage and Postal Services		117.65	123.94	123.09	138.88
信息传输、计算机服务和软件业	Information Transmission, Computer Services and Software		36.72	46.97	50.72	53.40
批发和零售业	Wholesale and Retail Trade		562.18	626.93	683.96	701.69
住宿和餐馆业	Hotels and Catering Services		166.67	188.17	192.14	202.98
金融业	Finance		29.83	33.47	38.11	40.54
房地产业	Real Estate		44.31	64.16	63.84	63.56
租赁和商务服务业	Leasing and Business Services		61.11	79.27	88.55	92.85
科学研究技术服务和地质勘查业	Scientific Research, Technical Services and Geological Prospecting		16.35	24.93	34.45	35.15
水利、环境和公共设施管理业	Water Conservancy, Environment and Public Facilities Management		15.42	18.49	18.97	18.95
居民服务和其他服务业	Resident Services and Other Services		179.84	213.75	189.36	195.56
教育	Education		113.18	118.42	124.14	129.27
卫生、社会保障和社会福利业	Health Care, Social Security and Social Welfare		44.01	47.88	50.70	52.68
文化、体育和娱乐业	Culture, Sports and Recreation		17.03	21.36	26.61	22.53
公共管理和社会组织	Public Administration and Social Organizations		92.61	100.25	106.33	107.68

注：2000年没有按新的行业分组进行整理，2003年起年末从业人员采用新的报表制度和行业分组进行统计。

Note: The figures of 2000 are not adjusted according to the new sector grouping. Since 2003,the number of employed persons at the yearend is calculated according to the new reporting system and sector grouping.

5-4 各市从业人员年末人数

Number of Employed Persons at the Year-end by City

单位：万人 (10000 persons)

市 别	City	2000	2003	2004	2005	2006	2007	2008	2009
广 州	Guangzhou	503.69	521.07	540.71	574.46	609.04	664.09	714.54	738.70
深 圳	Shenzhen	308.50	422.29	456.08	576.26	647.52	655.58	670.42	692.49
珠 海	Zhuhai	78.90	88.79	91.40	94.01	98.43	99.47	101.50	94.70
汕 头	Shantou	207.13	163.49	174.49	179.81	182.11	186.87	238.76	243.90
佛 山	Foshan	193.50	286.39	293.51	348.69	350.77	358.88	361.59	381.14
韶 关	Shaoguan	142.20	144.60	152.91	138.44	138.78	139.95	140.14	142.59
河 源	Heyuan	151.05	120.48	125.34	118.20	122.03	126.53	129.81	131.56
梅 州	Meizhou	207.23	209.43	209.79	211.98	212.85	214.79	217.51	219.69
惠 州	Huizhou	186.70	206.67	212.92	222.62	227.01	234.76	241.09	245.51
汕 尾	Shanwei	136.01	111.83	116.35	117.78	126.33	131.45	119.92	120.20
东 莞	Dongguan	97.88	183.97	303.78	388.13	427.25	433.29	439.18	429.06
中 山	Zhongshan	122.45	144.72	182.98	188.85	193.47	202.55	203.75	210.02
江 门	Jiangmen	208.68	202.67	209.55	214.53	221.94	233.25	233.79	233.56
阳 江	Yangjiang	129.57	142.29	146.52	146.63	148.11	151.40	156.21	159.87
湛 江	Zhanjiang	314.87	295.41	299.85	305.00	312.26	312.49	312.60	312.46
茂 名	Maoming	279.31	280.42	283.91	287.36	303.34	314.92	332.94	346.79
肇 庆	Zhaoqing	202.63	193.86	201.34	215.05	216.91	220.40	238.39	235.82
清 远	Qingyuan	178.76	183.34	185.97	195.95	208.98	215.15	172.97	179.34
潮 州	Chaozhou	121.00	124.71	127.59	129.18	131.57	133.27	136.93	139.88
揭 阳	Jieyang	253.79	262.66	253.97	253.70	254.30	255.23	255.51	259.62
云 浮	Yunfu	131.20	106.85	110.58	114.30	115.06	116.46	134.40	135.50
按经济区域分	By Region								
珠 三 角	Pearl River Delta	1902.93	2250.43	2492.27	2822.60	2992.34	3102.26	3204.26	3261.00
东 翼	Eastern Region	717.93	662.69	672.40	680.47	694.31	706.82	751.12	763.60
西 翼	Western Region	723.75	718.12	730.28	738.99	763.71	778.81	801.74	819.12
山 区	Mountainous Region	810.44	764.70	784.59	778.87	797.70	812.88	794.82	808.68

注：2003年起从业人员数采用新的报表制度进行统计，部分市的数据有较大的波动。2008年汕头市从业人员数据与经济普查接轨变动较大。

Note: Since 2003,the number of employed persons is calculated according to the new reporting system,which leads to relatively big changes in the data of some cities. There is a relatively big difference between the data on the employed persons of Shantou City and those released by the National Economuic Census.

5-5 各市按三次产业分从业人员年末人数

Number of Employed Persons at the Year-end by Strata of Industry by City

单位: 万人 (10000 persons)

市别	City	2008 合计 Total	2008 第一产业 Primary Industry	2008 第二产业 Secondary Industry	2008 第三产业 Tertiary Industry	2009 合计 Total	2009 第一产业 Primary Industry	2009 第二产业 Secondary Industry	2009 第三产业 Tertiary Industry
全省	**Provincial Total**	**5553.67**	**1599.27**	**2163.43**	**1790.97**	**5652.39**	**1584.96**	**2211.71**	**1855.73**
广州	Guangzhou	714.54	79.91	287.35	347.28	738.70	79.79	297.29	361.62
深圳	Shenzhen	670.42	0.76	362.42	307.25	692.49	0.44	373.65	318.40
珠海	Zhuhai	101.50	7.37	43.55	50.58	94.70	6.88	42.26	45.57
汕头	Shantou	238.76	70.46	104.88	63.42	243.90	70.99	107.95	64.95
佛山	Foshan	361.59	27.95	196.93	136.72	381.14	27.22	205.58	148.34
韶关	Shaoguan	140.14	64.15	28.54	47.45	142.59	61.84	30.55	50.20
河源	Heyuan	129.81	77.79	25.83	26.19	131.56	76.23	27.28	28.04
梅州	Meizhou	217.51	105.21	45.32	66.99	219.69	106.73	45.15	67.82
惠州	Huizhou	241.09	68.23	104.96	67.90	245.51	68.30	107.99	69.22
汕尾	Shanwei	119.92	64.58	28.05	27.29	120.20	63.88	28.67	27.66
东莞	Dongguan	439.18	8.82	282.91	147.45	429.06	7.77	274.32	146.98
中山	Zhongshan	203.75	14.14	137.72	51.89	210.02	14.11	141.05	54.86
江门	Jiangmen	233.79	80.46	93.09	60.24	233.56	82.00	91.16	60.40
阳江	Yangjiang	156.21	73.50	46.10	36.61	159.87	73.92	46.81	39.14
湛江	Zhanjiang	312.60	205.52	39.46	67.61	312.46	196.32	41.98	74.15
茂名	Maoming	332.94	184.49	81.06	67.39	346.79	183.50	88.44	74.85
肇庆	Zhaoqing	238.39	115.76	60.03	62.60	235.82	114.77	58.20	62.85
清远	Qingyuan	172.97	105.92	31.33	35.71	179.34	108.34	33.37	37.63
潮州	Chaozhou	136.93	48.80	58.93	29.20	139.88	48.52	61.46	29.89
揭阳	Jieyang	255.51	111.99	78.98	64.54	259.62	109.19	83.17	67.26
云浮	Yunfu	134.40	83.47	25.98	24.94	135.50	84.22	25.38	25.89
按经济区域分	By Region								
珠三角	Pearl River Delta	3204.26	403.39	1568.96	1231.91	3261.00	401.28	1591.49	1268.23
东翼	Eastern Region	751.12	295.84	270.84	184.45	763.60	292.57	281.25	189.77
西翼	Western Region	801.74	463.51	166.62	171.61	819.12	453.74	177.23	188.15
山区	Mountainous Region	794.82	436.53	157.00	201.28	808.68	437.37	161.73	209.58

注：2008年汕头市从业人员数据与经济普查接轨变动较大。

Note: There is a relatively big difference between the data on the employed persons of Shantou City and those released by the National Economuic Census.

5-6 城镇单位从业人员年末人数（2009年）

Number of Employed Persons in Urban Units at the Year-end (2009)

单位：万人 (10000 persons)

项 目	Item	从业人员 Employed Persons	国有单位 State-owned Units	城镇集体单位 Urban Collective-owned Units	其他单位 Other Types of Ownership	在岗职工 Fully Employed Staff and Workers	国有单位 State-owned Units	城镇集体单位 Urban Collective-owned Units	其他单位 Other Types of Ownership
合 计	**Total**	**1055.03**	**389.17**	**58.33**	**607.53**	**1029.16**	**377.23**	**56.96**	**594.97**
按企业、事业和机关分	Grouped by Enterprises, Institutions and Agencies								
企业	Enterprises	775.41	116.06	54.02	605.34	755.69	110.04	52.80	592.85
事业	Institutions	193.35	187.19	4.27	1.88	188.46	182.52	4.13	1.82
机关	Agencies	85.77	85.76	0.01	0.01	84.56	84.54	0.01	0.01
民营非盈利组织	Private Non-profit Organizations	0.33	0.08	0.03	0.22	0.31	0.07	0.03	0.22
其他	Others	0.17	0.07	0.01	0.09	0.15	0.06	0.01	0.08
按国民经济行业分	Grouped by Economic Sector								
农、林、牧、渔业	Farming, Forestry, Animal Husbandry and Fishery	9.20	8.46	0.13	0.61	8.99	8.26	0.12	0.61
采矿业	Mining and Quarrying	3.33	1.59	0.01	1.73	3.21	1.59	0.01	1.61
制造业	Manufacture	443.46	11.20	15.74	416.52	439.88	10.97	15.47	413.43
电力、燃气及水的生产和供应业	Production and Supply of Electric Power, Gas and Water	18.51	11.13	1.42	5.96	18.31	11.04	1.41	5.86
建筑业	Construction	63.15	14.47	17.65	31.03	58.83	13.03	17.16	28.64
交通运输、仓储和邮政业	Transport, Storage and Postal Services	53.54	24.57	1.96	27.01	51.19	23.32	1.92	25.96
信息传输、计算机服务和软件业	Information Transmission, Computer Services and Software	16.73	5.50	0.06	11.17	15.85	5.40	0.06	10.39
批发和零售业	Wholesale and Retail Trade	40.76	8.78	3.80	28.18	39.96	8.42	3.73	27.81
住宿和餐饮业	Hotels and Catering Services	23.72	4.55	1.17	18.00	23.07	4.41	1.16	17.51
金融业	Finance	37.49	13.23	5.01	19.25	32.64	11.34	4.98	16.33
房地产业	Real Estate	26.08	4.23	2.29	19.57	25.44	4.17	2.21	19.06
租赁和商务服务业	Leasing and Business Services	28.53	14.17	3.84	10.53	27.92	13.90	3.70	10.31
科学研究、技术服务和地质勘查业	Scientific Research, Technical Services and Geological Prospecting	15.41	9.51	0.39	5.50	14.86	9.18	0.38	5.30
水利、环境和公共设施管理业	Water Conservancy,Environment and Public Facilities Management	13.61	10.03	1.25	2.33	13.10	9.61	1.21	2.27
居民服务和其他服务业	Resident Services and Other Services	5.94	1.58	0.67	3.69	5.84	1.53	0.66	3.65
教育	Education	109.02	104.92	0.82	3.29	106.38	102.50	0.77	3.11
卫生、社会保障和社会福利业	Health Care, Social Security and Social Welfare	46.28	43.18	1.87	1.23	45.09	42.12	1.77	1.20
文化、体育和娱乐业	Culture, Sports and Recreation	8.95	6.93	0.13	1.89	8.62	6.64	0.11	1.87
公共管理和社会组织	Public Administration and Social Organizations	91.34	91.14	0.15	0.05	89.98	89.80	0.13	0.04
按产业分	Grouped by Industry								
第一产业	Primary Industry	9.20	8.46	0.13	0.61	8.99	8.26	0.12	0.61
第二产业	Secondary Industry	528.46	38.39	34.82	455.24	520.22	36.64	34.04	449.55
第三产业	Tertiary Industry	517.38	342.31	23.39	151.68	499.95	332.33	22.80	144.82

5-7 各市城镇单位从业人员和在岗职工（2009年）

Number of Employed Persons and of Fully Employed Staff and Workers in Urban Units by City (2009)

单位：万人　　(10000 persons)

市别	City	从业人员 Employed Persons				在岗职工 Fully Employed Staff and Workers			
		合计 Total	国有单位 State-owned Units	城镇集体单位 Urban Collective-owned Units	其他单位 Other Types of Ownership	合计 Total	国有单位 State-owned Units	城镇集体单位 Urban Collective-owned Units	其他单位 Other Types of Ownership
年末人数	**Year-end Number**								
广州	Guangzhou	235.15	85.23	10.57	139.35	225.52	80.36	10.21	134.95
深圳	Shenzhen	221.97	43.16	1.31	177.50	220.16	42.89	1.30	175.97
珠海	Zhuhai	58.82	9.64	3.38	45.79	57.50	9.18	3.31	45.01
汕头	Shantou	31.64	16.76	5.94	8.94	30.77	16.19	5.90	8.67
佛山	Foshan	55.48	19.38	2.86	33.25	54.36	18.93	2.79	32.65
韶关	Shaoguan	30.24	14.12	1.97	14.16	28.73	13.90	1.96	12.87
河源	Heyuan	24.79	10.76	1.50	12.53	24.35	10.62	1.47	12.26
梅州	Meizhou	22.95	15.89	1.47	5.60	22.16	15.62	1.39	5.14
惠州	Huizhou	77.54	16.47	2.55	58.52	76.59	16.33	2.53	57.74
汕尾	Shanwei	14.33	9.19	1.42	3.72	13.58	8.79	1.18	3.61
东莞	Dongguan	23.18	12.06	3.54	7.59	22.60	11.61	3.52	7.47
中山	Zhongshan	26.69	7.19	1.87	17.63	26.01	6.78	1.84	17.39
江门	Jiangmen	41.41	13.49	2.58	25.34	40.61	13.13	2.56	24.93
阳江	Yangjiang	17.54	10.53	3.84	3.18	16.98	10.25	3.67	3.06
湛江	Zhanjiang	39.55	27.78	3.06	8.71	38.56	27.21	3.03	8.32
茂名	Maoming	30.55	20.98	3.94	5.63	29.86	20.47	3.92	5.47
肇庆	Zhaoqing	26.79	13.95	1.16	11.68	25.86	13.30	1.10	11.46
清远	Qingyuan	26.55	12.02	0.71	13.81	26.01	11.74	0.69	13.57
潮州	Chaozhou	12.07	7.37	1.41	3.29	11.59	7.03	1.36	3.19
揭阳	Jieyang	20.89	14.69	2.71	3.50	20.66	14.50	2.68	3.48
云浮	Yunfu	16.88	8.50	0.56	7.82	16.67	8.37	0.55	7.76
年平均人数	**Annual Average Number**								
广州	Guangzhou	233.21	84.28	10.58	138.36	224.13	79.65	10.20	134.28
深圳	Shenzhen	216.47	42.49	1.26	172.73	214.66	42.22	1.26	171.19
珠海	Zhuhai	58.20	9.83	3.39	44.97	56.92	9.35	3.33	44.24
汕头	Shantou	31.44	16.62	5.89	8.93	30.60	16.07	5.85	8.68
佛山	Foshan	54.32	19.12	2.81	32.39	53.20	18.65	2.74	31.81
韶关	Shaoguan	29.68	13.84	1.95	13.89	28.39	13.64	1.94	12.81
河源	Heyuan	24.30	10.60	1.47	12.23	23.88	10.47	1.43	11.98
梅州	Meizhou	22.90	15.85	1.46	5.60	22.14	15.59	1.39	5.16
惠州	Huizhou	75.67	16.23	2.47	56.98	74.80	16.10	2.45	56.25
汕尾	Shanwei	14.48	9.16	1.54	3.78	13.70	8.76	1.32	3.63
东莞	Dongguan	22.68	11.81	3.46	7.40	22.17	11.39	3.44	7.34
中山	Zhongshan	25.77	6.98	1.76	17.03	25.10	6.59	1.74	16.77
江门	Jiangmen	41.14	13.42	2.56	25.16	40.32	13.06	2.53	24.72
阳江	Yangjiang	17.42	10.50	3.76	3.16	16.87	10.23	3.58	3.06
湛江	Zhanjiang	39.30	27.68	3.00	8.62	38.35	27.11	2.97	8.27
茂名	Maoming	30.36	20.82	3.84	5.70	29.61	20.31	3.82	5.48
肇庆	Zhaoqing	26.92	14.00	1.15	11.77	26.00	13.33	1.09	11.58
清远	Qingyuan	26.59	11.99	0.72	13.88	26.07	11.71	0.70	13.65
潮州	Chaozhou	13.62	8.81	1.45	3.36	13.13	8.47	1.40	3.26
揭阳	Jieyang	20.77	14.61	2.69	3.47	20.55	14.42	2.67	3.45
云浮	Yunfu	16.89	8.43	0.52	7.94	16.68	8.29	0.51	7.88

5-8 各市城镇单位各行业在岗职工年末人数（2009年）

Number of Fully Employed Staff and Workers in Urban Units at the Year-end by Sector and by City (2009)

单位：万人 (10000 persons)

市别	City	合计 Total	农、林、牧、渔业 Farming, Forestry, Animal Husbandry and Fishery	采矿业 Mining and Quarrying	制造业 Manufacture	电力、燃气及水的生产和供应业 Production and Supply of Electric Power,Gas and Water	建筑业 Construction	交通运输、仓储和邮政业 Transport, Storage and Postal Services	信息传输、计算机服务和软件业 Information Transmission, Computer Services and Software	批发和零售业 Wholesale and Retail Trade	住宿和餐饮业 Hotels and Catering Services
广　州	Guangzhou	225.52	0.69	0.09	83.64	2.44	13.64	20.66	4.61	11.63	8.92
深　圳	Shenzhen	220.16	0.38	0.12	105.36	1.76	11.67	13.74	4.40	12.63	6.51
珠　海	Zhuhai	57.50	0.83	0.03	38.18	0.46	1.71	1.42	0.82	1.77	1.11
汕　头	Shantou	30.77	0.03	0.03	9.44	0.66	2.44	1.04	0.49	2.00	0.54
佛　山	Foshan	54.36	0.04	0.01	25.81	1.10	2.71	1.60	1.04	1.24	1.03
韶　关	Shaoguan	28.73	0.47	0.77	9.84	1.34	2.27	1.21	0.24	0.56	0.35
河　源	Heyuan	24.35	0.14	0.33	11.36	0.64	1.10	0.55	0.15	0.54	0.30
梅　州	Meizhou	22.16	0.13	0.06	3.93	1.11	1.45	0.50	0.35	0.63	0.13
惠　州	Huizhou	76.59	0.12	0.03	55.16	0.74	2.16	1.19	0.30	1.10	0.68
汕　尾	Shanwei	13.58	0.98	0.03	3.72	0.46	0.68	0.35	0.23	0.35	0.10
东　莞	Dongguan	22.60	0.05	0.01	8.55	0.74	0.14	0.68	0.25	0.58	0.07
中　山	Zhongshan	26.01	0.00		15.67	0.40	0.27	0.88	0.26	0.25	0.36
江　门	Jiangmen	40.61	0.11		20.31	0.75	2.96	1.00	0.42	0.82	0.80
阳　江	Yangjiang	16.98	0.49	0.03	2.52	0.46	2.94	0.54	0.27	0.94	0.24
湛　江	Zhanjiang	38.56	2.35	0.83	7.30	1.00	3.51	2.37	0.36	1.38	0.43
茂　名	Maoming	29.86	1.16	0.29	3.68	0.73	4.59	0.89	0.28	0.79	0.28
肇　庆	Zhaoqing	25.86	0.10	0.13	10.09	0.56	0.96	0.82	0.28	0.55	0.48
清　远	Qingyuan	26.01	0.23	0.06	12.31	0.86	0.43	0.63	0.33	0.40	0.35
潮　州	Chaozhou	11.59	0.02	0.00	3.13	0.75	0.78	0.35	0.21	0.25	0.14
揭　阳	Jieyang	20.66	0.59	0.00	3.34	0.90	1.84	0.45	0.35	0.82	0.11
云　浮	Yunfu	16.67	0.08	0.36	6.54	0.46	0.57	0.31	0.22	0.71	0.14
按经济区域分	By Region										
珠三角	Pearl River Delta	749.23	2.33	0.42	362.78	8.94	36.22	42.00	12.38	30.58	19.96
东　翼	Eastern Region	76.60	1.62	0.06	19.63	2.77	5.74	2.19	1.27	3.43	0.90
西　翼	Western Region	85.41	4.00	1.15	13.50	2.19	11.04	3.80	0.92	3.11	0.95
山　区	Mountainous Region	117.93	1.04	1.58	43.97	4.41	5.83	3.21	1.28	2.84	1.26

5-8 续表 continued

单位：万人 (10000 persons)

市 别	City	金融业 Finance	房地产业 Real Estate	租赁和商务服务业 Leasing and Business Services	科学研究、技术服务和地质勘查业 Scientific Research, Technical Services and Geological Prospecting	水利、环境和公共设施管理业 Water Conservancy, Environment and Public Facilities Management	居民服务和其他服务业 Resident Services and Other Services	教育 Education	卫生、社会保障和社会福利业 Health Care, Social Security and Social Welfare	文化、体育和娱乐业 Culture, Sports and Recreation	公共管理和社会组织 Public Administration and Social Organizations
广 州	Guangzhou	6.37	6.72	9.30	6.11	2.86	2.85	16.71	10.24	3.30	14.72
深 圳	Shenzhen	8.33	11.99	10.81	4.17	2.17	1.67	6.95	4.87	1.66	10.98
珠 海	Zhuhai	1.52	1.31	0.95	0.36	0.65	0.15	2.03	0.99	0.39	2.83
汕 头	Shantou	1.04	0.37	0.37	0.35	0.60	0.07	5.61	1.85	0.23	3.62
佛 山	Foshan	2.50	0.61	0.61	0.50	0.55	0.11	6.56	3.18	0.19	4.98
韶 关	Shaoguan	0.64	0.39	0.69	0.34	0.58	0.05	3.60	1.47	0.13	3.79
河 源	Heyuan	0.42	0.22	0.24	0.16	0.23	0.05	3.66	1.13	0.16	2.97
梅 州	Meizhou	0.80	0.24	0.21	0.28	0.62	0.03	5.77	1.82	0.18	3.91
惠 州	Huizhou	1.04	0.86	0.73	0.44	0.68	0.13	4.09	1.81	0.31	5.03
汕 尾	Shanwei	0.30	0.10	0.16	0.07	0.16	0.01	2.83	0.65	0.10	2.29
东 莞	Dongguan	1.83	0.05	0.23	0.19	0.06	0.01	2.58	2.50	0.19	3.90
中 山	Zhongshan	1.09	0.32	0.48	0.17	0.10	0.02	2.24	1.31	0.20	1.98
江 门	Jiangmen	1.56	0.27	0.31	0.24	0.56	0.19	4.31	2.00	0.16	3.83
阳 江	Yangjiang	0.46	0.56	0.26	0.15	0.34	0.03	2.93	1.01	0.11	2.71
湛 江	Zhanjiang	1.01	0.37	0.83	0.36	0.77	0.05	8.37	2.42	0.38	4.47
茂 名	Maoming	0.90	0.32	0.70	0.17	0.59	0.23	8.12	1.93	0.21	3.98
肇 庆	Zhaoqing	0.72	0.22	0.35	0.25	0.45	0.02	4.47	1.78	0.23	3.39
清 远	Qingyuan	0.70	0.13	0.15	0.16	0.37	0.05	4.11	1.28	0.11	3.37
潮 州	Chaozhou	0.42	0.11	0.14	0.15	0.24	0.03	2.60	0.71	0.07	1.48
揭 阳	Jieyang	0.64	0.20	0.30	0.14	0.33	0.03	6.00	1.28	0.20	3.15
云 浮	Yunfu	0.37	0.09	0.10	0.10	0.17	0.05	2.86	0.84	0.10	2.59
按经济区域分 By Region											
珠 三 角	Pearl River Delta	24.96	22.34	23.77	12.43	8.08	5.15	49.94	28.69	6.63	51.65
东 翼	Eastern Region	2.39	0.77	0.97	0.70	1.33	0.14	17.03	4.50	0.60	10.54
西 翼	Western Region	2.37	1.25	1.78	0.69	1.70	0.31	19.41	5.36	0.70	11.17
山 区	Mountainous Region	2.93	1.08	1.39	1.05	1.98	0.24	20.00	6.54	0.69	16.62

5-9 城镇单位女性从业人员年末人数（2009年）

Number of Females Employed in Urban Units at the Year-end (2009)

单位：万人 (10000 persons)

行 业	Sector	合计 Total	国有单位 State-owned Units	城镇集体单位 Urban Collective-owned Units	其他单位 Other Types of Ownership
合 计	**Total**	**446.66**	**155.34**	**19.05**	**272.27**
农、林、牧、渔业	Farming, Forestry, Animal Husbandry and Fishery	3.24	3.01	0.03	0.19
采矿业	Mining and Quarrying	0.82	0.46	0.00	0.36
制造业	Manufacture	215.80	3.93	8.46	203.41
电力、燃气及水的生产和供应业	Production and Supply of Electric Power, Gas and Water	5.07	3.10	0.40	1.57
建筑业	Construction	7.49	1.99	1.90	3.60
交通运输、仓储和邮政业	Transport, Storage and Postal Services	14.49	7.31	0.52	6.66
信息传输、计算机服务和软件业	Information Transmission, Computer Services and Software	6.00	1.71	0.02	4.27
批发和零售业	Wholesale and Retail Trade	17.56	3.07	1.19	13.30
住宿和餐饮业	Hotels and Catering Services	12.51	2.41	0.65	9.45
金融业	Finance	18.52	6.56	1.99	9.97
房地产业	Real Estate	7.66	1.31	0.58	5.77
租赁和商务服务业	Leasing and Business Services	8.30	2.78	0.54	4.97
科学研究、技术服务和地质勘查业	Scientific Research, Technical Services and Geological Prospecting	4.63	2.80	0.11	1.72
水利、环境和公共设施管理业	Water Conservancy, Environment and Public Facilities Management	5.65	4.06	0.57	1.02
居民服务和其他服务业	Resident Services and Other Services	2.91	0.54	0.29	2.08
教育	Education	59.39	56.71	0.60	2.08
卫生、社会保障和社会福利业	Health Care, Social Security and Social Welfare	28.67	26.78	1.09	0.80
文化、体育和娱乐业	Culture, Sports and Recreation	3.93	2.85	0.06	1.03
公共管理和社会组织	Public Administration and Social Organizations	24.03	23.96	0.05	0.02

5-10 城镇单位职工工资总额与平均工资

Total Wages Bill and Average Wage of Staff and Workers in Urban Units

年份 Year	工资总额(亿元) Total Wages Bill (100 million yuan)				平均工资(元) Average Wage (yuan)			
	合计 Total	国有单位 State-owned Units	城镇集体单位 Urban Collective-owned Units	其他单位 Other Types of Ownership	合计 Total	国有单位 State-owned Units	城镇集体单位 Urban Collective-owned Units	其他单位 Other Types of Ownership
1978	30.59	22.67	7.92		615	638	558	
1979	35.56	26.37	9.19		685	718	605	
1980	42.83	32.00	10.83		789	828	691	
1981	49.40	37.01	12.39		873	912	774	
1982	56.69	43.03	13.66		961	1000	856	
1983	60.85	46.25	14.60		1021	1061	907	
1984	72.82	52.66	19.59	0.57	1187	1261	1017	1697
1985	88.91	63.42	23.85	1.64	1393	1458	1216	2209
1986	102.13	73.10	26.69	2.34	1541	1619	1330	2198
1987	121.10	84.99	31.99	4.12	1743	1805	1544	2469
1988	162.76	113.60	41.23	7.93	2250	2320	1979	3134
1989	200.39	139.38	47.74	13.27	2678	2763	2302	3641
1990	223.29	154.96	50.06	18.27	2929	3000	2508	3972
1991	268.19	179.81	60.15	28.23	3358	3383	2931	4558
1992	334.61	222.27	72.06	40.28	4027	4059	3510	5157
1993	455.33	300.91	83.79	70.63	5327	5431	4388	6435
1994	612.73	401.80	107.03	103.90	7117	7410	5565	8216
1995	734.14	458.86	124.32	150.96	8250	8540	6395	9546
1996	803.50	512.22	124.35	166.93	9127	9494	6799	10569
1997	858.35	539.95	120.36	198.04	9698	10032	6814	11635
1998	899.68	530.11	105.59	263.98	10233	10432	6671	12410
1999	970.70	567.54	101.72	301.44	11309	11579	7025	13492
2000	1038.38	604.59	91.81	341.98	13823	14387	8615	15240
2001	1146.11	663.85	82.67	399.59	15682	16779	9040	16392
2002	1306.32	737.63	80.26	488.43	17814	19696	9881	17597
2003	1515.58	841.02	83.52	591.05	19986	22944	10836	18782
2004	1771.05	942.39	84.73	743.94	22116	25979	11937	20267
2005	2085.64	1058.97	88.63	938.04	23959	28835	13240	21500
2006	2413.63	1165.88	94.91	1152.84	26186	31352	14520	23794
2007	2854.99	1343.92	104.01	1407.06	29443	36396	16328	26215
2008	3294.17	1520.88	110.28	1663.02	33110	40775	18461	29580
2009	3698.34	1687.96	114.71	1895.66	36355	44964	20347	32377

注：从2000年起统计口径为在岗职工。

Note: Since 2000, statistical coverage refers to the fully employed staff and workers.

5-11 各市城镇单位从业人员劳动报酬和在岗职工工资（2009年）

Earnings of Employed Persons and Wages of Fully Employed Staff and Workers in Urban Units by City (2009)

市别	City	从业人员劳动报酬 Earnings of Employed Persons				在岗职工工资 Wages of Fully Employed Staff and Workers			
		合计 Total	国有单位 State-owned Units	城镇集体单位 Urban Collective-owned Units	其他单位 Other Types of Ownership	合计 Total	国有单位 State-owned Units	城镇集体单位 Urban Collective-owned Units	其他单位 Other Types of Ownership
总额（亿元）	**Total(100 million yuan)**								
广州	Guangzhou	1143.98	545.94	28.05	569.99	1109.85	530.13	27.40	552.32
深圳	Shenzhen	1033.48	307.00	3.13	723.35	1002.98	305.16	3.11	694.71
珠海	Zhuhai	187.01	59.71	8.86	118.44	180.79	58.21	8.62	113.96
汕头	Shantou	80.12	50.91	7.27	21.94	77.68	49.41	7.24	21.04
佛山	Foshan	184.12	96.05	9.10	78.98	181.44	94.84	8.90	77.70
韶关	Shaoguan	82.67	45.74	3.42	33.51	80.27	45.23	3.42	31.63
河源	Heyuan	57.60	30.12	2.58	24.90	56.85	29.96	2.52	24.37
梅州	Meizhou	54.54	41.05	2.39	11.10	53.36	40.69	2.30	10.37
惠州	Huizhou	198.91	61.89	5.10	131.92	192.89	61.58	5.07	126.24
汕尾	Shanwei	33.35	21.52	3.00	8.84	31.85	21.00	2.49	8.36
东莞	Dongguan	96.44	64.92	7.74	23.78	94.42	63.92	7.60	22.91
中山	Zhongshan	93.52	37.83	5.12	50.57	90.76	36.90	5.03	48.83
江门	Jiangmen	99.56	43.83	4.38	51.35	97.98	43.23	4.34	50.41
阳江	Yangjiang	37.03	26.41	5.02	5.60	36.17	26.03	4.82	5.33
湛江	Zhanjiang	93.48	68.83	4.93	19.72	91.82	68.01	4.90	18.91
茂名	Maoming	72.86	51.17	6.44	15.25	71.83	50.60	6.42	14.80
肇庆	Zhaoqing	69.80	45.13	2.18	22.48	68.06	44.00	2.13	21.93
清远	Qingyuan	75.25	44.84	2.50	27.92	73.98	44.12	2.47	27.39
潮州	Chaozhou	28.89	21.26	1.59	6.04	27.95	20.71	1.50	5.74
揭阳	Jieyang	41.10	31.35	3.58	6.17	40.85	31.18	3.56	6.11
云浮	Yunfu	36.81	23.22	0.87	12.72	36.56	23.08	0.86	12.62
平均工资（元）	**Average Wage (yuan)**								
广州	Guangzhou	49054	64778	26526	41197	49519	66559	26866	41132
深圳	Shenzhen	47742	72259	24859	41878	46723	72278	24715	40582
珠海	Zhuhai	32133	60719	26105	26337	31764	62253	25893	25761
汕头	Shantou	25482	30625	12345	24567	25389	30752	12363	24246
佛山	Foshan	33894	50241	32338	24381	34106	50865	32430	24428
韶关	Shaoguan	27854	33039	17582	24125	28276	33162	17589	24694
河源	Heyuan	23702	28415	17568	20353	23803	28624	17595	20335
梅州	Meizhou	23814	25907	16351	19838	24097	26094	16619	20075
惠州	Huizhou	26285	38137	20698	23151	25786	38246	20699	22441
汕尾	Shanwei	23042	23502	19462	23384	23238	23982	18843	23047
东莞	Dongguan	42529	54952	22379	32120	42585	56129	22077	31195
中山	Zhongshan	36291	54229	29061	29692	36165	56025	28970	29112
江门	Jiangmen	24202	32665	17113	20410	24304	33096	17161	20390
阳江	Yangjiang	21251	25140	13370	17698	21439	25440	13460	17401
湛江	Zhanjiang	23787	24864	16459	22876	23944	25083	16505	22881
茂名	Maoming	23997	24575	16775	26749	24255	24914	16804	27012
肇庆	Zhaoqing	25929	32235	18967	19107	26174	32998	19521	18942
清远	Qingyuan	28301	37391	34620	20118	28379	37661	35126	20065
潮州	Chaozhou	21204	24119	10974	17962	21293	24449	10718	17623
揭阳	Jieyang	19790	21459	13315	17779	19881	21621	13333	17683
云浮	Yunfu	21797	27554	16754	16020	21913	27842	16807	16010

5-12 城镇单位从业人员劳动报酬（2009年）

Earnings of Employed Persons in Urban Units (2009)

单位：亿元 (100 million yuan)

项　目	Item	合计 Total	国有单位 State-owned Units	城镇集体单位 Urban Collective-owned Units	其他单位 Other Types of Ownership
合　计	**Total**	**3800.52**	**1718.71**	**117.25**	**1964.56**
按企业、事业和机关分	Grouped by Enterprises, Institutions and Agencies				
企业	Enterprises	2592.50	529.38	105.32	1957.81
事业	Institutions	779.53	761.80	11.85	5.88
机关	Agencies	427.12	427.10	0.01	0.01
民营非盈利组织	Private Non-profit Organizations	1.00	0.24	0.06	0.70
其他	Others	0.37	0.18	0.01	0.17
按国民经济行业分	Grouped by Economic Sector				
农、林、牧、渔业	Farming, Forestry, Animal Husbandry and Fishery	13.40	11.36	0.22	1.82
采矿业	Mining and Quarrying	13.74	7.02	0.02	6.69
制造业	Manufacture	1205.73	42.68	25.49	1137.56
电力、燃气及水的生产和供应业	Production and Supply of Electric Power, Gas and Water	103.30	63.81	6.29	33.21
建筑业	Construction	155.12	48.54	26.55	80.02
交通运输、仓储和邮政业	Transport, Storage and Postal Services	241.17	110.99	4.05	126.13
信息传输、计算机服务和软件业	Information Transmission, Computer Services and Software	100.34	35.03	0.18	65.14
批发和零售业	Wholesale and Retail Trade	140.79	31.15	6.11	103.52
住宿和餐饮业	Hotels and Catering Services	53.63	12.66	1.96	39.02
金融业	Finance	312.07	114.18	19.02	178.88
房地产业	Real Estate	87.35	14.38	4.63	68.34
租赁和商务服务业	Leasing and Business Services	107.56	45.41	8.50	53.65
科学研究、技术服务和地质勘查业	Scientific Research, Technical Services and Geological Prospecting	93.07	58.45	1.37	33.25
水利、环境和公共设施管理业	Water Conservancy, Environment and Public Facilities Management	38.01	29.18	2.47	6.37
居民服务和其他服务业	Resident Services and Other Services	15.93	5.37	1.55	9.01
教育	Education	413.69	400.25	1.96	11.48
卫生、社会保障和社会福利业	Health Care, Social Security and Social Welfare	212.41	201.74	6.03	4.64
文化、体育和娱乐业	Culture, Sports and Recreation	39.62	33.59	0.39	5.64
公共管理和社会组织	Public Administration and Social Organizations	453.58	452.93	0.47	0.19
按产业分	Grouped by Industry				
第一产业	Primary Industry	13.40	11.36	0.22	1.82
第二产业	Secondary Industry	1477.88	162.05	58.35	1257.48
第三产业	Tertiary Industry	2309.23	1545.30	58.67	705.26

5-13 城镇单位在岗职工工资总额（2009年）

Total Wages Bill of Fully Employed Staff and Workers in Urban Units (2009)

单位：亿元 (100 million yuan)

项　目	Item	合计 Total	国有单位 State-owned Units	城镇集体单位 Urban Collective-owned Units	其他单位 Other Types of Ownership
合　计	**Total**	**3698.34**	**1687.96**	**114.71**	**1895.66**
按企业、事业和机关分	Grouped by Enterprises, Institutions and Agencies				
企业	Enterprises	2503.74	511.47	103.16	1889.11
事业	Institutions	768.65	751.48	11.48	5.69
机关	Agencies	424.66	424.65	0.01	0.01
民营非盈利组织	Private Non-profit Organizations	0.95	0.20	0.05	0.69
其他	Others	0.34	0.16	0.01	0.16
按国民经济行业分	Grouped by Economic Sector				
农、林、牧、渔业	Farming, Forestry, Animal Husbandry and Fishery	13.16	11.13	0.21	1.81
采矿业	Mining and Quarrying	13.29	7.02	0.02	6.25
制造业	Manufacture	1170.81	42.08	24.84	1103.89
电力、燃气及水的生产和供应业	Production and Supply of Electric Power, Gas and Water	102.81	63.70	6.25	32.86
建筑业	Construction	147.45	45.22	25.78	76.45
交通运输、仓储和邮政业	Transport, Storage and Postal Services	233.69	107.63	4.00	122.06
信息传输、计算机服务和软件业	Information Transmission, Computer Services and Software	97.10	34.67	0.18	62.26
批发和零售业	Wholesale and Retail Trade	136.19	30.35	6.01	99.83
住宿和餐饮业	Hotels and Catering Services	51.81	12.01	1.93	37.87
金融业	Finance	294.56	107.44	18.92	168.21
房地产业	Real Estate	85.30	14.25	4.49	66.57
租赁和商务服务业	Leasing and Business Services	103.53	44.65	8.37	50.51
科学研究、技术服务和地质勘查业	Scientific Research, Technical Services and Geological Prospecting	89.87	56.96	1.35	31.56
水利、环境和公共设施管理业	Water Conservancy, Environment and Public Facilities Management	37.24	28.56	2.42	6.26
居民服务和其他服务业	Resident Services and Other Services	15.58	5.25	1.54	8.78
教育	Education	408.07	395.82	1.89	10.36
卫生、社会保障和社会福利业	Health Care, Social Security and Social Welfare	208.57	198.34	5.73	4.50
文化、体育和娱乐业	Culture, Sports and Recreation	38.52	32.71	0.34	5.47
公共管理和社会组织	Public Administration and Social Organizations	450.80	450.18	0.44	0.18
按产业分	Grouped by Industry				
第一产业	Primary Industry	13.16	11.13	0.21	1.81
第二产业	Secondary Industry	1434.36	158.02	56.89	1219.45
第三产业	Tertiary Industry	2250.82	1518.81	57.61	674.40

5-14 城镇单位从业人员年平均劳动报酬（2009年）
Average Earning of Employed Persons in Urban Units (2009)

单位：元 (yuan)

项　目	Item	合计 Total	国有单位 State-owned Units	城镇集体单位 Urban Collective-owned Units	其他单位 Other Types of Ownership
合　计	**Total**	**36469**	**44403**	**20318**	**32888**
按企业、事业和机关分	Grouped by Enterprises, Institutions and Agencies				
企业	Enterprises	33919	45756	19719	32893
事业	Institutions	40618	40997	27855	31897
机关	Agencies	49999	50005	17673	10262
民营非盈利组织	Private Non-profit Organizations	31153	31265	20606	32430
其他	Others	22745	26422	12695	20865
按国民经济行业分	Grouped by Economic Sector				
农、林、牧、渔业	Farming, Forestry, Animal Husbandry and Fishery	14469	13352	16921	29137
采矿业	Mining and Quarrying	41176	43783	20472	38876
制造业	Manufacture	27578	38188	16050	27735
电力、燃气及水的生产和供应业	Production and Supply of Electric Power, Gas and Water	54496	55568	43973	54948
建筑业	Construction	25509	34118	15474	27199
交通运输、仓储和邮政业	Transport, Storage and Postal Services	45631	45674	20644	47434
信息传输、计算机服务和软件业	Information Transmission, Computer Services and Software	61118	63788	31018	59925
批发和零售业	Wholesale and Retail Trade	34418	34563	16083	36853
住宿和餐饮业	Hotels and Catering Services	22542	27586	16928	21620
金融业	Finance	84721	86794	38936	95166
房地产业	Real Estate	34240	35417	20887	35531
租赁和商务服务业	Leasing and Business Services	38192	32549	22583	51344
科学研究、技术服务和地质勘查业	Scientific Research, Technical Services and Geological Prospecting	61896	62810	34933	62280
水利、环境和公共设施管理业	Water Conservancy, Environment and Public Facilities Management	28360	28846	19711	31268
居民服务和其他服务业	Resident Services and Other Services	27343	34158	22489	25277
教育	Education	38205	38388	24461	35701
卫生、社会保障和社会福利业	Health Care, Social Security and Social Welfare	46609	47430	32667	38907
文化、体育和娱乐业	Culture, Sports and Recreation	44252	48652	30933	29341
公共管理和社会组织	Public Administration and Social Organizations	49837	49872	31859	38036
按产业分	Grouped by Industry				
第一产业	Primary Industry	14469	13352	16921	29137
第二产业	Secondary Industry	28404	43593	19063	28134
第三产业	Tertiary Industry	45052	45440	25408	47206

5-15 城镇单位在岗职工年平均工资（2009年）

Annual Average Wage of Fully Employed Staff and Workers in Urban Units (2009)

单位：元 (yuan)

项 目	Item	合计 Total	国有单位 State-owned Units	城镇集体单位 Urban Collective-owned Units	其他单位 Other Types of Ownership
合 计	**Total**	**36355**	**44964**	**20347**	**32377**
按企业、事业和机关分	Grouped by Enterprises, Institutions and Agencies				
企业	Enterprises	33919	46531	19752	32380
事业	Institutions	40618	41484	27931	32134
机关	Agencies	49999	50423	17673	10262
民营非盈利组织	Private Non-profit Organizations	31153	31376	21004	32650
其他	Others	24230	30606	12695	21378
按国民经济行业分	Grouped by Economic Sector				
农、林、牧、渔业	Farming, Forestry, Animal Husbandry and Fishery	14533	13402	17559	28979
采矿业	Mining and Quarrying	41398	43807	20472	39123
制造业	Manufacture	26991	38444	15887	27110
电力、燃气及水的生产和供应业	Production and Supply of Electric Power, Gas and Water	54803	55905	44017	55264
建筑业	Construction	25843	34864	15456	27895
交通运输、仓储和邮政业	Transport, Storage and Postal Services	46232	46648	20801	47770
信息传输、计算机服务和软件业	Information Transmission, Computer Services and Software	62264	64312	31083	61349
批发和零售业	Wholesale and Retail Trade	33959	35009	16140	36027
住宿和餐饮业	Hotels and Catering Services	22352	27033	16927	21521
金融业	Finance	91652	95011	39007	105255
房地产业	Real Estate	34335	35608	20924	35602
租赁和商务服务业	Leasing and Business Services	37637	32690	23100	49399
科学研究、技术服务和地质勘查业	Scientific Research, Technical Services and Geological Prospecting	61887	63374	35214	61279
水利、环境和公共设施管理业	Water Conservancy, Environment and Public Facilities Management	28861	29462	19817	31475
居民服务和其他服务业	Resident Services and Other Services	27207	34590	22639	24912
教育	Education	38607	38848	24691	34038
卫生、社会保障和社会福利业	Health Care, Social Security and Social Welfare	47012	47852	32685	38664
文化、体育和娱乐业	Culture, Sports and Recreation	44724	49531	30771	28820
公共管理和社会组织	Public Administration and Social Organizations	50270	50299	33170	41653
按产业分	Grouped by Industry				
第一产业	Primary Industry	14533	13402	17559	28979
第二产业	Secondary Industry	27971	44155	19058	27608
第三产业	Tertiary Industry	45433	45999	25592	47253

5-16 各市年末城镇登记失业人数和失业率

Number of Registered Unemployed Persons and Unemployment Rate in Urban Area at the Year-end by City

市别	City	2005		2007		2008		2009	
		失业人员（人）Unemployed Persons (person)	失业率（%）Unemployment Rate (%)	失业人员（人）Unemployed Persons (person)	失业率（%）Unemployment Rate (%)	失业人员（人）Unemployed Persons (person)	失业率（%）Unemployment Rate (%)	失业人员（人）Unemployed Persons (person)	失业率（%）Unemployment Rate (%)
合计	**Total**	**344904**	**2.6**	**362227**	**2.5**	**380722**	**2.6**	**395093**	**2.6**
广州	Guangzhou	54162	2.1	67539	2.2	76453	2.3	77204	2.3
深圳	Shenzhen	26746	2.4	25959	2.3	28182	2.3	33988	2.6
珠海	Zhuhai	11453	2.8	12323	2.8	13181	2.8	12903	2.8
汕头	Shantou	17731	3.1	17821	3.1	17782	3.1	18580	3.3
佛山	Foshan	26062	2.0	22673	1.8	19309	1.9	18818	1.8
韶关	Shaoguan	18831	3.3	18109	3.2	18430	3.2	18556	3.2
河源	Heyuan	14096	3.1	14683	3.0	13402	3.1	15112	3.3
梅州	Meizhou	14510	2.7	14315	2.5	14378	2.5	14494	2.5
惠州	Huizhou	14001	2.6	14140	2.3	16528	2.7	15737	2.5
汕尾	Shanwei	9436	3.3	10304	3.0	10611	2.9	10871	2.8
东莞	Dongguan	4437	1.3	7999	1.8	7630	1.6	7674	1.6
中山	Zhongshan	6593	2.1	6998	2.0	9295	2.2	9506	2.2
江门	Jiangmen	19639	2.7	19686	2.5	21560	2.6	20341	2.4
阳江	Yangjiang	14608	3.1	14666	3.0	15388	2.9	15542	3.0
湛江	Zhanjiang	22835	3.0	23628	3.1	22212	3.0	23437	3.1
茂名	Maoming	22203	3.4	24283	3.3	25416	3.2	26904	3.2
肇庆	Zhaoqing	10668	2.7	10240	2.5	10733	2.6	12004	2.4
清远	Qingyuan	9796	3.1	10128	2.6	11810	2.9	13683	3.2
潮州	Chaozhou	8142	2.7	8153	2.4	8762	2.5	8785	2.5
揭阳	Jieyang	10350	2.8	11017	3.0	11333	3.1	11948	3.1
云浮	Yunfu	8605	3.0	7563	2.4	8327	2.6	9006	2.9
按经济区域分	By Region								
珠三角	Pearl River Delta	173761		187557		202871		208175	
东翼	Eastern Region	45659		47295		48488		50184	
西翼	Western Region	59646		62577		63016		65883	
山区	Mountainous Region	65838		64798		66347		70851	

主要统计指标解释

劳动力资源总数 指在劳动年龄内，具有劳动能力，在正常情况下，可能或实际参加社会劳动的人口数。劳动力资源的范围为：劳动年龄内(16 周岁以上)，有劳动能力，实际参加社会劳动和未参加社会劳动的人员。劳动力资源也可划分为：经济活动人口和非经济活动人口。劳动力资源不包括下列人员：

(1)在押犯人；

(2)劳动年龄内丧失劳动能力的人员；

(3)16 岁以下实际参加社会劳动的人员。

从业人员 指从事一定社会劳动并取得劳动报酬或经营收入的人员。包括：

(1)在岗职工；

(2)私营业主；

(3)个体户主；

(4)私营和个体从业人员；

(5)乡镇企业从业人员；

(6)农村从业人员；

(7)其他从业人员（包括再就业的离退休人员、民办教师、在各单位中工作的外方人员和港、澳、台方人员和宗教职业者等)。

这一指标反映了一定时期内全部劳动力资源的实际利用情况，是研究我国基本国情国力的重要指标。

经济活动人口 指在 16 岁以上，有劳动能力，参加或要求参加社会经济活动的人口。包括：从业人员和失业人员。

单位从业人员 指在各级国家机关、政党机关、社会团体及企业、事业单位中工作，并取得劳动报酬的全部人员。包括在岗职工和其他从业人员。各单位的从业人员反映了各单位实际参加生产或工作的全部劳动力。

其他从业人员 指各级国家机关、政党机关、社会团体及企业、事业单位中再就业的离退休人员、民办教师以及在各单位中工作的外方人员和港、澳、台方人员。

在岗职工 指在调查时期(点)在国有经济、城镇集体经济、联营经济、股份制经济、外商和港、澳、台投资经济、其他经济单位及其附属机构中有工作岗位，并参加实际工作和在本单位领取工资的各类人员。

不在岗职工(离岗职工) 是指在调查时期(点)在国有经济、城镇集体经济、联营经济、股份制经济、外商和港、澳、台投资经济、其他经济单位及其附属机构中没有工作岗位、没有参加工作，但仍与单位保留劳动关系的人员。包括长期(6 个月以上)病休假人员、下岗职工等。单位对这部分人员只发放生活费，而不发放工资。

城镇私营和个体从业人员 城镇私营从业人员 指在工商管理部门注册登记，其经营地址设在县城关镇（含城关镇）以上的私营企业从业人员。包括：私营企业投资者和雇工。城镇个体从业人员指在工商管理部门注册登记，并持有城镇户口或在城镇长期居住，经批准从事个体工商经营的从业人员。包括：个体经营者和在个体工商户劳动的家庭帮工和雇工。

城镇登记失业人员及失业率 指有非农业户口，在一定的劳动年龄内，有劳动能力，无业而要求就业，并在当地就业服务机构进行求职登记的人员。城镇登记失业率指城镇登记失业人数同城镇从业人数与城镇登记失业人数之和的比。计算公式为：

$$\text{城镇登记失业率}=\frac{\text{城镇登记失业人数}}{\text{城镇从业人数}+\text{城镇登记失业人数}}\times 100\%$$

单位从业人员劳动报酬 指各单位在一定时期内直接支付给本单位在岗职工的工资总额和其他从业人员的劳动报酬。

在岗职工工资总额　指各单位在一定时期内直接支付给本单位在岗职工的劳动报酬总额。

不在岗职工(离岗职工)生活费　指各单位在一定时期内按政策直接支付给本单位中离开本单位仍保留劳动关系的这部分不在岗职工的最低生活保障费。

Explanatory Notes on Main Statistical Indicators

Labor Resources refer to the population within the working age who are capable of work and who may participate in or are actually participating in social labor under normal conditions. The coverage of labor resources includes persons within the working ages (16 and over) who are capable of work, either actually engaged in or not engaged in social labor. Labor resources can also be divided into economically active population and non-economically active population.

The following persons are not included in the labor resources:

1. Prisoners in custody;
2. Persons within the working age but disabled;
3. Persons actually engaged in social labor but under the age of 16.

Employed Persons refer to persons who are engaged in social labor and receive remuneration payment or earn business income, including:

1. fully employed staff and workers,
2. employers of private enterprises,
3. self-employed workers,
4. employed persons in private enterprises and individual economy,
5. employed persons in township enterprises,
6. employed persons in rural areas,
7. other employed persons (including re-employed retirees, teachers in schools run by the local people, foreigners and Chinese compatriots from Hong Kong, Macao and Taiwan working in various units, and people engaged in religious profession, etc).

This indicator reflects the actual utilization of total labor force during a certain period of time and is often used for the research on China's economic situation and national strength.

Economically Active Population refers to the population aged 16 and over who are capable of work and are participating in or willing to participate in social economic activities, including employed persons and unemployed persons.

Persons Employed in Various Units refer to all persons working with payment in government agencies of various levels, political and party organizations, social organizations, enterprises and institutions, including fully employed staff and workers and other employed persons. This indicator reflects the total number of laborers actually engaged in production or other operations in various units.

Other Employed Persons refer to re-employed retirees working in government agencies of various levels, political and party organizations, enterprises and institutions, and teachers working in schools run by the local people, as well as foreigners and Chinese compatriots from Hong Kong, Macao and Taiwan working in various units.

Fully Employed Staff and Workers refer to persons who have work posts, work in and receive payment from units of state ownership, collective ownership, joint ownership, share holding ownership, foreign ownership, and ownership by entrepreneurs from Hong Kong, Macao and Taiwan, and other types of ownership and their affiliated units at the reference period (point).

Not Fully-employed Staff and Workers (Staff and Workers Absent from Work) refer to persons who do not have work posts, do not work in, but still keep their labor contract (employment relation) unchanged with the working units of state ownership, collective ownership, joint ownership, share holding ownership, foreign ownership, and ownership by entrepreneurs from Hong Kong, Macao and Taiwan, and other types of ownership and their affiliated units at the reference period (point). They include persons absent from work on sick leave for a long time (more than six months) and laid-off workers, who only receive living expenses but no wages from their working units.

Persons Employed in Private Enterprises and Self-employed Individuals in Urban Areas Persons employed in private enterprises refer to persons employed in private enterprises which are registered at the department of industrial and commercial administration and are situated at a county town (i.e. a town where the county government is located) for business operation or at urban areas with the level higher than a county town, including investors and employees of private enterprises. Self-employed individuals in urban areas refer to persons who hold the certificates of residence in urban areas or have resided in the urban areas for a long time and have been registered at the department of industrial and commercial administration and approved to be engaged in individual industrial or commercial business, including self-employed persons as well as helpers and hired laborers who work in the individual households engaged in industrial or commercial business.

Registered Unemployed Persons and Registered Unemployment Rate in Urban Areas Registered unemployed persons in urban areas refer to persons with non-agricultural registration at certain working ages, who are capable of work, unemployed and willing to work, and have been registered at the local employment service agencies to apply for a job. Registered unemployment rate in urban areas refers to the ratio of the number of registered urban unemployed persons to the sum of the number of urban employed persons and registered urban unemployed persons. The formula is as follows:

$$\text{Registered Urban Unemployment Rate} = \frac{\text{Number of Registered Urban Unemployed Persons}}{\text{Number of Urban Employed Persons} + \text{Number of Registered Urban Unemployed Persons}} \times 100\%$$

Earnings of Persons Employed in Units refer to the total wages directly paid to fully employed persons in working units and remuneration payment to other employed persons during a certain period of time.

Total Wages refer to total remuneration payment directly paid to fully employed persons in working units during a certain period of time.

Living Expenses of Not Fully-employed Staff and Workers (Staff and Workers Absent from Work) refer to the minimum living allowances directly distributed to not fully-employed staff and workers who have left their working units while keeping their labor contract (employment relation) unchanged according to related policies during a certain period of time.

六、固定资产投资

INVESTMENT IN FIXED ASSETS

六 固定资产投资

简要说明

一、本篇资料反映广东省固定资产投资的基本情况，主要包括：全社会固定资产投资，城镇、房地产开发、 国有单位固定资产投资情况以及各市固定资产投资的主要指标数据。

二、本篇资料由广东省统计局固定资产投资统计处整理提供。

三、固定资产投资统计的资料来源主要为全面统计报表。按照现行的固定资产投资统计报表制度，全社会固定资产投资按登记注册类型可分为：国有、集体、股份合作、联营、有限责任公司、股份有限公司、私营、个体、其他、港澳台投资、外商投资。

6 Investment in Fixed Assets

Brief Introduction

Ⅰ.The data in this chapter reflect the basic conditions of investment in fixed assets of Guangdong Province, mainly including total investment in fixed assets in the whole province, investment in fixed assets in the urban area, real estate development, investment in fixed assets by state-owned units, and main indicators on investment in fixed assets by city.

Ⅱ.The data in this chapter are prepared and provided by the Division of Investment and Construction Statistics of Statistics Bureau of Guangdong Province.

Ⅲ.The data sources for the statistics of investment in fixed assets mainly come from complete statistical report forms. According to the present regulations on the statistics of investment in fixed assets, the investment in fixed assets for the whole society is classified by the following status of registration: state-owned units, collective-owned units, joint ownership units, share-holding corporations, units with funds from Hong Kong, Macao and Taiwan, foreign-funded units, self-employed individuals and others.

6-1 全社会固定资产投资主要指标

Main Indicators of Total Investment in Fixed Assets

项 目	Item	1995	2000	2005	2008	2009
投资完成额 （亿元）	**Investment (100 million yuan)**	**2327.22**	**3233.70**	**7164.11**	**11165.06**	**13353.15**
按城乡分	Grouped by Urban or Rural Area					
城镇	Urban Area	1935.97	2710.57	6038.77	8789.19	10395.03
#房地产开发	Real Estate Development	563.89	858.61	1591.90	2932.34	2961.32
农村	Rural Area	391.25	523.13	1125.34	2375.87	2958.12
按登记注册类型分	Grouped by Status of Registration					
内资	Domestic	1874.41	2676.65	5368.63	8763.99	11163.98
国有	State-owned	1122.84	1219.19	1858.90	2478.26	4199.04
集体	Collective-owned	363.67	393.23	328.17	552.31	696.34
股份合作	Cooperative		19.43	66.56	53.47	60.04
联营	Joint		47.78	56.36	58.61	16.09
有限责任公司	Limited Liability		366.63	1221.77	2314.26	2599.12
股份有限公司	Share-holding		153.58	377.11	603.15	653.87
私营	Private	17.22	207.67	1107.61	1877.39	1930.94
个体	Self-employed Individual	249.78	248.51	295.86	698.20	769.10
其他	Others	120.90	20.63	56.29	128.34	239.44
港澳台投资	Funds from Hong Kong, Macao and Taiwan	197.93	416.34	1081.10	1524.05	1355.20
外商投资	Foreign Funded	254.88	140.71	714.39	877.02	833.97
按构成分	Grouped by Use of Funds					
建筑安装工程	Construction and Installation	1507.92	2103.78	4520.62	7140.54	8800.83
设备工具器具购置	Purchase of Equipments and Instruments	464.75	597.29	1593.83	2264.31	2467.73
其他费用	Others	354.55	532.63	1049.67	1760.21	2084.59
按三次产业分	Grouped by Three Strata of Industry					
第一产业	Primary Industry	14.27	23.40	28.72	109.54	130.25
第二产业	Secondary Industry	682.40	768.82	2868.44	3936.80	4458.17
第三产业	Tertiary Industry	1630.55	2441.48	4266.94	7118.72	8764.73
按财务拨贷款合计	**Grouped by Source of Funds**	**2509.38**	**3396.79**	**7948.02**	**12204.40**	**15889.16**
国家预算内资金	State Budget	26.98	56.80	69.13	253.16	379.74
国内贷款	Domestic Loans	376.11	584.34	1366.09	1877.90	2695.36
利用外资	Foreign Investment	465.13	357.05	786.05	779.48	682.36
自筹资金	Self-raising Funds	941.71	1456.24	4300.92	7052.96	8636.85
其他资金	Others	699.45	942.35	1425.83	2240.90	3494.85
房屋建筑面积（万平方米）	**Floor Space of Buildings (10000 sq.m)**					
施工面积	Floor Space under Construction	21364.88	23520.91	38351.76	44751.79	49419.17
竣工面积	Floor Space Completed	10689.48	13492.94	17053.80	18056.12	18736.95
#住宅	Residential Buildings	7308.18	8888.66	9633.54	10121.36	10807.08
实际销售商品房屋面积 （万平方米）	**Floor Space of Commercial Buildings Actually Sold (10000 sq.m)**	**1000.41**	**2259.95**	**5038.91**	**4824.41**	**7060.03**
#住宅	Residential Buildings	850.44	2009.34	4546.32	4378.37	6567.43

6-2 全社会固定资产投资总额

Total Investment in Fixed Assets

单位：亿元 (100 million yuan)

年份 Year	全社会投资总额 Total Investment	按城乡分 By Urban and Rural Areas		
		城镇 Urban Area	#房地产开发 Real Estate Development	农村 Rural Area
1978	27.23	20.51		6.72
1979	28.29	20.65		7.64
1980	38.29	26.81		11.48
"六五" 时期 Sixth Five-Year Plan Period	548.80	398.17		150.63
1981	60.40	39.15		21.25
1982	84.73	57.34		27.39
1983	88.71	62.11		26.60
1984	130.37	89.86		40.51
1985	184.59	149.71		34.88
"七五" 时期 Seventh Five-Year Plan Period	1549.91	1308.23	129.10	241.68
1986	216.50	179.49	10.00	37.01
1987	251.01	208.87	16.29	42.14
1988	353.59	315.06	21.96	38.53
1989	347.34	294.95	48.15	52.39
1990	381.47	309.86	32.70	71.61
"八五" 时期 Eighth Five-Year Plan Period	7498.19	6072.55	1459.87	1425.64
1991	478.20	391.75	49.75	86.45
1992	921.75	702.59	125.57	219.16
1993	1629.87	1307.33	316.53	322.54
1994	2141.15	1734.91	404.13	406.24
1995	2327.22	1935.97	563.89	391.25
"九五" 时期 Ninth Five-Year Plan Period	13555.17	11333.16	3228.69	2222.01
1996	2327.64	1945.72	528.85	381.92
1997	2298.14	1899.22	528.31	398.92
1998	2668.13	2224.24	602.72	443.89
1999	3027.56	2553.41	710.20	474.15
2000	3233.70	2710.57	858.61	523.13
"十五" 时期 Tenth Five-Year Plan Period	25727.31	21742.54	6268.85	3984.77
2001	3536.41	3003.72	972.34	532.69
2002	3970.69	3343.46	1115.25	627.23
2003	5030.57	4235.14	1233.52	795.43
2004	6025.53	5121.45	1355.84	904.08
2005	7164.11	6038.77	1591.90	1125.34
"十一五" 时期 Eleventh Five-Year Plan Period				
2006	8132.37	6618.77	1843.51	1513.60
2007	9596.95	7525.46	2519.13	2071.49
2008	11165.06	8789.19	2932.34	2375.87
2009	13353.15	10395.03	2961.32	2958.12

注：1993年以前房地产开发投资主要是商品房建设投资。

Notes: Prior to 1993, investment in real estate development focused mainly on the construction of commercial buildings.

6-3 按资金来源和构成分全社会固定资产投资

Total Investment in Fixed Assets by Source of Funds and Structure of Investment

年 份 Year	按财务拨贷款资金来源分 By Source of Funds				按构成分 By Structure of Investment		
	国家预算内资金 State Budget	国内贷款 Domestic Loans	利用外资 Foreign Investment	自筹和其他资金 Fundraising and Others	建筑安装工程 Construction and Installation	设备工具器具购置 Purchase of Equipment and Instruments	其他费用 Others
投资额(亿元)Investment (100 million yuan)							
1985	15.02	45.70	19.00	104.87	138.31	32.71	13.57
1990	12.92	73.92	61.07	261.60	246.56	103.97	30.94
1991	12.82	108.50	66.69	326.45	331.23	105.47	41.50
1992	12.98	205.51	120.17	667.06	651.18	185.72	84.85
1993	21.09	342.60	285.28	1085.64	1019.74	381.90	228.25
1994	20.70	335.57	479.52	1379.58	1357.19	499.26	284.70
1995	26.98	376.11	465.13	1641.16	1507.92	464.75	354.55
1996	22.52	347.75	494.70	1573.54	1507.04	498.79	321.81
1997	21.75	296.54	477.70	1605.60	1511.58	464.55	322.01
1998	46.53	414.58	394.44	1971.60	1688.14	546.06	433.93
1999	60.95	549.97	323.63	2167.05	1960.22	588.35	478.99
2000	56.80	584.34	357.06	2398.59	2103.78	597.29	532.63
2001	58.10	592.65	361.09	2680.24	2293.93	698.49	543.99
2002	73.58	749.21	439.31	3040.07	2548.91	783.70	638.08
2003	90.23	950.98	568.95	3996.32	3201.16	977.70	851.71
2004	72.39	1132.08	655.75	4864.42	3784.12	1247.82	993.59
2005	69.13	1366.09	786.05	5726.75	4520.62	1593.83	1049.67
2006	105.55	1659.26	865.58	6662.41	5221.87	1796.20	1114.29
2007	179.42	1755.86	984.01	8494.11	6088.11	1979.44	1529.39
2008	253.16	1877.90	779.48	9293.86	7140.54	2264.31	1760.21
2009	379.74	2695.36	682.36	12131.70	8800.83	2467.73	2084.60
构成(%) Percentage (%)							
1985	8.1	24.8	10.3	56.8	74.9	17.7	7.4
1990	3.2	18.1	14.9	63.9	64.6	27.3	8.1
1991	2.5	21.1	13.0	63.5	69.3	22.1	8.7
1992	1.3	20.4	11.9	66.3	70.6	20.1	9.2
1993	1.2	19.8	16.4	62.6	62.6	23.4	14.0
1994	0.9	15.1	21.6	62.3	63.4	23.3	13.3
1995	1.1	15.0	18.5	65.4	64.8	20.0	15.2
1996	0.9	14.3	20.3	64.5	64.7	21.4	13.8
1997	0.9	12.3	19.9	66.9	65.8	20.2	14.0
1998	1.6	14.7	14.0	69.7	63.3	20.5	16.3
1999	2.0	17.7	10.4	69.9	64.7	19.4	15.8
2000	1.7	17.2	10.5	70.6	65.1	18.5	16.5
2001	1.6	16.1	9.8	72.6	64.9	19.8	15.4
2002	1.7	17.4	10.2	70.7	64.2	19.7	16.1
2003	1.6	17.0	10.1	71.3	63.6	19.4	16.9
2004	1.1	16.8	9.8	72.3	62.8	20.7	16.5
2005	0.9	17.2	9.9	72.1	63.1	22.2	14.7
2006	1.1	17.9	9.3	71.7	64.2	22.1	13.7
2007	1.6	15.4	8.6	74.4	63.4	20.6	15.9
2008	2.1	15.4	6.4	76.1	64.0	20.3	15.7
2009	2.4	16.9	4.3	76.4	65.9	18.5	15.6

注：1986年及以后的资金来源为财务拨款数，各项相加不等于投资总额。
Note: The source of funds since 1986 refers to financial appropriations, which do not add up to total investment.

6-4 按构成分全社会固定资产投资（2009年）

Total Investment in Fixed Assets by Structure of Investment (2009)

项　目	Item	全社会投资 Provincial Total	城镇 Urban	#房地产开发 Real Estate Develop-	农村 Rural
建设项目个数　（个）	**Number of Projects　(unit)**				
施工项目	Projects under Construction	45646	20207		25439
全部建成投产项目	Projects Completed and Put into Use	31420	12011		19409
计划总投资　（亿元）	**Total Planned Investment　(100 million yuan)**	**48414.85**	**43650.99**	**16840.38**	**4763.86**
自开始建设累计完成投资	Investment Completed Since the Beginning of Construction	29715.05	25967.39	10241.73	3747.66
本年投资总额　（亿元）	**Total Investment in this year　(100 million yuan)**	**13353.15**	**10395.03**	**2961.32**	**2958.12**
#住宅	Residential Buildings	2813.86	2362.78	2090.09	451.07
按隶属关系分	Investment by Jurisdiction of Management				
中央	Central Investment	2961.32	2942.93	89.77	18.38
地方	Local Invesement	10391.83	7452.10	2871.54	2939.73
按构成分	Grouped by Structure				
建筑安装工程	Construction and Installation	8800.83	6960.27	2165.06	1840.56
设备工具器具购置	Purchase of Equipment and Instruments	2467.73	1659.00	39.45	808.73
其他费用	Others	2084.59	1775.76	756.81	308.83
财务拨贷款合计　（亿元）	**Total Financial Appropriations　(100 million yuan)**	**15889.16**	**12704.75**	**5059.35**	**3184.41**
国家预算内资金	State Budget	379.74	317.00		62.74
国内贷款	Domestic Loans	2695.36	2580.05	1010.39	115.31
利用外资	Foreign Investment	682.36	449.82	65.23	232.53
自筹资金	Self-raising Funds	8636.85	6220.73	1334.49	2416.12
其他资金	Others	3494.85	3137.13	2649.25	357.72
新增固定资产　（亿元）	**Newly Increased Fixed Assets　(100 million yuan)**	**7926.97**	**5827.60**	**1662.45**	**2099.37**
房屋建筑面积　（万平方米）	**Floor Space of Buildings　(10000 sq.m)**				
施工面积	Floor Space under Construction	49419.17	38318.80	24814.69	11100.36
竣工面积	Floor Space Completed	18736.95	10798.33	5062.25	7938.62
#住宅	Residential Buildings	10807.08	6091.33	4111.60	4715.75

6-5 各市全社会固定资产投资额

Total Investment in Fixed Assets by City

单位：亿元 (100 million yuan)

市别	City	2000	2002	2003	2004	2005	2006	2007	2008	2009
全省总计	**Provincial Total**	**3233.70**	**3970.69**	**5030.57**	**6025.53**	**7164.11**	**8132.37**	**9596.95**	**11165.06**	**13353.15**
广州	Guangzhou	923.67	999.33	1160.26	1312.71	1514.01	1687.11	1858.64	2101.45	2659.85
深圳	Shenzhen	677.12	799.84	949.10	1090.12	1182.32	1287.43	1345.00	1464.32	1709.15
珠海	Zhuhai	95.08	120.53	141.05	179.85	218.23	256.28	339.32	351.32	410.51
汕头	Shantou	112.48	108.12	119.24	131.94	154.14	175.18	206.69	261.36	291.90
佛山	Foshan	198.96	290.43	423.69	568.56	741.43	895.25	1052.23	1230.64	1470.56
韶关	Shaoguan	56.82	72.33	103.31	129.22	139.75	169.16	217.59	283.79	356.50
河源	Heyuan	26.54	41.42	56.29	78.38	111.10	175.18	232.09	174.79	198.15
梅州	Meizhou	44.45	63.11	78.79	93.06	97.66	108.43	125.00	140.54	162.98
惠州	Huizhou	77.41	104.73	228.47	297.62	352.37	308.78	486.91	588.74	758.97
汕尾	Shanwei	36.21	45.96	56.95	73.44	101.86	133.48	175.08	206.27	289.43
东莞	Dongguan	102.89	191.57	319.39	433.90	592.20	698.67	841.21	943.07	1094.08
中山	Zhongshan	109.95	219.00	262.05	291.58	320.92	346.49	399.22	444.95	545.61
江门	Jiangmen	104.34	126.15	150.84	195.69	228.87	267.65	316.64	378.22	492.07
阳江	Yangjiang	33.23	42.63	49.86	56.68	82.25	102.46	135.16	171.70	239.49
湛江	Zhanjiang	68.94	93.27	113.52	142.09	168.00	205.25	242.83	295.32	393.23
茂名	Maoming	73.57	89.98	93.37	109.41	147.72	169.85	130.71	145.74	180.01
肇庆	Zhaoqing	75.29	94.16	114.66	145.24	178.01	216.94	270.57	326.31	462.77
清远	Qingyuan	48.37	57.26	101.55	156.80	222.42	301.00	483.40	703.47	841.24
潮州	Chaozhou	30.70	39.41	46.56	75.48	97.59	108.00	120.83	128.31	162.98
揭阳	Jieyang	68.43	78.66	85.52	87.81	115.16	151.57	203.19	265.79	393.50
云浮	Yunfu	32.98	41.64	53.01	76.13	103.44	110.29	129.19	142.76	240.19
按经济区域分	By Region									
珠三角	Pearl River Delta	2364.71	2945.74	3749.51	4515.27	5328.37	5964.60	6909.74	7829.03	9603.55
东翼	Eastern Region	247.82	272.15	308.26	368.67	468.75	568.23	705.79	861.73	1137.80
西翼	Western Region	175.74	225.88	256.75	308.18	397.97	477.56	508.70	612.76	812.73
山区	Mountainous Region	209.16	275.76	392.95	533.59	674.38	864.06	1187.27	1445.35	1799.06

注：2008年前全省总计中含不分区部分。

Note: Provincial total prior to 2008 includes investment unclassified by region.

6-6 各市按城乡分全社会固定资产投资（2009年）
Total Investment in Fixed Assets by City (2009)

单位：亿元　　　　(100 million yuan)

市别	City	全社会投资 Total	城镇 Urban	#房地产开发 Real Estate Development	农村 Rural
全省总计	**Provincial Total**	**13353.15**	**10395.03**	**2961.32**	**2958.12**
广　州	Guangzhou	2659.85	2576.33	817.34	83.52
深　圳	Shenzhen	1709.15	1709.15	437.46	
珠　海	Zhuhai	410.51	407.57	168.44	2.94
汕　头	Shantou	291.90	225.92	38.09	65.98
佛　山	Foshan	1470.56	724.99	358.25	745.57
韶　关	Shaoguan	356.50	316.70	46.45	39.80
河　源	Heyuan	198.15	129.71	20.18	68.44
梅　州	Meizhou	162.98	134.81	15.38	28.17
惠　州	Huizhou	758.97	666.65	175.33	92.32
汕　尾	Shanwei	289.43	232.19	14.50	57.24
东　莞	Dongguan	1094.08	638.97	277.66	455.10
中　山	Zhongshan	545.61	403.46	192.37	142.14
江　门	Jiangmen	492.07	352.75	95.65	139.32
阳　江	Yangjiang	239.49	198.85	33.09	40.65
湛　江	Zhanjiang	393.23	282.22	47.27	111.01
茂　名	Maoming	180.01	103.83	25.04	76.18
肇　庆	Zhaoqing	462.77	303.74	60.66	159.03
清　远	Qingyuan	841.24	438.18	89.99	403.06
潮　州	Chaozhou	162.98	121.31	17.13	41.66
揭　阳	Jieyang	393.50	287.63	19.31	105.86
云　浮	Yunfu	240.19	140.07	11.71	100.13
按经济区域分	By Region				
珠三角	Pearl River Delta	9603.55	7783.61	2583.17	1819.95
东　翼	Eastern Region	1137.80	867.06	89.04	270.74
西　翼	Western Region	812.73	584.90	105.40	227.83
山　区	Mountainous Region	1799.06	1159.47	183.71	639.59

6-7 各市按登记注册类型分全社会固定资产投资（2009年）

Total Investment in Fixed Assets by Status of Registration and City (2009)

单位: 亿元 (100 million yuan)

市 别	City	总计 Total	内资 Domestic	国有 State-owned	集体 Collective-owned	股份合作 Cooperative	联营 Joint
全省总计	**Provincial Total**	**13353.15**	**11163.98**	**4199.04**	**696.34**	**60.04**	**16.09**
广 州	Guangzhou	2659.85	2158.02	1272.48	62.55	7.30	8.01
深 圳	Shenzhen	1709.15	1363.86	663.87	28.23	35.22	0.20
珠 海	Zhuhai	410.51	326.99	140.15	8.57	0.61	
汕 头	Shantou	291.90	262.55	67.63	11.40	0.99	
佛 山	Foshan	1470.56	1230.57	266.59	160.21	0.81	0.67
韶 关	Shaoguan	356.50	332.23	184.13	7.67	2.50	0.37
河 源	Heyuan	198.15	164.76	52.79	11.48	0.25	3.17
梅 州	Meizhou	162.98	154.79	78.02	4.56		0.05
惠 州	Huizhou	758.97	624.16	224.79	16.23	5.01	0.48
汕 尾	Shanwei	289.43	270.63	73.57	26.28	1.86	
东 莞	Dongguan	1094.08	890.25	176.09	195.95	1.97	0.84
中 山	Zhongshan	545.61	430.45	103.22	37.97	0.23	0.12
江 门	Jiangmen	492.07	373.47	144.94	7.00		
阳 江	Yangjiang	239.49	236.99	60.23	7.16		
湛 江	Zhanjiang	393.23	305.98	97.87	15.05	0.06	0.20
茂 名	Maoming	180.01	176.89	53.95	5.85	0.61	
肇 庆	Zhaoqing	462.77	390.22	111.02	10.78	0.10	0.73
清 远	Qingyuan	841.24	696.98	187.71	23.14	1.17	1.28
潮 州	Chaozhou	162.98	157.70	31.48	1.22		
揭 阳	Jieyang	393.50	384.28	121.86	51.81		
云 浮	Yunfu	240.19	232.19	86.66	3.23	1.36	
按经济区域分	By Region						
珠 三 角	Pearl River Delta	9603.55	7788.00	3103.14	527.49	51.26	11.04
东 翼	Eastern Region	1137.80	1075.17	294.53	90.70	2.84	
西 翼	Western Region	812.73	719.85	212.05	28.06	0.66	0.48
山 区	Mountainous Region	1799.06	1580.95	589.31	50.09	5.28	4.57

6-7 续表 1　Continued 1

单位: 亿元　(100 million yuan)

市 别	City	有限责任公司 Limited Liability	股份有限公司 Share-holding	私营 Private	个体 Self-employed Indicuvual	其他 Others	港、澳台商投资 Funds from Hong Kong Macao and Twaiwan	外商投资 Foreign Funded
全省总计	**Provincial Total**	**2599.12**	**653.87**	**1930.94**	**769.10**	**239.44**	**1355.20**	**833.97**
广　州	Guangzhou	292.77	159.03	344.42	11.86	0.93	276.82	225.01
深　圳	Shenzhen	326.60	159.63	99.42	4.73	49.38	257.26	88.03
珠　海	Zhuhai	109.69	15.32	39.36	38.08	1.92	51.37	32.15
汕　头	Shantou	86.76	30.39	31.67	1.72	1.06	12.47	16.87
佛　山	Foshan	410.81	66.91	234.50	48.26	46.01	121.76	118.23
韶　关	Shaoguan	58.09	14.59	39.64	20.25	0.45	20.08	4.19
河　源	Heyuan	14.72	5.25	38.19	36.34	2.40	16.67	16.72
梅　州	Meizhou	21.80	5.36	22.91	12.97	10.67	3.09	5.09
惠　州	Huizhou	176.88	42.88	112.09	38.78	6.85	80.48	54.32
汕　尾	Shanwei	9.62	4.54	51.48	79.34	23.93	13.34	5.47
东　莞	Dongguan	234.32	18.49	187.67	49.55	24.78	111.46	92.36
中　山	Zhongshan	138.02	9.19	102.44	33.44	5.10	81.68	33.48
江　门	Jiangmen	77.42	15.84	109.84	15.25	3.31	64.54	54.06
阳　江	Yangjiang	69.82	7.16	57.05	33.67	2.00	2.08	0.43
湛　江	Zhanjiang	22.91	20.72	55.01	93.91	0.01	78.95	8.30
茂　名	Maoming	21.58	8.39	19.80	73.36	1.32	1.82	1.30
肇　庆	Zhaoqing	92.18	7.08	124.62	34.80	4.86	50.26	22.28
清　远	Qingyuan	221.86	27.53	138.38	74.60	17.38	101.68	42.58
潮　州	Chaozhou	111.27	2.99	3.78	0.96	6.00	1.66	3.61
揭　阳	Jieyang	68.13	21.20	61.28	42.63	20.11	0.25	8.96
云　浮	Yunfu	33.86	11.39	57.38	24.60	10.96	7.48	0.52
按经济区域分	By Region							
珠 三 角	Pearl River Delta	1858.69	494.36	1354.36	244.52	143.14	1095.63	719.93
东　翼	Eastern Region	275.78	59.11	148.21	152.89	51.10	27.72	34.91
西　翼	Western Region	114.31	36.27	131.86	193.11	3.33	82.85	10.03
山　区	Mountainous Region	350.33	64.13	296.51	178.59	41.86	149.01	69.10

6-8 各市按主要行业分全社会固定资产投资（2009年）

Total Investment in Fixed Assets in by City and Sector (2009)

单位：亿元 (100 million yuan)

市别	City	合计 Total	农、林、牧、渔业 Agriculture, Forestry, Animal Husbandry and Fishery	采矿业 Mining	制造业 Manufa-cturing	电力、燃气及水的生产和供应业 Production and Supply of Electricity, Gas and Water	建筑业 Construction	交通运输、仓储和邮政业 Transport, Storage and Post
全省总计	**Provincial Total**	**13353.15**	**130.25**	**114.12**	**3109.33**	**1222.37**	**12.35**	**1766.55**
广州	Guangzhou	2659.85	3.49		345.59	192.15	7.71	393.11
深圳	Shenzhen	1709.15	0.06		258.80	127.03		360.41
珠海	Zhuhai	410.51	1.52		82.49	20.07	0.02	29.73
汕头	Shantou	291.90	1.96		101.56	53.17	0.89	22.90
佛山	Foshan	1470.56	5.20		435.74	120.68	0.23	126.37
韶关	Shaoguan	356.50	11.98	3.73	81.42	33.07	0.46	76.69
河源	Heyuan	198.15	8.34	5.23	27.33	30.15		15.44
梅州	Meizhou	162.98	2.66	8.87	18.04	26.51		32.88
惠州	Huizhou	758.97	3.34	0.34	185.48	79.38	0.41	96.62
汕尾	Shanwei	289.43	19.68	0.03	32.88	31.23		41.58
东莞	Dongguan	1094.08	0.61		336.87	59.56	0.16	126.27
中山	Zhongshan	545.61	0.39		155.58	43.41	0.08	35.09
江门	Jiangmen	492.07	2.13	0.41	192.13	97.19		41.33
阳江	Yangjiang	239.49	9.40	0.23	27.43	74.31		30.90
湛江	Zhanjiang	393.23	6.73	62.10	71.09	20.57	0.07	45.92
茂名	Maoming	180.01	1.02	1.71	28.41	15.47	0.33	15.82
肇庆	Zhaoqing	462.77	20.80	1.20	192.40	20.21	0.45	56.84
清远	Qingyuan	841.24	20.13	25.59	316.42	51.47		82.02
潮州	Chaozhou	162.98	2.17		46.05	40.20		29.54
揭阳	Jieyang	393.50	2.95		92.04	55.14	0.90	57.71
云浮	Yunfu	240.19	5.67	4.69	81.59	31.41	0.64	49.39
按经济区域分	By Region							
珠三角	Pearl River Delta	9603.55	37.54	1.95	2185.08	759.68	9.07	1265.77
东翼	Eastern Region	1137.80	26.77	0.03	272.53	179.74	1.79	151.73
西翼	Western Region	812.73	17.16	64.04	126.93	110.34	0.40	92.63
山区	Mountainous Region	1799.06	48.79	48.10	524.79	172.61	1.10	256.41

6-8 续表 1 Continued 1

单位: 亿元 (100 million yuan)

市别	City	信息传输、计算机服务和软件业 Information Transmission, Computer Services and Software	批发和零售业 Wholesale and Retail Trades	住宿和餐饮业 Hotels and Catering Services	金融业 Financial Interme-diation	房地产业 Real Estate	租赁和商务服务业 Leasing and Business Services	科学研究、技术服务和地质勘查业务 Scientific Research, Technical Service and Geologic Prospecting
全省总计	**Provincial Total**	**278.46**	**209.45**	**195.86**	**20.41**	**4089.98**	**147.51**	**67.88**
广　州	Guangzhou	104.99	42.52	24.16	3.97	943.23	36.79	23.78
深　圳	Shenzhen	42.25	9.35	6.79	12.50	559.27	12.47	16.55
珠　海	Zhuhai	6.64	5.24	2.56		181.41	13.52	0.64
汕　头	Shantou	5.83	2.11	1.79		68.29	0.34	0.03
佛　山	Foshan	22.26	30.50	25.00		457.17	13.15	6.69
韶　关	Shaoguan	5.32	5.48	6.05	0.07	71.26	0.82	0.07
河　源	Heyuan	3.96	3.62	8.59	0.34	62.03	0.62	0.58
梅　州	Meizhou	2.64	0.51	2.00	0.00	38.56		0.19
惠　州	Huizhou	7.82	16.04	14.84		222.18	16.16	0.08
汕　尾	Shanwei	2.75	10.71	6.90	0.22	99.67	1.74	0.31
东　莞	Dongguan	20.73	16.31	22.54	1.12	353.11	15.06	4.96
中　山	Zhongshan	5.73	5.80	9.48	0.84	218.61	9.99	2.90
江　门	Jiangmen	12.86	6.49	3.97		114.71	2.69	1.76
阳　江	Yangjiang	5.78	2.91	2.00		68.33	1.90	0.48
湛　江	Zhanjiang	9.34	3.78	5.71		140.99	0.24	0.13
茂　名	Maoming	1.59	0.60	3.06	0.17	90.60	0.03	0.17
肇　庆	Zhaoqing	2.83	6.26	11.16	1.13	93.57	8.09	4.99
清　远	Qingyuan	5.35	13.97	26.26		163.78	11.41	1.09
潮　州	Chaozhou	4.18	1.30	4.38	0.04	24.29		0.27
揭　阳	Jieyang	3.34	23.28	2.30		78.62	1.07	1.97
云　浮	Yunfu	2.28	2.64	6.31		40.30	1.39	0.24
按经济区域分	By Region							
珠 三 角	Pearl River Delta	226.11	138.52	120.50	19.56	3143.26	127.95	62.35
东　翼	Eastern Region	16.10	37.41	15.37	0.26	270.87	3.15	2.58
西　翼	Western Region	16.71	7.30	10.77	0.17	299.92	2.18	0.78
山　区	Mountainous Region	19.55	26.22	49.22	0.42	375.93	14.23	2.17

6-8 续表 2 Continued 2

单位: 亿元 (100 million yuan)

市 别	City	水利、环境和公共设施管理业 Management of Water Conservancy, Environment and Public Facilities	居民服务和其他服务业 Services to Households and Other Services	教育 Education	卫生、社会保障和社会福利业 Health, Social Security and Social Welfare	文化、体育和娱乐业 Culture, Sports and Entertainment	公共管理和社会组织 Public Management and Social Organization	国际组织 International Organizations
全省总计	**Provincial Total**	**1322.84**	**16.22**	**203.03**	**125.66**	**211.33**	**109.56**	
广 州	Guangzhou	351.00	2.35	47.61	26.56	95.74	15.09	
深 圳	Shenzhen	196.35	0.53	11.43	21.63	40.81	32.92	
珠 海	Zhuhai	54.31	1.16	5.47	2.26	1.23	2.22	
汕 头	Shantou	22.55	0.60	3.96	3.64	0.83	1.45	
佛 山	Foshan	185.92	0.90	22.51	8.98	5.28	3.99	
韶 关	Shaoguan	48.27	0.71	5.04	1.46	1.97	2.63	
河 源	Heyuan	17.95		8.10	2.20	0.65	3.00	
梅 州	Meizhou	22.37	0.03	3.44	1.04	2.78	0.46	
惠 州	Huizhou	68.64	1.55	9.11	6.07	24.92	5.99	
汕 尾	Shanwei	25.35	0.68	4.79	1.54	5.62	3.76	
东 莞	Dongguan	77.59	1.99	14.04	21.23	7.47	14.42	
中 山	Zhongshan	23.89	0.14	13.80	10.16	5.65	4.08	
江 门	Jiangmen	9.64	0.06	5.21	0.09	0.67	0.75	
阳 江	Yangjiang	11.47	0.05	1.64	0.16	2.17	0.33	
湛 江	Zhanjiang	19.47	0.06	3.39	1.57	0.82	1.23	
茂 名	Maoming	10.21	0.03	4.24	1.08	1.98	3.50	
肇 庆	Zhaoqing	25.28	1.04	7.91	2.84	1.96	3.80	
清 远	Qingyuan	100.69		9.13	5.20	3.98	4.75	
潮 州	Chaozhou	3.33		2.35	1.07	2.41	1.39	
揭 阳	Jieyang	41.03	2.79	17.77	5.33	4.04	3.23	
云 浮	Yunfu	7.53	1.55	2.10	1.56	0.34	0.59	
按经济区域分	By Region							
珠三角	Pearl River Delta	992.61	9.72	137.08	99.82	183.73	83.24	
东 翼	Eastern Region	92.26	4.07	28.86	11.58	12.90	9.82	
西 翼	Western Region	41.15	0.14	9.27	2.81	4.96	5.07	
山 区	Mountainous Region	196.81	2.29	27.81	11.45	9.73	11.43	

6-9 国有经济固定资产投资主要指标

Main Indicators of Investment in Fixed Assets of State-owned Economy

项　目	Item	1995	2000	2005	2008	2009
建设项目个数　（个）	**Number of Projects (unit)**					
施工项目	Projects under Construction	6748	8934	7095	6781	8663
全部建成投产项目	Projects Completed and Put into Use	3217	4070	3062	3670	4095
投资总额　（亿元）	**Total Investment (100 million yuan)**	**1122.84**	**1286.91**	**2062.31**	**2754.51**	**4199.04**
#住宅	Residential Buildings	193.93	185.38	54.08	97.27	137.65
按构成分	Grouped by Structure of Investment					
建筑安装工程	Construction and Installation	680.01	835.63	1365.02	1877.16	2914.99
设备工具器具购置	Purchase of Equipment and Instruments	254.30	222.31	345.90	397.83	581.28
其他费用	Others	188.53	228.97	351.41	479.52	702.77
按建设性质分	Grouped by Type of Construction					
#新建	New Construction	685.99	635.88	1220.11	1800.27	2734.01
扩建	Expansion	258.41	280.76	478.22	446.08	604.33
改建	Reconstruction	101.85	128.62	262.00	338.57	605.77
按资金来源分	Grouped by Source of Funds					
国家预算内资金	State Budget	19.31	48.77	58.78	218.55	309.69
国内贷款	Domestic Loans	186.84	275.53	558.68	545.55	1013.43
利用外资	Foreign Investment	142.71	55.08	9.28	7.12	13.32
自筹资金	Self-raising Funds	550.53	743.32	1282.55	1789.99	2516.81
其他资金	Others	223.45	164.21	153.02	193.30	345.79
新增固定资产　（亿元）	**Newly Increased Fixed Assets(100 million yuan)**	**634.07**	**1022.34**	**1195.42**	**1594.18**	**1968.53**
房屋建筑面积(万平方米)	**Floor Space of Buildings (10000 sq.m)**					
施工面积	Floor Space under Construction	7425.60	5010.21	3878.94	3236.91	4240.24
竣工面积	Floor Space Completed	2486.51	2062.14	1592.14	1241.78	1069.22
#住宅	Residential Buildings	1385.38	1024.44	343.53	341.66	325.24

注：建设项目个数、投资总额按建设性质分不含房地产开发部分。

Note: Number of projects and total investment by type of construction exclude real estate development.

6-10 基础产业和基础设施完成投资额

Completed Investment in Basic Industries and Infrastructure

单位：亿元　　(100 million yuan)

年份 Year	基础产业 Basic Industries	基础设施 Infrastructure	电力、燃气及水的生产和供应业 Production and Supply of Electric Power, Gas and Water	交通运输、邮政业 Transport, Storage and Postal Services	信息传输、计算机服务和软件业 Information Transmission, Computer Services and Software	水利、环境和公共设施管理业 Management of Water Conservancy, Environment and Public Facilities
1990	139.95	132.62	24.73	46.77	28.75	32.37
1995	779.53	738.70	137.77	260.49	160.13	180.31
2000	1159.40	1098.68	204.91	387.43	238.16	268.18
2001	1187.24	1049.32	225.93	340.61	247.38	235.40
2002	1237.56	1127.94	300.13	348.87	242.34	236.60
2003	1655.29	1426.24	338.85	473.57	264.35	349.47
2004	2221.66	1858.46	548.32	627.93	267.91	414.30
2005	2612.47	2154.45	691.16	675.40	241.07	546.82
2006	2800.36	2392.07	714.76	820.49	218.37	638.45
2007	2989.95	2462.09	636.07	891.56	214.35	720.11
2008	3559.61	2935.03	749.57	1106.76	242.05	836.65
2009	5151.98	4488.32	1222.37	1664.65	278.46	1322.84

6-11 按行业分城镇投资主要指标（2009年）

Main Indicators of Investment in Urban Area by Sector (2009)

行业	Sector	投资额(亿元) Investment (100 million yuan)	施工项目个数(个) Number of Projects under Construction (unit)	全部建成投产项目个数(个) Number of Projects Completed and Put into Use (unit)	新增固定资产(亿元) Newly Increased Fixed Assets (100 million yuan)
全省总计	**Provincial Total**	**10395.03**	**20207**	**12011**	**5827.60**
农、林、牧、渔业	**Farming, Forestry, Animal Husbandry and Fishery**	**39.19**	**275**	**186**	**28.33**
农业	Farming	10.78	64	37	6.75
林业	Forestry	6.00	49	35	4.10
畜牧业	Animal Husbandry	7.44	55	35	5.27
渔业	Fishery	6.75	35	31	6.32
农、林、牧、渔服务业	Service Activities for Farming, Forestry, Animal Husbandry and Fishery	8.22	72	48	5.90
采矿业	**Mining**	**82.09**	**53**	**25**	**65.00**
煤炭开采和洗选业	Mining and Washing of Coal				
石油和天然气开采业	Extraction of Petroleum and Natural Gas	54.03	3	2	54.73
黑色金属矿采选业	Mining and Dressing of Ferrous Metal Ores	8.48	12	2	0.26
有色金属矿采选业	Mining and Dressing of Non-Ferrous Metal Ores	12.34	16	7	3.78
非金属矿采选业	Mining and Dressing of Nonmetal Ores	7.25	22	14	6.23
其他采矿业	Mining of Other Ores				
制造业	**Manufacture**	**1774.45**	**5456**	**3109**	**1481.35**
农副食品加工业	Processing of Farm and Sideline Food	21.72	149	78	10.75
食品制造业	Manufacture of Food	28.27	160	95	17.79
饮料制造业	Manufacture of Beverage	25.53	54	32	21.73
烟草制品业	Tobacco Products	9.23	36	8	3.45
纺织业	Textile Industry	43.90	171	107	39.32
纺织服装、鞋、帽制造业	Manufacture of Textile Garments, Footwear and Headgear	52.83	264	174	46.92
皮革、毛皮、羽毛(绒)及其制品业	Leather, Fur, Feather, Down and Related Products	23.06	88	53	16.31
木材加工及木、竹、藤、棕、草制品业	Timber Processing, Bamboo, Cane, Palm Fiber & Straw Products	12.29	35	20	5.56
家具制造业	Manufacture of Furniture	30.00	112	75	23.41
造纸及纸制品业	Papermaking and Paper Products	31.28	110	85	18.78
印刷业和记录媒介的复制	Printing and Record Medium Reproduction	27.52	129	96	23.50
文教体育用品制造业	Manufacture of Cultural, Educational and Sports Articles	25.51	126	80	19.57
石油加工、炼焦及核燃料加工业	Petroleum Refining, Coking and Nuclear Fuel Processing	63.63	70	17	214.35
化学原料及化学制品制造业	Manufacture of Raw Chemical Materials and Chemical Products	94.00	350	181	76.65
医药制造业	Manufacture of Medicines	34.83	108	48	16.87
化学纤维制造业	Manufacture of Chemical Fibers	8.57	5	2	3.81
橡胶制品业	Rubber Products	12.01	43	16	6.20
塑料制品业	Plastic Products	68.92	393	257	61.74
非金属矿物制品业	Nonmetal Mineral Products	119.81	293	156	58.85
黑色金属冶炼及压延加工业	Smelting and Pressing of Ferrous Metals	90.72	41	21	133.77
有色金属冶炼及压延加工业	Smelting and Pressing of Nonferrous Metals	25.46	56	17	12.12
金属制品业	Metal Products	86.04	434	254	60.49
通用设备制造业	Manufacture of General-purpose Machinery	59.23	185	108	45.03
专用设备制造业	Manufacture of Special-purpose Machinery	56.11	253	148	45.42

注：施工项目个数不含房地产开发。

Note: The number of projects under construction does not include those of real estate development.

6-11 续表 1 continued 1

行 业	Sector	投资额(亿元) Investment (100 million yuan)	施工项目个数(个) Number of Projects under Construction (unit)	全部建成投产项目个数(个) Number of Projects Completed and Put into Use (unit)	新增固定资产(亿元) Newly Increased Fixed Assets (100 million yuan)
交通运输设备制造业	Manufacture of Transport Equipment	185.89	215	114	90.57
电气机械及器材制造业	Manufacture of Electrical Machinery and Equipment	147.29	591	322	120.08
通信设备、计算机及其他电子设备制造业	Manufacture of Communication Equipment, Computers and Other Electronic Equipment	276.38	566	304	203.45
仪器仪表及文化、办公用机械制造业	Manufacture of Instruments, Meters and Machinery for Cultural and Office Use	20.99	78	39	17.41
工艺品及其他制造业	Handicraft and Other Manufactures	72.94	304	189	53.30
废弃资源和废旧材料回收加工业	Recycling and Disposal of Waste	20.48	37	13	14.15
电力、燃气及水的生产和供应业	**Production and Supply of Electric Power, Gas and Water**	**1023.97**	**1379**	**563**	**402.40**
电力、热力的生产和供应业	Production and Supply of Electric Power and Heat Power	799.05	887	380	339.14
燃气生产和供应业	Production and Supply of Gas	18.45	54	24	11.75
水的生产和供应业	Production and Supply of Water	206.47	438	159	51.51
建筑业	**Construction**	**10.87**	**18**	**11**	**10.25**
房屋和土木工程建筑业	Construction of Buildings and Civil Engineering	9.48	6	4	9.33
建筑安装业	Building Installation	0.55	4	2	0.37
建筑装饰业	Building Decoration	0.15	2		0.02
其他建筑业	Other Construction	0.70	6	5	0.54
交通运输、仓储和邮政业	**Transport, Storage and Postal Services**	**1598.13**	**1265**	**644**	**644.44**
铁路运输业	Railway Transport	263.47	33	10	131.29
道路运输业	Road Transport	702.69	930	521	193.52
城市公共交通业	Urban Public Transport	331.57	41	9	129.79
水上运输业	Waterway Transport	96.25	97	31	73.56
航空运输业	Air Transport	126.25	23	6	80.70
管道运输业	Pipeline Transport				
装卸搬运及其他运输服务业	Loading, Unloading and Other Transport Services	4.34	20	11	3.52
仓储业	Storage	72.11	110	49	31.00
邮政业	Postal Services	1.44	11	7	1.05
信息传输、计算机服务和软件业	**Information Transmission, Computer Services and Software**	**272.07**	**560**	**381**	**160.71**
电信和其他信息传输服务业	Telecommunications and Other Information Transmission Services	261.46	528	365	151.67
计算机服务业	Computer Services	1.68	11	3	0.86
软件业	Software	8.94	21	13	8.17
批发和零售业	**Wholesale and Retail Trades**	**134.98**	**457**	**296**	**95.40**
批发业	Wholesale	62.82	168	95	43.90
零售业	Retail Trade	72.15	289	201	51.51
住宿和餐饮业	**Hotels and Catering Services**	**130.87**	**398**	**243**	**92.98**
住宿业	Hotels	90.84	259	138	59.60
餐饮业	Catering Services	40.03	139	105	33.38
金融业	**Finance**	**19.38**	**48**	**33**	**14.43**
银行业	Banking	12.53	42	31	11.32

6-11 续表 2 continued 2

行 业	Sector	投资额（亿元）Investment (100 million yuan)	施工项目个数（个）Number of Projects under Construction	全部建成投产项目个数（个）Number of Projects Completed and Put into Use	新增固定资产（亿元）Newly Increased Fixed Assets (100 million yuan)
证券业	Securities	4.04	2		0.44
保险业	Insurance	1.50	2		1.37
其他金融活动	Other Financial Activities	1.31	2	2	1.31
房地产业	**Real Estate**	**3517.67**	**4810**	**3988**	**2038.12**
房地产业	Real Estate	3517.67	4810	3988	2038.12
租赁和商务服务业	**Leasing and Business Services**	**113.42**	**196**	**109**	**69.48**
租赁业	Leasing	0.16			0.16
商务服务业	Business Services	113.26	196	109	69.32
科学研究、技术服务和地质勘查业	**Scientific Research, Technical Services and Geological Prospecting**	**54.96**	**140**	**46**	**30.50**
研究与试验发展	Research and Experimental Development	8.11	43	9	2.53
专业技术服务业	Professional Technical Services	31.73	67	24	19.32
科技交流和推广服务业	Services of Science and Technology Exchanges and Promotion	15.05	29	13	8.65
地质勘查	Geological Prospecting	0.07	1		
水利、环境和公共设施管理业	**Management of Water Conservancy, Environment and Public Facilities**	**1053.31**	**3084**	**1363**	**416.96**
水利管理业	Management of Water Conservancy	165.15	836	293	72.13
环境管理业	Management of Environment	70.30	248	123	38.07
公共设施管理业	Management of Public Facilities	817.86	2000	947	306.76
居民服务和其他服务业	**Services to Households and Other Services**	**12.58**	**66**	**43**	**7.39**
居民服务业	Services to Households	7.33	38	21	4.43
其他服务业	Other Services	5.25	28	22	2.96
教育	**Education**	**170.42**	**785**	**412**	**120.57**
教育	Education	170.42	785	412	120.57
卫生、社会保障和社会福利业	**Health, Social Security and Social Welfare**	**108.68**	**398**	**177**	**43.28**
卫生	Health	103.32	355	156	40.93
社会保障业	Social Security	2.32	9	3	0.65
社会福利业	Social Welfare	3.04	34	18	1.71
文化、体育和娱乐业	**Culture, Sports and Recreation**	**190.41**	**384**	**143**	**36.44**
新闻出版业	Publication	4.73	7	1	4.22
广播、电视、电影和音像业	Radio, Television, Film and Video	10.12	26	10	3.37
文化艺术业	Culture and Arts	32.59	161	55	10.09
体育	Sports	113.20	98	18	4.99
娱乐业	Recreation	29.77	92	59	13.77
公共管理与社会组织	**Public Administration and Social Organizations**	**87.58**	**435**	**239**	**69.58**
中国共产党机关	Organs of Communist Party of China	0.70	5	2	0.23
国家机构	Government Agencies	79.41	373	195	63.50
人民政协和民主党派	Chinese Peoples Political Consultative Conference and Democratic Parties	1.64			1.64
群众社团、社会团体和宗教组织	Mass Organizations, Social Organizations and Religious Organizations	3.01	26	20	2.10
基层群众自治组织	Self-governing Mass Organizations at the Grass-roots Level	2.82	31	22	2.10
国际组织	**International Organizations**				

6-12 城镇各行业财务拨款资金来源主要指标

Main Indicators of Sources of Funds for Investment by Sector

单位: 亿元 (100 million yuan)

项目	Item	本年资金来源合计 Sources of Funds	国家预算内资金 State Budget	国内贷款 Domestic Loans	利用外资 Foreign Investment	自筹资金 Self-raising Fund	其他资金 Others
全省总计	**Provincial Total**	**12704.75**	**317.00**	**2580.05**	**449.82**	**6220.73**	**3137.13**
农、林、牧、渔业	**Farming, Forestry, Animal Husbandry and Fishery**	**39.99**	**5.06**	**0.68**	**0.85**	**25.35**	**8.04**
农业	Farming	10.55	0.65	0.20	0.49	6.45	2.77
林业	Forestry	6.03	0.38	0.06		4.11	1.49
畜牧业	Animal Husbandry	8.49	0.09	0.38	0.27	6.65	1.11
渔业	Fishery	6.72	0.11			4.52	2.09
农、林、牧、渔服务业	Service Activities for Farming, Forestry, Animal Husbandry and Fishery	8.19	3.83	0.05	0.09	3.63	0.59
采矿业	**Mining**	**92.20**		**12.02**	**0.26**	**79.29**	**0.64**
煤炭开采和洗选业	Mining and Washing of Coal						
石油和天然气开采业	Extraction of Petroleum and Natural Gas	54.03				54.03	
黑色金属矿采选业	Mining and Dressing of Ferrous Metal Ores	18.62		12.00		6.28	0.34
有色金属矿采选业	Mining and Dressing of Non-Ferrous Metal Ores	12.32		0.02		12.24	0.06
非金属矿采选业	Mining and Dressing of Nonmetal Ores	7.23			0.25	6.74	0.24
其他采矿业	Mining of Other Ores						
制造业	**Manufacture**	**1875.96**	**10.30**	**191.06**	**289.75**	**1342.92**	**41.94**
农副食品加工业	Processing of Food from Agricultural Products	21.37	0.02	1.07	0.37	19.16	0.75
食品制造业	Manufacture of Foods	27.96		1.50	4.79	21.61	0.06
饮料制造业	Manufacture of Beverage	25.55	0.01	1.65	7.24	16.03	0.62
烟草制品业	Tobacco Products	9.22	0.27			8.95	
纺织业	Textile Industry	46.57		0.91	13.54	31.97	0.15
纺织服装、鞋、帽制造业	Manufacture of Textile Garments,Footwear and Headgear	55.02		1.97	7.91	43.76	1.37
皮革、毛皮、羽毛(绒)及其制品业	Leather, Fur, Feather, Down and Related Products	27.60		0.61	11.58	14.64	0.78
木材加工及木、竹、藤、棕草制品业	Timber Processing, Bamboo, Cane,Palm Fiber & Straw Products	16.91	0.12	1.76	0.38	12.66	1.99
家具制造业	Manufacture of Furniture	31.22		2.70	4.26	23.13	1.14
造纸及纸制品业	Papermaking and Paper Products	38.08	0.17	7.12	1.92	28.01	0.86
印刷业和记录媒介的复制	Printing and Record Medium Reproduction	27.90		0.23	6.85	20.58	0.23
文教体育用品制造业	Manufacture of Cultural, Educational and Sports Articles	25.51		0.26	10.08	14.27	0.90
石油加工、炼焦及核燃料加工业	Petroleum Refining, Coking and Nuclear Fuel Processing	64.41		6.47	6.64	51.19	0.11
化学原料及化学制品制造业	Manufacture of Raw Chemical Materials and Chemical Products	98.98	0.09	5.02	11.58	80.81	1.48
医药制造业	Manufacture of Medicines	35.94	0.50	6.96	4.06	23.19	1.23
化学纤维制造业	Manufacture of Chemical Fibers	8.70	0.03	0.25	5.20	3.22	
橡胶制品业	Rubber Products	13.45	0.20	0.05	1.85	11.08	0.27
塑料制品业	Plastic Products	69.59		0.47	12.78	54.38	1.96
非金属矿物制品业	Nonmetal Mineral Products	121.95	0.17	25.29	8.05	84.85	3.60
黑色金属冶炼及压延加工业	Smelting and Pressing of Ferrous Metals	93.98	0.03	0.69	23.13	70.14	
有色金属冶炼及压延加工业	Smelting and Pressing of Nonferrous Metals	25.96		0.20	5.49	20.24	0.03
金属制品业	Metal Products	86.72		3.49	15.44	65.31	2.48
通用设备制造业	Manufacture of General-purpose Machinery	62.93	0.31	2.22	7.92	47.59	4.87
专用设备制造业	Manufacture of Special-purpose Machinery	56.05	0.47	2.11	7.43	43.77	2.26

6-12 续表 1 Contunued 1

单位: 亿元 (100 million yuan)

项 目	Item	本年资金来源合计 Sources of Funds	国家预算内资金 State Budget	国内贷款 Domestic Loans	利用外资 Foreign Investment	自筹资金 Self-raising Fund	其他资金 Others
交通运输设备制造业	Manufacture of Transport Equipment	184.15	1.90	26.37	8.56	139.53	7.79
电气机械及器材制造业	Manufacture of Electrical Machinery and Equipment	161.31	0.14	6.14	28.65	125.69	0.68
通信设备、计算机及其他电子设备制造业	Manufacture of Communication Equipment, Computers and Other Electronic Equipment	313.20	5.86	74.90	60.23	168.23	3.99
仪器仪表及文化、办公用机械制造业	Manufacture of Instruments, Meters and Machinery for Cultural and Office Use	23.92		0.20	4.92	18.56	0.24
工艺品及其他制造业	Handicraft and Other Manufactures	80.56		10.25	8.89	59.35	2.06
废弃资源和废旧材料回收加工业	Recycling and Disposal of Waste	21.27		0.22		21.02	0.03
电力、燃气及水的生产和供应业	**Production and Supply of Electric Power, Gas and Water**	**1055.25**	**24.10**	**404.18**	**9.77**	**479.39**	**137.81**
电力、热力的生产和供应业	Production and Supply of Electric Power and Heat Power	821.19	13.61	336.63	6.67	337.76	126.53
燃气生产和供应业	Production and Supply of Gas	18.11	0.53	3.76	0.84	12.34	0.64
水的生产和供应业	Production and Supply of Water	215.94	9.96	63.79	2.27	129.29	10.64
建筑业	**Construction**	**11.37**	**0.09**		**0.09**	**11.11**	**0.08**
房屋和土木工程建筑业	Construction of Buildings and Civil Engineering	9.48				9.48	
建筑安装业	Building Installation	0.58			0.09	0.43	0.06
建筑装饰业	Building Decoration	0.74				0.74	
其他建筑业	Other Construction	0.57	0.09			0.47	0.02
交通运输、仓储和邮政业	**Transport, Storage and Postal Services**	**1576.63**	**132.85**	**580.11**	**43.48**	**760.78**	**59.40**
铁路运输业	Railway Transport	256.69	52.06	90.74	7.00	77.48	29.41
道路运输业	Road Transport	676.16	67.42	212.97	0.46	374.86	20.44
城市公共交通业	Urban Public Transport	352.15	7.96	196.67	9.16	138.29	0.08
水上运输业	Waterway Transport	98.42	3.58	16.36	19.16	56.53	2.80
航空运输业	Air Transport	117.68	1.78	48.00		67.44	0.46
管道运输业	Pipeline Transport						
装卸搬运及其他运输服务业	Loading, Unloading and Other Transport Services	4.96				4.96	
仓储业	Storage	69.51	0.05	15.37	7.71	40.49	5.91
邮政业	Postal Services	1.05				0.74	0.31
信息传输、计算机服务和软件业	**Information Transmission, Computer Services and Software**	**268.38**	**2.04**	**6.19**		**259.25**	**0.91**
电信和其他信息传输服务业	Telecommunications and Other Information Transmission Services	253.44	2.00	5.89		244.65	0.91
计算机服务业	Computer Services	1.91				1.91	
软件业	Software	13.03	0.05	0.30		12.68	
批发和零售业	**Wholesale and Retail Trades**	**135.13**	**0.22**	**1.45**	**3.16**	**120.95**	**9.35**
批发业	Wholesale	63.63	0.03	1.00	0.45	57.98	4.17
零售业	Retail Trade	71.50	0.19	0.45	2.71	62.98	5.17
住宿和餐饮业	**Hotels and Catering Services**	**144.81**		**16.73**	**16.67**	**101.22**	**10.20**
住宿业	Hotels	104.44		15.81	13.36	69.16	6.11
餐饮业	Catering Services	40.38		0.92	3.31	32.06	4.09
金融业	**Finance**	**28.66**	**0.01**			**27.57**	**1.07**
银行业	Banking	12.33	0.01			11.33	0.99

6-12 续表 2 Continued 2

单位: 亿元 (100 million yuan)

项 目	Item	本年资金来源合计 Sources of Funds	国家预算内资金 State Budget	国内贷款 Domestic loans	利用外资 Foreign Inives-tment	自筹资金 Self-raising Fund	其他资金 Others
证券业	Securities	13.52				13.44	0.08
保险业	Insurance	1.50				1.50	
其他金融活动	Other Financial Activities	1.31				1.31	
房地产业	**Real Estate**	**5643.01**	**6.88**	**1065.22**	**69.57**	**1759.28**	**2742.05**
房地产业	Real Estate	5643.01	6.88	1065.22	69.57	1759.28	2742.05
租赁和商务服务业	**Leasing and Business Services**	**120.45**	**13.45**	**26.40**	**3.43**	**65.54**	**11.64**
租赁业	Leasing	0.16				0.16	0.01
商务服务业	Business Services	120.29	13.45	26.40	3.43	65.39	11.63
科学研究、技术服务和地质勘查业	**Scientific Research, Technical Services and Geological Prospecting**	**56.15**	**3.56**	**2.26**	**0.35**	**46.39**	**3.59**
研究与试验发展	Research and Experimental Development	8.70	0.82	0.11	0.05	6.95	0.76
专业技术服务业	Professional Technical Services	32.26	2.34	1.24		28.06	0.62
科技交流和推广服务业	Services of Science and Technology Exchanges and Promotion	15.13	0.41	0.90	0.30	11.32	2.20
地质勘查	Geological Prospecting	0.07				0.07	
水利、环境和公共设施管理业	**Management of Water Conservancy, Environment and Public Facilities**	**1090.70**	**71.94**	**195.80**	**6.52**	**750.12**	**66.32**
水利管理业	Management of Water Conservancy	178.02	33.45	6.02		126.28	12.27
环境管理业	Management of Environment	79.99	4.83	3.58	0.15	67.37	4.06
公共设施管理业	Management of Public Facilities	832.70	33.66	186.21	6.37	556.46	50.00
居民服务和其他服务业	**Services to Households and Other Services**	**11.32**	**0.04**	**0.19**	**0.78**	**9.41**	**0.90**
居民服务业	Services to Households	6.13	0.04	0.17	0.59	4.56	0.77
其他服务业	Other Services	5.19		0.02	0.20	4.85	0.13
教育	**Education**	**200.94**	**24.66**	**38.57**	**0.83**	**122.23**	**14.65**
教育	Education	200.94	24.66	38.57	0.83	122.23	14.65
卫生、社会保障和社会福利业	**Health, Social Security and Social Welfare**	**102.56**	**5.70**	**8.69**	**0.04**	**83.17**	**4.96**
卫生	Health	97.21	4.55	8.69	0.04	79.58	4.35
社会保障业	Social Security	2.33	0.90			1.42	0.01
社会福利业	Social Welfare	3.02	0.25			2.17	0.60
文化、体育和娱乐业	**Culture, Sports and Recreation**	**166.74**	**4.89**	**30.16**	**3.98**	**108.36**	**19.34**
新闻出版业	Publication	4.73		0.05		4.67	0.01
广播、电视、电影和音像业	Radio, Television, Film and Video	10.60	0.04	0.75	0.44	8.55	0.82
文化艺术业	Culture and Arts	32.39	4.14	2.46	0.60	22.49	2.70
体育	Sports	92.94	0.42	26.28	0.20	51.56	14.48
娱乐业	Recreation	26.07	0.28	0.63	2.74	21.09	1.33
公共管理与社会组织	**Public Administration and Social Organizations**	**84.51**	**11.21**	**0.36**	**0.30**	**68.40**	**4.25**
中国共产党机关	Organs of Communist Party of China	0.27	0.11			0.16	
国家机构	Government Agencies	76.80	9.21	0.36	0.30	64.11	2.83
人民政协和民主党派	Chinese Peoples Political Consultative Conference and Democratic Parties	1.64	1.64				
群众社团、社会团体和宗教组织	Mass Organizations, Social Organizations and Religious Organizations	3.01	0.12			1.55	1.34
基层群众自治组织	Self-governing Mass Organizations at the Grass-roots Level	2.79	0.13			2.58	0.08
国际组织	**International Organizations**						

6-13 各市城镇财务拨款资金来源主要指标(2009)

Main Indicators of Sources of Funds for Investment by City (2009)

单位: 亿元 (100 million yuan)

市 别	City	本年资金来源合计 Sources of Funds	国家预算内资金 State Budget	国内贷款 Domestic Loans	利用外资 Foreign Investment	自筹资金 Self-raising Fund	其他资金 Others
全省总计	**Provincial Total**	**12704.75**	**317.00**	**2580.05**	**449.82**	**6220.73**	**3137.13**
广 州	Guangzhou	3116.26	6.04	754.26	71.60	1431.71	852.65
深 圳	Shenzhen	2291.55	10.32	604.02	57.64	1136.63	482.93
珠 海	Zhuhai	560.93	13.52	92.00	55.58	202.24	197.60
汕 头	Shantou	229.02	6.50	46.21	4.72	153.82	17.78
佛 山	Foshan	1093.15	8.54	221.06	26.56	436.85	400.15
韶 关	Shaoguan	346.69	22.87	55.60	12.39	208.52	47.32
河 源	Heyuan	177.94	15.47	53.71	12.00	66.19	30.57
梅 州	Meizhou	148.33	16.05	22.75	0.53	98.48	10.52
惠 州	Huizhou	763.11	27.54	138.08	39.09	367.56	190.84
汕 尾	Shanwei	224.50	4.25	5.89	23.47	132.47	58.42
东 莞	Dongguan	719.59	6.08	76.78	44.44	447.90	144.38
中 山	Zhongshan	587.46	24.31	109.17	16.62	219.58	217.77
江 门	Jiangmen	441.94	10.16	73.96	31.40	177.25	149.16
阳 江	Yangjiang	205.71	17.50	15.22	1.71	125.45	45.84
湛 江	Zhanjiang	330.63	13.76	62.05	0.18	215.02	39.63
茂 名	Maoming	113.36	14.73	21.68	0.20	47.77	28.98
肇 庆	Zhaoqing	315.95	5.13	63.41	23.36	158.61	65.43
清 远	Qingyuan	478.20	51.57	23.52	21.64	282.66	98.80
潮 州	Chaozhou	124.60	23.27	43.42	0.27	53.69	3.94
揭 阳	Jieyang	282.55	5.26	43.20	5.15	204.65	24.29
云 浮	Yunfu	153.29	14.13	54.05	1.29	53.68	30.14
按经济区域分	By Region						
珠 三 角	Pearl River Delta	9889.93	111.65	2132.75	366.29	4578.33	2700.91
东 翼	Eastern Region	860.66	39.28	138.73	33.60	544.63	104.43
西 翼	Western Region	649.71	45.99	98.95	2.09	388.24	114.44
山 区	Mountainous Region	1304.44	120.09	209.63	47.84	709.53	217.36

6-14 各市按构成和建设性质分城镇固定资产投资（2009）

Investment in Fixed Assets in Urban Area by Composition of Funds,Type of Construction and City (2009)

单位：亿元 (100 million yuan)

市 别	City	投资额 Total Investment	按构成分 By Composition of Funds 建筑安装工程 Construction and Installion	设备、工器具购置 Purchase of Equipment and Instruments	其他费用 Others	按建设性质分 By Type of Construction #新建 New Construction	#扩建 Expansion	#改建 Recons-truction
全省总计	**Provincial Total**	**10395.03**	**6960.27**	**1659.00**	**1775.76**	**4841.80**	**1143.96**	**1045.92**
广 州	Guangzhou	2576.33	1610.98	363.51	601.84	919.92	383.22	315.83
深 圳	Shenzhen	1709.15	1158.37	328.58	222.20	977.74	39.60	237.75
珠 海	Zhuhai	407.57	282.66	46.32	78.59	192.22	10.83	19.54
汕 头	Shantou	225.92	118.07	77.71	30.14	89.77	73.94	15.07
佛 山	Foshan	724.99	491.85	46.77	186.36	249.15	42.32	51.42
韶 关	Shaoguan	316.70	218.23	51.58	46.89	181.92	53.96	30.61
河 源	Heyuan	129.71	90.92	21.70	17.09	82.17	12.04	12.95
梅 州	Meizhou	134.81	97.01	14.52	23.28	74.62	10.53	32.46
惠 州	Huizhou	666.65	481.26	107.89	77.50	410.70	37.01	20.69
汕 尾	Shanwei	232.19	168.06	36.71	27.42	101.02	71.93	32.33
东 莞	Dongguan	638.97	468.79	78.94	91.24	223.10	40.77	36.74
中 山	Zhongshan	403.46	273.63	49.52	80.31	137.57	13.85	39.51
江 门	Jiangmen	352.75	172.86	121.36	58.53	156.72	58.91	16.67
阳 江	Yangjiang	198.85	169.12	17.14	12.59	148.81	3.87	9.36
湛 江	Zhanjiang	282.22	210.40	30.02	41.80	123.59	77.51	31.93
茂 名	Maoming	103.83	76.25	19.07	8.51	20.15	18.24	24.93
肇 庆	Zhaoqing	303.74	205.77	52.08	45.89	170.52	32.27	31.26
清 远	Qingyuan	438.18	275.07	97.24	65.88	194.00	99.25	43.79
潮 州	Chaozhou	121.31	77.03	23.54	20.74	92.61	4.65	6.46
揭 阳	Jieyang	287.63	211.58	50.67	25.38	197.56	42.95	25.40
云 浮	Yunfu	140.07	102.34	24.12	13.60	97.94	16.30	11.22
按经济区域分	By Region							
珠三角	Pearl River Delta	7783.61	5146.18	1194.97	1442.45	3437.64	658.79	769.41
东 翼	Eastern Region	867.06	574.75	188.63	103.68	480.97	193.47	79.26
西 翼	Western Region	584.90	455.77	66.23	62.90	292.55	99.62	66.22
山 区	Mountainous Region	1159.47	783.57	209.16	166.73	630.64	192.07	131.04

6-15 各市农业、能源、原材料、运输邮电业投资和比重（2009）

Volume and Proportion of Investment in Capital Construction of Agriculture, Energy,Raw Materials, Transport, Post and Telecommunications (2009)

市别	City	投资额(亿元) Volume of Investment (100 million yuan)				比重(以投资总额为100) Proportion (total investment=100)			
		农业 Agriculture	能源 Energy	原材料 Raw Materials	交通运输、仓储和邮政业 Transport, Storage and Postal Services	农业 Agriculture	能源 Energy	原材料 Raw Materials	交通运输、仓储和邮政业 Transport, Storage and Postal Services
全省总计	**Provincial Total**	**130.25**	**360.61**	**935.16**	**1766.55**	**1.3**	**3.5**	**9.0**	**17.0**
广州	Guangzhou	3.49	44.02	112.82	393.11	0.2	2.4	6.1	21.3
深圳	Shenzhen	0.06	14.40	103.15	360.41	0.0	1.1	8.1	28.3
珠海	Zhuhai	1.52	12.71	23.33	29.73	0.6	5.2	9.6	12.3
汕头	Shantou	1.96	8.62	45.36	22.90	0.8	3.4	17.9	9.0
佛山	Foshan	5.20	11.85	9.46	126.37	0.5	1.1	0.9	11.4
韶关	Shaoguan	11.98	55.21	29.91	76.69	3.9	17.8	9.6	24.7
河源	Heyuan	8.34	6.03	21.44	15.44	4.7	3.4	12.0	8.7
梅州	Meizhou	2.66	11.29	19.16	32.88	1.8	7.6	13.0	22.3
惠州	Huizhou	3.34	24.61	93.06	96.62	0.6	4.2	15.9	16.6
汕尾	Shanwei	19.68	1.52	25.56	41.58	7.2	0.6	9.3	15.1
东莞	Dongguan	0.61	3.97	29.44	126.27	0.1	0.5	3.6	15.5
中山	Zhongshan	0.39	3.12	27.61	35.09	0.1	0.9	7.8	9.9
江门	Jiangmen	2.13	11.34	87.98	41.33	0.5	2.9	22.2	10.4
阳江	Yangjiang	9.40	3.37	69.93	30.90	4.6	1.6	33.9	15.0
湛江	Zhanjiang	6.73	40.88	77.43	45.92	1.9	11.8	22.4	13.3
茂名	Maoming	1.02	0.46	20.81	15.82	0.7	0.3	13.4	10.2
肇庆	Zhaoqing	20.80	45.95	12.76	56.84	5.2	11.4	3.2	14.1
清远	Qingyuan	20.13	39.94	15.14	82.02	2.7	5.3	2.0	10.9
潮州	Chaozhou	2.17	1.29	38.61	29.54	1.5	0.9	26.5	20.3
揭阳	Jieyang	2.95	7.21	46.93	57.71	0.8	1.9	12.5	15.4
云浮	Yunfu	5.67	12.86	25.28	49.39	2.5	5.6	11.1	21.6
按经济区域分	By Region								
珠三角	Pearl River Delta	37.54	171.95	499.60	1265.77	0.5	2.4	7.1	18.0
东翼	Eastern Region	26.77	18.63	156.46	151.73	2.6	1.8	14.9	14.5
西翼	Western Region	17.16	44.72	168.17	92.63	2.4	6.3	23.8	13.1
山区	Mountainous Region	48.79	125.32	110.93	256.41	3.0	7.8	6.9	15.9

6-16 各市城镇工业投资和比重（2009）

Investment in Industry and Proportion by City (2009)

单位：亿元 (100 million yuan)

市别	City	投资额（亿元） Volume of Investment (100 million yuan)				比重（以投资总额为100） Proportion (total investment=100)			
		工业合计 Total	采掘业 Mining and Quarrying	制造业 Manufa-cturing	电力、燃气及水的生产和供应业 Production and Supply of Electricity, Gas and Water	合计 Total	采掘业 Mining and Quarrying	制造业 Manufa-cturing	电力、燃气及水的生产和供应业 Production and Supply of Electricity, Gas and Water
全省总计	**Provincial Total**	**2880.51**	**82.09**	**1774.45**	**1023.97**	**27.7**	**0.8**	**17.1**	**9.9**
广州	Guangzhou	495.75		303.86	191.89	26.9		16.5	10.4
深圳	Shenzhen	385.83		258.80	127.03	30.3		20.4	10.0
珠海	Zhuhai	102.47		82.49	19.98	42.3		34.1	8.3
汕头	Shantou	119.25		68.64	50.60	47.0		27.0	19.9
佛山	Foshan	116.87		90.97	25.90	10.5		8.2	2.3
韶关	Shaoguan	112.62	3.54	77.16	31.92	36.3	1.1	24.9	10.3
河源	Heyuan	48.14	1.49	23.31	23.35	27.0	0.8	13.1	13.1
梅州	Meizhou	48.40	8.82	16.59	22.99	32.8	6.0	11.2	15.6
惠州	Huizhou	232.50	0.32	155.06	77.11	39.8	0.1	26.6	13.2
汕尾	Shanwei	59.45		29.31	30.14	21.6		10.7	11.0
东莞	Dongguan	126.86		83.67	43.19	15.5		10.2	5.3
中山	Zhongshan	105.50		72.27	33.23	29.9		20.5	9.4
江门	Jiangmen	181.73		91.18	90.55	45.8		23.0	22.8
阳江	Yangjiang	93.88		22.34	71.53	45.5		10.8	34.7
湛江	Zhanjiang	136.56	60.37	62.76	13.44	39.5	17.4	18.1	3.9
茂名	Maoming	29.20		19.50	9.70	18.8		12.6	6.3
肇庆	Zhaoqing	114.28	0.08	97.27	16.93	28.4		24.2	4.2
清远	Qingyuan	154.59	6.27	123.90	24.41	20.6	0.8	16.5	3.2
潮州	Chaozhou	54.41		14.51	39.90	37.3		10.0	27.4
揭阳	Jieyang	107.56		54.57	52.99	28.7		14.6	14.2
云浮	Yunfu	54.67	1.20	26.28	27.19	23.9	0.5	11.5	11.9
按经济区域分	By Region								
珠三角	Pearl River Delta	1861.78	0.41	1235.57	625.80	26.5		17.6	8.9
东翼	Eastern Region	340.68		167.03	173.64	32.5		15.9	16.6
西翼	Western Region	259.64	60.37	104.60	94.67	36.7	8.5	14.8	13.4
山区	Mountainous Region	418.42	21.32	267.24	129.86	25.9	1.3	16.5	8.0

6-17 全社会投资效益指标

Indicators on Investment Efficiency in the Whole Province

项　　目	Item	2005	2006	2007	2008	2009
固定资产交付使用率	**Rate of Fixed Assets Put into Use**					
本年完成投资　(亿元)	Investment Completed in Current Year (100 million yuan)	7164.11	8132.37	9596.95	11165.06	13353.15
本年新增固定资产(亿元)	Newly Increased Fixed Assets in Current Year (100 million yuan)	4668.97	5351.27	5690.77	7137.98	7926.97
固定资产交付使用率(%)	Rate of Fixed Assets Put into Use (%)	65.2	65.8	59..3	63..9	59.4
建成项目投产率	**Rate of Projects Completed and Put into Use**					
本年施工项目　(个)	Number of Projects under Construction (unit)	23472	38032	39360	40229	45646
本年建成投产项目　(个)	Projects Completed and Put into Use (unit)	10680	14153	23225	28412	31420
建成项目投产率　(%)	Rate of Projects Completed and Put into Use(%)	45.5	37.2	59.0	70.6	68.8
房屋建筑面积	**Floor Space of Buildings Completed**					
本年房屋施工面积 (万平方米)	Floor Space of Buildings under Construction (10000 sq.m)	38351.76	36956.44	42981.28	44751.79	49419.17
本年房屋竣工面积 (万平方米)	Floor Space of Buildings Completed (10000 sq.m)	17053.80	15126.21	17320.02	18056.12	18736.95
房屋面积竣工率　(%)	Rate of Floor Space of Buildings Completed(%)	44.5	40.9	40.3	40.3	37.9
建设周期	**Period to Complete Total Planned Investment**					
计划总投资　(亿元)	Total Planned Investment (100 million yuan)	26335.04	30025.56	34465.18	39023.52	48414.85
本年完成投资　(亿元)	Investment Completed in Current Year (100 million yuan)	7164.11	8132.37	9596.95	11165.06	13353.15
建设周期　(年/月)	Period to Complete Total Planned Investment (year/month)	3.8	3.8	3.7	3.5	3.7

6-18 新增主要生产能力或效益

Newly Increased Production Capacity or Efficiency

指　　标	Item	2005	2006	2007	2008	2009
石油加工:	Petroleum Refining:					
蒸馏设备能力(处理万吨/年)	Distillation Equipment Capacity (10000 tons/year)	300	805	8	860	1340
裂化设备能力(处理万吨/年)	Cracking Equipment Capacity (10000 tons/year)	10	255		150	
加氢精制设备能力 (处理万吨/年)	Hydro-refining Equipment Capacity (10000 tons/year)	120	302		205	220
钢材: 热轧钢材 (万吨/年)	Steel: Hot-roll	280.35	263.28	317.18	98.44	146.00
冷轧(拔)钢材 (万吨/年)	Non-hot-roll	377.55	99.80	55.60	126.45	76.00
钢冶炼 (吨/年)	Iron Smelting	25477	12500	22200	126560	420
铝加工 (吨/年)	Aluminum Processing	119780	276505	312945	519945	668610
发电机组装机容量 (万千瓦)	Capacity of Generating Sets (10000 kw)	526.93	544.68	813.18	1128.54	670.25
#水力发电 (万千瓦)	Hydropower (10000 kw)	37.32	24.48	39.98	295.61	31.59
火力发电 (万千瓦)	Thermal Power (10000 kw)	433.57	442.20	683.50	779.00	489.00
输电线路(11万伏及以上)(公里)	Transmission Lines(≥110000kv) (km)	4066.05	4708.97	2692.87	2843.62	5638.58
水泥 (万吨/年)	Cement (10000 tons/year)	1792.15	1930.00	2570.90	694.00	793.50
塑料树脂及共聚物 (吨/年)	Plastic Resin and Copolymer (ton/year)	32999	211678	512576	216732	466989
新建公路 (公里)	Newly Constructed Highways (km)	1860.61	888.00	1583.00	1584.81	2380.65
#高速公路 (公里)	Express Highways (km)	187.86	47.00	283.00	331.01	172.54
改建公路 (公里)	Reconstructed Highways (km)	5379.79	3822.00	6726.00	5205.80	3945.65
#一级公路 (公里)	First Class Highways (km)	309.70	167.00	150.00	255.65	278.39
新建独立公路桥梁 (延长米)	Length of Newly Constructed Highway Bridges (m)	13032.38	7476.00	8071.00	10516.00	4094.53
(座)	Number of Newly Constructed Highway Bridges(unit)	118	23	44	19	36
新(扩)建港口码头 (年吞吐量: 万吨)	Annual Handling Capacity of Newly Constructed or Expanded Ports (10000 tons)	3158.00	1629.00	477.50	2753.00	1676.30
(泊位:个)	Number of Berths in Newly Constructed or Expanded Ports	13	20	16	21	35
新(扩)建客、货运站 (个)	Number of Newly Constructed or Expanded Passenger and Freight Stations (unit)	29	4	8	15	16
(平方米)	Area of Newly Constructed or Expanded Passenger and Freight Stations (sq.m)	90564	17000	108604	64598	147980
程控交换机 (指安装能力) (万线/年)	Program-controlled Switchboards (10 000 lines)	81.87	75.00	38.00	27.98	
造林面积 (万亩)	Afforested Area (10000 mu)	17.79	30.72	28.15		
水库容量(总库容) (亿立方米)	Reservoir Capacity (100 million cu.m)	2.26	1.09	1.60		
有效灌溉面积 (万亩)	Effectively Irrigated Area (10000 mu)	35.20	5.70	25.61		
除涝面积 (万亩)	Flooded or Waterlogged Areas under Control (10000 mu)	34.24	18.50	11.85		
高等学生席位 (个)	Students Capacity of Universities and Colleges	146394	350377	663862		
(平方米)	Area of Educational Institutions (sq.m)	3081442	3735146	5804999		
医院病床 (张)	Number of Hospital Beds (unit)	7192	9034	6191		
城市自来水供水能力(万吨/日)	Capacity of City Tap Water Supply (10000 tons/day)	359.41	314.70	140.82	355.49	189.20
城市道路扩建长度 (公里)	Length of City Road Extended (km)	243.25	337.64	353.95		
城市道路扩建面积 (万平方米)	Area of City Road Extended (10000 sq.m)	557.63	869.94	555.87		
城市排水管道铺设长度 (公里)	Length of City Sewage Pipelines (km)	355.96	324.41	402.48		
城市污水处理能力 (万吨/日)	Disposal Capacity of City Sewage (10000 tons/day)	124.46	99.63	86.28	198.74	321.25
城市防洪堤长度 (公里)	Length of City Embankment (km)	150.74	104.58	113.24		

6-19 各市全社会和城镇房屋建筑面积（2009年）

Total and Urban Floor Space of Buildings by City (2009)

市 别	City	施工建筑面积（万平方米）Floor Space under Construction (10000 sq.m)	#住宅 Residential Buildings	竣工建筑面积（万平方米）Floor Space Completed (10000 sq.m)	#住宅 Residential Buildings	竣工价值（亿元）Value Completed (100 million yuan)	#住宅 Residential Buildings
全社会总计	**Provincial Total**	**49419.17**	**27406.31**	**18736.95**	**10807.08**	**2762.40**	**1623.82**
广 州	Guangzhou	8690.90	3740.54	2208.57	965.85	530.53	284.36
深 圳	Shenzhen	5265.34	2491.65	1227.46	532.30	292.41	154.99
珠 海	Zhuhai	1960.23	1058.32	579.75	416.66	103.17	73.74
汕 头	Shantou	1244.89	663.15	655.85	383.10	68.55	37.79
佛 山	Foshan	4227.72	2123.45	1937.98	577.07	244.32	104.61
韶 关	Shaoguan	1434.28	896.36	559.03	383.07	61.24	40.14
河 源	Heyuan	1069.37	698.81	448.63	370.26	44.86	34.56
梅 州	Meizhou	563.33	451.59	327.13	266.01	36.51	26.14
惠 州	Huizhou	4128.00	2214.92	1448.13	825.51	239.43	146.86
汕 尾	Shanwei	1184.69	758.27	955.07	671.93	111.12	66.07
东 莞	Dongguan	3748.79	2337.46	951.47	435.86	173.93	109.27
中 山	Zhongshan	3132.23	1675.00	1045.16	485.92	172.18	89.68
江 门	Jiangmen	2197.61	1134.82	864.93	378.76	92.81	50.52
阳 江	Yangjiang	883.40	549.95	288.69	200.05	34.56	27.90
湛 江	Zhanjiang	1933.11	1556.94	1248.02	1143.08	111.50	98.02
茂 名	Maoming	1572.33	1388.94	1154.96	1067.80	82.45	71.38
肇 庆	Zhaoqing	1703.62	1002.86	918.60	532.12	113.87	61.27
清 远	Qingyuan	2070.06	1329.76	1001.19	699.92	123.19	79.55
潮 州	Chaozhou	398.39	229.73	147.62	78.95	28.97	19.50
揭 阳	Jieyang	1387.75	793.04	571.06	287.82	65.39	31.72
云 浮	Yunfu	623.13	310.72	197.65	105.05	31.42	15.76
城镇总计	**Urban Total**	**38318.80**	**21717.22**	**10798.33**	**6091.33**	**2070.89**	**1253.59**
广 州	Guangzhou	8149.90	3621.78	1824.35	862.73	492.33	274.25
深 圳	Shenzhen	5265.34	2491.65	1227.46	532.30	292.41	154.99
珠 海	Zhuhai	1947.15	1045.79	569.41	406.37	102.11	72.68
汕 头	Shantou	942.34	461.31	375.57	181.76	44.18	21.19
佛 山	Foshan	2401.81	1816.87	462.23	282.18	108.94	75.20
韶 关	Shaoguan	1092.97	625.21	310.21	182.77	47.11	29.16
河 源	Heyuan	585.96	268.55	180.24	113.76	27.05	17.82
梅 州	Meizhou	395.44	295.26	181.92	130.00	24.58	15.34
惠 州	Huizhou	3478.89	1900.29	996.04	535.80	194.96	121.71
汕 尾	Shanwei	798.20	400.85	578.86	317.40	77.10	34.94
东 莞	Dongguan	2652.28	2132.70	474.10	318.86	124.26	95.04
中 山	Zhongshan	2533.20	1519.98	702.38	358.71	133.70	75.26
江 门	Jiangmen	1663.08	980.42	504.88	229.81	64.03	39.45
阳 江	Yangjiang	744.34	427.63	221.82	137.26	28.94	22.63
湛 江	Zhanjiang	1065.48	737.12	401.68	328.85	44.50	34.59
茂 名	Maoming	754.24	624.62	354.80	303.77	35.68	27.80
肇 庆	Zhaoqing	1126.47	707.33	432.54	260.61	68.62	41.53
清 远	Qingyuan	1209.50	833.98	401.33	288.79	73.11	48.22
潮 州	Chaozhou	331.35	222.56	105.45	72.73	22.58	18.01
揭 阳	Jieyang	900.90	397.23	408.76	181.55	48.61	22.10
云 浮	Yunfu	279.96	206.09	84.28	65.32	16.10	11.69

6-20 房地产开发主要指标

Main Indicators on Real Estate Development

项 目	Item	2000	2005	2006	2008	2009
土地开发及购置（万平方米）	**Land Development and Purchases(10000 sq.m)**					
本年土地开发面积	Land Space Developed in Current Year	1754.51	2085.66	2501.79	1868.17	1497.15
本年土地购置面积	Land Space Purchased in Current Year	1942.30	2894.12	2493.28	2635.58	2259.90
本年完成投资额 （亿元）	**Investment Completed in Current Year (100 million yuan)**	**858.61**	**1591.90**	**1843.51**	**2932.34**	**2961.32**
#住宅	Residential Buildings	593.74	1065.74	1302.73	2132.52	2090.09
#经济适用房屋	Economically Affordable Housing	19.52	2.86	3.30	8.61	15.82
资金来源小计 （亿元）	**Source of Funds (100 million yuan)**	**1064.51**	**2233.60**	**2890.66**	**3762.08**	**5059.35**
#国内贷款	Domestic Loans	228.53	385.75	620.51	869.13	1010.39
利用外资	Foreign Investment	39.16	37.16	59.84	65.37	65.23
自筹资金	Self-raising Funds	287.71	702.33	704.93	1249.67	1334.49
房屋建筑面积 （万平方米）	**Floor Space of Buildings (10000 sq.m)**					
施工面积	Floor Space under Construction	9922.12	15110.04	16973.83	22992.63	24814.69
#住宅	Residential Buildings	7400.38	11399.99	13052.91	18022.38	18994.15
#经济适用房屋	Economically Affordable Housing	301.75	70.80	59.09	78.91	141.61
竣工面积	Floor Space Completed	3161.39	4385.16	4314.10	4359.24	5062.25
#住宅	Residential Buildings	2598.52	3476.73	3417.12	3476.22	4111.60
#经济适用房屋	Economically Affordable Housing	180.42	33.86	19.29	6.50	15.86
商品房屋销售额 （亿元）	**Total Sales (100 million yuan)**	**729.50**	**2238.66**	**2513.02**	**2879.96**	**4598.53**
#住宅	Residential Buildings	597.36	1886.39	2153.62	2519.34	4176.65
#经济适用房屋	Economically Affordable Housing	14.83	4.70	3.64	1.09	12.02
商品房屋销售面积（万平方米）	**Floor Space of Buildings Sold (10000 sq.m)**	**2259.95**	**5038.91**	**5178.56**	**4824.41**	**7060.03**
#住宅	Residential Buildings	2009.34	4546.32	4693.39	4378.37	6567.43
#经济适用房屋	Economically Affordable Housing	106.74	33.96	19.03	6.83	40.21

注：本表2008年为快报统计数据。
Note: Data of and 2008 in this table come from flash reports.

6-21 房地产开发投资情况（2009年）

Investment in Real Estate Development (2009)

单位：亿元 (100 million yuan)

按登记注册类型分组	By Registration Status	完成投资额 Investment Completed	#土地开发 Land Development	#住宅 Residential Buildings
全省总计	**Provincial Total**	**2961.32**	**161.05**	**2090.09**
内资	Domestic	2320.52	122.16	1640.31
国有	State-owned	141.00	8.82	101.91
集体	Collective-owned	71.12	1.88	60.05
股份合作	Cooperative	5.54	1.86	4.17
联营	Joint	9.10	0.02	5.44
有限责任公司	Limited Liability	1048.84	55.79	750.55
股份有限公司	Share-holding	163.03	21.52	88.06
私营	Private	872.18	32.16	622.97
其他	Others	9.70	0.11	7.14
港澳台商投资	Funds from Hong Kong, Macao and Taiwan	424.61	20.05	296.83
外商投资	Foreign Funded	216.19	18.84	152.96

6-22 房地产开发房屋建筑面积及价值（2009年）

Floor Space and Value of Buildings in Real Estate Development (2009)

按登记注册类型分组	By Registration Status	房屋建筑面积(万平方米) Floor Space of Buildings(10000 sq.m)			竣工房屋价值(万元) Value of Buildings Completed (10000yuan)	
		施工面积 Floor Space of Buildings under Construction	竣工面积 Floor Space of Buildings Completed	#住宅 Residential Buildings		#住宅 Residential Buildings
全省总计	**Provincial Total**	**24814.69**	**5062.25**	**4111.60**	**13215342**	**10542801**
内资	Domestic-funded Economy	19808.02	4146.60	3385.26	10393617	8425704
国有	State-owned	819.93	183.09	154.22	458819	371912
集体	Collective-owned	745.04	175.51	155.80	322864	264751
股份合作	Cooperative	49.99	9.22	6.96	22766	15671
联营	Joint	39.72	3.77	3.04	14052	11350
有限责任公司	Limited Liability	8576.89	1675.09	1368.55	4451053	3699435
股份有限公司	Share-holding	983.16	201.71	162.89	537449	405044
私营	Private	8492.45	1866.66	1503.24	4515059	3591205
其他	Others	100.84	31.55	30.56	71555	66336
港澳台商投资	Funds from Hong Kong, Macao and Taiwan	3192.10	525.96	387.73	1855453	1304247
外商投资	Foreign Funded	1814.57	389.69	338.60	966272	812850

6-23 各市房地产开发投资情况（2009年）

Investment in Real Estate Development by City (2009)

单位: 亿元 (100 million yuan)

市别	City	完成投资额 Investment Completed	#土地开发 Land Development	#住宅 Residential Buildings
广　州	Guangzhou	817.34	46.11	501.72
深　圳	Shenzhen	437.46	7.31	289.78
珠　海	Zhuhai	168.44	15.82	95.46
汕　头	Shantou	38.09	0.89	28.06
佛　山	Foshan	358.25	32.69	262.55
韶　关	Shaoguan	46.45	2.61	33.63
河　源	Heyuan	20.18	1.15	16.67
梅　州	Meizhou	15.38	1.78	11.78
惠　州	Huizhou	175.33	8.95	133.20
汕　尾	Shanwei	14.50	0.60	12.94
东　莞	Dongguan	277.66	4.77	251.38
中　山	Zhongshan	192.37	8.40	141.06
江　门	Jiangmen	95.65	12.97	75.06
阳　江	Yangjiang	33.09	4.59	25.42
湛　江	Zhanjiang	47.27	1.48	30.60
茂　名	Maoming	25.04	2.04	20.01
肇　庆	Zhaoqing	60.66	1.54	47.05
清　远	Qingyuan	89.99	1.71	73.57
潮　州	Chaozhou	17.13	4.58	12.56
揭　阳	Jieyang	19.31	0.92	17.37
云　浮	Yunfu	11.71	0.16	10.23
按经济区域分	By Region			
珠三角	Pearl River Delta	2583.17	138.55	1797.27
东　翼	Eastern Region	89.04	6.98	70.92
西　翼	Western Region	105.40	8.11	76.03
山　区	Mountainous Region	183.71	7.40	145.88

6-24 各市房地产开发房屋建筑面积及价值（2009年）

Floor Space and Value of Buildings in Real Estate Development by City (2009)

市别	City	房屋建筑面积(万平方米) Floor Spaceof Buildings(10000 sq.m)			竣工房屋价值(万元) Value of Buildings Completed (10000 yuan)	
		施工面积 Floor Space of Buildings under Construction	竣工面积 Floor Space of Buildings Completed	#住宅 Residential Buildings		#住宅 Residential Buildings
广州	Guangzhou	5551.91	1078.72	793.69	3460322	2635135
深圳	Shenzhen	3112.36	402.01	269.54	1922200	1246312
珠海	Zhuhai	1143.96	371.17	314.11	736594	624705
汕头	Shantou	530.02	162.21	123.83	215190	160308
佛山	Foshan	2085.41	241.13	204.54	785402	692383
韶关	Shaoguan	675.04	178.01	155.38	317094	264847
河源	Heyuan	235.91	87.30	81.69	151079	143650
梅州	Meizhou	205.75	75.09	63.77	107961	92124
惠州	Huizhou	2248.34	553.87	456.77	1405907	1138888
汕尾	Shanwei	113.72	57.46	53.63	98318	94638
东莞	Dongguan	2333.90	310.22	268.08	1056370	909881
中山	Zhongshan	1883.73	426.46	341.18	912057	724397
江门	Jiangmen	1124.68	252.30	223.45	445958	390863
阳江	Yangjiang	305.25	69.49	64.45	158520	148785
湛江	Zhanjiang	630.47	80.82	62.58	114234	85255
茂名	Maoming	433.10	90.94	83.88	122178	109075
肇庆	Zhaoqing	753.46	228.06	192.14	409295	351905
清远	Qingyuan	807.38	195.18	172.56	402061	362179
潮州	Chaozhou	237.82	84.97	72.06	191861	174150
揭阳	Jieyang	239.09	85.43	83.22	142601	133486
云浮	Yunfu	163.39	31.42	31.05	60140	59835
按经济区域分	By Region					
珠三角	Pearl River Delta	20237.75	3863.94	3063.49	11134105	8714469
东翼	Eastern Region	1120.65	390.07	332.75	647970	562582
西翼	Western Region	1368.82	241.25	210.91	394932	343115
山区	Mountainous Region	2087.47	566.99	504.45	1038335	922635

6-25 按用途分商品房屋销售面积

Floor Space of Commercialized Buildings Sold by Use

单位：万平方米 (10 000 sq.m)

按登记注册类型分组	By Registration Status	商品房销售面积合计 Floor Space of Commercialized Buildings Sold	按用途分 By use 住宅 Residential Buildings	#别墅、高档公寓 Villas, High-grade Apartments	#经济适用房 Economically Affordable Housing	办公楼 Office Buildings	商业营业用房 Houses for Business Use	其他 Others
全省总计	**Provincial Total**	**7060.03**	**6567.43**	**692.26**	**40.21**	**94.32**	**249.50**	**148.78**
内资	Domestic-funded Economy	5644.76	5234.71	448.07	39.83	78.05	209.10	122.91
国有	State-owned	173.91	159.97	3.89	34.67	5.25	6.88	1.81
集体	Collective-owned	228.32	215.12	4.12	3.01	0.16	9.92	3.12
股份合作	Cooperative	22.25	21.03	9.89			1.11	0.11
联营	Joint	17.40	13.16	0.81			3.50	0.73
有限责任公司	Limited Liability	2599.32	2412.20	306.86	1.09	33.73	94.06	59.33
股份有限公司	Share-holding	240.55	226.88	3.95		1.29	6.23	6.15
私营	Private	2312.13	2137.47	115.12	1.06	37.62	85.79	51.25
其他	Others	50.89	48.89	3.42			1.58	0.42
港澳台商投资	Funds from Hong Kong, Macao and Taiwan	855.74	802.40	84.40	0.37	14.50	22.62	16.23
外商投资	Foreign Funded	559.52	530.31	159.80	0.01	1.77	17.78	9.65

6-26 按用途分商品房屋销售额

Sales Volume of Commercialized Buildings Sold by Use

单位：万元 (10 000 sq.m)

按登记注册类型分组	By Registration Status	商品房销售额合计 Floor Space of Commercialized Buildings Sold	按用途分 By use 住宅 Residential Buildings	#别墅、高档公寓 Villas, High-grade Apartments	#经济适用房 Economically Affordable Housing	办公楼 Office Buildings	商业营业用房 Houses for Business Use	其他 Others
全省总计	**Provincial Total**	**45985280**	**41766505**	**5115042**	**120219**	**1282883**	**2256271**	**679621**
内资	Domestic-funded Economy	33979631	30479159	3200969	119794	1058567	1895205	546700
国有	State-owned	1537899	1407410	28218	107120	60083	63049	7357
集体	Collective-owned	868114	794519	26437	9017	1524	60129	11942
股份合作	Cooperative	106005	103366	47001			1972	667
联营	Joint	182854	146457	6331			27811	8586
有限责任公司	Limited Liability	16496927	14886721	2203797	1492	418043	914583	277580
股份有限公司	Share-holding	2097798	1965922	38707		25791	46110	59975
私营	Private	12518286	11024145	814474	2165	553126	761572	179443
其他	Others	171748	150619	36004			19979	1150
港澳台商投资	Funds from Hong Kong, Macao and Taiwan	8492664	7973464	878314	410	208119	219289	91792
外商投资	Foreign Funded	3512985	3313882	1035759	15	16197	141777	41129

6-27 各市商品房屋销售情况（2009年）

Sales of Commercial Buildings by City (2009)

市别	City	实际销售面积（万平方米）Floor Space of Buildings Actually Sold (10000 sq.m)	#住宅 Residential Buildings	实际销售额（万元）Sales Volume of Buildings Actually Sold (10000 yuan)	#住宅 Residential Buildings
广　州	Guangzhou	1375.42	1253.60	12861506	11267970
深　圳	Shenzhen	762.15	717.39	11138757	10322849
珠　海	Zhuhai	289.73	277.77	2146041	2047303
汕　头	Shantou	131.41	109.95	479391	385303
佛　山	Foshan	779.51	711.27	4876366	4412711
韶　关	Shaoguan	224.87	213.99	591504	539872
河　源	Heyuan	84.75	80.15	212552	193387
梅　州	Meizhou	101.75	91.90	197778	167523
惠　州	Huizhou	543.81	516.39	2320126	2122826
汕　尾	Shanwei	54.47	51.12	133785	128000
东　莞	Dongguan	600.27	578.82	3530040	3342466
中　山	Zhongshan	563.53	518.14	2594089	2355623
江　门	Jiangmen	348.67	322.48	1301887	1195661
阳　江	Yangjiang	105.69	99.15	284201	261934
湛　江	Zhanjiang	107.43	103.58	401821	389512
茂　名	Maoming	165.75	155.58	393885	349449
肇　庆	Zhaoqing	278.52	259.00	960350	861846
清　远	Qingyuan	288.61	274.72	982558	898658
潮　州	Chaozhou	96.39	81.45	216239	186237
揭　阳	Jieyang	106.33	103.71	224148	216987
云　浮	Yunfu	50.96	47.27	138256	120388
按经济区域分	By Region				
珠三角	Pearl River Delta	5541.61	5154.87	41729162	37929255
东　翼	Eastern Region	388.60	346.22	1053563	916527
西　翼	Western Region	378.88	358.31	1079907	1000895
山　区	Mountainous Region	750.94	708.02	2122648	1919828

主要统计指标解释

固定资产投资额 是以货币形式表现的在一定时期内建造和购置固定资产的工作量以及与此有关的费用的总称。它是反映固定资产投资规模、结构和发展速度的综合性指标，又是观察工程进度和考核投资效果的重要依据。全社会固定资产投资包括国有经济单位投资、城乡集体及其他各种登记注册类型的单位投资和城乡居民个人投资。按照国家统计制度规定，固定资产投资统计范围包括：城镇和农村投资两大部分。城乡集体经济单位投资包括城镇集体所有制单位投资和农村集体所有制单位投资；其它各种经济类型单位投资包括联营经济、股份制经济、中外合资经济、中外合作经济、外资、与大陆合资经营、与大陆合作经营、港澳台独资及其它经济的单位投资；城乡居民个人投资包括城市、县城、镇、工矿区所辖范围内的个人建房和农村个人建房及购买生产性固定资产的投资。

1. 城镇和农村建设项目投资月报统计范围为：城镇和农村各种登记注册类型的企业、事业、行政单位及个体户进行的计划总投资 50 万元及 50 万元以上的建设项目，包括城镇各种经济类型的建设项目和工矿区私人建房项目，以及农村非农户投资项目、农村农户建房和购置生产性设备投资。年报统计范围中的城镇和工矿区私人建房为市、县城、镇、工矿区所辖范围内的全部私人建房（不论其房主是否系本地的常住户口均应包括），其他部分与月报统计范围一致。年报统计范围中的农户固定资产投资为所辖范围内的全部私人建房和其他购置生产性设备等投资。

2. 城镇建设项目投资在城乡分组中：“城镇”、农村非农户建设项目投资在城乡分组中“农村”，农村农户在城乡分组中填“农户”，汇总表中“农村”包含“农户”。

房地产开发投资 各种登记注册类型的房地产开发公司 、商品房建设公司及其他房地产开发单位统一开发的包括统代建、拆迁还建的住宅、厂房、仓库、饭店、宾馆、度假村、写字楼、办公楼等房屋建筑物和配套的服务设施、土地开发工程，如道路、给水、排水、供电 、供热、通讯、平整场地等基础设施工程的投资。包括实际从事房地产开发或经营活动的附营房地产开发单位。不包括单纯的土地交易活动。

固定资产投资的资金来源 根据固定资产投资的资金来源不同，分为国家预算内资金、国内贷款、债券、利用外资、自筹资金和其他资金来源。

(1)国家预算内资金 分为财政拨款和财政安排贷款两部分。包括中央财政的基本建设基金、专项支出、收回再贷、贴息资金、财政安排的挖潜改造和新产品试制支出、城建支出、商业部门简易建筑支出、不发达地区发展基金等资金中用于固定资产投资的资金；地方财政中由国家统筹安排的固定资产投资资金等。

(2)国内贷款 指报告期固定资产投资单位向银行及非银行金融机构借入的用于固定资产投资的各种国内借款，包括银行利用自有资金及吸收存款发放的贷款、上级主管部门拨入的国内贷款、国家专项贷款（包括煤代油贷款、劳改煤矿专项贷款等），地方财政专项资金安排的贷款、国内储备贷款、周转贷款等。

(3)债券 是企业（公司）或金融机构通过发行各种债券筹集到的用于固定资产投资的资金，包括由银行代理发行的重点企业债券和重点建设债券。

(4)利用外资 指报告期内收到的用于固定资产建造和购置的国外资金（包括设备、材料、技术）。包括对外借款、外商直接投资、外商其他投资。不包括我国自有外汇资金。

(5)自筹资金 指固定资产投资单位报告期内收到的，由各地区、各部门及企事业单位筹集用于固定资产投资的预算外资金，包括中央各部门、各级地方和企事业单位的自筹资金。

(6)其他资金来源 指报告期收到的除以上各种资金之外其他用于固定资产投资的资金。包括集资、个人资金、无偿捐赠的资金及其他单位拨入的资金。

新增生产能力（或工程效益） 指通过固定资产投资活动而增加的设计能力（或工程效益），是以实物形态表示的固定资产投资成果的指标，也是考核投资经济效果的重要依据之一。

房屋建筑面积 是房屋建筑物勒脚以上外墙外围的水平截面面积，包括房屋建筑物的有效面积和结构面积。房屋建筑面积统计指标是建设规模和建设成果的重要指标之一，也是检查工程形象进度、计算工程造价、分析投资效果、研究施工任务和建筑材料之间平衡情况的重要依据。

住宅 指供人们居住的房屋，包括职工家属宿舍、集体宿舍（包括职工单身宿舍和学生宿舍）及供居住的各种公寓等。住宅建筑面积中不包括作为人防用、不住人的地下室面积和供办公用的公寓。

房屋施工面积 指在报告期内施工的全部房屋建筑面积。包括本期新开工的面积和上期开工跨入本期继续施工的面积，以及上期已停建在本期恢复施工的房屋面积。本期竣工和本期施工后又停缓建的房屋，其建筑面积仍计入本期房屋施工面积中。

房屋竣工面积 指在报告期内房屋建筑按照设计要求已经全部完工，达到住人和使用条件，经验收鉴定合格（或达到竣工验收标准），正式移交使用的各栋房屋建筑面积的总和。

房屋建筑面积竣工率 是指一定时期内房屋竣工面积与施工面积的比率。它是从房屋建筑施工速度的角度反映投资效果的指标。

新增固定资产 指已经完成建造和购置过程，并已交付生产或使用单位的固定资产的价值。它是表示固定资产投资成果的价值指标，也是反映建设进度，计算固定资产投资效果的重要依据。

固定资产交付使用率 指一定时期新增固定资产与同期完成投资额的比率。它是反映各个时期固定资产动用速度，衡量建设过程中投资效果的一个综合性指标。

建设项目投产率 是建设周期的逆指标，是指一定时期内全部建成投产项目个数与同期施工项目个数的比率。它是从建设速度的角度反映投资效果的指标。

Explanatory Notes on Main Statistical Indicators

Amount of Investment in Fixed Assets refers to the sum in monetary terms of the volume of activities in the construction and purchase of fixed assets as well as related expenses. It is not only a comprehensive indicator of the size, proportional relations and developmental pace of investment in fixed assets, but also an important basis to follow the progress of projects and check the result of investment on. Total investment in fixed assets includes investment by state-owned units, urban and rural collective units, units of other types of ownership and individuals in urban and rural areas. According to China's current statistics system, investment in fixed assets is classified into two parts: urban and rural. Investment by urban and rural collective units includes investment by urban collective units and investment by rural collective units. Investment by units of other types of ownership includes investment by units of joint ownership economy, shareholding economy, Sino-foreign joint economy, Sino-foreign cooperative economy, economy exclusively funded by foreign investors, joint economy with the mainland, cooperative economy with the mainland, economy exclusively funded by compatriots from Hong Kong, Macao and Taiwan and units of other types of ownership. Investment by individuals in urban and rural areas includes investment in personal housing in areas under the jurisdiction of the city, county, town and special industrial and mining areas as well as investment in personal housing and purchase of productive fixed assets in rural areas.

Investment in Capital Construction refers to investment in new construction projects or extension projects and related operations of enterprises, institutions or administrative units mainly for the purpose of expanding production capacity or improving project efficiency.

Investment in Renovation refers to investment in the renewal of fixed assets and technological innovation of original facilities by enterprises and institutions as well as corresponding supplementary projects and related operations (excluding overhaul and major maintenance projects).

Investment in Real Estate Development includes investment by real estate developers, commercial builders and other units of real estate development of various statuses of registration in the construction of house buildings, such as residential buildings, factory buildings, warehouses, restaurants, hotels, holiday resorts, office buildings, and complementary service facilities and land development projects, such as roads, water supply, water drainage, power supply, heating, telecommunications, land leveling and other projects of infrastructure. This indicator covers the activities of non-real estate companies engaged in real estate development or management, but excludes simple land transactions.

Other Investment in Fixed Assets refers to investment in the construction and purchase of fixed assets other than investment in capital construction, renovation and real estate development. This includes:

(1) The following projects of state-owned units with a planned total investment (or actually needed investment) of 500,000 yuan and over, which are not included in the plan of capital construction or renovation: (a) projects of oil field maintenance and exploitation with oil field maintenance funds and petroleum development funds; (b) opening and extending projects with maintenance funds in coal, ore and other mining enterprises and logging enterprises; (c) reconstruction projects of existing highways and bridges with highway maintenance funds by departments of communication; (d) warehouse construction projects with simple construction funds by departments of commerce.

(2) Investment in fixed assets by urban collective units, which refers to projects of construction and purchase of fixed assets with a planned total investment (or actually needed investment) of 500,000 yuan and over by all collective units under the leadership of cities under the direct jurisdiction of provincial governments, county-level cities, and county towns (exclusive of county towns under the jurisdiction of township enterprise authorities), which are not included in the plan of capital construction or renovation.

(3) Projects of construction and purchase of fixed assets by enterprises, institutions or individuals other than those mentioned above with a planned total investment (or actually needed investment) of 500,000 yuan and over, which are not included in the plan of capital construction or renovation.

(4) Private house construction in urban areas and industrial and mining areas, including all private house construction under the jurisdiction of cities, county towns, towns and industrial and mining areas, whether or not the owners of the houses are registered as permanent residents in the locality.

(5) Investment of 500,000 yuan or above by non-rural household and individual investment by rural households in rural areas, which are not included in the plan of capital construction or renovation:

Sources of Funds for Investment in Fixed Assets are classified into state budgetary appropriations, domestic loans, bonds, foreign investment, fundraising and others.

(1) State budgetary appropriations refer to financial appropriations and loans under financial arrangement, including appropriations in the budget of the central government earmarked for capital construction, special appropriations, reloans, discount interest funds, appropriations for innovation and trial manufacturing of new products, appropriations for city construction, appropriations for simple construction by departments of commerce and funds for investment in fixed assets from the development funds for underdeveloped areas, as well as appropriations in the budget of local governments earmarked for investment in fixed assets.

(2) Domestic loans refer to various funds borrowed by enterprises and institutions from banks and non-bank financial institutions during the reference period for the purpose of investment in fixed assets, including loans issued by banks from their own funds and deposit, loans appropriated by higher responsible authorities, special loans by government (including loan for replacing petroleum with coal, special loan for reform-through-labor coal mines), loans arranged by local governments from special funds, domestic reserve loan, and working loan, etc.

(3) Bonds refer to funds raised by enterprises (companies) and financial institutions through issuing various bonds for the purpose of investment in fixed assets, including key enterprise bonds and key construction bonds issued through the agency of banks.

(4) Foreign investment refers to foreign funds received during the reference period for the purpose of construction and purchase of fixed assets (including equipment, materials and technologies). It includes foreign loans, foreign direct investment and other foreign investment, but excludes self-owned foreign exchanges of China.

(5) Fundraising refers to extra-budgetary funds received and raised by enterprises and institutions at all levels during the reference period for the purpose of investment in fixed assets, including funds raised by various departments under the central government, government departments of various levels, enterprises and institutions.

(6) Other funds refer to funds received during the reference period for the purpose of investment in fixed assets which are not included in the above-mentioned sources, including mass financing, individual funds, donations and funds from other units.

Newly Increased Production Capacity (or Project Efficiency) refers to the increase of designed capacity or project efficiency through investment in fixed assets, which is not only an indicator of the accomplishment in kind of investment in fixed assets but also an important basis to check the economic result of investment on..

Floor Space of Buildings refers to level cross-section floor space in each story of buildings calculated from the outside line of building walls above the plinth, including the effective space and structural space occupied by constructions. It is one of the important indicators of construction size and results, as well as an important foundation for checking the progress of projects, calculating the value of project, analyzing the investment result and studying the balance between building materials.

Residential Buildings refer to buildings used as residence by people, including dormitories for families of staff and workers, mass dormitories like those for single workers and students, and various apartments. The floor space of residential buildings excludes the floor space of basement used for air-raid shelters and other purposes than residence and apartments used as offices.

Floor Space under Construction refers to total floor space of all buildings under construction during the reference period, including floor space of newly started buildings during the reference period, floor space of construction extended from the previous period to the current period, and floor space of construction suspended during the previous period but resumed in the current period. Floor space of construction completed in the current period and floor space of construction started and then suspended in the current period are also included in floor space under construction.

Floor Space of Buildings Completed refers to total floor space of all buildings completed in the reference period, which have come up to the designed standards with proper conditions of residence and use, and have been examined and accepted (or met the standards for completion), and put into use.

Completion Rate of Floor Space of Buildings refers to the ratio of the floor space of buildings completed in a certain period of time to the floor space of buildings under construction in the same period, which reflects the investment result of the construction industry from the perspective of the speed of project construction.

Newly Increased Fixed Assets refer to the value of fixed assets which have been completed and transfered to production units or users. It is a value indicator of the achievements of investment in fixed assets as well as an important basis to evaluate the result of investment in fixed assets on.

Rate of Projects of Fixed Assets Completed and Put into Use refers to the ratio of newly increased fixed assets to total investment made in the same period. It is a comprehensive indicator of the speed of the deployment of fixed assets and investment efficiency.

Rate of Construction Projects Completed and Put into Use is the inverse indicator of construction period, referring to the ratio of the number of construction projects completed and put into use in certain period of time to the number of projects under construction in the same period. This reflects the investment efficiency from the perspective of the speed of project construction.

七、能源

ENERGY

七 能源

简要说明

一、本篇资料反映广东能源生产、消费和能耗水平等情况。内容主要包括：能源生产、消费及品种构成，分行业能源消费总量，综合能源平衡，各市能源单耗，能源生产和消费弹性系数，能源加工转换效率，生活用能源消费等资料。

二、本篇资料由广东省统计局能源统计处根据有关资料和调查结果整理提供。

三、能源资料取自全省《地区能源平衡表》和《工业企业能源购进、消费及库存表》等。地区能源平衡表编制范围为辖区内生产和消费能源的单位，其中规模以上工业企业的能源消费根据国家统计局制发的报表制度由统计系统搜集资料逐级汇总上报；加工转换消费来源于《工业企业能源购进、消费及库存附表》；其他数据来源于有关厅（局）、公司或企业。

四、关于数据口径与计算的说明：

1. 能源生产与消费弹性系数分别以能源生产、消费增长速度与地区生产总值增长速度相比求得。

2. 能源平衡表中，进口量和出口量采用海关统计数据，电力折算标准煤系数按平均发电煤耗计算。

3. 能源加工转换效率表中的电力折算标准煤系数采用当量值计算，每千瓦小时折 0.1229 千克标准煤。

7 Energy

Brief Introduction

Ⅰ. The data in this chapter reflect the energy production, consumption, and efficiency of Guangdong Province, mainly including the energy production and consumption and their composition, the energy consumption by sector, the overall balance of energy, energy consumption per unit by city, the elasticity ratios of energy production and consumption, the efficiency of energy conversion and the consumption of energy for non-production use, etc.

Ⅱ. The data in this chapter are prepared and provided by the Division of Energy Statistics of Statistics Bureau of Guangdong Province.

Ⅲ. The data in this chapter come from the Energy Balance Sheet of the whole province and the Sheets of Energy Purchase, Consumption and Storage of Key Energy Consumption Industrial Enterprises. The coverage of the regional energy balance includes the units that produce and consume energy. Among them, the data on the energy consumption of all the state-owned industrial enterprises and the enterprises with yearly sales revenue over 5 million yuan are collected by the statistical agencies in accordance with the statistical reporting scheme stipulated by the National Bureau of Statistics and tabulated and reported to the higher authorities level by level; the data on the energy processing, transformation and consumption are derived from the Sheets of Energy Purchase, Consumption and Storage of Key Energy Consumption Industrial Enterprises; other data are provided by related government departments, companies and enterprises.

Ⅳ. Data coverage and calculation:

(1) The elasticity ratio of energy production is calculated as the quotient of the growth rate of energy production divided by the growth rate of GDP; and the elasticity ratio of energy consumption is calculated as the quotient of the growth rate of energy consumption divided by the growth rate of GDP.

(2) In the energy balance sheet, the data on the imports and exports are data from the customs statistics.The ratio for converting electric power into the standard coal equivalent is calculated according to the average consumption of coal for generating electricity.

(3) In the table on the efficiency of energy conversion, the ratio for converting electric power into the standard coal equivalent is calculated on the basis of heat value equivalent.One kilowatt is equal to 0.1229 kg SCE.

7-1 能源生产总量及构成

Total Production of Energy and its Composition

项 目	Item	1990	1995	2000	2005	2007	2008	2009
能源生产总量	**Total Energy Production**	**1006.24**	**2622.53**	**3711.69**	**4758.79**	**4293.58**	**4678.14**	**4391.84**
（万吨标准煤）	**(10000 tons of SCE)**							
构 成 (%)	Composition (%)	100.0	100.0	100.0	100.0	100.0	100.0	100
原 煤	Coal	63.1	29.1	8.0	7.2			
原 油	Crude Oil	7.0	35.5	53.6	44.1	42.0	42.0	43.8
电 力	Electricity	29.9	34.9	27.1	36.2	41.8	41.0	38.5
天然气	Natural Gas		0.5	11.3	12.5	16.2	17.0	17.7

7-2 能源消费总量及构成

Total Consumption of Energy and Its Composition

年份 Year	一次能源消费量（万吨标准煤） Primary Energy Consumption (10000 tons of SCE)	构成(%) Composition(%) 合计 Total	原煤 Coal	原油 Crude Oil	电力 Elect-ricity	天然气 Natural Gas	终端能源消费量（万吨标准煤） Final Energy Consumption (10000 tons of SCE)	构成(%) Composition(%) 合计 Total	原煤 Coal	油品 Oil Products	电力 Elect-ricity	其他 Others
1990	3690.25	100.0	56.5	35.3	8.2		3936.44	100.0	33.6	22.4	33.0	11.0
1995	6147.61	100.0	56.4	28.5	14.9	0.2	7062.28	100.0	27.0	20.9	39.7	12.4
2000	7983.46	100.0	52.2	35.0	12.6	0.2	9080.20	100.0	17.1	22.6	45.4	14.9
2001	8169.60	100.0	52.5	34.0	13.5		9775.15	100.0	15.9	22.6	46.1	15.4
2002	9036.40	100.0	51.9	31.0	17.1		10861.68	100.0	14.5	21.6	49.2	14.7
2003	10462.09	100.0	53.5	28.6	17.7	0.2	12414.48	100.0	17.8	22.6	44.5	15.1
2004	12013.14	100.0	51.4	28.4	20.0	0.2	14487.74	100.0	11.7	20.7	52.6	15.0
2005	13086.58	100.0	52.8	26.1	20.8	0.3	17255.84	100.0	10.9	23.6	50.7	14.8
2006	15281.00	100.0	50.4	26.2	22.1	1.3	19254.03	100.0	12.5	23.7	48.7	15.1
2007	17344.10	100.0	52.0	24.2	20.3	3.5	21427.33	100.0	12.0	22.2	49.3	16.5
2008	17679.13	100.0	50.8	24.6	20.5	4.1	22671.76	100.0	13.8	21.2	48.5	16.5
2009	19666.18	100.0	45.4	26.9	20.1	7.6	23943.39	100.0	12.2	20.9	46.3	20.6

7-3 综合能源平衡表
Overall Energy Balance Sheet

单位：万吨标准煤 (10000 tons of SCE)

项 目	Item	1990	1995	2000	2005	2008	2009
可供本地区消费的能源量	**Total Energy Available for Consumption by Locality**	**4044.28**	**7344.82**	**9447.70**	**17920.98**	**23476.17**	**24653.69**
年初库存量	Stock at the Year-beginning	583.00	614.43	675.20	800.55	1051.98	1254.00
一次能源生产量	Primary Energy Output	1006.24	2622.53	3711.69	4758.79	4678.14	4391.84
回收能	Recovery of Energy		19.07	96.59	307.64	261.39	106.13
外省调入量	Allocation from Other Provinces	2955.36	4293.08	5628.27	10054.81	17042.23	16150.10
进口量	Imports	473.83	1575.45	2757.39	4585.56	5115.67	7400.94
我国轮、机在外国加油量	Petroleum Consumed by Chinese Airplanes and Ships Abroad	12.28			42.07	7.13	7.13
本省调出量(-)	Allocation over Other Provinces(-)	-113.82	-609.34	-1599.39	-1066.35	-2007.41	-1623.88
出口量(-)	Exports(-)	-153.11	-509.37	-980.31	-543.10	-1405.28	-1682.10
外国轮、机在我国加油量(-)	Petroleum Consumed by Foreign Airplanes and Ships in China(-)	-70.30	-50.82	-62.51	-5.21	-13.67	-13.67
年末库存量(-)	Stock at the Year-end(-)	-649.20	-610.24	-779.26	-1013.78	-1254.00	-1337.06
加工转换投入(-)产出(+)量	**Input Output in Processing and Transformation**	**-13.74**	**-11.86**	**-35.74**	**-36.04**	**-52.34**	**-30.01**
火力发电	Thermal Power						
供热	Heating						
洗选煤	Coal Washing				-6.10		
炼焦	Coking	-4.21	-6.95	-3.85	-5.19	-2.61	-3.74
炼油	Petroleum Refining	-6.90	-1.86	-26.89	-16.03	-39.98	-21.90
制气	Gas Production		-3.05	-5.00	-6.96	10.27	9.86
损失量	**Losses**	**113.33**	**271.16**	**331.76**	**629.11**	**752.07**	**680.30**
#运输和输配损失	Losses in Transmission	104.17	266.75	318.75	619.64	752.07	680.30
终端消费量	**End-use**	**3936.44**	**7062.28**	**9080.20**	**17255.84**	**22671.76**	**23943.39**
第一产业	Primary Industry	193.15	349.96	353.56	458.07	438.37	408.66
农、林、牧、渔业	Farming, Forestry, Animal Husbandry and Fishery	193.15	349.96	353.56	458.07	438.37	408.66
第二产业	Secondary Industry	2775.58	4626.99	5790.91	11246.12	15123.85	15857.89
工业	Industry	2728.01	4521.20	5693.02	11060.98	14892.36	15622.79
#用作原材料、燃料	As Raw Materials and Fuel	335.68	99.90	86.44	408.03	1127.88	950.01
建筑业	Construction	47.57	105.76	97.90	185.14	231.49	235.10
第三产业	Tertiary Industry	515.11	1093.40	1648.93	3466.34	4350.59	4721.68
交通运输仓储及邮电通信业	Transport, Storage, Postal and Telecommunication Services	339.43	577.29	957.92	1917.42	2351.06	2472.16
批发和零售贸易业、餐饮业	Wholesale and Retail Trade and Catering	92.16	283.01	403.21	751.52	937.83	1074.99
其他	ServicesOthers	83.52	233.10	287.81	797.40	1061.70	1174.52
生活消费	Residential Consumption	452.60	991.92	1286.80	2085.32	2758.94	2955.16
城镇	Urban Areas	296.73	659.27	818.33	1409.98	1795.99	1914.36
乡村	Rural Areas	155.87	332.61	468.45	675.34	962.95	1040.80
平衡差额	**Balance**	**-19.23**	**-0.48**				
消费量合计	**Total Energy Consumption**	**4063.51**	**7345.30**	**9447.70**	**17920.98**	**23476.17**	**24653.69**

7-4 分行业能源消费总量和原煤、电力消费量（2009年）
Consumption of Total Energy, Coal and Electricity by Sector (2009)

行　业	Sector	能源消费总量（万吨标准煤）Total Energy Consumption (10000 tons of SCE)	原煤消费量（万吨）Coal Consumption (10000 tons)	电力消费量（亿千瓦小时）Electricity Consumption (100 million kwh)
消费总量	**Total**	**24653.69**	**12508.90**	**3609.64**
农、林、牧、渔业	**Farming,Forestry,Animal Husbandry and Fishery**	**408.66**	**57.89**	**67.27**
工业合计	**Industry**	**16258.91**	**12369.19**	**2391.89**
采矿业	**Mining and Quarrying**	**181.90**	**30.41**	**15.67**
煤炭开采和洗选业	Mining and Washing of Coal	2.62	3.57	
石油和天然气开采业	Extraction of Petroleum and Natural Gas	81.68		0.31
黑色金属矿采选业	Mining and Dressing of Ferrous Metal Ores	21.38	0.46	4.57
有色金属矿采选业	Mining and Dressing of Nonferrous Metal Ores	13.52	1.53	3.20
非金属矿采选业	Mining and Dressing of Nonmetal Ores	62.59	24.85	7.59
其他采矿业	Mining and Dressing of Other Ores	0.10		
制造业	**Manufacturing**	**14122.69**	**4266.22**	**1870.72**
农副食品加工业	Processing of Farm and Sideline Food	240.48	104.91	30.09
食品制造业	Manufacture of Food	163.35	46.46	19.99
饮料制造业	Manufacture of Beverage	107.48	35.95	11.93
烟草制品业	Tobacco Products	10.81	2.66	1.65
纺织业	Textile Industry	818.86	526.45	98.87
纺织服装、鞋、帽制造业	Manufacture of Textile Garments, Footwear and Headgear	306.72	80.38	54.30
皮革、毛皮、羽毛(绒)及其制品业	Leather, Fur, Feather, Down and Related Products	184.38	12.13	41.87
木材加工及木、竹、藤、棕、草制品业	Timber Processing, Bamboo, Cane, Palm Fiber & Straw Products	87.92	9.05	20.03
家具制造业	Manufacture of Furniture	104.14	1.70	24.66
造纸及纸制品业	Papermaking and Paper Products	754.84	774.06	97.37
印刷业和记录媒介的复制	Printing and Record Medium Reproduction	130.97	4.79	28.12
文教体育用品制造业	Manufacture of Cultural,Educational and Sports Articles	161.08	2.61	38.47
石油加工、炼焦及核燃料加工业	Petroleum Refining, Coking, and Nuclear Fuel Processing	1486.52	64.15	39.15
化学原料及化学制品制造业	Manufacture of Raw Chemical Materials and Chemical Products	902.70	162.77	97.25
医药制造业	Manufacture of Medicines	128.95	46.70	13.99
化学纤维制造业	Manufacture of Chemical Fibers	60.00	6.57	10.88
橡胶制品业	Rubber Products	111.13	26.95	21.13
塑料制品业	Plastic Products	669.61	62.59	151.13
非金属矿物制品业	Nonmetal Mineral Products	2868.39	1886.69	216.18
黑色金属冶炼及压延加工业	Smelting and Pressing of Ferrous Metals	1238.30	259.06	85.41
有色金属冶炼及压延加工业	Smelting and Pressing of Nonferrous Metals	420.95	72.00	50.99
金属制品业	Metal Products	591.12	26.90	117.76
通用设备制造业	Manufacture of General-purpose Machinery	199.09	12.20	41.10
专用设备制造业	Manufacture of Special-purpose Machinery	181.66	7.46	43.66
交通运输设备制造业	Manufacture of Transport Equipment	248.93	3.40	52.24
电气机械及器材制造业	Manufacture of Electrical Machinery and Equipment	681.63	10.34	148.27
通信设备、计算机及其他电子设备制造业	Manufacture of Communication Equipment, Computers and Other Electronic Equipment	1031.98	3.44	263.00
仪器仪表及文化、办公用机械制造业	Manufacture of Instruments, Meters, and Machinery for Cultural and Office Use	105.25	0.15	24.98
工艺品及其他制造业	Handicraft and Other Manufactures	103.16	8.90	21.81
废弃资源和废旧材料回收加工业	Recycling and Disposal of Waste	22.30	4.80	4.44
电力、燃气及水的生产和供应业	**Production and Supply of Electric Power, Gas and Water**	**1954.33**	**8072.56**	**505.50**
电力、热力的生产和供应业	Production and Supply of Electric Power and Heat Power	1829.95	8071.69	469.85
燃气生产和供应业	Production and Supply of Gas	7.15	0.87	1.39
水的生产和供应业	Production and Supply of Water	117.22		34.26
建筑业	**Construction**	**235.10**	**2.64**	**45.92**
交通运输、仓储及邮政业	**Transport, Storage,Postal and Telecommunication Services**	**2546.35**	**1.87**	**45.20**
批发和零售贸易餐饮业	**Wholesale and Retail Trade and Catering Services**	**1074.99**	**31.49**	**203.96**
其他行业	**Others**	**1174.52**		**338.15**
生活消费	**Non-production Consumption**	**2955.16**	**45.82**	**517.25**

7-5 各市电力消费量

Electricity Consumption by City

单位：万千瓦小时 (10000 kwh)

市 别	City	2000	2002	2003	2004	2005	2006	2007	2008	2009
全省总计	**Provincial Total**	**13345809**	**16878253**	**20312922**	**23871351**	**26735565**	**30040334**	**33940489**	**35067767**	**36096424**
广 州	Guangzhou	2387780	2849015	3349711	3846374	4256676	4694234	5271257	5459186	5670810
深 圳	Shenzhen	1903488	2599207	3234507	3903059	4402089	4872038	5625193	5859186	5856808
珠 海	Zhuhai	308222	381788	454651	522292	615812	721434	838874	895993	917187
汕 头	Shantou	439064	543399	676846	783312	875959	965146	1068976	1128712	1209201
佛 山	Foshan	1688410	2155540	2558540	2919996	3162913	3552110	3982846	3959966	4167685
韶 关	Shaoguan	358147	432202	508840	554225	587195	607921	682774	735223	729551
河 源	Heyuan	92712	128789	193951	227720	239029	301076	374635	389553	439363
梅 州	Meizhou	226963	256055	312887	375102	403996	423499	493640	520260	559960
惠 州	Huizhou	435285	608110	746729	895747	1052227	1231685	1455940	1535679	1658307
汕 尾	Shanwei	93501	115825	132056	143076	168722	192909	219762	244612	267157
东 莞	Dongguan	1797782	2600124	3235343	3758498	4198289	4720112	5154025	5141578	4955750
中 山	Zhongshan	545426	724675	926725	1110520	1236288	1373795	1538810	1565975	1615773
江 门	Jiangmen	646460	774166	895522	1037271	1136262	1249663	1406034	1402638	1419689
阳 江	Yangjiang	120876	150202	175254	202296	224597	252257	289074	303894	327582
湛 江	Zhanjiang	241546	295017	342538	411125	490913	549358	624556	638187	689840
茂 名	Maoming	299778	304304	341300	375164	401079	470564	544727	565424	604700
肇 庆	Zhaoqing	240012	296603	350588	408136	485822	560631	683004	780835	879160
清 远	Qingyuan	225951	253784	319475	429370	594692	801442	977308	962540	1090947
潮 州	Chaozhou	139519	190207	238633	287938	331724	390067	440270	480691	514107
揭 阳	Jieyang	225112	281280	359237	442689	511288	602678	692968	754680	855727
云 浮	Yunfu	121382	144785	172354	203100	215491	226289	277461	290840	305834
按经济区域分	By Region									
珠 三 角	Pearl River Delta	9952865	12989228	15752316	18401893	20546378	22975702	25955983	26601036	27141169
东 翼	Eastern Region	897196	1130711	1406772	1657015	1887693	2150800	2421976	2608695	2846192
西 翼	Western Region	662200	749523	859092	988585	1116589	1272179	1458357	1507505	1622122
山 区	Mountainous Region	1025155	1215615	1507507	1789517	2040403	2360227	2805818	2898416	3125655

7-6 各市单位GDP能耗

Energy Consumption per Unit of GDP by City

市 别	City	单位GDP能耗(吨标准煤/万元) Energy Consumption per Unit of GDP (tons of SCE/10000 yuan)				上升或下降(±%) Changes(±%)		
		2005	2006	2008	2009	2006	2008	2009
全省总计	**Provincial Total**	**0.79**	**0.771**	**0.715**	**0.684**	**-2.93**	**-4.32**	**-4.27**
广 州	Guangzhou	0.78	0.746	0.680	0.651	-4.62	-4.56	-4.01
深 圳	Shenzhen	0.59	0.576	0.544	0.529	-2.81	-2.90	-2.76
珠 海	Zhuhai	0.66	0.640	0.603	0.581	-2.84	-3.31	-3.60
汕 头	Shantou	0.69	0.662	0.632	0.608	-4.38	-2.54	-3.85
佛 山	Foshan	0.89	0.848	0.746	0.694	-4.50	-7.97	-6.93
韶 关	Shaoguan	2.14	2.038	1.819	1.737	-4.78	-4.91	-4.51
河 源	Heyuan	0.96	0.897	0.840	0.809	-6.69	-4.98	-3.65
梅 州	Meizhou	1.43	1.398	1.279	1.229	-2.45	-4.03	-3.90
惠 州	Huizhou	0.86	0.976	0.956	0.947	13.94	-5.89	-0.95
汕 尾	Shanwei	0.58	0.570	0.559	0.528	-1.57	0.28	-5.60
东 莞	Dongguan	0.86	0.822	0.738	0.705	-4.86	-5.11	-4.48
中 山	Zhongshan	0.78	0.738	0.673	0.646	-5.23	-3.96	-4.03
江 门	Jiangmen	0.87	0.865	0.777	0.732	-0.80	-6.68	-5.79
阳 江	Yangjiang	0.87	0.795	0.736	0.709	-8.54	-3.62	-3.56
湛 江	Zhanjiang	0.74	0.710	0.659	0.641	-3.85	-3.38	-2.76
茂 名	Maoming	1.33	1.282	1.190	1.146	-3.74	-5.29	-3.73
肇 庆	Zhaoqing	0.99	0.958	0.887	0.844	-3.03	-3.50	-4.80
清 远	Qingyuan	1.73	1.695	1.540	1.481	-2.28	-5.70	-3.82
潮 州	Chaozhou	1.47	1.417	1.321	1.274	-3.52	-3.43	-3.54
揭 阳	Jieyang	1.03	0.973	0.902	0.874	-5.18	-3.99	-3.15
云 浮	Yunfu	1.53	1.436	1.338	1.294	-5.86	-3.64	-3.27

注：1. 降低率按指数计算。
2. 能源单耗指标中的GDP和工业增加值按2005年可比价计算。
3. 单位GDP能耗为当年公报数,上升或下降按GDP调整后的可比口径计算.

Notes: a) Reduction rates are calculated at indices.
b) GDP and value-added of industry are calculated at comparable prices of 2005.
c) The data one energy consumption per unit of GDP come from annual reports. The changes are calculated at comparable prices after the adjustment of GDP.

7-7 各市单位GDP电耗

Electricity Consumption per Unit by GDP by City

市别	City	单位GDP电耗(千瓦时/万元) Electricity Consumption per Unit of GDP (kwh/10000 yuan)				上升或下降(±%) Changes(±%)		
		2005	2006	2008	2009	2006	2008	2009
全省总计	**Provincial Total**	**1185.2**	**1160.0**	**1067.5**	**1002.09**	**-2.13**	**-6.44**	**-6.13**
广州	Guangzhou	825.9	792.4	710.3	660.8	-4.05	-7.98	-6.96
深圳	Shenzhen	889.1	844.2	785.7	712.4	-5.05	-7.44	-9.33
珠海	Zhuhai	969.1	977.9	950.4	913.0	0.91	-2.21	-3.92
汕头	Shantou	1377.5	1360.6	1275.0	1234.3	-1.23	-4.44	-3.19
佛山	Foshan	1301.9	1225.2	994.3	922.4	-5.89	13.72	-7.23
韶关	Shaoguan	1742.3	1564.4	1485.9	1339.0	-10.21	-2.81	-9.88
河源	Heyuan	1167.1	1149.1	1099.6	1126.6	-1.54	-5.70	2.45
梅州	Meizhou	1284.1	1226.3	1215.2	1190.9	-4.50	-4.58	-2.00
惠州	Huizhou	1308.9	1312.2	1247.3	1190.4	0.26	-5.48	-4.56
汕尾	Shanwei	810.1	778.8	748.4	703.1	-1.21	-3.89	-6.05
东莞	Dongguan	1923.0	1813.5	1465.2	1341.8	-5.69	-12.49	-8.42
中山	Zhongshan	1475.4	1321.8	1160.3	1089.3	-10.40	-8.38	-6.34
江门	Jiangmen	1417.3	1352.5	1191.9	1099.8	-4.57	-9.93	-7.73
阳江	Yangjiang	804.2	736.8	697.7	670.3	-8.39	-5.98	-3.92
湛江	Zhanjiang	720.9	709.4	641.3	626.9	-1.59	-8.51	-2.25
茂名	Maoming	543.2	559.5	541.4	525.1	3.01	-5.46	-3.00
肇庆	Zhaoqing	1116.7	1107.6	1131.1	1118.5	-0.82	-1.16	-1.12
清远	Qingyuan	1839.6	1901.2	1429.0	1392.7	3.35	-18.07	-2.54
潮州	Chaozhou	1174.7	1229.1	1179.3	1121.7	4.63	-2.68	-4.89
揭阳	Jieyang	1235.0	1267.4	1159.1	1133.3	2.62	-6.09	-2.23
云浮	Yunfu	1067.6	979.0	986.3	938.5	-8.30	-5.01	-4.84

注：1. 降低率按指数计算。
2. 能源单耗指标中的GDP和工业增加值按2005年可比价计算。
3. 单位GDP电耗为当年公报数,上升或下降按GDP调整后的可比口径计算.

Notes: a) Reduction rates are calculated at indices.
b) GDP and value-added of industry are calculated at comparable prices of 2005.
c) The data one energy consumption per unit of GDP come from annual reports. The changes are calculated at comparable prices after the adjustment of GDP.

7-8 各市单位工业增加值能耗

Energy Consumption per Unit of Industrial Value-added by City

市 别	City	单位工业增加值能耗(吨标准煤/万元) Energy Consumption pen Unit of Value-added of Industry (tons of SCE/10000 yuan)				上升或下降(±%) Changes(±%)		
		2005	2006	2008	2009	2006	2008	2009
全省总计	**Provincial Total**	**1.08**	**1.04**	**0.87**	**0.81**	**-2.96**	**-11.32**	**-6.94**
广 州	Guangzhou	1.30	1.22	1.00	0.89	-5.08	-10.72	-10.52
深 圳	Shenzhen	0.60	0.57	0.53	0.51	-3.04	-4.46	-3.59
珠 海	Zhuhai	0.96	0.85	0.99	0.93	-9.83	-2.40	-5.74
汕 头	Shantou	1.21	1.13	0.76	0.86	-6.99	-22.49	12.65
佛 山	Foshan	0.92	0.83	0.58	0.52	-7.95	-21.24	-9.37
韶 关	Shaoguan	5.95	5.03	3.54	3.41	-9.36	-18.93	-3.87
河 源	Heyuan	0.98	0.80	0.62	0.99	-14.19	-21.87	61.14
梅 州	Meizhou	4.23	3.98	3.37	3.80	-2.59	-8.02	12.84
惠 州	Huizhou	0.61	1.20	1.21	1.22	186.43	-11.13	0.69
汕 尾	Shanwei	0.51	0.49	3.77	2.91	-4.00	684.61	-22.70
东 莞	Dongguan	1.14	1.02	0.82	0.82	-10.66	-10.94	-0.26
中 山	Zhongshan	0.54	0.45	0.39	0.35	-11.47	-6.07	-11.70
江 门	Jiangmen	1.35	1.44	1.16	0.94	7.60	-19.13	-18.45
阳 江	Yangjiang	1.13	0.96	0.78	0.87	-15.79	-12.60	11.54
湛 江	Zhanjiang	1.41	1.29	1.01	0.96	-9.13	-14.82	-4.04
茂 名	Maoming	4.45	4.01	3.67	3.44	-8.48	-6.46	-6.26
肇 庆	Zhaoqing	1.81	1.52	1.20	1.03	-8.48	-10.81	-14.14
清 远	Qingyuan	3.71	3.01	1.73	1.54	-14.17	-23.67	-11.14
潮 州	Chaozhou	1.87	1.67	2.10	1.88	-4.06	-3.91	-10.54
揭 阳	Jieyang	0.96	0.88	1.14	0.96	-8.80	-5.25	-15.50
云 浮	Yunfu	7.37	5.37	3.86	3.70	-18.33	-15.61	-4.05

注：1. 降低率按指数计算。
　　2. 能源单耗指标中的GDP和工业增加值按2005年可比价计算。

Notes: a) Reduction rates are calculated at indices.
b) GDP and value-added of industry are calculated at comparable prices of 2005.

7-9 平均每天各种能源消费量
Average Daily Energy Consumption by Variety

能源品种	Item	1990	1995	2000	2005	2008	2009
合　计(吨标准煤)	**Total (ton of SCE)**	**112476**	**201241**	**248773**	**473192**	**610627**	**655983**
煤　炭　(吨)	Coal (Ton)	50828	72961	59590	78227	122299	131848
焦　炭　(吨)	Coke (Ton)	2871	3613	3973	8058	11893	12029
原　油　(吨)	Crude Oil (Ton)	754	143	250	178	543	547
燃料油　(吨)	Fuel Oil (Ton)	4874	7195	9248	18288	19825	19991
汽　油　(吨)	Gasoline (Ton)	3878	7700	8226	19330	24298	26225
煤　油　(吨)	Kerosene (Ton)	866	1535	2444	4212	5016	5264
柴　油　(吨)	Diesel Oil (Ton)	7025	11334	18726	34920	41325	42777
液化石油气　(吨)	Liquefied Petroleum Gas(Ton)	549	5110	8720	16676	17458	17883
电　力(万千瓦时)	Electricity (10000 kwh)	9836	19698	33978	69671	90367	93813

7-10 平均每人年生活用能源
Annual per Capita Energy Consumption of Households

能源品种	Energy Variety	1990	1995	2000	2005	2008	2009
合　计(千克标准煤)	**Total (kg of SCE)**	**72.04**	**146.11**	**148.90**	**265.88**	**285.76**	**389.05**
煤　炭　(千克)	Coal (kg)	56.77	40.07	9.63	12.21	7.85	9.1
汽　油　(千克)	Gasoline (kg)	1.65	4.50	4.42	16.88	21.31	31.1
煤　油　(千克)	Kerosene (kg)	1.95	1.18	0.24	0.38	0.37	0.46
柴　油　(千克)	Diesel Oil (kg)		0.37	0.57	1.13	1.24	1.68
液化石油气　(千克)	Liquefied Petroleum Gas(kg)	1.76	24.51	31.47	50.58	43.53	54.97
电　力　(千瓦时)	Electricity (kwh)	63.90	165.24	239.09	415.99	484.38	680.97

7-11 分品种生活能源年消费总量

Annual Total Energy Consumption of Households by Variety

能源品种	Energy Variety	1990	1995	2000	2005	2008	2009
合 计(万吨标准煤)	**Total (10000 tons of SCE)**	**454.71**	**991.92**	**1286.80**	**2100.39**	**2713.74**	**2955.2**
煤 炭 (万吨)	Coal (10000 tons)	348.03	272.01	83.22	96.46	74.46	69.1
汽 油 (万吨)	Gasoline (10000 tons)	10.44	30.54	38.20	133.36	202.37	236.22
煤 油 (万吨)	Kerosene (10000 tons)	11.98	8.00	2.10	2.98	3.49	3.51
柴 油 (万吨)	Diesel Oil (10000 tons)		2.54	4.90	8.93	11.81	12.76
液化石油气 (万吨)	Liquefied Petroleum Gas(10000 tons)	10.78	166.41	271.96	399.55	413.40	417.54
电 力(亿千瓦小时)	Electricity (100 million kwh)	39.17	112.18	206.62	328.62	459.99	517.25

7-12 能源加工转换效率

Efficiency of Energy Conversion

单位：% (%)

年 份 Year	火力发电 Thermal Power Generation	供 热 Heating	炼 焦 Coking	炼 油 Petroleum Refining	制 气 Gas Production
1990	31.13	79.21	93.48	99.44	
1995	31.85	80.07	90.93	99.89	86.17
2000	37.20	87.19	94.35	99.02	79.18
2001	37.21	85.09	95.23	99.12	77.90
2002	36.36	76.40	94.27	98.40	80.08
2003	40.69	71.43	82.36	98.57	78.67
2004	35.53	86.10	91.53	99.29	79.70
2005	36.22	95.99	96.66	99.53	79.18
2006	37.74	88.49	96.95	99.80	95.40
2007	38.80	70.66	99.02	99.79	97.22
2008	38.00	77.34	98.43	99.10	95.65
2009	38.69	82.15	98.31	99.58	93.47

7-13 能源生产弹性系数

Elasticity Ratio of Energy Production

年 份 Year	能源生产比上年增长% Growth Rate of Energy Production over Preceding Year(%)	电力生产比上年增长% Growth Rate of Electricity Production over Preceding Year(%)	本省生产总值比上年增长% Growth Rate of Gross Domestic Product(GDP) over Preceding Year(%)	能源生产弹性系数 Elasticity Ratio of Energy Production	电力生产弹性系数 Elasticity Ratio of Electricity Production
1986	1.0	8.0	12.7	0.08	0.63
1990	0.3	15.3	11.6	0.02	1.32
1995	14.7	6.6	15.6	0.94	0.42
1996	43.3	10.7	11.3	3.83	0.95
1997	8.5	8.0	11.2	0.76	0.71
1998	-4.1	5.6	10.8		0.52
1999	-10.3	9.8	10.1		0.97
2000	5.8	18.7	11.5	0.50	1.63
2001	-8.2	5.9	10.5		0.56
2002	6.5	12.4	12.4	0.52	1.00
2003	12.7	17.7	14.8	0.86	1.20
2004	18.6	11.9	14.8	1.26	0.80
2005	-6.7	7.4	13.8		0.54
2006	-8.1	8.5	14.6		0.58
2007	-5.7	8.9	14.7		0.61
2008	12.5	-0.4	10.1	1.24	
2009	-0.6	-0.6	9.7		

7-14 能源消费弹性系数

Elasticity Ratio of Energy Consumption

年份 Year	能源消费比上年增长 (%) Growth Rate of Energy Consumption over Preceding Year(%)	电力消费比上年增长% Growth Rate of Electricity Consumption over Preceding Year(%)	本省生产总值比上年增长% Growth Rate of Gross Domestic Product(GDP) over Preceding Year(%)	能源消费弹性系数 Elasticity Ratio of Energy Consumption	电力消费弹性系数 Elasticity Ratio of Electricity Consumption
1986	8.4	4.7	12.7	0.66	0.37
1990	4.1	14.3	11.6	0.35	1.24
1995	9.2	7.6	15.6	0.59	0.49
1996	5.5	8.9	11.3	0.48	0.79
1997	2.7	7.1	11.2	0.24	0.64
1998	5.3	7.5	10.8	0.49	0.70
1999	4.3	10.0	10.1	0.42	0.99
2000	8.2	22.9	11.5	0.71	1.99
2001	7.7	9.3	10.5	0.74	0.88
2002	11.6	15.7	12.4	0.93	1.27
2003	15.4	20.3	14.8	1.04	1.37
2004	16.1	17.5	14.8	1.09	1.18
2005	16.8	12.0	13.8	1.22	0.87
2006	11.2	12.4	14.6	0.77	0.85
2007	10.9	13.0	14.7	0.74	0.88
2008	5.3	16.8	10.1	0.52	1.66
2009	6.9	9.8	9.7	0.71	1.01

主要统计指标解释

能源生产总量 指一定时期内全国（地区）一次能源生产量的总和，是观察全国（地区）能源生产水平、规模、构成和发展速度的总量指标。一次能源生产量包括原煤、原油、天然气、水电、核能及其他动力能（如风能、地热能等）发电量。不包括低热值燃料生产量、生物质能、太阳能等的利用和由一次能源加工转换而成的二次能源产量。

能源消费总量 指一定时期内全国（地区）生产和生活消 费的各种能源的总和，是观察能源消费水平、构成和增长速度的总量指标，能源消费总量包括原煤和原油及其制品、天然气、电力。不包括低热值燃料、生物质能和太阳能等的利用 。能源消费总量分为三部分，即终端能源消费量、能源加工转换损失量和损失量。

(1)终端能源消费量 指一定时期内全国（地区）生产和生活消费的各种能源在扣除了用于加工转换二次能源消费量和损失量以后的数量。

(2)能源加工转换损失量 指一定时期内全国（地区）投入加工转换的各种能源数量之和与产出各种能源产品之和的差额。它是观察能源在加工转换过程中损失量变化的指标。

(3)能源损失量 指一定时期内能源在输送、分配、储存过程中发生的损失和由客观原因造成的各种损失量。不包括各种气体能源放空、放散量。

能源生产弹性系数 是研究能源生产增长速度与国民经济增长速度之间关系的指标。计算公式：

$$\text{能源生产弹性系数}=\frac{\text{能源生产总量增长速度}}{\text{国民经济增长速度}}$$

国民经济增长速度，可根据不同的目的或需要，用国民生产总值，国内生产总值等指标来计算，本资料是采用国内生产总值指标计算的。

电力生产弹性系数 是研究电力生产增长速度与国民经济增长速度之间关系的指标。一般来说，电力的发展应当快于国民经济的发展，也就是说电力应超前发展。计算公式：

$$\text{电力生产弹性系数}=\frac{\text{电力生产量增长速度}}{\text{国民经济增长速度}}$$

能源消费弹性系数 是反映能源消费增长速度与国民经济增长速度之间比例关系的指标。计算公式：

$$\text{能源消费弹性系数}=\frac{\text{能源消费量增长速度}}{\text{国民经济增长速度}}$$

电力消费弹性系数 是反映电力消费增长速度与国民经济增长速度之间比例关系的指标。计算公式：

$$\text{电力消费弹性系数}=\frac{\text{电力消费量增长速度}}{\text{国民经济增长速度}}$$

能源加工转换效率 指一定时期内能源经过加工、转换后，产出的各种能源产品的数量与同期内投入加工转换的各种能源数量的比率。它是观察能源加工转换装置和生产工艺先进与落后、管理水平高低等的重要指标。计算公式：

$$\text{能源加工转换效率}=\frac{\text{能源加工、转换产出量}}{\text{能源加工、转换投入量}}\times 100\%$$

Explanatory Notes on Main Statistical Indicators

Total Energy Production refers to the total production of primary energy by all energy producing enterprises in the country (region) in a given period of time. It is a comprehensive indicator of the capacity, scale, composition and development speed of energy production of the country (region). The production of primary energy includes that of coal, crude oil, natural gas, hydropower and electricity generated by nuclear energy and other means such as wind power and geothermal power. However, it excludes the production of fuel of low calorific value, bioenergy, solar energy and secondary energy converted from primary energy.

Total Domestic Energy Consumption refers to the total consumption of energy of various kinds by production sectors and households in the country (region) in a given period of time. It is a comprehensive indicator of the scale, composition and development speed of energy consumption. The total energy consumption includes that of coal, crude oil and their products, natural gas and electricity, but excludes the consumption of fuel of low calorific value, bioenergy and solar energy. Total domestic energy consumption can be divided into three parts:

(1) Final Energy Consumption: This refers to the total energy consumption by production sectors and households in the country (region) in a given period of time, excluding primary energy consumption and loss in the process of conversion into secondary energy.

(2)Loss During the Process of Energy Conversion: This refers to the total input of various kinds of energy for conversion minus the total output of various kinds of energy in the country (region) in a given period of time. It is an indicator of the loss that occurs during the process of energy conversion.

(3)Loss: This refers to the total loss of energy during the course of energy transmission, distribution and storage and the loss caused by any objective reason in a given period of time, excluding the loss of various kinds of gas due to gas discharges and stocktaking.

Elasticity Ratio of Energy Production is an indicator of the relationship between the growth rate of energy production and the growth rate of the national economy. The formula is:

$$\text{Elasticity Ratio of Energy Production} = \frac{\text{Growth Rate of Energy Production}}{\text{Growth Rate of National Economy}}$$

The average annual growth rate of the national economy can be shown by the gross national product, gross domestic product and other indicators, depending on the purposes or needs. The gross domestic product is used in the calculation of the ratio in this chapter.

Elasticity Ratio of Electricity Production is an indicator of the relationship between the growth rate of electricity production and the growth rate of the national economy. Generally speaking, the growth rate of electricity production should be higher than that of the national economy; in other words, electricity production should develop in advance of the national economy. Its formula is:

$$\text{Elasticity Ratio of Electricity Production} = \frac{\text{Growth Rate of Electricity Production}}{\text{Growth Rate of National Economy}}$$

Elasticity Ratio of Energy Consumption is an indicator of the relationship between the growth rate of energy consumption and the growth rate of the national economy. The formula is:

$$\text{Elasticity Ratio of Energy Consumption} = \frac{\text{Growth Rate of Energy Consumption}}{\text{Growth Rate of National Economy}}$$

Elasticity Ratio of Electricity Consumption is an indicator of the relationship between the growth rate of electricity consumption and the growth rate of the national economy. The formula is:

$$\text{Elasticity Ratio of Electricity Consumption} = \frac{\text{Growth Rate of Electricity Consumption}}{\text{Growth Rate of National Economy}}$$

Efficiency of Energy Processing and Conversion refers to the ratio of the total output of energy products of various kinds after processing and conversion to the total input of energy of various kinds for processing and conversion in the same reference period. It is an important indicator of the current conditions of energy processing and conversion equipment, production technique and management. The formula is:

$$\text{Efficiency of Energy Processing \& Conversion} = \frac{\text{Output of Energy after Processing \& Conversion}}{\text{Input of Energy for Processing \& Conversion}} \times 100\%$$

八、财政、银行和保险

GOVERNMENT FINANCE,BANKING AND INSURANCE

八　财政、银行和保险

简要说明

一、本篇资料反映广东地方财政一般预算收支、银行、保险等方面的基本情况。

二、本篇资料由广东省统计局综合处负责整理、编辑。

三、资料来源：

财政资料根据广东省财政厅提供的历年《广东省财政总决算报表》的有关项目加工整理。

银行资料由中国人民银行广州分行提供。

保险业务资料由中国保险监督管理委员会广东监管局提供。

8　Government Finance，Banking and Insurance

Brief Introduction

Ⅰ. The data in this chapter show the basic situation of local government general budgetary revenue and expenditure, banking and insurance of Guangdong Province.

Ⅱ. The data in this chapter are prepared by the Division of Comprehensive Statistics of Statistics Bureau of Guangdong Province.

Ⅲ. Data sources:

The data on local government finance are prepared in accordance with the related tables of the Total Final Accounts of Government Finance of Guangdong provided by Guangdong Provincial Department of Finance.

The data on banking are provided by Guangzhou Branch of the People's Bank of China.

The data on insurance are provided by Guangdong Bureau of China Insurance Regulatory Commission.

8-1 地方财政一般预算收支和增长速度

Local Government General Budgetary Revenue and Expenditure and Their Growth Rates

单位：亿元 (100 million yuan)

年份 Year	地方财政一般预算收入 Local Government General Budgetary Revenue	地方财政一般预算支出 Local Government General Budgetary Expenditure	收支差额 Balance	增长速度（%） Growth Rate (%) 地方财政一般预算收入 Local General Government Budgetary Revenue	地方财政一般预算支出 Local General Government Budgetary Expenditure	财政收入占地区生产总值的比重(%) Percentage of Budgetary Revenue to GDP (%)
1978	41.82	28.70	13.12	17.9	42.6	22.5
1979	36.25	29.88	6.37	-13.3	4.1	17.3
1980	37.79	27.04	10.75	4.2	-9.5	15.1
1981	41.01	29.60	11.41	8.5	9.5	14.1
1982	42.23	33.34	8.89	3.0	12.6	12.4
1983	44.29	37.45	6.84	4.9	12.3	12.0
1984	49.28	47.18	2.10	11.3	26.0	10.7
1985	69.27	66.74	2.53	40.6	41.5	12.0
1986	82.41	89.55	-7.14	19.0	34.2	12.3
1987	95.88	96.59	-0.71	16.3	7.9	11.3
1988	107.57	115.20	-7.63	12.2	19.3	9.3
1989	136.87	141.16	-4.29	27.2	22.5	9.9
1990	131.02	150.69	-19.67	-4.3	6.8	8.4
1991	177.35	182.48	-5.13	35.4	21.1	9.4
1992	222.64	219.61	3.03	25.5	20.3	9.1
1993	346.56	331.27	15.29	55.7	50.8	10.0
1994	298.70	416.83	-118.13	-13.8	25.8	6.5
1995	382.34	525.63	-143.29	28.0	26.1	6.4
1996	479.45	601.23	-121.78	25.4	14.4	7.0
1997	543.95	682.66	-138.71	13.5	13.5	7.0
1998	640.75	825.61	-184.86	17.8	20.9	7.5
1999	766.19	1034.44	-268.25	19.6	25.3	8.3
2000	910.56	1069.86	-159.30	18.8	3.4	8.5
2001	1160.51	1321.33	-160.82	27.5	23.5	9.6
2002	1201.61	1521.08	-319.47	3.5	15.1	8.9
2003	1315.52	1695.63	-380.11	9.5	11.5	8.3
2004	1418.51	1852.95	-434.44	7.8	9.3	7.5
2005	1807.20	2289.07	-481.87	27.4	23.5	8.1
2006	2179.46	2553.34	-373.88	20.6	11.5	8.3
2007	2785.80	3159.57	-373.77	27.8	23.7	9.0
2008	3310.32	3778.57	-468.25	18.8	19.6	9.3
2009	3649.81	4334.37	-684.56	10.3	14.7	9.2

8-2 地方财政一般预算收支基本情况

Basic Conditions of Local Government General Budgetary Revenue and Expenditure

单位：亿元 (100 million yuan)

指 标	Item	2000	2004	2005	2006	2007	2008	2009
一、财政收入	**Local Government Budgetary Revenue**	**910.56**	**1418.51**	**1807.20**	**2179.46**	**2785.80**	**3310.32**	**3649.81**
各项税收	Taxes	798.61	1191.55	1526.97	1850.44	2415.47	2864.79	3130.61
#增值税	Value-added Tax	132.13	168.88	323.59	397.98	479.51	552.85	580.27
营业税	Business Tax	272.42	484.78	555.77	661.70	832.32	955.35	1073.35
企业所得税	Corporate Income Tax	167.42	194.43	236.45	297.46	428.69	535.92	523.03
个人所得税	Individual Income Tax	84.80	111.57	132.43	156.92	200.08	236.38	238.99
城市维护建设税	City Maintenance and Construction Tax	30.00	55.24	64.34	77.59	94.23	106.23	113.91
印花税	Stamp Tax	32.94	19.86	20.57	25.17	51.97	48.60	52.26
非税收入	Non-tax Revenue	111.95	226.96	280.23	329.02	370.33	445.53	569.20
#国有资产经营收益	Operating Income from State-owned Assets	7.65	18.76	31.07	35.90	36.89	56.38	66.78
罚没收入	Penalty Receipts	40.71	49.77	60.33	66.25	74.73	80.94	88.90
行政性收费收入	Charge of Administrative and Units	41.05	94.95	103.41	125.90	136.51	149.10	164.06
专项收入	Special Program Receipts	21.01	44.08	52.42	62.93	73.88	86.03	81.95
其他收入	Others	7.49	21.67	34.77	38.94	19.59	33.41	48.62
二、财政支出	**Local Government Budgetary Expenditure**	**1069.86**	**1852.95**	**2289.07**	**2553.34**	**3159.57**	**3778.57**	**4334.37**
一般公共服务	Expenditure for General Public Services					523.39	629.02	625.26
教育	Expenditure for Education	144.75	287.95	329.21	392.62	575.90	703.32	803.20
科学技术	Expenditure for Science and Technology					119.26	132.52	168.50
文体体育与传媒	Expenditure for Culture, Sport and Media	26.33	44.30	50.84	59.22	53.03	33.72	111.50
社会保障与就业	Expenditure for Social Safety Net and Employment Effort					283.48	362.83	401.50
医疗卫生	Expenditure for Medical and Health Care	47.73	72.91	82.36	103.56	140.77	201.15	252.85
环境保护	Expenditure for Environment Protection					26.39	47.09	100.80
城乡社区事务	Expenditure for Urban and Rural Community Affairs					240.41	283.29	358.63
农林水事务	Expenditure for Agriculture, Forestry and Water Conservancy					172.53	192.60	279.21
交通运输	Expenditure for Transportation					57.12	105.84	249.13
其他支出	Other Expenditure					490.31	450.02	290.30

8-3 各市人均地方财政一般预算收入

Per Capita Local Government General Budgetary Revenue by City

单位：元 (yuan)

市别	City	2000	2002	2003	2004	2005	2006	2007	2008	2009
全省	**Provincial Total**	**1052.67**	**1358.97**	**1467.77**	**1556.98**	**1965.63**	**2342.50**	**2800.08**	**3468.49**	**3786.90**
广州	Guangzhou	2015.98	2496.75	2824.16	3135.11	3909.35	4378.27	5214.02	6107.20	6799.13
深圳	Shenzhen	3164.68	3561.79	3736.97	4014.36	4981.92	5917.59	7638.09	9127.88	9883.16
珠海	Zhuhai	1959.56	2372.92	2582.24	2481.64	3459.11	4156.59	5213.15	6232.99	6800.60
汕头	Shantou	404.89	416.35	427.41	434.31	595.48	702.46	849.58	1013.11	1146.15
佛山	Foshan	1114.69	1526.96	1691.08	1657.19	2255.88	2681.02	3284.87	3829.97	4247.25
韶关	Shaoguan	315.37	454.90	501.93	568.98	682.04	778.15	1018.72	1232.46	1370.96
河源	Heyuan	112.44	139.86	168.93	217.71	306.13	450.12	537.93	613.82	683.39
梅州	Meizhou	188.69	216.42	235.86	305.73	368.52	442.91	558.74	657.13	742.35
惠州	Huizhou	402.11	574.24	684.81	699.93	936.68	1182.14	1601.55	1987.87	2556.96
汕尾	Shanwei	169.31	172.89	189.22	195.44	253.50	330.22	423.37	542.72	671.57
东莞	Dongguan	468.64	844.33	1029.32	1101.18	1584.71	1910.63	2683.82	3010.52	3640.25
中山	Zhongshan	738.36	1299.71	1513.87	1422.98	2228.64	2664.94	3431.08	3987.54	4387.07
江门	Jiangmen	537.40	636.22	722.66	705.80	1014.65	1232.46	1512.94	1802.79	1990.60
阳江	Yangjiang	179.10	238.76	289.83	259.46	374.58	446.00	550.21	690.76	840.94
湛江	Zhanjiang	206.15	244.31	260.74	277.60	358.94	453.65	561.70	662.22	752.77
茂名	Maoming	173.01	221.01	253.42	308.31	363.97	433.97	523.58	593.92	672.47
肇庆	Zhaoqing	324.85	368.68	404.36	433.86	556.07	674.93	872.60	1145.37	1438.03
清远	Qingyuan	143.82	197.13	232.34	263.36	368.81	542.28	762.29	1001.56	1307.40
潮州	Chaozhou	191.32	211.72	237.10	208.67	343.01	420.24	530.04	624.09	708.79
揭阳	Jieyang	176.13	182.66	193.03	145.86	199.98	244.21	303.91	389.92	498.49
云浮	Yunfu	169.38	206.65	260.19	309.98	398.78	486.32	588.93	696.50	770.14
按经济区域分	By Region									
珠三角	Pearl River Delta	1396.48	1750.91	1944.38	2061.31	2679.66	3152.24	3983.13	4711.38	5269.88
东翼	Eastern Region	249.84	259.19	272.95	254.73	355.45	430.19	530.22	647.90	761.72
西翼	Western Region	188.86	234.31	262.48	286.80	363.36	444.66	544.77	639.44	733.27
山区	Mountainous Region	188.04	242.93	277.35	330.41	420.22	535.55	691.63	840.95	975.93

注：本表按年末常住人口数计算。

Note: The data in this table are calculated by year-end permanent population.

8-4 各市地方财政一般预算收支

Local Government General Budgetary Revenue and Expenditure by City

单位: 亿元 (100 million yuan)

市 别	City	地方财政一般预算收入 Local Government General Budgetary Revenue							
		2000	2003	2004	2005	2006	2007	2008	2009
全省合计	**Provincial Total**	**910.56**	**1315.52**	**1418.51**	**1807.20**	**2179.46**	**2785.80**	**3310.32**	**3649.81**
广 州	Guangzhou	200.55	274.77	302.87	371.26	427.08	523.79	621.84	702.65
深 圳	Shenzhen	221.92	290.84	321.47	412.38	500.88	658.06	800.36	880.82
珠 海	Zhuhai	24.23	34.82	34.46	48.97	60.27	75.82	92.32	101.41
汕 头	Shantou	18.94	20.78	21.40	29.44	34.93	42.49	51.22	58.54
佛 山	Foshan	59.53	95.44	95.29	130.85	157.06	194.54	227.99	254.70
韶 关	Shaoguan	8.63	14.29	16.41	19.93	22.80	30.04	36.38	40.71
河 源	Heyuan	2.55	4.35	5.86	8.52	12.54	15.16	17.61	20.18
梅 州	Meizhou	7.18	9.46	12.49	15.18	18.25	22.97	27.11	30.77
惠 州	Huizhou	12.94	24.12	25.42	34.72	44.45	62.06	78.07	101.57
汕 尾	Shanwei	4.16	5.05	5.37	7.09	9.27	12.16	15.75	19.71
东 莞	Dongguan	30.22	67.45	72.20	103.97	128.94	186.45	209.22	231.16
中 山	Zhongshan	17.46	36.63	34.54	54.26	66.45	86.12	100.12	110.44
江 门	Jiangmen	21.24	29.37	28.94	41.63	50.66	62.43	74.68	83.63
阳 江	Yangjiang	3.89	6.59	5.99	8.70	10.40	12.97	16.36	20.16
湛 江	Zhanjiang	12.44	16.82	18.34	24.01	30.39	38.24	45.71	52.65
茂 名	Maoming	9.08	14.25	17.76	21.26	25.72	31.66	36.37	41.70
肇 庆	Zhaoqing	10.97	14.44	15.80	20.44	24.98	32.74	43.56	55.92
清 远	Qingyuan	4.53	7.97	9.29	13.25	19.61	27.89	37.38	50.04
潮 州	Chaozhou	4.60	5.90	5.25	8.64	10.65	13.50	16.02	18.25
揭 阳	Jieyang	9.24	10.58	8.12	11.19	13.76	17.32	22.37	28.87
云 浮	Yunfu	3.65	5.92	7.19	9.33	11.39	13.97	16.63	18.78
按经济区域分	By Region								
珠 三 角	Pearl River Delta	599.06	867.88	930.99	1218.48	1460.77	1882.01	2248.16	2522.29
东 翼	Eastern Region	36.94	42.31	40.14	56.38	68.6	85.47	105.36	125.36
西 翼	Western Region	25.41	37.67	42.09	53.96	66.52	82.87	98.44	114.51
山 区	Mountainous Region	26.54	41.99	51.24	66.21	84.58	110.03	135.11	160.48

8-4 续表 continued

单位：亿元 (100 million yuan)

市别	City	地方财政一般预算支出 Local Government General Budgetary Expenditure							
		2000	2003	2004	2005	2006	2007	2008	2009
全省合计	**Provincial Total**	**1069.86**	**1695.63**	**1852.95**	**2289.07**	**2553.34**	**3159.57**	**3778.57**	**4334.37**
广 州	Guangzhou	240.72	370.09	408.34	438.41	506.79	623.69	713.35	789.92
深 圳	Shenzhen	225.04	348.95	377.57	599.16	571.42	727.97	889.86	1000.84
珠 海	Zhuhai	31.14	45.35	50.89	57.77	70.49	82.82	105.68	121.31
汕 头	Shantou	27.90	44.75	44.54	50.14	59.93	72.89	87.43	99.35
佛 山	Foshan	72.48	120.45	130.93	150.85	175.40	206.67	244.51	266.99
韶 关	Shaoguan	19.94	33.57	42.77	44.55	48.22	58.61	71.33	88.59
河 源	Heyuan	16.78	25.56	29.99	37.00	45.85	55.85	63.20	79.24
梅 州	Meizhou	23.84	38.54	42.04	46.25	59.20	72.09	81.37	97.26
惠 州	Huizhou	20.14	38.78	45.95	52.41	66.03	86.06	106.30	134.75
汕 尾	Shanwei	9.99	15.95	16.62	20.05	24.44	31.11	40.12	53.21
东 莞	Dongguan	33.61	76.52	94.16	117.04	147.90	193.10	218.26	232.62
中 山	Zhongshan	19.24	39.87	43.18	56.71	64.36	87.76	101.22	117.90
江 门	Jiangmen	28.18	41.28	47.58	54.24	63.40	76.40	92.60	111.08
阳 江	Yangjiang	11.00	17.93	20.50	23.17	28.29	35.68	45.93	56.64
湛 江	Zhanjiang	27.82	44.11	48.46	57.95	69.88	94.21	111.01	123.27
茂 名	Maoming	20.67	34.56	41.95	45.28	56.59	69.97	83.97	98.28
肇 庆	Zhaoqing	20.09	31.90	35.53	40.64	48.94	61.35	78.99	106.93
清 远	Qingyuan	16.35	28.22	31.44	38.15	49.55	61.95	76.19	100.05
潮 州	Chaozhou	11.31	17.32	18.88	21.36	27.14	33.54	37.43	44.30
揭 阳	Jieyang	19.50	30.95	29.27	30.99	40.35	51.48	62.34	76.79
云 浮	Yunfu	11.18	17.27	19.99	23.87	29.27	36.10	41.35	48.54
按经济区域分	By Region								
珠三角	Pearl River Delta	690.64	1113.18	1234.13	1567.23	1714.73	2145.82	2550.77	2882.33
东 翼	Eastern Region	68.70	109.00	109.30	122.50	151.90	189.00	227.30	273.64
西 翼	Western Region	59.49	96.60	110.91	126.40	154.75	199.86	240.91	278.18
山 区	Mountainous Region	88.09	143.16	166.23	189.83	232.10	284.60	333.43	413.69

8-5 中外资金融机构本外币存贷款余额

Deposits and Loans in Renminbi and Foreign Currencies in Chinese and Foreign Financial Institutions

单位：亿元 (100 million yuan)

指标	Item	2005	2007	2008	2009
各项存款余额	**Total Deposits**	**38119.91**	**48955.02**	**56119.26**	**69691.46**
企事业单位存款	Deposits of Enterprises and Institutions	12042.66	16672.23	18713.72	24919.12
储蓄存款	Savings Deposits	20267.76	23013.34	28181.18	32136.32
活期存款	Current Deposits	9161.67	11871.68	13129.42	15733.61
定期存款	Time Deposits	11106.09	11141.66	15051.76	16402.71
信托存款	Trust Deposits	23.60	0.05	0.05	0.05
委托存款	Entrusted Deposits	123.03	116.08	318.73	331.85
其他存款	Other Deposits	5662.86	9153.30	8905.58	12304.11
各项贷款余额	**Total Loans**	**23261.21**	**30617.27**	**33835.86**	**44510.22**
短期贷款	Short-term Loans	8883.41	10807.49	10602.56	12377.74
中长期贷款	Medium and Long-term Loans	11436.23	17623.12	20053.09	27578.26
信托贷款	Trust Loans	25.49	0.00	0.00	0.00
委托贷款	Entrusted Loans	106.19	48.23	55.74	123.10
其他贷款	Other Loans	547.49	811.54	783.27	2222.30
票据融资	Bill Financing	2174.90	1265.65	2298.02	2187.40
各项垫款	Advances	87.50	61.26	43.14	21.42

8-6 中资金融机构人民币存贷款余额

Deposits and Loans in Renminbi in Chinese-funded Financial Institutions

单位：亿元 (100 million yuan)

指标	Item	2005	2007	2008	2009
各项存款余额	**Total Deposits**	**35783.57**	**46555.52**	**53591.06**	**66766.49**
企业存款	Deposits by Enterprises	11257.50	15545.91	17351.76	23210.31
活期存款	Current Deposits	7106.79	9613.20	9942.46	12751.35
定期存款	Time Deposits	4150.71	5932.71	7409.30	10458.96
财政存款	Fiscal Deposits	1107.74	1513.49	1458.48	2104.35
机关团体存款	Deposits of Government Departments & Organizations	1426.19	2204.74	2254.86	2918.17
储蓄存款	Savings Deposits	19051.35	22214.49	27417.52	31345.78
农业存款	Agricultural Deposits	928.46	1376.41	1377.38	1845.84
其他	Others	2012.33	3700.48	3731.06	5342.05
各项贷款余额	**Total Loans**	**20745.27**	**26776.12**	**30224.01**	**38893.06**
短期贷款	Short-term Loans	7974.64	9400.38	9602.71	11136.77
工业贷款	Loans to Industrial Sector	1863.25	2398.97	2424.12	2400.54
商业贷款	Loans to Commercial Sector	1331.93	1266.74	1027.43	1274.24
建筑业贷款	Loans to Construction Sector	297.81	300.76	225.14	243.99
农业贷款	Loans to Agricultural Sector	436.08	431.89	460.57	518.09
中长期贷款	Medium and Long-term Loans	10403.35	16058.67	18183.91	25338.87
其他	Others	2367.28	1317.09	2437.39	2417.42

8-7 各市中资金融机构基本情况

Basic Conditions of Chinese-funded Financial Institutions by City

市别	City	2000				2005			
		机构数(个) Number of Financial Institutions	年末从业人员(人) Number of Employed Persons at the Year-end	各项存款(亿元) Total Deposits (100 million yuan)	各项贷款(亿元) Total Loans (100 million yuan)	机构数(个) Number of Financial Institutions	年末从业人员(人) Number of Employed Persons at the Year-end	各项存款(亿元) Total Deposits (100 million yuan)	各项贷款(亿元) Total Loans (100 million yuan)
全省合计	**Provincial Total**			**16908.21**	**11203.80**	**15433**	**222738**	**35783.57**	**20745.27**
广　州	Guangzhou			5512.23	3783.01	2053	45800	11065.22	6873.34
深　圳	Shenzhen			3161.89	2166.32	1119	28354	8478.18	6168.03
珠　海	Zhuhai			445.46	272.79	417	6798	925.47	424.33
汕　头	Shantou			540.19	342.83	655	9196	955.34	391.08
佛　山	Foshan			1952.99	1406.75	1913	21732	3770.74	2056.29
韶　关	Shaoguan			258.84	137.19	406	5153	461.78	166.55
河　源	Heyuan			90.35	59.19	349	3759	204.20	107.99
梅　州	Meizhou			210.73	142.23	635	7373	429.79	206.37
惠　州	Huizhou			359.24	207.24	664	8012	781.79	367.23
汕　尾	Shanwei			73.71	57.60	246	2937	140.77	57.21
东　莞	Dongguan			1228.49	612.25	1262	14985	2933.40	1500.52
中　山	Zhongshan			553.90	329.45	586	7837	1131.19	479.02
江　门	Jiangmen			670.66	501.08	906	11627	1163.76	534.17
阳　江	Yangjiang			140.29	80.18	289	3986	245.37	99.66
湛　江	Zhanjiang			400.83	251.03	931	10663	705.32	285.97
茂　名	Maoming			328.70	207.50	717	7915	521.02	225.46
肇　庆	Zhaoqing			268.96	198.80	551	7120	478.15	229.43
清　远	Qingyuan			210.65	139.56	471	5510	386.23	175.08
潮　州	Chaozhou			155.12	101.06	304	4087	324.04	132.34
揭　阳	Jieyang			230.12	125.42	613	6120	468.15	169.19
云　浮	Yunfu			114.86	82.32	346	3774	213.66	96.02
按经济区域分	By Region								
珠三角	Pearl River Delta			14153.82	9477.69	9642	159817	35103.66	20939.71
东　翼	Eastern Region			999.14	626.91	1762	22454	2147.42	788.51
西　翼	Western Region			869.82	538.71	1846	22857	1692.94	643.84
山　区	Mountainous Region			885.43	560.49	2156	25791	1958.72	810.10

8-7 续表 continued

市别	City	2008 机构数(个) Number of Financial Institutions	2008 年末从业人员(人) Number of Employed Persons at the Year-end	2008 各项存款(亿元) Total Deposits (100 million yuan)	2008 各项贷款(亿元) Total Loans (100 million yuan)	2009 机构数(个) Number of Financial Institutions	2009 年末从业人员(人) Number of Employed Persons at the Year-end	2009 各项存款(亿元) Total Deposits (100 million yuan)	2009 各项贷款(亿元) Total Loans (100 million yuan)
全省合计	**Provincial Total**	**14229**	**243185**	**53591.06**	**30224.01**	**13014**	**240854**	**66766.49**	**38893.06**
广　州	Guangzhou	2344	53209	16219.23	10037.54	2215	54932	20081.46	12316.01
深　圳	Shenzhen	1162	37637	13011.22	9017.28	1108	38731	16938.19	11646.34
珠　海	Zhuhai	399	7218	1472.35	647.94	371	7172	1962.35	908.20
汕　头	Shantou	635	9232	1343.29	410.31	575	8982	1599.69	526.98
佛　山	Foshan	1780	24791	5606.06	2940.99	1674	24512	7104.38	3931.87
韶　关	Shaoguan	369	5202	670.57	219.92	310	4885	789.85	298.01
河　源	Heyuan	289	3734	332.29	199.76	254	3485	408.12	280.68
梅　州	Meizhou	478	6736	596.72	206.45	393	6187	700.08	273.40
惠　州	Huizhou	609	8403	1304.59	659.89	567	8151	1734.72	924.94
汕　尾	Shanwei	192	2907	231.37	65.30	165	2639	276.88	97.40
东　莞	Dongguan	1174	17949	4336.27	2365.72	1121	18029	4965.85	2885.96
中　山	Zhongshan	550	8360	1769.84	825.60	520	8302	2159.59	1142.53
江　门	Jiangmen	778	10977	1611.31	606.42	707	10436	1913.03	828.50
阳　江	Yangjiang	247	3758	391.91	158.38	207	3425	473.72	223.86
湛　江	Zhanjiang	722	10083	1066.31	469.69	618	9431	1306.88	613.37
茂　名	Maoming	572	7663	734.01	220.94	497	7324	852.56	297.38
肇　庆	Zhaoqing	435	6597	718.50	370.93	384	6291	909.57	554.35
清　远	Qingyuan	416	5336	645.08	273.92	374	5143	821.86	420.70
潮　州	Chaozhou	261	4046	473.67	156.53	237	3867	552.36	185.82
揭　阳	Jieyang	560	5974	723.66	233.14	503	5644	813.31	326.02
云　浮	Yunfu	257	3373	332.80	137.36	214	3286	402.06	210.73
按经济区域分	By Region								
珠三角	Pearl River Delta	9231	175141	46049.37	27472.31	8667	176556	57769.13	35138.70
东　翼	Eastern Region	1648	22159	2771.99	865.28	1480	21132	3242.24	1136.22
西　翼	Western Region	1541	21504	2192.23	849.01	1322	20180	2633.16	1134.62
山　区	Mountainous Region	1809	24381	2577.46	1037.41	1545	22986	3121.96	1483.52

注：1. 本表存贷款统计口径为中资金融机构人民币存贷款。

2. 机构数和年末从业人员统计范围为银行业及相关金融机构(不含人民银行、外资银行及资产管理公司)。

Notes: a) Deposits and loans in this table refer to the deposits and loans in Renminbi in domestic-funded financial institutions.

b) The number of financial institutions and the number of employed persons at the year-end refer to those in banking and related financial institutions (excluding the People's Bank of China, foreign-funded banks and assets management companies).

8-8 各市中外资金融机构本外币存贷款

Deposits and Loans in Renminbi and Foreign Currencies in Chinese and Foreign Financial Institutions by City

单位：亿元 (100 million yuan)

市别	City	各项存款 Total Deposits							
		2000	2003	2004	2005	2006	2007	2008	2009
全省合计	**Provincial Total**	**18975.25**	**29640.83**	**33252.01**	**38119.91**	**43262.20**	**48955.02**	**56119.26**	**69691.46**
广州	Guangzhou	6161.70	9379.61	10360.97	11734.10	13350.97	14783.45	16929.46	20944.19
深圳	Shenzhen	3918.58	7073.86	8144.03	9486.76	10616.01	12829.73	14260.93	18357.47
珠海	Zhuhai	519.03	747.76	846.77	1014.08	1148.71	1388.07	1575.36	2105.20
汕头	Shantou	597.13	802.43	887.54	995.64	1109.45	1161.64	1365.86	1623.06
佛山	Foshan	2107.92	3151.91	3445.59	3906.93	4463.81	4885.43	5713.95	7211.14
韶关	Shaoguan	262.37	364.40	404.36	468.35	539.76	585.22	674.42	794.40
河源	Heyuan	90.66	155.54	178.00	205.94	237.52	286.55	334.76	409.59
梅州	Meizhou	218.35	360.07	399.41	438.71	480.01	489.95	601.71	705.69
惠州	Huizhou	392.42	615.61	710.72	823.96	986.41	1169.47	1336.94	1778.95
汕尾	Shanwei	77.79	117.24	129.45	144.45	167.98	192.72	233.51	279.78
东莞	Dongguan	1320.97	2237.76	2576.94	3036.77	3464.36	3843.38	4460.25	5094.92
中山	Zhongshan	616.26	915.57	1025.37	1186.76	1383.25	1560.23	1823.11	2211.13
江门	Jiangmen	801.04	1059.25	1165.12	1279.67	1391.08	1466.13	1683.39	1995.14
阳江	Yangjiang	142.00	195.83	221.52	248.75	284.13	318.32	394.33	477.87
湛江	Zhanjiang	406.80	555.18	618.69	716.97	843.55	926.90	1075.80	1316.10
茂名	Maoming	330.84	451.04	484.96	524.90	582.45	624.36	736.44	855.78
肇庆	Zhaoqing	280.18	392.66	428.72	493.23	563.07	629.42	728.75	920.63
清远	Qingyuan	212.76	301.74	337.45	393.96	478.73	565.68	651.26	832.57
潮州	Chaozhou	161.87	239.32	281.83	328.97	374.32	393.74	476.78	556.31
揭阳	Jieyang	238.84	352.64	415.08	473.60	544.72	572.67	726.87	816.18
云浮	Yunfu	117.76	171.40	189.46	217.40	251.88	281.97	335.41	405.35
按经济区域分	By Region								
珠三角	Pearl River Delta	16118.10	25574.00	28704.24	32962.25	37367.68	42555.31	48512.14	60618.78
东翼	Eastern Region	1075.63	1511.64	1713.92	1942.66	2196.47	2320.77	2803.02	3275.34
西翼	Western Region	879.64	1202.04	1325.17	1490.63	1710.13	1869.58	2206.57	2649.75
山区	Mountainous Region	901.90	1353.15	1508.68	1724.37	1987.91	2209.37	2597.56	3147.60

8-8 续表 continued

单位：亿元 (100 million yuan)

市别	City	各项贷款 Total Loans							
		2000	2003	2004	2005	2006	2007	2008	2009
全省合计	**Provincial Total**	**12954.62**	**20126.24**	**21955.28**	**23261.21**	**25935.19**	**30617.27**	**33835.86**	**44510.22**
广州	Guangzhou	4265.18	6742.81	7242.22	7622.20	8668.58	9661.38	11080.08	13851.83
深圳	Shenzhen	2906.82	5419.22	6602.37	7596.72	8353.84	10239.44	11188.40	14783.39
珠海	Zhuhai	318.86	460.33	468.89	486.72	527.42	683.23	748.46	1062.44
汕头	Shantou	387.59	507.08	451.16	421.36	423.24	448.83	426.74	570.47
佛山	Foshan	1550.91	2085.47	2131.63	2122.74	2419.82	2820.80	2999.73	4101.97
韶关	Shaoguan	147.67	180.27	176.17	169.68	180.37	197.76	221.29	320.02
河源	Heyuan	63.05	79.30	93.20	108.13	130.89	174.02	201.33	294.26
梅州	Meizhou	150.54	215.62	223.81	206.44	204.78	215.62	206.52	274.26
惠州	Huizhou	224.31	347.05	378.23	409.44	481.85	679.74	752.10	1134.26
汕尾	Shanwei	64.01	71.39	59.11	57.21	65.78	71.26	66.04	98.56
东莞	Dongguan	647.10	1247.24	1450.22	1540.48	1775.21	2217.93	2432.88	3017.07
中山	Zhongshan	356.58	520.53	495.97	498.05	588.38	747.31	844.27	1196.59
江门	Jiangmen	571.00	684.21	612.66	565.45	545.71	624.97	624.73	892.58
阳江	Yangjiang	88.46	110.06	107.65	100.66	107.27	136.68	159.22	229.38
湛江	Zhanjiang	289.74	329.58	322.83	310.03	356.12	421.46	476.92	629.71
茂名	Maoming	220.45	260.41	272.87	230.93	221.08	234.30	222.90	299.77
肇庆	Zhaoqing	220.51	265.89	260.40	232.13	252.51	308.07	374.15	568.31
清远	Qingyuan	151.26	188.50	195.07	179.13	193.17	240.02	276.44	442.53
潮州	Chaozhou	110.33	128.98	132.68	137.20	137.54	160.12	160.08	192.71
揭阳	Jieyang	132.30	175.55	171.71	169.40	195.73	217.60	235.03	335.18
云浮	Yunfu	87.97	106.77	106.41	97.10	105.90	116.72	138.56	214.93
按经济区域分	By Region								
珠三角	Pearl River Delta	11061.27	17772.73	19642.60	21073.93	23613.32	27982.87	31044.80	40608.44
东翼	Eastern Region	694.23	882.99	814.66	785.17	822.29	897.81	887.89	1196.92
西翼	Western Region	598.65	700.06	703.35	641.62	684.46	792.44	859.04	1158.86
山区	Mountainous Region	600.49	770.46	794.68	760.49	815.11	944.14	1044.14	1546.00

8-9 各市金融机构储蓄存款

Savings Deposits in Financial Institutions by City

单位：亿元 (100 million yuan)

市别	City	中资金融机构人民币储蓄存款 Savings Deposits in Renminbi in Chinese-funded Financial Institutions							
		2000	2003	2004	2005	2006	2007	2008	2009
全省合计	**Provincial Total**	**8667.29**	**14061.77**	**16193.36**	**19051.35**	**21583.33**	**22214.49**	**27417.52**	**31345.78**
广　州	Guangzhou	2239.64	3727.33	4256.82	5024.69	5561.48	5576.24	6836.35	7920.13
深　圳	Shenzhen	1082.43	2199.45	2625.38	3229.38	3744.70	3795.29	4905.93	5723.76
珠　海	Zhuhai	216.08	357.39	408.57	480.87	539.74	570.05	705.06	805.37
汕　头	Shantou	351.40	561.27	641.49	733.50	822.00	824.94	1009.82	1153.31
佛　山	Foshan	1216.98	1783.99	2028.81	2358.78	2667.06	2768.81	3436.10	3885.33
韶　关	Shaoguan	165.47	240.08	272.58	313.97	352.50	359.35	430.87	486.34
河　源	Heyuan	69.96	107.01	125.74	145.12	170.02	186.79	223.38	262.84
梅　州	Meizhou	155.14	239.60	280.64	318.77	345.36	347.31	435.56	496.90
惠　州	Huizhou	249.31	379.55	447.28	522.21	607.23	647.61	771.66	867.49
汕　尾	Shanwei	54.18	81.49	95.16	108.39	127.28	137.91	166.91	195.42
东　莞	Dongguan	672.07	1231.06	1431.68	1728.28	2013.40	2120.49	2636.76	2902.66
中　山	Zhongshan	354.65	543.70	614.92	725.06	832.77	875.54	1058.85	1220.95
江　门	Jiangmen	483.75	667.17	753.92	851.93	941.03	972.97	1158.16	1289.06
阳　江	Yangjiang	104.99	149.28	171.19	189.91	214.39	229.45	276.08	320.14
湛　江	Zhanjiang	298.14	405.62	450.75	505.70	569.32	596.87	707.45	810.79
茂　名	Maoming	247.45	341.50	372.58	410.02	458.41	481.36	567.27	640.08
肇　庆	Zhaoqing	184.21	256.72	293.06	335.91	380.50	411.02	482.80	554.14
清　远	Qingyuan	146.27	206.73	235.29	273.86	327.25	367.79	436.68	496.56
潮　州	Chaozhou	104.19	173.61	207.38	242.65	278.89	287.89	352.30	404.48
揭　阳	Jieyang	180.82	282.33	337.18	387.29	439.28	447.18	574.27	622.66
云　浮	Yunfu	90.13	126.89	142.93	165.09	190.73	209.64	245.27	287.35
按经济区域分	By Region								
珠三角	Pearl River Delta	6699.12	11146.36	12860.44	15257.09	17287.90	17738.02	21991.67	25168.89
东　翼	Eastern Region	690.59	1098.70	1281.21	1471.82	1667.45	1697.92	2103.30	2375.88
西　翼	Western Region	650.58	896.40	994.52	1105.62	1242.12	1307.68	1550.80	1771.02
山　区	Mountainous Region	626.97	920.31	1057.19	1216.81	1385.86	1470.88	1771.76	2029.99

8-9 续表 continued

单位：亿元 (100 million yuan)

市别	City	中外资金融机构本外币储蓄存款 Savings Deposits in Renminbi and Foreign Currencies in Chinese and Foreign Financial Institutions							
		2000	2003	2004	2005	2006	2007	2008	2009
全省合计	**Provincial Total**	**10028.65**	**15590.68**	**17631.07**	**20267.76**	**22677.19**	**23013.34**	**28181.18**	**32136.32**
广州	Guangzhou	2677.84	4242.60	4755.29	5475.77	5956.52	5855.79	7111.27	8214.21
深圳	Shenzhen	1391.53	2572.76	2984.38	3525.70	4024.49	4009.06	5125.66	5943.09
珠海	Zhuhai	262.40	403.97	450.23	513.72	569.41	591.87	727.86	828.04
汕头	Shantou	399.25	609.27	681.66	765.26	850.42	843.59	1025.32	1168.73
佛山	Foshan	1364.95	1933.47	2159.61	2465.51	2762.50	2836.67	3494.11	3945.01
韶关	Shaoguan	172.46	247.69	279.59	320.00	358.10	363.22	434.19	489.72
河源	Heyuan	71.32	108.55	127.23	146.36	171.24	187.66	224.14	263.60
梅州	Meizhou	166.95	252.13	291.27	326.86	352.78	352.67	439.94	501.32
惠州	Huizhou	276.61	410.40	477.59	548.27	629.71	663.89	785.09	881.28
汕尾	Shanwei	58.88	86.41	99.51	111.83	130.25	139.92	168.79	197.35
东莞	Dongguan	753.77	1317.36	1514.28	1796.69	2073.99	2164.06	2677.51	2945.59
中山	Zhongshan	409.23	601.40	665.91	764.69	868.62	901.04	1080.43	1242.83
江门	Jiangmen	607.53	799.83	879.30	951.96	1029.95	1043.74	1219.45	1353.17
阳江	Yangjiang	107.92	152.49	174.31	192.35	216.55	230.89	277.34	321.41
湛江	Zhanjiang	310.22	418.15	461.71	514.85	577.70	602.99	713.00	816.81
茂名	Maoming	251.70	346.63	377.23	413.71	461.77	483.64	569.35	642.22
肇庆	Zhaoqing	197.68	271.41	306.44	347.39	390.95	418.97	489.87	561.40
清远	Qingyuan	152.70	213.92	242.03	279.69	332.48	371.58	439.91	499.84
潮州	Chaozhou	111.07	180.23	212.49	246.32	282.31	290.22	354.25	406.51
揭阳	Jieyang	190.83	290.87	344.10	392.24	443.63	449.98	576.52	624.85
云浮	Yunfu	93.82	131.14	146.90	168.58	193.81	211.85	247.20	289.35
按经济区域分	By Region								
珠三角	Pearl River Delta	7941.54	12553.20	14193.03	16389.71	18306.14	18485.09	22711.25	25914.60
东翼	Eastern Region	760.03	1166.78	1337.76	1515.65	1706.61	1723.71	2124.88	2397.43
西翼	Western Region	669.84	917.27	1013.25	1120.91	1256.02	1317.52	1559.69	1780.44
山区	Mountainous Region	657.25	953.44	1087.03	1241.49	1408.42	1486.98	1785.38	2043.84

8-10 中资金融机构现金投放回笼差额

Currency Issue and Cash Withdrawn of Chinese-funded Financial Institutions

单位：亿元 (100 million yuan)

指　　标	Item	2000	2004	2005	2006	2007	2008	2009
现金收入	**Cash Income**	**38570.44**	**60742.40**	**62272.96**	**67295.74**	**74771.13**	**72825.00**	**74650.01**
商品销售收入	Income from Commodity Sales	3489.74	4751.33	4510.51	4583.19	4659.46	4486.87	4270.01
服务性收入	Income from Service Trade	1875.96	2690.30	2653.63	2727.23	2828.41	2635.10	2546.45
税款收入	Income from Taxes	228.11	328.26	306.80	301.00	341.15	310.82	292.81
城乡个体经营收入	Income from Urban and Rural Individual Business	1463.95	2283.55	2322.58	2390.81	2380.75	2377.84	2279.90
储蓄存款收入	Income from Savings Deposits	28738.58	47108.05	49082.60	54138.67	60880.32	59187.20	61224.09
其他金融机构收入	Income from Other Financial Institutions	172.84	155.72	180.21	136.92	97.32	78.58	60.56
居民归还贷款收入	Income from Repayment of Loans by Residents	109.34	158.86	185.35	205.67	254.04	226.32	237.77
汇兑收入	Income from Remittances	882.97	1027.25	880.21	579.25	442.23	347.25	316.80
有价证券收入	Income from Securities	93.79	55.18	35.95	26.80	42.33	42.58	29.85
其他	Other Income	1515.16	2183.90	2115.12	2206.20	2845.12	3132.44	3391.79
现金支出	**Cash Expenditure**	**39323.17**	**61778.50**	**63344.73**	**68656.73**	**76472.45**	**74688.37**	**76383.71**
工资支出	Wages	2826.92	4233.96	3908.16	3939.45	3925.34	3683.95	3633.24
农副产品采购支出	Purchases of Agricultural and Sideline Products	666.68	1007.89	931.80	906.50	885.72	760.96	696.58
工矿及其他产品采购支出	Expenditure for Purchases of Industrial and Mineral Products	475.58	615.15	532.80	455.71	529.85	459.68	416.81
行政企事业管理费支出	Government and Enterprise Overhead	1975.17	2871.57	2920.85	3101.86	3422.21	3411.46	3246.85
城乡个体经营支出	Expenditure for Individual Business	1954.39	2961.93	2991.51	3252.19	3423.04	3532.97	3373.67
储蓄存款支出	Expenditure for Savings Deposits	29407.36	47298.92	49385.52	54372.02	61205.8	59765.68	61819.71
其他金融机构支出	Expenditure for Other Financial Institutions	114.20	156.10	132.33	130.37	63.93	61.18	34.43
居民提取贷款支出	Expenditure for Loans from Residents	93.14	109.12	120.22	115.97	142.08	107.26	128.26
汇兑支出	Expenditure for Remittances	237.81	322.85	300.75	234.37	210.14	182.82	206.90
有价证券支出	Expenditure for Securities	84.37	37.92	19.94	11.92	34.83	22.61	26.46
其他	Other Expenditure	1487.55	2163.09	2100.85	2136.37	2629.51	2699.80	2800.80
投放	**Currency Issue**	**752.73**	**1036.11**	**1071.77**	**1360.99**	**1701.32**	**1863.37**	**1733.70**

注：投放栏中的负数表示现金回笼。

Note: The negative amount in currency issue indicates the amount of cash withdrawn.

8-11 财产保险公司主要指标

Main Indicators of Property Insurance Companies

单位: 万元　　(10000 yuan)

项　目	Item	2005		2008		2009	
		保费收入 Premium Income	赔款支出 Indemnity Expenditure	保费收入 Premium Income	赔款支出 Indemnity Expenditure	保费收入 Premium Income	赔款支出 Indemnity Expenditure
合　计	**Total**	**1685170.63**	**845800.87**	**3069563.61**	**1805582.28**	**3501443.07**	**1901371.93**
企业财产保险	Enterprise Property Insurance	222004.35	173826.76	294651.42	242969.17	329481.97	260882.09
家庭财产保险	Household Property Insurance	12407.59	1170.37	8844.82	2063.21	17900.49	1948.07
#投资型家财险	Of Which: Investment-Linked Household Property Insurance	446.66	164.19	128.20	34.29	218.37	10.07
机动车辆保险	Motor Vehicle Insurance	1063848.58	529693.38	2144582.53	1235582.44	2506185.99	1314922.44
工程保险	Project Insurance	42979.14	12776.23	76855.57	17740.79	64267.42	29393.88
责任保险	Liability Insurance	58002.34	19459.36	108777.59	36558.85	116458.63	41693.32
信用保险	Credit Insurance	23565.76	10567.38	55078.26	15598.16	96870.00	42611.34
保证保险	Guarantee Insurance	16905.26	24343.42	5417.10	-2253.26	6234.99	5589.15
#机动车辆消费贷款保证保险	Of Which: Motor Vehicle Consumption Loan Guarantee Insurance	250.61	22936.13	579.00	-4224.11	727.62	3731.02
个人贷款抵押房屋保证保险	Personal Loan Home Mortgage Guarantee Insurance	14236.25	292.60	1437.51	402.96	675.23	135.43
船舶保险	Ship Insurance	44728.47	17886.27	65158.49	20350.45	67026.23	34775.29
货物运输保险	Freight Transport Insurance	54008.64	22312.82	81021.09	35184.54	77429.17	40052.43
特殊风险保险	Peculiar Risk Insurance	68514.78	3559.03	68818.88	103507.48	68243.25	35087.73
农业保险	Agriculture Insurance	1402.67	1115.53	16666.98	11822.26	11223.39	11482.65
健康险	Health Insurance	9787.22	4084.66	48722.96	43733.42	52152.09	46763.64
意外伤害保险	Accident Injury Insurance	66225.36	23567.92	94682.60	41476.13	87583.65	36145.42
其他险	Other Property Insurance	790.47	1437.75	285.33	1248.65	385.81	24.46

注：本表数据包括深圳，来源于中国保险监督管理委员会广东监管局。

Note: The data in the table include those of Shenzhen and are obtained from Guangdong Bureau of China Insurance Regulatory Commission.

8-12 人身保险公司主要指标
Main Indicators of Life Insurance Companies

单位：亿元 (100 million yuan)

项　目	Item	2005	2008	2009
保费收入	**Premium Income**	**330.72**	**818.03**	**881.02**
按险种分	Premium by Line of Business:			
寿险	Life Insurance	283.77	734.66	805.63
个人业务	Personal Business	242.75	685.94	783.14
新单保费	New Business Premium	122.71	480.59	509.07
续期保费	Renewal Premium	120.03	205.35	274.07
团体业务	Group Business	41.02	48.72	22.49
新单保费	New Business Premium	38.99	48.07	21.97
续期保费	Renewal Premium	2.04	0.65	0.52
意外伤害险	Accident Injury Insurance	13.14	18.20	19.98
一年期以内业务	Within One-year	0.81	1.00	0.88
一年期业务	One Year	12.32	16.87	18.72
一年以上业务	Over One-year Period Business		0.33	0.38
健康险	Health Insurance	33.81	65.16	55.41
一年期以内及一年期业务	Within One Year and One-year Period Business	13.07	17.88	20.25
个人业务	Personal Business	8.21	9.21	9.01
团体业务	Group Business	4.86	8.66	11.24
一年期以上业务	Over One-year Period Business	20.75	47.29	35.16
个人业务	Personal Business	16.73	45.68	31.66
团体业务	Group Business	4.01	1.60	3.49
按新型产品分:	Premium by New Product:			
寿险保费收入合计	Total Life Insurance Premium Income	283.77	734.66	805.63
普通寿险	Ordinary Insurance	86.25	102.67	93.57
新单保费	New Business Premium	15.12	24.44	10.52
续期保费	Renewal Premium	71.13	78.23	83.05
分红寿险	Dividend Insurance	161.43	405.87	548.79
新单保费	New Business Premium	116.84	299.85	392.15
续期保费	Renewal Premium	44.60	106.02	156.64
投资连结保险	Investment Link Insurance	7.32	67.31	33.45
万能寿险	Universal Life Insurance	28.76	158.81	129.82
赔付支出	**Total Payment Expenditure**	**38.92**	**102.61**	**116.54**
赔款支出	Total Indemnity Expenditure	12.80	15.07	18.20
意外伤害险	Accident Injury Insurance	3.96	4.22	4.32
一年期以内业务	Within One-year Period Business	0.09	0.12	0.08
一年期业务	One-year Period Business	3.87	4.11	4.23
一年期以内及一年期健康险	Within One Year and One-year Period Health Insurance Business	8.84	10.85	13.89
个人业务	Personal Business	4.48	3.71	4.00
团体业务	Group Business	4.36	7.14	9.89
死伤医疗给付合计	**Total Payment for Death, Injury and Medical Treatment**	**5.72**	**8.35**	**11.20**
寿险	Life Insurance	3.91	5.87	7.25
个人业务	Personal Business	3.73	5.67	6.79
团体业务	Group Business	0.18	0.20	0.47
一年期以上健康险	Over One-year Period Health Insurance	1.81	2.48	3.94
个人业务	Personal Business	0.99	2.30	3.12
团体业务	Group Business	0.82	0.17	0.83
满期给付合计	**Total Mature Payment**	**9.55**	**65.44**	**64.66**
寿险	Life Insurance	9.55	65.25	63.12
个人业务	Personal Business	8.25	64.71	62.71
团体业务	Group Business	1.30	0.55	0.41
一年期以上健康险	Over One-year Period Health Insurance		0.19	1.54
个人业务	Personal Business		0.17	0.14
团体业务	Group Business		0.01	1.41
年金给付合计	**Total Annuity Payment**	**10.85**	**13.76**	**22.47**
个人业务	Personal Business	7.22	10.32	19.38
团体业务	Group Business	3.63	3.44	3.09
退保金	**Withdrawal Amount Insured**	**42.51**	**89.81**	**111.33**
寿险	Life Insurance	41.94	87.93	109.51
个人业务	Personal Business	22.05	58.75	82.58
团体业务	Group Business	19.89	29.18	26.93
一年期以上健康险	Over One-year Period Health Insurance	0.57	1.88	1.82

注：本表数据包括深圳，来源于中国保险监督管理委员会广东监管局。
Note: The data in the table include those of Shenzhen and are obtained from Guangdong Bureau of China Insurance Regulatory Commission.

主要统计指标解释

财政收入 是国家财政参与社会产品分配所取得的收入，是实现国家职能的财力保证。财政收入所包括的内容几经变化，目前主要包括：

（1）各项税收：包括增值税、营业税、消费税、土地增值税、城市维护建设税、资源税、城市土地使用税、印花税、个人所得税、企业所得税、关税、农牧业税和耕地占用税等。

（2）专项收入：包括征收排污费收入、征收城市水资源费收入、教育费附加收入等。

（3）其他收入：包括基本建设贷款归还收入、基本建设收入、捐赠收入等。

（4）国有企业亏损补贴：这项为负收入，冲减财政收入。

财政支出 国家财政将筹集起来的资金进行分配使用，以满足经济建设和各项事业的需要，主要包括基本建设支出、企业挖潜改造资金、地质勘探费用、科技三项费用、支援农村生产支出、农林水利气象等部门的事业费用、工业交通商业等部门的事业费、文教科学卫生事业费、抚恤和社会福利救济费、国防支出、行政管理费、价格补贴支出等科目。

信贷资金 指金融机构以信用方式积聚和分配的货币资金。金融机构信贷资金的来源有各项存款、对国际金融机构负债、流通中货币、银行自有资金及当年结益等；信贷资金的运用有各项贷款、黄金占款、外汇占款、财政借款及在国际金融机构中的资产等。

存款 指企业、机关、团体或居民根据必须收回的原则，把货币资金存入银行或其他信用机构保管并取得一定利息的一种信用活动形式。根据存款对象的不同可划分为企业存款、财政存款、机关团体存款、基本建设存款、城镇居民储蓄、农村存款等科目。它是银行信贷资金的主要来源。

贷款 指银行或其他信用机构根据资金必须归还的原则，按一定利率，为企业、个人等提供资金的一种信用活动形式。我国银行贷款分流动资金贷款、固定资产贷款、城乡个体工商户贷款以及农业贷款等科目。

城乡居民储蓄存款余额 指某一时点城乡居民存入银行及农村信用社的储蓄金额，包括城镇居民储蓄存款和农民个人储蓄存款，不包括居民的手存现金和工矿企业、部队、机关、团体等单位存款。
保险金额指保险人承担赔偿或者给付保险金责任的最高限额。

保费 指投保人为取得保险人在约定范围内所承担赔偿责任而支付给保险人的费用。

赔款 指保险人根据保险合同的规定，向被保险人支付的赔偿保险责任损失的金额。

给付 包括死伤医疗给付和满期给付。死伤医疗给付是指保险人根据人寿保险及长期健康保险合同的规定，因被保险人在保险期内发生保险责任范围内的保险事故支付给被保险人（或受益人）的金额。满期给付是指被保险人生存期满，保险人按人寿保险合同规定支付给被保险人的满期保险金额。

Explanatory Notes on Main Statistical Indicators

Government Revenue refers to income for the government finance through participating in the distribution of social products. It is the financial guarantee to ensure government functioning.The contents of government revenue have undergone constant changes. Currently they mainly include the following items:

(1) Various tax revenues, including value added tax, business tax, consumption tax, land value added tax, city maintenance and construction tax, resources tax, tax on use of urban land, stamp tax, individual income tax, corporate income tax, tariff, tax on agriculture and animal husbandry and tax on occupancy of cultivated land, etc.

(2) Special program receipts, including receipts of pollutant discharge fee, urban water resource charge, education surtax, etc.

(3) Other receipts, including receipts of the repayment of capital construction loan, income of capital construction projects, donations, etc.

(4) Planned subsidies to the loss of the state owned enterprises. This is an item of negative revenue, used to eat up part of the government revenue.

Government Expenditure refers to the distribution and use of the funds which the government finance has raised, so as to meet the needs of economic construction and various causes. It mainly includes the following items: expenditure for capital construction, innovation funds for enterprises, geological prospecting expenses, expenditures for science and technology promotion, expenditure for supporting rural production, operating expenses of the authorities of farming, forestry, water conservancy and meteorology and others, operating expenses of the authorities of industry, transport and commerce, operating expenses of the authorities of culture, education, science and public health, pension for the disabled or for the families of the bereaved and relief funds for social welfare, expenditures for national defense, administrative expenses and expenditure for price subsidies, etc.

Credit Funds refer to the monetary funds accumulated and distributed in the means of credit by the financial institutions. The sources of credit funds include deposits, liabilities to international financial institutions, currency in circulation, self-owned funds and current retained profits, etc. The uses of credit funds include loans, position for bullion purchase, position for foreign exchange purchase, advances to treasury, and assets with international financial institutions.

Deposit is a form of credit by which enterprises, institutions, organizations or residents can put money into banks and other credit institutions for safekeeping and interest earning under the principle of free withdrawal. According to the different depositors, deposits are divided into enterprise deposits, treasury deposits, deposits of government agencies and organizations, capital construction deposits, urban savings deposits, rural deposits and other deposits. Deposits are major sources of the credit funds of banks.

Loan is a form of credit by which banks and other credit institutions provide funds at certain interest rates to enterprises and individuals in the light of the principle of unconditional repayment. Loans from Chinese banks include circulating capital loans, fixed assets loans, loans to urban and rural individuals engaged in industrial and commercial business and agricultural loans.

Savings Deposits by Urban and Rural Residents refer to the total value of savings deposits of urban and rural households in banks and rural credit cooperatives at a given point of time, including the savings deposit of urban residents and the savings deposit of rural residents. The cash in hand by residents and the deposits of organizations such as enterprises, military units, government agencies, institutions and others are not included.

Amount Insured refers to the maximum that the insurant will get for the claim of the case insured.

Premium is the fee paid by the insurant to the insurer to obtain the obligation of compensation from the insurance within the agreed terms. is the compensation paid by the insurer to the insurant in accordance with the insurance contract.

Settled Claim is the compensation paid by the insurer to the insurant in accordance with the insurance contract.

Payment includes payment for death, injury or medical treatment and payment at maturity. Payment for death, injury or medical treatment refers to the money paid to the insurant (or the beneficiary) in accordance with the life or health insurance contract when the insurant encounters accidents within the insured period covered in the contract. Payment at maturity refers to the payment to the insurant in accordance with the life insurance contract at the end of the insured period.

九、价格指数

PRICE INDICES

九 价格指数

简要说明

一、本篇资料反映生产、流通、消费与投资等环节的价格变动情况。主要包括居民消费价格指数、商品零售价格指数、农业生产资料价格指数、工业品出厂价格指数、原材料、燃料和动力购进价格指数、农产品生产价格指数和固定资产投资价格指数。

二、本篇资料由国家统计局广东调查总队消费价格调查处和生产投资价格调查处整理提供。

三、居民消费价格指数、商品零售价格指数采用分层抽样调查方法编制，即在全省选择不同经济区域的市、县以及有代表性的商品和服务项目作为样本，对市场价格进行经常性调查，以样本推断总体。

四、工业品出厂价格指数和原材料、燃料、动力购进价格指数均采用重点调查与典型调查相结合的方法统计。

五、固定资产投资价格指数采用重点调查与典型调查相结合的方法统计。

六、农产品生产价格指数采用抽样调查和重点调查相结合的调查方法进行统计。

9 Price Indices

Brief Introduction

Ⅰ. The data in this chapter reflect price changes in production, circulation, consumption and investment, including mainly consumer price indices, retail price indices, price indices of means of agricultural production, ex-factory price indices of industrial products (or producer price indices for manufactured goods), purchasing price indices of raw materials, fuels and power, producers' price indices for farm products and price indices for investment in fixed assets.

Ⅱ. The data are prepared and provided by the Division of Consumers Price Survey and the Division of Production Price Survey under Guangdong Survey Office of the National Bureau of Statistics.

Ⅲ. The data for the calculation of consumer price indices and retail price indices in the province are collected through stratified sampling. Cities and counties distributed in different economic regions of the province are selected as sample areas, and representative commodities and services are selected as sample commodities and services. Regular surveys are conducted to collect data on market prices. The data on the population are estimated on the basis of the sample.

Ⅳ. The data for the calculation of ex-factory price indices of industrial products and purchasing price indices of raw materials, fuels and power are all collected through key-point survey combined with typical survey.

Ⅴ. The data for the calculation of price indices of investment in fixed assets are collected through key-point survey combined with typical survey.

VI. The data for the calculation of producers' price indices of farm products are collected through sampling survey combined with key-point survey.

9-1 各种价格指数

Price Indices

上年=100 (preceding year=100)

年份 Year	商品零售价格指数 Retail Price Index	居民消费价格指数 Consumer Price Index	城市居民消费价格指数 Urban Household	农村居民消费价格指数 Rural Household	工业品出厂价格指数 Producer Price Index for Manufactured Goods	原材料、燃料、动力购进价格指数 Purchasing Price Index for Raw Materials, Fuel and Power	固定资产投资价格指数 Price Index for Investment in Fixed Assets
1978	100.4		100.3				
1979	103.0		104.6				
1980	108.5		109.5				
1981	109.3		106.3				
1982	102.3		102.6				
1983	100.7		102.8				
1984	101.2	101.3	101.9	100.4			
1985	113.6	114.8	117.1	111.2			
1986	104.8	104.9	104.7	105.3			
1987	111.7	111.2	112.8	109.7			
1988	130.2	129.4	129.5	129.3			
1989	121.0	122.1	121.9	122.4			
1990	95.6	97.5	97.4	97.6			
1991	100.6	101.2	102.3	99.9			
1992	105.8	107.3	108.4	105.9			
1993	118.2	121.6	122.0	120.6			
1994	118.9	121.7	121.0	122.5			
1995	111.6	114.0	113.1	115.3			
1996	104.4	107.0	107.2	106.5			
1997	100.1	101.9	102.1	101.5	100.1	97.3	
1998	97.0	98.2	98.3	98.1	94.8	91.4	
1999	96.7	98.2	98.4	97.7	97.7	97.8	
2000	99.9	101.4	102.2	100.0	103.4	110.9	
2001	98.7	99.3	99.2	99.6	98.5	99.1	100.2
2002	98.5	98.6	98.6	98.6	96.5	96.3	99.7
2003	100.0	100.6	100.7	100.4	99.3	104.1	102.2
2004	102.9	103.0	102.6	103.7	101.7	110.6	106.4
2005	101.8	102.3	102.0	102.7	101.5	105.0	101.6
2006	101.5	101.8	101.8	101.6	101.4	103.6	100.7
2007	103.4	103.7	103.7	103.5	101.3	103.3	102.4
2008	106.0	105.6	105.5	105.8	103.1	107.9	108.6
2009	96.8	97.7	97.6	97.8	95.8	93.8	96.7

9-2 各种价格定基指数

Fixed-base Price Indices

年份 Year	商品零售价格指数(1978年为100) Retail Price Index (1978=100)	居民消费价格指数(1983年为100) Consumer Price Index (1983=100)	城市居民消费价格指数(1983年为100) Urban Household (1983=100)	农村居民消费价格指数(1983年为100) Rural Household (1983=100)	工业品出厂价格指数(1996年为100) Producer Price Index for Manufactured Goods (1996=100)	原材料、燃料、动力购进价格指数(1996年为100) Purchasing Price Indes for Raw Materials, Fuel and Power (1996=100)	固定资产投资价格指数(2000年为100) Price Index for Investment in Fixed Assets (2000=100)
1978	100.0						
1979	103.0						
1980	111.8						
1981	122.0						
1982	124.9						
1983	125.7	100.0	100.0	100.0			
1984	127.2	101.3	101.9	100.4			
1985	144.5	116.3	119.3	111.6			
1986	151.5	122.0	124.9	117.6			
1987	169.2	135.7	140.9	129.0			
1988	220.3	175.5	182.5	166.8			
1989	266.6	214.3	222.5	204.1			
1990	254.8	209.0	216.7	199.2			
1991	256.4	211.5	221.7	199.0			
1992	271.3	226.9	240.3	210.7			
1993	320.6	275.9	293.1	254.2			
1994	381.3	335.8	354.7	311.3			
1995	425.6	382.8	401.2	359.0			
1996	444.3	409.6	430.1	382.3	100.0	100.0	
1997	444.7	417.4	439.1	388.1	100.1	97.3	
1998	431.4	409.9	431.6	380.7	94.9	88.9	
1999	417.1	402.5	424.7	371.9	92.7	86.9	
2000	416.7	408.1	434.1	371.9	95.9	96.4	100.0
2001	411.3	405.3	430.6	370.4	94.5	95.5	100.2
2002	405.1	399.6	424.6	365.3	91.2	92.0	99.9
2003	405.1	402.0	427.5	366.7	90.6	95.8	102.1
2004	416.9	414.1	438.6	380.3	92.1	106.0	108.6
2005	424.4	423.6	447.4	390.5	93.5	111.3	110.3
2006	430.8	431.2	455.5	396.8	94.8	115.3	111.1
2007	445.4	447.2	472.3	410.7	96.0	119.1	113.8
2008	472.2	472.2	498.3	434.5	99.0	128.4	123.6
2009	457.1	461.3	486.3	424.9	94.9	120.4	119.5

9-3 居民消费价格分类指数（2009年）

Consumer Price Indices by Category (2009)

上年=100 (preceding year=100)

项　目	Item	全省 Provincial Indices	城市 Urban Indices	农村 Rural Indices
居民消费价格指数	**Consumer Price Index**	**97.7**	**97.6**	**97.8**
非食品价格指数	**Non-food Price Index**	**97.2**	**97.1**	**97.5**
服务项目价格指数	**Service Price Index**	**97.8**	**97.6**	**99.0**
工业品价格指数	**Industrial Products Price Index**	**96.8**	**96.8**	**96.8**
扣除食品和能源价格指数	**Price Index Deducting Food and Energy Sources**	**98.3**	**98.2**	**98.8**
扣除鲜菜鲜果价格指数	**Price Index Deducting Fresh Vegetables and Fruits**	**97.5**	**97.5**	**97.4**
消费品价格指数	**Consumer Goods Price Index**	**97.6**	**97.6**	**97.5**
食品	**Food**	**98.5**	**98.6**	**98.3**
粮食	Grain	104.3	105.0	102.5
#大米	Rice	105.4	106.0	103.5
粮食制品	Grain Products	103.9	104.5	101.6
淀粉	Starches	101.7	101.5	102.2
干豆类及豆制品	Beans and Bean Products	99.9	100.3	98.8
油脂	Oil or Fat	83.2	85.1	78.5
肉禽及其制品	Meat, Poultry and Processed Products	92.1	92.2	91.6
#猪肉	Pork	83.6	84.0	82.7
蛋	Eggs	99.5	99.5	99.6
水产品	Aquatic Products	101.0	100.9	101.2
菜	Vegetables	99.9	98.6	104.3
#鲜菜	Fresh Vegetables	99.9	98.5	104.8
干菜及菜制品	Dried Vegetables and Vegetable Products	100.2	99.7	102.1
调味品	Flavoring	102.3	101.9	103.5
糖	Carbohydrate	101.7	101.3	102.4
#食糖	Sugar	99.6	98.5	102.4
糖果	Candy	103.5	103.9	101.7
茶及饮料	Tea and Beverages	101.1	100.9	101.6
茶叶	Tea	100.4	100.3	100.9
饮料	Beverages	101.5	101.4	102.0
干鲜瓜果	Dried and Fresh Melons and Fruits	104.0	104.1	103.6
#鲜瓜果	Fresh Melons and Fruits	104.6	104.6	104.7
糕点饼干	Cake, Biscuit and Bread	101.6	101.7	101.1
液体乳及乳制品	Milk and Its Products	100.5	100.3	101.5
在外用膳食品	Outward Dinner Food	101.8	101.4	104.2
其它食品	Other Foods	101.7	102.0	101.3
烟酒及用品	**Tobacco, Liquor and Articles**	**102.7**	**102.0**	**104.3**
烟草	Tobacco	102.5	101.4	104.7
酒	Liquor	103.8	103.4	104.5
衣着	**Clothing**	**97.3**	**97.1**	**97.9**
服装	Garments	97.4	97.5	97.3
衣着材料	Clothing Material	100.5	100.3	100.8
鞋袜帽	Footgear and Hats	96.1	95.4	98.7

9－3　续表　continued

上年=100　(preceding year=100)

项　目	Item	全省 Provincial Indices	城市 Urban Indices	农村 Rural Indices
衣着加工服务	Clothing Manufacturing Services	100.2	99.8	100.6
家庭设备用品及维修服务	**Household Facilities, Articles and Services**	**99.3**	**99.4**	**99.1**
耐用消费品	Durable Consumer Goods	97.4	97.6	96.8
家具	Furniture	98.3	98.6	96.9
家庭设备	Household Facilities	96.9	96.9	96.6
室内装饰品	Interior Decorations	100.0	100.0	100.1
床上用品	Bed Articles	97.0	96.4	99.1
家庭日用杂品	Daily-use Household Articles	102.0	102.2	101.0
家庭服务及加工维修服务	Household Services and Maintenance and Renovation	101.6	101.5	101.8
医疗保健和个人用品	**Health Care and Personal Articles**	**100.9**	**101.1**	**100.1**
医疗保健	Health Care	100.7	101.1	99.0
#中药材及中成药	Traditional Chinese Medicine	100.7	101.6	97.5
西药	Western Medicine	100.8	101.2	98.9
医疗保健服务	Health Care Services	100.3	100.3	100.3
个人用品及服务	Personal Articles and Services	101.4	101.0	102.6
化妆美容用品	Cosmetics	100.5	100.2	101.5
清洁化妆用品	Sanitary Articles	101.2	101.5	100.0
个人饰品	Personal Ornaments	101.9	101.4	104.2
个人服务	Personal Services	102.2	101.3	104.5
交通和通信	**Transportation and Communication**	**97.4**	**97.3**	**97.9**
交通	Transportation	97.2	96.9	98.6
交通工具	Transportation Facility	96.5	95.8	100.2
车用燃料及零配件	Fuels and Parts	91.1	91.1	91.5
车辆使用及维修费	Fees for Vehicles Use and Maintenance	100.8	101.1	99.9
市区公共交通费	Incity Traffic Fare	100.1	100.0	100.7
城市间交通费	Intercity Traffic Fare	100.6	100.9	99.2
通信	Telecommunication	97.6	97.8	97.0
通信工具	Communication Facility	83.9	83.1	85.7
通信服务	Communication Service	99.9	99.9	100.0
娱乐教育文化用品及服务	**Recreation, Education, Culture Articles and Services**	**98.0**	**97.8**	**99.3**
文娱用耐用消费品及服务	Durable Consumer Goods for Cultural and Recreational Use and Services	92.3	91.6	94.8
教育	Education	100.6	100.5	101.0
教材及参考书	Teaching Materials and Reference Books	101.8	102.1	101.6
学杂托幼费	Tuition and Child Care	100.3	100.2	100.6
文化娱乐类	Culture and Recreation	101.4	101.3	102.3
文化娱乐用品	Cultural and Recreational Articles	98.7	98.4	99.8
书报杂志	Newspapers and Magazines	105.3	105.5	104.2
文娱费	Expenditure on Culture and Recreation	101.1	100.8	103.3
旅游	Touring and Outing	95.7	95.3	98.4
居住	**Residence**	**93.5**	**93.6**	**93.3**
建房及装修材料	Building and Building Decoration Materials	98.3	100.2	95.5
租房	Renting	100.7	100.8	100.3
自有住房	Private Housing	86.8	86.2	90.2
水、电、燃料	Water, Electricity and Fuels	92.2	92.4	91.2

9-4 商品零售价格分类指数（2009年）

Retail Price Indices by Category (2009)

上年=100 (preceding year=100)

项　目	Item	全省 Provincial Indices	城市 Urban Indices	农村 Rural Indices
商品零售价格指数	**Retail Price Index**	**96.8**	**96.7**	**97.0**
食品	**Food**	**98.6**	**98.7**	**98.3**
粮食	Grain	104.2	105.2	102.1
#大米	Rice	105.4	106.4	103.3
粮食制品	Grain Products	104.3	105.4	101.0
淀粉	Starches	101.4	101.9	100.6
干豆类及豆制品	Beans and Bean Products	101.4	102.3	99.5
油脂	Oil or Fat	83.5	84.8	80.4
肉禽及其制品	Meat, Poultry and Processed Products	92.5	92.8	92.0
食用畜肉及副产品	Edible Meat and By-products	88.3	88.4	88.3
禽	Poultry	99.3	99.4	99.1
肉禽加工制品	Processed Products	97.9	98.2	96.9
蛋	Eggs	98.8	98.9	98.3
水产品	Aquatic Products	100.6	100.6	100.7
鱼	Fish	99.6	99.3	100.3
其它水产品	Other Aquatic Products	101.9	102.0	101.6
菜	Vegetables	99.6	98.6	102.0
#鲜菜	Fresh Vegetables	99.4	98.3	102.0
干菜及菜制品	Dried Vegetables and Vegetable Products	100.7	99.8	102.5
调味品	Flavoring	102.4	102.1	103.1
糖	Carbohydrate	101.9	102.1	101.6
#食糖	Sugar	100.6	99.9	101.7
糖果	Candy	103.6	105.7	99.7
干鲜瓜果	Dried and Fresh， Melons and Fruits	103.5	103.9	102.6
#鲜瓜果	Fresh Melons and Fruits	103.9	104.0	103.6
糕点饼干面包	Cake, Biscuit and Bread	101.9	102.2	101.0
液体乳及乳制品	Milk and Its Products	100.9	100.9	101.1
在外用膳食品	Outward Dinner Food	102.3	101.5	104.5
其它食品	Other Foods	101.4	102.1	99.8
饮料、烟酒	**Beverages, Tobacco and Liquor**	**101.9**	**101.8**	**102.2**
茶及饮料	Tea and Beverages	101.0	101.1	100.9
茶叶	Tea	100.2	100.1	100.5
饮料	Beverages	101.6	101.7	101.2
烟草	Tobacco	101.7	101.1	103.1
酒	Liquor	103.4	104.2	102.2
服装、鞋帽	**Garments, Shoes and Hats**	**97.0**	**96.6**	**98.0**
服装	Garments	97.0	96.7	97.7
男式服装	Men's Garments	96.5	96.3	97.2
女式服装	Women's Garments	98.0	98.0	98.1
儿童服装	Children's Garments	95.1	93.7	97.7
鞋袜帽	Footgear and Hats	96.4	95.5	98.3
其它	Others	100.8	101.5	99.8
纺织品	**Textiles**	**98.2**	**97.5**	**99.5**
衣着材料	Clothing Materials	99.8	99.4	100.4
床上用品	Bed Articles	97.7	96.8	99.1
家用电器及音像器材	**Household Appliances, Audio and Video Equipment**	**94.9**	**94.7**	**95.2**
家庭设备	Household Facilities	96.7	97.0	95.8

9-4 续表 continued

上年=100 (preceding year=100)

项　目	Item	全省 Provincial Indices	城市 Urban Indices	农村 Rural Indices
文娱用耐用消费品	Durable Consumer Goods for Cultural and Recreational Use	91.9	90.8	94.1
音像器材	Audio and Video Equipment	98.1	97.8	99.0
文化办公用品	**Cultural and Office Appliances**	**95.3**	**94.5**	**98.0**
日用品	**Articles for Daily Use**	**100.9**	**101.0**	**100.6**
日用百货	General Merchandise for Daily Use	101.1	101.2	101.0
日用杂品	Miscellaneous for Daily Use	100.8	101.0	100.5
洗涤用品	Detergents	102.2	102.5	101.3
其它日用品	Other Articles for Daily Use	99.7	99.7	99.7
体育娱乐用品	**Sports and Recreation Articles**	**97.6**	**96.8**	**99.7**
体育用品	Sports Articles	100.9	101.1	100.4
娱乐用品	Recreation Articles	94.0	92.3	99.0
交通、通信用品	**Transportation and Communication Appliances**	**92.7**	**92.0**	**94.7**
交通运输机械	Transportation Machinery	96.7	95.7	99.6
通信器材	Communication Equipment	88.1	87.7	89.1
家具	**Furniture**	**98.4**	**98.4**	**98.4**
化妆品	**Cosmetics**	**100.4**	**100.0**	**101.6**
金银珠宝	**Gold, Silver and Jewelry**	**102.4**	**102.1**	**103.6**
中西药品及医疗保健用品	**Traditional Chinese & Western Medicines and Health Care Articles**	**100.6**	**101.4**	**98.6**
医疗器具及用品	Medical Apparatus and Articles	102.0	103.4	98.8
中药材及中成药	Traditional Chinese Medicinal Materials and Medicines	100.7	101.8	98.0
西药	Western Medicines	100.4	101.1	98.7
保健器具及用品	Health Care Appliances and Articles	100.8	101.2	100.0
书报杂志及电子出版物	**Books, Newspapers, Magazines and Electronic Publications**	**102.6**	**102.6**	**102.4**
教材及参考书	Teaching Materials and Reference Books	102.7	102.6	103.0
书报杂志	Newspapers and Magazines	105.6	106.3	103.7
电子音像制品	Electronic Audio and Video Products	97.1	96.4	99.0
燃料	**Fuels**	**85.2**	**85.3**	**84.9**
煤炭及制品	Coal and Its Products	96.7	93.2	99.6
石油及制品	Petroleum and Its Products	84.2	84.9	82.0
建筑材料及五金电料	**Building Materials and Hardware**	**98.5**	**99.1**	**97.0**
建筑装璜材料	Building Decoration Materials	97.7	98.4	96.2
五金电料	Hardware	100.9	101.0	100.7

9-5 居民消费价格分类指数

Consumer Price Indices by Category

上年=100 (preceding year=100)

项　　目	Item	2005	2006	2007	2008	2009
居民消费价格指数	**Consumer Price Index**	**102.3**	**101.8**	**103.7**	**105.6**	**97.7**
非食品价格指数	**Non-food Price Index**	**100.9**	**101.5**	**100.8**	**101.6**	**97.2**
服务项目价格指数	**Service Price Index**	**101.7**	**101.8**	**101.0**	**101.5**	**97.8**
扣除鲜菜鲜果价格指数	**Price Index Deducting Fresh Vegetables and Fruits**	**102.0**	**101.3**	**103.8**	**105.3**	**97.5**
消费品价格指数	**Consumer Goods Price Index**	**102.4**	**101.8**	**104.6**	**107.0**	**97.6**
食品	**Food**	**104.7**	**102.4**	**109.1**	**113.2**	**98.5**
粮食	Grain	101.8	101.8	104.4	108.1	104.3
#大米	Rice	101.5	101.4	105.4	108.2	105.4
粮食制品	Grain Products	103.2	101.4	103.4	107.8	103.9
干豆类及豆制品	Beans and Bean Products	105.1	102.2	103.5	121.8	99.9
油脂	Oil or Fat	99.9	100.1	119.7	120.1	83.2
#食用植物油	Edible Vegetable Oil	100.2	100.6	121.4	121.2	82.8
肉禽及其制品	Meat, Poultry and Processed Products	105.8	97.8	122.4	119.9	92.1
蛋	Eggs	104.6	97.9	116.6	104.8	99.5
水产品	Aquatic Products	109.3	101.9	104.1	115.4	101.0
菜	Vegetables	110.2	106.0	103.5	115.9	99.9
#鲜菜	Fresh Vegetables	111.4	105.5	103.1	115.9	99.9
干菜及菜制品	Dried Vegetables and Vegetable Products	100.7	108.7	106.8	114.5	100.2
调味品	Flavoring	100.6	100.9	104.4	102.8	102.3
糖	Carbohydrate	104.2	112.3	101.1	102.9	101.7
#食糖	Sugar	111.4	132.4	97.8	98.1	99.6
糖果	Candy	100.3	103.1	102.2	105.2	103.5
茶及饮料	Tea and Beverages	101.0	102.0	103.5	102.1	101.1
茶叶	Tea	102.8	104.3	107.3	101.0	100.4
饮料	Beverages	99.6	100.4	101.0	102.8	101.5
干鲜瓜果	Dried and Fresh Melons and Fruits	99.8	114.9	100.7	109.8	104.0
#鲜瓜果	Fresh Melons and Fruits	99.1	117.4	99.9	108.3	104.6
糕点饼干	Cake, Biscuit and Bread	101.8	101.3	102.3	107.1	101.6
液体乳及乳制品	Milk and Its Products	99.0	100.5	102.4	111.5	100.5
在外用膳食品	Outward Dinner Food	102.8	102.7	105.8	107.8	101.8
其它食品	Other Foods	102.5	101.8	103.9	109.0	101.7
烟酒及用品	**Tobacco, Liquor and Articles**	**101.3**	**101.1**	**100.7**	**101.4**	**102.7**
烟草	Tobacco	101.7	101.6	100.1	99.7	102.5
酒	Liquor	101.6	100.7	102.3	105.2	103.8
吸烟饮酒用品	Articles for Smoking and Drinking	97.8	98.8	99.5	100.1	100.8
衣着	**Clothing**	**98.3**	**99.3**	**98.6**	**98.4**	**97.3**
服装	Garments	98.0	99.1	98.5	98.5	97.4
男式服装	Men's Garments	96.9	98.9	99.5	98.3	96.7
女式服装	Women's Garments	98.7	99.2	97.8	98.2	98.3
儿童服装	Children's Garments	98.6	99.5	98.2	100.2	95.7
衣着材料	Clothing Material	100.7	100.9	101.8	104.6	100.5
鞋袜帽	Footgear and Hats	98.7	99.5	98.5	97.4	96.1

9－5 续表 continued

上年=100 (preceding year=100)

项 目	Item	2005	2006	2007	2008	2009
衣着加工服务	Clothing Manufacturing Services	100.4	100.3	100.1	101.6	100.2
家庭设备用品及维修服务	**Household Facilities, Articles and Services**	**100.6**	**101.7**	**102.0**	**102.0**	**99.3**
耐用消费品	Durable Consumer Goods	99.3	100.9	100.8	100.3	97.4
家具	Furniture	98.9	101.2	101.8	101.5	98.3
家庭设备	Household Facilities	99.5	100.7	100.2	99.4	96.9
室内装饰品	Interior Decorations	100.5	101.4	100.3	100.1	100.0
床上用品	Bed Articles	99.3	101.1	99.8	100.7	97.0
家庭日用杂品	Daily-use Household Articles	101.3	100.8	101.5	102.5	102.0
家庭服务及加工维修服务	Household Services and Maintenance and Revonation	104.4	105.6	108.1	107.2	101.6
医疗保健和个人用品	**Health Care & Personal Articles**	**99.2**	**100.4**	**104.0**	**102.9**	**100.9**
医疗保健	Health Care	99.1	99.5	105.1	102.6	100.7
#中药材及中成药	Traditional Chinese Medicinal Materials and Medicines	97.7	100.4	117.6	107.8	100.7
西药	Western Medicines	98.9	98.0	98.7	99.7	100.8
医疗保健服务	Health Care Services	100.4	100.1	103.6	101.5	100.3
个人用品及服务	Personal Articles and Services	99.5	102.4	101.5	103.3	101.4
化妆美容用品	Cosmetics	97.5	99.6	100.5	100.7	100.5
清洁化妆用品	Sanitation Articles	99.5	99.8	100.5	100.6	101.2
个人饰品	Personal Ornaments	101.5	110.5	103.7	108.7	101.9
个人服务	Personal Services	99.9	101.5	101.9	104.3	102.2
交通和通信	**Transportation and Communication**	**99.1**	**100.5**	**100.0**	**99.7**	**97.4**
交通	Transportation	100.7	102.4	100.7	101.4	97.2
交通工具	Transportation Facility	95.0	96.5	97.7	97.0	96.5
车用燃料及零配件	Fuels and Parts	110.7	112.7	104.1	114.7	91.1
车辆使用及维修	Fees for Vehicles Use and Maintenance	100.4	105.6	102.9	98.9	100.8
市区公共交通费	Intracity Traffic Fare	101.2	105.0	100.3	100.0	100.1
城市间交通费	Intercity Traffic Fare	101.7	103.3	103.6	101.3	100.6
通信	Communication	97.5	97.9	99.1	97.2	97.6
通信工具	Communication Facility	87.5	84.9	86.6	81.8	83.9
通信服务	Communication Service	100.0	100.4	101.3	100.0	99.9
娱乐教育文化用品及服务	**Recreation, Education, Culture Articles and Services**	**100.3**	**100.0**	**96.9**	**99.4**	**98.0**
文娱用耐用消费品及服务	Durable Consumer Goods for Cultural and Recreational Use and Services	93.6	95.0	94.3	92.7	92.3
教育	Education	102.5	99.8	95.3	100.4	100.6
教材及参考书	Teaching Materials and Reference Books	102.4	100.0	97.7	101.6	101.8
学杂托幼费	Tuition and Child Care	102.5	99.8	95.0	100.1	100.3
文化娱乐类	Culture and Recreation	100.7	99.6	99.8	100.8	101.4
文化娱乐用品	Cultural and Recreational Articles	99.0	100.0	99.5	99.3	98.7
书报杂志	Newspapers and Magazines	101.8	100.8	101.3	100.8	105.3
文娱费	Expenditure on Culture and Recreation	101.4	98.4	99.2	102.1	101.1
旅游	Touring and Outing	100.3	104.8	101.1	101.2	95.7
居住	**Residence**	**104.4**	**104.6**	**103.3**	**104.8**	**93.5**
建房及装修材料	Building and Building Decoration Materials	101.3	101.9	103.9	107.0	98.3
租房	Renting	99.9	101.1	102.8	103.6	100.7
自有住房	Private Housing	105.7	103.7	106.5	102.5	86.8
水、电、燃料	Water, Electricity and Fuels	106.9	107.6	101.8	105.6	92.2

9-6 商品零售价格分类指数

Retail Price Indices by Category

上年=100 (preceding year=100)

项 目	Item	2005	2006	2007	2008	2009
商品零售价格指数	**Retail Price Index**	**101.8**	**101.5**	**103.4**	**106.0**	**96.8**
食品	**Food**	**104.6**	**102.6**	**109.1**	**113.7**	**98.6**
粮食	Grain	102.0	101.9	104.7	108.3	104.2
#大米	Rice	101.6	101.4	105.7	108.4	105.4
粮食制品	Grain Products	103.5	101.7	103.6	108.9	104.3
干豆类及豆制品	Beans and Bean Products	104.8	102.5	103.2	125.2	101.4
油脂	Oil or Fat	100.1	100.3	120.2	120.2	83.5
#食用植物油	Edible Vegetable Oils	100.3	101.1	120.7	120.6	83.6
肉禽及其制品	Meat, Poultry and Processed Products	105.6	98.2	121.8	120.3	92.5
食用畜肉及副产品	Edible Meat and By-products	104.2	97.5	127.0	126.7	88.3
禽	Poultry	109.8	97.1	116.0	105.9	99.3
肉禽加工制品	Processed Products	104.3	101.9	113.6	118.0	97.9
蛋	Eggs	105.1	97.9	118.0	104.2	98.8
水产品	Aquatic Products	108.9	102.9	104.6	116.2	100.6
鱼	Fish	111.7	99.1	105.1	122.0	99.6
其它水产品	Other Aquatic Products	104.6	108.6	104.0	107.3	101.9
菜	Vegetables	109.5	105.7	104.4	116.6	99.6
#鲜菜	Fresh Vegetables	110.6	105.0	103.8	116.8	99.4
干菜及菜制品	Dried Vegetables and Vegetable Products	100.2	109.0	108.0	113.8	100.7
调味品	Flavoring	100.7	100.7	104.8	103.2	102.4
糖	Carbohydrate	103.9	112.0	100.9	103.1	101.9
#食糖	Sugar	109.9	132.1	97.2	97.8	100.6
糖果	Candy	100.4	102.9	102.1	105.6	103.6
干鲜瓜果	Dried and Fresh，Melons and Fruits	99.6	113.7	100.9	111.2	103.5
#鲜瓜果	Fresh Melons and Fruits	99.1	116.5	100.1	109.8	103.9
糕点饼干面包	Cake, Biscuit and Bread	101.8	101.0	102.2	107.1	101.9
液体乳及乳制品	Milk and Its Products	99.1	100.6	102.4	111.5	100.9
在外用膳食品	Outward Dinner Food	102.7	103.0	105.2	107.6	102.3
其它食品	Other Foods	102.6	102.2	104.5	109.2	101.4
饮料、烟酒	**Beverages, Tobacco and Liquor**	**101.3**	**101.6**	**102.4**	**102.5**	**101.9**
茶及饮料	Tea and Beverages	100.8	101.6	103.6	102.7	101.0
茶叶	Tea	102.0	104.1	107.5	101.8	100.2
饮料	Beverages	100.0	100.1	101.1	103.3	101.6
烟草	Tobacco	101.5	102.0	101.1	100.9	101.7
酒	Liquor	101.8	100.7	103.1	104.9	103.4
服装、鞋帽	**Garments, Shoes and Hats**	**97.8**	**99.6**	**99.7**	**99.4**	**97.0**
服装	Garments	97.5	99.6	99.9	99.6	97.0
男式服装	Men's Garments	96.6	99.8	101.3	99.8	96.5
女式服装	Women's Garments	98.1	99.1	99.0	98.8	98.0
儿童服装	Children's Garments	98.2	100.4	99.0	101.4	95.1
鞋袜帽	Footgear and Hats	98.6	100.5	99.0	98.8	96.4
其它	Others	97.9	96.0	100.9	98.9	100.8
纺织品	**Textiles**	**99.1**	**101.0**	**100.6**	**102.0**	**98.2**
衣着材料	Clothing Materials	100.4	102.9	104.0	103.0	99.8
床上用品	Bed Articles	98.5	100.3	99.3	101.6	97.7
家用电器及音像器材	**Household Appliances, Audio and Video Equipment**	**96.6**	**98.0**	**98.2**	**97.3**	**94.9**
家庭设备	Household Facilities	99.4	99.9	100.7	100.0	96.7

9-6 续表 continued

上年=100 (preceding year=100)

项　目	Item	2005	2006	2007	2008	2009
文娱用耐用消费品	Durable Consumer Goods for Cultural and Recreational Use	93.3	95.8	95.4	94.0	91.9
音像器材	Audio and Video Equipment	96.5	96.9	96.6	96.5	98.1
文化办公用品	**Cultural and Office Articles**	**94.8**	**96.3**	**95.9**	**95.7**	**95.3**
日用品	**Articles for Daily Use**	**101.0**	**100.8**	**100.7**	**101.2**	**100.9**
日用百货	General Merchandise for Daily Use	100.4	99.9	101.0	101.0	101.1
日用杂品	Sundries for Daily Use	101.8	101.3	101.0	100.7	100.8
洗涤用品	Detergents	100.4	101.2	101.6	103.5	102.2
其它日用品	Miscellaneous for Daily Use	101.5	100.9	99.3	100.0	99.7
体育娱乐用品	**Sports and Recreation Articles**	**99.9**	**99.3**	**99.4**	**98.9**	**97.6**
体育用品	Sports Articles	100.8	100.1	101.0	101.4	100.9
娱乐用品	Recreation Articles	99.0	98.4	97.6	96.3	94.0
交通、通信用品	**Transportation and Communication Facilities**	**91.6**	**93.0**	**93.9**	**92.7**	**92.7**
交通运输机械	Transportation Machinery	94.9	97.4	97.5	98.0	96.7
通讯器材	Communication Equipment	88.2	88.1	89.8	86.6	88.1
家具	**Furniture**	**99.2**	**101.3**	**101.6**	**102.1**	**98.4**
化妆品	**Cosmetics**	**98.8**	**100.1**	**100.6**	**100.4**	**100.4**
金银珠宝	**Gold, Silver and Jewelry**	**105.3**	**118.1**	**107.8**	**114.6**	**102.4**
中西药品及医疗保健用品	**Traditional Chinese & Western Medicines and Health Care Articles**	**98.9**	**99.8**	**105.5**	**103.1**	**100.6**
医疗器具及用品	Medical Apparatus and Articles	101.0	100.3	100.5	98.2	102.0
中药材及中成药	Traditional Chinese Medicinal Materials and Medicines	98.1	100.8	116.6	108.3	100.7
西药	Western Medicines	99.1	98.7	98.6	99.5	100.4
保健器具及用品	Health Care Appliances and Articles	99.5	100.9	103.2	102.5	100.8
书报杂志及电子出版物	**Books, Newspapers, Magazines and Electronic Publications**	**100.8**	**100.1**	**99.1**	**99.8**	**102.6**
教材及参考书	Teaching Materials and Reference Books	101.6	99.8	97.7	101.4	102.7
书报杂志	Newspapers and Magazines	101.8	100.4	101.2	101.2	105.6
电子音像制品	Electronic Audio-video Products	97.7	100.4	98.3	94.3	97.1
燃料	**Fuels**	**115.6**	**113.9**	**104.2**	**115.7**	**85.2**
煤炭及制品	Coal and Its Products	120.9	106.0	101.9	123.6	96.7
石油及制品	Petroleum and Its Products	115.2	114.5	104.4	115.1	84.2
建筑材料及五金电料	**Building Materials and Hardware**	**100.8**	**100.5**	**103.5**	**107.7**	**98.5**
建筑装璜材料	Building Decoration Materials	100.9	100.4	103.9	109.3	97.7
五金电料	Hardware	100.3	100.6	102.1	102.6	100.9

9-7 居民消费定基价格分类指数（2009年）

Fixed-base Consumer Price Indices by Category (2009)

2005年=100 (2005=100)

项目	Item	全省 Provincial Indices	城市 Urban Indices	农村 Rural Indices
居民消费价格指数	**Consumer Price Index**	**108.8**	**108.8**	**108.8**
非食品价格指数	**Non-food Price Index**	**101.1**	**101.1**	**101.0**
服务项目价格指数	**Service Price Index**	**102.1**	**103.3**	**97.3**
扣除鲜菜鲜果价格指数	**Price Index Deducting Fresh Vegetables and Fruits**	**107.9**	**108.0**	**107.6**
消费品价格指数	**Consumer Goods Price Index**	**111.2**	**110.9**	**112.1**
食品	**Food**	**124.5**	**124.5**	**124.4**
粮食	Grain	120.0	119.1	121.3
#大米	Rice	121.9	120.8	124.2
粮食制品	Grain Products	117.3	117.3	116.8
淀粉	Starches	119.9	116.6	128.7
干豆类及豆制品	Beans and Bean Products	128.7	128.9	127.3
油脂	Oil or Fat	119.7	118.2	121.3
肉禽及其制品	Meat, Poultry and Processed Products	132.2	133.8	127.0
#猪肉	Pork	131.8	133.3	127.2
蛋	Eggs	119.0	119.8	116.9
水产品	Aquatic Products	123.6	123.9	122.4
菜	Vegetables	127.1	123.9	137.4
#鲜菜	Fresh Vegetables	125.9	121.8	139.5
干菜及菜制品	Dried Vegetables and Vegetable Products	133.1	135.4	126.2
调味品	Flavoring	110.9	110.4	112.4
糖	Carbohydrate	118.9	117.5	122.8
#食糖	Sugar	126.5	128.2	121.9
糖果	Candy	114.7	112.5	119.6
茶及饮料	Tea and Beverages	108.9	110.5	104.2
茶叶	Tea	113.5	116.8	103.3
饮料	Beverages	105.9	106.2	104.8
干鲜瓜果	Dried and Fresh Melons and Fruits	132.0	132.9	128.9
#鲜瓜果	Fresh Melons and Fruits	132.9	133.7	129.6
糕点饼干	Cake, Biscuit and Bread	112.7	113.8	108.6
液体乳及乳制品	Milk and Its Products	115.4	116.3	110.2
在外用膳食品	Outward Dinner Food	119.3	119.4	118.6
其它食品	Other Foods	117.3	117.0	118.0
烟酒及用品	**Tobacco, Liquor and Articles**	**106.0**	**104.6**	**109.1**
烟草	Tobacco	103.9	101.8	108.2
酒	Liquor	112.5	112.6	112.4
吸烟、饮酒用品	Articles for Smoking and Drinking	99.2	99.1	99.6
衣着	**Clothing**	**93.8**	**91.8**	**100.4**
服装	Garments	93.7	92.1	99.3
男式服装	Men's Garments	93.6	92.6	97.1
女式服装	Women's Garments	93.7	92.1	99.7
儿童服装	Children's Garments	93.7	90.2	103.1
衣着材料	Clothing Material	108.1	105.2	111.9
鞋袜帽	Footgear and Hats	91.7	89.2	100.5
衣着加工服务	Clothing Manufacturing Services	102.2	101.1	103.8

9-7 续表 continued

2005年=100 (2005=100)

项　目	Item	全 省 Provincial Indices	城 市 Urban Indices	农 村 Rural Indices
家庭设备用品及维修服务	**Household Facilities, Articles and Services**	**105.1**	**105.0**	**105.4**
耐用消费品	Durable Consumer Goods	99.4	98.2	104.2
家具	Furniture	102.8	100.5	111.0
家庭设备	Household Facilities	97.2	96.8	98.8
室内装饰品	Interior Decorations	101.8	101.5	102.7
床上用品	Bed Articles	98.5	97.4	102.5
家庭日用杂品	Daily-use Household Articles	106.9	107.4	105.4
家庭服务及加工维修服务	Household Services and Manufacturing Upkeep	124.3	127.4	112.1
医疗保健和个人用品	**Health Care & Personal Articles**	**108.4**	**108.5**	**107.8**
医疗保健	Health Care	108.1	108.6	106.0
# 中药材及中成药	Traditional Chinese Medicinal Materials and Medicines	128.1	129.3	123.9
西药	Western Medicines	97.2	96.8	98.0
医疗保健服务	Health Care Services	105.5	106.7	102.0
个人用品及服务	Personal Articles and Services	108.9	108.1	111.6
化妆美容用品	Cosmetics	101.3	100.4	104.6
清洁化妆用品	Sanitation Articles	102.0	101.6	103.5
个人饰品	Personal Ornaments	126.9	128.1	123.1
个人服务	Personal Services	110.2	107.3	117.7
交通和通信	**Transportation and Communication**	**97.6**	**97.3**	**99.1**
交通	Transportation	101.6	100.7	105.6
交通工具	Transportation Facility	88.3	86.8	96.9
车用燃料及零配件	Fuels and Parts	122.7	123.8	118.6
车辆使用及维修	Fees for Vehicles Use and Maintenance	108.3	111.4	100.1
市区公共交通费	Intracity Traffic Fare	105.4	103.7	115.3
城市间交通费	Intercity Traffic Fare	109.0	109.1	108.8
通信	Communication	92.1	92.3	91.2
通信工具	Communication Facility	50.4	48.2	55.5
通信服务	Communication Service	101.5	101.0	104.0
娱乐教育文化用品及服务	**Recreation, Education, Culture Articles and Services**	**94.5**	**96.4**	**88.4**
文娱用耐用消费品及服务	Durable Consumer Goods for Cultural and Recreational Use and Services	76.6	73.9	85.8
教育	Education	96.1	100.8	82.8
教材及参考书	Teaching Materials and Reference Books	101.1	102.8	98.6
学杂托幼费	Tuition and Child Care	95.2	100.4	78.2
文化娱乐类	Culture and Recreation	101.7	101.4	103.1
文化娱乐用品	Cultural and Recreational Articles	97.4	96.5	101.6
书报杂志	Newspapers and Magazines	108.4	109.0	105.5
文娱费	Expenditure on Culture and Recreation	100.8	100.6	102.8
旅游	Touring and Outing	102.6	102.7	102.3
居住	**Residence**	**106.0**	**105.9**	**106.3**
建房及装修材料	Building and Building Decoration Materials	111.3	112.8	109.0
租房	Renting	108.4	109.2	101.6
自有住房	Private Housing	98.2	97.5	102.6
水、电、燃料	Water, Electricity and Fuels	106.6	106.9	105.6

9-8 各市居民消费价格分类指数（2009年）

Consumer Price Indices by Category and by City (2009)

上年=100 (preceding year=100)

市 别	City	总指数 General Index	服务项目 Services	食品 Food	#粮食 Grain	#油脂 Oil or Fat	#肉禽及其制品 Meat, Poultry and Processed Foods	#蛋 Eggs	#水产品 Aquatic Products	#菜 Vegetables	#干鲜瓜果 Dried and Fresh Melons and Fruits
广 州	Guangzhou	97.5	97.1	99.3	106.7	88.0	93.2	97.0	100.5	97.5	101.1
深 圳	Shenzhen	98.7	99.5	98.5	105.5	77.1	93.4	100.4	98.4	97.4	104.1
珠 海	Zhuhai	97.0	97.6	96.6	104.1	94.5	88.1	100.7	89.8	100.3	101.2
汕 头	Shantou	98.3	98.3	100.1	105.0	84.2	93.1	99.5	106.9	101.3	105.6
佛 山	Foshan	98.4	97.6	100.1	102.9	87.2	94.4	103.2	103.1	99.6	116.9
韶 关	Shaoguan	97.5	99.7	98.6	102.3	88.3	88.0	95.8	95.5	109.6	116.3
河 源	Heyuan	97.6	99.0	97.9	97.4	74.3	93.2	108.9	103.8	105.0	103.8
梅 州	Meizhou	97.0	99.4	95.2	101.9	82.5	89.2	99.7	92.2	97.4	103.2
惠 州	Huizhou	98.5	99.1	96.7	103.7	90.1	89.1	99.4	97.9	96.0	97.5
汕 尾	Shanwei	98.3	98.8	99.2	106.1	88.3	94.5	96.0	98.9	98.7	103.5
东 莞	Dongguan	96.9	96.3	98.1	104.2	83.1	94.2	97.4	101.0	95.7	95.9
中 山	Zhongshan	97.1	96.3	98.0	105.9	81.3	93.4	106.1	101.8	103.5	94.1
江 门	Jiangmen	98.0	96.8	99.4	101.4	94.1	92.5	100.0	99.3	103.1	102.5
阳 江	Yangjiang	98.7	97.8	101.6	100.6	87.4	95.2	102.7	108.8	107.4	108.4
湛 江	Zhanjiang	99.4	100.0	101.3	103.3	84.9	92.7	101.5	109.5	108.7	102.7
茂 名	Maoming	97.2	102.1	95.6	103.7	90.8	94.5	100.8	81.9	98.6	99.3
肇 庆	Zhaoqing	97.8	99.9	98.1	104.8	78.4	93.7	99.5	102.8	99.5	103.2
清 远	Qingyuan	99.5	100.0	101.8	104.8	89.2	94.6	100.3	100.7	115.9	103.1
潮 州	Chaozhou	97.0	98.4	98.6	104.8	82.1	92.3	97.6	99.4	99.2	109.9
揭 阳	Jieyang	98.3	98.4	99.8	102.6	88.4	95.1	97.5	102.7	101.1	102.3
云 浮	Yunfu	99.2	97.7	101.4	110.3	67.4	98.7	105.9	105.6	106.4	102.8

9-8 续表 continued

上年＝100 (preceding year＝100)

市 别	City	#在外用膳食品 Dining Out	烟酒及用品 Tobacco, Liquor and Articles	衣着 Clothing	家用设备用品及维修服务 Household Facilities, Articles and Services	医疗保健和个人用品 Health Care and Personal Articles	交通和通信 Transportation and Communication	娱乐教育文化用品及服务 Recreation, Education and Culture Articles and Services	居住 Residence
广 州	Guangzhou	102.5	102.8	94.6	97.5	100.2	96.2	97.1	95.3
深 圳	Shenzhen	99.6	102.9	98.6	99.2	102.8	98.2	98.2	97.1
珠 海	Zhuhai	100.5	101.6	92.8	101.3	101.4	98.7	99.4	90.4
汕 头	Shantou	102.7	101.8	98.1	100.3	101.7	97.0	99.9	90.7
佛 山	Foshan	100.2	101.6	97.6	98.7	101.4	97.5	98.7	93.1
韶 关	Shaoguan	104.2	102.9	94.1	98.5	100.8	97.4	97.0	94.3
河 源	Heyuan	101.7	102.3	97.5	100.7	100.2	97.8	97.9	94.8
梅 州	Meizhou	99.4	103.2	100.4	100.4	98.9	97.4	99.1	94.8
惠 州	Huizhou	102.2	101.5	103.5	102.5	101.5	99.6	97.9	96.2
汕 尾	Shanwei	101.4	102.6	98.8	99.8	101.4	97.7	98.5	94.2
东 莞	Dongguan	100.8	101.4	97.2	100.2	98.2	98.7	95.3	91.3
中 山	Zhongshan	96.9	100.6	100.4	99.9	100.9	98.6	98.6	88.3
江 门	Jiangmen	103.8	102.6	95.5	99.7	100.6	98.5	98.1	93.3
阳 江	Yangjiang	102.3	100.1	92.3	100.1	100.1	98.4	98.7	93.1
湛 江	Zhanjiang	107.9	102.9	95.1	100.0	101.8	96.9	100.5	94.7
茂 名	Maoming	100.2	100.3	98.7	103.5	103.2	100.0	98.8	91.4
肇 庆	Zhaoqing	99.7	98.7	94.7	100.7	100.0	98.3	100.7	92.6
清 远	Qingyuan	102.1	100.7	96.5	100.7	99.8	97.8	102.8	93.4
潮 州	Chaozhou	100.1	101.7	97.6	99.0	99.8	93.5	98.3	91.6
揭 阳	Jieyang	105.8	100.8	98.0	97.5	100.2	97.3	99.8	93.8
云 浮	Yunfu	98.9	99.2	98.3	101.2	101.8	99.9	97.8	93.4

9-9 各市服务项目价格分类指数（2009年）

Service Price Indices by Category and by City (2009)

上年=100 (preceding year=100)

市别	City	总指数 General Index	通信服务 Communication Services	市区公共交通 Intracity Traffic	城市间交通 Intercity Traffic	个人服务 Individual Services	文娱费 Expenditure on Culture and Recreation	学杂托幼费 Tuition and Child Care	旅游 Touring and Outing	医疗保健服务费 Health Care Services
广州	Guangzhou	97.1	100.0	100.0	98.6	101.0	100.4	99.9	95.1	100.0
深圳	Shenzhen	99.5	100.0	100.4	102.0	100.0	100.1	99.9	98.0	100.0
珠海	Zhuhai	97.6	100.0	99.3	115.6	100.5	101.6	100.8	95.6	100.9
汕头	Shantou	98.3	99.4	97.8	96.3	104.4	101.8	101.9	96.6	100.0
佛山	Foshan	97.6	100.0	100.0	96.7	103.7	103.5	100.1	97.5	100.0
韶关	Shaoguan	99.7	99.9	105.5	91.5	88.2	103.2	100.0	98.0	106.5
河源	Heyuan	99.0	99.6	114.4	103.0	99.8	103.2	99.5	99.8	98.8
梅州	Meizhou	99.4	100.0	100.8	101.9	99.2	90.5	100.0	101.7	100.0
惠州	Huizhou	99.1	100.0	100.0	105.0	100.6	100.0	100.0	90.2	100.4
汕尾	Shanwei	98.8	100.0	99.6	99.8	100.3	100.0	100.0	95.7	99.8
东莞	Dongguan	96.3	100.0	100.0	100.5	99.8	98.5	100.3	86.1	100.0
中山	Zhongshan	96.3	99.9	100.0	101.3	98.0	98.5	99.8	95.5	100.0
江门	Jiangmen	96.8	100.0	100.0	99.4	99.3	100.3	100.0	91.8	100.0
阳江	Yangjiang	97.8	100.0	100.0	105.3	100.0	100.0	100.0	93.6	100.0
湛江	Zhanjiang	100.0	100.0	100.0	102.0	100.6	102.5	100.5	102.5	100.0
茂名	Maoming	102.1	100.0	99.4	104.2	119.6	101.6	105.6	94.8	99.8
肇庆	Zhaoqing	99.9	100.0	100.0	101.6	101.9	98.1	100.4	106.2	100.0
清远	Qingyuan	100.0	99.1	98.2	101.0	102.0	100.8	108.4	100.6	101.4
潮州	Chaozhou	98.4	99.7	100.7	100.4	100.0	100.4	102.2	94.7	100.0
揭阳	Jieyang	98.4	100.0	99.2	99.3	105.0	100.0	101.0	109.8	100.0
云浮	Yunfu	97.7	100.0	100.1	116.0	98.1	101.9	103.3	75.8	99.7

9-10 各市居民消费定基价格分类指数（2009年）

Fixed-base Consumer Price Indices by Category and by City (2009)

2005年=100 (2005=100)

市 别	City	总指数 General Index	服务项目 Services	食品 Food	烟酒及用品 Tobacco, Liquor and Articles	衣着 Clothing	家用设备用品及维修服务 Household Facilities, Articles and Services	医疗保健和个人用品 Health Care and Personal Articles	交通和通信 Transportation and Communication	娱乐教育文化用品及服务 Recreation, Education and Culture Articles and Services	居住 Residence
广 州	Guangzhou	109.2	102.8	127.0	108.5	91.0	103.6	110.1	95.4	95.9	108.5
深 圳	Shenzhen	111.1	106.5	126.5	111.4	106.0	107.8	111.7	101.1	99.3	108.2
珠 海	Zhuhai	107.1	106.7	121.9	106.3	75.3	107.1	110.6	93.9	101.7	106.2
汕 头	Shantou	109.4	103.7	123.3	98.0	93.4	106.7	113.3	98.3	98.8	103.7
佛 山	Foshan	108.9	103.0	128.4	102.0	84.7	104.0	108.4	99.3	94.7	106.7
韶 关	Shaoguan	106.4	104.6	123.2	102.0	84.9	95.2	100.9	96.0	92.4	109.2
河 源	Heyuan	109.8	106.0	126.1	101.7	88.2	107.8	110.0	94.5	99.4	106.4
梅 州	Meizhou	106.4	102.4	114.5	114.1	96.9	104.5	103.7	96.4	96.3	107.3
惠 州	Huizhou	108.6	101.5	121.3	100.4	97.8	101.9	107.0	103.9	96.4	107.5
汕 尾	Shanwei	109.3	102.4	123.5	103.9	97.4	102.4	104.8	99.3	97.0	105.6
东 莞	Dongguan	104.4	98.1	121.9	106.7	95.2	109.2	106.6	93.5	94.1	95.3
中 山	Zhongshan	108.2	96.7	126.1	105.8	93.7	106.2	108.4	98.9	89.8	101.3
江 门	Jiangmen	107.7	100.8	117.9	108.8	91.3	105.7	106.4	100.2	99.4	105.4
阳 江	Yangjiang	107.9	104.9	122.4	102.3	83.7	101.1	99.9	104.7	97.0	105.9
湛 江	Zhanjiang	110.8	106.8	127.6	106.8	86.1	99.8	105.0	94.3	104.2	107.7
茂 名	Maoming	108.0	106.5	118.9	100.2	94.8	107.4	110.7	100.8	96.6	105.0
肇 庆	Zhaoqing	107.4	107.3	118.6	102.6	80.7	101.8	103.6	92.6	104.9	107.3
清 远	Qingyuan	109.2	107.1	123.2	109.8	90.0	105.7	102.6	98.0	103.6	104.6
潮 州	Chaozhou	107.3	103.6	125.0	104.9	87.8	104.1	119.7	81.2	95.7	102.7
揭 阳	Jieyang	108.4	105.6	123.5	98.7	93.0	97.8	105.1	97.0	97.9	106.0
云 浮	Yunfu	110.2	106.1	124.8	96.9	85.6	100.9	122.8	103.0	100.1	101.0

9-11 工业品出厂价格指数

Producer Price Indices for Manufactured Goods

上年=100 (preceding year=100)

项目	Item	2004	2005	2006	2007	2008	2009
工业品出厂价格分类指数	**Producer Price Indices for Manufactured Goods**	**101.7**	**101.5**	**101.4**	**101.3**	**103.1**	**95.8**
按轻重工业分	**Grouped by Light and Heavy Industries**						
轻工业	Light Industry	100.2	99.8	99.8	100.6	101.5	97.3
以农产品为原料	Using Farm Products as Raw Materials	103.0	101.3	101.6	102.6	104.4	98.2
以非农产品为原料	Using Non-farm Products as Raw Materials	99.5	99.4	99.2	100.0	100.7	97.1
重工业	Heavy Industry	105.4	105.1	104.9	102.8	106.2	93.2
采掘	Mining and Quarrying	121.3	128.6	125.5	104.8	131.0	69.0
原料	Raw Materials	106.8	107.4	106.3	104.0	108.1	94.6
加工	Processing	102.7	101.2	102.6	101.8	103.1	94.2
按生产生活资料分	**Grouped by Light and Heavy Industries**						
生产资料	Means of Production	103.1	102.5	102.5	101.6	103.7	94.6
采掘	Mining and Quarrying	121.3	128.6	125.5	104.8	131.0	69.0
原料	Raw Materials	106.5	107.2	106.2	103.9	107.7	94.4
加工	Processing	101.3	100.3	101.0	100.8	101.8	95.5
生活资料	Consumer Goods	99.9	99.7	99.4	100.8	102.0	98.2
食品	Food	103.8	101.9	101.9	103.5	106.0	97.4
衣着	Clothing	102.1	100.5	101.1	102.6	101.7	99.0
一般日用品	Articles for Daily Use	100.5	101.6	101.5	101.5	102.8	99.6
耐用消费品	Durable Consumer Goods	97.4	97.5	96.5	98.8	100.4	97.0
按工业部门分	**Grouped by Industrial Sectors**						
冶金工业	Metallurgical Industry	111.9	104.9	107.8	107.9	109.1	89.3
电力工业	Power Industry	100.5	102.4	101.7	101.1	103.3	102.3
煤炭及炼焦工业	Coal and Coking Industry	106.3	111.6	101.8	103.4	106.1	108.9
石油工业	Petroleum Industry	114.9	124.9	120.1	104.3	123.4	81.5
化学工业	Chemical Industry	105.5	103.6	101.2	102.3	103.2	95.5
机械工业	Machine Manufacturing Industry	98.4	98.8	98.7	99.0	99.2	96.5
建筑材料工业	Building Materials Industry	105.2	96.2	99.9	102.0	107.1	98.4
森林工业	Timber Industry	100.0	100.4	103.0	101.5	105.1	100.6
食品工业	Food Industry	105.4	101.7	101.7	103.8	107.6	96.9
纺织工业	Textile Industry	103.5	101.5	101.9	101.7	103.0	99.7
缝纫工业	Tailoring Industry	102.6	100.4	101.0	101.3	101.1	98.3
皮革工业	Leather Industry	101.3	101.2	100.9	105.4	103.7	100.8
造纸工业	Paper Making Industry	98.9	101.0	101.5	101.3	104.9	96.2
文教艺术用品工业	Industry for Cultural, Educational & Art Articles	99.0	100.6	101.6	100.8	101.4	100.1
其它工业	Others	101.2	101.1	104.4	102.5	103.4	102.7

9-12 各市工业品出厂价格指数

Producer Price Indices for Manufactured Goods by City

上年=100 (preceding year=100)

市 别	City	2004	2005	2006	2007	2008	2009
全 省	**Provincial Total**	**101.7**	**101.5**	**101.4**	**101.3**	**103.1**	**95.8**
广 州	Guangzhou	102.1	101.7	101.2	101.4	103.7	96.5
深 圳	Shenzhen	99.5	98.7	98.2	98.4	99.6	95.3
珠 海	Zhuhai	100.1	100.8	100.7	100.8	101.2	96.5
汕 头	Shantou	103.1	102.4	102.1	101.2	102.8	98.7
佛 山	Foshan	102.2	101.8	103.8	102.6	103.8	96.3
韶 关	Shaoguan	111.7	103.2	105.9	107.0	107.1	86.4
河 源	Heyuan	111.5	103.9	101.8	103.1	109.3	93.0
梅 州	Meizhou	107.6	101.9	103.1	102.9	104.2	96.5
惠 州	Huizhou	99.5	97.5	97.5	100.9	100.7	93.7
汕 尾	Shanwei	101.1	99.7	99.6	99.8	101.5	97.2
东 莞	Dongguan	101.4	100.4	100.7	101.4	101.7	96.8
中 山	Zhongshan	101.6	101.4	101.5	101.9	102.6	97.6
江 门	Jiangmen	103.3	102.1	101.1	102.7	103.4	96.7
阳 江	Yangjiang	104.4	103.0	102.2	103.3	106.4	94.2
湛 江	Zhanjiang	109.0	111.8	109.9	103.7	111.9	89.9
茂 名	Maoming	109.2	112.1	109.0	104.5	111.8	91.4
肇 庆	Zhaoqing	102.2	100.6	101.4	102.6	104.2	95.9
清 远	Qingyuan	104.8	103.5	104.2	103.9	105.2	92.3
潮 州	Chaozhou	101.1	102.5	102.4	102.1	104.3	97.4
揭 阳	Jieyang	102.3	101.6	101.1	102.6	104.3	96.4
云 浮	Yunfu	105.0	101.6	100.9	103.3	106.5	94.9

9-13 分行业工业品出厂价格指数

Producer Price Indices for Manufactured Goods by Sector

上年=100 (preceding year=100)

项　目	Item	2006	2007	2008	2009
工业品出厂价格分类指数	**Producer Price Indices for Manufactured Goods**	**101.4**	**101.3**	**103.1**	**95.8**
按工业行业分	**Grouped by Industrial Sector**				
#石油和天然气开采业	Extraction of Petroleum and Natural Gas	131.5	103.4	136.4	62.8
黑色金属矿采选业	Mining and Processing of Ferrous Metal Ores	101.1	103.9	142.3	76.5
有色金属矿采选业	Mining and Processing of Non-ferrous Metal Ores	126.0	118.8	95.0	87.7
非金属矿采选业	Mining and Processing of Nonmetal Ores	98.2	103.3	109.2	93.3
农副食品加工业	Processing of Foods from Agricultural Products	103.0	107.7	112.9	93.6
食品制造业	Processing of Foodstuff	101.1	101.8	105.3	100.0
饮料制造业	Manufacture of Beverages	100.2	100.1	102.7	101.7
烟草制品业	Manufacture of Tobacco	100.0	100.2	100.0	96.5
纺织业	Textile Industry	102.1	101.4	102.6	99.3
纺织服装、鞋、帽制造业	Manufacture of Textile Garments, Footwear and Headgear	100.4	101.4	100.5	98.2
皮革、毛皮、羽毛(绒)及其制品业	Manufacture of Leather, Fur, Feather and Related Products	101.0	105.4	103.8	100.9
木材加工及木、竹、藤、棕、草制品业	Processing of Timber, Manufacture of Wood, Bamboo, Rattan, Palm and Straw Products	102.5	101.5	106.7	100.8
家具制造业	Manufacture of Furniture	102.2	101.8	103.4	100.8
造纸及纸制品业	Manufacture of Paper and Paper Products	101.5	101.3	104.9	96.2
印刷业和记录媒介的复制	Printing, Reproduction of Recording Media	98.2	100.3	103.5	100.3
文教体育用品制造业	Manufacture of Cultural, Educational and Sports Articles	103.9	103.1	101.4	101.1
石油加工、炼焦及核燃料加工业	Processing of Petroleum, Coking, Processing of Nuclear Fuel	116.8	104.7	120.3	88.7
化学原料及化学制品制造业	Manufacture of Raw Chemical Materials and Chemical Products	100.9	105.0	104.3	94.4
医药制造业	Manufacture of Medicines	100.4	102.9	102.2	98.9
化学纤维制造业	Manufacture of Chemical Fibers	101.3	101.6	95.4	87.6
橡胶制品业	Manufacture of Rubber	104.6	100.7	102.7	97.9
塑料制品业	Manufacture of Plastics	101.4	101.5	102.4	95.5
非金属矿物制品业	Manufacture of Non-metallic Mineral Products	100.2	102.2	107.0	98.5
黑色金属冶炼及压延加工业	Smelting and Pressing of Ferrous Metals	94.3	113.8	129.1	80.1
有色金属冶炼及压延加工业	Smelting and Pressing of Nonferrous Metals	134.3	108.8	99.6	87.6
金属制品业	Manufacture of Metal Products	101.8	104.7	105.0	95.8
通用设备制造业	Manufacture of General-purpose Machinery	103.4	100.0	104.6	98.8
专用设备制造业	Manufacture of Special-purpose Machinery	100.3	99.3	102.1	99.3
交通运输设备制造业	Manufacture of Transport Equipment	96.1	97.3	100.6	99.9
电气机械及器材制造业	Manufacture of Electrical Machinery and Equipment	105.2	103.7	101.3	94.9
通信设备、计算机及其他电子设备制造业	Manufacture of Communication Equipment, Computers and Other Electronic Equipment	96.1	97.4	97.4	96.0
仪器仪表及文化、办公用机械制造业	Manufacture of Measuring Instruments, and Machinery for Cultural Activity and Office Work	102.1	100.1	100.7	99.1
工艺品及其他制造业	Manufacture of Artwork and Other Manufacturing	106.2	102.3	104.9	104.3
废弃资源和废旧材料回收加工业	Recycling and Disposal of Waste		103.2	107.2	81.3
电力、热力的生产和供应业	Production and Supply of Electric Power and Heat Power	101.8	101.2	103.3	102.3
燃气生产和供应业	Production and Supply of Gas	112.1	102.2	108.1	90.3
水的生产和供应业	Production and Supply of Water	103.4	104.1	102.8	101.3

9-14 原材料、燃料、动力购进价格指数

Purchasing Price Indices for Raw Materials, Fuels and Power

上年=100 (preceding year=100)

项目	Item	2006	2007	2008	2009
原材料、燃料、动力购进价格指数	**Purchasing Price Indices of Raw Materials, Fuels and Power**	**103.6**	**103.3**	**107.9**	**93.8**
按材料类别分	**Grouped by Type of Material**				
燃料、动力类	Fuels and Power	107.5	102.8	115.1	93.1
黑色金属材料类	Ferrous Materials	97.1	107.0	119.2	91.0
#钢材	Steel	96.9	106.1	113.4	88.8
其它	Others	97.6	108.7	128.8	94.6
有色金属材料和电线类	Nonferrous Materials and Wires	129.6	110.8	95.3	85.4
化工原料类	Chemical Materials	102.9	103.4	105.1	90.0
木材及纸浆类	Timber and Paper Pulp	102.2	103.4	102.8	94.9
建筑材料及非金属矿类	Building Materials and Nonmetal Minerals	96.2	103.9	117.5	92.6
其它工业原材料及半成品类	Other Raw Materials and Semi-finished Products	100.4	102.6	104.1	94.7
农副产品类	Farm and Products	108.0	103.2	109.8	98.6
纺织原料类	Textile Raw Materials	100.7	101.6	102.3	98.4
按行业分(企业法)	**Grouped by Sector**				
#石油和天然气开采业	Extraction of Petroleum and Natural Gas	109.1	106.2	117.1	90.8
黑色金属矿采选业	Mining and Dressing of Ferrous Metal Ores	107.4	103.6	117.6	91.6
有色金属矿采选业	Mining and Dressing of Nonferrous Metal Ores	112.0	104.2	109.5	92.8
非金属矿采选业	Mining and Dressing of Nonmetal Ores	106.3	102.1	117.0	88.5
其他矿采选业	Mining and Dressing of Other Ores	108.4	102.6	102.8	95.7
农副食品加工业	Processing of Foods from Agricultural Products	103.0	108.8	110.8	91.7
食品制造业	Processing of Foodstuff	103.6	106.8	110.6	91.4
饮料制造业	Manufacture of Beverages	103.9	102.0	107.7	95.9
烟草制品业	Manufacture of Tobacco	104.1	104.3	108.1	89.2
纺织业	Textile Industry	102.1	100.9	103.3	95.9
纺织服装、鞋、帽制造业	Manufacture of Textile Garments, Footwear and Headgear	107.3	102.0	103.8	97.4
皮革、毛皮、羽毛(绒)及其制品业	Manufacture of Leather, Fur, Feather and Related Products	101.6	101.7	103.8	99.0
木材加工及木、竹、藤、棕、草制品业	Processing of Timber, Manufacture of Wood, Bamboo, Rattan, Palm and Straw Products	104.1	103.9	105.5	95.3
家具制造业	Manufacture of Furniture	103.1	104.2	102.1	96.0
造纸及纸制品业	Manufacture of Paper and Paper Products	100.8	104.4	111.5	85.8
印刷业和记录媒介的复制	Printing, Reproduction of Recording Media	103.4	101.1	105.4	90.3
文教体育用品制造业	Manufacture of Cultural, Educational and Sports Articles	103.1	101.6	103.8	94.6
石油加工、炼焦及核燃料加工业	Processing of Petroleum, Coking, Processing of Nuclear Fuel	105.4	102.9	115.9	87.8
化学原料及化学制品制造业	Manufacture of Raw Chemical Materials and Chemical Products	103.3	104.1	106.9	86.5
医药制造业	Manufacture of Medicines	104.6	104.2	108.1	94.7
化学纤维制造业	Manufacture of Chemical Fibers	105.7	104.3	101.8	92.3
橡胶制品业	Manufacture of Rubber	105.7	102.4	106.0	93.6
塑料制品业	Manufacture of Plastics	104.2	104.0	103.6	88.4
非金属矿物制品业	Manufacture of Non-metallic Mineral Products	102.7	103.9	107.2	90.7
黑色金属冶炼及压延加工业	Smelting and Pressing of Ferrous Metals	103.4	107.0	115.2	92.0
有色金属冶炼及压延加工业	Smelting and Pressing of Nonferrous Metals	106.8	104.1	105.1	85.8
金属制品业	Manufacture of Metal Products	107.6	105.3	104.0	90.7
通用设备制造业	Manufacture of General-purpose Machinery	101.9	104.8	110.4	90.5
专用设备制造业	Manufacture of Special-purpose Machinery	103.6	103.9	108.3	92.5
交通运输设备制造业	Manufacture of Transport Equipment	102.1	103.3	109.7	92.0
电气机械及器材制造业	Manufacture of Electrical Machinery and Equipment	106.7	105.0	102.8	90.1
通信设备、计算机及其他电子设备制造业	Manufacture of Communication Equipment, Computers and Other Electronic Equipment	103.2	102.2	101.1	94.1
仪器仪表及文化、办公用机械制造业	Manufacture of Measuring Instruments, and Machinery for Cultural Activity and Office Work	103.0	100.8	101.3	95.8
工艺品及其他制造业	Manufacture of Artwork and Other Manufacturing	102.9	102.6	103.8	92.0
废弃资源和废旧材料回收加工业	Recycling and Disposal of Waste		113.5	102.9	88.5
电力、热力的生产和供应业	Production and Supply of Electric Power and Heat Power	105.4	104.3	117.9	96.4
燃气生产和供应业	Production and Supply of Gas	116.5	104.0	113.3	80.3
水的生产和供应业	Production and Supply of Water	102.6	103.3	106.5	103.7

9-15 固定资产投资价格指数

Price Indices for Investment in Fixed Assets

上年=100 (preceding year=100)

项　目	Item	2004	2005	2006	2007	2008	2009
固定资产投资价格指数	**Price Indices of Investment in Fixed Assets**	**106.4**	**101.6**	**100.7**	**102.4**	**108.6**	**96.7**
建筑安装、装饰工程	Construction, Installation and Decoration	109.9	102.3	100.7	103.8	112.2	95.3
人工费	Manpower	103.5	104.5	105.1	107.4	115.2	105.0
材料费	Materials	113.8	101.7	99.4	102.9	111.9	92.9
钢材	Steel	122.2	100.2	95.7	104.2	117.1	87.2
木材	Timber	103.8	101.3	101.1	102.3	106.2	101.2
水泥	Cement	110.3	100.0	98.3	103.0	111.0	98.1
地方建筑材料	Local Building Materials	105.4	103.3	101.5	101.9	108.0	97.6
化工材料	Chemical Materials	110.3	106.7	108.6	102.0	110.1	97.0
电料	Electrical Materials and Appliances	106.5	105.0	115.3	102.3	103.3	96.8
其他材料	Other Materials	102.6	101.7	102.1	100.6	104.9	99.4
机械费	Machinery	101.3	101.8	102.4	103.5	108.9	102.4
设备、工器具购置	Purchase of Equipment, Tools and Instruments	98.4	98.7	100.3	99.5	100.1	97.4
其他费用	Others	102.0	102.2	101.7	100.5	105.7	101.6

9-16 农业生产资料价格分类指数

Price Indices for Means of Agricultural Production by Category

上年=100 (preceding year=100)

项　目	Item	2006	2007	2008	2009
农业生产资料价格指数	**Price Indices of Means of Agricultural Production**	**102.6**	**105.8**	**114.5**	**98.2**
农用手工工具	Farm Handtools	104.1	104.4	110.6	101.0
饲料	Forage	100.4	104.3	112.6	102.6
混合饲料	Mixed Forage	101.6	104.1	111.9	98.5
其他	Others	98.2	104.8	114.0	110.7
产品畜	Product Livestock	101.9	132.8	105.2	84.4
半机械化农具	Semi-mechanized Farm Tools	102.7	104.2	105.6	100.1
机械化农具	Mechanized Farm Machinery	100.2	102.0	106.5	101.1
化学肥料	Chemical Fertilizer	101.5	104.5	125.9	97.3
氮肥	Nitrogenous Fertilizer	101.1	102.9	113.1	93.7
磷肥	Phosphate Fertilizer	103.6	112.4	123.7	96.3
钾肥	Potash Fertilizer	104.5	106.5	141.9	100.2
复合肥料	Compound Fertilizer	100.5	103.1	139.4	100.1
农药及农药械	Pesticide and Its Appliances	103.2	101.2	102.7	96.7
化学农药	Chemical Pesticide	103.3	101.1	102.2	96.0
杀虫剂	Insecticide	106.0	101.6	101.9	95.4
杀菌剂	Bactericide	100.4	102.4	103.2	98.1
除草剂	Herbicide	99.0	98.8	102.0	95.9
农药器械	Appliances for Pesticide	102.9	102.2	106.3	101.4
农用机油	Oil for Farm Machinery	113.5	105.7	110.9	96.0
其他农业生产资料	Other Means of Agricultural Production	104.7	102.9	103.5	101.5
农用种子	Seeds for Farming	104.3	102.8	102.3	102.7
其他	Others	105.3	102.9	105.5	99.8
农用薄膜	Pellicle for Farming	106.0	102.5	104.9	99.0
其他	Others	103.7	103.9	106.8	101.6
农业生产服务	Services for Agricultural Production	104.5	107.1	111.7	108.9
排灌费	Expenditure of Irrigation and Drainage	99.8	100.3	101.1	99.3
机械作业费	Expenditure of Mechanical Operations	101.0	102.5	107.5	107.9
其他	Others	106.2	109.4	114.8	111.2

9-17 农产品生产价格指数

Producers' Price Indices for Farm Products

上年=100 (preceding year=100)

项目	Item	2004	2005	2006	2007	2008	2009
农产品生产价格指数	**Producers' Prices for Farm Products**	**110.7**	**103.5**	**102.6**	**109.7**	**116.5**	**95.0**
农业产品	**Farm Products**	**108.9**	**104.5**	**106.1**	**104.7**	**110.8**	**98.8**
谷物及其他作物	Cereal and Other Crops	123.7	100.9	109.4	105.1	109.2	102.1
谷物(原粮)	Cereal	134.6	99.7	102.9	106.4	111.0	101.4
#稻谷	Rice	135.2	99.8	103.7	106.5	110.8	101.4
玉米	Corn	115.9	94.6	111.5	104.9	112.7	100.6
薯类	Potato	114.0	103.2	97.9	103.5	111.9	108.3
油料	Oil-bearing Crops	113.6	102.9	106.9	116.2	115.0	92.1
豆类	Beans	106.4	107.1	101.7	111.2	130.6	94.4
糖料	Sugar Crops	95.7	107.3	129.9	96.7	87.5	102.9
烟草	Tobacco	120.9	86.7	107.6	103.3	116.3	110.1
其他农作物	Other Farm Products	109.3	105.3	105.6	102.6	111.2	108.4
蔬菜、园艺作物	Vegetables and Garden Crops	105.6	108.0	103.5	105.3	112.2	97.1
蔬菜	Vegetables	105.5	108.0	103.6	105.3	112.0	97.2
叶菜类	Leaf Vegetables	99.3	108.0	104.9	107.1	112.0	97.5
瓜菜类	Pepo Fruit Vegetables	112.2	109.4	102.9	106.8	111.4	92.5
块根、块茎菜类	Root and Stem Vegetables	116.5	109.3	99.8	100.9	109.5	96.9
茄果菜类	Solanaceous Vegetables	99.0	105.5	102.8	102.6	110.5	104.0
其他蔬菜	Other Vegetables	110.0	104.4	100.7	107.9	120.5	95.1
花卉	Flowers	119.3	96.0	92.4	105.3	120.0	91.5
水果、坚果、饮料和香料	Fruit, Nuts, Beverage and Spice	85.1	103.3	105.4	102.2	110.3	95.5
水果、坚果	Fruit and Nuts	83.2	103.1	105.9	101.7	110.8	95.2
茶及其他饮料(干品)	Tea and Other Drinks (Dry Products)	105.0	104.7	97.4	107.4	101.9	101.7
中药材	Medicinal Herbs	96.8	102.9	108.2	104.1	103.0	86.7
林业产品	**Forestry Products**	**108.3**	**103.9**	**109.9**	**109.0**	**107.9**	**98.9**
木材采运	Logging and Transportation of Timber	105.8	104.2	112.3	113.3	108.1	97.0
竹材采运	Logging and Transportation of Bamboo	110.9	101.2	103.1	102.6	111.0	99.4
林产品采集	Gathering of Forest Products	111.2	105.5	108.1	103.9	102.4	95.9
牧业产品	**Animal Husbandry Products**	**118.1**	**100.8**	**99.2**	**123.5**	**124.9**	**89.7**
牲畜的饲养	Livestock	99.4	100.5	101.2	106.0	116.5	101.1
#活牛(毛重)	Cattle and Buffalo (gross weight)	102.7	101.0	100.9	107.4	123.5	101.7
猪的饲养	Hogs	124.9	98.1	98.1	131.5	131.9	83.6
#活猪(毛重)	Pig (gross weight)	124.0	97.1	98.8	131.4	127.1	83.4
家禽	Poultry	106.7	105.8	99.7	113.2	109.9	101.8
肉禽(毛重)	Meat Poultty (gross weight)	106.2	105.3	99.3	113.4	109.7	101.7
#鸡	Chicken	105.0	105.2	96.7	112.5	109.0	101.8
鸭	Duck	106.6	104.7	100.4	114.2	106.6	101.2
禽蛋	Eggs	114.8	115.2	103.9	110.1	115.5	103.9
#鸡蛋	Chicken Eggs	106.8	103.3	103.0	109.3	115.6	104.7
鸭蛋	Duck Eggs	118.1	119.9	107.3	110.5	114.7	100.0
其他畜牧业	Other Animal Husbandry Products	115.1	104.4	116.3	88.4	111.9	106.3
渔业产品	**Fishing Products**	**106.1**	**104.6**	**98.7**	**104.2**	**117.2**	**94.2**
海水水产品	Seawater Products	108.7	103.4	104.1	100.4	112.6	100.4
鱼类	Fish	97.7	99.7	103.6	101.1	113.3	100.6
海水虾蟹类	Prawn and Crab	114.7	105.8	106.1	95.3	112.5	99.5
海水贝类	Shellfish	113.9	104.8	100.2	101.5	100.4	104.8
其他海水产品	Other Seawater Products	116.8	105.9	109.3	104.8	114.5	99.5
淡水水产品	Freshwater Products	105.7	104.8	97.1	104.8	118.9	92.0
淡水鱼类	Fish	106.8	104.3	96.6	105.3	118.8	91.4
淡水虾蟹类	Prawn and Crab	90.4	111.4	103.1	97.9	118.5	100.8
其他淡水产品	Other Freshwater Products	105.2	100.7	97.8	110.2	128.0	102.2

主要统计指标解释

居民消费价格指数 是度量消费商品及服务项目价格水平随着时间而变动的相对数，反映居民家庭购买的消费品及服务价格水平的变动情况。它是宏观经济分析、决策、调控和价格总水平监测以及国民经济核算的重要指标。其按年度计算的变动率通常被用来作为反映通货膨胀(或紧缩)程度的指标。

城市居民消费价格指数 是反映城市居民家庭所购买的生活消费品和服务项目价格变动趋势及其程度的相对数。编制城市居民消费价格指数，可以观察和分析消费品的零售价格和服务项目价格变动对职工货币工资的影响，作为研究职工生活和制定工资政策的依据。

农村居民消费价格指数 是反映农村居民家庭所购买的生活消费品价格和服务项目价格变动趋势和程度的相对数。用它可以观察农村消费品的零售价格和服务项目价格变动对农村居民生活消费支出的影响，直接反映农村居民生活水平的实际变化情况，为分析和研究农村居民生活问题提供依据。

商品零售价格指数 是度量市场商品零售价格水平变动趋势和变动程度的相对数，反映商品在流通过程中最后一个环节的价格即工业、商业、餐饮业和其他零售企业向城乡居民、机关团体出售生活消费品和办公用品价格水平的变动趋势。它可以为国家宏观调控和国民经济核算提供参考依据。

工业品出厂价格指数 是反映各工业部门主要工业产品出厂价格变动趋势和程度的相对数。编制该价格指数，用以观察和分析在生产环节中工业品价格变动对企业经济效益及宏观经济运行的影响，并为工业增长速度的科学计算提供重要的依据。

原材料、燃料和动力购进价格指数 是反映工业企业购进原材料、燃料、动力价格的变动趋势和程度的相对数。编制该价格指数，是从投入的角度，观察和分析物料投入价格水平变动对工业产出的影响。

固定资产投资价格指数 是反映全社会及各类工程固定资产投资价格变动幅度和变动趋势的相对数。编制该价格指数，用以消除按现价计算的固定资产指标中的价格变动因素，真实地反映全社会及各类工程固定资产投资的规模、速度、结构和效益，为国家及各部门科学地制定、检查固定资产投资计划和进行国民经济核算提供科学的、可靠的依据。

农业生产资料价格指数 是反映一定时期内农业生产资料价格变动趋势和程度的相对数。其编制目的是了解农业生产中物质资料投入价格的变动状况，服务于国民经济核算。1994 年以前，农业生产资料价格指数仅仅是商品零售价格指数的一个类别，此后，从商品零售价格指数中分离出来，单独编制。

农产品生产价格指数 是反映农产品生产者第一手(直接)出售其农产品时实际获得的单位产品价格变动的相对数。农产品生产价格指数客观反映了农产品生产价格水平和结构变动情况，满足农业与国民经济核算需要，为各级政府制定农业保护和农产品流通政策提供决策依据。

Explanatory Notes on Main Statistical Indicators

Consumer Price Indices measure the relative change with time in prices of consumer goods and services, reflecting the rates of change in consumer goods and services purchased by households. It is an important indicator for macroeconomic analysis, decision-making, regularization and control, supervision of general price level and national economic accounting. The annualized rates of change are generally considered as an indicator of inflation or deflation.

Consumer Price Indices of Urban Household reflect the trend and degree of changes in prices of consumer goods and services purchased by urban households and can be used to observe and analyze the impact of price changes in consumer goods and services on money wages of staff and workers, thus providing the basis for policy making concerning the living cost and the wages of staff and workers.

Consumer Price Indices of Rural Household reflect the trend and degree of changes in prices of consumer goods and services purchased by rural households and can be used to observe and analyze the impact of change in prices of consumer goods and services on living expenditure and actual changes in the living standards of rural residents, thus providing the basis for analysis and research on the conditions of life in rural areas.

Retail Price Indices measure the relative trend and degree of changes in retail prices of commodities, reflecting the trend of changes in prices in the last link of circulation, i.e. prices of consumer goods and office appliances sold to households or organizations by enterprises of industry, commerce, catering services and other retail trades. It provides a reference for macroeconomic adjustment and control as well as national economic accounting.

Producer Price Indices for Manufactured Goods reflect the trend and degree of changes in ex-factory prices of main industrial products of all sectors of industry. It can be used to observe and analyze the impact of ex-factory price changes on enterprise efficiency in the course of production and macro-economy, and provides important data for scientific calculation of the growth rate of industry.

Purchasing Price Indices of Raw Materials, Fuels and Power reflect the trend and degree of changes in prices of raw materials, fuels and power purchased by industrial enterprises. It can be used to observe and analyze, from the perspective of input, the impact of price changes in raw materials, fuels and power on industrial output.

Price Indices of Investment in Fixed Assets reflect the trend and degree of changes in prices of investment in fixed assets in various projects and in the whole country. It can be used to remove the factor of price changes in the data of investment in fixed assets calculated at current prices, to truly reflect the scale, growth rate, structure, proportion and efficiency of investment in fixed assets in various projects and in the whole country, and to provide a scientific and reliable basis for formulating the plan for investment in fixed assets and examining its fulfillment as well as for conducting national economic accounting.

Price Indices for Means of Agricultural Production reflect the trend and degree of changes in the prices of the means of agricultural production during a given period. Compilation of these indices helps to understand the changes in prices of input into agricultural production and facilitate the compilation of national accounts statistics. Before 1994, price indices for means of agricultural production were a sub-category in the retail price indices for commodities, and it has been compiled separately since 1994.

Producers' Price Indices of Farm Products reflect the trend and degree of changes in unit prices received by producers of farm products when they sell farm products at first hand (directly). These indices objectively reflect changes in the level and structure of producers' prices of farm products, meeting the needs of agricultural and national account statistics and providing governments of various levels with a basis for policy making concerning the protection of agriculture and the circulation of farm products.

十、人民生活

PEOPLE' S LIVING CONDITIONS

十 人民生活

简要说明

一、本篇资料反映广东城乡居民生活状况，包括就业、居民收支、消费水平、住房及主要消费品消费量和拥有量等基本情况。

二、本篇资料由国家统计局广东调查总队城镇住户调查处和农村住户调查处整理提供。

三、本篇中有关城镇居民生活状况的数据来源于国家统计局广东调查总队城镇住户抽样调查资料。主要内容包括家庭人口、家庭现金收支、主要商品购买数量及支出金额、劳动就业状况、居住状况和耐用消费品拥有量等。

四、有关农村居民生活的统计资料主要来源于国家统计局广东调查总队农村住户抽样调查资料。主要内容包括农村居民家庭基本情况、家庭总收支和现金收支、购买农业生产资料、主要消费品消费量、耐用消费品拥有量等。

五、城镇住户调查资料采用二相抽样和多阶段抽样相结合的调查方法统计。农村住户调查采用分层两阶段抽样方法抽取样本户进行调查取得资料。

10 People's Living Conditions

Brief Introduction

Ⅰ. The data in this chapter show the basic conditions of the people's livelihood in the urban and rural areas of Guangdong Province, including employment, income and expenditure of households, level of consumption, housing conditions, consumption and possession of the major consumer goods, etc.

Ⅱ. The data in this chapter are prepared and provided by the Division of Urban Household Survey and the Division of Rural Household Survey under Guangdong Survey Office of the National Bureau of Statistics.

Ⅲ. The data on the livelihood of urban residents come from sample surveys on urban households conducted by the Division of Urban Household Survey under Guangdong Survey Office of the National Bureau of Statistics. The main content of the surveys includes household composition, cash income and expenditure of households, purchases of and expenditures on major commodities, employment of household members, housing conditions and possession of durable consumer goods, etc.

Ⅳ. The data on the livelihood of the rural residents mainly come from sample surveys on rural households conducted by the Division of Rural Household Survey under Guangdong Survey Office of the National Bureau of Statistics. The main content of the surveys includes basic conditions of rural households, total household income and expenditure as well as cash income and expenditure, purchase of means of agricultural production, consumption of major commodities, and possession of durable consumer goods, etc.

Ⅴ. The survey data of urban households are collected through two-phase sampling scheme combined with multi-stage sampling scheme; whereas survey data of rural households are collected through stratified two-stage sampling.

10-1 人民生活主要指标

Main Indicators of People's Living Conditions

指标	Item	1995	2000	2005	2008	2009
居民人均消费水平 (元)	**Per Capita Annual Consumption (yuan)**	**3991**	**5305**	**9798**	**13949**	**15291**
城镇居民	Urban Households	7091	9189	13607	19155	21098
农村居民	Rural Households	2206	2680	3915	4986	5239
城镇居民	**Urban Households**					
城镇居民家庭每一就业者负担人口 (人)	Number of Dependents per Urban Employee (person)	1.73	1.81	1.90	2.00	1.97
城镇居民家庭人均可支配收入 (元)	Per Capita Annual Disposable Income of Urban Households (yuan)	7438.68	9761.57	14769.94	19732.86	21574.72
城镇居民最高收入户与最低收入户人均可支配收入之比 (以最低收入户为1)	Ratio of Per Capita Disposable Income of Highest Income Households to That of Lowest Income Households in Urban Areas (lowest income households = 1)	5.7	8.0	9.6	10.1	9.5
城镇居民家庭人均消费性支出 (元)	Per Capita Annual Consumption Expenditure of Urban Households (yuan)	6253.68	8016.91	11809.87	15527.97	16857.51
食品 (元)	Food (yuan)	3003.05	3096.33	4265.19	5866.91	6225.62
衣着 (元)	Clothing (yuan)	421.73	369.99	673.90	975.06	1064.33
居住 (元)	Residence (yuan)	660.75	1099.99	1181.42	1748.16	1814.00
家庭设备用品及服务(元)	Household Facilities, Articles and Services(yuan)	546.53	603.19	605.12	947.54	1052.57
医疗保健 (元)	Health Care and Medical Services (yuan)	205.39	346.56	704.90	836.39	925.62
交通和通信 (元)	Transport and Telecommunication (yuan)	395.52	1076.80	2333.05	2623.08	2979.88
教育文化娱乐服务 (元)	Educational, Cultural and Recreational Services (yuan)	684.10	921.44	1669.09	1936.38	2168.88
杂项商品和服务 (元)	Miscellaneous Goods and Services (yuan)	336.62	502.61	377.20	594.45	627.01
城镇居民人均使用面积 (平方米)	Per Capita Living Floor Space of Urban Households (sq.m)	21.03	24.60	25.71	32.95	33.86
每百户城镇居民家庭耐用消费品拥有量	Number of Major Durable Consumer Goods Owned per 100 Urban Households					
彩色电视机 (台)	Color TV Set	104.97	135.58	155.26	143.07	142.77
电冰箱 (台)	Refrigerator	74.00	81.87	93.90	94.39	95.54
洗衣机 (台)	Washing Machine	94.01	97.50	97.23	94.85	96.65
家用汽车 (辆)	Car (set)		1.70	9.69	19.60	23.31
农村居民	**Rural Housholds**					
农村居民家庭每个劳动力负担人口 (人)	Number of Dependents per Rural Laborer (person)	**1.72**	**1.65**	**1.55**	**1.51**	**1.48**
农村居民人均纯收入 (元)	Annual Per Capita Net Income of Rural Households (yuan)	2699.24	3654.48	4690.49	6399.77	6906.93
农村居民高收入户与低收入户人均纯收入之比 (以低收入户为1)	Ratio of Per Capita Disposable Income of Highest Income Households to That of Lowest Income Households in Rural Areas (lowest income households = 1)	4.7	4.2	5.4	5.2	5.3
农村居民人均生活费支出 (元)	Annual Per Capita Expenditure for Living Cost of Rural Households (yuan)	2255.01	2646.02	3707.73	4872.96	5019.81
#食品	Food	1228.00	1317.48	1789.42	2388.91	2425.55
衣着	Clothing	91.31	104.21	143.50	177.67	192.68
居住	Residence	345.65	378.86	530.30	965.03	946.14
家庭设备、用品及服务	Household Facilities, Articles and Services	140.45	125.65	152.12	189.01	206.36
文化教育娱乐用品及服务	Recreational, Educational and Cultural Articles and Services	245.16	313.46	360.73	272.87	296.72
农村居民人均生活用房面积 (平方米)	Per Capita Living Floor Space of Rural Households (sq.m)	20.83	22.42	25.71	27.89	28.70
农村每百户耐用品拥有量	Number of Major Durable Goods Owned per 100 Rural Households					
电视机 (台)	Television (set)	86.20	102.42	112.19	116.48	118.40
电冰箱 (台)	Refrigerator (set)	7.90	15.12	24.73	34.88	41.33
摩托车 (辆)	Motorcycle (unit)	15.73	54.18	86.88	97.81	101.56
电话机 (部)	Telephone (set)	9.40	40.82	82.38	85.16	82.15

注：1. 城镇居民最高收入户与最低收入户人均可支配收入之比是按九等分组计算。
2. 农村居民高收入户与低收入户人均纯收入之比是按五等分组计算。
3. 2002年开始居住面积改为使用面积，2007年开始使用面积改为建筑面积。

Note: a) The ratio of per capita disposable income of highest income households to that of lowest income households in urban areas is calculated on the basis of nine groups.
b) The ratio of per capita net income of highest income households to that of lowest income households in rural areas is calculated on the basis of five groups.
c) Since 2002, floor space of houses refers to living floor space used. In 2007, it refers to floor space of construction.

10-2 城镇居民家庭基本情况
Basic Conditions of Urban Households

项目	Item	1995	2000	2005	2008	2009
调查户数 (户)	**Number of Households Surveyed**	**1550**	**1600**	**1600**	**3150**	**3150**
平均每户家庭人口(人)	**Average Household Size (person)**	**3.58**	**3.57**	**3.27**	**3.27**	**3.25**
平均每户就业人口(人)	**Average Number of Employed Persons per Household (person)**	**2.07**	**1.97**	**1.72**	**1.63**	**1.65**
平均每户就业率 (%)	**Percentage of Employment per Household (%)**	**57.8**	**55.2**	**52.6**	**49.8**	**50.8**
人均家庭总收入 (元)	**Per Capita Total Income of Households (yuan)**	**7445.10**	**9853.65**	**16249.89**	**21678.51**	**24116.46**
#人均可支配收入	Per Capita Disposable Income	7438.70	9761.57	14769.94	19732.86	21574.72
人均工薪收入	Per Capita Income of Wages and Salaries	5738.45	7418.31	12265.04	15188.39	16898.87
人均经营净收入	Per Capita Net Business Income	332.59	545.59	1043.51	2405.92	2459.83
人均财产性收入	Per Capita Income from Properties	297.38	429.94	417.25	701.25	736.55
人均转移性收入	Per Capita Income from Transfers	1076.68	1459.81	2524.09	3382.95	4021.2
人均消费性支出 (元)	**Per Capita Consumption Expenditure (yuan)**	**6253.68**	**8016.91**	**11809.87**	**15527.97**	**16857.51**
食品	Food	3003.05	3096.33	4265.19	5866.91	6225.22
衣着	Clothing	421.73	369.99	673.90	975.06	1064.33
居住	Residence	660.75	1099.99	1181.42	1748.16	1814.00
家庭设备用品及服务	Household Facilities, Articles and Services	546.53	603.19	605.12	947.54	1052.57
医疗保健	Health Care and Medical Services	205.39	346.56	704.90	836.39	925.62
交通和通讯	Transport and Telecommunication	395.52	1076.80	2333.05	2623.08	2979.88
教育文化娱乐服务	Educational, Cultural and Recreational Services	684.10	921.44	1669.09	1936.38	2168.88
杂项商品和服务	Miscellaneous Goods and Services	336.61	502.61	377.20	594.45	627.01
人均消费性支出构成 (%)	**Composition of Per Capita Consumption Expenditure (%)**	**100.0**	**100.0**	**100.0**	**100.0**	**100.0**
食品	Food	48.0	38.6	36.1	37.8	36.9
衣着	Clothing	6.7	4.6	5.7	6.3	6.3
居住	Residence	10.6	13.7	10.0	11.3	10.8
家庭设备用品及服务	Household Facilities, Articles and Services	8.7	7.5	5.1	6.1	6.2
医疗保健	Health Care and Medical Services	3.3	4.3	6.0	5.4	5.5
交通和通讯	Transport and Telecommunication	6.3	13.4	19.8	16.9	17.7
教育文化娱乐服务	Educational, Cultural and Recreational Services	10.9	11.5	14.1	12.5	12.9
杂项商品和服务	Miscellaneous Goods and Services	5.5	6.4	3.2	3.8	3.7
平均每百户主要消费品年末拥有量	**Number of Major Durable Consumer Goods Owned by per 100 Households at the Year-end**					
摩托车 (辆)	Motorcycle (set)	22.58	58.84	72.83	47.21	44.85
家用汽车 (辆)	Car (set)		1.70	9.69	19.60	23.31
洗衣机 (台)	Washing Machine (set)	94.01	97.50	97.23	94.85	96.65
电冰箱 (台)	Refrigerator (set)	74.00	81.87	93.90	94.39	95.54
彩色电视机 (台)	Color Television (set)	104.97	135.59	155.26	143.07	142.77
影碟机 (台)	Video Disc Player (set)		65.19	88.34		
家用电脑 (台)	Computer (set)		25.78	70.34	83.23	91.54
组合音响 (台)	Hi-fi Stereo Component System (set)	31.27	48.55	56.88	51.05	50.82
摄像机 (台)	Pickup Camera (set)		1.97	6.41	11.01	11.78
微波炉 (台)	Microwave Oven (set)		29.86	61.05	64.04	68.09
空调器 (台)	Air Conditioner (set)	41.20	98.04	168.66	187.52	196.21
移动电话 (台)	Mobile Telephone (set)		57.94	187.39	210.35	215.28
平均每人住房使用面积 (平方米)	**Per Capita Floor Space of Houses (sq.m)**	**21.03**	**24.60**	**25.71**	**32.95**	**33.86**

10-3 城镇居民人均可支配收入及消费性支出

Per Capita Disposable Income and Consumption Expenditure of Urban Households

年份 Year	人均可支配收入(元) Per Capita Disposable Income (yuan)	增长速度(%) Growth Rate (%) 名义增长(上年为100) Nominal Growth (preceding year=100)	实际增长(上年为100) Real Growth (preceding year=100)	实际增长(1978年为100) Real Growth (1978=100)	人均消费性支出(元) Per Capita Consumption Expenditure (yuan)	增长速度(%) Growth Rate (%) 名义增长(上年为100) Nominal Growth (preceding year=100)	实际增长(上年为100) Real Growth (preceding year=100)	恩格尔系数(%) Engle Coefficient (%)
1978	412.13				399.96			66.6
1979	416.33	1.0	-3.4	96.6	424.96	6.3	1.5	67.0
1980	472.57	13.5	3.7	100.1	485.76	14.3	4.5	65.5
1981	560.69	18.6	11.6	111.7	517.44	6.5	0.2	65.8
1982	631.45	12.6	9.8	122.7	592.08	14.4	11.5	64.2
1983	714.20	13.1	10.0	135.0	660.12	11.5	8.5	64.5
1984	818.37	14.6	12.4	151.8	744.36	12.8	10.7	63.6
1985	954.12	16.6	-0.4	151.1	889.56	19.5	2.1	58.3
1986	1102.09	15.5	10.3	166.7	998.88	12.3	7.2	58.6
1987	1320.89	19.9	6.3	177.1	1215.84	21.7	7.9	56.7
1988	1583.13	19.9	-7.4	163.9	1506.99	23.9	-4.3	56.7
1989	2086.21	31.8	8.1	177.2	1921.05	27.5	4.6	56.5
1990	2303.15	10.4	13.3	200.8	1983.86	3.3	6.0	57.2
1991	2752.18	19.5	16.8	234.6	2388.77	20.4	17.7	53.1
1992	3476.70	26.3	16.5	273.4	2830.62	18.5	10.4	51.5
1993	4632.38	33.2	9.2	298.6	3777.43	33.4	10.3	48.9
1994	6367.08	37.4	13.6	339.2	5181.30	37.2	13.4	46.4
1995	7438.68	16.8	3.3	350.4	6253.68	20.7	6.7	48.0
1996	8157.81	9.7	2.3	358.4	6736.09	7.7	0.5	47.3
1997	8561.71	5.0	2.8	368.4	6853.48	1.7	-0.3	46.0
1998	8839.68	3.2	5.0	387.0	7054.09	2.9	4.7	44.1
1999	9125.92	3.2	4.9	406.0	7517.81	6.6	8.3	40.6
2000	9761.57	7.0	4.7	424.9	8016.91	6.6	4.3	38.6
2001	10415.19	6.7	7.6	457.0	8099.63	1.0	1.8	38.1
2002	11137.20	9.1	10.6	495.7	8988.48	11.0	12.6	38.5
2003	12380.40	11.2	10.4	547.2	9636.24	7.2	6.5	37.2
2004	13627.65	10.1	7.3	587.0	10694.79	11.0	8.2	37.0
2005	14769.94	8.4	6.3	623.8	11809.87	10.4	8.2	36.1
2006	16015.58	8.4	6.5	664.3	12432.22	5.3	3.4	36.2
2007	17699.30	10.5	6.6	707.9	14336.87	15.3	11.2	35.3
2008	19732.86	11.5	5.7	748.3	15527.97	8.3	2.7	37.8
2009	21574.72	9.3	12.0	838.1	16857.51	8.6	11.3	36.9

注：1. 可支配收入=家庭总收入−交纳所得税−个人交纳的社会保障支出−记帐补贴

2. 消费性支出指用于日常生活的全部支出，包括食品、衣着、家庭设备用品及服务 、医疗保健、交通和通讯、娱乐教育文化服务、居住、杂项商品和服务等八大类支出。

3. 2002年人均可支配收入增幅按可比口径计算。

Notes: a) Disposable Income = Total Income of Households - Income Tax Payable - Personal Expenditure on Social Security - Sample Household Subsidy for Keeping Dairies .

b) Consumption expenditure refers to total expenditure of the sample households for consumption in daily life,including expenditure on eight categories: food, clothing, household facilities, articles and services, health care and medical services, transport and telecommunication, recreational, residence, miscellaneous goods and services.educational and cultural services.

c) The growth rates of per capita disposable income of 2002 were calculated at comparable prices.

10-4 各市城镇居民人均可支配收入和消费支出

Per Capita Disposable Income and Consumption Expenditure of Urban Households by City

市别	City	可支配收入(元) Disposable Income (yuan)				消费支出(元) Consumption Expenditure (yuan)			
		2000	2005	2008	2009	2000	2005	2008	2009
广州	Guangzhou	13621.83	18287.24	25316.72	27609.60	10988.99	14468.24	20835.95	22820.90
深圳	Shenzhen	21577.24	28665.25	26729.31	29244.50	18200.67	21188.84	19779.09	21526.10
珠海	Zhuhai	15375.90	18907.73	20949.48	22858.60	12616.21	14323.66	16516.77	17948.40
汕头	Shantou	8966.64	12229.17	12542.12	13650.90	7663.77	9505.66	10764.95	11659.50
佛山	Foshan	11976.98	17680.10	22494.01	24577.90	10662.58	14485.61	17552.89	19295.60
韶关	Shaoguan	7208.56	10908.36	15038.54	16288.70	6159.81	8113.64	10666.39	11467.60
河源	Heyuan				12137.99				8054.92
梅州	Meizhou	7310.32	8842.84	12109.30	13113.30	6166.69	6757.02	9665.77	10365.70
惠州	Huizhou	10327.78	15762.77	19480.63	21278.00	8945.02	12651.95	16581.19	17913.90
汕尾	Shanwei				12560.21				8735.73
东莞	Dongguan	14226.05	22881.80	30274.64	33044.60	12603.21	21767.78	23207.67	24269.90
中山	Zhongshan				23088.39				17414.70
江门	Jiangmen				19003.76				14262.87
阳江	Yangjiang				13075.21				9164.85
湛江	Zhanjiang	7096.96	9867.36	12361.61	13665.20	6329.84	7669.84	9583.36	10470.10
茂名	Maoming				13160.64				9764.10
肇庆	Zhaoqing	7300.73	10097.20	13641.54	15063.00	6750.84	7476.65	10068.05	11030.30
清远	Qingyuan				14314.79				9851.89
潮州	Chaozhou				12398.20				10758.29
揭阳	Jieyang				13169.24				10463.10
云浮	Yunfu				13211.00				11383.48

10-5 城镇居民家庭年末居住情况

Housing Conditions of Urban Households at the Year-end

项 目	Item	1995	2000	2005	2007	2008	2009
调查户数 (户)	**Number of Households Surveyed**	**1550**	**1600**	**1600**	**1600**	**3150**	**3150**
现住房总建筑面积(平方米/人)	**Total Floor Space of Houses(sq.m/person)**			**33.18**	**33.81**	**32.95**	**33.86**
房屋产权 (%)	**Property Rights of Houses (%)**	**100.00**	**100.00**	**100.00**	**100.00**	**100.00**	**100.00**
租赁公房	Public Apartments for Rent	38.00	16.50	6.76	5.17	4.20	3.12
租赁私房	Private Apartments for Rent	1.87	1.50	1.58	1.80	7.29	5.53
原有私房	Original Private Apartments	60.13	70.00	18.33	15.41	15.33	14.58
房改私房	Private Apartments Acquired through Housing Reform		12.00	44.77	38.33	25.82	27.81
商品房	Commercial Houses			26.01	37.44	46.69	48.36
其他	Others			2.54	1.85	0.66	0.60
住宅建筑式样 (%)	**Design of Residential Buildings (%)**			**100.00**	**100.00**	**100.00**	**100.00**
单栋住宅	Separate Residential Buildings			10.94	10.18	10.17	9.67
四居室	Four-bedroom Apartments			6.69	8.89	6.66	7.53
三居室	Three-bedroom Apartments			38.60	45.09	45.26	47.25
二居室	Two-bedroom Apartments			33.89	29.23	29.00	27.85
一居室	One-bedroom Apartment			4.45	3.12	3.88	2.93
普通楼房	Ordinary Multi-story Buildings			4.16	2.73	3.76	3.76
平房及其他	Bungalows and Others			1.28	0.76	1.27	1.10
用水情况 (%)	**Water Use (%)**			**100.00**	**100.00**	**100.00**	**100.00**
独用自来水	Tap Water for Private Use			98.97	100.00	99.96	99.93
公用自来水	Tap Water for Public Use			1.01		0.02	0.07
井、河水	Well & River Water			0.02		0.02	
其他	Others						
卫生设备 (%)	**Sanitation Facilities (%)**	**100.00**	**100.00**	**100.00**	**100.00**	**100.00**	**100.00**
无卫生设备	Without Sanitation Facilities	6.84	2.56	0.70	0.13	0.27	0.28
有厕所浴室	With Washroom and Bathroom	78.32	81.50	95.16	98.73	99.09	99.23
有厕所无浴室	With Washroom but no Bathroom	10.26	13.69	2.70	0.62	0.24	0.25
公用	For Public Use	4.58	2.25	1.44	0.52	0.40	0.24
炊用燃料使用情况 (%)	**Fuel Use for Cooking (%)**	**100.00**	**100.00**	**100.00**	**100.00**	**100.00**	**100.00**
管道煤气	Pipeline Gas	7.23	10.00	21.27	24.88	6.27	1.04
液化石油气	Liquefied Petroleum Gas	83.42	86.87	77.34	74.22	74.39	71.40
管道天然气	Pipeline Gas						25.76
煤	Coal	8.19	2.94	1.01	0.33	0.77	0.73
其他	Others	1.16	0.19	0.38	0.57	18.57	1.07
通信设备使用情况 (每百户)	**Use of Telecommunication Facilities (per 100 households)**						
固定电话	Fixed Landline Telephones			101.40	97.77	92.35	92.83
移动电话	Mobile Telephones			187.39	206.41	210.35	215.28
接入互联网的计算机	Computers with Internet Access				58.39	63.44	69.56

10-6 按收入等级分的城镇居民家庭平均每人全年现金收入（2009年）

单位：元

项目	Item	总平均 Average	最低收入户 Lowest Income Households	#困难户 Poor Households
家庭总收入	**Total Income of Households**	**24116.46**	**6537.68**	**5634.9**
#可支配收入	Of Which: Disposable Income	21574.72	6000.83	5087.86
工薪收入	Income from Wages and Salaries	16898.87	4086.95	3651.09
工资及补贴收入	Income from Wages and Subsidies	16674.11	3908.80	3487.32
其他劳动收入	Other Incomes	224.77	178.15	163.77
经营性收入	Net Business Income	2459.83	901.18	796.39
财产性收入	Income from Properties	736.55	116.49	103.85
利息收入	Interest Income	27.68	2.97	1.55
股息与红利收入	Dividend and Bonus Income	202.13	1.41	
保险收益	Insurance Revenue	10.94	0.03	
其它投资收入	Other Investment Income	18.19	5.69	11.45
出租房屋收入	Lease Income	465.77	104.32	90.82
知识产权收入	Intellectual Property Income			
其他财产性收入	Other Property Incomes	11.83	2.06	0.04
转移性收入	Income from Transfers	4021.20	1433.06	1083.57
养老金或离退休金	Pension or Retirement Annuities	2995.57	760.06	564.05
社会救济收入	Social Relief Income	16.40	54.81	78.32
#最低生活保障收入	Government Minimum Living Allowance	9.40	27.86	55.75
辞退金	Dismissal Income	5.35		
赔偿收入	Compensation Income	4.14		
保险收入	Insurance Income	18.39	4.56	9.17
#失业保险金	Of which: Unemployment Insurance Benefits	9.33	4.56	9.17
赡养收入	Alimony Income	299.16	257.61	139.65
捐赠收入	Donated Income	384.17	182.72	152.11
提取住房公积金	Withdrawal of Public Reserve Funds for Housing	46.24	0.66	
记帐补贴	Sample Household Subsidy for Keeping Dairies	157.10	89.68	76.78
其他转移性收入	Other Transfer Incomes	94.69	82.97	63.48
出售财物收入	**Income from Selling Properties**	**490.92**	**1.42**	**0.76**
出售住房收入	Income from Selling Houses	483.90		
出售其他物品收入	Income from Selling Other Properties	7.02	1.42	0.76
借贷收入	**Loan Income**	**9006.18**	**1089.02**	**1369.75**
提取储蓄存款	Withdrawal of Savings Deposits	7666.7	757.86	857.98
借入款	Borrowed Money	179.62	172.46	192.59
收回借出款	Repayment of Loans Receivable	22.09		
收回储蓄性保险本	Insured Savings Receivable	1.02		
兑售有价证券	Selling Portfolio	140.27	158.7	319.18
收回投资本金	Investment Capital Receivable	0.72		
住房贷款	Loans for Housing	895.57		
汽车贷款	Loans for Automobile	51.58		
教育贷款	Loans for Education			
其他贷款	Other Loans	3.12		
其他借贷收入	Other Loan Incomes	45.48		

Per Capita Annual Cash Income of Urban Households by Level of Income (2009)

(yuan)

低收入户 Low Income Households	中等偏下户 Lower Middle Income Households	中等收入户 Middle Income Households	中等偏上户 Upper Middle Income Households	高收入户 High Income Households	最高收入户 Highest Income Households
9724.59	**14127.50**	**21526.44**	**30738.51**	**43301.24**	**62320.61**
8922.72	12800.02	19004.02	27258.83	38109.14	56931.45
6323.83	9422.45	15517.61	22114.50	31210.58	42503.24
6151.11	9232.44	15332.05	21940.24	31015.08	41755.35
172.72	190.01	185.56	174.27	195.50	747.89
1201.31	1496.82	1927.77	2664.26	4074.08	8021.44
185.42	211.19	424.54	857.91	1510.28	3403.71
3.56	4.79	17.39	43.16	72.41	89.57
0.88	51.68	80.50	241.97	293.75	1308.41
	0.30	15.26	7.53	18.03	59.76
	11.63	5.13	28.13	27.60	78.53
175.45	132.13	297.38	525.34	1088.60	1818.12
5.53	10.67	8.88	11.79	9.88	49.32
2014.03	2997.03	3656.52	5101.83	6506.31	8392.21
1298.34	2272.81	2693.89	3935.23	5019.63	6389.25
23.51	15.98	16.16	6.43	0.23	0.27
3.24	11.48	12.96	5.36		0.27
0.51	1.17				67.80
		13.59	4.03	5.27	
6.41	11.24	23.44	15.66	8.94	81.05
6.41	10.76	16.72	4.33	8.32	11.22
288.33	235.17	280.39	349.30	429.48	292.57
254.70	244.57	411.39	482.72	538.57	698.08
	1.14	9.64	18.40	146.92	350.36
104.21	134.86	158.55	184.43	205.30	253.25
38.02	80.08	49.46	105.62	151.98	259.59
0.60	**1367.94**	**686.54**	**5.19**	**685.24**	**157.45**
	1367.14	685.25		662.69	115.11
0.60	0.80	1.29	5.19	22.55	42.34
1220.25	**3780.67**	**5814.06**	**11562.33**	**22450.54**	**30766.97**
1191.50	2614.72	5370.48	9944.24	18992.49	26502.75
28.12	144.49	111.89	124.04	260.58	752.17
0.29	2.48	34.06	8.48	54.26	101.79
0.14	0.39		1.10		9.45
	0.04	57.35	48.92	796.44	338.94
		0.56	0.38	5.50	
	992.29	155.27	1375.16	2080.22	2521.89
		6.51	9.83	193.84	397.92
	0.07	3.85	4.43	14.73	
0.20	26.19	74.10	45.75	52.48	142.05

10-7 按收入等级分的城镇居民家庭平均每人全年现金收入构成（2009年）

单位：%

项目	Item	总平均 Average	最低收入户 Lowest Income Households	#困难户 Poor Households
家庭总收入	**Total Income of Households**	**100.00**	**100.00**	**100.00**
#可支配收入	Of Which: Disposable Income	89.46	91.79	90.29
工薪收入	Income from Wages and Salaries	70.07	62.51	64.79
工资及补贴收入	Income from Wages and Subsidies	69.14	59.79	61.89
其他劳动收入	Other Incomes	0.93	2.72	2.91
经营净收入	Net Business Income	10.20	13.78	14.13
财产性收入	Income from Properties	3.06	1.78	1.85
利息收入	Interest Income	0.11	0.05	0.03
股息与红利收入	Dividend and Bonus Income	0.84	0.02	
保险收益	Insurance Revenue	0.05	…	
其它投资收入	Other Investment Income	0.08	0.09	0.20
出租房屋收入	Lease Income	1.93	1.60	1.61
知识产权收入	Intellectual Property Income			
其他财产性收入	Other Property Incomes	0.05	0.03	0.00
转移性收入	Income from Transfers	16.67	21.93	19.23
养老金或离退休金	Pension or Retirement Annuities	12.42	11.63	10.01
社会救济收入	Social Relief Income	0.07	0.84	1.39
#最低生活保障收入	Government Minimum Living Allowance	0.04	0.43	0.99
辞退金	Dismissal Income	0.02		
赔偿收入	Compensation Income	0.02		
保险收入	Insurance Income	0.08	0.07	0.16
#失业保险金	Of which: Unemployment Insurance Benefits	0.04	0.07	0.16
赡养收入	Alimony Income	1.24	3.94	2.48
捐赠收入	Donated Income	1.59	2.79	2.70
提取住房公积金	Withdrawal of Public Reserve Funds for Housing	0.19	0.01	
记帐补贴	Sample Household Subsidy for Keeping Dairies	0.65	1.37	1.36
其他转移性收入	Other Transfer Incomes	0.39	1.27	1.13
出售财物收入	**Income from Selling Properties**	**100.00**	**100.00**	**100.00**
出售住房收入	Income from Selling Houses	**98.57**		
出售其他物品收入	Income from Selling Other Properties	**1.43**	**100.00**	100.00
借贷收入	**Loan Income**	**100.00**	**100.00**	**100.00**
提取储蓄存款	Withdrawal of Savings Deposits	85.13	69.59	62.64
借入款	Borrowed Money	1.99	15.84	14.06
收回借出款	Repayment of Loans Receivable	0.25		
收回储蓄性保险本	Insured Savings Receivable	0.01		
兑售有价证券	Selling Portfolio	1.56	14.57	23.30
收回投资本金	Investment Capital Receivable	0.02		
住房贷款	Loans for Housing	9.94		
汽车贷款	Loans for Automobile	0.57		
教育贷款	Loans for Education			
其他贷款	Other Loans	0.03		
其他借贷收入	Other Loan Incomes	0.50		

Composition of Per Capita Annual Cash Income of Urban Households by Level of Income (2009)

(%)

低收入户 Low Income Households	中等偏下户 Lower Middle Income Households	中等收入户 Middle Income Households	中等偏上户 Upper Middle Income Households	高收入户 High Income Households	最高收入户 Highest Income Households
100.00	**100.00**	**100.00**	**100.00**	**100.00**	**100.00**
91.75	90.60	88.28	88.68	88.01	91.35
65.03	66.70	72.09	71.94	72.08	68.20
63.25	65.35	71.22	71.38	71.63	67.00
1.78	1.34	0.86	0.57	0.45	1.20
12.35	10.60	8.96	8.67	9.40	12.87
1.91	1.49	1.97	2.79	3.49	5.46
0.04	0.03	0.08	0.14	0.17	0.14
0.01	0.37	0.37	0.79	0.68	2.10
	…	0.07	0.02	0.04	0.10
	0.08	0.02	0.09	0.06	0.13
1.80	0.94	1.38	1.71	2.51	2.92
0.06	0.08	0.04	0.04	0.02	0.08
20.71	21.21	16.99	16.60	15.03	13.47
13.35	16.09	12.51	12.80	11.59	10.25
0.24	0.11	0.08	0.02	…	…
0.03	0.08	0.06	0.02		…
0.01	0.01				0.11
		0.06	0.01	0.01	
0.07	0.08	0.11	0.05	0.02	0.13
0.07	0.08	0.08	0.01	0.02	0.02
2.96	1.66	1.30	1.14	0.99	0.47
2.62	1.73	1.91	1.57	1.24	1.12
	0.01	0.04	0.06	0.34	0.56
1.07	0.95	0.74	0.60	0.47	0.41
0.39	0.57	0.23	0.34	0.35	0.42
100.00	**100.00**	**100.00**	**100.00**	**100.00**	**100.00**
	99.94	99.81		96.71	73.11
100.00	0.06	0.19	100.00	3.29	26.89
100.00	**100.00**	**100.00**	**100.00**	**100.00**	**100.00**
97.64	69.16	92.37	86.00	84.60	86.14
2.30	3.82	1.92	1.07	1.16	2.44
0.03	0.07	0.59	0.07	0.24	0.33
0.01	0.01		0.01		0.03
		0.99	0.42	3.55	1.10
	0.01	0.01		0.02	
	26.25	2.67	11.89	9.27	8.20
		0.11	0.09	0.86	1.29
		0.07	0.04	0.07	
0.02	0.69	1.27	0.40	0.23	0.47

10-8 城镇居民家庭平均每人全年消费性支出（2009年）

Per Capita Annual Consumption Expenditure of Urban Households (2009)

单位：元 (yuan)

项　目	Item	总平均 Average	最低收入户 Lowest Income Households	#困难户 Poor Households	低收入户 Low Income Households
消费性支出	**Total Consumption Expenditure**	**16857.51**	**5321.62**	**4809.47**	**7281.24**
食品	Food	6225.22	2811.91	2622.24	3842.33
#粮食	Grain	417.18	264.03	246.99	336.02
肉禽蛋水产品类	Meat, Poultry, Eggs and Aquatic Products	2203.57	1423.50	1363.51	1907.25
肉类	Meat	1040.27	675.26	638.16	904.41
禽类	Poultry	492.46	329.84	309.23	425.11
蛋类	Eggs	77.05	47.24	43.03	57.85
水产品类	Aquatic Products	593.79	371.15	373.09	519.87
奶及奶制品	Milk and Dairy Products	220.52	59.42	52.73	96.36
衣着	Clothing	1064.33	193.77	165.17	348.28
#服装	Garments	790.97	141.24	118.38	261.09
居住	Residence	1814.00	796.51	732.96	948.94
#住房	Housing	562.00	104.74	124.44	97.45
家庭设备用品及服务	Household Facilities, Articles and Services	1052.57	220.98	223.69	331.91
#耐用消费品	Durable Consumer Goods	385.20	37.44	48.35	68.45
医疗保健	Health Care and Medical Services	925.62	294.48	266.93	339.72
交通和通讯	Transport and Telecommunication	2979.88	551.55	414.90	749.02
教育文化娱乐服务	Education, Culture and Recreation Services	2168.88	331.86	274.04	551.04
#文化娱乐用品	Cultural and Recreational Products	472.12	63.35	46.97	127.94
其他商品和服务	Other Goods and Services	627.01	120.58	109.54	170.00

10-8 续表 continued

单位：元 (yuan)

项　目	Item	中等偏下户 Lower Middle Income Households	中等收入户 Middle Income Households	中等偏上户 Upper Middle Income Households	高收入户 High Income Households	最高收入户 Highest Income Households
消费性支出	**Total Consumption Expenditure**	**10550.27**	**15875.76**	**21369.04**	**30254.83**	**37992.92**
食品	Food	4950.23	6227.50	7596.38	8944.05	10905.61
#粮食	Grain	396.13	437.90	462.72	485.59	546.98
肉禽蛋水产品类	Meat, Poultry, Eggs and Aquatic Products	2154.58	2328.87	2395.24	2472.84	2687.05
肉类	Meat	1006.20	1091.60	1133.08	11745.59	1291.45
禽类	Poultry	476.71	528.11	540.28	540.57	578.82
蛋类	Eggs	69.57	81.26	88.13	94.38	104.90
水产品类	Aquatic Products	602.12	627.90	633.75	662.31	711.88
奶及奶制品	Milk and Dairy Products	165.72	228.21	284.47	371.61	396.98
衣着	Clothing	575.54	1011.77	1407.68	1990.65	2724.16
#服装	Garments	429.04	742.05	1040.96	1479.42	2062.93
居住	Residence	1181.83	1629.41	2062.94	3655.41	3744.29
#住房	Housing	161.58	357.63	593.71	1903.01	1750.69
家庭设备用品及服务	Household Facilities, Articles and Services	600.25	927.40	1358.10	2128.57	2680.04
#耐用消费品	Durable Consumer Goods	180.32	335.07	492.41	957.35	1024.36
医疗保健	Health Care and Medical Services	518..25	947.11	1187.39	1538.43	2247.08
交通和通讯	Transport and Telecommunication	1423.14	2653.84	4011.83	6156.64	8015.64
教育文化娱乐服务	Education, Culture and Recreation Services	1021.57	1891.80	2875.76	4655.93	5968.95
#文化娱乐用品	Cultural and Recreational Products	227.63	420.25	573.80	1063.04	1341.32
其他商品和服务	Other Goods and Services	279.96	586.94	868.96	1185.15	1707.14

10-9 城镇居民家庭平均每人全年消费性支出构成（2009年）

Composition of Per Capita Annual Consumption Expenditure of Urban Households (2009)

单位：% (%)

项 目	Item	总平均 Average	最低收入户 Lowest Income Households	#困难户 Poor Households	低收入户 Low Income Households
消费性支出	**Total Consumption Expenditure**	**100.00**	**100.00**	**100.00**	**100.00**
食品	Food	36.93	52.84	54.52	52.77
#粮食	Grain	2.47	4.96	5.14	4.61
肉禽蛋水产品类	Meat, Poultry, Eggs and Aquatic Products	13.07	26.75	28.35	26.19
肉类	Meat	6.17	12.69	13.27	12.42
禽类	Poultry	2.92	6.20	6.43	5.84
蛋类	Eggs	0.46	0.89	0.89	0.79
水产品类	Aquatic Products	3.52	6.97	7.76	7.14
奶及奶制品	Milk and Dairy Products	1.31	1.12	1.10	1.32
衣着	Clothing	6.31	3.64	3.43	4.78
#服装	Garments	4.69	2.65	2.46	3.59
居住	Residence	10.76	14.97	15.24	13.03
#住房	Housing	3.33	1.97	2.59	1.34
家庭设备用品及服务	Household Facilities, Articles and Services	6.24	4.15	4.65	4.56
#耐用消费品	Durable Consumer Goods	2.29	0.70	1.01	0.94
医疗保健	Health Care and Medical Services	5.49	5.53	5.55	4.67
交通和通讯	Transport and Telecommunication	17.68	10.36	8.63	10.29
教育文化娱乐服务	Education, Culture and Recreation Services	12.87	6.24	5.70	7.57
#文化娱乐用品	Cultural and Recreational Products	2.80	1.19	0.98	1.76
其他商品和服务	Other Goods and Services	3.72	2.27	2.28	2.33

10-9 续表 continued

单位：% (%)

项目	Item	中等偏下户 Lower Middle Income Households	中等收入户 Middle Income Households	中等偏上户 Upper Middle Income Households	高收入户 High Income Households	最高收入户 Highest Income Households
消费性支出	**Total Consumption Expenditure**	**100.00**	**100.00**	**100.00**	**100.00**	**100.00**
食品	Food	46.92	39.23	35.55	29.56	28.70
#粮食	Grain	3.75	2.76	2.17	1.60	1.44
肉禽蛋水产品类	Meat, Poultry, Eggs and Aquatic Products	20.42	14.67	11.21	8.17	7.07
肉类	Meat	9.54	6.88	5.30	38.82	3.40
禽类	Poultry	4.52	3.33	2.53	1.79	1.52
蛋类	Eggs	0.66	0.51	0.41	0.31	0.28
水产品类	Aquatic Products	5.71	3.96	2.97	2.19	1.87
奶及奶制品	Milk and Dairy Products	1.57	1.44	1.33	1.23	1.04
衣着	Clothing	5.46	6.37	6.59	6.58	7.17
#服装	Garments	4.07	4.67	4.87	4.89	5.43
居住	Residence	11.20	10.26	9.65	12.08	9.86
#住房	Housing	1.53	2.25	2.78	6.29	4.61
家庭设备用品及服务	Household Facilities, Articles and Services	5.69	5.83	6.36	7.04	7.05
#耐用消费品	Durable Consumer Goods	1.71	2.11	2.30	3.16	2.70
医疗保健	Health Care and Medical Services	4.91	5.97	5.56	5.08	5.91
交通和通讯	Transport and Telecommunication	13.49	16.72	18.77	20.35	21.10
教育文化娱乐服务	Education, Culture and Recreation Services	9.68	11.92	13.46	15.39	15.71
#文化娱乐用品	Cultural and Recreational Products	2.16	2.65	2.69	3.51	3.53
其他商品和服务	Other Goods and Services	2.65	3.70	4.06	3.92	4.50

10-10 按收入等级分的城镇居民家庭平均每人全年购买主要食品数量(2009年)

Per Capita Annual Purchase of Major Food Commodities of Urban Households by Level of Income (2009)

项　目	Item	总平均 Average	最低收入户 Lowest Income Households	#困难户 Poor Households	低收入户 Low Income Households	中等偏下户 Lower Middle Income Households	中等收入户 Middle Income Households	中等偏上户 Upper Middle Income Households	高收入户 High Income Households	最高收入户 Highest Income Households
粮食 (元)	Grain (yuan)	417.18	264.03	246.99	336.02	396.13	437.90	462.72	485.59	546.98
#面粉 (公斤)	Flour (kg)	1.11	0.50	0.49	0.70	0.86	1.17	1.29	1.75	1.73
大米 (公斤)	Rice (kg)	56.52	51.07	48..72	61.46	62.14	57.24	53.17	51.13	55.86
其它粮食及制品 (元)	Other Grain and Processed Products (yuan)	169.36	70.74	64.57	95.78	140.60	182.98	211.60	231.78	266.38
食用植物油(公斤)	Edible Vegetable Oil (kg)	9.04	6.48	6.06	8.68	9.49	9.51	9.12	9.42	10.02
食用动物油 (元)	Edible Animal Oil (yuan)	3.41	7.25	9.56	5.83	4.12	2.81	1.71	1.25	1.38
猪肉 (公斤)	Pork (kg)	31.46	22.16	21.21	28.76	31.63	32.85	33.06	33.94	37.06
牛肉 (公斤)	Beef (kg)	2.54	1.70	1.52	2.20	2.27	2.80	2.86	2.89	2.99
羊肉 (公斤)	Mutton (kg)	0.58	0.25	0.20	0.36	0.51	0.66	0.73	0.73	0.74
其它肉及制品(元)	Other Meat and Processed Products (yuan)	152.57	79.58	69.72	114.49	138.37	160.10	182.54	184.36	209.50
禽类 (元)	Poultry (yuan)	492.46	329.84	309.23	425.11	476.71	528.11	540.28	540.57	578.82
蛋类 (元)	Eggs (yuan)	77.05	47.24	43.03	57.85	69.57	81.26	88.13	94.38	104.90
鱼 (公斤)	Fish (kg)	20.67	14.44	14.44	18.93	21.62	21.95	21.87	21.16	22.26
虾 (公斤)	Prawns (kg)	1.77	1.40	1.38	1.78	1.85	1.75	1.66	2.01	2.08
其它水产品及制品 (元)	Other Aquatic Products and Processed Products (yuan)	134.74	70.42	69.90	99.05	126.95	141.02	152.13	171.82	189.72
鲜菜 (公斤)	Fresh Vegetables (kg)	112.47	76.23	72.27	96.53	109.92	118.87	122.54	124.26	135.21
干菜 (元)	Dried Vegetables (yuan)	37.73	21.14	17.70	28.92	32.14	38.28	43.81	51.72	53.75
白酒 (公斤)	Spirits (kg)	1.10	1.41	1.09	1.26	1.32	1.13	0.79	0.77	1.05
果酒 (公斤)	Fruit Wine (kg)	0.18	0.11	0.13	0.09	0.11	0.19	0.24	0.28	0.43
啤酒 (公斤)	Beer (kg)	1.53	0.73	0.62	0.75	1.58	1.82	1.96	1.45	1.88
其它酒 (元)	Other Liquors (yuan)	23.44	7.93	8.00	10.18	17.97	21.97	24.48	53.17	43.59
碳酸饮料 (公斤)	Carbonated Drinks (kg)	1.78	0.71	0.57	0.87	1.41	1.98	2.22	2.48	3.00
瓶装饮用水(公斤)	Bottled Drinking Water (kg)	20.38	6.31	4.69	8.01	15.13	18.79	27.71	37.25	36.18
茶叶 (公斤)	Tea (kg)	124.44	87.84	88.21	98.82	105.78	119.15	142.73	152.03	173.24
其它饮料 (元)	Other Soft Drinks (yuan)	42.72	12.69	10.41	16.36	32.73	43.84	56.61	59.10	90.57
鲜果 (公斤)	Fresh Fruits (kg)	34.76	15.69	14.09	22.37	29.41	36.65	42.85	46.33	53.12
鲜瓜 (公斤)	Fresh Melons (kg)	7.32	2.10	1.66	3.36	5.57	8.63	9.74	10.53	11.12
其它干鲜瓜果类及制品 (元)	Other Dried and Fresh Fruits and Processed Products(yuan)	84.07	31.52	27.62	41.03	65.50	87.11	107.26	128.64	145.56
糕点 (公斤)	Cake (kg)	4.25	1.70	1.40	2.32	3.47	4.62	5.51	5.72	6.62
鲜乳品 (公斤)	Fresh Milk (kg)	8.21	2.27	1.70	3.35	5.94	8.34	11.06	14.20	14.39
奶粉 (公斤)	Milk Powder (kg)	0.78	0.27	0.25	0.39	0.66	0.84	0.89	1.30	1.26

10-11 按收入等级分的城镇每百户居民家庭全年购买非食品数量（2009年）

Number of Annual Purchases of Non-food Commodities per 100 Urban Households by Level of Income (2009)

项　目	Item	总平均 Average	最低收入户 Lowest Income Households	#困难户 Poor Households	低收入户 Low Income Households	中等偏下户 Lower Middle Income Households	中等收入户 Middle Income Households	中等偏上户 Upper Middle Income Households	高收入户 High Income Households	最高收入户 Highest Income Households
洗衣机 (台)	Washing Machine (set)	4.17	1.06	1.39	1.28	1.90	3.04	6.11	9.08	11.12
电冰箱 (台)	Refrigerator (set)	2.99	0.26	0.11	1.25	2.39	1.70	4.18	5.11	6.76
微波炉 (台)	Microwave Oven (set)	1.66	0.06	0.08	0.64	0.69	1.23	2.77	2.64	3.77
空调器 (台)	Air Conditioner (set)	6.89	0.53	1.00	2.42	2.61	6.97	10.19	10.37	15.43
淋浴热水器 (台)	Shower Heater (set)	5.79	2.29	3.65	1.30	3.88	4.19	9.02	8.27	11.66
消毒碗柜 (台)	Sterilizer Cupboard (set)	559.7	392.02	362.7	483.36	377.99	784.87	584.79	542.49	595.74
摩托车 (辆)	Motorcycle (unit)	0.48			0.17	0.57	0.48	0.52	0.44	1.07
助力车 (辆)	Electric Bicycle (set)	0.38	0.38		0.46	0.61	0.39	0.26		0.43
家用汽车 (辆)	Family Car (set)	1.10	0.57			0.38	0.85	1.61	1.87	2.94
电话机 (部)	Telephone (set)	25.87	6.68	2.11	14.65	12.43	26.35	31.26	54.94	39.01
移动电话 (部)	Mobile phone (set)	26.94	2.16	0.93	5.46	14.9	27.91	36.91	44.19	55.83
彩色电视机 (台)	Color Television (set)	5.66	0.74	0.12	0.88	2.30	6.72	7.39	9.38	12.32
家用电脑 (台)	Computer (set)	5.45	0.95	0.99	2.91	2.83	4.56	5.29	12.34	12.93
组合音响 (台)	Hi-fi Stereo Component System (set)	0.67	0.48	0.17	0.07	0.01	0.04	0.69	2.78	1.95
摄像机 (架)	Video Camera (set)							0.32		
照相机 (架)	Camera (set)	3.58			0.69	1.24	3.28	4.14	7.55	10.21
钢琴 (架)	Piano (set)	0.16					0.19	0.01	0.92	0.21
其它中高档乐器 (件)	Other Medium and High Grade Musical Instruments (unit)	0.50	0.04	0.09		0.57	0.86	0.62	0.19	0.59
健身器材 (件)	Body Building Equipment (unit)	18.61	0.34		0.91	3.91	25.69	30.07	11.43	53.14
电子辞典 (部)	Electronic Dictionary (unit)	0.99	0.02	0.05	0.15	0.23	1.20	1.76	1.34	1.75

10-12 按收入等级分城镇居民家庭平均每百户年底耐用消费品拥有量(2009年)

Number of Durable Consumer Goods Owned per 100 Urban Households at the Year-end by Level of Income (2009)

项目	Item	总平均 Average	最低收入户 Lowest Income Households	#困难户 Poor Households	低收入户 Low Income Households	中等偏下户 Lower Middle Income Households	中等收入户 Middle Income Households	中等偏上户 Upper Middle Income Households	高收入户 High Income Households	最高收入户 Highest Income Households
摩托车 (辆)	Motorcycle (unit)	44.85	47.91	52.38	65.65	63.26	52.87	33.37	22.37	14.71
助力车 (辆)	Electric Bicycle (unit)	11.46	16.27	14.60	22.78	15.25	12.80	5.43	5.76	5.59
家用汽车 (辆)	Family Car (unit)	23.21	1.57	0.84	3.56	7.49	19.90	30.84	48.64	58.20
洗衣机 (台)	Washing Machine (unit)	96.65	84.58	84.40	93.17	94.92	98.38	100.16	99.35	101.87
电冰箱 (台)	Refrigerator (unit)	95.54	70.63	68.23	83.56	93.32	98.24	102.30	104.48	107.86
彩色电视机 (台)	Color Television (unit)	142.77	117.65	116.07	127.48	134.77	149.91	148.93	156.68	156.57
家用电脑 (台)	Computer (unit)	91.54	39.62	32.92	54.82	78.88	99.95	104.86	122.82	127.61
组合音响 (台)	Hi-fi Stereo Component System(set)	50.82	24.56	23.85	38.65	45.23	49.74	61.18	64.78	66.42
摄像机 (架)	Video Camera (unit)	11.78	1.07	0.07	3.29	6.48	9.79	16.97	94.08	98.27
照相机 (架)	Camera (unit)	58.29	14.78	10.88	21.06	39.20	59.47	76.97	94.08	98.27
钢琴 (架)	Piano (unit)	4.17	0.35		0.42	1.97	3.91	5.02	9.20	9.67
其它中高档乐器 (件)	Other Medium and High Grade Musical Instruments (unit)	3.90	0.33		1.50	3.83	2.81	5.02	5.58	8.37
微波炉 (台)	Microwave Oven (unit)	68.09	39.32	35.21	49.54	61.16	71.88	79.39	82.19	82.60
空调器 (台)	Air Conditioner (unit)	196.21	77.27	72.91	118.09	154.81	211.03	238.05	274.48	274.96
淋浴热水器 (台)	Shower Heater (unit)	109.90	95.87	92.96	105.49	106.36	114.17	111.35	117.52	115.37
消毒碗柜 (台)	Sterilizer Cupboard (unit)	81.60	60.38	56.07	76.29	77.54	85.28	85.76	91.78	89.03
洗碗机 (台)	Dishwasher (unit)	2.04	1.28	0.50	1.06	1.92	2.07	1.44	4.22	2.93
健身器材 (件)	Body Building Equipment (unit)	4.54	1.03		1.08	2.17	2.23	5.29	11.62	12.39
固定电话 (台)	Telephone (set)	92.83	82.50	82.85	89.87	92.31	94.35	95.03	95.67	96.40
移动电话 (部)	Mobile phone (set)	215.28	144.42	150.57	181.40	199.55	224.72	242.40	243.53	244.44

10-13 农村居民家庭基本情况

Basic Conditions of Rural Households

项　　目	Item	1995	2000	2005	2008	2009
调查户数　(户)	**Number of Households Surveyed**	**2480**	**2560**	**2560**	**2560**	**2560**
调查户人口、劳动力　(人)	**Number of Residents and Laborers Surveyed (person)**					
常住人口	Number of Permanent Residents in the Households Surveyed	13289	13190	12795	12800	12763
平均每户常住人口	Average Number of Permanent Residents per Household	5.36	5.15	5.00	5.00	4.99
平均每户整半劳动力	Average Number of Full/Semi Labor Force per Household	3.11	3.11	3.23	3.32	3.37
平均每个劳动力负担人口	Average Number of Dependents per Laborer	1.72	1.65	1.55	1.51	1.48
平均每百个劳动力的文化程度　(%)	Average Education Level per 100 Laborers (%)					
文盲或半文盲	Illiterate and Semi-illiterate	7.4	4.3	3.8	3.7	3.2
小学程度	Primary Education	40.0	33.2	25.5	23.1	21.7
初中程度	Junior Secondary Education	40.7	48.9	53.9	53.5	54.2
高中程度	Senior Secondary Education	10.0	10.0	11.8	12.9	13.5
中专程度	Specialized Secondary Education	1.7	3.1	3.5	4.2	4.7
大专程度	Tertiary Education	0.3	0.6	1.5	2.6	2.8
平均每人经营耕地面积　(亩)	**Per Capita Area of Cultivated Land under Management (mu)**	**0.90**	**0.85**	**0.66**	**0.66**	**0.67**
平均每户年末生产性固定资产原值　(元)	**Original Value of Productive Fixed Assets Owned per Household at the Year-end (yuan)**	**2744.85**	**4504.29**	**3842.26**	**4276.67**	**4931.72**
农林牧渔业	Farming, Forestry, Animal Husbandry and Fishery		2172.85	2269.54	2611.43	2785.24
#房屋及建筑物	Of Which: Houses and Buildings	647.81	929.03	891.20	1010.37	994.23
役畜、产品畜	Drought Animals and Commodity Animals	657.45	509.72	575.60	655.73	723.88
大中型铁木农具	Large and Medium Iron and Wood Farm Implements	175.41	260.04	287.72	269.87	286.17
农林牧渔机械	Farming, Forestry, Animal Husbandry and Fishery Machinery	261.16	416.98	440.43	576.83	667.99
采矿业	Mining			0.12	13.38	
制造业	Manufacturing	64.17	434.11	196.04	177.27	244.00
#房屋及建筑物	Of Which: Houses and Buildings		126.76	55.31	33.16	70.04
生产设备	Equipment for Production		279.10	137.34	138.44	150.33
电力煤气与水的生产及供应	Production and Supply of Electric Power, Gas and Water			…	0.28	
建筑业	Construction		51.69	50.31	62.07	81.67
交通运输业、仓储和邮政业	Transport, Storage and Postal Services	681.26	826.67	488.64	679.93	984.54
批发和零售贸易业	Wholesale and Retail Trades			287.66	559.69	652.37
住宿和餐饮业	Accommodations and Catering Services			382.42	89.65	50.70
居民服务与其他服务业	Services to Households and Other Services			96.88	42.32	75.23
教育	Education			3.32	…	
卫生、社会保障和福利业	Health Care, Social Security and Social Welfare			43.16	24.61	40.63
文化、体育和娱乐业	Culture, Sports and Recreation			15.63	0.59	
其他	Others			8.55	15.46	17.33
平均每百户年末拥有主要固定资产	**Number of Major Fixed Assets Owned per 100 Households at the Year-end**					
房屋及建筑物　(平方米)	Houses and Buildings (sq.m)		1561.48	1225.98	1394.92	1438.36
汽车　(辆)	Motor Vehicles (unit)	1.15	1.35	1.00	1.34	1.84
大中型拖拉机　(台)	Large and Medium Tractors (unit)	0.38	0.20	0.23	0.84	0.72
小型及手扶拖拉机　(台)	Small and Walking Tractors (unit)	7.19	9.06	6.11	6.58	6.09
机动脱粒机　(台)	Motorized Threshing Machines (unit)	7.38	12.41	13.95	18.37	19.40
胶轮大车　(辆)	Carts with Rubber Tires (unit)	1.94	5.86	4.59	3.93	2.99
役畜　(头)	Drought Animals (unit)	50.69	39.73	26.95	26.44	24.83
产品畜　(头)	Commodity Animals (unit)	32.70	27.93	18.01	23.05	22.07
收割机　(台)	Reaping Machines (unit)		0.47	0.63	0.90	0.61
水泵　(台)	Pumps (unit)	7.93	13.36	17.19	20.97	20.13
农用动力机械　(台)	Farm Power Machines (unit)		6.52	11.27	10.18	12.85

注:1995年农林牧渔业的房屋及建筑物包含工业用房屋及建筑物。1995年制造业不含房屋及建筑物。

Note: In 1995 , the houses and buildings of farming , forestry , animal husbandry and fishery included the houses and buildings for industrial use. The manufacturing of 1995 excluded the houses and buildings.

10-14 农村居民平均每人纯收入及生活消费支出

Per Capita Net Income and Consumption Expenditure of Rural Households

年份 Year	人均纯收入(元) Per Capita Net Income (yuan)	增长速度(%) Growth Rate (%) 名义增长(上年为100) Nominal Growth (preceding year=100)	实际增长(上年为100) Real Growth (preceding year=100)	实际增长(1978年为100) Real Growth (1978=100)	人均生活消费支出(元) Per Capita Living Expenditure (yuan)	增长速度(%) Growth Rate (%) 名义增长(上年为100) Nominal Growth (preceding year=100)	实际增长(上年为100) Real Growth (preceding year=100)	实际增长(1978年为100) Real Growth (1978=100)	恩格尔系数(%) Engle Coefficient
1978	193.25	7.9		100.0	184.89	-2.6		100.0	61.7
1979	222.72	15.2	13.6	113.6	205.18	11.0	10.1	110.1	59.9
1980	274.37	23.2	19.4	135.6	222.22	8.3	3.9	114.4	60.4
1981	325.37	18.6	11.4	151.1	266.05	19.7	12.1	128.2	59.3
1982	381.79	17.3	12.7	170.3	312.44	17.4	16.2	149.0	58.4
1983	395.92	3.7	7.0	182.2	328.76	5.2	6.3	158.4	60.3
1984	425.34	7.4	7.2	195.3	346.19	5.3	5.0	166.3	59.3
1985	495.31	16.5	9.8	214.5	388.00	12.1	5.7	175.8	60.4
1986	546.43	10.3	7.6	230.8	454.06	17.0	11.1	195.3	58.8
1987	662.24	21.2	11.1	256.4	545.25	20.1	9.5	213.9	57.3
1988	808.70	22.1	2.7	263.3	684.67	25.6	3.2	220.7	55.2
1989	955.02	18.1	2.0	268.6	870.59	27.2	7.3	236.8	53.7
1990	1043.03	9.2	1.6	272.9	932.63	7.1	-0.3	236.1	57.7
1991	1143.06	9.6	9.4	298.5	942.40	1.1	1.2	238.9	57.4
1992	1307.65	14.4	10.4	329.6	1060.29	12.5	8.8	259.9	54.0
1993	1674.78	28.1	6.1	349.7	1391.01	31.2	6.8	277.6	52.8
1994	2181.52	30.3	3.8	363.0	1882.00	35.3	3.6	287.6	55.6
1995	2699.24	23.7	6.5	386.6	2255.01	19.8	5.3	302.9	54.5
1996	3183.46	17.9	7.6	415.9	2584.16	14.6	6.9	323.8	51.6
1997	3467.69	8.9	4.2	433.4	2617.65	1.3	0.3	324.7	52.3
1998	3527.14	1.7	3.4	448.2	2683.18	2.5	3.8	337.1	51.1
1999	3628.93	2.9	6.2	475.9	2645.94	-1.4	1.7	342.8	50.7
2000	3654.48	0.7	0.9	480.2	2646.02	…	…	342.9	49.8
2001	3769.79	3.2	3.5	497.0	2703.36	2.2	2.5	351.4	49.9
2002	3911.91	3.8	5.1	522.4	2825.01	4.5	6.0	372.5	47.6
2003	4054.58	3.6	3.4	540.1	2927.35	3.6	3.4	385.2	47.9
2004	4365.87	7.7	4.0	561.8	3240.78	10.7	6.7	411.0	48.8
2005	4690.49	7.4	4.5	587.0	3707.73	14.4	11.4	457.9	48.3
2006	5079.78	8.3	6.4	624.6	3885.97	4.8	3.2	472.6	48.6
2007	5624.04	10.7	6.5	665.5	4202.32	8.1	4.5	493.8	49.7
2008	6399.77	13.8	7.6	715.8	4872.96	15.9	9.6	541.3	49.0
2009	6906.93	7.9	10.7	792.4	5019.81	3.0	5.3	570.0	48.3

注：农村居民现金纯收入受农村生活消费品价格指数和农村服务项目价格指数以及农业生产资料价格指数的影响(购买生产性固定资产部分)；实物纯收入受自产自用产品价格指数影响。名义增长扣除物价因素影响后为实际增长。

Note: The figures of per capita net income in cash of rural households are affected by the rural consumer price indices,rural services price indices,and price indices of means of agricultural production (for the purchase of productive fixed assets); whereas the figures of real net income in kind are affected by the price indices of products for self-consumption. Real growth is nominal growth with price factors deducted.

10-15 农村居民家庭房屋情况

Housing Conditions of Rural Households

项　　目	Item	1995	2000	2005	2008	2009
平均每户年内新建(购)住房	**Houses Newly Built or Purchased per Household in Current Year**					
面积 (平方米)	Floor Space (sq.m)	5.11	6.34	2.85	3.56	3.57
按类型分	By Type of Building					
#楼房 (平方米)	Multi-story Buildings (sq.m)	0.75	5.60	2.67	3.36	3.40
砖瓦平房 (平方米)	Brick-and-tile Bungalows (sq.m)		0.43	0.15	0.05	0.09
按结构分	By Structure					
#钢筋混凝土结构(平方米)	Reinforced Concrete Structure (sq.m)	3.87	6.02	2.76	3.54	3.44
砖木结构 (平方米)	Brick and Wood Structure (sq.m)	0.64	0.29	0.09	…	0.13
每平方米价值 (元)	Value per Square Meter (yuan)	308.20	340.89	459.57	665.92	639.52
平均每人年末生活住房	**Per Capita Residential Buildings at the Year-end**					
面积 (平方米)	Floor Space (sq.m)	20.83	22.42	25.71	27.89	28.70
按类型分	By Type of Building					
#楼房 (平方米)	Multi-story Buildings (sq.m)		12.52	18.20	20.69	21.68
砖瓦平房 (平方米)	Brick-and-tile Bungalows (sq.m)		7.80	5.70	5.21	5.11
按结构分	By Structure					
#钢筋混凝土结构(平方米)	Reinforced Concrete Structure (sq.m)	8.57	13.03	19.06	21.55	22.64
砖木结构 (平方米)	Brick and Wood Structure (sq.m)	10.55	7.52	5.28	4.97	4.80
每平方米价值 (元)	Value per Square Meter at the Year-end (yuan)	181.41	288.25	376.90	418.17	437.77

10-16 农村居民家庭平均每户购买农业生产资料

Purchase of Means of Agricultural Production per Rural Household

单位：公斤　　　　(kg)

项　　目	Item	1995	2000	2005	2008	2009
化肥	Chemical Fertilizer	487.58	553.22	503.24	393.09	383.23
饼肥	Cake Fertilizer	5.09	9.78	17.18	21.80	23.26
农用薄膜	Farming Plastic Pellicle	0.57	0.63	0.78	0.65	1.10
生产用种籽	Seeds for Production Use		9.85	6.74	6.42	5.31
生产用饲料	Forage for Production Use		721.69	1332.29	1071.37	1050.75

10-17 农村居民家庭平均每人总收入和纯收入及构成

Per Capita Total and Net Incomes and Their Composition of Rural Households

项　目	Item	1995	2000	2005	2008	2009
总收入　（元）	**Total Income　(yuan)**	**3567.43**	**4574.43**	**5957.83**	**7790.84**	**8264.46**
工资性收入	Income of Wages and Salaries	712.24	1362.16	2562.39	3684.47	4089.69
#在非企业组织中得到收入	From Non-enterprise Organizations	39.60	177.26	228.05	330.02	353.15
在本地企业中得到收入	From Local Enterprises		386.59	438.89	619.06	700.81
常住人口外出从业得到收入	From Outward Employment of Permanent Residents		728.74	1550.18	2081.77	2339.29
家庭经营收入	Income from Household Operations	2579.07	2869.35	2944.16	3330.44	3294.88
财产性收入	Income from Properties	50.06	73.68	167.25	339.47	357.66
转移性收入	Income from Transfers	226.06	269.24	284.02	436.46	522.23
总收入构成　（%）	Composition of Total Income　(%)	100.0	100.0	100.0	100.0	100.0
工资性收入	Income of Wages and Salaries	20.0	29.8	43.0	47.3	49.5
家庭经营收入	Income from Household Operations	72.3	62.7	49.4	42.7	39.9
财产性收入	Income from Properties	1.4	1.6	2.8	4.4	4.3
转移性收入	Income from Transfers	6.3	5.9	4.8	5.6	6.3
纯收入　（元）	**Net Income　(yuan)**	**2699.24**	**3654.48**	**4690.49**	**6399.77**	**6906.93**
按收入来源分	By Source of Income					
工资性收入	Income of Wages and Salaries	712.24	1362.16	2562.39	3684.47	4089.69
家庭经营纯收入	Income from Household Operations	1756.64	2002.93	1731.97	2001.48	2017.39
财产性收入	Income from Properties	50.06	73.68	167.25	339.47	357.66
转移性收入	Income from Transfers	180.30	215.71	228.88	374.35	442.19
按收入来源分构成　（%）	Composition by Source of Income　(%)	100.0	100.0	100.0	100.0	100.0
工资性收入	Income of Wages and Salaries	26.4	37.3	54.6	57.6	59.2
家庭经营纯收入	Income from Household Operations	65.1	54.8	36.9	31.3	29.2
财产性收入	Income from Properties	1.8	2.0	3.6	5.3	5.2
转移性收入	Income from Transfers	6.7	5.9	4.9	5.8	6.4
按收入性质分　（元）	By Type of Income　(yuan)					
生产性纯收入	Income from Production	2468.88	3365.09	4294.36	5685.95	6107.08
农业生产性收入	Income from Agricultural Production	1253.80	1384.25	1315.43	1533.64	1514.93
非农业生产性收入	Income from Non-agricultural Production	1215.08	1980.84	2978.93	4152.31	4592.15
非生产性纯收入	Income from Non-production Activities	230.36	289.39	396.13	713.82	799.85
按收入性质分构成　（%）	Composition by Type of Income　(%)	100.0	100.0	100.0	100.0	100.0
生产性纯收入	Income from Production	91.5	92.1	91.6	88.9	88.4
农业生产性收入	Income from Agricultural Production	46.5	37.9	28.1	24.0	21.9
非农业生产性收入	Income from Non-agricultural Production	45.0	54.2	63.5	64.9	66.5
非生产性纯收入	Income from Non-production Activities	8.5	7.9	8.4	11.1	11.6

10-18 农村居民家庭平均每人家庭经营纯收入及构成

Per Capita Net Income from Household Operations and Its Composition of Rural Households

项　目	Item	1995	2000	2005	2008	2009
家庭经营纯收入 (元)	**Net Income from Household Operations (yuan)**	**1756.64**	**2002.93**	**1731.97**	**2001.48**	**2017.39**
农业收入	Farming	885.89	944.73	871.88	1011.05	1044.97
林业收入	Forestry	19.36	16.00	25.30	33.62	34.12
牧业收入	Animal Husbandry	236.44	278.31	252.83	321.90	276.58
渔业收入	Fishery	112.11	145.21	165.42	167.06	159.26
工业收入	Industry	24.83	49.39	36.00	21.05	13.86
建筑业收入	Construction	140.01	137.32	32.27	51.56	62.83
交通、运输和邮电业收入	Transport, Postal and Telecommunication Services	76.97	119.60	80.80	102.38	85.36
批发和零售贸易、餐饮业收入	Wholesale and Retail Trades and Catering Services	120.41	156.28	190.53	204.58	237.12
社会服务业收入	Social Services	45.07	54.43	35.09	38.96	43.02
文教卫生业收入	Culture, Education and Health Care		15.89	8.18	12.00	6.44
其他家庭经营收入	Other Household Operations	95.55	85.77	33.68	37.31	53.84
家庭经营纯收入构成 (%)	**Composition of Net Income from Household Operations (%)**	**100.0**	**100.0**	**100.0**	**100.0**	**100.0**
农业收入	Farming	50.5	47.1	50.3	50.5	51.8
林业收入	Forestry	1.1	0.8	1.5	1.7	1.7
牧业收入	Animal Husbandry	13.5	13.9	14.6	16.1	13.7
渔业收入	Fishery	6.4	7.2	9.5	8.3	7.9
工业收入	Industry	1.4	2.5	2.1	1.1	0.7
建筑业收入	Construction	7.9	6.9	1.9	2.6	3.1
交通、运输和邮电业收入	Transport, Postal and Telecommunication Services	4.3	6.0	4.7	5.1	4.2
批发和零售贸易、餐饮业收入	Wholesale and Retail Trades and Catering Services	6.9	7.8	11.0	10.2	11.8
社会服务业收入	Social Services	2.6	2.7	2.0	1.9	2.1
文教卫生业收入	Culture, Education and Health Care		0.8	0.5	0.6	0.3
其他家庭经营收入	Other Household Operations	5.4	4.3	1.9	1.9	2.7

注：1995年的社会服务业收入含文教卫生业收入。

Note: Income from social services of 1995 included income from culture, education and health care.

10-19 农村居民家庭平均每人总支出及构成

Per Capita Total Expenditure and Its Composition of Rural Households

项　目	Item	1995	2000	2005	2008	2009
总支出　（元）	**Total Expenditure (yuan)**	**3151.31**	**3613.14**	**5081.02**	**6458.79**	**6556.15**
家庭经营费用支出	Expenditure on Household Operations	714.47	753.10	1154.16	1267.72	1207.00
农业生产支出	Farming	239.09	240.90	295.25	357.00	355.47
林业生产支出	Forestry	1.72	8.98	3.10	4.15	3.88
牧业生产支出	Animal Husbandry	354.90	262.66	613.10	580.58	513.86
渔业生产支出	Fishery	50.69	135.31	166.44	260.81	248.85
工业生产支出	Industry	3.88	17.31	8.79	8.74	10.21
建筑业支出	Construction	9.06	7.76	3.78	1.38	2.67
交通运输、邮电业支出	Transport, Postal and Telecommunication Services	24.74	34.56	23.75	31.74	34.67
批发和零售贸易、餐饮业支出	Wholesale and Retail Trades and Catering Services	15.89	23.86	21.36	15.16	28.78
社会服务业支出	Social Services	5.95	3.37	11.63	5.12	5.94
文教卫生业支出	Culture, Education and Health Care		2.56	0.61	0.30	0.37
其他家庭经营支出	Other Household Operations	8.55	15.83	6.35	2.74	2.31
购置生产性固定资产支出	Expenditure on Purchase of Productive Fixed Assets	25.40	30.57	31.28	58.71	46.48
#农林牧渔业机械	Farming, Forestry, Animal Husbandry and Fishery Machinery	2.93	5.78	13.96	13.85	14.06
运输机械	Transport Machinery	5.29	7.97	1.53	26.32	12.90
建造生产性固定资产雇工支出	Expenditure on Employees for Building Productive Fixed Assets			0.77	3.25	4.06
税费支出	Expenditure on Taxes and Fees	73.81	55.05	6.78	4.22	4.54
缴纳生产税	Production Taxes	39.62	30.50	2.67	1.96	2.65
其他各项收费	Other Fees	34.19	24.55	4.11	2.26	1.89
#"一事一议"筹资	Ad Hoc Fees			0.37	0.02	0.05
生活消费支出	Expenditure on Household Consumption	2255.01	2646.02	3707.73	4872.96	5019.81
财产性支出	Property Expenditure	7.44	4.45	10.59	22.89	13.40
转移性支出	Transfer Expenditure	75.18	123.95	169.70	229.04	260.86
寄给和带给家庭非常住人口	Posted and Sent to Non-permanent Family Members	4.61	12.07	43.56	60.11	60.00
赠送农村以外亲友	Gifts to Non-rural Relatives	4.95	8.76	5.67	5.15	6.42
其他转移性支出	Other Transfer Expenditures	65.62	103.12	120.47	163.78	194.44
总支出构成　（%）	**Composition of Total Expenditure (%)**	**100.0**	**100.0**	**100.0**	**100.0**	**100.0**
家庭经营费用支出	Expenditure on Household Operations	22.7	20.9	22.8	19.6	18.4
购置生产性固定资产支出	Expenditure on Purchase of Productive Fixed Assets	0.8	0.9	0.6	0.9	0.7
建造生产性固定资产雇工支出	Expenditure on Employees for Building Productive Fixed Assets			…	0.1	0.1
税费支出	Expenditure on Taxes and Fees	2.4	1.5	0.1	0.1	0.1
生活消费支出	Expenditure on Household Consumption	71.5	73.2	73.0	75.4	76.6
财产性支出	Property Expenditure	0.2	0.1	0.2	0.4	0.2
转移性支出	Transfer Expenditure	2.4	3.4	3.3	3.5	4.0

10-20 农村居民家庭平均每人生活消费支出

Per Capita Consumption Expenditure of Rural Households

单位：元 (yuan)

项目	Item	1995	2000	2005	2008	2009
生活消费支出	**Consumption Expenditure**	**2255.01**	**2646.02**	**3707.73**	**4873.0**	**5019.81**
食品	**Food**	**1228.00**	**1317.48**	**1789.42**	**2388.91**	**2425.55**
主食	Staple Food	328.46	323.61	360.07	410.28	420.91
副食	Non-staple Food	684.88	706.71	962.38	1381.34	1377.73
其他食品	Other Food	144.48	214.57	326.41	386.49	404.01
在外饮食	Dining Out	59.47	65.89	133.27	202.52	214.57
其他	Others	10.71	6.70	7.29	8.28	8.32
衣着	**Clothing**	**91.31**	**104.21**	**143.50**	**177.67**	**192.68**
居住	**Residence**	**345.65**	**378.86**	**530.30**	**965.03**	**946.14**
住房	Housing	210.52	222.88	268.68	614.99	571.62
电费	Electric Expenses	40.19	54.46	83.50	117.67	130.32
水费	Water Expenses		6.21	12.76	18.48	19.43
燃料	Fuels	58.40	89.40	144.84	193.70	183.67
其他	Others	36.54	5.91	20.52	20.19	41.10
家庭设备、用品及服务	**Household Facilities, Articles and Services**	**140.54**	**125.65**	**152.12**	**189.01**	**206.36**
#耐用消费品	Durable Consumer Goods	42.53	37.35	49.76	64.65	68.74
家庭日用杂品	Household Articles for Daily use	83.94	75.02	84.30	104.89	120.72
交通和通讯	**Transport and Telecommunication**	**82.08**	**205.52**	**411.64**	**483.66**	**558.78**
#交通、通讯工具	Transport and Communication Tools	47.14	56.97	68.29	65.28	98.57
交通费	Transport Expenses	19.73	45.08	90.88	106.62	121.77
邮电费	Postal and Telecommunication Expenses	10.88	80.80	175.89	209.99	228.05
交通、通讯修理费	Maintenance Expenses of Transport and Telecommunication Tools	4.33	9.48	18.05	16.09	18.59
文化教育娱乐用品及服务	**Cultural, Educational and Recreational Articles and Services**	**245.16**	**313.46**	**360.73**	**272.87**	**296.72**
文化教育娱乐用品	Cultural, Educational and Recreational Articles	39.47	45.37	45.58	46.17	49.37
文化教育娱乐服务	Cultural, Educational and Recreational Services	205.68	268.09	315.15	226.70	247.35
#学杂费	Tuition and Miscellaneous Fees	187.33	247.71	234.83	113.26	119.83
技术培训费	Technical Training Fees	6.05	2.13	4.50	3.98	4.04
休闲娱乐费	Recreational Fees	6.63	12.90	9.12	13.68	19.02
医疗保健	**Health Care and Medical Services**	**67.51**	**100.31**	**203.85**	**259.00**	**232.00**
#医疗卫生保健用品	Facilities and Articles for Health Care and Medical Services	37.34	52.76	80.16	80.94	83.24
医疗保健服务费	Expenses of Health Care and Medical Services	28.62	39.75	123.69	178.06	148.66
其他商品和服务	**Other Commodities and Services**	**54.76**	**100.53**	**116.17**	**136.82**	**161.58**

10-21 农村居民家庭平均每人现金收入

Per Capita Cash Income of Rural Households

单位：元 (yuan)

项 目	Item	1995	2000	2005	2008	2009
年内现金收入	**Cash Income within the Year**	**2849.86**	**3781.19**	**5381.66**	**7078.15**	**7543.07**
工资性收入	**Income of Wages and Salaries**	**708.89**	**1360.80**	**2562.34**	**3684.43**	**4088.85**
#在非企业组织中得到收入	From Non-enterprise Organizations		177.26	228.00	330.02	352.80
在本地企业中得到收入	From Local Enterprises		385.63	438.89	619.06	700.51
常住人口外出从业得到收入	From Outward Employment of Permanent Residents		728.38	1550.18	2081.77	2339.28
家庭经营现金收入	**Cash Income from Household Operations**	**1892.34**	**2051.18**	**2369.45**	**2622.08**	**2577.39**
农业现金收入	From Farming	1270.03	1300.46	1851.69	2064.01	1957.91
#出售产品的现金收入	By Selling Products	1270.03	1259.43	1821.94	2018.04	1920.60
出售农业产品	Farm Products	566.80	527.30	686.14	782.67	811.10
#出售粮食	Grain	112.11	118.23	153.55	190.89	196.36
出售林业产品	Forestry Products	16.76	35.36	24.19	36.41	37.43
出售牧业产品	Animal Husbandry Products	535.45	446.23	787.35	788.12	674.03
出售渔业产品	Fishery Products	151.02	250.54	324.26	410.84	398.04
工业的现金收入	From Industry	29.26	68.84	48.05	32.53	27.98
建筑业的现金收入	From Construction	152.90	149.75	36.68	53.77	66.59
运输业的现金收入	From Transport	110.33	160.17	111.24	143.21	133.19
批发和零售贸易、餐饮业现金收入	From Wholesale and Retail Trades and Catering Services	138.70	187.17	222.95	231.15	278.00
社会服务业现金收入	From Social Services	52.89	60.05	48.20	44.64	49.87
文教卫生业现金收入	From Culture, Education and Health Care		19.17	9.76	12.65	7.36
其他行业收入	From Others	138.23	105.57	40.88	40.12	56.49
财产性现金收入	**Cash Income from Properties**	**38.93**	**73.67**	**166.58**	**337.72**	**357.11**
租金收入	Rental Income	9.06	25.98	75.73	123.70	136.94
土地征用补偿收入	Compensation Income for Land Expropriation	10.07	10.65	7.10	44.77	55.88
其他财产性现金收入	Other Cash Incomes from Properties	19.80	37.04	83.75	169.25	164.29
转移性现金收入	**Cash Income from Transfers**	**209.70**	**259.54**	**283.30**	**433.93**	**519.71**
家庭非常住人口寄回或带回现金	From Non-permanent Family Members	77.88	109.46	116.77	133.89	164.55
亲友赠送的现金	Presented by Relatives	65.58	76.62	81.31	92.12	110.12
#农村外部亲友赠送	From Non-rural Relatives	19.82	22.64	26.28	31.00	31.13
其他转移性现金收入	Other Cash Incomes from Transfers	66.24	73.46	85.22	207.92	245.04

10-22 农村居民家庭平均每人现金支出

Per Capita Cash Expenditure of Rural Households

单位：元 (yuan)

项 目	Item	1995	2000	2005	2008	2009
年内现金支出	**Cash Expenditure within the Year**	**2609.02**	**3090.92**	**4542.99**	**5845.22**	**5933.99**
生产费用支出的现金	**Cash Expenditure on Production**	**655.61**	**740.71**	**1133.43**	**1292.03**	**1221.12**
家庭经营费用支出	Expenditure on Household Operations	630.21	710.14	1101.38	1230.07	1170.58
农业生产支出	Farming	220.12	231.14	286.63	349.42	348.30
林业生产支出	Forestry	1.57	8.69	2.91	3.98	3.69
牧业生产支出	Animal Husbandry	294.76	233.41	570.77	552.70	485.86
渔业生产支出	Fishery	46.61	133.33	165.50	259.30	248.15
工业生产支出	Industry	3.87	17.15	8.79	8.73	10.21
建筑业支出	Construction	8.68	7.50	3.71	1.36	2.61
交通运输、邮电业支出	Transport, Postal and Telecommunication Services	24.58	34.39	23.73	31.74	34.66
批发和零售贸易、餐饮业支出	Wholesale and Retail Trades and Catering Services	15.87	22.86	20.87	14.70	28.53
社会服务业支出	Social Services	5.95	3.29	11.57	5.10	5.91
文教卫生业支出	Culture, Education and Health Care		2.56	0.61	0.30	0.37
其他经营支出	Other Household Operations	8.20	15.82	6.28	2.73	2.28
购买生产性固定资产支出	Expenditure on Purchase of Productive Fixed Assets	25.40	30.57	31.28	58.71	46.48
建、造生产性固定资产雇工支出	Expenditure on Employees for Building Productive Fixed Assets			0.77	3.25	4.06
税费支出	**Taxes and Fees Expenditure**	**38.04**	**29.45**	**6.78**	**4.22**	**4.54**
缴纳生产税	Production Taxes	16.02	15.15	2.67	1.96	2.66
其他各项收费	Other Fees	22.02	14.30	4.11	2.26	1.89
# "一事一议"筹资	Ad Hoc Fees			0.37	0.02	0.05
生活消费支出的现金	**Cash Expenditure on Consumption**	**1790.33**	**2197.64**	**3224.28**	**4298.97**	**4441.43**
食品	Food	794.04	908.45	1369.96	1908.76	1952.04
#主食	Staple Food	73.19	81.61	152.50	183.96	206.51
副食	Non-staple Food	513.48	548.06	767.14	1159.88	1135.60
衣着	Clothing	89.73	101.76	143.49	177.63	192.67
居住	Residence	317.26	343.87	466.47	871.40	841.65
家庭设备、用品及服务	Household Facilities, Articles and Services	139.78	123.73	151.96	188.83	206.01
交通和通讯	Transport and Telecommunication	82.08	205.52	411.64	483.66	558.78
文化教育娱乐用品及服务	Cultural, Educational and Recreational Articles and Services	245.16	313.46	360.73	272.87	296.72
医疗保健	Health Care and Medical Services	67.51	100.31	203.85	259.00	232.00
其他商品和服务	Other Commodities and Services	54.77	100.54	116.17	136.82	161.58
财产性支出	**Property Expenditure**	**5.00**	**4.45**	**10.59**	**22.89**	**13.40**
转移性支出	**Transfer Expenditure**	**120.04**	**118.67**	**167.90**	**227.11**	**253.49**
寄给和带给在外人口的现金	Cash Posted and Sent to Outward Population	3.98	11.37	43.41	60.08	60.00
赠送亲友的现金	Cash to Relatives	64.12	72.82	80.20	93.26	115.18
其他转移性支出	Other Transfer Expenditures	51.94	34.48	44.29	73.77	78.31

10-23 农村居民家庭平均每人主要食品消费量及衣着购买量
Per Capita Consumption of Major Food and Purchase of Clothing of Rural Households

项　　目	Item	1995	2000	2005	2008	2009
粮食(原粮)(公斤)	Grain (Crude Grain) (kg)	252.19	252.79	229.54	195.65	194.39
#稻谷　(公斤)	Rice (kg)	223.43	216.99	220.20	188.54	187.80
蔬菜　(公斤)	Vegetable (kg)	112.36	116.39	122.02	109.40	111.53
食油　(公斤)	Edible Oil (kg)	7.17	5.93	6.40	6.40	5.72
肉类　(公斤)	Meat (kg)	17.63	23.88	28.28	23.48	26.18
家禽　(公斤)	Poultry (kg)	7.38	10.60	10.93	11.93	11.77
蛋类　(公斤)	Eggs (kg)	2.98	2.78	2.86	2.86	2.80
水产品　(公斤)	Aquatic Products (kg)	12.04	11.72	14.48	13.70	14.04
食糖　(公斤)	Sugar (kg)	2.87	1.34	1.89	1.35	1.33
卷烟　(盒)	Cigarette (pack)	21.84	25.42	24.87	22.51	22.66
酒类　(公斤)	Liquor (kg)	3.62	4.71	3.72	3.35	3.55
茶叶　(公斤)	Tea (kg)	0.55	0.41	0.50	0.49	0.51
水果　(公斤)	Fruits (kg)	12.81	19.12	13.63	12.79	13.18
购买服装　(件)	Purchase of Garments(piece)	0.95	2.14	2.11	2.03	2.14

10-24 农村居民家庭平均每百户主要耐用物品年末拥有量
Number of Durable Consumer Goods Owned per 100 Rural Households at the Year-end

项　　目	Item	1995	2000	2005	2008	2009
自行车　(辆)	Bicycle (unit)	216.85	162.46	109.65	106.60	99.88
摩托车　(辆)	Motorcycle (unit)	15.73	54.18	86.88	97.81	101.56
生活用汽车(辆)	Automobile (Unit)		0.35	0.94	2.03	2.70
洗衣机　(台)	Washing Machine (unit)	14.88	25.00	29.49	37.07	40.55
电冰箱　(台)	Refrigerator (unit)	7.90	15.12	24.73	34.88	41.33
黑白电视机(台)	Black and White Television Set(unit)	51.85	29.22	8.28	2.30	1.80
彩色电视机(台)	Color Television Set (unit)	34.35	73.20	103.91	114.18	116.60
照相机　(架)	Camera (unit)	1.98	3.98	6.52	7.97	8.05
影碟机　(台)	Video Recorder (unit)		34.61	58.91	61.17	60.70
空调机　(台)	Air Conditioner (unit)	0.65	3.05	18.13	27.77	30.98
家用计算机(台)	Personal Computer (unit)		1.95	9.26	14.26	16.21
移动电话　(部)	Mobile Telephone (unit)		14.49	116.41	162.81	184.38
电话机　(台)	Telephone Set (unit)	9.40	40.82	82.38	85.16	82.15
热水器　(台)	Water Heater (unit)	5.56	20.94	38.67	48.28	51.64

10-25 按人均纯收入等级分的农村居民家庭基本情况（2009年）

Basic Conditions of Rural Households Grouped by Per Capita Annual Net Income (2009)

项　　目	Item	低收入户 Low Income Households	#人均纯收入1500元以下户 Per Capita Income at 1500 yuan and below	中低收入户 Middle Low Income Households	中等收入户 Middle Income Households	中高收入户 Middle High Income Households	高收入户 High Income Households
调查户人口、劳动力　（人）	**Number of Residents and Laborers Surveyed (person)**						
平均每户常住人口	Average Number of Permanent Residents per Household	**5.41**	**6.28**	**5.38**	**5.29**	**4.74**	**4.10**
平均每户整半劳动力	Average Number of Full/Semi Labor Force per Household	2.99	3.22	3.41	3.69	3.62	3.14
平均每个劳动力负担人口	Average Number of Dependents per Laborer	1.81	1.95	1.58	1.44	1.31	1.31
平均每百个劳动力的文化程度	Average Education Level per 100 Laborers						
文盲或半文盲	Illiterate and Semi-illiterate	5.76	5.17	3.61	3.13	1.94	1.74
小学程度	Primary Education	28.06	27.59	23.24	19.97	20.10	17.80
初中程度	Junior Secondary Education	53.11	51.72	57.70	56.41	56.89	45.55
高中程度	Senior Secondary Education	10.07	10.34	12.02	14.09	13.29	17.98
中专程度	Specialized Secondary Education	1.70	3.45	2.69	4.77	5.24	9.02
大专程度	Tertiary Education	1.31	1.72	0.74	1.64	2.54	7.90
总收入　（元）	**Total Income (yuan)**	**3500.18**	**3112.42**	**5279.21**	**7188.77**	**9466.89**	**18456.18**
工资性收入	Income of Wages and Salaries	1584.27	465.71	2802.47	3861.41	5326.02	7945.43
#在非企业组织中得到收入	From Non-enterprise Organizations	67.85	95.38	131.68	153.10	311.89	1325.35
在本地企业中得到收入	From Local Enterprises	923.73	370.33	950.53	974.81	1473.86	3063.64
常住人口外出从业得到收入	From Outward Employment of Permanent Residents	592.69		1720.26	2733.50	3540.26	3556.44
家庭经营收入	Income from Household Operations	1673.39	2529.39	2107.20	2799.48	3399.31	7507.73
财产性收入	Income from Properties	24.03	14.10	74.97	110.14	228.82	1636.25
转移性收入	Income from Transfers	218.50	103.22	294.58	417.74	512.75	1366.78
总收入构成　（%）	Composition of Total Income (%)	100.0	100.0	100.0	100.0	10.0	100.0
工资性收入	Income of Wages and Salaries	45.3	15.0	53.1	53.7	56.3	43.1
家庭经营收入	Income from Household Operations	47.8	81.3	39.9	38.9	35.9	40.7
财产性收入	Income from Properties	0.7	0.5	1.4	1.5	2.4	8.9
转移性收入	Income from Transfers	6.2	3.3	5.6	5.8	5.4	7.4
纯收入　（元）	**Net Income (yuan)**	**2796.92**	**716.56**	**4530.70**	**6078.04**	**8278.55**	**14923.87**
工资性收入	Income of Wages and Salaries	1584.27	465.71	2802.47	3861.41	5326.02	7945.43
家庭经营纯收入	Income from Household Operations	1022.56	144.73	1432.54	1759.53	2294.40	4107.98
财产性收入	Income from Properties	24.03	14.10	74.97	110.14	228.82	1636.25
转移性收入	Income from Transfers	166.07	92.02	220.72	346.95	429.31	1234.22
纯收入构成　（%）	Composition of Net Income (%)	100.0	100.0	100.0	100.0	100.0	100.0
工资性收入	Income of Wages and Salaries	56.6	65.0	61.9	63.5	64.3	53.2
家庭经营纯收入	Income from Household Operations	36.6	20.2	31.6	28.9	27.7	27.5
财产性收入	Income from Properties	0.9	2.0	1.7	1.8	2.8	11.0
转移性收入	Income from Transfers	5.9	12.8	4.9	5.7	5.2	8.3

10-26 按人均纯收入等级分的农村居民家庭平均每人生活消费支出(2009年)

Average Consumption Expenditure of Rural Households Grouped by Per Capita Annual Net Income (2009)

单位：元 (yuan)

项目	Item	低收入户 Low Income Households	#人均纯收入1500元以下户 Per Capita Income at 1500 yuan	中低收入户 Middle Low Income Households	中等收入户 Middle Income Households	中高收入户 Middle High Income Households	高收入户 High Income Households
生活消费支出	**Living Expenditure**	**2888.40**	**2345.95**	**4086.81**	**4685.22**	**5696.49**	**8701.79**
食品	**Food**	**1666.50**	**1410.20**	**2138.08**	**2348.92**	**2745.96**	**3531.43**
主食	Staple Food	356.19	280.09	406.43	435.61	466.32	453.73
副食	Non-staple Food	985.25	871.05	1243.86	1345.47	1576.28	1882.74
其他食品	Other Food	253.02	182.65	344.10	391.38	478.11	612.21
在外饮食	Dining Out	66.39	72.41	135.21	166.68	216.57	573.36
其他	Others	5.63	3.99	8.50	9.78	8.68	9.37
衣着	**Clothing**	**100.70**	**58.60**	**151.48**	**193.44**	**230.72**	**323.01**
居住	**Residence**	**444.50**	**265.04**	**739.10**	**781.51**	**1160.37**	**1843.56**
住房	Housing	183.53	0.13	421.85	424.67	806.06	1198.24
电费	Electric Expenses	86.77	103.09	92.82	104.31	131.65	268.92
水费	Water Expenses	10.30	27.99	11.16	12.65	18.03	52.67
燃料	Fuels	160.17	133.56	165.08	160.91	177.23	275.80
其他	Others	3.73	0.27	48.19	78.97	27.41	47.94
家庭设备、用品及服务	**Household Facilities, Articles and Services**	**113.75**	**51.74**	**152.52**	**200.51**	**238.96**	**368.91**
#耐用消费品	Durable Consumer Goods	23.25	5.48	39.70	68.69	87.14	145.53
家庭日用杂品	Miscellaneous for Daily Use	79.67	43.78	101.21	119.13	134.57	186.44
交通和通讯	**Transport and Telecommunication**	**158.03**	**237.39**	**280.06**	**384.16**	**464.49**	**690.21**
#交通、通讯工具	Transport and Communication Tools	20.62	10.93	31.15	81.59	53.04	364.21
交通费	Transport Expenses	36.82	5.44	94.23	133.39	154.26	217.24
邮电费	Postal and Telecommunication Expenses	112.13	130.42	173.38	224.71	284.07	392.12
交通、通讯修理费	Maintenance Expenses of Transport and Telecommunication Tools	7.91	0.41	10.93	17.45	17.71	45.21
文化教育娱乐用品及服务	**Cultural, Educational and Recreational Articles and Services**	**114.29**	**201.30**	**196.86**	**272.31**	**305.13**	**689.83**
文化教育娱乐用品	Cultural, Educational and Recreational Articles	19.76	8.95	32.92	37.65	42.78	132.70
文化教育娱乐服务	Cultural, Educational and Recreational Services	94.53	192.36	163.94	234.66	262.35	557.13
#学杂费	Tuition and Miscellaneous Fees	37.48	112.50	103.13	139.19	121.89	222.89
技术培训费	Technical Training Fees	0.36		0.03	4.35	2.39	15.68
休闲娱乐费	Recreational Fees	7.95	0.97	6.99	14.90	30.92	44.89
医疗保健	**Health Care and Medical Services**	**126.76**	**80.25**	**229.59**	**202.88**	**211.51**	**435.02**
#医疗卫生保健用品	Facilities and Articles for Health Care and Medical Services	43.44	16.67	81.31	85.97	85.60	132.55
医疗保健服务费	Expenses of Health Care and Medical Services	83.32	63.59	148.28	116.91	125.90	302.47
其他商品和服务	**Other Commodities and Services**	**97.33**	**41.43**	**111.58**	**153.49**	**201.02**	**276.66**

10-27 广东农村全面小康监测情况

Monitoring Indices of Well-off Society in an All-round Way in Rural Areas of Guangdong

项 目	Item	权数 (%) Weight (%)	2000年实现程度 (%) Percentage of Realization in 2000 (%)	2005年实现程度 (%) Percentage of Realization in 2005 (%)	2008年实现程度 (%) Percentage of Realization in 2008 (%)	2009年实现程度 (%) Percentage of Realization in 2009 (%)
农村全面小康实现程度	**Percentage of Realization of Well-off Society in an All-round Way in Rural Areas**	**100**	**29.0**	**53.9**	**68.7**	**76.0**
经济发展	**Economic Development**	**29**	**43.4**	**64.6**	**83.3**	**93.5**
农村居民人均可支配收入	Per Capita Disposable Income of Rural Households	20	36.7	56.1	82.0	96.8
第一产业劳动力比重	Percentage of Laborers in Primary Industry	5	67.3	100.0	100.0	100.0
小城镇人口比重	Percentage of Population in Small Towns	4	47.4	63.2	68.9	68.9
社会发展	**Social Development**	**20**	**39.7**	**47.0**	**71.5**	**78.7**
农村合作医疗覆盖率	Coverage Rate of Cooperation Medical Services in Rural Areas	8	12.5	50.6	100.0	100.0
农村养老覆盖率	Coverage Rate of Old-age Pension in Rural Areas	4		5.9	24.2	60.3
万人农业科技人员数	Number of Scientific and Technological Personnel in Agriculture per 10000 Population	4	73.3	28.0	33.3	33.3
农村居民基尼系数	Gini Coefficient of Rural Households	4	100.0	100.0	100.0	100.0
人口素质	**Quality of Population**	**15**	**19.0**	**38.0**	**44.5**	**52.5**
平均受教育年限	Average Year of Education	12	6.9	30.6	38.8	48.8
平均预期寿命	Average Anticipated Life-span	3	67.3	67.3	67.3	67.3
生活质量	**Quality of Life**	**23**	**20.6**	**50.1**	**56.3**	**60.0**
恩格尔系数	Engle Coefficient	4	-8.9	7.8	0.0	7.8
居住质量指数	Quality Index of Residence	11	43.2	61.6	67.4	71.2
农民文化娱乐支出比重	Percentage of Cultural and Recreational Expenditure of Rural Households	3		20.0	17.8	22.2
农民信息化程度	Degree of Informatization of Rural Households	5	6.9	76.6	100.0	100.0
民主法制	**Democracy and Legal System**	**6**		**75.9**	**76.3**	**75.0**
农民对村政务公开的满意度	Rate of Satisfaction among Rural Households with Publicity of Village Affairs and Administrative Affairs	3		73.0	76.7	65.7
农民社会安全满意度	Rate of Satisfaction among Rural Households with Social Security	3		78.8	76.0	84.4
资源环境	**Resource Environment**	**7**	**14.3**	**56.7**	**85.7**	**100.0**
常用耕地面积变动幅度	Degree of Changes in Regularly Cultivated Land	3	-100.0	33.3	66.7	100.0
森林覆盖率	Forest Coverage Rate	2	100.0	100.0	100.0	100.0
万元农业GDP用水量	Consumption of Water per 10000 Yuan of GDP of Agriculture	2	100.0	48.5	100.0	100.0

注：2009年农村全面小康监测数据尚未经国家统计局最终核定。

Note: Data of 2009 in this table are not officially approved by the National Bureau of Statistics.

主要统计指标解释

居民消费水平　居民消费水平是指按人口平均计算的居民消费额。居民消费水平表明国家对人民的物质文化生活需要的满足程度，它是反映一个国家（或地区）的经济发展水平和人民物质文化生活水平的综合指标。　居民消费水平，可以按国民收入口径，即居民物质产品消费进行计算，也可以按国内生产总值口径，即包括劳务以内的总消费进行计算。根据计算居民消费的不同价格，可以计算出按当年价格计算的居民消费和按可比价格计算的居民消费水平，后者便于观察居民实际消费水平的增长变化。为了观察居民消费的实物构成，还可以进一步计算各种消费品的平均消费的数量和金额，以反映居民在取得基本生存资料的基础上逐步向需要享受资料和发展资料的方向发展的趋势。

城镇居民家庭可支配收入　是指居民家庭在支付个人所得税和交纳的社会保障支出之后，所余下的实际收入。即用实际收入减掉个人所得税减掉个人交纳的社会保障支出以及记帐补贴。

城镇居民家庭消费性支出　是指调查户用于日常生活的全部支出，包括食品、衣着、家庭设备用品及服务、医疗、保健、交通和通讯、娱乐教育文化服务、居住、杂项商品和服务八大类支出。

农村居民家庭总收入　是指调查期内农村住户和住户成员从各种来源渠道得到的收入总和。按收入的性质划分为工资性收入、家庭经营收入、财产性收入和转移性收入。

农村居民家庭纯收入　是指农村住户当年从各个来源得到的总收入相应地扣除所发生的费用后的收入总和。纯收入主要用于再生产投入和当年生活消费支出，也可用于储蓄和各种非义务性支出。“农民人均纯收入”按人口平均的纯收入水平，反映的是一个地区或一个农户农村居民的平均收入水平。计算方法：

纯收入＝总收入-家庭经营费用支出-税费支出-生产性固定资产折旧-农村亲友赠送收入。

农村全面小康监测　是指运用农村全面小康社会的指标体系、衡量标准，再选择科学评价模型对一个区域的农村全面小康社会实现程度和进程进行综合评价。农村全面小康监测其标准由 2003 年国家统计局与国务院政策研究室共同研究制定，涵盖了六个方面十八项指标。

全面小康社会是一个阶段性目标，这个目标界于总体小康与基本实现现代化两个目标之间。因此，全面小康社会的标准既要高于 20 世纪 90 年代初制定的总体小康标准，又要低于基本实现现代化的标准。

Explanatory Notes on Main Statistical Indicators

Consumption Level of Residents refers to per capita consumption of residents. Reflecting the degree of satisfaction by the nation of needs in people's material and cultural life, it is a comprehensive indicator of the economic development of a country (or region) and the standard of the material and cultural life of people.

Consumption level of residents can be calculated either in terms of national income (i.e. the material product consumption of residents) or in terms of gross domestic product (i.e. the total consumption including that of labor services). Through calculating different prices of consumption by residents, the consumption of residents at current prices and that at comparable prices are obtained respectively. The latter is used to reflect the growth of actual consumption of residents. In order to observe the composition of residential consumption in kind, the volume and value of average consumption of various consumer goods can be further calculated to reflect the growing needs of residents for means of pleasure and development upon satisfaction of the n eeds for means of existence.

Disposable Income of Urban Households refers to the actual income of households after paying personal income tax and expenditure on social security, i.e. total income of households minus personal income tax, expenditure on social security and sample household subsidy for keeping dairies.

Consumption Expenditure of Urban Households refers to total expenditure of the sample households for consumption in daily life, including expenditure on eight categories: food, clothing, household facilities, articles and services, health care and medical services, transport and telecommunication, recreational, educational and cultural services, residence, miscellaneous goods and services.

Total Income of Rural Households refers to the sum of income earned from various sources by the rural households and their members during the reference period, and is classified into income from wages and salaries, income from household operations, income from properties and income from transfers.

Net Income of Rural Households refers to the total income of rural households from all sources minus all corresponding expenses. The net income is mainly used as input for reproduction and as consumption expenditure of the current year, and also used for savings and non-compulsory expenses of various forms. "Per capita net income of farmers" is the level of net income averaged by population which reflects the average income level of rural households in a given area. The formula for calculation is as follows:

Net Income = Total Income - Household Operation Expenses - Taxes and Fees - Depreciation of Fixed Assets for Production - Gifts from Rural Relatives.

Monitoring of Well-off Society in an All-round Way in Rural Areas refers to comprehensive evaluation of the degree and process of realization of well-off society in an all-round way in rural areas of a region, conducted through a corresponding indicator system, standards of evaluation, and a scientific evaluation model. The Standards of a well-off society in an all-round way in rural areas were formulated by National Bureau of Statistics and Policy Research Office of the State Council, including eighteen indicators in six aspects.

A well-off society in an all-round way is a phased target, lying between an overall well-off society and basic realization of modernization. Therefore, the standards of a well-off society in an all-round way are higher than the standards of an overall well-off society formulated in the early 1990s, but lower than the standards of basic realization of modernization.

十一、农业

AGRICULTURE

十一　农业

简要说明

一、本篇资料反映广东省农业生产和农村经济的基本情况。内容主要包括农村劳动力、农业产值、主要产品产量、农村居民家庭主要农产品生产与出售情况、农业自然灾害和乡镇企业等方面的统计资料。

二、本篇资料主要由广东省统计局农村社会经济统计处和国家统计局广东调查总队农村住户调查处整理提供。

三、本篇资料主要来源于《广东省农林牧渔业综合统计报表制度》和农村住户调查资料。农林牧渔业综合统计报表制度的统计范围包括各市县区的各种经济类型的全部农林牧渔业以及各非农行业附属的农林牧渔业生产单位。

四、根据国务院第二次全国农业普查条例，本篇资料的 2006、2007 年部分数据以普查结果为基础做了调整。

11 Agriculture

Brief Introduction

Ⅰ.The data in this chapter show the basic conditions of agricultural production and rural economy in Guangdong Province, including mainly rural labor force, output value of agriculture, output of major products, production and sale of major agricultural products by rural households, as well as statistics on natural disasters in agriculture and township enterprises.

Ⅱ.The data in this chapter are mainly prepared and provided by the Division of Rural Socio-economic Statistics of Statistics Bureau of Guangdong Province and Division of Rural Household Survey under Guangdong Survey Office of the National Bureau of Statistics.

Ⅲ.The data in this chapter mainly come from *The Comprehensive Statistical Report System on Farming, Forestry, Animal Husbandry and Fishery of Guangdong Province* and sample surveys on rural households. The statistical coverage of the statistical reporting summary scheme includes all productive units of farming, forestry, animal husbandry and fishery and units engaged in farming, forestry, animal husbandry and fishery in non-agricultural sectors with various types of ownership in cities, counties and districts of Guangdong Province.

IV. Some data of 2006 and 2007 in this chapter are adjusted in accordance with the regulations of the second national agricultural census.

11-1 农业主要指标

Main Indicators of Agriculture

指标	Item	2000	2005	2008	2009	2009比2008增长（%） Growth Rate in 2009 over 2008 (%)
乡镇户数 （万户）	Number of Rural Households (10000 households)	1419.91	1540.84	1618.24	1660.80	2.6
乡镇人口 （万人）	Rural Population (10000 persons)	6046.62	6451.55	6729.00	6805.17	1.1
乡镇从业人员 （万人）	Number of Rural Employed Persons (10000 persons)	2789.89	3089.48	3326.63	3366.13	1.2
第一产业	Primary Industry	1572.07	1533.48	1537.76	1521.76	-1.0
第二产业	Secondary Industry	655.41	883.36	1029.97	1060.90	3.0
第三产业	Tertiary Industry	562.41	672.64	758.90	783.47	3.2
有效灌溉面积 （万亩）	Irrigated Area (10000 mu)	2217.77	1976.72	1916.32	1946.91	1.6
农业机械总动力(亿瓦特)	Total Agricultural Machinery Power (100 million W)	176.39	178.21	198.89	208.51	4.8
化肥施用量(折纯) (万吨)	Consumption of Chemical Fertilizers (100 percent equivalent,10000 tons)	176.20	204.62	226.60	233.16	2.9
农药施用量 （万吨）	Consumption of Pesticides (10000 tons)	8.47	8.70	10.05	10.37	3.2
农村用电量 （万千瓦时）	Electricity Consumed in Rural Areas (10000 kwh)	4054461	7664302	9511560	9950731	4.6
农业总产值 （亿元）	Gross Output Value of Agriculture (100 million yuan)	1701.18	2447.57	3298.01	3337.59	5.0
农业增加值 （亿元）	Value-added of Agriculture (100 million yuan)	1000.06	1442.80	1973.05	2010.27	4.9
主要产品产量 （万吨）	Output of Major Products (10000 tons)					
粮食	Grain	1822.33	1394.97	1243.44	1314.50	5.7
糖蔗	Sugarcane	1137.59	946.02	1079.30	1116.11	3.4
花生	Peanuts	77.68	75.86	80.53	83.63	3.8
烟叶	Tobacco	6.21	6.30	4.93	5.36	8.8
蔬菜	Vegetables	2214.8	2596.02	2431.43	2567.17	5.6
水果	Fruits	643.52	831.69	983.49	1061.89	8.0
水产品	Aquatic Products	593.19	695.23	680.41	702.81	3.3
猪肉	Pork	206.85	256.28	253.96	262.09	3.2
荒山造林面积 （万亩）	Afforested Area in Barren Mountains (10000 mu)	25.76	27.51	14.08	29.93	112.6
乡镇企业单位数 （万个）	Number of Township Enterprises (10000 units)	76.66	121.29	39.09	39.51	1.1
乡镇企业人数 （万人）	Number of Employed Persons in Township Enterprises (10000 persons)	928.28	1207.90	997.44	1006.77	0.9
乡镇企业总收入 （亿元）	Gross Income of Township Enterprises(100 million yuan)	8555.76	13993.09	19427.22	21250.32	9.4
乡镇企业实交国家税金 （亿元）	Taxes Actually Handed Over to the State by Township Enterprises (100 million yuan)	196.44	330.19	529.18	527.66	-0.3
乡镇企业利润总额(亿元)	Total Profits of Township Enterprises (100 million yuan)	457.2	653.29	873.06	1015.16	16.3

注：1.表中农业总产值、农业增加值按当年价格计算,增长速度按可比价格计算。
2.2004年起粮食产量含大豆。
3.乡镇企业相关指标2007年起按新口径统计。

Notes: a) Gross output value and value-added of agriculture in this table are calculated at current prices, whereas the growth rates are calculated at comparable prices.
b) Since 2004, the output of grain has included that of soybeans.
c) Since 2007, data of township enterprises has been calculated in accordance with new stipulations.

11-2 农村基层组织情况
Basic Conditions of Rural Grassroots Units

项　目	Item	1995	2000	2005	2008	2009
农村基层组织　（个）	**Rural Grassroots Units　(unit)**					
镇政府	Number of Town Governments	1531	1556	1145	1139	1137
乡政府	Number of Township Governments	61	33	11	11	11
村民委员会	Number of Villagers' Committees	22869	22962	21825	22105	22148
乡镇户数　（万户）	**Number of Rural Households　(10000 households)**	**1283.73**	**1419.91**	**1540.84**	**1618.24**	**1660.80**
乡镇人口　（万人）	**Population in Rural Areas　(10000 persons)**	**5622.31**	**6046.62**	**6451.55**	**6729.00**	**6805.17**
乡镇从业人员　（万人）	**Number of Rural Employed Persons(10000 persons)**	**2519.21**	**2789.89**	**3089.48**	**3326.63**	**3366.13**
按性别分	Grouped by Sex					
男	Male	1301.24	1450.37	1615.99	1743.69	1767.75
女	Female	1217.97	1339.52	1473.49	1582.94	1598.38
按部门分	Grouped by Sector					
#农、林、牧、渔业	Farming, Forestry, Animal Husbandry and Fishery	1431.98	1572.07	1533.48	1537.76	1521.76
工业	Industry	352.37	420.11	632.09	803.37	822.81
建筑业	Construction	180.88	195.77	214.39	226.60	238.08
交通、仓储和邮电通讯业	Transport, Storage, Postal and Telecommunication Services	70.52	76.54	78.36	83.05	85.98
批发与零售业、住宿和餐饮业	Wholesale, Retail Trade and Catering Services	92.18	130.23	245.84	281.63	297.32

11-3 农业机耕、农田水利、化肥和农药施用量及农村用电量
Statistics on Tractor Ploughing, Irrigatws Area, Consumption of Chemical Fertilizers, Pesticides and Electricity in Rural Areas

项　目	Item	1995	2000	2005	2008	2009
有效灌溉面积　（万亩）	Irrigated Area　(10000 mu)	2232.41	2217.77	1976.72	1916.32	1946.91
旱涝保收面积　（万亩）	Areas Unaffected by Drought or Floods　(10000 mu)	1645.58	1626.68	1403.06	1346.79	1359.44
化肥施用量　（万吨）	Consumption of Chemical Fertilizers　(10000 tons)					
实物量	Gross Weight	601.09	611.12	661.55	711.49	726.47
#氮肥	Nitrogenous Fertilizer	271.75	248.15	246.05	248.76	251.95
磷肥	Phosphate Fertilizer	146.00	153.01	165.64	180.98	184.09
钾肥	Potash Fertilizer	78.69	79.35	93.77	102.25	103.15
折纯量	Effective Weight	195.71	176.20	204.62	226.60	233.16
#氮肥	Nitrogenous Fertilizer	99.49	95.89	93.78	98.12	99.68
磷肥	Phosphate Fertilizer	27.16	18.36	18.96	20.84	21.21
钾肥	Potash Fertilizer	34.14	35.84	41.54	45.01	46.06
农药施用量　（万吨）	Consumption of Pesticides　(10000 tons)	8.04	8.47	8.70	10.05	10.37
农村小型水电站　（个）	Small-scale Hydropower Stations in Rural Areas(unit)	7988	5478	5121	5687	5625
发电能力　（万千瓦）	Generating Capacity　(10000 kw)	130.14	142.57	184.57	214.06	226.61
农村用电量　（万千瓦时）	Electricity Consumed in Rural Areas　(10000 kwh)	1862658	4054461	7664302	9511560	9950731
农业机械总动力(亿瓦特)	Total Agricultural Machinery Power　(100 million w)	166.96	176.39	178.21	198.89	208.51

11-4 各市农村基层组织情况（2009年）
Basic Conditions of Rural Grassroots Units by City (2009)

市 别	City	乡镇个数(个) Number of Townships (unit)	乡镇户数(万户) Number of Rural Households (10000 households)	乡镇人口(万人) Rural Popul-ation (10000 persons)	乡镇从业人员(万人) Rural Employed Persons (10000 persons)	按性别分 By Sex 男 Male	女 Female	按产业分 By Industry 第一产业 Primary Industry	第二产业 Secondary Industry	第三产业 Tertiary Industry
广 州	Guangzhou	34	128.22	466.95	295.77	149.59	146.18	71.05	156.80	67.91
深 圳	Shenzhen									
珠 海	Zhuhai	15	12.02	52.71	27.80	14.98	12.82	9.30	9.66	8.84
汕 头	Shantou	32	86.50	412.68	173.49	92.77	80.72	70.71	63.57	39.22
佛 山	Foshan	21	84.84	289.43	175.03	91.21	83.82	26.82	98.98	49.23
韶 关	Shaoguan	94	59.32	224.09	104.83	54.49	50.34	68.88	13.56	22.39
河 源	Heyuan	95	71.05	314.11	140.50	73.08	67.42	74.29	20.98	45.23
梅 州	Meizhou	104	121.19	474.78	195.87	100.29	95.58	105.94	36.14	53.79
惠 州	Huizhou	53	70.49	319.50	184.66	92.48	92.18	67.05	85.92	31.70
汕 尾	Shanwei	42	65.55	319.75	129.73	75.13	54.60	63.83	30.48	35.42
东 莞	Dongguan	28	48.03	159.59	87.02	46.81	40.20	7.75	44.77	34.50
中 山	Zhongshan	18	55.26	233.11	161.05	80.74	80.31	14.63	100.35	46.07
江 门	Jiangmen	62	85.67	295.10	165.86	83.36	82.50	82.29	44.70	38.87
阳 江	Yangjiang	39	64.70	245.75	123.69	66.90	56.79	76.69	26.83	20.18
湛 江	Zhanjiang	87	140.17	624.64	298.89	161.03	137.86	192.58	50.37	55.94
茂 名	Maoming	87	148.92	637.73	284.51	153.46	131.05	180.46	65.21	38.84
肇 庆	Zhaoqing	96	86.10	332.63	186.75	95.35	91.40	98.58	43.17	45.00
清 远	Qingyuan	80	85.87	351.66	171.47	90.40	81.07	101.98	27.52	41.97
潮 州	Chaozhou	41	55.78	230.63	99.99	51.73	48.25	39.17	36.94	23.88
揭 阳	Jieyang	65	120.64	561.70	233.13	127.05	106.08	100.53	70.36	62.24
云 浮	Yunfu	55	70.49	258.63	126.10	66.90	59.19	69.24	34.61	22.24
按经济区域分	By Region									
珠 三 角	Pearl River Delta	327	570.63	2149.02	1283.94	654.53	629.41	377.48	584.34	322.12
东 翼	Eastern Region	180	328.47	1524.76	636.33	346.68	289.66	274.23	201.34	160.76
西 翼	Western Region	213	353.79	1508.12	707.09	381.38	325.71	449.73	142.40	114.96
山 区	Mountainous Region	428	407.92	1623.28	738.77	385.16	353.60	420.33	132.82	185.63

注：乡镇个数为广东省民政厅统计年报数。

Note: The number of townships comes from the annual reports of Guangdong Provincial Department of Civil Affairs.

11-5 农业自然灾害情况

Statistics on Agriculture Covered and Affected by Natural Disasters

项　目	Item	2000	2005	2008	2009
农作物受灾面积　(万亩)	Area of Farm Crops Covered by Natural Disasters　(10000 mu)	948.43	1088.03	2092.05	717.26
#绝收面积	Area without Output	84.14	201.39	270.83	29.31
受灾人口　(万人)	Number of Persons Covered by Natural Disasters(10000 persons)	1801	1504	2632	868
紧急转移安置人口(万人)	Number of Persons Receiving Evacuation and Re-settlement (10000 persons)	27.73	59.66	193.15	54.73
饮水困难人口　(万人)	Number of Persons Lacking Access to Clean Drinking Water (10000 persons)	23.16	57.81	30.75	54.30
因灾死亡人口　(人)	DeathToll in Natural Disasters　(person)	102	113	104	39
因灾伤病人口　(人)	Number of Wounded Persons in Natural Disasters　(person)	14454	4448	46479	608
倒塌房屋　(间)	Number of Broken Buildings　(room)	27743	96583	121243	24587
损坏房屋　(间)	Number of Damaged Buildings　(room)	74052	285668	292490	39659
因灾死亡大牲畜(头、只)	Number of Large Livestock Killed in Natural Disasters　(head)	62417	39562	127152	5143
直接经济损失　(亿元)	Volume of Direct Economic Loss　(100 million yuan)	38.2	82.06	369.65	63.07

11-6 农村经济主要比例关系和效益指标

Main Proportions and Efficiency Indicators of Rural Economy

项目	Item	1995	2000	2005	2008	2009
投入产出率　(%)	**Input-output Ratio　(%)**					
农林牧渔业	Farming, Forestry, Animal Husbandry and Fishery		41.2	41.1	40.2	39.8
农业	Farming		31.6	30.1	30.0	30.0
林业	Forestry		24.7	25.8	25.5	25.5
牧业	Animal Husbandry		54.6	55.1	54.7	54.7
渔业	Fishery		41.4	43.0	40.1	40.3
农林牧渔服务业	Services for Farming, Forestry, Animal Husbandry and Fishery			69.9	58.7	58.7
产出率	**Output Ratio**					
园地　(元/亩)	Garden Plot　(yuan/mu)		914	1258	1755	1846
淡水养殖水面(元/亩)	Freshwater Aquatic Cultivation Area　(yuan/mu)		3643	4965	6492	6066
生猪出栏率　(%)	Slaughtered Fattened Hog Rate　(%)		146	162	152	151

注：2000年起“产出率”中“园地”改由按年末实有面积计算。

Note: Since 2000, the output ratio of garden plot has been calculated by the actual area at the year-end.

11-7 农副产品人均拥有量
Per Capita Possession of Farm and Sideline Products

单位：公斤/人 (kg/person)

年份 Year	粮食 Grain	#稻谷 Rice	花生 Peanuts	糖蔗 Sugarcane	蔬菜 Vegetables
1978	298.08	262.35	6.94	164.97	
1980	321.73	291.51	9.56	159.68	
1985	283.68	257.14	10.09	323.82	
1990	303.60	270.09	9.28	335.17	156.38
1991	295.09	260.14	8.84	360.12	174.23
1992	280.11	247.91	9.33	351.38	186.22
1993	249.79	218.60	10.12	245.79	207.73
1994	250.53	216.08	9.60	210.53	225.65
1995	267.55	230.55	10.38	218.43	250.98
1996	276.57	237.84	10.68	203.58	270.43
1997	282.77	240.01	10.65	234.25	284.58
1998	266.70	239.01	9.82	228.88	282.63
1999	268.59	226.18	10.17	169.04	289.04
2000	246.30	206.59	10.50	153.76	295.36
2001	228.57	191.37	10.59	142.51	314.28
2002	195.10	163.46	9.88	149.39	319.31
2003	193.59	162.68	10.50	123.97	334.59
2004	179.03	144.66	9.85	121.17	327.70
2005	176.58	141.40	9.60	119.75	328.63
2006	154.36	126.22	9.51	127.43	295.77
2007	157.51	128.25	9.40	134.49	288.31
2008	150.41	121.36	9.74	130.55	294.11
2009	157.12	126.48	10.00	133.41	306.86

11-7 续表 continued

单位：公斤/人 (kg/person)

年份 Year	水果 Fruits	肉类 Meat	#猪肉 Pork	#家禽 Poultry	水产品 Aquatic Products
1978	5.81				12.93
1980	5.57				12.12
1985	20.56				19.49
1990	52.60				33.25
1991	62.74				35.86
1992	70.19				38.84
1993	61.70				41.66
1994	60.51				47.33
1995	61.43				52.57
1996	55.74	36.54	23.49	12.67	57.74
1997	59.59	39.30	25.18	13.59	74.53
1998	64.14	41.78	26.60	14.61	78.46
1999	86.40	43.28	28.00	14.52	79.91
2000	86.98	43.27	27.59	14.87	80.17
2001	78.43	44.05	28.24	14.99	80.95
2002	91.87	44.92	28.78	14.53	82.56
2003	93.49	46.42	30.14	14.51	84.38
2004	101.47	46.81	31.02	14.04	86.47
2005	105.28	48.65	32.44	14.39	88.01
2006	111.01	47.47	31.24	14.72	81.86
2007	116.56	47.29	28.86	16.84	81.45
2008	118.96	49.83	30.72	17.69	82.25
2009	126.93	51.04	31.33	18.23	84.01

注：1. 表中2006、2007年数据为第二次全国农业普查后调整数。
2. 表中数据均按户籍人口计算。

Note: a) Data of 2006 and 2007 in this table are adjusted according to the second national agricultural census.
b)The data are calculated according to population with residence registration.

11-8 农村劳动力情况

Statistics on Rural Labor Force

单位：% (%)

项　　目	Item	2000	2005	2008	2009
性别	**By Sex**	**100.0**	**100.0**	**100.0**	**100.0**
男劳动力	Male	51.6	52.6	52.6	53.1
女劳动力	Female	48.4	47.4	47.4	46.9
文化程度	**By Educational Level**	**100.0**	**100.0**	**100.0**	**100.0**
文盲与半文盲	Illiterate and Semi-illiterate	4.0	3.8	3.7	3.2
小学程度	Primary Education	33.5	25.5	23.1	21.7
初中程度	Junior Secondary Education	48.9	53.9	53.5	54.2
高中程度	Senior Secondary Education	9.9	11.8	12.9	13.5
中专程度	Specialized Secondary Education	3.1	3.5	4.2	4.7
大专及其以上程度	Education with Specialized Courses and Over	0.6	1.5	2.6	2.8
行业分布情况	**By Sector**		**100.0**	**100.0**	**100.0**
农业	Farming, Forestry, Animal Husbandry and Fishery		48.6	46.2	44.2
采矿业	Mining		0.1	0.1	0.1
制造业	Manufacture		17.7	20.1	20.9
电力、燃气及水的生产供应业	Production and Supply of Electric Power, Gas and Water		0.6	0.4	0.5
建筑业	Construction		2.9	3.3	3.7
交通运输仓储及邮电通讯业	Transport, Storage, Postal and Telecommunication Services		2.8	2.7	3.1
	Macro Economic Climate Situations of				
批发和零售贸易	Wholesale and Retail Trades		5.2	5.9	6.5
住宿和餐饮业	Hotels and Catering Services		2.7	2.9	3.5
居民服务和其他服务业	Services to Households and Other Services		6.3	5.6	6.3
教育	Education		0.8	1.0	1.0
卫生、社会保障和社会福利业	Health Care, Social Security and Social Welfare		0.5	0.5	0.5
文化、体育和娱乐业	Culture, Sports and Recreation		0.2	0.1	0.3
其它	Others		11.6	11.3	9.3

注：本表数据为抽样调查数。

Note: Data in this table are estimated from sample surveys.

11-9 农村劳动力就业地点分布情况

Distribution of Employment Locations of Rural Labor Force

单位：% (%)

项 目	Item	2000	2005	2008	2009
总 计	**Total**	**100.0**	**100.0**	**100.0**	**100.0**
乡内	Within Townships	74.8	73.7	73.4	70.1
县内乡外	Outside Townships but Within Counties	7.1	2.7	2.6	4.4
省内县外	Outside Counties but Within Province	17.7	23.0	23.4	24.7
省外	Outside Province	0.4	0.5	0.5	0.7
国外	Abroad		0.1	0.1	0.1

注:本表数据为抽样调查数。
Note: Data in this table are estimated from sample surveys.

11-10 农村三次产业劳动力素质结构

Educational Level Structure of Rural Labor Force by Three Strata of Industry

单位：% (%)

项 目	Item	从事第一产业的劳动力 Laborers Engaged in Primary Industry				从事第二、三产业的劳动力 Laborers Engaged in Secondary and Tertiary Industries			
		2000	2005	2008	2009	2000	2005	2008	2009
性别	**Sex**	**100.0**	**100.0**	**100.0**	**100.0**	**100.0**	**100.0**	**100.0**	**100.0**
男劳动力	Male	45.9	46.6	45.2	45.8	60.1	59.0	59.7	59.7
女劳动力	Female	54.1	53.4	54.8	54.2	39.9	41.0	40.3	40.3
文化程度	**Educational Level**	**100.0**	**100.0**	**100.0**	**100.0**	**100.0**	**100.0**	**100.0**	**100.0**
文盲与半文盲	Illiterate and Semi-illiterate	6.2	6.6	7.0	6.3	0.6	1.1	0.7	0.6
小学程度	Primary Education	43.7	36.3	34.4	34.7	17.9	15.5	13.6	11.6
初中程度	Junior Secondary Education	40.2	46.2	46.9	47.6	62.1	61.3	59.6	59.5
高中程度	Senior Secondary Education	8.1	9.9	10.3	10.1	11.7	13.5	15.0	16.0
中专程度	Specialized Secondary Education	1.1	0.7	1.0	1.1	6.4	6.1	6.7	7.5
大专及其以上程度	College and Above	0.1	0.3	0.3	0.2	1.3	2.5	4.4	4.7

注：本表数据为抽样调查数。
Note: Data in this table are estimated from sample surveys.

11-11 农村劳动力外出务工情况

Statistics on Outgoing Rural Laborers

单位：% (%)

项 目	Item	2005	2006	2008	2009
当年外出务工的劳动力占总劳动力比重	**Percentage of Outgoing Laborers in Total Labor Force in Current Year**	**26.8**	**26.9**	**26.9**	**30.0**
外出务工劳动力的性别、年龄和文化技术素质情况	**Percentage of Outgoing Laborers by Sex, Age, Educational Level and Technical Training**				
性别	By Sex	100.0	100.0	100.0	100.0
男劳动力	Male	59.0	58.6	59.9	60.6
女劳动力	Female	41.0	41.4	40.1	39.4
年龄	By Age	100.0	100.0	100.0	100.0
16-20岁	16-20	22.2	18.2	11.9	13.4
21-25岁	21-25	40.6	40.7	36.6	33.1
26-30岁	26-30	18.7	21.3	28.0	28.1
31-35岁	31-35	8.0	8.9	11.4	12.0
36-40岁	36-40	4.6	4.7	4.9	6.4
41-45岁	41-45	3.2	3.3	3.7	3.4
46-50岁	46-50	1.7	1.8	1.8	1.8
50岁以上	51 and over	1.0	1.1	1.7	1.7
文化程度	By Educational Level	100.0	100.0	100.0	100.0
文盲与半文盲	Illiterate and Semi-illiterate	0.2	0.1	0.1	0.2
小学程度	Primary Education	9.8	9.7	8.8	7.7
初中程度	Junior Secondary Education	70.5	70.2	69.0	66.9
高中程度	Senior Secondary Education	10.6	10.0	10.8	12.7
中专程度	Specialized Secondary Education	6.7	7.5	7.7	8.5
大专及其以上程度	Education with Specialized Courses and Over	2.2	2.5	3.6	4.0
外出从事的行业	**Outgoing Laborers by Sector**	**100.0**	**100.0**	**100.0**	**100.0**
农林牧渔业	Farming, Forestry, Animal Husbandry and Fishery	0.4	0.6	0.4	0.5
采矿业	Mining	0.1	0.1		0.2
制造业	Manufacture	48.3	49.9	51.5	49.0
电力、煤气及水的生产供应业	Production and Supply of Electric Power, Gas and Water	0.6	0.8	0.6	0.8
建筑业	Construction	5.1	4.9	5.4	6.0
交通运输仓储及邮电通讯业	Transport, Storage, Postal and Telecommunication Services	5.0	5.5	4.6	5.6
批发和零售贸易	Wholesale and Retail Trades	7.7	8.4	8.8	9.4
住宿和餐饮业	Hotels and Catering Services	8.3	8.5	8.6	9.1
居民服务和其他服务业	Services to Households and Other Services	10.4	9.9	9.4	10.9
教育	Education	0.6	0.8	0.8	0.9
卫生、社会保障和社会福利业	Health Care, Social Security and Social Welfare	0.9	0.8	0.7	0.7
文化、体育和娱乐业	Culture, Sports and Recreation	0.4	0.4	0.4	0.7
其它	Others	12.2	9.4	8.8	6.3
外出劳动力从业时间情况	**Employment Period of Outgoing Laborers**	**100.0**	**100.0**	**100.0**	**100.0**
外出从业累计1个月以下人数占外出人数比重	Percentage of Outgoing Laborers Employed under 1 Month in Total Outgoing Laborers	0.1	0.1	0.1	0.1
外出从业累计1-3个月人数占外出人数比重	Percentage of Outgoing Laborers Employed from 1 Month to 3 Months in Total Outgoing Laborers	3.1	2.4	2.1	2.4
外出从业累计3-6个月人数占外出人数比重	Percentage of Outgoing Laborers Employed from 3 Months to 6 Months in Total Outgoing Laborers	6.8	5.9	4.1	6.1
外出从业累计6个月以上人数占外出人数比重	Percentage of Outgoing Laborers Employed over 6 Months in Total Outgoing Laborers	90.0	91.6	93.7	91.3

注：本表数据为抽样调查数。
Note: Data in this table are estimated from sample surveys.

11-12 农村居民家庭主要农产品生产情况
Output of Major Farm Products of Rural Households

项 目	Item	1995	2000	2005	2008	2009
平均每户主要农作物播种面积（亩）	**Sown Area of Major Crops per Household(mu)**	**10.12**	**7.71**	**6.21**	**5.28**	**5.09**
粮食	Grain	6.48	5.47	4.13	3.54	3.39
#水稻	Rice	5.76	4.94	3.77	3.21	3.06
油料	Oil-bearing Crops	0.71	0.52	0.48	0.42	0.42
糖料	Sugar Crops	0.26	0.12	0.27	0.28	0.30
烟叶	Tobacco	0.04	0.09	0.06	0.06	0.07
蔬菜	Vegetables	2.59	1.41	1.25	0.96	0.88
果用瓜	Melons	0.04	0.10	0.02	0.02	0.03
平均每人主要农林产品产量（公斤）	**Per Capita Output of Major Farm and Forestry Products (kg)**					
粮食	Grain	404.73	448.85	291.89	255.00	241.12
#稻谷	Rice	348.38	375.57	274.42	237.06	234.55
油料	Oil-bearing Crops	18.71	19.07	16.06	15.70	15.63
糖料	Sugar Crops	215.10	105.86	194.32	263.92	240.12
烟叶	Tobacco	1.00	2.16	1.70	1.85	2.12
蔬菜	Vegetables	330.99	387.36	352.00	275.06	274.67
果用瓜	Melons	7.96	29.03	5.48	3.92	9.14
水果	Fruits	59.82	31.78	50.39	51.47	59.60
茶叶	Tea	0.08	0.29	0.24	0.09	0.07
平均每户出售和自宰畜禽量及其他	**Sold and Slaughtered Livestock, Poultry and Other Animal Products per Household**					
出售和自宰肉猪头数 (头)	Sold and Slaughtered Fattened Hogs (head)	2.03	2.12	1.89	1.10	1.41
猪肉产量 (公斤)	Pork (kg)	178.31	183.08	141.48	87.01	113.69
出售和自宰家禽只数 (只)	Sold and Slaughtered Poultry (head)	47.13	46.87	102.67	69.23	55.36
家禽产量 (公斤)	Poultry (kg)	89.04	85.46	222.59	162.48	128.19
蛋类产量 (公斤)	Eggs (kg)	6.92	7.35	3.95	4.97	4.84
蜂蜜产量 (公斤)	Honey (kg)	0.05	1.04	0.12	0.08	0.07
蚕茧产量 (公斤)	Silkworm Cocoon (kg)	5.94	3.95	4.27	2.62	1.80
牛、羊奶产量 (公斤)	Milk (kg)	1.16	0.13	0.40	0.65	0.38
水产品产量 (公斤)	Aquatic Products (kg)	119.92	200.16	159.47	163.54	168.32

11-13 农村居民家庭出售主要农产品数量
Amount of Major Farm Products Sold by Rural Households

项 目	Item	1995	2000	2005	2008	2009
平均每人出售量	**Per Capita Amount Sold**					
粮食(原粮) (公斤)	Grain (Raw) (kg)	61.96	86.36	90.55	82.22	83.10
#稻谷 (公斤)	Rice (kg)	50.89	75.34	79.72	68.49	70.64
油料 (公斤)	Oil-bearing Crops (kg)	4.08	4.42	5.92	4.29	4.06
糖料 (公斤)	Sugar Crops (kg)	164.65	96.35	194.27	263.72	239.08
烟叶 (公斤)	Tobacco (kg)	0.82	2.03	1.62	1.83	2.10
蔬菜 (公斤)	Vegetables (kg)	206.29	255.31	278.88	213.53	212.42
果用瓜 (公斤)	Melons (kg)	5.69	25.11	5.36	3.71	8.79
水果 (公斤)	Fruits (kg)	48.55	24.20	48.59	49.59	56.45
茶叶 (公斤)	Tea (kg)	0.04	0.25	0.17	0.03	0.03
平均每户出售量	**Amount Sold per Household**					
生猪 (头)	Fattened Hogs (head)	1.62	2.01	1.85	1.11	1.39
猪肉 (公斤)	Pork (kg)	162.92	165.42	177.98	85.87	112.68
肉牛 (头)	Beef Cattle (head)	0.01	0.02	0.01	0.01	0.01
兔 (只)	Rabbits (head)	0.03	0.05	0.02	0.02	0.01
家禽 (只)	Poultry (head)	34.29	30.34	89.74	57.1	42.26
蛋类 (公斤)	Eggs (kg)	0.61	1.87	0.65	0.81	0.51
蜂蜜 (公斤)	Honey (kg)	0.05	0.46	0.11	0.07	0.07
蚕茧 (公斤)	Silkworm Cocoon (kg)	5.88	3.78	4.27	2.62	1.79
牛羊奶 (公斤)	Milk (kg)	1.13	0.11	0.35	0.54	0.38
水产品 (公斤)	Aquatic Products (kg)	102.40	175.92	155.56	156.26	163.11

11-14 农林牧渔业总产值

Gross Output Value of Farming, Forestry, Animal Husbandry and Fishery

单位：亿元 (100 million yuan)

年份 Year	农林牧渔业总产值 Gross Output Value of Farming, Forestry, Animal Husbandry and Fishery	农业产值 Farming	林业产值 Forestry	牧业产值 Animal Husbandry	渔业产值 Fishery	农林牧渔服务业产值 Services for Farming,Forestry, Animal Husbandry and Fishery
1978	85.94	59.56	4.98	15.98	5.42	
1979	91.53	67.19	7.67	13.58	3.09	
1980	126.25	97.15	6.83	17.75	4.52	
1981	133.85	99.33	7.81	21.62	5.09	
1982	135.52	98.33	8.33	21.73	7.13	
1983	169.96	120.06	10.72	28.57	10.61	
1984	200.07	141.22	12.13	33.81	12.91	
1985	245.21	149.09	21.09	54.68	20.35	
1986	279.15	168.68	24.38	60.74	25.35	
1987	348.61	214.47	16.74	78.26	39.14	
1988	473.78	277.38	27.66	114.28	54.46	
1989	548.60	323.15	28.00	134.60	62.85	
1990	600.71	359.39	28.46	143.68	69.18	
1991	654.82	388.90	29.64	156.08	80.20	
1992	737.11	428.99	32.86	175.36	99.90	
1993	899.03	486.46	35.51	223.16	153.90	
1994	1151.38	628.17	41.07	279.98	202.16	
1995	1445.48	777.72	46.12	349.11	272.53	
1996	1577.89	825.60	49.64	398.12	304.53	
1997	1656.46	851.35	52.10	425.67	327.34	
1998	1705.44	861.97	54.65	441.61	347.21	
1999	1745.02	859.66	58.77	457.51	369.08	
2000	1701.18	807.94	59.64	450.18	383.42	
2001	1722.35	817.95	56.78	457.56	390.06	
2002	1781.06	841.77	57.09	465.91	416.29	
2003	1908.66	851.72	55.72	482.83	432.74	85.65
2004	2154.79	959.97	61.72	571.09	466.45	95.56
2005	2447.57	1109.18	66.25	638.61	523.79	109.74
2006	2536.27	1235.40	67.60	623.34	519.03	90.90
2007	2821.24	1328.70	73.45	775.62	541.87	101.60
2008	3298.01	1481.69	79.41	967.91	652.59	116.41
2009	3337.59	1551.03	88.30	917.14	661.23	119.89

注：1. 本表按当年价格计算。
2. 表中2006、2007年数据为第二次全国农业普查后调整数。

Note: a)Data in value terms in this table are calculated at current prices.
b)Data in value terms of 2006 and 2007 in this table are adjusted according to the second national agricultural census.

11-15 农林牧渔业总产值指数（1978年＝100）

Indices of Gross Output Value of Farming, Forestry, Animal Husbandry and Fishery (year of 1978=100)

1978年＝100 (year of 1978=100)

年份 Year	农林牧渔业总产值 Gross Output Value of Farming, Forestry, Animal Husbandry and Fishery	农业产值 Farming	林业产值 Forestry	牧业产值 Animal Husbandry	渔业产值 Fishery	农林牧渔服务业产值 Services for Farming,Forestry, Animal Husbandry and Fishery
1978	100.0	100.0	100.0	100.0	100.0	
1979	99.2	99.4	85.1	104.6	93.7	
1980	110.2	111.8	108.3	104.4	102.8	
1981	112.8	110.3	119.6	122.9	111.9	
1982	131.2	127.4	133.4	148.6	135.0	
1983	134.6	127.2	140.4	159.8	164.3	
1984	147.1	138.9	147.6	175.5	185.5	
1985	157.8	145.5	154.8	202.2	216.2	
1986	167.5	151.0	173.4	219.6	257.0	
1987	183.6	165.8	166.9	237.7	313.2	
1988	197.7	173.4	223.2	259.2	350.3	
1989	213.2	186.9	232.3	279.4	389.9	
1990	228.9	201.5	215.7	306.2	429.3	
1991	243.0	211.9	213.8	332.6	470.1	
1992	257.7	220.3	218.9	357.8	536.5	
1993	267.6	213.7	222.6	398.9	644.5	
1994	279.5	219.5	227.5	415.1	716.3	
1995	302.7	237.1	239.6	443.5	800.1	
1996	320.9	245.0	246.5	485.9	882.9	
1997	342.7	263.7	249.2	509.5	953.5	
1998	359.3	272.7	258.1	535.8	1033.7	
1999	379.1	286.8	271.8	563.9	1101.9	
2000	389.3	288.6	281.3	579.6	1184.5	
2001	400.1	295.6	294.0	592.7	1230.1	
2002	426.1	323.4	285.8	601.4	1310.6	
2003	438.2	331.6	277.8	614.8	1367.5	100.0
2004	457.9	350.5	287.2	625.9	1433.1	107.8
2005	479.9	362.3	295.5	660.4	1514.2	120.5
2006	499.1	375.2	280.8	680.7	1605.1	132.3
2007	515.5	385.3	291.3	701.0	1670.8	143.1
2008	535.9	391.5	300.6	749.9	1749.3	155.0
2009	562.6	413.3	323.7	778.5	1838.6	163.2

注：1．本表按可比价格计算。
2．表中2007年数据为第二次全国农业普查后调整数。

Note: a) The indices are calculated at comparable prices.
b) Indices of 2007 in this table are adjusted according to the second national agricultural census.

11-16 农林牧渔业总产值指数（上年=100）

Indices of Gross Output Value of Farming, Forestry, Animal Husbandry and Fishery (preceding year=100)

上年=100 (preceding year=100)

年份 Year	农林牧渔业总产值 Gross Output Value of Farming, Forestry, Animal Husbandry and Fishery	农业产值 Farming	林业产值 Forestry	牧业产值 Animal Husbandry	渔业产值 Fishery	农林牧渔服务业产值 Services for Farming, Forestry, Animal Husbandry and Fishery
1979	99.2	99.4	85.1	104.6	93.7	
1980	111.1	112.5	127.3	99.8	109.7	
1981	102.4	98.7	110.4	117.6	108.9	
1982	116.3	115.5	111.5	120.9	120.6	
1983	102.6	99.9	105.2	107.6	121.7	
1984	109.3	109.2	105.1	109.8	112.9	
1985	107.3	104.8	104.9	115.2	116.5	
1986	106.1	103.8	112.0	108.6	118.9	
1987	109.6	109.8	96.3	108.2	121.9	
1988	107.7	104.6	133.7	109.0	111.8	
1989	107.8	107.8	104.1	107.8	111.3	
1990	107.4	107.8	92.9	109.6	110.1	
1991	106.2	105.1	99.1	108.6	109.5	
1992	106.0	103.9	102.4	107.6	114.1	
1993	103.8	97.0	101.7	111.5	120.1	
1994	104.4	102.7	102.2	104.1	111.1	
1995	108.3	108.0	105.3	106.8	111.7	
1996	106.0	103.3	102.9	109.6	110.3	
1997	106.8	107.6	101.1	104.8	108.0	
1998	104.8	103.4	103.6	105.2	108.4	
1999	105.5	105.2	105.3	105.2	106.6	
2000	102.7	100.6	103.5	102.8	107.5	
2001	102.8	102.4	104.5	102.2	103.8	
2002	106.5	109.4	97.2	101.5	106.5	
2003	102.8	102.5	97.2	102.2	104.3	
2004	104.5	105.7	103.4	101.8	104.8	107.8
2005	104.8	103.4	102.9	105.5	105.7	111.8
2006	104.0	103.6	95.0	103.1	106.0	109.8
2007	103.3	102.7	103.7	103.0	104.1	108.2
2008	104.0	101.6	103.2	107.0	104.7	108.3
2009	105.0	105.6	107.7	103.8	105.1	105.3

注：1. 本表按可比价格计算。
2. 表中2007年数据为第二次全国农业普查后调整数。

Note: a) The indices are calculated at comparable prices.
b) Indices of 2007 in this table are adjusted according to the second national agricultural census.

11-17 各市农林牧渔业总产值（2009年）

Gross Output Value of Farming, Forestry, Animal Husbandry and Fishery by City (2009)

单位：亿元 (100 million yuan)

市 别	City	农林牧渔业总产值 Gross Output Value of Farming, Forestry, Animal Husbandry and Fishery	农业产值 Farming	林业产值 Forestry	牧业产值 Animal Husbandry	渔业产值 Fishery	农林牧渔服务业产值 Services for Farming, Forestry,Animal Husbandry and Fishery
广 州	Guangzhou	295.62	150.08	2.17	61.20	53.61	28.56
深 圳	Shenzhen	15.48	4.26	0.21	5.60	3.96	1.46
珠 海	Zhuhai	51.62	8.64	0.07	9.12	28.07	5.72
汕 头	Shantou	104.71	47.29	0.26	24.62	30.30	2.23
佛 山	Foshan	195.03	50.40	0.83	57.13	76.98	9.70
韶 关	Shaoguan	133.42	87.34	8.69	30.01	5.22	2.17
河 源	Heyuan	86.86	52.72	3.90	24.15	3.15	2.94
梅 州	Meizhou	179.38	105.82	4.26	57.99	7.44	3.87
惠 州	Huizhou	147.91	90.06	2.14	39.37	14.06	2.28
汕 尾	Shanwei	111.22	45.16	0.57	21.58	39.05	4.87
东 莞	Dongguan	25.31	13.19	0.22	5.00	6.06	0.83
中 山	Zhongshan	77.77	22.77	0.04	10.64	43.40	0.92
江 门	Jiangmen	193.09	56.62	3.98	59.81	69.32	3.36
阳 江	Yangjiang	200.16	69.61	2.93	38.49	76.78	12.35
湛 江	Zhanjiang	397.68	190.65	8.35	78.01	111.23	9.43
茂 名	Maoming	385.38	186.84	8.38	132.77	45.30	12.11
肇 庆	Zhaoqing	256.81	123.15	18.42	85.40	27.43	2.41
清 远	Qingyuan	158.71	88.31	10.13	47.45	8.72	4.10
潮 州	Chaozhou	61.35	24.40	1.66	14.71	17.26	3.32
揭 阳	Jieyang	149.61	90.80	3.05	36.80	14.78	4.17
云 浮	Yunfu	144.91	57.37	7.61	69.15	7.77	3.00
按经济区域分	By Region						
珠 三 角	Pearl River Delta	1258.64	519.18	28.08	333.26	322.89	55.23
东 翼	Eastern Region	426.90	207.65	5.54	97.71	101.39	14.60
西 翼	Western Region	983.22	447.10	19.65	249.27	233.31	33.89
山 区	Mountainous Region	703.28	391.56	34.59	228.75	32.29	16.08

注：本表按当年价格计算。
Note: Data in this table are calculated at current prices.

11-18 各市农林牧渔业总产值指数（2009年）

Indices of Gross Output Value of Farming, Forestry, Animal Husbandry and Fishery by City (2009)

上年=100 (preceding year=100)

市别	City	农林牧渔业总产值 Gross Output Value of Farming, Forestry, Animal Husbandry and Fishery	农业产值 Farming	林业产值 Forestry	牧业产值 Animal Husbandry	渔业产值 Fishery	农林牧渔服务业产值 Services for Farming, Forestry,Animal Husbandry and Fishery
广　州	Guangzhou	103.9	103.0	109.0	104.9	105.2	104.1
深　圳	Shenzhen	87.1	92.5	40.6	89.5	79.1	106.1
珠　海	Zhuhai	104.1	103.2	341.8	111.7	102.5	100.7
汕　头	Shantou	104.4	102.2	141.4	103.1	109.4	103.4
佛　山	Foshan	103.2	106.3	139.1	104.0	100.6	102.6
韶　关	Shaoguan	105.2	106.2	97.2	105.2	103.3	107.5
河　源	Heyuan	103.3	102.9	103.6	103.5	104.5	107.1
梅　州	Meizhou	106.4	108.1	108.0	103.3	108.0	111.4
惠　州	Huizhou	104.0	104.5	96.1	103.7	103.1	105.7
汕　尾	Shanwei	106.3	107.4	97.8	103.7	106.4	108.4
东　莞	Dongguan	103.3	103.2	62.5	106.8	103.3	100.7
中　山	Zhongshan	103.8	101.4	56.7	102.9	105.6	104.6
江　门	Jiangmen	104.4	103.3	93.1	106.3	104.4	103.7
阳　江	Yangjiang	104.4	105.7	112.0	104.0	102.8	106.3
湛　江	Zhanjiang	106.2	107.1	114.1	103.6	106.2	107.7
茂　名	Maoming	105.2	106.0	109.5	103.2	108.6	105.3
肇　庆	Zhaoqing	105.1	107.0	110.4	102.5	102.4	107.3
清　远	Qingyuan	107.2	108.4	109.3	104.2	112.6	103.0
潮　州	Chaozhou	105.5	103.5	124.9	105.4	106.8	104.5
揭　阳	Jieyang	105.2	105.8	115.3	103.4	104.2	108.3
云　浮	Yunfu	105.4	105.5	118.5	104.1	107.1	104.1
按经济区域分	By Region						
珠三角	Pearl River Delta	103.9	104.4	104.9	104.1	102.9	103.6
东　翼	Eastern Region	105.3	105.0	117.0	103.7	107.0	106.7
西　翼	Western Region	105.5	106.4	111.8	103.4	105.5	106.3
山　区	Mountainous Region	105.8	106.6	106.9	104.0	107.8	106.6

注：本表按可比价格计算。

Note: The indices are calculated at comparable prices.

11-19 农作物播种面积

Total Sown Area of Farm Crops

单位：万亩 (10000 mu)

年份 Year	农作物总播种面积 Total Sown Area	一、粮食作物 Grain Crops	#稻谷 Rice	#薯类 Tubers	二、大豆 Soybean
1978	9962.46	7603.47	5790.39	873.02	163.71
1979	9492.62	7300.54	5691.88	845.65	185.91
1980	8954.84	6908.02	5596.10	800.67	198.18
1981	8567.83	6548.40	5450.29	767.07	199.33
1982	8539.77	6475.65	5373.51	778.51	218.52
1983	8364.03	6485.66	5406.97	780.98	197.43
1984	8313.00	6269.47	5272.01	765.51	193.21
1985	8036.82	5750.76	4815.81	730.83	175.22
1986	8037.18	5731.76	4804.77	745.48	177.59
1987	8064.78	5679.94	4750.06	743.22	174.25
1988	8063.89	5598.29	4678.26	726.61	172.60
1989	8322.71	5777.18	4768.32	743.93	173.64
1990	8507.35	5822.06	4763.67	751.70	172.44
1991	8489.09	5643.92	4596.92	746.74	163.30
1992	8231.36	5303.82	4313.79	710.56	157.48
1993	7718.41	4840.76	3944.83	681.66	160.54
1994	7807.99	4959.10	4005.47	747.93	157.12
1995	7957.19	5052.24	4052.13	775.96	155.84
1996	8156.22	5120.09	4066.33	778.70	155.04
1997	8267.25	5144.06	4055.92	772.52	149.14
1998	8310.73	5147.65	4029.10	768.09	146.06
1999	7894.24	4912.04	3836.30	697.22	144.52
2000	7735.35	4649.83	3619.05	640.15	145.46
2001	7868.21	4634.79	3638.28	661.15	132.19
2002	7207.37	4021.44	3151.22	582.81	102.14
2003	7294.58	4012.81	3144.56	578.14	114.54
2004	7211.96	4184.55	3208.50	581.55	120.60
2005	7223.06	4179.75	3206.40	579.75	125.70
2006	6573.85	3700.00	2912.90	468.40	96.90
2007	6544.56	3719.30	2908.50	476.40	92.00
2008	6606.46	3749.91	2920.35	479.15	93.00
2009	6714.06	3807.75	2939.55	491.74	96.85

注：1. 2004年起粮食播种面积含大豆。
2. 表中2006、2007年数据为第二次全国农业普查后调整数。

Note: a) Since 2004, the sown area of grain has included that of soybeans.
b) Data of 2006 and 2007 in this table are adjusted according to the second national agricultural census.

11-19 续表 continued

单位：万亩 (10000 mu)

年份 Year	三、经济作物 Economic Crops	#糖蔗 Sugarcane	#花生 Peanuts	#烟叶 Tobacco	四、其他作物 Other Crops	#蔬菜 Vegetables
1978	1277.28	258.96	486.62	69.19	918.00	
1979	1258.28	227.15	519.73	59.44	747.89	
1980	1213.98	218.57	553.24	38.62	634.66	
1981	1302.19	272.52	595.41	45.06	517.91	
1982	1327.84	331.53	588.01	48.73	517.76	
1983	1126.05	312.86	489.74	43.25	554.89	
1984	1213.32	341.02	523.56	39.06	637.00	
1985	1417.68	442.83	545.78	55.25	693.16	
1986	1334.07	405.07	560.80	41.87	793.76	
1987	1324.67	344.72	533.13	41.42	885.92	
1988	1318.08	354.90	497.82	61.39	974.92	
1989	1324.88	338.02	486.05	72.25	1047.01	
1990	1338.43	419.73	485.96	68.55	1174.42	776.00
1991	1374.36	453.90	472.15	81.93	1307.51	867.95
1992	1393.07	461.14	471.88	79.08	1376.99	946.88
1993	1295.77	353.65	499.78	73.92	1421.34	1057.02
1994	1224.21	325.62	505.35	53.15	1467.56	1147.53
1995	1185.17	320.18	499.60	44.33	1563.94	1244.96
1996	1202.15	329.28	497.42	45.10	1678.94	1348.64
1997	1211.80	334.02	499.70	55.45	1762.26	1416.62
1998	1185.21	325.59	510.83	50.30	1831.81	1484.82
1999	1071.27	261.47	468.50	42.72	1766.41	1441.85
2000	1093.04	239.60	496.61	46.64	1847.01	1515.15
2001	1088.71	215.25	511.57	53.48	2012.52	1685.69
2002	1068.46	222.66	472.49	46.27	2015.33	1692.00
2003	1055.55	198.29	488.66	44.86	2111.68	1792.29
2004	1008.72	193.45	462.20	47.42	2018.69	1720.01
2005	1001.56	188.08	464.11	47.47	2041.75	1744.08
2006	947.98	195.13	462.28	30.23	1925.87	1627.80
2007	944.03	206.46	453.71	29.39	1881.24	1597.50
2008	957.45	204.06	471.21	35.23	1899.11	1668.94
2009	979.23	203.72	483.22	37.11	1927.09	1707.65

注：1. 2004年起粮食播种面积含大豆。
2. 表中2006、2007年数据为第二次全国农业普查后调整数。

Note: a) Since 2004, the sown area of grain has included that of soybeans.
b) Data of 2006 and 2007 in this table are adjusted according to the second national agricultural census.

11-20 农作物产量
Output of Farm Crops

单位：万吨 (10000 tons)

年份 Year	粮食作物 Grain Crops	#稻谷 Rice	#薯类 Tubers	大豆 Soybean	主要经济作物 Major Economic Crops 糖蔗 Sugarcane	花生 Peanuts	烟叶 Tobacco	蔬菜 Vegetables
1978	1509.51	1328.56	121.04	7.99	835.42	35.17	4.73	
1979	1605.36	1435.22	125.15	9.56	742.90	40.70	4.00	
1980	1681.91	1523.92	123.68	11.47	834.73	50.00	2.72	
1981	1521.00	1372.22	122.53	12.01	1235.50	57.39	3.68	
1982	1795.72	1627.37	138.98	14.44	1496.10	61.90	4.67	
1983	1817.48	1673.12	138.98	10.80	1159.83	48.08	3.41	
1984	1819.33	1666.08	130.21	11.90	1454.15	53.40	3.50	
1985	1604.37	1454.29	131.88	11.32	1831.40	57.07	4.89	
1986	1567.00	1421.55	128.01	12.27	1622.13	60.40	3.50	
1987	1701.81	1536.46	146.48	12.43	1338.60	53.50	4.05	
1988	1636.70	1472.95	143.42	12.32	1538.68	51.80	5.80	
1989	1817.21	1630.29	153.47	13.25	1681.34	55.38	7.15	
1990	1896.29	1687.00	167.05	13.87	2093.46	57.95	7.08	976.83
1991	1873.50	1651.65	176.59	12.60	2286.38	56.11	8.46	1106.19
1992	1810.40	1602.27	170.28	13.94	2271.06	60.30	8.62	1203.54
1993	1629.11	1425.81	169.20	15.28	1603.11	66.02	7.70	1367.22
1994	1662.66	1434.04	194.68	15.44	1397.22	63.71	5.30	1509.93
1995	1803.33	1553.90	209.40	16.50	1472.21	69.98	5.04	1703.86
1996	1891.43	1626.29	210.28	17.32	1392.00	73.05	5.29	1865.10
1997	1966.75	1669.33	228.35	17.61	1629.27	74.10	7.33	1995.99
1998	1884.13	1688.53	238.28	17.32	1616.94	69.38	6.61	2011.13
1999	1935.82	1630.13	214.38	17.91	1218.30	73.31	5.80	2109.68
2000	1822.33	1528.53	199.05	18.73	1137.59	77.68	6.21	2214.80
2001	1721.55	1441.35	198.15	17.36	1073.38	79.73	6.79	2377.60
2002	1484.16	1243.46	171.02	12.67	1136.45	75.19	6.08	2442.53
2003	1488.00	1250.38	166.77	14.92	952.87	80.73	6.00	2584.20
2004	1390.00	1123.13	180.28	18.10	940.77	76.47	6.27	2557.65
2005	1394.97	1116.99	185.48	18.87	946.02	75.86	6.3	2596.02
2006	1242.42	1015.90	150.48	14.92	1025.66	76.54	4.23	2380.56
2007	1284.70	1046.05	157.40	13.53	1096.87	76.66	4.18	2351.48
2008	1243.44	1003.30	154.56	13.86	1079.30	80.53	4.93	2431.43
2009	1314.50	1058.10	162.43	14.67	1116.11	83.63	5.36	2567.17

注：1. 2004年起粮食产量含大豆。
2. 表中2006、2007年数据为第二次全国农业普查后调整数。

Note: a) Since 2004, the output of grain has included that of soybeans.
b) Data of 2006 and 2007 in this table are adjusted according to the second national agricultural census.

11-21 主要农作物播种面积、亩产及总产量

Sown Area, Yield per Mu and Total Output of Major Farm Crops

单位：万亩、公斤、万吨 (10000 mu, kg, 10000 tons)

作物名称	Farm Crop	2005			2008			2009		
		播种面积 Sown Area	亩产 Yield per Mu	总产量 Total Output	播种面积 Sown Area	亩产 Yield per Mu	总产量 Total Output	播种面积 Sown Area	亩产 Yield per Mu	总产量 Total Output
农作物播种面积	**Total Sown Area**	**7223.06**			**6606.46**			**6714.06**		
粮食作物	**Grain Crops**	**4179.75**	**334**	**1394.97**	**3749.91**	**332**	**1243.44**	**3807.75**	**345**	**1314.50**
稻谷	Rice	3206.40	348	1116.99	2920.35	344	1003.30	2939.55	360	1058.10
早稻	Early Rice	1551.60	347	537.98	1400.25	340	475.40	1417.40	366	519.40
晚稻	Late Rice	1654.80	350	579.01	1520.10	347	527.90	1522.15	354	538.70
小麦	Wheat	9.75	190	1.85	1.25	195	0.24	1.25	194	0.24
旱粮	Upland Grain	258.15	278	71.78	256.16	279	71.48	278.36	284	79.05
#玉米	Corn	205.05	300	61.52	215.14	295	63.46	239.31	299	71.49
薯类	Tubers	579.75	320	185.48	479.15	323	154.56	491.74	330	162.43
大豆	Soybean	125.70	150	18.87	93.00	149	13.86	96.85	152	14.67
经济作物	**Economic Crops**	**1001.56**			**957.45**			**979.23**		
甘蔗	Sugarcane and Fruit Cane	221.21	5037	1114.25	224.51	5340	1198.84	227.85	5502	1253.51
#糖蔗	Sugarcane	188.09	5030	946.02	204.06	5289	1079.30	203.72	5479	1116.11
油料作物	Oil-bearing Crops	476.94	161	77.01	485.81	168	81.58	497.14	170	84.64
#花生	Peanuts	464.11	163	75.86	471.21	171	80.53	483.22	173	83.63
麻类	Fiber Crops	0.80	174	0.14	0.74	135	0.10	0.41	159	0.07
烟叶	Tobacco	47.47	133	6.30	35.23	140	4.93	37.11	145	5.36
木薯	Cassava	154.92	1203	186.43	128.38	1238	158.89	125.04	1243	155.37
药材	Medicinal Plants	37.39			12.33			14.23		
其他经济作物	Other Economic Crops	62.83			70.44			77.45		
其他作物	**Other Crops**	**2041.75**			**1899.11**			**1927.09**		
#蔬菜	Vegetables	1744.08	1488	2596.02	1668.94	1457	2431.43	1707.65	1503	2567.17

11-22 各市主要农作物播种面积、亩产及总产量（2009年）

Sown Area, Yield per Mu and Total Output of Major Farm Crops by City (2009)

单位：亩、公斤、吨 (mu, kg, ton)

市别	City	粮食作物 Grain Crops 播种面积 Sown Area	亩产 Yield per Mu	总产量 Total Output	#稻谷 Rice 播种面积 Sown Area	亩产 Yield per Mu	总产量 Total Output
广州	Guangzhou	1350797	318	430007	1008311	325	328154
深圳	Shenzhen	163	319	52			
珠海	Zhuhai	119851	344	41185	87711	341	29934
汕头	Shantou	1075092	416	447570	769421	408	313623
佛山	Foshan	312997	312	97524	209342	331	69281
韶关	Shaoguan	2382552	361	860071	1891170	392	740941
河源	Heyuan	2469524	355	877526	2044516	381	778664
梅州	Meizhou	3285954	364	1197299	2670292	391	1044152
惠州	Huizhou	1808056	324	586372	1280760	323	413712
汕尾	Shanwei	1437646	310	445988	1070061	312	333624
东莞	Dongguan	41561	287	11931	18629	352	6560
中山	Zhongshan	225462	324	72953	126113	327	41294
江门	Jiangmen	2904600	300	871161	2619017	306	800898
阳江	Yangjiang	2202787	311	684692	1614741	331	534919
湛江	Zhanjiang	4380454	325	1424295	3283848	334	1098235
茂名	Maoming	3819122	379	1449067	3090527	397	1225521
肇庆	Zhaoqing	3045095	363	1104089	2514081	383	962932
清远	Qingyuan	2690881	290	779481	2017048	310	626044
潮州	Chaozhou	678843	394	267549	501853	405	203469
揭阳	Jieyang	2056996	404	831308	1197629	392	469402
云浮	Yunfu	1789067	372	664880	1380430	405	559641
按经济区域分	By Region						
珠三角	Pearl River Delta	9808582	328	3215274	7863964	337	2652765
东翼	Eastern Region	5248577	380	1992415	3538964	373	1320118
西翼	Western Region	10402363	342	3558054	7989116	358	2858675
山区	Mountainous Region	12617978	347	4379257	10003456	375	3749442

11-22 续表 1 continued

单位: 亩、公斤、吨 (mu, kg, ton)

市别	City	大豆 Soybean 播种面积 Sown Area	大豆 Soybean 亩产 Yield per Mu	大豆 Soybean 总产量 Total Output	经济作物 Economic Crops 播种面积 Sown Area	#糖蔗 Sugarcane 播种面积 Sown Area	#糖蔗 Sugarcane 亩产 Yield per Mu	#糖蔗 Sugarcane 总产量 Total Output
广州	Guangzhou	20484	210	4294	400876	1748	5891	10298
深圳	Shenzhen				914	12	1000	12
珠海	Zhuhai	123	317	39	34661	15484	6812	105474
汕头	Shantou	4011	135	541	23417			
佛山	Foshan	4364	172	752	194119	20	5800	116
韶关	Shaoguan	143718	155	22301	958376	42996	5013	215534
河源	Heyuan	151892	155	23543	418357	3770	3245	12235
梅州	Meizhou	133564	138	18428	477339	7	1143	8
惠州	Huizhou	40004	124	4966	348427	12116	4957	60064
汕尾	Shanwei	33658	125	4218	201328	1520	4898	7445
东莞	Dongguan	140	136	19	16440	209	5976	1249
中山	Zhongshan	4139	270	1117	72479	2111	5956	12573
江门	Jiangmen	37773	167	6326	344781	31387	5019	157540
阳江	Yangjiang	118312	125	14793	465277	14407	4353	62720
湛江	Zhanjiang	31937	158	5041	2796705	1803788	5527	9970033
茂名	Maoming	21821	186	4060	824337	46747	4597	214889
肇庆	Zhaoqing	31926	157	5006	740282	11592	4815	55817
清远	Qingyuan	71386	153	10940	767298	44352	5517	244702
潮州	Chaozhou	6098	139	849	40249	2794	7438	20783
揭阳	Jieyang	45506	158	7205	142157	1985	4424	8782
云浮	Yunfu	67626	182	12289	524436	200	3960	792
按经济区域分	By Region							
珠三角	Pearl River Delta	138953	162	22519	2152979	74679	5398	403143
东翼	Eastern Region	89273	144	12813	407151	6299	5876	37010
西翼	Western Region	172070	139	23894	4086319	1864942	5495	10247642
山区	Mountainous Region	568186	154	87501	3145806	91325	5182	473271

11-22 续表 2 continued

单位：亩、公斤、吨 (mu, kg, ton)

市别	City	#花生 Peanuts			#烟叶 Tobacco		
		播种面积 Sown Area	亩产 Yield per Mu	总产量 Total Output	播种面积 Sown Area	亩产 Yield per Mu	总产量 Total Output
广州	Guangzhou	96501	176	17019	10	100	1
深圳	Shenzhen	42	214	9			
珠海	Zhuhai	4566	179	816			
汕头	Shantou	20465	166	3396			
佛山	Foshan	26338	196	5155			
韶关	Shaoguan	526428	202	106118	227422	142	32312
河源	Heyuan	353723	170	60156			
梅州	Meizhou	209841	151	31621	85558	139	11891
惠州	Huizhou	318165	166	52785			
汕尾	Shanwei	158306	119	18910			
东莞	Dongguan	838	135	113			
中山	Zhongshan	1480	263	389			
江门	Jiangmen	179201	163	29176	55	127	7
阳江	Yangjiang	360208	136	49116	1010	147	148
湛江	Zhanjiang	703448	181	127218	8196	192	1573
茂名	Maoming	614864	182	111907	11232	197	2210
肇庆	Zhaoqing	371426	184	68502	15880	157	2488
清远	Qingyuan	497405	172	85659	19559	138	2706
潮州	Chaozhou	25121	145	3639			
揭阳	Jieyang	109818	198	21713	46	152	7
云浮	Yunfu	253983	169	42932	2092	135	283
按经济区域分	By Region						
珠三角	Pearl River Delta	998557	174	173964	15945	157	2496
东翼	Eastern Region	313710	152	47658	46	152	7
西翼	Western Region	1678520	172	288241	20438	192	3931
山区	Mountainous Region	1841380	177	326486	334631	141	47192

11-22 续表 3 continued

单位：亩、公斤、吨 (mu, kg, ton)

市别	City	#木薯 Cassava			其他作物 Other Crops	#蔬菜 Vegetables		
		播种面积 Sown Area	亩产 Yield per Mu	总产量 Total Output	播种面积 Sown Area	播种面积 Sown Area	亩产 Yield per Mu	总产量 Total Output
广　州	Guangzhou	1963	1123	2204	2093645	2055076	1545	3175062
深　圳	Shenzhen				102596	98505	1088	107203
珠　海	Zhuhai	177	1260	223	114284	97592	1360	132689
汕　头	Shantou	480	3200	1536	664836	658440	2142	1410502
佛　山	Foshan	1030	1523	1569	1122356	923651	1528	1411347
韶　关	Shaoguan	31588	745	23528	1277011	1026275	1398	1434398
河　源	Heyuan	46968	873	41001	461046	408645	1144	467581
梅　州	Meizhou	143688	847	121725	1263396	931899	1636	1525024
惠　州	Huizhou	1055	1379	1455	1339671	1264934	1504	1901949
汕　尾	Shanwei	20458	2881	58942	632744	578508	1379	797515
东　莞	Dongguan				312739	306270	1307	400335
中　山	Zhongshan				401379	374312	1428	534478
江　门	Jiangmen	48236	1386	66864	958307	840418	1237	1039225
阳　江	Yangjiang	62458	963	60146	935178	875104	1027	898335
湛　江	Zhanjiang	161721	1760	284659	1769238	1654610	1448	2395620
茂　名	Maoming	100616	1109	111631	1409540	1340052	1560	2090866
肇　庆	Zhaoqing	234973	1172	275396	1243714	1010893	1764	1783474
清　远	Qingyuan	136397	1018	138861	1632400	1361695	1339	1823566
潮　州	Chaozhou	6001	729	4372	243798	196668	1899	373416
揭　阳	Jieyang	20282	1359	27562	868875	796233	2024	1611662
云　浮	Yunfu	232332	1429	332062	424141	276723	1292	357427
按经济区域分	By Region							
珠三角	Pearl River Delta	287434	1210	347711	7688691	6971651	1504	10485762
东　翼	Eastern Region	47221	1957	92412	2410253	2229849	1880	4193095
西　翼	Western Region	324795	1405	456436	4113956	3869766	1392	5384821
山　区	Mountainous Region	590973	1112	657177	5057994	4005237	1400	5607996

11-23 造林面积及主要林产品产量

Area of Afforestation and Output of Major Forest Products

项　　目	Item	1995	2000	2005	2008	2009
当年荒山造林面积(万亩)	Total Afforested Area in Barren Mountains in Current Year (10000 mu)	31.02	25.76	27.50	14.08	29.93
人工造林	Afforestation by Manpower	31.02	25.76	27.50	12.56	24.07
年末实有育苗面积(万亩)	Actual Area of Seedlings Raising at the Year-end (10000 mu)	3.51	3.12	2.95	4.08	6.41
当年幼林抚育实际面积	Area of Young Forest Tending in Current Year (10000 mu)	584.33	333.37	219.69	332.68	305.26
当年迹地更新面积(万亩)	Area of Reforestation in Current Year (10000 mu)	129.86	159.44	143.84	109.95	83.90
主要林产品产量	Output of Major Forest Products					
油桐籽 (吨)	Tung-oil Seeds (ton)	3536	3817	5193	5670	6254
油茶籽 (吨)	Tea-oil Seeds (ton)	24997	26268	30470	30365	55144
棕片 (吨)	Palm Pieces (ton)	606	663	1640	1449	2217
松脂 (万吨)	Rosin (10000 tons)	11.46	11.31	15.46	12.54	16.85
竹笋干 (吨)	Dried Bamboo Shoots (ton)	9004	14132	17825	24698	28849
板栗 (吨)	Chinese Chestnuts (ton)	3577	5440	8637	10201	11429
松香类产品 (万吨)	Rosin Products (10000 tons)	11.11	9.61	7.38	8.10	10.89

11-24 水产养殖面积和水产品产量

Area of Cultivation and Output of Aquatic Products

指　　标	Item	1995	2000	2005	2008	2009
水产品产量(万吨)	**Output of Aquatic Products(10000 tons)**	**354.34**	**593.19**	**695.23**	**680.41**	**702.81**
海水产品	Seawater Aquatic Products	197.21	360.45	397.95	376.81	387.36
捕捞	Catches	161.42	191.48	172.05	153.83	152.75
养殖	Artificially Cultured	35.79	168.97	225.90	222.98	234.61
淡水产品	Freshwater Aquatic Products	157.13	232.74	297.28	303.60	315.45
捕捞	Catches	7.36	13.52	13.03	12.49	12.65
养殖	Artificially Cultured	149.77	219.22	284.25	291.11	302.80
养殖面积 (万亩)	**Area of Cultivation (10000 mu)**	**668.73**	**846.76**	**906.97**	**816.47**	**843.24**
海水养殖	Seawater	174.23	292.33	336.60	284.57	292.15
淡水养殖	Freshwater	494.50	554.43	570.37	531.90	551.09

注：1998年起水产品产量按新标准计算。

Note: Since 1998, the outputs of aquatic products have been calculated in accordance with new criteria.

11-25 牲畜头数及肉类产量

Number of Livestock and Output of Meat

项　目	Item	1995	2000	2005	2008	2009
牛年末存栏头数（万头）	**Number of Cattle and Buffaloes(at the year-end) (10000 heads)**	**471.53**	**420.64**	**372.25**	**230.49**	**233.14**
役用牛	Farming Cattle	336.89	295.20	262.76	122.18	122.87
肉用牛	Beef Cattle				102.93	104.68
奶牛	Milch Cows	2.56	3.72	4.83	5.39	5.59
牛奶产量（万吨）	**Output of Milk (10000 tons)**	**5.49**	**9.19**	**11.64**	**12.96**	**14.03**
山羊年末存栏只数(万只)	**Number of Goats on Hand at the Year-end (10000 heads)**	**27.30**	**29.33**	**39.20**	**36.29**	**37.16**
生猪年末存栏头数(万头)	**Number of Hogs at the Year-end (10000 heads)**	**2183.95**	**2034.79**	**2143.50**	**2380.38**	**2392.28**
#能繁殖母猪（万头）	Number of Female Hogs with Fertility (10000 heads)	137.25	143.75	162.77	265.48	267.10
肉猪出栏头数（万头）	**Number of Slaughtered Fattened Hogs (10000 heads)**	**2395.21**	**2954.98**	**3616.74**	**3467.78**	**3600.95**
家禽年末存栏（亿只）	**Poultry at year-end (100 million heads)**		**3.89**	**3.48**	**3.62**	**3.75**
出售和自宰的家禽(亿只)	**Poultry sold or slaughtered (100 million heads)**	**7.76**	**9.29**	**10.10**	**10.89**	**11.36**
禽蛋产量（万吨）	**Poultry Eggs (10 000 tons)**	**31.11**	**33.08**	**33.19**	**32.35**	**33.90**
肉类产量（万吨）	**Output of Meat (10000 tons)**	**305.06**	**324.48**	**384.31**	**411.96**	**426.99**
#猪肉	Pork	188.75	206.85	256.28	253.96	262.09
牛肉	Beef	5.68	5.17	7.21	5.76	6.06
羊肉	Mutton	0.44	0.43	0.71	0.80	0.88
禽肉	Meat of Poultry	109.94	111.50	113.66	146.24	152.53
兔肉	Rabbit Meat	0.25	0.53	0.64	0.60	0.63

注：表中1995年的数据按原来口径计算。

Note: Data of 1995 are calculated in accordance with the original criteria.

11-26 各市造林面积、水产品产量、牲畜头数及猪肉产量（2009年）

Area of Afforestation, Output of Aquatic Products, Number of Livestock and Output of Pork by City (2009)

市 别	City	造林总面积（万亩） Area of Afforestation (10000 mu)	水产品产量（万吨） Output of Aquatic Products (10000 tons)	#淡水养殖 Freshwater	牛年末存栏头数（万头） Number of Cattles and Buffalos at the Year-end (10000 heads)	生猪年末存栏头数（万头） Number of Hogs at the Year-end (10000 heads)	肉猪出栏头数（万头） Number of Slaughtered Fattened Hogs (10000 heads)	猪肉产量（万吨） Output of Pork (10000 tons)
广 州	Guangzhou	1.67	43.70	30.81	4.53	137.12	225.24	16.69
深 圳	Shenzhen	1.34	4.70	0.12	0.50	11.21	29.83	2.03
珠 海	Zhuhai	0.57	19.09	15.48	0.42	32.70	40.49	2.92
汕 头	Shantou	3.15	38.62	6.31	0.79	46.65	83.13	6.00
佛 山	Foshan	2.85	54.91	54.21	1.47	113.16	198.14	14.00
韶 关	Shaoguan	9.11	6.58	6.28	13.59	109.12	152.28	11.02
河 源	Heyuan	10.74	3.70	3.52	12.68	80.69	94.47	6.88
梅 州	Meizhou	13.18	8.61	7.81	14.66	173.70	245.29	17.95
惠 州	Huizhou	3.60	14.06	6.61	11.76	135.82	196.24	14.19
汕 尾	Shanwei	6.54	54.98	3.70	10.07	44.63	76.87	5.56
东 莞	Dongguan		7.33	5.32	0.02	18.39	28.08	1.91
中 山	Zhongshan	0.54	32.98	30.64	0.05	28.95	54.61	3.82
江 门	Jiangmen	20.46	65.39	31.06	6.27	151.84	244.44	17.77
阳 江	Yangjiang	9.09	88.66	8.32	13.47	143.25	181.97	13.35
湛 江	Zhanjiang	7.13	100.67	11.56	55.29	204.70	311.15	23.01
茂 名	Maoming	12.12	76.87	21.11	35.37	337.09	550.52	41.00
肇 庆	Zhaoqing	22.62	31.84	31.35	22.29	251.63	391.28	28.17
清 远	Qingyuan	10.59	9.08	8.89	14.07	145.75	179.07	12.75
潮 州	Chaozhou	5.00	17.73	4.34	1.79	35.63	46.55	3.40
揭 阳	Jieyang	11.97	14.23	6.42	5.60	103.95	142.60	10.47
云 浮	Yunfu	6.50	9.07	8.95	8.26	86.29	128.69	9.21
按经济区域分	By Region							
珠 三 角	Pearl River Delta	53.64	274.01	205.59	47.32	880.82	1408.35	101.49
东 翼	Eastern Region	26.66	125.56	20.76	18.26	230.86	349.15	25.42
西 翼	Western Region	28.34	266.19	40.98	104.13	685.05	1043.64	77.36
山 区	Mountainous Region	50.12	37.04	35.46	63.26	595.55	799.81	57.82

注：造林总面积包括荒山造林,迹地更新和低产林改造三项指标。
Note: Data of afforested area include data of afforestation of barren hills, slash renewal and low-yield transformation.

11-27 茶叶、桑、水果面积及产量

Planted Area and Output of Tea, Mulberry and Fruits

指　　标	Item	1995	2000	2005	2008	2009
茶叶年末实有面积 (万亩)	Planted Area of Tea at the Year-end (10000 mu)	68.74	64.80	54.05	55.21	56.36
茶叶总产量 (万吨)	Output of Tea (10000 tons)	3.96	4.21	4.45	4.84	5.14
桑地年末实有面积 (万亩)	Planted Area of Mulberries at the Year-end (10000 mu)	37.76	26.89	43.64	49.30	47.98
蚕茧总产量 (万吨)	Output of Mulberries (10000 tons)	3.32	3.09	6.52	8.43	8.61
水果年末实有面积 (万亩)	Planted Area of Fruits at the Year-end (10000 mu)	1103.46	1502.35	1495.37	1578.59	1621.95
水果总产量 (万吨)	Gross Output of Fruits (10000 tons)	414.51	643.52	831.69	983.49	1061.89
#柑桔橙年末实有面积 (万亩)	Planted Area of Citruses at the Year-end (10000 mu)	169.84	123.34	249.03	326.57	365.89
柑桔橙总产量 (万吨)	Output of Citruses (10000 tons)	107.43	81.06	143.02	231.30	268.12
香(大)蕉年末实有面积(万亩)	Planted Area of Bananas at the Year-end (10000 mu)	131.41	151.51	192.59	192.97	191.08
香(大)蕉总产量 (万吨)	Output of Bananas (10000 tons)	157.60	235.30	330.23	348.14	357.88
菠萝年末实有面积 (万亩)	Planted Area of Pineapples at the Year-end (10000 mu)	38.60	44.58	40.70	38.52	40.55
菠萝总产量 (万吨)	Output of Pineapples (10000 tons)	26.30	47.53	52.10	55.59	63.62
荔枝年末实有面积 (万亩)	Planted Area of Lychees at the Year-end (10000 mu)	294.17	474.83	417.21	413.73	413.25
荔枝总产量 (万吨)	Output of Lychees (10000 tons)	26.91	64.75	86.21	91.72	94.56
龙眼年末实有面积 (万亩)	Planted Area of Longans at the Year-end(10000 mu)	113.50	236.31	186.63	193.44	191.29
龙眼总产量 (万吨)	Output of Longans (10000 tons)	7.60	34.68	46.40	57.48	57.13

11-28 各市水果面积及产量（2009年）

Planted Area and Output of Fruits by City (2009)

单位：万亩、万吨 (10000 mu，10000 tons)

市别	City	水果合计 Fruits		#柑桔橙 Citrus		#香(大)蕉 Banana	
		年末面积 Year-end Area	总产量 Total Output	年末面积 Year-end Area	总产量 Total Output	年末面积 Year-end Area	总产量 Total Output
广州	Guangzhou	98.99	42.29	3.41	2.44	10.50	21.31
深圳	Shenzhen	5.55	0.39	0.05	0.01	0.02	0.01
珠海	Zhuhai	13.17	11.76	0.28	0.24	6.68	10.36
汕头	Shantou	21.13	15.40	1.28	1.86	3.37	6.32
佛山	Foshan	5.33	5.76	0.39	0.27	2.54	4.70
韶关	Shaoguan	41.05	29.17	19.09	13.55	0.46	0.28
河源	Heyuan	49.55	23.05	12.01	6.65	1.12	0.75
梅州	Meizhou	108.22	93.16	12.85	13.20	5.93	6.27
惠州	Huizhou	84.92	51.82	36.73	29.24	5.70	7.27
汕尾	Shanwei	52.38	19.02	1.76	2.21	3.79	2.83
东莞	Dongguan	17.73	9.15			5.28	7.53
中山	Zhongshan	11.11	19.20	0.46	0.94	6.81	14.69
江门	Jiangmen	32.38	20.99	3.98	4.94	7.68	10.82
阳江	Yangjiang	118.55	48.70	33.55	26.34	4.75	5.29
湛江	Zhanjiang	128.04	188.13	1.89	1.65	45.96	106.63
茂名	Maoming	353.59	222.61	2.70	2.13	60.66	126.90
肇庆	Zhaoqing	121.26	95.69	99.52	74.52	5.97	10.13
清远	Qingyuan	90.30	46.92	63.93	35.64	0.93	1.08
潮州	Chaozhou	25.71	13.59	2.12	2.46	1.03	1.59
揭阳	Jieyang	125.94	47.57	6.22	8.76	6.68	8.95
云浮	Yunfu	117.02	57.50	63.67	41.07	5.24	4.18
按经济区域分	By Region						
珠三角	Pearl River Delta	390.46	257.06	144.83	112.61	51.17	86.81
东翼	Eastern Region	225.17	95.58	11.37	15.29	14.87	19.70
西翼	Western Region	600.18	459.44	38.14	30.11	111.37	238.82
山区	Mountainous Region	406.14	249.81	171.56	110.11	13.67	12.55

11-28 续表 continued

单位：万亩、万吨 (10000 mu，10000 tons)

市别	City	#菠萝 Pineapple 年末面积 Year-end Area	总产量 Total Output	#荔枝 Lychee 年末面积 Year-end Area	总产量 Total Output	#龙眼 Longan 年末面积 Year-end Area	总产量 Total Output
广州	Guangzhou	0.21	0.10	48.75	5.43	12.40	2.99
深圳	Shenzhen	0.01	0.00	4.43	0.23	0.96	0.11
珠海	Zhuhai	0.00	0.00	4.64	0.39	0.71	0.10
汕头	Shantou	0.11	0.08	4.06	0.49	0.47	0.27
佛山	Foshan	0.10	0.13	0.58	0.20	1.09	0.22
韶关	Shaoguan			0.00	0.01	0.36	0.10
河源	Heyuan	0.06	0.02	4.09	0.76	2.88	0.64
梅州	Meizhou	0.18	0.12	5.61	1.93	5.44	2.12
惠州	Huizhou	0.58	0.40	25.61	7.37	10.60	3.72
汕尾	Shanwei	1.99	1.00	24.75	6.06	3.61	2.68
东莞	Dongguan			10.34	1.02	1.55	0.19
中山	Zhongshan	0.27	0.18	1.23	0.67	0.75	0.32
江门	Jiangmen	0.09	0.09	10.62	2.10	6.79	1.37
阳江	Yangjiang	0.33	0.14	47.05	8.16	22.43	5.79
湛江	Zhanjiang	28.47	55.75	24.89	7.93	12.69	3.71
茂名	Maoming	0.32	0.29	142.54	38.90	78.25	23.74
肇庆	Zhaoqing	0.60	0.45	2.67	2.11	3.07	1.55
清远	Qingyuan	0.01	0.00	2.47	0.56	2.43	0.87
潮州	Chaozhou	1.63	0.96	4.64	1.07	4.97	2.07
揭阳	Jieyang	5.22	3.72	26.46	6.01	10.23	2.53
云浮	Yunfu	0.36	0.18	17.79	3.14	9.62	2.05
按经济区域分	By Region						
珠三角	Pearl River Delta	1.87	1.35	108.87	19.53	37.92	10.56
东翼	Eastern Region	8.95	5.76	59.92	13.64	19.28	7.55
西翼	Western Region	29.12	56.18	214.49	54.99	113.37	33.24
山区	Mountainous Region	0.61	0.32	29.97	6.39	20.73	5.78

11-29 主要农副产品产量与最高年份比较（2009年）

Output of Major Farm and Sideline Products in Comparison with Peak Year (2009)

指　标	Item	2009	建国以来最高年 Peak Year since 1949 年份 Year	产量 Output	2009为建国以来最高年份% Percentage of 2009 to Peak Year
粮食总产量　（万吨）	**Total Output of Grain (10000 tons)**	**1314.50**	**1997**	**1966.75**	**66.8**
#稻谷	Output of Rice	1058.10	1998	1688.53	62.7
早稻	Early Rice	519.40	1983	862.25	60.2
晚稻	Late Rice	538.70	1998	866.51	62.2
薯类	Tubers	162.43	1998	238.28	68.2
经济作物　（万吨）	**Economic Crops (10000 tons)**				
甘蔗	Sugarcane and Fruit Canes	1253.51	1992	2376.62	52.7
#糖蔗	Sugarcane	1116.11	1992	2271.06	49.1
油料作物	Oil-bearing Crops	84.64	2003	81.93	103.3
#花生	Peanuts	83.63	2003	80.73	103.6
烟叶	Tobacco	5.36	1992	8.62	62.2
其他作物	**Other Crops**				
#蔬菜　（万吨）	Vegetables (10000 tons)	2567.17	2005	2596.02	98.9
水果　（万吨）	**Fruits (10000 tons)**	**1061.89**	**2008**	**983.49**	**108.0**
水产品　（万吨）	**Aquatic Products (10000 tons)**	**702.81**	**2005**	**695.23**	**101.1**
生猪年末存栏量（万头）	**Number of Hogs at the Year-end (10000 heads)**	**2392.28**	**2008**	**2380.38**	**100.5**
生猪出栏头数　（万头）	**Number of Slaughtered Fattened Hogs (10000 heads)**	**3600.95**	**2005**	**3616.74**	**99.6**
猪肉产量　（万吨）	**Output of Pork (10000 tons)**	**262.09**	**2005**	**256.28**	**102.3**
家禽存栏　（亿只）	**Poultry at year-end (100 million heads)**	**3.75**	**2008**	**3.62**	**103.5**
家禽出栏　（亿只）	**Poultry slaughtered and Fattened(100 million heads)**	**11.36**	**2008**	**10.89**	**104.3**
禽肉产量　（万吨）	**Output of Poultry Meat (10 000 tons)**	**152.53**	**2008**	**146.24**	**104.3**

注：1. 1998年起水产品产量按新标准计算。
2. 1998年起主要农产品产量采用抽样调查数，其他年份均为全面统计数。
3. 2004年起粮食产量含大豆。

Notes: a) The outputs of aquatic products since 1998 have been calculated in accordance with new criteria.
b) Since 1998, the outputs of major agricultural products have been obtained from the sample surveys, while those of other years were obtained from complete enumeration.
c) Since 2004, the output of grain has included that of soybeans.

11-30 乡镇企业基本情况（2009年）

Basic Conditions on Township Enterprises (2009)

项　目	Item	企业个数（个）Number of Enterprises (unit)	从业人员年末人数（万人）Number of Employed Persons at the Year-end (10000 persons)	营业收入（亿元）Business Income (100 million yuan)	利润总额（亿元）Total Profits (100 million yuan)	上交税金（亿元）Taxes Paied (100 million yuan)
总　计	**Total**	**395142**	**1006.77**	**21250.32**	**1015.16**	**572.66**
按登记注册类型分	Grouped by Status of Registration					
内资企业小计	Domestic-funded Enterprises	372257	638.47	12863.49	650.14	348.94
集体企业	Collective-owned Enterprises	14850	60.75	843.22	59.30	26.13
股份合作企业	Share-holding Cooperative Enterprises	3035	6.63	82.32	5.52	2.47
联营企业	Joint-operation Enterprises	2763	3.65	48.28	3.79	1.55
有限责任公司	Limited Liability Corporations	30185	137.33	3968.52	172.13	103.52
股份有限公司	Share-holding Corporation Ltd.	4360	17.45	583.31	38.93	21.45
私营企业	Private Enterprises	317064	412.66	7337.83	370.47	193.81
港、澳、台商投资企业	Enterprises with Investment from Hong Kong, Macao and Taiwan	17950	295.18	6091.79	267.83	166.10
外商投资企业	Enterprises with Foreign Investment	4935	73.12	2295.04	97.19	57.62
按国民经济行业分	Grouped by Sector					
农、林、牧、渔业	Farming, Forestry, Animal Husbandry and Fishery	5913	9.78	130.01	19.34	2.17
工业	Industry	171273	821.78	18604.25	822.18	479.57
#采矿业	Mining	4493	12.12	448.23	35.07	11.00
#制造业	Manufacture	160239	800.67	17823.18	742.41	449.14
#电力、燃气及水的生产和供应业	Production and Supply of Electricity, Gas and Water	6541	8.99	332.84	44.70	19.43
建筑业	Construction	12688	30.92	444.43	28.79	15.42
#资质等级企业	Enterprises under Qualification Criteria	674	5.73	131.91	7.53	5.32
交通运输仓储业	Transportion and Storage	22936	13.50	225.72	14.30	6.10
批发零售业	Wholesale and Retail Trades	103387	53.40	969.93	54.81	30.98
住宿及餐饮业	Hotels and Catering Services	33838	38.89	385.67	29.10	15.48
#餐饮业	Catering Services	18826	21.39	207.78	14.52	7.74
社会服务业	Social Services	19738	19.25	178.51	22.38	8.88
其他	Others	25369	19.25	311.79	24.25	14.06

11-31 各市乡镇企业基本情况（2009年）
Basic Conditions of Township Enterprises by City (2009)

市 别	City	企业单位数（个）Number of Enterprises (unit)	企业人数（万人）Number of Employed Persons (10000 persons)	现价总产值（亿元）Gross Output Value at Current Prices (100 million yuan)	利润总额（亿元）Total Profits (100 million yuan)	上交税金（亿元）Taxes Paid (100 million yuan)
广 州	Guangzhou	22077	96.28	2002.15	80.21	50.29
深 圳	Shenzhen					
珠 海	Zhuhai	8585	29.74	1387.96	56.43	25.50
汕 头	Shantou	14764	57.08	1552.34	74.23	32.62
佛 山	Foshan					
韶 关	Shaoguan	12528	7.72	47.45	6.36	1.56
河 源	Heyuan	5445	14.64	212.48	18.67	8.01
梅 州	Meizhou	5455	16.82	249.51	17.79	12.73
惠 州	Huizhou	13319	61.20	916.40	65.60	15.88
汕 尾	Shanwei	2457	20.20	231.01	10.67	3.38
东 莞	Dongguan	55603	264.14	4458.22	183.40	129.50
中 山	Zhongshan	23251	111.96	3253.91	145.43	107.66
江 门	Jiangmen	55157	86.03	2546.36	84.25	72.21
阳 江	Yangjiang	11339	17.92	291.12	14.00	8.58
湛 江	Zhanjiang	9010	22.83	554.13	32.94	11.78
茂 名	Maoming	53169	51.75	747.51	56.03	11.57
肇 庆	Zhaoqing	21721	36.18	734.99	36.54	26.53
清 远	Qingyuan	22940	28.10	970.26	55.03	15.24
潮 州	Chaozhou	14319	31.60	589.36	33.50	19.52
揭 阳	Jieyang	11785	31.24	1101.12	28.04	12.23
云 浮	Yunfu	32218	21.33	301.64	16.04	7.86
按经济区域分	By Region					
珠 三 角	Pearl River Delta	199713	685.53	15299.98	651.85	427.59
东 翼	Eastern Region	43325	140.12	3473.82	146.44	67.75
西 翼	Western Region	73518	92.50	1592.76	102.97	31.93
山 区	Mountainous Region	78586	88.62	1781.34	113.89	45.40

主要统计指标解释

农林牧渔业增加值 是指农、林、牧、渔及农林牧渔服务业在一定时期内生产货物或提供服务活动而增加的价值。它反映了农业生产经营活动的最终成果和对社会的贡献。

农业增加值的计算方法有两种：(1)生产法，是从生产角度进行计算的一种方法。即用农业总产出减去农业中间消耗求得。由于农户没有健全的核算记录，故农业增加值一般是采用生产法计算的。(2)分配法，是从分配角度进行计算的一种方法。是通过农业生产单位在生产经营和劳务活动过程中形成的不含中间消耗的各种收入来计算。具体包括农业劳动者收入、福利基金、利税、固定资产折旧及大修理和其他。

农林牧渔业总产值 是以货币表现的农林牧渔业的全部产品总量和对农林牧渔业生产活动进行的各种支持性服务活动的价值。它反映一定时期内农林牧渔业生产总规模和总成果，是观察农林牧渔业生产水平和发展速度，研究农林牧渔业内部比例关系、农林牧渔业与工业、农林牧渔业与国家建设、人民生活比例关系的重要指标，同时也是计算农林牧渔业劳动生产率和农林牧渔业增加值的基础资料。

农林牧渔业总产值的计算，一般采用“产品法”，即凡有产品产量的，都按单位产品价格乘产量的办法求得每种产品产量的产值，然后相加求得各业的产值，最后各业相加求出农林牧渔业总产值。

农作物播种面积 是指一定生产季节结束时实际播种或移植有农作物的面积。播种面积的大小，反映农作物的生产规模和耕地的利用程度。正确地核算播种面积，对于组织农业生产活动，计算农作物产量，研究农作物的种植结构和分布情况以及制定各项增产技术措施，都是非常必要的。

播种面积的统计年度，凡是能在本日历年度内（自 1 月 1 日至 12 月 31 日）收获的农作物（包括上年秋冬播和本年春播、夏播以及南方地区的晚秋播而在本年收获的全部作物）播种面积，都包括在内。

农作物总产量 是指在一定时期内（通常是一年）生产的各种农作物产品总产量。它是衡量农业生产成果，统筹安排城乡人民生活，研究生产、积累和消费比例关系及编制国民经济计划的基本数据。不论是种植在耕地上或非耕地上的农作物产量，都包括在内。有的农作物收割期较长，虽在当年冬季就开始收割，但需跨年延到来年春季才能收完的，仍计算为本年农作物总产量。

农作物总产量是指全社会的产量，包括国有农场等国有经济单位的产量、集体统一经营的和农户承包地的产量，还包括农民自留地、工矿企业职工农属办的农场和其他单位生产的农作物产量。

农作物总产量是统计晒干入库的产量。有些地区，粮食脱粒、晒干、入库比较迟，是按照折干比例折成晒干的粮食产量进行统计的。

农业机械总动力 是指主要用于农、林、牧、渔业的各种动力机械的动力总和。包括耕作机械、排灌机械、收获机械、农产品加工机械、运输机械、植保机械、牧业机械、林业机械、渔业机械和其他农业机械。内燃机按引擎马力计算，电动机功率折成马力计入。

Explanatory Notes on Main Statistical Indicators

Value-added of Farming, Forestry, Animal Husbandry and Fishery refers to the value-added of goods produced or services provided by farming, forestry, animal husbandry, fishery in a given period of time. It shows the final results of the activities of production and management of agriculture and its contributions to the society.

The value-added of agriculture is calculated with two approaches:

(1) Production approach is a method from the production angle, i.e. total output of agriculture minus intermediate consumption of agriculture. The value-added of agriculture is usually calculated with the production approach as no complete accounting records of the rural households are available;

(2) Distribution approach is a method from the distribution angle, i.e. various incomes from the activities of production and management of the productive units of agriculture without intermediate consumption, including incomes of the rural laborers, welfare funds, profit and tax, depreciation of fixed assets and major overhaul and others.

Gross Output Value of Agriculture refers to the total volume of products of farming, forestry, animal husbandry, and fishery and the value of various services supporting the production of farming, forestry, animal husbandry and fishery in monetary terms, which reflects the total scale and total results of farming, forestry, animal husbandry and fishery production during a given period of time. It is an important indicator to observe the production level and development speed of farming, forestry, animal husbandry and fishery, to study the internal structure of farming, forestry, animal husbandry and fishery, and to review the proportionate relationship of farming, forestry, animal husbandry and fishery to industry, to national construction and to people’s life. It is also the foundation for calculating the labor productivity and value-added of farming, forestry, animal husbandry and fishery.

Generally, the gross output value of farming, forestry, animal husbandry and fishery is calculated with the production approach. Where applicable, the gross output value of each single product is obtained by multiplying the output of each product by its price. These values are then summed up to obtain the output value of each sector. The sum of output values of all sectors is the gross output value of farming, forestry, animal husbandry and fishery.

Area of Regularly Cultivated Land refers to farmland among the total land resources which is exclusively used for farming and is under regular cultivation with harvest in normal years. Included are currently cultivated land, land that has been abandoned or put in idle for less than 3 years and is available for recultivation at any time, newly-claimed land that has been put into cultivation for more than 3 years, and ditches, trenches, roads, and ridges with a width of less than 1 meter. Excluded under this category are steep slope land over 25 degrees under temporary cultivation, stretches or scattered plots temporarily claimed along river bends, lake sides or banks of reservoirs, as well as land that has been designated under the "Green for Grain" programmes of the state and provincial governments but is still temporarily under cultivation. Regularly cultivated land is classified into basic farmland and odd pieces of land used for cultivation.

Sown Area of Crops refers to area of land sown or transplanted with crops at the end of a production season, which reflects the scale of crops and the use of cultivated area. It is imperative to calculate the sown area correctly in order to organize the production activities of agriculture, calculate the yield of crops, study the composition and distribution of crops and work out technical measures to increase production.

Sown area within a statistical year refers to area of sown land with a harvest of crops within the calender year (from Jan.1 to Dec.31), including all area sown in the autumn and winter of the preceding year, in the spring and summer of the current year, and in the late autumn in southern regions, provided that it is harvested within the current year.

Total Output of Crops refers to the total output of farm crops of various kinds during a given period of time (usually a year). It is the basic figure to examine the production results of agriculture, make overall arrangements in the life of urban and rural households, study the proportionate relationships between production, accumulation and consumption and work out a plan of national economy. It covers the output of crops in both cultivated and uncultivated area. Crops with an extensive reaping period beginning in the winter of the current year are included in the total output of crops of the current year, even if harvest is extended until the spring of the following year.

The total output of crops refers to the total output of the whole society, including the output from state-owned units (e.g. state-owned farms), collective-owned units and contracted land of rural households as well as plots for family use, farms owned by rural family members of staff and workers of industrial and mining enterprises and others.

The total output of crops is the output of dry crops in storage. In areas with delayed threshing, drying and storing, it is converted from the output of undried crops according to certain rates.

Total Power of Farm Machinery refers to total mechanical power of machinery used in farming, forestry, animal husbandry, and fishery, including ploughing, irrigation and drainage, harvesting, processing, transport, plant protection, stock breeding, forestry and fishery. The power of internal combustion engines is calculated in horsepower, whereas the power of electric motors is converted into horsepower.

十二、工业

INDUSTRY

十二 工业

简要说明

一、本篇主要包括如下资料：

1. 全省及各地市全部工业和规模以上工业生产主要指标总量及速度。

2. 规模以上工业主要产品产量。

3. 全省及各地市规模以上工业主要经济效益指标。

4. 规模以上工业企业按主要经济类型和企业规模分组的主要财务指标。

5. 规模以上工业中九大产业、高技术制造业主要经济指标。

6. 全省工业总产值、主营业务收入、固定资产净值 50 强企业排行版。

二、本篇资料由广东省统计局工业交通处整理提供。

三、本篇工业资料是根据国家统计局工业统计报表制度，经各市、县统计局收集、汇总整理的，其中 1995 年度资料通过第三次全国工业普查取得，2004 年数据根据 2004 年广东省第一次全国经济普查取得，2008 年数据根据 2008 年广东省第二次全国经济普查取得。

四、规模以上工业企业的统计范围。指年主营业务收入 500 万元以上的法人工业企业，2006 年及以前年份为全部国有工业企业及年主营业务收入 500 万元以上的非国有工业企业，2007 年以后年主营业务收入低于 500 万元的国有企业不包含在内。

五、从 2003 年起，工业行业分类按 2002 年《国民经济行业分类标准》划分；企业大中小型划分按 2003 年《统计上大中小型企业划分办法（暂行）》标准执行。

六、本篇规模以上工业增加值按生产法计算。2008、2009 年生产法工业增加值, 由成本费用调查表所计算的中类行业工业增加值率推算, 全省工业增加值按全省中类行业工业增加值率推算, 各市按各市中类行业工业增加值率推算。生产法工业增加值与核算核定的工业增加值略有差异，在使用数据时请注意。

12 Industry

Brief Introduction

Ⅰ. This chapter covers the following data:

（1）Principal aggregate indicators and growth rates of industrial production of total industry and industry above designated size of the province and cities,

（2）Output of major products of industry above designated size,

（3）Main indicators on economic benefits of industry above designated size of the province and cities,

（4）Main financial indicators on industry above designated size grouped by sector and scale,

（5）Main economic indicators on nine pillar industries and hi-tech manufacturing industries above designated size,

（6）Top 50 Industrial Enterprises of the Province in terms of gross industrial output value, principal business revenue, and net value of fixed assets.

Ⅱ. The data in this chapter are prepared and provided by the Division of Industry and Transport Statistics of Statistics Bureau of Guangdong Province.

Ⅲ. The data in this chapter are collected, tabulated and prepared by the municipal and county statistical bureaus mainly in accordance with the industrial statistical reporting scheme stipulated by the National Bureau of Statistics, of which the annual data of 1995 were collected in the Third National Industrial Census and the data of 2004 were collected in the First National Economic Census of Guangdong. The data of 2008 were collected in the

Second National Economic Census of Guangdong. Since the data of the Second National Economic Census of Guangdong has not yet been verified by the National Bureau of Statistics, some data in the Yearbook may be slightly different from the final data.

Ⅳ. Industrial enterprises above designated size refers to legal person industrial enterprises with annual principal business revenue of over 5 million yuan. In 2006 and prior to it, it referred to all state-owned industrial enterprises and non-state-owned industrial enterprises with annual principal business revenue of over 5 million yuan. In 2007 and since then, it does not include state-owned industrial enterprises with principal business revenue less than 5 million yuan.

Ⅴ. Industrial sectors since 2003 in this chapter has been categorized in accordance with the 2002 Industrial Classification of the National Economy and the sizes of industrial enterprises have been categorized in accordance with the 2003 Interim Regulations on Statistical Categorization of Large, Medium and Small Industrial Enterprises.

VI. The value-added of industrial enterprises above designated size in this chapter is calculated by production approach. The value-added of industry by the production approach in 2008 and 2009 is reckoned according to the value-added of the average industry calculated in the Cost Survey Table. The provincial value-added of industry is reckoned according to the provincial value-added of the average industry. The municipal value-added of industry is reckoned according to the municipal value-added of the average industry. There is some difference between the industrial value-added by production approach and that by reckoning. Please take that into account when using the data.

12-1 工业主要指标

Main Indicators of Industry

指 标	Item	2000	2005	2008	2009	2009比2008增长(%) Growth Rate in 2009 over 2008 (%)
全部工业	**All Industrial Enterprises**					
企业单位数 (个)	Number of Enterprises (unit)	380231	445657	585511	528691	-9.7
工业总产值 (亿元)	Gross Industrial Output Value (100 million yuan)	16904.47	41661.74	74414.56	75886.62	6.4
工业增加值 (亿元)	Value-added of Industry (100 million yuan)	4463.06	10482.03	17254.04	18091.56	8.8
规模以上工业	**Industrial Enterprises above Designated Size**					
企业单位数 (个)	Number of Enterprises (unit)	19695	35157	52603	52217	-0.7
工业总产值 (亿元)	Gross Industrial Output Value (100 million yuan)	12480.93	35942.74	65424.61	68275.77	9.0
工业增加值 (亿元)	Value-added of Industry (100 million yuan)	3422.60	9416.39	17612.94	18235.21	8.9
主营业务收入 (亿元)	Main Business Revenue (100 million yuan)	12380.65	34781.58	63371.65	66117.81	4.3
资产总计 (亿元)	Total Assets (100 million yuan)	14370.57	27076.08	45750.15	50321.88	10.0
流动资产平均余额(亿元)	Average Balance of Circulating Funds (100 million yuan)	6626.81	14411.12	23719.59		
固定资产净值平均余额 (亿元)	Average Balance of Net Value of Fixed Assets (100 million yuan)	5420.33	8834.68	14527.73		
负债总计 (亿元)	Total Liabilities (100 million yuan)	8272.36	15661.24	26278.20	29204.15	11.1
所有者权益合计 (亿元)	Total Creditors' Equity (100 million yuan)	6098.21	11414.84	19471.95	21031.51	8.0
利润总额 (亿元)	Total Profits (100 million yuan)	564.75	1693.99	3272.60	4204.40	28.5
亏损企业亏损额 (亿元)	Loss Value of Loss-making Enterprises (100 million yuan)	156.03	222.16	496.39	310.68	-37.4
利税总额 (亿元)	Total Pre-tax Profits (100 million yuan)	1042.77	2877.81	6136.69	6793.59	10.7
应交增值税 (亿元)	Value-added Tax Payable (100 million yuan)	360.83	956.53	2194.53	1736.19	-20.9
从业人员平均人数(万人)	Average Employed Persons (10000 persons)	572.79	1085.65	1493.38	1436.02	-3.8
九大产业工业总产值	**Gross Industrial Output Value of Nine Major Industries**	**8925.04**	**25921.83**	**45693.07**	**47589.15**	**8.4**
三大新兴产业 (亿元)	Three Fresh Industries (100 million yuan)	5400.03	18363.02	31141.53	31447.50	5.5
电子信息业	Electronic and Information Technology	2418.42	9831.34	15373.81	15721.79	3.9
电气机械及专用设备	Electric Equipment and Special-purpose Machinery	1626.08	5256.75	9647.89	9742.40	5.2
石油及化学	Petroleum and Chemistry	1355.53	3274.93	6119.83	5983.31	10.3
三大传统产业 (亿元)	Three Traditional Industries (100 million yuan)	2643.70	5072.51	9416.86	10318.57	13.9
纺织服装	Textile and Garments	1226.64	2150.39	3626.41	4002.93	14.9
食品饮料	Food and Beverage	799.11	1635.73	2985.72	3306.54	12.7
建筑材料	Building Materials	617.95	1286.39	2804.73	3009.10	13.8
三大潜力产业 (亿元)	Three Potential Industries (100 million yuan)	881.31	2486.30	5134.68	5823.07	16.3
森工造纸	Logging and Papermaking	387.69	839.86	1705.89	1640.92	5.7
医药	Medicine	183.88	286.75	498.65	618.00	25.8
汽车及摩托车	Motor Vehicles and Motorcycles	309.74	1359.69	2930.14	3564.14	20.6

注：1.产值按当年价格计算,2008年全社会工业总产值根据第二次全国经济普查资料做了调整。
2.表中增长速度按可比口径计算。
3.表中全部工业增加值及增长速度是核算的年度数据，规模以上工业增加值按照生产法计算，与全社会工业增加值不可直接比对。
4. 2009年国家统计报表制度取消流动资产平均余额和固定资产净值平均余额。

Notes: a) Data of gross output value are calculated at current prices. The gross industrial output value of 2008 has been adjusted in accordance with the senond national economic census.
b) Growth rates in this table arecalculated at comparable coverage.
c) The value-added and growth rates of all industries in this talbe are calculated figures of the year.The value-added of industry above designated size is calculated by production approach,and hence is not directly comparable with the value-added of all industries.
d)The national statistical reporting system of 2009 excludes average balance of circulating funds and average balance of net value of fixed assets

12-2 规模以上工业企业单位数和产值

Number of Industrial Enterprises above Designated Size and Their Gross Output Values

项　目	Item	2000	2005	2006	2008	2009
工业企业单位数（个）	**Total Number of Industrial Enterprises (unit)**	**19695**	**35157**	**37523**	**52603**	**52217**
按经济类型分	Grouped by Ownership					
#国有控股工业	Of the Total: State-holding Industry	3320	1806	1564	1516	1293
国有工业	State-owned Industry	2383	1033	910	631	588
集体工业	Collective-owned Industry	4158	1272	1175	1024	878
股份合作工业	Share-holding Cooperative Industry	299	331	287	252	241
股份制工业	Share-holding Industry	1875	12753	14478	23497	24130
外商投资工业	Foreign-funded Industry	1682	4416	4427	6117	5910
港澳台投资工业	Industry with Funds from Hong Kong, Macao and Taiwan	6731	11292	11594	14141	13277
按轻重工业分	Grouped by Light and Heavy Industries					
轻工业	Light Industry	12255	20201	21569	29147	29041
重工业	Heavy Industry	7440	14956	15954	23456	23176
按企业规模分	Grouped by Size of Enterprises					
大型企业	Large Enterprises	823	288	343	423	426
中型企业	Medium Enterprises	1228	4189	4991	6140	6206
小型企业	Small Enterprises	17644	30680	32189	46040	45586
工业总产值　（亿元）	**Gross Industrial Output Value (100 million yuan)**	**12480.93**	**35942.74**	**44674.75**	**65424.61**	**68275.77**
按经济类型分	Grouped by Ownership					
#国有控股工业	Of the Total: State-holding Industry	3126.12	6375.54	7253.17	11144.50	10790.11
国有工业	State-owned Industry	1450.86	2068.75	2923.76	2877.31	3654.86
集体工业	Collective-owned Industry	1202.49	468.56	528.11	565.95	635.41
股份合作工业	Share-holding Cooperative Industry	106.87	103.72	101.08	117.96	168.17
股份制工业	Share-holding Industry	1780.64	9256.47	12973.78	21385.88	23728.29
外商投资工业	Foreign-funded Industry	2527.06	11167.53	13342.46	19104.84	18758.88
港澳台投资工业	Industry with Funds from Hong Kong, Macao and Taiwan	4747.30	11708.00	13213.84	18690.88	17935.46
按轻重工业分	Grouped by Light and Heavy Industries					
轻工业	Light Industry	6607.84	14506.76	17148.09	25035.86	26685.86
重工业	Heavy Industry	5873.09	21435.97	27526.65	40388.76	41589.91
按企业规模分	Grouped by Size of Enterprises					
大型企业	Large Enterprises	4523.92	12558.39	15009.57	21437.74	20453.38
中型企业	Medium Enterprises	1427.65	11853.06	15819.36	22428.91	24301.72
小型企业	Small Enterprises	6529.37	11531.28	13845.82	21557.96	23520.66

注：1. 产值按当年价格计算。
　　2. 从2003年起，企业规模按新划分标准执行，与以往年份不可比。

Notes: a) Data of gross output value are calculated at current prices.
b) Since 2003, the size of enterprises has been calculated according to the new standards, which is not comparable with that in the preceding years.

12-3 规模以上工业企业增加值和指数

Value-added of Industrial Enterprises above Designated Size and Their Indices

项 目	Item	2000	2005	2008	2009
工业增加值 （亿元）	**Value-added of Industry (100 million yuan)**	**3422.60**	**9416.39**	**17612.94**	**18235.21**
按经济类型分	Grouped by Ownership				
#国有控股工业	Of the Total: State-holding Industry	1035.41	1690.01	3347.66	3448.36
国有工业	State-owned Industry	574.73	563.00	781.87	1095.29
集体工业	Collective-owned Industry	301.48	137.07	168.57	179.98
股份合作工业	Share-holding Cooperative Industry	29.15	27.22	32.11	47.88
股份制工业	Share-holding Industry	158.86	2443.57	5712.16	6650.44
外商投资工业	Foreign-funded Industry	575.31	2659.82	4740.92	4444.78
港澳台投资工业	Industry with Funds from Hong Kong, Macao and Taiwan	1290.47	3283.07	5450.25	4901.08
按轻重工业分	Grouped by Light and Heavy Industries				
轻工业	Light Industry	1628.13	3937.55	7208.66	7468.00
重工业	Heavy Industry	1794.47	5478.84	10404.28	10767.20
按企业规模分	Grouped by Size of Enterprises				
大型企业	Large Enterprises	610.13	2989.39	5204.28	5219.48
中型企业	Medium Enterprises	1513.26	3125.07	6376.33	6661.54
小型企业	Small Enterprises	1298.55	3301.94	6032.33	6354.18
工业增加值指数(2000年=100)	**Indices of Value-added of Industry(2000=100)**	**100.0**	**282.4**	**464.6**	**505.9**
按经济类型分	Grouped by Ownership				
#国有控股工业	Of the Total: State-holding Industry	100.0	167.5	294.0	314.6
国有工业	State-owned Industry	100.0	100.5	169.3	192.0
集体工业	Collective-owned Industry	100.0	46.7	57.1	67.8
股份合作工业	Share-holding Cooperative Industry	100.0	95.8	149.1	170.2
股份制工业	Share-holding Industry	100.0	1578.7	3136.5	3616.4
外商投资工业	Foreign-funded Industry	100.0	474.5	708.5	737.6
港澳台投资工业	Industry with Funds from Hong Kong, Macao and Taiwan	100.0	261.1	393.3	409.4
按轻重工业分	Grouped by Light and Heavy Industries				
轻工业	Light Industry	100.0	253.9	425.6	457.1
重工业	Heavy Industry	100.0	290.4	457.9	503.7
按企业规模分	Grouped by Size of Enterprises				
大型企业	Large Enterprises	100.0	502.9	763.7	850.8
中型企业	Medium Enterprises	100.0	212.0	364.5	364.2
小型企业	Small Enterprises	100.0	260.9	444.1	521.9

注：2000年大中小型按新划分标准汇总。

Note: Data of large, medium and small-sized industrial enterprises of 2000 are tabulated according to the new classification standards.

12-4 全部工业总产值和指数

Gross Industrial Output Value of All Industrial Enterprises and Theirs Indices

年份 Year	绝对数(亿元) Absolute Figures (100 million yuan)			指数(1978年=100) Indices(1978=100)	
	全部工业总产值 Gross Industrial Output Value	#国有控股工业 State-holding Industry	#国有工业 State-owned Industry	全部工业总产值 Gross Industrial Output Value	#国有工业 State-owned Industry
1978	206.56		131.83	100.0	100.0
1979	221.46		142.64	107.5	106.1
1980	248.68		146.95	117.4	109.2
1981	282.95		165.53	134.5	120.3
1982	313.76		178.78	145.7	129.5
1983	356.91		204.68	163.4	144.1
1984	433.40		240.19	196.4	164.0
1985	534.72		298.42	249.6	194.0
1986	632.89		334.59	288.3	209.7
1987	878.29		427.10	384.6	255.4
1988	1318.90		594.98	519.3	316.7
1989	1647.24		714.93	603.9	335.8
1990	1902.25		765.43	707.1	366.9
1991	2524.12		973.59	909.6	442.1
1992	3479.39		1202.46	1243.0	532.5
1993	5237.37		1445.38	1731.0	552.4
1994	7273.95		1562.24	2305.9	536.8
1995	9720.54		1709.89	2880.8	539.8
1995(新规定) (New Stipulations)	8849.90		1465.82		
1996	10530.93		1544.58	3404.9	549.8
1997	12372.69		1574.39	4040.7	590.0
1998	13799.16		1453.79	4708.5	526.3
1999	15303.33	3025.68	1427.42	5385.9	487.2
2000	16904.47	3126.12	1536.50	6376.7	472.1
2001	18909.91	3309.51	1186.24	7428.9	374.8
2002	21788.71	3369.50	1217.66	8847.8	392.4
2003	27375.56	4017.54	979.19	11281.8	379.3
2004	34443.48	6039.24	1862.55	13958.7	709.5
2005	41661.74	6375.54	2068.75	16634.5	776.4
2006	51131.94	7253.17	2923.76	20137.8	1082.3
2007	62759.92	8603.94	2791.73	24399.0	1267.4
2008	74414.31	11144.50	2877.31	27636.7	1267.0
2009	75886.62	10790.11	3654.86	29405.4	1280.4

注：1. 工业总产值按当年价计算，2008年根据经普结果进行调整，指数按可比价计算。
2. 2000年起全部工业总产值中规模以下部分为抽样调查数。

Notes: a) Gross industrial output values are calculated at current prices, whereas their indices have been adjusted in accordance with the national economic census in 2008 and are calculate$ at constant prices.

b) Since 2000, data of the industrial enterprises below designated size in the gross industrial output value have been obtained from sample surveys.

12-5 规模以上工业总产值和指数

Gross Output Value of Industrial Enterprises above Designated Size and Their Indices

单位:亿元 (100 million yuan)

年份 Year	工业总产值 Gross Industrial Output Value	轻工业 Light Industry	重工业 Heavy Industry	#大中型工业 Large and Medium-sized Industry	指数(1978年=100) Indices (1978=100)	轻工业 Light Industry	重工业 Heavy Industry	#大中型工业 Large and Medium-sized Industry
1978	180.73	102.32	78.41	49.34	100.0	100.0	100.0	100.0
1979	194.64	110.28	84.36	54.91	105.8	105.3	106.4	109.5
1980	212.69	128.17	84.52	56.33	115.8	127.7	100.7	103.1
1981	241.93	152.97	88.96	66.89	128.7	151.3	102.1	133.0
1982	263.02	164.17	98.85	75.37	139.9	164.2	111.2	148.5
1983	293.70	180.60	113.10	92.78	157.1	184.5	124.7	181.5
1984	359.87	223.29	136.58	110.63	188.1	226.1	142.8	209.9
1985	471.83	289.68	182.15	166.11	236.0	279.6	179.8	302.0
1986	550.49	344.70	205.79	210.27	269.5	327.7	194.7	379.7
1987	747.47	472.45	275.02	299.19	350.1	426.5	252.2	522.3
1988	1118.00	718.03	399.97	459.74	472.5	582.1	332.2	720.2
1989	1399.45	893.20	506.25	622.42	543.2	594.3	389.2	863.6
1990	1605.80	1057.02	548.78	734.35	637.6	795.5	435.8	1042.2
1991	2144.93	1371.46	773.47	1057.02	820.0	1009.7	622.1	1476.1
1992	2884.93	1796.12	1088.23	1408.48	1096.0	1331.0	854.4	1980.5
1993	4252.70	2515.77	1736.93	1891.29	1470.7	1751.6	1188.8	2412.8
1994	5565.48	3224.69	2340.79	2563.27	1819.1	2135.9	1507.6	2863.3
1995(原规定) (Original Stipulations)	7189.24	4148.78	3040.46	3227.59	2274.1	2581.8	1993.2	3519.7
1995(新规定) (New Stipulations)	6502.97	3776.94	2726.03	2824.61				
1996	7490.49	4344.25	3146.24	3470.81	2625.4	2989.5	2290.2	4253.6
1997	8442.32	4914.09	3528.23	3950.86	3045.3	3470.5	2652.8	5176.4
1998	9738.56	5765.51	3973.05	4169.16	3508.2	3866.1	3228.5	5927.0
1999	10538.17	6011.06	4527.11	4711.94	4016.9	4299.1	3861.3	7070.9
2000	12480.93	6607.84	5873.09	5951.56	4757.4	4737.6	5027.4	8590.8
2001	14035.35	7165.90	6869.44	7534.70	5637.5	5400.9	6234.0	12181.8
2002	16378.60	8161.63	8216.97	8755.02	6787.6	6313.7	7742.6	14472.0
2003	21513.46	9959.51	11553.95	14353.53	9051.9	7845.4	11063.4	19955.4
2004	29554.92	12146.01	17408.91	19799.88	12228.7	9549.6	15380.9	27054.8
2005	35942.74	14506.76	21435.97	24403.13	14652.0	11434.3	17914.1	32852.0
2006	44674.75	17148.09	27526.65	30828.93	17963.7	13549.8	21927.5	40937.6
2007	55252.86	21221.12	34031.74	37718.60	21931.9	16667.6	26370.0	49436.3
2008	65424.61	25035.86	40388.76	43866.65	25188.6	19373.2	29468.8	55765.6
2009	68275.77	26685.86	41589.91	44755.10	27430.4	20806.8	32415.7	57494.3

注：1. 工业总产值按当年价格计算，指数按可比价计算。
2. 1997年以前为乡及乡以上工业。

Notes: a) Gross industrial output values are calculated at current prices, whereas their indices are calculated at constant prices.
b) Data prior to 1997 refer to the industrial enterprises at or above the township level.

12-6 规模以上工业产品产量

Output of IndustrialProducts of Enterprises above Designated Size

产品名称		Item		2000	2005	2008	2009
化学纤维	(万吨)	Chemical Fiber	(10000 tons)	45.00	46.50	41.60	41.72
#合成纤维		Synthetic Fiber		45.00	40.28	41.19	39.62
纱	(万吨)	Yarn	(10000 tons)	16.99	36.64	37.34	36.08
布	(亿米)	Cloth	(100 million m)	16.99	24.82	29.94	29.11
#纯棉布		Pure Cotton Cloth		7.49	17.75	19.20	18.72
丝	(万吨)	Silk	(10000 tons)	0.05	0.11	0.17	0.17
呢绒	(万米)	Woolen Piece Goods	(10000 m)	676.00	947.17	461.00	42.00
机制纸及纸板	(万吨)	Machine-made Paper and Paperboard	(10000 tons)	260.30	690.61	1153.97	1315.53
家用电冰箱	(万台)	Household Refrigerators	(10000 sets)	320.70	601.51	803.39	1058.47
冷柜	(万台)	Freezers	(10000 sets)		79.80	208.84	180.91
家用洗衣机	(万台)	Household Washing Machines	(10000 sets)	244.18	266.41	317.22	338.80
吸尘器	(万台)	Vacuum Cleaners	(10000 sets)	251.80	1163.05	2775.44	2503.10
电风扇	(万台)	Electric Fans	(10000 sets)	6759.02	10174.90	13066.04	13399.81
房间空气调节器	(万台)	House Air Conditioners	(10000 sets)	697.91	3441.69	3987.98	4119.34
排油烟机	(万台)	Smoke Absorbers	(10000 sets)	43.39	312.78	1146.41	1152.75
微波炉	(万台)	Microwave Ovens	(10000 sets)	906.51	2874.37	4211.15	4430.73
日用精铝制品	(万吨)	Fine Aluminum Products for Daily Use	(10000 tons)	1.23			
日用陶瓷	(亿件)	Household Ceramics	(100 million pcs)	10.98	26.31	40.94	36.87
日用玻璃制品	(万吨)	Daily Use Glassware	(10000 tons)	51.46	106.73	161.07	132.27
合成洗涤剂	(万吨)	Synthetic Detergents	(10000 tons)	26.31	149.20	191.47	219.67
原盐	(万吨)	Salt	(10000 tons)	17.87	18.87	29.74	7.59
成品糖	(万吨)	Refined Sugar	(10000 tons)	91.30	119.43	128.06	121.09
卷烟	(万箱)	Cigarettes	(10000 units)	177.30	210.71	244.45	252.42
罐头	(万吨)	Canned Food	(10000 tons)	7.11	13.81	20.78	25.13
饮料酒(混合量)	(万千升)	Alcoholic Beverages (mixed weight)	(10000 kiloliter)	178.66	263.35	313.89	365.42
#白酒	(商品量)	Spirits	(commodity weight)	17.88	7.61	9.85	9.39
啤酒		Beer		158.89	253.69	300.15	351.74
乳制品	(万吨)	Dairy Products	(10000 tons)	1.29	19.55	34.94	41.13
中成药	(万吨)	Traditional Chinese Patent Medicine	(10000 tons)	6.05	9.03	12.25	16.15
化学原料药	(万吨)	Chemical Medicine	(10000 tons)	1.94	2.82	3.99	3.76
彩色电视机	(万部)	Color TV Sets	(10000 sets)	1531.53	4089.62	4085.77	4092.79
组合音响	(万部)	Hi-fi Stereo Component System	(10000 sets)	2344.58	5249.07	6854.34	8951.14
照相机	(万架)	Cameras	(10000 sets)	3545.88	4726.47	4338.77	3556.43
缝纫机	(万架)	Sewing Machines	(10000 sets)	33.94	200.85	308.14	257.38
表	(万只)	Watches	(10000 units)	19123.23	9958.44	8193.70	10400.60
收音机	(万台)	Radios	(10000 sets)	2730.02	5048.32	5626.79	
农用化肥	(万吨)	Chemical Fertilizer	(10000 tons)	34.65	36.47	50.37	63.77
#氮肥		Nitrogen Fertilizer		15.98	3.04	14.51	12.46
磷肥		Phosphate Fertilizer		18.67	31.48	35.87	49.26
化学农药	(万吨)	Chemical Pesticide	(10000 tons)	0.84	1.19	0.75	2.97
乙烯	(万吨)	Ethylene	(10000 tons)	54.85	56.17	201.55	220.14
合成橡胶	(万吨)	Synthetic Rubber	(10000 tons)	5.45	7.85	23.82	37.23
轮胎外胎	(万条)	Tires	(10000 pieces)	359.13	833.02	4139.56	4553.81
交流电动机	(万千瓦)	Alternating Current Motors	(10000 kw)	236.21	405.62	625.46	579.59
汽车	(万辆)	Motor Vehicles	(10000 units)	3.94	41.36	88.18	113.08
#载货汽车		Trucks		0.53	0.51	0.12	0.23
客车		Buses		0.18	0.11	0.11	0.13
轿车		Cars		3.22	40.74	87.94	100.51

12-6 续表 continued

产品名称		Item		2000	2005	2008	2009
摩托车	(万辆)	Motorcycles	(10000 units)	146.31	455.82	906.82	884.78
自行车	(万辆)	Bicycles	(10000 units)	1038.00	1760.58	1337.72	894.54
小型拖拉机	(万台)	Mini tractors	(10000 units)	1.28	1.89	2.32	2.94
内燃机	(万千瓦)	Internal Combustion Engine	(10000 kw)	66.00	64.13	91.30	
电话单机	(万部)	Telephone Sets	(10000 sets)	7700.05	15062.47	14882.72	12984.52
传真机	(万部)	Fax Machines	(10000 sets)	109.57	402.04	265.72	218.84
微型电子计算设备	(万台)	Micro-computers	(10000 units)	169.74	1664.12	1133.28	1046.99
集成电路	(亿块)	Semiconductor Integrated Circuit	(100 million pieces)	11.76	56.37	114.31	96.45
原油	(万吨)	Crude Oil	(10000 tons)	1393.17	1470.03	1374.52	1345.14
汽油	(万吨)	Gasoline	(10000 tons)	331.50	367.23	459.51	538.74
柴油	(万吨)	Diesel Oil	(10000 tons)	654.02	875.28	1187.14	1287.36
天然气	(亿立方米)	Natural Gas	(100 million cu.m)	34.60	44.75	59.97	58.43
发电量	(亿千瓦小时)	Electricity	(100 million kwh)	1292.69	2163.36	2662.88	2666.40
#火电		Thermol Power		1038.61	1725.07	2121.19	2157.62
生铁	(万吨)	Pig Iron	(10000 tons)	201.57	464.69	704.42	724.78
粗钢	(万吨)	Crude Steel	(10000 tons)	286.99	757.07	1066.73	1111.56
成品钢材	(万吨)	Rolled Steel Products	(10000 tons)	406.28	1365.77	2040.34	2285.51
焦炭	(万吨)	Coke	(10000 tons)	53.96	124.58	136.14	190.93
水泥	(万吨)	Cement	(10000 tons)	5872.00	8031.74	9484.35	10028.93
平板玻璃	(万重量箱)	Plate Glass	(10000 wt.cases)	632.59	2328.82	6392.21	8101.29
硫酸	(万吨)	Sulphuric Acid	(10000 tons)	138.75	172.64	182.96	160.44
纯碱	(万吨)	Soda Ash	(10000 tons)	24.28	31.91	34.62	37.88
烧碱	(万吨)	Caustic Soda	(10000 tons)	16.43	22.77	25.39	19.77
合成氨	(万吨)	Synthetic Ammonia	(10000 tons)	23.43	4.39	7.42	6.23

注：1. 纱包括纯棉纱、棉混纺纱、纯化纤纱，不包括棉线、代用纤维纱和手工纺纱。
2. 布包括纯棉布、棉混纺布、纯化纤布，不包括代用纤维布、手工织布。
3. 农用化肥按有效成分100%计算。
4. 发电设备指500千瓦以上的，包括水轮发电机组、汽轮发电机和燃气轮发电机。
5. 原煤包括无烟煤、烟煤、褐煤，不包括石煤。
6. 原油包括天然原油和人造原油。
7. 成品钢材已剔除重复加工的钢材。

Notes: a) Yarn includes pure and blended cotton yarn, pure chemical fiber yarn, but excludes cotton thread, substitute fiber yarn and handmade yarn.
b) Cloth includes pure and blended cotton cloth,pure chemical fiber cloth and canvas,but excludes substitute fiber cloth, hand-woven cloth and cord fabric.
c) The output of chemical fertilizers is calculated on the basis of 100 percent effective content equivalent.
d) Power generating equipment refers to units with a generating capacity of 500 kw and above, including hydro-turbine generating units, steam turbine generating units and gas turbine generating units.
e) Crude coal includes anthracite, bituminous coal and lignite, but excludes stone coal.
f) Crude oil includes natural and synthetic crude oil.
g) The output of rolled steel products excludes the steel products reprocessed.

12-7 各市规模以上工业企业单位数和工业总产值

Number and Gross Output Value of Industrial Enterprises above Designated Size by City

市 别	City	工业企业单位数(个) Number of Industrial Enterprises (unit)					
		2000	2005	2006	2007	2008	2009
广 州	Guangzhou	4531	5240	5188	4988	7442	7023
深 圳	Shenzhen	1834	5214	5129	6875	8930	8413
珠 海	Zhuhai	771	992	987	1106	1395	1386
汕 头	Shantou	794	1490	1809	2122	2339	2403
佛 山	Foshan	2180	5148	6011	6680	7997	7807
韶 关	Shaoguan	406	392	394	427	507	515
河 源	Heyuan	148	226	286	360	419	411
梅 州	Meizhou	371	392	422	420	454	489
惠 州	Huizhou	689	1243	1279	1387	1875	1870
汕 尾	Shanwei	94	179	206	235	277	347
东 莞	Dongguan	1663	4504	4580	4987	5954	5801
中 山	Zhongshan	1074	3291	3727	4300	5078	5036
江 门	Jiangmen	1599	2365	2481	2611	3164	3246
阳 江	Yangjiang	250	498	573	591	623	604
湛 江	Zhanjiang	458	578	637	710	798	832
茂 名	Maoming	447	590	635	670	737	737
肇 庆	Zhaoqing	981	684	788	906	1035	1065
清 远	Qingyuan	304	426	515	660	774	770
潮 州	Chaozhou	326	727	809	884	1008	1140
揭 阳	Jieyang	455	714	778	1034	1416	1833
云 浮	Yunfu	320	264	289	336	381	489
按经济区域分	By Region						
珠 三 角	Pearl River Delta	15322	28681	30170	33840	42870	41647
东 翼	Eastern Region	1669	3110	3602	4275	5040	5723
西 翼	Western Region	1155	1666	1845	1971	2158	2173
山 区	Mountainous Region	1549	1700	1906	2203	2535	2674

12-7 续表 continued

市 别	City	工业总产值(亿元) Gross Industrial Output Value (100 million yuan)					
		2000	2005	2006	2007	2008	2009
广 州	Guangzhou	2568.57	6032.05	7282.06	8903.17	10514.91	11376.76
深 圳	Shenzhen	2566.93	9867.55	11928.60	13958.01	15854.28	15416.24
珠 海	Zhuhai	630.17	1569.56	1952.51	2357.37	2496.68	2405.04
汕 头	Shantou	344.34	761.37	886.60	1067.85	1330.51	1531.10
佛 山	Foshan	1560.55	4780.88	6289.09	8417.06	10658.47	11711.28
韶 关	Shaoguan	151.01	393.36	451.24	585.56	670.43	599.23
河 源	Heyuan	35.81	182.10	310.23	472.35	519.56	604.68
梅 州	Meizhou	81.81	206.98	240.18	293.16	333.56	351.11
惠 州	Huizhou	657.83	1428.66	1833.97	2217.96	2600.26	3005.14
汕 尾	Shanwei	30.08	113.45	146.25	199.05	257.81	319.60
东 莞	Dongguan	914.64	3940.11	4839.70	5851.51	6632.82	6071.11
中 山	Zhongshan	532.95	2221.45	2756.27	3283.57	3766.54	4057.97
江 门	Jiangmen	871.15	1453.25	1753.48	2231.32	2709.55	2933.26
阳 江	Yangjiang	66.17	213.82	253.26	336.51	448.05	504.56
湛 江	Zhanjiang	269.10	644.27	825.11	963.04	1139.85	1028.79
茂 名	Maoming	373.22	702.04	899.98	1042.39	1199.78	1098.13
肇 庆	Zhaoqing	392.04	321.20	454.23	675.04	964.05	1179.01
清 远	Qingyuan	77.51	364.34	616.60	1104.25	1646.06	2024.06
潮 州	Chaozhou	73.88	293.72	365.73	444.89	521.38	581.07
揭 阳	Jieyang	136.46	298.82	391.63	583.07	885.66	1153.29
云 浮	Yunfu	146.71	153.77	198.04	265.75	274.41	324.32
按经济区域分	By Region						
珠 三 角	Pearl River Delta	10694.83	31614.71	39089.91	47895.00	56197.57	58155.82
东 翼	Eastern Region	584.76	1467.36	1790.21	2294.85	2995.35	3585.06
西 翼	Western Region	708.49	1560.13	1978.35	2341.94	2787.68	2631.48
山 区	Mountainous Region	492.85	1300.55	1816.29	2721.06	3444.02	3903.40

注：本表产值按当年价格计算。
Note: Data of gross industrial output value in this table are calculated at current prices.

12-8 各市规模以上工业增加值和指数

Value-added and Indices of Industry above Designated Size by City

市 别	City	工业增加值(亿元) Value-add of Industry (100 million yuan)					
		2000	2005	2006	2007	2008	2009
广 州	Guangzhou	708.40	1654.03	1970.94	2410.83	2987.65	3241.76
深 圳	Shenzhen	706.85	2571.95	3086.56	3298.57	4207.20	4014.36
珠 海	Zhuhai	156.16	328.74	415.04	475.25	516.56	569.84
汕 头	Shantou	88.56	190.30	226.00	270.75	350.05	389.59
佛 山	Foshan	401.78	1303.31	1744.34	2332.48	3027.33	3234.43
韶 关	Shaoguan	50.72	108.63	142.34	180.76	181.47	181.84
河 源	Heyuan	10.66	57.78	101.93	147.80	181.33	189.59
梅 州	Meizhou	29.46	72.49	88.54	109.68	125.30	134.35
惠 州	Huizhou	129.08	315.32	404.16	502.52	614.67	674.76
汕 尾	Shanwei	8.74	29.17	38.99	59.05	73.78	88.55
东 莞	Dongguan	259.44	1060.49	1318.58	1430.60	1688.98	1453.37
中 山	Zhongshan	136.16	551.20	695.51	825.01	953.96	1012.28
江 门	Jiangmen	189.49	355.10	439.21	576.36	712.54	796.08
阳 江	Yangjiang	21.55	66.26	75.02	96.75	123.05	137.96
湛 江	Zhanjiang	99.80	229.87	287.53	335.16	438.53	387.78
茂 名	Maoming	78.44	165.28	214.06	246.04	299.59	325.44
肇 庆	Zhaoqing	36.36	76.86	113.80	168.14	244.76	288.81
清 远	Qingyuan	21.22	90.83	168.18	287.78	408.17	557.00
潮 州	Chaozhou	20.19	69.46	91.26	115.36	143.00	152.41
揭 阳	Jieyang	39.09	77.62	101.90	156.23	236.92	307.48
云 浮	Yunfu	22.37	41.70	56.99	79.07	77.22	97.53
按经济区域分	By Region						
珠三角	Pearl River Delta	2723.72	8217.00	10188.14	12019.76	14953.65	15285.69
东 翼	Eastern Region	156.58	366.55	458.15	601.40	803.75	938.03
西 翼	Western Region	199.79	461.41	576.61	677.95	861.17	851.18
山 区	Mountainous Region	134.43	371.44	557.98	805.10	973.49	1160.31

12-8 续表 continued

市 别	City	指数(2000年＝100) Indices (2000＝100)					
		2000	2005	2006	2007	2008	2009
广 州	Guangzhou	100.0	223.8	263.5	317.9	357.0	391.6
深 圳	Shenzhen	100.0	391.6	478.6	519.8	584.7	635.6
珠 海	Zhuhai	100.0	229.9	288.2	327.4	356.3	360.5
汕 头	Shantou	100.0	183.0	212.8	254.7	300.6	346.9
佛 山	Foshan	100.0	312.0	402.3	524.3	625.4	713.0
韶 关	Shaoguan	100.0	159.8	197.7	244.4	270.1	286.3
河 源	Heyuan	100.0	460.0	797.1	1121.1	1306.0	1488.9
梅 州	Meizhou	100.0	210.7	249.6	300.4	329.0	355.6
惠 州	Huizhou	100.0	215.2	282.9	348.6	391.1	457.3
汕 尾	Shanwei	100.0	367.4	493.0	748.3	958.5	1169.4
东 莞	Dongguan	100.0	327.6	404.5	432.8	459.6	430.2
中 山	Zhongshan	100.0	494.0	614.1	714.9	787.1	869.0
江 门	Jiangmen	100.0	207.7	254.1	325.0	378.0	424.5
阳 江	Yangjiang	100.0	266.8	295.6	369.0	441.3	530.5
湛 江	Zhanjiang	100.0	183.7	209.1	235.1	261.4	287.8
茂 名	Maoming	100.0	163.6	194.4	213.9	231.0	242.3
肇 庆	Zhaoqing	100.0	211.8	309.2	445.3	580.7	712.5
清 远	Qingyuan	100.0	353.0	627.3	1033.2	1351.4	1716.2
潮 州	Chaozhou	100.0	321.1	411.9	510.0	583.9	663.3
揭 阳	Jieyang	100.0	188.3	244.5	365.4	499.5	633.4
云 浮	Yunfu	100.0	174.7	236.7	317.9	355.8	393.1
按经济区域分	By Region						
珠 三 角	Pearl River Delta	100.0	205.0	240.4	282.5	317.3	343.0
东 翼	Eastern Region	100.0	208.4	245.2	300.7	365.3	430.3
西 翼	Western Region	100.0	199.8	235.8	268.8	296.2	318.1
山 区	Mountainous Region	100.0	207.5	276.2	361.0	432.1	507.7

注：本表工业增加值按当年价格计算,指数按可比价格计算。

Note: Data of value-added of industry in this table are calculated at current prices, whereas their indices are calculated at constant prices.

12-9 各市规模以上工业企业单位数（2009年）

单位：个

项 目	Item	全省 Provincial Total	广州 Guangzhou
全省总计	**Provincial Total**	**52217**	**7023**
按经济类型分	Grouped by Ownership		
在总计中：国有控股工业	Of the Total:State-holding Industry	1293	354
国有工业	State-owned Industry	588	114
集体工业	Collective-owned Industry	878	136
股份合作工业	Share-holding Cooperative Industry	241	73
股份制工业	Share-holding Industry	24130	3401
外商投资工业	Foreign-funded Industry	5910	977
港澳台投资工业	Industry with Funds from Hong Kong, Macao and Taiwan	13277	1505
按轻重工业分	Grouped by Light and Heavy Industries		
轻工业	Light Industry	29041	4022
重工业	Heavy Industry	23176	3001
按企业规模分	Grouped by Size of Enterprises		
大型企业	Large Enterprises	426	60
中型企业	Medium Enterprises	6206	711
小型企业	Small Enterprises	45585	6252
按行业分	Grouped by Sector		
煤炭开采和洗选业	Mining and Washing of Coal		
石油和天然气开采业	Extraction of Petroleum and Natural Gas	10	1
黑色金属矿采选业	Mining and Dressing of Ferrous Metal Ores	80	
有色金属矿采选业	Mining and Dressing of Nonferrous Metal Ores	52	1
非金属矿采选业	Mining and Dressing of Nonmetal Ores	306	6
其他矿采选业	Mining and Dressing of Other Ores		
农副食品加工业	Processing of Farm and Sideline Food	959	126
食品制造业	Manufacture of Food	851	180
饮料制造业	Manufacture of Beverage	277	37
烟草制品业	Tobacco Products	15	1
纺织业	Textile Industry	2889	400
纺织服装、鞋、帽制造业	Manufacture of Textile Garments, Footwear and Headgear	3530	685
皮革、毛皮、羽毛(绒)及其制品业	Leather, Fur, Feather, Down and Related Products	1769	374
木材加工及木、竹、藤、棕、草制品业	Timber Processing, Bamboo, Cane, Palm Fiber & Straw Products	634	68
家具制造业	Manufacture of Furniture	1409	137
造纸及纸制品业	Papermaking and Paper Products	1770	212
印刷业和记录媒介的复制	Printing and Record Medium Reproduction	1457	196
文教体育用品制造业	Manufacture of Cultural, Educational and Sports Articles	1236	148
石油加工、炼焦及核燃料加工业	Petroleum Refining, Coking and Nuclear Fuel Processing	107	18
化学原料及化学制品制造业	Manufacture of Raw Chemical Materials and Chemical Products	2658	559
医药制造业	Manufacture of Medicines	396	99
化学纤维制造业	Manufacture of Chemical Fibers	83	9
橡胶制品业	Rubber Products	601	103
塑料制品业	Plastic Products	4359	430
非金属矿物制品业	Nonmetal Mineral Products	2666	226
黑色金属冶炼及压延加工业	Smelting and Pressing of Ferrous Metals	436	43
有色金属冶炼及压延加工业	Smelting and Pressing of Nonferrous Metals	687	83
金属制品业	Metal Products	4781	502
通用设备制造业	Manufacture of General-purpose Machinery	1912	325
专用设备制造业	Manufacture of Special-purpose Machinery	1878	265
交通运输设备制造业	Manufacture of Transport Equipment	1267	468
电气机械及器材制造业	Manufacture of Electrical Machinery and Equipment	5441	494
通信设备、计算机及其他电子设备制造业	Manufacture of Communication Equipment, Computers and Other Electronic Equipment	4645	470
仪器仪表及文化、办公用机械制造业	Manufacture of Instruments, Meters and Machinery for Cultural and Office Use	773	113
工艺品及其他制造业	Handicraft and Other Manufactures	1275	153
废弃资源和废旧材料回收加工业	Recycling and Disposal of Waste	213	13
电力、热力的生产和供应业	Production and Supply of Electric Power and Heat Power	406	27
燃气生产和供应业	Production and Supply of Gas	81	14
水的生产和供应业	Production and Supply of Water	308	37

Number of Industrial Enterprises above Designated Size by City (2009)

(unit)

深 圳 Shenzhen	珠 海 Zhuhai	汕 头 Shantou	佛 山 Foshan	韶 关 Shaoguan	河 源 Heyuan	梅 州 Meizhou	惠 州 Huizhou	汕 尾 Shanwei
8413	**1386**	**2403**	**7807**	**515**	**411**	**489**	**1870**	**347**
224	45	45	67	76	27	38	58	16
47	9	22	32	38	20	24	38	14
40	14	42	76	10	5	15	36	23
8	1	40	44	10	1	2	3	
4136	531	1483	4236	294	178	240	514	178
1024	252	138	620	16	38	27	297	7
2949	558	240	1130	96	119	107	842	96
3704	620	1915	4079	170	204	187	1069	265
4709	766	488	3728	345	207	302	801	82
115	24	6	40	6	5	1	19	2
1431	185	128	705	62	61	49	304	39
6867	1177	2269	7062	447	345	439	1547	306
6								
				5	11	12	1	
				15	5	4	1	
	1	1	6	23	19	6	26	2
53	23	57	92	12	23	7	43	17
75	32	62	48	5	9	4	14	11
22	7	12	30	5	10	9	8	12
2		3	1	4		2		
133	50	403	537	24	25	13	91	33
357	75	350	333	12	17	10	67	51
124	14	30	202	4	9	4	240	19
44	9	5	72	21	12	22	15	4
163	13	12	405	15	5	12	48	2
305	47	105	236	15	6	7	42	7
256	47	127	189	3	7	3	26	2
193	28	209	85	14	16	3	53	4
12	2	2	17		1		3	
290	103	113	400	37	9	13	114	12
47	26	19	29	6	9	6	8	1
4	3	3	13		1		3	
80	12	13	81		4	4	11	
771	117	339	631	9	16	5	160	46
164	45	38	526	45	41	100	74	10
10	5	2	140	12	15	7	10	
43	16	12	242	22	9	11	15	
591	67	69	1088	14	7	4	96	10
298	52	38	423	51	7	27	39	2
487	82	70	327	21	7	3	27	3
161	44	22	201	6	3	15	29	5
1203	170	65	1004	23	26	19	160	5
1922	222	48	215	11	32	74	303	10
305	39	14	47	4	6	4	24	3
247	18	128	88	5	13	36	66	45
	2		43	11		1	18	6
17	7	19	12	50	24	35	16	14
1	5	1	6	3	2		2	
27	3	12	38	8	5	7	17	11

12-9 续表

单位：个

项　目	Item	东 莞 Dongguan	中 山 Zhongshan
全省总计	**Provincial Total**	**5801**	**5036**
按经济类型分	Grouped by Ownership		
在总计中：国有控股工业	Of the Total:State-holding Industry	27	12
国有工业	State-owned Industry	10	5
集体工业	Collective-owned Industry	156	96
股份合作工业	Share-holding Cooperative Industry	2	7
股份制工业	Share-holding Industry	1487	2314
外商投资工业	Foreign-funded Industry	1309	507
港澳台投资工业	Industry with Funds from Hong Kong, Macao and Taiwan	2571	1034
按轻重工业分	Grouped by Light and Heavy Industries		
轻工业	Light Industry	3096	3287
重工业	Heavy Industry	2705	1749
按企业规模分	Grouped by Size of Enterprises	5801	5036
大型企业	Large Enterprises	78	31
中型企业	Medium Enterprises	1156	499
小型企业	Small Enterprises	4567	4506
按行业分	Grouped by Sector		
煤炭开采和洗选业	Mining and Washing of Coal		
石油和天然气开采业	Extraction of Petroleum and Natural Gas		
黑色金属矿采选业	Mining and Dressing of Ferrous Metal Ores		
有色金属矿采选业	Mining and Dressing of Nonferrous Metal Ores		
非金属矿采选业	Mining and Dressing of Nonmetal Ores	1	5
其他矿采选业	Mining and Dressing of Other Ores		
农副食品加工业	Processing of Farm and Sideline Food	40	37
食品制造业	Manufacture of Food	48	55
饮料制造业	Manufacture of Beverage	13	25
烟草制品业	Tobacco Products		
纺织业	Textile Industry	333	316
纺织服装、鞋、帽制造业	Manufacture of Textile Garments, Footwear and Headgear	292	548
皮革、毛皮、羽毛(绒)及其制品业	Leather, Fur, Feather, Down and Related Products	302	132
木材加工及木、竹、藤、棕、草制品业	Timber Processing, Bamboo, Cane, Palm Fiber & Straw Products	49	30
家具制造业	Manufacture of Furniture	247	177
造纸及纸制品业	Papermaking and Paper Products	283	166
印刷业和记录媒介的复制	Printing and Record Medium Reproduction	122	177
文教体育用品制造业	Manufacture of Cultural, Educational and Sports Articles	232	112
石油加工、炼焦及核燃料加工业	Petroleum Refining, Coking and Nuclear Fuel Processing	7	5
化学原料及化学制品制造业	Manufacture of Raw Chemical Materials and Chemical Products	182	246
医药制造业	Manufacture of Medicines	12	31
化学纤维制造业	Manufacture of Chemical Fibers	9	9
橡胶制品业	Rubber Products	123	53
塑料制品业	Plastic Products	623	409
非金属矿物制品业	Nonmetal Mineral Products	120	102
黑色金属冶炼及压延加工业	Smelting and Pressing of Ferrous Metals	22	8
有色金属冶炼及压延加工业	Smelting and Pressing of Nonferrous Metals	65	38
金属制品业	Metal Products	392	501
通用设备制造业	Manufacture of General-purpose Machinery	198	199
专用设备制造业	Manufacture of Special-purpose Machinery	255	153
交通运输设备制造业	Manufacture of Transport Equipment	53	53
电气机械及器材制造业	Manufacture of Electrical Machinery and Equipment	602	1048
通信设备、计算机及其他电子设备制造业	Manufacture of Communication Equipment, Computers and Other Electronic Equipment	860	212
仪器仪表及文化、办公用机械制造业	Manufacture of Instruments, Meters and Machinery for Cultural and Office Use	118	51
工艺品及其他制造业	Handicraft and Other Manufactures	145	85
废弃资源和废旧材料回收加工业	Recycling and Disposal of Waste		7
电力、热力的生产和供应业	Production and Supply of Electric Power and Heat Power	13	10
燃气生产和供应业	Production and Supply of Gas	4	5
水的生产和供应业	Production and Supply of Water	36	31

12-9 continued

(unit)

江门 Jiangmen	阳江 Yangjiang	湛江 Zhanjiang	茂名 Maoming	肇庆 Zhaoqing	清远 Qingyuan	潮州 Chaozhou	揭阳 Jieyang	云浮 Yunfu
3246	**604**	**832**	**737**	**1065**	**770**	**1140**	**1833**	**489**
31	25	77	44	33	29	12	26	27
14	19	54	33	25	20	11	20	19
57	4	16	41	14	19	5	58	15
6		3	6	2	3	22	1	7
1329	334	438	355	440	386	541	1060	255
283	22	47	29	95	55	83	60	24
913	77	68	71	218	202	199	196	86
1889	435	479	427	468	270	877	1381	197
1357	169	353	310	597	500	263	452	292
3246	604	832	737	1065	770	1140	1833	489
18	1	1	2	6	7	2		2
307	40	72	28	106	116	55	115	37
2921	563	759	707	953	647	1083	1718	450
		3						
		1	4	14	25			7
		3	12	3	7		1	
29	4	31	58	33	24	1	4	26
53	26	124	72	20	23	26	66	19
57	8	26	21	8	7	49	123	9
11	3	19	8	9	2	7	23	5
	1	1						
183	7	26	15	57	36	14	179	14
257	31	4	7	42	33	77	255	27
125	6	14	81	39	20	18	9	3
41	47	98	30	37	8	2	10	10
70	22	9	10	24	15	2	17	4
127	20	36	20	36	18	29	39	14
68	12	17	13	22	5	84	79	2
36	2	2	6	13	16	8	54	2
2		3	33		1		1	
179	9	32	81	102	59	29	43	46
12	3	21	7	9	9	9	26	7
17				3	1		8	
47	5	13	12	10	16	2	12	
199	19	63	36	49	44	88	286	19
153	10	49	55	88	117	479	87	137
78	14		4	6	14	3	42	1
41	4	4		31	35	5	5	6
611	271	23	16	148	28	93	210	40
98	17	14	14	52	28	7	13	10
63	2	29	5	25	12	4	30	8
146	3	13	1	14	12		17	1
295	10	102	21	49	32	30	71	12
123	7	4	1	41	23	11	34	22
14		1	2	6	2	5	14	1
77	3	11	69	24	7	24	26	5
6	14	13	1	16	44	1	16	1
9	16	7	15	24	38	9	18	26
3	2	9	1	1		21		1
16	6	7	6	10	9	3	15	4

12-10 各市规模以上工业总产值（2009年）

单位：亿元

项 目	Item	全 省 Provincial Total	广 州 Guangzhou
全省总计	**Provincial Total**	**68275.77**	**11376.76**
按经济类型分	Grouped by Ownership		
在总计中：国有控股工业	Of the Total:State-holding Industry	10790.11	3364.72
国有工业	State-owned Industry	3654.86	599.49
集体工业	Collective-owned Industry	635.41	49.12
股份合作工业	Share-holding Cooperative Industry	168.17	19.57
股份制工业	Share-holding Industry	23728.29	2984.52
外商投资工业	Foreign-funded Industry	18758.88	5235.31
港澳台投资工业	Industry with Funds from Hong Kong, Macao and Taiwan	17935.46	2256.33
按轻重工业分	Grouped by Light and Heavy Industries		
轻工业	Light Industry	26685.86	4017.10
重工业	Heavy Industry	41589.91	7359.66
按企业规模分	Grouped by Size of Enterprises		
大型企业	Large Enterprises	20453.38	4449.09
中型企业	Medium Enterprises	24301.72	4035.05
小型企业	Small Enterprises	23520.66	2892.63
按行业分	Grouped by Sector		
煤炭开采和洗选业	Mining and Washing of Coal		
石油和天然气开采业	Extraction of Petroleum and Natural Gas	512.14	0.04
黑色金属矿采选业	Mining and Dressing of Ferrous Metal Ores	104.51	
有色金属矿采选业	Mining and Dressing of Nonferrous Metal Ores	95.82	1.10
非金属矿采选业	Mining and Dressing of Nonmetal Ores	197.47	0.71
其他矿采选业	Mining and Dressing of Other Ores		
农副食品加工业	Processing of Farm and Sideline Food	1517.37	265.27
食品制造业	Manufacture of Food	895.74	286.82
饮料制造业	Manufacture of Beverage	603.86	213.11
烟草制品业	Tobacco Products	289.57	127.82
纺织业	Textile Industry	1929.22	240.32
纺织服装、鞋、帽制造业	Manufacture of Textile Garments, Footwear and Headgear	1937.25	300.04
皮革、毛皮、羽毛(绒)及其制品业	Leather, Fur, Feather, Down and Related Products	1227.27	169.40
木材加工及木、竹、藤、棕、草制品业	Timber Processing, Bamboo, Cane, Palm Fiber & Straw Products	391.44	27.84
家具制造业	Manufacture of Furniture	872.26	68.33
造纸及纸制品业	Papermaking and Paper Products	1249.49	118.48
印刷业和记录媒介的复制	Printing and Record Medium Reproduction	726.03	60.91
文教体育用品制造业	Manufacture of Cultural, Educational and Sports Articles	894.47	78.61
石油加工、炼焦及核燃料加工业	Petroleum Refining, Coking and Nuclear Fuel Processing	1899.53	449.25
化学原料及化学制品制造业	Manufacture of Raw Chemical Materials and Chemical Products	3209.18	1177.11
医药制造业	Manufacture of Medicines	618.00	137.92
化学纤维制造业	Manufacture of Chemical Fibers	136.46	18.51
橡胶制品业	Rubber Products	362.46	79.51
塑料制品业	Plastic Products	2640.21	246.17
非金属矿物制品业	Nonmetal Mineral Products	2334.60	132.67
黑色金属冶炼及压延加工业	Smelting and Pressing of Ferrous Metals	1419.46	439.02
有色金属冶炼及压延加工业	Smelting and Pressing of Nonferrous Metals	1827.56	161.83
金属制品业	Metal Products	3256.46	282.78
通用设备制造业	Manufacture of General-purpose Machinery	1557.54	296.71
专用设备制造业	Manufacture of Special-purpose Machinery	1197.27	113.46
交通运输设备制造业	Manufacture of Transport Equipment	4156.18	2809.12
电气机械及器材制造业	Manufacture of Electrical Machinery and Equipment	7365.41	627.08
通信设备、计算机及其他电子设备制造业	Manufacture of Communication Equipment, Computers and Other Electronic Equipment	15721.79	1276.61
仪器仪表及文化、办公用机械制 造业	Manufacture of Instruments, Meters and Machinery for Cultural and Office Use	1179.72	101.15
工艺品及其他制造业	Handicraft and Other Manufactures	1084.81	96.91
废弃资源和废旧材料回收加工业	Recycling and Disposal of Waste	450.19	23.92
电力、热力的生产和供应业	Production and Supply of Electric Power and Heat Power	3869.19	832.67
燃气生产和供应业	Production and Supply of Gas	323.05	84.95
水的生产和供应业	Production and Supply of Water	222.78	30.58

注：本表产值按当年价格计算。

Gross Output Value of Industry above Designated Size by City (2009)

(100 million yuan)

深 圳 Shenzhen	珠 海 Zhuhai	汕 头 Shantou	佛 山 Foshan	韶 关 Shaoguan	河 源 Heyuan	梅 州 Meizhou	惠 州 Huizhou	汕 尾 Shanwei
15416.24	**2405.04**	**1531.10**	**11711.28**	**599.23**	**604.68**	**351.11**	**3005.14**	**319.60**
2392.46	638.82	166.61	658.54	329.95	57.15	99.04	672.87	53.14
553.50	87.80	102.97	542.19	92.00	33.60	84.87	429.43	51.63
61.11	7.20	19.56	98.91	2.97	1.87	3.08	11.44	24.23
4.70	0.34	16.12	72.12	5.50	7.08	0.82	1.01	
4880.82	708.52	824.45	6209.19	354.18	269.49	148.87	305.17	72.54
5406.91	1042.86	199.43	1360.32	10.68	77.55	23.91	1245.69	12.32
4345.67	554.29	196.01	2373.25	113.77	164.94	72.86	977.43	142.67
3821.77	982.28	964.17	5564.62	138.88	184.70	117.98	876.90	170.52
11594.48	1422.76	566.93	6146.66	460.35	419.98	233.14	2128.24	149.09
7245.19	1093.20	172.73	2630.38	223.96	61.29	12.63	942.87	65.64
5442.55	684.54	346.41	3334.38	190.47	198.96	191.95	1382.33	139.14
2728.50	627.31	1011.96	5746.52	184.79	344.44	146.53	679.94	114.83
322.38								
				6.14	50.21	4.78	1.01	
				26.27	31.41	5.01	0.18	
	0.06	0.94	6.97	8.98	25.42	1.23	4.41	0.14
154.96	30.35	57.63	180.57	7.78	14.96	2.07	22.60	11.94
54.66	20.11	29.13	116.65	6.67	4.72	1.23	3.49	3.78
73.89	15.88	8.33	57.56	5.11	9.68	1.71	17.25	3.53
42.88		3.47	7.22	39.78		53.87		
86.68	22.31	174.59	464.86	11.96	13.87	1.85	45.20	54.18
171.15	30.62	152.15	301.91	4.58	25.23	2.78	34.20	18.38
124.01	12.87	14.33	163.19	1.73	8.53	10.80	73.88	8.79
13.16	3.26	66.63	74.54	8.07	13.52	4.77	7.86	0.98
109.75	5.14	3.55	264.28	2.69	2.22	6.89	38.29	0.24
138.94	33.85	57.92	204.03	4.03	1.84	1.09	13.23	2.48
132.66	16.03	85.98	119.10	2.38	3.53	0.45	11.09	0.69
112.83	14.04	111.42	141.12	33.28	11.77	0.65	28.35	8.99
21.41	0.55	3.69	199.69		0.05		307.90	
196.68	151.34	96.33	473.70	20.24	4.64	3.78	256.50	6.29
110.49	73.64	22.66	42.05	4.78	10.29	2.68	5.63	0.06
1.26	20.95	0.52	13.83		0.32		0.97	
51.53	2.11	5.53	53.95		3.82	5.14	14.56	
421.55	60.58	169.03	630.67	2.70	16.29	0.40	82.27	22.40
126.89	20.67	20.98	869.76	15.20	22.91	54.70	52.23	5.35
18.27	74.06	1.04	333.29	147.27	84.39	4.01	15.09	
41.17	41.74	13.54	687.20	75.22	10.58	11.92	11.74	
316.82	35.00	25.67	1033.79	14.42	10.75	3.54	63.05	4.05
164.95	66.24	13.43	461.87	17.43	10.23	6.68	23.08	0.47
315.30	61.25	27.80	318.15	9.45	23.70	0.85	19.68	2.52
239.23	56.13	36.62	337.98	2.67	3.18	9.79	83.49	1.01
1166.40	603.69	73.72	2494.88	10.70	39.57	12.09	178.16	5.64
9044.90	634.92	42.81	578.77	24.58	90.60	42.13	1414.88	69.12
440.29	107.55	8.06	194.40	1.30	3.91	1.01	11.22	0.28
433.28	4.85	54.92	160.21	1.50	7.06	11.73	17.37	34.72
	0.30		130.56	9.07		0.13	19.06	1.48
621.52	135.91	142.87	543.71	70.72	44.41	79.29	119.77	50.54
75.25	42.32	0.97	20.15	1.28	0.22		1.68	
71.10	6.72	4.84	30.68	1.25	0.85	2.05	5.77	1.52

Note: Data in this table are calculated at current prices.

12-10 续表

单位：亿元

项 目	Item	东 莞 Dongguan	中 山 Zhongshan
全省总计	**Provincial Total**	**6071.11**	**4057.97**
按经济类型分	Grouped by Ownership		
在总计中：国有控股工业	Of the Total:State-holding Industry	493.48	151.79
国有工业	State-owned Industry	348.39	98.94
集体工业	Collective-owned Industry	85.63	84.94
股份合作工业	Share-holding Cooperative Industry	1.50	10.15
股份制工业	Share-holding Industry	998.23	1356.98
外商投资工业	Foreign-funded Industry	1855.19	1049.08
港澳台投资工业	Industry with Funds from Hong Kong, Macao and Taiwan	2650.50	1103.91
按轻重工业分	Grouped by Light and Heavy Industries		
轻工业	Light Industry	2645.54	2366.46
重工业	Heavy Industry	3425.57	1691.51
按企业规模分	Grouped by Size of Enterprises		
大型企业	Large Enterprises	1457.20	676.54
中型企业	Medium Enterprises	2862.40	1723.03
小型企业	Smal Enterprises	1751.51	1658.40
按行业分	Grouped by Sector		
煤炭开采和洗选业	Mining and Washing of Coal		
石油和天然气开采业	Extraction of Petroleum and Natural Gas		
黑色金属矿采选业	Mining and Dressing of Ferrous Metal Ores		
有色金属矿采选业	Mining and Dressing of Nonferrous Metal Ores		
非金属矿采选业	Mining and Dressing of Nonmetal Ores	0.12	1.31
其他矿采选业	Mining and Dressing of Other Ores		
农副食品加工业	Processing of Farm and Sideline Food	193.63	38.60
食品制造业	Manufacture of Food	62.04	69.46
饮料制造业	Manufacture of Beverage	117.43	31.20
烟草制品业	Tobacco Products		
纺织业	Textile Industry	216.41	171.51
纺织服装、鞋、帽制造业	Manufacture of Textile Garments, Footwear and Headgear	218.27	276.75
皮革、毛皮、羽毛(绒)及其制品业	Leather, Fur, Feather, Down and Related Products	190.08	142.05
木材加工及木、竹、藤、棕、草制品业	Timber Processing, Bamboo, Cane, Palm Fiber & Straw Products	16.51	16.65
家具制造业	Manufacture of Furniture	153.99	61.12
造纸及纸制品业	Papermaking and Paper Products	318.51	112.75
印刷业和记录媒介的复制	Printing and Record Medium Reproduction	84.75	71.42
文教体育用品制造业	Manufacture of Cultural, Educational and Sports Articles	146.70	91.28
石油加工、炼焦及核燃料加工业	Petroleum Refining, Coking and Nuclear Fuel Processing	10.84	58.48
化学原料及化学制品制造业	Manufacture of Raw Chemical Materials and Chemical Products	147.93	168.02
医药制造业	Manufacture of Medicines	9.58	81.76
化学纤维制造业	Manufacture of Chemical Fibers	2.74	3.21
橡胶制品业	Rubber Products	52.00	26.14
塑料制品业	Plastic Products	319.44	224.67
非金属矿物制品业	Nonmetal Mineral Products	103.45	82.59
黑色金属冶炼及压延加工业	Smelting and Pressing of Ferrous Metals	23.01	13.25
有色金属冶炼及压延加工业	Smelting and Pressing of Nonferrous Metals	110.78	88.08
金属制品业	Metal Products	180.87	257.12
通用设备制造业	Manufacture of General-purpose Machinery	119.31	111.73
专用设备制造业	Manufacture of Special-purpose Machinery	119.11	86.27
交通运输设备制造业	Manufacture of Transport Equipment	89.82	89.23
电气机械及器材制造业	Manufacture of Electrical Machinery and Equipment	607.94	920.15
通信设备、计算机及其他电子设备制造业	Manufacture of Communication Equipment, Computers and Other Electronic Equipment	1671.23	455.95
仪器仪表及文化、办公用机械制造业	Manufacture of Instruments, Meters and Machinery for Cultural and Office Use	208.28	81.47
工艺品及其他制造业	Handicraft and Other Manufactures	97.53	51.54
废弃资源和废旧材料回收加工业	Recycling and Disposal of Waste		1.58
电力、热力的生产和供应业	Production and Supply of Electric Power and Heat Power	443.62	128.56
燃气生产和供应业	Production and Supply of Gas	11.91	21.75
水的生产和供应业	Production and Supply of Water	23.29	22.32

12-10 continued

(100 million yuan)

江门 Jiangmen	阳江 Yangjiang	湛江 Zhanjiang	茂名 Maoming	肇庆 Zhaoqing	清远 Qingyuan	潮州 Chaozhou	揭阳 Jieyang	云浮 Yunfu
2933.26	**504.56**	**1028.79**	**1098.13**	**1179.01**	**2024.06**	**581.07**	**1153.29**	**324.32**
171.53	33.81	343.51	703.57	130.41	116.32	71.19	101.14	40.08
158.92	28.61	108.78	50.99	71.11	65.18	43.77	73.25	29.43
40.95	2.01	6.65	12.71	9.01	72.77	3.35	26.55	11.34
2.11		9.91	3.98	0.37	0.42	9.46	1.56	1.46
937.82	225.19	338.17	894.77	371.73	836.91	281.72	610.74	118.28
411.57	63.83	200.76	23.56	159.35	144.33	96.03	75.84	64.36
1096.72	95.28	280.33	34.52	350.37	750.51	90.81	203.99	81.30
1649.45	318.66	436.04	192.70	379.18	568.91	349.29	792.71	148.02
1283.81	185.90	592.76	905.42	799.84	1455.15	231.78	360.58	176.31
442.11	16.13	4.05	647.36	136.25	138.03	29.31		9.43
1035.09	157.78	437.62	140.04	366.76	900.90	172.17	399.52	160.65
1456.06	330.65	587.13	310.73	676.01	985.14	379.59	753.77	154.24
		189.71						
		0.63	1.73	21.45	16.79			1.78
		2.87	3.98	21.27	3.67		0.07	
16.70	0.35	12.74	25.01	30.06	52.31	0.06	0.89	9.06
50.78	73.35	226.59	45.10	16.39	70.33	11.49	26.45	16.51
104.09	10.55	8.73	5.77	5.14	16.97	34.42	46.76	4.54
6.49	2.25	13.12	5.29	8.14	1.65	4.62	5.88	1.74
	0.16	14.37						
157.04	8.71	11.50	7.22	44.86	44.13	5.02	133.42	13.56
141.71	11.07	1.02	1.39	27.83	23.35	24.87	156.53	13.43
69.24	3.81	9.31	31.11	41.15	130.16	7.05	15.51	0.27
23.53	25.99	33.72	13.80	29.00	7.79	0.24	1.75	1.84
54.34	16.66	15.26	5.69	16.28	39.83	0.13	7.19	0.39
106.86	6.89	17.84	5.98	30.36	42.24	9.10	16.74	6.35
47.89	4.91	8.03	3.08	8.34	17.01	23.01	24.56	0.21
17.58	0.92	0.19	2.18	14.51	48.42	2.39	28.64	0.63
9.99		161.91	675.28		0.38		0.09	
150.88	5.58	38.23	112.34	96.98	42.49	8.36	31.82	19.95
18.36	4.53	11.09	2.81	22.92	6.67	2.38	37.72	9.98
58.49				3.41	1.11		11.13	
20.27	2.97	4.69	4.36	18.62	12.74	0.11	4.44	
112.81	7.22	17.13	11.68	18.10	88.50	42.33	139.15	7.14
112.51	11.07	26.50	19.61	89.84	299.06	182.56	24.40	61.66
82.64	47.67		8.61	5.38	48.30	8.13	64.98	1.06
65.48	1.67	4.87		147.82	335.79	9.56	4.73	3.84
422.30	166.14	7.61	4.31	161.71	48.57	29.30	136.36	52.30
63.86	13.18	11.62	5.67	33.67	117.18	6.22	10.24	3.77
29.97	0.70	15.53	5.29	11.88	18.28	1.27	14.48	2.32
348.79	2.65	10.00	0.06	17.80	8.54		10.01	0.07
297.12	16.07	74.19	7.88	37.19	101.89	21.75	50.95	18.34
128.39	3.83	2.37	0.88	83.23	89.45	16.80	14.05	36.28
5.76		0.04	0.33	6.79	0.71	1.99	5.12	0.05
34.62	3.40	2.53	25.29	16.93	4.30	4.52	20.11	1.48
3.19	17.07	1.56	0.72	31.99	200.33	0.05	8.96	0.23
163.66	30.22	65.66	53.61	56.90	83.27	69.88	97.70	34.69
0.81	3.46	5.66	0.21	0.28		52.07		0.07
7.12	1.51	1.99	1.85	2.80	1.89	1.40	2.45	0.78

12-11 各市规模以上工业增加值（2009年）

单位：亿元

项 目	Item	全 省 Provincial Total	广 州 Guangzhou
全省总计	**Provincial Total**	**18235.21**	**3241.76**
按经济类型分	Grouped by Ownership		
在总计中：国有控股工业	Of the Total:State-holding Industry	3448.36	942.16
国有工业	State-owned Industry	1095.29	218.13
集体工业	Collective-owned Industry	179.98	16.67
股份合作工业	Share-holding Cooperative Industry	47.88	6.04
股份制工业	Share-holding Industry	6650.44	768.65
外商投资工业	Foreign-funded Industry	4444.78	1523.35
港澳台投资工业	Industry with Funds from Hong Kong, Macao and Taiwan	4901.08	648.31
按轻重工业分	Grouped by Light and Heavy Industries		
轻工业	Light Industry	7468.00	1429.08
重工业	Heavy Industry	10767.20	1812.69
按企业规模分	Grouped by Size of Enterprises		
大型企业	Large Enterprises	5219.48	1386.62
中型企业	Medium Enterprises	6661.54	1070.83
小型企业	Small Enterprises	6354.18	784.31
按行业分	Grouped by Sector		
煤炭开采和洗选业	Mining and Washing of Coal		
石油和天然气开采业	Extraction of Petroleum and Natural Gas	442.79	0.04
黑色金属矿采选业	Mining and Dressing of Ferrous Metal Ores	32.17	
有色金属矿采选业	Mining and Dressing of Nonferrous Metal Ores	41.03	0.23
非金属矿采选业	Mining and Dressing of Nonmetal Ores	59.88	0.18
其他矿采选业	Mining and Dressing of Other Ores		
农副食品加工业	Processing of Farm and Sideline Food	329.23	64.99
食品制造业	Manufacture of Food	328.88	130.14
饮料制造业	Manufacture of Beverage	182.66	63.70
烟草制品业	Tobacco Products	220.46	99.26
纺织业	Textile Industry	505.60	59.33
纺织服装、鞋、帽制造业	Manufacture of Textile Garments, Footwear and Headgear	582.57	89.89
皮革、毛皮、羽毛(绒)及其制品业	Leather, Fur, Feather, Down and Related Products	357.33	48.85
木材加工及木、竹、藤、棕、草制品业	Timber Processing, Bamboo, Cane, Palm Fiber & Straw	99.09	4.60
家具制造业	Manufacture of Furniture	227.89	18.45
造纸及纸制品业	Papermaking and Paper Products	314.49	29.06
印刷业和记录媒介的复制	Printing and Record Medium Reproduction	222.74	25.45
文教体育用品制造业	Manufacture of Cultural, Educational and Sports Articles	249.76	26.44
石油加工、炼焦及核燃料加工业	Petroleum Refining, Coking and Nuclear Fuel Processing	528.52	121.57
化学原料及化学制品制造业	Manufacture of Raw Chemical Materials and Chemical Products	1077.71	546.00
医药制造业	Manufacture of Medicines	211.05	55.78
化学纤维制造业	Manufacture of Chemical Fibers	32.80	3.97
橡胶制品业	Rubber Products	95.73	19.21
塑料制品业	Plastic Products	680.70	62.86
非金属矿物制品业	Nonmetal Mineral Products	678.91	38.19
黑色金属冶炼及压延加工业	Smelting and Pressing of Ferrous Metals	297.27	66.81
有色金属冶炼及压延加工业	Smelting and Pressing of Nonferrous Metals	424.31	25.19
金属制品业	Metal Products	861.07	67.63
通用设备制造业	Manufacture of General-purpose Equipment	419.56	78.47
专用设备制造业	Manufacture of Special-purpose Equipment	346.56	25.31
交通运输设备制造业	Manufacture of Transport Equipment	1099.05	724.33
电气机械及器材制造业	Manufacture of Electrical Machinery and Equipment	1922.87	130.56
通信设备、计算机及其他电子设备制造业	Manufacture of Communication Equipment, Computers and Other Electronic Equipment	3429.16	272.93
仪器仪表及文化、办公用机械制造业	Manufacture of Instruments, Meters and Machinery for Culturaland Office Use	259.36	29.16
工艺品及其他制造业	Handicraft and Other Manufactures	240.91	30.42
废弃资源和废旧材料回收加工业	Recycling and Disposal of Waste	133.12	8.53
电力、热力的生产和供应业	Production and Supply of Electric Power and Heat Power	1090.55	199.58
燃气生产和供应业	Production and Supply of Gas	114.44	59.30
水的生产和供应业	Production and Supply of Water	94.99	15.38

注：本表工业增加值(生产法)按当年价格计算。

Value-added of Industry above Designated Size by City (2009)

(100 million yuan)

深 圳 Shenzhen	珠 海 Zhuhai	汕 头 Shantou	佛 山 Foshan	韶 关 Shaoguan	河 源 Heyuan	梅 州 Meizhou	惠 州 Huizhou	汕 尾 Shanwei
4014.36	**569.84**	**389.59**	**3234.43**	**181.84**	**189.59**	**134.35**	**674.76**	**88.55**
1056.84	190.85	51.08	155.52	105.18	17.78	54.49	180.39	18.13
182.99	23.13	26.58	121.04	45.32	10.29	50.12	114.87	17.77
13.76	3.66	5.10	29.17	1.13	0.76	0.89	3.69	5.07
2.12	0.07	4.06	21.94	1.53	0.87	0.33	0.24	
1632.55	201.22	203.52	1713.19	91.18	84.05	46.75	62.76	18.17
984.69	180.63	57.75	383.17	3.78	16.88	8.23	285.11	2.17
1148.97	159.75	49.63	675.78	31.99	61.70	23.15	197.80	41.28
925.16	252.90	239.56	1602.81	60.36	59.35	63.68	175.03	44.18
3089.19	316.94	150.03	1631.62	121.49	130.25	70.66	499.73	44.37
1786.75	201.23	40.46	700.97	53.98	17.03	3.86	145.07	20.11
1502.16	200.88	102.23	949.38	74.06	70.77	85.32	353.19	40.68
725.45	167.73	246.90	1584.08	53.80	101.80	45.18	176.50	27.76
297.52								
				2.21	17.15	1.59	0.27	
				18.72	12.62	1.86	0.09	
	0.01	0.22	2.33	3.81	6.04	0.41	1.77	0.04
18.96	6.12	11.67	47.08	1.19	2.88	0.62	3.98	2.85
19.28	6.90	7.31	38.40	3.05	1.22	0.32	0.59	0.99
26.47	5.29	2.33	23.73	1.89	1.52	0.61	4.25	0.71
31.55		0.75	5.60	30.28		41.82		
25.09	4.40	43.88	131.00	3.73	4.09	0.63	11.10	13.80
59.40	10.33	38.57	98.54	1.03	7.28	0.88	12.01	4.74
37.90	4.54	3.30	48.87	0.60	2.97	4.11	21.38	2.13
3.02	0.51	16.13	18.92	2.28	3.82	1.45	2.44	0.14
27.12	1.19	1.01	73.74	0.55	0.66	2.25	6.94	0.05
34.17	7.28	13.56	62.14	0.75	0.49	0.31	3.23	0.85
45.09	3.84	22.14	35.20	0.65	2.77	0.16	2.67	0.22
27.56	3.09	27.76	39.30	9.02	3.97	0.18	7.61	2.40
11.30	0.19	0.78	48.98		0.01		82.10	
44.76	36.46	22.65	125.61	7.07	1.04	1.27	72.73	0.56
40.40	15.00	6.90	15.72	3.48	3.24	0.96	2.52	0.02
0.31	7.43	0.14	3.71		0.05		0.26	
12.07	0.41	1.46	14.53		1.38	1.69	3.46	
110.52	16.00	41.04	175.35	0.54	3.87	0.11	18.72	5.68
37.74	5.10	4.66	251.93	3.92	7.78	16.36	12.76	1.25
1.52	24.90	0.24	73.20	27.69	27.08	0.84	3.61	
12.10	8.87	3.85	174.67	13.29	3.80	2.70	2.40	
90.97	9.68	5.73	285.27	3.02	1.45	1.10	15.39	1.10
46.79	19.21	3.36	130.48	3.96	2.43	1.88	8.69	0.16
104.53	14.43	7.46	91.15	2.16	8.27	0.24	5.37	1.01
74.14	15.28	9.89	98.68	0.12	0.96	3.93	21.55	0.28
282.86	177.08	18.26	714.78	3.54	16.90	2.90	39.44	1.14
2069.43	80.92	11.48	149.64	4.74	25.43	12.01	256.55	21.36
93.14	19.10	1.76	46.16	0.57	1.16	0.43	3.36	0.08
66.93	0.64	14.33	37.29	0.37	3.10	3.69	5.39	8.85
	0.02		35.95	3.85		0.03	4.90	0.07
213.91	52.80	44.51	118.93	22.48	13.55	26.03	32.56	17.53
19.14	8.49	0.27	5.79	0.46	0.06		1.45	
28.68	4.29	2.20	11.76	0.82	0.52	0.97	3.21	0.54

Note: Data of value-added of industry in this table are calculated at current prices.

12-11 续表

单位：亿元

项　目	Item	东 莞 Dongguan	中 山 Zhongshan
全省总计	**Provincial Total**	**1453.37**	**1012.28**
按经济类型分	Grouped by Ownership		
在总计中：国有控股工业	Of the Total:State-holding Industry	124.28	32.60
国有工业	State-owned Industry	75.62	21.49
集体工业	Collective-owned Industry	28.08	20.60
股份合作工业	Share-holding Cooperative Industry	0.40	3.03
股份制工业	Share-holding Industry	221.54	332.77
外商投资工业	Foreign-funded Industry	428.40	252.99
港澳台投资工业	Industry with Funds from Hong Kong, Macao and Taiwan	669.61	289.90
按轻重工业分	Grouped by Light and Heavy Industries		
轻工业	Light Industry	679.86	626.81
重工业	Heavy Industry	773.51	385.48
按企业规模分	Grouped by Size of Enterprises		
大型企业	Large Enterprises	310.47	149.83
中型企业	Medium Enterprises	731.11	444.24
小型企业	Small Enterprises	411.79	418.22
按行业分	Grouped by Sector		
煤炭开采和洗选业	Mining and Washing of Coal		
石油和天然气开采业	Extraction of Petroleum and Natural Gas		
黑色金属矿采选业	Mining and Dressing of Ferrous Metal Ores		
有色金属矿采选业	Mining and Dressing of Nonferrous Metal Ores		
非金属矿采选业	Mining and Dressing of Nonmetal Ores	0.07	0.30
其他矿采选业	Mining and Dressing of Other Ores		
农副食品加工业	Processing of Farm and Sideline Food	31.14	7.75
食品制造业	Manufacture of Food	21.46	28.81
饮料制造业	Manufacture of Beverage	25.70	11.46
烟草制品业	Tobacco Products		
纺织业	Textile Industry	54.39	41.21
纺织服装、鞋、帽制造业	Manufacture of Textile Garments, Footwear and Headgear	67.19	81.19
皮革、毛皮、羽毛(绒)及其制品业	Leather, Fur, Feather, Down and Related Products	60.63	38.83
木材加工及木、竹、藤、棕、草制品业	Timber Processing, Bamboo, Cane, Palm Fiber & Straw Products	4.60	4.13
家具制造业	Manufacture of Furniture	38.57	14.92
造纸及纸制品业	Papermaking and Paper Products	71.50	25.55
印刷业和记录媒介的复制	Printing and Record Medium Reproduction	30.22	16.61
文教体育用品制造业	Manufacture of Cultural, Educational and Sports Articles	46.74	23.31
石油加工、炼焦及核燃料加工业	Petroleum Refining, Coking and Nuclear Fuel Processing	2.37	11.68
化学原料及化学制品制造业	Manufacture of Raw Chemical Materials and Chemical Products	40.80	50.33
医药制造业	Manufacture of Medicines	3.22	23.68
化学纤维制造业	Manufacture of Chemical Fibers	0.47	0.60
橡胶制品业	Rubber Products	12.79	8.43
塑料制品业	Plastic Products	85.69	46.83
非金属矿物制品业	Nonmetal Mineral Products	32.58	23.51
黑色金属冶炼及压延加工业	Smelting and Pressing of Ferrous Metals	3.31	1.37
有色金属冶炼及压延加工业	Smelting and Pressing of Nonferrous Metals	18.65	22.16
金属制品业	Metal Products	43.02	64.27
通用设备制造业	Manufacture of General-purpose Equipment	25.03	26.89
专用设备制造业	Manufacture of Special-purpose Equipment	34.38	22.40
交通运输设备制造业	Manufacture of Transport Equipment	23.81	23.05
电气机械及器材制造业	Manufacture of Electrical Machinery and Equipment	144.03	236.69
通信设备、计算机及其他电子设备制造业	Manufacture of Communication Equipment, Computers and Other Electronic Equipment	339.29	84.90
仪器仪表及文化、办公用机械制造业	Manufacture of Instruments, Meters and Machinery for Cultural and Office Use	42.25	16.57
工艺品及其他制造业	Handicraft and Other Manufactures	20.89	13.64
废弃资源和废旧材料回收加工业	Recycling and Disposal of Waste		0.33
电力、热力的生产和供应业	Production and Supply of Electric Power and Heat Power	115.71	31.53
燃气生产和供应业	Production and Supply of Gas	2.98	3.14
水的生产和供应业	Production and Supply of Water	9.87	6.23

12-11 continued

(100 million yuan)

江 门 Jiangmen	阳 江 Yangjiang	湛 江 Zhanjiang	茂 名 Maoming	肇 庆 Zhaoqing	清 远 Qingyuan	潮 州 Chaozhou	揭 阳 Jieyang	云 浮 Yunfu
796.08	**137.96**	**387.78**	**325.44**	**288.81**	**557.00**	**152.41**	**307.48**	**97.53**
57.14	8.79	107.74	212.99	34.55	34.57	20.06	30.73	12.48
53.08	7.75	38.78	14.26	16.89	15.89	10.65	21.13	9.51
10.94	0.56	1.70	4.01	2.29	20.95	0.82	6.84	3.28
0.66		2.68	0.96	0.10	0.19	1.98	0.35	0.35
246.27	62.98	104.08	264.45	97.00	224.39	74.50	166.75	33.66
108.04	12.97	47.89	6.05	40.65	38.35	25.93	19.50	18.24
296.62	26.56	168.18	10.80	81.16	218.32	23.64	50.87	27.04
444.86	85.06	125.80	60.03	97.64	152.64	94.22	208.30	40.68
351.22	52.90	261.98	265.41	191.17	404.36	58.19	99.18	56.84
117.82	5.23	1.34	197.80	33.24	33.65	10.90		3.14
281.15	41.91	128.44	34.44	89.40	252.69	46.75	114.11	47.82
397.12	90.81	258.01	93.21	166.17	270.66	94.75	193.37	46.57
		145.24						
		0.18	0.60	5.45	4.40			0.33
		0.86	1.19	4.09	1.34		0.04	
5.06	0.11	3.64	8.70	8.26	14.70	0.02	0.25	3.96
10.90	15.20	58.88	11.83	3.47	16.14	2.50	6.35	4.73
34.20	2.19	2.40	1.93	1.46	4.10	10.17	12.86	1.10
1.72	0.33	4.46	2.10	2.32	0.58	1.19	1.81	0.48
	0.04	11.16						
42.79	2.33	2.83	2.22	11.17	11.61	1.68	35.18	3.12
38.74	3.44	0.30	0.49	7.18	9.39	7.83	39.03	5.11
18.02	1.19	2.93	9.84	10.51	34.82	1.84	3.98	0.08
6.02	6.86	9.90	3.56	7.25	2.39	0.06	0.48	0.53
15.51	4.75	4.28	1.91	4.15	9.81	0.03	1.88	0.11
27.69	1.91	4.12	1.86	8.58	13.42	1.96	4.32	1.74
14.80	1.81	2.64	0.99	1.76	4.82	5.05	5.77	0.07
5.15	0.28	0.05	0.70	3.62	13.59	0.76	7.98	0.24
2.96		41.82	204.62		0.11		0.02	
39.53	1.34	10.10	28.42	24.13	8.89	2.29	7.47	6.24
5.57	1.18	3.23	0.89	7.58	2.55	0.81	15.55	2.76
12.02				0.85	0.09		2.91	
6.47	0.95	1.41	1.24	4.78	4.18	0.03	1.24	
29.07	2.14	5.10	3.69	4.70	21.61	10.18	35.55	1.45
31.99	3.36	7.44	5.61	23.69	92.00	49.82	6.28	22.93
19.39	13.48		0.99	1.74	12.90	0.68	17.41	0.12
15.59	0.46	1.29		29.39	86.50	1.43	0.85	1.11
120.41	47.12	2.18	1.26	35.41	12.34	6.59	33.51	13.61
17.23	4.40	3.66	1.81	9.11	30.60	1.76	2.57	1.09
8.91	0.26	4.58	1.50	3.09	5.21	0.50	5.18	0.63
84.62	0.78	3.49	0.01	6.22	5.04		2.84	0.02
73.01	4.52	20.33	2.62	9.15	22.06	5.25	12.87	4.88
34.92	1.07	0.68	0.32	20.89	21.63	6.26	3.71	10.99
1.54		0.02	0.12	1.79	0.25	0.67	1.23	0.02
12.06	1.32	0.72	8.24	4.59	1.28	1.41	5.28	0.48
0.89	4.72	0.42	0.24	7.27	63.61	0.01	2.22	0.06
55.76	9.11	25.67	14.94	13.83	23.82	19.20	29.99	9.11
0.32	0.54	0.79	0.14	0.07		11.46		0.02
3.22	0.77	0.98	0.85	1.26	1.20	0.95	0.85	0.43

12-12 规模以上工业企业主要经济指标

Main Indicators of Industrial Enterprises above Designated Size

年份 Year	全部从业人员平均人数(万人) Annual Average Number of Employed Persons (10000 persons)	总产值(亿元) Gross Output Value of Industry (100 million yuan)	固定资产原价(亿元) Original Value of Fixed Assets (100 million yuan)	主营业务收入(亿元) Principal Business Revenue (100 million yuan)	利税总额(亿元) Total Pre-tax Profits (100 million yuan)	百元固定资产实现利税(元) Pre-tax Profits per 100 yuan of Original Value of Fixed Assets (yuan)	总资产贡献率 Ratio of Total Assets to Industrial Output Value	产值利税率(%) Ratio of Pre-tax Profits to Gross Output Value (%)	百元主营业务收入实现利税(元) Pre-tax Profits per 100 yuan of Main Business Revenue (yuan)	全员劳动生产率(元/人) Overall Labor Productivity (yuan/person)
1978	170.51	168.91	111.42		32.91	29.54		19.48		9906
1979	171.76	181.96	129.09	170.09	34.48	26.71		18.45	20.27	10594
1980	182.39	198.83	136.59	189.97	38.51	28.19		19.37	20.27	10902
1981	189.08	226.26	152.58	215.09	42.12	27.60		18.61	19.58	11966
1982	194.33	245.54	172.00	231.20	44.62	25.94		18.17	19.30	12635
1983	197.50	275.25	226.58	226.91	48.59	21.45		17.65	21.42	13937
1984	241.42	336.45	221.46	313.33	56.83	25.66		16.89	18.14	13937
1985	298.66	438.91	269.13	412.77	75.99	29.23		17.31	18.41	14696
1986	323.16	522.35	335.19	498.80	80.90	24.14		15.49	16.22	16164
1987	353.95	711.04	433.95	692.47	102.24	23.56		14.38	14.76	20089
1988	382.19	1056.47	540.37	1016.20	140.65	26.03		13.31	13.84	27643
1989	387.90	1321.33	700.66	1222.20	138.71	19.80		10.50	11.35	34064
1990	390.28	1379.98	843.88	1287.91	121.50	14.40		8.80	9.43	35359
1991	433.18	2018.62	1339.04	1875.02	188.08	14.05		9.32	10.03	46600
1992	450.99	2696.47	1485.36	2537.84	248.78	22.32		9.23	9.80	59790
1993	478.39	4085.35	2099.09	3920.98	397.40	18.93		9.73	10.14	85379
1994	537.57	5325.35	3309.63	4826.68	478.41	14.46		8.89	9.91	99063
1995	537.83	6325.19	4298.15	6195.84	445.53	10.37		7.04	7.19	117606
1996	529.13	7308.51	5066.23	6808.08	489.26	9.66		6.69	7.19	36094
1997	522.94	8201.71	5904.95	7767.79	617.90	10.46	7.54	7.53	7.95	40040
1998	548.59	9738.56	6968.36	9243.42	622.82	8.94	7.37	6.40	6.74	44553
1999	537.77	10538.17	7399.10	10208.99	778.94	10.53	7.62	7.39	7.63	50307
2000	572.89	12480.93	8005.77	12380.65	1042.77	13.03	8.86	8.35	8.42	58836
2001	578.94	14035.35	8655.82	13891.46	1139.98	13.17	8.70	8.12	8.21	67012
2002	644.39	16378.60	9550.47	16247.73	1380.24	14.45	9.17	8.43	8.50	58940
2003	741.17	21513.46	10768.77	21566.93	1850.90	17.19	10.42	8.60	8.56	77150
2004	996.44	29554.92	12713.34	28998.45	2329.79	18.33	10.52	7.90	8.03	74661
2005	1085.65	35942.74	14453.16	34781.58	2877.81	19.91	11.29	8.01	8.27	86735
2006	1203.58	44674.75	17824.33	43550.87	3907.10	21.92	12.24	8.75	8.97	97882
2007	1307.40	55252.86	19763.42	53927.94	5105.93	25.83	13.59	9.24	9.46	107880
2008	1493.38	65424.61	24529.17	63371.65	6136.69	25.02	14.32	9.38	9.68	117940
2009	1436.02	68275.77	26293.23	66117.81	6793.59	25.84	14.18	9.95	10.27	126984

注：1. 利税总额包括增值税。
2. 全员劳动生产率1996年后按工业增加值计算。
3. 1998年起统计口径为规模以上工业。1997年以前为独立核算工业企业。

Note:a) Total pre-tax profits include value-added tax.
b) Since 1996, figures of overall labor productivity have been calculated by value-added of industry.
c) Since 1998,data are statistics of industrial enterprises above designated size,while data prior to 1997 are statistics of industrial enterprises with independent accounting systems.

12-13 规模以上国有控股工业企业主要经济指标

Main Indicators of State-owned and State-holding Industrial Enterprises above Designated Size

年份 Year	全部从业人员平均人数(万人) Annual Average Number of Employed Persons (10000 persons)	总产值(亿元) Gross Output Value of Industry (100 million yuan)	固定资产原价(亿元) Original Value of Fixed Assets (100 million yuan)	主营业务收入(亿元) Principal Business Revenue (100 million yuan)	利税总额(亿元) Total Pre-tax Profits (100 million yuan)	百元固定资产实现利税(元) Pre-tax Profits per 100 yuan of Original Value of Fixed Assets (yuan)	总资产贡献率 Ratio of Total Assets to Industrial Output Value	产值利税率(%) Ratio of Pre-tax Profits to Gross Output Value (%)	百元主营业务收入实现利税(元) Pre-tax Profits per 100 yuan of Main Business Revenue (yuan)	全员劳动生产率(元/人) Overall Labor Productivity (yuan/person)
1978	120.35	122.28	96.06		26.09	27.16		21.34		10159
1979	121.97	132.30	103.51	126.87	26.89	25.96		20.31	21.18	10847
1980	126.09	136.30	107.27	127.97	28.33	25.90		20.57	22.19	10829
1981	132.60	153.54	118.82	147.85	31.18	26.24		20.31	21.09	11579
1982	139.90	165.82	131.82	158.43	33.29	25.26		20.08	21.01	11853
1983	142.18	188.09	147.53	178.04	38.18	25.88		20.30	21.45	13228
1984	143.08	222.35	162.13	205.73	44.02	27.15		19.80	21.39	15540
1985	144.14	277.87	203.80	265.05	56.34	27.64		20.28	21.26	19278
1986	150.14	312.74	235.47	305.42	59.70	25.36		19.09	19.55	20829
1987	156.48	400.55	294.46	402.63	72.44	24.60		18.09	17.99	25598
1988	162.43	555.41	328.58	545.00	91.05	27.71		16.39	16.71	34194
1989	162.85	670.95	404.50	631.61	94.11	23.26		14.93	14.90	41200
1990	163.80	713.88	488.36	689.83	84.35	17.27		11.82	12.23	43582
1991	173.85	906.72	612.24	853.62	116.26	18.99		12.82	13.62	52155
1992	171.60	1118.86	751.42	1073.94	131.24	17.47		11.73	12.22	65202
1993	153.26	1371.58	856.85	1372.66	169.40	19.77		12.35	12.34	89494
1994	152.25	1498.80	1076.47	1400.87	176.81	16.42		11.80	12.62	98443
1995	142.83	1396.35	1315.16	1499.25	160.57	12.21		11.50	10.71	97763
1996	137.50	1476.12	1599.77	1555.28	139.01	8.69		9.42	8.94	34057
1997	124.71	1505.06	1794.89	1657.79	160.92	8.97		10.69	9.71	36596
1998	102.67	1453.79	1790.91	1616.64	163.10	9.11		11.22	10.09	47019
1999	128.16	3025.68	3520.17	3153.04	376.11	10.68	8.63	12.34	11.93	72606
2000	104.39	3126.12	3513.50	3583.55	433.35	12.33	9.09	13.86	12.09	91413
2001	91.77	3236.65	3982.54	3757.95	486.46	12.21	9.53	15.03	12.94	112515
2002	83.25	3264.46	3942.57	3800.38	483.25	12.26	9.34	14.80	12.72	132894
2003	75.20	3949.03	4603.66	4717.48	623.49	13.54	10.88	15.79	13.22	191590
2004	72.53	6039.24	4913.92	6031.47	779.41	15.86	12.39	12.91	12.92	213941
2005	69.42	6375.54	5153.83	6261.70	800.26	15.53	13.03	12.55	12.78	243447
2006	60.80	7253.17	6557.86	6887.69	1213.73	18.50	14.89	16.73	17.62	391250
2007	60.86	8603.94	6702.65	8258.85	1603.72	23.92	17.68	18.63	19.41	464322
2008	77.84	11144.50	8327.10	11045.88	1676.74	20.14	15.49	15.05	15.18	430063
2009	75.33	10790.11	9249.22	10637.39	1747.60	18.89	14.73	16.20	16.43	457743

注：1998年以前为国有工业，1999年起为国有及国有控股工业，2007年起改为国有控股工业。

Note: Data prior to 1998 are statistics of state-owned industrial enterprises, data since 1999 are statistics of state-owned and state-holding industrial enterprises, and data since 2007 are statistics of state-holding industrial enterprises.

12-14 规模以上工业企业主要经济指标（2009年）

单位：亿元

项　　目	Item	企业单位数（个）Number of Enterprises (unit)	工业总产值（当年价）Gross Industrial Output Value (at current prices)
全省总计	**Provincial Total**	**52217**	**68275.77**
按经济类型分	Grouped by Ownership		
在总计中：国有控股工业	Of the Total: State-holding Industry	1293	10790.11
国有工业	State-owned Industry	588	3654.86
集体工业	Collective-owned Industry	878	635.41
股份合作工业	Share-holding Cooperative Industry	241	168.17
股份制工业	Share-holding Industry	24130	23728.29
外商投资工业	Foreign-funded Industry	5910	18758.88
港澳台投资工业	Industry with Funds from Hong Kong, Macao and Taiwan	13277	17935.46
按轻重工业分	Grouped by Light and Heavy Industries		
轻工业	Light Industry	29041	26685.86
重工业	Heavy Industry	23176	41589.91
按企业规模分	Grouped by Size of Enterprises		
大型企业	Large Enterprises	426	20453.38
中型企业	Medium Enterprises	6206	24301.72
小型企业	Small Enterprises	45585	23520.66
按行业分	Grouped by Sector		
煤炭开采和洗选业	Mining and Washing of Coal		
石油和天然气开采业	Extraction of Petroleum and Natural Gas	10	512.14
黑色金属矿采选业	Mining and Dressing of Ferrous Metal Ores	80	104.51
有色金属矿采选业	Mining and Dressing of Nonferrous Metal Ores	52	95.82
非金属矿采选业	Mining and Dressing of Nonmetal Ores	306	197.47
其他矿采选业	Mining and Dressing of Other Ores		
农副食品加工业	Processing of Farm and Sideline Food	959	1517.37
食品制造业	Manufacture of Food	851	895.74
饮料制造业	Manufacture of Beverage	277	603.86
烟草制品业	Tobacco Products	15	289.57
纺织业	Textile Industry	2889	1929.22
纺织服装、鞋、帽制造业	Manufacture of Textile Garments, Footwear and Headgear	3530	1937.25
皮革、毛皮、羽毛(绒)及其制品业	Leather, Fur, Feather, Down and Related Products	1769	1227.27
木材加工及木、竹、藤、棕、草制品业	Timber Processing, Bamboo, Cane, Palm Fiber & Straw Products	634	391.44
家具制造业	Manufacture of Furniture	1409	872.26
造纸及纸制品业	Papermaking and Paper Products	1770	1249.49
印刷业和记录媒介的复制	Printing and Record Medium Reproduction	1457	726.03
文教体育用品制造业	Manufacture of Cultural, Educational and Sports Articles	1236	894.47
石油加工、炼焦及核燃料加工业	Petroleum Refining, Coking and Nuclear Fuel Processing	107	1899.53
化学原料及化学制品制造业	Manufacture of Raw Chemical Materials and Chemical Products	2658	3209.18
医药制造业	Manufacture of Medicines	396	618.00
化学纤维制造业	Manufacture of Chemical Fibers	83	136.46
橡胶制品业	Rubber Products	601	362.46
塑料制品业	Plastic Products	4359	2640.21
非金属矿物制品业	Nonmetal Mineral Products	2666	2334.60
黑色金属冶炼及压延加工业	Smelting and Pressing of Ferrous Metals	436	1419.46
有色金属冶炼及压延加工业	Smelting and Pressing of Nonferrous Metals	687	1827.56
金属制品业	Metal Products	4781	3256.46
通用设备制造业	Manufacture of General-purpose Machinery	1912	1557.54
专用设备制造业	Manufacture of Special-purpose Machinery	1878	1197.27
交通运输设备制造业	Manufacture of Transport Equipment	1267	4156.18
电气机械及器材制造业	Manufacture of Electrical Machinery and Equipment	5441	7365.41
通信设备、计算机及其他电子设备制造业	Manufacture of Communication Equipment, Computers and Other Electronic Equipment	4645	15721.79
仪器仪表及文化、办公用机械制造业	Manufacture of Instruments, Meters and Machinery for Cultural and Office Use	773	1179.72
工艺品及其他制造业	Handicraft and Other Manufactures	1275	1084.81
废弃资源和废旧材料回收工业	Recycling and Disposal of Waste	213	450.19
电力、热力的生产和供应业	Production and Supply of Electric Power and Heat Power	406	3869.19
燃气生产和供应业	Production and Supply of Gas	81	323.05
水的生产和供应业	Production and Supply of Water	308	222.78

Main Economic Indicators of Industrial Enterprises above Designated Size (2009)

(100 million yuan)

工业增加值 Value-added of Industry	年末资产总计 Total Assets at the Year-end	流动资产合计 Total Working Capital	固定资产净值 Net Value of Fixed Assets	主营业务收入 Principal Business Revenue	主营业务税金及附加 Tax and Extra Charges on Main Business	利润总额 Total Profits	利税总额 Total Pre-tax Profits	本年应交增值税 Value-added Tax Payable in Current Year	全部从业人员年平均人数(万人) Annual Average Number of Employed Persons (10000 persons)
18235.21	**50321.88**	**27954.37**	**15901.63**	**66117.81**	**853.00**	**4204.40**	**6793.59**	**1736.19**	**1436.02**
3448.36	12724.56	4473.38	5758.43	10637.39	477.70	861.47	1747.60	408.43	75.33
1095.29	4436.94	1118.43	2805.66	3603.73	172.27	172.07	525.30	180.95	29.47
179.98	362.11	149.01	134.90	610.38	5.70	27.58	46.57	13.30	34.91
47.88	87.65	54.45	20.56	164.05	0.94	6.30	12.92	5.68	3.89
6650.44	17624.67	9995.67	4566.63	23175.81	334.73	1498.05	2469.27	636.49	438.58
4444.78	12794.47	7901.28	3663.30	18202.82	229.67	1139.10	1792.81	424.04	303.21
4901.08	13573.63	7916.31	4270.67	17108.17	72.28	1179.22	1642.85	391.35	541.92
7468.00	17895.21	11114.60	4654.84	25647.87	313.77	1514.54	2555.37	727.06	792.67
10767.20	32426.67	16839.77	11246.78	40469.93	539.23	2689.86	4238.22	1009.13	643.35
5219.48	14815.04	8384.64	3944.02	20124.61	379.84	1284.34	2158.31	494.14	257.88
6661.54	20111.73	10760.34	6934.08	23296.60	278.40	1671.74	2615.48	665.34	554.48
6354.18	15395.11	8809.39	5023.52	22696.61	194.77	1248.32	2019.79	576.71	623.66
442.79	459.33	66.81	318.15	457.70	10.23	231.23	265.02	23.56	0.41
32.17	89.01	52.37	14.97	88.58	2.39	9.90	17.90	5.61	1.04
41.03	56.32	28.29	20.52	86.56	0.92	17.93	24.05	5.20	1.32
59.88	93.77	32.23	34.55	185.37	3.08	15.73	25.10	6.29	3.48
329.23	829.53	536.69	193.01	1468.84	16.99	78.03	119.56	24.54	15.51
328.88	624.95	404.46	147.43	851.79	14.87	106.46	169.81	48.48	16.29
182.66	452.44	227.78	166.94	602.43	13.54	38.24	80.46	28.68	7.29
220.46	280.76	202.45	37.33	287.18	118.79	48.52	200.13	32.82	0.80
505.60	1278.45	694.33	466.19	1843.10	9.62	83.29	133.77	40.85	67.20
582.57	1016.21	658.80	255.76	1857.02	8.62	77.86	135.92	49.44	109.29
357.33	696.13	462.60	153.39	1176.22	5.53	54.76	88.28	28.00	86.51
99.09	317.41	161.11	78.52	382.42	2.72	26.07	40.60	11.81	9.55
227.89	499.62	301.83	128.62	842.12	7.12	40.04	66.00	18.84	32.46
314.49	1158.21	570.95	459.75	1194.85	8.27	54.39	94.77	32.10	27.27
222.74	636.91	361.04	209.42	681.57	4.19	45.12	69.02	19.71	23.69
249.76	554.78	330.07	165.62	868.71	6.43	26.29	47.25	14.53	60.60
528.52	995.04	433.68	469.26	1910.41	225.08	118.76	411.48	67.65	2.38
1077.71	2468.57	1373.09	818.70	3105.71	27.97	314.68	502.20	159.55	31.66
211.05	623.09	358.42	152.18	570.48	3.11	72.23	104.79	29.44	9.94
32.80	120.57	53.27	58.32	140.82	0.29	4.95	9.24	4.00	1.80
95.73	301.26	163.67	100.29	348.07	2.71	15.81	25.23	6.71	14.59
680.70	1762.28	1008.94	537.79	2501.60	15.12	124.61	192.02	52.29	88.63
678.91	1769.07	806.18	773.22	2220.53	14.92	146.38	239.15	77.85	53.32
297.27	1060.08	450.07	429.58	1361.59	5.94	44.79	78.60	27.87	8.02
424.31	804.44	503.34	227.73	1749.36	18.44	92.54	138.28	27.29	14.11
861.07	1854.62	1127.54	535.80	3123.35	33.46	158.59	269.46	77.41	82.75
419.56	1077.76	712.60	255.99	1481.96	14.76	87.05	139.69	37.89	33.30
346.56	1122.86	695.23	303.17	1151.96	9.23	84.07	126.05	32.76	36.71
1099.05	2995.57	1976.83	783.56	4124.70	138.38	401.31	697.24	157.55	40.87
1922.87	4611.88	3188.74	888.85	7082.97	41.72	396.92	600.20	161.56	174.38
3429.16	9883.06	7129.92	1920.28	15380.65	32.25	717.23	964.18	214.70	284.68
259.36	1056.38	820.05	173.84	1125.47	4.29	64.24	82.85	14.33	32.98
240.91	602.65	450.17	107.09	1049.76	2.60	44.72	67.22	19.90	34.12
133.12	139.57	98.44	30.21	448.00	2.71	20.51	30.06	6.84	2.82
1090.55	6766.15	1171.70	3948.33	3830.55	23.49	298.38	474.88	153.01	19.85
114.44	297.50	120.44	130.44	318.71	1.37	27.48	37.37	8.52	1.05
94.99	965.64	220.24	406.82	216.67	1.85	15.30	25.76	8.61	5.36

12-15 规模以上国有控股工业企业主要经济指标（2009年）

单位：亿元

项 目	Item	企业单位数（个）Number of Enterprises (unit)	工业总产值（当年价）Gross Industrial Output Value (at current prices)
全省总计	**Provincial Total**	**1293**	**10790.11**
按轻重工业分	Grouped by Light and Heavy Industries		
轻工业	Light Industry	492	1552.66
重工业	Heavy Industry	801	9237.45
按企业规模分	Grouped by Size of Enterprises		
大型企业	Large Enterprises	46	5391.26
中型企业	Medium Enterprises	366	4412.15
小型企业	Small Enterprises	881	986.70
按行业分	Grouped by Sector		
煤炭开采和洗选业	Mining and Washing of Coal		
石油和天然气开采业	Extraction of Petroleum and Natural Gas	7	321.33
黑色金属矿采选业	Mining and Dressing of Ferrous Metal Ores	2	4.12
有色金属矿采选业	Mining and Dressing of Nonferrous Metal Ores	13	43.13
非金属矿采选业	Mining and Dressing of Nonmetal Ores	12	14.46
其他矿采选业	Mining and Dressing of Other Ores		
农副食品加工业	Processing of Farm and Sideline Food	86	134.95
食品制造业	Manufacture of Food	31	35.62
饮料制造业	Manufacture of Beverage	24	58.04
烟草制品业	Tobacco Products	9	278.98
纺织业	Textile Industry	31	22.06
纺织服装、鞋、帽制造业	Manufacture of Textile Garments, Footwear and Headgear	13	9.46
皮革、毛皮、羽毛(绒)及其制品业	Leather, Fur, Feather, Down and Related Products	6	2.97
木材加工及木、竹、藤、棕、草制品业	Timber Processing, Bamboo, Cane, Palm Fiber & Straw Products	12	10.12
家具制造业	Manufacture of Furniture	6	3.10
造纸及纸制品业	Papermaking and Paper Products	19	59.92
印刷业和记录媒介的复制	Printing and Record Medium Reproduction	45	34.82
文教体育用品制造业	Manufacture of Cultural, Educational and Sports Articles	15	18.22
石油加工、炼焦及核燃料加工业	Petroleum Refining, Coking and Nuclear Fuel Processing	12	1530.98
化学原料及化学制品制造业	Manufacture of Raw Chemical Materials and Chemical Products	60	268.00
医药制造业	Manufacture of Medicines	41	130.00
化学纤维制造业	Manufacture of Chemical Fibers	1	11.85
橡胶制品业	Rubber Products	17	42.74
塑料制品业	Plastic Products	25	68.20
非金属矿物制品业	Nonmetal Mineral Products	58	90.83
黑色金属冶炼及压延加工业	Smelting and Pressing of Ferrous Metals	14	272.66
有色金属冶炼及压延加工业	Smelting and Pressing of Nonferrous Metals	21	94.36
金属制品业	Metal Products	49	55.96
通用设备制造业	Manufacture of General-purpose Machinery	39	83.80
专用设备制造业	Manufacture of Special-purpose Machinery	30	18.31
交通运输设备制造业	Manufacture of Transport Equipment	64	1369.62
电气机械及器材制造业	Manufacture of Electrical Machinery and Equipment	68	547.10
通信设备、计算机及其他电子设备制造业	Manufacture of Communication Equipment, Computers and Other Electronic Equipment	113	1316.27
仪器仪表及文化、办公用机械制造业	Manufacture of Instruments, Meters and Machinery for Cultural and Office Use	16	32.61
工艺品及其他制造业	Handicraft and Other Manufactures	11	3.79
废弃资源和废旧材料□收加工业	Recycling and Disposal of Waste		
电力、热力的生产和供应业	Production and Supply of Electric Power and Heat Power	218	3566.56
燃气生产和供应业	Production and Supply of Gas	12	135.91
水的生产和供应业	Production and Supply of Water	93	99.25

Main Economic Indicators of State-holding Industrial Enterprises above Designated Size (2009)

(100 million yuan)

工业增加值 Value-added of Industry	年末资产总计 Total Assets at the Year-end	流动资产合计 Total Working Capital	固定资产净值 Net Value of Fixed Assets	主营业务收入 Principal Business Revenue	主营业务税金及附加 Tax and Other Charges on Principal Business	利润总额 Total Profits	利税总额 Total Pre-tax Profits	本年应交增值税 Value-added Tax Payable in Current Year	全部从业人员年平均人数(万人) Annual Average Number of Employed Persons (10000 persons)
3448.36	**12724.56**	**4473.38**	**5758.43**	**10637.39**	**477.70**	**861.47**	**1747.60**	**408.43**	**75.33**
586.46	2040.85	1138.19	531.34	1539.13	128.27	109.61	317.10	79.22	19.17
2861.90	10683.71	3335.19	5227.09	9098.26	349.43	751.86	1430.50	329.21	56.16
1611.24	5689.98	2118.84	2002.55	5277.16	316.14	333.25	806.97	157.58	30.24
1477.20	5501.49	1772.12	2971.60	4376.84	152.08	410.89	775.76	212.79	31.74
359.91	1533.08	582.42	784.28	983.39	9.49	117.33	164.88	38.06	13.36
297.81	186.26	13.73	115.25	309.94	10.19	155.99	181.68	15.50	0.35
1.75	11.41	4.33	3.69	3.67	0.11	0.24	0.82	0.47	0.24
21.17	33.17	15.87	12.76	40.80	0.59	9.00	12.09	2.50	0.73
4.75	12.61	4.86	4.15	14.63	0.24	1.08	2.23	0.91	0.71
29.23	64.47	33.64	20.67	135.01	0.45	6.12	8.74	2.17	1.25
10.68	33.78	18.35	11.72	34.25	0.18	2.03	3.91	1.70	0.84
25.57	72.82	27.62	28.65	59.01	4.04	5.18	13.78	4.55	0.80
216.86	264.87	193.32	31.03	277.85	118.76	46.69	197.71	32.27	0.68
7.25	30.74	16.07	12.34	18.88	0.09	-0.61	0.00	0.52	1.47
3.36	9.24	7.75	0.89	9.22	0.04	1.88	2.09	0.17	0.65
0.74	1.00	0.88	0.09	2.93	0.01	0.05	0.15	0.10	0.25
2.77	6.58	2.63	3.09	9.30	0.17	0.32	0.84	0.35	0.29
1.42	0.89	0.46	0.32	2.95	0.00	0.14	0.25	0.11	0.09
7.10	178.18	71.36	81.04	59.28	0.08	-8.27	-6.23	1.96	1.11
15.59	47.63	23.95	20.62	32.68	0.12	2.58	4.23	1.54	0.83
6.38	18.94	11.79	3.85	17.70	0.10	1.30	1.98	0.58	0.65
433.04	757.71	295.24	399.58	1527.39	222.85	93.15	375.18	59.18	1.58
71.39	416.18	102.06	280.50	271.98	0.30	16.49	40.84	24.06	1.52
49.95	159.02	79.04	38.80	124.83	0.65	14.15	24.97	10.16	2.04
4.17	8.04	6.02	1.81	11.74		2.69	3.31	0.62	0.03
9.88	65.56	29.71	26.39	43.52	0.24	1.89	3.27	1.14	1.04
18.61	76.06	38.64	26.97	59.74	0.13	2.63	5.42	2.67	1.35
32.66	79.77	31.34	38.96	86.69	0.69	8.94	15.25	5.62	1.11
41.35	395.32	141.71	187.89	288.67	0.59	-11.12	-4.35	6.18	2.11
13.97	97.32	57.56	33.77	93.09	2.44	-0.65	2.23	0.44	0.83
15.79	73.08	38.46	21.91	52.61	0.35	2.32	4.29	1.62	1.55
22.15	84.76	50.85	21.12	66.93	0.22	3.85	6.00	1.93	1.71
5.02	24.48	14.31	7.45	19.64	0.56	1.23	2.19	0.39	0.59
358.75	971.12	636.35	266.57	1365.10	86.31	130.94	272.82	55.57	5.67
151.25	578.76	458.37	51.30	541.06	1.89	32.36	49.25	15.00	5.10
466.72	1237.89	890.49	160.58	1246.65	6.81	56.66	71.28	7.80	15.83
11.90	50.67	39.56	7.13	31.31	0.23	5.72	7.07	1.12	0.54
2.07	3.11	1.81	1.10	3.70	0.02	0.14	0.33	0.17	0.20
986.43	6039.95	970.25	3514.04	3545.15	16.98	262.57	420.08	140.53	17.96
52.51	162.80	45.26	91.23	132.46	0.50	14.33	18.49	3.66	0.44
48.33	470.36	99.72	231.17	97.02	0.77	-0.52	5.42	5.17	3.17

12-16 规模以上集体工业企业主要经济指标（2009年）

单位：亿元

项目	Item	企业单位数(个) Number of Enterprises (unit)	工业总产值(当年价) Gross Industrial Output Value (at current prices)
全省总计	**Provincial Total**	**878**	**635.41**
按轻重工业分	Grouped by Light and Heavy Industries		
轻工业	Light Industry	503	376.14
重工业	Heavy Industry	375	259.27
按企业规模分	Grouped by Size of Enterprises		
大型企业	Large Enterprises		
中型企业	Medium Enterprises	58	256.27
小型企业	Small Enterprises	820	379.13
按行业分	Grouped by Sector		
煤炭开采和洗选业	Mining and Washing of Coal		
石油和天然气开采业	Extraction of Petroleum and Natural Gas		
黑色金属矿采选业	Mining and Dressing of Ferrous Metal Ores	1	0.46
有色金属矿采选业	Mining and Dressing of Nonferrous Metal Ores		
非金属矿采选业	Mining and Dressing of Nonmetal Ores	27	37.62
其他矿采选业	Mining and Dressing of Other Ores		
农副食品加工业	Processing of Farm and Sideline Food	23	12.44
食品制造业	Manufacture of Food	19	4.73
饮料制造业	Manufacture of Beverage	6	1.50
烟草制品业	Tobacco Products		
纺织业	Textile Industry	53	39.90
纺织服装、鞋、帽制造业	Manufacture of Textile Garments, Footwear and Headgear	43	30.28
皮革、毛皮、羽毛(绒)及其制品业	Leather, Fur, Feather, Down and Related Products	30	41.34
木材加工及木、竹、藤、棕、草制品业	Timber Processing, Bamboo, Cane, Palm Fiber & Straw Products	5	1.84
家具制造业	Manufacture of Furniture	7	2.09
造纸及纸制品业	Papermaking and Paper Products	39	29.19
印刷业和记录媒介的复制	Printing and Record Medium Reproduction	25	5.83
文教体育用品制造业	Manufacture of Cultural, Educational and Sports Articles	25	52.44
石油加工、炼焦及核燃料加工业	Petroleum Refining, Coking and Nuclear Fuel Processing	1	0.56
化学原料及化学制品制造业	Manufacture of Raw Chemical Materials and Chemical Products	32	16.81
医药制造业	Manufacture of Medicines	5	5.04
化学纤维制造业	Manufacture of Chemical Fibers	1	0.11
橡胶制品业	Rubber Products	12	5.17
塑料制品业	Plastic Products	66	35.01
非金属矿物制品业	Nonmetal Mineral Products	58	34.71
黑色金属冶炼及压延加工业	Smelting and Pressing of Ferrous Metals	1	1.54
有色金属冶炼及压延加工业	Smelting and Pressing of Nonferrous Metals	12	12.28
金属制品业	Metal Products	70	24.12
通用设备制造业	Manufacture of General-purpose Machinery	26	6.22
专用设备制造业	Manufacture of Special-purpose Machinery	22	10.00
交通运输设备制造业	Manufacture of Transport Equipment	19	16.26
电气机械及器材制造业	Manufacture of Electrical Machinery and Equipment	45	47.02
通信设备、计算机及其他电子设备制造业	Manufacture of Communication Equipment, Computers and Other Electronic Equipment	55	46.00
仪器仪表及文化、办公用机械制造业	Manufacture of Instruments, Meters and Machinery for Cultural and Office Use	11	24.76
工艺品及其他制造业	Handicraft and Other Manufactures	24	16.67
废弃资源和废旧材料回收工业	Recycling and Disposal of Waste	2	31.44
电力、热力的生产和供应业	Production and Supply of Electric Power and Heat Power	16	2.22
燃气生产和供应业	Production and Supply of Gas	1	1.87
水的生产和供应业	Production and Supply of Water	96	37.94

Main Economic Indicators of Collective-owned Industrial Enterprises above Designated Size (2009)

(100 million yuan)

工业增加值 Value-added of Industry	年末资产总计 Total Assets at the Year-end	流动资产合计 Total Working Capital	固定资产净值 Net Value of Fixed Assets	主营业务收入 Principal Business Revenue	主营业务税金及附加 Tax and Other Charges on Principal Business	利润总额 Total Profits	利税总额 Total Pre-tax Profits	本年应交增值税 Value-added Tax Payable in Current Year	全部从业人员年平均人数(万人) Annual Average Number of Employed Persons (10000 persons)
179.98	**362.11**	**149.01**	**134.90**	**610.38**	**5.70**	**27.58**	**46.57**	**13.30**	**34.91**
108.50	247.25	97.20	91.24	360.06	2.97	18.34	30.29	8.97	23.23
71.47	114.85	51.81	43.67	250.32	2.72	9.24	16.29	4.33	11.68
73.39	142.37	45.44	47.39	242.82	1.60	12.28	18.61	4.73	15.20
106.58	219.74	103.57	87.51	367.56	4.09	15.30	27.97	8.57	19.71
0.14	0.18	0.01	0.04	0.46	0.01	0.07	0.12	0.04	0.01
10.47	8.33	4.29	3.55	33.39	1.19	1.10	3.24	0.95	0.32
3.37	4.50	2.13	1.41	11.98	0.11	0.72	1.17	0.34	0.17
1.32	2.94	1.67	1.21	4.48	0.03	0.25	0.48	0.19	0.20
0.36	1.19	0.56	0.52	1.69	0.02	0.17	0.28	0.09	0.05
10.49	14.68	7.48	6.14	39.30	0.25	1.79	2.69	0.66	1.81
8.90	8.75	5.46	1.88	29.39	0.15	1.69	2.46	0.63	2.26
14.47	12.75	5.27	1.32	39.27	0.11	0.11	0.48	0.25	7.11
0.42	0.80	0.29	0.45	1.79	0.01	0.16	0.19	0.02	0.05
0.56	0.93	0.49	0.38	2.02		0.15	0.19	0.04	0.14
5.84	13.05	7.41	4.41	28.80	0.50	1.55	2.64	0.59	0.77
1.63	3.09	1.26	1.62	5.75	0.10	0.22	0.46	0.15	0.26
16.17	6.14	4.57	1.45	52.62	0.47	0.63	3.23	2.13	2.36
0.17	0.07	0.07	0.01	0.56		0.01	0.02		
4.19	6.77	3.74	2.51	18.06	0.36	1.21	1.87	0.30	0.31
2.17	6.16	3.78	1.62	5.27	0.02	1.28	1.50	0.20	0.20
0.02	0.03	0.03		0.11			0.01		
1.54	4.57	1.22	0.40	4.34	0.05	0.16	0.28	0.07	0.54
8.20	10.80	4.19	5.28	34.31	0.11	1.89	2.35	0.34	2.47
8.37	30.03	12.54	11.62	33.72	0.17	1.29	2.51	1.05	0.80
0.34	0.19	0.10	0.01	1.51			0.01	0.01	0.01
3.14	2.42	1.47	0.66	12.03	0.07	0.73	1.01	0.21	0.22
6.66	11.86	6.52	3.77	23.44	0.22	0.92	1.77	0.62	0.90
1.70	4.09	2.71	1.03	5.86	0.09	0.30	0.63	0.24	0.32
2.64	4.21	2.05	1.66	9.55	0.06	0.70	1.14	0.38	0.60
4.43	8.47	6.65	0.81	15.27	0.46	1.26	2.04	0.32	0.25
14.28	31.68	13.74	5.58	43.67	0.41	4.65	6.06	0.99	3.15
13.84	22.96	7.73	10.99	45.76	0.05	1.23	1.54	0.26	6.43
5.61	12.68	2.38	5.30	19.10		0.14	0.47	0.33	1.11
3.59	3.59	2.09	1.19	15.87	0.06	0.34	0.65	0.25	0.95
9.24	3.08	1.92	1.15	30.95		0.63	0.66	0.03	0.04
0.80	4.93	1.42	2.34	1.99	0.06	0.15	0.30	0.09	0.10
0.41	0.42	0.40	0.02	1.87	0.01	0.04	0.16	0.11	
14.48	115.77	33.36	54.58	36.22	0.53	2.03	3.96	1.40	1.01

12-17 规模以上股份合作工业企业主要经济指标(2009年)

单位：亿元

项目	Item	企业单位数(个) Number of Enterprises (unit)	工业总产值(当年价) Gross Industrial Output Value (at current prices)
全省总计	**Provincial Total**	**241**	**168.17**
按轻重工业分	Grouped by Light & Heavy Industries		
轻工业	Light Industry	117	97.18
重工业	Heavy Industry	124	70.99
按企业规模分	Grouped by Size of Enterprises		
大型企业	Large Enterprises		
中型企业	Medium Enterprises	12	70.15
小型企业	Small Enterprises	229	98.02
按行业分	Grouped by Sector		
煤炭开采和洗选业	Mining and Washing of Coal		
石油和天然气开采业	Extraction of Petroleum and Natural Gas		
黑色金属矿采选业	Mining and Dressing of Ferrous Metal Ores		
有色金属矿采选业	Mining and Dressing of Nonferrous Metal Ores		
非金属矿采选业	Mining and Dressing of Nonmetal Ores		
其他矿采选业	Mining and Dressing of Other Ores		
农副食品加工业	Processing of Farm and Sideline Food	8	18.35
食品制造业	Manufacture of Food	4	1.78
饮料制造业	Manufacture of Beverage	1	0.15
烟草制品业	Tobacco Products		
纺织业	Textile Industry	9	4.66
纺织服装、鞋、帽制造业	Manufacture of Textile Garments, Footwear and Headgear	9	2.16
皮革、毛皮、羽毛(绒)及其制品业	Leather, Fur, Feather, Down and Related Products	4	0.67
木材加工及木、竹、藤、棕、草制品业	Timber Processing, Bamboo, Cane, Palm Fiber & Straw Products	2	0.62
家具制造业	Manufacture of Furniture	3	4.24
造纸及纸制品业	Papermaking and Paper Products	12	2.70
印刷业和记录媒介的复制	Printing and Record Medium Reproduction	14	4.69
文教体育用品制造业	Manufacture of Cultural, Educational and Sports Articles	4	1.55
石油加工、炼焦及核燃料加工业	Petroleum Refining, Coking and Nuclear Fuel Processing	2	1.54
化学原料及化学制品制造业	Manufacture of Raw Chemical Materials and Chemical Products	17	7.84
医药制造业	Manufacture of Medicines	3	4.78
化学纤维制造业	Manufacture of Chemical Fibers	1	0.17
橡胶制品业	Rubber Products	1	0.43
塑料制品业	Plastic Products	14	3.94
非金属矿物制品业	Nonmetal Mineral Products	15	7.52
黑色金属冶炼及压延加工业	Smelting and Pressing of Ferrous Metals	1	0.61
有色金属冶炼及压延加工业	Smelting and Pressing of Nonferrous Metals	5	7.77
金属制品业	Metal Products	18	22.40
通用设备制造业	Manufacture of General-purpose Machinery	10	1.95
专用设备制造业	Manufacture of Special-purpose Machinery	20	7.15
交通运输设备制造业	Manufacture of Transport Equipment	10	2.14
电气机械及器材制造业	Manufacture of Electrical Machinery and Equipment	22	8.35
通信设备、计算机及其他电子设备制造业	Manufacture of Communication Equipment, Computers and Other Electronic Equipment	8	37.56
仪器仪表及文化、办公用机械制造业	Manufacture of Instruments, Meters and Machinery for Cultural and Office Use	6	2.42
工艺品及其他制造业	Handicraft and Other Manufactures	5	2.52
废弃资源和废旧材料回收工业	Recycling and Disposal of Waste	1	1.19
电力、热力的生产和供应业	Production and Supply of Electric Power and Heat Power	8	4.86
燃气生产和供应业	Production and Supply of Gas	3	1.34
水的生产和供应业	Production and Supply of Water	1	0.13

Main Economic Indicators of Share-holding Cooperative Industrial Enterprises above Designated Size (2009)

(100 million yuan)

工业增加值 Value-added of Industry	年末资产总计 Total Assets at the Year-end	流动资产合计 Total Working Capital	固定资产净值 Net Value of Fixed Assets	主营业务收入 Principal Business Revenue	主营业务税金及附加 Tax and Other Charges on Principal Business	利润总额 Total Profits	利税总额 Total Pre-tax Profits	本年应交增值税 Value-added Tax Payable in Current Year	全部从业人员年平均人数(万人) Annual Average Number of Employed Persons (10000 persons)
47.88	**87.65**	**54.45**	**20.56**	**164.05**	**0.94**	**6.30**	**12.92**	**5.68**	**3.89**
29.23	45.48	32.47	8.01	92.32	0.59	3.55	7.89	3.75	2.42
18.65	42.18	21.98	12.55	71.73	0.35	2.75	5.03	1.92	1.47
21.23	32.24	21.26	5.07	66.99	0.47	2.47	6.24	3.30	1.35
26.65	55.42	33.20	15.49	97.06	0.47	3.83	6.68	2.38	2.54
4.52	12.82	7.56	2.89	18.51	0.40	1.60	2.49	0.48	0.42
0.42	0.32	0.24	0.07	1.79		0.17	0.19	0.01	0.04
0.05	0.05	0.04	0.01	0.15			0.01	0.01	
1.29	0.90	0.36	0.41	4.21	0.01	-0.02	0.02	0.03	0.06
0.59	0.66	0.45	0.20	2.15	0.01	0.05	0.13	0.07	0.11
0.19	0.31	0.29	0.02	0.67		0.01	0.02	0.02	0.07
0.12	0.08	0.05	0.01	0.61	0.01	0.01	0.04	0.02	0.03
1.58	2.57	1.85	0.17	4.15	0.01	0.15	0.30	0.15	0.17
0.69	1.11	0.61	0.41	2.85	0.01	0.02	0.10	0.06	0.10
0.92	6.05	4.41	0.61	4.23	0.02	0.14	0.24	0.08	0.09
0.43	0.64	0.49	0.15	1.43		0.04	0.08	0.04	0.10
0.34	0.61	0.41	0.20	1.44	0.02	0.16	0.20	0.03	0.01
2.43	4.50	3.44	0.76	7.48	0.03	0.33	0.65	0.29	0.20
3.07	2.82	2.09	0.62	4.60		0.46	0.72	0.26	0.06
0.05	0.12	0.06	0.03	0.17		0.01	0.01	0.01	0.01
0.11	0.26	0.24	0.02	0.43		0.03	0.04	0.01	0.01
1.32	1.34	1.05	0.22	3.32	0.01	0.08	0.16	0.06	0.10
1.99	5.77	3.35	1.41	7.24	0.03	0.15	0.38	0.19	0.25
0.13	0.49	0.43	0.07	0.61		0.01	0.03	0.02	0.01
2.20	2.23	0.87	0.48	7.73	0.04	1.13	1.56	0.40	0.06
4.75	8.64	3.50	1.55	22.30	0.05	0.39	0.89	0.45	0.43
0.51	1.26	0.67	0.34	1.86	0.02	0.03	0.11	0.06	0.08
1.92	3.07	2.29	0.57	6.82	0.03	0.07	0.23	0.13	0.22
0.58	1.49	1.13	0.12	2.19	0.01	0.10	0.13	0.03	0.09
1.98	4.85	2.87	1.40	7.69	0.06	0.45	0.72	0.20	0.23
11.16	6.10	5.67	0.36	33.46	0.01	0.43	2.63	2.19	0.16
0.99	5.64	4.70	0.66	3.01	0.02	0.16	0.24	0.06	0.10
1.09	1.24	1.05	0.17	2.28	0.01	-0.11	-0.09	0.02	0.54
0.33	1.24	1.24	0.01	1.08		0.01	0.03	0.02	0.01
1.68	9.10	2.19	6.13	4.36	0.06	0.25	0.55	0.24	0.08
0.39	0.67	0.52	0.13	5.10	0.04		0.11	0.07	0.03
0.06	0.71	0.36	0.34	0.11		-0.01	-0.01		0.01

12-18 规模以上股份制工业企业主要经济指标（2009年）

单位：亿元

项　目	Item	企业单位数（个）Number of Enterprises (unit)	工业总产值（当年价）Gross Industrial Output Value (at current prices)
全省总计	**Provincial Total**	**24130**	**23728.29**
按轻重工业分	Grouped by Light and Heavy Industries		
轻工业	Light Industry	13029	9954.20
重工业	Heavy Industry	11101	13774.09
按企业规模分	Grouped by Size of Enterprises		
大型企业	Large Enterprises	80	6680.85
中型企业	Medium Enterprises	1716	6245.17
小型企业	Small Enterprises	22334	10802.27
按行业分	Grouped by Sector		
煤炭开采和洗选业	Mining and Washing of Coal		
石油和天然气开采业	Extraction of Petroleum and Natural Gas		
黑色金属矿采选业	Mining and Dressing of Ferrous Metal Ores	53	91.19
有色金属矿采选业	Mining and Dressing of Nonferrous Metal Ores	35	68.03
非金属矿采选业	Mining and Dressing of Nonmetal Ores	111	77.72
其他矿采选业	Mining and Dressing of Other Ores		
农副食品加工业	Processing of Farm and Sideline Food	497	670.65
食品制造业	Manufacture of Food	452	281.61
饮料制造业	Manufacture of Beverage	137	100.13
烟草制品业	Tobacco Products	9	12.40
纺织业	Textile Industry	1252	687.33
纺织服装、鞋、帽制造业	Manufacture of Textile Garments, Footwear and Headgear	1427	747.37
皮革、毛皮、羽毛(绒)及其制品业	Leather, Fur, Feather, Down and Related Products	614	241.37
木材加工及木、竹、藤、棕、草制品业	Timber Processing, Bamboo, Cane, Palm Fiber & Straw Products	312	223.21
家具制造业	Manufacture of Furniture	658	380.11
造纸及纸制品业	Papermaking and Paper Products	911	428.17
印刷业和记录媒介的复制	Printing and Record Medium Reproduction	836	329.88
文教体育用品制造业	Manufacture of Cultural, Educational and Sports Articles	356	187.22
石油加工、炼焦及核燃料加工业	Petroleum Refining, Coking and Nuclear Fuel Processing	62	1356.19
化学原料及化学制品制造业	Manufacture of Raw Chemical Materials and Chemical Products	1429	1033.91
医药制造业	Manufacture of Medicines	220	286.58
化学纤维制造业	Manufacture of Chemical Fibers	34	62.37
橡胶制品业	Rubber Products	213	109.31
塑料制品业	Plastic Products	1959	991.32
非金属矿物制品业	Nonmetal Mineral Products	1441	1196.65
黑色金属冶炼及压延加工业	Smelting and Pressing of Ferrous Metals	217	604.32
有色金属冶炼及压延加工业	Smelting and Pressing of Nonferrous Metals	386	972.69
金属制品业	Metal Products	2318	1314.57
通用设备制造业	Manufacture of General-purpose Machinery	967	578.49
专用设备制造业	Manufacture of Special-purpose Machinery	936	475.54
交通运输设备制造业	Manufacture of Transport Equipment	531	619.81
电气机械及器材制造业	Manufacture of Electrical Machinery and Equipment	2725	3924.17
通信设备、计算机及其他电子设备制造业	Manufacture of Communication Equipment, Computers and Other Electronic Equipment	1830	3924.73
仪器仪表及文化、办公用机械制造业	Manufacture of Instruments, Meters and Machinery for Cultural and Office Use	265	192.66
工艺品及其他制造业	Handicraft and Other Manufactures	506	401.01
废弃资源和废旧材料回收工业	Recycling and Disposal of Waste	137	308.45
电力、热力的生产和供应业	Production and Supply of Electric Power and Heat Power	144	709.49
燃气生产和供应业	Production and Supply of Gas	36	62.62
水的生产和供应业	Production and Supply of Water	114	77.04

Main Economic Indicators of Share-holding Industrial Enterprises above Designated Size (2009)

(100 million yuan)

工业增加值 Value-added of Industry	年末资产总计 Total Assets at the Year-end	流动资产合计 Total Working Capital	固定资产净值 Net Value of Fixed Assets	主营业务收入 Principal Business Revenue	主营业务税金及附加 Tax and Other Charges on Principal Business	利润总额 Total Profits	利税总额 Total Pre-tax Profits	本年应交增值税 Value-added Tax Payable in Current Year	全部从业人员年平均人数(万人) Annual Average Number of Employed Persons (10000 persons)
6650.44	**17624.68**	**9995.68**	**4566.63**	**23175.80**	**334.72**	**1498.06**	**2469.27**	**636.49**	**438.58**
2628.80	6204.46	3881.83	1476.85	9716.08	77.22	523.92	855.30	254.16	239.83
4021.63	11420.22	6113.84	3089.78	13459.72	257.50	974.14	1613.97	382.33	198.75
2160.35	6600.92	3683.19	1335.61	6766.50	185.40	545.61	937.82	206.81	59.36
1650.71	5274.93	3003.25	1476.67	5932.38	43.99	435.20	642.85	163.66	120.67
2839.38	5748.83	3309.24	1754.35	10476.93	105.34	517.25	888.60	266.02	258.55
28.92	82.90	48.69	13.83	75.66	2.19	9.18	16.34	4.97	0.88
34.44	41.67	20.25	15.78	59.69	0.85	16.19	21.84	4.80	1.04
23.74	36.06	10.99	10.57	72.59	0.76	6.56	9.49	2.17	1.13
146.47	331.59	197.23	81.04	665.12	7.26	31.98	49.18	9.94	7.05
85.49	173.22	115.65	37.17	270.71	1.82	20.33	33.06	10.91	6.30
31.84	80.66	45.96	24.81	96.25	5.14	6.01	15.87	4.73	2.36
4.84	19.12	10.51	8.02	11.06	0.05	2.06	2.87	0.77	0.21
181.81	371.06	191.45	141.02	651.14	5.78	33.09	56.62	17.75	21.84
216.50	319.31	207.30	81.05	720.65	3.49	32.08	56.57	20.99	32.49
69.57	113.73	78.23	22.89	235.14	2.09	11.18	19.61	6.34	13.54
55.40	162.85	71.44	42.88	216.61	1.25	17.68	25.87	6.94	3.96
98.33	178.26	104.78	40.55	368.80	2.91	17.02	28.36	8.43	11.33
107.89	321.82	187.12	104.63	412.21	3.26	14.23	27.58	10.09	10.52
99.54	246.41	136.03	79.22	314.20	2.32	18.67	31.02	10.03	8.94
50.76	100.41	57.29	28.38	181.43	3.32	10.47	17.53	3.75	8.25
383.76	529.80	242.36	245.79	1367.33	162.26	95.40	290.97	33.31	1.87
268.67	714.67	418.31	184.45	1011.51	7.89	63.43	100.41	29.09	13.95
106.17	324.49	179.99	80.14	266.70	2.08	35.61	52.06	14.37	4.87
13.16	50.56	20.42	26.03	68.09	0.19	0.60	2.43	1.64	1.03
29.63	113.38	51.36	39.07	108.86	0.70	4.63	8.12	2.79	3.00
249.09	570.79	317.16	160.64	935.15	8.78	47.09	77.23	21.36	24.39
337.67	787.63	362.30	339.10	1136.68	8.22	64.81	108.28	35.26	26.46
142.28	447.06	163.64	210.81	572.34	5.26	29.49	50.45	15.70	4.53
234.26	389.76	227.58	122.53	937.56	10.59	49.16	74.17	14.41	7.64
339.49	608.05	376.73	180.64	1261.88	13.44	65.89	111.82	32.49	31.88
153.42	367.23	241.36	81.35	549.45	6.07	30.25	51.90	15.59	13.31
144.27	396.05	265.43	91.69	460.61	6.19	41.82	61.28	13.27	12.63
151.27	476.26	309.29	119.20	582.24	6.20	23.86	45.40	15.34	11.12
1029.25	2463.06	1775.98	371.37	3880.52	21.35	216.68	335.33	97.30	68.11
1358.08	3481.36	2781.61	392.17	3966.74	23.32	350.75	507.33	133.26	62.58
57.87	197.53	141.71	31.62	177.70	0.61	20.50	26.26	5.15	5.31
73.48	188.61	141.55	27.98	393.64	1.00	11.91	18.23	5.32	9.48
91.55	88.78	66.62	14.04	309.83	2.40	10.67	16.93	3.86	1.91
196.03	2463.85	334.23	928.78	700.41	4.50	78.97	102.95	19.48	2.62
21.01	84.67	17.37	44.09	63.20	0.45	4.96	7.17	1.76	0.49
34.50	302.03	77.75	143.30	74.12	0.71	4.87	8.71	3.13	1.58

12-19 规模以上“三资”工业企业主要经济指标（2009年）

单位：亿元

项目	Item	企业单位数（个）Number of Enterprises (unit)	工业总产值（当年价）Gross Industrial Output Value (at current prices)
全省总计	**Provincial Total**	**19187**	**36694.34**
按经济类型分	Grouped by Ownership		
外商投资工业	Foreign-funded Industry	13277	17935.46
港澳台投资工业	Industry with Funds from Hong Kong, Macao and Taiwan	5910	18758.88
按轻重工业分	Grouped by Light and Heavy Industries		
轻工业	Light Industry	10872	13962.71
重工业	Heavy Industry	8315	22731.63
按企业规模分	Grouped by Size of Enterprises		
大型企业	Large Enterprises	330	12636.31
中型企业	Medium Enterprises	4087	15031.64
小型企业	Small Enterprises	14770	9026.39
按行业分	Grouped by Sector		
煤炭开采和洗选业	Mining and Washing of Coal		
石油和天然气开采业	Extraction of Petroleum and Natural Gas	6	504.63
黑色金属矿采选业	Mining and Dressing of Ferrous Metal Ores	2	1.29
有色金属矿采选业	Mining and Dressing of Nonferrous Metal Ores	1	0.12
非金属矿采选业	Mining and Dressing of Nonmetal Ores	23	23.60
其他矿采选业	Mining and Dressing of Other Ores		
农副食品加工业	Processing of Farm and Sideline Food	245	657.48
食品制造业	Manufacture of Food	254	563.90
饮料制造业	Manufacture of Beverage	95	485.49
烟草制品业	Tobacco Products		
纺织业	Textile Industry	1049	942.65
纺织服装、鞋、帽制造业	Manufacture of Textile Garments, Footwear and Headgear	1543	934.10
皮革、毛皮、羽毛(绒)及其制品业	Leather, Fur, Feather, Down and Related Products	881	866.61
木材加工及木、竹、藤、棕、草制品业	Timber Processing, Bamboo, Cane, Palm Fiber & Straw Products	156	109.67
家具制造业	Manufacture of Furniture	517	396.16
造纸及纸制品业	Papermaking and Paper Products	481	662.26
印刷业和记录媒介的复制	Printing and Record Medium Reproduction	283	303.17
文教体育用品制造业	Manufacture of Cultural, Educational and Sports Articles	728	577.29
石油加工、炼焦及核燃料加工业	Petroleum Refining, Coking and Nuclear Fuel Processing	29	229.28
化学原料及化学制品制造业	Manufacture of Raw Chemical Materials and Chemical Products	892	2000.59
医药制造业	Manufacture of Medicines	136	293.77
化学纤维制造业	Manufacture of Chemical Fibers	38	64.65
橡胶制品业	Rubber Products	296	217.38
塑料制品业	Plastic Products	1624	1352.09
非金属矿物制品业	Nonmetal Mineral Products	641	830.73
黑色金属冶炼及压延加工业	Smelting and Pressing of Ferrous Metals	98	745.64
有色金属冶炼及压延加工业	Smelting and Pressing of Nonferrous Metals	175	748.57
金属制品业	Metal Products	1428	1425.27
通用设备制造业	Manufacture of General-purpose Machinery	607	745.99
专用设备制造业	Manufacture of Special-purpose Machinery	714	618.12
交通运输设备制造业	Manufacture of Transport Equipment	557	3395.70
电气机械及器材制造业	Manufacture of Electrical Machinery and Equipment	1998	3018.12
通信设备、计算机及其他电子设备制造业	Manufacture of Communication Equipment, Computers and Other Electronic Equipment	2492	11549.54
仪器仪表及文化、办公用机械制造业	Manufacture of Instruments, Meters and Machinery for Cultural and Office Use	463	937.68
工艺品及其他制造业	Handicraft and Other Manufactures	602	596.62
废弃资源和废旧材料回收工业	Recycling and Disposal of Waste	20	35.66
电力、热力的生产和供应业	Production and Supply of Electric Power and Heat Power	67	554.25
燃气生产和供应业	Production and Supply of Gas	28	250.04
水的生产和供应业	Production and Supply of Water	18	56.23

Main Economic Indicators of Foreign-funded Industrial Enterprises above Designated Size (2009)

(100 million yuan)

工业增加值 Value-added of Industry	年末资产总计 Total Assets at the Year-end	流动资产合计 Total Working Capital	固定资产净值 Net Value of Fixed Assets	主营业务收入 Principal Business Revenue	主营业务税金及附加 Tax and Other Charges on Principal Business	利润总额 Total Profits	利税总额 Total Pre-tax Profits	本年应交增值税 Value-added Tax Payable in Current Year	全部从业人员年平均人数(万人) Annual Average Number of Employed Persons (10000 persons)
9345.86	**26368.10**	**15817.59**	**7933.97**	**35310.99**	**301.94**	**2318.32**	**3435.65**	**815.39**	**845.13**
4901.08	13573.63	7916.31	4270.67	17108.17	72.28	1179.22	1536.46	344.55	541.92
4444.78	12794.47	7901.28	3663.30	18202.82	229.67	1139.10	1709.11	397.11	303.21
3918.34	10062.06	6383.10	2658.98	13272.52	94.41	824.06	1292.18	373.71	466.82
5427.52	16306.04	9434.49	5275.00	22038.46	207.54	1494.26	2143.47	441.68	378.30
2729.94	6890.33	4387.68	1827.35	12231.56	134.17	698.77	1072.77	239.82	190.15
4129.19	11901.33	6885.68	3739.02	14412.36	118.07	1103.22	1586.73	365.44	387.15
2486.73	7576.44	4544.22	2367.60	8667.06	49.70	516.33	776.16	210.13	267.82
438.80	447.89	63.44	316.38	450.21	10.02	229.78	263.35	23.55	0.12
0.32	1.30	0.26	0.19	1.24	0.01	0.07	0.11	0.04	0.01
0.04	0.04	0.03		0.12					
7.48	19.98	7.17	9.22	23.33	0.23	4.08	5.00	0.69	0.59
139.37	403.20	277.06	86.62	618.67	8.26	31.96	51.61	11.39	5.91
227.93	417.77	268.27	99.41	532.89	12.64	82.64	131.28	36.00	8.51
143.28	354.21	176.75	131.88	488.35	7.92	30.63	61.20	22.66	4.57
244.65	773.26	438.51	269.28	901.61	2.32	37.42	56.34	16.60	36.02
290.65	607.90	392.82	151.77	893.36	3.82	35.30	60.90	21.78	64.79
251.96	541.98	363.20	123.03	829.67	2.91	40.17	62.80	19.72	62.29
28.28	132.13	78.34	28.36	109.42	0.85	4.44	8.69	3.41	3.88
103.90	289.82	177.38	81.86	381.63	3.07	18.91	30.38	8.40	18.27
165.59	755.56	342.58	322.89	630.47	2.49	31.70	52.43	18.24	12.54
93.13	325.62	190.51	105.73	280.65	1.32	22.22	30.57	7.03	11.86
163.47	426.77	256.17	129.03	559.69	1.33	12.25	19.66	6.08	46.95
61.13	135.38	59.01	57.45	230.79	24.94	16.86	44.56	2.76	0.27
761.08	1673.70	903.52	614.72	1925.82	19.02	239.30	384.38	126.06	15.09
91.29	267.60	160.77	63.11	267.15	0.88	33.08	46.94	12.99	4.29
17.22	66.99	31.11	31.29	63.71	0.05	3.64	5.75	2.05	0.60
56.35	167.26	100.36	56.85	205.74	1.83	8.67	13.76	3.26	10.25
353.99	1076.59	634.21	332.25	1281.85	3.63	62.32	89.79	23.84	54.94
253.82	789.21	350.06	356.42	793.11	3.81	66.45	102.36	32.10	19.12
136.64	586.41	274.06	205.87	724.90	0.17	10.76	20.98	10.06	2.77
165.36	378.64	253.47	94.86	707.84	7.27	37.61	55.60	10.72	5.04
386.31	1062.52	647.95	297.43	1357.46	9.87	66.94	107.40	30.59	40.12
207.03	606.09	401.62	149.95	717.43	6.65	46.35	71.52	18.53	15.97
174.10	667.44	393.61	195.58	592.49	1.52	36.89	55.10	16.69	21.24
903.89	2334.69	1544.16	622.54	3412.62	131.22	370.52	642.02	140.28	26.71
774.87	1966.17	1300.84	476.04	2803.87	16.25	160.13	230.67	54.29	92.42
2000.71	6227.71	4258.42	1499.64	11173.65	5.98	353.19	435.63	76.46	210.53
189.10	822.09	661.05	132.51	906.70	3.50	42.57	54.57	8.50	25.54
142.43	381.53	286.42	71.72	573.33	1.04	28.97	43.24	13.23	21.12
12.87	19.80	12.63	5.16	33.89	0.01	2.37	3.04	0.66	0.23
246.17	1105.21	348.33	631.25	538.58	6.29	116.83	152.53	29.41	1.61
90.96	208.23	100.43	84.74	241.40	0.82	22.19	29.36	6.35	0.48
21.70	327.40	63.05	98.95	57.34	0.03	11.12	12.12	0.97	0.47

12-20　规模以上私营工业企业主要经济指标（2009年）

单位：亿元

项　目	Item	企业单位数（个）Number of Enterprises (unit)	工业总产值（当年价）Gross Industrial Output Value (at current prices)
全省总计	**Provincial Total**	**22119**	**12448.37**
按轻重工业分	Grouped by Light & Heavy Industries		
轻工业	Light Industry	12464	6385.49
重工业	Heavy Industry	9655	6062.88
按企业规模分	Grouped by Size of Enterprises		
大型企业	Large Enterprises	20	352.83
中型企业	Medium Enterprises	1086	3091.86
小型企业	Small Enterprises	21013	9003.68
按行业分	Grouped by Sector		
煤炭开采和洗选业	Mining and Washing of Coal		
石油和天然气开采业	Extraction of Petroleum and Natural Gas		
黑色金属矿采选业	Mining and Dressing of Ferrous Metal Ores	57	60.84
有色金属矿采选业	Mining and Dressing of Nonferrous Metal Ores	22	19.67
非金属矿采选业	Mining and Dressing of Nonmetal Ores	185	94.24
其他矿采选业	Mining and Dressing of Other Ores		
农副食品加工业	Processing of Farm and Sideline Food	385	334.13
食品制造业	Manufacture of Food	387	142.04
饮料制造业	Manufacture of Beverage	84	32.95
烟草制品业	Tobacco Products	3	3.47
纺织业	Textile Industry	1312	659.86
纺织服装、鞋、帽制造业	Manufacture of Textile Garments, Footwear and Headgear	1471	767.09
皮革、毛皮、羽毛(绒)及其制品业	Leather, Fur, Feather, Down and Related Products	701	233.74
木材加工及木、竹、藤、棕、草制品业	Timber Processing, Bamboo, Cane, Palm Fiber & Straw Products	368	150.97
家具制造业	Manufacture of Furniture	607	312.71
造纸及纸制品业	Papermaking and Paper Products	906	378.41
印刷业和记录媒介的复制	Printing and Record Medium Reproduction	788	232.78
文教体育用品制造业	Manufacture of Cultural, Educational and Sports Articles	349	142.84
石油加工、炼焦及核燃料加工业	Petroleum Refining, Coking and Nuclear Fuel Processing	30	156.19
化学原料及化学制品制造业	Manufacture of Raw Chemical Materials and Chemical Products	1137	669.02
医药制造业	Manufacture of Medicines	98	46.76
化学纤维制造业	Manufacture of Chemical Fibers	29	20.56
橡胶制品业	Rubber Products	204	69.14
塑料制品业	Plastic Products	1939	854.81
非金属矿物制品业	Nonmetal Mineral Products	1273	832.35
黑色金属冶炼及压延加工业	Smelting and Pressing of Ferrous Metals	230	283.57
有色金属冶炼及压延加工业	Smelting and Pressing of Nonferrous Metals	328	511.74
金属制品业	Metal Products	2396	1262.34
通用设备制造业	Manufacture of General-purpose Machinery	874	431.34
专用设备制造业	Manufacture of Special-purpose Machinery	767	318.67
交通运输设备制造业	Manufacture of Transport Equipment	455	357.87
电气机械及器材制造业	Manufacture of Electrical Machinery and Equipment	2265	1454.98
通信设备、计算机及其他电子设备制造业	Manufacture of Communication Equipment, Computers and Other Electronic Equipment	1546	845.45
仪器仪表及文化、办公用机械制造业	Manufacture of Instruments, Meters and Machinery for Cultural and Office Use	192	122.79
工艺品及其他制造业	Handicraft and Other Manufactures	506	384.42
废弃资源和废旧材料回收工业	Recycling and Disposal of Waste	124	225.79
电力、热力的生产和供应业	Production and Supply of Electric Power and Heat Power	51	18.71
燃气生产和供应业	Production and Supply of Gas	25	11.05
水的生产和供应业	Production and Supply of Water	25	5.09

Main Economic Indicators of Private Industrial Enterprises above Designated Size (2009)

(100 million yuan)

工业增加值 Value-added of Industry	年末资产总计 Total Assets at the Year-end	流动资产合计 Total working Capital	固定资产净值 Met Value of Fixed Assets	主营业务收入 Principal Business Revenue	主营业务税金及附加 Tax and Other Charges on Principal Business	利润总额 Total Profits	利税总额 Total Pre-tax Profits	本年应交增值税 Value-added Tax Payable in Current Year	全部从业人员年平均人数(万人) Annual Average Number of Employed Persons (10000 persons)
3210.62	**6393.80**	**3866.57**	**1854.38**	**11960.20**	**83.97**	**642.98**	**1024.02**	**297.08**	**314.73**
1636.23	3056.86	1849.49	873.46	6133.84	47.00	308.78	514.77	158.99	188.88
1574.39	3336.94	2017.08	980.91	5826.36	36.97	334.20	509.25	138.09	125.85
84.36	250.50	142.11	55.65	319.48	0.72	22.86	28.74	5.16	8.49
772.84	1918.98	1226.28	487.99	2936.61	18.12	190.77	280.72	71.84	74.68
2353.42	4224.32	2498.17	1310.74	8704.11	65.13	429.35	714.56	220.08	231.56
16.32	25.97	14.72	5.93	59.17	0.93	5.33	9.02	2.77	0.54
6.78	11.83	4.50	5.43	19.03	0.15	3.13	3.96	0.68	0.30
27.54	30.31	10.89	11.07	86.87	0.98	5.89	9.49	2.63	1.23
71.56	166.92	105.00	40.40	325.09	2.14	18.06	25.24	5.04	4.25
41.35	81.73	49.07	22.91	135.52	1.58	7.62	13.45	4.25	4.15
10.82	24.08	12.93	7.93	31.93	1.75	2.30	5.26	1.21	1.07
0.75	8.59	4.68	3.66	3.16	0.01	0.41	0.52	0.10	0.03
170.63	321.69	157.54	130.18	631.27	5.33	31.74	52.76	15.69	19.92
221.35	301.13	194.46	75.91	735.72	3.51	31.20	56.37	21.66	32.80
66.55	92.47	59.11	21.41	224.95	1.27	9.85	16.77	5.65	12.93
37.63	67.77	33.03	24.16	145.84	1.15	9.34	14.48	3.99	3.75
80.48	138.24	80.12	32.19	301.25	1.86	14.53	23.01	6.63	9.75
95.83	206.49	122.00	67.16	363.05	3.95	17.29	30.06	8.82	9.25
66.63	149.65	85.62	51.25	225.05	1.16	11.28	18.86	6.42	7.27
37.47	64.10	35.85	22.13	139.16	2.90	7.92	13.19	2.37	6.81
37.87	80.34	47.96	24.24	154.30	0.13	6.02	7.21	1.07	0.26
178.62	435.53	272.69	107.70	640.45	3.66	42.65	62.26	15.95	9.51
15.39	41.25	20.74	12.46	42.24	0.29	4.14	6.26	1.82	1.16
4.86	8.35	4.56	3.27	20.55	0.16	1.57	2.36	0.63	0.55
19.56	36.94	20.14	13.89	66.88	0.44	4.18	6.26	1.65	2.06
212.44	431.87	234.28	139.70	803.31	4.74	44.02	67.22	18.46	22.20
234.17	522.98	237.05	235.74	790.21	4.93	44.61	73.65	24.11	20.24
74.89	119.24	43.96	61.93	284.35	3.10	20.25	31.68	8.33	2.26
123.38	197.00	108.87	67.83	493.07	2.83	25.19	34.97	6.96	4.94
324.69	521.54	312.91	168.25	1220.73	11.85	67.40	112.33	33.08	29.84
112.22	216.83	142.13	50.19	414.24	2.78	20.95	34.28	10.55	10.24
90.10	208.67	135.90	53.24	304.29	2.32	19.09	31.21	9.80	9.06
85.25	198.85	142.17	38.67	340.50	2.73	12.37	25.80	10.70	7.31
354.09	677.87	477.82	141.00	1395.79	8.89	64.59	110.97	37.50	36.35
204.67	594.45	434.18	108.11	812.94	3.63	49.74	69.42	16.04	30.21
32.58	94.03	66.38	17.11	107.02	0.30	9.91	12.44	2.23	3.68
71.86	172.51	130.64	24.43	379.33	1.19	12.17	18.39	5.04	8.48
69.77	69.02	46.23	18.52	230.53	1.06	12.00	17.46	4.39	1.74
6.78	52.32	10.28	34.16	16.44	0.14	5.09	5.76	0.52	0.30
3.08	5.77	2.83	2.27	11.16	0.04	0.62	0.82	0.16	0.10
2.65	17.48	5.34	9.94	4.84	0.08	0.56	0.86	0.23	0.20

12-21 规模以上大中型工业企业主要经济指标（2009年）

单位：亿元

项　　目	Item	企业单位数（个）Number of Enterprises (unit)	工业总产值（当年价）Gross Industrial Output Value (at current prices)
全省总计	**Provincial Total**	**6632**	**44755.11**
按轻重工业分	Grouped by Light & Heavy Industry		
轻工业	Light Industry	3493	15330.69
重工业	Heavy Industry	3139	29424.42
按企业规模分	Grouped by Size of Enterprises		
大型企业	Large	426	20453.38
中型企业	Medium	6206	24301.72
按行业分	Grouped by Sector		
煤炭开采和洗选业	Mining and Washing of Coal		
石油和天然气开采业	Extraction of Petroleum and Natural Gas	1	312.40
黑色金属矿采选业	Mining and Dressing of Ferrous Metal Ores	4	33.50
有色金属矿采选业	Mining and Dressing of Nonferrous Metal Ores	9	56.93
非金属矿采选业	Mining and Dressing of Nonmetal Ores	8	51.71
其他矿采选业	Mining and Dressing of Other Ores		
农副食品加工业	Processing of Farm and Sideline Food	94	514.22
食品制造业	Manufacture of Food	91	597.89
饮料制造业	Manufacture of Beverage	48	431.32
烟草制品业	Tobacco Products	8	284.13
纺织业	Textile Industry	317	810.24
纺织服装、鞋、帽制造业	Manufacture of Textile Garments, Footwear and Headgear	369	727.73
皮革、毛皮、羽毛(绒)及其制品业	Leather, Fur, Feather, Down and Related Products	243	724.42
木材加工及木、竹、藤、棕、草制品业	Timber Processing, Bamboo, Cane, Palm Fiber & Straw Products	42	148.35
家具制造业	Manufacture of Furniture	167	367.51
造纸及纸制品业	Papermaking and Paper Products	146	577.84
印刷业和记录媒介的复制	Printing and Record Medium Reproduction	126	320.25
文教体育用品制造业	Manufacture of Cultural, Educational and Sports Articles	234	493.58
石油加工、炼焦及核燃料加工业	Petroleum Refining, Coking and Nuclear Fuel Processing	9	1601.93
化学原料及化学制品制造业	Manufacture of Raw Chemical Materials and Chemical Products	135	1474.27
医药制造业	Manufacture of Medicines	86	424.08
化学纤维制造业	Manufacture of Chemical Fibers	13	85.15
橡胶制品业	Rubber Products	64	163.99
塑料制品业	Plastic Products	403	1034.96
非金属矿物制品业	Nonmetal Mineral Products	267	1168.04
黑色金属冶炼及压延加工业	Smelting and Pressing of Ferrous Metals	34	801.92
有色金属冶炼及压延加工业	Smelting and Pressing of Nonferrous Metals	87	1101.46
金属制品业	Metal Products	371	1047.67
通用设备制造业	Manufacture of General-purpose Machinery	195	776.43
专用设备制造业	Manufacture of Special-purpose Machinery	200	539.61
交通运输设备制造业	Manufacture of Transport Equipment	263	3525.49
电气机械及器材制造业	Manufacture of Electrical Machinery and Equipment	885	5176.90
通信设备、计算机及其他电子设备制造业	Manufacture of Communication Equipment, Computers and Other Electronic Equipment	1259	14173.64
仪器仪表及文化、办公用机械制造业	Manufacture of Instruments, Meters and Machinery for Cultural and Office Use	160	947.67
工艺品及其他制造业	Handicraft and Other Manufactures	135	587.81
废弃资源和废旧材料回收工业	Recycling and Disposal of Waste	11	53.21
电力、热力的生产和供应业	Production and Supply of Electric Power and Heat Power	109	3374.16
燃气生产和供应业	Production and Supply of Gas	7	119.08
水的生产和供应业	Production and Supply of Water	32	125.63

Main Economic Indicators of Large and Medium-Sized Industrial Enterprises above Designated Size (2009)

(100 million yuan)

工业增加值 Value-added of Industry	年末资产总计 Total Assets at the Year-end	流动资产合计 Total Working Capital	固定资产净值 Net Value of Fixed Assets	主营业务收入 Principal Business Revenue	主营业务税金及附加 Tax and Extra Charges on Main Business	利润总额 Total Profits	利税总额 Total Pre-tax Profits	本年应交增值税 Value-added Tax Payable in Current Year	全部从业人员年平均人数(万人) Annual Average Number of Employed Persons (10000 persons)
11881.02	**34926.77**	**19144.98**	**10878.10**	**43421.20**	**658.23**	**2956.08**	**4773.79**	**1159.48**	**812.36**
4444.03	11289.83	7041.97	2763.18	14648.39	219.60	1017.98	1692.79	455.21	409.35
7437.00	23636.94	12103.02	8114.92	28772.81	438.63	1938.09	3081.00	704.28	403.01
5219.48	14815.04	8384.64	3944.02	20124.61	379.84	1284.34	2158.31	494.14	257.88
6661.54	20111.73	10760.34	6934.08	23296.60	278.40	1671.74	2615.48	665.34	554.48
293.20	173.80	9.50	113.33	301.19	9.95	154.35	179.79	15.48	0.04
13.04	54.19	34.99	7.22	20.08	0.55	4.42	7.32	2.35	0.36
27.52	36.09	18.54	13.25	51.26	0.62	12.32	16.45	3.52	0.83
14.97	31.71	12.66	12.83	48.84	1.27	3.86	6.90	1.78	1.20
116.47	332.68	209.67	73.92	478.79	12.20	31.18	52.48	9.10	6.48
232.85	409.30	268.80	87.56	564.57	12.76	86.16	137.02	38.10	7.98
122.31	330.87	171.51	114.31	440.14	10.61	28.71	62.03	22.71	4.54
218.79	268.88	196.38	31.88	282.03	118.76	47.93	199.18	32.49	0.70
212.62	643.45	369.21	223.49	762.57	1.98	36.14	54.89	16.77	28.78
232.85	508.06	328.37	120.36	686.62	2.23	37.67	58.75	18.86	44.21
213.81	458.41	304.10	96.57	691.30	1.13	37.43	55.98	17.42	51.93
37.03	143.29	74.95	30.89	148.34	0.90	13.00	18.59	4.69	2.94
96.72	262.85	155.86	68.24	353.85	2.01	20.67	31.12	8.44	15.11
139.74	745.20	322.36	337.50	552.16	1.82	24.33	42.07	15.92	11.35
103.38	335.62	184.77	108.35	294.19	0.69	27.45	36.86	8.72	10.86
141.33	346.95	204.86	108.44	478.38	3.95	13.40	25.71	8.35	35.53
452.41	812.50	348.88	395.03	1596.91	218.31	101.02	382.15	62.82	1.71
617.64	1274.76	681.46	434.50	1429.97	18.33	195.08	324.45	111.04	11.45
146.35	457.56	273.40	101.83	394.72	1.34	57.27	81.22	22.60	6.38
20.93	70.17	30.39	35.71	92.72	0.14	4.04	7.15	2.97	1.09
41.93	155.26	76.31	61.10	158.70	0.58	6.74	9.81	2.49	7.30
279.23	833.38	471.09	238.46	956.02	1.28	58.27	79.58	20.04	41.29
357.06	1047.30	432.46	506.52	1106.39	6.12	92.32	139.34	40.90	23.71
149.88	734.10	276.16	317.31	756.47	3.20	17.03	33.81	13.58	4.35
256.36	506.84	304.12	155.75	1046.59	7.48	60.07	83.40	15.84	7.92
292.64	788.24	470.94	235.23	991.82	6.96	53.09	84.48	24.43	30.38
212.68	645.26	431.65	142.47	722.54	7.31	51.81	77.20	18.08	15.64
162.88	632.80	375.63	181.96	518.85	2.20	49.26	64.60	13.14	17.52
937.43	2530.87	1693.43	648.76	3516.23	134.29	365.70	639.06	139.07	28.40
1378.23	3484.48	2407.01	639.66	4972.42	22.28	309.98	441.16	108.90	111.66
3067.76	8718.39	6325.64	1663.60	13886.93	25.18	655.94	868.51	187.39	225.05
194.86	581.75	405.22	130.92	902.69	3.69	51.60	63.62	8.32	22.68
117.70	328.52	260.52	48.24	562.49	0.91	24.72	37.06	11.44	12.66
14.53	22.19	17.27	3.49	59.75	0.23	4.32	5.80	1.25	0.67
857.63	5386.67	813.55	3056.78	3354.43	15.93	194.88	333.17	122.36	16.74
49.12	158.33	45.28	81.45	116.37	0.24	13.01	16.47	3.22	0.52
57.15	676.06	138.03	251.20	123.87	0.78	10.91	16.61	4.91	2.42

12-22 规模以上分行业工业增加值和增长速度

Value-added and Growth Rates of Industry above Designated Size by Sector

行　业	Sector	工业增加值（亿元）Value-added of Industry (100 million yuan) 2008	2009	2009比2008增长(%) Growth Rate in 2009 over 2008 (%)
总　计	**Total**	**17612.94**	**18235.21**	**8.9**
煤炭开采和洗选业	Mining and Washing of Coal			
石油和天然气开采业	Extraction of Petroleum and Natural Gas	702.64	442.79	10.2
黑色金属矿采选业	Mining and Dressing of Ferrous Metal Ores	49.75	32.17	30.7
有色金属矿采选业	Mining and Dressing of Nonferrous Metal Ores	44.56	41.03	26.3
非金属矿采选业	Mining and Dressing of Nonmetal Ores	48.57	59.88	19.8
其他矿采选业	Mining and Dressing of Other Ores			
农副食品加工业	Processing of Farm and Sideline Food	329.80	329.23	6.7
食品制造业	Manufacture of Food	272.80	328.88	31.5
饮料制造业	Manufacture of Beverage	157.77	182.66	16.3
烟草制品业	Tobacco Products	194.93	220.46	12.2
纺织业	Textile Industry	473.68	505.60	9.3
纺织服装、鞋、帽制造业	Manufacture of Textile Garments, Footwear and Headgear	524.55	582.57	16.4
皮革、毛皮、羽毛(绒)及其制品业	Leather, Fur, Feather, Down and Related Products	366.24	357.33	3.6
木材加工及木、竹、藤、棕、草制品业	Timber Processing, Bamboo, Cane, Palm Fiber & Straw Products	97.81	99.09	7.2
家具制造业	Manufacture of Furniture	227.08	227.89	2.8
造纸及纸制品业	Papermaking and Paper Products	345.33	314.49	17.8
印刷业和记录媒介的复制	Printing and Record Medium Reproduction	202.35	222.74	11.8
文教体育用品制造业	Manufacture of Cultural, Educational and Sports Articles	255.17	249.76	7.4
石油加工、炼焦及核燃料加工业	Petroleum Refining, Coking and Nuclear Fuel Processing	325.79	528.52	8.9
化学原料及化学制品制造业	Manufacture of Raw Chemical Materials and Chemical Products	1108.91	1077.71	-4.3
医药制造业	Manufacture of Medicines	168.26	211.05	20.0
化学纤维制造业	Manufacture of Chemical Fibers	33.96	32.80	6.8
橡胶制品业	Rubber Products	86.37	95.73	8.7
塑料制品业	Plastic Products	641.72	680.70	11.3
非金属矿物制品业	Nonmetal Mineral Products	683.08	678.91	10.8
黑色金属冶炼及压延加工业	Smelting and Pressing of Ferrous Metals	276.00	297.27	15.1
有色金属冶炼及压延加工业	Smelting and Pressing of Nonferrous Metals	429.25	424.31	15.0
金属制品业	Metal Products	815.43	861.07	11.1
通用设备制造业	Manufacture of General-purpose Machinery	377.50	419.56	9.2
专用设备制造业	Manufacture of Special-purpose Machinery	367.86	346.56	9.7
交通运输设备制造业	Manufacture of Transport Equipment	981.89	1099.05	16.6
电气机械及器材制造业	Manufacture of Electrical Machinery and Equipment	1876.77	1922.87	5.7
通信设备、计算机及其他电子设备制造业	Manufacture of Communication Equipment, Computers and Other Electronic Equipment	3228.01	3429.16	10.3
仪器仪表及文化、办公用机械制造业	Manufacture of Instruments, Meters and Machinery for Cultural and Office Use	301.25	259.36	-5.4
工艺品及其他制造业	Handicraft and Other Manufactures	257.85	240.91	-1.9
废弃资源和废旧材料回收加工业	Recycling and Disposal of Waste	87.26	133.12	48.5
电力、热力的生产和供应业	Production and Supply of Electric Power and Heat Power	1080.50	1090.55	2.9
燃气生产和供应业	Production and Supply of Gas	85.16	114.44	13.2
水的生产和供应业	Production and Supply of Water	107.08	94.99	2.9

注：本表工业增加值按当年价格用生产法计算，增长速度按快报可比价格计算。

Note: Data of value-added of industry in this table are calculated at current prices by production approach, whereas their growth rates are calculated at constant prices in accordance with flash reports.

12-23 规模以上九大产业工业总产值和增长速度

Gross Industrial Output Value and Growth Rates of Nine Major Industries above Designated Size

行　　业	Sector	工业总产值（亿元）Gross Industrial Output Value (100 million yuan)		2009比2008增长(%) Growth Rate in 2009 over 2008 (%)
		2008	2009	
规模以上工业总产值	**Gross Output Value of Industrial Enterprises above Designated Size**	**65424.61**	**68275.77**	**9.0**
九大产业工业总产值	**Gross Industrial Output Value of Nine Major Industries**	**45693.07**	**47589.15**	**8.4**
三大新兴产业	**Three Fresh Industries**	**31141.53**	**31447.50**	**5.5**
电子信息业	Electronic and Information Technology	15373.81	15721.79	3.9
通信设备、计算机及其他电子设备制造业	Manufacture of Communication Equipment, Computers and Other Electronic Equipment	15373.81	15721.79	3.9
电气机械及专用设备	Electric Equipment and Special-purpose Machinery	9647.89	9742.40	5.2
专用设备制造业	Manufacture of Special-purpose Machinery	1151.11	1197.27	12.0
电气机械及器材制造业	Manufacture of Electrical Machinery and Equipment	7145.19	7365.41	6.8
仪器仪表及文化、办公用机械制造业	Manufacture of Instruments, Meters and Machinery for Cultural and Office Use	1351.58	1179.72	-9.2
石油及化学	Petroleum and Chemistry	6119.83	5983.31	10.3
石油和天然气开采业	Extraction of Petroleum and Natural Gas	774.29	512.14	12.9
石油加工、炼焦及核燃料加工业	Petroleum Refining, Coking and Nuclear Fuel Processing	1898.00	1899.53	7.7
化学原料及化学制品制造业	Manufacture of Raw Chemical Materials and Chemical Products	3123.91	3209.18	10.9
橡胶制品业	Rubber Products	323.63	362.46	12.7
三大传统产业	**Three Traditional Industries**	**9416.86**	**10318.57**	**13.9**
纺织服装	Textile and Garments	3626.41	4002.93	14.9
纺织业	Textile Industry	1746.77	1929.22	12.3
纺织服装、鞋、帽制造业	Manufacture of Textile Garments, Footwear and Headgear	1725.28	1937.25	18.9
化学纤维制造业	Manufacture of Chemical Fibers	154.36	136.46	1.2
食品饮料	Food and Beverage	2985.72	3306.54	12.7
农副食品加工业	Processing of Farm and Sideline Food	1494.31	1517.37	7.1
食品制造业	Manufacture of Food	746.21	895.74	17.4
饮料制造业	Manufacture of Beverage	489.08	603.86	20.9
烟草制品业	Tobacco Products	256.12	289.57	14.8
建筑材料	Building Materials	2804.73	3009.10	13.8
非金属矿采选业	Mining and Dressing of Nonmetal Ores	150.33	197.47	39.4
非金属矿物制品业	Nonmetal Mineral Products	2220.60	2334.60	12.8
建筑、安全用金属制品制造业	Manufacture of Metal Products for Architecture and Safety	433.81	477.04	10.0
三大潜力产业	**Three Potential Industries**	**5134.68**	**5823.07**	**16.3**
森工造纸	Logging and Papermaking	1705.89	1640.92	5.7
木材加工及木、竹、藤、棕、草制品业	Timber Processing, Bamboo, Cane, Palm Fiber and Straw Products	381.54	391.44	6.8
造纸及纸制品业	Papermaking and Paper Products	1324.35	1249.49	5.3
医药	Medicine	498.65	618.00	25.8
医药制造业	Manufacture of Medicines	498.65	618.00	25.8
汽车及摩托车	Motor Vehicle	2930.14	3564.14	20.6
汽车制造业	Manufacture of Automobiles	2408.79	3020.46	24.7
摩托车制造业	Manufacture of Motorcycles	521.35	543.69	2.6

注:本表产值按当年价格计算，增长速度按快报可比价格计算。

Note: Gross industrial output values are calculated at current prices, whereas their growth rates are calculated at constant prices in accordance with fl ash reports.

12-24 规模以上九大产业工业增加值和增长速度

Value-added of Industry and Growth Rates of Nine Major Industries above Designated Size

行业	Sector	工业增加值(亿元) Value-added of Industry (100 million yuan) 2008	2009	2009比2008增长(%) Growth Rate in 2009 over 2008 (%)
规模以上工业增加值	**Value-added of Industry above Designated Size**	**17612.94**	**18235.21**	**8.9**
九大产业工业增加值	**Value-added of Industry of Nine Major Industries**	**12271.55**	**12721.12**	**9.0**
三大新兴产业	**Three Fresh Industries**	**7997.60**	**8102.71**	**6.6**
电子信息业	Electronic and Information Technology	3228.01	3429.16	10.3
通信设备、计算机及其他电子设备制造业	Manufacture of Communication Equipment, Computers and Other Electronic Equipment	3228.01	3429.16	10.3
电气机械及专用设备	Electric Equipment and Special-purpose Machinery	2545.89	2528.80	4.9
专用设备制造业	Manufacture of Special-purpose Machinery	367.86	346.56	9.7
电气机械及器材制造业	Manufacture of Electrical Machinery and Equipment	1876.77	1922.87	5.7
仪器仪表及文化、办公用机械制造业	Manufacture of Instruments, Meters and Machinery for Cultural and Office Use	301.25	259.36	-5.4
石油及化学	Petroleum and Chemistry	2223.71	2144.76	2.9
石油和天然气开采业	Extraction of Petroleum and Natural Gas	702.64	442.79	10.2
石油加工、炼焦及核燃料加工业	Petroleum Refining, Coking and Nuclear Fuel Processing	325.79	528.52	8.9
化学原料及化学制品制造业	Manufacture of Raw Chemical Materials and Chemical Products	1108.91	1077.71	-4.3
橡胶制品业	Rubber Products	86.37	95.73	8.7
三大传统产业	**Three Traditional Industries**	**2836.91**	**3050.35**	**13.4**
纺织服装	Textile and Garments	1032.19	1120.97	12.7
纺织业	Textile Industry	473.68	505.60	9.3
纺织服装、鞋、帽制造业	Manufacture of Textile Garments, Footwear and Headgear	524.55	582.57	16.4
化学纤维制造业	Manufacture of Chemical Fibers	33.96	32.80	6.8
食品饮料	Food and Beverage	955.31	1061.23	16.1
农副食品加工业	Processing of Farm and Sideline Food	329.80	329.23	6.7
食品制造业	Manufacture of Food	272.80	328.88	31.5
饮料制造业	Manufacture of Beverage	157.77	182.66	16.3
烟草制品业	Tobacco Products	194.93	220.46	12.2
建筑材料	Building Materials	849.42	868.15	11.0
非金属矿采选业	Mining and Dressing of Nonmetal Ores	48.57	59.88	19.8
非金属矿物制品业	Nonmetal Mineral Products	683.08	678.91	10.8
建筑、安全用金属制品制造业	Manufacture of Metal Products for Architecture and Safety	117.76	129.37	7.9
三大潜力产业	**Three Potential Industries**	**1437.03**	**1568.06**	**16.9**
森工造纸	Logging and Papermaking	443.14	413.58	15.6
木材加工及木、竹、藤、棕、草制品业	Timber Processing, Bamboo, Cane, Palm Fiber and Straw Products	97.81	99.09	7.2
造纸及纸制品业	Papermaking and Paper Products	345.33	314.49	17.8
医药	Medicine	168.26	211.05	20.0
医药制造业	Manufacture of Medicines	168.26	211.05	20.0
汽车及摩托车	Motor Vehicle	825.63	943.44	16.8
汽车制造业	Manufacture of Automobiles	702.06	816.87	19.5
摩托车制造业	Manufacture of Motorcycles	123.57	126.57	1.6

注:本表工业增加值按当年价格用生产法计算，增长速度按可比价格计算。
Note: Data of value-added of industry are calculated at current prices, whereas their growth rates are calculated at constant prices.

12-25 规模以上制造业工业企业主要经济指标

Main Economic Indicators of Manufacturing Enterprises above Designated Size

项 目	Item	2000	2005	2007	2008	2009	2009比2008增长(%) Growth Rate of 2009 over 2008(%)
企业单位数 (个)	Number of Enterprises (unit)	18571	34123	41203	51348	50974	-0.7
工业总产值 (亿元)	Gross Industrial Output Value (100 million yuan)	11352.62	32719.04	50675.97	60149.02	62950.81	9.2
工业增加值 (亿元)	Value-added of Industry (100 million yuan)	2768.88	8156.04	12253.01	15494.67	16359.35	9.6
主营业务收入 (亿元)	Main Business Revenue (100 million yuan)	10865.66	31768.01	49632.85	58120.28	60933.68	4.8
资产总计 (亿元)	Total Assets (100 million yuan)	11653.11	22687.34	32405.89	37634.87	41594.16	10.5
流动资产平均余额(亿元)	Average Balance of Circulating Funds (100 million yuan)	5851.64	13324.37	19448.07	22108.48		
固定资产净值平均余额 (亿元)	Average Balance of Net Value of Fixed Assets (100 million yuan)	3829.52	6289.51	8442.87	10265.84		
负债总计 (亿元)	Total Liabilities (100 million yuan)	6950.47	13350.07	19029.27	22095.73	24358.08	10.2
所有者权益合计 (亿元)	Total Creditors' Equity (100 million yuan)	4576.24	9337.27	13376.68	15539.16	17151.65	10.4
利润总额 (亿元)	Total Profits (100 million yuan)	348.92	1295.53	2401.13	2522.50	3588.45	42.3
亏损企业亏损额 (亿元)	Loss Value of Loss-making Enterprises (100 million yuan)	131.89	196.09	208.48	452.43	288.02	-36.3
利税总额 (亿元)	Total Pre-tax Profits (100 million yuan)	729.92	2273.57	4122.77	4989.72	5923.52	18.7
应交增值税 (亿元)	Value-added Tax Payable(100 million yuan)	277.66	777.85	1324.18	1870.93	1525.39	-18.5
从业人员平均人数(万人)	Average Employed Persons (10000 persons)	546.03	1062.06	1281.67	1463.25	1403.51	-4.1

注：本表产值和增加值绝对数按当年价格计算，增加值用生产法计算，增长速度按可比价格计算；2009年国家制度取消流动资产平均余额和固定资产净值平均余额。

Note: Gross industrial output values and value-added are calculated at current prices. Value-added is calculated by production approach,and growth rate is calculated at constant prices. In 2009, the national system cancelled balance of average working capital and average balance of net value of fixed assets.

12-26 规模以上高技术制造业主要经济指标

行业	Sector	企业数(个) Number of Enterprises (unit)		
		2000	2008	2009
合计	**Total**	**1738**	**5789**	**5661**
核燃料加工	Nuclear Fuel Processing			
信息化学品制造	Manufacture of Information Chemical Products	45	52	58
医药制造业	Manufacture of Medicines	255	377	396
化学药品制造	Manufacture of Chemical Medicines	98	112	120
中成药制造	Manufacture of Traditional Chinese Patent Medicines	104	105	103
生物生化制品的制造	Manufacture of Biological and Biochemical Products	18	52	56
航空航天器制造	Manufacture of Aircraft and Spacecraft	1	6	7
飞机制造及修理	Manufacture and Repair of Aircraft	1	6	6
航天器制造	Manufacture of Spacecraft			
其他飞行器制造	Manufacture of Other Aircraft			1
电子及通信设备制造业	Manufacture of Electronic and Communication Equipment	1145	4194	4033
通信设备制造	Manufacture of Communication Equipment	199	433	447
通信传输设备制造	Manufacture of Communication Transmission Equipment	30	71	78
通信交换设备制造	Manufacture of Communication Exchange Equipment	58	40	31
通信终端设备制造	Manufacture of Communication Terminal Equipment	45	113	111
移动通信及终端设备制造	Manufacture of Mobile Communication and Terminal Equipment	2	114	131
雷达及配套设备制造	Manufacture of Radar Equipment		3	2
广播电视设备制造	Manufacture of Broadcasting and Television Equipment	14	145	150
电子器件制造	Manufacture of Electronic Devices	140	598	577
电子真空器件制造	Manufacture of Electronic Vacuum Devices	14	26	24
半导体分立器件制造	Manufacture of Semiconductor Discrete Devices	16	52	49
集成电路制造	Manufacture of Integrated Circuits	82	146	137
光电子器件及其他电子器件制造	Manufacture of Optical and Other Electronic Devices	28	374	367
电子元件制造	Manufacture of Electronic Parts	434	1947	1845
家用视听设备制造	Manufacture of Household Audio-visual Equipment	233	718	660
其他电子设备制造	Manufacture of Other Electronic Equipment	125	350	352
电子计算机及办公设备制造业	Manufacture of Computers and Office Equipment	187	693	681
电子计算机整机制造	Manufacture of Complete Computers	44	56	52
计算机网络设备制造	Manufacture of Computer Network Equipment	4	42	50
电子计算机外部设备制造	Manufacture of Computer Peripheral Equipment	92	527	510
办公设备制造	Manufacture of Office Equipment	47	68	69
医疗设备及仪器仪表制造业	Manufacture of Medical Equipment, Instruments and Meters	105	467	486
医疗仪器设备及器械制造	Manufacture of Medical Equipment and Appliances	29	160	164
仪器仪表制造	Manufacture of Instruments and Meters	76	307	322

注:本表产值和增加值按当年价格计算。

Main Economic Indicators of High-tech Manufacturing Enterprises above Designated Size

平均从业人员(万人) Average Number of Employed Persons (10000 persons)			工业总产值(亿元) Gross Industrial Output Value (100 million yuan)			工业增加值(亿元) Value-added of Industry (100 million yuan)		
2000	2008	2009	2000	2008	2009	2000	2008	2009
81.65	**316.55**	**313.91**	**2743.31**	**16871.63**	**17224.35**	**688.31**	**3663.62**	**3852.74**
1.47	1.45	1.45	26.11	57.07	62.41	6.71	16.96	20.96
6.28	8.87	9.94	186.13	498.65	618.00	66.43	168.26	211.05
3.04	3.91	4.07	102.92	251.96	310.46	32.95	76.59	96.29
2.66	2.46	2.59	65.93	106.12	130.66	26.62	41.90	53.73
0.23	0.65	0.73	10.04	50.60	73.26	4.26	22.50	28.72
0.22	0.80	0.49	4.67	45.22	43.97	2.26	15.00	13.19
0.22	0.80	0.48	4.67	45.22	43.71	2.26	15.00	13.10
		0.01			0.26			0.09
59.94	221.1	216.33	1867.79	10150.41	11007.21	459.90	2421.66	2658.90
10.40	42.98	45.70	538.42	3370.82	3932.58	187.80	913.97	1300.88
1.05	2.74	3.65	23.10	110.23	195.22	5.36	29.89	44.10
4.03	12.83	15.61	289.99	1613.60	1965.14	132.67	437.51	938.26
2.48	8.04	6.64	120.33	399.79	335.70	19.82	108.40	69.52
0.04	15.84	16.07	8.42	1099.69	1251.56	1.43	298.17	202.94
	0.02	0.01		0.57	0.24			0.07
0.34	4.87	4.75	5.68	137.83	163.97	1.21	36.49	33.51
6.83	32.53	32.08	222.86	1628.77	1831.39	40.45	387.42	363.09
1.51	1.23	0.88	99.77	129.20	77.40	14.10	30.73	12.07
0.53	2.25	1.80	4.96	78.56	74.42	1.02	18.69	21.38
3.31	10.94	10.78	93.20	695.29	721.25	17.38	165.38	148.86
1.49	18.11	18.62	24.93	725.72	958.31	7.94	172.62	180.78
23.25	91.45	89.08	484.36	3048.88	2993.33	108.96	629.48	543.48
14.44	36.11	31.92	527.30	1554.50	1637.89	101.69	347.43	310.73
4.68	13.13	12.79	89.16	409.03	447.81	19.80	106.87	107.15
11.50	71.82	73.51	606.55	5630.35	5067.01	135.53	883.73	816.22
2.49	25.29	17.15	254.53	2918.67	1935.13	64.04	450.57	276.22
0.09	1.68	1.96	2.29	161.32	141.37	0.64	24.90	33.28
5.72	38.65	49.24	248.51	2143.40	2638.08	46.04	330.89	460.76
3.22	6.19	5.16	101.21	406.95	352.44	24.81	77.37	45.96
2.24	12.52	12.20	52.06	489.93	425.74	17.48	158.01	132.43
0.39	4.24	4.65	6.88	143.49	162.17	1.63	62.51	53.72
1.85	8.28	7.55	45.17	346.44	263.57	15.85	95.51	78.71

Note: Data of gross industrial output value and value-added of industry in this table are calculated at current prices.

12-26 续表

行业	Sector	资产总计(亿元) Total Assets (100 million yuan)		
		2000	2008	2009
合 计	**Total**	**2355.67**	**10309.7**	**11232.10**
核燃料加工	Nuclear Fuel Processing			
信息化学品制造	Manufacture of Information Chemical Products	31.89	50.58	57.17
医药制造业	Manufacture of Medicines	292.87	532.59	623.09
化学药品制造	Manufacture of Chemical Medicines	155.91	266.63	328.43
中成药制造	Manufacture of Traditional Chinese Patent Medicines	111.81	140.59	154.19
生物生化制品的制造	Manufacture of Biological and Biochemical Products	16.92	57.82	61.48
航空航天器制造	Manufacture of Aircraft and Spacecraft	7.11	36.53	40.86
飞机制造及修理	Manufacture and Repair of Aircraft	7.11	36.53	40.58
航天器制造	Manufacture of Spacecraft			
其他飞行器制造	Manufacture of Other Aircraft			0.28
电子及通信设备制造业	Manufacture of Electronic and Communication Equipment	1651.43	7433.77	7905.25
通信设备制造	Manufacture of Communication Equipment	507.48	2902.83	3327.13
通信传输设备制造	Manufacture of Communication Transmission Equipment	28.84	107.72	174.20
通信交换设备制造	Manufacture of Communication Exchange Equipment	290.78	1787.66	2087.04
通信终端设备制造	Manufacture of Communication Terminal Equipment	68.86	282.36	195.37
移动通信及终端设备制造	Manufacture of Mobile Communication and Terminal Equipment	12.50	607.69	720.80
雷达及配套设备制造	Manufacture of Radar Equipment		0.17	0.09
广播电视设备制造	Manufacture of Broadcasting and Television Equipment	5.95	98.98	125.59
电子器件制造	Manufacture of Electronic Devices	238.40	1023.72	1122.31
电子真空器件制造	Manufacture of Electronic Vacuum Devices	129.19	77.90	51.71
半导体分立器件制造	Manufacture of Semiconductor Discrete Devices	7.43	134.83	145.94
集成电路制造	Manufacture of Integrated Circuits	86.96	338.57	381.91
光电子器件及其他电子器件制造	Manufacture of Optical and Other Electronic Devices	14.82	472.42	542.75
电子元件制造	Manufacture of Electronic Parts	380.79	2307.53	2093.91
家用视听设备制造	Manufacture of Household Audio-visual Equipment	451.49	799.17	962.57
其他电子设备制造	Manufacture of Other Electronic Equipment	67.32	301.37	273.66
电子计算机及办公设备制造业	Manufacture of Computers and Office Equipment	309.01	1875.12	2161.00
电子计算机整机制造	Manufacture of Complete Computers	102.02	676.39	670.94
计算机网络设备制造	Manufacture of Computer Network Equipment	2.75	69.83	72.01
电子计算机外部设备制造	Manufacture of Computer Peripheral Equipment	132.22	954.89	1234.86
办公设备制造	Manufacture of Office Equipment	72.01	174.00	183.19
医疗设备及仪器仪表制造业	Manufacture of Medical Equipment, Instruments and Meters	63.36	381.11	444.72
医疗仪器设备及器械制造	Manufacture of Medical Equipment and Appliances	10.55	131.61	168.77
仪器仪表制造	Manufacture of Instruments and Meters	52.80	249.50	275.95

12-26 continued

主营业务收入(亿元) Principal Business Revenue (100 million yuan)			利润总额(亿元) Total Profits (100 million yuan)			税金总额(亿元) Total Taxes (100 million yuan)		
2000	2008	2009	2000	2008	2009	2000	2008	2009
2650.24	**16192.42**	**16817.02**	**144.19**	**551.15**	**869.22**	**59.79**	**341.72**	**279.52**
24.08	54.71	58.97	0.39	7.92	9.36	0.42	1.84	1.96
158.33	454.26	570.48	13.72	48.98	72.23	11.57	27.74	32.15
87.21	227.57	280.69	5.66	23.42	37.97	6.38	12.03	15.18
57.25	101.40	121.89	6.10	12.40	17.46	3.82	9.25	9.77
7.73	40.77	68.62	1.53	6.74	7.35	0.92	2.56	2.87
4.67	40.95	43.53	0.86	3.60	4.55	0.54	1.14	1.28
4.67	40.95	43.26	0.86	3.60	4.46	0.54	1.14	1.23
		0.27			0.09			0.05
1845.31	9652.44	10796.77	109.08	314.35	553.81	39.67	223.27	207.65
514.23	3235.48	3979.38	57.14	121.58	348.31	23.05	116.28	132.40
25.29	104.80	192.72	2.04	10.50	14.30	0.34	2.23	2.56
270.77	1528.86	2063.40	40.07	65.03	259.95	17.37	95.83	118.72
118.30	376.99	324.79	5.90	5.49	8.70	1.28	4.98	2.21
8.11	1086.68	1232.04	0.31	36.28	53.38	0.27	9.49	6.11
	0.51	0.24		0.01			0.03	0.01
5.37	127.16	150.72	0.10	3.93	7.74	0.10	1.40	1.28
207.09	1528.14	1748.95	10.36	61.81	42.55	3.07	28.75	13.50
94.71	127.50	77.92	5.57	4.37	-9.20	1.20	1.66	-0.62
4.60	76.74	69.56	0.10	2.23	4.70	0.05	1.54	1.48
90.71	620.08	681.63	4.15	18.77	19.78	1.26	13.00	3.02
17.06	703.81	919.84	0.54	36.45	27.27	0.57	12.55	9.62
452.24	2965.89	2946.77	27.86	83.74	88.38	9.16	44.94	30.55
576.74	1424.03	1540.98	11.96	30.81	48.86	3.65	25.78	21.84
89.65	371.22	429.73	1.66	12.48	17.96	0.63	6.09	8.07
570.26	5511.07	4944.98	18.79	136.87	180.64	6.34	75.81	27.38
227.08	2877.19	1926.49	9.92	53.31	36.62	4.44	37.65	9.98
1.46	158.37	135.62	0.05	4.13	12.24	0.02	1.43	3.08
244.51	2076.12	2521.77	7.58	63.79	114.56	1.09	33.70	10.83
97.22	399.39	361.10	1.25	15.63	17.22	0.78	3.04	3.48
47.58	478.98	402.29	1.36	39.44	48.64	1.26	11.92	9.11
6.36	139.68	157.14	0.07	18.24	28.18	0.27	4.80	3.21
41.22	339.30	245.14	1.28	21.20	20.46	0.98	7.12	5.90

12-27 规模以上工业企业主要经济效益指标（2009年）

项 目	Item	总资产贡献率(%) Ratio of Total Assets to Industrial Output Value (%)
全省总计	**Provincial Total**	**14.18**
按经济类型分	Grouped by Ownership	
在总计中：国有控股工业	Of the Total: State-holding Industry	14.73
国有工业	State-owned Industry	13.07
集体工业	Collective-owned Industry	13.89
股份合作工业	Share-holding Cooperative Industry	15.55
股份制工业	Share-holding Industry	14.78
外商投资工业	Foreign-funded Industry	14.49
港澳台投资工业	Industry with Funds from Hong Kong, Macao and Taiwan	12.67
按轻重工业分	Grouped by Light and Heavy Industries	
轻工业	Light Industry	14.83
重工业	Heavy Industry	13.82
按企业规模分	Grouped by Size of Enterprises	
大型企业	Large Enterprises	15.05
中型企业	Medium Enterprises	13.81
小型企业	Small Enterprises	13.83
按行业分	Grouped by Sector	
煤炭开采和洗选业	Mining and Washing of Coal	
石油和天然气开采业	Extraction of Petroleum and Natural Gas	57.69
黑色金属矿采选业	Mining and Dressing of Ferrous Metal Ores	21.23
有色金属矿采选业	Mining and Dressing of Nonferrous Metal Ores	43.69
非金属矿采选业	Mining and Dressing of Nonmetal Ores	27.56
其他矿采选业	Mining and Dressing of Other Ores	
农副食品加工业	Processing of Farm and Sideline Food	15.27
食品制造业	Manufacture of Food	27.62
饮料制造业	Manufacture of Beverage	18.54
烟草制品业	Tobacco Products	71.24
纺织业	Textile Industry	10.91
纺织服装、鞋、帽制造业	Manufacture of Textile Garments, Footwear and Headgear	13.93
皮革、毛皮、羽毛(绒)及其制品业	Leather, Fur, Feather, Down and Related Products	13.00
木材加工及木、竹、藤、棕、草制品业	Timber Processing, Bamboo, Cane, Palm Fiber & Straw Products	13.69
家具制造业	Manufacture of Furniture	13.71
造纸及纸制品业	Papermaking and Paper Products	9.17
印刷业、记录媒介的复制	Printing and Record Medium Reproduction	11.32
文教体育用品制造业	Manufacture of Cultural, Educational and Sports Articles	8.91
石油加工、炼焦及核燃料加工业	Petroleum Refining, Coking and Nuclear Fuel Processing	42.12
化学原料及化学制品制造业	Manufacture of Raw Chemical Materials and Chemical Products	21.03
医药制造业	Manufacture of Medicines	17.49
化学纤维制造业	Manufacture of Chemical Fibers	8.69
橡胶制品业	Rubber Products	9.25
塑料制品业	Plastic Products	11.43
非金属矿物制品业	Nonmetal Mineral Products	14.28
黑色金属冶炼及压延加工业	Smelting and Pressing of Ferrous Metals	9.00
有色金属冶炼及压延加工业	Smelting and Pressing of Nonferrous Metals	18.19
金属制品业	Metal Products	15.27
通用设备制造业	Manufacture of General-purpose Machinery	13.43
专用设备制造业	Manufacture of Special-purpose Machinery	11.55
交通运输设备制造业	Manufacture of Transport Equipment	23.48
电气机械及器材制造业	Manufacture of Electrical Machinery and Equipment	13.58
通信设备、计算机及其他电子设备制造业	Manufacture of Communication Equipment, Computers and Other Electronic Equipment	10.04
仪器仪表及文化、办公用机械制造业	Manufacture of Instruments, Meters and Machinery for Cultural and Office Use	8.03
工艺品及其他制造业	Handicraft and Other Manufactures	11.74
废弃资源和废旧材料回收加工业	Recycling and Disposal of Waste	22.24
电力、热力的生产和供应业	Production and Supply of Electric Power and Heat Power	8.50
燃气的生产和供应业	Production and Supply of Gas	13.45
水的生产和供应业	Production and Supply of Water	4.66

Main Indicators on Economic Benefit of Industrial Enterprises above Designated Size (2009)

资本保值增值率(%) Ratio of Capital Maintenance and Appreciation (%)	资产负债率(%) Assets-Liability Ratio (%)	成本费用利润率(%) Ratio of Profits to Industrial Costs (%)	全员劳动生产率(元/人) Overall Labor Productivity (yuan/person)	产品销售率(%) Proportion of Products Sold (%)
108.01	**58.03**	**6.88**	**126984**	**97.09**
102.48	57.45	9.17	457743	98.06
121.77	60.38	5.24	371665	100.40
98.82	57.88	4.87	51556	97.40
150.79	58.27	4.07	123199	96.43
111.88	58.95	7.02	151635	96.59
106.98	58.72	6.75	146593	97.63
100.31	55.93	7.42	90439	96.60
112.65	55.15	6.34	94213	96.43
105.35	59.62	7.22	167361	97.52
103.63	57.27	6.90	202400	97.38
114.78	57.72	7.80	120140	96.56
104.14	59.18	5.92	101886	97.40
21.38	87.28	110.02	10911568	94.81
99.23	56.69	13.17	308521	91.62
90.37	55.35	27.47	309940	92.64
113.97	38.58	9.80	172229	94.47
124.72	63.51	5.70	212224	96.93
127.94	49.49	14.35	201951	97.48
110.57	53.79	6.97	250531	97.62
115.73	14.08	39.35	2772417	112.43
101.44	52.22	4.77	75243	96.72
107.88	52.76	4.44	53306	96.71
113.04	53.18	4.90	41304	96.42
89.50	49.87	7.33	103770	95.99
113.14	52.43	5.00	70211	97.18
104.38	56.45	4.81	115328	97.49
105.83	49.03	7.17	94019	96.74
111.65	48.09	3.16	41213	98.35
209.52	66.43	7.58	2220970	99.51
115.39	50.77	11.30	340360	96.89
123.85	41.70	14.46	212247	92.70
105.75	46.93	3.65	182438	96.95
111.71	53.96	4.79	65613	95.84
109.43	53.28	5.30	76801	96.93
96.67	58.96	7.15	127325	96.10
105.38	70.03	3.46	370601	94.93
104.14	64.14	5.66	300792	96.32
111.28	55.48	5.45	104058	96.99
106.52	56.72	6.35	125990	97.13
105.95	54.28	7.92	94413	96.49
108.14	65.86	11.00	268901	98.29
109.98	62.11	5.95	110269	94.33
109.29	62.81	4.90	120457	97.66
113.08	62.43	6.08	78644	98.51
112.67	52.84	4.46	70597	96.78
152.01	75.89	5.03	472370	98.43
103.33	53.30	8.35	549415	99.71
122.35	62.22	9.42	1088869	99.95
109.06	55.52	7.50	177231	97.68

12-28 各市规模以上工业企业主要经济指标（2009年）

Main Economic Indicators of Industrial Enterprises above Designated Size by City (2009)

单位：亿元 (100 million yuan)

市别	City	主营业务收入 Main Business Revenue	资产合计 Total Assets	负债合计 Total Liabilities	利润总额 Total Profits	利税总额 Total Pre-tax Profits	从业人员平均人数(万人) Average Number of Employed Persons (10000 persons)
广州	Guangzhou	11214.09	9965.53	5502.01	779.12	1488.76	161.57
深圳	Shenzhen	14981.25	12251.51	7350.58	1087.42	1438.91	322.16
珠海	Zhuhai	2328.11	2559.51	1662.18	129.27	180.74	43.80
汕头	Shantou	1456.80	1118.86	414.82	125.72	177.37	42.03
佛山	Foshan	11262.92	5975.14	3626.01	629.90	1052.53	166.37
韶关	Shaoguan	575.19	748.81	468.25	28.85	71.09	14.51
河源	Heyuan	549.31	430.67	243.30	47.05	74.14	13.56
梅州	Meizhou	337.55	418.12	220.15	35.37	77.70	11.48
惠州	Huizhou	2975.25	2462.74	1565.16	115.26	250.85	61.47
汕尾	Shanwei	302.61	258.72	125.26	11.88	16.24	15.00
东莞	Dongguan	6007.76	5286.18	3043.46	297.25	403.47	256.03
中山	Zhongshan	3677.28	2418.52	1439.62	195.96	313.10	119.07
江门	Jiangmen	2754.63	1881.36	1051.32	148.13	276.06	63.34
阳江	Yangjiang	489.30	244.17	131.87	59.68	79.35	11.80
湛江	Zhanjiang	950.86	864.25	596.86	107.86	172.99	14.03
茂名	Maoming	1128.24	490.05	176.28	102.59	234.36	11.81
肇庆	Zhaoqing	1136.53	720.82	389.56	62.34	111.07	25.79
清远	Qingyuan	1940.53	800.27	462.60	85.76	134.48	24.30
潮州	Chaozhou	577.88	429.18	237.55	37.50	64.55	19.82
揭阳	Jieyang	1162.32	730.67	337.25	98.98	143.00	27.81
云浮	Yunfu	309.39	266.80	160.04	18.51	32.81	10.27
按经济区域分	By Region						
珠三角	Pearl River Delta	56337.82	43521.31	25629.89	3444.65	5515.49	1219.60
东翼	Eastern Region	3499.61	2537.43	1114.89	274.08	401.16	104.66
西翼	Western Region	2568.41	1598.48	905.02	270.12	486.71	37.64
山区	Mountainous Region	3711.97	2664.66	1554.35	215.55	390.23	74.12

12-29 各市私营工业企业主要经济指标（2009年）

Main Economic Indicators of Private Industrial Enterprises by City (2009)

单位：亿元 (100 million yuan)

市 别	City	主营业务收入 Main Business Revenue	资产合计 Total Assets	负债合计 Total Liabilities	利润总额 Total Profits	利税总额 Total Pre-tax Profits	从业人员平均人数(万人) Average Number of Employed Persons (10000 persons)
广 州	Guangzhou	1516.13	964.64	632.08	43.98	86.40	41.04
深 圳	Shenzhen	1677.74	1310.34	828.81	94.04	130.53	62.39
珠 海	Zhuhai	127.35	115.66	76.82	3.85	8.27	4.78
汕 头	Shantou	575.99	339.81	107.35	51.02	67.34	19.48
佛 山	Foshan	2974.22	1245.38	751.25	169.13	272.16	45.24
韶 关	Shaoguan	75.12	51.95	31.21	4.14	7.68	1.62
河 源	Heyuan	175.22	72.39	38.00	20.44	29.82	1.72
梅 州	Meizhou	59.05	40.87	20.69	4.69	7.23	3.18
惠 州	Huizhou	146.82	95.85	64.89	4.67	9.44	6.90
汕 尾	Shanwei	61.28	26.10	14.48	1.16	2.32	4.55
东 莞	Dongguan	630.13	406.55	289.64	23.92	39.55	25.11
中 山	Zhongshan	960.38	451.84	304.79	41.68	68.28	29.81
江 门	Jiangmen	687.61	282.33	174.89	27.39	56.49	16.33
阳 江	Yangjiang	251.21	106.81	58.20	32.78	43.74	7.16
湛 江	Zhanjiang	194.09	91.41	50.35	6.18	11.51	4.52
茂 名	Maoming	142.06	73.40	23.12	16.29	24.05	4.74
肇 庆	Zhaoqing	400.73	184.42	100.70	26.52	47.59	9.62
清 远	Qingyuan	557.10	164.88	108.79	18.49	29.11	4.36
潮 州	Chaozhou	184.02	97.43	41.34	11.49	19.93	8.16
揭 阳	Jieyang	506.11	234.64	86.69	36.95	55.56	12.25
云 浮	Yunfu	57.84	37.10	20.21	4.19	7.02	1.75
按经济区域分	By Region						
珠 三 角	Pearl River Delta	9121.10	5057.01	3223.87	435.18	718.72	241.23
东 翼	Eastern Region	1327.41	697.98	249.86	100.61	145.15	44.44
西 翼	Western Region	587.36	271.63	131.67	55.25	79.30	16.43
山 区	Mountainous Region	924.33	367.19	218.90	51.94	80.86	12.63

12-30 各市工业企业主要经济效益指标（2009年）
Main Indicators on Economic Benefit of Industrial Enterprises by City (2009)

市别	City	总资产贡献率(%) Ratio of Total Assets to Industrial Output Value (%)	资本保值增值率(%) Ratio of Capital Maintenance and Appreciation (%)	资产负债率(%) Assets-Liability Ratio (%)	成本费用利润率(%) Ratio of Profits to Industrial Costs (%)	全员劳动生产率(元/人) Overall Labor Productivity (yuan/person)	产品销售率(%) Proportion of Products Sold (%)
全省合计	**Provincial Total**	**14.18**	**108.01**	**58.03**	**6.88**	**126984**	**97.09**
广州	Guangzhou	15.60	106.38	55.21	7.59	200642	98.06
深圳	Shenzhen	12.26	108.23	60.00	7.84	124609	96.76
珠海	Zhuhai	7.47	112.34	64.94	5.84	130093	92.59
汕头	Shantou	16.51	123.86	37.08	9.51	92702	95.99
佛山	Foshan	18.41	103.42	60.68	6.02	194410	97.00
韶关	Shaoguan	10.67	105.40	62.53	5.41	125338	98.24
河源	Heyuan	18.09	85.85	56.49	9.59	139826	93.33
梅州	Meizhou	19.65	101.30	52.65	12.45	117032	100.03
惠州	Huizhou	11.04	119.70	63.55	4.08	109771	98.97
汕尾	Shanwei	7.54	111.68	48.42	4.15	59019	97.44
东莞	Dongguan	8.09	103.03	57.57	5.23	56766	99.22
中山	Zhongshan	13.48	108.61	59.52	5.65	85013	95.16
江门	Jiangmen	15.83	110.32	55.88	5.81	125692	94.76
阳江	Yangjiang	33.70	114.39	54.01	13.77	116887	96.96
湛江	Zhanjiang	20.79	76.28	69.06	13.49	276493	96.92
茂名	Maoming	48.62	118.10	35.97	10.92	275454	98.74
肇庆	Zhaoqing	16.39	113.31	54.04	5.90	111971	97.28
清远	Qingyuan	17.92	115.80	57.81	4.81	229193	95.75
潮州	Chaozhou	16.32	115.39	55.35	7.09	76904	99.32
揭阳	Jieyang	20.98	154.92	46.16	9.50	110565	100.83
云浮	Yunfu	13.53	115.43	59.99	6.56	94922	96.30

12-30 续表 continued

市别	City	总资产贡献率比去年增长百分点 Percentage Gain in Ratio of Total Assets to Industrial Output Value over Preceding Year	资本保值增值率比去年增长百分点 Percentage Gain in Ratio of Capital Maintenance and Appreciation over Preceding Year	资产负债率比去年增长百分点 Percentage Gain in Assets-Liability Ratio over Preceding Year	成本费用利润率比去年增长百分点 Percentage Gain in Ratio of Profits to Industrial Costs over Preceding Year	全员劳动生产率比去年增长(%) Growth in Overall Labor Productivity over Preceding Year (%)	产品销售率比去年增长百分点 Percentage Gain in Proportion of Products Sold over Preceding Year
全省合计	**Provincial Total**	**-0.14**	**-5.14**	**0.59**	**1.34**	**7.67**	**-0.04**
广州	Guangzhou	-0.50	0.93	0.99	0.34	15.50	-0.02
深圳	Shenzhen	-1.83	-10.26	0.40	0.87	-5.09	0.22
珠海	Zhuhai	0.48	-2.16	-0.74	1.55	17.03	-4.92
汕头	Shantou	0.31	10.24	-3.24	0.73	6.02	-0.22
佛山	Foshan	-2.10	-20.28	1.89	1.11	15.22	0.20
韶关	Shaoguan	1.25	2.08	0.81	4.67	6.04	0.03
河源	Heyuan	0.01	-71.66	12.16	-0.80	0.69	-2.92
梅州	Meizhou	1.02	-12.51	1.81	2.65	1.67	1.87
惠州	Huizhou	4.20	9.88	2.78	2.54	14.24	0.97
汕尾	Shanwei	-0.57	-29.06	1.23	0.32	10.09	0.74
东莞	Dongguan	2.30	-8.88	0.10	3.00	-6.36	0.21
中山	Zhongshan	-0.25	-13.90	-0.79	0.39	13.76	-0.57
江门	Jiangmen	-1.89	3.06	-1.23	0.71	20.06	-0.89
阳江	Yangjiang	-0.54	12.61	-0.33	-0.09	12.47	0.52
湛江	Zhanjiang	2.23	-29.14	12.83	2.08	-3.47	1.09
茂名	Maoming	13.44	29.52	-9.94	9.96	15.22	-0.42
肇庆	Zhaoqing	2.80	-10.50	-1.04	0.88	17.79	0.51
清远	Qingyuan	-1.07	18.96	-0.92	-0.25	39.70	0.77
潮州	Chaozhou	0.23	7.28	-2.61	1.62	-0.98	0.80
揭阳	Jieyang	0.75	34.52	-4.17	1.90	15.31	3.97
云浮	Yunfu	3.36	17.93	-1.78	2.87	25.95	-0.70

12-31 各市规模以上国有控股工业企业主要经济效益指标（2009年）

Main Indicators on Economic Benefit of State-holding Industrial Enterprises above Designated Size by City (2009)

市 别	City	总资产贡献率(%) Ratio of Total Assets to Industrial Output Value (%)	资本保值增值率(%) Ratio of Capital Maintenance and Appreciation (%)	资产负债率(%) Assets-Liability Ratio (%)	成本费用利润率(%) Ratio of Profits to Industrial Costs (%)	全员劳动生产率(元/人) Overall Labor Productivity (yuan/person)	产品销售率(%) Proportion of Products Sold (%)
全省合计	**Provincial Total**	**14.73**	**102.48**	**57.45**	**9.17**	**457743**	**98.06**
广 州	Guangzhou	13.43	99.49	51.78	7.59	501658	99.90
深 圳	Shenzhen	16.57	88.14	60.62	16.54	563843	97.43
珠 海	Zhuhai	9.52	129.80	65.80	8.30	438196	79.33
汕 头	Shantou	9.94	169.90	33.22	10.19	277584	99.25
佛 山	Foshan	8.11	107.98	58.17	2.69	346561	99.51
韶 关	Shaoguan	11.34	102.99	66.48	5.26	200869	99.83
河 源	Heyuan	7.51	99.55	70.30	5.72	198550	98.49
梅 州	Meizhou	34.63	100.39	49.14	15.27	374696	107.80
惠 州	Huizhou	15.80	142.02	70.12	4.20	841015	99.85
汕 尾	Shanwei	7.61	135.39	68.08	9.96	316523	99.42
东 莞	Dongguan	10.91	99.71	53.23	7.13	416456	99.12
中 山	Zhongshan	9.43	100.13	58.26	3.15	241342	99.08
江 门	Jiangmen	14.32	91.84	64.80	14.13	472547	99.78
阳 江	Yangjiang	9.21	124.47	66.32	3.34	129470	99.02
湛 江	Zhanjiang	25.02	127.00	63.44	6.93	336693	99.57
茂 名	Maoming	61.60	114.36	31.62	11.28	1371895	99.83
肇 庆	Zhaoqing	11.13	96.53	52.35	6.83	150925	98.94
清 远	Qingyuan	13.36	104.71	64.22	6.77	298063	98.15
潮 州	Chaozhou	7.72	95.99	85.24	9.23	355272	99.98
揭 阳	Jieyang	9.27	109.32	68.08	8.50	306268	100.10
云 浮	Yunfu	11.19	91.95	60.30	4.81	150391	99.19

12-32 各市按经济类型分的工业企业资产（2009年）

Total Assets of Industrial Enterprises by Ownership and by City (2009)

单位：亿元 (100 million yuan)

市 别	City	资产合计 Total Assets	#国有控股工业 State-holding Industry	集体工业 Collective-owned Industry	股份合作制工业 Share-holding Cooperative Industry	股份制工业 Share-holding Industry	外商投资工业 Foreign-funded Industry	港澳台投资工业 Industry with Funds from Hong Kong, Macao and Taiwan
广 州	Guangzhou	9965.53	4538.31	44.14	13.81	3800.61	3267.12	1941.80
深 圳	Shenzhen	12251.51	2677.36	27.56	8.76	4525.85	3374.77	3330.76
珠 海	Zhuhai	2559.51	755.72	1.70	0.15	821.03	1044.44	606.67
汕 头	Shantou	1118.86	266.57	11.45	7.04	511.91	258.08	140.82
佛 山	Foshan	5975.14	690.84	53.54	16.14	3050.06	756.99	1180.32
韶 关	Shaoguan	748.81	484.42	1.93	6.42	471.08	10.33	139.67
河 源	Heyuan	430.67	98.13	0.37	0.63	166.16	47.15	169.05
梅 州	Meizhou	418.12	123.38	3.41	1.06	219.84	25.34	55.64
惠 州	Huizhou	2462.74	864.35	11.79	1.37	203.10	957.83	792.06
汕 尾	Shanwei	258.72	109.90	4.31		31.23	6.67	102.82
东 莞	Dongguan	5286.18	522.53	91.62	1.62	718.49	1573.56	2429.30
中 山	Zhongshan	2418.52	139.49	29.18	4.45	684.99	686.58	782.03
江 门	Jiangmen	1881.36	255.78	24.03	2.44	485.42	323.68	717.23
阳 江	Yangjiang	244.17	33.61	0.73		99.50	29.89	48.18
湛 江	Zhanjiang	864.25	259.59	16.35	10.87	221.76	104.47	352.71
茂 名	Maoming	490.05	290.79	4.95	1.54	346.17	15.21	17.87
肇 庆	Zhaoqing	720.82	137.27	3.29	0.92	222.48	120.46	192.80
清 远	Qingyuan	800.27	117.96	13.01	1.80	282.11	76.44	316.11
潮 州	Chaozhou	429.18	144.99	2.64	7.67	240.99	50.97	60.07
揭 阳	Jieyang	730.67	161.29	11.01	0.22	434.85	33.69	104.32
云 浮	Yunfu	266.80	52.25	5.11	0.76	87.06	30.81	93.39
按经济区域分	By Region							
珠 三 角	Pearl River Delta	43521.31	10581.67	286.85	49.65	14512.03	12105.42	11972.99
东 翼	Eastern Region	2537.43	682.76	29.40	14.93	1218.98	349.41	408.04
西 翼	Western Region	1598.48	583.98	22.03	12.41	667.43	149.56	418.75
山 区	Mountainous Region	2664.66	876.14	23.83	10.68	1226.24	190.08	773.86

12-33 各市规模以上大中型工业企业产值资产（2009年）

Gross Output Value and Total Assets of Large and Medium-sized Industrial Enterprises above Designated Size by City (2009)

单位: 亿元 (100 million yuan)

市 别	City	企业个数(个) Number of Enterprises (unit)	#大型 Large-sized	工业总产值（当年价格） Gross Industrial Output Value (at current prices)	#大型 Large-sized	资产总计 Total Assets	#大型 Large-sized
全省合计	**Provincial Total**	**6632**	**426**	**44755.11**	**20453.38**	**34926.77**	**14815.04**
广 州	Guangzhou	771	60	8484.14	4449.09	7726.24	4250.12
深 圳	Shenzhen	1546	115	12687.74	7245.19	9559.23	4736.33
珠 海	Zhuhai	209	24	1777.73	1093.20	1624.50	904.02
汕 头	Shantou	134	6	519.14	172.73	550.21	134.07
佛 山	Foshan	745	40	5964.76	2630.38	3769.93	1803.92
韶 关	Shaoguan	68	6	414.43	223.96	571.28	307.66
河 源	Heyuan	66	5	260.25	61.29	196.72	52.60
梅 州	Meizhou	50	1	204.58	12.63	214.64	14.55
惠 州	Huizhou	323	19	2325.20	942.87	1852.78	443.51
汕 尾	Shanwei	41	2	204.78	65.64	203.01	57.15
东 莞	Dongguan	1234	78	4319.60	1457.20	3642.86	1035.76
中 山	Zhongshan	530	31	2399.57	676.54	1505.20	353.01
江 门	Jiangmen	325	18	1477.20	442.11	1142.58	299.06
阳 江	Yangjiang	41	1	173.91	16.13	102.91	21.19
湛 江	Zhanjiang	73	1	441.66	4.05	375.01	9.15
茂 名	Maoming	30	2	787.40	647.36	318.77	203.48
肇 庆	Zhaoqing	112	6	503.01	136.25	358.84	107.55
清 远	Qingyuan	123	7	1038.92	138.03	488.96	40.55
潮 州	Chaozhou	57	2	201.48	29.31	235.23	27.44
揭 阳	Jieyang	115		399.52		348.85	
云 浮	Yunfu	39	2	170.08	9.43	139.00	13.95
按经济区域分	By Region						
珠 三 角	Pearl River Delta	5795	391	39938.95	19072.83	31182.16	13933.28
东 翼	Eastern Region	347	10	1324.92	267.68	1337.30	218.66
西 翼	Western Region	144	4	1402.97	667.54	796.69	233.82
山 区	Mountainous Region	346	21	2088.26	445.34	1610.60	429.31

12-34 全省工业总产值最大的50家工业企业（2009年）
Top 50 Industrial Enterprises of the Province in Terms of Gross Industrial Output Value (2009)

序号 Rank	企业名称	Name of Enterprises	工业总产值(当年价)(万元) Gross Industrial Output Value (at current prices) (10000 yuan)
1	广东电网公司	GUANGDONG POWER GRID CORPORATION	21064472
2	华为技术有限公司	HUAWEI TECHNOLOGIES CO., LTD	13225271
3	鸿富锦精密工业(深圳)有限公司	HONG FU JIN PRECISION (SHENZHEN) CO., LTD	10135461
4	美的集团有限公司	GUANGDONG MD HOLDING CO., LTD	7812368
5	富泰华工业(深圳)有限公司	FUTAIHUA INDUSTRY (SHENZHEN CO., LTD	6615630
6	东风汽车有限公司东风日产乘用车公司	DONGFENG MOTOR CO. LTD. PASSENGER VEHICLE COMPANY	6211477
7	中国石油化工股份有限公司茂名分公司	SINOPEC MAOMING COMPANY	6195012
8	群康科技(深圳)有限公司	INNOCOM TECHNOLOGY (SHENZHEN) LTD	5928266
9	中兴通讯股份有限公司	ZHONGXING COMMUNICATION CO., LTD	5826565
10	广汽本田汽车有限公司	GUANGZHOU HONDA AUTOMOBILE CO., LTD	5121669
11	中国石油化工股份有限公司广州分公司	SINOPEC GUANGZHOU COMPANY	4139358
12	珠海格力电器股份有限公司	ZHUHAI GREE CORPORATION	3980317
13	中国南方电网有限责任公司	CHINA SOUTHERN POWER GRID CO., LTD	3941072
14	广汽丰田汽车有限公司	GUANGZHOU TOYOTA MOTOR CO., LTD	3882772
15	惠州三星电子有限公司	HUIZHOU SAMSUNG ELECTRONICS CO.,LTD	3192554
16	中海石油(中国)有限公司深圳分公司	CNOOC (CHINA) LIMITED SHENZHEN BRANCH	3124012
17	联想信息产品(深圳)有限公司	LENOVO INFORMATION PRODUCTS (SHENZHEN)CO., LTD	2929051
18	广州宝洁有限公司	PROCTER & GAMBLE (GUANGZHOU) CO., LTD	2855258
19	乐金显示(广州)有限公司	LG DISPLAY (GUANGZHOU)CO.,LTD	2582919
20	中海石油炼化有限责任公司惠州炼油分公司	CNOOC OIL & PETROCHEMICALS CO.,LTD HUIZHOU COMPANY	2503505
21	深圳富泰宏精密工业有限公司	SHENZHEN FUTAIHONG PRECISION INDUSTRIAL CO., LTD	2413243
22	广东中烟工业有限责任公司	GUANGDONG CHINA-TOBACCO INDUSTRIAL CO., LTD	2403513
23	广东格兰仕集团有限公司	GUANGDONG GALANZ GROUP CO., LTD	2299397
24	安利(中国)日用品有限公司	AMWAY (CHINA) CO., LTD	2202372
25	伟创力制造(珠海)有限公司	FLEXTRONICS MANUFACTURING (ZHUHAI) CO., LTD	2161687
26	中国长城计算机深圳股份有限公司	CHINA GREAT WALL COMPUTER (SHENZHEN) CO., LTD	1883376
27	中海石油(中国)有限公司公司湛江分公司	CNOOC (CHINA) LIMITED ZHANJIANG BRANCH	1880970
28	深圳创维-RGB电子有限公司	SHENZHEN SKYWORTH-RGB ELECTRONICS CO., LTD	1845835
29	中海壳牌石油化工有限公司	CNOOC AND SHELL PETROCHEMICALS COMPANY LIMITED	1729652
30	中国石化湛江东兴石油化工有限公司	SINOPEC ZHANJIANG DONGXING PETROLEUM ENTERPRISE CO., LTD	1451032
31	南海奇美电子有限公司	NANHAI CHIMEI ELECTRONICS LTD	1439412
32	东风本田发动机有限公司	DONGFENG HONDA ENGINE CO., LTD	1419476
33	深圳长城开发科技股份有限公司	SHENZHEN KAIFA TECHNOLOGY CO.,LTD	1340955
34	广东省韶关钢铁集团有限公司	SHAOGUAN IRON & STEEL GROUP CO., LTD.,GUANGDONG	1330912
35	纬创资通(中山)有限公司	WISTRON INFOCOMM (ZHONGSHAN) CORPORATION	1311183
36	联众(广州)不锈钢有限公司	LIANZHONG STAINLESS STEEL CORPORATION	1270037
37	伟创力实业(珠海)有限公司	FLEXTRONICS INDUSTRIAL (ZHUHAI) CO., LTD	1251652
38	广州市白云电气集团有限公司	GUANGZHOU BAIYUN ELECTRIC GROUP CO.,LTD	1230880
39	ＴＣＬ王牌电器(惠州)有限公司	TCL KING ELECTRICAL APPLIANCES (HUIZHOU) CO., LTD	1202122
40	乐金电子(惠州)有限公司	LG ELECTRONICS (HUIZHOU) INC	1178298
41	江门市大长江集团有限公司	JIANGMEN GRAND RIVER GROUP CO., LTD	1153413
42	康佳集团股份有限公司	KONKA GROUP CO., LTD	1115489
43	海信科龙电器股份有限公司	HISENSE KELON ELECTRICAL HOLDINGS COMPANY LIMITED	1000094
44	佛山市顺德区顺达电脑厂有限公司	MITAC COMPUTER (SHUNDE(LTD	980374
45	佛山普立华科技有限公司	FOSHAN PREMIER SCHENCE AND TECHNOLOGY CO., LTD	971755
46	恩斯迈电子(深圳)有限公司	MSI ELECTRONICS (SHENZHEN) CO., LTD	970587
47	建兴光电科技(广州)有限公司	LITEON OPTO TECHNOLOGY (GUANGZHOU) LTD	925840
48	广州盛科电子有限公司	GUANGZHOU SINGULAR GOLD ELECTRONICS CO.,LTD	880241
49	捷普(电子)广州有限公司	JABIL CIRCUIT (GUANGZHOU) CO., LTD	870792
50	肇庆亚洲铝厂有限公司	ZHAOQING ASIA ALUMINUM FACTORY CO., LTD	844037

12-35 全省主营业务收入最大的50家工业企业（2009年）

Top 50 Industrial Enterprises of the Province in Terms of Principal Business Revenue (2009)

序号 Rank	企业名称	Name of Enterprises	主营业务收入(万元) Principal Business Revenue (10000 yuan)
1	广东电网公司	GUANGDONG POWER GRID CORPORATION	20993715
2	华为技术有限公司	HUAWEI TECHNOLOGIES CO., LTD	14925041
3	鸿富锦精密工业(深圳)有限公司	HONG FU JIN PRECISION (SHENZHEN) CO., LTD	10106760
4	美的集团有限公司	GUANGDONG MD HOLDING CO., LTD	8690489
5	东风汽车有限公司东风日产乘用车公司	DONGFENG MOTOR CO. LTD. PASSENGER VEHICLE COMPANY	6439798
6	富泰华工业(深圳)有限公司	FUTAIHUA INDUSTRY (SHENZHEN CO., LTD	6372787
7	中国石油化工股份有限公司茂名分公司	SINOPEC MAOMING COMPANY	6252781
8	群康科技(深圳)有限公司	INNOCOM TECHNOLOGY (SHENZHEN) LTD	6021569
9	中兴通讯股份有限公司	ZHONGXING COMMUNICATION CO., LTD	5142371
10	广汽本田汽车有限公司	GUANGZHOU HONDA AUTOMOBILE CO., LTD	5074058
11	中国石油化工股份有限公司广州分公司	SINOPEC GUANGZHOU COMPANY	4076354
12	中国南方电网有限责任公司	CHINA SOUTHERN POWER GRID CO., LTD	3918738
13	珠海格力电器股份有限公司	ZHUHAI GREE CORPORATION	3888812
14	广汽丰田汽车有限公司	GUANGZHOU TOYOTA MOTOR CO., LTD	3855476
15	惠州三星电子有限公司	HUIZHOU SAMSUNG ELECTRONICS CO.,LTD	3180419
16	中海石油(中国)有限公司深圳分公司	CNOOC (CHINA) LIMITED SHENZHEN BRANCH	3011907
17	联想信息产品(深圳)有限公司	LENOVO INFORMATION PRODUCTS (SHENZHEN)CO., LTD	2932035
18	广州宝洁有限公司	PROCTER & GAMBLE (GUANGZHOU) CO., LTD	2635520
19	乐金显示(广州)有限公司	LG DISPLAY (GUANGZHOU)CO.,LTD	2539953
20	中海石油炼化有限责任公司惠州炼油分公司	CNOOC OIL & PETROCHEMICALS CO.,LTD HUIZHOU COMPANY	2489107
21	深圳富泰宏精密工业有限公司	SHENZHEN FUTAIHONG PRECISION INDUSTRIAL CO., LTD	2422130
22	广东中烟工业有限责任公司	GUANGDONG CHINA-TOBACCO INDUSTRIAL CO., LTD	2400197
23	广东格兰仕集团有限公司	GUANGDONG GALANZ GROUP CO., LTD	2164235
24	伟创力制造(珠海)有限公司	FLEXTRONICS MANUFACTURING (ZHUHAI) CO., LTD	2159472
25	安利(中国)日用品有限公司	AMWAY (CHINA) CO., LTD	1981816
26	中国长城计算机深圳股份有限公司	CHINA GREAT WALL COMPUTER (SHENZHEN) CO., LTD	1916589
27	中海壳牌石油化工有限公司	CNOOC AND SHELL PETROCHEMICALS COMPANY LIMITED	1767345
28	东风本田发动机有限公司	DONGFENG HONDA ENGINE CO., LTD	1573409
29	中海石油(中国)有限公司公司湛江分公司	CNOOC (CHINA) LIMITED ZHANJIANG BRANCH	1450444
30	南海奇美电子有限公司	NANHAI CHIMEI ELECTRONICS LTD	1437287
31	中国石化湛江东兴石油化工有限公司	SINOPEC ZHANJIANG DONGXING PETROLEUM ENTERPRISE CO., LTD	1391842
32	深圳长城开发科技股份有限公司	SHENZHEN KAIFA TECHNOLOGY CO.,LTD	1319679
33	纬创资通(中山)有限公司	WISTRON INFOCOMM (ZHONGSHAN) CORPORATION	1310091
34	广东省韶关钢铁集团有限公司	SHAOGUAN IRON & STEEL GROUP CO., LTD.,GUANGDONG	1300272
35	深圳创维-RGB电子有限公司	SHENZHEN SKYWORTH-RGB ELECTRONICS CO., LTD	1297476
36	ＴＣＬ王牌电器(惠州)有限公司	TCL KING ELECTRICAL APPLIANCES (HUIZHOU) CO., LTD	1280723
37	伟创力实业(珠海)有限公司	FLEXTRONICS INDUSTRIAL (ZHUHAI) CO., LTD	1251652
38	广州市白云电气集团有限公司	GUANGZHOU BAIYUN ELECTRIC GROUP CO.,LTD	1201620
39	联众(广州)不锈钢有限公司	LIANZHONG STAINLESS STEEL CORPORATION	1185177
40	江门市大长江集团有限公司	JIANGMEN GRAND RIVER GROUP CO., LTD	1124253
41	康佳集团股份有限公司	KONKA GROUP CO., LTD	1090761
42	乐金电子(惠州)有限公司	LG ELECTRONICS (HUIZHOU) INC	1051581
43	海信科龙电器股份有限公司	HISENSE KELON ELECTRICAL HOLDINGS COMPANY LIMITED	1003246
44	佛山市顺德区顺达电脑厂有限公司	MITAC COMPUTER (SHUNDE(LTD	980374
45	恩斯迈电子(深圳)有限公司	MSI ELECTRONICS (SHENZHEN) CO., LTD	970587
46	建兴光电科技(广州)有限公司	LITEON OPTO TECHNOLOGY (GUANGZHOU) LTD	902840
47	广州盛科电子有限公司	GUANGZHOU SINGULAR GOLD ELECTRONICS CO.,LTD	830241
48	佛山普立华科技有限公司	FOSHAN PREMIER SCHENCE AND TECHNOLOGY CO., LTD	828223
49	捷普(电子)广州有限公司	JABIL CIRCUIT (GUANGZHOU) CO., LTD	820792
50	佛山普立华科技有限公司	FOSHAN PREMIER SCHENCE AND TECHNOLOGY CO., LTD	806744

12-36 全省固定资产净值最大的50家工业企业（2009年）

Top 50 Industrial Enterprises of the Province in Terms of Net Value of Fixed Assets (2009)

序号 Rank	企业名称	Name of Enterprises	固定资产净值（万元） Net Value of Fixed Assets (10000 yuan)
1	广东电网公司	GUANGDONG POWER GRID CORPORATION	17256557
2	中国南方电网有限责任公司	CHINA SOUTHERN POWER GRID CO., LTD	4677055
3	中海壳牌石油化工有限公司	CNOOC AND SHELL PETROCHEMICALS COMPANY LIMITED	2488404
4	中海石油(中国)有限公司公司湛江分公司	CNOOC (CHINA) LIMITED ZHANJIANG BRANCH	2022584
5	岭澳核电有限公司	LING'AO NUCLEAR POWER CO., LTD	1852950
6	中海石油炼化有限责任公司惠州炼油分公司	CNOOC OIL & PETROCHEMICALS CO.,LTD HUIZHOU COMPANY	1425836
7	中国石油化工股份有限公司茂名分公司	SINOPEC MAOMING COMPANY	1205217
8	广东省韶关钢铁集团有限公司	SHAOGUAN IRON & STEEL GROUP CO., LTD.,GUANGDONG	1170569
9	中海石油(中国)有限公司深圳分公司	CNOOC (CHINA) LIMITED SHENZHEN BRANCH	1133339
10	美的集团有限公司	GUANGDONG MD HOLDING CO., LTD	872261
11	广东国华粤电台山发电有限公司	GUANGDONG GUOHUA YUEDIAN TAISHAN ELECTRIC POWER CO.,LTD	863060
12	中国石油化工股份有限公司广州分公司	SINOPEC GUANGZHOU COMPANY	817819
13	华为技术有限公司	HUAWEI TECHNOLOGIES CO., LTD	813757
14	联众(广州)不锈钢有限公司	LIANZHONG STAINLESS STEEL CORPORATION	730290
15	华能国际电力股份有限公司海门电厂	HUANENG POWER INTERNATIONAL INC. GUANGDONG BRANCH	670780
16	鸿富锦精密工业(深圳)有限公司	HONG FU JIN PRECISION (SHENZHEN) CO., LTD	640351
17	广汽丰田汽车有限公司	GUANGZHOU TOYOTA MOTOR CO., LTD	637881
18	天生桥一级水电开发有限责任公司	TIANSHENGQIAO HYDROPOWER DEVELOPMENT CO., LTD	594491
19	广东核电合营有限公司	GUANGDONG NUCLEAR POWER JOINT VENTURE CO.,LTD	547453
20	广东大鹏液化天然气有限公司	GUANGDONG DAPENG LNG CO., LTD	537888
21	广东红海湾发电有限公司	GUANGDONG RED BAY POWER GENERATION CO., LTD	526966
22	广州珠江钢铁有限责任公司	GUANGZHOU ZHUJIANG STEEL CO., LTD	523943
23	深能合和电力(河源)有限公司	SHEN ZHEN ENERGY HOPEWELL POWER(HEYUAN)CO.， LTD	489100
24	广汽本田汽车有限公司	GUANGZHOU HONDA AUTOMOBILE CO., LTD	485728
25	广东粤电靖海发电有限公司	GUANGDONG YUEDIAN JINGHAI POWER GENERATION CO., LTD	474454
26	深圳市水务(集团)有限公司	SHENZHEN WATER (GROUP) CO., LTD	456357
27	中兴通讯股份有限公司	ZHONGXING COMMUNICATION CO., LTD	443488
28	东莞地龙纸业有限公司	DONGGUAN LAND DRAGON PAPER INDUSTRIES CO., LTD	443248
29	珠海碧辟化工有限公司	BP ZHUHAI CHEMICAL CO., LTD	431745
30	广东粤港供水有限公司	GUANGDONG YUE GANG WATER SUPPLY CO., LTD	424839
31	深超光电(深圳)有限公司	CENTURY DISPLAY (SHENZHEN) CO.,LTD	424182
32	广东大唐国际潮州发电有限责任公司	GUANDDONG DATANG INTERNATIONAL CHAOZHOU POWER GENERATION CO., LTD	399162
33	广州市自来水公司	GUANGZHOU WATER SUPPLY COMPANY	393775
34	广州中船龙穴造船有限公司	CSSC GUANGZHOU LONGXUE SHIPBUILDING CO.,LTD	393770
35	广东金湾发电有限公司	GUANGDONG ZHUHAI JINWAN POWER COMPANY LIMITED	391063
36	广州华润热电有限公司	GUANGZHOU CHINA RESOURCES THERMAL POWER CO., LTD	362642
37	广州恒运企业集团股份有限公司	GUANGZHOU HENGYUN ENTERPRISES HOLDINGS LTD	354828
38	广东省珠海发电厂有限公司	GUANGDONG ZHUHAI POWER PLANT CO.,LTD	342878
39	深圳市比亚迪汽车有限公司	SHENZHEN BYD AUTOMOBILE CO., LTD	341113
40	广东宝丽华电力有限公司	GUANGDONG BAOLIHUA POWER CO.,LTD	320855
41	深圳市广前电力有限公司	SHENZHEN GUANGQIAN ELECTRIC POWER CO.,LTD	318431
42	广东理文造纸有限公司	GUANGDONG LEE & MAN PAPER FACTORY CO.,LTD	310526
43	广东惠州天然气发电有限公司	GUANGDONG HUIZHOU LNG POWER CO.,LTD	299963
44	中国石化湛江东兴石油化工有限公司	SINOPEC ZHANJIANG DONGXING PETROLEUM ENTERPRISES CO., LTD	297504
45	深圳能源集团股份有限公司东部电厂	EASTERN POWER PLANT OF SHENZHEN ENERGY INVESTMENT CO.,LTD	296504
46	东莞时力科技电子厂	DONGGUAN SHILI ELECTRONIC FACTORY	283552
47	世纪晶源科技有限公司	CENTURY EPITECH CO.,LTD	278007
48	广州造纸股份有限公司	GUANGZHOU PAPER CO., LTD	273079
49	深圳富泰宏精密工业有限公司	SHENZHEN FUTAIHONG PRECISION INDUSTRIAL CO., LTD	268444
50	信利半导体有限公司	TRULY SEMICODUCTORS LTD	265881

主要统计指标解释

工业 指从事自然资源的开采，对采掘品和农产品进行加工和再加工的物质生产部门。具体包括：(1)对自然资源的开采，如采矿、晒盐、森林采伐等（但不包括禽兽捕猎和水产捕捞）；(2)对农副产品的加工、再加工，如粮油加工、食品加工、轧花、缫丝、纺织、制革等；(3)对采掘品的加工、再加工，如炼铁、炼钢、化工生产、石油加工、机器制造、木材加工等，以及电力、自来水、煤气的生产和供应等；(4)对工业品的修理、翻新，如机器设备的修理、交通运输工具（包括小卧车）的修理等。

1984 年以前农村的村及村以下办工业归属农业，1984 年以后划归工业。

工业统计调查单位 工业统计调查单位分为两类：独立核算法人工业企业和工业生产活动单位。

(1)独立核算法人工业企业 是指从事工业生产经营活动的单位。独立核算法人工业企业应同时具备以下条件：①依法成立，有自己的名称、组织机构和场所，能够承担民事责任；②独立拥有和使用资产，承担负债，有权与其他单位签订合同；③独立核算盈亏，并能够编制资产负债表。

(2)工业生产活动单位 是指在一个场所从事一种或主要从事一种工业生产活动的经济单位。它包括独立核算工业企业按主营业务活动(即工业生产活动)划分的主营业务活动单位和非工业企业所属的工业生产活动单位（即原非独立核算工业生产单位）。工业生产活动单位，一般应同时具备以下三个条件：①具有一个场所，从事一种或主要从事一种工业活动；②单独组织工业生产、经营或业务活动；③单独核算收入和支出。

轻工业 指主要提供生活消费品和制作手工工具的工业。按其所使用的原料不同，可分为两大类：(1)以农产品为原料的轻工业，是指直接或间接以农产品为基本原料的轻工业。主要包括食品制造、饮料制造、烟草加工、纺织、缝纫、皮革和毛皮制作、造纸以及印刷等工业；(2)以非农产品为原料的轻工业，是指以工业品为原料的轻工业。主要包括文教体育用品、化学药品制造、合成纤维制造、日用化学制品、日用玻璃制品、日用金属制品、手工工具制造、医疗器械制造、文化和办公用机械制造等工业。

重工业 是指为国民经济各部门提供物质技术基础的主要生产资料的工业。按其生产性质和产品用途，可分为下列三类：(1)采掘（伐）工业，是指对自然资源的开采，包括石油开采、煤炭开采、金属矿开采、非金属矿开采和木材采伐等工业；(2)原材料工业，指向国民经济各部门提供基本材料、动力和燃料的工业。包括金属冶炼及加工、炼焦及焦炭化学、化工原料、水泥、人造板以及电力、石油和煤炭加工等工业；(3)加工工业，是指对工业原材料进行再加工制造的工业。包括装备国民经济各部门的机械设备制造工业、金属结构、水泥制品等工业，以及为农业提供的生产资料如化肥、农药等工业。

根据上述划分原则，修理业中以重工业产品为修理作业对象的划为重工业，反之划为轻工业。

工业总产值 是以货币表现的工业企业在一定时期内生产的已出售或可供出售工业产品总量，它反映一定时间内工业生产的总规模和总水平。它包括：在本企业内不再进行加工，经检验、包装入库（规定不需包装的产品除外）的成品价值，对外加工费收入，自制半成品、在产品期末期初差额价值。工业总产值采用“工厂法”计算，即以工业企业作为一个整体，按企业工业生产活动的最终成果来计算，企业内部不允许重复计算，不能把企业内部各个车间（分厂）生产的成果相加。但在企业之间、行业之间、地区之间存在着重复计算。

轻重工业总产值的划分也是按“工厂法”计算的，即一个工业企业在正常情况下生产的主要产品的性质属于轻工业，则该企业的全部总产值作为轻工业总产值；一个工业企业生产的主要产品的性质属于重工业，则该企业的全部总产值作为重工业总产值。

工业销售产值（当年价格） 是以货币形式表现的，工业企业在本年内销售的本企业生产的工业产品或提供工业性劳务价值的总价值量。工业销售产值包括的内容为：

1. 销售成品价值：指企业在报告期内实际销售（包括本期生产和非本期生产）的全部成品、半成品的总价值，即按报告期产品的实际销售数量乘以不含增值税（销项税额）的产品实际销售平均单价计算。销售成品价值中包括企业生产的自制设备及提供给本企业在建工程、其他非工业部门和生活福利部门等单位使用的成品价值，但不包括用订货者来料加工，并且只收取加工费的成品（半成品）价值。

2. 对外加工费收入：指企业在报告期内完成的对外承接的工业品加工（包括用定货者来料加工的产品）的加工费收入；对外工业品修理作业可收取的加工费收入和对内非工业部门提供的加工修理、设备安装等收入。对外加工费收入按不含增值税（销项税额）的价格计算。

对于以对外加工生产为主，对外加工费收入所占比重较大的企业，如果对外加工费收入出现跨年度支付的情况，为保证总产值生产口径计算的准确性，则应将对外加工费收入按实际情况调整，记录本年应实际收取的对外加工费收入。

出口交货值 指工业企业交给外贸部门或自营（委托）出口（包括销往香港、澳门、台湾），用外汇价格结算的产品价值，以及外商来样、来料加工、来件装配和补偿贸易等生产的产品价值。在计算出口交货值时，要把外汇价格按交易时的汇率折成人民币计算。

工业增加值 是指工业行业在报告期内以货币表现的工业生产活动的最终成果，是企业全部生产活动的总成果扣除了在生产过程中消耗或转移的物质产品和劳务价值后的余额，是企业生产过程中新增加的价值。

计算工业增加值通常采用两种方法。

一是“生产法”，即从工业生产过程中产品和劳务价值形成的角度入手，剔除生产环节中间投入的价值，从而得到新增价值的方法。公式为：

工业增加值＝工业总产值－工业中间投入＋本期应交增值税

二是“收入法”，即从工业生产过程中创造的原始收入初次分配的角度，对工业生产活动最终成果进行核算的一种方法，其计算公式为：

工业增加值＝固定资产折旧＋劳动者报酬＋生产税净额＋营业盈余

流动资产 指企业可以在一年内或者超过一年的一个生产周期内变现或者耗用的资产，包括现金及各种存款、短期投资，应收及预付款项、存货等。根据会计“资产负债表”中“流动资产合计”项的期末数填列。

应收账款 指企业因销售商品、产品、提供劳务等，应向购货单位或接受劳务单位收取款项。该指标根据会计“资产负债表”中“应收账款”项的年末数填报。

存货 指企业在生产经营过程中为销售或耗用而储备的各种资产，包括原材料、周转材料、包装物、低值易耗品、在产品、自制半成品、产成品等。

产成品 指企业报告期末已经加工生产并完成全部生产过程，可以对外销售的制成产品。

固定资产 指企业使用期限超过一年的房屋、建筑物、机器、机械、运输工具以及其他与生产、经营有关的设备、器具、工具等。不属于生产经营主要设备的物品，单位价值在2000元以上，并且使用年限超过2年的，也应当作为固定资产。

固定资产原价 指企业在建造、购置、安装、改建、扩建、技术改造某项固定资产时所支出的全部货币总额。

固定资产折旧 指对固定资产由于磨损和损耗而转移到产品中去的那一部分价值的补偿。一般根据固定资产原价(选用双倍余额递减法计提折旧的企业，为固定资产帐面净值)和确定的折旧率计算。“累计折旧”：指企业在报告期末提取的历年固定资产折旧累计数。

固定资产净值 固定资产净值指固定资产原价减去累计折旧后的净额。

资产总计 指企业拥有或控制的能以货币计量的经济资源，包括各种财产、债权和其他权利。资产按其流动性(即资产的变现能力和支付能力)划分为：流动资产、长期投资、固定资产、无形资产、递延资产和其他资产。

无形资产 指企业长期使用而没有实物形态的资产。包括专利权、非专利技术、商标权、著作权、土地使用权、商誉等。

负债合计 指企业所承担的能以货币计量，将以资产或劳务偿付的债务，偿还形式包括货币、资产或提供劳务。负债一般按偿还期长短分为流动负债和长期负债。

流动负债合计 指企业在一年内或超过一年的一个营业周期内需要偿还的债务，包括短期借款、应付票据、应付帐款、预收帐款、应付工资、应交税金、应付利润、预提费用等。

长期负债合计 指企业偿还期在一年以上或者超过一年的一个营业周期以上的债务，包括长期借款、长期应付款、应付债券等。

所有者权益合计 指企业投资人对企业净资产的所有权。企业净资产为企业全部资产与企业全部负债的差额，包括实收资本、资本公积、盈余公积、未分配利润等。

实收资本 指企业投资者实际投入的资本(或股本)，包括货币、实物、无形资产等各种形式的投入。实收资本按投资主体可分为国家资本、集体资本、法人资本、个人资本、港澳台资本和外商资本。

国家资本 指有权代表国家投资的政府部门或机构、直属事业单位对企业形成的资本金。

集体资本 指由本企业职工等自然人集体投资或各种机构对企业进行扶持形成的集体性质的资本金。

法人资本 指法人以其依法可支配的资产投入企业形成的资本金。

个人资本 指自然人实际投入企业的资本金。

港澳台资本 指我国香港、澳门和台湾地区投资者实际投入企业的资本金。

外商资本 指外国投资者实际投入企业的资本金。

营业收入 是指企业在销售产品（商品）或提供劳务等经营业务中实现的收入。一般可分为主营业务收入（或基本业务收入）和其他业务收入（或附营业务收入）两部分。

主营业务收入 是企业销售产品的销售收入和提供劳务等经营业务取得的业务收入。

主营业务税金及附加 是指企业销售产品和提供劳务等主要经营业务应负担的城市维护建设税、消费税、资源税和教育费附加。

主营业务成本 是指企业销售产品和提供劳务等主要经济业务的实际成本。

主营业务利润 指企业销售产品和提供工业性劳务等主要经营业务收入扣除其成本、费用、税金后的利润。

营业费用 指企业在销售商品过程中发生的各项费用以及为销售本企业商品而专设的销售机构（含销售网点、售后服务网点等）的经营费用。包括运输费、装卸费、包装费、保险费、广告费、业务费、差旅费、招待费、社保费等。

管理费用 指企业为组织和管理企业生产经营所发生的管理费用，包括企业的董事会和行政管理部门在企业经营管理中发生的，或者应当由企业统一负担的各项管理费用。包括行政管理部门职工工资、福利费、差旅费、办公费、会议费、印刷费、水电费、社保肥、招待费、技术转让费等。

财务费用 指企业为筹集生产经营所需资金而发生的费用，包括企业生产经营期间发生的利息支出（减利息收入）、汇兑损失（减汇兑收益）以及相关的手续费等。

营业利润 指企业从事生产经营活动所产生的利润，即主营业务利润加其他业务利润扣除管理费用、财务费用后的净额。

利润总额 指企业在生产经营过程中各种收入扣除各种耗费后的盈余，反映企业在报告期内实现的亏盈总额，包括营业利润、补贴收入、投资净收益和营业外收支净额。

本年应交增值税 指企业按税法规定，从事货物销售或提供加工、修理修配劳务等增加货物价值的活动本期应交纳的税金。计算公式为：

本年应交增值税=销项税额－（进项税额－进项税额转出）－出口抵减内销产品应纳税额

－减免税款+出口退税

本年进项税额：指工业企业在报告期内购入货物或接受应税劳务而支付的、准予从销项税额中抵扣的增值税额。

本年销项税额：指工业企业在报告期内销售货物或提供应税劳务应收取的增值税额。

利税总额 指企业利润总额、产品销售税金及附加和应交增值税之和。

工业经济效益综合指数 是指现行综合评价工业经济效益总体水平及工业经济运行质量的指数。它是用工业产品销售率、总资产贡献率、资本保值增值率、资产负债率、流动资金周转率、成本费用利润率、全员劳动生产率等七项代表性经济效益指标，分别除以各项指标的标准值，再乘以各自的权数，加总后除以总权数求得。其计算公式为：

$$工业经济效益综合指数=\sum(\frac{某项经济效益指标报告期数值}{该项指标标准值}\times权数)\div总权数$$

上式总权数为100。

总资产贡献率 是指企业一定时期内全部资产获利能力，是企业经营业绩和管理水平的集中体现，是评价和考核企业盈利能力的核心指标。计算公式为：

$$总资产贡献率（\%）=\frac{利润总额+税金总额+利息支出}{平均资产总额}\times100\%$$

税金总额为产品销售税金及附加与应交增值税之和，平均资产总额为期初、期末资产总计的算术平均值 。

资本保值增值率 是反映企业净资产变动状况的一个重要指标，是企业发展能力的集中体现。它是指期末所有者权益总额与上年同期期末所有者权益总额的比率。计算公式为：

$$资本保值增值率（\%）=\frac{报告期期末所有者权益}{上年同期期末所有者权益}\times100\%$$

所有者权益等于资产总计减负债总计。

资产负债率 是指反映企业经营风险的大小，反映企业利用债权人提供的资金从事经营活动的能力。计算公式为：

$$资产负债率（\%）=\frac{负债总计}{资产总计}\times100\%$$

资产及负债均为报告期末数。

流动资金周转率 是指一定时期内流动资产完成的周转次数，反映投入工业企业流动资金的周转速度，一般以一年时间内周转多少次表示。计算公式为：

$$流动资产周转率（次）=\frac{主营业务收入}{流动资产平均余额}$$

成本费用利润率 是指工业企业投入生产成本及费用的经济效益，同时也反映企业降低成本所取得的经济效益。计算公式为：

$$成本费用利润率（\%）=\frac{利润总额}{成本费用总额}\times100\%$$

成本费用总额为主营业务成本和营业费用、管理费用、财务费用三项期间费用。

全员劳动生产率 是指反映企业的生产效率和劳动投入的经济效益。一般用平均每人一年创造的工业增加值表示。计算公式为：

$$全员劳动生产率（元/人）=\frac{工业增加值}{全部职工平均人数}\times100\%$$

全部职工平均人数为企业在报告期内全部从业人员的平均人数，计算公式为：

$$全部从业人员年平均人数=\frac{1至12月各月全部从业人员平均人数之和}{12}$$

或：

$$全部从业人员年平均人数=\frac{1至12月各月月初、月末全部从业人员之和}{24}$$

工业产品销售率 是指反映工业产品已实现销售的程度，是分析工业产销衔接情况、研究工业产品满足社会需求的指标。计算公式为：

$$产品销售率（\%）=\frac{现价工业销售产值}{现价工业总产值}\times100\%$$

Explanatory Notes on Main Statistical Indicators

Industry refers to the material production sector which is engaged in extraction of natural resources and processing and reprocessing of minerals and agricultural products, including (1) extraction of natural resources, such as mining, salt production, and logging (but excluding hunting and fishing); (2) processing and reprocessing of farm and sideline produces, such as rice husking, flour milling, wine making, oil pressing, cotton ginning, silk reeling, spinning and weaving, and leather making; (3) manufacture of industrial products, such as steel making, iron smelting, chemicals manufacturing, petroleum processing, machine building, timber processing; and production and supply of electricity, water and gas; (4) repair and renovation of industrial products, such as the repair of machinery and means of transport (including cars).

Prior to 1984, industrial enterprises run by villages and cooperative organizations under village were classified into agriculture. Since 1984, these enterprises have been grouped into industry.

Units of Industrial Statistics Survey These are classified into two categories: corporate industrial enterprises with independent accounting system and industrial establishments.

(1) Corporate industrial enterprises with independent accounting system refer to enterprises engaging in industrial production activities which simultaneously meet the following requirements: ①They are established legally, having their own names, organizations, location, able to take civil liability; ②They possess and use their assets independently, assume liabilities, and are entitled to sign contracts with other units; ③They are financially independent and compile their own balance sheets.

(2) Industrial establishments refer to economic units located in one single place and engaged entirely or primarily in one kind of industrial production activity, including units engaged in main business activities (industrial production activities) under industrial enterprises with independent accounting system and units engaged in industrial production activities under non-industrial enterprises (formerly industrial establishments with dependent accounting system). Industrial establishments generally meet the following requirements simultaneously: ① They have each one location and are engaged entirely or primarily in one kind of industrial activity each; ② They operate and manage their industrial production activities separately; ③ They have accounts of income and expenditure separately.

Enterprises covered in this Yearbook include the following categories by their registration:

(1) State-owned and State-controlled Enterprises refer to state-owned enterprises plus state-controlled enterprises. State-owned enterprises (originally known as state-run industrial enterprises or industrial enterprises owned by the whole people) are non-corporate economic entities registered in accordance with the Regulations of the People's Republic of China on the Management of Registration of Corporate Enterprises, where all assets are owned by the state. Included in this category are state-owned enterprises, state-funded corporations and state-owned joint-operation enterprises. Joint state-private industries and private industries, which existed before 1957, were later transformed into state-run industries and then into state-owned industries in 1992. Where no separate statistics on these enterprises are listed, they are included in state-owned enterprises. State-controlled enterprises are a subcategory of enterprises with mixed ownership, referring to enterprises where the percentage of state assets (or shares by the state) is larger than any other single share holder of the same enterprise. This subcategory illustrates the control of the state over a particular industry.

(2) Collective-owned Enterprises refer to economic entities registered in accordance with the Regulations of the People's Republic of China on the Management of Registration of Corporate Enterprises, where assets are owned by collectives. Collective enterprises constitute an integral part of the socialist economy with public ownership. They include urban and rural enterprises with collective investment, and some enterprises registered inindustrial and commercial administration agencies as collective units where funds are pulled together by individuals who voluntarily give up their right of ownership.

(3) Share-holding Corporations Ltd. refer to economic units registered in accordance with the Regulations of the People' s Republic of China on the Management of Registration of Corporate Enterprises, with total registered capitals divided into equal shares and raised through issuing stocks. Each investor bears limited liability to the

corporation depending on the holding of shares, and the corporation bears liability to its debt to the maximum of its total assets.

(4) Enterprises with Funds form Hong Kong, Macao and Taiwan refer to all industrial enterprises registered as the joint-venture, cooperative, sole (exclusive) investment industrial enterprises and limited liability corporations with funds from Hong Kong, Macao and Taiwan.

(5) Foreign-funded Enterprises refer to all industrial enterprises registered as the joint-venture, cooperative, sole (exclusive) investment industrial enterprises and limited liability corporations with foreign funds.
Share-holding Corporations Ltd. with Foreign Investment refer to share-holding corporations Ltd. established with the approval of the Ministry of Foreign Trade and Economic Cooperation (formerly Ministry of Foreign Trade and Economic Relations) in line with relevant state regulations, where the share of investment from foreign investors exceeds 25% of the total registered capital of the corporation.

Share-holding Corporations Ltd. with Investment from Hong Kong, Macau and Taiwan refer to share-holding corporations Ltd. established with the approval of the Ministry of Foreign Trade and Economic Cooperation (formerly Ministry of Foreign Trade and Economic Relations) in line with relevant state regulations, where the share of investment from Hong Kong, Macau or Taiwan businessmen exceeds 25% of the total registered capital of the corporation.

Joint-venture Enterprises with Foreign Investment refer to enterprises jointly established by foreign enterprises or foreigners with enterprises in the mainland of China in accordance with the Law of the People's Republic of China on Sino-foreign Joint Venture Enterprises and other relevant laws, where the share of investment, profits and risks is stipulated in the contract.

(6) Enterprises categorized as "Others" in this Yearbook refer to other types of industrial enterprises (units) except state-owned enterprises, collective-owned enterprises and individual operation, including joint-operation enterprises, private enterprises, share-holding companies, limited liability corporations, foreign-funded enterprises (Sino-foreign joint ventures, Sino-foreign cooperative enterprises and enterprises with sole foreign investment), enterprises with investment from Hong Kong, Macao and Taiwan (joint ventures with enterprises in the mainland, cooperative enterprises with enterprises in the mainland and enterprises with sole investment from Hong Kong, Macao and Taiwan) and other enterprises.

Light Industry refers to the industry that produces consumer goods and hand tools. It consists of two categories, depending on the materials used:

(1) Industries using farm products as raw materials. These are branches of light industry which directly or indirectly use farm products as basic raw materials, including the manufacture of food and beverages, tobacco processing, textile, clothing, fur and leather manufacturing, paper making, printing, etc.

(2) Industries using non-farm products as raw materials. These are branches of light industry which use manufactured goods as raw materials, including the manufacture of cultural, educational and sports articles, chemicals, synthetic fiber, chemical products for daily use, glass products for daily use, metal products for daily use, hand tools, medical apparatus and instruments, and the manufacture of cultural and clerical machinery.

Heavy Industry refers to the industry which produces capital goods and provides various sectors of the national economy with necessary material and technical basis. It consists of the following three branches according to the purpose of production or the use of products:

(1) Mining, quarrying and logging industry refers to the industry that extracts natural resources, including extraction of petroleum, coal, metal and non-metal ores, and logging.

(2) Raw materials industry refers to the industry that provides various sectors of the national economy with raw materials, fuels and power. It includes smelting and processing of metals, coking and coke chemistry, chemical materials and building materials such as cement, plywood, and power, petroleum refining and coal dressing.

(3) Manufacturing industry refers to the industry that processes raw materials. It includes machine-building industry which equips sectors of the national economy, industries of metal structure and cement products, industries producing means of agricultural production, such as chemical fertilizers and pesticides.

According to the above principle of classification, repairing trades engaged primarily in repairing products of heavy industry are classified into heavy industry, while those engaged in repairing products of light industry are classified into light industry.

Gross Industrial Output Value refers to the total volume of industrial products sold or available for sale in monetary terms during a given period, which reflects the total achievements and overall scale of industrial production during a given period. It includes the value of the finished products in the enterprises, which are not to be further processed and have been inspected, packed and put in storage (where applicable), the income from external processing and the value gain of semi-finished products at the end of the reference period over the beginning. The gross industrial output value is calculated by the factory approach, i.e. the whole industrial enterprise is regarded as the basic accounting unit in calculating the gross industrial output value. No double calculations are to be made within the same enterprise and the output value of different workshops (branch factories) should not be added. However, this approach does not exclude the possibility of double calculations between enterprises, sectors and regions.

Output value of light and heavy industries is also classified by the factory approach. Under normal conditions, if the major products of an industrial enterprise belong to light industry products, the gross output value of that enterprise is classified wholly into light industry; the same principle applies to heavy industry.

Sales Value of Industry (Current Price) refers to refers to the total value of industrial products sold or industrial services provided in monetary terms within the current year. It includes:

(1) Sales Value of Finished Products. Sale value of finished products refers to the total value of finished and semi-finished products sold within the reporting period (including those produced within and outside the period). It equals the actual sales volume of products sold within the reporting period timing the actual average sales price (excluding value added or sales tax). It includes the equipment made by the enterprise itself, as well as the finished products provided to the projects under construction, non-industrial departments and welfare department, and excludes the value of finished or semi-finished products of external processing with supplied materials that produces only processing charges.

(2) Income from External Processing: refers to income from contracted external processing of industrial products (including processing of industrial products using materials from the clients), and the income from industrial repairing work provided to other units. Income from external processing is calculated using information from the item "products sales income" in the enterprise accounting at the prices excluding value-added tax.

For an enterprise whose main business is external processing and the charges of external processing constitute a large proportion of its income, in case of cross-year payment, the income of external processing charges shall be adjusted and the actual income of external processing charges of the current year shall be recorded to ensure the accuracy of the coverage of gross industrial output.

Export Delivery Value refers to the value of the products that an industrial enterprises have delivered to export units or have exported on its own or per procurationem (including those sold to Hong Kong, Macaw and Taiwan), and the value of the products from processing and compensation trades(processing with given materials or samples, assembling supplied components). In calculating the export delivery value, the foreign exchanges shall be converted into yuan at current exchange rates.

Value-added of Industry refers to the final results of industrial production of industrial enterprises in monetary terms during the reference period. It equals to the total achievements of all industrial production minus the goods and services consumed or transferred during the industrial production of enterprises, in other terms the newly added value during the industrial production of enterprises. It is calculated by the following two approaches:

a) The production approach. The value added is calculated by taking the value of industrial intermediate input out of the final value of products and labor services that comes from industrial production. The formula used is:

Value-added of industry = gross industrial output—industrial intermediate input + value-added tax

b) The income approach. It is calculation of the final value of industrial activities by approaching the primary distribution of the primary income of industrial production. The formula used is:

Value-added of industry = depreciation of fixed assets + remuneration of laborers + net production tax+ operating surplus

Working Capital refers to capital that an enterprise can cash or use during one year or one production cycle that may exceed one year, including cash and savings deposits of various forms, short-term investment, money receivable and prepaid money, inventories, etc. It is recorded at the item of "Total Working Capital" of the "Balance Sheet".

Account Receivable: refers to accounts receivable from purchasers or receivers due to the delivery of goods, products or services. The index is recorded in accordance with the year-end figure of Account Receivable of the balance sheet.

Inventory: refers to various assets stored by an enterprise during production and operation for the purpose of sale or use, including raw materials, circulation materials, wrappages, low-value consumables, work-in-process, self-made semi-finished products and finished products.

Finished Products: refers to the products that have completed the entire production process at the end of the reference period and are ready or sale.

Fixed Assets: refers to houses, buildings machines, vehicles and other equipment, appliances and tools related to production and operation that have been used for more than one year. It also includes articles that are not major equipment of production or operation, but the value of which exceeds 2000 yuan and the service period of which exceeds 2 years.

Depreciation of Fixed Assets: refers to the value that has been transferred to products as a result of the depletion of fixed assets. In general, it is calculated in accordance with the original price of the fixed assets (or the book value of the fixed assets in case of calculation by the double declining balance method) and the depreciation rate. "Accumulated Depreciation" refers to the accumulated depreciation of fixed assets over the years calculated by an enterprise at the end of the reference period.

Net Value of Fixed Assets: refers to original value of fixed assets minus accumulated depreciation.

Total Assets refer to all economic resources, in monetary terms, that is owned or controlled by enterprises, including properties, creditors' equity and other economic rights of all forms. Classified by the degree of equitability, total assets include circulating assets, long-term investment, fixed assets, intangible assets and deferred assets, and other assets.

Intangible Assets refer to the assets without material form used by enterprises over a long time, including patents, non-patent technologies, trade marks, copyright, land use right and business reputation, etc.

Total Liabilities refer to payable liabilities of enterprises that have to be repaid in terms of money, assets or labor services. In terms of payment, it can be classified as liquid liabilities, long-term liabilities and deferred taxes,etc.

Total Liquid Liabilities refer to total debt payable by enterprises within an operating cycle of one year or over one year, including short-term loans, payables and advance payments, wages payable, taxes payable and profits payable, etc.

Total Long-term Liabilities refer to total debt payable by enterprises within an operation cycle of one year or over one year, including long-term loans, payable liabilities and long-term payables, etc.

Creditors' Equity refers to investors' ownership of net assets of the enterprise. It is equal to the total assets of the enterprise minus its total liabilities, including the primary input from investors, capital accumulation fund, surplus accumulation fund and undistributed profit.

Paid-in Capital refers to the capital (or share) actually invested by the investors of an enterprise, including currency, goods, intangible assets, etc. Classified by the investing bodies, paid-in capital includes state capital, collective capital, corporate capital, individual capital, Hong Kong, Macaw and Taiwan capital and foreign capital.

State Capital refers to the investment in an enterprises made by government departments or agencies under government's jurisdiction on behalf of state.

Collective Capital refers to the collective capital contributed by work staff or other institutions to support an enterprise.

Corporate Capital refers to the investment in an enterprise made by a corporate body out of its legal disposable assets.

Individual Capital refers to the capital actually invested in an enterprise by an individual.

Hong Kong, Macaw and Taiwan Capital refers to the capital actually invested in an enterprises by investors from Hong Kong, Macaw and Taiwan.

Foreign Capital refers to the capital actually invested in an enterprise by a foreign investor.

Business Revenue refers to the revenue from the sales of products (or commodities) and from rendering of industrial services by industrial enterprises. It is classified into two categories: principal business revenue (or basic business revenue) and other business revenue (or additional business revenue).

Principal Business Revenue refers to the revenue from the principal business, including the sales of products and from rendering of industrial services by industrial enterprises.

Principal Business Cost refers to the actual cost of products sold and industrial services provided by industrial enterprises.

Tax and Extra Charges on Principal Business refer to the tax on city maintenance and construction, consumption tax, resources tax and extra charges for education, which should be borne by the enterprises in selling products and providing industrial services.

Principal Business Profits refer to the main business revenue of the enterprises from the sales of products and from rendering of industrial services minus cost, charges, and taxes.

Business Cost refers to the costs from sales of commodities and the operational costs of sales agencies (including sales stores and service centers, etc.), including the costs of transport, loading, packaging, advertising, business operation, travelling, reception, social security, etc..

Management Cost refers to the costs of organizing and managing enterprise operation, including the operational cost of the board of directors and the executive body in management that shall be borne by the enterprise. Management costs include staff wages, welfare, the costs of administration, meeting, printing, water and electricity, social security, reception, technology transfer, etc.

Financial Cost refers to the cost from raising fund for production and operation, including expenditure of interests, loss of momentary exchange and related charges.

Business Profits refers to the profits from production and operation. It equals to principal business profits plus other business profits minus management costs and financial costs.

Total Profits refer to the profits gained by the enterprises.

Value-added Tax Payable refers to the amount of the value-added tax which should be paid by the enterprises according to tax laws during the reference period of selling goods or providing such services as processing, repairing or assembling that add value to goods. The formula used is:

$$\text{Value-added Tax Payable} = \text{Output Tax} - (\text{Input Tax} - \text{Input Tax Returns}) - \text{Export Deduct Domestic Sales Goods Tax} - \text{Tax Deduction} + \text{Export Tax Refund}$$

Amount of Input Tax at Current Year refers to the VAT an industrial enterprise pays for purchasing goods or receiving taxable services within the reference period, which is allowed to be deducted from the amount of output tax.

Amount of Output Tax at Current Year refers to the VAT an industrial enterprise pays for selling goods or providing taxable services within the reference period.

Total Pre-Tax Profits refers to the sum of total profits, sales tax as well as additional and payable value-added taxes.

Comprehensive Index on Economic Benefit of Industry refers to the current comprehensive evaluation of the general level of economic benefit of industry and the performance of industrial economy. It is calculated by a selection of representative indicators on economic benefit divided by the standard value of each indicator respectively, multiplied by the weight of each indicator, summed and divided by total weight. The formula used is:

$$\text{Comprehensive Index on Economic Benefit of Industry} = \sum\left(\frac{\text{Value of an Indicator on Economic Benefit in the Reference Period}}{\text{Standard Value of the Indicator}} \times \text{Weight}\right) \div \text{Total Weight} \quad \text{where Total Weight} = 100$$

Ratio of Total Assets to Industrial Output Value refers to the profit-making capability of all assets of the enterprise. As a core indicator for the evaluation and assessment of the profit-making potential of the enterprise, it is a focused reflection of the performance and management efficiency of the enterprise. This ratio is calculated as follows:

$$\text{Ratio of Total Assets to Industrial Output Value (\%)} = \left(\frac{\text{Total Profits} + \text{Total Taxes} + \text{Interest Expenditure}}{\text{Average Assets}}\right) \times 100\% \times \left(\frac{12}{\text{cumulative number of months}}\right)$$

where Total Taxes are the sum of tax and extra charges on the sales of products and value-added tax payable; and Average Assets are the arithmetic mean of beginning assets and ending assets.

Ratio of Capital Maintenance and Appreciation is an important indicator of the changes of net assets of an enterprise and a focused reflection of the development capability of enterprises. It is the ratio of total creditors' equity at the end of the reference period to that of the same period of the previous year, calculated as follows:

$$\text{Ratio of Capital Maintenance and Appreciation (\%)} = \left(\frac{\text{Total Creditors' Equity at the End of the Reference Period}}{\text{Total Creditors' Equity of the Same Period of the Previous Year}}\right) \times 100\%$$

where Creditors' equity is equal to the total assets of the enterprise minus its total liabilities.

Assets-Liability Ratio reflects both the operation risk and the capability of the enterprise in making use of the capital from the creditors. It is calculated as follows:

$$\text{Assets-Liability Ratio(\%)} = \left(\frac{\text{Total Debts}}{\text{Total Assets}}\right) \times 100\%$$

where both assets and debts are figures at the end of the reference period.

Number of Times of Turnover of Circulating Funds refers to the number of times in which turnover of circulating funds is completed in a given period of time, which reflects the speed of the turnover of circulating funds. It is expressed as times of turnover within a year and is calculated as follows:

$$\text{Number of Times of Turnover of Circulating Funds} = \left(\frac{\text{Sales Revenue of Products}}{\text{Average Balance of Total Number of Times of Turnover of Circulating Funds}}\right) \times \left(\frac{12\%}{\text{Cumulative Number of Months}}\right)$$

Ratio of Profits to Industrial Costs refers to the ratio of profits realized in a given period to the total production costs of industrial enterprises in the same period, which also reflects the economic benefit attained by the enterprises from reduced costs. This ratio is calculated as follows:

$$\text{Ratio of Profits to Industrial Costs (\%)} = \left(\frac{\text{Total Profits}}{\text{Total Costs}}\right) \times 100\%$$

where Total costs are the sum of cost of products sold, marketing cost, management cost and financial cost.

Value-added Labor Productivity reflects the production efficiency of the enterprise and economic benefit of its labor input. It is usually expressed as the industrial value-added created by an average member of an industrial enterprise in a year. The formula used is:

$$\text{Value-added Labor Productivity (yuan/person)} = \left(\frac{\text{Value-added of Industry}}{\text{Average Number of Staff and Workers}}\right) \times \left(\frac{12}{\text{Cumulative Number of Months}}\right)$$

Average Number of Staff and Workers refers to the average number of all employed persons by an industrial enterprise within the reference period. The formula used is:

$$\text{Average Number of Staff and Workers} = \frac{\text{Sum of Average Monthly Numbers from January to December}}{12}$$

Or

$$\text{Average Number of Staff and Workers} = \frac{\text{Sum of Average Numbers at the Beginning and End of Each Month from January to December}}{24}$$

Proportion of Products Sold refers to the sales of industrial products to the gross industrial output value, and is used to analyze the linkage between production and sales and the extent to which the needs of the society are met by the supply of industrial products. It is calculated as follows:

$$\text{Proportion of Products Sold (\%)} = \left(\frac{\text{Value of Industrial Sales at Current Prices}}{\text{Gross Industrial Output Value at Current Prices}}\right) \times 100\%$$

十三、建筑业

CONSTRUCTION

十三　建筑业

简要说明

一、本篇资料反映广东省建筑业发展的基本情况。主要内容包括全省和各市建筑业企业生产经营的情况，主要指标有企业个数、从业人员数、建筑业总产值、房屋建筑面积、建筑业增加值、利润总额、利税总额等。

二、本篇资料由广东省统计局固定资产投资处整理提供。

三、本篇资料是根据国家统计局制定的《建筑业统计报表制度》整理汇总的。统计范围包括：广东境内具有法人资格的独立核算建筑业企业和辖区内建筑业法人所属的产业活动单位。

从 2004 年开始统计范围为具有建筑业资质的独立核算建筑业企业。

13 Construction

Brief Introduction

Ⅰ. The data in this chapter show the development of the construction industry in Guangdong Province. They cover mainly the statistics of production and management of the enterprises of construction of the whole province and its cities, including the number of enterprises, the number of employed persons, gross output value of construction, floor space of buildings, value-added of construction, total profits and total pre-tax profits, etc.

Ⅱ. The data in this chapter are prepared and provided by the Division of Investment and Construction Statistics of Statistics Bureau of Guangdong Province.

Ⅲ. The data in this chapter are collected in accordance with the Reporting Scheme of Construction Statistics stipulated by the National Bureau of Statistics. The coverage of construction statistics includes construction enterprises with legal person qualifications and independent accounting system and industrial establishments affiliated with corporate construction enterprises under the jurisdiction of Guangdong Province.

The data since 2004 include all construction enterprises with construction qualifications and independent accounting system..

13-1 建筑业企业生产情况

Production Conditions of Construction Enterprises

项目	Item	2008 合计 Total of 2008	#国有及国有控股企业 State-owned and State-holding Enterprises	2009 合计 Total of 2009	#国有及国有控股企业 State-owned and State-holding Enterprises
企业个数 (个)	**Number of Construction Enterprises (unit)**	**4601**	**519**	**4508**	**499**
建筑业合同情况	**Contracts of Construction**				
签订的合同额 (亿元)	Value of Contracts Signed (100 million yuan)	6839.28	2990.49	8758.25	3929.91
上年结转合同额(亿元)	Value of Contracts Carried-over from the Previous Year (100 million yuan)	3048.24	1354.40	3788.11	1667.30
本年新签合同额(亿元)	Value of Newly-signed Contracts in Current Year (100 million yuan)	3791.04	1636.10	4970.13	2262.61
承包工程完成情况	**Contracted Projects Completed**				
直接从建设单位承揽工程完成产值 (亿元)	Completed Output Value of Contracted Projects Directly from Construction Units (100 million yuan)	3423.39	1243.09	4047.64	1551.03
自行完成施工产值 (亿元)	Output Value of Self-completed Projects (100 million yuan)	3090.88	996.37	3626.44	1219.27
分包出去工程的产值 (亿元)	Output Value of Outsourcing Projects (100 million yuan)	332.51	246.72	421.20	331.76
从建设单位以外承揽工程完成产值 (亿元)	Completed Output Value of Contracted Projects outside Construction Units (100 million yuan)	179.40	86.85	182.86	98.18
建筑业总产值 (亿元)	**Gross Output Value of Construction (100 million yuan)**	**3282.55**	**1088.01**	**3826.83**	**1317.98**
#装饰装修产值 (亿元)	Output Value of Decoration Projects (100 million yuan)	459.86	70.45	571.12	80.87
在外省完成的产值 (亿元)	Output Value Completed in Other Provinces (100 million yuan)	522.64	256.71	750.56	385.57
建筑工程产值 (亿元)	Output Value of Construction Projects (100 million yuan)	2817.91	960.95	3307.29	1204.44
安装工程产值 (亿元)	Output Value of Installation Projects (100 million yuan)	386.97	112.45	426.29	96.33
其他产值 (亿元)	Other Output Values (100 million yuan)	77.67	14.61	93.25	17.22
竣工产值 (亿元)	**Output Value Completed (100 million yuan)**	**2010.49**	**602.09**	**2373.20**	**712.98**
房屋建筑施工面积 (万平方米)	**Floor Space of Buildings under Construction (10000 sq.m)**	**30295.65**	**9404.47**	**30126.96**	**9555.56**
#新开工面积 (万平方米)	Floor Space of Newly-started Buildings (10000 sq.m)	12183.82	3382.08	11995.73	3599.81
#实行投标承包面积 (万平方米)	Floor Space of Contracted Projects through Bidding (10000 sq.m)	17793.78	6983.31	17857.42	7525.91
#新开工面积 (万平方米)	Floor Space of Newly-started Buildings (10000 sq.m)	7812.20	2710.07	7925.97	3063.01
劳动人员情况	**Labor Force**				
劳动生产率平均人数 (万人)	Average Number of Persons for Labor Productivity Calculation (10000 persons)	175.03	43.79	180.15	45.52
期末从业人数 (万人)	Number of Employed Persons at the Year-end (10000 persons)	172.54	43.32	179.34	43.67
#工程技术人员 (万人)	Number of Engineering Technical Personnel (10000 persons)	25.43	6.43	25.35	6.39

13-2 建筑业企业主要指标

Main Indicators on Construction Enterprises

年份 Year	建筑业企业 单位数 (个) Number of Construction Enterprises	建筑业企业 总产值 (亿元) Gross Output Value of Const- ruction Enterprises (100 million yuan)	建筑业企业 增加值(亿元) Value-added of Construction Enterprises (100 million yuan)	建筑业企业 利税总额 (亿元) Total Pre-tax Profits of Construction Enterprises (100 million yuan)	建筑业企业 从业人员 (万人) Number of Employed Persons of Construction Enterprises (10000 persons)
1978	178	5.47		0.20	14.78
1979	188	6.32		0.23	16.27
1980	204	8.88		0.32	19.45
1981	224	13.44		0.49	24.29
1982	246	19.66		0.72	29.94
1983	269	24.51		0.90	36.23
1984	357	36.83		1.31	47.12
1985	462	50.45		1.54	54.47
1986	448	57.14		1.28	58.24
1987	492	65.96		1.56	59.08
1988	596	86.74		2.74	66.56
1989	646	125.65		3.62	71.88
1990	686	113.40		3.12	67.22
1991	705	137.30		4.33	67.71
1992	910	216.56		9.65	84.80
1993	1766	459.95		23.03	144.12
1994	1587	535.75		31.29	150.05
1995	1618	635.83		39.47	135.56
1996	2031	632.16	182.74	35.74	146.56
1997	2399	732.97	170.13	38.26	143.89
1998	2961	800.00	176.70	43.11	142.82
1999	3283	954.44	199.50	53.06	144.78
2000	4593	944.61	205.89	58.24	141.46
2001	3699	1179.03	266.00	84.51	147.07
2002	4019	1418.41	363.65	88.95	150.12
2003	4488	1702.87	364.20	127.48	161.48
2004	4166	1901.86	794.88	143.75	152.10
2005	4182	2200.58	855.87	164.38	166.78
2006	4172	2594.04	930.40	191.62	169.33
2007	4326	3005.32	1029.08	256.59	179.13
2008	4601	3282.55	1197.41	289.23	172.54
2009	4508	3826.83	1324.14	329.00	179.34

13-3 各市建筑业企业个数

Number of Construction Enterprises by City

单位：个 (unit)

市别	City	2000	2002	2003	2004	2005	2006	2007	2008	2009
全省总计	**Provincial Total**	**4593**	**4019**	**4488**	**4166**	**4182**	**4172**	**4326**	**4601**	**4508**
广州	Guangzhou	757	1214	1214	807	764	741	755	801	804
深圳	Shenzhen	447	406	623	603	604	702	746	812	801
珠海	Zhuhai	143	139	173	157	165	161	163	156	161
汕头	Shantou	271	178	179	203	199	195	193	218	209
佛山	Foshan	248	345	445	525	502	460	464	508	496
韶关	Shaoguan	110	81	80	65	66	72	72	74	76
河源	Heyuan	117	71	81	117	82	84	86	99	94
梅州	Meizhou	154	86	80	120	111	118	120	135	130
惠州	Huizhou	241	137	115	121	124	122	119	120	115
汕尾	Shanwei	100	49	40	43	43	45	43	39	37
东莞	Dongguan	183	108	253	244	361	344	438	414	404
中山	Zhongshan	385	301	368	264	273	269	264	295	304
江门	Jiangmen	342	188	162	173	156	153	150	168	160
阳江	Yangjiang	122	74	77	98	91	86	90	95	94
湛江	Zhanjiang	238	106	102	120	125	104	96	113	106
茂名	Maoming	146	106	106	99	100	102	99	115	100
肇庆	Zhaoqing	136	136	113	103	122	133	131	127	120
清远	Qingyuan	136	105	82	79	74	73	74	74	68
潮州	Chaozhou	139	83	80	90	90	88	90	90	87
揭阳	Jieyang	121	70	80	86	84	79	90	101	96
云浮	Yunfu	57	36	35	49	46	41	43	47	46
按经济区域分	By Region									
珠三角	Pearl River Delta	2882	2974	3466	2997	3071	3085	3230	3401	3365
东翼	Eastern Region	631	380	379	422	416	407	416	448	429
西翼	Western Region	506	286	285	317	316	292	285	323	300
山区	Mountainous Region	574	379	358	430	379	388	395	429	414

13-4 各市建筑业企业总产值

Gross Output Value of Construction Enterprises by City

单位：亿元 (100 million yuan)

市别	City	2000	2002	2003	2004	2005	2006	2007	2008	2009
全省总计	**Provincial Total**	**944.61**	**1418.41**	**1702.87**	**1901.86**	**2200.58**	**2594.04**	**3005.32**	**3282.55**	**3826.83**
广州	Guangzhou	256.13	410.20	478.58	546.68	633.99	688.25	753.16	879.04	1023.66
深圳	Shenzhen	153.02	265.68	392.18	458.37	545.62	712.84	857.64	923.35	1184.47
珠海	Zhuhai	33.11	40.79	43.15	46.71	52.48	61.01	67.71	83.58	80.70
汕头	Shantou	80.67	103.99	100.40	121.34	127.78	140.31	159.78	173.33	188.66
佛山	Foshan	73.08	110.78	132.30	149.74	154.68	188.69	209.77	254.55	262.38
韶关	Shaoguan	24.14	24.11	30.46	31.04	29.25	34.38	48.98	57.11	69.28
河源	Heyuan	5.74	11.37	11.80	13.25	17.01	21.27	23.49	18.40	18.26
梅州	Meizhou	15.14	36.73	55.52	58.59	54.81	67.02	76.81	96.02	100.91
惠州	Huizhou	20.35	38.52	37.30	35.89	46.94	49.70	54.23	51.89	52.87
汕尾	Shanwei	5.49	5.62	6.55	6.58	6.95	16.78	15.25	9.58	12.20
东莞	Dongguan	40.45	66.67	76.48	57.50	84.35	96.53	112.94	108.94	99.40
中山	Zhongshan	26.20	54.20	55.65	64.05	73.41	76.20	87.08	97.19	118.10
江门	Jiangmen	47.18	53.43	50.66	51.64	56.06	56.40	66.37	73.66	90.29
阳江	Yangjiang	18.80	24.82	28.45	31.70	32.97	34.85	42.62	47.61	53.35
湛江	Zhanjiang	45.61	49.93	61.66	65.15	75.96	89.28	109.21	123.34	146.67
茂名	Maoming	39.05	49.42	56.18	60.26	92.14	124.39	141.73	93.79	104.75
肇庆	Zhaoqing	15.40	19.42	24.51	28.97	39.99	47.10	63.51	65.76	78.58
清远	Qingyuan	11.49	14.24	18.99	22.21	20.19	27.56	39.52	37.31	39.97
潮州	Chaozhou	12.71	14.82	15.07	17.76	18.99	19.44	19.24	23.56	23.99
揭阳	Jieyang	12.24	14.36	16.58	22.21	21.78	27.23	39.31	51.74	61.18
云浮	Yunfu	8.61	9.33	10.41	12.22	15.20	14.82	16.95	12.78	17.16
按经济区域分	By Region									
珠三角	Pearl River Delta	664.92	1059.69	1290.81	1439.55	1687.53	1976.71	2272.42	2537.97	2990.45
东翼	Eastern Region	111.11	138.79	138.60	167.89	175.50	203.76	233.58	258.21	286.03
西翼	Western Region	103.46	124.17	146.29	157.10	201.08	248.52	293.56	264.74	304.77
山区	Mountainous Region	65.12	95.78	127.18	137.32	136.47	165.05	205.75	221.62	245.58

13-5 各市建筑业企业增加值

Value-added of Construction Enterprises by City

单位：亿元 (100 million yuan)

市 别	City	2000	2002	2003	2004	2005	2006	2007	2008	2009
全省总计	**Provincial Total**	**205.89**	**363.65**	**364.20**	**794.88**	**855.87**	**930.40**	**1029.08**	**1197.41**	**1324.14**
广 州	Guangzhou	60.81	114.94	108.77	186.73	200.79	208.98	214.29	255.39	287.82
深 圳	Shenzhen	33.34	69.47	72.54	147.43	149.59	162.91	174.69	197.46	234.03
珠 海	Zhuhai	5.64	7.17	8.00	22.92	23.63	25.58	29.46	33.11	37.19
汕 头	Shantou	18.24	25.26	23.86	30.88	34.49	36.33	34.84	38.05	43.53
佛 山	Foshan	15.70	26.28	31.24	51.44	64.30	73.39	87.64	99.75	104.54
韶 关	Shaoguan	5.57	6.18	6.65	14.77	16.22	18.98	22.53	27.01	31.86
河 源	Heyuan	1.58	3.24	3.29	10.31	11.25	15.30	18.11	18.19	17.03
梅 州	Meizhou	3.72	10.18	14.87	25.24	25.33	29.51	31.64	32.81	36.00
惠 州	Huizhou	4.76	7.93	7.31	29.72	34.44	35.67	39.78	44.43	50.65
汕 尾	Shanwei	1.47	1.89	1.53	12.14	12.15	14.30	17.16	20.58	25.32
东 莞	Dongguan	7.48	12.32	13.99	46.77	54.50	64.91	72.83	82.38	81.55
中 山	Zhongshan	4.35	11.51	11.19	24.82	32.48	32.09	36.00	38.74	44.80
江 门	Jiangmen	9.71	13.09	11.13	24.50	24.75	25.55	27.18	28.67	32.39
阳 江	Yangjiang	4.24	8.68	7.26	14.08	14.50	17.66	18.59	24.61	27.19
湛 江	Zhanjiang	8.67	12.55	11.69	25.46	26.95	29.22	33.83	40.15	48.23
茂 名	Maoming	8.02	13.62	13.00	35.62	35.64	43.77	46.09	35.58	34.00
肇 庆	Zhaoqing	3.29	5.08	5.15	16.92	18.93	20.72	24.60	29.05	35.98
清 远	Qingyuan	1.35	4.14	2.7	18.54	19.45	22.00	26.67	34.15	41.70
潮 州	Chaozhou	2.26	3.08	2.78	13.14	13.18	13.56	11.05	12.19	13.73
揭 阳	Jieyang	3.32	4.00	4.42	18.37	18.40	19.80	22.98	27.12	32.21
云 浮	Yunfu	2.38	3.04	2.81	9.05	10.55	11.16	11.84	12.85	15.02
按经济区域分	By Region									
珠三角	Pearl River Delta	145.08	267.79	269.32	551.26	603.41	649.80	706.46	808.99	908.95
东 翼	Eastern Region	25.29	34.23	32.59	74.53	78.23	83.99	86.03	97.95	114.79
西 翼	Western Region	20.93	34.85	31.95	75.16	77.09	90.65	98.51	100.34	109.42
山 区	Mountainous Region	14.60	26.78	30.32	77.90	82.81	96.95	110.80	125.00	141.61

13-6 各市建筑业企业利税总额

Total Pre-tax Profits of Construction Enterprises by City

单位：亿元 (100 million yuan)

市 别	City	2000	2002	2003	2004	2005	2006	2007	2008	2009
全省总计	**Provincial Total**	**58.24**	**88.95**	**127.48**	**143.75**	**164.38**	**191.62**	**256.59**	**289.23**	**329.00**
广 州	Guangzhou	15.17	22.96	35.88	37.81	45.42	51.19	69.52	85.98	93.25
深 圳	Shenzhen	13.79	20.64	28.37	34.60	39.76	38.20	68.15	61.80	80.35
珠 海	Zhuhai	1.43	2.01	2.79	4.11	4.16	4.75	5.46	8.20	7.20
汕 头	Shantou	4.14	5.37	6.40	9.34	9.86	9.82	13.63	13.99	17.30
佛 山	Foshan	4.70	8.91	14.39	13.49	14.31	28.87	27.34	26.16	24.95
韶 关	Shaoguan	2.00	0.86	1.17	1.38	1.57	2.15	3.27	3.92	5.37
河 源	Heyuan	0.53	0.82	1.19	0.97	1.23	1.60	2.62	2.02	1.78
梅 州	Meizhou	0.81	3.90	8.66	8.26	6.47	8.12	8.86	14.87	18.13
惠 州	Huizhou	1.02	1.92	1.92	2.12	3.63	3.68	4.47	3.59	4.61
汕 尾	Shanwei	0.58	0.38	0.43	0.41	0.58	0.76	1.03	0.90	0.93
东 莞	Dongguan	2.25	3.09	4.16	4.60	6.36	7.44	8.14	7.46	9.99
中 山	Zhongshan	1.53	2.96	4.39	4.62	6.09	6.86	6.85	7.92	12.89
江 门	Jiangmen	2.37	2.99	3.36	2.79	3.79	3.58	4.30	7.26	8.41
阳 江	Yangjiang	1.15	2.01	2.25	2.95	3.24	3.64	5.03	6.10	5.01
湛 江	Zhanjiang	1.69	2.53	2.64	3.47	3.80	4.93	7.45	10.87	10.96
茂 名	Maoming	1.82	3.21	4.00	4.68	5.97	6.44	7.48	8.69	8.17
肇 庆	Zhaoqing	0.77	1.00	1.50	2.32	2.55	2.66	3.80	3.99	5.08
清 远	Qingyuan	0.40	1.06	1.07	1.42	1.20	2.00	2.93	5.32	3.70
潮 州	Chaozhou	0.66	0.69	0.82	0.91	1.17	1.06	1.35	1.79	2.05
揭 阳	Jieyang	0.73	0.95	1.20	2.54	2.09	2.37	3.53	7.46	7.23
云 浮	Yunfu	0.70	0.68	0.91	0.98	1.13	1.49	1.36	0.94	1.64
按经济区域分	By Region									
珠 三 角	Pearl River Delta	43.03	66.48	96.76	106.46	126.06	147.24	198.04	212.35	246.73
东 翼	Eastern Region	6.11	7.40	8.85	13.20	13.70	14.01	19.54	24.14	27.52
西 翼	Western Region	4.66	7.74	8.89	11.10	13.01	15.00	19.97	25.67	24.14
山 区	Mountainous Region	4.44	7.32	13.00	13.00	11.61	15.36	19.05	27.07	30.61

13-7 各市建筑业企业利润总额

Total Profits of Construction Enterprises by City

单位: 亿元 (100 million yuan)

市别	City	2000	2002	2003	2004	2005	2006	2007	2008	2009
全省总计	**Provincial Total**	**22.73**	**37.45**	**63.16**	**68.92**	**70.53**	**90.29**	**138.87**	**145.43**	**173.42**
广州	Guangzhou	5.20	8.09	16.72	15.48	18.64	21.96	37.71	45.84	48.67
深圳	Shenzhen	7.57	10.02	13.98	16.76	15.65	12.86	37.29	23.77	38.04
珠海	Zhuhai	0.37	0.68	1.34	2.35	1.98	2.54	2.90	4.85	3.72
汕头	Shantou	1.36	2.11	2.72	4.58	3.74	4.05	6.37	6.60	8.34
佛山	Foshan	2.00	4.59	9.08	7.68	6.54	20.19	19.00	15.68	14.67
韶关	Shaoguan	0.23	0.05	0.27	0.41	0.43	0.68	1.21	1.77	2.52
河源	Heyuan	0.29	0.32	0.61	0.48	0.48	0.64	1.38	0.93	0.79
梅州	Meizhou	0.21	2.51	6.32	6.02	4.56	5.60	6.08	10.43	13.81
惠州	Huizhou	0.35	0.46	0.61	0.69	1.02	1.25	1.66	0.91	1.79
汕尾	Shanwei	0.22	0.07	0.13	0.10	0.18	0.13	0.19	0.22	0.38
东莞	Dongguan	1.14	1.54	1.94	2.49	3.81	4.20	4.57	3.39	6.15
中山	Zhongshan	0.78	1.62	2.71	2.71	3.63	4.40	4.37	4.57	8.88
江门	Jiangmen	0.34	1.12	1.23	0.71	1.55	1.16	1.61	4.07	4.56
阳江	Yangjiang	0.61	0.87	1.03	1.66	1.38	1.95	2.96	3.67	2.63
湛江	Zhanjiang	0.28	0.53	0.67	1.26	1.19	1.67	2.17	5.64	4.71
茂名	Maoming	0.77	1.48	1.61	2.08	2.49	3.02	3.52	4.16	3.91
肇庆	Zhaoqing	0.09	0.25	0.61	0.64	0.65	0.77	1.51	1.45	1.77
清远	Qingyuan	0.01	0.31	0.29	0.53	0.46	0.73	1.15	2.28	1.70
潮州	Chaozhou	0.28	0.26	0.34	0.43	0.49	0.50	0.62	0.76	0.80
揭阳	Jieyang	0.26	0.33	0.53	1.42	1.22	1.18	1.87	4.15	4.77
云浮	Yunfu	0.37	0.25	0.43	0.43	0.43	0.79	0.73	0.31	0.81
按经济区域分	By Region									
珠三角	Pearl River Delta	17.84	28.37	48.22	49.50	53.48	69.34	110.61	104.52	128.25
东翼	Eastern Region	2.12	2.77	3.72	6.53	5.62	5.86	9.06	11.72	14.30
西翼	Western Region	1.66	2.88	3.31	5.01	5.06	6.64	8.64	13.47	11.25
山区	Mountainous Region	1.11	3.43	7.92	7.88	6.36	8.45	10.56	15.72	19.63

13-8 各市建筑业企业房屋建筑施工面积

Floor Space of Buildings under Construction by Construction Enterprises by City

单位：万平方米 (10000 sq.m)

市别	City	2000	2002	2003	2004	2005	2006	2007	2008	2009
全省总计	**Provincial Total**	**16333.82**	**18882.44**	**22184.74**	**26480.38**	**26886.00**	**28878.86**	**32631.10**	**30295.65**	**30126.96**
广州	Guangzhou	3161.25	3522.67	4291.55	4727.78	5311.14	5462.94	5951.92	6156.62	6190.86
深圳	Shenzhen	1999.65	3282.73	3840.25	4826.22	4800.07	5163.59	5875.60	5263.99	5690.62
珠海	Zhuhai	733.57	508.55	416.68	500.61	625.51	703.35	647.47	730.49	728.52
汕头	Shantou	1477.16	1366.39	1530.69	1777.49	2176.29	2294.04	2433.69	2355.81	2243.67
佛山	Foshan	1763.57	1994.40	2228.07	2860.49	2782.45	3263.76	3394.09	3348.91	3225.96
韶关	Shaoguan	362.44	288.97	390.68	439.26	424.57	553.41	772.22	723.08	751.88
河源	Heyuan	79.80	149.60	163.09	199.23	294.41	307.11	303.54	222.38	217.42
梅州	Meizhou	273.56	448.71	710.12	858.84	776.23	876.57	853.93	1052.29	1146.44
惠州	Huizhou	366.05	482.46	581.07	696.36	772.13	871.38	1059.76	988.51	839.73
汕尾	Shanwei	127.42	85.10	100.28	127.11	114.77	104.91	165.79	166.72	149.15
东莞	Dongguan	1217.56	1350.47	1558.17	979.98	1234.98	1484.55	1298.63	964.27	739.73
中山	Zhongshan	400.99	677.36	823.10	922.64	945.60	832.63	824.34	707.94	640.83
江门	Jiangmen	1329.02	1499.60	1555.87	3194.74	1585.95	1257.38	1376.90	1326.39	1377.80
阳江	Yangjiang	270.81	407.31	497.29	531.86	525.95	521.77	618.21	678.88	699.48
湛江	Zhanjiang	857.19	784.00	1002.37	1040.92	1399.47	1414.23	1557.29	1709.60	1724.16
茂名	Maoming	734.43	811.87	989.29	1154.87	1395.55	1699.62	2827.31	1607.76	1458.04
肇庆	Zhaoqing	386.93	358.80	465.55	463.58	531.11	628.86	828.16	690.83	696.23
清远	Qingyuan	249.02	295.06	444.48	467.24	466.45	549.93	871.33	576.95	572.66
潮州	Chaozhou	217.15	241.05	204.65	222.58	206.67	305.65	347.85	351.78	356.79
揭阳	Jieyang	193.91	160.83	213.57	293.22	277.75	329.72	411.33	515.74	488.99
云浮	Yunfu	132.34	166.50	177.93	195.35	238.96	253.47	211.73	156.71	187.99
按经济区域分	By Region									
珠三角	Pearl River Delta	11358.59	13677.04	15760.31	19172.40	18588.94	19668.45	21256.88	20177.94	20130.30
东翼	Eastern Region	2015.64	1853.37	2049.19	2420.41	2775.47	3034.30	3358.67	3390.05	3238.61
西翼	Western Region	1862.43	2003.18	2488.95	2727.66	3320.97	3635.61	5002.81	3996.24	3881.67
山区	Mountainous Region	1097.16	1348.84	1886.30	2159.91	2200.62	2540.50	3012.74	2731.41	2876.39

13-9 各市建筑业企业期末从业人员

Number of Employed Persons of Construction Enterprises at the Year-end by City

单位：万人 (10000 persons)

市 别	City	2000	2002	2003	2004	2005	2006	2007	2008	2009
全省总计	**Provincial Total**	**141.46**	**150.12**	**161.48**	**152.10**	**166.78**	**169.33**	**179.13**	**172.54**	**179.34**
广 州	Guangzhou	26.40	29.61	31.34	29.80	30.80	33.20	33.16	35.04	38.30
深 圳	Shenzhen	20.15	20.13	24.74	23.05	26.85	29.68	37.09	33.18	36.91
珠 海	Zhuhai	3.55	3.50	4.24	3.03	3.24	3.46	3.54	4.20	3.84
汕 头	Shantou	14.29	14.08	12.35	12.37	12.63	12.65	13.25	12.78	13.06
佛 山	Foshan	8.62	9.79	11.27	11.63	13.71	11.73	12.22	11.87	12.29
韶 关	Shaoguan	4.46	3.44	3.93	3.67	3.69	4.25	4.82	4.49	6.08
河 源	Heyuan	1.74	2.06	2.36	2.18	2.09	2.12	2.30	1.80	1.69
梅 州	Meizhou	3.58	5.24	5.64	7.28	7.27	7.05	6.88	8.06	7.63
惠 州	Huizhou	3.33	3.75	4.37	3.82	3.94	4.05	3.88	3.23	3.12
汕 尾	Shanwei	1.25	1.49	1.37	1.26	1.28	1.21	1.24	1.09	1.12
东 莞	Dongguan	6.65	7.38	9.34	6.56	7.78	8.41	7.84	6.18	5.38
中 山	Zhongshan	3.71	5.03	6.03	5.60	5.75	5.04	4.71	4.77	4.90
江 门	Jiangmen	10.26	11.17	10.25	8.01	10.58	8.36	7.98	7.20	7.43
阳 江	Yangjiang	3.54	4.63	4.22	4.52	4.54	5.28	4.85	5.34	5.37
湛 江	Zhanjiang	8.03	7.67	8.67	7.93	7.87	7.74	7.86	9.00	9.63
茂 名	Maoming	8.92	8.29	8.28	8.03	10.44	10.16	11.56	8.56	7.86
肇 庆	Zhaoqing	3.61	3.38	3.62	3.33	3.70	3.95	4.56	3.96	4.06
清 远	Qingyuan	2.74	2.50	2.36	2.14	2.46	2.87	3.30	3.15	2.59
潮 州	Chaozhou	2.10	2.05	1.93	2.12	2.17	2.08	1.92	1.79	1.37
揭 阳	Jieyang	2.88	3.42	3.36	3.89	3.86	4.06	3.88	4.84	4.65
云 浮	Yunfu	1.65	1.51	1.83	1.88	2.13	1.99	2.29	2.00	2.09
按经济区域分	By Region									
珠三角	Pearl River Delta	86.28	93.74	105.20	94.83	106.35	107.87	114.98	109.63	116.21
东 翼	Eastern Region	20.52	21.04	19.01	19.65	19.94	20.00	20.28	20.51	20.20
西 翼	Western Region	20.49	20.59	21.17	20.47	22.86	23.17	24.27	22.89	22.86
山 区	Mountainous Region	14.17	14.75	16.12	17.15	17.64	18.28	19.59	19.51	20.07

13-10 各市建筑业企业劳动生产率

Labor Productivity of Construction Enterprises by City

单位：元/人 (yuan/person)

市 别	City	2000	2002	2003	2004	2005	2006	2007	2008	2009
全省总计	**Provincial Total**	**66780**	**91216**	**105532**	**123458**	**132049**	**155312**	**166377**	**187538**	**212420**
广 州	Guangzhou	97020	125341	152004	178295	204454	208349	226900	249920	271428
深 圳	Shenzhen	80901	125094	143759	171856	183515	249994	223577	266221	291311
珠 海	Zhuhai	93266	114755	103990	149849	162503	171078	182939	185645	203730
汕 头	Shantou	56450	76440	78421	97024	99266	114466	125230	136651	147170
佛 山	Foshan	84781	100505	113673	129286	115051	151408	163044	213343	226936
韶 关	Shaoguan	54118	69302	76283	83806	83704	85208	107603	122454	130287
河 源	Heyuan	33011	54565	52840	71304	82741	106900	103738	103593	110034
梅 州	Meizhou	42280	68513	97708	79301	78866	98749	114178	115770	135454
惠 州	Huizhou	61099	90515	85663	91845	119974	127346	142800	158081	174962
汕 尾	Shanwei	43892	37157	49279	53113	51367	118178	115186	89504	115906
东 莞	Dongguan	60826	90690	79556	81264	108136	111939	146017	173813	184034
中 山	Zhongshan	70621	94071	91448	109962	119772	136689	156854	194817	223833
江 门	Jiangmen	45985	46268	59843	72129	64418	69836	81276	95319	118329
阳 江	Yangjiang	53113	65777	71618	76751	78360	70942	92475	101186	110279
湛 江	Zhanjiang	56804	68451	78326	88954	98452	115690	140362	138348	156933
茂 名	Maoming	43778	61161	70678	81698	90457	125071	124612	114007	136748
肇 庆	Zhaoqing	42654	64048	72430	88225	107435	121341	147678	179047	211363
清 远	Qingyuan	41919	59515	78886	105829	90596	100662	129029	126604	156001
潮 州	Chaozhou	60518	70700	76248	81153	91838	99110	93579	114444	146613
揭 阳	Jieyang	42514	49895	54236	69301	57368	74608	95972	97677	125337
云 浮	Yunfu	52186	59684	56943	69909	74640	75063	71930	59042	86311
按经济区域分	By Region									
珠三角	Pearl River Delta	78184	105452	121253	144993	156714	183651	193115	226140	251417
东 翼	Eastern Region	54145	69081	72318	87725	87357	105636	115435	122316	140285
西 翼	Western Region	50495	64848	73908	83435	90945	110086	123536	121179	139523
山 区	Mountainous Region	45952	64370	78779	81746	81395	94187	108503	111672	129410

主要统计指标解释

建筑业总产值是以货币表现的建筑业企业在一定时期内生产的建筑业产品和服务的总和。建筑业总产值包括三部分内容：

⑴建筑工程产值：指列入建筑工程预算内的各种工程价值。

⑵设备安装工程产值：指设备安装工程价值，但不包括设备本身的价值。

⑶其他产值：建筑业总产值中除建筑工程、安装工程以外的产值。包括房屋构筑物修理产值、非标准设备制造产值、总包企业向分包企业收取的管理费以及不能明确划分的施工活动所完成的产值。

①房屋构筑物修理产值：指房屋和构筑物的修理所完成的价值，但不包括被修理房屋构筑物的本身价值和生产设备的修理价值。

②非标准设备制造产值：指加工制造没有定型的非标准生产设备的加工费和原材料价值以及附属加工厂为本企业承建工程制作的非标准设备的价值。

竣工产值　一般是以单位工程为对象，当该工程按照设计所规定的工程内容全部完成，达到了设计规定的交工条件，经有关部门检查验收鉴定合格的单位工程价值，即为竣工产值。

建筑业增加值　是指建筑业企业在报告期内以货币表现的建筑业生产经营活动的最终成果。建筑业增加值有两种计算方法：一是生产法，即建筑业总产出中减去建筑业中间消耗后的余额。二是分配法（收入法），即从收入的角度出发，根据生产要素在生产过程中应得到的收入份额计算，具体构成项目有固定资产折旧、劳动者报酬、生产税净额、营业盈余。2004 年以前，建筑业统计报表制度中采用旧的分配法（收入法）计算建筑业增加值，2005 年以后采用新的收入法计算建筑业增加值。

房屋施工面积　指在报告期内施工的全部房屋建筑面积，它包括本期新开工的房屋面积、上期跨入本期继续施工的房屋面积、上期停缓建在本期恢复施工的房屋面积、本期竣工的房屋面积以及本期施工后又停缓建的房屋面积。

计算建筑业劳动生产率的平均人数　指建筑业企业(或单位)报告期实际拥有的、与建筑施工活动有关的人员的平均人数，包括参加本企业(或单位)建筑施工活动的非本企业(或单位)人员，但不包括企业内部社会服务性机构的人员以及由本企业支付工资但所从事的工作与本企业生产基本无关的人员。

年末从业人员中工程技术人员　指负担工程技术和工程技术管理工作，并具有工程技术工作能力的人员。

利润总额　指企业在生产经营过程中各种收入扣除各种耗费后的盈余，反映企业在报告期内实现的亏盈总额，包括营业利润、补贴收入、投资净收益和营业外收支净额。

工程结算税金及附加　指因从事建筑业生产活动，取得工程价款结算收入而按规定应该交纳的营业税、城市维护建设税等以及随同营业税金一并计算交纳的教育费附加等。

管理费用中税金　指企业按规定从管理费用中支付的各种税金,包括房产税、土地使用税、车船使用税、印花税等。

利税总额=工程结算税金及附加+管理费用中税金+利润总额

建筑业全员劳动生产率=建筑业总产值÷计算建筑业劳动生产率的平均人数

Explanatory Notes on Main Statistical Indicators

Gross Output Value of Construction refers to the sum in monetary terms of construction products and services completed by construction enterprises during a given period of time. It includes:

(1) Output value of construction projects, which is the value of various projects covered by the project budgets;

(2)Output value of equipment installation projects refers to the value of the installation of equipment. It does not include the value of the equipment itself.

(3) Other output values, which are output values other than output value of construction projects and output value of installation projects, including output value of house and building repair, output value of non-standard equipment manufacture, management expenses received by overall contractor enterprises from subcontractor enterprises and output value completed in unclassified construction activities.

①Output value of house and building repair is the value created through the repairs of houses and buildings, excluding the value of houses or buildings being repaired and the value of the repair of production equipment.

②Output value of non-standard equipment manufacture is the value of non-standard production equipment with unique specifications (including raw materials and manufacturing costs), and equipment manufactured by subsidiary workshops for construction projects contracted by construction enterprises.

Output Value Completed refers to the value of unit project completed, which has come up to the designed standards for putting into use and has been checked and accepted as qualified project by related departments.

Value-added of Construction refers to the final results in monetary terms of the production and management activities of construction enterprises in the reference period. The value-added of construction is calculated with two approaches: one is the production approach, which calculates the total value of construction minus the total intermediate consumption of construction; the other is the distribution approach (income approach) from the perspective of income, which calculates the sum of income of various production factors in the production process, including depreciation of fixed assets, labors' remuneration, net taxes on production and operating surplus. Prior to 2004, the value-added of construction was calculated with an old distribution (income) approach according to the statistical reporting system of construction. Since 2005, the new income approach is used to calculate the value-added of construction.

Floor Space of Buildings under Construction refers to the floor space of buildings under construction during the reference period, including newly started buildings, buildings started earlier and continued into the reference period, buildings suspended in preceding periods but resumed during the reference period, buildings completed during the reference period, and buildings started and then suspended during the reference period.

Average Number of Persons for Labor Productivity Calculation of the Construction Industry refers to the average number of persons actually employed in the construction enterprises (units) and engaged in related activities of construction in the reference period, including non-staff personnel engaged in the construction activities of the enterprises (units), but excluding personnel employed in social service institutions of the enterprises and those receiving remunerations therefrom but engaged in activities basically irrelevant to the production of the enterprises.

Number of Engineering Technical Personnel Employed at the Year-end refers to personnel capable of and engaged in engineering technical work and related management.

Total Profits refer to the surplus of various incomes in the production and operation of the enterprises after deducting all expenses. This reflects the total profits or losses realized by the enterprises in the reference period, including profits from operation, income from subsidies, net investment earnings and net income from activities other than operations.

Taxes and Extra Charges on Project Settlement Accounts refer to business tax, city maintenance and construction tax and extra charges for education calculated and paid with business tax, which should be borne by the enterprises obtaining project settlement incomes from the production activities of construction.

Taxes from Management Expenses refer to the taxes which should be borne by the enterprises from management expenses, including property tax, land use tax, vehicle and vessel use tax, and stamp tax.

Total Pre-tax Profits = Taxes and Extra Charges on Project Settlement Accounts + Taxes from Management Expenses + Total Profits

Overall Labor Productivity of Construction = Gross Output Value of Construction ÷ Average Number of Persons for Labor Productivity Calculation

十四、运输和邮电

TRANSPORT,POSTAL AND TELECOMMUNICATION SERVICES

十四 运输和邮电

简要说明

一、本篇资料反映广东运输和邮电通信业发展的基本状况。

交通运输业资料主要包括：五种运输方式的线路里程、运输设备拥有量、各种运输方式完成的货物运输量和旅客运输量、港口设备拥有量、港口货物吞吐量、航站客货吞吐量等。

邮电通信业资料主要包括：邮政局(所)及邮路情况，邮电通信主要工具及设备情况，主要邮电业务完成情况，邮电通信发展水平等。

二、各部分资料调查范围和统计单位

1. 铁路资料：包括国家铁路、地方铁路和合资铁路运营情况，不含军用铁路及由厂矿企事业单位自建的铁路专用线和专用铁道。

2. 公路、水路、港口资料：(1)公路和水路线路里程为年末通车和通航里程数。公路里程、桥梁、渡口统计从 2006 年起包括农村公路。(2)民用汽车拥有量，根据公安交通管理局所属车管部门登记注册的车辆资料整理；(3)民用运输船舶拥有量，不含渔船、水上施工作业船，根据水上航运管理部门登记注册的船舶资料整理；(4)公路、水路客货运输量资料，包括在广东公路水路运输管理部门注册登记或审批备案的、从事营业性公路、水路客、货运输的营业性运输工具(包括个体联户)所完成的运输量。此部分数据 2005 年之前由统计局收集整理，2005 年起改由省交通厅通过抽样调查方法负责收集整理。2009 年起，按国家交通运输部统一部署改用新调查方法收集整理。由于新调查方法对统计对象、城乡地域等重新明确和界定，导致数据与以往不可比，使用时敬请注意。(5)港口生产能力及吞吐量，根据各地港务管理部门注册的港口企业和从事港口生产活动单位的资料整理。

3. 管道运输资料：包括输原油、输成品油、输天然气、输其他气体的管线长度、输送能力及完成的运输量。数据主要来源于中国石油天然气集团公司和中国石油化工集团公司所属的本地各管道运输单位。

4. 民航运输资料：统计对象为在广东境内注册、从事民用航空运输飞行和通用飞行的航空运输企业和民用航空机场，不包括在境内运输飞行的国内其他航空公司及外国航空公司。统计范围为各航空公司从事国内运输、港澳台运输、国际运输的定期航班航线条数及里程、运输量及期末飞机在册架数、民用航空机场航班起降架次和客货吞吐量等。

5. 邮电通信资料：包括全省电信和邮政运营企业为社会公众提供的各类电信和邮政服务，不含专用网业务资料。资料主要来源于省通信管理局以及邮政、电信、移动、联通和铁通等运营单位。

三、本篇资料由广东省统计局服务业统计处整理、编辑。资料主要来源于省内民航、铁路、公路、水运、港口、公安、邮政、通信等行业主管部门以及各有关单位。

14 Transport,Postal and Telecommunication Services

Brief Introduction

Ⅰ. The data in this chapter cover mainly the basic conditions of the development of transport, postal and telecommunication services in Guangdong Province.

The data on transport cover mainly the route length of five means of transportation, the possession of transport equipment, the freight and passenger traffic by various means of transportation, the possession of port equipment and the volume of freight handled in ports, the passenger and freight throughput of airports, etc.

The data on postal and telecommunication services cover mainly the conditions of post offices and postal routes, major means and equipment of post and telecommunications, achievements of main businesses of postal and telecommunication services, and the level of development of postal and telecommunication services, etc.

II. Coverage and Statistical Units

1. Data on railway transportation: including the operation and management of the national, local and joint-venture railways, but excluding the railways for military purpose, lines built by factories, mines, enterprises and institutions for exclusive use, and special railways.

2. Data on highways, waterways and ports: (1) The length of highways and waterways refer to the length open to traffic or navigation at the end of the year. (2) The data on the possession of civil motor vehicles are compiled according to registration data of vehicles at the divisions of vehicle management under the traffic management departments of public security authorities. (3) The data on the possession of civil vessels exclusive of fishing boats and engineering ships over water are compiled according to registration data of vessels at the authorities of navigation and port management. (4) The data on the volume of transportation by highways and waterways, including all enterprises, institutions, and individuals (or individual partnerships) registered in Guangdong for passenger and freight transportation by highways and waterways, were collected and prepared by the Bureau of Statistics before 2005. Since 2005, the data were collected and prepared by the Department of Transport of Guangdong through sample survey. Since 2009, the data are collected and prepared in accordance with the new survey method stipulated by the Ministry of Transport. Since the new survey method has new criteria for survey target and urban-rural division, the data are not comparable with those of the previous years. (5) The data on production capacity and handling capacity of ports are compiled according to registration data of port enterprises and production units at local port authorities.

3. Data on pipeline transport: The data on pipeline transport cover the length, transport capacity and the volume transported of pipelines of petroleum (crude oil), petroleum products, natural gas and other gases. The data are mainly provided by enterprises engaged in the pipeline transport subordinate to the China National Petroleum Corporation and China Petrochemical Corporation.

4. Data on civil aviation transport: Data on civil aviation transport include air transport enterprises and civil airports registered for civil aviation transport and general aviation, excluding other domestic aviation companies and foreign aviation companies engaged in air transport within Chinese territory. The statistics cover regular flights of domestic transport, transport between the mainland of China and Hong Kong, Macao and Taiwan, and international transport managed by various aviation companies, concerning the number of lines, length, transport volume, number of registered aircrafts at the end of the reference period, sorties at civil airports, and volumes of passenger and freight handled at civil airports.

5. Data on post and telecommunications: Data in this category include telecommunications and postal services rendered to the public by telecommunications and postal enterprises of the whole province, but exclude services provided through dedicated networks. Statistics are mainly provided by Guangdong Communications Administration and corresponding enterprises, including China Post, China Telecom, China Mobile, China Unicom, China TieTong, and China Netcom.

III. The data in this chapter are prepared and compiled by the Division of Service Industry Statistics of Statistics Bureau of Guangdong Province. Raw data are mainly provided by authorities and related enterprises and institutions within the province of civil aviation, railways, highways, waterways, ports, public securities, and post and telecommunications.

14-1 运输邮电主要指标

Main Indicators on Transport, Postal and Telecommunication Services

指 标	Item	2000	2008	2009	2009 比 2008增长% Growth Rate in 2009 over 2008 (%)
铁路营业里程 (公里)	Length of Railways in Operation (km)	1942	1859	2176	17.1
公路通车里程 (公里)	Length of Highways (km)	102606	183155	184960	1.0
内河通航里程 (公里)	Length of Navigable Inland Waterways (km)	13696	13596	13596	
民航航线里程 (公里)	Length of Civil Aviation Routes (km)	500322	1365418	1699629	24.5
港口码头泊位 (个)	Number of Berths in Coastal Ports (unit)	3191	2995	3056	2.0
#万吨级泊位	Berths at 10000 Ton Class	126	222	237	6.8
码头泊位长度 (米)	Length of Quay Line (m)	180238	237164	246531	3.9
公路桥梁 (座)	Number of Highway Bridges (unit)	19668	38926	40012	2.8
#永久式	Permanent	19656	38764	39926	3.0
民用汽车 (辆)	Number of Civil Motor Vehicles (unit)	1729054	5750124	6602356	14.8
机动船艘数 (艘)	Number of Motor Vessels (unit)	21733	10701	9310	-13.0
吨位数 (净载重吨)	Tonnage (dead weight ton)	5268845	8150148	9725373	19.3
民用运输飞机 (架)	Number of Civil Aircrafts (unit)	106	345	381	10.4
长途电话交换机容量 (路端)	Capacity of Automatic Long-distance Telephone Exchanges (line)	703352	2751202	3012025	9.5
本地交换设备容量 (万门)	Capacity of Local Telephone Exchanges (10000 lines)	1939.45	5395.27	5490.03	1.8
移动电话交换机容量 (万户)	Capacity of Mobile Telephone Exchanges (10000 subscribers)	1825.40	12833.96	16623.90	29.5
本地电话用户数 (万户)	Number of Subscribers of Local Telephones (10000 subscribers)	1414.94	3573.32	3366.63	-5.8
移动电话用户数 (万户)	Number of Subscribers of Mobile Telephones (10000 subscribers)	1357.26	8395.24	8938.85	6.5
客运量 (万人)	Passenger Traffic (10000 persons)	164791	238375	428705	-11.5
旅客周转量 (亿人公里)	Passenger-kilometers (100 million passenger-km)	1218.59	2844.79	2853.30	11.8
货运量 (万吨)	Freight Traffic (10000 tons)	119216	176279	179722	17.3
货物周转量 (亿吨公里)	Freight Ton-kilometers (100 million ton-km)	3064.51	4520.12	4942.83	7.7
港口货物吞吐量 (万吨)	Volume of Freight Handled in Ports (10000 tons)	31649	98795	102761	4.0
港口旅客吞吐量 (万人)	Volume of Passengers Handled in Ports(10000 persons)	1710	2523	2137	-15.3
航站旅客吞吐量 (万人)	Volume of Passengers Handled at Airports (10000 persons)	2142.84	5737.70	6461.78	12.6
邮电业务总量(2000年不变价) (亿元)	Business Volume of Postal and Telecommunication Services (at 2000 constant prices) (100 million yuan)	602.31	3564.85	3938.15	10.5
邮政 (亿元)	Postal Service (100 million yuan)	40.09	87.97	101.15	15.0
通信 (亿元)	Telecommunication Service (100 million yuan)	562.22	3476.88	3837.00	10.4

注：2009年客、货运输量中，公路和水路运输量统计改用新调查方法，数据与往年不可比，本表客、货运输量等四个指标增长速度按可比口径计算。

Note: In 2009, data on total passenger traffic and freight traffic of highway and waterways have changed as a result of using new survey method, and are not comparable with the previous years. The four growth rates of the four indicators related to passenger traffic and freight traffic are calculated at comparable coverage.

14-2 全社会旅客运输量

Total Passenger Traffic

年份 Year	客运量(万人) Passenger Traffic (10000 persons)					旅客周转量（亿人公里） Passenger-kilometers (100 million passenger-km)				
	合计 Total	铁路 Railways	公路 Highways	水路 Waterways	民航 Civil Aviation	合计 Total	铁路 Railways	公路 Highways	水路 Waterways	民航 Civil Aviation
1985	49848	3357	41826	4427	238	270.23	50.41	178.27	20.46	21.09
1986	126890	3742	113561	9295	292	450.35	56.70	346.81	19.82	27.02
1987	158715	4129	144684	9557	345	796.86	66.98	678.04	21.20	30.64
1988	218915	4828	204278	9420	389	402.34	82.53	261.18	22.43	36.20
1989	66727	4882	58110	3377	358	447.62	84.38	309.25	20.50	33.49
1990	78046	4467	70681	2428	470	453.21	82.56	307.40	19.68	43.57
1991	83460	5004	75570	2317	569	526.66	102.11	348.85	20.89	54.81
1992	93678	6243	83128	3503	804	624.55	131.99	385.76	25.75	81.05
1993	95468	6835	84708	3078	847	696.92	161.04	422.88	25.60	87.40
1994	125036	6920	111447	5636	1033	929.48	164.11	619.52	33.21	112.64
1995	130998	6283	118406	5146	1163	936.29	163.11	613.07	31.13	128.98
1996	128831	5593	117815	4232	1191	938.65	153.86	626.60	20.65	137.54
1997	123649	6201	113259	3032	1157	957.20	177.61	616.48	17.21	145.90
1998	132462	6743	121795	2729	1195	994.84	194.16	630.65	13.87	156.16
1999	148636	7553	137324	2605	1154	1082.14	212.13	700.74	13.62	155.65
2000	164791	12165	148945	2363	1318	1218.59	241.51	780.74	11.65	184.69
2001	178676	12783	161967	2382	1544	1342.12	252.37	858.86	11.40	219.49
2002	188657	13310	171191	2347	1809	1490.34	273.19	945.16	11.31	260.68
2003	191202	12935	174288	2208	1771	1505.83	267.14	983.67	11.41	243.61
2004	202414	15142	183012	1827	2433	1738.21	308.38	1076.06	10.17	343.60
2005	212104	16106	189881	2062	4055	2122.14	327.74	1190.73	9.54	594.13
2005(调整) (Adjusted)	161357	16106	139158	2038	4055	2043.23	327.74	1111.57	9.79	594.13
2006	197314	15109	175567	2073	4565	2245.37	347.60	1212.76	12.14	672.87
2007	211215	16762	186835	2071	5548	2626.71	387.61	1410.72	10.98	817.40
2007(调整) (Adjusted)	206504	12050	186835	2071	5548	2626.71	387.61	1410.72	10.98	817.40
2008	238375	13739	216902	1902	5832	2844.79	420.12	1566.73	9.80	848.14
2008(调整) (Adjusted)	484161	13739	462997	1593	5832	2551.92	420.12	1276.12	7.54	848.14
2009	428705	13394	406704	1873	6734	2853.30	407.72	1470.06	7.06	968.46

14-3 各市客运量

Passenger Traffic by City

单位：万人 (10000 persons)

市 别	City	2002	2003	2004	2005	2006	2007	2008	2008(调整) (Adjusted)	2009
总 计	**Total**	**188657**	**191202**	**202414**	**161357**	**197314**	**206504**	**238375**	**484161**	**428705**
广 州	Guangzhou	23329	23976	27975	22583	39518	39272	42613	43546	43995
深 圳	Shenzhen	9155	8774	10086	9500	11183	11852	12027	150413	141992
珠 海	Zhuhai	3311	3239	4320	4874	5391	6018	6200	17127	16858
汕 头	Shantou	2111	2003	1985	1991	2228	2289	2300	2191	2302
佛 山	Foshan	11484	12027	13538	11472	16160	17646	18620	18867	21041
韶 关	Shaoguan	2919	3123	3435	2280	2494	2813	3218	7841	8861
河 源	Heyuan	2944	2860	1986	1969	2286	2445	2556	2873	3025
梅 州	Meizhou	5228	5823	5967	3550	3815	3966	4186	3681	3891
惠 州	Huizhou	4503	4136	4994	5049	5265	5410	5591	11166	11657
汕 尾	Shanwei	4565	4647	4008	3800	4784	5201	5438	3582	5014
东 莞	Dongguan	32100	32588	33240	30951	35182	37182	56046	122468	73324
中 山	Zhongshan	8625	8516	9236	9200	10235	10852	11375	20469	12009
江 门	Jiangmen	7182	8366	8304	8249	8088	8094	8136	16976	17607
阳 江	Yangjiang	5059	5211	5575	1585	1750	3292	3537	3553	3749
湛 江	Zhanjiang	5905	5578	6364	6413	6731	6958	7116	11238	12019
茂 名	Maoming	21836	21883	21924	5079	5377	5656	5838	6053	6398
肇 庆	Zhaoqing	6827	6723	4205	4436	4966	5715	6498	5472	6045
清 远	Qingyuan	4112	3932	4458	1959	5483	6724	7916	8239	8618
潮 州	Chaozhou	1622	1656	1681	733	745	962	1082	1473	1670
揭 阳	Jieyang	3031	3039	3095	3014	3324	3689	4487	3785	4216
云 浮	Yunfu	7690	8394	8463	2509	2635	2870	4024	3577	4286
不分地区	Unclassified by Region	15119	14706	17575	20161	19674	17598	19571	19571	20128
按经济区域分	By Region									
珠 三 角	Pearl River Delta	121634	123052	133473	126475	155662	159639	186677	426075	364656
东 翼	Eastern Region	11329	11345	10769	9538	11081	12141	13307	11031	13202
西 翼	Western Region	32800	32672	33863	13077	13858	15906	16491	20844	22166
山 区	Mountainous Region	22894	24133	24309	12267	16713	18818	21900	26211	28681

注：分市数据仅含公路和水路运输，铁路和民航运输在“不分地区”反映。下表同。

Note: Data by city only include the figures of highway and waterway transportation, whereas data of railway and civil aviation transportation are reflected in the category "Unclassified by Region". The same applies to the following table.

14-4 各市旅客周转量

Passenger-kilometers by City

单位：亿人公里 (100 million passenger-km)

市 别	City	2002	2003	2004	2005	2006	2007	2008	2008(调整) (Adjusted)	2009
总 计	**Total**	**1490.34**	**1505.83**	**1738.21**	**2043.23**	**2245.37**	**2626.71**	**2844.79**	**2551.92**	**2853.30**
广 州	Guangzhou	113.39	129.03	158.42	193.24	212.31	318.27	374.17	175.96	394.17
深 圳	Shenzhen	54.52	54.07	63.14	71.42	78.08	83.47	85.32	208.78	207.82
珠 海	Zhuhai	20.52	22.70	30.87	41.69	54.65	61.68	65.70	58.04	57.57
汕 头	Shantou	20.88	19.00	21.39	21.08	22.85	23.66	24.35	42.59	45.42
佛 山	Foshan	33.38	35.63	42.13	50.94	52.49	58.58	63.40	54.16	67.39
韶 关	Shaoguan	15.41	16.79	20.39	14.17	15.24	18.85	22.18	29.59	34.21
河 源	Heyuan	29.10	29.19	34.94	36.97	38.97	41.58	44.41	33.54	34.75
梅 州	Meizhou	38.31	42.48	43.84	41.73	43.92	45.67	49.68	39.01	42.98
惠 州	Huizhou	23.65	19.65	29.79	35.97	51.99	56.31	66.66	36.30	38.78
汕 尾	Shanwei	25.15	26.03	28.91	26.90	35.41	43.19	46.53	23.06	33.43
东 莞	Dongguan	109.18	112.70	116.63	158.53	121.38	126.50	137.86	224.85	105.35
中 山	Zhongshan	40.33	39.61	43.94	48.84	65.32	69.25	72.52	48.72	75.95
江 门	Jiangmen	39.41	48.36	52.15	60.30	99.94	92.01	92.91	51.61	54.09
阳 江	Yangjiang	28.87	29.74	33.11	26.29	22.41	39.59	42.65	16.71	18.98
湛 江	Zhanjiang	56.40	50.88	59.58	62.10	65.74	68.73	74.25	60.77	71.33
茂 名	Maoming	97.83	104.30	104.66	64.83	65.08	73.38	77.32	52.27	55.19
肇 庆	Zhaoqing	39.53	38.96	22.32	25.40	28.86	33.56	38.57	27.15	29.34
清 远	Qingyuan	29.78	29.36	30.05	35.45	41.14	46.46	51.24	31.80	33.58
潮 州	Chaozhou	14.01	14.31	15.03	19.37	15.19	17.02	18.86	17.20	19.78
揭 阳	Jieyang	71.48	71.98	73.43	67.53	74.62	83.01	100.36	28.09	32.06
云 浮	Yunfu	55.35	60.33	61.52	18.62	19.30	20.93	27.59	23.46	24.95
不分地区	Unclassified by Region	533.87	510.75	651.98	921.87	1020.47	1205.01	1268.26	1268.26	1376.18
按经济区域分	By Region									
珠 三 角	Pearl River Delta	1007.78	1011.45	1211.37	1608.20	1785.49	2104.64	2265.37	2153.83	2406.66
东 翼	Eastern Region	131.51	131.32	138.76	134.87	148.07	166.87	190.09	110.94	130.68
西 翼	Western Region	183.10	184.92	197.35	153.23	153.23	181.70	194.23	129.75	145.49
山 区	Mountainous Region	167.95	178.15	190.73	146.93	158.58	173.50	195.10	157.40	170.47

14-5 全社会货物运输量
Total Freight Traffic

年份 Year	货运量(万吨) Freight Traffic (10000 tons)						货物周转量(亿吨公里) Freight Ton-kilometers (100 million ton-km)					
	合计 Total	铁路 Railways	公路 Highways	水路 Waterways	民航 Civil Aviation	管道 Pipelines	合计 Total	铁路 Railways	公路 Highways	水路 Waterways	民航 Civil Aviation	管道 Pipelines
1985	58726	3000	42813	12045	4	864	1767.86	102.29	156.45	1503.47	0.38	5.27
1986	65078	4269	49030	10831	4	944	1845.33	130.02	127.28	1581.60	0.45	5.98
1987	74571	4493	57393	11664	5	1016	1982.59	142.56	179.41	1653.81	0.54	6.27
1988	79811	4504	57717	16583	6	1001	2209.11	151.55	216.22	1834.41	0.67	6.26
1989	85054	4888	63254	15820	6	1086	2419.57	168.39	301.16	1942.79	0.71	6.52
1990	85809	4803	63709	16198	8	1091	2598.88	179.54	346.27	2065.69	0.90	6.48
1991	94136	5347	69784	17718	10	1277	3181.83	206.18	386.49	2580.79	1.06	7.31
1992	113119	6089	84181	21346	12	1491	3560.59	239.34	583.36	2727.97	1.41	8.51
1993	125273	6595	87567	29660	14	1437	3797.09	261.91	428.17	3097.19	1.70	8.12
1994	119901	6971	81361	30165	20	1384	4326.09	280.31	443.54	3592.35	2.39	7.50
1995	111063	7634	68884	32952	21	1572	4642.91	290.78	352.45	3990.19	2.75	6.74
1996	95598	8138	60131	25699	24	1606	3761.09	294.12	327.81	3129.27	3.27	6.62
1997	99763	8430	62728	26873	25	1707	3837.78	294.45	341.08	3185.26	3.99	13.00
1998	101933	8288	65682	25669	28	2266	3453.92	290.65	371.08	2750.19	4.90	37.10
1999	106334	8150	70626	24857	31	2670	2980.69	282.68	426.70	2223.75	5.45	42.11
2000	119216	15172	75365	25696	31	2952	3064.51	295.97	472.49	2247.86	6.45	41.74
2001	131621	15435	86555	26434	35	3162	3221.47	296.79	522.89	2350.73	7.54	43.52
2002	137032	14790	92736	26263	42	3201	3229.39	277.87	576.35	2323.27	9.94	41.96
2003	143964	15375	97806	27412	42	3329	3666.83	285.02	614.01	2719.83	11.76	36.21
2004	156094	19495	102843	29783	49	3924	4148.54	341.26	657.49	3091.39	13.22	45.18
2005	158470	18647	105581	30179	73	3989	4359.97	319.68	781.41	3195.85	17.45	45.58
2005(调整) (adjusted)	133992	18647	84861	26422	73	3989	3917.43	319.68	646.55	2888.17	17.45	45.58
2006	145911	16170	97461	27503	79	4698	4162.77	333.12	742.67	2964.89	18.70	103.39
2007	165426	16480	112611	30893	87	5355	4430.93	337.31	906.84	3043.53	20.14	123.11
2007(调整) (adjusted)	160455	11285	112611	30893	87	5578	4489.69	337.31	906.84	3043.53	20.14	181.87
2008	176279	11545	126068	32318	85	6263	4520.12	344.96	1064.55	2878.85	18.38	213.38
2008(调整) (adjusted)	153256	11545	101428	33935	85	6263	4591.22	344.96	1225.30	2853.92	18.38	148.66
2009	179722	11254	125433	36623	90	6322	4942.83	309.55	1518.43	2937.94	18.83	158.08

14-6 各市货运量
Freight Traffic by City

单位：万吨 (10000 tons)

市 别	City	2002	2003	2004	2005	2006	2007	2008	2008(调整) (Adjusted)	2009
总 计	**Total**	**137032**	**143964**	**156094**	**133992**	**145911**	**160455**	**176279**	**153256**	**179722**
广 州	Guangzhou	23323	23985	28216	28026	34323	37603	41458	29586	45251
深 圳	Shenzhen	5770	6431	7589	7837	9013	13402	14452	19126	21834
珠 海	Zhuhai	4139	4229	4369	2225	2828	3374	3230	7524	6682
汕 头	Shantou	1396	1481	1604	1703	1822	2050	2228	2489	2782
佛 山	Foshan	12346	14303	15718	17354	19718	22401	24197	15121	17649
韶 关	Shaoguan	4665	5281	5670	3251	3429	3905	4411	3924	5483
河 源	Heyuan	2033	1936	923	986	1070	1145	1237	1959	2025
梅 州	Meizhou	4701	5239	5795	3751	3794	4015	4145	3143	3501
惠 州	Huizhou	3755	3280	3918	4786	5387	5695	7240	6672	8413
汕 尾	Shanwei	1625	1883	1170	1106	1570	1682	1898	615	860
东 莞	Dongguan	5857	5877	6054	5127	5481	5676	5971	9273	8733
中 山	Zhongshan	3956	4331	5248	5985	6177	6652	6991	6793	7167
江 门	Jiangmen	4075	4307	4115	5626	5295	5697	6099	6500	6691
阳 江	Yangjiang	3505	3589	3789	417	933	1971	2265	1293	1422
湛 江	Zhanjiang	4419	4197	4581	5016	5280	6211	5949	5167	5549
茂 名	Maoming	9561	10012	9166	4388	4456	5027	5799	3226	3660
肇 庆	Zhaoqing	5668	5859	3197	3689	4106	4958	6490	2428	2647
清 远	Qingyuan	3000	2493	2774	3200	3700	4583	5013	5803	6171
潮 州	Chaozhou	1740	1856	1893	1310	1258	1475	1141	1555	1860
揭 阳	Jieyang	2076	2083	2141	2213	1820	2030	3189	1318	1591
云 浮	Yunfu	11390	12566	14696	3286	3504	3952	4983	1848	2085
不分地区	Unclassified by Region	18033	18747	23469	22710	20947	16950	17893	17893	17666
按经济区域分	By Region									
珠三角	Pearl River Delta	86922	91348	101893	103365	113275	122408	134021	120916	142733
东 翼	Eastern Region	6836	7303	6808	6332	6470	7237	8456	5977	7093
西 翼	Western Region	17485	17798	17536	9821	10669	13209	14013	9686	10631
山 区	Mountainous Region	25789	27514	29858	14474	15497	17600	19789	16677	19265

注：分市数据仅含公路和水路运输，铁路、民航和管道运输在“不分地区”反映。下表同。

Note: Data by city only include the figures of highway and waterway transportation, whereas data of railway, civil aviation and pipeline transportation are reflected in the category "Unclassified by Region". The same applies to the following table.

14-7 各市货物周转量

Freight Ton-kilometers by City

单位：亿吨公里 (100 million ton-km)

市 别	City	2002	2003	2004	2005	2006	2007	2008	2008(调整) (Adjusted)	2009
总 计	**Total**	**3229.39**	**3666.83**	**4148.54**	**3917.43**	**4162.77**	**4489.69**	**4520.12**	**4591.22**	**4942.83**
广 州	Guangzhou	1999.18	2271.02	2497.35	2431.16	2488.52	2179.90	2154.63	1604.62	1865.01
深 圳	Shenzhen	258.65	367.08	488.05	317.28	371.68	842.55	730.40	1078.75	1118.37
珠 海	Zhuhai	19.88	21.97	60.75	84.89	113.31	117.46	121.46	132.73	148.49
汕 头	Shantou	25.05	24.66	26.74	38.41	39.99	45.95	52.54	62.88	79.66
佛 山	Foshan	126.76	142.49	162.71	182.11	159.58	151.80	165.95	156.71	167.94
韶 关	Shaoguan	27.14	33.29	35.72	26.97	28.78	34.54	40.03	75.54	97.74
河 源	Heyuan	18.58	18.59	7.84	8.48	9.33	10.07	10.97	29.90	30.52
梅 州	Meizhou	31.68	35.45	46.03	45.95	47.57	50.75	55.22	54.95	59.99
惠 州	Huizhou	32.47	26.69	29.89	40.29	45.53	49.08	67.17	112.31	125.41
汕 尾	Shanwei	9.43	10.92	9.04	8.60	15.19	18.52	20.69	6.21	9.01
东 莞	Dongguan	42.07	42.28	42.37	32.94	33.68	35.67	37.44	174.75	101.65
中 山	Zhongshan	26.86	28.91	38.05	43.03	49.63	53.26	57.30	60.48	58.65
江 门	Jiangmen	26.98	44.74	43.20	70.96	69.53	71.33	75.41	72.63	75.69
阳 江	Yangjiang	22.21	22.78	24.66	2.98	8.52	12.01	14.20	15.78	28.59
湛 江	Zhanjiang	47.48	47.88	52.51	57.47	63.89	78.79	80.40	119.65	136.13
茂 名	Maoming	53.72	61.87	60.49	23.78	24.49	32.35	43.72	67.64	78.75
肇 庆	Zhaoqing	36.14	37.39	20.79	24.87	29.10	35.96	47.76	29.92	33.11
清 远	Qingyuan	27.80	25.51	26.52	29.37	37.35	47.55	73.95	95.45	100.82
潮 州	Chaozhou	16.57	17.59	18.41	25.27	34.36	38.15	15.73	75.97	85.73
揭 阳	Jieyang	19.58	19.68	19.87	22.64	17.63	20.05	31.24	18.99	20.86
云 浮	Yunfu	31.38	33.06	37.91	17.26	19.93	24.65	47.20	33.36	34.25
不分地区	Unclassified by Region	329.77	332.99	399.66	382.72	455.21	539.32	576.72	512.00	486.46
按经济区域分	By Region									
珠 三 角	Pearl River Delta	2898.75	3315.56	3782.81	3610.25	3815.77	4076.30	4034.24	3934.90	4180.77
东 翼	Eastern Region	70.63	72.85	74.05	94.92	107.17	122.67	120.19	164.04	195.26
西 翼	Western Region	123.42	132.53	137.65	84.22	96.90	123.15	138.32	203.08	243.46
山 区	Mountainous Region	136.58	145.89	154.03	128.04	142.96	167.56	227.37	289.20	323.34

14-8 运输工具和线路拥有量

Number of Means of Transport and Length of Transport Routes

项　　目		Item		2000	2005	2006	2007	2008	2009
铁　路		**Railways**							
铁路机车	(台)	Number of Locomotives	(unit)	538	470	473	490	464	463
铁路营业里程	(公里)	Length of Railways in Operation	(km)	1942	1924	1862	1871	1859	2176
中央铁路		National Railways		694	693	633	636	629	629
地方铁路		Local Railways		1248	1231	1229	1235	1230	1547
公　路		**Highways**							
公路通车里程	(公里)	Length of Highways	(km)	102606	115337	178387	182005	183155	184960
民用汽车	(辆)	Civil Motor Vehicles	(unit)	1729054	3772891	4304921	5067212	5750124	6602356
载客汽车	(辆)	Passenger Vehicles	(unit)	853375	2474370	3024873	3736815	4406038	5203768
	(客位)	Passenger Vehicle Seats	(seat)	7969195	21046199	21260339	27700260	31182682	35464357
载货汽车	(辆)	Freight Vehicles	(unit)	843779	1188439	1188797	1226835	1229674	1332362
	(吨位)	Tonnage of Freight Vehicles	(tonnage)	3517470	2621099	2411422	2397214	2291640	2367328
其他汽车	(辆)	Other Vehicles	(unit)	31900	110082	91251	103562	114412	66226
水　运		**Waterways**							
内河通航里程	(公里)	Length of Navigable Inland Waterways	(km)	13696	13596	13596	13596	13596	13596
机动船	(艘)	Number of Motor Vessels	(unit)	21733	16208	12644	12126	10701	9310
	(净载重吨位)	Tonnage of Motor Vessels(dead weight tonnage)		5268845	7359703	7851907	7415188	8150148	9725373
	(客位)	Number of Motor Vessel Seats	(seat)	149004	70794	71688	72835	70305	65322
	(总功率千瓦)	Total Power	(kw)		4222718	4152461	3774978	3855608	3866125
驳　船	(艘)	Number of Barges	(unit)	1076	110	72	44	34	23
	(净载重吨位)	Tonnage of Barges	(dead weight tonnage)	274836	60211	70648	51129	47638	27934
	(客位)	Number of Barge Seats	(seat)	395	48				
民　航		**Civil Aviation**							
民用航空航线里程	(公里)	Length of Civil Aviation Routes	(km)	500322	1080706	1113479	1413918	1365418	1699629
民用运输飞机	(架)	Number of Civil Aircrafts	(unit)	106	241	303	337	345	381
管　道		**Pipelines**							
条　数	(条)	Number of Pipelines	(line)	45	63	67	72	79	81
输油(气)里程	(公里)	Length of Petroleum and Gas Pipelines	(km)	1535.57	1813.26	4020.76	4949.25	5118.86	5347.96

注：1. 2006年起，公路通车里程含农村公路。
　　2. 2006年起，船舶统计使用广东省交通厅数据。

Notes: a) Length of highways since 2006 includes data of rural highways.
　　b) Data of vessels since 2006 are provided by Guangdong Provincial Department of Transportatioı

14-9 各市民用汽车拥有量（2009年）

Possession of Civil Vehicles by City (2009)

单位：辆 (unit)

市别	City	民用汽车总计 Total	载客汽车 Passenger Vehicles	#轿车 Sedan Cars	按车型分 By Vehicle Type 大型 Large	中型 Medium	小型 Small	微型 Minibuses
总　计	**Total**	**6602356**	**5203768**	**3445242**	**123741**	**204929**	**4785732**	**89366**
广　州	Guangzhou	1340540	1131335	689009	27183	62626	1026334	15192
深　圳	Shenzhen	1419005	1174968	834319	28081	38803	1097438	10646
珠　海	Zhuhai	180226	145929	106145	4858	5215	135645	211
汕　头	Shantou	222170	174011	122351	2758	3896	163107	4250
佛　山	Foshan	761158	577659	399475	7147	19047	538709	12756
韶　关	Shaoguan	83415	60430	36523	1830	2781	54504	1315
河　源	Heyuan	60614	40782	25459	2501	1515	36129	637
梅　州	Meizhou	86612	62470	41233	1459	2863	54594	3554
惠　州	Huizhou	210875	162743	111435	5001	5391	150300	2051
汕　尾	Shanwei	28075	18807	10936	1465	1224	15702	416
东　莞	Dongguan	795554	653273	429552	14784	16285	616808	5396
中　山	Zhongshan	314671	229113	150098	4117	6489	209574	8933
江　门	Jiangmen	236673	172473	112637	3451	8783	155089	5150
阳　江	Yangjiang	66929	50428	36307	1570	1649	46412	797
湛　江	Zhanjiang	123611	82358	53781	4009	3547	73077	1725
茂　名	Maoming	139050	82257	54941	3062	3304	72140	3751
肇　庆	Zhaoqing	120964	81184	49869	2640	4731	71753	2060
清　远	Qingyuan	104242	66529	36790	2137	3474	59326	1592
潮　州	Chaozhou	94180	73846	48329	744	1460	66300	5342
揭　阳	Jieyang	113559	87628	60617	2037	2805	80297	2489
云　浮	Yunfu	53363	36529	22738	1274	1947	32238	1070
不分地区	Unclassified by Region	46870	39016	12698	1633	7094	30256	33
按经济区域分	By Region							
珠三角	Pearl River Delta	5426536	4367693	2895237	98895	174464	4031906	62428
东　翼	Eastern Region	457984	354292	242233	7004	9385	325406	12497
西　翼	Western Region	329590	215043	145029	8641	8500	191629	6273
山　区	Mountainous Region	388246	266740	162743	9201	12580	236791	8168

14-9 续表 continued

单位：辆 (unit)

市别	City	载货汽车 Freight Vehicles	按车型分 By Vehicle Type 重型 Heavy	中型 Medium	轻型 Light	微型 Mini Trucks	其他汽车 Others
总计	**Total**	**1332362**	**138009**	**165752**	**1000932**	**27669**	**66226**
广州	Guangzhou	193744	19805	28927	144205	807	15461
深圳	Shenzhen	234385	36131	24152	173726	376	9652
珠海	Zhuhai	32457	2746	2844	26860	7	1840
汕头	Shantou	46694	3664	4056	34066	4908	1465
佛山	Foshan	178895	12469	21144	142690	2592	4604
韶关	Shaoguan	21667	2891	2334	15936	506	1318
河源	Heyuan	17057	2323	2416	11617	701	2775
梅州	Meizhou	22663	2808	4577	14452	826	1479
惠州	Huizhou	45439	4577	6530	33725	607	2693
汕尾	Shanwei	7143	699	1279	4894	271	2125
东莞	Dongguan	137334	10159	17986	108253	936	4947
中山	Zhongshan	83319	4649	9112	67018	2540	2239
江门	Jiangmen	61983	4988	8602	47583	810	2217
阳江	Yangjiang	15895	1866	2126	11579	324	606
湛江	Zhanjiang	39737	7273	5994	25100	1370	1516
茂名	Maoming	53911	7283	6316	35217	5095	2882
肇庆	Zhaoqing	38770	3413	5405	29509	443	1010
清远	Qingyuan	36119	4865	5258	25736	260	1594
潮州	Chaozhou	17109	982	1426	12679	2022	3225
揭阳	Jieyang	25432	2681	2893	19038	820	499
云浮	Yunfu	15922	1471	2242	10777	1432	912
不分地区	Unclassified by Region	6687	266	133	6272	16	1167
按经济区域分	By Region						
珠三角	Pearl River Delta	1013013	99203	124835	779841	9134	45830
东翼	Eastern Region	96378	8026	9654	70677	8021	7314
西翼	Western Region	109543	16422	14436	71896	6789	5004
山区	Mountainous Region	113428	14358	16827	78518	3725	8078

14-10 各市私人汽车拥有量（2009年）

Possession of Private Vehicles by City (2009)

单位：辆 (unit)

市别	City	汽车总计 Total	载客汽车 Passenger Vehicles	#轿车 Sedan Cars	载货汽车 Freight Vehicles	其它汽车 Others
总计	**Total**	**5170249**	**4355117**	**3080741**	**796171**	**18961**
广州	Guangzhou	1032988	934071	600769	95025	3892
深圳	Shenzhen	1083561	994577	752624	87631	1353
珠海	Zhuhai	130763	115610	92038	14875	278
汕头	Shantou	181392	149338	109797	31821	233
佛山	Foshan	651117	517041	372073	132621	1455
韶关	Shaoguan	63223	47238	31849	15733	252
河源	Heyuan	46260	30582	21214	13695	1983
梅州	Meizhou	69297	50593	36897	18094	610
惠州	Huizhou	165650	135924	100638	29145	581
汕尾	Shanwei	18941	12401	8088	5569	971
东莞	Dongguan	628011	567769	395277	59663	579
中山	Zhongshan	259913	200804	137744	58580	529
江门	Jiangmen	184855	143702	100922	40528	625
阳江	Yangjiang	55306	42495	32973	12619	192
湛江	Zhanjiang	91744	60250	44586	31047	447
茂名	Maoming	110732	67910	49734	40992	1830
肇庆	Zhaoqing	96318	64466	43306	31465	387
清远	Qingyuan	81921	51820	31781	29530	571
潮州	Chaozhou	79816	65700	44544	12492	1624
揭阳	Jieyang	96503	74422	54295	21934	147
云浮	Yunfu	41936	28402	19591	13112	422
按经济区域分	By Region					
珠三角	Pearl River Delta	4233178	3673966	2595392	549533	9679
东翼	Eastern Region	376652	301861	216724	71816	2975
西翼	Western Region	257782	170655	127293	84658	2469
山区	Mountainous Region	302637	208635	141332	90164	3838

14-11 各市公路基本情况（2009年）

Basic Conditions of Highways by City (2009)

单位：公里 (km)

市别	City	通车里程 Length of Highways	#晴雨通车里程 Length of Highways Unaffected by Weather Conditions	按等级分 By Class: 等级路 Expressways and Class I to IV Highways	按等级分 By Class: 等外路 Highways below Class IV	按路面分 By Pavement: 有铺装路面 Paved Highways	按路面分 By Pavement: 简易铺装路面 Simply-paved Highways	按路面分 By Pavement: 未铺装路面 Unpaved Highways	桥梁 Bridges: 座 Number (unit)	桥梁 Bridges: 米 Span (meter)
总计	**Total**	**184960**	**183574**	**160180**	**24780**	**112876**	**6216**	**65868**	**40012**	**2033112**
广州	Guangzhou	8916	8916	7562	1354	7166	100	1650	2467	294019
深圳	Shenzhen	1616	1616	1616		1616			804	79272
珠海	Zhuhai	1368	1368	1336	32	1103	33	232	368	48959
汕头	Shantou	3748	3748	3732	16	2472	14	1262	990	47305
佛山	Foshan	5124	5124	5092	32	4968	37	119	2152	250007
韶关	Shaoguan	13067	13067	10794	2273	8219	402	4446	1984	78507
河源	Heyuan	14650	14650	13689	961	9385	137	5128	3000	95270
梅州	Meizhou	15272	15271	12704	2568	10028		5244	3249	116657
惠州	Huizhou	10611	10610	9785	826	5799	189	4623	2414	91968
汕尾	Shanwei	4809	4645	4490	319	3111	109	1589	1169	37449
东莞	Dongguan	4713	4713	4598	115	4642	8	63	1065	138867
中山	Zhongshan	1704	1704	1629	75	1597	5	102	1000	83683
江门	Jiangmen	9890	9890	7918	1972	6180	77	3633	2488	112669
阳江	Yangjiang	7094	5877	5877	1217	3440	666	2988	2036	66318
湛江	Zhanjiang	21321	21321	11933	9388	5959	2366	12996	2080	68388
茂名	Maoming	15300	15298	14186	1114	7400	892	7008	3649	105998
肇庆	Zhaoqing	10319	10319	10076	243	7413	452	2454	1949	66144
清远	Qingyuan	17719	17719	17526	193	10174	436	7109	3080	117832
潮州	Chaozhou	4528	4528	4242	286	3200	12	1316	952	30659
揭阳	Jieyang	6265	6265	5731	534	4401	6	1858	1763	67071
云浮	Yunfu	6926	6926	5664	1262	4603	275	2048	1353	36071
按经济区域分	By Region									
珠三角	Pearl River Delta	54261	54259	49612	4649	40484	901	12876	14707	1165587
东翼	Eastern Region	19350	19186	18195	1155	13184	141	6025	4874	182484
西翼	Western Region	43715	42496	31996	11719	16799	3924	22992	7765	240704
山区	Mountainous Region	67634	67633	60377	7257	42409	1250	23975	12666	444337

14-12 公路通车里程和桥梁数

Length of Highways and Number of Bridges

项 目	Item	2000	2005	2006	2007	2008	2009
通车里程 （公里）	**Length of Highways (km)**	**102606**	**115337**	**178387**	**182005**	**183155**	**184960**
#晴雨通车里程	Length of Highways Unaffected by Weather Conditions	100863	114653	176691	180078	181340	183574
按等级分	By Class						
等级路	Expressways and Class Ⅰ to Ⅳ Highways	93695	106476	147702	151693	154878	160180
高速公路	Expressways	1186	3140	3340	3518	3823	4035
一 级	First Class	5391	7301	8935	8987	9052	10040
二 级	Second Class	13397	17146	17525	18252	18272	18793
三 级	Third Class	9156	12461	15106	15579	15772	15860
四 级	Fourth Class	64565	66428	102796	105357	107959	111452
等外公路	Highways below Class Ⅳ	8911	8861	30685	30312	28277	24780
按路面分	By Pavement						
有铺装路面	Paved Highways			81959	90778	99498	112876
简易铺装路面	Simply-paved Highways			9792	7718	6932	6216
未铺装路面	Unpaved Highways			86636	83509	76724	65868
桥 梁 （座）	**Number of Bridges (unit)**	**19668**	**23948**	**36051**	**37146**	**38926**	**40012**
（米）	Span of Bridges (m)	819770	1260600	1563949	1689887	1911435	2033112
#永久式 （座）	Number of Permanent Bridges (unit)	19656	23944	35784	37003	38764	39926
（米）	Span of Permanent Bridges (m)	819502	1260514	1557906	1685855	1906715	2029826
半永久式 （座）	Number of Semi-permanent Bridges (unit)	12	4	124	43	64	35
（米）	Span of Semi-permanent Bridges (m)	268	86	2680	1081	1685	1754
渡 口 （个）	**Number of Ferries (unit)**	**33**	**25**	**108**	**113**	**102**	**71**

14-13 输油(气)管道长度和运输量

Length and Traffic of Petroleum and Gas Pipelines

项目	Item	2000	2005	2006	2007	2008	2009
总计	**Total**						
条数 (条)	Number of Pipelines (line)	45	63	67	72	79	81
输送里程 (公里)	Length of Pipelines (km)	1535.57	1813.26	4020.76	4949.25	5118.86	5347.96
输油(气)量 (万吨)	Pipeline Traffic (10000 tons)	2952	3989	4698	5578	6263	6322
输油(气)周转量(万吨公里)	Ton-kilometers (10000 ton-km)	417432	455853	1033885	1818691	2133772	1580795
原油管道	**Crude Oil Pipelines**						
条数 (条)	Number of Pipelines (line)	7	5	5	5	5	5
输送里程 (公里)	Length of Pipelines (km)	352.67	377.67	380.17	486.79	648.67	475.97
输油量 (万吨)	Pipeline Traffic (10000 tons)	1912	2434	2644	2911	3241	3008
输油周转量 (万吨公里)	Ton-kilometers (10000 ton-km)	189623	219479	235893	291899	410360	323812
成品油管道	**Refined Oil Pipelines**						
条数 (条)	Number of Pipelines (line)	27	42	46	50	54	55
输送里程 (公里)	Length of Pipelines (km)	211.00	295.22	2500.22	3304.49	3285.62	3604.23
输油量 (万吨)	Pipeline Traffic (10000 tons)	663	931	1494	2128	2413	2545
输油周转量 (万吨公里)	Ton-kilometers (10000 ton-km)	13250	14277	598079	1348130	1590834	1045845
其他管道	**Other Pipelines**						
条数 (条)	Number of Pipelines (line)	11	16	16	17	20	21
输送里程 (公里)	Length of Pipelines (km)	971.90	1140.37	1140.37	1157.97	1184.57	1267.76
输气量 (万吨)	Pipeline Traffic (10000 tons)	377	624	560	539	610	769
输气周转量 (万吨公里)	Ton-kilometers(10000 ton-km)	214559	222097	199913	178662	132578	211138

14-14 民航航站吞吐量

Throughput of Civil Aviation Airports

年份 Year	合计 Total			进港 In-port			出港 Out-port		
	架次 (万次) Sorties (10000 sorties)	旅客 (万人) Passenger Traffic (10000 persons)	货物 (万吨) Freight Traffic (10000 tons)	架次 (万次) Sorties (10000 sorties)	旅客 (万人) Passenger Traffic (10000 persons)	货物 (万吨) Freight Traffic (10000 tons)	架次 (万次) Sorties (10000 sorties)	旅客 (万人) Passenger Traffic (10000 persons)	货物 (万吨) Freight Traffic (10000 tons)
1980	1.6	161	2.9	0.8	81	1.4	0.8	80	1.5
1985	4.0	318	6.2	2.0	160	3.0	2.0	158	3.2
1990	6.2	687	13.5	3.1	343	5.9	3.1	344	7.6
1995	17.7	1963	39.5	8.8	963	14.1	8.9	1000	25.4
1996	18.2	2025	45.6	9.1	993	15.9	9.1	1032	29.7
1997	19.0	1981	49.0	9.5	974	16.7	9.5	1007	32.3
1998	20.8	2010	55.8	10.4	986	20.8	10.4	1024	35.0
1999	22.2	1929	63.7	11.1	942	25.6	11.1	987	38.1
2000	23.6	2143	73.0	11.8	1044	30.9	11.8	1099	42.1
2001	25.1	2344	81.0	12.5	1136	33.9	12.6	1208	47.1
2002	28.0	2731	95.7	14.0	1340	40.4	14.0	1391	55.3
2003	28.1	2751	82.4	14.1	1351	34.9	14.0	1400	47.5
2004	34.7	3661	115.8	17.3	1801	50.8	17.4	1860	65.0
2005	38.4	4100	133.0	19.2	2023	58.6	19.2	2077	74.4
2006	42.4	4599	151.1	21.2	2262	64.4	21.2	2337	86.7
2007	46.6	5407	133.2	23.3	2614	53.0	23.3	2793	80.2
2008	49.3	5738	130.5	24.6	2756	52.7	24.6	2982	77.8
2009	54.2	6462	158.5	27.1	3150	65.3	27.1	3312	93.2

注：从2007年起，货物吞吐量不含行李。

Note: Since 2007, freight traffic handled excludes luggage traffic.

14-15 各市港口货物吞吐量

Freight Throughput of Ports by City

单位：万吨 (10000 tons)

项 目	Item	2000	2005	2006	2007	2008	2009
总 计	**Total**	**31649**	**70926**	**82698**	**93567**	**98795**	**102761**
按港口分	Grouped by Port						
沿海港口	Coastal Ports	25495	59273	70717	80282	85855	89122
内河港口	Ports of Inland Rivers	6154	11653	11981	13285	12940	13639
按市别分	Grouped by City						
广 州	Guangzhou	12455	27283	32816	37053	36954	37549
深 圳	Shenzhen	5697	15351	17598	19994	21125	19365
珠 海	Zhuhai	1770	3557	3561	3713	4086	4407
汕 头	Shantou	1284	1736	2014	2301	2806	3102
佛 山	Foshan	2033	3951	4417	4985	5155	5099
韶 关	Shaoguan	131	118	65	62	68	33
河 源	Heyuan	45	49	33	41	3	
梅 州	Meizhou	145	306	243	243	187	142
惠 州	Huizhou	825	1515	2082	2324	2583	3811
汕 尾	Shanwei	25	107	110	110	387	460
东 莞	Dongguan	746	2280	1951	2017	3208	3530
中 山	Zhongshan	635	2072	2326	2752	2756	3401
江 门	Jiangmen	879	2438	3318	4033	4025	4170
阳 江	Yangjiang	68	222	241	240	243	331
湛 江	Zhanjiang	2688	6620	8173	9165	10404	11838
茂 名	Maoming	1104	1360	1510	1676	1822	2122
肇 庆	Zhaoqing	189	520	593	766	915	1124
清 远	Qingyuan	193	461	576	597	444	499
潮 州	Chaozhou	60	80	205	294	354	348
揭 阳	Jieyang	266	248	301	419	606	744
云 浮	Yunfu	411	654	564	782	663	686
按经济区域分	By Region						
珠三角	Pearl River Delta	25229	58966	68662	77636	80808	82457
东 翼	Eastern Region	1635	2171	2630	3124	4154	4654
西 翼	Western Region	3860	8202	9924	11082	12469	14291
山 区	Mountainous Region	925	1588	1481	1725	1365	1359

14-16 沿海主要港口吞吐量
Throughput of Major Coastal Ports

项 目	Item	2000	2005	2008	2009
货物吞吐量合计 (万吨)	**Total Volume of Freight Handled (10000 tons)**	**18674**	**48743**	**69036**	**70700**
广州港	Guangzhou Port	11128	25036	34700	36395
湛江港	All Ports of Zhanjiang	2038	6620	10404	11838
汕头港	Shantou Port	1284	1736	2807	3102
深圳全港	All Ports of Shenzhen	4224	15351	21125	19365
#蛇口港	Shekou Port	1016	2242	1366	1578
赤湾港	Chiwan Port	1077	4226	6162	5181
妈湾港	Mawan Port	443	1208	1169	1268
盐田港	Yantian Port	1143	3953	5242	4690
SCT码头	SCT Port	545	1556	3129	2878
集装箱吞吐量合计(TEU)	**Total Volume of Containers Handled (TEU)**	**5577402**	**21425420**	**33421071**	**30502157**
广州港	Guangzhou Port	1429807	4682603	11001376	11199884
湛江港	All Ports of Zhanjiang	74842	177786	284051	231612
汕头港	Shantou Port	114369	368312	719265	820606
深圳全港	All Ports of Shenzhen	3958384	16196719	21416379	18250055
#蛇口港	Shekou Port	325232	1367998		
赤湾港	Chiwan Port	643838	4170104	5912607	4766157
妈湾港	Mawan Port	121514	386240		
盐田港	Yantian Port	2147476	7355459	9683493	8579011
SCT码头	SCT Port	720324	2447603	3810783	3335614
旅客吞吐量合计 (万人)	**Total Volume of Passengers Handled(10000 persons)**	**253.40**	**1060.56**	**1220.28**	**1188.63**
广州港	Guangzhou Port	15.00	94.98	90.44	78.08
湛江港	All Ports of Zhanjiang	29.60	596.68	771.02	822.19
汕头港	Shantou Port	5.50	0.24		0.07
深圳全港	All Ports of Shenzhen	203.40	368.66	358.82	288.29
#蛇口港	Shekou Port	203.40			
赤湾港	Chiwan Port				
妈湾港	Mawan Port				
盐田港	Yantian Port				
SCT码头	SCT Port				

注：从2007年起，集装箱吞吐量中，SCT码头含蛇口港和妈湾港。
Note:Since 2007, the total volume of containers handled at SCT include those at Shekou Port at Yantian Port.

14-17 港口码头泊位数
Number of Berths in Ports

项目	Item	2000	2005	2006	2007	2008	2009
总 计	**Total**						
码头泊位个数 (个)	Number of Berths (unit)	3191	2926	2945	2881	2995	3056
#万吨级泊位	Berths at 10000 Ton Class	126	191	208	226	222	237
码头长度 (米)	Length of Quay Line (m)	180238	190788	196357	201426	237164	246531
沿海港口	**Coastal Ports**						
码头泊位个数 (个)	Number of Berths (unit)	1373	1334	1414	1389	1810	1852
生产用	For Production Purposes	1177	1108	1194	1196	1698	1733
非生产用	For Non-production Purposes	196	226	220	193	112	119
万吨级泊位个数(个)	Number of Berths at 10000 Ton Class(unit)	126	182	204	222	222	237
生产用	For Production Purposes	126	182	198	214	222	237
非生产用	For Non-production Purposes			6	8		
码头长度 (米)	Length of Quay Line (m)	105193	120307	127737	133969	162917	170263
生产用	For Production Purposes	91423	105024	113294	118910	155415	162172
非生产用	For Non-production Purposes	13770	15283	14443	15059	7502	8091
内河港口	**Ports of Inland Rivers**						
码头泊位个数 (个)	Number of Berths (unit)	1818	1592	1531	1492	1185	1204
生产用	For Production Purposes	1803	1495	1481	1473	1144	1158
非生产用	For Non-production Purposes	15	97	50	19	41	46
码头长度 (米)	Length of Quay Line (m)	75045	70481	68620	67457	74247	76268
生产用	For Production Purposes	74632	67570	66443	66030	73208	74759
非生产用	For Non-production Purposes	413	2911	2177	1427	1039	1509

14-18 各市邮电业务情况（2009年）

Conditions of Postal and Telecommunication Services by City (2009)

市别	City	业务总量(亿元) Business Volume of Postal and Telecommunication Services (100 million yuan)	#通信 Business Volume of Telecommunications	函件(万件) Number of Letters (10000 pcs)	报刊累计数(万份) Newspaper and Magazine Issue (10000 copies)	快递(万件) Pieces of Express Mail Services (10000 pcs)	移动电话用户(万户) Subscribers of Mobile Telephones (10000 subscribers)	城市电话用户(万户) Telephone Subscribers in Urban Areas (10000 subscribers)	乡村电话用户(万户) Telephone Subscribers in Rural Areas (10000 subscribers)
总计	**Total**	**3938.15**	**3837.00**	**80111.20**	**92663.47**	**6934.45**	**8938.85**	**2554.40**	**812.23**
广州	Guangzhou	723.45	699.27	26896.40	16984.04	2100.71	1629.10	579.28	43.92
深圳	Shenzhen	786.76	768.01	15251.10	13036.52	1823.87	1879.58	499.51	17.93
珠海	Zhuhai	99.55	96.24	4845.00	2542.72	323.00	213.70	81.78	7.74
汕头	Shantou	154.92	152.21	1514.50	3241.03	111.84	376.26	144.31	2.14
佛山	Foshan	297.19	290.51	7902.80	13550.53	649.96	641.94	267.37	14.61
韶关	Shaoguan	67.51	64.94	907.80	2100.42	66.61	140.85	42.87	25.04
河源	Heyuan	46.60	45.16	243.20	3178.85	44.64	96.70	29.52	31.70
梅州	Meizhou	80.14	77.29	648.20	3045.50	62.68	163.57	39.51	43.83
惠州	Huizhou	151.95	149.32	1657.00	3827.04	170.76	336.65	98.41	50.89
汕尾	Shanwei	47.42	46.49	200.30	996.03	26.44	98.96	27.29	25.53
东莞	Dongguan	540.61	531.95	4276.00	4961.97	557.22	1313.23	205.75	167.57
中山	Zhongshan	176.89	173.45	2695.60	3608.53	262.01	393.95	82.97	52.46
江门	Jiangmen	119.51	115.57	4693.30	5181.16	220.28	261.65	90.37	51.83
阳江	Yangjiang	53.48	51.62	659.80	1608.66	47.23	115.95	36.90	22.52
湛江	Zhanjiang	134.37	130.15	1459.70	3153.61	110.59	280.11	63.72	35.51
茂名	Maoming	93.07	89.69	3274.00	2770.29	90.64	193.84	56.15	45.85
肇庆	Zhaoqing	87.56	85.27	697.80	2350.78	71.07	197.81	54.62	33.25
清远	Qingyuan	85.07	83.34	743.10	1653.03	71.86	178.79	37.85	24.24
潮州	Chaozhou	61.26	59.61	573.70	1718.72	36.58	138.53	42.36	33.42
揭阳	Jieyang	89.53	87.28	493.70	1963.42	44.01	207.10	53.36	54.14
云浮	Yunfu	41.31	39.63	478.20	1190.62	42.45	80.58	20.50	28.11
按经济区域分	By Region								
珠三角	Pearl River Delta	2983.47	2909.59	68914.80	66043.30	6178.88	6867.61	1960.06	440.19
东翼	Eastern Region	353.13	345.59	2782.30	7919.19	218.87	820.85	267.32	115.22
西翼	Western Region	280.92	271.46	5393.60	7532.56	248.46	589.90	156.77	103.89
山区	Mountainous Region	320.63	310.36	3020.50	11168.42	288.24	660.49	170.25	152.93

注:邮电业务总量按2000年不变价格计算。
Note: The business volume of postal and telecommunication services is calculated at 2000 constant prices.

14-19 各市邮电业务总量

Business Volume of Postal and Telecommunication Services by City

单位：亿元 (100 million yuan)

市 别	City	2000	2005	2006	2007	2008	2009
总 计	**Total**	**757.22**	**2121.94**	**2540.54**	**3070.55**	**3564.85**	**3938.15**
广 州	Guangzhou	168.26	473.73	528.12	585.78	674.92	723.45
深 圳	Shenzhen	154.20	459.17	552.41	590.21	721.93	786.76
珠 海	Zhuhai	22.31	59.10	73.23	85.51	97.51	99.55
汕 头	Shantou	36.61	74.00	89.63	126.16	138.76	154.92
佛 山	Foshan	66.29	169.48	215.40	249.63	269.95	297.19
韶 关	Shaoguan	11.11	26.39	31.92	46.57	56.88	67.51
河 源	Heyuan	6.26	18.18	22.88	35.20	41.77	46.60
梅 州	Meizhou	12.87	27.10	31.07	55.08	67.02	80.14
惠 州	Huizhou	27.19	81.01	96.14	129.17	132.99	151.95
汕 尾	Shanwei	11.10	20.78	23.66	32.83	40.94	47.42
东 莞	Dongguan	74.05	304.76	368.25	400.93	525.79	540.61
中 山	Zhongshan	30.10	89.37	111.00	134.12	154.83	176.89
江 门	Jiangmen	32.02	65.96	79.85	107.67	103.52	119.51
阳 江	Yangjiang	8.60	21.39	26.81	39.67	43.71	53.48
湛 江	Zhanjiang	19.38	47.71	61.88	109.79	108.77	134.37
茂 名	Maoming	13.21	35.28	42.62	71.84	78.08	93.07
肇 庆	Zhaoqing	13.22	36.36	43.78	65.18	73.35	87.57
清 远	Qingyuan	9.96	28.97	38.00	58.57	69.99	85.06
潮 州	Chaozhou	12.78	29.17	34.09	48.01	53.46	61.26
揭 阳	Jieyang	20.81	37.67	49.76	66.33	75.87	89.53
云 浮	Yunfu	6.89	16.37	20.03	32.27	34.84	41.31
按经济区域分	By Region						
珠 三 角	Pearl River Delta	587.64	1738.94	2068.19	2348.22	2754.77	2983.47
东 翼	Eastern Region	81.31	161.62	197.15	273.34	309.02	353.13
西 翼	Western Region	41.19	104.38	131.31	221.30	230.56	280.92
山 区	Mountainous Region	47.09	117.01	143.89	227.69	270.50	320.63

注：2000年的邮电业务总量按1990年不变价格计算，其余年份按2000年不变价格计算。

Note: Business volume of postal and telecommunication services of 2000 is calculated at 1990 constant prices and business volumes of other years are calculated at 2000 constant prices.

14-20 邮电通信业基本情况
Basic Conditions of Postal and Telecommunication Services

项 目	Item	2000	2005	2008	2009
邮运汽车 (辆)	Number of Postal Vehicles (unit)	1154	1170	1188	1200
邮路长度 (公里)	Length of Postal Routes (km)	180724	369332	450015	464184
农村投递路线 (公里)	Length of Rural Delivery Routes (km)	185223	206151	216619	222968
长途光缆线路长度 (公里)	Length of Long-distance Optical Cable Routes (km)		40846	44357	44560
数字微波线路长度 (公里)	Length of Digital Micro-wave Routes (km)		18768	12216	2122
长途电话交换机容量 (万路端)	Capacity of Long-distance Telephone Exchanges (10000 lines)	70.34	206.02	275.12	301.20
本地交换设备容量 (万门)	Capacity of Local Telephone Exchanges (10000 lines)	1939.45	4616.57	5395.27	5490.03
移动电话交换机容量(万户)	Capacity of Mobile Telephone Exchanges (10000 subscribers)	1825.40	7925.00	12833.96	16623.90
本地电话用户 (万户)	Number of Subscribers of Local Telephones (10000 subscribers)	1414.94	3442.53	3573.32	3366.63
#城市电话	Urban Subscribers	916.03	2700.89	2764.46	2554.40
移动电话用户 (万户)	Number of Mobile Telephones Subscribers (10000 subscribers)	1357.26	6406.61	8395.24	8938.85
数字数据用户 (户)	Number of Digital Data Subscribers (subscribers)		27777	24496	22332
国际互联网用户 (万户)	Number of Internet Subscribers (10000 subscribers)	216.41	1006.36	1031.92	1123.43
互联网用户使用时长 (万分钟)	Duration of Internet Use by Subscribers (10000 minutes)	900585	31905151	120351484	157229564
函件 (万件)	Number of Letters (10000 pcs)	106603	91267	84199	80111
快递 (万件)	Pieces of Express Mail Services (10000 pcs)	1327.80	3328.30	5919.74	6934.45
报刊累计数 (万份)	Newspaper and Magazine Circulation (10000 copies)	107755	113009	101792	92663
全省平均每人每年发函件数 (件)	Annual Number of Per Capita Letter Mailed (pcs)	13.80	11.30	10.40	10.18
全省平均每百人每年订报刊数 (份)	Annual Average Number of Newspapers and Magazines Subscribed per 100 Persons (copies)	15.10	12.07	10.50	9.15
本地电话普及率 (线/百人)	Popularization Rate of Local Telephones (lines/100 persons)	18.40	37.44	37.44	34.93
移动电话普及率 (部/百人)	Popularization Rate of Mobile Telephones(sets/100 persons)	17.61	69.68	87.96	92.75

主要统计指标解释

铁路营业里程 又称营业长度(包括正式营业和临时营业里程)，指办理客货运输业务的铁路正线总长度。凡是全线或部分建成双线及以上的线路，以第一线的实际长度计算；复线、站线、段管线、岔线和特殊用途线以及不计算运费的联络线都不计算营业里程。该指标可以反映铁路运输业基础设施的发展水平，也是计算客货周转量、运输密度和机车车辆运用效率等指标的基础资料。

公路通车里程 指在一定时期内实际达到《公路工程[WTBZ]技术标准 JTJ01-88》规定的等级公路，并经公路主管部门正式验收交付使用的公路里程数。包括大中城市的郊区公路以及通过小城镇街道部分的公路里程和桥梁、渡口的长度，不包括大中城市的街道、厂矿、林区生产用道和农业生产用道的里程。两条或多条公路共同经由同一路段，只计算一次，不得重复计算里程长度。该指标可以反映公路建设的发展规模，也是计算运输网密度等指标的基础资料。

内河航道里程 也称内河通航里程，指在一定时期内，能通航运输船舶及排筏的天然河流、湖泊水库、运河及通航渠道的长度。包括全年季节性通航累计三个月以上的航道，不包括仅供零散流放竹、木排的河道。该指标可以反映内河水运网的规模、水平和发展情况。

民用航空航线里程 指民航运输定期班机飞行的航线长度的总和。航线长度按机场之间的距离计算，通常有两种计算方法：一是将每条航线长度相加称为重复计算航线里程；一是将两线或两条以上航线经过同一区段里程，只计算一次航线长度称为不重复计算航线里程。一般常用的是后者，该指标可以确切反映民航运输网的规模，是表明民航事业为国民经济服务和方便人民生活程度的主要指标。

输油(气)管道里程 指油品(或天然气)的实际输送距离，一般按输油(气)管道的单线长度计算。若包括复线和备用线长度则称为输油(气)管道延展长度，是指管道铺设的实际长度。我们通常使用的是不包括复线的“输油(气)管道里程”，该指标可以反映管道运输的发展规模和水平。

货(客)运量 指在一定时期内，各种运输工具实际运送的货物(旅客)数量。该指标是反映运输业为国民经济和人民生活服务的数量指标，也是制定和检查运输生产计划、研究运输发展规模和速度的重要指标。货运按吨计算，客运按人计算。货物不论运输距离长短、货物类别，均按实际重量统计。旅客不论行程远近或票价多少，均按一人一次客运量统计；半价票、小孩票也按一人统计。

货物(旅客)周转量 指在一定时期内，由各种运输工具运送的货物(旅客)数量与其相应运输距离的乘积之总和。该指标可以反映运输业生产的总成果，也是编制和检查运输生产计划，计算运输效率、劳动生产率以及核算运输单位成本的主要基础资料。计算货物(旅客)周转量通常按发出站与到达站之间的最短距离，也就是计费距离计算。计算公式为：

货物（旅客）周转量=Σ（货物（旅客）运输量×运输距离）

港口货物吞吐量 指经水运进出港区范围，并经过装卸的货物数量，包括邮件及办理托运手续的行李、包裹以及补给运输船舶的燃料、物料和淡水。货物吞吐量按货物流向分为进口、出口吞吐量，按货物交流性质分为外贸货物吞吐量和国内贸易货物吞吐量。货物吞吐量的货类构成及其流向，是衡量港口生产能力大小的重要指标。

民用汽车 指报告期末，在公安交通管理部门按照《机动车注册登记工作规范》，已注册登记领有民用车辆牌照的全部汽车数量。汽车统计的主要分类：根据汽车结构分为载客汽车、载货汽车及其他汽车；根据汽车所有者不同分为个人(私人)汽车、单位汽车；根据汽车的使用性质分为营运汽车、非营运汽车；根据汽车大小规格不同载客汽车分为大型、中型、小型和微型，载货汽车分为重型、中型、轻型和微型。

邮电业务总量 指以价值量形式表现的邮电通信企业为社会提供各类邮电通信服务的总数量。邮电业务量按专业分类包括函件、包件、汇票、报刊发行、邮政快件、特快专递、邮政储蓄、集邮、公众电报、用户电报、传真、长途电话、出租电路、无线寻呼、移动电话、分组交换数据通信、出租代维等。计算方法为各类产品乘以相应的平均单价(不变价)之和，再加上出租电路和设备、代用户维护电话交换机和线路等的服务收入。该指标综合反映了一定时期邮电业务发展的总成果，是研究邮电业务量构成和发展趋势的重要指标。计算公式为：

邮电业务总量=Σ（各类邮电业务量×不变单价）+出租代维及其他业务收入

=邮政业务总量+通信业务总量

移动电话用户 指通过移动电话交换机进入移动电话网、占用移动电话号码的各类电话用户。包括签约用户和智能网预付费用户。一个移动电话号码统计为一户。

本地电话用户 指接入本地电信运营商固定电话网上的电话用户。包括：住宅用户、单位用户、公用电话用户等。按电话用户位置又分为城市电话用户和乡村电话用户。按通信手段又分为固定电话用户和无线市话用户。1997年以前，“城市（内）电话用户”是指接入县城及县以上城市的电话网上的电话用户；“乡（农）村电话用户”是指接入县邮电局农话台及县以下农村电话交换点，以县城为中心(除市话用户外)联通县、乡(镇)、行政村、村民小组的用户。从1997年起，电话用户数分组调整为以用户所在区域划分为“城市电话用户”和“乡村电话用户”，与过去的按市内电话和农村电话划分方法不同。

城市电话用户 指直辖市、省辖市、地级市、县级市的市区、市郊区及县城(包括县人民政府所在地的县城关区或行政建制相当于县人民政府所在地的镇)范围内接入局用交换机的电话用户数，包括分布在农村地区的独立工矿区、林区、驻军等电话用户数。

乡村电话用户 指按行政区划属于城市范围以外的乡(镇)、村的电话用户数。

无线市话用户 指利用无线市话终端，采取PHS、SCDMA、CDMA450等各种无线市话方式通过基站和接入网设备接入公众电话网的电话用户数。

国际互联网总用户 包括互联网窄带拨号用户和互联网宽带接入用户。互联网窄带拨号用户又分为互联网注册拨号用户、互联网主叫电话记费用户、互联网上网卡用户等几种。互联网注册拨号用户指由基础电信运营商用户提供的，使用固定帐号上网的一种方式，由用户到运营商的营业厅或业务代理商处申请办理，获得拨号上网帐号及密码，用户根据该帐号及密码拨叫上网特服号，通过认证获得动态IP地址接入宽带互联网。互联网主叫电话记费用户指用户不需要到运营商的营业厅或业务代理商处申请办理，只需要拨打某一运营商已经开通的主叫特服号码即可上网，上网费用随主叫电话收取。互联网上网卡用户指使用上网卡上的帐号和密码认证，通过PSTN、N-ISDN等方式接入宽带互联网的用户。互联网宽带接入用户指采用分组交换网、DDN网、帧中继/ATM网以及模拟专线、数字专线等方式，不经过基础电信运营商的宽带IP城域网，直接接入宽带互联网节点的用户，不含XDSL、专线和LAN专线用户。

长途电话交换机容量 指用于接入长途电话网的电话交换机设备的额定容量，包括国际电话交换机容量。

本地交换设备容量 指安装在电信运营企业内用于接续本地固定电话的电话交换机容量，包括现用和备用的人工或自动交换机的全部容量。包括局用交换机容量、接入网设备容量（含无线市话）和用户交换机容量。

移动电话交换机容量 指移动电话交换机根据一定话务模型和交换机处理能力计算出来的最大同时服务用户的数量。

Explanatory Notes on Main Statistical Indicators

Length of Railways in Operation refers to the total length of the trunk line under passenger and freight transportation (including both regular operations and temporary operations). In the case of wholly or partially double- or multi-track railways, calculation is based on the actual length of the first track, regardless of other tracks, station sidings, tracks under the charge of stations, branch lines, special-purpose lines and non-payable connecting lines. The length of railways in operation is an important indicator of the development of infrastructure for railway transport, as well as the foundation for the calculation of passenger-kilometers and freight ton-kilometers, traffic density and utilization efficiency of locomotives and carriages.

Length of Highways refers to the length of highways built in conformity with the grades specified by the Technical Standards JTJ01-88 for Highway Engineering, formally checked and accepted by highway authorities and put into use. The length of highways includes that of suburban highways at large and medium-sized cities and highways passing through streets at small cities and towns, as well as the span of bridges and ferries. However, it does not include the length of streets in large and medium-sized cities and highways built for production purposes at factories, mines, forest areas and agricultural areas. If two or more highways share the same segment, the length of the shared segment is only calculated for once and no duplication is allowed. The length of highways is an important indicator of the scale of development of highway construction, as well as the foundation for the calculation of transport network density and other indicators.

Length of Navigable Inland Waterways refers to the length of natural rivers, lakes, reservoirs, canals, and ditches open to navigation during a given period, which enables the transport by ships and rafts. This includes channels open to seasonal navigation for an accumulative period of over 3 months in a year, but excludes river courses used exclusively for wood or bamboo rafts on an irregular basis. This indicator reflects the scale, level and development situation of the inland waterway network.

Length of Civil Aviation Routes refers to the length of all routes for regular civil aviation flights. Calculation of route lengths is based on the distance between airports, usually in either of the following ways: duplicated calculation of route lengths, which directly sums up the length of every single air route; or singular calculation of route lengths, which calculates the same segments of aviation routes shared by two or more routes only once. In general practice, the latter is used, as it can precisely reflect the size of the civil aviation network and indicate the extent to which civil aviation serves the national economy and the needs of the people.

Length of Petroleum and Gas Pipelines refers to the actual transport distance of oil or gas products, generally calculated as the length of single pipelines. Inclusion of double pipelines and alternate pipeline in the calculation is termed the extension length of petroleum and gas pipelines, which indicates the actual length of the pipelines built. In general practice, the "Length of Petroleum and Gas Pipelines" exclusive of double pipelines is used, which reflects the scale and degree of development in pipeline transport.

Freight (Passenger) Traffic refers to the volume of freight (passengers) transported with various means. This indicator provides a quantitative measure of how the transport industry serves the national economy and the needs of the people, as well as an important reference for drafting and checking production plans in the transport industry and for studying the scale and speed of development in the transport industry. Freight transport is calculated in tons and passenger traffic is calculated in the number of persons. Freight transport is calculated in the actual weight of goods regardless of traveling distances and types of freight; while passenger traffic is calculated as the number of individuals traveling once, regardless of traveling distances, ticket prices, whether the passengers are traveling with half-price tickets or child tickets.

Freight Ton-kilometers (Passenger-kilometers) refer to the sum of the products of the volume of transported cargo (passengers) multiplied by the transport distance. These are important indicators of the total achievements of the transport industry, as well as the major foundation for drafting and checking production plans in the transport industry and for calculating the efficiency, labor productivity and the cost of transport enterprises. Normally, the shortest distance between the departure station and the destination station (i.e. the payable distance) is the basis to calculate the freight ton-kilometers and passenger-kilometers on. These indicators are calculated as follows:

Freight Ton-kilometers (Passenger-kilometers) = Σ (Freight (Passenger) Traffic × Transport Distance)

Volume of Freight Handled in Ports refers to the volume of cargo passing in and out of the harbor area that undergoes the loading and unloading processes, including mails, checked baggage and bales, as well as fuel, material and fresh water supplies to ships. The volume of freight handled may be classified by direction of flow as import volume and export volume, or by nature of cargo as volume of freight for domestic trade and volume of freight for foreign trade. The classification of volume of freight handled and its direction of flow are important indicators of the production capacity of ports.

Possession of Civil Motor Vehicles refers to the total number of vehicles that are registered at transport management offices under the public security authorities and provided with civil vehicle licenses and tags according to the Work Standard for Motor Vehicles Registration at the end of the reference period. Major categories of vehicle are: passenger vehicles, freight vehicles and other vehicles in terms of structure; private vehicles and organization-owned vehicles in terms of ownership; commercial vehicles and non-commercial vehicles in terms of use; large, medium, small and mini passenger vehicles, and heavy, medium, light and mini trucks in terms of size.

Business Volume of Postal and Telecommunication Services refers to the total amount of postal and telecommunication services, expressed in value terms, provided by postal and telecommunication enterprises for the society. Postal and telecommunication services can be classified as letters, parcels, remittance, delivery of newspapers and magazines, fast mail service, express mail service, savings deposits, stamps for collection, public and individual telegraph service, facsimiles, long-distance telephone service, leasing of telephone lines, urban paging service, mobile telephone service, data communication through packet networks, network elements lease and maintenance, etc. To calculate the volume, the business volume of each product is multiplied by its average unit price (at constant prices), summed, and added to income from other services such as leasing of telephone lines and equipment, maintenance of telephone switchboards and lines on behalf of customers. This indicator reflects the overall achievements of postal and telecommunication services during a given period, and is an important reference for studying the composition of business volume and the development trend of postal and telecommunication services. This volume is calculated as follows:

Business Volume of Postal and Telecommunication Services = Σ(Business Volume of Each Product × Constant Unit Price) + Income from Leasing, Maintenance, and Other Services = Business Volume of Postal Services + Business Volume of Telecommunication Services

Mobile Telephone Subscribers refer to persons who own mobile telephone numbers and are connected with the mobile telephone communication network through mobile telephone switchboards, including contracted subscribers and pre-paid subscribers for intelligent network. One mobile telephone number is calculated as one subscriber.

Local Telephone Subscribers refer to subscribers that are connected to the local telecommunication service provider through fix line network, including household subscribers, institutional subscribers and public telephones. They are also classified as urban subscribers and rural subscribers according to locations, or fixed-line subscribers and wireless subscribers according to the means of telecommunication. Before 1997, urban subscribers referred to those connected to urban telephone networks in county towns and cities, while rural subscribers referred to those connected to rural telephone stations at or below the county level, clustered around the county town (excluding urban subscribers), and further connected to the county, towns and townships, administrative villages and villagers' groups. Since 1997, the classification of telephone subscribers into urban telephone subscribers and rural telephone subscribers was modified on the basis of geographical location of the subscribers, which is different from the previous distinction between urban telephones and rural telephones.

Urban Telephone Subscribers refer to the number of telephone subscribers located at municipalities under the jurisdiction of the central government, cities under the jurisdiction of provinces, cities at prefecture level, downtown and suburb of cities at county level and county towns (including county towns where the county governments are located, and towns where the governments of other administrative regions at county level are located), that are connected to the public line telephone network, including the number of telephone subscribers in independent mining areas, forest areas, and military zones located in rural areas.

Rural Telephone Subscribers refer to telephone subscribers located at townships, towns and villages outside the range of cities according to administrative jurisdiction.

Wireless Local Telephone Subscribers refer to the number of subscribers who own wireless local telephone terminals connected to the public telephone network through PHS, SCDMA, and CDMA450 systems based on base stations and access network equipment.

Number of Internet Subscribers include both narrow-band dial-up users and broad-band access users of the internet. Narrow-band dial-up users are further classified into registered dial-up users, pay-per-calling users, and pre-pay card users. Registered dial-up service enables internet access through fixed accounts provided by basic telecommunication operators. Users of this service apply to the operators or their agents for accounts and passwords, with which they dial special numbers for internet connection and acquire dynamic IP addresses through authentification to gain access to the broad-band internet. Pay-per-calling service implies that instead of applying to the operators or their agents, users only need to dial a certain operator's special numbers to gain access to the internet and pay internet fees together with their calling fees. Pre-pay card users refer to those connected to the broad-band internet through PSTN and N-ISDN networks with accounts and passwords provided by the pre-pay cards. Broad-band access users (exclusive of XDSL and LAN users) refer to users directly connected to broad-band internet nodes through packet networks, DDN networks, frame relay/ATM networks, and special analog or digital lines, bypassing the broad-band IP MAN provided by basic telecommunication operators.

Capacity of Long Distance Telephone Exchanges refers to the rated capacity of telephone exchanges connected to long distance telephone networks, including capacity of international telephone exchanges.

Capacity of Local Telephone Exchanges refers to the capacity of telephone exchanges installed in the offices of telecommunication service providers for communication between fixed telephones. It includes the capacity of both manual and automatic exchanges in use and for stand-by purpose. It consists of the capacity of office telephone exchanges, access network equipment(including wireless city call) and subscriber exchanges.

Capacity of Mobile Telephone Exchanges refers to the maximum number of subscribers that can be served simultaneously, calculated according to a certain calling model and the handling capacity of the mobile telephone exchanges.

十五、国内贸易

DOMESTIC TRADE

十五 国内贸易

简要说明

一、本篇资料反映广东省国内市场发展情况。主要内容包括批发零售业商品流通情况，住宿餐饮业销售情况，社会消费品零售总额等。

二、本篇资料主要根据国家统计局《批发和零售业、住宿和餐饮业统计报表制度》进行搜集和加工整理。资料中限额以上批发和零售业、住宿和餐饮业资料采用全面调查的方法自下而上逐级综合汇总而得，限额以下企业及个体户资料采用抽样调查方法推算而得。

三、各表的调查范围：

限额以上批发和零售业、住宿和餐饮业统计限额标准：批发业年销售额2000万元及以上；零售业年销售额500万元及以上；住宿业年营业额200万元及以上；餐饮业年营业额200万元及以上。

商品购、销、存总额表为各种经济类型的限额以上和限额以下批发零售业法人及产业活动单位和个体户。

社会消费品零售总额表为各种经济类型的法人及产业活动单位、个体户对城乡居民和社会集团的零售。

四、根据第二次全国经济普查资料对2005-2008年社会消费品零售额及相关销售额数据进行了调整。

五、本篇资料由广东省统计局贸易外经处整理提供。

15 Domestic Trade

Brief Introduction

Ⅰ. The date in this chapter show the development of Guangdong's domestic market，including mainly the circulation of commodities in the wholesale and retail trades，the sales in accommodations and catering services and the total retail sales of consumer goods，etc.

Ⅱ. The data are collected and processed in accordance with the Statistical Reporting Scheme on Wholesale and Retail Trades, Accommodations and Catering Services stipulated by the National Bureau of Statistics. Data on basic conditions for all corporate enterprises of wholesale, retail, accommodations and catering services above the designated size are collected through comprehensive reporting systems and data are reported level by level in a bottom-up manner. Data on small-size enterprises and individual enterprises below the designated size are collected through sample surveys.

Ⅲ. The statistical coverage in this chapter comes as follows:

Criteria for wholesale and retail sale trades, accommodations and catering services above designated size is defined as follows：wholesale trade with annual sales of 20 million yuan or above, retail sale trade with annual sales of 5 million yuan or above, hotels with annual turnover of 2 million yuan or above, and catering services with annual turnover of 2 million yuan or above.

The table of total purchases，sales and inventory include corporate units, establishments and individuals of various types of ownership both above and below designated size by category of commodities.

The table of total retail sales of consumer goods includes the retail sales of corporate units, establishments and individuals of various types of ownership to urban and rural residents and institutions.

Ⅳ. Data of 2005 to 2008 on retail sales volume of consumer goods and related sales figures have been adjusted in accordance with the figures from the second national economic census.

V. The data in this chapter are prepared and provided by the Division of Trade and External Economic Relations Statistics of Statistics Bureau of Guangdong Province.

15-1 国内贸易主要指标

Main Indicators on Domestic Trade

指　标	Item	2000	2005	2006	2007	2008	2009	2009比2008增长(%) Growth Rate in 2009 over 2008 (%)
社会消费品零售总额（亿元）	**Total Retail Sales of Consumer Goods (100 million yuan)**	**4379.81**	**7915.51**	**9194.29**	**10731.28**	**12986.60**	**14891.78**	**14.7**
按行业分	By Sector							
批发零售业	Wholesale and Retail Trades	3625.37	6773.37	7944.17	9373.42	11423.07	13228.45	15.8
限额以上	Above Designated Size	885.95	2091.87	2519.70	3051.64	3683.42	4244.32	15.2
限额以下	Below Designated Size	2739.42	4681.50	5424.47	6321.78	7739.65	8984.13	16.1
住宿餐饮业	Hotels and Catering Services	655.94	1016.63	1155.39	1298.31	1498.91	1656.30	10.5
限额以上	Above Designated Size		284.83	332.86	380.15	448.98	510.73	13.8
限额以下	Below Designated Size		731.80	822.53	918.16	1049.93	1145.57	9.1
其他行业	Others	98.50	125.51	94.73	59.55	64.62	7.03	-89.1
按城乡分	By Urban and Rural Area							
城镇	Urban Areas	3290.33	5967.71	6913.19	8064.08	9754.30	11181.24	14.6
乡村	Rural Areas	1089.48	1947.80	2281.10	2667.20	3232.30	3710.54	14.8
批发零售业商品销售总额（亿元）	**Total Sales in Wholesale and Retail Trades (100 million yuan)**	**10316.88**	**20403.87**	**23752.64**	**27975.82**	**33291.93**	**37930.40**	**13.9**
批发额	Wholesale Value	6691.51	13630.50	15808.47	18602.40	21868.86	24701.95	13.0
零售额	Retail Value	3625.37	6773.37	7944.17	9373.42	11423.07	13228.45	15.8
按行业分	By Sector							
批发业销售额	Sales in Wholesale Trade	7053.14	13720.54	16002.21	18130.95	21060.46	23317.28	10.7
批发额	Wholesale Value	6247.11	12597.16	14719.00	17003.63	19779.48	21937.35	10.9
零售额	Retail Value	806.03	1123.38	1283.21	1127.32	1280.98	1379.93	7.7
零售业销售额	Sales in Retail Trade	3263.74	6683.33	7750.43	9844.87	12231.47	14613.12	19.5
批发额	Wholesale Value	444.40	1033.34	1089.47	1598.77	2089.38	2764.60	32.3
零售额	Retail Value	2819.34	5649.99	6660.96	8246.10	10142.09	11848.52	16.8
按规模分	By Size							
限额以上销售额	Sales above Designated Size	4922.10	11298.82	13178.46	16221.90	19146.57	21422.70	11.9
批发额	Wholesale Value	4036.15	9206.95	10658.76	13170.26	15463.15	17178.38	11.1
零售额	Retail Value	885.95	2091.87	2519.70	3051.64	3683.42	4244.32	15.2
限额以下销售额	Sales below Designated Size	5394.78	9105.05	10574.18	11753.92	14145.36	16507.70	16.7
批发额	Wholesale Value	2655.36	4423.55	5149.71	5432.14	6405.71	7523.57	17.5
零售额	Retail Value	2739.42	4681.50	5424.47	6321.78	7739.65	8984.13	16.1
限额以上住宿餐饮业营业额（亿元）	**Business Revenue from Hotels and Catering Services above Designated Size(100 million yuan)**		**399.95**	**488.29**	**577.72**	**622.31**	**706.63**	**13.5**
#客房收入	Revenue from Accommodations		89.35	114.21	132.25	136.65	148.91	9.0
餐费收入	Revenue from Restaurants		271.25	326.31	391.87	431.10	499.18	15.8
商品销售收入	Revenue from Sales of Commodities		6.26	7.47	8.82	10.47	11.55	10.3
亿元以上商品交易市场成交额（亿元）	**Transaction Value of Commodity Markets above 100 Million Yuan (100 million yuan)**		**1948.95**	**2562.96**	**2909.74**	**3502.90**	**3768.74**	**7.6**
限额以上连锁总店数（个）	**Number of General Chain Stores** above Designated Size (unit)		**182.00**	**207**	**239**	**341**	**303**	**-11.1**
限额以上连锁门店数（个）	**Number of Branch Chain Stores** above Designated Size (unit)		**11076.00**	**14893**	**22815**	**25489**	**24131**	**-5.3**
限额以上连锁店销售总额（亿元）	**Total Sales of Chain Stores above Designated Size(100 million yuan)**		**1635.88**	**2459.24**	**2697.73**	**3024.67**	**3085.91**	**2.0**
#零售额	Retail Value		1366.10	1838.38	2140.93	2402.57	2252.26	-6.3

注：2005-2008年有关数据根据第二次经济普查资料有所调整。

Notes: Data of 2005 to 2008 have been adjusted in accordance with the figures from the second national economic census.

15-2 按行业及城乡分社会消费品零售总额

Total Retail Sales of Consumer Goods by Sector and by Urban and Rural Area

单位：亿元 (100 million yuan)

年份 Year	社会消费品零售总额 Total Retail Sales of Consumer Goods	按行业分 By Sector			按城乡分 By Urban and Rural Area	
		批发零售业 Wholesale and Retail Trades	住宿餐饮业 Hotels and Catering Services	其他行业 Others	城镇 Urban Areas	乡村 Rural Areas
1978	79.86	66.92	5.39	7.55	38.42	41.44
1979	92.69	76.76	6.09	9.84	43.25	49.44
1980	117.67	94.52	7.30	15.85	66.72	50.95
1981	142.38	114.56	8.85	18.97	71.19	71.19
1982	164.23	131.86	10.19	22.18	82.77	81.46
1983	183.62	144.88	11.58	27.16	97.32	86.30
1984	226.13	170.06	16.04	40.03	131.61	94.52
1985	289.23	209.38	26.74	53.11	178.45	110.78
1986	327.02	235.59	28.68	62.75	172.67	154.35
1987	405.19	294.17	37.83	73.19	214.34	190.85
1988	568.07	414.30	50.79	102.98	306.19	261.88
1989	636.15	451.24	65.69	119.22	345.43	290.72
1990	667.36	463.92	71.11	132.33	457.34	210.02
1991	786.64	535.40	87.87	163.37	531.57	255.07
1992	1109.55	951.21	128.60	29.74	809.96	299.59
1993	1518.31	1309.60	168.75	39.96	1137.80	380.51
1994	1991.33	1705.13	234.42	51.78	1511.03	480.30
1995	2478.35	2121.16	300.24	56.95	1864.90	613.45
1996	2772.83	2358.28	356.23	58.32	2093.18	679.65
1997	3139.32	2653.90	409.95	75.47	2362.67	776.65
1998	3567.01	2962.27	505.56	99.18	2688.64	878.37
1999	3932.44	3268.96	569.18	94.30	2960.30	972.14
2000	4379.81	3625.37	655.94	98.50	3290.33	1089.48
2001	4856.65	3996.92	751.32	108.41	3638.52	1218.13
2002	5392.64	4443.64	843.82	105.18	4044.52	1348.12
2003	6029.86	5021.81	897.26	110.79	4540.94	1488.92
2004	6852.03	5734.94	953.84	163.25	5177.13	1674.90
2005	7915.51	6773.37	1016.63	125.51	5967.71	1947.80
2006	9194.29	7944.17	1155.39	94.73	6913.19	2281.10
2007	10731.28	9373.42	1298.31	59.55	8064.08	2667.20
2008	12986.60	11423.07	1498.91	64.62	9754.30	3232.30
2009	14891.78	13228.45	1656.30	7.03	11278.66	3613.12

注：1. 本表1992-2004年数据根据广东省第一次全国经济普查资料进行了调整。
2. 本表2005-2008年数据根据广东省第二次全国经济普查资料进行了调整。

Note: a) Data of 1992 to 2004 in this table have been adjusted in accordance with the figures from the first national economic census of Guangdong Province.

b) Data of 2005 to 2008 in this table have been adjusted in accordance with the figures from the second national economic census of Guangdong Province.

15-3 各市社会消费品零售总额（2009年）

Total Retail Sales of Consumer Goods by City (2009)

单位：亿元 (100 million yuan)

市别	City	社会消费品零售总额 Total Retail Sales of Consumer Goods	按行业分 By Sector		按城乡分 By Urban and Rural Area	
			批发和零售业 Wholesale and Retail Trades	住宿和餐饮业 Hotels and Catering Services	城镇 Urban Area	乡村 Rural Area
广　州	Guangzhou	3615.77	3156.57	459.19	3362.66	253.11
深　圳	Shenzhen	2567.94	2269.26	298.68	2567.94	
珠　海	Zhuhai	404.46	353.60	50.86	368.06	36.40
汕　头	Shantou	661.96	615.50	46.46	456.76	205.20
佛　山	Foshan	1408.78	1201.51	207.27	832.17	576.61
韶　关	Shaoguan	278.36	250.53	27.83	224.53	53.83
河　源	Heyuan	139.50	128.36	10.73	88.71	50.79
梅　州	Meizhou	267.98	247.51	20.47	158.77	109.21
惠　州	Huizhou	491.10	445.42	45.68	364.09	127.01
汕　尾	Shanwei	282.06	253.02	29.04	156.24	125.82
东　莞	Dongguan	959.07	862.25	94.01	320.46	638.61
中　山	Zhongshan	549.76	491.06	57.82	249.83	299.93
江　门	Jiangmen	562.07	453.91	108.15	319.85	242.22
阳　江	Yangjiang	305.38	279.80	25.58	185.79	119.59
湛　江	Zhanjiang	559.94	462.72	97.22	438.51	121.43
茂　名	Maoming	591.05	533.66	57.38	347.81	243.24
肇　庆	Zhaoqing	275.78	241.51	34.27	212.54	63.24
清　远	Qingyuan	303.56	274.48	29.08	206.47	97.09
潮　州	Chaozhou	207.89	188.02	19.87	139.29	68.60
揭　阳	Jieyang	341.46	323.10	18.36	209.32	132.14
云　浮	Yunfu	117.91	98.27	19.64	68.86	49.05
按经济区域分	By Region					
珠三角	Pearl River Delta	10834.73	9546.09	1282.78	8597.60	2237.13
东　翼	Eastern Region	1493.37	1386.97	106.17	961.61	531.76
西　翼	Western Region	1456.37	1285.74	169.79	972.11	484.26
山　区	Mountainous Region	1107.31	1009.65	97.56	747.34	359.97

15-4 各市社会消费品零售总额

Total Retail Sales of Consumer Goods by City

单位: 亿元 (100 million yuan)

市 别	City	2000	2003	2004	2005	2006	2007	2008	2009
广 州	Guangzhou	1121.13	1494.27	1677.77	1905.84	2199.14	2624.24	3187.39	3615.77
深 圳	Shenzhen	735.02	1095.13	1250.64	1441.61	1680.46	1930.81	2276.59	2567.94
珠 海	Zhuhai	121.17	167.44	189.22	220.19	255.64	301.70	360.10	404.46
汕 头	Shantou	218.99	254.46	294.70	345.23	401.60	474.98	572.01	661.96
佛 山	Foshan	337.55	473.19	555.75	650.18	782.06	957.57	1195.75	1408.78
韶 关	Shaoguan	85.40	113.29	123.70	141.67	164.71	196.72	241.57	278.36
河 源	Heyuan	37.12	53.69	62.24	73.02	86.57	104.37	124.46	139.50
梅 州	Meizhou	67.28	90.61	113.16	131.85	155.00	184.60	228.94	267.98
惠 州	Huizhou	126.48	184.65	213.15	252.01	298.41	356.06	426.75	491.10
汕 尾	Shanwei	69.84	98.37	112.44	130.45	154.25	187.68	233.14	282.06
东 莞	Dongguan	235.16	369.78	426.47	506.29	599.32	722.45	881.15	959.07
中 山	Zhongshan	141.81	201.50	234.61	277.08	332.23	397.74	480.29	549.76
江 门	Jiangmen	177.03	246.06	275.83	310.44	353.75	411.93	493.26	562.07
阳 江	Yangjiang	86.46	121.99	137.81	159.22	187.39	222.76	266.71	305.38
湛 江	Zhanjiang	156.59	202.77	228.49	269.98	321.54	385.31	472.85	559.94
茂 名	Maoming	158.11	211.78	240.37	287.96	343.53	408.81	504.59	591.05
肇 庆	Zhaoqing	77.31	107.72	120.86	142.99	169.62	199.78	238.49	275.78
清 远	Qingyuan	72.27	94.34	108.59	130.03	160.07	198.12	252.75	303.56
潮 州	Chaozhou	60.57	81.74	91.40	103.32	118.89	142.89	172.85	207.89
揭 阳	Jieyang	82.38	113.41	126.07	144.76	171.40	215.15	275.90	341.46
云 浮	Yunfu	31.30	42.54	50.64	59.71	70.29	83.75	101.07	117.91
按经济区域分	By Region								
珠 三 角	Pearl River Delta	3204.99	4497.21	5106.86	5878.70	6810.19	7919.89	9539.76	10834.73
东 翼	Eastern Region	450.38	567.86	645.15	745.58	863.84	1022.97	1253.90	1493.37
西 翼	Western Region	418.44	556.01	626.62	738.78	870.30	1019.15	1244.15	1456.37
山 区	Mountainous Region	306.00	408.78	473.40	552.45	649.96	769.27	948.79	1107.31

注：本表2005–2008年数据根据广东省第二次全国经济普查资料进行了调整。

Notes: Data of 2005 to 2008 have been adjusted in accordance with the figures from the second national economic census of Guangdong Province.

15-5 批发零售业商品销售总额

Total Sales of Commodities in Wholesale and Retail Trades

单位：亿元 (100 million yuan)

项　目	Item	2000	2005	2006	2007	2008	2009
合　计	**Total**	**10316.88**	**20403.87**	**23752.64**	**27975.82**	**33291.93**	**37930.40**
按行业分组	By sector						
批发业	Wholesale Trade	7053.14	13720.54	16002.21	18130.95	21060.46	23317.28
零售业	Retail Trade	3263.74	6683.33	7750.43	9844.87	12231.47	14613.12
按规模分组	By Size of Enterprises						
限额以上企业类值合计	**Enterprises above Designated Size**	**4922.10**	**11298.82**	**13178.46**	**16221.90**	**19146.57**	**21422.70**
食品、饮料、烟酒类	Food, Beverages, Tobacco and Liquor	843.07	1464.98	1670.58	1753.38	1962.35	2170.30
粮油类	Grain and Ediblc Oil	17.02	132.42	152.24	208.48	183.85	231.55
肉禽蛋类	Meat, Poultry and Eggs	110.80	136.73	133.62	159.10	198.42	194.16
其它食品类	Other Food	226.24	289.79	308.36	306.26	435.31	98.46
饮料类	Beverages	24.27	65.16	82.97	104.71	123.74	155.54
烟酒类	Tobacco and Liquor	464.74	840.88	993.39	974.83	1021.03	1051.91
服装鞋帽、针纺织品类	Garments, Footwear, Headgear, Knitwear and Textiles	437.67	631.70	688.03	764.21	954.98	1133.41
服装类	Garments	277.69	424.29	439.46	505.82	660.44	775.01
鞋帽类	Footwear and Headgear	49.29	73.12	90.56	89.74	118.47	154.01
针、纺织品类	Knitwear and Textiles	110.69	134.29	158.01	168.65	176.07	204.40
化妆品类	Cosmetics	20.12	42.58	50.46	78.13	77.96	129.41
金银珠宝类	Gold, Silver and Jewelry	26.10	36.06	39.09	53.95	91.89	142.74
日用品类	Daily-use Articles	206.22	344.39	400.33	477.75	515.28	578.08
#洗涤用品类	Detergents	22.54	85.05	109.43	144.87	175.92	194.61
儿童玩具类	Toys for Children	15.33	17.78	16.34	17.48	20.70	27.20
五金、电料类	Hardware and Electrical Appliances	50.65	120.13	134.37	146.75	157.75	164.86
体育、娱乐用品类	Sports and Recreational Articles	22.79	53.08	67.03	103.23	103.00	116.44
书报杂志类	Newspapers and Magazines	43.41	49.36	57.89	62.49	74.35	68.70
电子出版物及音像制品类	E-journals and Video Products	6.67	14.15	17.16	18.49	18.76	17.27
家用电器和音像器材类	Household Appliances and Video Appliances	329.32	551.66	608.54	712.70	736.29	837.37
中西药品类	Traditional Chinese and Western Medicines	275.71	522.45	553.55	618.51	720.67	934.82
#西药	Western Medicines	170.09	375.73	407.62	459.09	509.27	664.84
中草药及中成药	Traditional Chinese Medicines	70.92	117.22	122.26	132.27	150.78	210.58
文化办公用品类	Articles for Cultural and Office Use	55.91	192.41	222.74	310.44	282.39	392.06
家具类	Furniture	31.98	71.01	82.43	90.43	109.22	118.22
通讯器材类	Communication Appliances	70.47	366.54	427.10	461.34	505.34	553.08
煤炭及制品类	Coal and Related Products	82.94	333.03	362.30	453.00	745.54	749.96
木材及制品类	Timber and Related Products	10.08	25.30	35.84	41.40	50.15	34.34
石油及制品类	Petroleum and Related Products	1176.36	2818.57	3426.88	4833.63	5905.00	5822.33
化工材料及制品类	Chemical Materials and Products	172.79	531.74	774.87	730.90	806.87	1006.99
金属材料类	Metal Materials	324.60	1301.79	1603.85	2077.23	2493.52	2804.54
建筑及装潢材料类	Construction and Decoration Materials	36.43	152.18	191.47	206.47	225.29	258.35
机电产品及设备类	Mechanical and Electrical Products and Equipment	119.99	458.83	390.26	558.68	658.31	713.38
汽车类	Motor Vehicles	213.08	661.73	804.67	1051.67	1293.61	1912.24
种子饲料类	Seeds and Feedstuff	22.64	18.39	19.97	23.25	26.73	42.39
棉麻类	Cotton and Hemp	6.52	8.32	11.94	12.35	9.73	16.33
其它类	Others	336.58	528.44	537.11	581.52	621.59	705.09
限额以下企业和个体户	**Enterprises below Designated Size and Individuals**	**5394.78**	**9105.05**	**10574.18**	**11753.92**	**14145.36**	**16507.70**

注：1.本表2000-2004年数据根据广东省第一次全国经济普查资料进行了调整。
　　2.本表2005年-2008年数据根据第二次全国经济普查资料有所调整。

Note: a) Data of 2000 to 2004 in this table have been adjusted in accordance with the figures from the first national economic census of Guangdong Province.

b) Data of 2005 to 2008 in this table have been adjusted in accordance with the figures from the second national economic census of Guangdong Province.

15-6 批发零售业商品批发额

Total Wholesale Value of Commodities in Wholesale and Retail Trades

单位：亿元 (100 million yuan)

项　目	Item	2000	2005	2006	2007	2008	2009
合　计	**Total**	**6691.51**	**13630.50**	**15808.47**	**18602.40**	**21868.86**	**24701.95**
按行业分组	By sector						
批发业	Wholesale Trade	6247.11	12597.16	14719.00	17003.63	19779.48	21937.35
零售业	Retail Trade	444.40	1033.34	1089.47	1598.77	2089.38	2764.60
按规模分组	By Size of Enterprises						
限额以上企业类值合计	**Enterprises above Designated Size**	**4036.15**	**9206.95**	**10658.76**	**13170.26**	**15463.15**	**17178.38**
食品、饮料、烟酒类	Food, Beverages, Tobacco and Liquor	677.15	1190.67	1370.06	1410.72	1546.30	1714.78
粮油类	Grain and Edible Oil	6.87	107.31	122.32	155.61	111.71	162.64
肉禽蛋类	Meat, Poultry and Eggs	94.01	99.91	93.88	105.77	134.57	140.66
其它食品类	Other Food	144.05	164.96	171.68	167.26	269.53	50.76
饮料类	Beverages	13.88	38.48	52.78	71.04	84.81	110.80
烟酒类	Tobacco and Liquor	418.34	780.01	929.40	911.04	945.68	969.90
服装鞋帽、针纺织品类	Garments, Footwear, Headgear, Knitwear and Textiles	344.17	472.44	502.32	531.22	674.45	767.10
服装类	Garments	210.88	313.32	311.22	336.72	457.41	515.14
鞋帽类	Footwear and Headgear	35.16	41.52	51.63	47.46	65.92	77.95
针、纺织品类	Knitwear and Textiles	98.13	117.60	139.47	147.04	151.12	174.02
化妆品类	Cosmetics	5.45	13.35	17.39	16.07	19.31	50.85
金银珠宝类	Gold, Silver and Jewelry	12.37	15.45	14.92	24.03	59.93	104.49
日用品类	Daily-use Articles	147.50	262.51	307.10	367.29	390.64	437.60
#洗涤用品类	Detergents	11.35	56.02	77.81	106.34	133.04	142.03
儿童玩具类	Toys for Children	12.05	12.45	10.36	10.18	12.42	17.15
五金、电料类	Hardware and Electrical Appliances	44.79	111.09	125.86	138.72	148.83	148.72
体育、娱乐用品类	Sports and Recreational Articles	15.68	41.08	53.40	88.01	87.62	97.47
书报杂志类	Newspapers and Magazines	29.11	29.74	35.94	38.44	49.22	42.44
电子出版物及音像制品类	E-journals and Video Products	2.42	8.75	10.72	11.78	12.21	11.56
家用电器和音像器材类	Household Appliances and Video Appliances	255.61	394.85	411.64	472.23	446.77	517.70
中西药品类	Traditional Chinese and Western Medicines	217.40	408.38	436.27	487.23	558.46	732.51
#西药	Western Medicines	136.84	282.30	311.15	349.66	386.01	501.22
中草药及中成药	Traditional Chinese Medicines	55.80	99.23	104.07	114.01	128.91	184.98
文化办公用品类	Articles for Cultural and Office Use	41.13	160.47	187.66	264.73	238.24	341.64
家具类	Furniture	23.41	55.59	64.11	71.49	92.17	96.32
通讯器材类	Communication Appliances	65.29	325.41	373.44	405.56	447.63	486.75
煤炭及制品类	Coal and Related Products	82.62	332.44	361.85	452.97	745.47	747.89
木材及制品类	Timber and Related Products	9.73	24.41	35.30	40.29	49.77	34.34
石油及制品类	Petroleum and Related Products	1043.57	2309.33	2749.29	4032.75	4829.70	4807.76
化工材料及制品类	Chemical Materials and Products	169.88	521.99	763.25	714.91	791.60	1006.99
金属材料类	Metal Materials	322.33	1297.92	1599.77	2068.83	2488.63	2804.54
建筑及装潢材料类	Construction and Decoration Materials	33.07	133.56	171.64	184.20	209.78	236.64
机电产品及设备类	Mechanical and Electrical Products and Equipment	102.51	423.93	350.78	523.25	621.94	693.45
汽车类	Motor Vehicles	100.37	183.44	215.06	306.91	407.53	636.72
种子饲料类	Seeds and Feedstuff	22.64	18.39	19.97	23.25	26.73	42.39
棉麻类	Cotton and Hemp	6.52	8.32	11.94	12.35	9.73	16.33
其它类	Others	261.43	463.44	469.08	483.03	510.49	601.40
限额以下企业和个体户	**Enterprises below Designated Size and Individuals**	**2655.36**	**4423.55**	**5149.71**	**5432.14**	**6405.71**	**7523.57**

15-7 批发零售业商品零售额

Total Retail Value of Commodities in Wholesale and Retail Trades

单位：亿元 (100 million yuan)

项　目	Item	2000	2005	2006	2007	2008	2009
合　计	**Total**	**3625.37**	**6773.37**	**7944.17**	**9373.42**	**11423.07**	**13228.45**
按行业分组	By sector						
批发业	Wholesale Trade	806.03	1123.38	1283.21	1127.32	1280.98	1379.93
零售业	Retail Trade	2819.34	5649.99	6660.96	8246.10	10142.09	11848.52
按规模分组	By Size of Enterprises						
限额以上企业类值合计	**Enterprises above Designated Size**	**885.95**	**2091.87**	**2519.70**	**3051.64**	**3683.42**	**4244.32**
食品、饮料、烟酒类	Food, Beverages, Tobacco and Liquor	165.92	274.31	300.52	342.66	416.05	455.52
粮油类	Grain and Edible Oil	10.15	25.11	29.92	52.87	72.14	68.91
肉禽蛋类	Meat, Poultry and Eggs	16.79	36.82	39.74	53.33	63.85	53.50
其它食品类	Other Food	82.19	124.83	136.68	139.00	165.78	47.70
饮料类	Beverages	10.39	26.68	30.19	33.67	38.93	44.74
烟酒类	Tobacco and Liquor	46.40	60.87	63.99	63.79	75.35	82.01
服装鞋帽、针纺织品类	Garments, Footwear, Headgear, Knitwear and Textiles	93.50	159.26	185.71	232.99	280.53	366.31
服装类	Garments	66.81	110.97	128.24	169.10	203.03	259.87
鞋帽类	Footwear and Headgear	14.13	31.60	38.93	42.28	52.55	76.06
针、纺织品类	Knitwear and Textiles	12.56	16.69	18.54	21.61	24.95	30.38
化妆品类	Cosmetics	14.67	29.23	33.07	62.06	58.65	78.56
金银珠宝类	Gold, Silver and Jewelry	13.73	20.61	24.17	29.92	31.96	38.25
日用品类	Daily-use Articles	58.72	81.88	93.23	110.46	124.64	140.48
#洗涤用品类	Detergents	11.19	29.03	31.62	38.53	42.88	52.58
儿童玩具类	Toys for Children	3.28	5.33	5.98	7.30	8.28	10.05
五金、电料类	Hardware and Electrical Appliances	5.86	9.04	8.51	8.03	8.92	16.14
体育、娱乐用品类	Sports and Recreational Articles	7.11	12.00	13.63	15.22	15.38	18.97
书报杂志类	Newspapers and Magazines	14.30	19.62	21.95	24.05	25.13	26.26
电子出版物及音像制品类	E-journals and Video Products	4.25	5.40	6.44	6.71	6.55	5.71
家用电器和音像器材类	Household Appliances and Video Appliances	73.71	156.81	196.90	240.47	289.52	319.67
中西药品类	Traditional Chinese and Western Medicines	58.31	114.07	117.28	131.28	162.21	202.31
#西药	Western Medicines	33.25	93.43	96.47	109.43	123.26	163.62
中草药及中成药	Traditional Chinese Medicines	15.12	17.99	18.19	18.26	21.87	25.60
文化办公用品类	Articles for Cultural and Office Use	14.78	31.94	35.08	45.71	44.15	50.42
家具类	Furniture	8.57	15.42	18.32	18.94	17.05	21.90
通讯器材类	Communication Appliances	5.18	41.13	53.66	55.78	57.71	66.33
煤炭及制品类	Coal and Related Products	0.32	0.59	0.45	0.03	0.07	2.07
木材及制品类	Timber and Related Products	0.35	0.89	0.54	1.11	0.38	
石油及制品类	Petroleum and Related Products	132.79	509.24	677.59	800.88	1075.30	1014.57
化工材料及制品类	Chemical Materials and Products	2.91	9.75	11.62	15.99	15.27	
金属材料类	Metal Materials	2.27	3.87	4.08	8.40	4.89	
建筑及装潢材料类	Construction and Decoration Materials	3.36	18.62	19.83	22.27	15.51	21.71
机电产品及设备类	Mechanical and Electrical Products and Equipment	17.48	34.90	39.48	35.43	36.37	19.93
汽车类	Motor Vehicles	112.71	478.29	589.61	744.76	886.08	1275.52
种子饲料类	Seeds and Feedstuff						
棉麻类	Cotton and Hemp						
其它类	Others	75.15	65.00	68.03	98.49	111.10	103.69
限额以下企业和个体户	**Enterprises below Designated Size and Individuals**	**2739.42**	**4681.50**	**5424.47**	**6321.78**	**7739.65**	**8984.13**

注：1.本表2000-2004年数据根据广东省第一次全国经济普查资料进行了调整。
2.本表2005年-2008年数据根据第二次全国经济普查资料有所调整。

Note: a) Data of 2000 to 2004 in this table have been adjusted in accordance with the figures from the first national economic census of Guangdong Province.
b) Data of 2005 to 2008 in this table have been adjusted in accordance with the figures from the second national economic census of Guangdong Province.

15-8 各市批发零售企业商品销售总额

Total Sales of Enterprises in Wholesale and Retail Trades by City

单位：亿元 (100 million yuan)

市 别	City	2008			2009		
		销售总额 Total Sales	批发 Wholesale Trade	零售 Retail Trade	销售总额 Total Sales	批发 Wholesale Trade	零售 Retail Trade
广 州	Guangzhou	14954.78	12176.06	2778.72	15142.13	11985.55	3156.58
深 圳	Shenzhen	5480.88	3478.76	2002.12	6361.92	4092.66	2269.26
珠 海	Zhuhai	848.65	537.38	311.27	1030.13	676.54	353.59
汕 头	Shantou	886.86	391.98	494.88	1054.97	432.75	622.22
佛 山	Foshan	3361.97	2433.19	928.78	3680.30	2478.79	1201.51
韶 关	Shaoguan	369.76	162.38	207.38	405.19	154.66	250.53
河 源	Heyuan	165.38	51.71	113.67	188.53	60.17	128.36
梅 州	Meizhou	339.31	135.81	203.50	422.26	174.75	247.51
惠 州	Huizhou	551.58	183.96	367.62	726.92	235.82	491.10
汕 尾	Shanwei	256.64	61.18	195.46	320.99	67.97	253.02
东 莞	Dongguan	1444.66	652.98	791.68	1581.91	719.66	862.25
中 山	Zhongshan	1109.08	685.48	423.60	1258.04	766.98	491.06
江 门	Jiangmen	796.82	418.86	377.96	966.52	518.76	447.76
阳 江	Yangjiang	376.04	146.48	229.56	454.56	231.10	223.46
湛 江	Zhanjiang	754.34	358.89	395.45	948.61	486.15	462.46
茂 名	Maoming	838.26	333.68	504.58	946.39	355.35	591.04
肇 庆	Zhaoqing	330.72	92.23	238.49	391.90	116.11	275.79
清 远	Qingyuan	321.32	108.79	212.53	394.16	148.36	245.80
潮 州	Chaozhou	336.63	189.72	146.91	400.50	225.97	174.53
揭 阳	Jieyang	528.46	252.56	275.90	666.94	325.49	341.45
云 浮	Yunfu	160.08	75.66	84.42	179.33	81.06	98.27
按经济区域分	By Region						
珠三角	Pearl River Delta	28026.03	19704.80	8321.20	31495.27	21916.76	9578.52
东 翼	Eastern Region	1980.91	854.09	1126.82	2463.59	1068.06	1395.53
西 翼	Western Region	1943.74	800.30	1143.46	2369.71	1088.79	1280.92
山 区	Mountainous Region	1341.26	509.67	831.59	1601.82	628.34	973.48

注：本表2005-2008年数据根据广东省第二次全国经济普查资料进行了调整。

Note: Data of 2005 to 2008 in this table have been adjusted in accordance with the figures from the second national economic census of Guangdong Province.

15-9 限额以上批发企业商品购、销、存总额（2009年）
Total Purchases, Sales and Inventory of Enterprises above Designated Size in Wholesale Trade (2009)

单位：万元 (10000 yuan)

项目	Item	企业单位数(个) Number of Enterprises (unit)	购进总额 Total Purchases	#进口 Imports	商品销售总额 Total Sales of Commodities
批发业合计	**Total Wholesale Trade**	**6043**	**179132771**	**16641130**	**186261596**
#国有及国有控股	State-owned and State-controlled Enterprises	646	75713190	3175019	73841829
按登记注册类型分组	By Status of Registration				
内资企业	Domestic-funded Enterprises	5620	161152151	13097255	166349560
国有企业	State-owned Enterprises	374	23935906	1539472	25324202
集体企业	Collective-owned Enterprises	178	10262542	372304	10705404
股份合作企业	Share-holding Cooperative Enterprises	47	804531	400897	860573
联营企业	Joint-operation Enterprises	29	1127385	124407	1223787
国有联营企业	State-owned Joint-operation Enterprises	10	828533	116098	916692
集体联营企业	Collective Joint-operation Enterprises	5	35469		24318
国有与集体联营企业	State-collective Joint-operation Enterprises	6	86508		91826
其他联营企业	Other Joint-operation Enterprises	8	176875	8309	190951
有限责任公司	Limited Liability Corporations	1692	53567728	5060312	58222229
国有独资企业	State Sole Investment Enterprises	49	3196313	107701	3581268
其他有限责任公司	Other Limited Liability Companies	1643	50371415	4952611	54640961
股份有限公司	Share-holding Corporations Ltd.	141	32910801	961175	28120813
私营企业	Private Enterprises	3121	38033023	4636376	41329338
私营独资企业	Private Sole Investment Enterprises	112	1057797	45458	1220585
私营合伙企业	Private Partnership Enterprises	56	389977	22455	445446
私营有限责任公司	Private Limited Liability Corporations	2878	35938819	4546161	38921278
私营股份有限公司	Private Share-holding Corporations Ltd.	75	646430	22302	742029
其他企业	Other Enterprises	38	510235	2312	563214
港、澳、台商投资企业	Enterprises with Investment from Hong Kong, Macao and Taiwan	196	6705118	1675458	7626295
合资经营企业	Joint Ventures	29	2309219	123871	2528538
合作经营企业	Cooperative Enterprises	9	64337	6898	68730
独资经营企业	Sole Investment Enterprises	152	4160348	1543159	4860783
投资股份有限公司	Share-holding Corporations Ltd.	6	171214	1530	168244
外商投资企业	Enterprises with Foreign Investment	184	11128003	1868417	12109798
中外合资经营企业	Sino-foreign Joint Ventures	43	4175591	701364	4446975
中外合作经营企业	Sino-foreign Cooperative Enterprises	10	228701	28125	265721
外资企业	Foreign-funded Enterprises	125	6610073	1134193	7221417
外商投资股份有限公司	Share-holding Corporations Ltd.	6	113638	4735	175685
个体工商户	Self-employed Individuals	43	147499		175943
按国民经济行业分组	By Economic Sector				
农畜产品批发业	Wholesale of Farm and Livestock Products	108	1778249	729228	1826512
食品、饮料及烟草制品批发业	Wholesale of Food, Beverages and Tobacco Products	542	13424304	374417	16289208
#米、面制品及食用油批发业	Wholesale of Rice, Flour Products and Edible Oil	78	1427364	148172	1418271
烟草制品批发业	Wholesale of Tobacco Products	51	5966938	1462	7864540
纺织、服装及日用品批发业	Wholesale of Textiles, Garments and Daily-use Products	737	12631392	837888	14528699
#服装批发业	Wholesale of Garments	236	4245744	294195	5041923
文化、体育用品及器材批发业	Wholesale of Cultural and Sports Articles and Appliances	228	2864382	385940	3132817
医药及医疗器材批发业	Wholesale of Medicines and Medical Appliances and Chemical Products	549	8348064	623469	9280725
矿产品、建材及化工产品批发	Wholesale of Mineral Products, Building Materials	2280	104477541	6492722	101805264
#煤炭及制品批发业	Wholesale of Coal and Related Products	125	7899207	1156719	8232997
石油及制品批发业	Wholesale of Petroleum and Related Products	388	51269983	2389935	46496743
金属及金属矿批发业	Wholesale of Metal and Related Products	634	23384421	1191047	23867577
建材批发业	Wholesale of Building Materials	244	7773623	172286	8111195
化肥批发业	Wholesale of Chemical Fertilizers	43	1048063	58938	1101397
机械设备、五金交电及电子产品批发业	Wholesale of Machinery, Hardware, Electric and Electronic Products	1150	26888271	5007784	29328436
#汽车、摩托车及零配件 批发业	Wholesale of Motor Vehicles, Motorcycles and Parts	116	5660409	1642447	6311002
家用电器批发业	Wholesale of Household Appliances	165	3565487	254184	4026590
计算机、软件及辅助设备批发业	Wholesale of Computers, Software and Assistant Equipments	130	3733936	192230	3967829
贸易经纪与代理	Trade Broker and Agency	234	5600564	1664784	6246657
其他批发业	Other Wholesale Trades	215	3120004	524898	3823278

15-9 续表 continued

单位：万元 (10000 yuan)

项目	Item	批发 Wholesale Trade	#出口 Exports	零售 Retail Trade	年末库存总额 Inventory at the Year-end
批发业合计	**Total Wholesale Trade**	**181670634**	**18427903**	**4590962**	**10926297**
#国有及国有控股	State-owned and State-controlled Enterprises	71176058	5226943	2665771	3239405
按登记注册类型分组	By Status of Registration				
内资企业	Domestic-funded Enterprises	162555837	16436182	3793723	9499249
国有企业	State-owned Enterprises	25035906	2668901	288296	1500830
集体企业	Collective-owned Enterprises	10645155	277369	60249	655231
股份合作企业	Share-holding Cooperative Enterprises	806311	18953	54262	20640
联营企业	Joint-operation Enterprises	1197301	143556	26486	118585
国有联营企业	State-owned Joint-operation Enterprises	901652	137966	15040	88382
集体联营企业	Collective Joint-operation Enterprises	22384		1934	13041
国有与集体联营企业	State-collective Joint-operation Enterprises	91826			9452
其他联营企业	Other Joint-operation Enterprises	181439	5590	9512	7710
有限责任公司	Limited Liability Corporations	57157075	6996242	1065154	3339165
国有独资企业	State Sole Investment Enterprises	3567434	554760	13834	280383
其他有限责任公司	Other Limited Liability Companies	53589641	6441482	1051320	3058782
股份有限公司	Share-holding Corporations Ltd.	26506671	1246656	1614142	538039
私营企业	Private Enterprises	40666163	5080993	663175	3282779
私营独资企业	Private Sole Investment Enterprises	1195991	152062	24594	79263
私营合伙企业	Private Partnership Enterprises	444784	179867	662	28425
私营有限责任公司	Private Limited Liability Corporations	38285843	4641003	635435	3119217
私营股份有限公司	Private Share-holding Corporations Ltd.	739545	108061	2484	55874
其他企业	Other Enterprises	541255	3512	21959	43980
港、澳、台商投资企业	Enterprises with Investment from Hong Kong, Macao and Taiwan	7431367	47183	194928	676651
合资经营企业	Joint Ventures	2468408	11016	60130	78000
合作经营企业	Cooperative Enterprises	67907	5616	823	2776
独资经营企业	Sole Investment Enterprises	4726932	29922	133851	576944
投资股份有限公司	Share-holding Corporations Ltd.	168120	629	124	18931
外商投资企业	Enterprises with Foreign Investment	11523148	1944538	586650	727650
中外合资经营企业	Sino-foreign Joint Ventures	4059169	159696	387806	412722
中外合作经营企业	Sino-foreign Cooperative Enterprises	241162		24559	10605
外资企业	Foreign-funded Enterprises	7174651	1784842	46766	300056
外商投资股份有限公司	Share-holding Corporations Ltd.	48166		127519	4267
个体工商户	Self-employed Individuals	160282		15661	22747
按国民经济行业分组	By Economic Sector				
农畜产品批发业	Wholesale of Farm and Livestock Products	1825062	189796	1450	176412
食品、饮料及烟草制品批发业	Wholesale of Food,Beverages and Tobacco Products	16040174	841193	249034	989251
#米、面制品及食用油批发业	Wholesale of Rice, Flour Products and Edible Oil	1386477	99538	31794	336883
烟草制品批发业	Wholesale of Tobacco Products	7807067		57473	209804
纺织、服装及日用品批发业	Wholesale of Textiles, Garments and Daily-use Products	14190149	6487868	338550	844942
#服装批发业	Wholesale of Garments	4846622	1543434	195301	330813
文化、体育用品及器材批发业	Wholesale of Cultural and Sports Articles and Appliances	3011754	483930	121063	568021
医药及医疗器材批发业	Wholesale of Medicines and Medical Appliances	8273090	112072	1007635	926093
矿产品、建材及化工产品批发	Wholesale of Mineral Products, Building Materials and Chemical Products	99482677	1938769	2322587	5139519
#煤炭及制品批发业	Wholesale of Coal and Related Products	8226892	80446	6105	470369
石油及制品批发业	Wholesale of Petroleum and Related Products	44385788	233695	2110955	1684765
金属及金属矿批发业	Wholesale of Metal and Related Products	23830398	350885	37179	1555633
建材批发业	Wholesale of Building Materials	8041834	731652	69361	476343
化肥批发业	Wholesale of Chemical Fertilizers	1097601	12131	3796	152894
机械设备、五金交电及电子产品批发业	Wholesale of Machinery, Hardware, Electric and Electronic Products	28826960	4643841	501476	1822675
#汽车、摩托车及零配件批发业	Wholesale of Motor Vehicles, Motorcycles and Parts	6164356	92154	146646	189984
家用电器批发业	Wholesale of Household Appliances	3959939	610050	66651	422352
计算机、软件及辅助设备批发业	Wholesale of Computers, Software and Assistant Equipments	3890514	56708	77315	141664
贸易经纪与代理	Trade Broker and Agency	6230809	2882517	15848	180662
其他批发业	Other Wholesale Trades	3789959	847917	33319	278722

15-10 限额以上零售企业商品购、销、存总额（2009年）

Total Purchases, Sales and Inventory of Enterprises above Designated Size in Retail Trade (2009)

单位：万元 (10000 yuan)

项　目	Item	企业单位数(个) Number of Enterprises (unit)	购进总额 Total Purchases	#进口 Imports	商品销售总额 Total Sales of Commodities
零售企业合计	**Total Retail Trade**	**5107**	**36510280**	**1303078**	**47863922**
#国有及国有控股	State-owned and State-controlled Enterprises	294	6029656	200479	11721174
按登记注册类型分组	By Status of Registration				
内资企业	Domestic-funded Enterprises	3357	28102019	854881	37120030
国有企业	State-owned Enterprises	153	2450347	10897	2824969
集体企业	Collective-owned Enterprises	208	1089400	27654	2228933
股份合作企业	Share-holding Cooperative Enterprises	38	201798		246268
联营企业	Joint-operation Enterprises	39	228520		256418
国有联营企业	State-owned Joint-operation Enterprises	16	145725		163530
集体联营企业	Collective Joint-operation Enterprises	8	26084		30176
国有与集体联营企业	State-collective Joint-operation Enterprises	5	40045		43735
其他联营企业	Other Joint-operation Enterprises	10	16666		18976
有限责任公司	Limited Liability Corporations	1132	11631382	453503	13301442
国有独资企业	State Sole Investment Enterprises	7	141836	59305	170712
其他有限责任公司	Other Limited Liability Companies	1125	11489546	394198	13130730
股份有限公司	Share-holding Corporations Ltd.	98	2274025	44923	6589194
私营企业	Private Enterprises	1645	9977551	313212	11395357
私营独资企业	Private Sole Investment Enterprises	245	791641	1008	841671
私营合伙企业	Private Partnership Enterprises	36	103808		149868
私营有限责任公司	Private Limited Liability Corporations	1301	8776834	247418	10030875
私营股份有限公司	Private Share-holding Corporations Ltd.	63	305268	64786	372943
其他企业	Other Enterprises	44	248996	4692	277449
港、澳、台商投资企业	Enterprises with Investment from Hong Kong, Macao and Taiwan	110	3461139	391164	4281467
合资经营企业	Joint Ventures	27	2104705	147266	2670117
合作经营企业	Cooperative Enterprises	10	82758		106917
独资经营企业	Sole Investment Enterprises	69	1182962	243898	1401938
投资股份有限公司	Share-holding Corporations Ltd.	4	90714		102495
外商投资企业	Enterprises with Foreign Investment	138	4213895	57033	5607494
中外合资经营企业	Sino-foreign Joint Ventures	62	1529562	46782	2311479
中外合作经营企业	Sino-foreign Cooperative Enterprises	15	746837	2000	1019684
外资企业	Foreign-funded Enterprises	57	1920943	8251	2257503
外商投资股份有限公司	Share-holding Corporations Ltd.	4	16553		18828
个体工商户	Self-employed Individuals	1502	733227		854931
按国民经济行业分组	By Economic Sector				
综合零售业	Comprehensive Retail Trade	763	8455650	38446	11044829
#百货零售业	Retail of General Merchandise	308	3995924	21439	5695301
超级市场零售业	Retail in Supermarkets	285	4115053	15420	4952164
食品、饮料及烟草制品专门零售业	Retail of Food, Beverages and Tobacco Products	403	543117	81015	694340
纺织、服装及日用品专门零售业	Retail of Textiles, Garments and Daily-use Products	408	1823282	106590	2448844
#服装零售业	Retail of Garments	211	1241585	97194	1639569
文化、体育用品及器材专门零售业	Retail of Cultural and Sports Articles and Appliances	234	499662	10274	590016
#体育用品零售业	Retail of Sports Articles and Appliances	14	26452		33579
图书零售业	Retail of Books	59	255428		243706
医药及医疗器材专门零售业	Retail of Medicines and Medical Appliances	510	1227915	12091	1433574
#药品零售业	Retail of Medicines	479	1140763	391	1325924
汽车、摩托车、燃料及零配件零售业	Retail of Motor Vehicles, Motorcycles and Parts	1721	19456295	946785	26499584
#汽车零售业	Retail of Motor Vehicles	983	14226240	933254	15735439
机动车燃料零售业	Retail of Motor Vehicle Fuels	532	4823154	10849	10307094
家用电器及电子产品专门零售业	Retail of Household Appliances and Electronic Products	494	3486347	18264	3828970
#家用电器零售业	Retail of Household Appliances	237	2500658	7500	2729578
计算机、软件及辅助设备零售业	Retail of Computers, Software and Assistant Equipments	133	382018	5277	417520
通讯设备零售业	Retail of Communication Equipments	81	525700	620	589018
五金、家具及室内装修材料专门零售业	Retail of Hardware, Furniture and Interior Decoration Materials	274	409340	4062	530756
无店铺及其他零售业	Non-shop and Other Retails	300	608672	85551	793009

15-10 续表 continued

单位：万元 (10000 yuan)

项目	Item	批发 Wholesale Trade	#出口 Exports	零售 Retail Trade	年末库存总额 Inventory at the Year-end
零售企业合计	**Total Retail Trade**	**6514929**	**79431**	**41348993**	**3784329**
#国有及国有控股	State-owned and State-controlled Enterprises	3155319	64002	8565855	603388
按登记注册类型分组	By Status of Registration				
内资企业	Domestic-funded Enterprises	5080317	78338	32039713	3108852
国有企业	State-owned Enterprises	1006691	64002	1818278	213175
集体企业	Collective-owned Enterprises	723951		1504982	112830
股份合作企业	Share-holding Cooperative Enterprises	10542		235726	30285
联营企业	Joint-operation Enterprises	17271		239147	12511
国有联营企业	State-owned Joint-operation Enterprises	10032		153498	8430
集体联营企业	Collective Joint-operation Enterprises	1067		29109	399
国有与集体联营企业	State-collective Joint-operation Enterprises	5719		38016	661
其他联营企业	Other Joint-operation Enterprises	453		18523	3021
有限责任公司	Limited Liability Corporations	1046780	628	12254662	1432062
国有独资企业	State Sole Investment Enterprises	26780		143932	46334
其他有限责任公司	Other Limited Liability Companies	1019999	628	12110731	1385728
股份有限公司	Share-holding Corporations Ltd.	1415099	962	5174095	101016
私营企业	Private Enterprises	858199	12746	10537158	1184716
私营独资企业	Private Sole Investment Enterprises	22440		819231	51241
私营合伙企业	Private Partnership Enterprises	7247		142621	6777
私营有限责任公司	Private Limited Liability Corporations	816106	12746	9214769	1095371
私营股份有限公司	Private Share-holding Corporations Ltd.	12406		360537	31327
其他企业	Other Enterprises	1784		275665	22257
港、澳、台商投资企业	Enterprises with Investment from Hong Kong, Macao and Taiwan	499434	1	3782033	335310
合资经营企业	Joint Ventures	384603		2285514	92848
合作经营企业	Cooperative Enterprises	2928		103989	5059
独资经营企业	Sole Investment Enterprises	111903	1	1290035	231474
投资股份有限公司	Share-holding Corporations Ltd.			102495	5929
外商投资企业	Enterprises with Foreign Investment	932028	1092	4675466	301810
中外合资经营企业	Sino-foreign Joint Ventures	232651		2078828	100795
中外合作经营企业	Sino-foreign Cooperative Enterprises	440265	727	579419	65372
外资企业	Foreign-funded Enterprises	256907	365	2000596	134836
外商投资股份有限公司	Share-holding Corporations Ltd.	2205		16623	807
个体工商户	Self-employed Individuals	3150		851781	38357
按国民经济行业分组	By Economic Sector				
综合零售业	Comprehensive Retail Trade	908433	260	10136396	825833
#百货零售业	Retail of General Merchandise	73057	177	5622244	340792
超级市场零售业	Retail in Supermarkets	807295	84	4144869	449755
食品、饮料及烟草制品专门零售业	Retail of Food, Beverages and Tobacco Products	92913	1	601427	108857
纺织、服装及日用品专门零售业	Retail of Textiles, Garments and Daily-use Products	437880	728	2010964	430360
#服装零售业	Retail of Garments	429220	728	1210349	300300
文化、体育用品及器材专门零售业	Retail of Cultural and Sports Articles and Appliances	84469	9248	505547	156231
#体育用品零售业	Retail of Sports Articles and Appliances			33579	2240
图书零售业	Retail of Books	26042		217664	91059
医药及医疗器材专门零售业	Retail of Medicines and Medical Appliances	175989		1257585	175360
#药品零售业	Retail of Medicines	159444		1166480	157531
汽车、摩托车、燃料及零配件零售业	Retail of Motor Vehicles, Motorcycles and Parts	4341488	68232	22158096	1553412
#汽车零售业	Retail of Motor Vehicles	1545673	64885	14189766	1307898
机动车燃料零售业	Retail of Motor Vehicle Fuels	2709576	367	7597518	187774
家用电器及电子产品专门零售业	Retail of Household Appliances and Electronic Products	376489	962	3452481	430873
#家用电器零售业	Retail of Household Appliances	183180		2546398	334946
计算机、软件及辅助设备零售业	Retail of Computers, Software and Assistant Equipments	79227	962	338293	38883
通讯设备零售业	Retail of Communication Equipments	103546		485472	49987
五金、家具及室内装修材料专门零售业	Retail of Hardware, Furniture and Interior Decoration Materials	14170		516586	59670
无店铺及其他零售业	Non-shop and Other Retails	83098		709911	43733

15-11 各市限额以上批发零售企业商品购、销、存总额（2009年）

Total Purchases, Sales and Inventory of Enterprises above Designated Size in Wholesale and Retail Trades by City (2009)

单位：万元 (10000 yuan)

市别	City	商品购进总额 Total Purchases	#进口 Imports	商品销售总额 Total Sales	批发 Wholesale Trade	#出口 Exports	零售 Retail Trade	年末库存总额 Inventory at the Year-end
合　计	**Total**	**215643051**	**17944208**	**234125518**	**188185563**	**18507334**	**45939955**	**14710626**
批发业	**Wholesale Trade**	**179132771**	**16641130**	**186261597**	**181670633**	**18427903**	**4590964**	**10926297**
广　州	Guangzhou	100658340	7265504	98662894	97004334	5970744	1658560	5275325
深　圳	Shenzhen	34778357	6093562	37273638	35750619	4724728	1523019	2549861
珠　海	Zhuhai	4055606	1064736	4583787	4546882	525800	36905	299871
汕　头	Shantou	1377599	13735	1712756	1650649	115072	62107	105007
佛　山	Foshan	13252217	750695	14494466	14412680	2458055	81786	920087
韶　关	Shaoguan	414362		884303	793254		91049	34917
河　源	Heyuan	198961		529621	279624		249997	6973
梅　州	Meizhou	603004		963283	752806	47583	210477	10059
惠　州	Huizhou	1734752	93078	1979865	1967417	173655	12448	207612
汕　尾	Shanwei	305867		395806	391280		4526	27747
东　莞	Dongguan	5620938	479310	6006225	5883533	1420681	122692	501048
中　山	Zhongshan	4546282	244141	5299596	5294918	2027410	4678	308071
江　门	Jiangmen	1965861	142772	2242090	2208434	562819	33656	95527
阳　江	Yangjiang	241765		493984	447608	110654	46376	5672
湛　江	Zhanjiang	1995962	13125	2238213	2203371	83169	34842	173921
茂　名	Maoming	2539277		2748224	2701477		46747	46736
肇　庆	Zhaoqing	745600	63985	861443	857608	149412	3835	48724
清　远	Qingyuan	647796		744176	588429	12365	155747	43608
潮　州	Chaozhou	977715	385497	1166100	1134312	25254	31788	95266
揭　阳	Jieyang	1865150	9679	2320719	2144247	17805	176472	163472
云　浮	Yunfu	607360	21311	660408	657151	2697	3257	6793
零售业	**Retail Trade**	**36510280**	**1303078**	**47863921**	**6514930**	**79431**	**41348991**	**3784329**
广　州	Guangzhou	12782054	624941	16308077	3151044	77926	13157033	1314972
深　圳	Shenzhen	8952512	226158	10842635	785437		10057198	918043
珠　海	Zhuhai	1338721	111474	1495228	135969		1359259	194449
汕　头	Shantou	525000	36074	588677	14055	177	574622	48400
佛　山	Foshan	3043074	181375	4928510	1028339	962	3900171	280497
韶　关	Shaoguan	112711		122414	3813		118601	18462
河　源	Heyuan	68441		92383	2354		90029	8661
梅　州	Meizhou	203840		223610	14162	1	209448	18267
惠　州	Huizhou	944425	6970	1479286	183438		1295848	110797
汕　尾	Shanwei	76035		164639	3568		161071	9282
东　莞	Dongguan	3075209	79126	4167575	253695	365	3913880	339150
中　山	Zhongshan	1229830	34006	1820884	223328		1597556	209978
江　门	Jiangmen	1113348	1785	1208623	202577		1006046	95979
阳　江	Yangjiang	40129		34937	20		34917	12072
湛　江	Zhanjiang	300646		694040	11683		682357	38366
茂　名	Maoming	814850		899058	201941		697117	38667
肇　庆	Zhaoqing	453202		962718	195667		767051	40319
清　远	Qingyuan	202736	558	226244	7208		219036	18545
潮　州	Chaozhou	149315		210652	16867		193785	15342
揭　阳	Jieyang	1023292	592	1301059	71855		1229204	46479
云　浮	Yunfu	60910	19	92672	7910		84762	7602

15-12 限额以上住宿企业经营情况（2009年）

Business of Enterprises above Designated Size of Hotels (2009)

单位：万元 (10000 yuan)

项目	Item	企业数（个） Number of Enterprises (unit)	从业人数（人） Number of Employed Persons (person)	营业额合计 Business Revenue	#客房收入 Revenue from Hotels	#餐费收入 Revenue from Restaurants	#商品销售收入 Revenue from Sales of Commodities
住宿业合计	**Total Accommodations**	**1554**	**301950**	**3349826**	**1471412**	**1364000**	**59720**
#国有及国有控股	State-owned and State-controlled Enterprises	285	56010	752482	350793	278586	7631
按登记注册类型分组	By Status of Registration						
内资企业	Domestic-funded Enterprises	1303	227665	2356956	986341	997272	42583
国有企业	State-owned Enterprises	209	34756	452700	206483	171431	5292
集体企业	Collective-owned Enterprises	91	10516	87141	37401	33289	1925
股份合作企业	Share-holding Cooperative Enterprises	10	1116	11707	4206	6540	811
联营企业	Joint-operation Enterprises	15	1958	21535	11339	7040	99
国有联营企业	State-owned Joint-operation Enterprises	11	1284	12680	7171	3645	99
集体联营企业	Collective Joint-operation Enterprises	1	109	917	217	700	
国有与集体联营企业	State-collective Joint-operation Enterprises	2	445	7130	3852	2594	
其他联营企业	Other Joint-operation Enterprises	1	120	808	99	101	
有限责任公司	Limited Liability Corporations	378	80331	840248	358252	344138	18682
国有独资企业	State Sole Investment Enterprises	13	2433	26960	16216	7733	86
其他有限责任公司	Other Limited Liability Companies	365	77898	813288	342036	336405	18596
股份有限公司	Share-holding Corporations Ltd.	23	5231	55843	18805	25305	1344
私营企业	Private Enterprises	554	90611	860677	339912	396809	13784
私营独资企业	Private Sole Investment Enterprises	161	22382	182651	67973	86273	2632
私营合伙企业	Private Partnership Enterprises	33	4016	35928	16099	14690	244
私营有限责任公司	Private Limited Liability Corporations	339	61447	620750	246908	286498	10586
私营股份有限公司	Private Share-holding Corporations Ltd.	21	2766	21348	8932	9348	322
其他企业	Other Enterprises	23	3146	27105	9943	12720	646
港、澳、台商投资企业	Enterprises with Investment from Hong Kong,Macao and Taiwan	138	41351	511339	232137	204927	9435
合资经营企业	Joint Ventures	39	10438	122207	56094	54240	2244
合作经营企业	Cooperative Enterprises	37	10859	144094	67567	56278	994
独资经营企业	Sole Investment Enterprises	58	19094	235003	103647	91355	6191
投资股份有限公司	Share-holding Corporations Ltd.	4	960	10035	4829	3054	6
外商投资企业	Enterprises with Foreign Investment	83	31473	471327	247295	157854	7623
中外合资经营企业	Sino-foreign Joint Ventures	24	10566	159957	80789	57116	394
中外合作经营企业	Sino-foreign Cooperative Enterprises	28	8395	94682	38058	42454	3090
外资企业	Foreign-funded Enterprises	30	12467	215632	128221	57455	4139
外商投资股份有限公司	Share-holding Corporations Ltd.	1	45	1056	227	829	
个体工商户	Self-employed Individuals	30	1461	10204	5639	3947	79
按国民经济行业分组	By Economic Sector						
旅游饭店	Tourist Hotels	1201	263698	2940934	1225420	1266421	54842
一般旅馆	General Hotels	304	32742	360208	222466	80701	3812
其它住宿服务	Others	49	5510	48684	23526	16878	1066

15-13 限额以上餐饮企业经营情况（2009年）

Business of Catering Services above Designated Size (2009)

单位：万元 (10000 yuan)

项　目	Item	企业数（个）Number of Enterprises (unit)	从业人数（人）Number of Employed Persons (person)	营业额 Business Revenue	#客房收入 Revenue from Hotels	#餐费收入 Revenue from Restaurants	#商品销售收入 Revenue from Sales of Commodities
餐饮业合计	**Total Catering Services**	**2803**	**329575**	**4252536**	**106705**	**4038388**	**48347**
#国有及国有控股	State-owned and State-controlled Enterprises	59	8008	89663	11899	69685	2617
按登记注册类型分	By Status of Registration						
内资企业	Domestic-funded Enterprises	1904	216030	2596722	91176	2425987	35235
国有企业	State-owned Enterprises	37	5680	59313	10302	43850	550
集体企业	Collective-owned Enterprises	88	7748	103005	5243	88991	2084
股份合作企业	Share-holding Cooperative Enterprises	44	3567	47746	682	46460	78
联营企业	Joint-operation Enterprises	3	491	5133		5133	
国有联营企业	State-owned Joint-operation Enterprises						
集体联营企业	Collective Joint-operation Enterprises						
国有与集体联营企业	State-collective Joint-operation Enterprises						
其他联营企业	Other Joint-operation Enterprises	3	491	5133		5133	
有限责任公司	Limited Liability Corporations	264	45556	531154	21331	482747	16654
国有独资企业	State Sole Investment Enterprises	2	151	914	91	812	11
其他有限责任公司	Other Limited Liability Companies	262	45405	530240	21240	481935	16643
股份有限公司	Share-holding Corporations Ltd.	18	2699	31987	544	30177	93
私营企业	Private Enterprises	1358	143476	1732396	52450	1643859	15528
私营独资企业	Private Sole Investment Enterprises	503	40889	474490	19385	446023	3890
私营合伙企业	Private Partnership Enterprises	120	8982	113125	3204	107579	905
私营有限责任公司	Private Limited Liability Corporations	686	89086	1082051	27717	1030183	10480
私营股份有限公司	Private Share-holding Corporations Ltd.	49	4519	62730	2144	60074	253
其他企业	Other Enterprises	92	6813	85988	624	84770	248
港、澳、台商投资企业	Enterprises with Investment from Hong Kong, Macao and Taiwan	152	26826	466432	9211	438398	11568
合资经营企业	Joint Ventures	32	5474	84662	2300	76014	3603
合作经营企业	Cooperative Enterprises	9	2716	59730	674	51783	6624
独资经营企业	Sole Investment Enterprises	108	18325	316960	6237	305524	1341
投资股份有限公司	Share-holding Corporations Ltd.	3	311	5080		5077	
外商投资企业	Enterprises with Foreign Investment	82	51425	787490	4092	776015	532
中外合资经营企业	Sino-foreign Joint Ventures	17	2608	31268	2044	23239	186
中外合作经营企业	Sino-foreign Cooperative Enterprises	12	1671	20617	638	18742	187
外资企业	Foreign-funded Enterprises	50	46892	733380	1410	731809	159
外商投资股份有限公司	Share-holding Corporations Ltd.	3	254	2225		2225	
个体工商户	Self-employed Individuals	665	35294	401892	2226	397988	1012
按国民经济行业分	By Economic Sector						
正餐服务业	Restaurant Service	2588	250353	3055143	104643	2852517	42097
快餐服务业	Fast Food Service	121	66035	1017717	1136	1013444	1366
饮料及冷饮服务业	Beverage and Cold Drink Service	19	2063	33614	429	32278	904
其他餐饮服务业	Other Services	75	11124	146062	497	140149	3980

15-14 各市限额以上住宿餐饮业经营情况（2009年）

Business of Enterprises above Designated Size of Hotels and Catering Services by City (2009)

单位：万元 (10000 yuan)

市别	Item	企业数（个）Number of Enterprises (unit)	从业人数（人）Number of Employed Persons (person)	营业额 Business Revenue	客房收入 Revenue from Hotels	餐费收入 Revenue from Restaurants	商品销售收入 Revenue from Sales of Commodities
合　计	**Total**	**4357**	**631525**	**7602362**	**1578117**	**5402388**	**108067**
住宿业	**Accommodation**	**1554**	**301950**	**3349826**	**1471412**	**1364000**	**59720**
广　州	Guangzhou	385	68683	989112	485108	355366	10445
深　圳	Shenzhen	233	53333	688839	368215	231290	2676
珠　海	Zhuhai	91	14977	159415	80285	48066	6025
汕　头	Shantou	48	7482	74485	34595	32567	1741
佛　山	Foshan	111	18282	231299	76974	114806	12274
韶　关	Shaoguan	26	4494	31793	11053	17573	2035
河　源	Heyuan	24	3740	30377	14106	12246	429
梅　州	Meizhou	30	4112	41242	13924	20640	1277
惠　州	Huizhou	74	13595	123047	55863	51761	2885
汕　尾	Shanwei	11	1287	7966	3866	3404	201
东　莞	Dongguan	174	47872	421059	132390	211373	662
中　山	Zhongshan	71	13457	117597	37478	57325	1408
江　门	Jiangmen	53	12210	131886	38372	63841	9221
阳　江	Yangjiang	10	1544	18631	10690	6222	250
湛　江	Zhanjiang	39	8727	69573	22746	40317	1870
茂　名	Maoming	24	4719	30776	11489	16934	729
肇　庆	Zhaoqing	45	6965	52604	21701	22581	2654
清　远	Qingyuan	44	9332	69878	27115	29142	819
潮　州	Chaozhou	12	1632	13204	4557	6937	
揭　阳	Jieyang	33	3432	31676	16163	12805	1317
云　浮	Yunfu	16	2075	15367	4722	8804	802
餐饮业	**Catering Service**	**2803**	**329575**	**4252536**	**106705**	**4038388**	**48347**
广　州	Guangzhou	958	116569	1640350	23367	1564496	26368
深　圳	Shenzhen	535	86632	1149063	21059	1116460	5707
珠　海	Zhuhai	109	9772	110136	524	109307	103
汕　头	Shantou	41	3743	66206	524	65386	130
佛　山	Foshan	230	23733	347920	8340	332619	2084
韶　关	Shaoguan	19	1913	13313	2979	9446	556
河　源	Heyuan	21	2188	19776	4452	13992	427
梅　州	Meizhou	15	1295	9154	848	8032	89
惠　州	Huizhou	104	7649	76248	6451	67238	737
汕　尾	Shanwei	14	2046	20585	2154	17559	223
东　莞	Dongguan	208	22386	256895	3527	245598	1702
中　山	Zhongshan	88	11324	136953	1370	133453	160
江　门	Jiangmen	78	7904	89554	2505	85562	462
阳　江	Yangjiang	36	6437	51400	6226	42458	1074
湛　江	Zhanjiang	66	8176	77283	4348	70715	2039
茂　名	Maoming	46	4090	42092	3465	37665	482
肇　庆	Zhaoqing	44	4230	36019	1730	30451	2129
清　远	Qingyuan	17	2656	27261	2842	21851	582
潮　州	Chaozhou	30	1797	15486	1854	12097	680
揭　阳	Jieyang	125	3757	53356	7315	42930	1578
云　浮	Yunfu	19	1278	13486	825	11073	1035

15-15 限额以上连锁批发零售业、住宿餐饮业经营情况（2009年）
Business of Chain Stores above Designated Size in Retail Trade and Catering Services (2009)

项目	Item	连锁总店数(个) Number of General Chain Stores (unit)	销售总额(营业总收入)(万元) Total Sales (Total Business Revenue) (10000 yuan)	#零售额(万元) Retail Sales (10000 yuan)	营业面积(平方米) Operational Area (sq.m)
总计	**Total**	**303**	**30859143**	**22522638**	**18509442**
批发零售业合计	**Retail Trade**	**233**	**29627355**	**21406834**	**17815710**
按注册登记类型分	By Status of Registration				
内资企业	Domestic-funded Enterprises	189	22761508	15784251	14733772
国有企业	State-owned Enterprises	7	1696530	1158671	616200
集体企业	Collective-owned Enterprises	12	4682707	2869789	1564123
股份合作企业	Share-holding Cooperative Enterprises	2	23726	23726	15922
联营企业	Joint-operation Enterprises	2	56290	56290	28898
有限责任公司	Limited Liability Corporations	77	3345264	3074390	1997778
股份有限公司	Share-holding Corporations Ltd.	15	11636139	7377762	9399938
私营企业	Private Enterprises	73	1318511	1222992	1110413
其他企业	Other Enterprises	1	2341	631	500
港、澳、台商投资企业	Enterprises with Investment from Hong Kong, Macao and Taiwan	19	2391497	2025475	1127294
合资经营企业(港或澳、台资)	Joint Ventures	10	2202842	1839744	865296
合作经营企业(港或澳、台资)	Cooperative Enterprises	1	15183	15183	4473
港、澳、台商独资经营企业	Sole Investment Enterprises	7	161921	158998	138525
港、澳、台商投资股份有限公司	Share-holding Corporations Ltd.	1	11551	11551	119000
外商投资企业	Enterprises with Foreign Investment	25	4474350	3597107	1954644
中外合资经营企业	Sino-foreign Joint Ventures	9	1480034	1230407	792751
中外合作经营企业	Sino-foreign Cooperative Enterprises	7	1281561	821590	470587
外资企业	Foreign-funded Enterprises	9	1712755	1545110	691306
按零售业态分	By Type of Operation				
便利店	Convenience Store	10	575130	571966	231438
超市	Supermarket	32	765302	732869	809806
大型超市	HyperMarket	19	3573916	3204609	2040497
百货商店	Department Store	16	3407383	2946821	1541147
专业店	Specialty Store	118	20181896	13217918	12606782
专卖店	Franchised Store	30	1002413	625834	348923
家居建材店	Building Material Store	4	94041	94041	215072
其他	Others	4	27273	12777	22045
住宿餐饮业合计	**Catering Service**	**70**	**1231788**	**1115804**	**693732**
按注册登记类型分	By Status of Registration				
内资企业	Domestic-funded Enterprises	45	308009	287712	311021
国有企业	State-owned Enterprises				
集体企业	Collective-owned Enterprises	3	14524	13884	16391
股份合作企业	Share-holding Cooperative Enterprises	3	20047	20046	25089
有限责任公司	Limited Liability Corporations	13	158263	142717	131500
私营企业	Private Enterprises	26	115175	111065	138041
港、澳、台商投资企业	Enterprises with Investment from Hong Kong, Macao and Taiwan	11	170649	170649	74771
合资经营企业(港或澳、台资)	Joint Ventures	1	3932	3932	1140
合作经营企业(港或澳、台资)	Cooperative Enterprises	1	19569	19569	6155
港、澳、台商独资经营企业	Sole Investment Enterprises	9	147148	147148	67476
港、澳、台商投资股份有限公司	Share-holding Corporations Ltd.				
外商投资企业	Enterprises with Foreign Investment	14	753131	657443	307940
中外合资经营企业	Sino-foreign Joint Ventures	1	624	624	850
中外合作经营企业	Sino-foreign Cooperative Enterprises				
外资企业	Foreign-funded Enterprises	13	752507	656819	307090
按行业分	By Sector				
旅游饭店	Tour Hotel	2	4578	468	1821
一般旅馆	General Hotel	4	113729	2496	1744
正餐服务	Restaurant	29	188896	188255	198178
快餐服务	Fast Food	28	867387	867387	462458
饮料及冷饮服务	Beverages and Cold Drinks	3	26211	26211	18607
其他餐饮服务	Others	4	30987	30987	10924

15-15 续表 continued

项　　目	Item	从业人数(人) Number of Employed Persons (person)	连锁门店数(个) Number of Branch Chain Stores (unit)	直营店(个) Under Direct Management (unit)	加盟店(个) Through License Arrangement (unit)
总　计	**Total**	**344939**	**24131**	**10779**	**13352**
批发零售业合计	**Retail Trade**	**259924**	**22088**	**8809**	**13279**
按注册登记类型分	By Status of Registration				
内资企业	Domestic-funded Enterprises	149893	12780	7180	5600
国有企业	State-owned Enterprises	10331	1226	160	1066
集体企业	Collective-owned Enterprises	15813	1369	655	714
股份合作企业	Share-holding Cooperative Enterprises	435	29	29	
联营企业	Joint-operation Enterprises	2327	365	289	76
有限责任公司	Limited Liability Corporations	50379	5222	2208	3014
股份有限公司	Share-holding Corporations Ltd.	37695	2424	2423	1
私营企业	Private Enterprises	32879	2142	1413	729
其他企业	Other Enterprises	34	3	3	
港、澳、台商投资企业	Enterprises with Investment from Hong Kong, Macao and Taiwan	20758	1010	964	46
合资经营企业(港或澳、台资)	Joint Ventures	15564	711	665	46
合作经营企业(港或澳、台资)	Cooperative Enterprises	634	71	71	
港、澳、台商独资经营企业	Sole Investment Enterprises	4190	221	221	
港、澳、台商投资股份有限公司	Share-holding Corporations Ltd.	370	7	7	
外商投资企业	Enterprises with Foreign Investment	89273	8298	665	7633
中外合资经营企业	Sino-foreign Joint Ventures	12062	253	230	23
中外合作经营企业	Sino-foreign Cooperative Enterprises	49164	1623	95	1528
外资企业	Foreign-funded Enterprises	28047	6422	340	6082
按零售业态分	By Type of Operation				
便利店	Convenience Store	12793	1848	1100	748
超市	Supermarket	19810	719	589	130
大型超市	HyperMarket	45237	358	307	51
百货商店	Department Store	22763	212	186	26
专业店	Specialty Store	93186	8798	5959	2839
专卖店	Franchised Store	63737	9888	573	9315
家居建材店	Building Material Store	1626	27	27	
其他	Others	772	238	68	170
住宿餐饮业合计	**Catering Service**	**85015**	**2043**	**1970**	**73**
按注册登记类型分	By Status of Registration				
内资企业	Domestic-funded Enterprises	31835	782	729	53
国有企业	State-owned Enterprises				
集体企业	Collective-owned Enterprises	863	19	19	
股份合作企业	Share-holding Cooperative Enterprises	1215	11	11	
有限责任公司	Limited Liability Corporations	17313	336	334	2
私营企业	Private Enterprises	12444	416	365	51
港、澳、台商投资企业	Enterprises with Investment from Hong Kong, Macao and Taiwan	6591	221	221	
合资经营企业(港或澳、台资)	Joint Ventures	186	3	3	
合作经营企业(港或澳、台资)	Cooperative Enterprises	399	3	3	
港、澳、台商独资经营企业	Sole Investment Enterprises	6006	215	215	
外商投资企业	Enterprises with Foreign Investment	46589	1040	1020	20
中外合资经营企业	Sino-foreign Joint Ventures	73	2	2	
中外合作经营企业	Sino-foreign Cooperative Enterprises				
外资企业	Foreign-funded Enterprises	46516	1038	1018	20
按行业分	By Sector				
旅游饭店	Tour Hotel	376	6	6	
一般旅馆	General Hotel	3651	197	197	
正餐服务	Restaurant	15729	223	170	53
快餐服务	Fast Food	62095	1309	1289	20
饮料及冷饮服务	Beverages and Cold Drinks	1372	264	264	
其他餐饮服务	Others	1792	44	44	

15-16 限额以上批发零售、住宿餐饮业财务状况（2009年）

Financial Indicators of Enterprises above Designated Size in Wholesale and Retail Trades, Hotels and Catering Services (2009)

单位：万元 (10000 yuan)

项　目	Item	批发业 Wholesale Trade	零售业 Retail Trade	住宿业 Hotels Services	餐饮业 Catering Services
企业数（个）	Number of Enterprises (unit)	5991	3585	1512	2131
年初存货	Inventory at the Year-beginning	10272305	3596892	135751	105268
流动资产合计	Circulating Assets	59468472	14111488	3201990	1025318
#存货	Inventory	10687646	3173042	121518	104531
固定资产原价	Original Value of Fixed Assets	6437258	4492772	7161182	1274808
累计折旧	Accumulated Depreciation	2057543	1489126	2842068	526035
#本年折旧	Depreciation Drawn in Current Year	398002	285404	450534	106857
资产合计	Total Assets	72924364	20149646	9712975	2355457
负债合计	Total Liabilities	55522527	13905502	7023440	1554223
所有者权益合计	Total Creditors' Equity	17401837	6244144	2689535	801234
实收资本	Paid-up Capital	9404665	3390903	3506565	770054
#国家资本	State Capital	3881850	565564	1005553	31513
集体资本	Collective Capital	168040	80396	131968	31889
法人资本	Legal Person Capital	1718781	691801	592261	155936
个人资本	Personal Capital	2589149	959209	460463	242476
港澳台资本	Capital from Hong Kong, Macao and Taiwan	429955	688944	814955	185779
外商资本	Foreign Capital	616890	404989	501365	122461
#主营业务收入	Main Business Revenue	168891825	42115555	3328413	3826351
主营业务成本	Main Business Costs	157913700	36257883	1052566	1818767
主营业务税金及附加	Tax and Extra Charges on Main Business	376981	127841	193413	205970
主营业务利润	Main Business Profits	10576783	5647366	2061108	1782942
其它业务利润	Profits from Other Businesses	767963	713591	39387	7580
营业费用	Operational Expenses	4549823	2945930	1211464	1273999
管理费用	Management Expenses	2391499	1162295	878482	315832
#税　金	Taxes	97525	56391	33597	16252
旅差费	Traveling Expenses	118212	32283	7398	5121
工会经费	Trade Union Dues	32380	16908	3952	1698
财务费用	Financial Expenses	512646	194110	131657	37424
#利息支出	Interests	401422	125010	81316	11617
营业利润	Business Profits	3997039	2142665	-91759	187299
利润总额	Total Profits	3975124	1693106	-89025	144762
应交所得税	Income Taxes Payable	801319	238102	26158	49511
劳动及失业保险费	Labor and Unemployment Insurance Premium	35688	18057	8504	7348
养老保险和医疗保险费	Pension Insurance and Medical Care Insurance Premium	178125	101633	59655	33518
住房公积金和住房补贴	Public Reserve Funds for Housing and Housing Subsidies	73900	26797	12625	3843
本年应付工资总额	Total Wages Payable in Current Year	1492675	1068885	661100	602857
本年应付福利费总额	Welfare Expenses Payable in Current Year	91147	69633	64084	40220
本年应交增值税	Value-added Tax Payable in Current Year	2210707	1144515		
从业人员数（人）	Number of Employed Persons (person)	354518	402350	29829	29181

15-17 限额以上批发企业财务状况（2009年）

单位:万元

项 目	Item	企业数(个) Number of Enter-prises (unit)	流动资产合计 Circulating Assets	固定资产原价 Original Value of Fixed Assets	累计折旧 Accumulated Depreciation
批发业合计	**Total Wholesale Trade**	**5991**	**59468472**	**6437258**	**2057543**
#国有及国有控股	State-owned and State-controlled Enterprises	646	18389539	3672053	1110408
按登记注册类型分	By Status of Registration				
内资企业	Domestic-funded Enterprises	5612	51142575	5880737	1851069
国有企业	State-owned Enterprises	370	7086654	1020605	336201
集体企业	Collective-owned Enterprises	178	1598208	471628	164779
股份合作企业	Share-holding Cooperative Enterprises	46	291776	20102	4789
联营企业	Joint-operation Enterprises	29	472606	37069	17218
国有联营企业	State-owned Joint-operation Enterprises	10	196498	20731	12405
集体联营企业	Collective Joint-operation Enterprises	5	16840	906	520
国有与集体联营企业	State-collective Joint-operation Enterprises	6	77569	1991	1113
其他联营企业	Other Joint-operation Enterprises	8	181700	13441	3181
有限责任公司	Limited Liability Corporations	1690	18895794	1444553	491125
国有独资企业	State Sole Investment Enterprises	48	1913025	280327	87465
其他有限责任公司	Other Limited Liability Companies	1642	16982769	1164227	403661
股份有限公司	Share-holding Corporations Ltd.	141	6400495	1870305	497204
私营企业	Private Enterprises	3120	16190987	996928	330948
私营独资企业	Private Sole Investment Enterprises	112	411796	58950	21219
私营合伙企业	Private Partnership Enterprises	56	119715	5962	2900
私营有限责任公司	Private Limited Liability Corporations	2877	15392819	900377	294893
私营股份有限公司	Private Share-holding Corporations Ltd.	75	266657	31640	11937
其他企业	Other Enterprises	38	206055	19547	8805
港、澳、台商投资企业	Enterprises with Investment from Hong Kong, Macao and Taiwan	195	3098321	152450	50268
合资经营企业	Joint Ventures	28	570665	58792	21776
合作经营企业	Cooperative Enterprises	9	15772	4331	2686
独资经营企业	Sole Investment Enterprises	152	2461804	88439	25445
投资股份有限公司	Share-holding Corporations Ltd.	6	50080	888	361
外商投资企业	Enterprises with Foreign Investment	184	5227576	404071	156206
中外合资经营企业	Sino-foreign Joint Ventures	43	1566455	125055	66132
中外合作经营企业	Sino-foreign Cooperative Enterprises	10	89763	44628	18700
外资企业	Foreign-funded Enterprises	125	3406872	89614	36580
外商投资股份有限公司	Share-holding Corporations Ltd.	6	164486	144774	34794
按国民经济行业分	By Economic Sector				
农畜产品批发业	Wholesale of Farm and Livestock Products	108	785352	91868	31790
食品、饮料及烟草制品批发业	Wholesale of Food, Beverages and Tobacco Products	536	4397912	1012224	367213
#米、面制品及食用油批发业	Wholesale of Rice, Flour Products and Edible Oil	77	784663	170531	47100
烟草制品批发业	Wholesale of Tobacco Products	51	1527344	283045	91579
纺织、服装及日用品批发业	Wholesale of Textiles, Garments and Daily-use Products	712	4704757	457192	144329
#服装批发业	Wholesale of Garments	211	1697791	128789	36414
文化、体育用品及器材批发业	Wholesale of Cultural and Sports Articles and Appliances	227	1773378	222160	71440
医药及医疗器材批发业	Wholesale of Medicines and Medical Appliances	549	3417760	221720	93209
矿产品、建材及化工产品批发	Wholesale of Mineral Products, Building Materials and Chemical Products	2271	27698445	3611176	1052676
#煤炭及制品批发业	Wholesale of Coal and Related Products	125	2270617	139681	23309
石油及制品批发业	Wholesale of Petroleum and Related Products	387	9508788	2652645	760709
金属及金属矿批发业	Wholesale of Metal and Related Products	632	8924761	329940	94940
建材批发业	Wholesale of Building Materials	240	3488530	206457	72439
化肥批发业	Wholesale of Chemical Fertilizers	43	414833	47331	16922
机械设备、五金交电及电子产品批发业	Wholesale of Machinery, Hardware, Electric and Electronic Products	1140	11960812	549012	212533
#汽车、摩托车及零配件批发业	Wholesale of Motor Vehicles, Motorcycles and Parts	112	1517967	44394	18156
家用电器批发业	Wholesale of Household Appliances	164	1656332	53352	20248
计算机、软件及辅助设备批发业	Wholesale of Computers, Software and Assistant Equipments	130	2085442	53430	18388
贸易经纪与代理	Trade Broker and Agency	234	3159643	97387	38707
其他批发业	Other Wholesale Trades	214	1570413	174519	45646

Financial Indicators of Enterprises above Designated Size in Wholesale Trade (2009)

(10000 yuan)

本年折旧 Depreciation Drawn in Current Year	资产合计 Total Assets	负债合计 Total Liabilities	所有者权益合计 Total Creditors' Equity	实收资本 Paid-up Capital	主营业务收入 Main Business Revenue	主营业务成本 Main Business Costs	主营业务税金及附加 Tax and Extra Charges on Main Business
398002	**72924364**	**55522527**	**17401837**	**9404665**	**168891825**	**157913700**	**376981**
192261	25580846	17848486	7732360	4308445	65838296	61942150	243871
357308	63544098	48339912	15204186	8189589	150821469	141670700	364700
48471	9391142	7562731	1828411	1072815	22956289	21696988	101542
27554	2742097	1710771	1031326	152784	9308848	8907677	8234
1122	385873	240470	145403	49975	823885	790548	1258
9125	545255	417816	127439	60760	1198531	1090957	8813
7922	221615	152364	69251	19596	885200	806020	8303
30	18036	12024	6012	1781	23869	22310	19
181	94468	87098	7370	10160	89420	83847	65
993	211136	166330	44806	29223	200043	178782	426
100128	22142944	17402673	4740271	2205328	53203902	49840533	165225
16375	2595628	1491937	1103691	340116	3226259	3003556	7689
83753	19547316	15910736	3636580	1865212	49977643	46836977	157536
88364	9501512	5814279	3687233	2343144	24875616	23621691	23853
81576	18564866	14985010	3579856	2261678	37941464	35254971	55205
3711	696031	393126	302905	171313	1146985	1052459	1490
518	131318	111363	19955	20781	406375	368886	282
74146	17363368	14228772	3134596	1985188	35687063	33184143	52525
3201	374149	251749	122400	84396	701042	649483	908
968	270409	206162	64247	43105	512934	467335	570
12011	3558486	2787848	770638	414076	6997108	6189394	3526
3085	672175	497136	175039	89513	2396500	2236491	804
297	18905	13322	5583	8709	62804	58792	540
8467	2816541	2233499	583042	310213	4388256	3760569	2175
162	50865	43891	6974	5641	149548	133542	7
28683	5821780	4394767	1427013	801000	11073248	10053606	8755
5836	1707883	1491615	216268	250246	4039740	3745691	996
6186	134065	131844	2221	66648	249702	193162	92
9349	3552190	2580313	971877	360836	6611478	6015791	6991
7312	427642	190995	236647	123270	172328	98962	676
5397	1057604	882133	175471	128178	1713626	1651915	565
71654	5906783	3168710	2738073	683077	14764644	12153107	233654
8010	1047870	763131	284739	123793	1349972	1274425	2064
23392	1876969	320672	1556297	107438	7005283	5295478	221622
27253	5486680	4174876	1311804	613676	13456125	12249349	15720
7742	1867057	1473710	393347	159636	4615686	4122635	3800
13745	2191738	1520280	671458	354685	2867842	2592135	4571
19110	4243883	3012901	1230982	650235	8315775	7496476	11662
195711	35222622	27406274	7816348	5349545	91128396	87418199	59894
5603	2714147	2198593	515554	327150	7207756	6854657	6478
134965	13613906	9504233	4109673	2957430	40948586	39333322	20414
20838	10674360	9035361	1638999	1219337	21583650	20806000	12245
12024	4168541	3571085	597456	367460	7761046	7501434	8356
2765	497690	387595	110095	30779	1042140	1011905	1379
47142	13372819	10623285	2749534	1207992	27051640	25142478	34741
3906	1815998	1423802	392196	195088	5559586	5219848	4331
5472	1758522	1586909	171613	93228	3839429	3444754	9625
4802	2146317	1770848	375469	212559	3663370	3434985	2295
6315	3579144	3180182	398962	254090	6056659	5858505	6006
11675	1863091	1553886	309205	163187	3537118	3351536	10168

15-17 续表

单位:万元

项　　目	Item	主营业务利润 Main Business Profits	其它业务利润 Profits from Other Businesses	营业费用 Operat-ional Expenses	管理费用 Manag-ement Expenses
批发业合计	**Total Wholesale Trade**	**10576783**	**767963**	**4549823**	**2391499**
#国有及国有控股	State-owned and State-controlled Enterprises	3661852	481008	1065166	800244
按登记注册类型分	By Status of Registration				
内资企业	Domestic-funded Enterprises	8781995	701726	3635617	2035350
国有企业	State-owned Enterprises	1152761	133722	369248	352046
集体企业	Collective-owned Enterprises	385812	313165	382009	75219
股份合作企业	Share-holding Cooperative Enterprises	31834	1511	10828	12665
联营企业	Joint-operation Enterprises	98702	1830	15866	27623
国有联营企业	State-owned Joint-operation Enterprises	70877	127	7115	13662
集体联营企业	Collective Joint-operation Enterprises	1540		720	288
国有与集体联营企业	State-collective Joint-operation Enterprises	5449		2109	2281
其他联营企业	Other Joint-operation Enterprises	20836	1703	5922	11393
有限责任公司	Limited Liability Corporations	3262389	153154	1224224	634842
国有独资企业	State Sole Investment Enterprises	213215	15200	41753	57735
其他有限责任公司	Other Limited Liability Companies	3049173	137954	1182471	577107
股份有限公司	Share-holding Corporations Ltd.	1231134	12886	300860	207907
私营企业	Private Enterprises	2576808	84753	1312042	716350
私营独资企业	Private Sole Investment Enterprises	92833	856	49758	25562
私营合伙企业	Private Partnership Enterprises	36465	138	9714	6493
私营有限责任公司	Private Limited Liability Corporations	2395980	81587	1234799	667416
私营股份有限公司	Private Share-holding Corporations Ltd.	51529	2173	17772	16880
其他企业	Other Enterprises	42555	705	20540	8698
港、澳、台商投资企业	Enterprises with Investment from Hong Kong, Macao and Taiwan	795502	28230	409260	160095
合资经营企业	Joint Ventures	151887	2182	93652	38976
合作经营企业	Cooperative Enterprises	3857	366	2084	1813
独资经营企业	Sole Investment Enterprises	624272	25625	302838	117353
投资股份有限公司	Share-holding Corporations Ltd.	15486	57	10686	1953
外商投资企业	Enterprises with Foreign Investment	999286	38007	504946	196054
中外合资经营企业	Sino-foreign Joint Ventures	291405	2964	161316	49552
中外合作经营企业	Sino-foreign Cooperative Enterprises	56448	1625	38232	5131
外资企业	Foreign-funded Enterprises	578743	31037	263529	134367
外商投资股份有限公司	Share-holding Corporations Ltd.	72690	2381	41869	7004
按国民经济行业分	By Economic Sector				
农畜产品批发业	Wholesale of Farm and Livestock Products	61143	42430	26893	30708
食品、饮料及烟草制品批发业	Wholesale of Food, Beverages and Tobacco Products	2360700	106326	669780	480081
#米、面制品及食用油批发业	Wholesale of Rice, Flour Products and Edible Oil	73285	10327	128334	31445
烟草制品批发业	Wholesale of Tobacco Products	1490868	62075	118182	267819
纺织、服装及日用品批发业	Wholesale of Textiles, Garments and Daily-use Products	1165528	35093	590419	289920
#服装批发业	Wholesale of Garments	489957	14107	236437	113337
文化、体育用品及器材批发业	Wholesale of Cultural and Sports Articles and Appliances	267677	29973	126209	97482
医药及医疗器材批发业	Wholesale of Medicines and Medical Appliances	796276	41934	426633	192054
矿产品、建材及化工产品批发	Wholesale of Mineral Products, Building Materials and Chemical Products	3696108	386751	1557843	752362
#煤炭及制品批发业	Wholesale of Coal and Related Products	321690	3593	235594	71510
石油及制品批发业	Wholesale of Petroleum and Related Products	1614545	336066	625553	281991
金属及金属矿批发业	Wholesale of Metal and Related Products	745136	20942	284249	162787
建材批发业	Wholesale of Building Materials	250926	5314	104477	62363
化肥批发业	Wholesale of Chemical Fertilizers	31642	1575	13470	10364
机械设备、五金交电及电子产品批发业	Wholesale of Machinery, Hardware, Electric and Electronic Products	1862453	106477	989885	439829
#汽车、摩托车及零配件批发业	Wholesale of Motor Vehicles, Motorcycles and Parts	334610	27908	170293	45914
家用电器批发业	Wholesale of Household Appliances	382582	6903	283179	74246
计算机、软件及辅助设备批发业	Wholesale of Computers, Software and Assistant Equipments	224638	6042	95286	64217
贸易经纪与代理	Trade Brokerage and Agency	190369	9439	72473	52259
其他批发业	Other Wholesale Trades	176529	9540	89688	56804

15-17 续表 continued

(10000 yuan)

财务费用 Financial Expenses	营业利润 Business Profits	利润总额 Total Profits	应交所得税 Income Taxes Payable	劳动及失业保险费 Labor and Unemployment Insurance Premium	养老保险和医疗保险费 Pension Insurance and Medical Care Insurance	住房公积金和住房补贴 Public Reserve Funds for Housing and Housing Subsidies	本年应付工资总额 Total Wages Payable in Current Year	本年应付福利费总额 Welfare Expenses Payable in Current Year	本年应交增值税 Value-added Tax Payable in Current Year	从业人数(人) Number of Employed Persons (person)
512646	**3997039**	**3975124**	**801319**	**35688**	**178125**	**73900**	**1492675**	**91147**	**2210707**	**354518**
167148	2087982	1933232	451881	13060	78983	47383	521816	41897	953808	86220
466437	3435497	3334747	693096	32524	149710	62815	1215156	78567	1807495	305672
76523	507148	428710	133109	5123	28989	19475	205352	16653	438553	36733
35346	294179	284073	25934	939	11036	4535	88593	6380	67670	13309
-1448	11336	27131	2487	143	489	199	4701	199	9496	1581
5498	51602	52183	11492	108	935	714	13856	926	18485	2065
1963	48265	47374	10428	70	748	699	9458	423	13691	893
-80	612	2579	487	6	19	6	214	9	247	101
3078	-1962	-1953	97	18	114	10	725	45	846	159
536	4688	4183	480	13	54		3460	449	3701	912
187118	1330691	1379085	253509	13044	50509	23591	410407	26489	629790	102282
5944	129649	179422	28469	508	4466	2508	30015	2778	54874	3732
181175	1201042	1199663	225040	12536	46042	21083	380392	23711	574916	98550
38882	657707	628972	157371	5336	16313	7434	105504	6395	203743	26199
121214	571929	523726	107525	7744	41007	6812	378277	21182	430722	121039
6716	11742	19889	3028	160	1030	164	11272	1319	31787	4011
827	20274	17914	630	126	247	55	3830	303	2682	1343
111353	524098	470475	101233	7362	39017	6509	355717	19125	389281	113201
2318	15815	15448	2635	97	714	84	7458	435	6972	2484
3304	10905	10867	1669	87	432	55	8466	343	9036	2464
11116	251741	311755	62098	810	12383	4247	135679	4079	168396	25705
1237	26941	28851	6958	345	3684	1951	29851	1457	28168	4311
77	233	401	405	8	65	27	1061	40	2060	315
9289	221658	279891	54409	446	8429	2249	103049	2542	136695	20431
513	2909	2612	326	11	205	20	1718	40	1473	648
35093	309801	328622	46125	2354	16032	6838	141840	8501	234816	23141
12604	57729	62351	14155	899	3549	1355	31559	2076	26206	6987
1251	13599	17336	5362	107	923	574	7511	297	9560	1458
17129	216297	218320	24219	1311	10023	3924	88198	5142	190615	11969
4109	22176	30615	2389	37	1537	985	14572	986	8435	2727
23440	24056	39747	2244	177	1354	400	12225	655	18088	3481
20062	1389438	1383116	299334	11718	47087	28782	314037	23446	416414	69533
13209	-8387	24561	4986	742	8569	941	19756	1592	12509	4539
-9473	1175563	1125479	262598	6707	19961	21579	148747	13932	289344	16905
18861	331834	353593	62017	2856	23256	6171	194044	8226	339709	50707
1939	158333	159062	27681	793	6036	1356	76661	2557	102930	17868
18809	62670	69801	16413	1828	7265	2364	74930	3060	63208	19787
29312	215114	198502	44635	2468	11568	4789	138106	9535	245842	36124
333473	1342900	1191470	261339	6377	52786	19340	365875	26529	633021	80200
31012	-3549	33806	12630	281	2676	1204	15931	1062	73580	3963
126334	909025	825546	174376	1834	29272	11184	176660	14549	264559	33866
112372	224709	114881	28863	762	6610	2287	55761	3579	119717	12834
22434	24666	28349	13735	1038	5365	1240	30676	1822	63649	7760
6958	38	6664	3273	123	598	237	5991	341	15850	1579
42203	531528	624106	90432	9239	28296	9354	333027	16072	431796	78446
4837	150155	152258	29121	188	2391	966	33843	1047	157154	7290
6380	31383	35443	6862	1195	5422	1308	65487	2855	50022	21160
4891	67756	73168	2940	387	4700	2298	45976	2600	34408	8695
11336	69119	75482	15643	624	2748	1170	28142	1979	27655	6464
15150	30380	39307	9262	401	3765	1530	32289	1645	34974	9776

15-18 限额以上零售企业财务状况（2009年）

单位:万元

项目	Item	企业数（个）Number of Enterprises (unit)	流动资产合计 Circulating Assets	固定资产原价 Original Value of Fixed Assets	累计折旧 Accumulated Depreciation
零售企业合计	**Total Retail Trade**	**3585**	**14111488**	**4492772**	**1489126**
#国有及国有控股	State-owned and State-controlled Enterprises	294	3240119	1773262	491877
按登记注册类型分	By Status of Registration				
内资企业	Domestic-funded Enterprises	3343	11106334	3295858	1044797
国有企业	State-owned Enterprises	149	771818	266446	105039
集体企业	Collective-owned Enterprises	208	764102	276782	43551
股份合作企业	Share-holding Cooperative Enterprises	38	108538	6375	3265
联营企业	Joint-operation Enterprises	39	52688	18135	9949
国有联营企业	State-owned Joint-operation Enterprises	16	37529	9224	4932
集体联营企业	Collective Joint-operation Enterprises	8	3704	1500	757
国有与集体联营企业	State-collective Joint-operation Enterprises	5	5462	3711	1854
其他联营企业	Other Joint-operation Enterprises	10	5993	3700	2407
有限责任公司	Limited Liability Corporations	1125	4070093	789099	293183
国有独资企业	State Sole Investment Enterprises	6	161384	34532	15874
其他有限责任公司	Other Limited Liability Companies	1119	3908709	754567	277309
股份有限公司	Share-holding Corporations Ltd.	97	1492383	1262684	331142
私营企业	Private Enterprises	1643	3758511	653026	249817
私营独资企业	Private Sole Investment Enterprises	244	337056	45853	14516
私营合伙企业	Private Partnership Enterprises	36	37561	8502	2558
私营有限责任公司	Private Limited Liability Corporations	1301	3261886	572671	222173
私营股份有限公司	Private Share-holding Corporations Ltd.	62	122008	26001	10570
其他企业	Other Enterprises	44	88201	23311	8851
港、澳、台商投资企业	Enterprises with Investment from Hong Kong, Macao and Taiwan	108	1607879	453481	150789
合资经营企业	Joint Ventures	27	954318	250554	105025
合作经营企业	Cooperative Enterprises	10	29526	12859	6153
独资经营企业	Sole Investment Enterprises	67	518920	138204	35867
投资股份有限公司	Share-holding Corporations Ltd.	4	105115	51864	3744
外商投资企业	Enterprises with Foreign Investment	134	1397275	743433	293540
中外合资经营企业	Sino-foreign Joint Ventures	59	518440	186216	83746
中外合作经营企业	Sino-foreign Cooperative Enterprises	15	283775	86319	46100
外资企业	Foreign-funded Enterprises	57	588631	468977	162880
外商投资股份有限公司	Share-holding Corporations Ltd.	3	6429	1921	814
按国民经济行业分	By Economic Sector				
综合零售业	Comprehensive Retail	543	3606887	1574858	592163
#百货零售业	Retail of General Merchandise	214	2173439	752042	301955
超级市场零售业	Retail in Supermarkets	271	1328176	784253	272202
食品、饮料及烟草制品专门零售	Retail of Food, Beverages and Tobacco Products	122	359968	55354	24308
纺织、服装及日用品专门零售业	Retail of Textiles, Garments and Daily-use Products	206	1194001	167006	62651
#服装零售业	Retail of Garments	117	838713	70948	21356
文化、体育用品及器材专门零售	Retail of Cultural and Sports Articles and Appliances	155	303515	121207	44648
#体育用品零售业	Retail of Sports Articles and Appliances	8	17560	20993	2467
图书零售业	Retail of Books	58	159056	77588	33250
医药及医疗器材专门零售业	Retail of Medicines and Medical Appliances	183	522788	52790	20707
#药品零售业	Retail of Medicines	153	483107	50768	19736
汽车、摩托车、燃料及零配件专门零售业	Retail of Motor Vehicles, Motorcycles and Parts	1647	6299355	2192675	635202
#汽车零售业	Retail of Motor Vehicles	981	4071820	700622	234513
机动车燃料零售业	Retail of Motor Vehicle Fuels	521	2108466	1478190	394230
家用电器及电子产品专门零售业	Retail of Household Appliances and Electronic Products	381	1354135	67253	30731
#家用电器零售业	Retail of Household Appliances	168	1085907	41059	18794
计算机、软件及辅助设备零售业	Retail of Computers, Software and Assistant Equipments	129	112218	12518	4891
通讯设备零售业	Retail of Communication Equipments	44	110054	9769	5242
五金、家具及室内装修材料专门零售业	Retail of Hardware, Furniture and Interior Decoration Materials	127	249409	132202	32818
无店铺及其他零售业	Non-shop and Other Retails	221	221430	129427	45898
#邮购及电子销售业	Mail Order and E-commerce	3	3829	276	69

Financial Indicators of Enterprises above Designated Size in Retail Trade (2009)

(10000 yuan)

本年折旧 Depreciation Drawn in Current Year	资产合计 Total Assets	负债合计 Total Liabilities	所有者权益合计 Total Creditors' Equity	实收资本 Paid-up Capital	主营业务收入 Main Business Revenue	主营业务成本 Main Business Costs	主营业务税金及附加 Tax and Extra Charges on Main Business
285404	**20149646**	**13905502**	**6244144**	**3390903**	**42115555**	**36257883**	**127841**
77065	5527472	2739207	2788265	604031	10491457	8770081	30578
209074	15365178	10531641	4833537	2231503	33648947	29173950	102762
14877	1175394	767338	408056	239216	2751013	2454145	5632
11872	1055976	657000	398976	56637	1939148	1624477	6097
493	115267	100828	14439	8655	217588	181678	397
1365	69182	41519	27663	14922	252750	212771	487
715	48321	32008	16313	10490	158860	134856	203
52	4463	2021	2442	1620	28149	21928	144
251	8517	2741	5776	1458	47097	40367	48
347	7881	4749	3132	1354	18644	15619	92
71714	5141043	3883164	1257879	860153	12117673	10599845	39920
3738	270684	88947	181737	45049	138072	88438	895
67976	4870359	3794217	1076142	815104	11979600	10511408	39026
49295	3044260	1339817	1704443	220867	5690843	4613814	15478
57390	4642084	3624637	1017447	809049	10431484	9267583	34015
3403	386334	288897	97437	55903	795912	722165	3318
584	48631	30297	18334	7720	142747	120099	516
50970	4038788	3195668	843120	708136	9155005	8122942	29102
2434	168332	109776	58556	37289	337820	302377	1079
2068	121972	117338	4634	22004	248448	219637	736
34982	2305928	1604367	701561	454201	3668073	3077380	14385
16033	1440030	968506	471524	263689	2187147	1835609	6568
711	39122	28836	10286	17668	100365	77892	514
14667	653659	478327	175332	137611	1280914	1075369	6663
3571	173117	128698	44419	35233	99647	88510	640
41348	2478540	1769494	709046	705199	4798535	4006553	10694
13712	713678	475412	238266	203778	2003329	1772335	1721
7246	370389	290008	80381	128403	881019	725524	434
20312	1386352	993515	392837	370398	1898029	1493682	8529
78	8121	10559	-2438	2620	16158	15012	10
100903	5842490	4355034	1487456	1122669	9349306	7859386	49963
49868	3180302	2068722	1111580	633157	4833620	3961371	31485
47717	2529255	2150312	378943	463814	4206871	3656768	15760
5000	484526	212524	272002	74781	482662	356662	2454
15960	1409262	966671	442591	283844	2194429	1470089	11168
6619	958631	670648	287983	146512	1383352	998644	6267
7166	448177	277711	170466	137158	421322	320639	3584
1293	40972	15973	24999	30382	26714	20765	27
4152	244688	162031	82657	39989	182354	134547	1449
3806	604847	443982	160865	101074	1078348	875737	3217
3591	562894	408870	154024	96219	982527	796499	2951
127008	9090770	5865495	3225275	1284803	24061626	21435404	40280
65963	5017474	3953598	1063876	878603	14500886	13384026	25443
59708	3934342	1812728	2121614	379151	9166084	7693226	14025
7719	1492048	1190022	302026	184187	3427810	3062395	10771
4008	1175001	968711	206290	87526	2389655	2158043	4927
1347	128789	76535	52254	48085	382160	341760	3691
1932	138199	107039	31160	40536	569953	488201	1707
10417	399396	336599	62797	97480	390774	291759	3185
7425	378130	257464	120666	104907	709278	585812	3219
36	5021	3768	1253	1278	10559	7874	45

15-18 续表

单位:万元

项　　目	Item	主营业务利润 Main Business Profits	其它业务利润 Profits from Other Businesses	营业费用 Operational Expenses	管理费用 Management Expenses
零售企业合计	**Total Retail Trade**	**5647366**	**713591**	**2945930**	**1162295**
#国有及国有控股	State-owned and State-controlled Enterprises	1662007	52047	436778	194070
按登记注册类型分	By Status of Registration				
内资企业	Domestic-funded Enterprises	4289083	396373	1944951	868709
国有企业	State-owned Enterprises	278862	12593	81591	60137
集体企业	Collective-owned Enterprises	304167	24687	122115	33733
股份合作企业	Share-holding Cooperative Enterprises	33687	1569	17002	5199
联营企业	Joint-operation Enterprises	39492	2815	20108	5268
国有联营企业	State-owned Joint-operation Enterprises	23801	2543	15387	2630
集体联营企业	Collective Joint-operation Enterprises	6077	5	1949	562
国有与集体联营企业	State-collective Joint-operation Enterprises	6682	261	1857	1165
其他联营企业	Other Joint-operation Enterprises	2933	6	914	912
有限责任公司	Limited Liability Corporations	1433814	204528	783091	322607
国有独资企业	State Sole Investment Enterprises	48740	15428	11681	14601
其他有限责任公司	Other Limited Liability Companies	1385074	189099	771409	308007
股份有限公司	Share-holding Corporations Ltd.	1050119	13234	240006	87110
私营企业	Private Enterprises	1121529	132083	663144	349488
私营独资企业	Private Sole Investment Enterprises	70043	24851	44815	18114
私营合伙企业	Private Partnership Enterprises	22131	1295	10438	5308
私营有限责任公司	Private Limited Liability Corporations	995013	96518	588081	314000
私营股份有限公司	Private Share-holding Corporations Ltd.	34343	9419	19810	12066
其他企业	Other Enterprises	27413	4864	17894	5167
港、澳、台商投资企业	Enterprises with Investment from Hong Kong, Macao and Taiwan	570925	179085	407865	153898
合资经营企业	Joint Ventures	344970	141356	259351	72608
合作经营企业	Cooperative Enterprises	21960	1275	10229	3298
独资经营企业	Sole Investment Enterprises	193420	31020	128230	74985
投资股份有限公司	Share-holding Corporations Ltd.	10575	5434	10055	3007
外商投资企业	Enterprises with Foreign Investment	787358	138133	593114	139688
中外合资经营企业	Sino-foreign Joint Ventures	227259	25712	152950	35909
中外合作经营企业	Sino-foreign Cooperative Enterprises	155061	23116	121096	20150
外资企业	Foreign-funded Enterprises	403901	89699	317082	83124
外商投资股份有限公司	Share-holding Corporations Ltd.	1137	-394	1986	505
按国民经济行业分	By Economic Sector				
综合零售业	Comprehensive Retail	1437239	445263	1163642	388456
#百货零售业	Retail of General Merchandise	855403	171507	570625	198761
超级市场零售业	Retail in Supermarkets	527330	263735	544004	173469
食品、饮料及烟草制品专门零售业	Retail of Food, Beverages and Tobacco Products	121824	15739	44288	29308
纺织、服装及日用品专门零售业	Retail of Textiles, Garments and Daily-use Products	707718	15893	402021	111943
#服装零售业	Retail of Garments	377895	11008	197511	71040
文化、体育用品及器材专门零售业	Retail of Cultural and Sports Articles and Appliances	96432	14853	61118	50080
#体育用品零售业	Retail of Sports Articles and Appliances	5921	1416	6305	1946
图书零售业	Retail of Books	45803	10107	24812	29336
医药及医疗器材专门零售业	Retail of Medicines and Medical Appliances	197490	13555	133594	43409
#药品零售业	Retail of Medicines	181542	13276	125302	39798
汽车、摩托车、燃料及零配件专门零售业	Retail of Motor Vehicles, Motorcycles and Parts	2523615	88970	738728	406201
#汽车零售业	Retail of Motor Vehicles	1045615	76509	423232	287690
机动车燃料零售业	Retail of Motor Vehicle Fuels	1442675	11733	299616	107864
家用电器及电子产品专门零售业	Retail of Household Appliances and Electronic Products	351508	96487	265896	73182
#家用电器零售业	Retail of Household Appliances	223993	85944	193894	37304
计算机、软件及辅助设备零售业	Retail of Computers, Software and Assistant Equipments	36582	3122	19919	15308
通讯设备零售业	Retail of Communication Equipments	80045	6518	46735	14861
五金、家具及室内装修材料专门零售业	Retail of Hardware, Furniture and Interior Decoration Materials	95317	16867	73353	28485
无店铺及其他零售业	Non-shop and Other Retails	116223	5964	63290	31231
邮购及电子销售业	Mail Order and E-commerce	2641	18	2008	632

15-18 continued

(10000 yuan)

财务费用 Financial Expenses	营业利润 Business Profits	利润总额 Total Profits	应交所得税 Income Taxes Payable	劳动及失业保险费 Labor and Unempl-oyment Insurance Premium	养老保险和医疗保险费 Pension Insurance and Medical Care Insurance	住房公积金和住房补贴 Public Reserve Funds for Housing and Housing Subsidies	本年应付工资总额 Total Wages Payable in Current Year	本年应付福利费总额 Welfare Expenses Payable in Current Year	本年应交增值税 Value-added Tax Payable in Current Year	从业人数（人） Number of Employed Persons (person)
194110	**2142665**	**1693106**	**238102**	**18057**	**101633**	**26797**	**1068885**	**69633**	**1144515**	**402350**
13933	1070738	848443	66463	5070	23377	9499	166650	9225	278890	51047
168899	1774054	1475452	169587	15185	73416	16055	784848	47075	752580	309133
8659	154966	166026	25553	2110	6047	3034	56425	3539	84055	17132
4103	172041	169849	7996	468	4138	688	39247	3061	30668	17219
580	12369	7980	462	59	331	63	3745	162	2833	1646
1688	15264	13332	2489	64	518	42	6880	414	8654	3169
375	7951	6929	1391	49	419	18	5362	308	7214	2619
1250	2320	1592	207	2	30	7	300	22	347	177
3	3939	3939	746	8	29	12	762	55	717	165
60	1054	872	145	4	39	5	456	29	376	208
49264	490642	501658	68202	6080	27444	5115	316362	16360	283865	117570
-3361	40111	48944	8123	1765	1744	386	10379	249	1374	1436
52625	450531	452714	60080	4315	25700	4729	305983	16110	282492	116134
55763	711433	465607	20308	1789	9649	4362	69367	3822	144214	24915
48085	207760	145328	43310	4473	24965	2708	287682	19133	194905	125037
1769	30582	26310	4852	566	907	53	19024	844	9489	12221
321	7359	1890	1948	85	258	127	3097	230	4394	1558
44014	159896	107594	34287	3682	22869	2369	256712	17367	176164	107657
1980	9924	9534	2222	141	930	160	8849	693	4859	3601
757	9579	5672	1267	142	324	43	5140	584	3386	2445
10604	184910	230540	37509	1455	11394	6252	115969	8136	266450	38477
3797	151923	173618	26580	1069	6574	5077	65942	4991	227497	21392
309	9399	7936	2221	102	490	43	3560	123	4702	840
4379	22392	22338	8012	260	4193	1130	44517	3003	32715	15710
2119	1196	26648	696	24	137	2	1950	19	1536	535
14607	183701	-12886	31006	1417	16823	4490	168068	14422	125485	54740
6291	60648	55829	15196	720	4649	1386	47040	6343	38407	17003
2476	34817	28331	6443	163	3775	952	25872	921	23226	8142
5713	90111	-95175	9367	534	8395	2149	94451	7146	63713	29381
127	-1875	-1871			4	3	705	12	139	214
25877	321419	223078	82575	6132	36775	11271	377024	22511	381143	157963
17976	252270	120320	67955	3411	17143	7595	180657	9613	302762	67908
7051	69973	89774	9993	2571	18337	3415	180372	11838	71492	82993
-828	74211	92546	14484	415	2551	973	24023	1074	6719	8070
9434	205671	124685	26660	952	11197	2406	118908	7065	108909	35418
4342	116635	88021	19670	488	8266	1671	66722	2297	59500	22414
2539	-64	4575	2257	2654	4898	1810	41219	2456	13769	12590
631	-1545	-1509	52	39	99	20	944	12	1630	268
1132	2566	6954	809	2375	3401	1290	24655	1824	6592	7527
51030	33734	34636	6878	852	5249	811	53261	3305	31527	25817
50864	29000	30264	6063	821	5053	764	50341	3048	28836	24500
84310	1373519	1101494	83376	5002	28236	6593	316773	25246	517526	107876
70602	356777	337019	37936	3515	15316	2462	224676	18102	262343	69509
12662	1007662	757549	44077	1376	12207	4066	82395	6594	237890	34482
9989	102459	82240	11417	1470	7864	1559	89722	4993	51715	37740
6721	74634	75677	9110	873	5027	1074	51424	2746	37731	24598
771	4181	2799	427	203	1163	232	12640	1032	4391	4524
2393	22644	3205	1477	368	1077	144	19134	611	6016	7110
6408	5832	16954	2281	216	2050	490	23027	1756	13788	6677
5351	25884	12898	8174	364	2813	884	24928	1227	19419	10199
-12	31	37	1	2	41	1	329	12	443	198

15-19 各市限额以上批发零售企业财务状况（2009年）

单位:万元

市 别	City	企业数（个）Number of Enterprises (unit)	流动资产合计 Circulating Assets	固定资产原价 Original Value of Fixed Assets	累计折旧 Accumulated Depreciation	#本年折旧 Depreciation Drawn in Current Year	资产合计 Total Assets
批发零售业合计	**Total Wholesale and Retail Trades**	**9576**	**73579960**	**10930030**	**3546669**	**683406**	**93074010**
批发业	**Wholesale Trade**	**5991**	**59468472**	**6437258**	**2057543**	**398002**	**72924364**
广 州	Guangzhou	2522	27361147	2986452	896852	180202	33616502
深 圳	Shenzhen	940	16417082	1646504	578145	102898	20417389
珠 海	Zhuhai	327	1782607	227313	66468	11779	2155087
汕 头	Shantou	77	396834	75025	21211	2854	537424
佛 山	Foshan	701	4653351	332303	116885	24130	5291264
韶 关	Shaoguan	12	443648	50494	19685	2980	506343
河 源	Heyuan	9	55282	37566	10897	778	117993
梅 州	Meizhou	27	113836	54663	14230	1709	174773
惠 州	Huizhou	66	849983	57807	18352	3976	958492
汕 尾	Shanwei	14	80206	17579	5158	1286	101634
东 莞	Dongguan	275	2693746	261122	82603	19562	3268237
中 山	Zhongshan	223	1145502	89644	33645	5387	1298695
江 门	Jiangmen	170	600331	76064	26832	5986	708214
阳 江	Yangjiang	17	54512	54551	20445	3368	107572
湛 江	Zhanjiang	79	818678	60404	23209	5629	980804
茂 名	Maoming	181	331801	49685	17640	4291	418556
肇 庆	Zhaoqing	43	384753	25380	8596	1262	425970
清 远	Qingyuan	32	107492	127119	20714	5701	260779
潮 州	Chaozhou	32	346518	45083	14746	2672	466225
揭 阳	Jieyang	223	648422	76731	23248	7293	839565
云 浮	Yunfu	21	182741	85769	37982	4259	272846
零售业	**Retail Trade**	**3585**	**14111488**	**4492772**	**1489126**	**285404**	**20149646**
广 州	Guangzhou	935	4885952	1193595	408602	85033	6368914
深 圳	Shenzhen	471	3893696	980349	396639	66407	5567495
珠 海	Zhuhai	171	562007	183561	71758	12174	841087
汕 头	Shantou	52	148185	59126	24537	4921	206244
佛 山	Foshan	359	1499442	418410	94104	25155	2006475
韶 关	Shaoguan	17	35673	18947	6079	1410	59389
河 源	Heyuan	27	33136	10551	2560	667	53831
梅 州	Meizhou	36	44584	16127	4529	1268	76757
惠 州	Huizhou	145	248988	191622	55109	11235	447473
汕 尾	Shanwei	18	34938	366411	79372	2700	334609
东 莞	Dongguan	440	1508694	372634	129470	33155	1837933
中 山	Zhongshan	119	313089	136410	46667	11413	782847
江 门	Jiangmen	120	202761	142056	45788	7396	359378
阳 江	Yangjiang	7	24740	5771	2212	100	29754
湛 江	Zhanjiang	63	120773	92475	28261	2622	221907
茂 名	Maoming	113	199725	64353	17170	3354	336906
肇 庆	Zhaoqing	77	110935	115204	32162	7135	216668
清 远	Qingyuan	59	67425	15858	5383	1143	84733
潮 州	Chaozhou	60	56244	22548	8425	1380	90591
揭 阳	Jieyang	265	101076	78794	27371	6349	197685
云 浮	Yunfu	31	19425	7970	2928	387	28970

Financial Indicators of Enterprises above Designated Size in Wholesale and Retail Trades by City (2009)

(10000 yuan)

负债合计 Total Liabilities	所有者权益合计 Total Creditors' Equity	实收资本 Paid-up Capital	主营业务收入 Main Business Revenue	主营业务成本 Main Business Costs	主营业务税金及附加 Tax and Extra Charges on Main Business	主营业务利润 Main Business Profits
69428029	**23645981**	**12795568**	**211007380**	**194171583**	**504822**	**16224149**
55522527	**17401837**	**9404665**	**168891825**	**157913700**	**376981**	**10576783**
25983266	7633236	4824963	86381398	82039756	102142	4243411
14544577	5872812	2571295	35324916	32728301	48885	2547731
1618309	536778	238618	4299806	4006805	17657	274515
312797	224627	138804	1695672	1473600	10641	210293
4641017	650247	540881	13714790	12788637	24299	880637
313200	193143	8269	787165	677168	2638	107360
26422	91571	60363	462384	390391	7187	64806
94788	79985	37423	922078	805080	10019	105280
883737	74755	46831	1926483	1706252	9862	209735
36277	65357	25685	381957	298344	7855	82468
2652294	615943	267579	5392470	5050810	27853	317103
1141149	157546	90031	4776038	4534191	9145	232484
558381	149833	81713	2150465	1983212	14836	152416
60725	46847	25115	443795	394569	4510	44716
779823	200981	135152	2109638	1920097	11137	178404
279773	138783	59511	2416668	2272261	9499	134908
415021	10949	23741	877743	760301	8671	95921
156085	104694	20501	742193	582893	8705	150595
385682	80543	49240	1158044	1002090	10759	145194
510321	329244	133367	2272470	1912063	25533	334874
128883	143963	25583	655652	586879	5148	63932
13905502	**6244144**	**3390903**	**42115555**	**36257883**	**127841**	**5647366**
4709851	1659063	898602	14152206	12226718	43751	1865749
3667667	1899828	1216840	10023868	8483955	35504	1504468
513223	327864	213349	1361217	1108966	4377	248058
169917	36327	45539	569464	533601	1239	34075
1419813	586662	220709	4400880	3738317	8712	582546
45725	13664	19391	122089	105159	252	16198
32501	21330	20328	85666	76317	211	8772
39310	37447	30623	213767	194282	512	17544
315860	131613	73041	1358442	1236410	3663	118077
295028	39581	42300	151307	123162	975	67889
1145971	691962	204591	3639409	3174389	7757	422458
513296	269551	61183	1569110	1366429	2684	203059
269567	89811	108287	1108741	1012170	3789	92782
23203	6551	6222	31386	26970	89	4327
169881	52026	28771	666421	586503	1297	78622
203044	133862	59950	782304	720120	1474	60710
154328	62340	24133	827698	661294	2519	162825
64734	19999	13778	220455	200036	346	20073
54009	36582	31690	210307	176220	3103	30983
79552	118133	66498	556476	449438	5420	101618
19022	9948	5078	64342	57427	167	6533

15-19 续表

单位:万元

市别	City	其它业务利润 Profits from Other Businesses	营业费用 Operational Expenses	管理费用 Management Expenses	财务费用 Financial Expenses	营业利润 Business Profits
批发零售业合计	**Total Wholesale and Retail Trades**	**1481554**	**7495753**	**3553794**	**706756**	**6139704**
批发业	**Wholesale Trade**	**767963**	**4549823**	**2391499**	**512646**	**3997039**
广州	Guangzhou	515090	2062690	1031480	260989	1461561
深圳	Shenzhen	127604	1208737	596090	81089	797555
珠海	Zhuhai	15326	107187	86196	12742	102316
汕头	Shantou	1060	41455	35147	3193	132788
佛山	Foshan	8290	335817	147979	78969	330551
韶关	Shaoguan	836	28276	23323	436	56162
河源	Heyuan	146	18297	11795	824	34272
梅州	Meizhou	236	36752	22752	1276	46525
惠州	Huizhou	4131	113176	40953	4024	53932
汕尾	Shanwei	35	10349	19356	531	52530
东莞	Dongguan	15397	144847	70333	22902	104289
中山	Zhongshan	5230	129367	45703	9598	54151
江门	Jiangmen	2254	44926	34315	4795	70635
阳江	Yangjiang	64	17414	8846	266	18254
湛江	Zhanjiang	6094	43395	38040	6462	96600
茂名	Maoming	61907	34211	28583	2174	131846
肇庆	Zhaoqing	701	39897	19421	2964	37833
清远	Qingyuan	1356	17480	25342	1149	107980
潮州	Chaozhou	1278	42145	22711	10589	71027
揭阳	Jieyang	580	66080	60777	6431	202166
云浮	Yunfu	348	7325	22357	1243	34066
零售业	**Retail Trade**	**713591**	**2945930**	**1162295**	**194110**	**2142665**
广州	Guangzhou	260565	1099670	416195	36769	608537
深圳	Shenzhen	292246	878502	326730	29212	563048
珠海	Zhuhai	13881	74041	51400	56081	145974
汕头	Shantou	5182	20744	10570	2045	7407
佛山	Foshan	30693	230791	98811	25333	260466
韶关	Shaoguan	1991	10918	6037	795	912
河源	Heyuan	65	4556	2543	410	-273
梅州	Meizhou	520	6920	4571	1151	7480
惠州	Huizhou	16136	93097	20101	3759	15618
汕尾	Shanwei	693	8671	8196	2187	19323
东莞	Dongguan	52580	230665	83483	13779	155214
中山	Zhongshan	14196	77926	32524	4666	102183
江门	Jiangmen	7087	51249	24286	3467	20868
阳江	Yangjiang	65	2862	940	132	516
湛江	Zhanjiang	2978	29230	14825	2849	34696
茂名	Maoming	4462	35631	13258	3417	12868
肇庆	Zhaoqing	4346	41624	10608	2037	113805
清远	Qingyuan	2273	11300	6079	857	4110
潮州	Chaozhou	1946	9132	4103	1437	18257
揭阳	Jieyang	1028	24142	23557	3305	51643
云浮	Yunfu	658	4259	3478	422	13

15-19 continued

(10000 yuan)

利润总额 Total Profits	应交所得税 Income Taxes Payable	劳动及失业保险费 Labor and Unemployment Insurance Premium	住房公积金和住房补贴 Public Reserve Funds for Housing and Housing Subsidies	本年应付工资总额 Total Wages Payable in Current Year	本年应付福利费总额 Welfare Expenses Payable in Current Year	本年应交增值税 Value-added Tax Payable in Current Year	从业人数(人) Number of Employed Persons (person)
5668230	**1039421**	**53745**	**100697**	**2561560**	**160780**	**3355222**	**756868**
3975124	**801319**	**35688**	**73900**	**1492675**	**91147**	**2210707**	**354518**
1366110	360254	12492	38576	644148	41636	1029626	134007
1101687	150953	8414	9504	439407	18495	529476	92075
97929	19652	911	1644	40085	2600	45559	8938
85810	19550	598	888	17725	1021	29851	4527
282586	40057	3373	1973	63271	3864	163914	21200
49550	9669	897	2052	15323	2084	23713	3414
32662	7244	282	1038	7053	849	45685	1614
45789	10370	498	1649	16848	556	17658	2823
54240	13638	546	2542	23889	1701	28105	7280
51665	13133	3988	1781	8470	895	12329	1841
122654	28754	741	1664	54953	3702	53916	18402
61491	15482	883	739	38886	2061	28561	15251
70825	13990	412	1754	19028	1149	25731	5966
14692	3824	113	695	5773	706	6585	1804
104081	11923	190	801	13860	1107	42565	5184
58397	8447	358	1194	17867	2502	19720	6996
28190	6680	139	897	13124	984	12007	3441
109520	8989	34	1134	10629	738	14859	3141
66426	8284	94	719	7810	852	16214	2841
133924	45279	569	2039	20042	2935	57311	7290
36896	5147	156	617	14484	710	7324	6483
1693106	**238102**	**18057**	**26797**	**1068885**	**69633**	**1144515**	**402350**
227634	70635	7491	13594	375691	29409	304855	114086
558560	82901	3360	6005	332664	14668	501160	112828
141119	27879	699	938	34611	2517	17503	14624
4066	868	217	44	7177	297	6325	3727
260542	13725	1932	986	76825	5086	65982	34749
1090	307	123	11	5554	476	2069	3825
-161	173	25	97	2522	130	989	1349
7635	448	121	43	5826	315	1983	4020
17015	1987	329	683	26566	1918	75625	12671
16221	92	5	259	3488	393	7866	2424
151936	14161	731	1528	79722	6110	60315	34968
103868	4232	1240	230	34374	1595	18384	16609
19315	1874	476	474	17974	1182	23722	10795
608	53	11	12	2302	13	605	1832
30786	1014	193	376	13753	1161	10825	6637
23616	2140	273	389	13631	1908	8588	6836
87051	3346	252	609	14286	644	9011	7114
4239	1000	70	40	4780	313	4818	2639
16418	442	220	43	4099	250	5054	2360
19516	10673	268	393	10404	1166	17406	6424
2032	152	21	43	2636	82	1429	1833

15-20 限额以上住宿企业财务状况（2009年）

单位:万元

项　目	Item	企业数（个）Number of Enterprises (unit)	流动资产合计 Circulating Assets	固定资产原价 Original Value of Fixed Assets	累计折旧 Accumulated Depreciation
住宿业合计	**Total Hotels**	**1512**	**3201990**	**7161182**	**2842068**
#国有及国有控股	State-owned and State-controlled Enterprises	285	666699	2095435	966760
按登记注册类型分	By Status of Registration				
内资企业	Domestic-funded Enterprises	1293	1903487	4293330	1662559
国有企业	State-owned Enterprises	206	380196	1136651	551641
集体企业	Collective-owned Enterprises	90	44833	153564	77882
股份合作企业	Share-holding Cooperative Enterprises	9	2617	5840	2920
联营企业	Joint-operation Enterprises	15	18557	72277	38422
国有联营企业	State-owned Joint-operation Enterprises	11	7157	49078	26795
集体联营企业	Collective Joint-operation Enterprises	1	138	2308	1441
国有与集体联营企业	State-collective Joint-operation Enterprises	2	10807	15169	9730
其他联营企业	Other Joint-operation Enterprises	1	456	5722	456
有限责任公司	Limited Liability Corporations	376	818424	1533002	521685
国有独资企业	State Sole Investment Enterprises	13	20356	55363	25858
其他有限责任公司	Other Limited Liability Companies	363	798069	1477639	495827
股份有限公司	Share-holding Corporations Ltd.	23	33323	128375	57637
私营企业	Private Enterprises	552	586502	1226978	391131
私营独资企业	Private Sole Investment Enterprises	161	109455	227011	80810
私营合伙企业	Private Partnership Enterprises	33	8785	36652	12853
私营有限责任公司	Private Limited Liability Corporations	337	455367	930250	291067
私营股份有限公司	Private Share-holding Corporations Ltd.	21	12895	33066	6402
其他企业	Other Enterprises	22	19035	36643	21241
港、澳、台商投资企业	Enterprises with Investment from Hong Kong, Macao and Taiwan	136	652513	1789255	716568
合资经营企业	Joint Ventures	39	120099	460671	227797
合作经营企业	Cooperative Enterprises	37	254769	523365	241002
独资经营企业	Sole Investment Enterprises	56	273805	786003	245481
投资股份有限公司	Share-holding Corporations Ltd.	4	3840	19216	2288
外商投资企业	Enterprises with Foreign Investment	83	645990	1078597	462941
中外合资经营企业	Sino-foreign Joint Ventures	24	212290	351502	162781
中外合作经营企业	Sino-foreign Cooperative Enterprises	28	96997	212825	132818
外资企业	Foreign-funded Enterprises	30	336694	512439	166781
外商投资股份有限公司	Share-holding Corporations Ltd.	1	9	1831	561
按国民经济行业分	By Economic Sector				
旅游饭店	Tourist Hotels	1171	2776462	6475638	2598272
一般旅馆	General Hotels	292	389914	593820	198418
其它住宿服务	Others	49	35614	91724	45378
按控股情况分组	By Holdings				
国有控股	State Holdings	285	666699	2095435	966760
集体控股	Collective Holdings	103	70886	199409	99570
私人控股	Private Holdings	707	1057925	1782031	539955
港澳台商控股	Hongkong,Macaw and Taiwan Holdings	136	568914	1606341	728369
外商控股	Foreign Holdings	45	405832	600470	198611
其他	State Holdings	236	431734	877496	308803
按星级分组	By sStar Rating				
五星	Five Star	57	517948	1462167	600239
四星	Four Star	161	532903	890199	373023
三星	Three Star	438	428803	1064076	512474
二星	Two Star	158	383447	685485	273565
一星	One Star	46	337259	993434	462159
其他	Others	652	1001630	2065821	620608

Financial Indicators of Enterprises above Designated Size of Hotels (2009)

(10000 yuan)

本年折旧 Depreciation Drawn in Current Year	资产合计 Total Assets	负债合计 Total Liabilities	所有者权益合计 Total Creditors' Equity	实收资本 Paid-up Capital	主营业务收入 Main Business Revenue	主营业务成本 Main Business Costs	主营业务税金及附加 Tax and Extra Charges on Main Business
450534	**9712975**	**7023440**	**2689535**	**3506565**	**3328413**	**1052566**	**193413**
130082	2268966	1284897	984069	1063295	746893	203957	40388
268976	5913478	4266811	1646667	1837942	2334604	738172	140300
76200	1185971	733273	452698	578989	444919	108482	24274
5980	152484	92599	59885	72113	86590	27207	5222
393	7706	3812	3894	12393	10448	4981	446
2743	81746	34134	47612	29583	21505	5792	1175
1951	43456	20102	23354	20905	12851	4364	681
231	2150	900	1250	2932	917	282	53
105	30410	10753	19657	5423	7130	1098	380
456	5730	2379	3351	323	608	49	61
99849	2405168	1803819	601349	633554	833412	279295	51314
3574	95176	77163	18013	28702	26232	5847	1475
96274	2309992	1726656	583336	604852	807180	273448	49839
8507	144897	55485	89412	55665	57364	23900	3195
72536	1897224	1502638	394586	449261	853481	279194	53141
14954	309590	184902	124688	124406	181391	65813	11839
3640	44644	28965	15679	17643	35408	13968	2439
52424	1497591	1256404	241187	292319	615394	190911	37530
1518	45400	32368	13032	14894	21288	8501	1334
2768	38282	41051	-2769	6384	26885	9321	1533
115141	2200608	1799821	400787	930881	504745	146658	26265
19300	528094	460300	67794	225655	123775	49420	6358
28233	681303	612678	68625	216430	144112	32962	7483
66124	967866	709634	258232	450771	226823	60310	11902
1484	23345	17209	6136	38025	10035	3966	522
66417	1598889	956808	642081	737742	489064	167736	26848
29837	497851	281151	216700	188100	159949	25511	8736
6487	269477	246108	23369	132761	94237	22075	4632
29991	830281	429291	400990	415612	233822	119342	13465
102	1280	258	1022	1269	1056	808	15
403732	8653480	6425620	2227860	3048506	2913829	883920	168416
39634	954506	529149	425357	420202	366739	154826	22313
7168	104989	68671	36318	37857	47845	13820	2684
130082	2268966	1284897	984069	1063295	746893	203957	40388
8827	214469	114132	100337	102187	110513	36856	6230
110003	3093228	2494442	598786	724758	1203131	384847	75433
111445	1888916	1557010	331906	837288	502560	128562	26925
36718	991431	528312	463119	500009	288853	130308	16086
53459	1255965	1044647	211318	279028	476463	168036	28351
121137	1866592	1303248	563344	578478	539634	152665	30538
52602	1367175	1048991	318184	372024	404536	138056	24934
54341	1317780	919325	398455	546125	588113	193654	35473
37629	969952	733124	236828	361416	313989	88068	17670
46617	1025134	880340	144794	407204	313897	104484	17410
138208	3166342	2138412	1027930	1241318	1168244	375639	67388

15-20 续表

单位:万元

项　目	Item	主营业务利润 Main Business Profits	其它业务利润 Profits from Other Businesses	营业费用 Operational Expenses	管理费用 Management Expenses
住宿业合计	**Total Hotels**	**2061108**	**39387**	**1211464**	**878482**
#国有及国有控股	State-owned and State-controlled Enterprises	497182	6683	266887	235605
按登记注册类型分	By Status of Registration				
内资企业	Domestic-funded Enterprises	1438355	19666	870480	573362
国有企业	State-owned Enterprises	308868	4543	166039	136613
集体企业	Collective-owned Enterprises	53394	1055	33252	19578
股份合作企业	Share-holding Cooperative Enterprises	4191	161	2449	1472
联营企业	Joint-operation Enterprises	14175	223	6122	5621
国有联营企业	State-owned Joint-operation Enterprises	7807	121	4338	4852
集体联营企业	Collective Joint-operation Enterprises	219		352	207
国有与集体联营企业	State-collective Joint-operation Enterprises	5651	102	887	264
其他联营企业	Other Joint-operation Enterprises	499		544	298
有限责任公司	Limited Liability Corporations	501012	7490	309295	211625
国有独资企业	State Sole Investment Enterprises	18909	613	15211	6127
其他有限责任公司	Other Limited Liability Companies	482102	6877	294083	205499
股份有限公司	Share-holding Corporations Ltd.	30269	114	17046	18560
私营企业	Private Enterprises	510842	5942	324142	173680
私营独资企业	Private Sole Investment Enterprises	102797	571	67894	29282
私营合伙企业	Private Partnership Enterprises	19029	226	13193	5398
私营有限责任公司	Private Limited Liability Corporations	379051	5066	237333	134648
私营股份有限公司	Private Share-holding Corporations Ltd.	9966	79	5723	4353
其他企业	Other Enterprises	15604	138	12135	6213
港、澳、台商投资企业	Enterprises with Investment from Hong Kong, Macao and Taiwan	328983	1199	194277	179975
合资经营企业	Joint Ventures	65184	442	38857	38642
合作经营企业	Cooperative Enterprises	103668	96	42458	59774
独资经营企业	Sole Investment Enterprises	154584	649	111162	78597
投资股份有限公司	Share-holding Corporations Ltd.	5547	12	1800	2962
外商投资企业	Enterprises with Foreign Investment	293770	18522	146707	125145
中外合资经营企业	Sino-foreign Joint Ventures	124992	1643	60696	49944
中外合作经营企业	Sino-foreign Cooperative Enterprises	67530	596	32501	30279
外资企业	Foreign-funded Enterprises	101015	16283	53470	44709
外商投资股份有限公司	Share-holding Corporations Ltd.	233		40	213
按国民经济行业分	By Economic Sector				
旅游饭店	Tourist Hotels	1841897	19903	1069031	784130
一般旅馆	Ordinary Hotels	188010	19319	124226	79955
其它住宿服务	Others	31201	165	18207	14397
按控股情况分组	By Holdings				
国有控股	State Holdings	497182	6683	266887	235605
集体控股	Collective Holdings	66297	1321	44108	19673
私人控股	Private Holdings	732603	6736	440777	271732
港澳台商控股	Hongkong,Macaw and Taiwan Holdings	344234	4208	210026	178862
外商控股	Foreign Holdings	142460	16188	76219	61014
其他	State Holdings	278332	4251	173447	111596
按星级分组	By sStar Rating				
五星	Five Star	353617	4057	213517	165150
四星	Four Star	241230	1341	139736	96588
三星	Three Star	350765	7426	228619	132423
二星	Two Star	205787	1131	121912	84118
一星	One Star	192003	281	87425	95097
其他	Others	717706	25151	420255	305106

15-20 continued

(10000 yuan)

财务费用 Financial Expenses	营业利润 Business Profits	利润总额 Total Profits	应交所得税 Income Taxes Payable	劳动及失业保险费 Labor and Unemployment Insurance Premium	养老保险和医疗保险费 Pension Insurance and Midical Care Insurance	住房公积金和住房补贴 Public Reserve Funds for Housing and Housing Subsidies	本年应付工资总额 Total Wages Payable in Current Year	本年应付福利费总额 Total Welfare Expenses Payable in Current Year	全部从业人员数（人） Number of Employed Persons (person)
131657	**-91759**	**-89025**	**26158**	**8504**	**59655**	**12625**	**661100**	**64084**	**298289**
20643	-13905	-4716	10495	3720	24749	7476	170949	15339	55918
82920	-47270	-40623	18314	6564	42796	8769	480342	40518	225770
6447	7528	14738	6586	1997	17034	4764	105574	9628	34501
3420	-783	334	1014	273	1714	313	18285	1500	10244
107	324	1621	9	11	151	1	1640	64	970
337	2778	-485	240	25	462	44	4795	461	1921
164	-1426	-1327	99	15	198	43	3255	402	1276
26				2	19	1	261	41	109
64	4631	711	142		237		1162	18	416
83	-427	131		8	9		117		120
36197	-43510	-39000	4094	2322	11360	1887	166183	12567	79868
431	-2247	-3080	265	274	685	286	5849	271	2520
35765	-41262	-35919	3830	2048	10675	1602	160334	12297	77348
1106	-6321	-7678	656	482	1996	794	12512	1458	5180
35096	-5366	-8150	5682	1422	9583	898	165882	14342	89969
5733	1441	806	1385	360	1827	296	35659	3350	22494
782	254	-52	318	54	271	30	5875	394	4000
27451	-6760	-8482	3839	963	7058	570	119547	9947	60746
1130	-302	-423	141	46	427	3	4802	651	2729
210	-1920	-2003	33	32	496	68	5471	498	3117
29423	-67092	-74132	2137	923	8720	1801	95546	14574	40390
5041	-14088	-18351	700	253	2031	629	24101	4888	10667
17607	-16028	-15111	797	219	2935	662	23892	3084	10822
6735	-37734	-41460	632	442	3589	510	45800	6556	18157
40	758	790	8	9	165		1753	46	744
19314	22603	25730	5707	1017	8139	2055	85212	8992	32129
7393	9934	10016	2626	252	3203	703	27780	3991	10391
4400	947	715	773	302	2206	438	19270	1808	8394
7519	11743	15011	2308	463	2728	914	38113	3193	13304
2	-21	-12			2		49		40
120328	-84246	-80296	22854	7681	53902	11162	579888	59545	259974
10102	-5252	-7319	3145	690	4402	1279	69970	3866	32915
1227	-2261	-1410	159	133	1351	184	11242	673	5400
20643	-13905	-4716	10495	3720	24749	7476	170949	15339	55918
1939	3278	616	1196	344	2267	303	22477	1527	12893
54101	-15769	-18194	6525	2141	13531	1401	231986	20907	124291
22466	-56577	-59692	2593	917	8596	1815	96227	12005	42552
10835	11397	12718	2481	410	4025	887	49322	4927	17791
21673	-20183	-19757	2868	972	6487	743	90139	9379	44844
19541	-38358	-41469	6458	711	10528	2800	100555	10432	38207
23709	-16503	-15002	2880	1304	7940	1257	81266	5921	39532
14852	-6211	530	5219	2410	11599	3048	130303	9299	65421
13822	-11191	-15657	1948	614	4904	805	60648	5314	29950
22307	-12479	-11889	1756	478	6926	979	62662	11360	18309
37426	-7017	-5538	7897	2987	17758	3736	225666	21758	106870

15-21 限额以上餐饮企业财务状况（2009年）

单位:万元

项　目	Item	企业数（个）Number of Enterprises (unit)	流动资产合计 Circulating Assets	固定资产原价 Original Value of Fixed Assets	累计折旧 Accumulated Depreciation
餐饮业合计	**Total Catering Services**	**2131**	**1025318**	**1274808**	**526035**
#国有及国有控股	State-owned and State-controlled Enterprises	59	40774	81466	45406
按登记注册类型分	By Status of Registration				
内资企业	Domestic-funded Enterprises	1900	719164	801151	312745
国有企业	State-owned Enterprises	36	32518	72852	39961
集体企业	Collective-owned Enterprises	88	21858	22399	11486
股份合作企业	Share-holding Cooperative Enterprises	44	6875	5176	3104
联营企业	Joint-operation Enterprises	3	1944	549	491
国有联营企业	State-owned Joint-operation Enterprises				
集体联营企业	Collective Joint-operation Enterprises				
国有与集体联营企业	State-collective Joint-operation Enterprises				
其他联营企业	Other Joint-operation Enterprises	3	1944	549	491
有限责任公司	Limited Liability Corporations	262	188489	189802	72003
国有独资企业	State Sole Investment Enterprises	2	269		
其他有限责任公司	Other Limited Liability Companies	260	188220	189802	72003
股份有限公司	Share-holding Corporations Ltd.	18	4671	8229	3986
私营企业	Private Enterprises	1357	453226	483157	173033
私营独资企业	Private Sole Investment Enterprises	503	89982	158721	58952
私营合伙企业	Private Partnership Enterprises	120	16038	26327	8360
私营有限责任公司	Private Limited Liability Corporations	685	331089	288302	101729
私营股份有限公司	Private Share-holding Corporations Ltd.	49	16116	9808	3992
其他企业	Other Enterprises	92	9583	18987	8681
港、澳、台商投资企业	Enterprises with Investment from Hong Kong, Macao and Taiwan	152	189972	226444	106426
合资经营企业	Joint Ventures	32	36298	39203	16823
合作经营企业	Cooperative Enterprises	9	22547	20091	9059
独资经营企业	Sole Investment Enterprises	108	128120	166742	80224
投资股份有限公司	Share-holding Corporations Ltd.	3	3007	408	320
外商投资企业	Enterprises with Foreign Investment	79	116182	247213	106864
中外合资经营企业	Sino-foreign Joint Ventures	17	13012	47468	23137
中外合作经营企业	Sino-foreign Cooperative Enterprises	12	16255	25730	7434
外资企业	Foreign-funded Enterprises	47	86008	173186	75891
外商投资股份有限公司	Share-holding Corporations Ltd.	3	907	829	402
按国民经济行业分	By Economic Sector				
正餐服务业	Dinner Service	1954	775606	960997	394192
快餐服务业	Fast Food Service	99	167934	263214	112275
饮料及冷饮服务业	Beverage and Cold Drink Service	16	7233	13784	7021
其他餐饮服务业	Other Services	62	74545	36813	12547
按控股情况分组	By Holdings				
国有控股	State Holdings	59	40774	81466	45406
集体控股	Collective Holdings	92	24294	42958	13907
私人控股	Private Holdings	1529	574967	562523	205585
港澳台商控股	Hongkong,Macaw and Taiwan Holdings	151	190756	237289	110654
外商控股	Foreign Holdings	61	92128	195753	88501
其他	Others	239	102399	154819	61982
按经营形式分组	By Type of Operation				
独立门店	Independent Stores	1924	743384	929605	385476
连锁总店	Main Chain Stores	65	201275	286459	122985
连锁门店	Chain Stores	21	8325	3752	1463
其他	Others	121	72334	54992	16111

Financial Indicators of Enterprises above Designated Size of Catering Services above (2009)

(10000 yuan)

本年折旧 Depreciation Drawn in Current Year	资产合计 Total Assets	负债合计 Total Liabilities	所有者权益合计 Total Creditors' Equity	实收资本 Paid-up Capital	主营业务收入 Main Business Revenue	主营业务成本 Main Business Costs	主营业务税金及附加 Tax and Extra Charges on Main Business
106857	**2355457**	**1554223**	**801234**	**770054**	**3826351**	**1818767**	**205970**
5036	105607	52376	53231	31649	90651	43156	4727
71577	1526091	1087061	439030	437621	2588872	1344341	143853
4265	92276	43030	49246	25001	58240	27853	3031
2481	41297	26716	14581	15671	101110	56816	5418
636	11273	9077	2196	3209	47820	25244	2367
32	2023	2156	-133	400	5134	3435	271
32	2023	2156	-133	400	5134	3435	271
18630	397743	292325	105418	101101	531683	260752	29441
	270	115	155	139	914	390	59
18630	397474	292210	105264	100962	530769	260362	29382
556	11565	8012	3553	6300	31847	15331	1671
43775	945399	691058	254341	277853	1726370	907709	96270
12329	230566	128061	102505	87691	473090	257220	27328
1916	38842	23094	15748	17619	112059	58305	6514
28594	649100	518067	131033	167014	1078672	557055	59332
935	26891	21835	5056	5529	62549	35129	3096
1202	24515	14687	9828	8086	86668	47201	5384
16495	399594	229274	170320	178104	467938	198171	23192
3982	70222	40125	30097	44283	84617	38440	4418
1925	41727	21941	19786	20556	59562	26927	2443
10268	284168	166291	117877	112330	318679	130696	16045
320	3477	917	2560	935	5080	2108	286
18785	429772	237888	191884	154329	769541	276255	38925
2297	42642	44200	-1558	22707	31269	11766	1395
655	44119	20602	23517	27359	20640	9310	1139
15764	341515	172102	169413	103794	715407	254384	36181
69	1496	984	512	469	2225	795	210
77817	1678135	1241752	436383	562708	2659182	1354021	146683
24682	544950	266058	278892	156211	1002023	380125	51190
1081	15093	6367	8726	13264	32994	10750	1770
3277	117279	40046	77233	37871	132152	73871	6327
5036	105607	52376	53231	31649	90651	43156	4727
3817	67764	51824	15940	21085	109884	59362	5879
52506	1173334	838373	334961	336015	2111225	1099370	117110
17713	404612	234939	169673	178759	452999	188595	22841
15813	334601	178181	156420	124630	604631	214982	30517
11972	269539	198530	71009	77916	456961	213302	24896
75976	1615293	1177460	437833	560864	2534347	1295839	140061
26864	595019	283766	311253	171697	1087591	409411	55250
328	12566	8387	4179	3436	29330	14760	1389
3689	132579	84610	47969	34057	175083	98757	9270

15-21 续表

单位: 万元

项　目	Item	主营业务利润 Main Business Profits	其它业务利润 Profits from Other Businesses	营业费用 Operational Expenses	管理费用 Management Expenses
餐饮业合计	**Total Catering Services**	**1782942**	**7580**	**1273999**	**315832**
#国有及国有控股	State-owned and State-controlled Enterprises	42141	368	26862	11897
按登记注册类型分	By Status of Registration				
内资企业	Domestic-funded Enterprises	1088525	7092	745469	213988
国有企业	State-owned Enterprises	27351	72	17100	8489
集体企业	Collective-owned Enterprises	39243	2278	26829	9475
股份合作企业	Share-holding Cooperative Enterprises	19662	133	14313	4139
联营企业	Joint-operation Enterprises	1428		1038	299
国有联营企业	State-owned Joint-operation Enterprises				
集体联营企业	Collective Joint-operation Enterprises				
国有与集体联营企业	State-collective Joint-operation Enterprises				
其他联营企业	Other Joint-operation Enterprises	1428		1038	299
有限责任公司	Limited Liability Corporations	237375	-107	165339	44472
国有独资企业	State Sole Investment Enterprises	465		304	134
其他有限责任公司	Other Limited Liability Companies	236910	-107	165035	44337
股份有限公司	Share-holding Corporations Ltd.	14946		9484	2831
私营企业	Private Enterprises	714765	4644	494967	136516
私营独资企业	Private Sole Investment Enterprises	183948	513	114511	35277
私营合伙企业	Private Partnership Enterprises	45054	109	28793	8079
私营有限责任公司	Private Limited Liability Corporations	461785	3917	334690	88859
私营股份有限公司	Private Share-holding Corporations Ltd.	23978	105	16973	4301
其他企业	Other Enterprises	33755	72	16399	7767
港、澳、台商投资企业	Enterprises with Investment from Hong Kong, Macao and Taiwan	240575	1341	185793	41925
合资经营企业	Joint Ventures	39886	147	29646	8642
合作经营企业	Cooperative Enterprises	30193	520	16464	9995
独资经营企业	Sole Investment Enterprises	167810	671	137812	22936
投资股份有限公司	Share-holding Corporations Ltd.	2686	3	1871	352
外商投资企业	Enterprises with Foreign Investment	453842	-853	342737	59919
中外合资经营企业	Sino-foreign Joint Ventures	18047	38	12139	4619
中外合作经营企业	Sino-foreign Cooperative Enterprises	10188	91	6334	2410
外资企业	Foreign-funded Enterprises	424386	-982	323600	52633
外商投资股份有限公司	Share-holding Corporations Ltd.	1221		664	257
按国民经济行业分	By Economic Sector				
正餐服务业	Dinner Service	1141559	10183	795770	229260
快餐服务业	Fast Food Service	570570	-1027	434916	69213
饮料及冷饮服务业	Beverage and Cold Drink Service	20474		16769	2082
其他餐饮服务业	Other Services	50339	-1576	26544	15277
按控股情况分组	By Holdings				
国有控股	State Holdings	42141	368	26862	11897
集体控股	Collective Holdings	45011	3023	32563	11099
私人控股	Private Holdings	884001	3289	603283	170223
港澳台商控股	Hongkong,Macaw and Taiwan Holdings	235562	865	181443	41035
外商控股	Foreign Holdings	358751	-498	271927	45233
其他	Others	217476	533	157921	36345
按经营形式分组	By Type of Operation				
独立门店	Independent Stores	1082649	6542	742304	227048
连锁总店	Main Chain Stores	622175	-920	474736	72293
连锁门店	Chain Stores	12945	277	9825	2207
其他	Others	65173	1681	47134	14284

15-21 continued

(10000 yuan)

财务费用 Financial Expenses	营业利润 Business Profits	利润总额 Total Profits	应交所得税 Income Taxes Payable	劳动及失业保险费 Labor and Unemployment Insurance Premium	养老保险和医疗保险费 Pension Insurance and Midical Care Insurance	住房公积金和住房补贴 Public Reserve Funds for Housing and Housing Subsidies	本年应付工资总额 Total Wages Payable in Current Year	本年应付福利费总额 Total Welfare Expenses Payable in Current Year	从业人员(人) Number of Employed Persons (person)
37424	**187299**	**144762**	**49511**	**7348**	**33518**	**3843**	**602857**	**40220**	**291806**
665	3780	3922	817	744	2105	272	17056	1013	7816
29307	119793	85940	32627	5483	23048	1822	398594	26462	212516
473	1426	1431	166	682	1600	162	12024	717	5394
908	4734	4979	1698	250	1044	182	15010	1000	7719
334	1428	1039	807	147	624	39	6100	607	3526
24	67	68	1	1	44		953	54	469
24	67	68	1	1	44		953	54	469
6909	27398	19992	7847	870	5578	418	89600	6746	44760
6	21	21	19	2	33		176	10	149
6903	27377	19971	7828	868	5544	418	89424	6736	44611
460	2071	548	291	105	315	66	5430	419	2614
19660	73479	51532	20897	3182	13313	933	257599	16340	141325
4329	33902	22831	5623	933	3157	370	67017	5028	40006
919	9633	6482	1611	396	942	135	15136	1185	8799
13886	27300	19691	12952	1696	8592	411	167444	9580	88029
527	2644	2527	710	157	622	17	8003	547	4491
539	9190	6351	920	246	530	22	11878	579	6709
2321	17820	17184	5275	622	5595	675	66704	3783	26520
628	2991	2958	843	252	1428	38	11809	414	5215
480	3775	3138	700	38	784	87	7199	608	2791
1216	10584	10017	3461	300	3360	547	46994	2759	18275
-3	470	1071	271	32	23	3	702	2	239
5796	49686	41638	11609	1243	4875	1346	137559	9975	52770
1874	-617	-555	58	68	552	112	6270	155	2604
139	1410	1505	178	13	167	2	2888	151	1673
3770	48606	40505	11328	1159	4141	1232	127802	9657	48239
13	287	183	45	3	15		599	12	254
31875	110232	77190	31685	5628	24024	1966	407975	24885	212435
4882	65077	56895	15464	1618	8156	1682	170165	14068	66749
129	1625	1512	367	13	318	94	5679	43	1874
538	10365	9165	1995	89	1020	101	19038	1224	10748
665	3780	3922	817	744	2105	272	17056	1013	7816
1083	3502	1964	1659	240	1527	282	18003	1100	8927
23406	101265	74372	27289	3840	17240	1211	322061	21699	172224
2848	17043	16362	5133	609	5434	638	65022	3782	26436
4582	41258	34084	9692	1093	2059	614	115960	5774	40867
4840	20451	14058	4921	822	5153	826	64755	6852	35536
30403	111762	73730	30218	5332	22970	1940	382797	23605	201184
5558	69391	66309	17268	1652	8787	1757	184728	15092	71817
173	1193	794	126	96	151	11	4071	213	2045
1290	4953	3929	1899	268	1610	135	31261	1310	16760

15-22 各市限额以上住宿和餐饮企业财务状况（2009年）

单位:万元

市 别	City	企业数（个）Number of Enterprises (unit)	流动资产合计 Circulating Assets	固定资产原价 Original Value of Fixed Assets	累计折旧 Accumulated Depreciation	#本年折旧 Depreciation Drawn in Current Year
住宿餐饮业合计	**Total Hotels and Catering Services**	**3643**	**4227308**	**8435990**	**3368103**	**557391**
住宿业	**Hotels**	**1512**	**3201990**	**7161182**	**2842068**	**450534**
广 州	Guangzhou	379	973404	2103731	936091	157701
深 圳	Shenzhen	228	677582	1416001	548378	62182
珠 海	Zhuhai	90	167004	589737	252280	47373
汕 头	Shantou	48	82653	256253	133119	10680
佛 山	Foshan	110	135761	335904	126509	34186
韶 关	Shaoguan	26	24835	54424	18851	3353
河 源	Heyuan	22	22140	62357	11590	2938
梅 州	Meizhou	26	27885	82440	21775	3681
惠 州	Huizhou	70	138249	222143	69551	12077
汕 尾	Shanwei	11	9451	49402	11724	1680
东 莞	Dongguan	171	430151	918210	380080	56051
中 山	Zhongshan	71	176144	248554	80610	10175
江 门	Jiangmen	53	100641	237565	59230	13203
阳 江	Yangjiang	10	7237	49945	13864	2983
湛 江	Zhanjiang	31	55355	84960	38636	5495
茂 名	Maoming	24	34494	36049	14803	1116
肇 庆	Zhaoqing	42	65061	108338	31730	3863
清 远	Qingyuan	44	42693	163027	58184	13676
潮 州	Chaozhou	12	2334	23332	5617	379
揭 阳	Jieyang	30	16400	86873	21441	5999
云 浮	Yunfu	14	12516	31937	8005	1743
餐饮业	**Catering Services**	**2131**	**1025318**	**1274808**	**526035**	**106857**
广 州	Guangzhou	736	353879	414566	192045	40699
深 圳	Shenzhen	420	302353	287657	123216	21842
珠 海	Zhuhai	84	27131	18395	7599	2034
汕 头	Shantou	34	11971	11727	6717	999
佛 山	Foshan	218	62182	100744	50001	10951
韶 关	Shaoguan	19	5917	14393	4800	571
河 源	Heyuan	19	13845	23461	8261	934
梅 州	Meizhou	11	3781	9936	2647	574
惠 州	Huizhou	73	24986	46520	16537	3339
汕 尾	Shanwei	7	9055	11391	3458	707
东 莞	Dongguan	122	62162	80449	33440	8346
中 山	Zhongshan	76	24646	31213	13318	2066
江 门	Jiangmen	68	18218	40653	19048	1742
阳 江	Yangjiang	32	17869	28637	7874	2906
湛 江	Zhanjiang	28	16379	23785	6824	1385
茂 名	Maoming	39	11768	19567	7789	1633
肇 庆	Zhaoqing	35	13469	26615	4291	1113
清 远	Qingyuan	11	23973	25523	3781	2184
潮 州	Chaozhou	30	5568	9433	4610	558
揭 阳	Jieyang	56	14072	44744	8937	1910
云 浮	Yunfu	13	2094	5399	842	364

Financial Indicators of Enterprises above Designated Size of Hotels and Catering Services by City (2009)

(10000 yuan)

资产合计 Total Assets	负债合计 Total Liabilities	所有者权益合计 Total Creditors' Equity	实收资本 Paid-up Capital	主营业务收入 Main Business Revenue	主营业务成本 Main Business Costs	主营业务税金及附加 Tax and Extra Charges on Main Business	主营业务利润 Main Business Profits
12068432	**8577663**	**3490769**	**4276619**	**7154764**	**2871333**	**399383**	**3844050**
9712975	**7023440**	**2689535**	**3506565**	**3328413**	**1052566**	**193413**	**2061108**
2891475	1981211	910264	1076031	981273	257743	56463	658585
1901618	1191889	709729	798036	698676	227478	38336	432862
590621	473266	117355	248855	151833	33729	7894	110184
286505	243401	43104	163012	74536	28113	4078	41822
411242	276618	134624	127924	227824	84328	11506	131110
75663	51576	24087	25129	31799	10476	1914	19409
83108	78701	4407	19123	29397	10565	2118	16715
115356	70194	45162	52513	36618	14854	1711	20053
395212	318612	76600	119449	121693	36528	8083	73659
57480	26872	30608	41941	8171	2507	469	5524
1218208	986479	231729	252970	421179	133162	26925	255851
478953	423592	55361	108169	117373	37625	7757	72091
349175	251891	97284	187567	129292	56289	7984	65020
47030	11346	35684	48582	18475	9649	1003	7824
176037	158730	17307	31339	67364	26927	4729	35708
73778	56484	17294	11510	32301	13990	1630	16682
163800	135256	28544	48237	51777	17648	3143	28203
196168	185410	10758	69209	69734	23115	4631	41989
35692	7884	27808	19741	13340	5461	914	6965
108364	56272	52092	40879	30811	16149	1161	13501
57490	37756	19734	16349	14947	6230	964	7351
2355457	**1554223**	**801234**	**770054**	**3826351**	**1818767**	**205970**	**1782942**
812064	556690	255374	244858	1476430	660890	80104	725289
596063	431753	164310	194505	1068446	491874	55584	520406
46989	34248	12741	15206	92342	49237	5111	37559
19169	11731	7438	4655	66172	39363	4247	22341
138669	90126	48543	43452	323539	172315	14338	136301
19695	12981	6714	7767	13313	5220	765	7328
34068	21000	13068	16555	19117	8099	1162	9851
13281	7348	5933	3945	7527	3937	519	3070
71149	43580	27569	37296	65586	34849	4120	25255
20647	6425	14222	14340	14999	8857	846	5297
173829	80975	92854	59214	217217	101159	12078	102426
62714	50769	11945	13185	128367	64976	7468	55917
50330	25246	25084	29021	83009	45896	4629	32483
51373	28124	23249	18220	49575	25496	3031	21073
41316	25852	15464	8983	51035	27703	3059	20272
28074	13286	14788	7722	36954	21585	1918	13452
44352	29527	14825	9389	32445	16362	2295	12147
51404	50965	439	2291	18900	6852	1350	10698
12304	5388	6916	6731	15410	9271	1303	4836
59282	21497	37785	31545	36162	19979	1355	14828
8685	6712	1973	1174	9806	4847	688	2113

15-22 续表

单位: 万元

市 别	City	其它业务利润 Profits from Other Businesses	营业费用 Operational Expenses	管理费用 Management Expenses	财务费用 Financial Expenses
住宿餐饮业合计	**Total Hotels and Catering Services**	**46967**	**2485463**	**1194314**	**169081**
住宿业	**Hotels**	**39387**	**1211464**	**878482**	**131657**
广 州	Guangzhou	14425	354756	283477	32736
深 圳	Shenzhen	15539	240311	202159	28213
珠 海	Zhuhai	1302	91111	60168	5426
汕 头	Shantou	36	25652	16770	2836
佛 山	Foshan	1569	69440	43163	6809
韶 关	Shaoguan	143	10850	6541	949
河 源	Heyuan	45	10810	6843	1994
梅 州	Meizhou	255	7585	5915	518
惠 州	Huizhou	540	40418	26548	8947
汕 尾	Shanwei		5587	2916	133
东 莞	Dongguan	3238	166595	107939	18764
中 山	Zhongshan	193	51228	25803	3731
江 门	Jiangmen	1191	45082	29652	4506
阳 江	Yangjiang	158	5878	2454	490
湛 江	Zhanjiang	283	19491	9087	5063
茂 名	Maoming	99	9422	6122	1098
肇 庆	Zhaoqing	130	16111	14977	2628
清 远	Qingyuan	118	27345	18290	4647
潮 州	Chaozhou	112	3738	3037	322
揭 阳	Jieyang	3	4469	3427	1174
云 浮	Yunfu	8	5585	3194	673
餐饮业	**Catering Services**	**7580**	**1273999**	**315832**	**37424**
广 州	Guangzhou	2128	528701	128655	15761
深 圳	Shenzhen	2734	392180	93200	6558
珠 海	Zhuhai		30704	7259	834
汕 头	Shantou	-32	14333	3826	570
佛 山	Foshan	491	66665	17867	2306
韶 关	Shaoguan	108	3331	2087	313
河 源	Heyuan	1	6593	1895	924
梅 州	Meizhou		1239	1260	216
惠 州	Huizhou	45	18690	5606	848
汕 尾	Shanwei	5	4245	1050	204
东 莞	Dongguan	87	81120	16522	1563
中 山	Zhongshan	88	44150	7206	811
江 门	Jiangmen	38	23590	4800	647
阳 江	Yangjiang	144	11881	6552	728
湛 江	Zhanjiang	127	11277	3808	1183
茂 名	Maoming	80	4952	3810	631
肇 庆	Zhaoqing	1280	10596	2188	956
清 远	Qingyuan	8	9634	2817	478
潮 州	Chaozhou	231	2566	1225	461
揭 阳	Jieyang	17	4763	3087	1071
云 浮	Yunfu		2789	1112	361

15-22 continued

(10000 yuan)

营业利润 Business Profits	利润总额 Total Profits	应交所得税 Income Taxes Payable	劳动及失业保险费 Labor and Unemployment Insurance Premium	住房公积金和住房补贴 Public Reserve Funds for Housing and Housing Subsidies	本年应付工资总额 Total Wages Payable in Current Year	本年应付福利费总额 Welfare Expenses Payable in Current Year	从业人数(人) Number of Employed Persons (person)
95540	**55737**	**75669**	**15852**	**16468**	**1263957**	**104304**	**590095**
-91759	**-89025**	**26158**	**8504**	**12625**	**661100**	**64084**	**298289**
12953	20938	12298	3688	8617	203680	22284	68184
-22170	-14801	5569	1266	1458	137388	13628	52589
-44060	-46683	630	284	506	36410	2638	14536
-1858	-3509	280	229	88	11787	1762	7600
13255	12767	1871	663	293	37887	2463	17840
1115	712	188	178	39	7064	787	4514
-2708	-1645	58	29		5581	392	3501
6290	6813	298	206	39	5322	784	3687
1983	-6972	778	159	210	26008	4147	13446
-304	-451	18	1		2496	34	1291
-28867	-27117	968	508	472	81575	7622	47473
-8477	-8971	458	349	189	25998	1965	13457
-13030	-11679	506	224	105	21791	1479	12472
-841	-921	119	42		2317	82	1518
2349	1276	558	272	475	12740	730	8784
139	1962	131	138	35	6868	962	4581
-2815	-3055	102	53	29	11516	382	6524
-8175	-8267	691	177	41	15227	1220	9389
-20	-99	171	10		1876	38	1588
4434	1676	408	10	13	4445	442	3352
-952	-999	58	18	16	3124	243	1963
187299	**144762**	**49511**	**7348**	**3843**	**602857**	**40220**	**291806**
67517	64650	25477	3609	1422	246375	14582	103636
31311	24944	9542	844	1211	170381	11324	79734
-524	-673	1365	103	83	14391	648	7944
8382	3387	750	190	78	5806	748	3426
50712	31094	4047	1383	117	40818	3477	21685
1704	920	69	138	56	3241	404	1917
510	825	222	10		2806	139	2045
425	373	27	5	1	1385	55	1176
1636	-286	507	97	267	11822	1109	6229
-196	-181	50	4		2229	61	1501
4957	5165	2238	216	417	34529	2925	18692
3849	3274	1528	285	57	19538	1267	10452
3484	3051	658	198	6	11657	1190	7173
2060	2348	315	17	4	7794	284	6070
4132	1562	396	35	88	7251	513	4777
4139	2691	659	107	13	5336	747	3615
-1273	-1358	146	17	6	5585	75	3750
-2223	-2208	351	16		3576	138	2259
815	841	221	22		2157	80	1801
5924	4398	909	19	17	4589	434	2930
-42	-55	34	33		1591	20	994

15-23 亿元以上商品交易市场成交额

Turnover of Commodity Exchange Markets with Transaction Value over 100 Million Yuan

单位: 亿元 (100 million yuan)

项 目	Item	2004	2005	2006	2007	2008	2009
合 计	**Total**	**1589.88**	**1948.95**	**2562.96**	**2909.74**	**3502.90**	**3768.74**
食品、饮料、烟酒类	Food, Beverages, Tobacco and Liquor	688.48	853.12	1007.60	1136.78	1261.53	1317.90
#粮油类	Grain and Edible Oil	358.84	136.45	85.56	113.16	119.41	125.76
服装鞋帽、针、纺织品类	Garments, Footwear, Headgear, Knitwear and Textiles	333.73	457.60	675.35	715.19	831.78	873.72
化妆品类	Cosmetics	8.44	8.18	9.69	11.18	14.01	18.15
金银珠宝类	Gold, Silver and Jewelry		1.14	2.94	5.23	11.59	45.89
日用品类	Daily-use Articles	37.95	42.93	151.73	165.45	167.16	197.42
五金、电料类	Hardware and Electrical Appliances	17.56	19.07	52.30	55.32	68.94	67.39
体育、娱乐用品类	Sports and Recreational Articles	3.30	5.09	4.57	5.52	5.80	6.33
书报杂志类	Newspapers and Magazines	0.43	2.37	6.64	2.48	1.62	4.16
电子出版物及音像制品类	E-journals and Video Products	5.22	2.22	19.61	10.59	2.98	4.25
家用电器和音像器材类	Household Appliances and Video Appliances	18.01	15.20	16.49	21.22	23.35	33.19
中西药品类	Traditional Chinese and Western Medicines	13.51	13.24	13.33	15.30	11.33	12.03
#中草药及中成药类	Chinese Herbal Medicines and Chinese Patent Medicines	12.70	12.52	12.83	14.74	10.64	11.30
文化办公用品类	Articles for Cultural and Office Use	40.94	62.63	49.70	53.42	56.29	52.23
家 具 类	Furniture	1.48	3.03	2.12	9.15	6.85	8.10
通讯器材类	Communication Appliances	0.07	2.24	5.42	3.81	45.58	48.38
煤炭及制品类	Coal and Related Products						
木材及制品类	Timber and Related Products	5.97	34.84	39.46	39.68	33.21	33.62
化工材料及制品类	Chemical Materials and Products	4.75	5.11	9.97	14.44	22.47	23.02
金属材料类	Metal Materials	90.50	82.11	105.39	131.02	373.97	387.53
建筑及装潢材料类	Construction and Decoration Materials	29.14	43.93	45.38	56.59	49.86	60.45
机电产品及设备类	Mechanical and Electrical Products and Equipments	28.29	17.68	65.72	54.55	24.82	16.86
汽车类	Motor Vehicles	126.36	175.68	236.10	358.52	420.16	482.56
种子饲料类	Seeds and Feedstuff			0.07	0.08	0.03	0.05
棉麻类	Cotton and Hemp			0.04	0.08	0.13	0.01
其他类	Others	135.75	101.54	43.34	44.14	69.44	75.48

15-24 按行业分批发零售和住宿餐饮企业单位数（2009年）

Number of Enterprises in Wholesale and Retail Trades, Hotels and Catering Services by Sector (2009)

单位：个

项　目	Item	合计 Total	按行业分 By Sector 批发业 Wholesale Trade	零售业 Retail Trade	住宿业 Hotels	餐饮业 Catering Services
合　计	**Total**	**239808**	**129281**	**91796**	**6676**	**12055**
内资企业	Domestic-funded Enterprises	229623	124592	88351	6246	10434
#国有企业	State-owned Enterprises	8157	3895	3423	669	170
集体企业	Collective-owned Enterprises	12243	5880	5644	429	290
股份合作企业	Share-holding Cooperative Enterprises	2640	911	1430	53	246
国有联营企业	State-owned Joint-operation Enterprises	308	62	224	20	2
集体联营企业	Collective Joint-operation Enterprises	235	89	123	16	7
国有与集体联营企业	State-collective Joint-operation Enterprises	92	27	59	5	1
国有独资企业	State Sole Investment Enterprises	357	208	109	33	7
其他有限责任公司	Other Limited Liability Corporations	38710	20015	16630	854	1211
股份有限公司	Share-holding Corporations Ltd.	5057	1672	3146	106	133
私营独资企业	Private Sole Investment Enterprises	34162	13886	14647	1878	3751
私营合伙企业	Private Partnership Enterprises	5872	2739	2188	325	620
私营有限责任公司	Private Limited Liability Corporations	111423	70615	36125	1498	3185
私营股份有限公司	Private Share-holding Corporations Ltd.	4179	2195	1681	117	186
港、澳、台商投资企业	Enterprises with Investment from Hong Kong, Macao and Taiwan	5339	2685	1821	232	601
合资经营企业（港或澳、台资）	Joint Ventures	1182	314	725	68	75
合作经营企业（港或澳、台资）	Cooperative Enterprises	289	50	153	57	29
港、澳、台商独资经营企业	Sole Investment Enterprises	3729	2243	899	98	489
港、澳、台商投资股份有限公司	Share-holding Corporations Ltd.	139	78	44	9	8
外商投资企业	Enterprises with Foreign Investment	4846	2004	1624	198	1020
中外合资经营企业	Sino-foreign Joint Ventures	1226	277	677	54	218
中外合作经营企业	Sino-foreign Cooperative Enterprises	243	58	110	45	30
外资企业	Foreign-funded Enterprises	3202	1584	771	95	752
外商投资股份有限公司	Share-holding Corporations Ltd.	175	85	66	4	20

15-25 按法人和产业活动单位分的批发零售和住宿餐饮企业单位数（2009年）

Number of Enterprises in Wholesale and Retail Trades, Hotels and Catering Services by Corporate Unit and Establishment (2009)

单位：个　(unit)

项　目	Item	总计 Total	法人单位 Corporate Units 合计 Total	批发零售业 Wholesale and Retail Trades	住宿餐饮业 Hotels and Catering Services	产业活动单位 Establishments 合计 Total	批发零售业 Wholesale and Retail Trades	住宿餐饮业 Hotels and Catering Services
合　计	**Total**	**239808**	**188959**	**174623**	**14336**	**50849**	**46454**	**4395**
内资企业	Domestic-funded Enterprises	229623	183824	170266	13558	45799	42677	3122
#国有企业	State-owned Enterprises	8157	3866	3254	612	4291	4064	227
集体企业	Collective-owned Enterprises	12243	4893	4380	513	7350	7144	206
股份合作企业	Share-holding Cooperative Enterprises	2640	2095	1865	230	545	476	69
国有联营企业	State-owned Joint-operation Enterprises	308	116	98	18	192	188	4
集体联营企业	Collective Joint-operation Enterprises	235	140	119	21	95	93	2
国有与集体联营企业	State-collective Joint-operation Enterprises	92	36	31	5	56	55	1
国有独资企业	State Sole Investment Enterprises	357	189	162	27	168	155	13
其他有限责任公司	Other Limited Liability Corporations	38710	28412	27023	1389	10298	9622	676
股份有限公司	Share-holding Corporations Ltd.	5057	2308	2150	158	2749	2668	81
私营独资企业	Private Sole Investment Enterprises	34162	31010	25688	5322	3152	2845	307
私营合伙企业	Private Partnership Enterprises	5872	5436	4560	876	436	367	69
私营有限责任公司	Private Limited Liability Corporations	111423	97545	94036	3509	13878	12704	1174
私营股份有限公司	Private Share-holding Corporations Ltd.	4179	3549	3298	251	630	578	52
港、澳、台商投资企业	Enterprises with Investment from Hong Kong, Macao and Taiwan	5339	3044	2584	460	2295	1922	373
合资经营企业（港或澳、台资）	Joint Ventures	1182	363	257	106	819	782	37
合作经营企业（港或澳、台资）	Cooperative Enterprises	289	122	60	62	167	143	24
港、澳、台商独资经营企业	Sole Investment Enterprises	3729	2462	2186	276	1267	956	311
港、澳、台商投资股份有限公司	Share-holding Corporations Ltd.	139	97	81	16	42	41	1
外商投资企业	Enterprises with Foreign Investment	4846	2091	1773	318	2755	1855	900
中外合资经营企业	Sino-foreign Joint Ventures	1226	389	310	79	837	644	193
中外合作经营企业	Sino-foreign Cooperative Enterprises	243	108	56	52	135	112	23
外资企业	Foreign-funded Enterprises	3202	1503	1331	172	1699	1024	675
外商投资股份有限公司	Share-holding Corporations Ltd.	175	91	76	15	84	75	9

15-26 各市按行业分批发零售和住宿餐饮企业单位数（2009年）

Number of Enterprises in Wholesale and Retail Trades, Hotels and Catering Services by Sector and by City (2009)

单位：个 (unit)

市 别	City	合计 Total	按行业分 By Sector 批发业 Wholesale Trade	零售业 Retail Trade	住宿业 Hotels	餐饮业 Catering Services
合 计	**Total**	**239808**	**129281**	**91796**	**6676**	**12055**
广 州	Guangzhou	66767	40132	20974	1598	4063
深 圳	Shenzhen	61261	35179	21965	1385	2732
珠 海	Zhuhai	10129	5442	4019	340	328
汕 头	Shantou	8077	3377	4210	162	328
佛 山	Foshan	3349	1624	1148	132	445
韶 关	Shaoguan	2208	473	1557	95	83
河 源	Heyuan	3263	896	2074	151	142
梅 州	Meizhou	6900	2986	3340	279	295
惠 州	Huizhou	1062	516	419	75	52
汕 尾	Shanwei	17692	7074	8942	646	1030
东 莞	Dongguan	6504	3504	2602	201	197
中 山	Zhongshan	6129	3337	2339	182	271
江 门	Jiangmen	20446	12342	6654	538	912
阳 江	Yangjiang	2552	931	1396	81	144
湛 江	Zhanjiang	7137	3754	2823	239	321
茂 名	Maoming	5561	2951	2230	128	252
肇 庆	Zhaoqing	3018	1363	1321	168	166
清 远	Qingyuan	2179	1015	997	107	60
潮 州	Chaozhou	1692	524	1015	56	97
揭 阳	Jieyang	2652	1287	1189	77	99
云 浮	Yunfu	1230	574	582	36	38

15-27 各市按法人单位和产业活动单位分批发零售和住宿餐饮业单位数(2009年)

Number of Enterprises in Wholesale and Retail Trades, Hotels and Catering Services by Corporate Unit, by Establishment and by City (2009)

单位：个 (unit)

项 目	Item	总计 Total	法人单位 Corporate Units		产业活动单位 Establishments	
			批发零售业 Wholesale and Retail Trades	住宿餐饮业 Hotels and Catering Services	批发零售业 Wholesale and Retail Trades	住宿餐饮业 Hotels and Catering Services
合 计	**Total**	**239808**	**174623**	**14336**	**46454**	**4395**
广 州	Guangzhou	66767	49239	4642	11867	1019
深 圳	Shenzhen	61261	47054	2551	10090	1566
珠 海	Zhuhai	10129	7767	506	1694	162
汕 头	Shantou	8077	6165	416	1422	74
佛 山	Foshan	3349	1970	548	802	29
韶 关	Shaoguan	2208	1027	152	1003	26
河 源	Heyuan	3263	1975	252	995	41
梅 州	Meizhou	6900	4789	482	1537	92
惠 州	Huizhou	1062	792	121	143	6
汕 尾	Shanwei	17692	12912	989	3104	687
东 莞	Dongguan	6504	4375	323	1731	75
中 山	Zhongshan	6129	4300	373	1376	80
江 门	Jiangmen	20446	15649	1205	3347	245
阳 江	Yangjiang	2552	1681	211	646	14
湛 江	Zhanjiang	7137	3923	488	2654	72
茂 名	Maoming	5561	4102	312	1079	68
肇 庆	Zhaoqing	3018	1806	255	878	79
清 远	Qingyuan	2179	1233	149	779	18
潮 州	Chaozhou	1692	1067	131	472	22
揭 阳	Jieyang	2652	2020	165	456	11
云 浮	Yunfu	1230	777	65	379	9

15-28 各市按登记注册类型分批发零售企业单位个数（2009年）

Number of Corporate Units and Establishments in Wholesale and Retail Trades by Registration Status and by City (2009)

单位：个 (unit)

市别	City	合计数 Total	内资 Domestic-funded Enterprises	国有 State-owned enterprises	其他有限责任公司 Other Limited Liability Corporations	私营独资 Private Sole Investment Enterprises	私营有限责任公司 Private Limited Liability Corporations	港澳台商投资 Enterprises with Investment from Hong Kong, Macao and Taiwan	外商投资 Enterprises with Foreign Investment
法人单位合计	**Corporate Units**	**188959**	**183824**	**3866**	**28412**	**31010**	**97545**	**3044**	**2091**
广州	Guangzhou	53881	52569	881	2410	8870	32821	575	737
深圳	Shenzhen	49605	47101	224	2313	5689	36106	1725	779
珠海	Zhuhai	8273	8027	126	2499	680	3968	167	79
汕头	Shantou	6581	6504	450	1654	1110	1449	37	40
佛山	Foshan	2518	2491	115	736	762	455	16	11
韶关	Shaoguan	1179	1157	122	196	378	230	12	10
河源	Heyuan	2227	2211	106	326	839	485	3	13
梅州	Meizhou	5271	5142	230	670	997	2550	75	54
惠州	Huizhou	913	895	152	46	155	246	13	5
汕尾	Shanwei	13901	13633	31	4193	1622	6059	135	133
东莞	Dongguan	4698	4622	6	1867	743	1761	54	22
中山	Zhongshan	4673	4569	81	1048	1009	1809	61	43
江门	Jiangmen	16854	16667	73	6010	2687	6049	89	98
阳江	Yangjiang	1892	1883	69	167	615	688	4	5
湛江	Zhanjiang	4411	4391	392	1423	1053	686	10	10
茂名	Maoming	4414	4407	227	1096	1676	574	3	4
肇庆	Zhaoqing	2061	2021	131	345	475	666	26	14
清远	Qingyuan	1382	1362	64	492	253	261	14	6
潮州	Chaozhou	1198	1176	123	256	387	214	12	10
揭阳	Jieyang	2185	2174	202	486	814	361	4	7
云浮	Yunfu	842	822	61	179	196	107	9	11
活动单位合计	**Establishments**	**50849**	**45799**	**4291**	**10298**	**3152**	**13878**	**2295**	**2755**
广州	Guangzhou	12886	11088	667	1887	604	5045	812	986
深圳	Shenzhen	11656	9831	647	2112	893	4774	985	840
珠海	Zhuhai	1856	1689	125	722	79	532	123	44
汕头	Shantou	1496	1458	199	207	32	162	18	20
佛山	Foshan	831	784	63	213	35	73	31	16
韶关	Shaoguan	1029	1016	106	43	97	99	2	11
河源	Heyuan	1036	1010	134	137	97	108	8	18
梅州	Meizhou	1629	1544	248	219	165	439	31	54
惠州	Huizhou	149	138	34	13	16	8	4	7
汕尾	Shanwei	3791	3537	99	1276	113	708	67	187
东莞	Dongguan	1806	1710	267	670	127	412	35	61
中山	Zhongshan	1456	1243	232	244	106	159	38	175
江门	Jiangmen	3592	3317	297	1407	289	798	93	182
阳江	Yangjiang	660	651	58	55	70	52	4	5
湛江	Zhanjiang	2726	2645	508	304	124	101	18	63
茂名	Maoming	1147	1131	146	203	60	76	2	14
肇庆	Zhaoqing	957	910	109	154	117	159	13	34
清远	Qingyuan	797	773	71	188	23	91	7	17
潮州	Chaozhou	494	482	35	121	37	37	1	11
揭阳	Jieyang	467	461	176	56	28	25	1	5
云浮	Yunfu	388	381	70	67	40	20	2	5

15-29 按行业和所在地分批发零售企业从业人员数（2009年）

Number of Employed Persons in Wholesale and Retail Trades by Sector and Location of Enterprise (2009)

单位：人 (person)

项目	Item	合计 Total	按行业分 By Sector 批发业 Wholesale Trade	零售业 Retail Trade	按所在地分 By Location 市 City	县 County	县以下 Under County Level
合计	**Total**	**2874575**	**1609474**	**1265101**	**2334859**	**62586**	**477130**
内资企业	Domestic-funded Enterprises	2530057	1456651	1073406	2015713	62210	452134
#国有企业	State-owned Enterprises	181982	120254	61728	140333	12263	29386
集体企业	Collective-owned Enterprises	92621	48487	44134	38700	6253	47668
股份合作企业	Share-holding Cooperative Enterprises	18858	7136	11722	17371	153	1334
国有联营企业	State-owned Joint-operation Enterprises	7047	1727	5320	6664	10	373
集体联营企业	Collective Joint-operation Enterprises	1897	1013	884	1129	44	724
国有与集体联营企业	State-collective Joint-operation Enterprises	814	381	433	597		217
国有独资企业	State Sole Investment Enterprises	10084	7221	2863	9143	194	747
其他有限责任公司	Other Limited Liability Corporations	584403	294583	289820	452315	9766	122322
股份有限公司	Share-holding Corporations Ltd.	136567	65605	70962	110804	9881	15882
私营独资企业	Private Sole Investment Enterprises	229102	122118	106984	145443	11583	72076
私营合伙企业	Private Partnership Enterprises	39807	23737	16070	27956	718	11133
私营有限责任公司	Private Limited Liability Corporations	1137787	720357	417430	1002872	8472	126443
私营股份有限公司	Private Share-holding Corporations Ltd.	41446	20525	20921	33266	989	7191
港、澳、台商投资企业	Enterprises with Investment from Hong Kong, Macao and Taiwan	175449	88991	86458	165322	52	10075
合资经营企业（港或澳、台资）	Joint Ventures	56309	13231	43078	55227	21	1061
合作经营企业（港或澳、台资）	Cooperative Enterprises	3555	920	2635	3279		276
港、澳、台商独资经营企业	Sole Investment Enterprises	112673	73188	39485	104059	19	8595
港、澳、台商投资股份有限公司	Share-holding Corporations Ltd.	2912	1652	1260	2757	12	143
外商投资企业	Enterprises with Foreign Investment	169069	63832	105237	153824	324	14921
中外合资经营企业	Sino-foreign Joint Ventures	57013	12927	44086	52537	97	4379
中外合作经营企业	Sino-foreign Cooperative Enterprises	18677	7819	10858	18274	136	267
外资企业	Foreign-funded Enterprises	82110	40323	41787	72394	11	9705
外商投资股份有限公司	Share-holding Corporations Ltd.	11269	2763	8506	10619	80	570

15-30 按行业和所在地分住宿餐饮企业从业人员数（2009年）

Number of Employed Persons in Hotels and Catering Services by Sector and Location of Enterprise (2009)

单位：人 (person)

项目	Item	合计 Total	按行业分 By Sector 住宿业 Hotel Service	餐饮业 Catering Service	按所在地分 By Location 市 City	县 County	县以下 Under County Level
合 计	**Total**	**1089475**	**475771**	**613704**	**842509**	**22465**	**224501**
内资企业	Domestic-funded Enterprises	824332	377011	447321	614985	19514	189833
#国有企业	State-owned Enterprises	67750	58501	9249	59743	2290	5717
集体企业	Collective-owned Enterprises	27909	17222	10687	18449	353	9107
股份合作企业	Share-holding Cooperative Enterprises	8358	1790	6568	8019		339
国有联营企业	State-owned Joint-operation Enterprises	2120	1966	154	1869	161	90
集体联营企业	Collective Joint-operation Enterprises	748	632	116	315	6	427
国有与集体联营企业	State-collective Joint-operation Enterprises	499	474	25	474		25
国有独资企业	State Sole Investment Enterprises	4928	4188	740	4773	3	152
其他有限责任公司	Other Limited Liability Corporations	191902	111342	80560	137172	2887	51843
股份有限公司	Share-holding Corporations Ltd.	15799	7466	8333	12607	484	2708
私营独资企业	Private Sole Investment Enterprises	167976	54226	113750	108816	6549	52611
私营合伙企业	Private Partnership Enterprises	28850	8954	19896	19259	549	9042
私营有限责任公司	Private Limited Liability Corporations	260681	95994	164687	212421	4914	43346
私营股份有限公司	Private Share-holding Corporations Ltd.	12858	5430	7428	10305	692	1861
港、澳、台商投资企业	Enterprises with Investment from Hong Kong, Macao and Taiwan	113937	57135	56802	92316	2093	19528
合资经营企业（港或澳、台资）	Joint Ventures	25720	16334	9386	21415	701	3604
合作经营企业（港或澳、台资）	Cooperative Enterprises	21324	16375	4949	15733	583	5008
港、澳、台商独资经营企业	Sole Investment Enterprises	65564	23491	42073	54088	781	10695
港、澳、台商投资股份有限公司	Share-holding Corporations Ltd.	1329	935	394	1080	28	221
外商投资企业	Enterprises with Foreign Investment	151206	41625	109581	135208	858	15140
中外合资经营企业	Sino-foreign Joint Ventures	37719	17267	20452	31368	203	6148
中外合作经营企业	Sino-foreign Cooperative Enterprises	12506	10158	2348	9872	256	2378
外资企业	Foreign-funded Enterprises	100105	14089	86016	93231	314	6560
外商投资股份有限公司	Share-holding Corporations Ltd.	876	111	765	737	85	54

15-31 按法人单位和产业活动单位分批发零售和住宿餐饮业从业人数（2009年）

Number of Employed Persons in Wholesale and Retail Trades, Hotels and Catering Services (2009)

单位：人 (person)

项　目	Item	总计 Total	法人单位 Corporate Units 合计 Total	批发零售业 Wholesale and Retail Trades	住宿餐饮业 Hotels and Catering Services	产业活动单位 Establishments 合计 Total	批发零售业 Wholesale and Retail Trades	住宿餐饮业 Hotels and Catering Services
合　计	**Total**	**3964050**	**3040727**	**2190414**	**850313**	**923323**	**684161**	**239162**
内资企业	Domestic-funded Enterprises	3354389	2669479	1985782	683697	684910	544275	140635
#国有企业	State-owned Enterprises	249732	160255	109082	51173	89477	72900	16577
集体企业	Collective-owned Enterprises	120530	85207	62930	22277	35323	29691	5632
股份合作企业	Share-holding Cooperative Enterprises	27216	22304	15498	6806	4912	3360	1552
国有联营企业	State-owned Joint-operation Enterprises	9167	3875	1987	1888	5292	5060	232
集体联营企业	Collective Joint-operation Enterprises	2645	2178	1449	729	467	448	19
国有与集体联营企业	State-collective Joint-operation Enterprises	1313	936	462	474	377	352	25
国有独资企业	State Sole Investment Enterprises	15012	9625	6669	2956	5387	3415	1972
其他有限责任公司	Other Limited Liability Corporations	776305	578378	429293	149085	197927	155110	42817
股份有限公司	Share-holding Corporations Ltd.	152366	91145	80296	10849	61221	56271	4950
私营独资企业	Private Sole Investment Enterprises	397078	367141	209392	157749	29937	19710	10227
私营合伙企业	Private Partnership Enterprises	68657	64188	37057	27131	4469	2750	1719
私营有限责任公司	Private Limited Liability Corporations	1398468	1181387	964937	216450	217081	172850	44231
私营股份有限公司	Private Share-holding Corporations Ltd.	54304	42559	31528	11031	11745	9918	1827
港、澳、台商投资企业	Enterprises with Investment from Hong Kong, Macao and Taiwan	289386	199539	116037	83502	89847	59412	30435
合资经营企业（港或澳、台资）	Joint Ventures	82029	54055	33992	20063	27974	22317	5657
合作经营企业（港或澳、台资）	Cooperative Enterprises	24879	17738	1541	16197	7141	2014	5127
港、澳、台商独资经营企业	Sole Investment Enterprises	178237	124530	78567	45963	53707	34106	19601
港、澳、台商投资股份有限公司	Share-holding Corporations Ltd.	4241	3216	1937	1279	1025	975	50
外商投资企业	Enterprises with Foreign Investment	320275	171709	88595	83114	148566	80474	68092
中外合资经营企业	Sino-foreign Joint Ventures	94732	42395	27559	14836	52337	29454	22883
中外合作经营企业	Sino-foreign Cooperative Enterprises	31183	19391	9520	9871	11792	9157	2635
外资企业	Foreign-funded Enterprises	182215	104950	47123	57827	77265	34987	42278
外商投资股份有限公司	Share-holding Corporations Ltd.	12145	4973	4393	580	7172	6876	296

15-32 各市按行业和所在地分批发零售企业从业人员数（2009年）
Number of Employed Persons in Wholesale and Retail Trades by Sector, by Location of Enterprise and by City (2009)

单位：人 (person)

市别	City	合计 Total	按行业分 By Sector 批发业 Wholesale Trade	零售业 Retail Trade	按所在地分 By Location 市 City	县 County	县以下 Under County Level
合计	**Total**	**2874575**	**1609474**	**1265101**	**2334859**	**62586**	**477130**
广州	Guangzhou	800622	494294	306328	737554		63068
深圳	Shenzhen	856400	487862	368538	849681		6719
珠海	Zhuhai	88800	45519	43281	76260		12540
汕头	Shantou	87440	46860	40580	71531	1843	14066
佛山	Foshan	39663	21523	18140	25631	4188	9844
韶关	Shaoguan	19008	6340	12668	7242	7019	4747
河源	Heyuan	36609	14382	22227	12797	4864	18948
梅州	Meizhou	65607	26940	38667	45757	6018	13832
惠州	Huizhou	14964	7979	6985	8719	785	5460
汕尾	Shanwei	195630	82817	112813	71752		123878
东莞	Dongguan	95751	55261	40490	66265		29486
中山	Zhongshan	58808	29720	29088	47517		11291
江门	Jiangmen	194945	105673	89272	131033		63912
阳江	Yangjiang	35115	14745	20370	22679	4737	7699
湛江	Zhanjiang	74691	47034	27657	46804	5042	22845
茂名	Maoming	78012	46889	31123	52108	329	25575
肇庆	Zhaoqing	32995	17289	15706	20741	4126	8128
清远	Qingyuan	21813	12238	9575	12225	1697	7891
潮州	Chaozhou	15767	6895	8872	6307	1949	7511
揭阳	Jieyang	39101	22983	16118	17033	8607	13461
云浮	Yunfu	22834	16231	6603	5223	11382	6229

15-33 各市法人单位和产业活动单位分批发零售和住宿餐饮业从业人数(2009年)
Number of Employed Persons in Wholesale and Retail Trades, Hotels and Catering Services by Corporate Unit, by establishment and by City (2009)

单位：人 (person)

市别	City	法人单位 Corporate Units 合计 Total	批发零售 Wholesale and Retail Trades	住宿餐饮 Hotels and Catering Services	产业活动单位 Establishments 合计 Total	批发零售 Wholesale and Retail Trades	住宿餐饮 Hotels and Catering Services
合计	**Total**	**3040727**	**2190414**	**850313**	**923323**	**684161**	**239162**
广州	Guangzhou	842457	589766	252691	285065	210856	74209
深圳	Shenzhen	827862	648346	179516	288578	208054	80524
珠海	Zhuhai	98349	68820	29529	30396	19980	10416
汕头	Shantou	91093	74914	16179	13734	12526	1208
佛山	Foshan	46527	29767	16760	11393	9896	1497
韶关	Shaoguan	21730	14077	7653	5458	4931	527
河源	Heyuan	34863	26208	8655	12156	10401	1755
梅州	Meizhou	76950	50841	26109	18804	14766	4038
惠州	Huizhou	18092	12106	5986	2968	2858	110
汕尾	Shanwei	249649	157743	91906	68955	37887	31068
东莞	Dongguan	102306	74604	27702	24834	21147	3687
中山	Zhongshan	71571	45239	26332	18525	13569	4956
江门	Jiangmen	213658	148327	65331	56882	46618	10264
阳江	Yangjiang	37903	26388	11515	9096	8727	369
湛江	Zhanjiang	75444	51263	24181	26920	23428	3492
茂名	Maoming	81338	67613	13725	12183	10399	1784
肇庆	Zhaoqing	38377	23367	15010	15470	9628	5842
清远	Qingyuan	30315	15823	14492	7954	5990	1964
潮州	Chaozhou	17741	13056	4685	3352	2711	641
揭阳	Jieyang	43809	35510	8299	3898	3591	307
云浮	Yunfu	20693	16636	4057	6702	6198	504

主要统计指标解释

社会消费品零售总额 指各种经济类型的批发零售业、住宿餐饮业和其他行业的企业（单位）或个体户，售予城乡居民用于生活消费和社会集团用于公共消费的商品金额的总和。

批发零售业商品购进总额 指从本企业以外的单位和个人购进（包括从国外直接进口）作为转卖或加工后转卖的商品金额。本指标由“从生产者购进额”、“从批发零售业购进额”、“进口额”和“其他购进”组成。 这个指标反映批发零售企业从国内、国外市场上购进商品的总量。

批发零售业商品销售总额 指售予本企业以外的单位和个人的商品金额（包括对国（境）外直接出口及售给本单位消费用的商品）。本指标由“对生产经营单位批发额”、“对批发零售业批发额”、“出口额”和“对居民和社会集团商品零售额”项目组成。这个指标反映批发零售业在国内市场上销售商品以及出口商品的总量。

批发 指除零售以外的一切商品销售活动。包括对生产经营单位批发、对批发零售业批发和出口。

对生产经营单位批发 指售给国民经济和社会各部门作为生产或经营使用的商品。

零售 指出售城乡居民用于生活消费商品和社会集团直接用于公用消费商品的活动。

批发零售业年末库存总额 指批发零售企业已取得所有权的全部商品。这个指标反映批发零售贸易企业的商品库存情况，对市场商品供应的保证程度。

批发零售业住宿餐饮业法人单位 指各种经济类型独立核算法人批发零售企业、住宿餐饮企业的单位个数。法人单位应同时具备以下条件：1. 依法成立，有自己的名称、组织机构和场所，能够独立承担民事责任；2. 独立拥有和使用资产，承担负债，有权与其他单位签订合同；3. 独立核算盈亏，并能够编制资产负债表。

批发业 是指从工农业生产者或从商品流通企业单位和个体户购进商品，转卖给工业、农业、建筑业、运输邮电业、住宿餐饮业、服务业等生产经营单位作为生产经营用，以及将商品转卖给其他批发企业或零售企业的商品流通企业(单位)和个体户。

零售业 是指从工农业生产者、批发业或居民购进商品，转卖给城乡居民作为生活消费和售给社会集团作为公共消费的商品流通企业(单位)和个体户。

住宿业 是指为顾客提供临时住宿服务的企业(单位)和个体户。

餐饮业 是指从事食品的烹饪、调制并直接售给居民和社会集团的企业(单位)和个体户。

Explanatory Notes on Main Statistical Indicators

Total Retail Sales of Consumer Goods refer to the sum of retail sales of consumer goods sold by enterprises (establishments) or individuals in wholesale, retail trade, accommodations, catering services and other industries of various types of ownership to urban and rural households for living consumption and to social institutions for public consumption.

Total Purchases of Commodities by Wholesale and Retail Trades refer to the purchases of commodities from other establishments or individuals (including direct import from abroad) for the purpose of reselling, either with or without further processing of the commodities purchased This indicator includes the purchases from producers, the purchases from wholesale and retail trades, imports and other purchases It is used to show the total value of purchases of commodities by wholesale and retail establishments from domestic and overseas markets.

Total Sales of Commodities by Wholesale and Retail Trades refer to the value of commodities sold to other establishments and individuals (including direct export and commodities sold to the sellers themselves for consumption). This indicator includes the value of wholesale to production and operation units, the value of wholesale to wholesale and retail trades, exports and retail sales to urban and rural households and social institutions It is an indicator of the total value of sales of commodities at domestic markets and export.

Wholesale refers to all selling activities of commodities except retail trade, including wholesale to production and operation units, wholesale to wholesale and retail trades and export.

Wholesale to Production and Operation Units refers to commodities sold to departments of national economy and social departments for their production and operation.

Retail Sale refers to the selling of commodities to urban and rural households for living consumption and to social institutions for direct public consumption.

Total Inventory of Wholesale and Retail Trades at the Year-end refers to the total commodities possessed by wholesale and retail enterprises, which reflects the commodity stock level of various wholesale and retail enterprises and the potential for market supply.

Corporate Units in Wholesale and Retail Trades, Accommodations and Catering Services refer to the number of corporate enterprises of various types of ownership in the wholesale and retail trades, accommodations and catering services with independent accounting systems An enterprise can be called a corporate enterprise only when it simultaneously meets the following requirements:(1)It is established according to law, with its own name, organization and location for business operation, as well as the capability to independently assume civil responsibility (2)It owns and uses its assets independently, assumes liabilities and is entitled to sign contracts with other units (3)It has an independent accounting system and is able to compile balance sheets.

Wholesale Trade refers to the commodity circulation enterprises (establishments) and individuals which purchase commodities from producers in industry and agriculture or from commodity circulation enterprises and individuals for the purpose of reselling them to establishments in industry, agriculture, construction, transportation, postal and telecommunications services, accommodations and catering services and other services for their production and operation as well as reselling them to other wholesale or retail enterprises.

Retail Trade refers to the commodity circulation enterprises (establishments) and individuals which purchase commodities from producers in industry and agriculture, wholesale trade or residents for the purpose of reselling them to urban and rural households for living consumption and to social institutions for public consumption.

Hotel Services refers to the enterprises (establishments) and individuals engaged in providing temporary accommodation to customers.

Catering Services refer to the enterprises (establishments) and individuals engaged in food cooking, seasoning and selling food directly to households and social institutions.

十六、对外经济

FOREIGN ECONOMY

十六 对外经济

简要说明

一、本篇资料综合反映广东对外贸易、利用外资、对外承包工程和劳务合作以及“三资”企业工商登记等历年概况和近年发展的详细情况。

二、本篇资料由广东省统计局贸易外经处负责整理、编辑。

三、资料来源和统计范围：

1．人民币对美元、日元、港元的年平均汇价资料来源于外汇管理部门，是根据当年国家外汇管理局提供的每日汇价进行加权平均计算而得出的。

2．进出口贸易规模、结构情况资料，来源于广州海关，统计范围为在广东境内经海关报关注册登记的经营单位（包括有进出口经营权和无进出口经营权的经营单位）。进出口商品价值，出口按离岸价（FOB）、进口按到岸价（CIF）统计；进出口商品分类按海关合作理事会制定的《商品名称及编码协调制度》（HS）目录进行分类统计。

3. 利用外资规模、结构和广东对外承包工程和劳务合作状况资料来源于省外经贸厅。

4. 外商投资企业注册登记情况资料来源于省工商行政管理局。

5. 对外开放使用口岸分布状况资料来源于省外经贸厅。

16 Foreign Economy

Brief Introduction

Ⅰ. The data in this chapter show the development of Guangdong's foreign trade, utilization of foreign capital, contracted projects and labor services cooperation with foreign countries or regions, and registration status of enterprises with foreign investment over the years.

Ⅱ. The data in this chapter are prepared and edited by the Division of Trade and External Economic Relations Statistics of Statistics Bureau of Guangdong Province.

Ⅲ. Data sources and statistical coverage:

(1) The data on the average exchange rates of RMB yuan to US dollar, Japanese yen and Hong Kong dollar over the years come from the State Administration of Foreign Exchange. The annual average exchange rate is calculated as the weighted mean of the daily exchange rates provided by the State Administration of Foreign Exchange in current year.

(2) The data on the size and composition of [BF]Guangdong's imports[BFQ] and exports come from Guangzhou Customs Office. The statistics cover the operating units (with or without the right to handle imports and exports) which have a declaration and register at customs within the boundary of Guangdong. The values of export commodities are calculated on an FOB basis, while the values of import commodities are calculated on a CIF basis. The Harmonized Commodity Description and Coding System (HS) stipulated by the Customs Cooperation Council is used in the classification of import and export commodities.

(3) The data on the scale and composition of the utilization of foreign capital and the conditions of contracted projects and labor cooperation with foreign countries or territories in Guangdong come from the Department of Foreign Trade and Economic Cooperation of Guangdong Province.

(4) The data on registration status of enterprises with foreign investment come from the Administration of Industry and Commerce of Guangdong Province.

(5) The data on the distribution of ports opening to the outside world come from the Department of Foreign Trade and Economic Cooperation of Guangdong Province.

16-1 对外经济主要指标

Main Indicators of Foreign Trade and Economic Cooperation

指标	Item	2000	2005	2008	2009	2009比2008增长(%) Growth Rate in 2009 over 2008 (%)
进出口总额 (亿美元)	Total Value of Imports and Exports (USD 100 million)	1701.06	4280.02	6834.92	6111.18	-10.8
出口总额	Total Exports	919.19	2381.71	4041.88	3589.56	-11.5
#农产品	Farm Produce		24.04	46.27	48.58	5.0
机电产品	Machanical and Electrical Products	499.75	1644.17	2836.37	2501.36	-11.9
高新技术产品	High and New-tech Products	170.20	835.70	1486.73	1393.74	-6.3
进口总额	Total Imports	781.87	1898.31	2793.04	2521.62	-9.7
#农产品	Farm Produce		35.38	82.69	79.91	-3.4
机电产品	Machanical and Electrical Products	358.34	1146.46	1739.76	1576.77	-9.4
高新技术产品	High and New-tech Products	183.15	704.66	1243.12	1150.84	-7.4
签订利用外资协议(合同)项目 (个)	Number of Projects with Contracted Foreign Capital (unit)	16879	11786	8980	5693	-36.6
#对外借款	Foreign Loans	57				
外商直接投资	Foreign Direct Investment	4245	8384	6999	4346	-37.9
签订利用外资协议(合同)金额 (亿美元)	Amount of Contracted Foreign Capital (USD 100 million)	110.86	267.57	307.14	182.41	-40.6
#对外借款	Foreign Loans	7.29				
外商直接投资	Foreign Direct Investment	86.84	237.44	286.40	175.58	-38.7
实际利用外资额(亿美元)	Amount of Foreign Capital Actually Utilized (USD 100 million)	145.75	151.74	212.67	202.87	-4.6
#对外借款	Foreign Loans	7.02				
外商直接投资	Foreign Direct Investment	122.37	123.64	191.67	195.35	1.9
外商投资企业年底工商登记数 (户)	Number of Registered Enterprises with Foreign Investment at the Year-end (unit)	49865	58762	68104	69010	1.3
投资总额 (亿美元)	Total Investment (USD 100 million)	2165.09	2889.27	3726.46	3939.31	5.7
注册资本 (亿美元)	Registered Capital (USD 100 million)	1280.86	1677.35	2251.37	2343.13	4.1
对外承包工程合同数(份)	Number of Contracted Projects with Foreign Countries and Territories (unit)	86	2061	331	556	68.0
合同金额 (亿美元)	Contracted Value (USD 100 million)	3.66	32.68	84.44	81.49	-3.5
完成营业额 (亿美元)	Value of Turnover Fulfilled(USD 100 million)	3.45	24.72	68.60	75.88	10.6
对外劳务合作合同数(份)	Number of Labour Services Contracts with Foreign Countries and Regions (unit)	6626	13989	40284	32883	-18.4
合同金额 (亿美元)	Contracted Value (USD 100 million)	1.29	3.28	6.82	4.57	-33.0
完成营业额 (亿美元)	Value of Turnover Fulfilled(USD 100 million)	1.08	3.09	5.84	5.95	1.9

注：2004年后实际利用外商直接投资统计口径作了调整，与2003年以前的年份不可比。

Note: The foreign direct investment actually utilized since 2004 has been adjusted, incomparable to values of preceding years.

16-2 人民币对主要外币年平均汇价

Annual Average Exchange Rates of RMB Yuan against Main Convertible Currencies

单位：人民币，元 (RMB/yuan)

年份 Year	100美元 100 US Dollars	100日元 100 Japanese Yen	100港元 100 Hong Kong Dollars	100欧元 100 Euros
1987	372.21	2.5799	47.74	
1988	372.21	2.9082	47.70	
1989	376.59	2.7360	48.28	
1990	478.38	3.3233	61.39	
1991	532.27	3.9602	68.45	
1992	551.49	4.3608	71.24	
1993	576.19	5.2020	74.41	
1994	861.87	8.4370	111.53	
1995	835.07	8.9225	107.96	
1996	830.57	7.6238	107.40	
1997	828.97	6.8623	107.09	
1998	827.90	6.3487	106.88	
1999	827.83	7.2913	106.66	
2000	827.84	7.6950	106.17	
2001	827.71	6.8098	106.07	
2002	827.70	6.6651	106.08	801.45
2003	827.70	7.1347	106.24	937.77
2004	827.70	7.6552	106.23	1029.00
2005	819.17	7.4484	105.00	1019.53
2006	797.18	6.8570	102.62	1001.90
2007	760.40	6.4632	97.46	1041.75
2008	694.51	6.7427	89.19	1022.27
2009	683.10	7.2986	88.12	952.70

16-3 进出口总额

Total Value of Imports and Exports

单位：亿美元 (USD 100 million)

年份 Year	进出口总额 Total Imports and Exports	出口 Exports	进口 Imports	差额 Balance
1987	210.37	101.40	108.97	-7.57
1988	310.19	148.17	162.02	-13.85
1989	355.78	181.13	174.65	6.48
1990	418.98	222.21	196.77	25.44
1991	525.21	270.73	254.48	16.25
1992	657.48	334.58	322.90	11.68
1993	783.44	373.94	409.50	-35.56
1994	966.63	502.11	464.52	37.59
1995	1039.72	565.92	473.80	92.12
1996	1099.60	593.46	506.14	87.32
1997	1301.20	745.64	555.56	190.08
1998	1297.98	756.18	541.80	214.38
1999	1403.68	777.05	626.63	150.42
2000	1701.06	919.19	781.87	137.32
2001	1764.87	954.21	810.66	143.55
2002	2210.92	1184.58	1026.34	158.24
2003	2835.22	1528.48	1306.74	221.74
2004	3571.29	1915.69	1655.60	260.09
2005	4280.02	2381.71	1898.31	483.40
2006	5272.07	3019.48	2252.59	766.89
2007	6340.35	3692.39	2647.96	1044.43
2008	6834.92	4041.88	2793.04	1248.83
2009	6111.18	3589.56	2521.62	1067.93

注：进出口差额负数为入超。
Note: A negative balance indicates trade deficit. That is, imports surpassing exports.

16-4 按贸易方式和经济类型分的进出口额

Total Value of Imports and Exports by Customs Regime and Ownership Type

单位：亿美元 (USD 100 million)

项 目	Item	2000		2005		2006	
		出口 Exports	进口 Imports	出口 Exports	进口 Imports	出口 Exports	进口 Imports
总 计	**Total**	**919.19**	**781.87**	**2381.71**	**1898.31**	**3019.48**	**2252.59**
按贸易方式分	By Customs Regime						
一般贸易	Ordinary Trade	174.36	208.55	533.21	485.00	799.97	563.07
来料加工	Processing and Assembling with Customer's Materials	265.80	179.09	402.71	286.27	432.18	303.31
补偿贸易	Compensation Trade	0.08		0.01		0.01	
进料加工	Processing and Assembling with Import Materials	452.00	314.62	1347.97	884.13	1651.66	1073.96
加工设备	Processing Equipments		15.24		24.49		22.68
外资设备	Foreign-funded Equipments		34.53		64.44		62.78
保税仓库	Bonded Warehouse	24.04	23.36	97.54	142.07	135.42	196.38
捐赠	Donation	0.02	0.19	0.04	0.09	0.01	0.02
其他	Others	2.89	6.29	0.21	11.81	0.23	30.39
按经济类型分	By Type of Ownership						
国有经济	State-owned Economy	389.65	317.51	445.63	396.43	485.34	425.00
集体经济	Collective-owned Economy	25.31	25.64	88.66	47.70	103.72	50.50
私营经济	Private Economy	6.14	5.54	299.48	209.35	472.80	258.52
外商投资经济	Foreign-funded Economy	495.09	425.27	1546.77	1240.07	1939.16	1513.17
其他经济	Others	3.00	7.91	1.17	4.76	18.46	5.40

16-4 续表 continued

项目	Item	2007		2008		2009	
		出口 Exports	进口 Imports	出口 Exports	进口 Imports	出口 Exports	进口 Imports
总 计	**Total**	**3692.39**	**2647.96**	**4041.88**	**2793.04**	**3589.56**	**2521.62**
按贸易方式分	By Customs Regime						
一般贸易	Ordinary Trade	1050.05	697.96	1162.98	823.89	1098.16	890.03
来料加工	Processing and Assembling with Customer's Materials	528.28	367.60	577.79	376.67	475.47	302.94
补偿贸易	Compensation Trade	0.01					
进料加工	Processing and Assembling with Import Materials	1933.39	1204.65	2035.80	1181.21	1755.80	1025.20
加工设备	Processing Equipments		25.97		21.50		6.86
外资设备	Foreign-funded Equipments		61.93		52.05		24.51
保税仓库	Bonded Warehouse	175.93	261.61	245.27	319.17	226.66	264.08
捐赠	Donation		0.01		0.01	0.03	0.12
其他	Others	4.73	28.23	20.04	18.54	33.44	7.88
按经济类型分	By Type of Ownership						
国有经济	State-owned Economy	569.93	499.90	608.65	505.28	482.39	402.44
集体经济	Collective-owned Economy	130.83	50.64	155.06	62.69	143.57	64.97
私营经济	Private Economy	651.62	324.57	708.80	375.98	716.68	442.41
外商投资经济	Foreign-funded Economy	2322.18	1762.27	2556.29	1831.55	2238.03	1586.12
其他经济	Others	17.83	10.58	13.08	17.54	8.89	25.68

16-5 按产品类型分的进出口额

Total Value of Imports and Exports by Product Type

单位：亿美元 (USD 100 million)

项 目	Item	2000	2005	2006	2007	2008	2009
出口总额	**Total Exports**	**919.19**	**2381.71**	**3019.48**	**3692.39**	**4041.88**	**3589.56**
#农产品	Farm Produce		24.04	38.49	41.43	46.27	48.58
机电产品	Machanical and Electrical Products	499.75	1644.17	2045.26	2532.48	2836.37	2501.36
金属制品	Metal Products	15.45	89.46	110.77	137.43	143.56	117.01
机械及设备	Machinery and Equipments	133.33	544.24	635.92	724.55	764.19	659.76
电器及电子产品	Electric and Electronic Products	228.00	738.51	962.72	1313.69	1488.62	1365.38
运输工具	Transport Equipments	14.87	54.27	65.75	86.42	105.07	73.11
仪器仪表	Instruments and Meters	28.77	80.60	108.54	98.55	123.1	126.71
其他	0thers	79.38	137.09	161.56	171.84	211.83	159.38
#高新技术产品	High and New-tech Products	170.20	835.70	1044.12	1283.47	1486.73	1393.74
生物技术	Biotechnology	0.09	0.11	0.08	0.09	0.06	0.05
生命科学技术	Life Sciences Technology	2.12	4.65	6.42	8.13	10.23	10.74
光电技术	Photoelectric Technology	6.01	28.75	40.42	16.57	68.58	72.13
计算机与通信技术	Computer and Communication Technology	141.54	730.56	894.11	1126.88	1261.76	1170.28
电子技术	Electronic Technology	17.54	62.65	91.41	114.10	126.28	122.38
计算机集成制造技术	Computer Integrated Manufacturing Technology	1.46	4.79	6.32	11.03	11.91	10.37
材料技术	Material Technology	0.26	2.54	3.13	4.07	5.15	4.63
航空航天技术	Aerospace Technology	0.14	0.88	1.39	1.71	1.81	2.38
其他	Others	1.04	0.77	0.84	0.89	0.95	0.77
进口总额	**Total Imports**	**781.87**	**1898.31**	**2252.59**	**2647.96**	**2793.04**	**2521.62**
#农产品	Farm Produce		35.38	47.44	62.47	82.69	79.91
机电产品	Machinery and Electrical Products	358.34	1146.46	1407.38	1671.53	1739.76	1576.77
金属制品	Metal Products	3.19	15.55	17.34	21.70	23.65	20.04
机械及设备	Machinery and Equipments	105.39	261.22	295.08	338.01	344.51	297.12
电器及电子产品	Electric and Electronic Products	204.74	683.30	845.21	1014.37	1060.81	983.97
运输工具	Transport Equipments	8.63	40.46	57.39	61.91	61.63	62.18
仪器仪表	Instruments and Meters	21.64	135.33	182.66	221.65	233.68	200.69
其他	0thers	14.75	10.61	9.70	13.89	15.48	12.78
#高新技术产品	High and New-tech Products	183.15	704.66	887.96	1008.64	1243.12	1150.84
生物技术	Biotechnology	0.10	0.31	0.36	0.39	0.73	0.65
生命科学技术	Life Sciences Technology	2.86	6.32	7.20	8.74	11.01	11.61
光电技术	Photoelectric Technology	2.55	7.68	9.06	9.66	160.43	138.03
计算机与通信技术	Computer and Communication Technology	64.65	216.85	269.95	271.19	326.81	303.46
电子技术	Electronic Technology	90.48	410.38	513.08	619.25	653.06	621.45
计算机集成制造技术	Computer Integrated Manufacturing Technology	16.12	35.17	40.71	48.46	43.38	29.80
材料技术	Material Technology	1.46	8.97	12.34	15.37	17.31	16.25
航空航天技术	Aerospace Technology	1.81	18.85	34.94	35.15	29.92	28.52
其他	Others	3.12	0.13	0.32	0.43	0.47	1.06

16-6 广东同主要国家(地区)进出口额

Total Value of Imports and Exports with Main Countries and Regions

单位：亿美元 (USD 100 million)

国别（地区）	Country (Region)	2008 进出口 Total	2008 出口 Exports	2008 进口 Imports	2009 进出口 Total	2009 出口 Exports	2009 进口 Imports
合计	**Total**	**6834.92**	**4041.88**	**2793.04**	**6111.18**	**3589.56**	**2521.62**
亚洲	**Asia**	**4401.98**	**2160.19**	**2241.79**	**3969.83**	**1973.06**	**1996.77**
中国香港	Hong Kong, China	1399.70	1338.71	60.99	1199.09	1159.40	39.69
中国澳门	Macao, China	22.19	19.23	2.96	16.08	13.73	2.35
中国台湾	Taiwan, China	438.03	48.53	389.50	385.83	40.39	345.44
日本	Japan	606.18	192.28	413.90	534.88	174.19	360.70
韩国	Republic of Korea	320.84	90.89	229.95	306.53	82.58	223.95
菲律宾	Philippines	84.41	20.52	63.89	70.98	22.34	48.64
泰国	Thailand	131.81	37.11	94.70	128.99	33.99	94.99
马来西亚	Malaysia	161.51	45.48	116.03	167.66	49.96	117.70
新加坡	Singapore	147.96	82.94	65.02	159.47	97.85	61.62
印度尼西亚	Indonesia	62.20	32.78	29.42	55.32	27.15	28.17
印度	India	70.32	55.14	15.18	78.00	65.91	12.10
沙特阿拉伯	Saudi Arabia	33.65	23.72	9.93	32.80	23.60	9.20
阿联酋	United Arab Emirates	53.83	49.66	4.17	51.03	46.93	4.10
东盟	Association of Southeast Asian Nations	626.49	246.55	379.94	633.03	268.29	364.73
非洲	**Africa**	**149.76**	**108.78**	**40.98**	**136.97**	**101.97**	**35.00**
埃及	Egypt	14.68	12.81	1.87	12.33	11.64	0.68
南非	South Africa	37.64	18.52	19.12	37.24	18.02	19.22
欧洲	**Europe**	**975.25**	**727.47**	**247.78**	**825.74**	**587.98**	**237.76**
比利时	Belgium	40.00	28.25	11.75	37.29	26.10	11.19
丹麦	Denmark	17.59	12.69	4.90	11.65	7.85	3.80
英国	United Kingdom	126.49	109.13	17.36	102.42	88.45	13.97
德国	Germany	191.24	123.76	67.48	186.71	110.43	76.29
法国	France	86.51	54.57	31.94	75.01	49.97	25.04
意大利	Italy	70.15	51.34	18.81	60.75	43.99	16.75
荷兰	Netherlands	116.84	105.83	11.01	95.26	86.42	8.84
西班牙	Spain	60.63	35.53	25.10	48.47	31.77	16.70
奥地利	Austria	9.36	4.80	4.56	8.66	3.88	4.78
芬兰	Finland	16.26	12.32	3.94	11.38	7.22	4.16
瑞士	Switzerland	29.47	10.96	18.51	21.99	6.95	15.05
波兰	Poland	18.03	16.97	1.06	17.33	16.39	0.94
俄罗斯	Russia	57.53	47.96	9.57	43.83	24.74	19.09
欧盟	European Union	857.36	643.56	213.80	738.49	539.93	198.56
拉丁美洲	**Latin America**	**237.47**	**160.18**	**77.29**	**201.19**	**135.78**	**65.41**
阿根廷	Argentina	22.03	10.90	11.13	14.24	8.47	5.78
巴西	Brazil	54.24	36.89	17.35	47.99	32.21	15.78
智利	Chile	25.60	13.15	12.45	26.72	10.87	15.85
墨西哥	Mexico	42.51	32.40	10.11	36.91	27.70	9.21
北美洲	**North America**	**978.72**	**828.18**	**150.54**	**870.81**	**733.80**	**137.01**
加拿大	Canada	71.94	55.30	16.64	62.05	45.14	16.91
美国	United States of America	906.74	772.83	133.91	808.76	688.65	120.11
大洋洲及其他	**Oceania and others**	**91.75**	**57.09**	**34.66**	**106.64**	**56.97**	**49.67**
澳大利亚	Australia	81.37	50.65	30.72	94.54	50.60	43.94
新西兰	New Zealand	8.92	5.29	3.63	10.39	4.99	5.40

注：本表数字按产销国别原则统计。
Note:The data in the table are calculated on the basis of production and consumption courtries.

16-7 进出口市场结构
Market Structure of Imports and Exports

单位：亿美元 (USD 100 million)

地区	Region	2000		2005		2006	
		金额 Amount	比重(%) Percentage (%)	金额 Amount	比重(%) Percentage (%)	金额 Amount	比重(%) Percentage (%)
出口总额	**Total Value of Exports**	**919.19**	**100.0**	**2381.71**	**100.0**	**3019.48**	**100.0**
亚洲	Asia	491.57	53.5	1269.40	53.3	1599.17	53.0
#港澳地区	Hong Kong and Macao	321.05	34.9	850.10	35.7	1089.97	36.1
中国台湾	Taiwan, China	17.51	1.9	35.38	1.5	43.76	1.4
日本	Japan	77.47	8.4	138.41	5.8	147.13	4.9
东盟	Association of Southeast Asian Nations	42.41	4.6	115.79	4.9	146.67	4.9
中东十七国	The Seventeen Countries of the Middle East			59.87	2.5	88.99	2.9
非洲	Africa	9.70	1.1	36.91	1.5	56.47	1.9
欧洲	Europe	137.14	14.9	385.00	16.2	516.36	17.1
#欧盟	European Union	125.79	13.7	333.12	14.0	474.7	15.7
俄罗斯	Russia	1.43	0.2	15.93	0.7	23.02	0.8
拉丁美洲	Latin America	21.21	2.3	58.33	2.4	89.76	3.0
北美洲	North America	247.14	26.9	600.59	25.2	720.11	23.8
#美国	United States of America	236.27	25.7	571.07	24.0	677.99	22.5
大洋洲及其他	Oceania and others	12.43	1.4	31.47	1.3	37.61	1.2
进口总额	**Total Value of Imports**	**781.87**	**100.0**	**1898.31**	**100.0**	**2252.59**	**100.0**
亚洲	Asia	602.64	77.1	1542.61	81.3	1834.35	81.4
#港澳地区	Hong Kong and Macao	53.35	6.8	64.26	3.4	55.96	2.5
中国台湾	Taiwan, China	151.28	19.3	308.64	16.3	350.35	15.6
日本	Japan	140.13	17.9	302.52	15.9	332.92	14.8
东盟	Association of Southeast Asian Nations	91.25	11.7	253.22	13.3	294.82	13.1
中东十七国	The Seventeen Countries of the Middle East			67.56	3.6	79.94	3.5
非洲	Africa	7.61	1.0	19.01	1.0	22.55	1.0
欧洲	Europe	84.64	10.8	165.93	8.7	187.39	8.3
#欧盟	European Union	70.03	9.0	134.60	7.1	164.89	7.3
俄罗斯	Russia	6.22	0.8	12.34	0.7	7.93	0.4
拉丁美洲	Latin America	8.52	1.1	40.83	2.2	50.24	2.2
北美洲	North America	60.26	7.7	101.15	5.3	122.43	5.4
#美国	United States of America	53.05	6.8	89.19	4.7	108.94	4.8
大洋洲及其他	Oceania and others	18.21	2.3	28.78	1.5	35.37	1.6

16-7 续表 continued

单位：亿美元 (USD 100 million)

地　区	Region	2007 金额 Amount	2007 比重(%) Percentage (%)	2008 金额 Amount	2008 比重(%) Percentage (%)	2009 金额 Amount	2009 比重(%) Percentage (%)
出口总额	**Total Value of Exports**	**3692.39**	**100.0**	**4041.88**	**100.0**	**3589.56**	**100.0**
亚洲	Asia	1999.12	54.1	2160.19	53.4	1973.06	55.0
#港澳地区	Hong Kong and Macao	1320.51	35.8	1357.94	33.6	1173.14	32.7
中国台湾	Taiwan, China	46.54	1.3	48.53	1.2	40.39	1.1
日本	Japan	172.66	4.7	192.28	4.8	174.19	4.9
东盟	Association of Southeast Asian Nations	204.99	5.6	246.55	6.1	268.29	7.5
中东十七国	The Seventeen Countries of the Middle East	138.32	3.7	150.98	3.7	151.56	4.2
非洲	Africa	88.25	2.4	108.78	2.7	101.97	2.8
欧洲	Europe	625.59	16.9	727.47	18.0	587.98	16.4
#欧盟	European Union	544.94	14.8	643.65	15.9	539.93	15.0
俄罗斯	Russia	50.34	1.4	47.96	1.2	24.74	0.7
拉丁美洲	Latin America	132.07	3.6	160.18	4.0	135.78	3.8
北美洲	North America	795.64	21.6	828.18	20.5	733.80	20.4
#美国	United States of America	739.28	20.0	772.83	19.1	688.65	19.2
大洋洲及其他	Oceania and others	51.72	1.4	57.09	1.4	56.97	1.6
进口总额	**Total Value of Imports**	**2647.96**	**100.0**	**2793.04**	**100.0**	**2521.62**	**100.0**
亚洲	Asia	2157.23	81.5	2241.79	80.3	1996.77	79.2
#港澳地区	Hong Kong and Macao	67.12	2.5	63.95	2.3	42.04	1.7
中国台湾	Taiwan, China	398.69	15.1	389.5	13.9	345.44	13.7
日本	Japan	392.49	14.8	413.9	14.8	360.70	14.3
东盟	Association of Southeast Asian Nations	354.61	13.4	379.94	13.6	364.73	14.5
中东十七国	The Seventeen Countries of the Middle East	89.88	3.4	114.16	4.1	80.49	3.2
非洲	Africa	31.31	1.2	40.98	1.5	35.00	1.4
欧洲	Europe	215.94	8.2	247.78	8.9	237.76	9.4
#欧盟	European Union	190.52	7.2	213.8	7.7	198.56	7.9
俄罗斯	Russia	7.06	0.3	9.57	0.3	19.09	0.8
拉丁美洲	Latin America	63.86	2.4	77.29	2.8	65.41	2.6
北美洲	North America	143.96	5.4	150.54	5.4	137.01	5.4
#美国	United States of America	128.49	4.9	133.91	4.8	120.11	4.8
大洋洲及其他	Oceania and others	35.66	1.3	34.66	1.2	49.67	2.0

16-8 进出口商品分类金额

Total Value of Imports and Exports by Category of Commodities

单位：万美元 (USD 10000)

商品类别	Category of Commodities	2008 出口 Exports	2008 进口 Imports	2009 出口 Exports	2009 进口 Imports
总　计	**Total Value**	**40418772**	**27930433**	**35895578**	**25216239**
第一类 活动物；动物产品	**Live Animals and Animal Products**	**76813**	**157912**	**129482**	**124573**
活动物	Live Animals	16951	319	17207	84
肉及食用杂碎	Meat and Edible Haslets	24759	126155	27879	87474
水产品	Aquatic Products	28789	16101	76966	16273
乳品、蛋品、天然蜂蜜、其他食用动物产品	Dairy Products, Eggs, Natural Honey and Other Edible Animal Products	2737	12870	3283	17969
其他动物产品	Other Animal Products	3578	2467	4147	2773
第二类 植物产品	**Plant Products**	**76744**	**311265**	**80429**	**354058**
树苗及花草	Saplings, Flowers and Herbs	2371	2474	2521	2029
蔬菜	Edible Vegetables	24028	1662	26676	5631
水果及坚果	Fruits and Nuts	15674	57704	16436	88192
咖啡、茶叶及调味香料	Coffee, Tea and Spices	8906	4395	8803	3535
谷物	Cereals	405	22548	46	29238
制粉工业产品	Flour, Starch and Related Products	9623	10015	10686	11471
植物油籽及果实、种子、药材及饲料	Oil Seeds and Kernels, Seeds, Medical Materials and Forage	11382	208052	11413	209544
虫胶、树胶、树脂	Shellac, Gum, Resin	2189	2333	2030	2253
编结植物材料、其他植物产品	Stuff of Knitting Plant, Other Plants and Related Products	2166	2082	1819	2164
第三类 动、植物油脂及蜡	**Animal Fat, Vegetable Oil and Wax**	**10645**	**161739**	**8852**	**120371**
动、植物油脂及蜡	Animal Fat, Vegetable Oil and Wax	10645	161739	8852	120371
第四类 食品、烟草及制品	**Food, Tobacco and Related Products**	**288750**	**125294**	**260672**	**137088**
动物产品制品	Animal Products	131917	579	91981	1161
糖及糖食	Sugar and Sugar Products	23808	4910	27450	6929
可可及可可制品	Cocoa and Cocoa Products	2273	2274	3203	3594
粮食及乳制品、糕饼点心	Foodstuff, Dairy Products and Pastry Products	28505	31587	30848	43782
蔬菜、水果等植物制品	Products of Vegetables and Fruits	20476	5136	19562	5706
杂项制品	Miscellaneous Edible Products	27918	19233	28727	17589
饮料、酒及醋	Beverages, Liquor and Vinegar	43363	21680	47917	23867
食品的残渣、动物饲料	Dreg of Food, Animal Forage	3706	37607	3836	32408
烟草及烟草制品	Tobacco and Related Products	6784	2288	7149	2052
第五类 矿产品	**Minerals**	**531262**	**2136520**	**467690**	**1657383**
盐、硫磺、建筑材料	Salt, Sulphur, Building Materials	27467	49256	21056	38628
矿砂、矿渣及矿灰	Ore, Slag and Mortar	481	233054	944	133017
矿物燃料、矿物油及产品	Mineral Fuels, Mineral Oils and Related Products	503314	1854209	445689	1485738
第六类 化工产品	**Chemicals**	**565960**	**1156511**	**524031**	**1051289**
无机化学品	Inorganic Chemicals	78471	86882	54709	67320
有机化学品	Organic Chemicals	98781	434223	92215	382380
药品	Medicinal and Pharmaceutical Products	41414	85511	61206	88290
肥料	Fertilizer	11614	24968	11547	20973
鞣料、染料浸膏、染料、颜料、油漆、油墨	Tanning Materials, Dyeing Extracts, Dyestuff, Colourant, Paint and Printing Ink	66875	120120	52124	103434

16-8 续表1 continued

单位：万美元 (USD 10000)

商品类别	Category of Commodities	2008 出口 Exports	2008 进口 Imports	2009 出口 Exports	2009 进口 Imports
化妆品及其原料、芳香料制品	Cosmetics and Cosmetic Raw Materials, Perfume Products	74074	20871	73239	23203
洗涤用品	Detergents	35455	54590	34458	53013
蛋白类物质、改性淀粉、胶、酶	Protein Materials, Modified Starch, Gum and Enzyme	30033	55278	32626	54150
炸药、烟火制品、易燃材料制品	Explosive, Pyrotechnic Products, Inflammable Material Products	8386	111	8199	119
照相及电影用品	Photographic and Film Products	26381	56486	17665	56019
杂项化学产品	Miscellaneous Chemical Products	94476	217472	86044	202389
第七类 塑料、橡胶及其制品	**Plastics, Rubber and Related Products**	**1054181**	**2083555**	**910389**	**1874219**
塑料及其制品	Plastics and Related Products	953801	1920573	812458	1732278
橡胶及其制品	Rubber and Related Products	100380	162982	97931	141941
第八类 皮革、毛皮及其制品、旅行用品、手提包	**Leather, Furs and Related Products, Travel Articles, Handbags**	**646826**	**265701**	**587443**	**232823**
生皮及皮革	Raw Hides and Leather	7579	223329	7808	190047
皮革制品、旅行用品及手提包	Leather Products, Travel Articles and Handbags	610243	14674	547742	11891
毛皮、人造毛皮及制品	Furs, Artificial Furs and Related Products	29004	27697	31893	30886
第九类 木及木制品、草柳编结品	**Wood and Wooden Products, Straw and Wicker Knitting Products**	**163285**	**107121**	**124524**	**94594**
木及木制品、木炭	Wood and Wooden Products, Charcoal	101072	106522	89591	94145
软木及软木制品	Cork and Related Products	297	192	173	155
草柳编结品	Straw and Wicker Knitting Products	61916	408	34760	294
第十类 木浆、纸、纸板及制品	**Wood Pulp, Paper, Paperboard and Related Products**	**430530**	**433524**	**398939**	**348760**
木浆及其他纤维素浆、废碎纸板	Wood Pulp and Cellulose Pulp, Waste Paper and Paperboard	102	242368	174	183274
纸及纸板、纸浆、纸制品	Paper, Paperboard, Paper Pulp, Paper Products	249098	170818	230720	147320
书籍、印刷品、设计图纸	Books, Printed Matter, Design Blueprint	181330	20338	168045	18167
第十一类 纺织原料及纺织制品	**Textile Materials and Products**	**3278591**	**783033**	**2969925**	**677731**
蚕丝	Natural Silk	13269	6499	14268	6307
羊毛、动物毛、毛纱线及制品	Wool, Animal Hair, Woolen Yarn and Woven Fabrics	15641	22120	13757	16477
棉花	Cotton	170868	262286	178764	251518
其他纺织纤维、纸纱线及机织物	Other Textile Fibers, Yarn and Related Woven Fabrics	7409	8841	7950	7882
化学纤维长丝	Chemical Fiber, Continuous Filament	41730	118369	36945	104502
化学纤维短丝	Chemical Fiber, Staple Fiber	36288	61854	32527	57396
絮胎、毡尼及无纺物、特种纱线、线绳索缆	Wadding, Felt and Adhesive-bond Fabrics, Special Yarn, Threads, Ropes, Cables	40761	31955	42085	26133
地毯及纺织铺地制品	Carpets and Related Woven Products	15205	1001	16722	915
特种机织物、纺织装饰品、刺绣品	Special Woven Fabrics, Woven Ornaments, Embroidery	104960	24305	56813	20924
浸渍、涂布、包覆或层压的纺织物	Impregnated, Coated, Covered or Laminated Textile Products	54927	50682	62767	42740
针织物及钩编织物	Knit Wear and Crocheted Fabrics	247625	106923	235514	92631
针织或钩编的服装及衣着附件	Knitted or Crocheted Garments and Clothing Accessories	1385878	41872	1214793	22821
非针织或非钩编的服装及衣着附件	Garments Not Knitted or Not Crocheted and Clothing Accessories	1006593	40480	899033	22196
其他纺织制成品、成套物品	Other Textile Products	137436	5847	157987	5290
第十二类 鞋帽伞杖、加工羽毛、人造花、人发制品	**Footwear, Headgear, Umbrellas, Canes, Processed Feather, Artificial Flowers, Wigs**	**1272227**	**26001**	**1174328**	**19105**
鞋类及零件	Footwear and Accessories	1129424	23979	1042220	17258
帽类及零件	Headgear and Accessories	56073	451	52892	544

16-8 续表 2 continued

单位：万美元 (USD 10000)

商品类别	Category of Commodities	2008 出口 Exports	2008 进口 Imports	2009 出口 Exports	2009 进口 Imports
伞、杖、鞭及零件	Umbrellas, Canes, Whips and Accessories	33637	392	32915	344
加工羽毛、羽绒及制品、人造花、人发制品	Processed Feathers, Down and Related Products, Artificial Flowers, Wigs	53094	1179	46301	960
第十三类 石材制品、陶瓷产品、玻璃及其制品	**Stone Products, Ceramics, Glass and Glassware**	**703131**	**148259**	**691797**	**137528**
石材制品	Stone and Related Products	95816	22815	76173	17411
陶瓷产品	Ceramics	375303	5678	401372	5200
玻璃及其制品	Glass and Glassware	232012	119766	214252	114917
第十四类 珠宝首饰、硬币	**Jewellery, Coins**	**442492**	**279118**	**399118**	**296026**
珠宝首饰	Jewellery	442492	279118	399118	296026
第十五类 贱金属及其制品	**Base Metals and Related Products**	**2054038**	**2356793**	**1518226**	**2294041**
钢铁	Iron and Steel	237157	827256	92611	672069
钢铁制品	Iron and Steel Products	693326	136599	592021	118568
铜及其制品	Copper and Related Products	106450	885225	86537	915556
镍及其制品	Nickel and Related Products	959	32377	903	44789
铝及其制品	Aluminum and Related Products	433095	314010	257000	391302
铅及其制品	Lead and Related Products	1192	4995	1772	9441
锌及其制品	Zinc and Related Products	10530	43268	9538	51588
锡及其制品	Tin and Related Products	780	26587	490	17666
其他贱金属金属陶瓷及其制品	Other Base Metals, Metallic Ceramics and Related Products	24583	17646	13717	14877
贱金属工具器具利口器餐具及零件	Base Metal Tools, Utensils, Sharp Tools, Dinner-sets and Accessories	212372	41659	189544	35009
贱金属杂项制品	Miscellaneous Base Metal Products	333596	27171	274091	23176
第十六类 机械、电气设备、电视机及音响设备	**Machinery, Electric Equipment, TV Sets, Sound Appliances**	**22519993**	**14051299**	**20248652**	**12808292**
核反应堆、锅炉、机械设备及零件	Nuclear Reactor, Boilers, Mechanic Equipment and Accessories	7640752	3444417	6598060	2972030
机电、电气设备、电视机及音响设备	Machinery, Electric Equipment, TV Sets and Sound Appliances	14879240	10606882	13650592	9836262
第十七类 车辆、航空器、船舶及有关运输设备	**Vehicles, Aircraft, Ships and Related Transport Equipment**	**1050879**	**616209**	**731215**	**625309**
铁道及电车机车、车辆及零件	Rail Locomotives, Tramcars and Accessories	236970	1578	36908	2275
车辆及零附件	Vehicles and Related Parts and Accessories	638518	371567	508971	370285
航空器、航天器及零件	Aircraft, Spacecraft and Related Parts and Accessories	2766	235703	3491	224971
船舶及浮动结构体	Ships and Related Products	172625	7361	181844	27779
第十八类 仪器、医疗器械、钟表及乐器	**Instruments, Medical Instruments and Equipment,Clocks and Watches, Musical Instruments**	**1489561**	**2426209**	**1489507**	**2077902**
光学、照相电影、计量检验、医疗仪器设备	Optical, Photographic, Film, Measuring and Checking, Medical Instruments and Equipment	1231664	2336657	1267257	2001918
钟表及零件	Clocks, Watches and Parts	206100	84721	180176	71834
乐器及零附件	Musical Instruments and Parts	51797	4831	42074	4150
第十九类杂项制品	**Miscellaneous Manufactured Articles**	**3722176**	**137523**	**3159382**	**118701**
家具、床上用品、照明装置、发光标志	Furniture, Bed Articles, Lighting Apparatus, Radiate Marks	1587487	29664	1471407	32655
玩具、游戏、运动用品及零附件	Toys, Game Goods, Sports Articles and Related Parts and Accessories	1955481	84849	1511121	63570
杂项制品	Miscellaneous Manufactured Articles	179208	23011	176853	22475
第二十类 艺术品、收藏品及古物	**Works of Art, Collection Pieces and Antiques**	**2716**	**152**	**2461**	**88**
第二十一类 特殊交易品及未分类商品	**Special Trading Goods and Unclassified Goods**	**37972**	**166695**	**18517**	**166357**

16-9 出口主要商品数量和金额

Main Export Commodities in Volume and Value

单位：万美元 (USD 10000)

商品名称	Item	2008		2009	
		数量 Volume	金额 Value	数量 Volume	金额 Value
活猪 (万头)	Live Hogs (10000 heads)	50	11976	6234	13047
活家禽 (万只)	Live Poultry (10000 heads)	1036	2962	823	2265
鲜、冻猪肉 (吨)	Fresh and Frozen Pork (ton)	16920	6078	20301	6242
冻鸡 (吨)	Frozen Chicken (ton)	4741	997	5128	1198
水产品 (吨)	Aquatic Products (ton)	118515	28659	216586	76803
#活鱼 (吨)	Live Fish (ton)	51741	13582	50112	12750
鲜冻对虾 (吨)	Fresh and Frozen Prawn (ton)	1570	631	16463	8866
谷物 (吨)	Cereals (ton)	144835	6644	133611	6268
#大米 (吨)	Rice (ton)	8561	484	1432	97
蔬菜 (吨)	Vegetables (ton)	809642	25477	772053	28774
#鲜蔬菜 (吨)	Fresh Vegetables (ton)	749020	16066	711658	19426
鲜、干果类 (吨)	Fresh and Dried Fruit (ton)	334422	14888	335627	15860
#柑桔橙 (吨)	Mandarins and Oranges (ton)	107378	4334	131950	5846
食用油籽 (吨)	Edible Oil Seeds (ton)	6908	389	3090	187
食用植物油 (吨)	Edible Vegetable Oil (ton)	36388	6362	22907	4493
食糖 (吨)	Sugar (ton)	30767	1391	42021	2185
茶叶 (吨)	Tea (ton)	6334	2949	5222	2518
猪肉罐头 (吨)	Canned Pork (ton)	1		28	7
蘑菇罐头 (吨)	Canned Mushroom (ton)	14245	1855	4168	499
羽毛、羽绒 (吨)	Feather and Down (ton)	3619	1146	2778	854
药材 (吨)	Medicinal Materials (ton)	85234	9311	90154	9712
纸烟 (万条)	Cigarettes (10000 cartons)	952	3359	1127	3954
生丝 (吨)	Raw Silk (ton)	1748	4308	1360	3704
成品油 (吨)	Finished Petroleum Products (ton)	5106532	357589	6732104	293860
合成有机染料 (吨)	Synthetic Organic Dyestuff (ton)	12725	8834	11761	8174
医药品 (吨)	Medicinal and Pharmaceutical Products (ton)	78434	65538	64959	86851
#抗菌素 (吨)	Antibiotics (ton)	4201	17305	6389	19536
烟花爆竹 (吨)	Fireworks and Firecrackers (ton)	49118	7555	38243	7453
松香、树脂 (吨)	Rosin, Resin (ton)	103629	10337	79521	7631
轮胎 (万条)	Rubber Tire (10000 units)	4659	45426	18802	46929
纸及纸板 (吨)	Paper and Paperboard (ton)	587509	43534	416425	32418
纺织品	Textiles		877733		849952
#棉纱线 (吨)	Cotton Yarn (ton)	152428	55848	182540	61715
丝绸	Silk		8018		8130
棉布	Cotton Cloth		172206		132334
麻纺布 (万米)	Linen Cloth (10000 m)	2531	5766	2461	6166
混纺布 (万米)	Blended Cloth (10000 m)	3936	4067	6501	6330
玻璃制品	Glass Products		116054		109619
家用陶瓷器皿	Porcelain and Pottery Wares for Household Use		88389		109839
家用或装饰用木制品(吨)	Wood Articles for Household or Decoration Use(ton)	160937	25228	137327	24617
珍珠、宝石	Pearls and Precious Stones		150561		105324

16-9 续表 continued

单位：万美元 (USD 10000)

商品名称	Item	2008 数量 Volume	2008 金额 Value	2009 数量 Volume	2009 金额 Value
贵金属及首饰	Precious Metal and Jewelry		236584		231836
钢材 (吨)	Steel Products (ton)	2302059	252670	1520658	149167
铝材 (吨)	Aluminum Products (ton)	589926	188702	376396	109517
铜材 (吨)	Copper Products (ton)	105671	77593	123243	69703
工具	Tools		74532		74040
微波炉 (万个)	Microwave Ovens (10000 units)	3029	131919	3259	123228
电扇 (万台)	Electric Fans (10000 sets)	32984	205006	28211	179655
普通缝纫机 (万台)	Sewing Machines (10000 sets)	362	16042	301	11529
金属加工机床 (台)	Machine Tools (set)	305982	23154	175680	14704
电子计算器 (万台)	Electric Calculators (10000 sets)	26996	72600	19182	58339
数据处理设备 (万台)	Data Processing Equipment (10000 sets)	87226	4077849	81990	3404621
电动、发电机 (万台)	Electric Motors and Generators (10000 sets)	273832	242438	205621	203323
静止式变流器 (万个)	Static Converters (10000 units)	200642	709519	174765	625206
原电池 (万个)	Primary Cells and Batteries (10000 units)	1386900	85950	1365200	78989
蓄电池 (万个)	Electric Accumulators (10000 units)	157594	309781	124843	220874
有线电话 (万台)	Landline Telephone Sets (10000 sets)	14949	262966	11471	170809
手持或车载无线电话(万台)	Hand-held or Vehicle-mounted Cordless Telephone (10000 sets)	20860	1435969	26814	1860258
扬声器 (万个)	Loudspeakers (10000 units)	120578	197786	95084	172696
收录机、组合音响 (万台)	Radio Recorders and Audio Systems(10000 sets)	24697	330705	18755	230439
彩电(整套散件) (万台)	Colour TV Sets (Complete Sets of Spare Parts) (10000 sets)	2129	296070	2546	347107
集成电路、微电子件(万个)	Integrated Circuit and Parts of Electronic Compoments (10000 units)	794000	253651	778400	323419
集装箱 (个)	Containers (unit)	655183	232305	93385	33024
自行车 (万辆)	Bicycles (10000 units)	1421	74159	992	55435
船舶 (艘)	Ships (unit)	97332	171690	187386	176077
照相机 (万架)	Cameras (10000 sets)	7293	435024	6139	361454
手表 (万只)	Wrist Watches (10000 units)	49967	117765	45991	105868
#电子手表 (万只)	Electronic Watches (10000 units)	49087	113326	45572	102692
日用钟 (万只)	Clocks (10000 units)	13484	31285	17335	31689
家具	Furniture		1023866		996484
床垫、卧具用品	Mattress and Bedding Articles		56922		57367
灯具、照明用品	Lights and Lighting Apparatus		464120		384703
箱包、旅行用品	Boxes and Bags, Travel Goods		554025		500073
服装、衣着附件	Garments and Clothing Accessories		2535311		2248878
#织物服装	Textile Garments		2189987		1936745
皮革服装 (万件)	Leather Garments (10000 pcs)	270	8939	214	7736
皮革手套 (万双)	Leather Gloves (10000 pairs)	41503	26149	24935	21342
帽类 (万个)	Headgear (10000 units)	122442	54639	102454	51511
鞋 (万双)	Footwear (10000 pairs)	326473	1061975	138636	998545
#橡胶、塑料鞋 (万双)	Rubber and Plastic Shoes (10000 pairs)	180884	384298	73931	398854
皮鞋 (万双)	Leather Shoes (10000 pairs)	61808	516063	34531	432423
塑料制品	Plastic Articles		624607		540056
玩具	Toys		610760		552371
体育用品及设备	Sports Articles and Facilities		262782		232561

16-10 进口主要商品数量和金额

Volume and Value of Main Import Commodities

单位：万美元 (USD 10000)

商品名称		Item		2008 数量 Volume	2008 金额 Value	2009 数量 Volume	2009 金额 Value
谷物	(吨)	Cereals	(ton)	434478	24851	799859	30243
#小麦	(吨)	Wheat	(ton)	5104	223	173008	4248
稻谷和大米	(吨)	Paddy and Rice	(ton)	287291	18222	294194	18159
大豆	(吨)	Soybean	(ton)	3390795	201309	4269399	190875
鲜、干果类	(吨)	Fresh and Dried Fruit	(ton)	572360	57654	842711	88171
#香蕉	(吨)	Mandarins and Oranges	(ton)	76360	2835	81108	3333
食用植物油	(吨)	Edible Vegetable Oil	(ton)	1382331	135998	1306740	90737
#棕榈油	(吨)	Palm Oil	(ton)	1083147	103254	1160535	78796
食糖	(吨)	Sugar	(ton)	47376	1682	95900	3426
饲料	(吨)	Forage	(ton)	302878	28383	231811	21385
纸烟	(条)	Cigarettes	(carton)	145750	109	227500	196
天然橡胶	(吨)	Natural Rubber	(ton)	126909	26417	119668	18899
合成橡胶	(吨)	Synthetic Rubber	(ton)	342114	75449	312868	61532
原木	(立方米)	Logs	(cu.m)	1000405	25877	863112	19248
锯材	(立方米)	Sawn Timber	(cu.m)	1916049	54355	2073816	55070
纸浆	(吨)	Paper Pulp	(ton)	774809	53289	963159	47467
羊毛	(吨)	Wool	(ton)	7202	2945	3159	1400
原棉	(吨)	Raw Cotton	(ton)	90453	14886	60094	8530
合成纤维	(吨)	Synthetic Fiber	(ton)	68859	12305	71309	10974
#聚酯纤维	(吨)	Polyester Fiber	(ton)	43907	6679	50040	6559
聚丙烯晴纤维	(吨)	Polyacrylonitrile Fibre	(ton)	13665	2994	14375	2929
人造纤维	(吨)	Artificial Fiber	(ton)	2673	630	3658	827
铁矿砂	(吨)	Iron Ore	(ton)	9351044	151811	9114920	74462
氧化铝	(吨)	Aluminum Oxide	(ton)	114646	6437	295186	8710
原油	(万吨)	Crude Oil	(10000 tons)	1257	901949	1275	568032
成品油	(万吨)	Finished Petroleum Products	(10000 tons)	975	609973	931	410239
液化石油气	(万吨)	LPG	(10000 tons)	475	202131	678	210044
乙二醇	(吨)	Glycol	(ton)	86733	9219	81971	5613
对苯二甲酸	(吨)	Terephthalic Acid	(ton)	87840	7731	71846	5820
己内酰胺	(吨)	Caprolactam	(ton)	120662	29480	127879	21463
医药品	(吨)	Medicinal and Pharmaceutical Products	(ton)	26043	91014	28973	94707
#抗菌素	(吨)	Antibiotics	(ton)	139	4243	175	4993
肥料	(吨)	Fertilizer	(ton)	369379	24968	422052	20960
#氯化钾	(吨)	Potassium Chloride	(ton)	50717	2796	171459	9536
复合肥料	(吨)	Compound Fertilizer	(ton)	300251	21365	190050	8784
合成有机染料	(吨)	Synthetic Organic Dyestuff	(ton)	27955	19095	18531	13804
初级型状聚乙烯	(吨)	Polyethylene in Primary Form	(ton)	783180	111091	1071846	121518
初级型状聚丙烯	(吨)	Polypropylene in Primary Form	(ton)	1566029	209689	1907291	212172
初级型状聚苯乙烯	(吨)	Polystyrene in Primary Form	(ton)	2305405	367865	2170205	313726
#ABS树脂	(吨)	ABS Copolymer Resin	(ton)	1328580	228622	1273625	196278
初级型状聚氯乙烯	(吨)	Polyvinyl Chloride in Primary Form	(ton)	630738	65083	991321	79164
初级型状聚酯	(吨)	Polyester in Primary Form	(ton)	779204	210815	682838	179159
农药	(吨)	Pesticides	(ton)	4030	1639	4407	2101
牛皮革、马皮革	(吨)	Cattlehide and Horsehide	(ton)	469099	162171	386124	133763

16-10 续表 continued

单位：万美元 (USD 10000)

商品名称	Item	2008 数量 Volume	2008 金额 Value	2009 数量 Volume	2009 金额 Value
胶合板 (立方米)	Plywood (cu.m)	158979	8043	115878	4782
纸及纸板 (吨)	Paper and Paperboard (ton)	1934204	145865	1731204	125562
#牛皮纸 (吨)	Kraft-paper (ton)	327118	17718	317745	16256
毛纱线 (吨)	Wool and Cotton Thread (ton)	20336	12231	16510	10131
棉纱线 (吨)	Cotton Yarn (ton)	589773	136452	646413	152219
合成纤维纱线 (吨)	Synthetic Fiber,Continuous Filament and Yarn(ton)	263114	71674	230392	69287
丝绸	Silk		6156		5993
棉布	Cotton Cloth		111876		90788
化纤布 (万米)	Chemical Fibre Cloth (10000 m)	67207	57906	53425	49318
钢材 (吨)	Steel Products (ton)	6153426	702643	5843588	524472
#钢铁板材 (吨)	Iron & Steel Plate (ton)	5609617	610601	5341205	453354
铜材 (吨)	Copper Products (ton)	635921	454670	541340	325339
铝材 (吨)	Aluminium Products (ton)	250419	117113	234804	96109
制冷压缩机 (台)	Refrigeration Compressors (set)	7105242	38385	5706448	32008
空调 (台)	Air Conditioners (set)	6788	1831	20552	2162
制冷设备	Refrigerating Equipments		6919		2718
机械装卸设备	Mechanical Handling Equipments		68613		39602
建筑采矿设备	Building and Mining Equipments		81531		60111
食品机械	Food-processing Machinery		4134		2833
造纸、纸品机械	Paper and Pulp Mill Machinery		19588		15775
印刷机械	Printing Machinery		338281		333242
纺织机械	Textile Machinery		82254		54031
工业缝纫机 (台)	Industrial Sewing Machines (set)	18285	3643	12531	2028
机床 (台)	Machine Tools (set)	26904	127938	10957	64738
橡、塑加工机械	Rubber and Plastic Processing Machinery		54654		36315
数据处理设备 (万台)	Data Processing Equipments (10000 sets)	23524	1070339	22124	933956
电动、发电机 (万台)	Electric Motors and Generators (10000 sets)	122734	103835	113043	95561
发电机组、变流机 (台)	Generating Sets and Converters (set)	9882	17583	5834	13765
电视机 (台)	TV Sets (set)	466078	6598	111010	969
#彩色电视机 (台)	Colour TV Sets (set)	462124	6594	111010	969
半导体器件 (万个)	Parts of Semi-conductor Devices (10000 units)	16183800	665188	14312600	585953
电路保护装置	Circuit Protection Devices		596956		498525
显像管 (万只)	Kinescopes (10000 units)	296	8696	105	2631
集成电路、电子件(万个)	Integrated Circuits and Parts of Electronic Components (10000 units)	5735800	5138652	6602000	4991065
电线、电缆 (吨)	Electric Wires and Cables (ton)	151218	179028	116240	150535
汽车及底盘 (辆)	Motor Vehicles and Chassis (unit)	28056	119186	21909	96145
#小轿车 (辆)	Sedan Cars (unit)	6260	25526	3832	18928
旅行车 (辆)	Station Wagons (unit)	945	2435	531	1424
船舶 (艘)	Ships (unit)	803	4576	491	2270
塑料制品	Plastic Products		88944		80741
印刷品 (吨)	Presswork (ton)	66040	20338	52638	18161

16-11 各市出口总额

Total Value of Exports by City

单位：亿美元 (USD 100 million)

市 别	City	2000	2005	2006	2007	2008	2009
全省合计	**Provincial Total**	**919.19**	**2381.71**	**3019.48**	**3692.39**	**4041.88**	**3589.56**
广 州	Guangzhou	117.90	266.68	323.77	379.02	429.64	374.05
深 圳	Shenzhen	345.64	1015.22	1359.59	1685.42	1797.12	1619.79
珠 海	Zhuhai	36.46	107.68	148.43	184.77	211.69	177.83
汕 头	Shantou	25.95	31.82	34.84	39.12	43.23	40.16
佛 山	Foshan	57.36	170.80	211.35	261.90	289.60	245.78
韶 关	Shaoguan	1.32	3.40	4.36	5.28	5.78	5.79
河 源	Heyuan	0.93	2.96	5.58	8.95	12.47	14.13
梅 州	Meizhou	2.97	3.10	3.81	4.36	5.78	6.71
惠 州	Huizhou	44.97	106.55	122.77	146.05	179.89	171.49
汕 尾	Shanwei	3.64	6.42	8.54	10.89	10.64	9.48
东 莞	Dongguan	171.42	409.29	473.76	602.01	656.42	551.67
中 山	Zhongshan	36.77	122.54	156.08	172.97	187.02	177.36
江 门	Jiangmen	29.85	60.25	74.06	86.99	96.53	79.49
阳 江	Yangjiang	5.43	9.13	9.74	10.60	11.26	12.30
湛 江	Zhanjiang	3.78	9.57	12.26	14.61	16.32	13.65
茂 名	Maoming	10.03	2.39	3.39	3.97	4.95	5.32
肇 庆	Zhaoqing	7.40	14.16	17.63	21.73	24.17	20.30
清 远	Qingyuan	2.41	9.32	11.71	11.85	13.77	14.15
潮 州	Chaozhou	6.94	14.80	18.02	17.46	17.55	18.70
揭 阳	Jieyang	5.98	11.32	14.16	17.69	20.98	25.25
云 浮	Yunfu	2.03	4.31	5.63	6.75	7.08	6.16
按经济区域分	By Region						
珠 三 角	Pearl River Delta	847.77	2273.18	2887.44	3540.86	3872.08	3417.77
东 翼	Eastern Region	42.51	64.36	75.56	85.16	92.39	93.59
西 翼	Western Region	19.24	21.09	25.39	29.18	32.53	31.27
山 区	Mountainous Region	9.67	23.08	31.09	37.19	44.88	46.93

16-12 各市进口总额
Total Value of Imports by City

单位：亿美元 (USD 100 million)

市 别	City	2000	2005	2006	2007	2008	2009
全省合计	**Provincial Total**	**781.87**	**1898.31**	**2252.59**	**2647.96**	**2793.04**	**2521.62**
广 州	Guangzhou	115.60	268.08	313.81	355.91	390.03	393.32
深 圳	Shenzhen	293.80	812.69	1012.74	1190.64	1203.54	1081.75
珠 海	Zhuhai	55.19	149.58	179.74	213.89	256.63	196.57
汕 头	Shantou	16.17	17.78	19.30	22.00	19.75	20.12
佛 山	Foshan	45.91	86.31	98.43	116.59	132.52	137.62
韶 关	Shaoguan	1.36	5.80	4.95	7.61	8.25	6.15
河 源	Heyuan	0.67	2.32	4.39	6.62	7.24	8.13
梅 州	Meizhou	0.52	0.52	0.83	0.92	1.84	1.18
惠 州	Huizhou	37.12	83.66	89.54	95.07	117.56	120.92
汕 尾	Shanwei	2.44	5.66	6.93	10.66	8.92	7.98
东 莞	Dongguan	148.82	334.39	368.45	466.04	477.82	389.70
中 山	Zhongshan	24.12	64.97	75.22	73.66	72.07	67.34
江 门	Jiangmen	18.48	30.29	33.80	36.00	34.89	30.91
阳 江	Yangjiang	0.77	1.12	1.57	1.00	1.21	1.82
湛 江	Zhanjiang	7.89	8.70	9.21	11.15	16.97	14.53
茂 名	Maoming	2.56	1.28	1.53	1.96	2.45	1.41
肇 庆	Zhaoqing	4.11	7.60	10.23	12.48	12.55	12.34
清 远	Qingyuan	1.98	7.82	10.80	14.57	15.91	12.74
潮 州	Chaozhou	1.27	4.12	4.94	4.27	4.76	9.18
揭 阳	Jieyang	1.84	2.60	2.72	3.18	3.64	4.57
云 浮	Yunfu	1.24	3.02	3.46	3.74	4.47	3.35
按经济区域分	By Region						
珠三角	Pearl River Delta	743.15	1837.57	2181.96	2560.28	2697.61	2430.46
东 翼	Eastern Region	21.72	30.16	33.89	40.11	37.08	41.86
西 翼	Western Region	11.22	11.10	12.31	14.11	20.63	17.76
山 区	Mountainous Region	5.78	19.48	24.43	33.46	37.72	31.55

16-13 各市外商投资企业出口总额

Total Value of Exports of Enterprises with Foreign Investment by City

单位：亿美元 (USD 100 million)

市别	City	2000	2005	2006	2007	2008	2009
全省合计	**Provincial Total**	**495.09**	**1546.77**	**1939.16**	**2322.18**	**2556.29**	**2238.03**
广　州	Guangzhou	60.29	167.64	197.00	221.45	253.87	224.50
深　圳	Shenzhen	194.97	675.85	859.44	1035.17	1110.88	952.15
珠　海	Zhuhai	26.24	89.05	123.85	154.36	175.89	147.80
汕　头	Shantou	7.10	15.33	16.72	18.97	20.40	17.39
佛　山	Foshan	36.21	109.33	129.05	157.41	177.17	148.95
韶　关	Shaoguan	0.64	1.38	1.81	2.37	2.97	3.75
河　源	Heyuan	0.63	2.46	4.84	7.70	10.36	11.30
梅　州	Meizhou	0.78	0.72	1.50	2.08	3.05	3.36
惠　州	Huizhou	31.56	92.11	107.68	129.89	158.81	152.23
汕　尾	Shanwei	0.85	5.35	7.73	9.84	8.74	7.49
东　莞	Dongguan	83.51	235.32	289.20	352.88	380.18	334.55
中　山	Zhongshan	20.16	75.70	100.09	109.17	120.08	116.94
江　门	Jiangmen	15.15	37.13	47.72	57.87	64.14	50.47
阳　江	Yangjiang	1.27	2.42	2.66	2.82	3.24	3.30
湛　江	Zhanjiang	1.36	4.43	6.39	7.20	7.78	7.60
茂　名	Maoming	2.92	1.13	1.71	1.92	1.98	1.80
肇　庆	Zhaoqing	4.16	8.00	10.89	15.39	17.97	14.45
清　远	Qingyuan	1.18	6.44	9.56	10.88	12.44	12.96
潮　州	Chaozhou	3.14	7.36	9.21	9.31	8.76	9.03
揭　阳	Jieyang	1.65	6.08	7.30	9.96	11.79	12.94
云　浮	Yunfu	1.31	3.54	4.81	5.54	5.80	5.06
按经济区域分	By Region						
珠三角	Pearl River Delta	472.26	1490.13	1864.92	2233.59	2458.99	2142.04
东　翼	Eastern Region	12.75	34.12	40.96	48.08	49.69	46.85
西　翼	Western Region	5.54	7.98	10.76	11.94	13.00	12.70
山　区	Mountainous Region	4.54	14.54	22.52	28.57	34.62	36.43

16-14 各市外商投资企业进口总额

Total Value of Imports of Enterprises with Foreign Investment by City

单位：亿美元 (USD 100 million)

市 别	City	2000	2005	2006	2007	2008	2009
全省合计	**Provincial Total**	**425.27**	**1240.07**	**1513.17**	**1762.27**	**1831.55**	**1586.12**
广 州	Guangzhou	57.91	154.97	173.80	193.66	218.32	209.99
深 圳	Shenzhen	162.17	565.67	746.29	885.45	874.97	732.20
珠 海	Zhuhai	25.19	87.45	103.89	134.76	151.65	119.75
汕 头	Shantou	7.20	11.35	10.91	12.60	10.63	9.38
佛 山	Foshan	34.02	62.50	67.20	75.03	84.65	76.94
韶 关	Shaoguan	0.93	1.30	1.36	1.32	0.87	1.02
河 源	Heyuan	0.46	2.17	3.81	5.99	6.25	6.99
梅 州	Meizhou	0.47	0.40	0.53	0.75	1.05	1.03
惠 州	Huizhou	24.37	68.30	74.58	80.33	101.98	102.39
汕 尾	Shanwei	0.61	4.82	5.96	9.62	7.32	6.21
东 莞	Dongguan	70.59	188.21	213.15	249.82	257.42	215.87
中 山	Zhongshan	15.61	48.98	58.38	55.64	54.77	50.98
江 门	Jiangmen	12.09	18.99	22.00	22.46	21.80	18.59
阳 江	Yangjiang	0.21	0.18	0.26	0.28	0.75	1.61
湛 江	Zhanjiang	6.60	6.86	6.65	7.31	12.67	8.20
茂 名	Maoming	0.29	0.39	0.36	0.47	0.45	0.33
肇 庆	Zhaoqing	2.97	5.52	7.42	9.06	9.08	9.08
清 远	Qingyuan	1.12	5.56	8.60	10.77	10.02	8.38
潮 州	Chaozhou	0.55	2.71	3.95	2.85	2.51	3.04
揭 阳	Jieyang	0.89	1.61	1.53	1.46	1.52	1.84
云 浮	Yunfu	1.02	2.13	2.54	2.64	2.87	2.29
按经济区域分	By Region						
珠 三 角	Pearl River Delta	404.92	1200.59	1466.71	1706.21	1774.64	1535.78
东 翼	Eastern Region	9.25	20.49	22.35	26.53	21.98	20.48
西 翼	Western Region	7.09	7.43	7.27	8.06	13.87	10.14
山 区	Mountainous Region	4.00	11.56	16.84	21.47	21.06	19.72

16-15 外商投资企业进出口主要指标

Main Indicators on Imports and Exports of Enterprises with Foreign Investment

单位：亿美元 (USD 100 million)

项 目	Item	2005		2008		2009	
		出口 Exports	进口 Imports	出口 Exports	进口 Imports	出口 Exports	进口 Imports
总 计	**Total**	**1546.77**	**1240.07**	**2556.29**	**1831.55**	**2238.03**	**1586.12**
按贸易方式分	By Customs Regime						
一般贸易	Ordinary Trade	133.38	146.51	339.46	309.85	304.23	318.00
来料加工	Processing and Assembling with Customer's Materials	61.54	48.60	145.61	94.64	147.75	83.74
进料加工	Processing and Assembling with Import Materials	1301.35	863.11	1957.61	1141.63	1681.86	983.24
加工设备	Processing Equipments		7.67		9.89		2.56
外资设备	Foreign-funded Equipments		64.44		52.05		24.51
保税仓库	Bonded Warehouse	50.50	109.34	112.69	221.42	104.01	172.33
其他	Others		0.40	0.92	2.07	0.18	1.74
按经济类型分	By Type of Ownership						
合作经营企业	Joint Ventures	99.02	61.19	105.57	39.25	92.93	28.31
合资经营企业	Cooperative Enterprises	355.07	286.71	529.34	388.24	443.60	339.73
外资(独资)企业	Enterprises with Sole Foreign Investment	1092.68	892.17	1921.38	1404.06	1701.50	1218.07
按产品类型分	By Type of Product						
机电产品	Machanical and Electrical Products	1181.08	830.47	1984.84	1257.61	1732.14	1101.67
#机械及设备	Machinery and Equipments	423.96	185.02	605.57	252.87	519.81	214.88
电器及电子产品	Electric and Electronic Products	525.14	526.56	1019.34	790.55	937.70	703.46
高新技术产品	High and New-tech Products	666.60	532.70	1126.09	906.92	1045.40	806.01
#计算机与通信技术	Computer and Communication Technology	581.19	166.53	951.9	254.13	874.10	229.35
电子技术	Electronic Technology	52.88	323.14	108.23	485.89	106.19	439.32
按主要国家(地区)分	By Main Country (Region)						
亚洲	**Asia**	**862.45**	**1045.16**	**1458.72**	**1553.90**	**1290.37**	**1334.59**
中国香港	Hong Kong, China	607.66	29.49	1027.95	26.27	867.07	18.39
中国澳门	Macao, China	7.83	1.30	10.92	1.61	7.08	0.58
中国台湾	Taiwan, China	23.88	223.12	34.84	288.21	28.62	247.05
日本	Japan	95.05	210.14	133.87	290.42	122.65	248.71
韩国	Republic of Korea	33.61	112.10	62.74	175.66	61.84	160.27
东盟	Association of Southeast Asian Nations	66.47	169.02	115.6	248.24	130.91	216.27
中东十七国	The Seventeen Countries of the Middle East	19.27	17.56	48.34	24.92	45.12	20.42
非洲	**Africa**	**8.14**	**9.79**	**25.02**	**23.12**	**21.78**	**13.04**
欧洲	**Europe**	**235.13**	**85.50**	**414.62**	**127.92**	**338.25**	**113.30**
欧盟	European Union	219.15	73.19	379.26	109.94	318.80	97.60
#英国	United Kingdom	37.99	7.33	64.91	9.55	53.72	7.65
德国	Germany	45.19	22.74	66.57	37.79	62.43	33.13
法国	France	17.73	9.16	32.79	11.6	28.89	10.70
意大利	Italy	13.43	9.01	27.68	11.72	23.14	10.42
荷兰	Netherlands	49.55	3.79	70.59	7.48	59.80	5.91
芬兰	Finland	2.67	2.18	7.57	2.37	4.02	2.63
瑞士	Switzerland	4.95	7.15	7.62	9.86	4.31	4.95
俄罗斯	Russia	7.11	3.32	19.34	4.34	10.82	7.91
拉丁美洲	**Latin America**	**26.07**	**25.63**	**74.01**	**43.55**	**63.00**	**37.45**
北美洲	**North America**	**397.71**	**60.22**	**553.8**	**86.84**	**494.80**	**69.49**
加拿大	Canada	16.90	7.30	29.47	9.36	24.83	8.23
美国	United States of America	380.81	52.95	524.29	77.48	469.96	61.26
大洋洲	**Oceania**	**17.27**	**13.77**	**30.13**	**16.09**	**29.83**	**18.24**
澳大利亚	Australia	15.54	12.64	27.11	14.32	27.15	15.96
新西兰	New Zealand	1.57	1.08	2.78	1.65	2.44	2.26

16-16 外商投资企业出口主要商品数量和金额
Volume and Value of Main Export Commodities of Enterprises with Foreign Investment

单位：万美元 (USD 10000)

商品名称		Item		2008		2009	
				数量 Volume	金额 Value	数量 Volume	金额 Value
活猪	(万头)	Livc Hogs	(10000 heads)	3	612	433	873
活家禽	(万只)	Live Poultry	(10000 heads)	18	79	19	56
冻鸡	(吨)	Frozen Chicken	(ton)	17	4		
水产品	(吨)	Aquatic Products	(ton)	15442	3777	70050	29083
#活鱼	(吨)	Live Fish	(ton)	700	190	417	97
鲜冻对虾	(吨)	Fresh and Frozen Prawn	(ton)	467	237	5982	2889
谷物	(吨)	Cereals	(ton)	136428	6274	125314	5854
蔬菜	(吨)	Vegetables	(ton)	50555	7356	48149	6881
#鲜蔬菜	(吨)	Fresh Vegetables	(ton)	29098	1336	30335	1655
鲜、干果类	(吨)	Fresh and Dried Fruit	(ton)	13863	1298	11100	1181
#柑桔橙	(吨)	Mandarins and Oranges	(ton)	8610	687	8484	706
食用植物油	(吨)	Edible Vegetable Oil	(ton)	33564	5789	19255	3957
食糖	(吨)	Sugar	(ton)	5581	160	10251	415
茶叶	(吨)	Tea	(ton)	70	72	41	39
烤鳗鱼	(吨)	Daked Eel	(ton)	3313	4286	3984	4995
蘑菇罐头	(吨)	Canned Mushroom	(ton)	1039	132	770	107
羽毛、羽绒	(吨)	Feather and Down	(ton)	700	343	589	330
药材	(吨)	Medicinal Materials	(ton)	3550	2964	3479	2762
成品油	(吨)	Finished Petroleum Products	(ton)	2855823	240328	4742674	227087
合成有机染料	(吨)	Synthetic Organic Dyestuff	(ton)	9604	7667	7538	6973
医药品	(吨)	Medicinal and Pharmaceutical Products	(ton)	40348	34538	37324	35903
#抗菌素	(吨)	Antibiotics	(ton)	2768	12376	5215	15543
美容护肤用品	(吨)	Cosmetic and Skin Care Products	(ton)	40435	25158	32032	22884
口腔清洁剂	(吨)	Dental Cleanser	(ton)	54414	10702	57190	10072
轮胎	(万条)	Rubber Tire	(10000 units)	1888	14744	7083	17521
纸及纸板	(吨)	Paper and Paperboard	(ton)	435723	31431	254688	19288
纺织品		Textiles			486877		452543
#棉纱线	(吨)	Cotton Yarn	(ton)	98981	37044	100551	35758
丝绸		Silk			1382		2390
棉布		Cotton Cloth			65491		54193
麻纺布	(万米)	Linen Cloth	(10000 m)	546	1192	273	647
混纺布	(万米)	Blended Cloth	(10000 m)	322	324	107	139
玻璃制品		Glass Products			24310		19184
家用陶瓷器皿		Porcelain and Pottery Wares for Household Use			33353		40306
家用或装饰用木制品	(吨)	Wood Articles for Household or Decoration Use	(ton)	70578	10885	61247	11013
珍珠、宝石		Pearls and Gems			147356		103074
贵金属及首饰		Precious Metal and Jewelry			115778		114627
钢材	(吨)	Steel Products	(ton)	1173349	133601	626352	70640
铝材	(吨)	Aluminum Products	(ton)	179518	63767	135361	42886
铜材	(吨)	Copper Products	(ton)	75715	56681	98984	55868
工具		Tools			34787		32016
微波炉	(万个)	Microwave Ovens	(10000 units)	2360	105130	3240	122561
电扇	(万台)	Electric Fans	(10000 sets)	20389	114568	18003	106263
普通缝纫机	(万台)	Sewing Machines	(10000 sets)	216	14747	156	10174

16-16 续表 continued

单位：万美元 (USD 10000)

商品名称		Item		2008 数量 Volume	2008 金额 Value	2009 数量 Volume	2009 金额 Value
金属加工机床	(台)	Machine Tools	(set)	114002	6098	66405	3146
电子计算器	(万台)	Electronic Calculators	(10000 sets)	14037	55599	8932	42737
数据处理设备	(万台)	Data Processing Equipment	(10000 sets)	55594	3400716	52864	2924853
#显示器	(万台)	Displays	(10000 sets)	2951	460597	3712	409698
电动、发电机	(万台)	Electric Motors and Generators	(10000 sets)	112782	119181	89661	95805
静止式变流器	(万个)	Static Converters	(10000 units)	119267	486555	98028	413316
原电池	(万个)	Primary Cells and Batteries	(10000 units)	452200	37641	383000	33960
蓄电池	(万个)	Electric Accumulators	(10000 units)	102776	175329	73447	119791
有线电话	(万台)	Landline Telephone Sets	(10000 sets)	8042	136361	6383	106268
手持或车载无线电话	(万台)	Hand-held or Vehicle-mounted Cordless Telephones	(10000 units)	15963	1242083	20089	1569511
扬声器	(万个)	Loudspeakers	(10000 sets)	45305	101355	38559	92145
收录机、组合音响	(万台)	Radio Recorders and Audio Systems	(10000 sets)	9487	241541	6646	152572
彩电(整套散件)	(万台)	Colour TV Sets (Complete Sets of Spare Parts)	(10000 sets)	1013	148781	1156	163654
电路保护装置		Circuit Protection Devices			358728		288424
半导体器件	(万个)	Parts of Semi-conductor Devices	(10000 units)	6680800	137160	6051800	154781
集成电路、微电子件	(万个)	Integrated Circuits and Parts of Electronic Components	(10000 units)	667500	210101	670200	291309
电线、电缆	(吨)	Electric Wires and Cables	(ton)	345106	300433	272743	241676
集装箱	(个)	Containers	(unit)	654755	232090	92314	32639
自行车	(万辆)	Bicycles	(10000 units)	874	53147	594	39519
船舶	(艘)	Ships	(unit)	41522	78803	63656	81102
照相机	(万架)	Cameras	(10000 sets)	4352	310260	3625	239437
手表	(万只)	Wrist Watches	(10000 units)	13967	53357	12861	52081
#电子手表	(万只)	Electronic Watches	(10000 units)	13778	51354	12731	50372
日用钟	(万只)	Clocks	(10000 units)	5158	14087	3972	11216
家具		Furniture			533717		452825
床垫、卧具用品		Mattresses and Bedding Articles			28011		27655
灯具、照明用品		Lights and Lighting Apparatus			226978		187193
箱包、旅行用品		Boxes, Bags and Travel Goods			211613		200087
服装、衣着附件		Garments and Clothing Accessories			974077		853604
#织物服装		Textile Garments			819722		708072
皮革服装	(万件)	Leather Garments	(10000 units)	124	5237	92	4050
裘皮服装		Fur Garments			3626		2856
皮革手套	(万双)	Leather Gloves	(10000 pairs)	14759	11689	11245	10642
帽类	(万个)	Headgear	(10000 units)	50304	26449	38139	23071
鞋	(万双)	Footwear	(10000 pairs)	112270	547835	51408	479281
#橡胶、塑料鞋	(万双)	Rubber and Plastic Shoes	(10000 pairs)	61111	156396	25102	160285
皮鞋	(万双)	Leather Shoes	(10000 pairs)	34515	304749	19822	257979
塑料制品		Plastic Articles			276822		253737
圣诞用品		Articles for Christmas			38442		30777
玩具		Toys			284099		257755
体育用品及设备		Sports Articles and Facilities			183212		154547

16-17 外商投资企业进口主要商品数量和金额

Volume and Value of Main Import Commodities by Enterprises with Foreign Investment

单位：万美元 (USD 10000)

商品名称		Item		2008		2009	
				数量 Volume	金额 Value	数量 Volume	金额 Value
谷物	(吨)	Cereals	(ton)	137212	6452	406919	9652
#小麦	(吨)	Wheat	(ton)	4779	209	105097	2607
面粉	(吨)	Flour	(ton)	4406	185	3928	169
大豆	(吨)	Soya Bean	(ton)	1799007	110484	1757042	78063
食用植物油	(吨)	Edible Vegetable Oil	(ton)	635840	64436	608329	42923
#棕榈油	(吨)	Palm Oil	(ton)	453882	41806	463053	31310
食糖	(吨)	Sugar	(ton)	19050	680	20050	811
饲料	(吨)	Forage	(ton)	28536	2440	50226	4559
天然橡胶	(吨)	Natural Rubber	(ton)	68186	14262	61608	10046
合成橡胶	(吨)	Synthetic Rubber	(ton)	205636	46839	193675	38534
原木	(立方米)	Logs	(cu.m)	204795	5145	87692	2635
纸浆	(吨)	Paper Pulp	(ton)	623249	43052	819004	40082
羊毛	(吨)	Wool	(ton)	1122	687	1500	516
原棉	(吨)	Raw Cotton	(ton)	65881	10919	46273	6575
合成纤维	(吨)	Synthetic Fiber	(ton)	44448	7645	43541	6722
#聚酯纤维	(吨)	Polyester Fiber	(ton)	30042	4546	30031	3938
聚丙烯腈纤维	(吨)	Polyacrylonitrile Fibre	(ton)	7192	1556	8998	1839
人造纤维	(吨)	Artificial Fiber	(ton)	1099	207	1471	273
铁矿砂	(吨)	Iron Ore	(ton)	1256345	17664	3510006	28763
氧化铝	(吨)	Aluminium Oxide	(ton)	3655	1271	3342	1101
原油	(吨)	Crude Oil	(ton)	1066872	90621	1089475	57905
成品油	(吨)	Finished Petroleum Products	(ton)	3987744	294596	5269154	250993
苯乙烯	(吨)	Styrene	(ton)	272907	36240	401309	37728
乙二醇	(吨)	Glycol	(ton)	23934	2822	9375	847
对苯二甲酸	(吨)	Terephthalic Acid	(ton)	25926	2274	28503	2385
已内酰胺	(吨)	Caprolactam	(ton)	80464	19378	94485	16024
医药品	(吨)	Medicinal and Pharmaceutical Products	(ton)	8187	26158	12382	31551
肥料	(吨)	Fertilizer	(ton)	353288	23880	419082	20886
#氯化钾	(吨)	Potassium Chloride	(ton)	50677	2791	171459	9536
复合肥料	(吨)	Compound Fertilizer	(ton)	291836	20488	190021	8783
合成有机染料	(吨)	Synthetic Organic Dyestuff	(ton)	22231	15740	14793	11352
初级型状聚乙烯	(吨)	Polyethylene in Primary Form	(ton)	412356	60880	417377	50418
初级型状聚丙烯	(吨)	Polypropylene in Primary Form	(ton)	816666	120680	838628	99596
初级型状聚苯乙烯	(吨)	Polystyrene in Primary Form	(ton)	1187967	213036	1111814	174227
#ABS树脂	(吨)	ABS Copolymer Resin	(ton)	685724	132411	645349	107738
初级型状聚氯乙烯	(吨)	Polyvinyl Chloride in Primary Form	(ton)	476652	50311	674000	54669
初级型状聚酯	(吨)	Polyester in Primary Form	(ton)	510393	150402	418533	121212
农药	(吨)	Pesticides	(ton)	1134	464	1254	707
牛皮革、马皮革	(吨)	Cattlehide and Horsehide	(ton)	265544	119445	217150	99871
胶合板	(立方米)	Plywood	(cu.m)	106337	5854	44070	2066
纸及纸板	(吨)	Paper and Paperboard	(ton)	1005912	88206	876720	72155
#牛皮纸	(吨)	Kraft-paper	(ton)	174396	10135	156609	8519

16-17 续表 continued

单位：万美元 (USD 10000)

商品名称	Item	2008 数量 Volume	2008 金额 Value	2009 数量 Volume	2009 金额 Value
毛纱线 (吨)	Wool and Cotton Thread (ton)	12281	8318	10032	6942
#棉纱线 (吨)	Cotton Yarn (ton)	463812	110667	497162	122650
合成纤维纱线 (吨)	Synthetic Fiber, Continuous Filament and Yarn(ton)	173088	54263	159536	54502
丝绸	Silk		5091		5336
棉布	Cotton Cloth		90933		72005
化纤布 (万米)	Chemical Fibre Cloth (10000 m)	42661	40166	35143	34908
钻石 (千克拉)	Diamond (1000 carats)	1814	166393	1447	117528
钢材 (吨)	Steel Products (ton)	4672224	543850	3790993	360550
#钢铁板材 (吨)	Iron & Steel Plate (ton)	4285789	476332	3512386	315796
铜材 (吨)	Copper Products (ton)	420714	327198	395144	250346
铝材 (吨)	Aluminium Products (ton)	168021	88162	173804	76768
制冷压缩机 (台)	Refrigeration Compressors (set)	4746794	23466	4090395	19352
空调 (台)	Air Conditioners (set)	5544	1073	1863	1124
制冷设备	Refrigeration Equipments		1972		1366
机械装卸设备	Mechanical Handling Equipments		54722		26514
建筑采矿设备	Building and Mining Equipments		10703		6727
食品机械	Food-processing Machinery		2736		2415
造纸、纸品机械	Paper and Pulp Mill Machinery		17142		14554
印刷机械	Printing Machinery		259530		270198
纺织机械	Textile Machinery		36116		23432
工业缝纫机 (台)	Industrial Sewing Machines (set)	6793	1759	8703	1347
机床 (台)	Machine Tools (set)	17166	97540	5827	44160
橡、塑加工机械	Rubber and Plastic Processing Machinery		37554		27551
数据处理设备 (万台)	Data Processing Equipment (10000 sets)	18115	826638	17007	699080
电动、发电机 (万台)	Electric Motors and Generators (10000 sets)	91578	75648	81676	67688
发电机组、变流机 (台)	Generating Sets and Converters (set)	5136	9587	3017	6426
电视摄像机 (万台)	Pickup Cameras (10000 sets)	7593	34521	9150	43564
电视机 (台)	Colour TV Sets (set)	446838	6397	86667	559
半导体器件 (万个)	Parts of Semi-conductor Devices (10000 units)	10896500	449046	9262300	391509
电路保护装置	Circuit Protection Devices		444917		381429
显像管 (万只)	Kinescopes (10000 units)	215	6220	79	1988
集成电路、电子件(万个)	Integrated Circuits and Parts of Electronic Components (10000 units)	3676000	3867628	4483800	3518013
电线、电缆 (吨)	Electric Wires and Cables (ton)	104473	143958	78961	113551
汽车及底盘 (辆)	Motor Vehicles and Chassis (unit)	10269	59534	14489	66816
#小轿车 (辆)	Sedan Cars (unit)	4	78	2734	13995
货车 (辆)	Trucks (unit)	35	290	37	388
船舶 (艘)	Ships (unit)	153	1756	116	455
塑料制品	Plastic Products		70801		64070
印刷品 (吨)	Presswork (ton)	23470	12091	16740	9956

16-18 私营企业进出口主要指标

Main Indicators on Imports and Exports of Private Enterprises

单位：亿美元 (USD 100 million)

项　目	Item	2000		2005		2006	
		出口 Exports	进口 Imports	出口 Exports	进口 Imports	出口 Exports	进口 Imports
总　计	**Total**	**6.14**	**5.54**	**299.48**	**209.35**	**472.80**	**258.52**
按贸易方式分	By Customs Regime						
一般贸易	Ordinary Trade	5.72	4.27	216.69	137.75	368.88	168.7
来料加工	Processing and Assembling with Customer's Materials	0.09	0.07	57.06	45.63	65.11	51.59
进料加工	Processing and Assembling with Import Materials	0.28	0.16	19.40	11.35	27.35	15.22
加工设备	Processing Equipments				0.94		1.94
保税仓库	Bonded Warehouse	0.04	1.03	6.27	13.64	11.42	20.22
其他	Others			0.06	0.04	0.03	0.85
按产品类型分	By Type of Product						
机电产品	Machanical and Electrical Products	2.24	2.50	133.91	95.56	176.61	225.40
#机械及设备	Machinery and Equipments	0.23	1.07	25.82	26.73	34.21	33.44
电器及电子产品	Electric and Electronic Products	0.81	0.61	61.36	51.4	82.69	69.32
高新技术产品	High and New-tech Products	0.28	1.22	35.67	49.92	32.34	65.75
#计算机与通信技术	Computer and Communication Technology	0.20	0.72	30.04	15.38	25.68	16.31
电子技术	Electronic Technology	0.02	0.20	1.58	28.96	2.85	41.15
按主要国家(地区)分	By Main Country (Region)						
亚洲	**Asia**	**3.21**	**3.75**	**156.9**	**146.87**	**216.26**	**179.62**
中国香港	Hong Kong, China	1.66	0.24	87.26	13.38	111.46	11.79
中国澳门	Macao, China	0.15	0.01	2.09	0.61	2.70	0.57
中国台湾	Taiwan, China	0.08	0.72	3.44	26.27	3.77	33.15
日本	Japan	0.25	1.04	9.61	26.19	11.82	30.29
韩国	Republic of Korea	0.08	0.68	4.74	14.97	8.42	18.87
东盟	Association of Southeast Asian Nations	0.52	0.91	24.68	30.23	33.45	43.20
中东十七国	The Seventeen Countries of the Middle East	0.33	0.03	20.16	5.12	36.90	4.76
非洲	**Africa**	**0.16**	**0.02**	**11.60**	**3.12**	**19.50**	**4.08**
欧洲	**Europe**	**0.85**	**1.01**	**50.91**	**32.99**	**118.10**	**37.09**
欧盟	European Union	0.74	0.82	41.84	27.23	105.69	32.05
#英国	United Kingdom	0.14	0.08	7.33	2.4	10.01	2.61
德国	Germany	0.13	0.36	8.31	11	10.52	10.26
法国	France	0.06	0.04	4	1.87	4.87	3.17
意大利	Italy	0.11	0.12	4.41	2.86	5.91	3.65
荷兰	Netherlands	0.12	0.02	5.72	0.69	6.71	1.17
俄罗斯	Russia	0.01	0.01	3.96	3.52	6.73	2.46
拉丁美洲	**Latin America**	**0.29**	**0.08**	**14.08**	**5.39**	**24.53**	**7.66**
北美洲	**North America**	**1.50**	**0.56**	**60.48**	**14.44**	**87.33**	**19.40**
加拿大	Canada	0.09	0.06	5.14	1.64	7.74	2.29
美国	United States of America	1.42	0.49	55.34	12.8	79.59	17.11
大洋洲及其他	**Oceania and others**	**0.12**	**0.12**	**5.51**	**6.54**	**7.09**	**10.68**
澳大利亚	Australia	0.10	0.10	4.8	5.3	6.15	9.34
新西兰	New Zealand	0.01	0.02	0.59	1.2	0.77	1.27

16-18 续表 continued

单位：亿美元 (USD 100 million)

项 目	Item	2007 出口 Exports	2007 进口 Imports	2008 出口 Exports	2008 进口 Imports	2009 出口 Exports	2009 进口 Imports
总 计	**Total**	**651.62**	**324.57**	**708.80**	**375.98**	**716.68**	**442.41**
按贸易方式分	By Customs Regime						
一般贸易	Ordinary Trade	506.72	214.6	523.17	252.66	525.24	312.19
来料加工	Processing and Assembling with Customer's Materials	84.75	64.46	103.04	70.98	88.93	61.31
进料加工	Processing and Assembling with Import Materials	38.42	22.75	43.53	25.32	48.45	30.98
加工设备	Processing Equipments		2.04		2.43		1.20
保税仓库	Bonded Warehouse	18.05	19.69	22.24	24.43	23.69	36.49
其他	Others	3.68	1.03	16.82	0.16	30.37	0.24
按产品类型分	By Type of Product						
机电产品	Machanical and Electrical Products	257.27	159.15	336.53	181.53	347.57	203.86
#机械及设备	Machinery and Equipments	50.04	42.45	62.42	46.05	63.63	44.57
电器及电子产品	Electric and Electronic Products	119.45	88.02	157.05	100.18	171.89	123.04
高新技术产品	High and New-tech Products	67.45	86.26	97.87	123.20	123.12	149.95
#计算机与通信技术	Computer and Communication Technology	56.63	23.93	78.14	31.10	103.48	37.85
电子技术	Electronic Technology	4.79	52.58	7.81	62.26	7.63	80.26
按主要国家(地区)分	By Main Country (Region)						
亚洲	**Asia**	**325.06**	**228.76**	**350.50**	**256.96**	**368.80**	**296.52**
中国香港	Hong Kong, China	135.4	19.24	136.79	22.54	146.07	13.01
中国澳门	Macao, China	4.27	0.49	3.93	0.88	2.99	1.43
中国台湾	Taiwan, China	5.65	39.46	7.68	44.05	7.18	52.33
日本	Japan	17.07	35.53	19.45	38.29	20.63	40.34
韩国	Republic of Korea	14.73	20.2	18.87	22.01	12.03	31.68
东盟	Association of Southeast Asian Nations	66.54	53.22	79.08	58.64	86.08	73.33
中东十七国	The Seventeen Countries of the Middle East	69.39	5.19	66.33	5.36	73.29	9.41
非洲	**Africa**	**37.01**	**4.07**	**39.50**	**4.06**	**45.39**	**8.61**
欧洲	**Europe**	**126.93**	**48.6**	**152.32**	**59.53**	**135.67**	**61.24**
欧盟	European Union	88.67	43.42	121.65	53.34	118.55	52.37
#英国	United Kingdom	14.19	2.99	18.59	4.71	17.62	3.99
德国	Germany	16.23	11.72	24.70	12.69	25.11	19.72
法国	France	7.08	3.53	10.06	5.46	11.93	4.51
意大利	Italy	8.6	4.54	12.04	4.57	12.49	4.33
荷兰	Netherlands	10.25	4.08	12.72	2.16	11.19	1.82
俄罗斯	Russia	27.08	2.38	18.84	1.96	8.81	5.42
拉丁美洲	**Latin America**	**40.39**	**8.97**	**41.00**	**12.79**	**39.28**	**16.85**
北美洲	**North America**	**112.38**	**25.45**	**112.38**	**32.41**	**114.14**	**37.36**
加拿大	Canada	18.46	3.38	11.28	3.81	10.35	5.55
美国	United States of America	93.92	22.07	101.10	28.60	103.79	31.80
大洋洲及其他	**Oceania and others**	**9.85**	**8.72**	**13.11**	**10.23**	**13.39**	**21.83**
澳大利亚	Australia	8.43	7.56	11.48	8.55	11.71	19.22
新西兰	New Zealand	1.16	1.13	1.24	1.64	1.26	2.56

16-19 利用外资情况

Utilization of Foreign Capital

年份 Year	签订项目(个) Number of Signed Projects (unit)	#外商直接投资 Foreign Direct Investment	合同外资额(万美元) Amount of Contracted Foreign Capital (USD 10000)	#外商直接投资 Foreign Direct Investment	实际利用外资(万美元) Amount of Foreign Capital Actually Utilized (USD 10000)	#外商直接投资 Foreign Direct Investment
1979	1642	70	22889	14616	9143	3074
1980	5048	188	138920	120046	21419	12320
1981	6803	236	167507	156206	28837	17326
1982	8171	151	155916	147698	28103	17123
1983	11318	412	72660	61552	40685	24523
1984	17452	1105	144489	116958	64379	54163
1985	13621	1640	256521	200073	91910	51529
1986	9417	774	183480	85902	142829	64392
1987	6999	1186	201750	124647	121671	59396
1988	7662	2741	382748	224196	243965	91906
1989	6636	2438	362311	243813	239915	115644
1990	7196	3042	316751	268958	202347	145984
1991	8507	4554	580152	490530	258250	182286
1992	12916	9769	1986673	1885764	486147	355150
1993	19012	16768	3489660	3314887	965225	749805
1994	11956	10558	2638753	2382441	1144664	939708
1995	9345	8177	2610480	2483244	1210037	1018028
1996	5955	4608	1744639	1554584	1389943	1162362
1997	17737	3744	964527	769202	1420519	1171083
1998	15459	4349	1237802	916180	1509945	1202005
1999	14824	3013	871592	617451	1447383	1220300
2000	16879	4245	1108598	868393	1457466	1223720
2001	13198	5317	1580386	1343463	1575526	1297240
2002	11706	6613	1890108	1617119	1658946	1311071
2003	11472	7306	2446711	2178926	1894081	1557779
2004	10530	8322	2217800	1936046	1289900	1001158
2005	11786	8384	2675695	2374365	1517358	1236391
2006	11276	8452	2838923	2456820	1780780	1451065
2007	11705	9506	3646583	3393817	1961771	1712603
2008	8980	6999	3071447	2863991	2126657	1916703
2009	5693	4346	1824109	1755834	2028688	1953460

注：1. 2002年起外商直接投资统计口径调整，企业投资总额内的境外借款只包括外方股东贷款。
2. 2004年实际利用外商直接投资统计口径作了调整，与2003年以前的年份不可比。
3. 2004年起签订项目数、合同外资额、实际利用外资不包含对外借款。

Notes: a) Since 2002,the foreign direct investment statistic has been adjusted, of which the overseas borrowings in total investment of enterprises only include loans by foreign shareholders.
b) The foreign direct investment actually utilized of 2004 is adjusted, incomparable to values of preceding years.
c) Since2004,the number of signed projects,amount of contracted foreign capital and foreign capital actually utilized exclude foreign borrowings

16-20 分方式利用外资（2009年）

Utilization of Foreign Capital by Type (2009)

指　标	Item	签订项目（个）Number of Signed Projects (unit)	合同外资额（万美元）Amount of Contracted Foreign Capital (USD 10000)	实际利用外资（万美元）Amount of Foreign Capital Actually Utilized (USD 10000)
总　计	**Total**	**5693**	**1824109**	**2028688**
外商直接投资	**Foreign Direct Investment**	**4346**	**1755834**	**1953460**
合资经营企业	Joint Ventures	356	329064	275271
合作经营企业	Cooperative Enterprises	46	58880	84492
外资(独资)企业	Enterprises with Sole Foreign Investment	3939	1323846	1545736
外商投资股份制	Foreign Share-holding Corporations Ltd.	5	44044	47961
合作开发	Cooperative Development			
其他	Others			
外商其它投资	**Other Foreign Investment**	**1347**	**68275**	**75228**
对外发行股票	Shares Issued Abroad			
国际租赁	International Lease			
补偿贸易	Compensation Trade			
加工装配	Processing and Assembly	1347	68275	75228

16-21 分行业外商直接投资（2009年）

Foreign Direct Investment by Sector (2009)

指　标	Item	签订项目（个）Number of Signed Projects (unit)	合同外资额（万美元）Amount of Contracted Foreign Capital (USD 10000)	实际利用外资（万美元）Amount of Foreign Capital Actually Utilized (USD 10000)
总　计	**Total**	**4346**	**1755834**	**1953460**
农、林、牧、渔业	Farming, Forestry, Animal Husbandry and Fishery	95	28735	23922
采矿业	Mining	1	-112	1974
制造业	Manufacture	1819	943832	1109713
电力、燃气及水的生产和供应业	Production and Supply of Electric Power, Gas and Water	16	97497	44578
建筑业	Construction	12	-621	15397
交通运输、仓储和邮政业	Transport, Storage and Postal Services	69	96609	42787
信息传输、计算机服务和软件业	Information Transmission, Computer Services and Software	104	20166	23582
批发和零售业	Wholesale and Retail Trades	1413	142808	194527
住宿和餐饮业	Hotels and Catering Services	82	22977	16969
金融业	Finance	5	43750	4344
房地产业	Real Estate	82	201929	295304
租赁和商务服务业	Leasing and Business Services	431	100143	94664
科学研究、技术服务和地质勘查业	Scientific Research, Technical Servicesand Geologic Prospecting	152	29398	66764
水利、环境和公共设施管理业	Management of Water Conservancy, Environment and Public Facilities	8	6553	5304
居民服务和其他服务业	Services to Households and Other Services	32	-7631	4359
教育	Education	2	49	67
卫生、社会保障和社会福利业	Health, Social Security and Social Welfare	2	2553	447
文化、体育和娱乐业	Culture, Sports and Recreation	21	27199	8758
国际组织	International Organizations			

16-22 分国别(地区)外商直接投资

Foreign Direct Investment by Country (Region)

指 标	Item	1979-2009	2000	2005	2008	2009
签订协议(合同)数(个)	**Number of Agreements (Contracts) Signed (unit)**	**144667**	**4245**	**8384**	**6999**	**4346**
亚洲	**Asia**	**133637**	**3482**	**6912**	**6328**	**3853**
#中国香港	Hong Kong, China	107464	2474	5208	5245	3063
中国澳门	Macao, China	8053	304	448	340	167
中国台湾	Taiwan, China	10161	482	531	228	254
日本	Japan	1923	51	191	91	65
菲律宾	Philippines	92	5	4	3	
泰国	Thailand	624	12	11	4	8
马来西亚	Malaysia	646	14	52	44	29
新加坡	Singapore	2004	76	137	72	52
印度尼西亚	Indonesia	170	6	15	11	5
韩国	Republic of Korea	1281	52	108	136	96
以色列	Israel	33	2	4	1	2
印度	India	78		9	20	13
文莱	Brunei	560		99	46	14
非洲	**Africa**	**656**	**14**	**85**	**42**	**62**
#毛里求斯	Mauritius	442	12	58		19
南非	South Africa	22		2	2	1
塞舌尔	Seychelles	56				30
欧洲	**Europe**	**2285**	**81**	**223**	**154**	**99**
#波兰	Poland	28		1	4	1
德国	Germany	330	11	35	16	14
法国	France	280	7	34	12	20
意大利	Italy	265	8	36	33	12
荷兰	Netherlands	167	14	17	10	4
比利时	Belgium	42		5	4	2
英国	United Kingdom	639	18	39	19	12
丹麦	Denmark	39	1	6	3	3
瑞典	Sweden	43	2	5	5	2
挪威	Norway	23	2	3	1	
瑞士	Switzerland	100	3	11	7	10
奥地利	Austria	30		2	4	
西班牙	Spain	88	4	8	9	5
俄罗斯联邦	Russian	49	2	3	9	4
拉丁美洲	**Latin America**	**5636**	**428**	**605**	**208**	**139**
#巴拿马	Panama	78	3	3	2	1
维尔京群岛	Virgin Islands	4947	380	534	180	120
委内瑞拉	Venezuela	40	2	2	3	2
巴哈马	Bahamas	59	8	2		
开曼群岛	Cayman Islands	319	26	33	11	6
伯利兹	Belize	50	9	7	2	1
北美洲	**North America**	**5014**	**229**	**412**	**194**	**150**
#加拿大	Canada	883	32	73	31	26
美国	United States of America	4235	193	332	159	124
百慕大	Bermuda	41	3	6	4	
大洋洲	**Oceania**	**2567**	**96**	**319**	**114**	**88**
#澳大利亚	Australia	759	31	68	33	29
新西兰	New Zealand	102	4	9	5	4
萨摩亚	Samoa	1593	52	233	73	55
东萨摩亚	East Samoa	47	8	1		
海外机构	**Overseas Organizations**	**278**				
其它	**Others**	**190**	**2**	**18**	**15**	

16-22 续表 1 continued

指　　标	Item	1979-2009	2000	2005	2008	2009
协议利用外资额(万美元)	**Amount of Utilization of Foreign Capital through Signed Agreements (USD 10000)**	**36967722**	**868393**	**2374365**	**2863991**	**1755834**
亚洲	**Asia**	**28637620**	**548646**	**1566619**	**2572689**	**1363668**
#中国香港	Hong Kong, China	24014338	412219	1220865	2389642	1249536
中国澳门	Macao, China	993095	12863	79936	48941	19025
中国台湾	Taiwan, China	1072739	48354	60237	17899	13682
日本	Japan	882360	19608	99260	57786	35318
菲律宾	Philippines	9872			61	
泰国	Thailand	134090		3716	1410	
马来西亚	Malaysia	129110	4006	9699	8653	3887
新加坡	Singapore	902073	46516	53125	17529	20996
印度尼西亚	Indonesia	57844		3587		948
韩国	Republic of Korea	267093	8143	14018	20980	7670
阿联酋	Unit Arab Emirates	51599	27	1039	1254	3764
文莱	Brunei	93737		18576	9036	10258
印度	India	5782			424	
非洲	**Africa**	**232823**	**4397**	**33060**	**18898**	**9738**
#毛里求斯	Mauritius	215938	4275	30220	18036	6680
埃及	Egypt	4584	6	70	36	40
塞舌尔	Seychelles	5931			1703	2656
欧洲	**Europe**	**1303086**	**28033**	**69444**	**35782**	**99008**
#德国	Germany	155671	2461	6428	3018	734
法国	France	214954	5670	19646	9696	87272
意大利	Italy	43782	411	3116	2857	1637
荷兰	Netherlands	308532	5948	10817	4534	6724
比利时	Belgium	2699	187			33
英国	United Kingdom	403027	7158	9593	2001	
爱尔兰	Eire	7053		211	564	567
丹麦	Denmark	18263	765	2884		34
芬兰	Finland	8541	440	6709	561	
瑞典	Sweden	5399	333	1291	1576	27
瑞士	Switzerland	50023	619	344	2727	2971
奥地利	Austria	8189		251	3001	
西班牙	Spain	25119	858	1227	4480	3133
俄罗斯联邦	Russian	4255	24	31	89	154
拉丁美洲	**Latin America**	**4372492**	**208680**	**490204**	**83331**	**262766**
#巴拿马	Panama	28955	1793	911	1043	600
巴西	Brazil	2168		7	6	
维尔京群岛	Virgin Islands	3903553	181692	430621	69015	275528
委内瑞拉	Venezuela	3628	15	19	585	340
开曼群岛	Cayman Islands	320935	20578	41739		
伯利兹	Belize	14100	1690	1486		
巴哈马	Bahamas	36028	2897	1569		
巴巴多斯	Barbados	48725		10476	22391	2558
北美洲	**North America**	**1263743**	**48580**	**74124**	**36232**	**40887**
#加拿大	Canada	153927	3126	11111	1415	5685
美国	United States of America	1009678	44389	42046	31983	31402
百慕大	Bermuda	99893	1039	20937	2834	3800
大洋洲	**Oceania**	**679205**	**26715**	**94320**	**56359**	**-66333**
#澳大利亚	Australia	125180	7507	13045	4099	11406
新西兰	New Zealand	12853	108	1302	665	5223
萨摩亚	Samoa	510112	16151	74611	52092	
东萨摩亚	East Samoa	13746	1866	788		
马绍尔群岛	Marshall Islands	8502	1073	1962		
海外机构	**Overseas Organizations**	**143195**			**8397**	**10555**
其它	**Others**	**335558**	**3342**	**46594**	**52303**	**35545**

16-22 续表 2 continued

指 标	Item	1979-2009	2000	2005	2008	2009
实际利用外资(万美元)	**Foreign Capital Actually Utilized (USD 10000)**	**23319297**	**1223720**	**1236391**	**1916703**	**1953460**
亚洲	**Asia**	**17410983**	**927071**	**794244**	**1266813**	**1388529**
#中国香港	Hong Kong, China	14295808	744826	582361	1054412	1187737
中国澳门	Macao, China	512062	26137	28579	33228	31869
中国台湾	Taiwan, China	742717	49746	33370	33382	25545
日本	Japan	866608	30852	94365	52910	63389
菲律宾	Philippines	8549	191	69	772	436
泰国	Thailand	55165	2895	1044	1036	435
马来西亚	Malaysia	64805	4993	3761	5679	5634
新加坡	Singapore	590202	49115	29207	54626	44257
印度尼西亚	Indonesia	37033	3352	473	3202	929
韩国	Republic of Korea	160550	13671	10904	13763	11357
阿联酋	Unit Arab Emirates	11176	100	2070		3567
文莱	Brunei	52615		6911	11582	12433
印度	India	3888	964	407	3	37
非洲	**Africa**	**126663**	**4272**	**11283**	**21250**	**17706**
#利比里亚	Liberia	2504				6
毛里求斯	Mauritius	118820	4576	10776	20798	16649
欧洲	**Europe**	**791127**	**38643**	**83276**	**44392**	**42299**
#德国	Germany	103588	10057	8041	4987	3405
法国	France	98327	4551	14148	6366	13164
意大利	Italy	37904		4991	3816	2551
荷兰	Netherlands	201957	7886	38768	8185	4649
比利时	Belgium	3470	499	73	253	276
英国	United Kingdom	232328	8258	12096	10484	4158
爱尔兰	Ireland	4109		286	203	146
丹麦	Denmark	10626		235	483	1937
芬兰	Finland	14829	2302	150	1575	526
瑞典	Sweden	5423	360	257	486	374
挪威	Norway	2417	710	211	38	97
瑞士	Switzerland	37410	3349	2385	2218	4009
奥地利	Austria	10654	101	178	487	2226
西班牙	Spain	25119	18478	1052	3201	3140
拉丁美洲	**Latin America**	**3344706**	**161983**	**237757**	**451809**	**375803**
#巴拿马	Panama	19954	1544	1541	1199	499
维尔京群岛	Virgin Islands	2974680	149200	210548	375994	327189
开曼群岛	Cayman Islands	263192	6694	20526	54278	40559
伯利兹	Belize	8139	423	1095	371	936
巴哈马	Bahamas	34388	3543	2183	3889	776
北美洲	**North America**	**828050**	**74453**	**34704**	**43790**	**32638**
#加拿大	Canada	83175	5161	2728	3226	4390
美国	United States of America	676751	66972	25694	31195	23506
百慕大	Bermuda	66419	2320	6252	9369	4742
大洋洲	**Oceania**	**489362**	**14510**	**57743**	**69064**	**62177**
#澳大利亚	Australia	70184	4697	4315	3386	5682
萨摩亚	Samoa	393029	8942	50651	64130	53116
东萨摩亚	East Samoa	8094	105	687		
马绍尔群岛	Marshall Islands	5479	680	959	1206	131
大洋洲及太平洋岛屿	Other Oceanic and Pacific Islands	576		429	78	197
亚洲开发银行	**Asian Development Bank**	**44550**				
海外机构	**Overseas Organizations**	**118781**			**2430**	**8634**
其它	**Others**	**165075**	**2788**	**17384**	**17155**	**25674**

16-23 各市外商直接投资

Foreign Direct Investment by City

市别	City	2008 签订项目(个) Number of Signed Projects (unit)	2008 合同外资额(万美元) Amount of Contracted Foreign Capital (USD 10000)	2008 实际利用外资(万美元) Amount of Foreign Capital Actually Utilized (USD 10000)	2009 签订项目(个) Number of Signed Projects (unit)	2009 合同外资额(万美元) Amount of Contracted Foreign Capital (USD 10000)	2009 实际利用外资(万美元) Amount of Foreign Capital Actually Utilized (USD 10000)
全省合计	**Provincial Total**	**6999**	**2863991**	**1916703**	**4346**	**1755834**	**1953460**
广州	Guangzhou	991	591857	362272	843	372308	377329
深圳	Shenzhen	3047	736262	403015	1498	355805	415994
珠海	Zhuhai	304	145295	114225	198	46027	118030
汕头	Shantou	48	22195	19398	31	19417	20413
佛山	Foshan	233	226789	180651	162	101341	187365
韶关	Shaoguan	67	26923	18219	45	23372	18950
河源	Heyuan	115	22007	32166	30	17139	22705
梅州	Meizhou	96	30059	12860	43	21191	8008
惠州	Huizhou	293	158460	135246	279	140418	139484
汕尾	Shanwei	42	41360	22132	18	43055	23760
东莞	Dongguan	553	258749	244668	579	161620	259399
中山	Zhongshan	161	71411	74494	155	40543	60787
江门	Jiangmen	388	113322	91683	178	113361	103666
阳江	Yangjiang	94	33568	14519	53	38610	17393
湛江	Zhanjiang	34	10002	17378	8	9399	2926
茂名	Maoming	50	19622	5565	13	9261	3105
肇庆	Zhaoqing	189	145675	85837	82	151963	88795
清远	Qingyuan	83	48657	51484	47	36839	54910
潮州	Chaozhou	24	13668	9112	23	14359	10119
揭阳	Jieyang	74	26723	12686	23	28160	13212
云浮	Yunfu	91	25080	6893	38	11646	7110
省直	Directly under Provincial Government	22	96307	2200			
按经济区域分	By Region						
珠三角	Pearl River Delta	6159	2447820	1692091	3974	1483386	1750849
东翼	Eastern Region	188	103946	63328	95	104991	67504
西翼	Western Region	178	63192	37462	74	57270	23424
山区	Mountainous Region	452	152726	121622	203	110187	111683

注：各区域不包省直单位部分。
Note: "By Region" does not include departments and agencies directly under provincial jurisdiction.

16-24 对外经济技术合作情况
Economic and Technical Cooperation with Foreign Countries and Regions

项　目	Item	签订合同数 (宗) Number of Contracts Signed (unint)	合同金额 (万美元) Contracted Value (USD 10000)	营业金额 (万美元) Value of Turnover (USD 10000)	年末在外人数 (人) Number of Persons Abroad at the Year-end (person)
对外承包工程	Contracted Projects				
1982		9	1316	1398	770
1985		28	1897	2491	305
1990		23	5953	7586	688
1995		29	19183	10924	850
1996		37	14823	9474	1680
1997		67	22435	10940	354
1998		28	13331	17526	566
1999		63	52961	21857	603
2000		86	36555	34515	634
2001		250	53924	26192	641
2002		165	64827	58986	643
2003		193	97055	86898	730
2004		810	168338	161287	856
2005		2061	326752	247189	606
2006		1625	458442	344170	752
2007		757	597733	546069	946
2008		331	844352	686045	886
2009		556	814859	758799	2105
对外劳务合作	Labor Services				
1982		106	1368	1170	657
1985		273	424	433	1197
1990		1101	6055	3189	8045
1995		1251	20593	17775	33263
1996		1493	11784	19365	23319
1997		2616	17356	14743	22857
1998		2360	12925	14464	20816
1999		5863	9327	13230	19128
2000		6626	12941	10777	19564
2001		1039	13271	11752	30695
2002		8252	19114	17059	18922
2003		12100	23132	21926	21738
2004		11482	27392	28315	17043
2005		13989	32762	30878	20469
2006		19564	41898	37030	27024
2007		64410	80824	62927	27880
2008		40284	68209	58420	33691
2009		32883	45718	59469	33124
对外设计咨询	Design Consultation				
1995		9	139	41	10
1996		3	11	4	4
1997		6	90	88	
1998		17	402	339	
1999		19	408	218	
2000		14	1064	987	
2001		17	66	267	14
2002		34	258	144	39
2003		42	97	419	39
2004		2	220	421	49
2005		19	343	339	
2006		6	136	467	51
2007		11	61	184	17
2008		3	896		17

注：1. 对外设计咨询1995年以前无发生数。
　　2. 2009年"对外设计咨询"已包含在"对外承包工程"中。

Note: a) Before 1995, there were no data of foreign design consultation.
　　b) In 2009, foreign design cousultation is inclued in foreign contracted projects.

16-25 分行业外商投资企业工商注册登记情况（2009年末）
Registration Status of Enterprises with Foreign Investment by Sector (Year-end of 2009)

行业	Sector	企业数（户）Number of Registered Enterprises (unit)	投资总额（亿美元）Total Investment (USD 100 million)	注册资本（亿美元）Registered Capital (USD 100 million)	#外方 Capital Invested by Foreign Partners
总　计	**Total**	**69010**	**3939.31**	**2343.13**	**1987.81**
农、林、牧、渔业	Farming, Forestry, Animal Husbandry and Fishery	1504	32.61	22.49	20.18
采矿业	Mining	51	4.92	2.65	2.01
制造业	Manufacture	47471	2332.21	1470.96	1287.69
电力、燃气及水的生产和供应业	Production and Supply of Electric Power, Gas and Water	327	281.84	94.76	49.32
建筑业	Construction	382	86.26	35.45	23.71
交通运输、仓储和邮政业	Transport, Storage and Postal Services	1923	202.09	100.17	65.80
信息传输、计算机服务和软件业	Information Transmission, Computer Services and Software	1728	64.91	35.99	33.63
批发和零售业	Wholesale and Retail Trades	5299	103.98	67.49	57.33
住宿和餐饮业	Hotels and Catering Services	972	67.65	44.85	37.93
金融业	Finance	39	15.25	14.36	11.45
房地产业	Real Estate	2705	501.80	292.88	257.17
租赁和商务服务业	Leasing and Business Services	3304	139.71	91.74	80.55
科学研究、技术服务和地质勘查业	Scientific Research, Technical Services and Geological Prospecting	2384	49.41	33.77	31.00
水利、环境和公共设施管理业	Management of Water Conservancy, Environment and Public Facilities	108	14.26	8.71	6.63
居民服务和其他服务业	Households and Other Servies	447	14.96	10.53	9.69
教育	Education	23	0.72	0.44	0.36
卫生、社会保障和社会福利业	Health Care, Social Security and Social Welfare	23	3.12	1.47	1.12
文化、体育和娱乐业	Culture, Sports and Recreation	309	23.51	14.33	12.17
其他	Others	11	0.10	0.07	0.07

16-26 各市外商投资企业工商注册登记情况（2009年末）
Registration Status of Enterprises with Foreign Investment by City (Year-end of 2009)

市别	City	企业数(户) Number of Registered Enterprises(unit)	投资总额（亿美元）Total Investment (USD 100 million)	注册资本（亿美元）Registered Capital (USD 100 million)	#外方 Capital Invested by Foreign Partners
全省合计	**Provincial Total**	**69010**	**3939.31**	**2343.13**	**1987.81**
广　州	Guangzhou	9250	817.80	444.66	372.47
深　圳	Shenzhen	20872	879.58	512.00	442.03
珠　海	Zhuhai	4511	239.26	132.31	108.69
汕　头	Shantou	1151	64.21	40.68	33.31
佛　山	Foshan	4101	283.24	170.96	137.39
韶　关	Shaoguan	521	35.60	21.13	17.43
河　源	Heyuan	852	42.76	28.48	25.59
梅　州	Meizhou	835	19.50	12.56	10.29
惠　州	Huizhou	4907	286.99	170.04	146.00
汕　尾	Shanwei	478	24.52	20.49	19.48
东　莞	Dongguan	8130	400.88	288.04	274.18
中　山	Zhongshan	2904	152.65	93.21	83.91
江　门	Jiangmen	3833	240.07	138.59	107.77
阳　江	Yangjiang	472	19.23	13.47	11.85
湛　江	Zhanjiang	408	46.51	26.43	17.48
茂　名	Maoming	559	14.62	10.09	8.44
肇　庆	Zhaoqing	1675	97.01	60.13	53.86
清　远	Qingyuan	764	58.70	37.84	34.07
潮　州	Chaozhou	527	16.12	11.13	7.22
揭　阳	Jieyang	768	23.89	18.25	14.90
云　浮	Yunfu	339	13.67	8.14	6.56
局本部	Unclassified by Region	1153	162.49	84.50	54.89

16-27 一类口岸开放使用情况（2009年末）

Opening and Operating Status of Class A Ports (Year-end of 2009)

市 别	City	个 数 Number	口岸名称 Name of Ports				
			水 运	Water Transport	陆 运	Land Transport	空 运 Air Transport
合 计	**Total**	**54**	**36**		**13**		**5**
广 州	Guangzhou	6	广州港	Guangzhou Port	天河铁路客运	Tianhe Railway Station	白云机场
			南沙港	Nansha Port		for Passenger Service	Baiyun Airport
			莲花山港	Lianhuashan Port			
			新塘港	Xintang Port			
深 圳	Shenzhen	14	蛇口港	Shekou Port	罗湖	Luohu	深圳机场
			赤湾港	Chiwan Port	文锦渡	Wenjindu	Shenzhen Airport
			梅沙港	Meisha Port	沙头角	Shatoujiao	
			东角头港	Dongjiaotou Port	皇岗	Huanggang	
			妈湾港	Mawan Port	深圳湾	Shenzhen Bay	
			盐田港	Yiantian Port	福田	Futian	
			西涌港	Xichong Port			
珠 海	Zhuhai	8	九州港	Jiuzhou Port	拱北	Gongbei	
			湾仔港	Wanzai Port	横琴	Hengqin	
			珠海港	Zhuhai Port	珠澳跨境工业区	The Industrial Zone Dedic-	
			万山港	Wanshan Port	专用口岸	ated port cross-border bet-	
			斗门港	Doumen Port		ween The Pearl River Delta	
汕 头	Shantou	4	汕头港	Shantou Port		and Macao	汕头机场
			潮阳港	Chaoyang Port			Shantou Airport
			南澳港	Nanao Port			
梅 州	Meizhou	1					梅州机场
惠 州	Huizhou	1	惠州港	Huizhou Port			Meizhou Airport
汕 尾	Shanwei	1	汕尾港	Shanwei Port			
东 莞	Dongguan	2	虎门港	Humen Port	东莞铁路客运	Dongguan Railway Stations	
中 山	Zhongshan	1	中山港	Zhongshan Port		for Passenger Service	
江 门	Jiangmen	5	江门港	Jiangmen Port			
			三埠港	Sanfu Port			
			广海港	Guanghai Port			
			鹤山港	Heshan Port			
			新会港	Xinhui Port			
佛 山	Foshan	4	顺德港	Shunde Port	佛山铁路客运	Foshan Railway Stations	
			南海港	Nanhai Port		for Passenger Service	
			高明港	Gaoming Port			
阳 江	Yangjiang	1	阳江港	Yangjiang Port			
湛 江	Zhanjiang	2	湛江港	Zhanjiang Port			湛江机场
茂 名	Zhaoqing	1	水东港	Shuidong Port			Zhanjiang Airport
肇 庆	Maoming	2	肇庆港	Zhaoqing Port	肇庆铁路客运	Zhaoqing Railway Station	
潮 州	Chaozhou	1	潮州港	Chaozhou Port		for Passenger Service	

注：2009年末全省二类口岸89个，其中水运84个，公路1个，铁路4个。直通港澳货运车辆 检查场62个。

Note: At the end of 2009, Class B ports of the whole province totaled 89, including waterways,hihways,4railways and 62 inspection yards for freight vehicles to Hong Kong and Macao.

主要统计指标解释

进出口总额 指实际进出我国国境的货物（包括贸易和非贸易）的价值总和。主要包括对外贸易实际进出口货物，来料加工装配、补偿贸易、进料加工进出口货物，国家间及国际组织无偿援助物资和赠送品，华侨、港澳台同胞和外籍华人捐赠品，租赁期满归承租人所有的租赁货物，边境地方贸易及边境地区小额贸易进出口货物（边民互市贸易除外），中外合资、合作经营企业、外商独资经营企业进出口货物和公用物品，到、离岸价格在规定限额以上的进出口货样和广告品（无商业价值、无使用价值和免费提供出口的除外），从保税仓库提取在中国境内销售的进出口货物，以及其他进出口货物。进出口总额反映一个国家在对外经济贸易方面实际进出口货物的总规模。

产消国 即原产国（地）和最终目的国。原产国指进口货物的生产、开采或加工制造的国家。最终目的国指出口货物已知的消费、使用或进一步加工制造的国家。

利用外资 指我国政府、部门、企业和其他经济组织通过对外借款、吸收客商直接投资以及向境外发行债券、股票等方式筹借的境外资金。

外资的形式可以是现汇、实物、工业产权或专有技术等有形资本和无形资本。

我国自有外汇和中国银行自有外汇资金发放的外汇贷款购置国外设备和材料，华侨、港澳同胞的捐赠，联合国或其他国际组织的无偿赠送资金、无偿援建的项目均不属于外资范围 。

利用外资的方式有：对外借款，外国（或港澳地区）企业和经济组织或个人在我国境内开办独资企业、与我国境内的企业或组织共同开办合资企业、合作经营(企业)项目或合作开发资源，以及补偿贸易、国际租赁等。

补偿贸易 是以商品或劳务偿还贷款的一种贸易方式。即由客商提供设备、原材料、生产技术，以这些设备、原材料、生产技术生产的产品或是用双方协商的其他产品价值去支付 （偿还）进口设备、原材料价款。

对外借款 指我国政府、部门、企业和中国银行等单位向国际金融组织 、外国政府、企业等借用的长期、短期资本，到期需还本付息。借款按不同渠道划分为：①外国政府贷款； ②国际金融组织贷款；③外国银行贷款；④出口信贷；⑤发行债券。

外商直接投资 指外国企业和经济组织或个人（包括华侨、港澳同胞以及我在境外注册的企业）按我国有关政策、法规，在我国境内开办外商独资企业，与我国境内的企业或经济组织共同举办中外合资企业、合作经营企业或合作开发资源的投资，以及外商从企业得到收益的再投资。2002 年起“外商直接投资”统计口径调整，“企业投资总额内的境外借款”只包括“企业投资总额内直接投资者对企业的贷款,即外方股东贷款”。不包括“直接投资者提供担保的第三方对企业的贷款即外方股东担保贷款”和“其他方式的企业境外借款即其他境外借款。”

国际租赁 指出租者用自有资金，或向银行借款购买资本设备租给承租者在约定的期限内使用，承租者依约按期付给出租者一定租金，在租赁期内设备的使用属于承租者，设备的所有权属于出租者，租期满后，出租者对设备具有支配权：收回、作价出卖或赠送企业。

中间价 指人民银行每日公布的银行买入卖出外汇的参考价。银行在买入卖出业务中可以在中间价上下浮动 5 ‰。

Explanatory Notes on Main Statistical Indicators

Total Imports and Exports refer to the real value of commodities (both trade and non-trade) imported and exported across the border of China. They mainly include actual imports and exports through foreign trade, imported and exported goods in the categories of processing and assembling of customer's materials, compensation trade, and processing of import materials, supplies and gifts as aid given gratis between governments and by international organizations, donations by overseas Chinese, compatriots in Hong Kong, Macao and Taiwan and Chinese with foreign citizenship, leasing commodities owned by tenants at the expiration of leasing period, local trade and Small-amount trade in border areas (excluding exchange trade between border residents), imported and exported commodities and articles for public use of Sino-foreign joint ventures, cooperative enterprises and ventures with sole foreign investment. Also included are import or export of samples and advertising articles above designated CIF or FOB prices (excluding goods of no trading or use value and free commodities for export), import and export goods sold in China from bonded warehouse and other import and export goods. Total imports and exports is an indicator of the total size of actual imported and exported goods of a country in foreign trade and economic cooperation.

Production and Consumption Countries refer to the country of origin and the country of final destination. The country of origin refers to the country where the imported goods are produced, exploited or processed. The country of final destination refers to the country where the imported goods are consumed, utilized or further processed.

Utilization of Foreign Capital refers to funds financed from abroad by means of loans, foreign direct investment, and issuing bonds and shares undertaken by the Chinese governments at all levels, various departments, enterprises and other economic units.

The types of foreign capital include tangible capital and intangible capital, such as remittance, goods, industrial property rights and know-how.

Those excluded are the purchases of foreign equipment and materials with loans from state-owned foreign exchange and foreign exchange owned by the Bank of China, donations by overseas Chinese, compatriots in Hong Kong and Macao, and funds and projects as aid given gratis by the United Nations and other international organizations.

Utilization of foreign capital takes the forms of loans from abroad, sole investment in enterprises in the boundary of China by foreign (or Hong Kong and Macao) enterprises, economic organizations or individuals, investment in Sino-foreign joint ventures, cooperative projects (enterprises), cooperative exploitation of natural resources with enterprises or organizations in China, compensation trade and international lease, etc.

Compensation Trade is a kind of trade returning loans with commodities or services, i.e. imported equipment, raw materials and production technology provided by foreign entrepreneurs are repaid (returned) by means of the products produced with such equipment, raw materials and production technology or by means of the value of other products negotiated by both sides.

Foreign Loans refer to long-term capital and short-term capital borrowed from international financial organizations, foreign governments and enterprises by the Chinese governments at all levels, by various departments, enterprises and the Bank of China, etc, and repaid with interest at maturity. Foreign loans can be divided according to channels into: ①loans from foreign governments; ②loans from international financial organizations; ③loans from foreign banks; ④export credit; ⑤bonds and shares issued abroad.

Foreign Direct Investment refers to investment inside China by foreign enterprises and economic organizations or individuals (including overseas Chinese, compatriots from Hong Kong and Macao, and Chinese enterprises registered abroad), following the relevant policies and laws of China, for the establishment of foreign sole investment enterprises, Sino-foreign joint ventures and cooperative enterprises or for cooperative exploitation of resources with enterprises or economic organizations in China, and re-investment of foreign entrepreneurs with the profits gained from such enterprises and corporations. Starting from 2002, the foreign direct investment statistic has been adjusted such that the overseas borrowings in total investment of enterprises only include loans to the enterprises by direct investors or, in other terms, loans by foreign shareholders, but exclude loans from the third party guaranteed by the direct investors or, in other terms, loans guaranteed by the foreign shareholders, and overseas borrowings by enterprises in other manners or, in other terms, other overseas borrowings.

International Lease refers to the lease of which tenants rent the equipment purchased by lessors with their own money or loans from banks during a fixed period and repay a sum of leasing expenses to lessors according to contracts. During the leasing period, tenants have the right to use the equipment while lessors maintain possession of the equipment. At the expiration of the leasing period, lessors have the right to dispose the equipment: take it back, sell it at a fixed price, or donate it to an enterprise.

Middle Exchange Rate refers to the reference rate of banks buying and selling foreign exchanges issued by the People's Bank of China on a daily basis. There is a 5‰ floating range for the middle exchange rate in the operation of banks buying and selling foreign exchanges.

十七、旅游

TOURISM

十七　旅游

简要说明

一、本篇资料反映经广东口岸入境游客人数（港澳台和外国人）、城市接待国内外旅游人数、旅行社组织接待人数、以及旅游收入等基本情况。

二、本篇资料由广东省统计局贸易外经处整理、编辑。

三、本篇资料来源和统计范围：

1、本篇资料由广东省旅游局提供。

2、入境游客人数由广州、深圳、珠海、汕头出入境边防检查站，武警广东省边防总队所报资料汇总而得。

3、旅游部门基本情况、住宿设施接待人数、旅行社接待人数由各基层企业上报汇总，城市接待旅游人数、国内外旅游收入根据抽样调查资料测算。

17 Tourism

Brief Introduction

Ⅰ. The data in this chapter show the basic conditions of tourism, including number of international tourists entering China through ports in Guangdong (including foreigners, Chinese compatriots from Hong Kong, Macao and Taiwan), number of domestic and international tourists received by cities, number of tourists received by travel agencies, and earnings from tourism, etc.

Ⅱ. The data in this chapter are prepared and edited by the Division of Trade and External Economic Relations Statistics of Statistics Bureau of Guangdong Province.

Ⅲ. Data sources and statistical coverage:

(1) The data in this chapter are provided by Guangdong Provincial Tourism Administration.

(2) Number of international tourists entering China through ports in Guangdong is a summary of data provided by the frontier inspection posts of Guangzhou, Shenzhen, Zhuhai, and Shantou, as well as the Guangdong Provincial Command of the Chinese People's Armed Police Force.

(3) Basic statistics on tourist agencies, the number of tourists received by lodging facilities, and the number of tourists received by travel agencies are summaries of reports from various enterprises, whereas the number of tourists received by cities and earnings from domestic and international tourism are estimates from sample surveys.

17-1 旅游主要指标
Main Indicators on Tourism

指 标	Item	2000	2005	2008	2009
旅行社数 （个）	**Number of Travel Agencies (unit)**	**504**	**884**	**1045**	**1109**
旅行社从业人员 （人）	**Engaged Persons of Travel Agencies (person)**		**24162**	**29331**	**34658**
星级宾馆(酒店)数 （个）	**Number of Star-rated Hotels (unit)**	**750**	**1128**	**1165**	**1181**
入境旅游人数 （万人次）	**Number of Overseas Visitor Arrivals (10000 person-times)**	**6729.18**	**9579.12**	**10323.47**	**10232.09**
外国人	Foreigners	283.59	537.27	615.95	608.18
香港同胞	Chinese Compatriots from Hong Kong	5202.98	6358.78	7221.16	7169.72
澳门同胞	Chinese Compatriots from Macao	1051.40	2467.90	2270.28	2251.51
台湾同胞	Chinese Compatriots from Taiwan	191.21	215.17	216.08	202.68
城市接待旅游人数(万人次)	**Number of Visitors Received by Cities (10000 person-times)**	**7662.95**	**11566.61**	**16181.39**	**18193.55**
入境游客	Overseas Visitor Arrivals	1198.94	1792.97	2595.63	2738.01
外国人	Foreigners	212.85	463.91	609.00	617.56
港澳同胞	Chinese Compatriots from Hong Kong and Macao	813.84	1106.20	1718.68	1841.27
台湾同胞	Chinese Compatriots from Taiwan	172.25	222.86	267.95	279.18
国内游客	Domestic Visitors	6464.01	9773.64	13585.76	15455.54
旅行社组织接待人数(万人)	**Number of Visitors Received by Travel Agencies (10000 persons)**	**653.41**	**1538.49**	**1857.20**	**2081.77**
入境游客	Overseas Visitor Arrivals	264.22	368.79	377.73	370.12
国内游客	Domestic Visitors	389.19	1169.70	1479.47	1711.65
团体出境旅游人数 （万人）	**Number of Outbound Visitors in Group Tours (10000 persons)**	**116.20**	**196.28**	**357.54**	**356.78**
港澳游	Visits to Hong Kong and Macao	86.07	137.16	253.35	237.49
其他	Others	30.13	59.12	104.19	119.29
旅游收入 （亿元）	**Earnings from Tourism (100 million yuan)**	**1149.95**	**1882.60**	**2668.00**	**3068.39**
旅游外汇收入	Foreign Exchange Earnings	340.08	529.06	638.07	684.92
国内旅游收入	Domestic Tourism Earnings	809.87	1353.54	2029.93	2383.47

注：2000年香港同胞包括澳门同胞。

Note: In 2000, data of Chinese compatriots from Hong Kong include those from Macao.

17-2 旅游部门基本情况
Basic Statistics on Tourism-related Agencies

指　标		Item		2000	2005	2008	2009
宾馆(酒店)	(家)	Number of Hotels	(unit)	2655	3837	6497	9795
按星级分: 五星		By Star Rating: Five Star		19	41	69	79
四星		Four Star		61	140	177	193
三星		Three Star		283	496	592	626
二星		Two Star		339	412	307	270
一星		One Star		48	39	20	13
未评星级		Unrated		1905	2709	5332	8614
宾馆(酒店)接待能力		Reception Capability of Hotels					
客房	(间)	Number of Guest Rooms	(unit)	202277	279302	400544	478575
床位	(张)	Number of Beds	(unit)	401718	512582	694694	816106
客房出租率	(%)	Room Occupancy	(%)	58.0	61.4	57.8	54.7
旅行社	(家)	Number of Travel Agencies(unit)		504	884	1045	1109

17-3 城市接待外国游客人数
Number of Foreign Visitors Received by Cities

单位：人次　　　　(person-time)

国　别	Country	1995	2000	2005	2006	2007	2008	2009
总计	**Total**	**1173919**	**2128501**	**4639133**	**5246564**	**5977103**	**6089965**	**6175557**
日本	Japan	288978	413833	962727	1077452	1280254	857245	993607
韩国	Republic of Korea	25172	71841	239213	265076	400764	324946	328041
菲律宾	Philippines	10312	20793	30847	35923	38668	33250	42871
新加坡	Singapore	60760	93762	179559	203588	245643	198030	250542
泰国	Thailand	51185	48341	150502	172310	174074	130201	125825
印度尼西亚	Indonesia	40583	63159	128428	142359	161669	128426	124208
马来西亚	Malaysia	70639	110384	220598	256084	353167	292148	340476
美国	United States	129238	196362	361224	477750	583172	451920	543728
加拿大	Canada	24908	35968	67844	91404	124764	94133	107612
英国	United Kingdom	41020	59123	105238	129976	146172	112122	125780
法国	France	29728	43578	99158	99438	122765	96766	107037
德国	Germany	32864	44707	87158	139206	129050	93714	100628
意大利	Italy	19187	19792	56071	203406	91767	66470	81291
俄罗斯	Russia	1937	10407	26692	36000	41660	38321	39995
澳大利亚	Australia	28789	34595	73346	112352	138879	110028	137743
新西兰	New Zealand	4133	5835	15702	18601	24789	16242	22875
其他	Others	314486	856021	1834826	1785639	1919846	3046003	2703298

17-4 各市旅游宾馆(酒店)住宿设施（2009年）

Lodging Facilities of Tourist Hotels by City (2009)

市 别	City	宾馆(酒店)(个) Number of Hotels (unit)	五星级 Five Star	四星级 Four Star	三星级 Three Star	二星级 Two Star	一星级 One Star	客房(间) Number of Rooms (unit)	床位(张) Number of Beds (unit)	客房出租率(%) Room Occupancy (%)
全省合计	**Total**	**9795**	**79**	**193**	**626**	**270**	**13**	**478575**	**816106**	**54.7**
广 州	Guangzhou	1559	12	34	123	62		119469	200298	59.2
深 圳	Shenzhen	503	14	31	74	31		52502	81063	57.3
珠 海	Zhuhai	458	8	9	66	8		44368	82769	53.7
汕 头	Shantou	46	3	7	19	10	2	7116	12069	54.7
佛 山	Foshan	162	5	18	46	28	1	18254	34421	58.9
韶 关	Shaoguan	718	1	7	36	6	2	19514	38208	52.1
河 源	Heyuan	487	1	3	15	10	1	14976	27672	25.2
梅 州	Meizhou	32		2	14	15	1	8300	17566	29.7
惠 州	Huizhou	1979	2	11	44	10		23621	42037	44.4
汕 尾	Shanwei	288		2	11	2		8194	14170	51.9
东 莞	Dongguan	95	19	26	35	14	1	16332	24389	58.0
中 山	Zhongshan	476	3	6	22	6	2	27650	43363	58.2
江 门	Jiangmen	430	4	3	19	3		25500	41000	61.9
阳 江	Yangjiang	313	3	3	17	10		10684	21369	51.7
湛 江	Zhanjiang	560	1	6	24	9		22127	38089	68.3
茂 名	Maoming	20	1	3	6	10		4518	6338	67.9
肇 庆	Zhaoqing	828		3	17	13	3	25312	37970	61.9
清 远	Qingyuan	609	1	6	25	9		22422	40181	43.2
潮 州	Chaozhou	12		4	5	3		1558	2448	74.3
揭 阳	Jieyang	18	1	5	1	2		2206	3968	57.7
云 浮	Yunfu	202		4	7	9		3952	6718	56.4
按经济区域分	By Region									
珠 三 角	Pearl River Delta	6490	67	141	446	175	7	353008	587310	57.5
东 翼	Eastern Region	364	4	18	36	17	2	19074	32655	55.5
西 翼	Western Region	893	5	12	47	29		37329	65796	63.5
山 区	Mountainous Region	2048	3	22	97	49	4	69164	130345	40.9

注:本表星级宾馆(酒店)指2007年底止已得到国家旅游局或广东省旅游局批准的，不包已报未批部份。

Note: Star-rated hotels in this table refer to those approved by the National Tourism Administration or Guangdong Provincial Tourism Administration by the end of 2007, excluding hotels under examination.

17-5 各市接待过夜旅游者人数

Number of Overnight Tourists by City

单位：万人次 (10000 person-times)

市别	City	2008 合计 Total	2008 入境游客 Overseas Tourist Arrivals	2008 国内游客 Domestic Tourists	2009 合计 Total	2009 入境游客 Overseas Tourist Arrivals	2009 国内游客 Domestic Tourists
全省合计	**Provincial Total**	**16181.39**	**2595.63**	**13585.76**	**18193.55**	**2738.01**	**15455.54**
广　州	Guangzhou	3528.74	612.48	2916.26	3975.53	689.40	3286.12
深　圳	Shenzhen	2659.31	869.57	1789.73	2840.31	896.37	1943.94
珠　海	Zhuhai	1115.44	286.22	829.22	1208.73	297.84	910.89
汕　头	Shantou	618.06	13.93	604.13	680.13	12.32	667.82
佛　山	Foshan	802.38	98.09	704.29	835.90	98.35	737.56
韶　关	Shaoguan	645.54	6.07	639.47	676.37	5.88	670.49
河　源	Heyuan	330.05	3.99	326.06	366.68	4.13	362.55
梅　州	Meizhou	353.57	8.75	344.82	404.34	7.97	396.36
惠　州	Huizhou	807.66	132.79	674.87	943.11	144.25	798.86
汕　尾	Shanwei	221.13	2.49	218.64	241.62	2.19	239.43
东　莞	Dongguan	1210.94	216.62	994.32	1417.03	225.96	1191.06
中　山	Zhongshan	528.13	65.18	462.96	551.91	47.59	504.32
江　门	Jiangmen	839.41	111.40	728.02	861.93	115.89	746.04
阳　江	Yangjiang	245.17	5.47	239.69	277.22	4.20	273.02
湛　江	Zhanjiang	168.36	3.30	165.06	467.32	5.07	462.26
茂　名	Maoming	172.14	0.79	171.35	201.94	0.87	201.07
肇　庆	Zhaoqing	710.76	101.02	609.74	840.51	112.32	728.19
清　远	Qingyuan	490.85	21.47	469.38	524.47	22.63	501.84
潮　州	Chaozhou	245.19	26.29	218.90	307.71	33.81	273.90
揭　阳	Jieyang	160.95	4.08	156.87	202.59	4.88	197.71
云　浮	Yunfu	327.61	5.64	321.98	368.19	6.08	362.10
按经济区域分	By Region						
珠三角	Pearl River Delta	12202.77	2493.37	9709.41	13474.96	2627.98	10846.99
东　翼	Eastern Region	1245.33	46.79	1198.54	1432.06	53.20	1378.85
西　翼	Western Region	585.67	9.56	576.10	946.48	10.14	936.34
山　区	Mountainous Region	2147.62	45.92	2101.71	2340.05	46.69	2293.36

17-6 各市旅行社组团出境游人数（2009年）

Number of Outbound Visitors in Group Tours by City (2009)

单位：人 (person)

市 别	City	合计 Total	香港 Hong Kong	澳门 Macao	其它 Others
全省合计	**Provincial Total**	**3567765**	**1766481**	**608381**	**1192903**
广 州	Guangzhou	1681041	706523	318279	656239
深 圳	Shenzhen	913794	546134	86826	280834
珠 海	Zhuhai	189072	88460	51708	48904
汕 头	Shantou	28853	17838	2527	8488
佛 山	Foshan	295954	150900	61459	83595
韶 关	Shaoguan	3444	1270	1420	754
河 源	Heyuan	1978	1185	307	486
梅 州	Meizhou	3422	2011	567	844
惠 州	Huizhou	19586	11468	3726	4392
汕 尾	Shanwei	2542	2309	199	34
东 莞	Dongguan	126500	59563	16277	50660
中 山	Zhongshan	181170	126684	17776	36710
江 门	Jiangmen	59364	21464	31845	6055
阳 江	Yangjiang	583	207	219	157
湛 江	Zhanjiang	6448	3728	750	1970
茂 名	Maoming	5306	2241	1969	1096
肇 庆	Zhaoqing	22105	10610	6632	4863
清 远	Qingyuan	8853	5770	2600	483
潮 州	Chaozhou	15870	7131	3266	5473
揭 阳	Jieyang	1091	614	11	466
云 浮	Yunfu	789	371	18	400
按经济区域分	By Region				
珠 三 角	Pearl River Delta	3488586	1721806	594528	1172252
东 翼	Eastern Region	48356	27892	6003	14461
西 翼	Western Region	12337	6176	2938	3223
山 区	Mountainous Region	18486	10607	4912	2967

17-7 各市旅游业收入

Tourism Earnings by City

单位：亿元 (100 million yuan)

市别	City	收入合计 Total Earnings		旅游外汇收入 Foreign Exchange Earnings		国内旅游收入 Domestic Tourism Earnings	
		2008	2009	2008	2009	2008	2009
全省合计	**Provincial Total**	**2668.00**	**3068.39**	**638.07**	**684.92**	**2029.93**	**2383.47**
广州	Guangzhou	837.71	994.04	217.56	247.52	620.15	746.52
深圳	Shenzhen	517.83	544.25	188.21	188.53	329.62	355.73
珠海	Zhuhai	155.09	168.84	65.90	70.12	89.18	98.71
汕头	Shantou	67.89	74.29	4.51	3.35	63.38	70.94
佛山	Foshan	186.12	204.68	40.43	44.53	145.69	160.15
韶关	Shaoguan	52.60	71.38	1.50	1.44	51.10	69.94
河源	Heyuan	31.02	35.69	0.65	0.87	30.38	34.82
梅州	Meizhou	36.55	50.30	2.10	1.79	34.45	48.51
惠州	Huizhou	96.55	115.12	23.00	27.39	73.55	87.73
汕尾	Shanwei	22.83	25.52	0.35	0.35	22.48	25.17
东莞	Dongguan	128.69	151.49	31.70	35.35	96.99	116.14
中山	Zhongshan	97.23	110.26	15.78	13.96	81.45	96.30
江门	Jiangmen	90.57	104.02	27.19	27.93	63.38	76.09
阳江	Yangjiang	30.02	35.10	1.07	0.96	28.95	34.13
湛江	Zhanjiang	47.03	53.17	1.31	1.53	45.72	51.64
茂名	Maoming	56.59	62.39	0.76	0.67	55.82	61.72
肇庆	Zhaoqing	65.79	79.46	4.25	5.52	61.54	73.93
清远	Qingyuan	56.26	75.08	3.09	3.08	53.17	72.00
潮州	Chaozhou	35.75	46.37	6.72	7.56	29.03	38.81
揭阳	Jieyang	21.43	28.27	0.60	1.01	20.83	27.26
云浮	Yunfu	34.45	38.66	1.37	1.46	33.08	37.20
按经济区域分	By Region						
珠三角	Pearl River Delta	2175.57	2472.16	614.02	660.85	1561.55	1811.31
东翼	Eastern Region	147.91	174.46	12.18	12.28	135.73	162.19
西翼	Western Region	133.64	150.66	3.15	3.16	130.49	147.49
山区	Mountainous Region	210.88	271.12	8.71	8.64	202.17	262.48

17-8 国际旅游外汇收入

Foreign Exchange Earnings from International Tourism

单位：万美元 (USD 10000)

指　　标	Item	2000	2005	2006	2007	2008	2009
全省总计	**Provincial Total**	**411221**	**639739**	**753278**	**870404**	**917760**	**1002813**
商品性收入	**Commodity Earnings**	**87837**	**159295**	**247829**	**221953**	**301943**	**284799**
商品销售收入	Shopping	40834	104917	129564	155802	157855	204574
饮食销售收入	Food and Beverage	47003	54378	118265	66151	144088	80225
劳务性收入	**Service Earnings**	**323384**	**480444**	**505450**	**648451**	**615817**	**718014**
景区游览费	Sightseeing	14804	16633	22598	35687	27533	34096
宿费	Accommodation	59216	78048	174761	94004	212920	115323
长途交通费	Long Distance Transportation	173535	246939	184553	316827	224851	376055
民航	Civil Aviation	113086	143302	167981	240231	204661	276776
铁路	Railway	43589	67173	5273	26983	6424	33093
轮船	Waterway	6991	23031	3766	23501	4589	37104
汽车	Highway	9869	13435	7533	26112	9178	29082
市内交通费	Local Transportation	7813	11515	20339	17408	24780	27076
邮政电讯费	Postal and Communication Services	9458	21111	8286	25242	10095	19053
文化娱乐费	Cultural and Recreational Services	37010	46701	55743	63539	67914	61172
其他	Others	21548	59496	39170	95744	47724	85239

17-9 各市国际旅游外汇收入

Foreign Exchange Earnings from International Tourism by City

单位：万美元 (USD 10000)

市 别	City	2000	2002	2003	2004	2005	2006	2007	2008	2009
全 省	**Provincial Total**	**411221**	**509090**	**426752**	**538039**	**639739**	**753278**	**870404**	**917760**	**1002813**
广 州	Guangzhou	150580	187183	162207	189665	229400	279728	319147	313035	362396
深 圳	Shenzhen	141669	172342	130103	178672	200869	226550	262330	270800	276026
珠 海	Zhuhai	39395	50183	46201	56258	70148	87389	90240	94823	102670
汕 头	Shantou	11705	9632	9137	6574	5950	6093	5936	6491	4910
佛 山	Foshan	15973	21108	16360	25606	34485	41416	54113	58176	65194
韶 关	Shaoguan	351	335	233	1238	2782	2599	2647	2159	2112
河 源	Heyuan	798	1634	630	808	850	878	1068	931	1267
梅 州	Meizhou	1487	1487	1472	2611	1975	2428	2695	3028	2624
惠 州	Huizhou	5333	6404	5756	8628	16549	21315	28669	33091	40107
汕 尾	Shanwei	387	445	381	389	455	479	525	511	511
东 莞	Dongguan	7618	11847	13826	23437	28189	33180	42702	45614	51756
中 山	Zhongshan	14692	21318	18712	20688	21027	21682	21678	22702	20434
江 门	Jiangmen	8295	10268	7673	9254	10521	11554	16485	39129	40891
阳 江	Yangjiang	230	711	770	794	852	998	1975	1537	1412
湛 江	Zhanjiang	1004	1283	1462	1071	1483	1604	1785	1891	2237
茂 名	Maoming	169	280	339	558	676	862	986	1099	981
肇 庆	Zhaoqing	6264	6296	4422	4594	4718	4866	5092	6685	8089
清 远	Qingyuan	834	1005	2303	1321	2051	1621	2895	4446	4511
潮 州	Chaozhou	3071	3925	3605	4614	5264	6115	6923	8774	11072
揭 阳	Jieyang	701	704	510	545	587	639	744	862	1481
云 浮	Yunfu	665	700	650	714	907	1281	1769	1975	2132
按经济区域分	By Region									
珠 三 角	Pearl River Delta	389819	486949	405260	516802	615907	727681	840455	884056	967563
东 翼	Eastern Region	15864	14706	13633	12122	12256	13327	14128	16637	17974
西 翼	Western Region	1403	2274	2571	2423	3012	3464	4746	4527	4629
山 区	Mountainous Region	4135	5161	5288	6692	8564	8807	11074	12539	12647

注：本表数为广东省旅游局抽样调查测算数。
Note: Data in this table are obtained from the sample surveys of Guangdong Provincial Tourism Administration.

主要统计指标解释

入境旅游人数 指来我国参观、访问、旅行、探亲、访友、休养 、考察、参加会议和从事经济、科技、文化、教育、体育、宗教等活动的外国人、华侨、港澳台同胞的人数。不包括外国在我国的常驻机构，如使领馆、通讯社、企业办事处的工作人员；来我国常驻的外国专家、留学生以及在岸逗留不过夜人员。

国际旅游外汇收入 指入境旅游的外国人、华侨、港澳台同胞在中国大陆旅游过程中发生的一切旅游支出，对于国家来说就是国际旅游外汇收入。

Explanatory Notes on Main Statistical Indicators

Number of Overseas Visitor Arrivals refers to the number of foreigners, overseas Chinese, Chinese compatriots from Hong Kong, Macao and Taiwan coming to China for sight-seeing, visits, tours, family reunions, gatherings of friends, recuperation, inspection, conferences and other activities in the nature of business, science and technology, culture, education, sports, and religion. The statistics excludes representatives and employees of resident institutions of foreign countries in China such as embassies, consulates, news agencies and offices of foreign companies and organizations, as well as long-term foreign experts or students residing in China, and persons in transition without staying overnight in China.

Foreign Exchange Earnings from International Tourism refer to the total expenditures of foreigners, overseas Chinese, Chinese compatriots from Hong Kong, Macao and Taiwan during their stay in the mainland of China, or earnings of foreign exchange from international tourism in terms of national economy.

十八、教育、科技和文化

EDUCATION,SCIENEC & TECHNOLOGY AND CULTURE

十八　教育、科技和文化

简要说明

一、本篇资料主要反映广东教育、科学技术活动和文化事业的基本情况。

二、本篇资料主要包括：

1. 高、中、初等教育，幼儿教育和各种类型的各级成人教育，指标主要包括各级各类的学校数、在校生数、招生数、毕业生数、教职工数和专任教师数等。

2. 科技成果奖励和技术市场情况，专利申请受理量和批准量，研究与开发机构基本情况，高校研究与发展人员及经费，科协系统科技活动情况等数据。

3. 文化艺术、文物、图书馆、新闻出版、广播、电影、电视等文化事业的机构、人员及业务活动开展情况等。

三、本篇资料由广东省统计局社会和科技统计处负责整理、编辑。

四、统计资料来源：

教育统计资料是根据省教育厅提供的统计年报加工整理。 科技统计资料是根据省科技厅、省教育厅、省人事厅、省科协等部门提供的统计年报加工整理。文化统计资料是根据省文化厅、省新闻出版局、省广播电影电视局、省体育局及省档案局等有关部门提供的统计年报加工整理。

18 Education,Science & Technology and Culture

Brief Introduction

Ⅰ. The data in this chapter show the basic conditions on the development Guangdong's education, science and technology as well as cultural undertakings.

Ⅱ. The data in this chapter mainly include:

(1) The data on tertiary, secondary, primary, and kindergarten education and various types of adult education at all levels, including the number of schools, the number of students enrolled, the number of new enrollments, the number of graduates, the number of staff and workers, and the number of full-time teachers of various levels and categories.

(2) The data on scientific and technological achievements and prizes, conditions of technological markets, numbers of patent applications accepted and granted, basic conditions of R & D institutions, R & D personnel and funds in universities and colleges, and scientific and technological activities of associations of science and technology, etc.

(3) The data on institutions, personnel and business activities of culture and arts, cultural relics, libraries, news and publication, radio, film and television, etc.

Ⅲ. The data are prepared and edited by the Division of Social, Scientific and Technological Statistics of Statistics Bureau of Guangdong Province.

Ⅳ. Data sources:

Data on education are processed and prepared in accordance with the annual statistical reports provided by Guangdong Provincial Department of Education. Data on science and technology are processed and prepared in accordance with the annual statistical reports provided by Guangdong Provincial Department of Science and Technology, Guangdong Provincial Department of Education, Guangdong Provincial Department of Personnel and Guangdong Provincial Association of Science and Technology. The data on culture are processed and prepared in accordance with the annual statistical reports provided by Guangdong Provincial Department of Culture, Guangdong Provincial Administration of Press and Publication, Guangdong Provincial Administration of Radio, Film and Television, Guangdong Provincial Bureau of Sports, Guangdong Provincial Bureau of Archives and the related departments.

18-1 教育、科技、文化主要指标
Main Indicators on Education, Science and Technology and Culture

指 标	Item	1995	2000	2005	2008	2009
在校学生数 (万人)	Number of Total Enrollment (10000 persons)					
普通本专科	Regular Institutions of Higher Education	15.58	29.95	87.47	121.64	133.41
成人本专科	Institutions of Higher Education for Adults	13.51	20.14	29.56	44.50	46.34
中等学校	Secondary Schools	417.23	541.72	715.52	833.24	921.75
#普通中学	Regular Secondary Schools	339.46	460.69	611.69	679.65	696.11
高等教育毛入学率 (%)	Gross Enrollment Rate of High Education (%)	6.59	11.4	22.0	27.0	27.5
高中毛入学率 (%)	Gross Enrollment Rate of Senior Secondary Schools (%)	37.3	38.7	57.5	72.0	79.9
小学毕业生升学率 (%)	Percentage of Graduates of Primary School Entering Junior Secondary School (%)	95.4	96.2	97.2	96.6	95.72
学龄儿童入学率 (%)	Percentage of School-age Children Enrolled (%)	99.7	99.7	99.7	99.7	99.9
每万人口普通高校在校学生数 (人)	Number of Students Enrolled in Regular Institutions of Higher Education per 10000 Population (person)	22.36	41.19	105.00	128.73	139.78
科技活动统计单位数 (个)	Number of Surveyed Units Engaged in Scientific and Technological Activities (unit)	2600	6246	41337	58292	
科技活动机构数 (个)	Number of Institutions Engaged in Scientific and Technological Activities (unit)	1685	2566	3181	4200	
各级学会及研究会 (个)	Number of Learned Societies and Research Societies (unit)	4387	3780	2901	3058	2643
专业技术人员数 (万人)	Professional and Technical Personnel (10000 persons)	107.78	129.78	139.90	141.99	146.29
从事科技活动人员 (万人)	Number of Personnel Engaged in Scientific and Technological Activities (10000 persons)	10.55	22.21	35.45	53.19	
各级学会及农技协会员 (万人)	Number of Members of Learned Societies and Agricultural Technological Associations at Various Levels(10000 persons)	53.75	70.41	72.97	53.07	53.55
科技活动经费筹集总额 (亿元)	Funds Raised for Scientific and Technological Activities (100 million yuan)	45.42	240.81	502.00	857.07	
科技活动经费使用总额 (亿元)	Expenditures on Scientific and Technological Activities (100 million yuan)	39.82	214.65	456.36	844.65	
研究与发展经费支出 (亿元)	Research and Development Expenses (100 million yuan)	10.57	107.12	249.60	504.57	
占本省生产总值比例 (%)	Percentage of Research and Development Expenses in Provincial GDP (%)	0.20	1.11	1.12	1.41	
科技活动课题(项目)数 (个)	Number of Research Tasks (Projects) on Scientific and Technological Activities (item)	16512	21355	47483	72643	
省级及以上科技奖励成果 (项)	Number of Achievements in Science and Technology Awarded by Provincial-level and Higher Agencies (item)	263	289	303	319	297
技术合同成交额 (亿元)	Transaction Value of Technological Contracts (100 million yuan)	12.60	48.21	112.47	184.77	247.93
专利申请受理量 (件)	Number of Patent Applications Examined (item)	7729	21123	72220	103883	125673
专利申请批准量 (件)	Number of Patent Applications Granted (item)	4611	15799	36894	62031	83621
电影放映单位 (个)	Number of Film Projection Units (unit)	3668	1626	720	1450	890
艺术表演团体 (个)	Number of Art Performance Troupes (unit)	134	138	139	130	127
文化馆 (个)	Number of Cultural Centers (unit)	115	118	117	121	128
公共图书馆 (个)	Number of Public Libraries (unit)	114	125	129	132	133
公共图书馆藏量 (万册、件)	Holdings of Public Libraries (10000 volumes)	1651	2330	3119	3995	4367
博物馆(含美术馆) (个)	Number of Museums (including arts museum) (unit)	113	131	146	152	160
博物馆藏品数(含美术馆)(万件)	Holdings of Museums (including arts museum)(10000 pieces)	45.89	49.09	66.22	71.08	83.37
档案馆 (个)	Number of Archives (unit)	155	161	185	188	197
利用档案 (万卷次)	Archives Utilized (10000 volume-times)	21.35	36.32	67.45	270.00	376
图书出版量 (万册)	Number of Books Published (10000 copies)	36911	26978	22600	28066	23101
杂志出版量 (万册)	Number of Magazines Published (10000 copies)	22740	26299	20371	24608	22594
报纸出版量 (亿份)	Number of Newspapers Published (100 million copies)	22.64	34.63	39.82	43.94	45.58
广播电台 (座)	Number of Radio Stations (unit)	96	106	22	22	22
电视台 (座)	Number of TV Stations (unit)	56	67	24	24	24
广播综合人口覆盖率 (%)	Overall Population Coverage Rate of Radio (%)	90.6	96.0	96.1	97.1	97.5
电视综合人口覆盖率 (%)	Overall Population Coverage Rate of Television (%)	91.0	96.4	96.4	94.4	97.7

注：1. 科技活动有关指标1995年及以前只包括四大科技主体，从2000年起为全社会口径。
2. 2000年开始报纸出版统计不包校报、院报。

Note: a)In 1995 and prior to it, only four scientific and technological principals are included in the indicators on scientific and technological activities whereas the data have referred to the statistical coverage of the whole society since 2000.
b)Since 2000, the number of newspaper published does not include that of college or institute newspaper.

18-2 各级各类学校在校学生数

Number of Total Enrollment by Level and Type of School

单位：万人 (10000 persons)

年份 Year	高等学校 Institutions of Higher Education	中等学校 Secondary Schools 中等职业教育学校 Vocational Secondary Schools	技工学校 Technical Schools	普通中学 Regular Secondary Schools	小学 Primary Schools
1978	3.07	3.64		313.32	743.02
1979	3.79	4.51	0.71	268.73	743.81
1980	4.10	6.28	1.61	252.11	748.86
1981	4.47	6.12	1.39	218.71	734.78
1982	4.09	6.51	0.99	200.19	723.03
1983	4.56	9.96	0.92	199.59	705.34
1984	5.47	12.99	1.01	220.69	692.73
1985	6.99	18.01	1.45	236.45	671.25
1986	7.83	28.22	1.45	249.93	670.62
1987	8.63	34.26	2.63	252.60	677.37
1988	9.72	37.63	3.40	244.23	688.72
1989	10.04	42.09	3.93	235.73	715.15
1990	9.59	45.27	5.22	234.03	747.29
1991	9.27	44.74	5.63	238.28	788.93
1992	9.74	46.29	6.58	255.02	808.98
1993	11.70	50.24	7.68	277.19	832.14
1994	13.75	55.89	9.57	307.38	862.21
1995	15.18	66.67	11.10	339.46	883.19
1996	16.40	67.30	12.28	373.19	897.64
1997	17.47	72.70	13.29	400.85	911.34
1998	18.50	70.50	14.50	423.61	918.02
1999	22.08	69.50	23.00	443.91	920.96
2000	29.95	65.57	15.46	460.69	929.93
2001	38.19	62.00	16.67	489.70	952.98
2002	46.78	61.20	17.82	513.40	979.61
2003	58.78	63.08	23.90	545.91	1025.37
2004	72.69	65.54	28.11	580.86	1049.62
2005	87.47	71.02	32.81	611.69	1067.03
2006	100.86	80.84	38.16	639.29	1056.99
2007	111.97	90.76	45.81	655.38	1017.62
2008	121.64	100.08	53.54	679.65	956.47
2009	133.41	120.46	64.11	696.11	887.65

注：1. 高等学校人数指普通本、专科人数，下同。
2. 1986年后中等职业教育学校包括普通中专、成人中专、职业高中，1986年前缺成人中专数据。

Notes:a) Number of students in institutions of higher education refers to the number of students in regular universities with full undergraduate courses and colleges with specialized courses. The same applies to the following tables.

b) Since 1986, vocational secondary schools have included regular specialized secondary schools, specialized secondary schools for adults and vocational senior secondary schools. Prior to 1986, no data of specialized secondary schools for adults are available.

18-3 各级各类学校情况

Statistics on Various Levels and Types of Schools

项　　目	Item	1995	2000	2005	2008	2009
高等学校	**Institutions of Higher Education**					
学校数　(所)	Number of Schools (unit)	42	52	111	125	129
毕业生数 (万人)	Number of Graduates (10000 persons)	3.48	5.00	15.71	28.25	30.92
本科	Universities with Full Undergraduate Courses	1.47	2.40	6.11	11.9	13.45
专科	Colleges with Specialized Courses	2.01	2.60	9.60	16.35	17.47
招生数　(万人)	Number of New Enrollments (10000 persons)	4.94	12.08	30.70	39.07	43.86
本科	Universities with Full Undergraduate Courses	2.13	5.01	13.65	18.72	20.83
专科	Colleges with Specialized Courses	2.81	7.07	17.05	20.35	23.03
在校学生数(万人)	Number of Enrolled Students (10000 persons)	15.18	29.95	87.47	121.64	133.41
本科	Universities with Full Undergraduate Courses	7.68	15.03	42.86	65.03	71.95
专科	Colleges with Specialized Courses	7.50	14.92	44.61	56.61	61.46
教职工数 (万人)	Number of Teachers and Staff (10000 persons)	4.15	4.68	9.08	10.26	10.86
#专任教师	Full-time Teachers	1.66	2.04	5.43	6.92	7.39
中等职业教育	**Vocational Secondary Schools**					
学校数　(所)	Number of Schools (unit)	744	658	641	589	573
毕业生数 (万人)	Number of Graduates (10000 persons)	18.13	21.54	18.91	24.53	27.77
招生数　(万人)	Number of New Enrollment (10000 persons)	27.99	21.10	27.93	39.81	52.99
在校学生数(万人)	Number of Total Enrollment (10000 persons)	66.67	65.57	71.02	100.08	120.46
教职工数 (万人)	Number of Teachers and Staff (10000 persons)	5.34	5.70	4.91	5.36	5.62
#专任教师	Full-time Teachers	3.20	3.70	3.37	3.82	4.12
技工学校	**Technical Schools**					
学校数　(所)	Number of Schools (unit)	171	186	192	228	242
毕业生数 (万人)	Number of Graduates (10000 persons)	2.83	4.28	7.06	10.26	12.52
招生数　(万人)	Number of New Enrollments (10000 persons)	4.69	5.84	12.92	20.34	26.75
在校学生数(万人)	Number of Total Enrollment (10000 persons)	11.10	14.46	32.81	53.54	64.11
教职工数 (万人)	Number of Teachers and Staff (10000 persons)	1.24	1.07	1.46	2.13	2.54
#专任教师	Full-time Teachers	0.61	0.68	1.03	1.58	1.86
普通中学	**Regular Secondary Schools**					
学校数　(所)	Number of Schools (unit)	3845	3964	4282	4352	4342
毕业生数 (万人)	Number of Graduates (10000 persons)	85.82	131.82	174.33	196.49	205.05
招生数　(万人)	Number of New Enrollments (10000 persons)	131.18	171.16	219.64	247.17	247.47
在校学生数(万人)	Number of Total Enrollment (10000 persons)	339.46	460.69	611.69	679.65	696.11
教职工数 (万人)	Number of Teachers and Staff (10000 persons)	22.31	27.57	36.03	41.27	42.96
#专任教师	Full-time Teachers	17.57	22.86	30.73	35.80	37.51

注：普通高等学校数包含独立学院数。

Note: The number of regular schools (institutions) of higher education includes independent colleges.

18-3 续表 continued

项 目	Item	1995	2000	2005	2008	2009
小学	**Primary Schools**					
学校数 (万所)	Number of Schools (10000 units)	2.46	2.42	2.12	1.93	1.85
毕业生数 (万人)	Number of Graduates (10000 persons)	121.56	148.48	167.43	186.76	183.53
招生数 (万人)	Number of New Enrollments (10000 persons)	151.55	155.73	164.16	131.59	127.42
在校学生数 (万人)	Number of Students Enrolled (10000 persons)	883.19	929.93	1067.03	956.47	887.65
教职工数 (万人)	Number of Teachers and Staff (10000 persons)	37.68	42.08	46.37	47.67	47.7
#专任教师	Full-time Teachers	32.14	36.41	40.38	41.66	41.83
学龄儿童	**School-age Children**					
学龄儿童总数 (万人)	Total number (10000 persons)	832.40	905.39	1026.90	901.4	834.72
已入学学龄儿童数(万人)	Primary School Enrollment number (10000 persons)	829.99	902.65	1023.60	898.43	833.69
学龄儿童入学率 (%)	Enrollment Rate (%)	99.71	99.70	99.68	99.67	99.88
小学毕业生	**Primary School Graduates**					
小学毕业生人数 (万人)	Number of Graduates (10000 persons)	121.56	148.48	167.43	186.76	183.53
已升学人数 (万人)	Number of Students Entering into Junior Secondary Schools (10000 persons)	115.62	142.77	162.66	180.36	175.68
小学毕业生升学率 (%)	Promotion Rate from Primary Schools to Junior Secondary Schools (%)	95.38	96.15	97.15	96.57	95.72
幼儿园	**Kindergartens**					
幼儿园数 (所)	Number of Kindergartens (unit)	7923	12027	10359	10533	11018
在园幼儿数 (万人)	Number of Children in Kindergartens(10000 persons)	200.01	214.18	213.92	232.35	249.47
教职工数 (万人)	Number of Teachers and Staff (10000 persons)	9.09	12.91	15.90	19.14	21.03
#专任教师	Full-time Teachers	5.93	8.36	9.18	11.16	12.25
特殊教育学校	**Special Schools**					
特殊教育学校数 (所)	Number of Schools (unit)	42	61	67	67	69
招生数 (人)	Number of New Enrollments (persons)	5143	2000	3363	3588	3591
在校学生数 (人)	Number of Total Enrollment (persons)	29377	27507	25752	25125	26158

注：1. 1995年以来小学毕业生升学率采用教育部口径，即升学率＝初中招生数/小学毕业生数。
2. 2003年起中等职业教育学校包括：普通中等专业学校、成人中等专业学校、职业高中数据。
3. 高中阶段毕业生数不包括技工学校毕业生数。
4. 特殊教育学校是指独立设置招收盲哑和智残儿童，以及其他特殊需要的儿童、青少年进行普通或职业初、中等教育的教学机构。

Notes:a) Since 1995, the percentage of graduates of primary schools entering junior secondary schools has been calculated in accordance with the statistical coverage of the Ministry of Education,i.e.Percentage of Graduates of Primary Schools Entering Junior Secondary Schools=Number of New Enrollments of Junior Secondary Schools÷Number of Graduates from Primary Schools.
b) Since 2003 , vocational secondary schools have included regular specialized secondary schools , specialized secondary schools for adults and vocational senior secondary schools.
c) Number of graduates from senior secondary schools does not include graduates from technical schools.
d) Special schools refer to separate institutions providing regular or vocational primary and secondary education for blinded, dumb or mentally-retarded children, or other children and adolescents in need of special care in education.

18-4 研究生教育情况

Statistics on Postgraduate Education

项 目	Item	1995	2000	2004	2005	2008	2009
培养单位数（个）	**Number of Institutions of Postgraduate Education(unit)**	**23**	**26**	**29**	**29**	**31**	**31**
高等学校	Institutions of Higher Education	15	18	21	21	23	23
科研单位	Research Institutions	8	8	8	8	8	8
招生数 （人）	**Number of New Enrollments (person)**	**1922**	**5672**	**14822**	**17054**	**21121**	**24452**
攻读博士学位	For Doctor Degree	407	1053	2679	2802	3121	3182
高等学校	Institutions of Higher Education	387	1001	2458	2599	2940	3007
科研单位	Research Institutions	20	52	221	203	181	175
攻读硕士学位	For Master Degree	1515	4619	12143	14252	18000	21270
高等学校	Institutions of Higher Education	1442	4510	11865	13953	17659	20948
科研单位	Research Institutions	73	109	278	299	341	322
在校学生数（人）	**Number of Enrolled Students (person)**	**5405**	**13023**	**37022**	**43942**	**58833**	**65901**
攻读博士学位	For Doctor Degree	935	2558	7533	9049	11466	11672
高等学校	Institutions of Higher Education	894	2445	6999	8406	10865	11078
科研单位	Research Institutions	41	113	534	643	601	594
攻读硕士学位	For Master Degree	4470	10405	29489	34893	47367	54229
高等学校	Institutions of Higher Education	4308	10161	28726	34066	46455	53329
科研单位	Research Institutions	162	244	763	827	912	900
毕业生数 （人）	**Number of Graduates (person)**	**1265**	**2182**	**6893**	**9489**	**16174**	**16878**
攻读博士学位	For Doctor Degree	154	417	1165	1342	2327	2482
高等学校	Institutions of Higher Education	147	387	1079	1241	2117	2308
科研单位	Research Institutions	7	30	86	101	210	174
攻读硕士学位	For Master Degree	1111	1765	5728	8147	13847	14396
高等学校	Institutions of Higher Education	1074	1692	5576	7941	13570	14144
科研单位	Research Institutions	37	73	152	206	277	252

18-5 各级各类成人教育在校学生数

Number of Total Enrollment by Level and Type of Adult School

单位：人 (person)

项　目	Item	1990	1995	2000	2005	2007	2008	2009
成人高等教育	**Higher Education for Adults**	**87850**	**135053**	**201410**	**295618**	**424232**	**444980**	**463395**
成人高等学校	Institutions of Higher Education for Adults	59787	86757	84057	30081	30489	31822	31808
广播电视大学	Radio and TV Universities	17090	38822	34242	10740	8254	8984	9957
职工高等学校	Schools of Higher Education for Staff and Workers	14712	16445	17147	6865	7327	7255	6626
管理干部学院	Colleges for Management Cadres	5488	13342	20142	2686	3235	4117	4157
教育学院	Teachers' Colleges	22497	18148	12526	9790	11673	11466	11068
普通高校附设	Departments Run by Institutions of Higher Education	28063	48296	117353	265537	393743	413158	431587
函授部	Correspondence Divisions	15878	20929	51028	100260	156215	158467	165785
夜大学	Evening Universities	11488	15215	43063	141532	218891	242537	261250
成人脱产班	Full-time Courses for Adults	697	12152	23262	23745	18637	12154	4552
成人中等教育	**Secondary Education for Adults**				**129682**	**41786**	**35182**	**34604**
成人中专学校	Specialized Secondary Schools for Adults				85385	37090	34624	34091
农林类	Farming and Forestry				1568	897	328	637
资源与环境类	Resource and Environment							15
能源类	Energy							
土木水利工程类	Civil Construction and Water Conservancy Engineering				725	264	318	412
加工制造类	Processing and Manufacturing				13179	6763	5948	6238
交通运输类	Transport				4951	1555	1625	2098
信息技术类	Information Technology				19961	7256	8033	7715
医药卫生类	Medicine and Public Health				4288	2171	247	161
商贸与旅游类	Trade and Tourism				11789	4358	4301	4545
财经类	Finance and Economics				16434	7209	7575	7198
文化艺术与体育类	Culture, Arts and Physical Education				2215	1929	1203	1073
社会公共事业类	Social Public Utilities				3484	2051	1993	1916
师范类	Teacher Education				6551	2424	2526	1359
其他	Others				240	213	527	724
成人中学	Secondary Schools for Adults	50574	67888	44006	44297	4696	558	513
成人初等教育	**Primary Education for Adults**	**1041748**	**342318**	**235926**	**10714**	**1010**	**968**	
职工初等教育	Primary Schools for Staff and Workers	21836	20522	10825	927			
农民初等教育	Primary School for Farmers	1019912	321796	225101	9787	1010	968	
#扫盲班	Literacy Courses	99396	7483	2389	2800	1010	968	

注：成人初等教育2009年数据为0。

Note: The data of 2009 for primary education for adults is zero.

18-6　高等学校情况（2009年）

Statistics on Institutions of Higher Education (2009)

项　目	Item	学校数（所）Number of Schools (unit)	毕业生数（人）Number of Graduates (person)	招生数（人）Number of New Enrollments (person)	在校学生数（人）Number of Total Enrollment (person)	教职工数（人）Number of Teachers and Staff (person)	#专任教师 Full-time Teachers
总　计	**Total**	**129**	**309190**	**438583**	**1334089**	**108598**	**73943**
#女性	Female		151419	220473	659094	49877	32870
按隶属关系分	**Grouped by Relation of Leadership**	**129**	**309190**	**438583**	**1334089**	**108598**	**73943**
中央属	Under Central Government	4	18879	21652	84012	12284	7583
地方属	Under Local Government	125	290311	416931	1250077	96314	66360
按学校类别分	**Grouped by Type of Institution**	**129**	**309190**	**438583**	**1334089**	**108598**	**73943**
综合大学	University	61	145488	212776	630219	50506	34101
理工院校	Science and Engineering College	27	66838	98368	286313	22548	15521
农业院校	Agriculture College	3	15688	19789	67562	5409	3916
医药院校	Medicine College	6	17738	21940	81252	9170	6397
师范院校	Teacher Education College	4	19691	24482	81364	6998	4674
语文院校	Language and Literature College	2	6255	7432	28453	2695	1604
财经院校	Economics and Finance College	12	26529	40123	120393	7716	5474
政法院校	Politics and Law College	2	3204	3361	11537	812	523
体育院校	Physical Culture College	3	1882	3204	8386	1091	580
艺术院校	Art College	5	3814	4652	14869	1653	1153
其他	Others	4	2063	2456	3741		
总计中:职业技术学院	Vocational Technological College	67	128101	177554	477406	33344	22602

18-7　中等学校情况（2009年）

Statistics on Secondary Schools (2009)

项　目	Item	学校数（所）Number of Schools (unit)	毕业生数（人）Number of Graduates (person)	招生数（人）Number of New Enrollments (person)	在校学生数（人）Number of Total Enrollment (person)	教职工数（人）Number of Teachers and Staff (person)	#专任教师 Full-time Teachers
中等职业教育	**Vocational Secondary Education**	**573**	**277651**	**529881**	**1204622**	**56156**	**41178**
调整后中等职业学校	Vocational Secondary Schools after Adjustment	317	160911	339984	744490	32627	23580
中等技术学校	Technical Secondary Schools	78	44143	79523	193427	8471	5757
成人中等专业学校	Specialized Secondary Schools for Adults	25	6208	9316	24414	1485	1031
职业高中学校	Vocational Senior Secondary Schools	153	52296	87299	205532	11763	9566
其他机构	Other Institutions	84	14093	13759	36759	1810	1244
技工学校	**Technical Schools**						
普通中学	**Regular Secondary Schools**	**4342**	**2050477**	**2474680**	**6961144**	**429596**	**375120**
#高中	Senior Schools	1020	568989	717900	1924412		118549

18-8 各市普通中学情况（2009年）

Statistics on Regular Secondary Schools by City (2009)

市 别	City	学校数 (所) Number of Schools (unit)	毕业生数 (人) Number of Graduates (person)	高中 Senior Secondary Schools	初中 Junior Secondary Schools	招生数 (人) Number of New Enrollments (person)
广 州	Guangzhou	471	187214	58257	128957	195745
深 圳	Shenzhen	285	85599	25143	60456	113516
珠 海	Zhuhai	60	28269	9107	19162	32521
汕 头	Shantou	256	131767	36051	95716	175965
佛 山	Foshan	178	105156	37344	67812	111875
韶 关	Shaoguan	168	66771	20819	45952	71510
河 源	Heyuan	190	71495	18627	52868	82844
梅 州	Meizhou	254	120083	35371	84712	130549
惠 州	Huizhou	209	87064	22557	64507	109635
汕 尾	Shanwei	171	73179	15427	57752	105156
东 莞	Dongguan	186	71811	20550	51261	88325
中 山	Zhongshan	99	43273	13281	29992	53001
江 门	Jiangmen	221	88021	26353	61668	91999
阳 江	Yangjiang	99	56837	16850	39987	68875
湛 江	Zhanjiang	345	180060	47300	132760	243344
茂 名	Maoming	286	191252	53816	137436	232387
肇 庆	Zhaoqing	182	91507	21334	70173	114386
清 远	Qingyuan	177	81942	21061	60881	100347
潮 州	Chaozhou	123	64796	18514	46282	72313
揭 阳	Jieyang	271	162305	37211	125094	206474
云 浮	Yunfu	111	62076	14016	48060	73913
按经济区域分	By Region					
珠 三 角	Pearl River Delta	1891	787914	553988	233926	911003
东 翼	Eastern Region	821	432047	324844	107203	559908
西 翼	Western Region	841	490225	358243	131982	618519
山 区	Mountainous Region	789	340291	244413	95878	385250

18-8 续表 continued

市 别	City	在校学生数 (人) Number of Total Enrollment (person)	高中 Senior Secondary Schools	初中 Junior Secondary Schools	教职工数 (人) Number of Teachers and Staff (person)	#专任教师 Full-time Teachers
广 州	Guangzhou	575252	174397	400855	44752	37105
深 圳	Shenzhen	316024	91485	224539	27577	21335
珠 海	Zhuhai	93861	30148	63713	6259	5522
汕 头	Shantou	465313	122618	342695	24619	21308
佛 山	Foshan	323120	111551	211569	22690	19949
韶 关	Shaoguan	207329	65363	141966	15183	13247
河 源	Heyuan	241377	61758	179619	16349	14550
梅 州	Meizhou	381261	114898	266363	25495	22727
惠 州	Huizhou	305888	76578	229310	18995	16735
汕 尾	Shanwei	279639	59025	220614	13525	11809
东 莞	Dongguan	249464	66750	182714	17212	13598
中 山	Zhongshan	147690	44012	103678	11125	8906
江 门	Jiangmen	269665	81896	187769	18436	17039
阳 江	Yangjiang	197022	61485	135537	11619	10344
湛 江	Zhanjiang	658846	164485	494361	33023	29500
茂 名	Maoming	653489	181478	472011	34375	32051
肇 庆	Zhaoqing	322354	84139	238215	18604	17127
清 远	Qingyuan	286915	76297	210618	18810	16858
潮 州	Chaozhou	205708	60428	145280	11778	10459
揭 阳	Jieyang	571142	144245	426897	26816	23574
云 浮	Yunfu	209785	51376	158409	12354	11377
按经济区域分	By Region					
珠 三 角	Pearl River Delta	2603318	1842362	760956	185650	157316
东 翼	Eastern Region	1521802	1135486	386316	76738	67150
西 翼	Western Region	1719142	1260318	458824	91371	83272
山 区	Mountainous Region	1116882	798566	318316	75837	67382

18-9 各市中等职业教育基本情况（2009年）

Basic Statistics on Vocational Secondary Education by City (2009)

市 别	City	学校数（所）Number of Schools (unit)	毕业生数（人）Number of Graduates (person)	招生数（人）Number of New Enrollments (person)	在校学生数（人）Number of Total Enrollment (person)	教职工数（人）Number of Teachers and Staff (person)	#专任教师 Full-time Teachers
广 州	Guangzhou	94	73095	91379	251077	11162	7234
深 圳	Shenzhen	12	8659	10051	28604	1868	1330
珠 海	Zhuhai	10	4619	6743	17759	1026	769
汕 头	Shantou	21	8603	34580	54172	1885	1297
佛 山	Foshan	37	18791	29391	75552	4362	3516
韶 关	Shaoguan	27	14509	17951	53049	2530	1760
河 源	Heyuan	16	5341	12025	25351	1273	1017
梅 州	Meizhou	39	11944	19352	49201	2800	2116
惠 州	Huizhou	29	14430	23708	63248	3308	2692
汕 尾	Shanwei	12	2496	21212	26479	656	494
东 莞	Dongguan	25	10965	14169	43270	2906	2161
中 山	Zhongshan	14	8350	10075	25645	1634	1352
江 门	Jiangmen	32	16640	21296	58377	2946	2422
阳 江	Yangjiang	11	2803	9748	16366	753	560
湛 江	Zhanjiang	64	21698	49395	99178	4151	2920
茂 名	Maoming	36	15643	34243	90953	3737	2588
肇 庆	Zhaoqing	29	19450	33778	81745	3465	2651
清 远	Qingyuan	14	6780	21609	41984	1632	1259
潮 州	Chaozhou	13	3885	5519	13531	882	648
揭 阳	Jieyang	20	5086	49434	61626	2084	1520
云 浮	Yunfu	15	3863	14223	27455	1096	872
按经济区域分	By Region						
珠三角	Pearl River Delta	282	174999	240590	645277	32677	24127
东 翼	Eastern Region	66	20070	110745	155808	5507	3959
西 翼	Western Region	126	44007	107609	233952	9737	6940
山 区	Mountainous Region	96	38574	70937	169585	8235	6152

18-10 各市小学情况（2009年）

Statistics on Primary Schools by City (2009)

市 别	City	学校数（所）Number of Schools (unit)	毕业生数（人）Number of Graduates (person)	升学率(%) Percentage of Graduates of Primary Schools Entering Junior Secondary Schools (%)	招生数（人）Number of New Enrollments (person)	在校学生数（人）Number of Total Enrollment (person)	教职工数（人）Number of Teachers and Staff (person)	#专任教师 Full-time Teachers
广 州	Guangzhou	1022	148146	91.24	127981	828889	49523	42275
深 圳	Shenzhen	346	91176	88.48	103166	589481	36203	28906
珠 海	Zhuhai	130	23183	94.89	18865	125643	6462	5651
汕 头	Shantou	808	134295	94.49	79754	610168	24781	21800
佛 山	Foshan	429	76665	96.63	66884	434186	21954	19567
韶 关	Shaoguan	846	49125	99.80	34067	217997	15081	13900
河 源	Heyuan	1271	59015	100.00	41399	268503	17451	15726
梅 州	Meizhou	1546	86762	100.00	49404	347443	22248	20736
惠 州	Huizhou	785	80973	99.01	62344	401270	22759	20137
汕 尾	Shanwei	785	86348	94.07	50527	391736	17968	15455
东 莞	Dongguan	337	78027	82.91	92281	511160	26605	21130
中 山	Zhongshan	212	40697	92.61	36799	236757	12829	10152
江 门	Jiangmen	417	64783	97.97	45900	316558	16724	15778
阳 江	Yangjiang	754	45100	100.00	26490	184517	13741	12553
湛 江	Zhanjiang	2105	182660	96.98	98751	837668	41855	36798
茂 名	Maoming	2003	166490	98.53	100351	724528	34990	32166
肇 庆	Zhaoqing	1056	84601	97.57	52767	396490	19710	18279
清 远	Qingyuan	819	72796	99.20	41824	297161	18699	17202
潮 州	Chaozhou	704	50800	98.10	27806	214799	11797	10154
揭 阳	Jieyang	1365	158494	92.95	87657	724437	32749	28119
云 浮	Yunfu	766	55161	98.68	29169	217131	12905	11827
按经济区域分	By Region							
珠 三 角	Pearl River Delta	4734	688251	93.06	606987	3840434	212769	181875
东 翼	Eastern Region	3662	429937	94.27	245744	1941140	87295	75528
西 翼	Western Region	5628	449411	98.12	254761	1963844	103491	93344
山 区	Mountainous Region	4482	267698	100.00	166694	1131104	73479	67564

注：教育部对小学毕业生升学率的计算方法为本地市的初中招生数/小学毕业生数。由于省外人员到我省发达地区读小学人数较多,但升初中时却不在该地区就读,因而一些地区的升学率偏低。

Note: According to the Ministry of Education,the percentage of graduates of primary schools entering junior secondary schools is calculated as the number of new enrollments of local junior secondary Schools divided by the umber of graduates from local primary schools . This has resulted in lowerpercentages in certain developed regions in Guangdong, where primary schools have enrolled students from outside the province , who then receive secondary education ourside these regions.

18-11 各市学龄儿童入学情况

Statistics on School-age Children Enrolled in Schools by City

市 别	City	2008			2009		
		学龄儿童人数(人) Number of School-age Children (person)	已入学人数(人) Number of School-age Children Enrolled in Schools (person)	入学率(%) Enrollment Rate (%)	学龄儿童人数(人) Number of School-age Children (person)	已入学人数(人) Number of School-age Children Enrolled in Schools (person)	入学率(%) Enrollment Rate (%)
广 州	Guangzhou	812273	812273	100.0	786400	786363	100.0
深 圳	Shenzhen	564381	564381	100.0	571501	571501	100.0
珠 海	Zhuhai	117900	117900	100.0	114340	114340	100.0
汕 头	Shantou	624362	621768	99.6	566040	564126	99.7
佛 山	Foshan	426578	426578	100.0	413549	413549	100.0
韶 关	Shaoguan	204603	204418	99.9	193475	193063	99.8
河 源	Heyuan	267575	266976	99.8	247837	247628	99.9
梅 州	Meizhou	384484	384484	100.0	343279	343279	100.0
惠 州	Huizhou	423240	423240	100.0	397204	397204	100.0
汕 尾	Shanwei	409900	404516	98.7	362402	358901	99.0
东 莞	Dongguan	459145	459145	100.0	441155	441155	100.0
中 山	Zhongshan	218284	218160	99.9	209209	209209	100.0
江 门	Jiangmen	314492	314492	100.0	292761	292761	100.0
阳 江	Yangjiang	194917	193252	99.1	174338	174313	100.0
湛 江	Zhanjiang	813573	812832	99.9	739415	738753	99.9
茂 名	Maoming	801188	800625	99.9	724418	724223	100.0
肇 庆	Zhaoqing	420497	420384	100.0	384479	384401	100.0
清 远	Qingyuan	299624	296926	99.1	269633	268246	99.5
潮 州	Chaozhou	224753	223845	99.6	200055	199001	99.5
揭 阳	Jieyang	794244	793609	99.9	712084	711790	100.0
云 浮	Yunfu	238028	237790	99.9	203698	203135	99.7
按经济区域分	By Region						
珠 三 角	Pearl River Delta	3756790	3756553	100.0	3610598	3610483	100.0
东 翼	Eastern Region	2053259	2043738	99.5	1840581	1833818	99.6
西 翼	Western Region	1809678	1806709	99.8	1841869	1840424	99.9
山 区	Mountainous Region	1394314	1390594	99.7	1054224	1052216	99.8

18-12 科技活动基本情况

Basic Statistics on Scientific and Technological Activities

指标	Indicator	1995	2000	2005	2008	2009
统计单位数 (个)	**Number of Surveyed Units (unit)**	**2600**	**6246**	**41337**	**58292**	
科学研究与技术开发机构	Scientific Research and Technological Development Institutions	481	447	197	187	
全日制普通高等学校	Full-time Regular Institutions of Higher Education	77	58	158	183	
大中型工业企业	Large and Medium-sized Industrial Enterprises	1748	2058	3894	6539	
其他	Others	294	3683	37088	51383	
科技活动机构数 (个)	**Number of Institutions Engaged in Scientific and Technological Activities (unit)**	**1685**	**2566**	**3181**	**4200**	
科学研究与技术开发机构	Scientific Research and Technological Development Institutions	481	445	197	187	
全日制普通高等学校	Full-time Regular Institutions of Higher Education	440	343	220	304	
大中型工业企业	Large and Medium-sized Industrial Enterprises	695	529	976	1678	
其他	Others	69	1249	1788	2031	
从事科技活动人员 (人)	**Number of Personnel Engaged in Scientific and Technological activities (person)**	**105469**	**222073**	**354488**	**531887**	
科学研究与技术开发机构	Scientific Research and Technological Development Institutions	20750	14988	13904	15819	
全日制普通高等学校	Full-time Regular Institutions of Higher Education	45015	21034	49632	34254	
大中型工业企业	Large and Medium-sized Industrial Enterprises	35986	84408	160304	341435	
其他	Others	3718	101643	130648	140379	
科技活动经费使用总额(万元)	**Expenditures on Scientific and Technological Activities (10000 yuan)**	**398192**	**2146502**	**4563599**	**8446464**	
科学研究与技术开发机构	Scientific Research and Technological Development Institutions	165057	187091	254453	397705	
全日制普通高等学校	Full-time Regular Institutions of Higher Education	12163	56947	204935	315207	
大中型工业企业	Large and Medium-sized Industrial Enterprises	204684	1031661	2973617	6357442	
其他	Others	16288	870803	1130594	1376110	
科技活动课题(项目)数 (个)	**Number of Research Tasks (Projects) on Scientific and Technological Activities (item)**	**16512**	**33436**	**47483**	**72643**	
科学研究与技术开发机构	Scientific Research and Technological Development Institutions	4189	3182	6447	4568	
全日制普通高等学校	Full-time Regular Institutions of Higher Education	6623	8617	13846	31356	
大中型工业企业	Large and Medium-sized Industrial Enterprises	5483	8460	13334	21885	
其他	Others	217	13177	13856	14834	

注：1995年及以前只包括四大科技主体；2000年及以后为全社会口径。

Note: In 1995 and prior to it, only four scientific and technological principals are included, whereas the data of 2000 referred to the statistical coverage of the whole society.

18-13 国有企业、事业单位专业技术人员年末人数

Number of Professional and Technical Personnel in State-owned Enterprises and Institutions at the Year-end

单位:人 (person)

年 份 Year	专业技术人员 Professional and Technical Personnel	#工程技术人员 Engineering	#农业技术人员 Agriculture	#科学技术人员 Scientific Research	#卫生技术人员 Health Care	#教学人员 Teaching
1978	211149	48836	16017	7852	53068	80287
1979	211117	48641	16975	7277	53155	79748
1980	291939	56144	18176	7356	61445	86192
1981	303892	60071	19017	6763	63536	97109
1982	328455	70699	19431	7822	69056	102178
1983	547038	85327	21636	5744	74183	109210
1984	579740	89348	22505	5573	79806	120016
1985	642542	102506	23030	6431	86174	133013
1986	656380	108210	23854	6368	89545	313009
1987	664085	118601	23553	6231	93553	333245
1988	674085	119167	19478	4904	85092	313419
1989	810130	137803	20644	5986	90751	364965
1990	838403	145535	21194	5731	92912	379894
1991	814651	140906	13050	4810	93141	398276
1992	883821	149916	13749	4566	104334	412681
1993	957725	163440	14246	4388	117959	434036
1994	1017804	174960	14670	4118	128079	460702
1995	1077848	180530	15219	4425	134586	511418
1996	1167583	186156	15449	4610	147155	573934
1997	1223897	191954	15779	4443	156889	613121
1998	1262343	190486	15703	4413	165721	649873
1999	1291078	184304	15660	4585	171461	677110
2000	1297804	180223	15083	4705	175521	696005
2001	1285708	168354	14151	4467	181703	710967
2002	1274140	160458	13386	4425	184192	721719
2003	1264983	135621	12575	4918	202548	734721
2004	1374679	149214	17321	5253	238886	774022
2005	1399042	146411	17407	5434	248547	791255
2006	1375416	137802	16999	5163	246679	805397
2007	1391934	140828	17311	5711	246480	824462
2008	1419852	144941	16701	5745	260940	837059
2009	1462861	153563	15805	5984	268796	856665

注：本表未包中央单位专业技术人員数。

Note: Data in this table do not include professional and technical personnel from the central units stationed in Guangdong.

18-14 国有企业、事业单位平均每万在岗职工专业技术人员数
Number of Professional and Technical Personnel per 10000 Fully Employed Staff and Workers in State-owned Enterprises and Institutions

单位：人 (person)

项 目	Item	1995	2000	2005	2008	2009
专业技术人员	Professional and Technical Personnel	2222.73	3289.86	4734.07	4892.88	5000.21
#工程技术人员	Engineering	371.70	456.86	495.42	499.47	524.89
农业技术人员	Agriculture	31.33	38.23	58.90	57.55	54.02
科学技术人员	Scientific Research	9.11	11.93	18.39	19.80	20.45
卫生技术人员	Health Care	277.10	444.94	841.03	899.21	918.77
教学人员	Teaching	1052.96	1764.33	2677.44	2884.55	2928.17

注：1. 本表未包中央驻粤单位专业技术人员数。
2. 2003年及以前数据包括在岗职工和离岗职工，2004年及以后为在岗职工数。

Notes: a) Data in this table do not include professional and technical personnel from the central units stationed in Guangdong.
b) In 2003 and prior to it, data in this table include fully employed staff and workers and the staff and workers absent from work.Since 2004, data only refer to fully employed staff and workers.

18-15 高层次人才情况
Statistics on High-level Talents

单位：人 (person)

项 目	Item	2000	2005	2006	2008	2009
院士人数	Number of Academicians	41	68	67	69	75
享受国家津贴新增人数	Number of Persons Granted State Allowances	164		115	85	
高级职称批准人数	Number of Persons with Senior Professional Titles	6111	19336	16409	16743	19249
博士后招收人数	Number of Persons in Working Stations for Post-doctoral Research	163	380	382	419	507
博士生情况	Status of Doctorate Students					
招生数	Number of New Enrollments	1053	2802	2896	3121	3182
在校生	Number of Enrolled Students	2558	9049	9869	11466	11672
毕业生	Number of Graduates	417	1342	1780	2327	2482

注：享受国家津贴的人数从2003年起逢双年评比一次。

Note: The number of persons granted state allowances has been appraised every double-digital year since 2003.

18-16 科技成果项数
Number of Achievements for Scientific and Technological Research

单位：项 (item)

项 目	Item	1995	2000	2005	2008	2009
国家级科技奖励成果	**National Prizes for Scientific and Technological Research Achievements**	**27**	**24**	**15**	**30**	**26**
国家发明奖	National Invention Prize	3		1	1	1
国家自然科学奖	National Prize for Natural Sciences	4		1	4	2
国家科技进步奖	National Prize for Progress in Science and Technology	20	24	13	25	23
省级重大科技成果	**Major Provincial Scientific and Technological Achievements**	**323**	**746**	**588**	**433**	**504**
基础理论成果	Achievements in Fundamental Theory		93	54	29	29
应用技术成果	Achievements in Applied Technology		630	522	392	468
软科学成果	Achievements in Soft Sciences		23	12	12	7
省级科技奖励成果	**Provincial Prizes for Scientific and Technological Achievements**	**236**	**265**	**288**	**289**	**271**
省科技进步奖	Provincial Prize for Progress in Science and Technology	213	265	288	288	271
农业方面	Agriculture	40	46	51	47	41
工业方面	Industry	101	113	117	146	142
医药卫生方面	Medicine and Health Care	41	72	68	67	75
其他	Others	31	34	52	28	13

18-17 县级以上政府部门属研究与开发机构基本情况

Basic Statistics on Research and Development Institutions under Government Departments at and above County Level

项 目	Item	1995	2000	2005	2008	2009
总 计	**Total**					
机构数 (个)	Number of Institutions (unit)	298	296	192	182	180
职工总数 (人)	Number of Staff and Workers (person)	27367	24926	14216	14903	16935
#科学活动人员	Number of Personnel Engaged in Scientific and Technological Activities					13269
经费收入 (万元)	Funds (10000 yuan)	201834	358844	384866	541841	674520
#政府拨款	Government Appropriations	35364	98386	153946	246100	349292
经费支出 (万元)	Expenditures (10000 yuan)	190944	330098	363973	507454	657332
科学经费支出(万元)	Expenditures for Scientific and Technological Activities (10000 yuan)					391664
自然科学及技术领域	**Natural Sciences and Technology**					
机构数 (个)	Number of Institutions (unit)	271	263	163	155	154
职工总数 (人)	Number of Staff and Workers (person)	26234	23623	13026	13656	15621
#科学活动人员	Number of Personnel Engaged in Scientific and Technological Activities					12167
经费收入 (万元)	Funds (10000 yuan)	196728	345582	360334	507824	638353
#政府拨款	Government Appropriations	32083	89595	137906	224051	324968
经费支出 (万元)	Expenditures (10000 yuan)	186095	317219	341823	478323	622208
科学经费支出(万元)	Expenditures for Scientific and Technological Activities (10000 yuan)					360672
社会及人文科学领域	**Social Sciences and Humanities**					
机构数 (个)	Number of Institutions (unit)	13	16	13	12	11
职工总数 (人)	Number of Staff and Workers (person)	692	780	655	671	659
#科学活动人员	Number of Personnel Engaged in Scientific and Technological Activities					595
经费收入 (万元)	Funds (10000 yuan)	2372	6906	10914	18034	16765
#政府拨款	Government Appropriations	2137	5908	9370	14174	12683
经费支出 (万元)	Expenditures (10000 yuan)	2332	6897	10207	15012	16690
科学经费支出(万元)	Expenditures for Scientific and Technological Activities (10000 yuan)					15578
科技情报和文献机构	**Scientific-Technological Information and Literature Institutions**					
机构数 (个)	Number of Institutions (unit)	14	17	16	15	15
职工总数 (人)	Number of Staff and Workers (person)	441	523	535	576	655
#科学活动人员	Number of Personnel Engaged in Scientific and Technological Activities					507
经费收入 (万元)	Funds (10000 yuan)	2734	6356	13619	15983	19402
#政府拨款	Government Appropriations	1144	2883	6670	7876	11641
经费支出 (万元)	Expenditures (10000 yuan)	2517	5982	11944	14118	18434
科学经费支出(万元)	Expenditures for Scientific and Technological Activities (10000 yuan)					15414

18-18 县级政府部门属研究与开发机构基本情况

Basic Statistics on Research and Development Institutions under Government Departments at County Level

项 目	Item	1995	2000	2005	2008	2009
机构数 (个)	Number of Institutions (unit)	192	183	166	157	149
职工总数 (人)	Number of Staff and Workers (person)	5234	4379	3433	3062	2891
#科学活动人员	Number of Personnel Engaged in Scientific and Technological Activities					1521
经费收入 (万元)	Funds (10000 yuan)	11976	13409	12229	16205	17192
#来自政府的经费	Government Funds	3149	5426	5187	7330	8392

18-19 各市县级及以上政府部门属研究与开发机构基本情况（2009年）

Basic Statistics on Research and Development Institutions under Government Departments at and above County Level by City (2009)

市别	City	机构数(个) Number of Institutions (unit)	从业人员(人) Number of Employed Persons (person)	#科学活动人员 Number of Personnel Engaged in Scientific and Technological Activities	经费收入(万元) Funds (10000 yuan)	#政府拨款 Government Appropriations	经费支出(万元) Expenditures (10000 yuan)	科学经费支出(万元) Expenditures for Scientific and Technological Activities (10000 yuan)
全省合计	**Provincial Total**	**329**	**19826**	**14790**	**691712**	**357684**	**673988**	**400022**
广　州	Guangzhou	97	13463	10609	594166	280516	577777	324892
深　圳	Shenzhen	3	472	458	29116	28207	33555	29055
珠　海	Zhuhai	4	214	143	3416	2879	3292	2821
汕　头	Shantou	14	736	522	6736	3448	6505	3909
佛　山	Foshan	7	195	153	4191	3504	3479	2262
韶　关	Shaoguan	26	404	249	3284	1804	3626	2523
河　源	Heyuan	17	370	175	1285	586	1198	809
梅　州	Meizhou	15	412	295	2832	2444	2519	1714
惠　州	Huizhou	25	594	375	4308	2717	4187	2875
汕　尾	Shanwei	6	126	71	426	392	425	191
东　莞	Dongguan	4	175	156	6070	4844	5123	3984
中　山	Zhongshan	3	100	64	5997	4602	5474	4005
江　门	Jiangmen	11	204	155	2319	1699	2060	1577
阳　江	Yangjiang	4	113	59	844	599	685	235
湛　江	Zhanjiang	25	980	513	18323	13530	15937	13311
茂　名	Maoming	17	340	212	2795	1710	2748	1879
肇　庆	Zhaoqing	17	254	168	2484	1667	2410	1703
清　远	Qingyuan	14	158	73	544	300	522	261
潮　州	Chaozhou	4	153	125	1079	1038	1054	924
揭　阳	Jieyang	9	280	157	1007	931	830	605
云　浮	Yunfu	7	83	58	495	268	583	489

注：本表统计范围不含已转制的科研机构。

Note: The statistical coverage of this table excludes scientific research institutions which have undergone changes in ownership and/or mode of operation.

18-20 高等院校研究与发展人员及经费

Research and Development Personnel and Funds in Institutions of Higher Education

项目	Item	1995	2000	2005	2008	2009
研究与发展人员总数(人)	Number of Research and Development Personnel(person)	15858	9147	12041	15603	15780
#科学家工程师	Scientists and Engineers	15006	8822	11438	14834	14688
其他科技人员	Other Scientific and Technological Personnel	561	325	603	769	1092
当年拨入研究与发展课题费(万元)	Funds for Research and Development Tasks in Current Year (10000 yuan)	6624	32574	97292	203018	296163
研究发展经费内部支出(万元)	Internal Expenditures on Research and Development (10000 yuan)	6106	36656	121499	215500	235247

注：1. 当年拨入研究与发展经费不包括上年结转经费。研究与发展经费内部支出不包括转拨外单位经费。
2. 2000年及以后的研究与发展人员指标为折合全时人员，单位是"人年"。

Notes:a) Funds for research and development subjects in current year exclude balance carried forward from the previous year. Internal expenditures on research and development exclude figures from external units.

b) The number of personnel of 2000, 2003 and 2004 referred to the full-time equivalent of persons (person-year).

18-21 三种专利申请受理量与批准量

Three Types of Patent Application Accepted and Granted

单位：件 (item)

项　　目	Item	1995	2000	2005	2008	2009
受理量	**Number of Patent Application Accepted**	**7729**	**21123**	**72220**	**103883**	**125673**
发明	Inventions	463	1760	12887	28099	32247
实用新型	Utility Models	2367	6033	18951	28883	39027
外观设计	Designs	4899	13330	40382	46901	54399
批准量	**Number of Patent Application Granted**	**4611**	**15799**	**36894**	**62031**	**83621**
发明	Inventions	57	261	1876	7604	11355
实用新型	Utility Models	1446	4797	11017	25072	27438
外观设计	Designs	3108	10741	24001	29355	44828

18-22 各类技术合同签订情况

Statistics on Technical Contracts Signed by Type

项　　目	Item	1995	2000	2005	2008	2009
技术合同项目数(项)	**Number of Technical Contracts (item)**	**5098**	**5464**	**14432**	**16168**	**14497**
技术开发合同	Technical Development Contracts	547	921	5983	8253	9135
技术咨询合同	Technical Consultation Contracts	299	572	1279	1686	1462
技术转让合同	Technical Transfer Contracts	515	297	639	967	1219
技术服务合同	Technical Service Contracts	3737	3674	6531	5262	2681
技术合同金额(万元)	**Value of Technical Contracts(10000 yuan)**	**125972**	**482104**	**1124740**	**1847744**	**2479289**
技术开发合同	Technical Development Contracts	46820	142107	571458	1059421	1296818
技术咨询合同	Technical Consultation Contracts	9109	12530	31696	39386	42564
技术转让合同	Technical Transfer Contracts	18396	110279	288881	674278	1080735
技术服务合同	Technical Service Contracts	51647	217188	232705	74659	59172

18-23 大中型工业企业科技活动基本情况

Basic Statistics on Scientific and Technological Activities of Large and Medium-sized Industrial Enterprises

项　　目	Item	1995	2000	2005	2006	2008	2009
科技活动机构与人员　　（个、人）	**Number of Institutions and Personnel (unit, person)**						
有科技活动机构的企业数	Number of Enterprises with Scientific and Technological Institutions	500	444	733	893	1147	
占全部大中型企业的比重　(%)	Percentage in Total Number of Large and Medium-sized Enterprises (%)	28.6	21.6	18.8	16.8	17.5	
科技活动机构数	Number of Scientific and Technological Institutions	695	529	976	1279	1678	
企业科技活动人员	Number of Personnel Engaged in Scientific and Technological Activities	35986	84408	160304	208456	341435	
#科学家和工程师	Scientists and Engineers	15224	53357	114027	147879	250469	
科技活动机构中的人数	Number of Personnel in Scientific and Technological Institutions	15448	35495	90373	127100	194498	
科技活动经费收支　（万元）	**Funds and Expenditures (10000 yuan)**						
筹集总额	Total Funds	234967	1125528	3175165	3819150	6254234	
#政府资金	Government Funds	6134	24062	69693	65636	140072	
企业资金	Enterprise Funds	182256	946377	2838567	3504700	5785648	
支出总额	Total Expenditures	204684	1031661	2973616	3852034	6357442	
#新产品开发经费支出	Expenditures on New Product Development	105059	472822	2107868	2630639	4818929	
经费支出占主营业务收入的比重　(%)	Percentage of Expenditures to Main Business Revenue (%)			1.2	1.3	1.5	
科技项目情况　　（项）	**Scientific and Technological Projects (item)**						
科技项目	Number of Projects	5483	8464	3904	4671	7183	
#研究与试验发展项目	R&D Projects	1950	4377	2133	2676	4297	
新产品项目	Projects for New Product Development	3609	5563	2979	3488	5431	
项目经费内部支出(万元)	Internal Expenditures of Project Funds (10000 yuan)	157142	743249	1924602	2469942	5093099	
参加项目人员　　(人)	Number of Personnel Engaged in Projects (person)	31801	56938	106924	127783	227018	

注：1. 2004年起技术开发项目属下的指标都为立项10万元及以上项目的数据。
　　2. 本表自2003年起按新的大中型企业划分标准执行。

Note: a) The indicators on projects of technological development since 2004 refer to data of projects with planned expenditure at 100000 yuan and above.
　　b) Data since 2003 in this table have been compiled in accordance with the new classification standards of large and medium-sized enterprises.

18-24 大型工业企业科技活动基本情况

Basic Statistics on Scientific and Technological Activities of Large-sized Industrial Enterprises

项 目	Item	1995	2000	2003	2004	2005	2008	2009
机构与人员 （个、人）	**Number of Institutions and Personnel (unit, person)**							
有技术开发机构的企业数	Number of Enterprises with Technological Development Institutions	216	223	68	77	101	158	
占全部大型企业的比重 (%)	Percentage in Total Number of Large Enterprises (%)	41.2	27.4	41.5	32.4	35.4	38.2	
技术开发机构数	Number of Technological Development Institutions	318	279	108	144	184	344	
企业技术开发人员	Number of Personnel Engaged in Technological Development Activities	20132	59209	53843	69040	84467	206611	
#科学家和工程师	Scientists and Engineers	9562	36869	41695	52048	64703	162396	
技术开发机构中的人数	Number of Personnel in Technological Development Institutions	9662	24184	27819	38070	56507	128491	
经费收支 （万元）	**Funds and Expenditures (10000 yuan)**							
筹集总额	Total Funds	155816	810396	1220320	1531841	1734146	3998339	
#政府资金	Government Funds	4583	17473	8859	23546	33992	69115	
企业资金	Enterprise Funds	130136	708955	1013519	1283968	1637865	3848383	
支出总额	Total Expenditures	151167	741530	1253929	1489854	1706635	4050314	
#新产品开发经费支出	Expenditures on New Product Development	69034	346264	598278	764739.6	1304216	3125838	
经费支出占主营业务收入的比重(%)	Percentage of Expenditures in Main Business Revenue (%)				1.9	1.4	1.9	
技术开发项目 （项）	**Projects of Technological Development (item)**							
项目数合计	Number of Projects	3001	5049	4681	864	968	1819	
#研究与试验发展项目	R&D Projects	1501	2853	3338	548	540	1178	
新产品项目	Projects for New Product Development	1703	3055	2920	535	629	1286	
项目当年投资 （万元）	Investment in Projects in Current Year (10000 yuan)	105923	558459	923155	1141945	1189251	3305727	
项目参加人员 （人）	Number of Personnel Engaged in Projects (person)	18906	37224	39725	51874	60496	140704	

注：1. 2004年以后技术开发项目属下的指标都为立项10万元及以上项目的数据。
2. 本表自2003年起按新的大中型企业划分标准执行。

Notes: a) The indicators on projects of technological development since 2004 refer to data of projects with planned expenditure at 100000 yuan and above.

b) Data since 2003 in this table have been compiled in accordance with the new classification standards of large and medium-sized enterprises.

18-25 各市大中型工业企业科技活动人员和经费

Number of Personnel and Funds for Scientific and Technological Activities of Large and Medium-sized Industrial Enterprises by City

市别	City	科技活动人员(人) Number of Personnel Engaged in Scientific and Technological Activities		#科学家和工程师(人) Scientists and Engineers		#研究与试验发展人员(人) Personnel Engaged in Research and Development	
		2008	2009	2008	2009	2008	2009
全 省	**Provincial Total**	**341435**		**250469**		**200277**	
广 州	Guangzhou	36539		24344		22579	
深 圳	Shenzhen	162382		138213		114195	
珠 海	Zhuhai	9632		6470		3812	
汕 头	Shantou	3930		2188		1413	
佛 山	Foshan	40704		25830		17973	
韶 关	Shaoguan	5611		2320		1396	
河 源	Heyuan	280		93		48	
梅 州	Meizhou	854		487		232	
惠 州	Huizhou	10066		7002		4010	
汕 尾	Shanwei	1445		1001		655	
东 莞	Dongguan	24972		16263		12138	
中 山	Zhongshan	17297		10810		10808	
江 门	Jiangmen	8306		4121		3520	
阳 江	Yangjiang	1126		513		32	
湛 江	Zhanjiang	1699		1119		985	
茂 名	Maoming	2513		1408		1458	
肇 庆	Zhaoqing	5746		3150		2319	
清 远	Qingyuan	1180		757		399	
潮 州	Chaozhou	3315		1766		785	
揭 阳	Jieyang	2229		1415		1347	
云 浮	Yunfu	1609		1199		173	
按经济区域分	By Region						
珠三角	Pearl River Delta	315644		236203		191354	
东 翼	Eastern Region	10919		6370		4200	
西 翼	Western Region	5338		3040		2475	
山 区	Mountainous Region	9534		4856		2248	

18-25 续表 continued

市别	City	科技经费内部支出(万元) Internal Expenditures for Scientific and Technological Activities (10000 yuan)		#研究与试验发展经费(万元) Expenditures for Research and Development (10000 yuan)		#新产品开发经费(万元) Expenditures for New Product Development (10000 yuan)	
		2008	2009	2008	2009	2008	2009
全 省	**Provincial Total**	**6357442**		**4109579**		**4818929**	
广 州	Guangzhou	1422279		808263		835338	
深 圳	Shenzhen	2494607		1971844		2411604	
珠 海	Zhuhai	244253		93085		163708	
汕 头	Shantou	50631		22496		36068	
佛 山	Foshan	815860		526044		561900	
韶 关	Shaoguan	122000		81049		86888	
河 源	Heyuan	1400		125		1086	
梅 州	Meizhou	8247		3630		4472	
惠 州	Huizhou	206895		78614		138267	
汕 尾	Shanwei	15337		336		15236	
东 莞	Dongguan	330146		170731		136566	
中 山	Zhongshan	298892		204745		213054	
江 门	Jiangmen	115738		64838		91345	
阳 江	Yangjiang	11693		216		9233	
湛 江	Zhanjiang	38843		8807		8742	
茂 名	Maoming	25276		18359		15358	
肇 庆	Zhaoqing	40889		18289		31486	
清 远	Qingyuan	31619		8590		15927	
潮 州	Chaozhou	41496		16136		20611	
揭 阳	Jieyang	34185		12452		18659	
云 浮	Yunfu	7158		931		3382	
按经济区域分	By Region						
珠三角	Pearl River Delta	5969558		3936452		4583268	
东 翼	Eastern Region	141649.5		51420.6		90573	
西 翼	Western Region	75812		27382		33333	
山 区	Mountainous Region	170423		94325		111755	

18-26 各市大中型工业企业新产品产出情况

Statistics on New Products of Large and Medium-sized Industrial Enterprises by City

单位：万元 (10000 yuan)

市别	City	2005 新产品产值 Output Value of New Products	2005 新产品销售收入 Sales Revenue of New Products	2005 #出口 Exports	2006 新产品产值 Output Value of New Products	2006 新产品销售收入 Sales Revenue of New Products	2006 #出口 Exports
全省	**Provincial Total**	**35371491**	**33838765**	**15076758**	**44195607**	**42165346**	**18912531**
广州	Guangzhou	7244973	6878954	930146	9086466	9236206	1273524
深圳	Shenzhen	11749405	11259089	6453939	15908741	14330035	8323797
珠海	Zhuhai	2319500	2145196	1286951	4167857	3853565	2602261
汕头	Shantou	231044	218183	79730	327064	316512	158367
佛山	Foshan	5854072	5489338	2000351	5927078	5758662	1873248
韶关	Shaoguan	195203	202493	23237	252465	300650	9612
河源	Heyuan	10364	10364	250	101252	101252	16106
梅州	Meizhou	4711	4013	52	6452	5769	60
惠州	Huizhou	3266837	3296060	2294915	3672953	3635259	2695998
汕尾	Shanwei	362409	358014	258895	484729	468171	379133
东莞	Dongguan	732220	731948	610769	787356	796495	582670
中山	Zhongshan	1206059	1097053	677081	1506304	1451306	522275
江门	Jiangmen	1097768	1073251	248304	1032970	1008503	191320
阳江	Yangjiang	32226	26986	22437	43923	38720	31958
湛江	Zhanjiang	80955	72609	44002	109846	98564	36539
茂名	Maoming	503330	505344	1509	350272	348204	3090
肇庆	Zhaoqing	160051	149995	41749	171610	156563	52535
清远	Qingyuan	99112	98053	1442	7960	6962	1056
潮州	Chaozhou	127960	129167	96200	224548	229237	158767
揭阳	Jieyang	21871	21232	210	24131	23192	215
云浮	Yunfu	71425	71425	4597	1630	1520	
按经济区域分	By Region						
珠三角	Pearl River Delta	33630885	32120884	14544205	42261335	40226593	18117628
东翼	Eastern Region	743284	726596	435035	1060472	1037112	696483
西翼	Western Region	616511	604939	67948	504041	485487	71587
山区	Mountainous Region	380815	386348	29578	369759	416153	26834

18-26 续表 continued

单位：万元 (10000 yuan)

市 别	City	2008 新产品产值 Output Value of New Products	2008 新产品销售收入 Sales Revenue of New Products	2008 #出口 Exports	2009 新产品产值 Output Value of New Products	2009 新产品销售收入 Sales Revenue of New Products	2009 #出口 Exports
全 省	**Provincial Total**	**74367684**	**71034758**	**28092838**			
广 州	Guangzhou	13731461	13865907	2265025			
深 圳	Shenzhen	33284844	29192719	15971526			
珠 海	Zhuhai	2293708	3951442	462226			
汕 头	Shantou	502256	514117	142296			
佛 山	Foshan	9672992	9389913	2405177			
韶 关	Shaoguan	518415	514267	28696			
河 源	Heyuan	21598	20891	1021			
梅 州	Meizhou	22174	24466	6386			
惠 州	Huizhou	4855568	4727883	3185443			
汕 尾	Shanwei	508764	508764	345218			
东 莞	Dongguan	1593965	1596710	1095057			
中 山	Zhongshan	2529159	2378707	1024523			
江 门	Jiangmen	2138960	1773961	686842			
阳 江	Yangjiang	60258	58808	44798			
湛 江	Zhanjiang	138283	129932	54826			
茂 名	Maoming	1559416	1533845	1712			
肇 庆	Zhaoqing	210201	226486	48935			
清 远	Qingyuan	340607	253155	128129			
潮 州	Chaozhou	321640	305635	187648			
揭 阳	Jieyang	54547	58591	5995			
云 浮	Yunfu	8869	8558	1358			
按经济区域分	By Region						
珠三角	Pearl River Delta	70310858	67103728	27144754			
东 翼	Eastern Region	1387207	1387108	681157			
西 翼	Western Region	1757957	1722586	101337			
山 区	Mountainous Region	911663	821337	165591			

18-27 科协机构及活动情况

Statistics on Associations for Science and Technology and Their Activities

项　　目	Item	1995	2000	2005	2008	2009
科协机构　（个）	**Number of Associations for Science and Technology (unit)**	**321**	**357**	**196**	**432**	**870**
省科协	Provincial Associations	1	1	1	1	1
市科协	City Associations	21	21	21	21	21
县(市、区)科协	County (County-level City, District) Associations	116	123	120	121	121
厂矿科协	Factory and Mine Associations	183	212	54	289	727
各级学会及研究会　（个）	**Number of Learned Societies and Research Societies at Various Levels (unit)**	**4387**	**3780**	**2901**	**3058**	**2643**
省级学会	Provincial Learned Societies	150	146	151	151	155
市级学会	City Learned Societies	963	734	802	819	821
农村专业技术协会	Rural Specialized Technological Societies	3274	2900	1948	2088	1667
各级学会及农技协会员(人)	**Number of Members of Learned Societies and Rural Specialized Technological Societies at Various Levels (person)**	**537525**	**704094**	**729671**	**530723**	**535459**
省级学会会员	Members of Provincial Learned Societies	173526	203861	205212	259999	259959
学会从业人员	Personnel in Learned Societies				467	504
农村专业技术协会会员	Members of Rural Specialized Technological Societies	104105	223687	112200	139186	120500
科协活动开展情况	**Activities of Associations for Science and Technology**					
完成各类合同和无偿咨询项目　（项）	Number of Contracts and Free Consultative Projects Completed (item)	18637	12553	3461	443	416
举办各类学术交流会(次)	Number of Academic Meetings Held	2129	4769	1232	680	873
接待国外来访　（次）	Number of Foreign Visitors Received (time)	440	511	86	110	121
举办科技科普展览　（次）	Number of Scientific and Technological Popularization Exhibitions (time)	3601	2258	2319	3331	3663
举办科普讲座　（次）	Number of Scientific and Technological Popularization Lectures (time)	13365	12014	5019	4609	5269
青少年科技竞赛　（次）	Number of Scientific and Technological Competitions for Adolescents (time)	896	1286	760	371	368
参加科协各类活动人次　（人次）	**Number of Participants in Activities Organized by Associations for Science and Technology (person-time)**	**4976747**	**8367629**	**8716871**	**42242819**	**12282831**
参加各类学术交流会	Number of Participants in Academic Meetings	80247	505235	169988	336568	368320
参加各类科技培训	Number of Participants in Training Programs	33600	654742	469514	299382	224511
参加各类科普活动	Number of Participants in Scientific and Technological Popularization Activities	4862900	7207652	8077369	41606869	11690000
出版各类学术刊物、科普读物　（种）	**Publications of Academic Journals and Scientific and Technological Popularization Readings (kind)**	**451**	**582**	**216**	**261**	**546**
各类学术刊物、科普读物发行量（万册、万份）	Number of Academic Journals and Scientific and Technological Popularization Readings Issued (10000 copies)	973	562	522	595	859

注：2005年及以前年份学会从业人员指标为市级学会会员。

Note: In 2005 and prior to it, employed persons in learned societies refer to members of city learned societies.

18-28 文化艺术、文物事业机构数

Number of Institutions of Culture, Arts and Cultural Relics

单位：个 (unit)

年份 Year	电影放映单位 Film Projection Units	艺术表演团体 Arts Performance Troupes	文化馆 Cultural Centers	公共图书馆 Public Libraries	博物馆 Museums	档案馆 Archives
1978	6346	172	124	76	30	
1980	7375	195	113	97	26	
1985	6037	171	123	117	106	
1990	4024	130	113	103	106	138
1991	4041	122	110	104	107	147
1992	3917	125	113	108	108	150
1993	3974	126	115	110	108	148
1994	3750	132	116	111	111	156
1995	3668	134	115	114	113	155
1996	3670	136	115	115	114	157
1997	3463	138	117	119	117	157
1998	3621	139	117	120	122	157
1999	2938	140	117	121	128	162
2000	1626	138	118	125	131	161
2001	1794	139	118	129	140	175
2002	904	141	120	131	140	185
2003	840	144	117	129	144	185
2004	684	140	119	128	143	185
2005	720	139	117	129	146	185
2006	1542	138	120	129	147	186
2007	1844	128	122	130	153	186
2008	1450	130	121	132	152	188
2009		127	128	133	160	

注：1.2007年艺术表演团体包括文化部门及经文化市场行政部门审批或已申报登记并领取相关许可证的单位。与上年不可比。
2.由于全国文化文物统计制度统计口径的改变，2009年的博物馆业包含美术馆。

Note:a) Art performance troupes of 2007 include the units approved or registered and issued license by cultural departments and related cultural administrative organs, incomparable with the preceding years.
b) Due to the change in statistical coverage in national culture and cultural relics survey, the number of museums in 2009 includes arts museum.

18-29 文化部门艺术表演团体演出基本情况（2009年）

Basic Statistics on Performances of Arts Troupes under Cultural Departments (2009)

项目	Item	剧团数(个) Number of Troupes (unit)	国内演出场次(万场) Number of Domestic Performances (10000 shows)	#到农村演出 Shows in Rural Areas	国内演出观众人次(万人次) Number of Domestic Spectators (10000 person-times)
合　计	**Total**	**127**	**1.35**	**0.82**	**1935**
#国营剧团	Troupes Sponsored by State-owned Units	109	1.23	0.75	1794
集体经营剧团	Troupes Sponsored by Collective Units	7	0.02	0.02	59.0
按剧种分	**By Type of Art Troupe**				
话剧、儿童剧、滑稽剧团	Drama, Children's Play and Comedy Troupes	4	0.03	0.01	43.7
歌剧、舞剧、歌舞剧团	Opera, Dance Drama, Song and Dance Drama Troupes	12	0.09	0.04	150.1
歌舞团、轻音乐团	Song and Dance Troupes, Light Music Troupes	18	0.11	0.05	369
乐团	Philharmonic Troupes	3	0.02		26.2
文工团、文宣队	Cultural and Performance Troupes	2	0.03	0.02	25
戏曲剧团	Traditional Opera Troupes	59	0.69	0.54	1000.7
曲、杂、木、皮团	Recitation and Ballad Troupes, Acrobatics and Circus Troupes,Puppet Show Troupes and Shadow Play Troupes	18	0.27	0.07	189.6
综合性艺术表演团体	Comprehensive Arts Troupes	11	0.11	0.09	130.7

18-30 文化、文物机构及人员数（2009年）

Number of Institutions and Personnel in Culture and Cultural Relics (2009)

项　目	Item	合计 Total		文化部门 Cultural Departments		其他部门 Others	
		机构数（个）Number of Institutions (unit)	人数（人）Number of Personnel (person)	机构数（个）Number of Institutions (unit)	人数（人）Number of Personnel (person)	机构数（个）Number of Institutions (unit)	人数（人）Number of Personnel (person)
总　计	**Total**	**15369**	**178393**	**2571**	**30363**	**12798**	**148030**
文化合计	**Culture**	**15160**	**174643**	**2370**	**26692**	**12790**	**147951**
艺术事业	Arts	491	19949	199	7453	292	12496
图书馆事业	Libraries	133	3711	133	3711		
群众文化事业	Mass Culture	1739	9468	1739	9468		
教育事业	Education	6	705	6	705		
文化市场经营单位	Operating Units in Cultural Market	12456	133718	16	106	12440	133612
文艺科研	Scientific Research on Arts	8	96	8	96		
其他	Others	327	6996	269	5153	58	1843
文物合计	**Cultural Relics**	**209**	**3750**	**201**	**3671**	**8**	**79**
文物机构	Institutions for Cultural Relics	43	607	43	607		
博物馆	Museums	160	3032	152	2953	8	79
文物商店	Cultural Relics Stores	6	111	6	111		

注：其他部门的艺术事业机构、人员数包括了民营数，与以前年份不可比。
Note: Number of institutions and personnel in others include those from private-owned units, incomparable with the preceding years.

18-31 公共图书馆、群众文化事业机构及人员数（2009年）

Number of Institutions and Personnel in Public Libraries and Mass Culture (2009)

项　目	Item	合计 Total		文化部门 Cultural Departments		其他部门 Others	
		机构数（个）Number of Institutions (unit)	人数（人）Number of Personnel (person)	机构数（个）Number of Institutions (unit)	人数（人）Number of Personnel (person)	机构数（个）Number of Institutions (unit)	人数（人）Number of Personnel (person)
图书馆事业	**Libraries**	**133**	**3711**	**133**	**3711**		
#少儿图书馆	Children's Libraries	5	160	5	160		
群众文化事业	**Mass Culture**	**1739**	**9468**	**1739**	**9468**		
群众艺术馆	Mass Art Centers	17	439	17	439		
文化馆	Cultural Centers	128	1771	128	1771		
文化站	Cultural Stations	1594	7258	1594	7258		

注：2009年文化部门数据包含其他部门。
Note: Data of cultural departments in 2009 includes those of others.

18-32 各市文化、文物事业机构数（2009年）

Number of Institutions in Culture and Cultural Relics by City (2009)

单位：个 (unit)

市 别	City	艺术表演团体 Art Troupes	文化馆 Cultural Centers	公共图书馆 Public Libraries	博物馆(含美术馆) Museums (including art museums))	档案馆 Archives
广 州	Guangzhou	9	13	14	28	17
深 圳	Shenzhen	1	6	8	15	8
珠 海	Zhuhai	3	4	4	3	6
汕 头	Shantou	8	8	8	5	10
佛 山	Foshan	4	5	6	8	14
韶 关	Shaoguan	9	10	9	9	12
河 源	Heyuan	7	6	7	6	8
梅 州	Meizhou	11	8	10	8	9
惠 州	Huizhou	3	6	5	5	7
汕 尾	Shanwei	5	4	4	5	6
东 莞	Dongguan	1		1	5	2
中 山	Zhongshan			1	5	3
江 门	Jiangmen	6	7	7	11	10
阳 江	Yangjiang	1	4	4	2	7
湛 江	Zhanjiang	9	10	7	6	12
茂 名	Maoming	11	6	5	5	8
肇 庆	Zhaoqing	10	8	8	7	11
清 远	Qingyuan	4	8	9	10	10
潮 州	Chaozhou	2	3	4	4	5
揭 阳	Jieyang	5	5	6	5	6
云 浮	Yunfu	2	6	5	5	6
省直属单位	Units Directly under Provincial Government	8	1	1	3	11
按经济区域分	By Region					
珠三角	Pearl River Delta	37	49	54	87	78
东 翼	Eastern Region	20	20	22	19	27
西 翼	Western Region	21	20	16	13	27
山 区	Mountainous Region	33	38	40	38	45

注：各区域不包省直单位部分。
Note: “By Region” does not include agencies directly under provincial jurisdiction.

18-33 各市文化、文物事业机构的人员数（2009年）

Number of Personnel in Culture and Cultural Relics by City (2009)

单位：人 (person)

市 别	City	艺术表演团体 Art Troupes	文化馆 Cultural Centers	公共图书馆 Public Libraries	博物馆(含美术馆) Museums (including art museums))	档案馆 Archives
广 州	Guangzhou	714	229	498	614	429
深 圳	Shenzhen	153	159	661	285	70
珠 海	Zhuhai	45	45	60	69	92
汕 头	Shantou	364	120	126	52	99
佛 山	Foshan	195	78	326	158	128
韶 关	Shaoguan	241	85	114	221	116
河 源	Heyuan	212	68	76	56	70
梅 州	Meizhou	308	104	148	94	124
惠 州	Huizhou	114	116	159	103	100
汕 尾	Shanwei	191	58	39	80	43
东 莞	Dongguan	56		154	258	33
中 山	Zhongshan			71	163	110
江 门	Jiangmen	129	95	110	104	125
阳 江	Yangjiang	45	35	85	45	135
湛 江	Zhanjiang	401	82	104	91	101
茂 名	Maoming	250	78	146	47	117
肇 庆	Zhaoqing	128	96	105	75	160
清 远	Qingyuan	111	68	83	42	88
潮 州	Chaozhou	132	34	40	83	52
揭 阳	Jieyang	292	104	164	78	23
云 浮	Yunfu	45	77	61	35	67
省直属单位	Units Directly under Provincial Government	1248	40	381	279	308
按经济区域分	By Region					
珠三角	Pearl River Delta	1534	818	2144	1829	1247
东 翼	Eastern Region	979	316	369	293	217
西 翼	Western Region	696	195	335	183	353
山 区	Mountainous Region	917	402	482	448	465

注：各区域不包省直单位部分。
Note: "By Region" does not include agencies directly under provincial jurisdiction.

18-34 图书、杂志、报纸出版数量

Number of Books, Magazines and Newspapers Published

项目	Item	1995	2000	2005	2008	2009
图书出版	**Books Published**					
种数 (种)	Number of Publications (kind)	**2510**	**4374**	**5908**	**6316**	**5881**
总印数 (万册)	Total Printed Copies(10000 copies)	36911	26978	22600	28066	23101
总印张数(千印张)	Total Printed Sheets (1000 sheets)	1800632	1482942	1514191	2036547	1746376
杂志出版	**Magazines Published**					
种数 (种)	Number of Publications (kind)	329	337	366	380	387
总印数 (万册)	Total Printed Copies(10000 copies)	22740	26299	20371	24608	22594
总印张数(千印张)	Total Printed Sheets (1000 sheets)	674634	919514	1116814	1393465	1332364
报纸出版	**Newspapers Published**					
种数 (种)	Number of Publications (kind)	130	101	102	100	100
总印数 (万份)	Total Printed Copies(10000 copies)	226441	346268	398152	439352	455781
总印张数(千印张)	Total Printed Sheets (1000 sheets)	4747000	17669099	28996964	39628060	42461585

注：2000年开始报纸出版统计不包校报、院报。
Note:Since 2000, the number of newspaper published does not include that of college or institute newspaper.

18-35 图书出版情况（2009年）

Statistics on Books Published (2009)

门类	Category	本版图书种数(种) Number of Publications (kind)	#新出 New Publications	总印数(万册) Total Printed Copies (10000 copies)	总印张数(千印张) Total Printed Sheets (1000 sheets)
合计	**Total**	**5881**	**4137**	**23101**	**1746376**
马克思主义、列宁主义、毛泽东思想	Marxism, Leninism and Mao Zedong Thought	3	3	2	320
哲学	Philosophy	133	102	69	10610
社会科学总论	General Social Sciences	95	54	40	6763
政治、法律	Politics and Law	208	164	88	15822
经济	Economy	736	513	379	63677
军事	Military Affairs	7	6	2	434
文化、科学、教育、体育	Culture, Science, Education and Sports	2153	1403	20243	1399552
语言、文字	Language, Philology	271	162	325	44725
文学	Literature	667	597	508	83158
艺术	Arts	368	342	431	23945
历史、地理	History and Geography	294	198	329	20368
自然科学总论	General Natural Sciences	10	9	6	826
数理科学、化学	Mathematics, Physics and Chemistry	54	18	21	2659
天文学、地理科学	Astronomy and Geology	8	6	2	254
生物科学	Biological Science	30	22	13	1623
医药、卫生	Medicine and Health Care	244	181	256	26266
农业科学	Agricultural Science	95	48	28	2242
工业技术	Industrial Technology	444	257	308	34360
交通运输	Transportation	20	14	9	1189
环境科学	Environmental Science	26	24	25	1628
航空、航天	Aeronautics and Aerospace	1	1	1	9
综合性图书	General Books	14	13	16	5946

18-36 杂志出版情况（2009年）

Statistics on Magazines Published (2009)

项目	Item	种数(种) Number of Publications (kind)	平均期印数(万册) Average Printed Copies per Issue (10000 copies)	总印数(万册) Total Printed Copies (10000 copies)	总印张数(千印张) Total Printed Sheets (1000 sheets)
合　计	**Total**	**387**	**984**	**22594**	**1332364**
综　合	General	37	146	4722	197615
哲学、社会科学	Philosophy, Social Sciences	94	194	4279	309000
自然科学、技术	Natural Sciences, Technology	178	364	7951	374965
文化、教育	Culture, Education	40	157	2821	264721
文学、艺术	Literature, Arts	32	76	1741	100254
画　刊	Pictorials	4	34	762	74969
少年儿童读物	Publications for Children	2	13	318	10840

18-37 报纸出版情况（2009年）

Statistics on Newspapers Published (2009)

项　目	Item	种数(种) Number of Publications (kind)	平均期印数(万册) Average Printed Copies per Issue (10000 copies)	总印数(万册) Total Printed Copies (10000 copies)	总印张数(千印张) Total Printed Sheets (1000 sheets)
合　计	**Total**	**100**	**1909**	**455781**	**42461585**
综合报	General Newspapers	46	1220	383101	39085340
专业报	Specialized Newspapers	54	689	72680	3376245
省　级	Provincial-level Newspapers	33	987	244754	22390730
市　级	City-level Newspapers	67	922	211027	20070855

注：报纸出版情况统计表中，不含校报、院报数据。
Note:The number of newspaper does not include that of college or institute newspaper.

18-38 广播、电视事业发展情况

Statistics on Radio and Television Stations

项　目	Item	1990	1995	2000	2005	2008	2009
广播电台 (座)	Number of Radio Stations	87	96	106	22	22	22
中波广播发射台和转播台 (座)	Number of Medium Wave Radio Transmission Stations and Relaying Stations	12	13	10	16	21	21
电视台 (座)	Number of Television Stations	38	56	67	24	24	24
1000瓦及以上电视发射台和转播台 (座)	Number of Television Transmission and Relaying Stations at 1000 W and above	23	41	49	40	83	83
县、市广播电视台 (座)	Number of Radio and Television Stations in Counties and Cities	93	67	83	78	79	79
有线广播电视用户(万户)	Number of Subscribers to Cable Radio and Television (10000 subscribers)				1121.9	1493.82	1570.17
数字电视用户 (万户)	Number of Subscribers to Digital Television (10000 subscribers)				100.6	517.16	701.97

注：1000瓦及以上电视发射台和转播台,从2006年起改为100瓦以上(含100瓦)电视发射台和转播台。

Note: Television transmission and relaying stations at 1000 W and above since 2006 have been replaced by television transmission and relaying stations at 100W and above.

18-39 广播电台宣传基本情况（2009年）

Basic Statistics on Radio Stations (2009)

项　目	Item	广播电台(座) Number of Radio Stations (unit)	节目套数(套) Number of Programs (unit)	平均每日播音时间(小时) Average Daily Broadcasting Hours (hour)	#自办节目时间 Self-produced Programs	#新闻节目 News Programs	#专题节目 Special Subject Programs	#文艺节目 Programs of Entertainment
合　计	**Total**	**22**	**125**	**2133**	**1723**	**368**	**408**	**584**
省　级	Provincial Level	1	9	206	204	42	40	85
市　级	City Level	21	51	976	856	149	214	233
县　级	County Level		65	951	663	177	154	266

18-40 电视台宣传基本情况（2009年）

Basic Statistics on Television Stations (2009)

项 目	Item	电视台（座） Television Stations (unit)	节目套数（套） Number of Programs (unit)	平均每日播出音时间(小时) Average Daily Broadcasting Hours (hour)	#自办节目时间 Self-produced Programs	#新闻节目 News Programs	#专题节目 Special Subject Programs	#文艺节目 Entertainment Programs
合 计	**Total**	**24**	**153**	**1858**	**613**	**286**	**194**	**129**
省 级	Provincial Level	2	15	316	113	37	47	45
市 级	City Level	22	69	1059	340	130	102	63
县 级	County Level		69	483	160	119	45	21

18-41 各市广播、电视事业机构数（2009年）

Number of Institutions of Radio and Television by City (2009)

单位：座 (unit)

市 别	City	广播电台 Number of Radio Stations	中波广播发射台和转播台 Number of Medium Wave Radio Transmission Stations and Relaying Stations	电视台 Number of Television Stations	100瓦及以上电视发射台和转播台 Number of Television Transmission and Relaying Stations at 100 W and above	县、市广播电视台 Number of Radio and Television Stations in Counties and Cities
广 州	Guangzhou	1	1	1	3	7
深 圳	Shenzhen	1	2	2	2	3
珠 海	Zhuhai	1		1	1	2
汕 头	Shantou	1		1	6	
韶 关	Shaoguan	1		1	8	8
河 源	Heyuan	1		1	2	5
梅 州	Meizhou	1		1	8	7
惠 州	Huizhou	1		1	6	4
汕 尾	Shanwei	1		1	2	3
东 莞	Dongguan	1		1	1	
中 山	Zhongshan	1		1	1	
江 门	Jiangmen	1		1	6	5
佛 山	Foshan	1		1		
阳 江	Yangjiang	1		1	3	3
湛 江	Zhanjiang	1	1	1	5	5
茂 名	Maoming	1		1	4	4
肇 庆	Zhaoqing	1		1	3	6
清 远	Qingyuan	1		1	5	7
潮 州	Chaozhou	1		1	1	2
揭 阳	Jieyang	1		1	5	4
云 浮	Yunfu	1		1	5	4
省直属单位	Units Directly under Provincial Government	1	17	2	6	

主要统计指标解释

普通高等学校 指按照国家规定的设置标准和审批程序批准举办，通过国家统一招生考试，收高中毕业生为主要培养对象，实施高等教育的全日制大学、独立设置的学院和高等专科学校，高等职业学校和其他机构。

成人高等学校 指按照国家有关规定审批、招收通过全国成人高教统一招生考试的具有高中毕业或同等学历的在职从业人员利用脱产、半脱产、业余或函授等多种形式对其实施高等学历教育，培养高等教育专科或本科毕业水平的专门人才，修业年限、课程设置和总学时的数按高等学历教育要求付诸实施的学校。包括广播电视大学、职工高等学校、农民高等学校、管理干部学院、教育学院、独立设置的函授学院等。

小学学龄儿童入学率 指调查范围内已入小学学习的学龄儿童占校内外学龄儿童总数（包括弱智儿童在内，但不包括盲聋哑儿童）的比重。

科技活动 是指在所有科学技术领域内，即自然科学、农业科学、医学科学、工程与技术科学、人文科学与社会科学中，与科技知识的产生、发展、传播和应用密切相关的全部的、有组织的、系统的科技活动。所谓有组织的、系统的科技活动，是指在一个机构的范围之内，并列入这一机构的工作计算，由这一机构的人员有计划地进行的科技活动。目前，我们统计的科技活动，是指调查范围内有组织有系统开展的科技活动。它包括三类活动(1)研究与试验发展活动；(2)研究与试验发展成果应用活动；(3)科技服务活动。

研究与发展活动 指为增进知识，及利用这些知识去开创新的用途而进行的系统的创造性工作。它具备四种基本因素：(1)创造性的因素；(2)新颖性或创新的因素；(3)科学方法的运用；(4)新知识的产生。它包括三种类：(1)基础研究；(2)应用研究；(3)实验发展。

科技活动统计单位 指制度调查范围内的调查单位个数，对于自然科学领域、社会与人文科学领域的科学研究与技术开发机构（含县属研究与开发机构）、科学技术情报与文献机构是以一个机构为一个调查单位；对于高等学校，是以一个学校为一个调查单位；对于企业是以一个企业为一个调查单位。

科技活动机构 是指调查范围内有建制的从事科技活动科研机构。包括国有独立核算的科学研究与技术开发机构自然科学领域、社会与人文科学领域）(含机构、大中型工业企业附属的技术开发机构。全日制附属科技活动机构，是指经学校及上级主管部门正式批准的以科技活动为主，相对稳定的开展科技活动机构；大中型工业企业附属的技术开发机构是指企业自办、或与外单位合办、管理上同生产系统相对独立的，或单独核算的专门技术开发机构（如企业办研究所或开发中心开发部等专门技术开发机构）。

从事科技活动人员 指报告期内调查单位中从事科技活动的人员。调查单位中从事科技活动人员为直接从事科技活动和科技活动提供直接服务，累计时间占全年工作时间 10%以上的人员。

科学家和工程师 具有大学本科以及以上学历的和不具备上述学历但有高、中级职称的人员。

技术员 指具有大、中专学历和不具备大、中专学历，但有初级职称的人员。

研究与发展人员 指报告期内从事研究与发展活动的人员。调查单位直接从事研究与发展课题活动以及院、所等从事科技行政管理、科技服务等工作为研究与发展课题活动服务，累计时间占全年工作时间 10%以上的人员。人员数为全时人员数加非全时人员数之和。

科技活动经费筹集总额 指报告期内调查单位从各种渠道筹集到的科技活动经费（含科研基建费)。包括政府资金、自筹资金、银行贷款、其他经费。

科技活动经费使用总额(内部支出) 指报告期内调查单位用于科技活动的实际支出。包括劳务费、科研业务费、科研管理费、非基建投资购建的固定资产、科研、基建支出以及其他用于科技活动的支出。但不包括生产性活动支出、归还贷款支出及转拨外单位支出。

研究与发展经费支出 指报告期内用于研究与发展课题活动（基础研究、应用研究、实验发展）的全部实际支出。包括用于研究与发展课题活动的直接支出，还包括间接用于研究与发展活动的一切支出（院、所管理费，维持院、所正常运转的必需费用和与研究发展有关的基本建设支出）。

省级以上获奖成果 指科技活动单位在本年度内从省以上政府科技管理部门获得的各种科技成果奖。

由于几个单位合作获得的科技成果奖，为防止重复，仅由第一完成单位填报，多次获奖的成果只填一个。获奖成果包括：国家级奖、省部级奖和地市级奖。国家级奖：指国家自然科学奖、国家发明奖、国家科技进步奖、国家星火奖等。省、部级奖：指以国务院各部门和省、自治区、直辖市名义颁发的重大科技成果奖和科技进步奖。

科技机构内课题(项目)个数 指调查单位列入科研计划或已为本单位科研管理部门认可，可作为本单位科研工作任务，并在当年开展活动的研究与发展、研究与发展成果应用、科技服务课题（项目）数。包括当年新开课题和上年尚未完成，在统计年度内继续进行的课题。

文化事业机构 指从事专业文化工作和为专业文化工作服务的独立建制的单独核算的单位。不包括这些单位另外举办独立核算的其他机构和各部门的业余文化组织。

艺术表演团体 指从事戏曲、音乐、舞蹈、杂技等专业艺术表演，有独立帐户，实行单独核算的团体。不包括半工半艺、半农半艺和民间职业剧团。

电影放映单位 指具有放映机器设备、固定或不固定的放映场所与专职或兼职的放映技术人员，经有关部门登记批准，经常为一定的观众对象放映电影的机构。包括经批准对外开放进行营业，并与电影发行放映管理机构分帐的专用放映单位和军委系统租片单位。

艺术表演观众人数(人次) 指售票、包场演出或民族地区免费演出的艺术表演观众人次数。不包括彩排审查和内部观摩演出的观看人次数。

Explanatory Notes on Main Statistical Indicators

Regular Institutions of Higher Education refer to educational establishments set up according to government standards and evaluation and approval procedures, mainly enrolling graduates from senior secondary schools through uniform national matriculation examinations and providing higher education. Such institutions include full-time universities, independent colleges, technical colleges, professional colleges, and other institutions

Institutions of Higher Learning for Adults refer to educational establishments approved according to relevant government rules, enrolling staff and workers with senior secondary or equivalent education through uniform national matriculation examinations, and providing them with regular higher education in various forms such as full-time, part-time, spare-time and correspondence courses in accordance with requirements of regular higher education in years of education, curricula, and total learning hours, so that they meet the standards for graduation of universities or junior colleges Institutions of higher learning for adults include radio and TV universities, colleges for staff and workers, colleges for farmers, colleges for management cadres, teachers' colleges, and independent correspondence colleges

Enrollment Rate of Primary School-age Children refers to the proportion of school-age children enrolled at primary schools in the total number of school-age children both in and outside schools (including retarded children, but excluding blind, deaf and dumb children).

Scientific and Technological Activities refer to all those organized and systematic activities of science and technology which are closely connected with the emergence, development, diffusion and application of scientific and technological knowledge in all scientific and technological fields, such as natural sciences, agricultural science, medical science, engineering and technical science, humanities and social sciences. Organized and systematic activities refer to activities within the range of an institution, regarded as regular work of the institution and organized in a planned way by the personnel of the institution. At present, scientific and technological activities include activities in an organized and systematic way within the survey coverage, classified into three categories: (1) activities of research and development; (2) applied activities of research and development; (3) service activities of science and technology

Activities of Research and Development refer to the systematic and creative work with the aim of widening knowledge and creating new uses for knowledge They entail four basic factors: (1) creative factor; (2) novel or innovative factor; (3) application of scientific methods; (4) emergence of new knowledge. They include three types: (1) basic research; (2) applied research; (3) experiments and development

Surveyed Units of Scientific and Technological Activities refer to the number of survey units within the survey coverage. As for research and development institutions (including those under county administration) and scientific and technological information and literature institutions in natural sciences, social sciences and humanities, one institution constitutes a survey unit; as for institutions of higher education, one university or college accounts for a survey unit; as for enterprises, one enterprise is a survey unit

Institutions of Scientific and Technological Activities refer to organic institutions engaged in scientific and technological activities within the survey coverage, including state-owned research and development institutions with independent accounting system (in the field of natural sciences, social sciences and humanities), including technological development institutions affiliated to institutions and large and medium-sized industrial enterprises. Full-time affiliated institutions of scientific and technological activities refer to those mainly and relatively stably engaged in technological activities with formal ratification of educational institutions and higher authorities. Technological development institutions affiliated to large and medium-sized industrial enterprises refer to special development institutions solely run by enterprises or jointly run with other units but keeping relatively independent administration from production system, or having their independent accounting system (such as research institutions or development departments of development centers run by enterprises).

Personnel Engaged in Scientific and Technological Activities refer to all the persons in the survey units engaged in scientific and technological activities during the reference period, i.e. those who are directly engaged in such activities or provide direct services to such activities with over 10% of their annual working hours devoted to scientific and technological activities.

Scientists and Engineers refer to persons who have completed regular undergraduate or higher level education and persons with senior or medium professional titles but without the aforesaid educational background

Other Technical Personnel refer to persons involved in science and technology with secondary specialized education or junior college education and persons with junior professional titles but without the aforesaid educational background

Personnel of Research and Development refer to persons who are engaged in research and development activities during the reference period, i.e. those in the survey units who are directly engaged in R & D activities or provide services to R & D activities in such forms as administration and technical services with over 10% of their annual working hours devoted to such activities It is the sum of full-time personnel and non-full-time personnel

Total Funds for Scientific and Technological Activities refer to the funds for scientific and technological activities (including capital construction funds for scientific research) raised by the survey units from various channels during the reference period, including government funds, self-raised funds, bank loans and other funds

Total Expenditure for Scientific and Technological Activities (Internal Expenditure) refers to the actual expenditure made for scientific and technological activities by the survey units during the reference period, including service expenses, operating expenses for scientific research, management expenses for scientific research, purchases of fixed assets with investment in non-capital construction, capital construction expenditure for scientific research and others, but excluding expenditure for productive activities, expenditure for return of loans and expenditure transferred to other units

Total Expenditure on Research and Development refers to all actual expenditure made for R & D (basic research, applied research and experimental development) in the reference period, including direct expenditure on R & D activities and indirect expenditure on R & D activities such as management expenses, administrative expenses and investment in capital construction related to R & D

Number of Prizes Won at and above Provincial Level refers to the number of various prizes in scientific and technological research won by the units engaged in scientific and technological activities from administrative departments for science and technology in provincial or central governments in the current year. If a prize is won in a cooperative way, it is reported only by the first listed unit so as to avoid duplication. As for achievements that have won several prizes, only one prize is reported Prizes won by achievements include all those at state level, provincial level and city (prefecture) level. State-level prizes are National Prize for Natural Sciences, National Invention Prize, National Prize for Progress in Science and Technology and National Spark Prize Prizes at provincial and ministerial level refer to major achievements and progress in science and technology awarded by the departments of the state council, provinces, autonomous regions and municipalities directly under the central government

Number of Research Tasks (Projects) of Scientific and Technological Institutions refers to the number of research tasks (projects) on R & D, application of R & D and scientific and technological services, which are listed in the plans of scientific research or approved by administrative departments of the survey units and launched in the current year. It includes those newly started and those uncompleted in the preceding year but continued into the current statistical year

Cultural Institutions refer to units which have their own organizational system and independent accounting system and specialize in or serve cultural development. They exclude other establishments with independent accounting system run by these cultural institutions and amateur cultural groups established by various departments

Art Troupes refer to troupes which are engaged in drama, opera, music, dance, acrobatics or other art performances, open independent accounts with banks with independent accounting system, excluding troupes which are engaged partly in industrial or agricultural activities and partly in art performance and folk professional troupes

Film Projection Units refer to units with film projection equipment, full or part-time projectionists, permanent or non-permanent cinemas, approved by and registered with related administrative departments to show films regularly for certain groups of audience, including film projection units which have been approved to give commercial shows and share profits with administrative agencies of film circulation and projection, as well as film renting units of the military system

Number of Spectators at Art Performance (person-time) refers to the number of attendants at commercial shows, completely booked shows or free shows given in minority national areas, excluding the number of spectators at rehearsals for examination and internal shows for study.

十九、体育、卫生、社会福利、环保和其他

SPORTS,PUBLIC HEALTH,SOCIAL WELFARE, ENVIRONMENTAL PROTECTION AND OTHERS

十九 体育、卫生、社会福利、环保和其他

简要说明

一、本篇资料主要反映广东体育、卫生、社会福利、环保、安全生产及其他事业的发展情况。

二、本篇资料由广东省统计局人口和社会科技统计处负责整理、编辑。

三、体育部分主要包括体育系统职工人数、群众体育活动开展情况及运动竞技成绩等，资料由广东省体育局提供。

四、卫生部分主要包括卫生事业机构、床位及人员数等，资料由广东省卫生厅提供。

五、社会福利部分主要包括各种社会福利事业的机构数、收养救济人数、城乡基层社会保障情况、婚姻登记状况等，资料由广东省民政厅提供。

六、环保部分主要包括水环境、大气环境、生态环境、城市环境、农村环境、自然灾害，“三废”的排放、治理、综合利用，环境管理、环保系统自身建设情况等，资料由广东省环保局提供。

七、亿元生产总值安全生产事故死亡率数据由广东省安全生产监督管理局提供。

八、其他部分主要包括司法工作开展情况和交通、火灾事故发生情况等，资料由广东省司法厅 、广东省公安厅提供。

19 Sports,Public Health,Social Welfare,Environmental Protection and Others

Brief Introduction

Ⅰ. The data in this chapter mainly show the development of Guangdong’s sports, public health, social welfare, environmental protection, safe production and other undertakings.

Ⅱ. The data are prepared by the Division of Population, Social, Scientific and Technological Statistics of Statistics Bureau of Guangdong Province.

Ⅲ. The data on sports mainly include the number of staff and workers in sports departments, mass sports and athletics sports, etc. The data are provided by Guangdong Provincial Bureau of Sports.

Ⅳ. The data on public health mainly include the number of health institutions, hospital beds and personnel, etc. The data are provided by Guangdong Provincial Department of Public Health.

Ⅴ. The data on social welfare mainly include the number of institutions, the number of persons receiving social welfare relief funds, grassroots social security in urban and rural areas and marriage registration status, etc. The data are provided by Guangdong Provincial Department of Civil Affairs

Ⅵ. The data on environmental protection mainly include water environment, atmospheric environment, ecological environment, urban environment, rural environment, natural disasters, the discharge, treatment and comprehensive utilization of waste water, waste gas and solid wastes, environment management and the improvement of environmental protection departments, etc. The data are provided by Guangdong Provincial Bureau of Environmental Protection.

Ⅶ. The rate of death from work safety accidents per 100 million yuan of GDP is provided by Guangdong Provincial Bureau of Work Safety.

VIII. Other data mainly include judicial conditions and basic statistics on traffic and fire accidents, etc. The data are provided by Guangdong Provincial Department of Justice and Guangdong Provincial Department of Public Security.

19-1 体育、卫生、社会福利、环保和其他主要指标

Main Indicators of Sports, Public Health, Social Welfare, Environmental Protection and Others

指标	Item	1995	2000	2005	2008	2009
举办运动会次数 (次)	Number of Sports Meets Held (time)			2072		
举办全民健身活动次数 (次)	Number of National Body-building Activities Held (time)			7838	8072	11915
#参加 1000人以上活动的人数 (万人)	Number of Persons Attending Activities with over 1000 Participants (10000 persons)			771.76		
卫生事业机构数 (个)	Number of Health Institutions (unit)	8848	8984	16318	15821	16238
#医院、卫生院	Hospitals	2267	2426	2428	2428	2442
卫生事业机构床位数 (万张)	Number of Beds in Health Institutions(10000 units)	14.88	16.81	20.97	25.05	27.2
#医院、卫生院床位	Hospital Beds	13.78	15.72	19.26	23.16	25.04
卫生技术人员数 (万人)	Number of Medical Technical Personnel (10000 persons)	22.99	26.5	29.73	38.39	41.34
#医生	Doctors	9.89	11.12	11.80	14.43	15.57
平均每千户籍人口医院、卫生院床位数 (张)	Number of Hospital Beds per 1000 Population (unit)	2.03	2.12	2.44	2.77	2.99
平均每千户籍人口有卫生技术人员数 (人)	Number of Medical Technical Personnel per 1000 Population (person)	3.39	3.57	3.76	4.59	4.94
#医生	Doctors	1.46	1.50	1.49	1.73	1.86
优抚收养性单位收养人数 (人)	Number of Persons Adopted by Special Care Units (person)	1918	1785	2600	3059	3617
社会救济总人数 (万人)	Number of Persons Receiving Relief Funds (10000 persons)	337.80	154.70	262.28	271.61	274.8
农村建立社会保障网络乡镇数 (个)	Number of Towns with the Social Security Network Established (unit)	1223	1536	1156		
准予登记结婚对数 (对)	Registered Marriages (couple)	596689	562118	600313	787917	864520
#涉外婚姻	Marriages with Foreigners	12837	11730	10905	8457	8049
准予登记离婚数 (对)	Registered Divorces (couple)	34175	47521	80873	82200	94119
执业律师人数 (人)	Number of Full-time Lawyers (person)	5692	7292	12020	16750	18148
公证人员数 (人)	Number of Notarial Personnel (person)	1210	1380	1527	1534	1613
人民调解委员会调解人员数 (人)	Number of Mediators of People's Mediation Committees (person)	285288	250117	163459	195654	201229
企事业单位污染治理资金 (万元)	Funds for Pollution Treatment (10000 yuan)		167707	370384	403276	227464
环保投资占GDP比重 (%)	Percentage of Investment in Environmental Protection in GDP (%)		2.0	2.5		2.0
亿元生产总值生产安全事故死亡率	Rate of Death from Work Safety Accidents per 100 Million Yuan of Gross Regional Product		1.08	0.51	0.23	0.19
交通事故发生数 (起)	Number of Traffic Accidents (unit)	42115	66072	67756	39389	32455
交通事故损失折款 (万元)	Losses from Traffic Accidents Converted into Cash (10000 yuan)	28700	27526	20883	10014	8553
火灾事故发生数 (起)	Number of Fire Accidents (unit)	1254	8622	3176	4876	4548
火灾事故损失折款 (万元)	Losses from Fire Accidents Converted into Cash (10000 yuan)	17419	10065	7629	11491	12608

19-2 体育事业情况

Statistics on Sports

指 标	Item	1995	2000	2005	2007	2008	2009
体育系统年末职工人数 (人)	**Number of Staff and Workers in Sports Departments at the Year-end (person)**	**8730**	**9635**	**8762**	**10700**	**9964**	**9526**
运动员	Athletes	1043	1462	1695	2260	1202	848
专职教练员	Full-time Coaches	1464	1469	1568	1390	1324	952
专职文化教师	Full-time Teachers for Literacy Classes	644	785	722	594	829	925
科技人员	Scientific and Technological Personnel	76	90	85	97	191	125
宣传出版人员	Publicity and Publishing Personnel	17	5				
医务人员	Medical Personnel	163	196	141	137	94	126
管理人员	Administrative Personnel	2743	3131	2241	3421	3268	2151
其他人员	Others	2580	2497	2310	2801	3056	4399
社会体育指导员人数 (人)	**Number of Instructors of Social Sports(person)**						
当年发展人数	Number of New Instructors in Current Year			9896	7195	12323	
#高级	Senior			150	336	173	969
中级	Intermediate			3661	1732	3077	3548
初级	Junior			6085	5127	9133	20305
体育比赛成绩	**Achievements in Sports Tournament**						
破世界纪录 (项)	Number of World Records Chalked Up (item)	3	5		1	3	6
获世界冠军 (个)	Number of World Championships Won (unit)	31	36	26	29	34	25
破亚洲纪录 (项)	Number of Asian Records Chalked Up (item)	3	4	2	1	2	2
破全国纪录 (项次)	Number of National Records Chalked Up (item-time)	10	6	8	5	11	21
获得全国冠军 (项次)	Number of National Championships Won (item-time)	113	156	133	202	166	165
体育竞赛、活动开展情况	**Sports Meets and Activities**						
举办运动会次数 (次)	Number of Sports Meets Held (time)			2072	2351		
#举办综合运动会	Comprehensive Sports Meets Held			110	201		
举办单项比赛	Individual Competitions Held			1962	2150		
举办全民健身活动次数 (次)	Number of National Body-building Activities Held (time)			7838	5360	8072	11915
#1000人以上的活动 (次)	Number of Activities with Over 1000 Participants (time)			867	989		
参加 1000人以上活动的人数 (万人)	Number of Persons Attending Activities with Over 1000 Participants (10000 persons)			771.76	1027.9		

注：2008年运动员只包以省队为主的享受国家规定津贴的运动员。

Note:The number of athletes in 2008 includes those who are from provincial sports teams and receivce special state allowance.

19-3 卫生事业机构、床位及人员数

Number of Health Institutions, Beds and Personnel

年份 Year	机构(个) Health Institutions (unit)	#医院及卫生院 Hospitals	床位(张) Beds (unit)	#医院及卫生院床位 Hospital Beds	卫生工作人员(人) Medical Personnel (person)	#卫生技术人员 Medical Technical Personnel
1978	6949	1968	90645	84120	159583	126606
1979	7304	1974	91955	85144	171703	136568
1980	7649	1988	92506	84999	181480	144537
1981	8045	2002	94794	87010	191370	151971
1982	8331	2014	97441	88688	202162	160710
1983	8443	2037	100042	90851	208506	166543
1984	8525	2042	103231	93770	213193	170495
1985	8479	1853	107702	98231	220593	175337
1986	8713	1860	110022	99632	225526	180045
1987	8705	1880	114773	104932	230444	184126
1988	8820	1906	119328	109280	234807	187307
1989	8948	1886	122055	111816	240581	192147
1990	8989	1885	124015	114056	244039	194771
1991	9032	1906	129774	119079	249717	199051
1992	8989	1943	135527	124835	257043	205110
1993	8572	1968	139812	129317	267432	211874
1994	8720	2231	144865	134334	277398	220153
1995	8848	2267	148825	137756	288715	229894
1996	8921	2319	151553	141221	196108	237623
1997	8942	2348	155313	144496	305562	245862
1998	8805	2373	158351	147604	313737	252213
1999	8699	2415	162398	151367	320432	258591
2000	8984	2426	168143	157164	327065	264990
2001	8638	2444	172735	162197	330418	268347
2002	15500	2415	180791	165498	323294	262633
2003	15409	2410	188543	172981	336175	273620
2004	15744	2391	200056	183107	348203	283351
2005	16318	2428	209741	192551	364520	297334
2006	16953	2433	221886	204071	408972	332829
2007	16490	2435	234179	216951	452080	360674
2008	15821	2428	250497	231583	479462	383876
2009	16238	2442	271972	250364	513997	413444

注：从2002年开始，机构数中包含个体诊所机构数；人员、总计中不含乡村医疗点

Note: Since 2002, the number of institutions has included the number of individual clinics, but has excluded the number of rural medical stations;the number of personnel has excluded the number of certified (assistant) doctors in rural medical stations.

19-4 卫生事业机构、床位和人员数（2009年）

Number of Health Institutions, Beds and Personnel (2009)

机构类别	Type of Institution	机构(个) Number of Institutions (unit)	床位数(张) Beds (unit)	人员数(人) Personnel (person)	#卫生技术人员 Medical Technical Personnel	#执业(助理)医师 Certified (Assistant) Doctors
合 计	**Total**	**16238**	**271972**	**513997**	**413444**	**155711**
医 院	Hospitals	1064	202257	304205	243778	85231
卫生院	Health Centers	1378	48107	83147	66820	26514
疗养院	Sanatoriums	14	2267	1510	828	301
社区卫生服务中心	Community Health Service Centers	859	3542	21870	18207	7690
社区卫生服务站	Community Health Service Stations	1125	87	6664	5988	2399
门诊部、诊所、卫生所等	Outpatient Departments and Clinics	11058	101	43088	37227	19449
#诊所	Outpatient Departments	6552		15929	14638	8230
卫生所(医务室)	Clinics (Medical Stations)	2713		7044	6710	4024
急救中心(站)	Emergency Centers (Stations)	8		245	168	42
采供血机构	Blood Taking and Supply Agencies	40		1754	1198	180
妇幼保健院(所、站)	Maternity and Child Care Centers	127	12274	25241	20836	7352
专科疾病防治院(所、站)	Specialized Prevention and Treatment Stations	149	3337	7480	5514	2254
疾病预防控制中心(防疫站)	Disease Prevention and Control Centers (Antiepidemic Stations)	135		10369	7531	3660
卫生监督所	Sanitation Supervision Stations	138		4995	3596	
卫生监督检验(监测、检测)所(站)	Sanitation Supervision Quarantine Stations	1		4		
医学科学研究机构	Research Institutions of Medical Science	19		187	90	33
医学在职培训机构	On-the-job Medical Training Institutions	22		930	371	171
健康教育所(站、中心)	Health Education Stations (Centers)	33		233	104	40
其他卫生机构	Other Health Agencies	68		2075	1188	395
#乡村医疗点	Rural Medical Stations	28070				6248

注：2008年起,门诊部、诊所、卫生所等含护理站

Note: Since 2008, the number of outpatient departments and clinics include that of nurse stations.

19-5 各市卫生事业机构、床位和人员数（2009年）

Number of Health Institutions, Beds and Personnel by City (2009)

市别	City	机构(个) Number of Institutions (unit)	#医院 Hospitals	床位数(张) Beds (unit)	#医院床位 Hospital Beds	卫生工作人员(人) Medical Personnel (person)	#卫生技术人员 Medical Technical Personnel	执业(助理)医师(人) Certified Doctors (person)
全省总计	**Provincial Total**	**16238**	**1064**	**271972**	**202257**	**513997**	**413444**	**155711**
广州	Guangzhou	2341	224	59038	50367	109831	89179	32926
深圳	Shenzhen	2486	107	21538	20011	67455	54121	21524
珠海	Zhuhai	486	31	6341	4870	13313	11119	4260
汕头	Shantou	288	39	10296	8097	17544	13573	5225
佛山	Foshan	1051	57	21456	12578	38769	31453	11386
韶关	Shaoguan	685	60	11403	8629	16352	13227	5081
河源	Heyuan	290	22	6174	2844	11489	9535	3451
梅州	Meizhou	1172	27	9360	5633	18528	14982	6313
惠州	Huizhou	680	42	11122	6673	20415	16168	5852
汕尾	Shanwei	209	24	5321	3307	8813	6660	2731
东莞	Dongguan	900	85	18080	17685	39669	31874	11373
中山	Zhongshan	442	44	8822	8707	16346	13499	4915
江门	Jiangmen	899	33	11734	8015	20265	16620	6381
阳江	Yangjiang	385	38	5954	4083	9206	7262	2717
湛江	Zhanjiang	954	65	17843	11533	26677	21031	7613
茂名	Maoming	373	40	13618	8459	19087	15246	5359
肇庆	Zhaoqing	605	41	9186	6408	17914	13944	4724
清远	Qingyuan	623	37	9342	5531	13894	11637	4168
潮州	Chaozhou	820	13	3233	2023	8334	6566	3149
揭阳	Jieyang	264	18	6851	3706	11851	9007	4013
云浮	Yunfu	285	17	5260	3098	8245	6741	2550
按经济区域分	By Region							
珠三角	Pearl River Delta	9890	664	167317	135314	343977	277977	103341
东翼	Eastern Region	1581	94	25701	17133	46542	35806	15118
西翼	Western Region	1712	143	37415	24075	54970	43539	15689
山区	Mountainous Region	3055	163	41539	25735	68508	56122	21563

19-6 各类卫生事业机构、床位和人员数

Number of Health Institutions, Beds and Personnel by Type

指 标	Item	1995	2000	2005	2008	2009
机构数 (个)	**Number of Institutions (unit)**	**8848**	**8984**	**16318**	**15821**	**16238**
医院	Hospitals	665	746	965	1029	1064
卫生院	Health Centers	1602	1680	1463	1399	1378
门诊部 (所)	Clinics, Health Stations and Community Health	5737	5710	12675	10949	11058
专科防治机构	Specialized Prevention and Treatment Stations	165	158	157	150	149
疾病预防控制机构	Sanitation and Anti-epidemic Institutions	177	171	134	136	135
妇幼保健机构	Maternity and Child Care Centers	67	31	125	126	127
医学科学研究机构	Research Institutions of Medical Science	20	20	20	20	19
其他卫生机构	Other Health Care Institutions	415	468	779	2012	2308
床位数 (张)	**Number of Beds (unit)**	**148825**	**168143**	**209741**	**250497**	**271972**
人员数 (人)	**Number of Personnel (person)**	**288715**	**327065**	**364520**	**479462**	**513997**
卫生技术人员	Medical Technical Personnel	229894	264990	297334	383876	413444
#医生	Doctors	98877	111172	118023	144335	155711
注册护士	Nurses	64504	83198	98791	135855	151195
其他技术人员	Other Technical Personnel	6728	8910	16596	18147	19258
管理人员	Administrative Personnel	22944	24320	21600	28633	29017
工勤人员	Logistics Personnel	29149	28845	28990	48806	52278

注：从2002年开始，机构数中包含个体诊所机构数；门诊部(所)含门诊部、诊所、卫生所、医务室、护理站等；妇幼保健院归入妇幼保健机构统计；医生指执业(助理)医师。2008年起，门诊部(所)含护理站，不含社区卫生服务站(纳入其他卫生机构)。

Note: Since 2002, the number of institutions has included the number of individual clinics, covered in the category of outpatient departments (clinics); maternity and child care centers have been included in the number of maternity and child care institutions; doctors have referred to certified (assistant) doctors; and Since 2008, clinics include nurse stations, but excludce community health stations, which is listed as Other Healthcare Institutions.

19-7 各市社会基本养老、失业保险基金征缴额和征缴率（2009年）

Amount Collected and Percentage of Collection of Basic Retirement Security Insurance and Unemployment Insurance by City (2009)

市别	City	基本养老保险 Basic Retirement Security Insurance		失业保险 Unemployment Insurance	
		基金征缴额（万元） Amount Collected (10000 yuan)	基金征缴率（%） Percentage of Collection (%)	基金征缴额（万元） Amount Collected (10000 yuan)	基金征缴率（%） Percentage of Collection (%)
合计	**Total**	**8401721**	**99.0**	**253582**	**97.8**
广州	Guangzhou	1504943	100.0	30559	100.0
深圳	Shenzhen	2011858	99.8	33492	99.6
珠海	Zhuhai	294718	98.0	11970	99.4
汕头	Shantou	143890	99.7	12365	100.0
佛山	Foshan	774766	99.0	29989	98.8
韶关	Shaoguan	127755	98.9	9757	99.8
河源	Heyuan	59911	96.6	4328	96.3
梅州	Meizhou	156878	100.0	4022	100.0
惠州	Huizhou	208818	93.9	7704	94.2
汕尾	Shanwei	38332	84.9	3306	85.3
东莞	Dongguan	641793	99.8	20929	99.8
中山	Zhongshan	279499	100.0	12482	100.0
江门	Jiangmen	258742	98.3	16005	98.4
阳江	Yangjiang	50898	93.8	4827	96.4
湛江	Zhanjiang	166684	91.7	14352	90.6
茂名	Maoming	128474	91.5	12606	88.0
肇庆	Zhaoqing	121886	100.0	8053	100.0
清远	Qingyuan	92459	98.7	6540	99.3
潮州	Chaozhou	64857	97.4	3465	95.5
揭阳	Jieyang	93162	96.6	3712	97.4
云浮	Yunfu	50285	98.0	3118	99.1
省直	Directly under Provincial Government	1131111	99.6		
按经济区域分	By Region				
珠三角	Pearl River Delta	6097023		171183	
东翼	Eastern Region	340241		22848	
西翼	Western Region	346056		31785	
山区	Mountainous Region	487288		27765	

注：各区域不包省直单位部分。
Note: "By Region" does not include agencies directly under provincial jurisdiction.

19-8 各市社会保险参保人数（2009年）

Number of Persons Participating in Social Insurance by City (2009)

单位：万人 (10000 persons)

市别	City	基本养老保险参保人数 Number of Persons Participating in Basic Retirement Security Program	失业保险参保人数 Number of Persons Participating in Unemployment Insurance	医疗保险参保人数 Number of Persons Participating in Health Care Program	工伤保险参保人数 Number of Persons Participating in Industrial Accident Insurance	生育保险参保人数 Number of Persons Participating in Child-bearing Insurance
合　计	**Total**	**2422.27**	**1489.54**	**4568.49**	**2435.50**	**1586.25**
广　州	Guangzhou	289.31	312.10	608.03	355.10	166.13
深　圳	Shenzhen	584.09	218.97	951.58	815.65	334.48
珠　海	Zhuhai	78.07	66.96	126.17	69.04	36.68
汕　头	Shantou	45.48	38.12	76.99	37.47	36.10
佛　山	Foshan	232.73	140.90	400.56	187.04	158.17
韶　关	Shaoguan	37.78	26.38	75.00	26.85	14.40
河　源	Heyuan	32.57	22.90	48.01	21.74	11.21
梅　州	Meizhou	29.93	21.24	66.14	17.85	16.87
惠　州	Huizhou	120.03	32.77	314.14	64.13	40.75
汕　尾	Shanwei	20.95	11.80	43.62	11.29	8.47
东　莞	Dongguan	315.81	259.15	536.57	438.87	536.57
中　山	Zhongshan	128.81	113.43	216.17	115.13	6.71
江　门	Jiangmen	68.66	49.47	116.78	46.36	33.56
阳　江	Yangjiang	28.28	18.00	55.09	16.02	12.14
湛　江	Zhanjiang	63.23	33.15	610.48	26.82	33.63
茂　名	Maoming	41.80	22.63	43.88	26.59	16.15
肇　庆	Zhaoqing	40.40	30.15	81.47	27.07	22.74
清　远	Qingyuan	44.92	16.44	78.33	30.41	12.22
潮　州	Chaozhou	33.40	27.64	33.71	26.52	14.86
揭　阳	Jieyang	29.68	14.73	51.06	11.74	14.44
云　浮	Yunfu	17.65	12.59	34.71	11.64	8.63
省　直	Directly under Provincial Government	138.71			52.16	51.36
按经济区域分	By Region					
珠三角	Pearl River Delta	1857.90	1223.91	3351.47	2118.39	1335.78
东　翼	Eastern Region	129.50	92.29	205.38	87.03	73.87
西　翼	Western Region	133.31	73.79	709.45	69.43	61.92
山　区	Mountainous Region	162.84	99.55	302.19	108.49	63.32

注：各区域不包省直单位部分。
Note: "By Region" does not include agencies directly under provincial jurisdiction.

19-9 优抚、社会救济和福利事业情况

Statistics on Special Care, Social Relief and Welfare

项　目	Item	1995	2000	2005	2008	2009
优抚事业	**Special Care**					
优抚收养性事业单位数（个）	Number of Special Care Units (unit)	58	63	81	92	91
国家办	Run by State	38	51	81	92	91
集体办	Run by Collective Units	20	12			
优抚收养性单位收养人数（人次）	Number of Persons Adopted by Special Care Units (person-time)	1918	1785	2600	3059	3617
国家办	By State-run Units	1694	1761	2600	3059	3617
集体办	By Collective-run Units	224	24			
优抚事业费用（万元）	Expenses on Special Care (10000 yuan)	30749	57759	132738	252028	290689
民政部门支出	Expenses by Civil Administration Departments	16003	31503	132738	252028	290689
群众优待	Mass Special Care	14746	26256			
社会救济	**Social Relief**					
社会救济总人数（万人）	Total Number under Social Relief (10000 persons)	337.80	154.70	262.28	271.64	274.8
#农村传统救济对象人数	Number of People Receiving Traditional Social Relief in Rural Areas	244.30	87.10	18.22	3.01	37.16
城乡居民最低生活保障人数（万人）	Number of Urban and Rural Residents Receiving Minimum Income Relief (10000 persons)		38.00	167.59	200.27	212.1
城镇	Urban Areas		14.90	42.16	39.67	40.9
农村	Rural Areas		23.10	125.43	160.6	171.2
城乡居民最低生活保障家庭户数（万户）	Number of Urban and Rural Households Receiving Minimum Income Relief (10000 households)		15.00	64.19	78.29	84.44
城镇	Urban Areas		5.50	15.01	15.86	17.01
农村	Rural Areas		9.50	49.18	62.44	67.43
城乡居民最低生活保障金支出（万元）	Expenditures on Minimum Income Relief for Urban and Rural Residents (10000 yuan)		19334	81255	199231	243184
城镇	Urban Areas		11460	39206	69705	80061
农村	Rural Areas		7874	42049	129526	163123
社会救济福利事业费（万元）	Expenses on Social Relief and Welfare (10000 yuan)	18975	61538	120143	320019	334059
自然灾害救济费（万元）	Relief Funds for Natural Calamities (10000 yuan)	10356	8456	35257	44314	21956
社会福利	**Social Welfare**					
社会福利收养性事业单位数（个）	Number of Social Welfare Institutions (unit)	1887	2086	2070	2308	2524
#国家办	Run by State	70	97	162	196	258
集体办	Run by Collective Units	1817	1989	1908	2112	
社会福利收养性事业单位收养人数（人）	Number of People Taken In by Social Welfare Institutions (person)	37364	51085	63256	82133	89105
#国家办	Run by Civil Administration Departments	6437	10660	53093	20875	30588
集体办	Run by Collective Units	30927	40425	10163	61258	58517
社会福利企业单位（个）	Number of Social Welfare Enterprises (unit)	4440	517	251	156	147
安排"四残"人员就业数（人）	Number of "Four Kinds of Disabled Persons" Arranged for Employment (person)	20365	8165	6266	4156	4037
#国家办	By State-run Units	5025	1891	2008		
集体办	By Collective-run Units	15340	6274	4258		
城乡基层社会保障	**Urban and Rural Social Security**					
农村建立社会保障网络乡镇数（个）	Number of Townships with Rural Social Security Network (unit)	1223	1536	1156		
城镇社区服务设施数（个）	Number of Urban Community Service Facilities(unit)	2505	4983	9044	6327	7641
#社区服务中心数	Community Service Centers		787	665	767	654

19-10 婚姻登记情况
Statistics on Marriage Registration

项 目	Item	1995	2000	2005	2008	2009
国内结婚登记	**Domestic Marriage Registration**					
准予登记结婚 (对)	Registered Marriages (couple)	583852	550388	578503	787917	856471
#恢复结婚	Resumption of Marriages	753	1515	3421	9817	8558
初婚人数 (人)	Number of First Marriages (person)	1143110	1058051	1115700	1495116	1614197
再婚人数 (人)	Number of Remarriages (person)	24594	42725	63116	97632	114843
男性	Male	13682	25251	37314	57906	67056
女性	Female	10912	17474	25802	39726	47787
涉外结婚登记	**Marriage Registration with Foreigners, Overseas Chinese and Citizens of Hong Kong, Macao and Taiwan**					
准予登记结婚 (对)	Registered Marriages (couple)	12837	11730	10905	8457	8409
准予登记结婚人数(人)	Number of Persons Registered (person)	25674	23460	21810	16914	16098
国内公民	Domestic Citizens	12837	11608	10901	8431	8047
男性	Male	1272	1932	4851	2522	1820
女性	Female	11565	9676	6050	5909	6227
港澳同胞	Compatriots from Hong Kong and Macao	8060	5247	4698	3374	2823
台湾同胞	Compatriots from Taiwan	652	1409	1172	1040	989
华侨	Overseas Chinese	2032	1848	1584	1434	1228
外国人	Foreigners	2093	3348	3455	2635	3011
离婚	**Divorce**					
离婚总数 (对)	Total Number of Registered Divorces (couple)	34175	47521	80873	10556	119131
民政部门办理离婚	Divorces Handled through Civil Affairs Departments	13181	19786	58589	80848	94119
#涉外、华侨、港澳台婚姻	Divorces from Foreigners, Overseas Chinese and Citizens of Hong Kong, Macao and Taiwan	299	249	1165	1352	1539
法院调解离婚	Divorces through Law Court Mediation	13101	15973	11834	13528	15508
法院判决离婚	Divorces through Law Court Judgment	7893	11762	10450	9828	9504

19-11 环境保护基本情况

Basic Conditions of Environmental Protection

项　　目	Item	2000	2005	2008	2009
水环境	**Water Environment**				
降水量 (毫米)	Precipitation (mm)		1765.7	2140.8	1578.6
水资源总量 (亿立方米)	Total Amount of Water Resource (100 million cu.m)		1747.49	2206.82	1613.68
人均水资源量 (立方米/人)	Per Capita Amount of Water Resource (cu.m/person)		1900.69	2197.3	1682.00
用水总量 (亿立方米)	Total Water Consumption (100 million cu.m)		458.95	461.53	463.41
#农业用水	Agriculture		236.67	232.26	233.08
工业用水	Industry		133.89	137.19	136.15
生活用水	Living		83.5	85.32	65.19
生态用水	Ecology		4.89	6.76	8.10
万元GDP用水量(立方米/万元)	Water Consumption per 10000 Yuan of GDP (cu.m/10000 yuan)		205.19	129	119
万元工业增加值用水量 (立方米/万元)	Water Consumption per 10000 Yuan of Value-added of Industry (cu.m/10000 yuan)		127.73	80	76
废水排放总量 (万吨)	Total Volume of Waste Water Discharged (10000 tons)	447543	638403	677352	687429
#生活污水	Living Waste Water	333488	406835	464038	498585
工业废水	Industrial Waste Water	114055	231568	213314	188844
废水中COD排放量 (万吨)	Volume of COD Discharged from Waste Water (10000 tons)	95.1	105.8	96.36	91.12
废水中氨氮排放量 (万吨)	Volume of Ammonia and Nitrogen Discharged from Waste Water (10000 tons)		10	12.2	11.51
城镇生活污水处理率 (%)	Percentage of Treatment of Urban Living Waste Water (%)		40.2	55.9	61.2
工业废水排放达标率 (%)	Percentage of Industrial Waste Water up to the Discharge Standards (%)	81.8	83.9	89.7	92.3
大气环境	**Atmospheric Environment**				
工业废气排放总量 (亿标立米)	Total Volume of Industrial Waste Gas Emission (100 million cu.m)	8326	13447	20510	22682
燃烧废气	From the Burning Process of Fuels	5169	9213	13202	14033
工艺废气	From the Process of Production	3157	4234	7308	8649
二氧化硫排放总量 (万吨)	Total Volume of Industrial Sulfur Dioxide Emission (10000 tons)	90.5	129.4	113.6	107.1
#工业二氧化硫 (万吨)	Volume of Industrial Sulfur Dioxide Emission (10000 tons)	88.2	127.4	109.7	101.3
工业二氧化硫去除量 (万吨)	Volume of Industrial Sulfur Dioxide Removed(10000 tons)	15.2	25.5	108.8	187.4
工业二氧化硫排放达标率(%)	Percentage of Industrial Sulfur Dioxide up to the Discharge Standards (%)		77.8	88	84.5
工业烟尘排放量 (万吨)	Volume of Industrial Soot Emission (10000 tons)	26.5	27.1	28.2	24.8
工业烟尘去除量 (万吨)	Volume of Industrial Soot Removed (10000 tons)	570.4	727	1108.6	988.3
工业烟尘去除率 (%)	Percentage of Industrial Soot Removed (%)	97.4	96.4	97.5	97.6
工业烟尘排放达标率 (%)	Percentage of Industrial Soot Emission up to the Discharge Standards (%)		76.9	89.5	90.2
工业粉尘去除量 (万吨)	Volume of Industrial Dust Removed (10000 tons)	251.8	242.6	509.3	464.1
工业粉尘排放量 (万吨)	Volume of Industrial Dust Emission (10000 tons)	59.1	32.1	20.1	10.5
工业粉尘排放达标率 (%)	Percentage of Industrial Dust Emission up to the Discharge Standards (%)		71.3	90.2	90.9
工业粉尘去除率 (%)	Percentage of Industrial Dust Removed (%)	89	88.3	96.8	97.8
空气质量达二级标准城市数(个)	Number of Cities Meeting Grade Ⅱ Air Quality Standard		21	21	21
生态环境	**Ecological Environment**				
人均耕地面积 (亩)	Per Capita Area of Cultivated Land (mu)		0.48	0.45	0.295
水土流失治理面积 (千公顷)	Area of Soil Erosion under Control (1000 hectares)		39.9	39.6	45.43
森林面积 (万公顷)	Forest Area (10000 hectares)		921.2	930.72	939.36

19-11 续表 1 continued

项 目	Item	2000	2005	2008	2009
森林覆盖率 (%)	Forest Coverage Rate (%)		55.5	56.3	56.70
人均森林面积 (公顷)	Per Capita Forest Area (hectare)		0.1	0.10	0.10
活立木蓄积量 (万立方米)	Volume of Standing Forest Stock (10000 cu.m)		36459	40300	41812
森林蓄积量 (万立方米)	Stock Volume of Forest (10000 cu.m)		34469	38268.2	39845.5
当年营造林面积 (万公顷)	Afforested Area in Current Year (10000 hectares)		1.95	0.94	1.99
自然保护区数 (个)	Number of Natural Reserves (unit)	153	293	369	373
自然保护区面积((万公顷))	Area of Natural Reserves (10000 hectares)	299.5	333.7	178.2	179.9
城市环境	**Urban Environment**				
城市面积 (平方公里)	Urban Area (sq.km)		26645.48	18485.78	18063.80
#建成区面积	Built-up Area		3619.05	4132.63	4434.08
城市建设用地面积 (平方公里)	Area of City Land Used for Construction (sq.km)		3080.17	3943.09	4688.81
城市供水总量 (万立方米)	Total Volume of Water Supply in Urban Areas (10000 cu.m)		738573.00	810933.41	785070.81
#生活用水量	Domestic Water Consumption		410932.00	378270.27	391109.51
城市用水普及率 (%)	Popularization Rate of Tap Water in Urban Areas(%)		98.80	93.97	97.70
城市污水排放量 (万吨)	Volume of Municipal Sewage Discharge(10000 tons)		460562	510810	497575
城市污水处理量 (万吨)	Volume of Municipal Sewage Disposal (10000 tons)		207403	338312	355762
城市污水处理率 (%)	Rate of Municipal Sewage Disposal (%)		45.03	45.77	61.35
城市生活垃圾清运量 (万吨)	Transportation Amount of Urban Domestic Waste (10000 tons)		1722.60	1868.36	1960.63
城市生活垃圾无害化处理量(万吨)	Volume of Harmless Disposal of Urban Domestic Waste (10000 tons)		871.60	1193.27	1283.94
城市生活垃圾无害化处理率 (%)	Rate of Harmless Disposal of Urban Domestic Waste (%)		50.60	63.87	65.49
城市燃气普及率 (%)	Popularization Rate of Gas in Urban Areas (%)		95.42	93.94	96.45
城市人均公园绿地面积 (平方米)	Per Capita Urban Public Green Area (sq.m)		11.00	11.46	12.27
建成区绿化覆盖率 (%)	Green Coverage Rate in Built-up Areas (%)		33.46	40.31	40.75
农村环境	**Rural Environment**				
农村改水受益率 (%)	Percentage of Population Benefiting from Water Improvement (%)		98.60	98.34	98.57
农村自来水普及率 (%)	Popularization Rate of Tap Water in Rural Areas (%)		75.02	78.4	80.79
农村卫生厕所普及率 (%)	Popularization Rate of Sanitary Toilets in Rural Areas (%)		75.00	79.53	81.89
无害化卫生厕所普及率 (%)	Popularization Rate of Harmless Sanitary Toilets (%)			70.47	73.43
农村沼气池产气总量 (万立方米)	Total Output of Biogas from Rural Biogas Pools (10000 cu.m)		9415.00	15831.00	17814.25
自然灾害	**Natural Disasters**				
发生地质灾害起数 (起)	Number of Geological Disasters (unit)		155	205	238
地质灾害直接经济损失 (万元)	Direct Economic Loss due to Geological Disasters (10000 yuan)		58747.15	10875.4	8865.25
海洋灾害发生次数 (次)	Number of Marine Disasters (time)		16	17	29
海洋灾害直接经济损失 (万元)	Direct Economic Loss due to Marine Disasters (10000 yuan)		7.94	1542800	400100
森林火灾次数 (次)	Number of Forest Fires (time)		212	165	188
突发环境事件 (次)	Emergent Environment Cases (time)		31	2	2

注：从2007年起，城市环境所有指标统计范围为县级以上市，不包括不设市和县城。
Note: Since 2007, the statistical coverage of urban environment refers to the county-level cities, excluding counties.

19-11 续表 2 continued

项　目	Item	2000	2005	2008	2009
突发环境事件直接经济损失 (万元)	Direct Economic Loss due to Emergent Environmental Destruction Accidents Pollution and (10000 yuan)		6128.10		
工业固体废物	**Industrial Solid Wastes**				
固体废物产生量 (万吨)	Volume of Industrial Solid Wastes Produced (10000 tons)	1694.3	2896.2	4833.3	4740.9
固体废物排放量 (万吨)	Volume of Industrial Solid Wastes Discharged (10000 tons)	11.7	13.9	12.0	15.98
固体废物贮存量 (万吨)	Volume of Industrial Solid Wastes Accumulated(10000 tons)	360.4	376.7	160.6	137.8
固体废物综合利用率 (%)	Percentage of Wastes Utilized in a Comprehensive Way (%)	68.5	76.7	85.3	90.3
工业"三废"综合利用	**Comprehensive Utilization of Industrial Waste Water, Waste Gas and Solid Wastes**				
综合利用产品产值 (万元)	Output Value of Products Created from Comprehensive Utilization of Waste Gas, Waste Water and Solid Wastes (10000 yuan)	161400	365616	601479	509827
工业“三废”治理设施	**Facilities for Treatment of Industrial Waste Water, Waste Gas and Solid Wastes**				
工业废水处理设施总数 (套)	Number of Facilities for Treatment of Waste Water (set)	7273	5971	9968	9826
工业废气治理设施总数 (套)	Number of Facilities for Treatment of Waste Gas (set)	10901	7872	13876	13011
企事业单位污染治理	**Pollution Treated by Enterprises and Institutions**				
污染治理资金 (万元)	Funds for Pollution Treatment (10000 yuan)	167707	370384	403276	227464
其他资金	Other Funds		314908	392809	223984
当年安排治理项目 (个)	Number of Projects for Pollution Treatment in Current Year (unit)	2543	1327	1271	955
当年竣工项目数 (个)	Number of Projects Completed in Current Year (unit)	1438	1071	1184	883
环境管理	**Environmental Management**				
环保投资占GDP比重 (%)	Percentage of Investment in Environmental Protection in GDP (%)	2.0	2.5		2.0
当年制定环保法规及标准 (件)	Number of Environment Protection Laws, Regulations, Standards Drawn up in Current Year (item)	4	1	2	14
当年排污收费总额 (万元)	Total Fees for Discharging Waste in Current Year (10000 yuan)	60191	98077	88099	81111
环境影响评价制度执行率 (%)	Percentage of Implementation of the Evaluation Program on Impact of Projects in Question against Environment (%)	98.9	99.8	99.9	100
当年“三同时”执行合格率(%)	Pass Rate of Design, Construction and Operation of Environment Protection Facilities Synchronous with Project Construction in Current Year (%)		95.5	95.1	99
环保系统自身建设情况	**Statistics on Environmental Protection Agencies**				
年末机构数 (个)	Number of Agencies at the Year-end (unit)	1006	1024	994	884
环境监测站数 (个)	Number of Environmental Monitoring Stations (unit)	121	120	121	125
年末实有人数 (人)	Number of Personnel at the Year-end (person)	6313	9748	9558	10320

注:2007年环境污染与破坏事故指标改为突发环境事件。

Note: In 2007, data of environmental pollution and destruction refer to emergent environmental pollution and destruction accidents.

19-12 各市“三废”排放及治理情况（2009年）

Statistics on Discharge and Treatment of Waste Water, Waste Gas and Solid Wastes by City (2009)

市别	City	废水排放总量(亿吨) Total Volume of Waste Water Discharged (100 million tons)	#工业废水 Industrial Waste Water	工业废水排放达标率(%) Percentage of Industrial Waste Water up to the Discharge Standards (%)	工业废气排放总量(亿标立米) Total Volume of Industrial Waste Gas Emission (100million cu.m)	#燃烧废气 From the Burning Process of Fuel	工业烟尘排放总量(万吨) Volume of Industrial Dust Emission (10000 tons)	工业烟尘去除率(%) Percentage of Industrial Dust Removed (%)
广州	Guangzhou	119316.72	26022.72	96.51	2539.5	1662	1.1	99.3
深圳	Shenzhen	90373.28	8072.65	96.32	1740.7	1254.9	0.2	99.5
珠海	Zhuhai	19153.81	5890.59	98.03	1473.8	789.9	0.8	98.8
汕头	Shantou	20917.12	4972.17	90.32	492.1	457.4	0.4	99.0
佛山	Foshan	76379.30	25643.23	93.5	1592	1261.7	3.0	95.8
韶关	Shaoguan	18080.57	8668.60	80.19	1377.5	454.7	0.6	99.2
河源	Heyuan	13065.45	3023.35	98.68	385.6	210	0.4	99.0
梅州	Meizhou	13110.70	4110.20	84.31	2130.6	1363.5	0.7	98.6
惠州	Huizhou	28188.23	5782.28	96.87	1319.1	581.4	0.3	84.7
汕尾	Shanwei	14660.04	4217.35	46.97	285.2	282.9	0.1	93.8
东莞	Dongguan	74613.67	29962.00	97.82	2135	1856.8	3.0	95.6
中山	Zhongshan	32462.21	12629.03	98.16	431.3	303.9	1.4	90.0
江门	Jiangmen	30629.26	11429.34	94.4	1143.8	727.9	1.8	98.1
阳江	Yangjiang	8967.02	2426.22	78.31	216.6	87.4	0.7	92.1
湛江	Zhanjiang	23890.67	5271.87	84.81	573.6	434.6	0.8	95.8
茂名	Maoming	23772.81	7475.71	85.59	858.4	684	1.4	92.0
肇庆	Zhaoqing	18576.88	8241.03	95.55	434.5	173.2	2.1	79.6
清远	Qingyuan	15411.99	3213.69	82.76	1600.8	372.4	0.9	98.0
潮州	Chaozhou	15591.68	3921.90	83.48	305.1	303.9	0.9	97.3
揭阳	Jieyang	19741.70	4406.45	95.21	331.7	331	0.8	95.2
云浮	Yunfu	10526.06	3463.50	86.4	1315	439.5	0.9	96.2

19-12 续表 continued

市别	City	工业烟尘排放达标率(%) Percentage of Industrial Soot Emission up to the Discharge Standards (%)	工业粉尘排放量(吨) Volume of Industrial Dust Emission (ton)	工业粉尘去除率(%) Percentage of Industrial Dust Removed (%)	工业粉尘排放达标率(%) Percentage of Industrial Dust Emission up to the Discharge Standards (%)	工业固体废物产生量(万吨) Volume of Industrial Solid Wastes Produced (10000 tons)	工业固体废物排放量(万吨) Volume of Industrial Solid Wastes Discharged (10000 tons)	工业固体废物综合利用率(%) Percentage of Industrial Solid Wastes Utilized (%)	工业固体废物处置率(%) Percentage of Wastes Treated (%)
广州	Guangzhou	91.86	2237.36	97.72	99.87	641.84	0.03	93.16	6.62
深圳	Shenzhen	99.86	1056.62	42.05	100.00	139.45	0.05	90.13	9.84
珠海	Zhuhai	98.39	2121.26	98.11	99.63	262.36	0.35	98.53	1.34
汕头	Shantou	98.52	44.77	97.56	98.84	72.98	0.01	95.91	1.18
佛山	Foshan	97.25	3764.91	97.84	92.54	278.39	0.33	97.51	2.37
韶关	Shaoguan	79.38	4394.32	99.15	95.62	847.91	0.88	93.48	0.59
河源	Heyuan	83.56	1179.56	92.52	99.70	108.81	2.91	75.76	21.56
梅州	Meizhou	95.62	18500.13	94.59	91.39	473.85		86.60	12.82
惠州	Huizhou	99.02	17997.20	99.29	99.86	27.29		80.15	19.84
汕尾	Shanwei	65.94	1518.92	0.24		39.20	2.01	87.40	7.47
东莞	Dongguan	99.61	3.63	99.84	100.00	318.42	0.72	94.97	4.81
中山	Zhongshan	100.00	168.12	91.68	99.83	85.10	0.49	82.94	16.36
江门	Jiangmen	83.83	9180.76	78.55	95.01	206.85	0.40	98.31	1.44
阳江	Yangjiang	87.76	4510.66	60.17	90.67	78.86	0.66	99.15	0.01
湛江	Zhanjiang	83.89	5966.02	94.94	75.82	268.22	0.95	92.47	7.17
茂名	Maoming	73.74	3178.47	91.28	97.37	157.96	0.24	91.02	3.76
肇庆	Zhaoqing	94.80	6616.06	96.87	91.27	158.16	0.09	63.19	24.12
清远	Qingyuan	68.95	10994.06	94.28	74.94	226.16	5.67	87.21	6.96
潮州	Chaozhou	91.37	16.36	71.43	97.43	61.15	0.13	99.73	0.06
揭阳	Jieyang	90.72	8.44	63.14	96.55	54.98	0.01	99.64	0.34
云浮	Yunfu	82.27	11731.92	96.32	98.45	232.92	0.05	84.65	15.32

19-13 各市环境保护基本情况表

Basic Statistics on Urban Sanitation by City

市 别	City	城镇污水处理率 (%) Rate of Sewage Treatment				城镇生活垃圾无害化处率 (%) Rate of Consumption Waste Treatment			
		2000	2005	2008	2009	2000	2005	2008	2009
广 州	Guangzhou		40.2	55.9	78.43		85	81.1	
深 圳	Shenzhen		49.4	69.2	81.72		90.0	94.2	
珠 海	Zhuhai		78.3	85.2	80.84		43.3	72.2	
汕 头	Shantou		45.3	76.5	57.07		67.2	64.0	
佛 山	Foshan		36.5	34.1	74.29		25.1	94.5	
韶 关	Shaoguan		44.4	71.9	38.03			78.3	
河 源	Heyuan		4.4	32.2	30.11				
梅 州	Meizhou		10.5	24.4	25.46			100.0	
惠 州	Huizhou		8.8	12.5	62.99		66.3	78.6	
汕 尾	Shanwei		37.2	47.2	7.35				
东 莞	Dongguan				67.07		14.1	29.0	
中 山	Zhongshan		22.6	64.0	83.6		60.0	100.0	
江 门	Jiangmen		25.5	65.4	59.23		63.0	65.2	
阳 江	Yangjiang		29.5	49.0	45.95			77.6	
湛 江	Zhanjiang		13.0	24.3	28.92		56.3	97.3	
茂 名	Maoming		14.2	18.7	15.14				
肇 庆	Zhaoqing		22.2	20.5	34.59		65.1	84.4	
清 远	Qingyuan		33.1	42.7	37.36		87.8	100.0	
潮 州	Chaozhou		9.7	28.3	30.36		45.0	100.0	
揭 阳	Jieyang		36.9	30.4	3.48			82.0	
云 浮	Yunfu			0.4	36.16			86.8	

19-14 律师、公证、基层司法及法学教育基本情况

Basic Statistics on Lawyers, Notarization, Grassroots Judicial Work and Law Education

项目	Item	1995	2000	2005	2008	2009
律师工作	**Lawyers**					
律师事务所 (个)	Number of Law Offices (unit)	564	822	1107	1278	1515
执业律师 (人)	Number of Full-time Lawyers (person)	5692	7292	12020	16750	18148
担任常年法律顾问(家)	Number of Units as Permanent Legal Advisors(unit)	16414	15759	19157	31133	35519
民事代理 (件)	Agent of Civil Cases (case)	17460	29769	68621	132502	146513
非诉讼法律事务 (件)	Agent of Non-litigious Legal Affairs (case)	33579	50795	183082	129596	158526
刑事辩护 (件)	Defender of Criminal Cases (case)	8755	13364	23409	24155	43943
涉外法律事务 (件)	Agent of Foreign-related Legal Affairs (case)	4515	6541	13907		
#涉外及港澳台经济法律事务	Agent of Foreign-related and Hong Kong, Macao and Taiwan Related Economic Legal Affairs	312	725	2640		
解答法律询问 (件)	Agent of Legal Advisory Services (case)	74691	101104	197069	538877	488862
公证工作	**Notarization**					
公证处 (个)	Number of Notary Offices (unit)	142	146	145	137	141
公证人员 (人)	Number of Notarial Personnel (person)	1210	1380	1527	1534	1613
办结公证总数 (件)	Number of Notarized Documents (case)	705022	1189475	2017640	1019626	1373139
#国内民事公证	Domestic Civil Case Notarization	209053	326921	336540	393340	600070
国内经济公证	Domestic Economic Notarization	192569	373505	291932	226444	341054
涉外及港澳台民事经济公证	Foreign-related and Hong Kong, Macao and Taiwan Related Civil Economic Notarization	303400	489049	1389168	399842	432015
协助调入非贸易外汇 (万元)	Assisting in Inward Transfer of Non-trade Foreign Exchange (10000 yuan)	12834	5599			
基层司法工作	**Grassroots Judicial Work**					
法律服务所 (个)	Number of Law Service Offices (unit)	1899	1916	1357	1206	1239
法律服务所人员 (人)	Number of Personnel Working in Law Service Offices (person)	5974	5992	3869	3384	3081
担任法律顾问 (家)	Number of Units with Legal Advisors	30292	28723	17694	15300	14297
民事诉讼代理 (件)	Agent of Civil Cases (case)	12444	16668	11793	9665	9480
非诉讼代理 (件)	Agent of Non-litigious Legal Affairs (case)	80212	66132	30694	41196	39973
避免、挽回经济损失 (万元)	Avoiding and Retrieving Economic Losses (10000 yuan)	106835	139935	69136	56199	86200
人民调解委员会 (个)	Number of People's Mediation Committees (unit)	31811	29548	28923	31067	31563
调解人员 (人)	Number of Mediators (person)	285288	250117	163459	195654	201229
调解纠纷总数 (件)	Number of Disputes Mediated (case)	170165	136598	169991	230770	251999
法学教育 (人)	**Law Education (person)**					
普通成人高等法学教育	Regular Higher Law Education for Adults					
招生数	Number of New Enrollments	4698	5184	1860	218	2142
在校生数	Number of Students Enrolled	11445	12442	4623	1026	5363
毕业生数	Number of Graduates	1306	1350	1271	316	1201
普通成人中等法学教育	Regular Secondary Law Education for Adults					
招生数	Number of New Enrollments	2110	1940	2083		
在校生数	Number of Students Enrolled	5127	5691	6227		
毕业生数	Number of Graduates	1054	1780	2043		

19-15 交通事故发生情况（2009年）

Statistics on Traffic Accidents (2009)

项目	Item	合计 Total	按道路横断面位置分 By Cross-section Location of Roads				按事故发生道路类型分 By Type of Roads Where Accidents Occurs			
			机动车道 Roads for Motored Vehicles	非机动车道 Roads for Non-motored Vehicles	混合道 Mixed Roads	其他道 Others	高速公路 Express Highways	等级公路 Classified Highways	城市道路 Urban Roads	其他路 Others
发生（起）	Number of Traffic Accidents(case)	31392	22616	911	6654	1211	781	14472	12772	3367
死亡（人）	Number of Deaths (person)	6318	4676	162	1175	305	507	3483	1842	486
受伤（人）	Number of Injuries (person)	37395	26629	1117	8360	1289	944	17855	14571	4025
损失折款(万元）	Losses Converted into Cash (10000 yuan)	8360	7083	109	870	298	2406	3035	2476	443
平均每起事故损失（元）	Average Loss per Traffic Accident (yuan)	2663	3132	1197	1308	2461	30807	2098	1939	1316

注：1．等级公路分为一至四级公路和等外公路；
2．城市道路包括城市快速路和一般城市道路；
3．其他路包括单位小区自建路、公共停车场、公共广场、乡道、村道、田间地头、农垦区等区域。

Notes: a) Classified highways refer to highways of Class I to IV and Unclassified Highway.
b) Urban roads include express roads and normal roads in urban areas.
c) Other roads include roads within residential neighborhoods, public parking lots, squares, country roads, village roads, farm roads and reclaimed areas.

19-16 火灾事故发生情况（2009年）

Statistics on Fire Accidents (2009)

项目	Item	合计 Total	特大 Extraordinarily Serious Accidents	重大 Serious Accidents	较大 Relatively Serious Accidents	一般 Ordinary Accidents
发生（起）	Number of Traffic Accidents (case)	4548		1	3	4544
死亡（人）	Number of Deaths (person)	107		13	10	84
受伤（人）	Number of Injuries (person)	76		2	2	71
损失折款（万元）	Losses Converted into Cash(10000 yuan)	12608		22	51	12536
平均每起事故损失(元)	Average Loss per Traffic Accident(yuan)	27722		21700	169333	27588

19-17 各市亿元生产总值生产安全事故死亡率

Rate of Death from Work Safety Accidents per 100 Million Yuan of Gross Domestic Product by City

单位：% (%)

市别	City	2000	2002	2003	2004	2005	2006	2007	2008	2009
全省	**Provincial Rate**	**1.08**	**0.98**	**0.80**	**0.64**	**0.51**	**0.38**	**0.29**	**0.23**	**0.19**
广州	Guangzhou	0.77	0.74	0.57	0.46	0.37	0.27	0.22	0.16	0.13
深圳	Shenzhen	0.32	0.42	0.36	0.27	0.23	0.18	0.14	0.11	0.09
珠海	Zhuhai	0.56	0.44	0.40	0.32	0.33	0.23	0.17	0.13	0.13
汕头	Shantou		0.67	0.64	0.56	0.53	0.41	0.31	0.24	0.22
佛山	Foshan	1.15	0.87	0.70	0.53	0.42	0.32	0.25	0.19	0.15
韶关	Shaoguan		2.01	1.80	1.67	1.18	0.85	0.59	0.52	0.43
河源	Heyuan		2.90	1.90	1.40	0.90	0.60	0.42	0.28	0.30
梅州	Meizhou		2.34	2.01	1.45	1.58	0.81	0.57	0.44	0.39
惠州	Huizhou	1.51	1.60	1.37	1.12	0.91	0.68	0.50	0.38	0.26
汕尾	Shanwei	2.01	1.86	1.65	1.39	1.15	0.86	0.64	0.52	0.40
东莞	Dongguan	1.21	1.12	0.81	0.57	0.44	0.31	0.23	0.17	0.15
中山	Zhongshan	1.64	1.18	1.00	0.75	0.60	0.44	0.34	0.26	0.22
江门	Jiangmen	1.46	1.30	1.14	0.92	0.74	0.57	0.43	0.35	0.29
阳江	Yangjiang	1.82	1.83	1.53	1.21	0.87	0.76	0.57	0.40	0.36
湛江	Zhanjiang	0.86	0.87	0.69	0.59	0.43	0.33	0.29	0.24	0.21
茂名	Maoming		0.89	0.69	0.60	0.48	0.37	0.30	0.27	0.24
肇庆	Zhaoqing	1.91	1.52	1.25	1.05	0.80	0.63	0.47	0.38	0.30
清远	Qingyuan		2.68	2.26	1.74	1.19	0.78	0.45	0.33	0.26
潮州	Chaozhou	0.98	0.95	0.76	0.61	0.56	0.37	0.30	0.24	0.20
揭阳	Jieyang	1.27	1.15	1.08	0.97	0.79	0.65	0.46	0.33	0.25
云浮	Yunfu	1.38	1.48	1.60	1.86	2.14	2.45	0.58	0.55	0.42

注：2005-2009年全省生产安全事故包括工矿商贸、道路交通、火灾、铁路路外、水上交通及渔业船舶 死亡人数；各市生产安全事故只包括工矿商贸、道路交通、火灾事故死亡人数。

Note: Work safery accidents from 2005 to 2009 of the Province include the number of deaths related to industry, mining, traffic、fire,railway, water traffic and fishing boats accidents, and work safety accidents of each city include the number of deaths related to mining, traffic and fire accidents.

主要统计指标解释

卫生技术人员 指卫生事业机构支付工资的全部固定职工和合同制职工，现任职务为卫生技术工作的专业人员。包括中医师、西医师、中西医结合高级医师、护师、中药师、西药师、检验师、其他技师、中医士、西医士、护士、助产士、中药剂士、西药剂士、检验士、其他技士、其他中医、护理员、中药剂员、西药剂员、检验员，其他初级卫生技术人员。

医生 指经卫生部门审查合格，具有执业资格的医疗专业人员。

社会福利事业单位指集中收养社会孤、老、残、幼的机构，包括由民政部门管理的社会福利院、儿童福利院、精神病人福利院和城镇集体办的福利院、以及农村集体举办的敬老院。

社会福利事业单位收养人数 包括民政部门管理的和城镇及农村集体举办的社会福利事业单位中收养的老人、少年儿童、缺乏生活自理能力的残疾人员和精神病人。

律师 指受聘参加法律顾问处工作，提任法律顾问、刑（民）事代理人、刑事辩护人，办理非诉讼事件、解答法律询问，代写法律事务文书等主要从事律师事务的司法人员。

公证人员 指在国家公证机关依法办理公证事务的司法人员。包括公证员、助理公证员和在公证处工作的其他人员。

办理公证文书 指公证处在一定时期内办结的公证文书件数。公证文书是按司法部规定或批准的格式制作。包括国内公证和涉外公证两部分。其中国内公证分为经济合同公证和民事法律关系公证两大类。

调解人员 在人民调解委员会担负调解民间一般民事纠纷和轻微违法行为所引起的纠纷的工作人员。包括调解委员会的委员和调解小组的调解员。

调解民间纠纷 指调解委员会依照法律规定，根据自愿原则，用说服教育的方法调解民间发生的有关民事权利和义务的争执，促成当事双方达到协议和谅解，解决纠纷。包括婚烟家庭纠纷，财产权益纠纷等，不包括法院受理调解的民事案件数。

废水排放总量 包括生产废水和生活污水。生产废水指企、事业单位在生产、科研过程中所有排放口向外环境排放的废水量总和。生活污水指城镇居民区和企、事业单位职工集中居住区排放的污水量。

工业废水排放总量 指经过工业企业厂区所有排放口排到企业外部的工业废水量。包括外排的直接冷却水、超标排放的矿井地下水和与工业废水混排的厂区生活污水，不包括外排的间接冷却水（清污不分流的间接冷却水应计算在内）。

废气排放总量 指燃料燃烧和生产工艺过程中排放的各种废气总量,以标准状态下每年万标立方米表示。

燃料燃烧过程废气排放量 指燃煤、燃油、燃气锅炉、锻造加热炉、退火炉和其它工业炉窑在燃烧过程(燃料和物料不混合的纯加热过程)中所排废气的总量。它可以根据烟气计算公式或经验计算公式求得。

工业粉尘排放量 指工业企业在生产工艺过程中排入的固体微粒总重量。如钢铁企业的耐 火材料粉尘、焦化企业的筛焦系统粉尘、烧结机的粉尘、石灰窑的粉尘、建材企业的水泥粉尘等。不包括电厂排入大气的烟尘。

工业固体废物产生量 指工业企业在生产过程中产生的固体状、半固体状和高浓度液体状废弃物的总量，包括冶炼废渣、粉煤灰、炉渣、煤矸石、化工废渣、尾矿、放射性废渣和其它废渣等；不包括矿山开采的剥离废石和掘进废石（煤矸石和呈酸性或碱性的废石除外）。酸性或碱性废石是指采掘的废石其流经水、雨淋水 PH 值小于 4 或 PH 值大于 10.5 者。

工业固体废物综合利用量 指已用作农业肥料、造田、生产建筑材料、筑路以及其它方式综合利用的固体废物量（包括当年利用往年的工业固体废物堆存量）。综合利用量由原产固体废物的单位统计。

“三废”综合利用产品产值 指工业企业回收利用“三废”作为主要原料生产的产品值。按国发(1985)117号文规定执行。

亿元生产总值生产安全事故死亡率 指一定时期内，每生产亿元生产总值，因各类生产安全事故造成的死亡人数。

Explanatory Notes on Main Statistical Indicators

Medical Technical Personnel refer to all permanent and contract medical staff and workers employed by medical institutions, including doctors of Chinese and Western medicine, senior doctors who integrate traditional Chinese therapeutics with Western therapeutics in practice, senior nurses, pharmacists of Chinese and Western medicine, laboratory specialists, other specialists, paramedics of Chinese and Western medicine, nurses, midwives, druggists in Chinese and Western medicine, laboratory technicians, other technicians, other practitioners of Chinese medicine, nursing attendants, pharmacological workers of Chinese and Western medicine, laboratory workers, and other primary medical personnel.

Doctors refer to qualified medical professionals approved to practice by public health departments.

Social Welfare Institutions refer to institutions taking care of old people without children, senile citizens, handicapped people and orphans They include social welfare institutions, children' s welfare institutions, and social welfare institutions for mental patients run by civil affairs departments, welfare institutions run by collective units in urban areas, and old people' s homes run by collective units in rural areas.

Number of People Taken in by Social Welfare Institutions refers to the number of old people, children, totally dependent handicapped people and mental patients taken in by social welfare institutions run by civil affairs departments and those run by collective units in urban and rural areas.

Lawyers refer to legal workers who are employed by legal counseling firms to act as legal advisers, agents in criminal or civil lawsuits, or defenders in criminal lawsuits, or to handle non litigious legal affairs, to advise on matters of law or to write legal papers for others.

Notary Personnel refer to judicial workers of the state notary offices handling notarization work according to law They include notaries, assistant notaries, and other people working for notary offices.

Notarized Documents refer to documents settled by notary offices in a year The notarial documents are drawn up in formats stipulated or approved by the Ministry of Justice, including domestic documents and foreign-re-lated documents Domestic documents are divided into two major categories: documents on economic contracts and documents on civil legal relations.

Mediators refer to workers on people' s mediation committees responsible for mediating in civil disputes and cases of slight infraction of the law They include members of the mediation committees and mediators of mediation groups.

Mediation of Civil Disputes refers to mediation committees' work in mediating in civil disputes concerning civil rights and duties through persuasion and education in accordance with the provisions of law on a voluntary basis, so as to solve disputes by helping the parties involved come to an agreement and understanding These disputes include divorce cases and disputes over property ownership, but exclude the civil cases to be handled by the court.

Total Volume of Waste Water Discharged includes the volume of production waste water and domestic sewage Production waste water refers to the total waste water discharged in the process of production and scientific research by enterprises and institutions, through all outlets to the outside environment Domestic sewage refers to the sewage volume discharged in the urban residential areas and the residential areas of staff and workers of enterprises and institutions.

Total Volume of Industrial Waste Water Discharged refers to the volume of industrial waste water discharged, through all outlets to the outside of industrial enterprises, including direct cooling water, underground water from mines that does not meet the discharge standards, and domestic sewage mixed up with industrial waste water when discharged, but excluding indirect cooling water discharged (except unclassified discharge of indirect cooling water).

Total Volume of Waste Gas Emission refers to waste gas emitted from burning of fuels and from the production process, and is measured by 10, 000 standard cubic meters each year under normal condition.

Volume of Waste Gas Emission from Burning of Fuels refers to the total volume of waste gas emitted from burning of fuels (the pure heating process not mixed with materials), such as burning of coal, burning of oil, gas fired boiler, forging furnace, annealing furnace and other industrial furnaces It can be calculated with the gas smoke formula or an empirical formula.

Industrial Dust Discharged refers to the total weight of solid dust discharged by industrial enterprises in the production process, such as dust of refractory materials from iron plants, dust from coke screening system or from sintering machines of coking plants, dust from lime kilns, cement dust from building material enterprises, etc, but excluding smoke and dust discharged by power plants.

Volume of Industrial Solid Wastes Produced refers to the total volume of solid, semi solid or high concentration liquid residues produced by industrial enterprises in their production process, including residues from melting, slag, powdered coal ash, gangue, chemical residues, tailings, radioactive residues and other residues, but excluding stripped or dug stones in mining (except gangue and acid or alkali waste stones, which are waste stones washed or soaked by water with a PH value smaller than 4 or larger than 10. 5).

Volume of Industrial Solid Wastes Utilized in a Comprehensive Way refers to the volume of solid wastes utilized in a comprehensive way, such as the solid wastes utilized as fertilizers, building materials, for building up fields and making roads or for other purposes (including the volume of industrial solid wastes stored up in previous years and utilized in the current year). Statistical data on utilization of industrial solid wastes are collected by solid wastes producing units.

Output Value of Products Created from Utilization of Waste Gas, Waste Water and Industrial Solid Wastes refers to the value of products created by industrial enterprises using recovered waste water, waste gas or solid wastes as main raw materials, in accordance with Guo Fa No (1985)117 Document.

Rate of Death from Work Safety Accidents per 100 Million Yuan of Gross Domestic Product refers to the number of deaths due to various work safety accidents in the production process of every 100 million yuan of gross domestic product within a certain period.

二十、区域经济主要指标

MAIN INDICATORS OF REGIONAL ECONOMY

二十 区域主要经济指标

简要说明

一、本篇主要反映广东境内主要区域社会经济发展的基本情况，内容主要包括：珠江三角洲、广州和深圳、东西两翼、山区县以及少数民族县等经济区域的主要统计指标数据。

二、本篇资料分别由广东省统计局各有关专业处整理提供，综合处负责编辑。

三、本篇资料根据国家统计局制定的各有关专业统计报表制度，由全省 21 个地级市统计局填报汇总而成。

四、本篇各项指标数据为各经济区域汇总数，由于各市生产总值等指标汇总数不等于全省数，因此仅适合反映该地区发展变化情况。

20 Major Economic Regions

Brief Introduction

Ⅰ. The data in this chapter mainly reflect the basic conditions of social and economic development of main economic regions in Guangdong, including the main indicators on the cities of the Pearl River Delta, Guangzhou and Shenzhen, the East and West Wings, counties in mountainous areas and minority counties.

Ⅱ. The data in this chapter are prepared and provided by the related specialized divisions and compiled by the Division of Comprehensive Statistics of Statistics Bureau of Guangdong Province.

Ⅲ. The data in this chapter are tabulated and reported by the 21 prefectural statistical bureaus of Guangdong Province in accordance with the various statistical reporting schemes stipulated by the National Bureau of Statistics.

Ⅳ. The indicators in this chapter are overall figures of various economic regions that only reflect the status of development of the corresponding regions, as the provincial total is not equal to the sum of indicators of various cities, such as gross domestic product.

20-1 区域主要经济指标

Main Indicators on Regional Economies

指 标	Item	2008 珠江三角洲九市 Nine Cities in the Pearl River Delta	东翼 East Wing	西翼 West Wing	山区五市 Five Cities in Mountainous Areas
土地面积 (平方公里)	Land Area (sq.km.)	54733	15516	32615	76835
年末常住人口 (万人)	Permanent Population at the Year-end (10000 persons)	4771.77	1626.21	1539.41	1606.61
#城镇人口 (万人)	Urban Population (10000 persons)	3819.64	920.15	604.24	693.44
年末从业人员 (万人)	Employed Persons at the Year-end (10000 persons)	3204.26	751.12	801.74	794.82
地区生产总值 (亿元)	Gross Domestic Product (100 million yuan)	29945.66	2460.70	2757.74	2522.69
第一产业	Primary Industry	722.86	244.79	581.05	419.59
第二产业	Secondary Industry	14932.71	1322.82	1174.92	1226.90
第三产业	Tertiary Industry	14290.09	893.09	1001.78	876.20
人均生产总值 (元)	Per Capita GDP (yuan)	63065	15198	18021	15779
地区生产总值指数 (%)	Index of Gross Domestic Product (%)	112.8	113.1	110.9	113.2
第一产业	Primary Industry	103.8	104.8	103.9	104.9
第二产业	Secondary Industry	111.8	116.0	110.2	113.9
第三产业	Tertiary Industry	114.3	111.1	115.6	116.0
人均生产总值指数 (%)	Index of Per Capita Gross Domestic Product (%)	111.1	112.0	109.3	112.2
规模以上工业增加值 (亿元)	Value-added of Industry above Designated Size (100 million yuan)	14951.10	848.49	824.56	988.79
全社会固定资产投资总额 (亿元)	Total Investment in Fixed Assets (100 million yuan)	7829.03	861.73	612.76	1445.35
社会消费品零售总额(亿元)	Total Retail Sales of Consumer Goods (100 million yuan)	9539.76	1253.90	1244.15	948.79
出口总额 (亿美元)	Total Exports (USD 100 million)	3872.08	92.39	32.53	44.88
进口总额 (亿美元)	Total Imports (USD 100 million)	2697.61	37.08	20.63	37.72
实际外商直接投资(亿美元)	Foreign Direct Investment Actually Utilized (USD 100 million)	169.21	6.33	3.75	12.16
地方财政一般预算收入 (亿元)	Local Government Budgetary Revenue (100 million yuan)	2248.16	105.36	98.44	135.11
中外资金融机构本外币储蓄存款 (亿元)	Savings Deposits in Renminbi and Foreign Currencies inAll Financial Institutions(100 million yuan)	22711.25	2124.88	1559.69	1785.38

注：2008年工业增加值数据为经济普查生产法数据。

Note: Data of value-added of industry of 2008 come from economic cencus by production approach.

20-1 续表 continued

指 标	Item	2009 珠江三角洲九市 Nine Cities in the Pearl River Delta	东 翼 East Wing	西 翼 West Wing	山区五市 Five Cities in Mountainous Areas
土地面积 (平方公里)	Land Area (sq.km.)	54733	15516	32615	76835
年末常住人口 (万人)	Permanent Population at the Year-end (10000 persons)	4786.24	1645.76	1561.66	1644.35
#城镇人口 (万人)	Urban Population (10000 persons)	3822.23	945.19	617.25	707.61
年末从业人员 (万人)	Employed Persons at the Year-end (10000 persons)	3261.00	763.60	819.12	808.68
地区生产总值 (亿元)	Gross Domestic Product (100 million yuan)	32147.00	2722.18	2915.19	2709.63
第一产业	Primary Industry	723.62	256.49	612.06	434.91
第二产业	Secondary Industry	15427.46	1452.41	1121.90	1278.32
第三产业	Tertiary Industry	15995.92	1013.28	1181.23	996.39
人均生产总值 (元)	Per Capita GDP (yuan)	67407	16665	18816	16726
地区生产总值指数 (%)	Index of Gross Domestic Product (%)	109.4	112.1	110.4	110.8
第一产业	Primary Industry	103.9	105.4	105.4	105.7
第二产业	Secondary Industry	108.6	112.8	107.1	112.2
第三产业	Tertiary Industry	110.5	112.7	116.2	111.0
人均生产总值指数 (%)	Index of Per Capita Gross Domestic Product (%)	108.9	111.1	109.1	109.3
规模以上工业增加值 (亿元)	Value-added of Industry above Designated Size (100 million yuan)	15285.69	938.03	851.18	1160.31
全社会固定资产投资总额 (亿元)	Total Investment in Fixed Assets (100 million yuan)	9603.55	1137.80	812.73	1799.06
社会消费品零售总额 (亿元)	Total Amount of Retail Sales of Consumer Goods (100 million yuan)	10834.73	1493.37	1456.37	1107.31
出口总额 (亿美元)	Total Exports (USD 100 million)	3417.77	93.59	31.27	46.93
进口总额 (亿美元)	Total Imports (USD 100 million)	2430.46	41.86	17.76	31.55
实际外商直接投资 (亿美元)	Foreign Direct Investment Actually Utilized (USD 100 million)	175.08	6.75	2.34	11.17
地方财政一般预算收入 (亿元)	Local Government Budgetary Revenue(100 million yuan)	2522.29	125.36	114.51	160.48
中外资金融机构本外币储蓄存款 (亿元)	Savings Deposits in Renminbi and Foreign Currencies in All Financial Institutions (100 million yuan)	25914.60	2397.43	1780.44	2043.84

注：1. 珠江三角洲包括：广州、深圳、珠海、佛山、江门、东莞、中山、惠州和肇庆。东翼指汕头、汕尾、潮州和揭阳四个市。西翼指湛江、茂名和阳江三个市。山区五市指韶关、河源、梅州、清远和云浮。
2. 本表地区生产总值、工业增加值绝对数按当年价格计算，增长速度按可比价格计算。
3. 工业增加值统计范围为年主营业务收入500万元及以上的工业法人企业。

Notes: a) The nine cities in pearl river delta include Guangzhou, Shenzhen, Zhuhai, Foshan, Jiangmen, Dongguan, Zhongshan, Huizhou and Zhaoqing. The East Wing includes the four cities of Shantou, Shanwei, Chaozhou and Jieyang. The West Wing includes the three cities of Zhanjiang, Maoming and Yangjiang. The five cities of mountainous areas include Shaoguan, Heyuan, Meizhou, Qingyuan and Yunfu.
b) The figures in value terms on GDP and value-added of industry are calculated at current prices, whereas the growth rates are calculated at comparable prices.
c) Statistics of value-added of industry covers the legal person industrial enterprises with annual main business revenue over 5 million yuan.

20-2 区域主要经济指标占全省比重

Percentage of Main Regional Economic Indicators to the Provincial Total

单位：%　　(%)

指　　标	Item	2008 珠江三角洲九市占全省比重 Percentage of Nine Cities in the Pearl River Delta to the Whole Province	东翼占全省比重 Percentage of East Wing to the Whole Province	西翼占全省比重 Percentage of West Wing to the Whole Province	山区五市占全省比重 Percentage of Five Cities in Mountainous Areas to the Whole Province
土地面积	Land Area	30.4	8.6	18.1	42.7
常用耕地面积	Area of Regularly Cultivated Land				
年末常住人口	Permanent Population at the Year-end	50.0	17.1	16.1	16.8
#城镇人口	Urban Population	63.3	15.2	10.0	11.5
年末从业人员	Employed Persons at the Year-end	57.7	13.5	14.4	14.3
地区生产总值	Gross Domestic Product	79.5	6.5	7.3	6.7
第一产业	Primary Industry	36.7	12.4	29.5	21.3
第二产业	Secondary Industry	80.0	7.1	6.3	6.6
第三产业	Tertiary Industry	83.8	5.2	5.9	5.1
规模以上工业增加值	Value-added of Industry above Designated Size	84.9	4.8	4.7	5.6
全社会固定资产投资总额	Total Investment in Fixed Assets	70.1	7.7	5.5	12.9
社会消费品零售总额	Total Retail Sales of Consumer Goods	73.3	9.7	9.6	7.3
出口总额	Total Exports	95.8	2.3	0.8	1.1
进口总额	Total Imports	96.6	1.3	0.7	1.4
实际外商直接投资	Foreign Direct Investment Actually Utilized	88.3	3.3	2.0	6.4
地方财政一般预算收入	Local Government Budgetary Revenue	67.9	3.2	3.0	4.1
中外资金融机构本外币储蓄存款	Savings Deposits in Renminbi and Foreign Currencies in All Financial Institutions	80.6	7.5	5.5	6.3

20-2 续表 continued

单位：% (%)

指标	Item	2009 珠江三角洲九市占全省比重 Percentage of Nine Cities in the Pearl River Delta to the Whole Province	东翼占全省比重 Percentage of East Wing to the Whole Province	西翼占全省比重 Percentage of West Wing to the Whole Province	山区五市占全省比重 Percentage of Five Cities in Mountainous Areas to the Whole Province
土地面积	Land Area	30.4	8.6	18.1	42.7
常用耕地面积	Area of Regularly Cultivated Land				
年末常住人口	Permanent Population at the Year-end	49.7	17.1	16.2	17.1
#城镇人口	Urban Population	62.6	15.5	10.1	11.6
年末从业人员	Employed Persons at the Year-end	57.7	13.5	14.5	14.3
地区生产总值	Gross Domestic Product	79.4	6.7	7.2	6.7
第一产业	Primary Industry	35.7	12.7	30.2	21.5
第二产业	Secondary Industry	80.0	7.5	5.8	6.6
第三产业	Tertiary Industry	83.4	5.3	6.2	5.2
规模以上工业增加值	Value-added of Industry above Designated Size	83.8	5.1	4.7	6.4
全社会固定资产投资总额	Total Investment in Fixed Assets	71.9	8.5	6.1	13.5
社会消费品零售总额	Total Retail Sales of Consumer Goods	72.8	10.0	9.8	7.4
出口总额	Total Exports	95.2	2.6	0.9	1.3
进口总额	Total Imports	96.4	1.6	0.7	1.3
实际外商直接投资	Foreign Direct Investment Actually Utilized	89.6	3.5	1.2	5.7
地方财政一般预算收入	Local Government Budgetary Revenue	69.1	3.4	3.1	4.4
中外资金融机构本外币储蓄存款	Savings Deposits in Renminbi and Foreign Currencies in All Financial Institutions	80.6	7.5	5.5	6.4

20-3 珠江三角洲主要经济指标

Main Economic Indicators of the Pearl River Delta Economic Zone

年份 Year	年末常住人口(万人) Permanent Population at the Year-end (10000 persons)	#城镇人口 Urban Population	年末户籍总人口(万人) Total Population with Residence Registration at the Year-end (10000 persons)	年末从业人员(万人) Employed Persons at the Year-end (10000 persons)	#城镇从业人员 Employed Persons in Urban Areas
1990	2369.93	1696.63	2371.57		
1995	3292.03		2372.76		
2000	4289.78	2981.23	2563.60	1902.93	495.46
2001	4376.10		2595.24	1947.10	480.97
2002	4414.68		2595.24	2034.09	498.78
2003	4463.55		2660.46	2250.43	523.34
2004	4516.50		2714.08	2492.27	570.64
2005	4547.14	3516.06	2763.32	2822.60	636.10
2006	4634.07	3683.20	2821.27	2992.34	675.38
2007	4724.96	3761.33	2872.47	3102.26	718.88
2008	4771.77	3819.64	2920.82	3204.26	724.38
2009	4786.24	3822.23	2967.02	3261.00	767.05

20-3 续表 1 continued

年份 Year	地区生产总值(亿元) Gross Domestic Product (100 million yuan)	第一产业 Primary Industry	第二产业 Secondary Industry	#工业 Industry	第三产业 Tertiary Industry
1990	1006.88	153.78	441.65	388.89	411.45
1995	4076.16	346.42	1983.39	1710.30	1746.35
2000	8422.24	458.30	4009.14	3618.01	3954.80
2001	9560.64	475.94	4500.11	4094.73	4584.59
2002	10956.75	496.63	5133.78	4705.82	5326.34
2003	12960.09	511.32	6263.90	5758.61	6184.87
2004	15488.13	556.37	7650.42	7080.88	7281.34
2005	18279.63	557.96	9266.58	8664.74	8455.09
2006	21686.34	561.77	11137.08	10481.75	9987.49
2007	25759.83	624.99	13015.56	12301.40	12119.28
2008	29945.66	722.86	14932.71	14123.72	14290.09
2009	32147.00	723.62	15427.46	14518.51	15995.92

注：本表1990年数据按第四次人口普查统计口径计算；2000、2005年数据按国家统计局1999年发布的《关于统计上划分城乡的规定(试行)》计算；2006年起数据按国家统计局2006年颁布的《关于统计上划分城乡的暂行规定》计算。

Note: The data of 1990 are collected according to the methods of the Fourth National Population Census. The data of 2000 and 2005 are collected according to the Interim Regulation on the Divison of Uran and Rural Areas in Statistics promogulated.by the National Bureau of Statistics. The data since 2006 are collected according to the Temporary Regulation on the Divison of Uran and Rural Areas in Statistics promogulated by the National Bureau of Statistics.

20-3 续表 2 continued

年份 Year	人均生产总值(元) Per Capita Gross Domestic Product(yuan)	地区生产总值指数(上年=100) Index of Gross Domestic Product(%)	第一产业 Primary Industry	第二产业 Secondary Industry	#工业 Industry	第三产业 Tertiary Industry
1990	4295	117.5	107.2	119.9	121.5	119.0
1995	12676	120.4	108.2	122.4	124.6	120.0
2000	20280	113.7	104.3	114.4	115.1	113.9
2001	22065	113.3	104.9	113.6	114.5	114.0
2002	24928	114.4	105.9	115.5	116.5	114.1
2003	29195	116.9	101.7	122.0	122.7	113.3
2004	34495	116.8	102.6	120.1	121.4	114.4
2005	40336	115.7	103.5	118.2	119.0	113.7
2006	47241	116.8	98.8	118.8	119.6	115.7
2007	55048	116.3	101.6	116.0	116.7	117.5
2008	63065	112.8	103.8	111.8	112.4	114.3
2009	67407	109.4	103.9	108.6		110.5

20-3 续表 3 continued

年份 Year	人均生产总值指数(上年=100) Index of Per Capita Gross Domestic Product (%)	公路通车里程(公里) Total Length of Highways in Operation (km)	邮电业务总量(亿元) Total Business Volume of Postal and Telecommunication Services (100 million yuan)	本地电话年末用户(万户) Number of Subscribers of Local Telephones at the Year-end (10000 subscribers)	移动电话年末用户 (万户) Number of Subscribers of Mobile Telephones at the Year-end (10000 subscribers)	全社会固定资产投资额(亿元) Total Investment in Fixed Assets (100 million yuan)
1990	115.2					264.34
1995	112.9	20323	152.60			1515.82
2000	107.2	29029	587.64			2364.71
2001	108.6	29792	614.33	1069.79	1867.67	2612.88
2002	112.7	30354	728.24	1253.95	2508.32	2945.74
2003	115.8	30919	967.45	1663.32	3118.25	3749.51
2004	115.5	31582	1446.30	1915.25	4502.45	4515.27
2005	114.6	32312	1738.94	2355.10	5317.71	5328.37
2006	115.3	52139	2068.19	2559.62	5497.75	5964.60
2007	114.1	53106	2348.22	2651.33	6075.36	6909.74
2008	111.1	53418	2754.77	2529.77	6463.22	7829.03
2009	108.9	54261	2983.47	2400.25	6867.61	9603.55

注：1. 2006年起，公路通车里程含村道。
2. 邮电业务总量2000年以前按1990年不变价计算，2000年以后按2000年不变价计算。

Note: a) Since 2006, total length of Highway includes village roads.
b) The total business volume of postal and telecommunication services are at 1990 constant prices before 2000 and at 2000 constant prices since 2000.

20-3 续表 4 continued

年份 Year	城镇 Urban Area	#房地产开发投资 Investment in Real Estate Development	农村 Rural Area	社会消费品零售总额(亿元) Total Retail Sales of Consumer Goods (100 million yuan)	出口总额(亿美元) Total Exports (USD 100 million)	进口总额(亿美元) Total Imports (USD 100 million)
1990				424.35	222.21	196.77
1995				1694.60	513.31	429.29
2000				3204.99	847.77	743.15
2001				3581.35	908.29	776.32
2002				3996.23	1126.08	992.57
2003				4497.21	1450.56	1262.47
2004				5106.86	1824.44	1596.44
2005				5878.70	2273.18	1837.58
2006				6810.19	2887.45	2181.97
2007				7919.89	3540.85	2560.28
2008				9539.76	3872.08	2697.61
2009	7783.61	2583.17	1819.95	10834.73	3417.77	2430.46

20-3 续表 5 continued

年份 Year	实际外商直接投资额(亿美元) Foreign Direct Investment Actually Utilized (USD 100 million)	地方财政一般预算收入(亿元) Local Government General Budgetary Revenue (100 million yuan)	地方财政一般预算支出(亿元) Local Government General Budgetary Expenditure (100 million yuan)	城乡居民储蓄存款余额(亿元) Savings Deposits by Urban and Rural Residents (100 million yuan)	中外资金融机构本外币存款(亿元) Deposits in Renminbi and Foreign Currencies in All Financial Institutions (100 million yuan)	中外资金融机构本外币贷款(亿元) Loans in Renminbi and Foreign Currencies in All Financial Institutions (100 million yuan)
1990	12.36	97.98	80.03			
1995	79.47	275.26	322.81			
2000	103.87	599.06	690.64	6699.12	16118.10	11061.27
2001	114.96	749.65	832.94	7733.33	18562.11	12447.65
2002	116.17	772.97	976.78	9309.45	21881.50	14689.30
2003	137.41	867.88	1113.18	11146.36	25574.00	17772.73
2004	90.16	930.99	1234.13	12860.44	28704.24	19642.60
2005	113.34	1218.48	1567.23	15257.09	32962.25	21073.93
2006	130.86	1460.77	1714.73	17287.90	37367.68	23613.32
2007	151.88	1882.01	2142.82	17738.02	42555.31	27982.87
2008	169.21	2248.16	2550.77	21991.67	48512.14	31044.80
2009	175.08	2522.29	2882.33	25168.89	60618.78	40608.44

注：1. 珠江三角洲包括广州、深圳、珠海、佛山、江门、东莞、中山、惠州、肇庆九市。
2. 本表地区生产总值绝对数按当年价格计算，增长速度按可比价格计算。
3. 城乡居民储蓄存款余额为中资金融机构人民币储蓄存款。

Notes: a) The Pearl River Delta Economic Zone covers the areas of 13 cities and counties (districts), including Guangzhou, Shenzhen, Zhuhai, Foshan, Jiangmen, Dongguan, Zhongshan, urban districts of Huizhou, Huidong County, Boluo County, urban districts of Zhaoqing, Gaoyao County-level City and Sihui County-level City. The data on banking refer to the sum of the nine cities in the Pearl River Delta, including Guangzhou, Shenzhen, Zhuhai, Foshan, Jiangmen, Dongguan, Zhongshan, Huizhou and Zhaoqing.
b) The figures in value terms on GDP are calculated at current prices, whereas the growth rates are calculated at comparable prices.
c) Savings deposits by urban and rural residents are savings deposits in Renminbi in domestic-funded financial institutions.

20-4 珠江三角洲九市工业企业主要指标（2009年）

单位：亿元

项目	Item	企业单位数（个）Number of Enterprises (unit)	#亏损企业 Loss-making Enterprises
总计	**Total**	**41647**	**8150**
按经济类型分	Grouped by Ownership		
在总计中：国有控股经济	Of the Total: State-controlled Economy	851	184
国有经济	State-owned Economy	294	72
集体经济	Collective-owned Economy	625	109
股份合作经济	Share-holding Cooperative Economy	146	21
股份制经济	Share-holding Economy	18388	2715
外商投资经济	Economy with Foreign Investment	5364	1380
港澳台投资经济	Economy with Investment from Hong Kong, Macao and Taiwan	11720	3368
按轻重工业分	Grouped by Light and Heavy Industry		
轻工业	Light Industry	22234	4383
重工业	Heavy Industry	19413	3767
按企业规模分	Grouped by Size of Enterprise		
大型企业	Large	391	40
中型企业	Medium	5404	904
小型企业	Small	35852	7206
按行业分	Grouped by Sector		
煤炭开采和洗选业	Mining and Washing of Coal		
石油和天然气开采业	Extraction of Petroleum and Natural Gas	7	1
黑色金属矿采选业	Mining and Dressing of Ferrous Metal Ores	15	1
有色金属矿采选业	Mining and Dressing of Nonferrous Metal Ores	5	1
非金属矿采选业	Mining and Dressing of Nonmetal Ores	107	10
农副食品加工业	Processing of Farm and Sideline Food	487	80
食品制造业	Manufacture of Food	517	92
饮料制造业	Manufacture of Beverage	162	28
烟草制品业	Tobacco Products	4	
纺织业	Textile Industry	2100	360
纺织服装、鞋、帽制造业	Manufacture of Textile Garments, Footwear and Headgear	2656	566
皮革、毛皮、羽毛(绒)及其制品业	Leather, Fur, Feather, Down and Related Products	1552	326
木材加工及木、竹、藤、棕、草制品业	Timber Processing, Bamboo, Cane, Palm Fiber & Straw Products	365	73
家具制造业	Manufacture of Furniture	1284	233
造纸及纸制品业	Papermaking and Paper Products	1454	267
印刷业、记录媒介的复制	Printing and Record Medium Reproduction	1103	232
文教体育用品制造业	Manufacture of Cultural, Educational and Sports Articles	900	234
石油加工、炼焦及核燃料加工业	Petroleum Refining, Coking and Nuclear Fuel Processing	66	11
化学原料及化学制品制造业	Manufacture of Raw Chemical Materials and Chemical Products	2175	320
医药制造业	Manufacture of Medicines	273	57
化学纤维制造业	Manufacture of Chemical Fibers	70	12
橡胶制品业	Rubber Products	520	95
塑料制品业	Plastic Products	3389	692
非金属矿物制品业	Nonmetal Mineral Products	1498	249
黑色金属冶炼及压延加工业	Smelting and Pressing of Ferrous Metals	322	52
有色金属冶炼及压延加工业	Smelting and Pressing of Nonferrous Metals	574	73
金属制品业	Metal Products	3996	724
通用设备制造业	Manufacture of General-purpose Machinery	1684	262
专用设备制造业	Manufacture of Special-purpose Machinery	1684	384
交通运输设备制造业	Manufacture of Transport Equipment	1169	233
电气机械及器材制造业	Manufacture of Electrical Machinery and Equipment	5025	915
通信设备、计算机及其他电子设备制造业	Manufacture of Communication Equipment, Computers and Other Electronic Equipment	4368	1048
仪器仪表及文化、办公用机械制造业	Manufacture of Instruments, Meters and Machinery for Cultural and Office Use	717	183
工艺品及其他制造业	Handicraft and Other Manufactures	903	238
废弃资源和废旧材料回收加工业	Recycling and Disposal of Waste	105	9
电力、热力得生产和供应业	Production and Supply of Electric Power and Heat Power	135	29
燃气生产和供应业	Production and Supply of Gas	41	7
水的生产和供应业	Production and Supply of Water	215	53

注：本表统计范围为年主营业务收入500万元及以上的工业法人企业。

Main Indicators of Industrial Enterprises of the Nine Cities in the Pearl River Delta (2009)

(100 million yuan)

工业总产值 (当年价) Gross Industrial Output Value (at current prices)	工业增加值 (生产法) Value-added of Industry (by production approach)	年末资产总计 Total Assets at the Year-end	#产成品 Finished Products	流动资产合计 Total Current Asserts	固定资产净值 Net Value of Fixed Assets	年末负债合计 Total Liabilities at the Year-end
58155.82	**15285.69**	**43521.31**	**2004.36**	**25100.87**	**12841.74**	**25629.89**
8674.61	2774.34	10581.67	182.38	3919.37	4506.11	6075.24
2889.77	827.24	3538.30	24.85	871.27	2262.68	2131.05
448.31	128.87	286.85	7.31	115.27	106.19	165.89
111.87	34.59	49.65	3.21	33.38	8.22	32.54
18752.98	5275.96	14512.03	807.60	8663.99	3288.15	8768.38
17766.28	4187.04	12105.42	499.80	7578.18	3375.57	7196.87
15708.47	4167.92	11972.99	602.38	7200.55	3522.46	6721.95
22303.29	6234.14	15490.17	931.25	9800.06	3846.72	8810.74
35852.53	9051.55	28031.14	1073.11	15300.81	8995.02	16819.16
19072.82	4831.99	13933.26	560.39	8049.19	3522.77	8105.49
20866.12	5622.34	17248.91	813.47	9597.48	5641.25	10046.42
18216.88	4831.36	12339.15	630.50	7454.20	3677.72	7477.98
322.42	297.55	188.46	1.33	15.69	115.51	176.54
22.46	5.72	9.04	0.56	5.74	1.56	4.72
22.55	4.40	4.34	0.67	3.47	0.49	2.30
60.33	17.98	32.16	2.15	12.67	13.83	17.47
953.15	194.39	504.81	33.66	354.01	101.05	334.83
722.47	281.23	518.99	29.17	343.04	119.33	269.93
540.94	164.64	393.22	12.10	203.18	139.64	207.63
177.92	136.41	168.57	3.87	122.53	22.87	23.00
1449.19	380.50	1022.14	58.95	573.27	357.09	567.49
1502.48	464.47	794.74	64.30	528.55	176.84	447.31
985.88	289.53	611.77	35.87	413.28	128.07	332.38
212.34	51.49	178.03	14.34	102.38	43.72	97.41
771.53	200.60	463.08	31.71	281.32	118.09	240.20
1076.99	269.20	1058.13	49.83	515.49	423.46	611.21
552.19	175.64	520.43	18.55	293.52	171.20	256.26
645.01	182.82	434.29	26.45	271.84	119.82	228.00
1058.12	281.16	716.95	20.45	332.41	314.67	554.97
2819.14	980.36	2232.00	118.70	1260.28	734.32	1145.30
502.34	169.48	500.22	25.56	281.29	122.55	207.45
123.38	29.61	114.54	7.69	50.20	55.66	53.31
318.68	82.15	273.26	15.20	147.65	90.90	147.93
2116.26	549.73	1509.93	83.74	885.80	433.02	839.94
1590.61	457.49	1251.59	79.72	570.46	535.47	738.62
1004.00	195.84	729.37	37.97	344.41	257.65	539.51
1355.85	309.02	604.88	38.76	386.18	159.46	398.12
2753.44	732.06	1646.39	88.29	1011.58	468.46	930.22
1341.42	361.89	988.92	57.74	656.03	232.58	556.45
1075.07	309.56	1016.37	52.51	636.87	265.60	560.17
4071.59	1071.67	2926.97	102.82	1933.99	764.66	1938.73
6932.60	1807.60	4394.24	308.09	3057.38	831.47	2753.66
15288.88	3309.47	9626.46	469.95	7001.00	1814.73	6101.37
1156.91	253.07	1026.99	33.85	806.55	166.58	650.74
913.24	191.84	531.53	70.12	410.27	82.54	289.88
210.58	57.89	81.53	5.14	58.24	17.59	63.28
3046.33	834.62	5307.54	3.02	934.01	2965.25	2692.55
259.11	100.69	263.33	1.27	98.95	121.38	167.22
200.39	83.90	876.10	0.26	197.32	354.62	483.80

Notes: The statistical coverage of industry refers to the legal person industrial enterprises with annual main business revenue over 5 million yuan.

20-4 续表

单位：亿元

项　目	Item	年末所有者权益合计 Total Creditors' Equity at the Year-end	主营业务收入 Principal Business Revenue
总　计	**Total**	**17813.93**	**56337.82**
按经济类型分	Grouped by Ownership		
在总计中：国有控股经济	Of the Total: State-controlled Economy	4504.12	8538.28
国有经济	State-owned Economy	1406.91	2844.94
集体经济	Collective-owned Economy	120.64	432.66
股份合作经济	Share-holding Cooperative Economy	17.11	105.51
股份制经济	Share-holding Economy	5704.73	18309.67
外商投资经济	Economy with Foreign Investment	4897.60	17251.43
港澳台投资经济	Economy with Investment from Hong Kong, Macao and Taiwan	5236.70	15019.72
按轻重工业分	Grouped by Light and Heavy Industry		
轻工业	Light Industry	6650.95	21422.35
重工业	Heavy Industry	11162.98	34915.47
按企业规模分	Grouped by Size of Enterprise		
大型企业	Large	5821.71	18742.56
中型企业	Medium	7162.87	20002.18
小型企业	Small	4829.35	17593.08
按行业分	Grouped by Sector		
煤炭开采和洗选业	Mining and Washing of Coal		
石油和天然气开采业	Extraction of Petroleum and Natural Gas	11.92	311.04
黑色金属矿采选业	Mining and Dressing of Ferrous Metal Ores	4.27	21.92
有色金属矿采选业	Mining and Dressing of Nonferrous Metal Ores	2.04	22.60
非金属矿采选业	Mining and Dressing of Nonmetal Ores	14.56	57.07
农副食品加工业	Processing of Farm and Sideline Food	169.90	930.76
食品制造业	Manufacture of Food	247.64	681.23
饮料制造业	Manufacture of Beverage	185.33	540.92
烟草制品业	Tobacco Products	145.57	176.08
纺织业	Textile Industry	453.69	1379.21
纺织服装、鞋、帽制造业	Manufacture of Textile Garments, Footwear and Headgear	345.84	1429.51
皮革、毛皮、羽毛(绒)及其制品业	Leather, Fur, Feather, Down and Related Products	278.36	947.64
木材加工及木、竹、藤、棕、草制品业	Timber Processing, Bamboo, Cane, Palm Fiber & Straw Products	79.88	208.00
家具制造业	Manufacture of Furniture	220.53	742.79
造纸及纸制品业	Papermaking and Paper Products	443.14	1032.13
印刷业、记录媒介的复制	Printing and Record Medium Reproduction	264.08	522.63
文教体育用品制造业	Manufacture of Cultural, Educational and Sports Articles	205.98	627.56
石油加工、炼焦及核燃料加工业	Petroleum Refining, Coking and Nuclear Fuel Processing	161.38	1056.10
化学原料及化学制品制造业	Manufacture of Raw Chemical Materials and Chemical Products	1081.47	2712.48
医药制造业	Manufacture of Medicines	292.75	459.73
化学纤维制造业	Manufacture of Chemical Fibers	61.21	127.33
橡胶制品业	Rubber Products	125.25	306.58
塑料制品业	Plastic Products	668.02	1996.73
非金属矿物制品业	Nonmetal Mineral Products	496.06	1514.34
黑色金属冶炼及压延加工业	Smelting and Pressing of Ferrous Metals	183.12	960.81
有色金属冶炼及压延加工业	Smelting and Pressing of Nonferrous Metals	206.17	1303.04
金属制品业	Metal Products	704.53	2632.48
通用设备制造业	Manufacture of General-purpose Machinery	427.67	1269.28
专用设备制造业	Manufacture of Special-purpose Machinery	453.50	1033.96
交通运输设备制造业	Manufacture of Transport Equipment	987.51	4042.25
电气机械及器材制造业	Manufacture of Electrical Machinery and Equipment	1634.70	6672.71
通信设备、计算机及其他电子设备制造业	Manufacture of Communication Equipment, Computers and Other Electronic Equipment	3519.11	14966.10
仪器仪表及文化、办公用机械制造业	Manufacture of Instruments, Meters and Machinery for Cultural and Office Use	376.22	1102.22
工艺品及其他制造业	Handicraft and Other Manufactures	241.28	888.28
废弃资源和废旧材料回收加工业	Recycling and Disposal of Waste	18.14	204.65
电力、热力得生产和供应业	Production and Supply of Electric Power and Heat Power	2614.99	3010.69
燃气生产和供应业	Production and Supply of Gas	96.11	251.59
水的生产和供应业	Production and Supply of Water	392.04	195.38

20-4 continued

(100 million yuan)

主营业务税金及附加 Tax and Extra Charges on Principal Business	利润总额 Total Profits	#亏损总额 Total Losses	利税总额 Total Pretax Profits	本年应交增值税 Value-added Tax Payable in Current Year	全部从业人员年平均人数(万人) Annual Average Number of Employed Persons (10000 persons)
644.54	**3444.65**	**279.79**	**5515.49**	**1426.30**	**1219.60**
312.32	705.73	45.51	1340.42	322.38	56.35
122.56	137.54	7.92	402.53	142.43	17.62
3.48	18.33	2.73	30.44	8.63	30.18
0.28	3.14	0.60	7.58	4.16	2.30
215.40	1139.69	41.32	1844.24	489.16	344.55
205.32	1073.81	100.35	1675.40	396.26	282.88
66.88	965.67	123.28	1359.86	327.30	480.09
242.25	1222.05	114.42	2058.35	594.05	648.68
402.29	2222.59	165.37	3457.14	832.25	570.92
292.99	1182.09	20.37	1918.17	443.09	238.93
193.45	1418.76	132.18	2167.72	555.51	487.57
158.10	843.80	127.24	1429.59	427.70	493.11
10.17	156.70	0.14	182.17	15.48	0.12
0.30	2.00	0.02	2.82	0.91	0.15
0.03	1.15	0.05	1.26	0.08	0.13
0.51	6.40	0.15	6.79	1.28	1.08
12.24	47.55	2.37	61.39	9.78	6.33
13.98	94.91	5.39	145.25	38.35	11.90
11.79	33.35	5.03	67.55	24.50	5.89
73.21	30.49		123.83	20.14	0.40
7.10	51.39	7.80	71.77	20.65	48.74
5.74	46.65	9.22	71.04	25.03	88.37
4.89	42.86	6.62	49.04	14.34	75.94
1.42	10.74	1.68	15.15	4.23	6.01
6.71	35.93	3.60	51.64	13.13	29.66
7.38	44.70	15.61	69.47	22.05	23.09
3.39	30.95	3.10	43.24	11.35	19.68
5.56	14.44	6.31	28.20	9.46	47.56
113.27	45.16	2.71	195.53	39.98	1.30
25.34	284.59	10.30	416.71	130.02	26.15
2.61	54.39	2.53	79.25	24.15	7.76
0.21	3.83	1.63	6.04	3.07	1.46
2.58	12.16	1.83	17.35	4.66	12.93
12.14	92.44	14.43	119.87	29.94	74.16
10.57	89.44	8.65	129.10	37.46	33.49
2.99	18.87	17.05	30.52	12.74	4.78
17.55	73.65	2.31	101.61	17.08	11.51
31.52	123.06	14.67	177.23	43.35	68.78
14.25	74.60	6.81	101.94	25.66	30.08
8.09	73.55	8.36	90.97	20.44	33.61
138.07	394.65	9.79	667.66	145.53	37.69
39.93	372.91	20.99	518.05	132.79	163.98
31.63	696.57	70.66	872.61	192.05	272.03
4.18	63.17	3.76	74.78	11.12	31.81
1.55	35.03	4.16	44.70	13.20	24.75
2.45	12.73	0.10	17.02	3.04	1.52
18.31	236.26	6.46	365.71	114.10	12.37
1.22	21.78	0.20	22.18	4.52	0.80
1.65	15.57	5.29	22.27	6.26	3.57

20-5 广州、深圳主要经济指标（2009年）

Main Economic Indicators of Guangzhou and Shenzhen (2009)

指标	Item	合计 Total	广州市 Guangzhou	深圳市 Shenzhen
土地面积 (平方公里)	Land Area (sq.km)	9240	7287	1953
年末常住人口 (万人)	Permanent Population at the Year-end (10000 persons)	1924.68	1033.45	891.23
#城镇人口	Urban Population	1744.14	852.91	891.23
年末户籍总人口 (万人)	Total Population with Residence Registration at the Year-end (10000 persons)	1040.58	794.62	245.96
年末从业人员 (万人)	Employed Persons at the Year-end (10000 persons)	1431.19	738.70	692.49
#城镇从业人员	Employed Persons in Urban Areas	457.12	235.15	221.97
地区生产总值 (亿元)	Gross Domestic Product (100 million yuan)	17339.53	9138.21	8201.32
第一产业	Primary Industry	178.97	172.28	6.69
第二产业	Secondary Industry	7232.24	3405.16	3827.08
#工业	Industry	6710.39	3117.34	3593.05
第三产业	Tertiary Industry	9928.32	5560.77	4367.55
人均生产总值 (元)	Per Capita Gross Domestic Product (yuan)	90790	89082	92772
地区生产总值指数 (%)	Index of Gross Domestic Product (%)	111.2	111.7	110.7
第一产业	Primary Industry	103.0	103.8	84.4
第二产业	Secondary Industry	109.2	109.3	109.1
#工业	Industry	108.8	109.2	108.5
第三产业	Tertiary Industry	113.0	113.4	112.5
人均生产总值指数 (%)	Index of Per Capita Gross Domestic Product (%)	109.5	110.1	108.8
公路通车里程 (公里)	Total Length of Highways in Operation (km)	10532	8916	1616
民用汽车拥有量 (辆)	Number of Civil Vehicles Owned (unit)	2759545	1340540	1419005
#私人汽车拥有量	Number of Private Vehicles Owned	2116549	1032988	1083561
邮电业务总量 (亿元)	Total Business Volume of Postal and Telecommunication Services (100 million yuan)	1510.21	723.45	786.76
本地电话年末用户 (万户)	Number of Subscribers of Local Telephones at the Year-end (10000 subscribers)	1140.64	623.20	517.44
#城市	Subscribers in Urban Areas	1078.79	579.28	499.51
移动电话年末用户 (万户)	Number of Subscribers of Mobile Telephones at the Year-end (10000 subscribers)	3508.68	1629.10	1879.58
全社会固定资产投资额(亿元)	Total Investment in Fixed Assets (100 million yuan)	4369.00	2659.85	1709.15
城镇 (亿元)	Urban Area (100 million yuan)	4285.48	2576.33	1709.15
#房地产开发投资(亿元)	Investment in Real Estate Development (100 million yuan)	1254.80	817.34	437.46
农村 (亿元)	Rural Area (100 million yuan)	83.52	83.52	
社会消费品零售总额 (亿元)	Total Retail Sales of Consumer Good (100 million yuan)	6183.71	3615.77	2567.94
出口总额 (亿美元)	Total Exports (USD 100 million)	1993.84	374.05	1619.79
进口总额 (亿美元)	Total Imports (USD 100 million)	1475.07	393.32	1081.75
实际外商直接投资额(亿美元)	Foreign Direct Investment Actually Utilized (USD 100 million)	79.33	37.73	41.60
地方财政一般预算收入(亿元)	Local Government Budgetary Revenue (100 million yuan)	1583.47	702.65	880.82
地方财政一般预算支出(亿元)	Local Government Budgetary Expenditure (100 million yuan)	1790.75	789.92	1000.84
中外资金融机构本外币存款 (亿元)	Deposits in Renminbi and Foreign Currencies in All Financial Institutions (100 million yuan)	39301.66	20944.19	18357.47
中外资金融机构本外币储蓄存款 (亿元)	Savings Deposits in Renminbi and Foreign Currencies in All Financial Institutions (100 million yuan)	14157.30	8214.21	5943.09
中外资金融机构本外币贷款 (亿元)	Loans in Renminbi and Foreign Currencies in All Financial Institutions (100 million yuan)	28635.22	13851.83	14783.39
城镇居民人均可支配收入(元)	Per Capita Annual Disposable Income of Urban Residents(yuan)		27609.60	29244.50
农村居民人均纯收入 (元)	Per Capita Annual Net Income of Rural Residents (yuan)			

注：本表地区生产总值绝对数按当年价格计算，指数按可比价格计算。

Note: The figures in value terms on GDP are calculated at current prices, whereas their indexes are calculated at constant prices.

20-6 东西两翼主要经济指标（2009年）

Main Economic Indicators of the East and West Wings (2009)

指 标	Item	东西翼合计 Total	东翼 East Wing	西翼 West Wing
土地面积 (平方公里)	Land Area (sq.km)	48131	15516	32615
年末常住人口 (万人)	Permanent Population at the Year-end (10000 persons)	3207.42	1645.76	1561.66
#城镇人口	Urban Population	1562.44	945.19	617.25
年末户籍总人口 (万人)	Total Population with Residence Registration at the Year-end (10000 persons)	3532.46	1758.34	1774.12
年末从业人员 (万人)	Employed Persons at the Year-end (10000 persons)	1582.72	763.60	819.12
#城镇从业人员	Employed Persons in Urban Areas	166.56	78.93	87.64
地区生产总值 (亿元)	Gross Domestic Product (100 million yuan)	5637.37	2722.18	2915.19
第一产业	Primary Industry	868.55	256.49	612.06
第二产业	Secondary Industry	2574.32	1452.41	1121.90
#工业	Industry	2350.11	1337.62	1012.48
第三产业	Tertiary Industry	2194.51	1013.28	1181.23
人均地区生产总值 (元)	Per Capita Gross Domestic Product (yuan)	17712	16665	18816
地区生产总值指数 (%)	Index of Gross Domestic Product (%)	111.2	112.1	110.4
第一产业	Primary Industry	105.4	105.4	105.4
第二产业	Secondary Industry	110.2	112.8	107.1
#工业	Industry			
第三产业	Tertiary Industry	114.6	112.7	116.2
人均生产总值指数 (%)	Index of Per Capita Gross Domestic Product (%)	110.0	111.1	109.1
公路通车里程 (公里)	Total Length of Highways in Operation (km)	63065	19350	43715
邮电业务总量 (亿元)	Total Business Volume of Postal and Telecommunication Services (100 million yuan)	634.05	353.13	280.92
本地电话年末用户 (万户)	Number of Subscribers of Local Telephones at the Year-end (10000 subscribers)	643.20	382.54	260.66
移动电话年末用户 (万户)	Number of Subscribers of Mobile Telephones at the Year-end (10000 subscribers)	1410.75	820.85	589.90
全社会固定资产投资额(亿元)	Total Investment in Fixed Assets (100 million yuan)	1950.53	1137.80	812.73
城镇 (亿元)	Urban Area (100 million yuan)	1451.96	867.06	584.90
#房地产开发投资 (亿元)	Investment in Real Estate Development (100 million yuan)	194.44	89.04	105.40
农村 (亿元)	Rural Area (100 million yuan)	498.57	270.74	227.83
社会消费品零售总额 (亿元)	Total Retail Sales of Consumer Goods (100 million yuan)	2949.74	1493.37	1456.37
出口总额 (亿美元)	Total Exports (USD 100 million)	124.86	93.59	31.27
进口总额 (亿美元)	Total Imports (USD 100 million)	59.62	41.86	17.76
实际外商直接投资额(亿美元)	Foreign Direct Investment Actually Utilized(USD 100 million)	9.09	6.75	2.34
地方财政一般预算收入(亿元)	Local Government Budgetary Revenue (100 million yuan)	239.87	125.36	114.51
地方财政一般预算支出(亿元)	Local Government Budgetary Expenditure (100 million yuan)	551.83	273.64	278.18
中外资金融机构本外币存款 (亿元)	Deposits in Renminbi and Foreign Currencies in All Financial Institutions (100 million yuan)	5925.09	3275.34	2649.75
中外资金融机构本外币储蓄存款 (亿元)	Savings Deposits in Renminbi and Foreign Currencies in All Financial Institutions (100 million yuan)	4177.87	2397.43	1780.44
中外资金融机构本外币贷款 (亿元)	Loans in Renminbi and Foreign Currencies in All Financial Institutions (100 million yuan)	2355.78	1196.92	1158.86

注：1. 东翼指汕头、汕尾、潮州和揭阳四个市。西翼指湛江、茂名和阳江三个市。
2. 本表地区生产总值绝对数按当年价格计算，指数按可比价格计算。

Notes: a) The East Wing includes the four cities of Shantou, Shanwei, Chaozhou and Jieyang. The West Wing includes the three cities of Zhanjiang, Maoming and Yangjiang.
b) The figures in value terms on GDP are calculated at current prices, whereas their indexes are calculated at constant prices.

20-7 东翼主要经济指标

Main Economic Indicators of the East Wing

指标	Item	2008	2009	2009比2008增长% Growth Rate in 2009 over 2008
土地面积 (平方公里)	Land Area (sq.km)	15516	15516	
年末常住人口 (万人)	Permanent Population at the Year-end (10000 persons)	1626.21	1645.76	1.2
#城镇人口	Urban Population	920.15	945.19	2.7
年末户籍总人口 (万人)	Total Population with Residence Registration at the Year-end (10000 persons)	1739.93	1758.34	1.1
年末从业人员 (万人)	Employed Persons at the Year-end (10000 persons)	751.12	763.60	1.7
#城镇从业人员	Employed Persons in Urban Areas	78.32	78.93	0.8
地区生产总值 (亿元)	Gross Domestic Product (100 million yuan)	2460.70	2722.18	12.1
第一产业	Primary Industry	244.79	256.49	5.4
第二产业	Secondary Industry	1322.82	1452.41	12.8
#工业	Industry	1224.87	1337.62	
第三产业	Tertiary Industry	893.09	1013.28	12.7
人均生产总值 (元)	Per Capita Gross Domestic Product (yuan)	15198	16665	11.1
地区生产总值指数 (%)	Index of Gross Domestic Product (%)	113.1	112.1	12.1
第一产业	Primary Industry	104.8	105.4	5.4
第二产业	Secondary Industry	116.0	112.8	12.8
#工业	Industry	117.1		
第三产业	Tertiary Industry	111.1	112.7	12.7
人均生产总值指数 (%)	Index of Per Capita Gross Domestic Product (%)	112.0	111.1	11.1
公路通车里程 (公里)	Total Length of Highways in Operation (km)	19365	19350	-0.1
邮电业务总量 (亿元)	Total Business Volume of Postal and Telecommunication Services (100 million yuan)	309.02	353.13	14.3
本地电话年末用户 (万户)	Number of Subscribers of Local Telephones at the Year-end (10000 subscribers)	401.48	382.54	-4.7
移动电话年末用户 (万户)	Number of Subscribers of Mobile Telephones at the Year-end (10000 subscribers)	779.56	820.85	5.3
全社会固定资产投资额(亿元)	Total Investment in Fixed Assets (100 million yuan)	861.73	1137.80	28.7
城镇 (亿元)	Urban Area (100 million yuan)	622.14	867.06	38.5
#房地产开发投资 (亿元)	Investment in Real Estate Development (100 million yuan)	77.29	89.04	15.2
农村 (亿元)	Rural Area (100 million yuan)	239.59	270.74	13.0
社会消费品零售总额 (亿元)	Total Retail Sales of Consumer Goods (100 million yuan)	1253.90	1493.37	19.1
出口总额 (亿美元)	Total Exports (USD 100 million)	92.39	93.59	1.3
进口总额 (亿美元)	Total Imports (USD 100 million)	37.08	41.86	12.9
实际外商直接投资额(亿美元)	Foreign Direct Investment Actually Utilized(USD 100 million)	6.33	6.75	6.6
地方财政一般预算收入(亿元)	Local Government Budgetary Revenue (100 million yuan)	105.36	125.36	19.0
地方财政一般预算支出(亿元)	Local Government Budgetary Expenditure (100 million yuan)	227.30	273.64	20.4
中外资金融机构本外币存款 (亿元)	Deposits in Renminbi and Foreign Currencies in All Financial Institutions (100 million yuan)	2803.02	3275.34	16.9
中外资金融机构本外币储蓄存款 (亿元)	Savings Deposits in Renminbi and Foreign Currencies in All Financial Institutions (100 million yuan)	2124.88	2397.43	12.8
中外资金融机构本外币贷款 (亿元)	Loans in Renminbi and Foreign Currencies in All Financial Institutions (100 million yuan)	887.89	1196.92	34.8

注：1. 本表地区生产总值绝对数按当年价格计算，指数按可比价格计算。

2. 2009年起固定资产跨区投资计入到各市中，全社会城镇投资增速按可比口径调整。

Note: a) The figures in value terms on GDP are calculated at current prices, whereas the growth rates are calculated at constant prices.

b) Since 2009, the cross-district investments in fixed assets are calculated as investments in fixed assets of cities.The growth rate of total urban investment has been adjusted at comparable coverage.

20-8 西翼主要经济指标

Main Economic Indicators of the West Wing

指　　标	Item	2008	2009	2009比2008增长% Growth Rate of 2009 over 2008
土地面积 (平方公里)	Land Area (sq.km)	32615	32615	
年末常住人口 (万人)	Permanent Population at the Year-end (10000 persons)	1539.41	1561.66	1.4
#城镇人口	Urban Population	604.24	617.25	2.2
年末户籍总人口 (万人)	Total Population with Residence Registration at the Year-end (10000 persons)	1752.84	1774.12	1.2
年末从业人员 (万人)	Employed Persons at the Year-end (10000 persons)	801.74	819.12	2.2
#城镇从业人员	Employed Persons in Urban Areas	86.97	87.64	0.8
经济总量指标	Aggregate Indicators on Economy			
地区生产总值 (亿元)	Gross Domestic Product (100 million yuan)	2757.74	2915.19	10.4
第一产业	Primary Industry	581.05	612.06	5.4
第二产业	Secondary Industry	1174.92	1121.90	7.1
#工业	Industry	1074.58	1012.48	
第三产业	Tertiary Industry	1001.78	1181.23	16.2
人均生产总值 (元)	Per Capita Gross Domestic Product (yuan)	18021	18816	9.1
地区生产总值指数 (%)	Index of Gross Domestic Product (%)	110.9	110.4	10.4
第一产业	Primary Industry	103.9	105.4	5.4
第二产业	Secondary Industry	110.2	107.1	7.1
#工业	Industry	111.0		
第三产业	Tertiary Industry	115.6	116.2	16.2
人均生产总值指数 (%)	Index of Per Capita Gross Domestic Product (%)	109.3	109.1	9.1
公路通车里程 (公里)	Total Length of Highways in Operation (km)	43710	43715	0.0
邮电业务总量 (亿元)	Total Business Volume of Postal and Telecommunication Services (100 million yuan)	230.56	280.92	21.8
本地电话年末用户 (万户)	Number of Subscribers of Local Telephones at the Year-end (10000 subscribers)	293.18	260.66	-11.1
移动电话年末用户 (万户)	Number of Subscribers of Mobile Telephones at the Year-end (10000 subscribers)	546.43	589.90	8.0
全社会固定资产投资额(亿元)	Total Investment in Fixed Assets (100 million yuan)	612.76	812.73	31.7
城镇 (亿元)	Urban Area (100 million yuan)	416.95	584.90	39.3
#房地产开发投资 (亿元)	Investment in Real Estate Development (100 million yuan)	76.93	105.40	37.0
农村 (亿元)	Rural Area (100 million yuan)	195.81	227.83	16.4
社会消费品零售总额 (亿元)	Total Retail Sales of Consumer Goods (100 million yuan)	1244.15	1456.37	17.1
出口总额 (亿美元)	Total Exports (USD 100 million)	32.53	31.27	-3.9
进口总额 (亿美元)	Total Imports (USD 100 million)	20.63	17.76	-13.9
实际外商直接投资额(亿美元)	Foreign Direct Investment Actually Utilized(USD 100 million)	3.75	2.34	-37.6
地方财政一般预算收入(亿元)	Local Government Budgetary Revenue (100 million yuan)	98.44	114.51	16.3
地方财政一般预算支出(亿元)	Local Government Budgetary Expenditure (100 million yuan)	240.91	278.18	15.5
中外资金融机构本外币存款 (亿元)	Deposits in Renminbi and Foreign Currencies in All Financial Institutions (100 million yuan)	2206.57	2649.75	20.1
中外资金融机构本外币储蓄存款 (亿元)	Savings Deposits in Renminbi and Foreign Currencies in All Financial Institutions (100 million yuan)	1559.69	1780.44	14.2
中外资金融机构本外币贷款 (亿元)	Loans in Renminbi and Foreign Currencies in All Financial Institutions (100 million yuan)	859.04	1158.86	34.9

注：1. 本表地区生产总值绝对数按当年价格计算，指数按可比价格计算。
2. 2009年起固定资产跨区投资计入到各市中，全社会城镇投资增速按可比口径调整。

Note: a) The figures in value terms on GDP are calculated at current prices, whereas the growth rates are calculated at comparable prices.
b) Since 2009, the cross-district investments in fixed assets are calculated as investments in fixed assets of cities.The growth rate of total urban investment has been adjusted at comparable coverage.

20-9 山区五市主要经济指标

Main Economic Indicators of Five Cities in Mountainous Areas

指标	Item	2008	2009	2009比2008增长% Growth Rate in 2009 over 2008
土地面积 (平方公里)	Land Area (sq.km)	76835	76835	
年末常住人口 (万人)	Permanent Population at the Year-end (10000 persons)	1606.61	1644.35	2.3
#城镇人口	Urban Population	693.44	707.61	2.0
年末户籍总人口 (万人)	Total Population with Residence Registration at the Year-end (10000 persons)	1853.50	1866.50	0.7
年末从业人员 (万人)	Employed Persons at the Year-end (10000 persons)	794.82	808.68	1.74
#城镇从业人员	Employed Persons in Urban Areas	116.49	121.42	4.24
地区生产总值 (亿元)	Gross Domestic Product (100 million yuan)	2522.69	2709.63	10.8
第一产业	Primary Industry	419.59	434.91	5.7
第二产业	Secondary Industry	1226.90	1278.32	12.2
#工业	Industry	1101.90	1136.72	
第三产业	Tertiary Industry	876.20	996.39	11.0
人均生产总值 (元)	Per Capita Gross Domestic Product (yuan)	15779	16726	
地区生产总值指数 (%)	Index of Gross Domestic Product (%)	113.2	110.8	10.8
第一产业	Primary Industry	104.9	105.7	5.7
第二产业	Secondary Industry	113.9	112.2	12.2
#工业	Industry	115.3		
第三产业	Tertiary Industry	116.0	111.0	11.0
人均生产总值指数 (%)	Index of Per Capita Gross Domestic Product (%)	112.2	109.3	9.3
公路通车里程 (公里)	Total Length of Highways in Operation (km)	66661	67634	1.5
邮电业务总量 (亿元)	Total Business Volume of Postal and Telecommunication Services (100 million yuan)	270.50	320.63	18.5
本地电话年末用户 (万户)	Number of Subscribers of Local Telephones at the Year-end (10000 subscribers)	348.93	323.18	-7.4
移动电话年末用户 (万户)	Number of Subscribers of Mobile Telephones at the Year-end (10000 subscribers)	606.04	660.49	9.0
全社会固定资产投资额 (亿元)	Total Investment in Fixed Assets (100 million yuan)	1445.35	1799.06	21.9
城镇 (亿元)	Urban Area (100 million yuan)	991.95	1159.47	13.2
#房地产开发投资 (亿元)	Investment in Real Estate Development (100 million yuan)	216.32	183.71	-15.1
农村 (亿元)	Rural Area (100 million yuan)	453.40	639.59	41.1
社会消费品零售总额 (亿元)	Total Retail Sales of Consumer Goods (100 million yuan)	948.79	1107.31	16.7
出口总额 (亿美元)	Total Exports (USD 100 million)	44.88	46.93	4.6
进口总额 (亿美元)	Total Imports (USD 100 million)	37.72	31.55	-16.4
实际外商直接投资额(亿美元)	Foreign Direct Investment Actually Utilized(USD 100 million)	12.16	11.17	-8.1
地方财政一般预算收入(亿元)	Local Government Budgetary Revenue (100 million yuan)	135.11	160.48	18.8
地方财政一般预算支出(亿元)	Local Government Budgetary Expenditure (100 million yuan)	333.43	413.69	24.1
中外资金融机构本外币存款 (亿元)	Deposits in Renminbi and Foreign Currencies in All Financial Institutions (100 million yuan)	2597.56	3147.60	21.2
中外资金融机构本外币储蓄存款 (亿元)	Savings Deposits in Renminbi and Foreign Currencies in All Financial Institutions (100 million yuan)	1785.38	2043.84	14.5
中外资金融机构本外币贷款 (亿元)	Loans in Renminbi and Foreign Currencies in All Financial Institutions (100 million yuan)	1044.14	1546.00	48.1

注：1. 山区五市指韶关、河源、梅州、清远和云浮。
2. 本表地区生产总值绝对数按当年价格计算，指数按可比价格计算。
3. 2009年起固定资产跨区投资计入到各市中，全社会城镇投资增速按可比口径调整。

Notes: a) The five cities in mountainous areas include Shaoguan, Heyuan, Meizhou, Qingyuan and Yunfu.
b) The figures in value terms on GDP are calculated at current prices, whereas their indexes are calculated at comparable prices.
C) Since 2009, the cross-district investments in fixed assets are calculated as investments in fixed assets of cities.The growth rate of total urban investment has been adjusted at comparable coverage.

20-10 山区县(市、区)主要经济指标

Main Economic Indicators of Counties (County-level Cities and Districts) in Mountainous Areas

指　　标	Item	2008	2009	2009比2008增长% Growth Rate in 2009 over 2008
土地面积　(平方公里)	Land Area　(sq.km)	114414	114414	
常用耕地面积　(公顷)	Area of Regularly Cultivated Land　(ha.)			
年末户籍总人口　(万人)	Total Population with Residence Registration at the Year-end　(10000 persons)	3236.20	3257.02	0.6
年末从业人员　(万人)	Employed Persons at the Year-end　(10000 persons)	1414.99	1480.24	4.6
地区生产总值　(亿元)	Gross Domestic Product　(100 million yuan)	3879.15	4217.01	12.7
第一产业	Primary Industry	800.79	827.22	5.3
第二产业	Secondary Industry	1710.07	1852.08	14.5
第三产业	Tertiary Industry	1368.29	1537.71	14.5
人均生产总值　(元)	Per Capita Gross Domestic Product　(yuan)	14017	15083	11.6
地区生产总值指数　(%)	Index of Gross Domestic Product　(%)	113.0	112.7	12.7
第一产业	Primary Industry	104.5	105.3	5.3
第二产业	Secondary Industry	115.7	114.5	14.5
第三产业	Tertiary Industry	114.7	114.5	14.5
人均生产总值指数　(%)	Index of Per Capita Gross Domestic Product　(%)	112.2	111.6	11.6
全社会固定资产投资额(亿元)	Total Investment in Fixed Assets　(100 million yuan)	1563.79	1798.62	15.0
城镇　(亿元)	Urban Area　(100 million yuan)	925.86	972.15	5.0
#房地产开发投资　(亿元)	Investment in Real Estate Development　(100 million yuan)	183.53	179.26	-2.3
农村　(亿元)	Rural　(100 million yuan)	637.93	826.47	29.6
社会消费品零售总额(亿元)	Total Retail Sales of Consumer Goods　(100 million yuan)	1601.39	1891.97	18.1
出口总额　(亿美元)	Total Exports　(USD 100 million)	79.66	79.01	-0.8
实际外商直接投资额(亿美元)	Foreign Direct Investment Actually Utilized(USD 100 million)	14.25	15.50	8.8
地方财政一般预算收入(亿元)	Local Government Budgetary Revenue　(100 million yuan)	144.44	172.98	19.8
地方财政一般预算支出(亿元)	Local Government Budgetary Expenditure　(100 million yuan)	422.76	492.13	16.4
农村居民人均纯收入　(元)	Per Capita Net Income of Rural Residents　(yuan)			

注：1. 50个山区县(市、区)包括:从化市、南澳县、曲江区、仁化县、南雄市、始兴县、翁源县、新丰县、乳源县、乐昌市、东源县、和平县、龙川县、紫金县、连平县、梅江区、梅县、蕉岭县、大埔县、丰顺县、五华县、兴宁市、平远县、惠东县、龙门县、海丰县、陆河县、阳春市、高州市、信宜市、高要市、广宁县、德庆县、封开县、怀集县、清新县、英德市、佛冈县、连山县、连南县、连州市、阳山县、饶平县、潮安县、普宁市、揭西县、新兴县、罗定市、郁南县、云安县。

2. 本表国内生产总值绝对数按当年价格计算，指数按可比价格计算。

Notes: a) Counties(county-level cities and districts) in mountainous areas total 50,including Conghua City, Nan'ao County, Qujiang District, Renhua County, Nanxiong City, Shixing County, Wengyuan County, Xinfeng County, Qujiang District, Ruyuan County,Lechang City, Dongyuan County, Heping County,Longchuan County,Zijin County,Lianping County,Meijiang District,Meixian County,Jiaoling County,Dabu County, Fengshun County, Wuhua County, Xingning City, Pingyuan County, Huidong County, Longmen County, Haifeng County, Luhe County, Yangchun City, Gaozhou City,Xinyi City,Gaoyao City,Guangning County,Deqing County, Fengkai County,Huaiji County,Qingxin County, Yingde City, Fogang County,Lianshan County, Liannan County,Lianzhou City,Yangshan County,Raoping County Chao'an County, Puning City,Jiexi County, Xinxing County, Luoding City, Yunan County, and Yun'an County.

b) The figures in value terms on GDP are calculated at current prices, whereas the growth rates are calculated at comparable prices.

20-11 少数民族县主要经济指标（2009年）

Main Economic Indicators of Minority Counties (2009)

指标	Item	合计 Total	连南县 Liannan County	连山县 Lianshan County	乳源县 Ruyuan County
土地面积 (平方公里)	Land Area (sq.km)	4753	1289	1165	2299
年末户籍总人口 (万人)	Total Population with Residence Registration at the Year-end (10000 persons)	49.19	16.32	11.76	21.11
少数民族人口 (人)	Population of Minority Nationalities (persons)	183636	88000	71900	23736
年末从业人员 (万人)	Employed Persons at the Year-end (10000 persons)	25.44	9.74	5.84	9.86
地区生产总值 (亿元)	Gross Domestic Product (100 million yuan)	62.01	14.82	13.78	33.41
第一产业	Primary Industry	10.78	2.95	3.99	3.84
第二产业	Secondary Industry	27.58	6.10	3.76	17.72
第三产业	Tertiary Industry	23.65	5.77	6.03	11.85
人均生产总值 (元)	Per Capita Gross Domestic Product (yuan)	13720	10112	12230	17335
地区生产总值指数 (%)	Index of Gross Domestic Product (%)	112.8	116.6	113.0	111.2
第一产业	Primary Industry	107.4	104.9	110.3	106.6
第二产业	Secondary Industry	118.5	130.7	135.8	112.4
第三产业	Tertiary Industry	108.4	109.5	102.9	110.7
人均生产总值指数 (%)	Index of Per Capita Gross Domestic Product (%)	111.9	114.9	111.5	111.1
公路通车里程 (公里)	Total Length of Highways in Operation (km)	3603	1179	842	1582
本地电话年末用户 (户)	Number of Subscribers of Local Telephones at the Year-end (subscriber)	64641	20551	17790	26300
#乡村	Subscribers in Rural Areas	30992	8852	7540	14600
移动电话年末用户 (户)	Number of Subscribers of Mobile Telephones at the Year-end (subscriber)	219835	65247	48388	106200
邮电业务总量 (万元)	Total Business Volume of Postal and Telecommunication Services (10000 yuan)	75960	23480	16300	36180
全社会固定资产投资额(亿元)	Total Investment in Fixed Assets (100 million yuan)	37.57	9.03	12.33	16.21
城镇 (亿元)	Urban Area (100 million yuan)	22.32	3.19	4.04	15.09
#房地产开发投资 (亿元)	Investment in Real Estate Development(100 million yuan)	2.69	0.50		2.19
农村 (亿元)	Rural Area (100 million yuan)	15.25	5.84	8.29	1.12
社会消费品零售总额 (亿元)	Total Retail Sales of Consumer Goods (100 million yuan)	17.02	3.22	4.48	9.32
地方财政一般预算收入(亿元)	Local Government Budgetary Revenue (100 million yuan)	4.33	1.25	0.70	2.38
地方财政一般预算支出(亿元)	Local Government Budgetary Expenditure(100 million yuan)	13.44	4.27	3.42	5.75
职工年平均工资 (元)	Annual Average Wage of Staff and Workers (yuan)		25671	27861	21941
农村居民人均纯收入 (元)	Per Capita Net Income of Rural Residents (yuan)		3852	4231	4580
普通中学 (所)	Number of Regular Secondary Schools (unit)	31	13	9	9
在校学生数 (人)	Number of Students Enrolled in Regular Secondary Schools (person)	29490	9406	7314	12770
小学 (所)	Number of Primary Schools (unit)	154	42	36	76
在校学生数 (人)	Number of Students Enrolled in Primary Schools (person)	35053	13577	7431	14045

注：本表地区生产总值绝对数按当年价计算，指数按可比价格计算。

Note: The figures in value terms on GDP are calculated at current prices, whereas their indexes are calculated at constant prices.

二十一、城市主要经济指标

CITIES

二十一　城市主要经济指标

简要说明

一、本篇资料反映广东城市社会、经济发展和城市建设的规模、速度、效益及综合水平等基本情况。

二、本篇资料由广东省统计局综合处整理提供。

三、本篇资料依据国家统计局制定的《城市社会经济基本情况统计报表制度》，由全省 21 个地级以上市统计局或调查队填报后汇总、加工而成。资料的统计范围为广东 21 个省辖城市的市区。其中深圳、珠海、东莞、中山、佛山为全市。

21 Cities

Brief Introduction

Ⅰ. The data in this chapter show the scale, growth rates, economic efficiency, and overall level of social development, economic development and urban construction of cities in Guangdong Province.

Ⅱ. The data in this chapter are provided by the Division of Comprehensive Statistics of Statistics Bureau of Guangdong Province.

Ⅲ. The data in this chapter are reported, tabulated and processed by the bureaus of statistics of 21 cities at or above prefectural level in accordance with the "Statistical Reporting Scheme on Basic Social and Economic Situations of Cities" stipulated by the National Bureau of Statistics. The statistical coverage includes the urban districts of the 21 cities under the jurisdiction of the provincial government. As for Shenzhen, Zhuhai, Dongguan, Zhongshan and Foshan, statistics of the whole cities are covered, including towns and villages.

21-1 城市主要经济指标
Main Economic Indicators of Cities

指　　标	Item	2008	2009
土地面积　(平方公里)	Total Land Area (sq.km)	32425	32253.5
#建城区面积	Developed Land Area	3283	
年末户籍总人口　(万人)	Total Population with Residence Registration at the Year-end(10000 persons)	3184.76	3919.6
年末总户数　(万户)	Total Number of Households at the Year-end (10000 households)	929.35	937.41
年末单位从业人员数 (万人)	Number of Persons Employed in Units at the Year-end (10000 persons)	777.94	824.51
城镇私营和个体从业人员 (万人)	Number of Persons Employed in Private Enterprises and Self-employed Individuals in Urban Areas (10000 persons)	1025.00	
地区生产总值　(亿元)	Gross Domestic Product (100 million yuan)		33409.34
第一产业	Primary Industry		594.41
第二产业	Secondary Industry		16175.11
第三产业	Tertiary Industry		16588.50
国际互联网用户数　(万户)	Number of Internet Subscribers (10000 subscribers)	877.85	1094.13
生活用水量　(万吨)	Water Consumption for Residential Use (10000 cu.m)	285269.00	
全年用电量　(亿千瓦时)	Annual Electricity Consumption (100 million kwh)	2282.59	2914.55
#工业用电	Electricity Consumption for Industry	1581.59	1838.85
城乡居民生活用电	Electricity Consumption for Residential Use	274.73	409.64
全社会固定资产投资 (亿元)	Total Investment in Fixed Assets (100 million yuan)	8492.03	10245.23
房地产开发投资额　(亿元)	Investment in Real Estate Development (100 million yuan)	2618.37	2610.75
#住宅	Residential Buildings	1843.25	1818.14
社会消费品零售总额 (亿元)	Total Retail Sales of Consumer Goods (100 million yuan)	10281.11	11622.77
地方财政一般预算收入(亿元)	Local Government Budgetary Revenue (100 million yuan)	2341.73	2417.68
地方财政一般预算支出(亿元)	Local Government Budgetary Expenditure (100 million yuan)	2715.15	3094.57
城乡居民储蓄存款年末余额 (亿元)	Savings Deposits by Urban and Rural Residents at the Year-end (100 million yuan)	23547.58	26796.79
在岗职工工资总额　(亿元)	Total Wages of Fully Employed Staff and Workers (100 million yuan)	2835.00	3029.33

注：表中数据按各市统计局或调查队上报资料整理汇总。下同。

Note: Data in this table are compiled on the basis of data reported by the prefectural bureaus of statistics and the survey offices in Guangdong. The same applies to the follouing tables .

21-2 城市基本情况（2009年）

指 标	Item	广州市 Guangzhou	深圳市 Shenzhen
人口、从业人员和土地面积	**Population, Employment and Total Land Area**		
年末户籍总人口 （万人）	Total Population with Residence Registration at the Year-end (10000 persons)	654.68	891.23
年末户籍总户数 （万户）	Total Number of Households at the Year-end (10000 households)	208	69.81
年末单位从业人员数（万人）	Number of Persons Employed in Units at the Year-end (10000 persons)	219.6	222.00
第一产业	Primary Industry	0.56	0.4
第二产业	Secondary Industry	93.59	119.7
第三产业	Tertiary Industry	125.45	101.9
私营和个体从业人员（万人）	Persons Employed in Private Enterprises and Self-employed Individuals (10000 persons)	180.32	311.59
行政区域土地面积(平方公里)	Total Land Area (sq.km)	3843.43	1992
#建成区面积	Developed Land Area		813
经济总量指标	**Aggregate Economic Indicators**		
地区生产总值 （亿元）	Gross Domestic Product (100 million yuan)	8409.75	8201.32
第一产业	Primary Industry	118.38	6.69
第二产业	Secondary Industry	2972.19	3827.08
第三产业	Tertiary Industry	5319.18	4367.55
人均地区生产总值 （元）	Per Capita Gross Domestic Product (yuan)	94173	92772
地区生产总值增长率 （%）	Growth Rates of Gross Domestic Product (%)	11.5	10.7
工业	**Industry**		
工业企业数 （个）	Number of Industrial Enterprises (unit)	5711	8413
内资企业	Domestic-funded Enterprises	3594	4440
港、澳、台商投资企业	Enterprises with Investment from Hong Kong, Macao and Taiwan	1239	2949
外商投资企业	Enterprises with Foreign Investment	878	1024
工业总产值(当年价) （亿元）	Total Industrial Output Value (at current prices) (100 million yuan)	10297.68	15416.24
内资企业	Domestic-funded Enterprises	3319.35	5663.66
港、澳、台商投资企业	Enterprises with Investment from Hong Kong, Macao and Taiwan	1979.29	4345.67
外商投资企业	Enterprises with Foreign Investment	4999.04	5406.91
主营业务收入 （亿元）	Revenue from Principal Business (100 million yuan)	10179.48	14981.25
主营业务税金及附加（亿元）	Tax and and other charges on Principal Business(100 million yuan)	320.75	59.38
本年应交增值税 （亿元）	Value-added Tax Payable in Current Year (100 million yuan)	347.71	292.11
利润总额 （亿元）	Pre-tax Profits (100 million yuan)	744.84	1087.42

Basic Conditions of Cities (2009)

珠海市 Zhuhai	汕头市 Shantou	佛山市 Foshan	韶关市 Shaoguan	河源市 Heyuan	梅州市 Meizhou	惠州市 Huizhou	汕尾市 Shanwei
102.65	503.43	367.63	92.09	29.83	31.49	129.02	52.45
28.74	111.77	110.46	30.53	9.64	9.59	41.34	11.46
58.81	31.13	55.48	16.03	11.58	5.48	56.34	5.24
0.83	0.03	0.04	0.03	0.06		0.02	0.01
41.13	12.58	29.94	8.82	8.19	1.85	44.76	2.83
16.85	18.52	25.5	7.18	3.33	3.63	11.56	2.4
36.82			9.04	6.79	4.64	38.92	
1701	1956.4	3848	2870	362	298	2672	415
118	172.5	151	78	28	42	161	14
1038.66	1027.85	4820.90	293.23	128.26	103.72	888.26	117.29
28.82	54.23	95.77	15.49	1.95	4.20	27.00	12.28
543.96	566.70	3037.69	129.60	69.29	59.49	520.71	64.29
465.88	406.92	1687.44	148.14	5.70	40.03	340.55	40.71
69890	20514	80686	32491	38819	33221	49096	23702
6.6	10.7	13.5	8.9	20.8	5.8	14.3	12.8
1386	2394	7807	196	159	56	1119	72
576	2018	6057	158	64	36	340	45
558	239	1130	31	69	15	538	24
252	137	620	7	26	5	241	3
2405.04	1528.11	11779.62	375.89	218.75	100.35	2507.81	173.96
807.89	1133.76	7607.71	322.27	62.02	75.07	591.76	74.49
554.29	195.58	2513.50	45.53	92.66	21.16	728.27	94.26
1042.86	198.76	1658.42	8.09	64.06	4.12	1187.78	5.21
2328.11	1454.02	11262.92	362.96	205.39	95.20	2481.42	164.20
4.88	8.67	137.10	17.54	0.39	23.14	39.03	0.34
46.59	42.71	285.53	14.27	6.00	8.01	82.93	1.19
129.27	125.29	1052.53	13.38	9.25	11.51	87.65	9.66

21-2 续表 1

指 标	Item	东莞市 Dongguan	中山市 Zhongshan
人口、从业人员和土地面积	**Population, Employment and Total Land Area**		
年末户籍总人口 (万人)	Total Population with Residence Registration at the Year-end (10000 persons)	178.73	147.86
年末户籍总户数 (万户)	Total Number of Households at the Year-end (10000 households)	52.12	41.38
年末单位从业人员数 (万人)	Number of Persons Employed in Units at the Year-end (10000 persons)	22.68	26.69
第一产业	Primary Industry	0.07	
第二产业	Secondary Industry	9.35	16.41
第三产业	Tertiary Industry	13.26	10.28
私营和个体从业人员 (万人)	Persons Employed in Private Enterprises and Self-employed Individuals (10000 persons)	74.73	96.53
行政区域土地面积(平方公里)	Total Land Area (sq.km)	2465	1800
#建成区面积	Developed Land Area	87.29	40
经济总量指标	**Aggregate Economic Indicators**		
地区生产总值 (亿元)	Gross Domestic Product (100 million yuan)	3763.91	1566.41
第一产业	Primary Industry	14.79	45.26
第二产业	Secondary Industry	1823.08	904.42
第三产业	Tertiary Industry	1926.04	616.73
人均地区生产总值 (元)	Per Capita Gross Domestic Product (yuan)	56601	62304
地区生产总值增长率 (%)	Growth Rates of Gross Domestic Product (%)	5.3	10.2
工业	**Industry**		
工业企业数 (个)	Number of Industrial Enterprises (unit)	5839	5036
内资企业	Domestic-funded Enterprises	1810	3495
港、澳、台商投资企业	Enterprises with Investment from Hong Kong, Macao and Taiwan	2651	1034
外商投资企业	Enterprises with Foreign Investment	1378	507
工业总产值(当年价) (亿元)	Total Industrial Output Value (at current prices) (100 million yuan)	5935.15	4057.97
内资企业	Domestic-funded Enterprises	1470.12	1904.99
港、澳、台商投资企业	Enterprises with Investment from Hong Kong, Macao and Taiwan	2564.50	1103.91
外商投资企业	Enterprises with Foreign Investment	1900.54	1049.08
主营业务收入 (亿元)	Revenue from Principal Business (100 million yuan)	5651.32	3677.28
主营业务税金及附加 (亿元)	Tax and and other charges on Principal Business(100 million yuan)	8.10	16.44
本年应交增值税 (亿元)	Value-added Tax Payable in Current Year (100 million yuan)	84.50	100.70
利润总额 (亿元)	Pre-tax Profits (100 million yuan)	155.55	195.96

21-2 continued 1

江门市 Jiangmen	阳江市 Yangjiang	湛江市 Zhanjiang	茂名市 Maoming	肇庆市 Zhaoqing	清远市 Qingyuan	潮州市 Chaozhou	揭阳市 Jieyang	云浮市 Yunfu
137.57	66.81	151.81	130.68	53.19	64.37	34.97	69.48	29.63
44.02	20.15	44.23	33.72	17.32	18.41	9.58	16.58	8.56
22.09	7.53	16.83	9.59	13.27	9.17	5.59	5.18	4.20
	0.16	0.27	0.03	0.02	0.02	0.01		0.01
13.84	2.27	5.80	3.43	7.94	5.23	2.74	2.13	2.14
8.25	5.10	10.76	6.13	5.31	3.92	2.84	3.05	2.05
26.03	6.67	18.03	9.25	8.79	13.21	6.65	12.66	7.28
1786	756	1460	874	761	1296	155	181	762
120	42	79	69	74	56	42	53	18
768.36	203.61	623.94	445.15	325.26	313.74	107.77	185.98	75.97
34.76	26.03	43.28	28.90	10.26	15.08	1.20	2.56	7.46
475.87	77.22	306.80	228.89	162.86	207.23	53.05	104.08	40.61
257.73	100.36	273.87	187.36	152.13	91.42	53.52	79.34	27.90
48837	30973	42261	35897	47453	43522	27314	26215	35284
10.4	10.2	10.3	8.8	11.9	17.26	9.5	16.6	6.6
1924	158	315	197	369	275	243	459	127
1293	136	238	177	189	173	143	386	93
480	13	41	8	122	73	76	61	27
151	9	36	12	58	29	24	12	7
1818.66	169.76	731.46	855.66	522.28	914.61	131.48	293.85	50.93
881.60	118.49	282.81	837.85	173.27	613.94	82.25	246.62	33.02
670.29	13.20	397.87	3.58	254.27	233.30	38.08	38.45	15.8
266.78	38.07	50.78	14.23	94.74	67.36	11.15	8.78	2.11
1695.41	165.15	665.84	898.64	510.82	872.96	128.79	292.35	48.85
24.27	0.69	37.57	86.06	1.77	2.02	0.42	0.95	0.36
33.63	7.30	18.01	33.55	14.48	9.37	4.88	7.36	1.54
92.30	14.85	97.97	76.25	14.45	9.60	5.40	10.00	1.00

21-2 续表 2

指 标	Item	广州市 Guangzhou	深圳市 Shenzhen
邮电和电力	**Post, Telecommunication and Electricity**		
国际互联网用户数 (万户)	Number of Internet Subscribers (10000 subscribers)	265.23	247.58
全年用电量 (亿千瓦时)	Annual Electricity Consumption (100 million kwh)	511.60	585.68
#工业用电	Electricity Consumption for Industry	278.90	323.75
居民生活用电	Electricity Consumption for Residential Use	101.87	79.13
固定资产投资	**Investment in Fixed Assets**		
全社会固定资产投资总额 (亿元)	Total Investment in Fixed Assets (100 million yuan)	2455.65	1709.15
#房地产开发投资额	Total Investment in Real Estate Development	703.44	437.46
#住宅	Residential Buildings	414.93	289.78
商品房屋销售面积 (万平方米)	Floor Space of Commercial Buildings Sold (10000 sq.m)	1082.75	762.16
商品房屋销售额 (亿元)	Total Sales of Commercial Buildings (100 million yuan)	1127.65	1113.88
市政公用事业	**Urban Public Utilities**		
年末实有城市道路面积(万平方米)	Area of Paved Roads at the Year-end (10000 sq.m)		8864
供水总量 (万立方米)	Total Volume of Water Supply (10000 cu·m)		150094
#居民生活用水量	Water Consumption for Residential Use		48729
绿地面积 (公顷)	Area of Urban Gardens and Green Areas (hectare)		96374
批发零售贸易和外经	**Wholesale, Retail Trade and Foreign Trade**		
限额以上批发零售贸易业商品销售总额 (亿元)	Total Sales of Commodities in Wholesale and Retail Trades above Designated Size (100 million yuan)	11324.58	4809.42
社会消费品零售额 (亿元)	Total Retail Sales of Consumer Goods (100 million yuan)	3430.19	2567.94

21-2 continued 2

珠海市 Zhuhai	汕头市 Shantou	佛山市 Foshan	韶关市 Shaoguan	河源市 Heyuan	梅州市 Meizhou	惠州市 Huizhou	汕尾市 Shanwei
29.80	5.69	111.65	12.84	4.7869	6.8598	36.17	
91.72	120.40	416.77	41.31	15.58	11.95	95.97	86.48
57.45	72.62	313.56	34.79	9.27	6.51	62.34	2.94
12.26	26.31	43.24	3.93	2.62	3.28	11.67	3.70
410.51	286.15	1470.56	158.61	65.30	4.27	564.95	70.62
168.44	38.09	358.25	30.80	13.50	3.18	149.01	3.92
102.22	28.06	262.56	20.48	11.28	2.55	112.33	3.66
289.73	131.41	779.51	133.06	45.26	17.93	460.97	27.3
214.60	47.94	487.64	42.58	15.18	4.48	207.04	8.32
3338	2479	2295	586	288	640	1492	232
30518	28629.1	43052	5345	4733	4262	19343	3039
8883	13069.16	16840	3374	2493	2143	6852	1164
5217	6797	8390	3098	19048	1639	5398	563
575.55	217.25	1864.62	90.97	35.18	74.82	329.35	40.79
404.46	652.18	1408.78	175.50	47.10	44.99	302.78	56.14

21-2 续表 3

指　　标	Item	东莞市 Dongguan	中山市 Zhongshan
邮电和电力	**Post, Telecommunication and Electricity**		
国际互联网用户数 (万户)	Number of Internet Subscribers (10000 subscribers)	118.02	53.85
全年用电量 (亿千瓦时)	Annual Electricity Consumption (100 million kwh)	495.57	161.58
#工业用电	Electricity Consumption for Industry	376.10	109.91
居民生活用电	Electricity Consumption for Residential Use	54.58	23.49
固定资产投资	**Investment in Fixed Assets**		
全社会固定资产投资总额 (亿元)	Total Investment in Fixed Assets (100 million yuan)	1094.08	545.61
#房地产开发投资额	Total Investment in Real Estate Development	277.66	192.37
#住宅	Residential Buildings	251.39	141.00
商品房屋销售面积 (万平方米)	Floor Space of Commercial Buildings Sold (10000 sq.m)	600.27	563.53
商品房屋销售额 (亿元)	Total Sales of Commercial Buildings (100 million yuan)	353.00	259.41
市政公用事业	**Urban Public Utilities**		
年末实有城市道路面积(万平方米)	Area of Paved Roads at the Year-end (10000 sq.m)		1286
供水总量 (万立方米)	Total Volume of Water Supply (10000 cu·m)	160782	7393
#居民生活用水量	Water Consumption for Residential Use	40699	5990
绿地面积 (公顷)	Area of Urban Gardens and Green Areas (hectare)	28003	1409
批发零售贸易和外经	**Wholesale, Retail Trade and Foreign Trade**		
限额以上批发零售贸易业商品销售总额 (亿元)	Total Sales of Commodities in Wholesale and Retail Trades above Designated Size (100 million yuan)	1581.91	681.58
社会消费品零售额 (亿元)	Total Retail Sales of Consumer Goods (100 million yuan)	959.07	549.76

21-2 continued 3

江门市 Jiangmen	阳江市 Yangjiang	湛江市 Zhanjiang	茂名市 Maoming	肇庆市 Zhaoqing	清远市 Qingyuan	潮州市 Chaozhou	揭阳市 Jieyang	云浮市 Yunfu
91.03	6.28	22.06	9.22	11.32	34.70	10.29	7.60	9.17
74.14	12.44	34.26	36.86	27.58	37.65	12.56	32.67	6.30
50.25	5.87	19.65	29.81	17.88	29.58	3.99	29.48	4.20
8.92	2.93	9.10	3.44	3.55	3.75	8.23	2.48	1.18
211.85	114.46	198.41	64.91	176.43	342.75	72.62	117.85	110.50
57.61	15.45	40.17	14.80	35.58	46.48	13.03	8.21	3.30
40.82	12.61	25.01	12.65	28.48	39.80	8.63	6.91	3.01
177.29	46.77	75.14	102.41	168.98	132.54	70.17	49.32	13.57
69.40	14.71	33.57	26.42	63.79	56.19	16.30	10.83	3.84
1865	298	1558	435	788	604	391	351	62
22968	4960	9154	6030	10331	8961	4480	6622	2218
6475	2637	4703	2857	3323	2654	2544	2261	1021
4603	1137	11124	2824	4891	2017	1572	2753	842
267.31	41.55	276.49	335.48	176.24	85.93	61.24	75.44	15.33
241.14	130.58	31.26	226.45	98.87	110.34	57.81	101.06	26.37

21-2 续表 4

指 标	Item	广州市 Guangzhou	深圳市 Shenzhen
财政和金融	**Government Finance and Banking**		
地方财政一般预算内收入 (亿元)	Local Government Budgetary Revenue (100 million yuan)	655.66	880.82
地方财政一般预算内支出 (亿元)	Local Government Budgetary Expenditure (100 million yuan)	734.71	1000.84
年末金融机构存款余额 (亿元)	Deposits in Financial Institutions at the Year-end(100 million yuan)	20142.08	16938.19
#城乡居民储蓄年末余额 (亿元)	Savings Deposits by Urban and Rural Residents at the Year-end (100 million yuan)	7745.78	5723.76
年末金融机构各项贷款余额(亿元)	Loans in Financial Institutions at the Year-end (100 million yuan)	13474.82	11646.34
人民生活	**People's Livelihood**		
在岗职工平均人数 (万人)	Average Number of Fully Employed Staff and Workers (10000 persons)	208.35	214.7
在岗职工工资总额 (亿元)	Total Wages of Fully Employed Staff and Workers (100 million yuan)	1058.88	1002.98
居民人均可支配收入 (元)	Per Capita Disposable Income of Urban Residents (yuan)	27610	29244
居民人均消费支出 (元)	Per Capita Living Expenditure of Urban Residents (yuan)	22821	21526
居民消费价格指数 (上年为100)	Price Index of Consumer Goods (preceding year=100)	97.5	98.7
基本养老保险参保人数 (万人)	Number of Staff and Workers in Basic Retirement Security Program (10000 persons)		584.09
基本医疗保险参保人数 (万人)	Number of Staff and Workers in Basic Health Care Program (10000 persons)		911.39
失业保险参保人数 (万人)	Number of Staff and Workers in Unemployment Insurance Program (10000 persons)		218.97
教育、科技、文化和卫生	**Education, Science and Technology, Culture and Health Care**		
学校数	Number of Schools		
高等学校 (所)	Colleges and Universities (unit)		8
中等专业学校 (所)	Specialized Secondary Schools (unit)	93	13
普通中学 (所)	Regular Secondary Schools (unit)	396	285
小学 (所)	Primary Schools (unit)	817	346
在校学生数	Number of Students Enrolled		
高等学校 (人)	In Colleges and Universities (person)		66952
高中阶段 (万人)	In Senior Secondary School (10000 persons)	14.50	13.86
中等专业学校 (万人)	In Specialized Secondary Schools (10000 persons)	24.70	2.86
普通中学 (万人)	In Regular Secondary Schools (10000 persons)	45.62	31.6
小学 (万人)	In Primary Schools (10000 persons)	69.74	58.95
医院、卫生院数 (个)	Number of Hospitals and Health Care Centers (unit)	221	101
医院、卫生院床位数 (张)	Number of Hospital Beds (unit)	48472	19872
医生数 (人)	Number of Doctors (person)	30381	21388

21-2 continued 4

珠海市 Zhuhai	汕头市 Shantou	佛山市 Foshan	韶关市 Shaoguan	河源市 Heyuan	梅州市 Meizhou	惠州市 Huizhou	汕尾市 Shanwei
101.41	58.05	254.70	27.31	9.26	13.28	78.64	7.49
121.29	96.77	266.99	49.46	25.25	25.05	88.57	18.53
2105.20	1623.06	7211.14	493.76	187.32	238.03	1317.09	100.87
828.04	1168.73	3945.01	262.73	91.05	95.60	565.93	56.86
1062.44	570.47	4101.97	221.26	168.76	165.51	758.73	57.05
56.92	30.09	53.2	14.42	10.93	5.01	54.24	4.88
180.78	76.70		48.65	28.81	17.84	145.42	14.83
22859	13650.89	24578	16289	12138	13113	21278	12560
17948	11659.47	19296	11468	8055	10366	17914	8736
97	98.3	98.4	97.5	97.6	97	98.5	98.3
78.07	29.15	246.24	21.46	14.08	1.86	91.43	9.34
84.68	55.29	400.56	29.44	10.62	1.62	58.17	8.95
66.96	23.60	140.90	16.52	11.17	0.65	25.24	4.01
10	1	3	2	1	1	1	1
9	23	49	20	8	15		5
58	250	179	51	30	18	91	16
130	792	429	162	48	47	289	31
101564	9115	37048	29070	10147	19282	12038	3862
3.01	18.95	11.16	7.31	1.52	4.24	4.12	1.34
2.28	6.88	9.68	3.86	1.77	2.26		0.43
9.39	44.97	32.31	6.26	4.77	1.98	14.73	1.92
12.56	60.66	43.42	6.41	5.01	3.41	19.01	31.54
48	76	97	51	10	6	55	17
5867	9540	19883	5393	1359	2272	5861	1314
4260	4379	11391	2212	872	747	3730	786

21-2 续表 5

指　　标	Item	东莞市 Dongguan	中山市 Zhongshan
财政和金融	**Government Finance and Banking**		
地方财政一般预算内收入　(亿元)	Local Government Budgetary Revenue　(100 million yuan)	23.12	110.44
地方财政一般预算内支出　(亿元)	Local Government Budgetary Expenditure　(100 million yuan)	225.94	117.12
年末金融机构存款余额　(亿元)	Deposits in Financial Institutions at the Year-end(100 million yuan)	4986.61	2159.59
#城乡居民储蓄年末余额　(亿元)	Savings Deposits by Urban and Rural Residents at the Year-end (100 million yuan)	2904.57	1220.95
年末金融机构各项贷款余额(亿元)	Loans in Financial Institutions at the Year-end　(100 million yuan)	2903.80	1142.53
人民生活	**People's Livelihood**		
在岗职工平均人数　(万人)	Average Number of Fully Employed Staff and Workers (10000 persons)	22.17	25.1
在岗职工工资总额　(亿元)	Total Wages of Fully Employed Staff and Workers (100 million yuan)	94.42	90.76
居民人均可支配收入　(元)	Per Capita Disposable Income of Urban Residents　(yuan)	33045	23088
居民人均消费支出　(元)	Per Capita Living Expenditure of Urban Residents　(yuan)	24270	17415
居民消费价格指数　(上年为100)	Price Index of Consumer Goods　(preceding year=100)	96.9	97.1
基本养老保险参保人数　(万人)	Number of Staff and Workers in Basic Retirement Security Program　(10000 persons)	315.81	128.81
基本医疗保险参保人数　(万人)	Number of Staff and Workers in Basic Health Care Program (10000 persons)	536.57	125.52
失业保险参保人数　(万人)	Number of Staff and Workers in Unemployment Insurance Program　(10000 persons)	259.15	113.43
教育、科技、文化和卫生	**Education, Science and Technology, Culture and Health Care**		
学校数	Number of Schools		
高等学校　(所)	Colleges and Universities　(unit)	5	5
中等专业学校　(所)	Specialized Secondary Schools　(unit)	26	13
普通中学　(所)	Regular Secondary Schools　(unit)	186	99
小学　(所)	Primary Schools　(unit)	337	212
在校学生数	Number of Students Enrolled		
高等学校　(人)	In Colleges and Universities　(person)	33992	34598
高中阶段　(万人)	In Senior Secondary School　(10000 persons)	11.24	4.40
中等专业学校　(万人)	In Specialized Secondary Schools　(10000 persons)	4.65	2.88
普通中学　(万人)	In Regular Secondary Schools　(10000 persons)	24.95	14.77
小学　(万人)	In Primary Schools　(10000 persons)	51.12	23.68
医院、卫生院数　(个)	Number of Hospitals and Health Care Centers　(unit)	65	42
医院、卫生院床位数　(张)	Number of Hospital Beds　(unit)	17685	8707
医生数　(人)	Number of Doctors　(person)	12884	4915

注：1. 本表按2008年底止的行政区划范围统计。
　　2. 工业统计范围为年主营业务收入500万元及以上的工业法人企业。

21-2 continued 5

江门市 Jiangmen	阳江市 Yangjiang	湛江市 Zhanjiang	茂名市 Maoming	肇庆市 Zhaoqing	清远市 Qingyuan	潮州市 Chaozhou	揭阳市 Jieyang	云浮市 Yunfu
49.74	10.78	38.77	25.09	23.58	21.88	8.88	12.02	6.77
62.86	27.23	65.94	40.87	42.59	32.97	15.88	22.10	13.61
1090.00	241.35	841.97	345.69	444.52	401.54	295.37	257.23	151.72
667.57	148.66	435.17	207.29	221.15	199.53	202.73	168.67	85.68
535.27	133.67	473.47	125.51	307.54	241.39	128.22	155.46	115.23
21.99	7.02	16.4	9.29	12.75	8.45	5.29	4.93	4.1
63.12	15.81	55.30	32.65	35.48	26.77	14.99	12.64	12.50
19004	13075	13665	13161	15063	14315	12398	13169	13211
14263	9165	10470	9674	11030	9852	10758	10463	9436
98	98.7	99.4	97.2	97.8	99.5	97	98.3	99.2
22.71	12.25	46.47	17.97	42.84	18.19	14.35	7.92	3.40
27.03	8.56	30.40	10.07	34.50	22.09	9.85	4.13	9.79
18.40	7.43	18.84	17.85	13.90	6.12	12.09	6.23	3.50
3	1	3	2	4	1	1	1	
17	5	44	17	20	6	8	6	2
94	30	88	59	32	30	24	34	15
132	144	322	309	78	78	55	107	82
21667	6225	65031	23151	48227	8437	14714	3444	
3.37	1.69	4.88	9.09	7.09	1.77	1.35	2.36	0.82
4.47	0.59	8.04	3.75	5.48	1.41	1.01	1.17	0.22
10.06	5.4	14.88	10.61	4.46	5.21	3.84	7.82	2.45
12.82	4.70	16.11	12.35	5.21	5.88	3.49	7.85	3.35
46	27	55	22	25	30	16	17	13
6408	2346	7810	3724	3489	2687	1683	1632	1093
3404	2365	3151	1569	1555	1522	1803	1132	525

Notes: a) Figures in this table are calculated in accordance with the administrative divisions at the end of 2008.

b) The statistical coverage of industry refers to the legal person industrial enterprises with annual main business revenue over 5 million yuan.

二十二、县（市）区主要经济指标

COUNTIES AND DISTRICTS UNDER CITY ADMINISTRATION

二十二 县(市)区主要经济指标

简要说明

一、本篇资料反映广东县(市)区经济发展基本情况，主要包括：各县(市)区的人口、地区生产总值、工农业总产值、主要农产品产量、固定资产投资、消费品零售总额、在岗职工人数和职工工资、财政收支以及居民储蓄存款等内容。

二、本篇资料由广东省统计局各有关专业处整理提供，综合处负责编辑。

三、本篇资料依据国家统计局制定的各有关专业年度报表制度，由21个地级市统计局填报汇总而成。

四、本篇各县(市)区生产总值、产值、金融、财政类指标数据汇总数不等于全省数。

22 Counties and Districts Under City Administration

Brief Introduction

Ⅰ. The data in this chapter show the basic conditions of the economic development of counties and districts under city administration in Guangdong Province, mainly including population, gross Domestic product, gross output value of industry and agriculture, output of major farm products, investment in fixed assets, total retail sales of consumer goods, number and wages of fully employed staff and workers, local government budgetary revenue and expenditure and savings deposits by urban and rural residents, etc.

Ⅱ. The data in this chapter are prepared and provided by the related specialized divisions and compiled by the Division of Comprehensive Statistics of Statistics Bureau of Guangdong Province.

Ⅲ. The data in this chapter are compiled on the basis of data reported "y the bureaus of statistics of 21 cities at or above prefectural level in accordance with related specialized annual report schemes formulated by the National Bureau of Statistics.

Ⅳ. The tabulated data on gross domestic product, output value, banking and government finance of the counties and districts in this chapter do not sum up to the provincial total.

22-1 各县(市)区户籍人口数（2009年）

Population with Residence Registration by County (County-level City) and District (2009)

县(市)区	County(County-level City)and District	总人口(人) Total Population (person)	按性别分 By Sex		按农业、非农业分 By Agricultural and Non-agricultural Population	
			男 Male	女 Female	非农业人口 Non-agricultural Population	农业人口 Agricultural Population
广州市	Guangzhou					
市辖区	Urban District	6546788	3324760	3222028	6546788	
从化市	Conghua City	565755	287318	278437	249905	306025
增城市	Zengcheng City	833611	424820	408791	343321	486257
深圳市	Shenzhen	2459581	1307795	1151786	2459581	
珠海市	Zhuhai	1026504	522968	503536	1026504	
汕头市	Shantou					
市辖区	Urban District	5034256	2522927	2511329	5034256	
南澳县	Nanao County	73046	36799	36247	24626	48420
佛山市	Foshan	3676325	1832894	1843431	3676325	
韶关市	Shaoguan					
市辖区	Urban District	920922	478377	442545	920922	
乐昌市	Lechang City	526645	277545	249100	241914	275823
南雄市	Nanxiong City	468277	238747	229530	118556	349721
仁化县	Renhua County	231385	116859	114526	81700	149685
始兴县	Shixing County	247087	122512	124575	50231	196856
翁源县	Wengyuan County	397666	204250	193416	106369	291297
新丰县	Xinfeng County	252350	130526	121824	94689	152203
乳源县	Ruyuan County	211070	108114	102956	40379	170691
河源市	Heyuan					
市辖区	Urban District	298324	150717	147607	298324	
东源县	Dongyuan County	570076	290419	279657	62018	508058
和平县	Heping County	509873	262485	247388	71092	438781
龙川县	Longchuan County	937448	477521	459927	161364	776084
紫金县	Zijin County	789355	402682	386673	158192	631163
连平县	Lianping County	384773	195421	189352	69912	314861
梅州市	Meizhou					
市辖区	Urban District	314861	161302	153559	314861	
兴宁市	Xingning City	1149849	591292	558557	322748	827101
梅　县	Meixian County	615694	310299	305395	140555	475139
平远县	Pingyuan County	257516	131957	125559	84417	173099
蕉岭县	Jiaoling County	227775	115122	112653	63740	164035
大埔县	Dabu County	536674	277751	258923	117842	418832
丰顺县	Fengshun County	688051	354523	333528	105146	582905
五华县	Wuhua County	1283185	660964	622221	177000	1106185
惠州市	Huizhou					
市辖区	Urban District	1290151	654416	635735	1290151	
惠东县	Huidong County	804185	411720	392465	277859	526326
博罗县	Boluo County	813730	413580	400150	188929	624782
龙门县	Longmen County	335514	171177	164337	113784	221730
汕尾市	Shanwei					
市辖区	Urban District	506172	261979	244193	506172	
陆丰市	Lufeng City	1734939	902582	832357	667016	1063809
海丰县	Haifeng County	837889	439124	398765	414088	418635
陆河县	Luhe County	327141	169595	157546	95630	231511
东莞市	Dongguan	1787288	907747	879541	809571	973662
中山市	Zhongshan	1478600	737372	741228	784296	689540
江门市	Jiangmen					
市辖区	Urban District	1375667	686851	688816	1375667	
台山市	Taishan City	985863	502394	483469	266271	719592
开平市	Kaiping City	687189	343300	343889	242599	444590
鹤山市	Heshan City	365065	182887	182178	144640	219312
恩平市	Enping City	501368	261366	240002	173789	327579

22-1 续表 continued

县(市)区	County(County-level City)and District	总人口(人) Total Population (person)	按性别分 By Sex 男 Male	女 Female	按农业、非农业分 By Agricultural and Non-agricultural Population 非农业人口 Non-agricultural Population	农业人口 Agricultural Population
阳江市	Yangjiang					
市辖区	Urban District	668052	345977	322075	668052	
阳春市	Yangchun City	1107486	587789	519697	296851	806252
阳东县	Yangdong County	476139	256914	219225	83870	391277
阳西县	Yangxi County	505062	275994	229068	97948	400745
湛江市	Zhanjiang					
市辖区	Urban District	1518074	791633	726441	1518074	
雷州市	Leizhou City	1631474	863003	768471	305048	1326426
廉江市	Lianjiang City	1635835	882225	753610	357334	1278501
吴川市	Wuchuan City	1082754	579653	503101	308334	774420
遂溪县	Suixi County	1038986	545569	493417	184268	854718
徐闻县	Xuwen County	724303	380618	343685	148341	575962
茂名市	Maoming					
市辖区	Urban District	1306827	687416	619411	1306827	
信宜市	Xinyi City	1369859	711710	658149	370447	998099
高州市	Gaozhou City	1688829	897732	791097	484534	1195046
化州市	Huazhou City	1578220	841438	736782	252792	1316587
电白县	Dianbai County	1409400	763893	645507	343670	1065716
肇庆市	Zhaoqing					
市辖区	Urban District	504540	256402	248138	504540	
四会市	Sihui City	440697	225664	215033	213914	222589
高要市	Gaoyao City	751010	385449	365561	114948	635665
广宁县	Guangning County	560149	292901	267248	74735	484959
德庆县	Deqing County	373943	194723	179220	74181	298230
封开县	Fengkai County	489620	253893	235727	73204	414402
怀集县	Huaiji County	1016920	522883	494037	122762	892179
清远市	Qingyuan					
市辖区	Urban District	643741	327231	316510	643741	
英德市	Yingde City	1097952	571032	526920	199875	898077
连州市	Lianzhou City	525415	268970	256445	88721	436694
佛冈县	Fogang County	326578	168025	158553	64839	261739
清新县	Qingxin County	671385	345923	325462	76026	595359
连山县	Lianshan County	117570	60523	57047	22985	94196
连南县	Liannan County	163177	84697	78480	26038	137139
阳山县	Yangshan County	542386	279784	262602	68211	474175
潮州市	Chaozhou					
市辖区	Urban District	349688	173042	176646	349688	
饶平县	Raoping County	1008403	517798	490605	229666	778737
潮安县	Chaoan County	1220761	618278	602483	164394	1056328
揭阳市	Jieyang					
市辖区	Urban District	694834	353912	340922	694834	
普宁市	Puning City	2256688	1153171	1103517	667625	1547312
揭东县	Jiedong County	1271896	655049	616847	258628	1006572
揭西县	Jiexi County	962621	496049	466572	249786	707476
惠来县	Huilai County	1305025	663414	641611	345094	948734
云浮市	Yunfu					
市辖区	Urban District	296339	153557	142782	296339	
罗定市	Luoding City	1176187	623848	552339	392079	771176
新兴县	Xinxing County	466545	238328	228217	160936	303671
郁南县	Yunan County	501058	263759	237299	94548	400513
云安县	Yunan County	317904	165456	152448	68002	246181

注：在"按农业、非农业分"的人口中，不包括未落常住户口的人数。
Note: Population categorized by agricultural and non-agricultural population excludes population without permanent residence registration.

22-2 各县(市)区地区生产总值（2009年）

Gross Domestic Product by County (County-level City) and District (2009)

单位: 万元 (10000 yuan)

县(市)区	County (County-level City) and District	地区生产总值 Gross Domestic Product	第一产业 Primary Industry	第二产业 Secondary Industry	第三产业 Tertiary Industry
广州市	Guangzhou				
市　区	Urban District	84097486	1183803	29721890	53191793
从化市	Conghua City	1559629	161120	742288	656221
增城市	Zengcheng City	5725020	377914	3587410	1759696
深圳市	Shenzhen	82013176	66894	38270762	43675520
珠海市	Zhuhai	10386627	288249	5439572	4658806
汕头市	Shantou				
市　区	Urban District	10278497	542314	5666979	4069204
南澳县	Nanao County	80190	26289	29905	23996
佛山市	Foshan	48208972	957733	30376889	16874350
韶关市	Shaoguan				
市　区	Urban District	2932298	154898	1296036	1481364
乐昌市	Lechang City	558986	117212	207230	234544
南雄市	Nanxiong City	474058	142701	113297	218060
仁化县	Renhua County	517779	95867	286612	135300
始兴县	Shixing County	286000	91692	92855	101453
翁源县	Wengyuan County	357705	112425	99545	145735
新丰县	Xinfeng County	262039	60432	97929	103678
乳源县	Ruyuan County	334132	38392	177202	118538
河源市	Heyuan				
市　区	Urban District	1282594	19549	692882	570163
东源县	Dongyuan County	511182	88467	271869	150846
和平县	Heping County	350137	81941	134938	133258
龙川县	Longchuan County	771114	141905	379369	249840
紫金县	Zijin County	547142	145727	207225	194190
连平县	Lianping County	594209	55203	422367	116639
梅州市	Meizhou				
市　区	Urban District	1037163	41975	594930	400258
兴宁市	Xingning City	825174	223853	267192	334129
梅　县	Meixian County	1078550	254072	483416	341062
平远县	Pingyuan County	291212	73352	111834	106026
蕉岭县	Jiaoling County	361151	69705	171540	119906
大埔县	Dabu County	389851	116710	131428	141713
丰顺县	Fengshun County	494886	128015	221697	145174
五华县	Wuhua County	594388	177302	127269	289817
惠州市	Huizhou				
市　区	Urban District	8882643	270049	5207133	3405461
惠东县	Huidong County	2166368	241468	1125363	799537
博罗县	Boluo County	2526705	279934	1223738	1023033
龙门县	Longmen County	573543	111470	209967	252106
汕尾市	Shanwei				
市　区	Urban District	1172870	122841	642920	407110
陆丰市	Lufeng City	1153498	282663	457682	413153
海丰县	Haifeng County	1323919	207888	578585	537446
陆河县	Luhe County	264200	59960	76821	127419
东莞市	Dongguan	37639142	147877	18230836	19260428
中山市	Zhongshan	15664106	452648	9044160	6167299
江门市	Jiangmen				
市　区	Urban District	7683603	347573	4758720	2577310
台山市	Taishan City	1929543	246290	1122807	560446
开平市	Kaiping City	1681325	183848	810952	686525
鹤山市	Heshan City	1436123	114661	807079	514383
恩平市	Enping City	814677	115132	274464	425081

22-2 续表 continued

单位: 万元 (10000 yuan)

县(市)区	County (County-level City) and District	地区生产总值 Gross Domestic Product	第一产业 Primary Industry	第二产业 Secondary Industry	第三产业 Tertiary Industry
阳江市	Yangjiang				
市　区	Urban District	2036075	260310	772211	1003554
阳春市	Yangchun City	1462078	409126	619974	432978
阳东县	Yangdong County	1053875	249356	530177	274342
阳西县	Yangxi County	720668	304531	229461	186676
湛江市	Zhanjiang				
市　区	Urban District	6239425	432773	3067970	2738682
雷州市	Leizhou City	1064371	484369	148907	431095
廉江市	Lianjiang City	1543443	546518	522537	474388
吴川市	Wuchuan City	900349	165287	365030	370032
遂溪县	Suixi County	1165085	530032	278237	356816
徐闻县	Xuwen County	654005	333895	76599	243511
茂名市	Maoming				
市　区	Urban District	4451458	288958	2288914	1873586
信宜市	Xinyi City	1744941	495061	540905	708975
高州市	Gaozhou City	2415664	608189	685653	1121822
化州市	Huazhou City	1913896	497137	499473	917286
电白县	Dianbai County	1786560	515055	592972	678533
肇庆市	Zhaoqing				
市　区	Urban District	2494060	92623	945355	1456081
四会市	Sihui City	1790380	299499	930421	560460
高要市	Gaoyao City	1703518	441732	706936	554850
广宁县	Guangning County	600570	160695	150593	289281
德庆县	Deqing County	506990	126034	148284	232672
封开县	Fengkai County	563500	208031	129416	226053
怀集县	Huaiji County	958106	328725	195508	433873
清远市	Qingyuan				
市　区	Urban District	3137364	150799	2072335	914230
英德市	Yingde City	1595795	263965	731526	600304
连州市	Lianzhou City	837024	154635	391554	290836
佛冈县	Fogang County	936866	51063	697322	188481
清新县	Qingxin County	1518540	173884	888162	456494
连山县	Lianshan County	137800	39882	37620	60298
连南县	Liannan County	148192	29545	60988	57660
阳山县	Yangshan County	503662	153434	142082	208146
潮州市	Chaozhou				
市　区	Urban District	1077723	11955	530522	535246
饶平县	Raoping County	1141421	213833	480194	447394
潮安县	Chao'an County	2705257	129734	1705887	869636
揭阳市	Jieyang				
市　区	Urban District	1859835	25591	1040805	793439
普宁市	Puning City	2428483	216677	1366490	845316
揭东县	Jiedong County	1842597	250775	1077325	514497
揭西县	Jiexi County	971991	186029	491985	293977
惠来县	Huilai County	1033795	285016	473633	275146
云浮市	Yunfu				
市　区	Urban District	760103	74562	406115	279426
罗定市	Luoding City	789718	230042	271146	288530
新兴县	Xinxing County	998703	327999	356696	314008
郁南县	Yunan County	517651	153880	181137	182634
云安县	Yun'an County	378877	104825	178052	96000

注:本表按当年价格计算。
Note: The data in this table are calculated at current prices.

22-3 各县(市)区地区生产总值增长速度（2009年）

Growth Rates of Gross Domestic Product by County (County-level City) and District (2009)

单位：% (%)

县(市)区	County (County-level City) and District	地区生产总值 Gross Domestic Product	第一产业 Primary Industry	第二产业 Secondary Industry	第三产业 Tertiary Industry
广州市	Guangzhou				
市　区	Urban District	11.5	2.6	8.9	13.3
从化市	Conghua City	12.1	6.6	5.9	20.5
增城市	Zengcheng City	14.3	6.4	14.3	15.8
深圳市	Shenzhen	10.7	-15.6	9.1	12.5
珠海市	Zhuhai	6.6	3.8	3.3	11.1
汕头市	Shantou				
市　区	Urban District	10.7	4.0	10.8	11.3
南澳县	Nan'ao County	10.6	5.6	9.7	17.5
佛山市	Foshan	13.5	3.4	13.6	13.8
韶关市	Shaoguan				
市　区	Urban District	9.0	5.1	5.8	12.6
乐昌市	Lechang City	9.3	5.0	12.7	8.2
南雄市	Nanxiong City	13.9	5.4	14.7	19.4
仁化县	Renhua County	10.3	5.8	7.8	19.4
始兴县	Shixing County	7.0	6.7	7.7	6.4
翁源县	Wengyuan County	10.2	7.0	13.6	9.9
新丰县	Xinfeng County	8.4	7.0	12.4	5.3
乳源县	Ruyuan County	11.2	6.6	12.4	10.7
河源市	Heyuan				
市　区	Urban District	20.8	-0.6	27.5	14.1
东源县	Dongyuan County	7.1	4.1	5.5	12.2
和平县	Heping County	2.7	3.1	-3.6	10.1
龙川县	Longchuan County	9.8	3.5	12.8	8.9
紫金县	Zijin County	8.0	3.0	12.0	7.8
连平县	Lianping County	1.2	3.6	-1.7	12.5
梅州市	Meizhou				
市　区	Urban District	6.6	6.2	2.8	13.0
兴宁市	Xingning City	10.4	6.5	10.7	12.4
梅　县	Meixian County	10.5	5.9	11.0	12.9
平远县	Pingyuan County	8.6	5.0	9.6	9.7
蕉岭县	Jiaoling County	10.4	6.9	10.6	12.1
大埔县	Dabu County	10.6	6.5	11.8	12.2
丰顺县	Fengshun County	8.8	5.8	9.0	11.0
五华县	Wuhua County	10.9	6.6	13.4	12.2
惠州市	Huizhou				
市　区	Urban District	14.3	4.8	13.5	16.3
惠东县	Huidong County	13.1	3.9	12.2	18.3
博罗县	Boluo County	14.8	3.8	17.5	14.7
龙门县	Longmen County	13.4	5.0	14.9	16.5
汕尾市	Shanwei				
市　区	Urban District	12.8	5.8	11.8	16.6
陆丰市	Lufeng City	15.3	6.6	18.2	17.8
海丰县	Haifeng County	16.2	5.6	19.1	17.3
陆河县	Luhe County	13.2	6.1	12.3	16.8
东莞市	Dongguan	5.3	2.3	-0.3	11.4
中山市	Zhongshan	10.2	3.3	9.0	12.5
江门市	Jiangmen				
市　区	Urban District	10.4	4.5	13.2	5.7
台山市	Taishan City	10.6	5.0	12.1	10.3
开平市	Kaiping City	9.3	7.4	10.1	8.7
鹤山市	Heshan City	10.8	4.0	10.8	12.2
恩平市	Enping City	10.2	4.8	9.3	12.5

22-3 续表 continued

单位：% (%)

县(市)区	County (County-level City) and District	地区生产总值 Gross Domestic Product	第一产业 Primary Industry	第二产业 Secondary Industry	第三产业 Tertiary Industry
阳江市	Yangjiang				
市　区	Urban District	11.5	4.3	8.0	16.6
阳春市	Yangchun City	12.1	4.6	15.1	14.1
阳东县	Yangdong County	13.6	3.0	17.6	15.1
阳西县	Yangxi County	12.6	5.0	21.1	12.9
湛江市	Zhanjiang				
市　区	Urban District	10.3	8.6	3.4	22.3
雷州市	Leizhou City	9.6	6.4	10.0	12.8
廉江市	Lianjiang City	12.7	3.9	21.9	14.9
吴川市	Wuchuan City	10.8	6.7	19.4	4.6
遂溪县	Suixi County	10.8	6.3	15.5	12.9
徐闻县	Xuwen County	8.6	6.2	3.8	12.8
茂名市	Maoming				
市　区	Urban District	8.9	5.2	0.8	17.6
信宜市	Xinyi City	10.6	5.5	11.5	13.1
高州市	Gaozhou City	11.6	4.2	9.5	16.9
化州市	Huazhou City	11.3	5.3	8.2	15.8
电白县	Dianbai County	10.6	5.3	9.1	15.7
肇庆市	Zhaoqing				
市　区	Urban District	9.7	5.2	8.3	11.0
四会市	Sihui City	20.3	6.0	25.3	20.5
高要市	Gaoyao City	14.9	3.4	20.8	17.3
广宁县	Guangning County	12.2	1.5	31.5	9.9
德庆县	Deqing County	14.0	6.8	17.1	16.1
封开县	Fengkai County	13.7	2.5	39.0	13.6
怀集县	Huaiji County	13.8	7.3	22.1	14.9
清远市	Qingyuan				
市　区	Urban District	17.3	-1.6	19.3	15.7
英德市	Yingde City	20.2	9.9	34.4	9.4
连州市	Lianzhou City	18.0	4.6	22.7	18.3
佛冈县	Fogang County	20.1	10.5	26.6	3.0
清新县	Qingxin County	20.5	7.3	26.4	15.0
连山县	Lianshan County	13.0	10.3	35.8	2.9
连南县	Liannan County	16.6	4.9	30.7	9.5
阳山县	Yangshan County	12.8	3.9	32.3	7.4
潮州市	Chaozhou				
市　区	Urban District	9.5	6.4	5.6	12.7
饶平县	Raoping County	13.2	5.5	15.9	14.7
潮安县	Chao'an County	12.9	5.3	10.3	20.1
揭阳市	Jieyang				
市　区	Urban District	16.6	-0.1	16.4	17.5
普宁市	Puning City	17.3	3.9	19.0	18.0
揭东县	Jiedong County	17.3	6.0	17.8	21.5
揭西县	Jiexi County	12.1	5.8	11.8	16.2
惠来县	Huilai County	15.6	5.9	18.1	20.9
云浮市	Yunfu				
市　区	Urban District	7.4	6.5	4.5	12.0
罗定市	Luoding City	10.5	6.1	9.9	14.7
新兴县	Xinxing County	13.2	6.5	17.7	14.5
郁南县	Yunan County	10.5	4.6	12.9	13.1
云安县	Yun'an County	12.2	4.4	18.3	9.3

注：本表按可比价格计算。
Note: Data in this table are calculated at comparable prices.

22-4 各县(市)区人均地区生产总值及增长速度

Per Capita Gross Domestic Product and Growth Rates by County (County-level City) and District

县(市)区	County (County-level City) and District	绝对数(元/人) Absolute Figure (yuan/person)		增长速度(%) Growth Rate (%)	
		2008	2009	2008	2009
广州市	Guangzhou				
市　区	Urban District	86661	94172	9.8	9.9
从化市	Conghua City	28348	29930	8.3	10.3
增城市	Zengcheng City	64217	70942	16.8	12.5
深圳市	Shenzhen	89587	92772	10.2	8.8
珠海市	Zhuhai	67938	69889	8.1	5.2
汕头市	Shantou				
市　区	Urban District	19049	20514	9.6	9.5
南澳县	Nan'ao County	10381	11263	10.8	9.4
佛山市	Foshan	73732	80686	14.3	12.8
韶关市	Shaoguan				
市　区	Urban District	32326	32492	9.3	8.0
乐昌市	Lechang City	10919	11791	20.4	9.2
南雄市	Nanxiong City	11175	12450	26.5	13.8
仁化县	Renhua County	23462	23582	19.1	10.2
始兴县	Shixing County	13097	12661	18.6	6.9
翁源县	Wengyuan County	9206	9991	10.6	10.0
新丰县	Xinfeng County	12500	12659	25.4	8.3
乳源县	Ruyuan County	16250	17335	8.7	11.1
河源市	Heyuan				
市　区	Urban District	35759	38819	9.4	16.6
东源县	Dongyuan County	12451	11730	8.6	3.5
和平县	Heping County	8966	8680	5.0	1.0
龙川县	Longchuan County	11001	10991	7.8	7.4
紫金县	Zijin County	7805	7861	9.9	6.1
连平县	Lianping County	19224	17258	12.5	-0.8
梅州市	Meizhou				
市　区	Urban District	31901	33221	9.5	5.8
兴宁市	Xingning City	8465	8978	10.4	10.1
梅　县	Meixian County	18111	19222	10.5	10.0
平远县	Pingyuan County	11760	12256	8.7	8.3
蕉岭县	Jiaoling County	16067	17108	10.0	10.6
大埔县	Dabu County	9217	10200	9.6	10.1
丰顺县	Fengshun County	9829	10207	7.8	8.0
五华县	Wuhua County	5435	5788	10.1	10.5
惠州市	Huizhou				
市　区	Urban District	43387	49096	9.2	12.5
惠东县	Huidong County	23809	25385	10.2	12.0
博罗县	Boluo County	24217	26398	11.1	13.5
龙门县	Longmen County	16075	17391	12.8	12.6
汕尾市	Shanwei				
市　区	Urban District	21586	23702	12.4	11.6
陆丰市	Lufeng City	7480	8360	11.4	14.1
海丰县	Haifeng County	15319	17103	13.1	15.0
陆河县	Luhe County	8966	9785	8.5	11.8
东莞市	Dongguan	53301	56601	12.4	10.0
中山市	Zhongshan	58038	62304	10.7	10.0
江门市	Jiangmen				
市　区	Urban District	46180	48837	12.7	8.8
台山市	Taishan City	18193	19428	11.5	10.3
开平市	Kaiping City	24464	24886	9.6	8.7
鹤山市	Heshan City	29080	30726	12.9	9.0
恩平市	Enping City	16489	17607	12.5	9.8

22-4 续表 continued

县(市)区	County (County-level City) and District	绝对数(元/人) Absolute Figure (yuan/person) 2008	2009	增长速度(%) Growth Rate (%) 2008	2009
阳江市	Yangjiang				
市　区	Urban District	28502	30984	9.6	10.2
阳春市	Yangchun City	15448	16531	11.3	11.4
阳东县	Yangdong County	22013	24374	13.0	13.0
阳西县	Yangxi County	16058	17645	11.1	11.4
湛江市	Zhanjiang				
市　区	Urban District	42194	42261	11.7	8.9
雷州市	Leizhou City	6688	7191	6.6	8.1
廉江市	Lianjiang City	10117	11086	8.6	11.2
吴川市	Wuchuan City	8769	9422	7.9	9.4
遂溪县	Suixi County	11300	12395	10.7	9.3
徐闻县	Xuwen County	8743	9289	3.8	7.2
茂名市	Maoming				
市　区	Urban District	37947	36638	8.6	7.2
信宜市	Xinyi City	15602	16411	6.8	8.2
高州市	Gaozhou City	15370	16772	9.0	11.3
化州市	Huazhou City	15063	16140	8.4	9.9
电白县	Dianbai County	13271	14198	7.9	9.2
肇庆市	Zhaoqing				
市　区	Urban District	41274	45965	8.8	7.6
四会市	Sihui City	28844	32493	24.9	15.0
高要市	Gaoyao City	21859	23872	15.1	12.5
广宁县	Guangning County	11721	12793	17.6	11.3
德庆县	Deqing County	13578	14807	14.9	12.6
封开县	Fengkai County	11872	13445	13.5	12.4
怀集县	Huaiji County	10781	11866	13.8	12.8
清远市	Qingyuan				
市　区	Urban District	39620	43522	18.4	11.5
英德市	Yingde City	14427	16310	18.9	18.0
连州市	Lianzhou City	16827	18688	9.7	16.0
佛冈县	Fogang County	27704	30881	19.1	17.7
清新县	Qingxin County	21638	24369	18.0	18.8
连山县	Lianshan County	11033	12230	11.8	11.5
连南县	Liannan County	9221	10112	11.9	14.9
阳山县	Yangshan County	10350	11278	8.8	11.3
潮州市	Chaozhou				
市　区	Urban District	27314	27648	8.8	8.9
饶平县	Raoping County	10880	12191	11.3	12.6
潮安县	Chao'an County	19584	21741	12.2	12.3
揭阳市	Jieyang				
市　区	Urban District	23248	26215	13.5	15.8
普宁市	Puning City	10544	11849	16.2	16.5
揭东县	Jiedong County	14424	16257	16.3	16.4
揭西县	Jiexi County	11151	12011	12.0	11.1
惠来县	Huilai County	8775	9732	15.8	14.4
云浮市	Yunfu				
市　区	Urban District	25609	26582	7.7	6.0
罗定市	Luoding City	7755	8050	9.0	9.0
新兴县	Xinxing County	21511	22861	11.0	11.7
郁南县	Yunan County	11622	12088	8.8	9.0
云安县	Yun'an County	12804	13478	9.8	10.7

注：本表绝对数按当年价格计算，增长速度按可比价格计算。
Note: The figures in value terms in this table are calculated at current prices, whereas the growth rates are calculated at comparable prices.

22-5 各县(市)区工、农业总产值

Gross Output Value of Industry and Agriculture by County (County-level City) and District

单位：万元 (10000 yuan)

县(市)区	County (County-level City) and District	工业总产值 Gross Output Value of Industry		农业总产值 Gross Output Value of Agriculture	
		2008	2009	2008	2009
广州市	Guangzhou				
市 区	Urban District	95059480	102969660	2001246	2025943
从化市	Conghua City	2657458	2820643	272523	273767
增城市	Zengcheng City	7432173	7977343	639238	656489
深圳市	Shenzhen	158542764	154162429	187859	154760
珠海市	Zhuhai	24966832	24050448	514274	516243
汕头市	Shantou				
市 区	Urban District	13276699	15281069	902362	941602
南澳县	Nanao County	28354	29896	95592	103226
佛山市	Foshan	106584742	117112771	1994736	1950293
韶关市	Shaoguan				
市 区	Urban District	4497631	3758864	261037	260381
乐昌市	Lechang City	403388	388611	193205	189648
南雄市	Nanxiong City	143877	173053	237303	240065
仁化县	Renhua County	496570	455645	152680	156663
始兴县	Shixing County	303465	339534	144058	149998
翁源县	Wengyuan County	129135	157245	171104	178728
新丰县	Xinfeng County	215165	210695	92967	96487
乳源县	Ruyuan County	515038	508629	60718	62273
河源市	Heyuan				
市 区	Urban District	1771202	2192018	37619	36139
东源县	Dongyuan County	627468	737897	147876	146692
和平县	Heping County	327824	355693	130381	132106
龙川县	Longchuan County	815405	1190675	222541	226440
紫金县	Zijin County	644453	600201	228163	235892
连平县	Lianping County	1009272	970344	94855	91347
梅州市	Meizhou				
市 区	Urban District	892216	1003494	74512	73819
兴宁市	Xingning City	324281	315789	358802	365813
梅 县	Meixian County	957835	998983	396920	405165
平远县	Pingyuan County	250110	261215	116950	113781
蕉岭县	Jiaoling County	360087	315889	113672	115973
大埔县	Dabu County	122106	163951	161697	166944
丰顺县	Fengshun County	305717	301315	216608	223373
五华县	Wuhua County	123261	150473	294521	300330
惠州市	Huizhou				
市 区	Urban District	21740647	25078083	452248	448511
惠东县	Huidong County	766158	864143	390597	391944
博罗县	Boluo County	3158075	3703112	470680	466217
龙门县	Longmen County	337767	406028	179786	172460
汕尾市	Shanwei				
市 区	Urban District	1579566	1734941	175855	191394
陆丰市	Lufeng City	379128	592561	445167	474829
海丰县	Haifeng County	578594	820235	325747	344729
陆河县	Luhe County	40814	48293	98141	101297
东莞市	Dongguan	66328201	60711098	255307	253077
中山市	Zhongshan	37665365	40579706	753596	777737
江门市	Jiangmen				
市 区	Urban District	17406865	18974046	674208	653437
台山市	Taishan City	3805200	4008935	539927	527941
开平市	Kaiping City	2476238	2731660	331942	336278
鹤山市	Heshan City	2837026	2992258	227925	211401
恩平市	Enping City	570153	625701	211883	201811

22-5 续表 continued

单位：万元 (10000 yuan)

县(市)区	County (County-level City) and District	工业总产值 Gross Output Value of Industry 2008	2009	农业总产值 Gross Output Value of Agriculture 2008	2009
阳江市	Yangjiang				
市 区	Urban District	1618453	1697563	405383	427204
阳春市	Yangchun City	1288840	1434007	687934	685804
阳东县	Yangdong County	1265192	1530379	381225	408196
阳西县	Yangxi County	308032	383671	444893	477981
湛江市	Zhanjiang				
市 区	Urban District	8823631	7314576	639747	686171
雷州市	Leizhou City	298483	250995	715896	764972
廉江市	Lianjiang County	977203	1237861	859836	884517
吴川市	Wuchuan City	433252	517086	269814	275849
遂溪县	Suixi County	684469	793166	794146	849629
徐闻县	Xuwen County	181455	174265	480842	515659
茂名市	Maoming				
市 区	Urban District	9814513	8556609	460940	468363
信宜市	Xinyi City	488106	570900	755209	786794
高州市	Gaozhou City	586071	664211	940948	963148
化州市	Huazhou City	436058	473341	771790	791746
电白县	Dianbai County	673008	716201	804998	834241
肇庆市	Zhaoqing				
市 区	Urban District	2632620	3022737	183941	173160
四会市	Sihui City	3309326	4104931	494410	481942
高要市	Gaoyao City	2023392	2618336	672775	663908
广宁县	Guangning County	418079	510773	224458	230131
德庆县	Deqing County	524150	657303	200366	208923
封开县	Fengkai County	294199	388277	321877	331853
怀集县	Huaiji County	438773	487777	472420	478181
清远市	Qingyuan				
市 区	Urban District	7874375	9146054	198708	301802
英德市	Yingde City	1826047	2435627	375986	401718
连州市	Lianzhou City	618790	760723	226405	238778
佛冈县	Fogang County	2813138	3561703	75220	76787
清新县	Qingxin County	2974652	3934120	332625	280777
连山县	Lianshan County	46016	61340	57246	58976
连南县	Liannan County	72588	87646	46695	43530
阳山县	Yangshan County	234947	253390	228617	234893
潮州市	Chaozhou				
市 区	Urban District	1065565	1121402	16913	17633
饶平县	Raoping County	1041327	1239197	365992	392768
潮安县	Chaoan County	3106872	3450111	204962	203099
揭阳市	Jieyang				
市 区	Urban District	2501675	2938494	41584	39910
普宁市	Puning City	2919645	3965805	352478	349357
揭东县	Jiedong County	2040302	2721734	382522	399679
揭西县	Jiexi County	358779	488657	277874	285755
惠来县	Huilai County	1036203	1418222	394000	417595
云浮市	Yunfu				
市 区	Urban District	607252	602187	116296	119465
罗定市	Luoding City	609651	671837	345886	358629
新兴县	Xinxing County	843174	1025370	557198	576182
郁南县	Yunan County	346739	496716	231173	236175
云安县	Yunan County	337280	447122	156569	158606

注：本表按当年价格计算，工业总产值为规模以上工业数据。
Note: Data in this table are calculated at current prices and the output of industry refers to that of industry above designated size.

22-6 各县(市)区粮食产量

Output of Grain by County (County-level City) and District

单位: 吨、公斤/人 (ton, kg/person)

县(市)区别	County (County-level City) and District	粮食 Grain				人均粮食 Per Capita Grain	
		2008	2009	#稻谷 Rice 2008	#稻谷 Rice 2009	2008	2009
广州市	Guangzhou						
市　区	Urban District	171052	174937	113890	105036	26	27
从化市	Conghua City	102288	107284	93385	98517	184	190
增城市	Zengcheng City	142922	147786	120124	124601	173	177
深圳市	Shenzhen	110	52			0	0
珠海市	Zhuhai	34009	41185	27651	29934	34	40
汕头市	Shantou						
市　区	Urban District	431323	443437	304349	311748	86	88
南澳县	Nan'ao County	3814	4133	1464	1875	52	57
佛山市	Foshan	95017	97524	66542	69281	26	27
韶关市	Shaoguan						
市　区	Urban District	131553	135245	119722	122858	144	147
乐昌市	Lechang City	118153	119316	86455	87481	225	227
南雄市	Nanxiong City	206854	212073	187827	191633	446	453
仁化县	Renhua County	96254	97618	82022	82377	419	422
始兴县	Shixing County	85072	85077	75436	76161	345	344
翁源县	Wengyuan County	99269	100602	90803	91776	252	253
新丰县	Xinfeng County	52005	53427	42713	43240	211	212
乳源县	Ruyuan County	55397	56714	45785	45415	263	269
河源市	Heyuan						
市　区	Urban District	12137	12775	10872	11478	41	43
东源县	Dongyuan County	162123	164264	143932	146103	293	288
和平县	Heping County	127363	128048	106600	107208	256	251
龙川县	Longchuan County	260265	261664	237781	238184	282	279
紫金县	Zijin County	204749	208364	181506	183883	251	264
连平县	Lianping County	94804	102411	84193	91808	251	266
梅州市	Meizhou						
市　区	Urban District	14136	14415	12341	12264	45	46
兴宁市	Xingning City	309509	327021	277501	289473	270	284
梅　县	Meixian County	191164	192116	163521	165415	312	312
平远县	Pingyuan County	87417	87506	77671	74096	341	340
蕉岭县	Jiaoling County	61706	61817	56544	55539	270	271
大埔县	Dabu County	96563	96909	85079	84194	180	181
丰顺县	Fengshun County	121767	123810	95045	95102	178	180
五华县	Wuhua County	280772	293705	259355	270510	220	229
惠州市	Huizhou						
市　区	Urban District	136281	142024	81245	83085	108	110
惠东县	Huidong County	180131	194790	137377	136116	227	242
博罗县	Boluo County	149898	153722	104400	105961	187	189
龙门县	Longmen County	90982	95836	84406	88550	275	286
汕尾市	Shanwei						
市　区	Urban District	25659	26167	18255	18571	51	52
陆丰市	Lufeng City	181715	193251	124393	128463	106	111
海丰县	Haifeng County	161318	168094	139712	144919	196	201
陆河县	Luhe County	54952	58476	39419	41671	168	179
东莞市	Dongguan	11997	11931	6007	6560	7	7
中山市	Zhongshan	67511	72953	41718	41294	46	49
江门市	Jiangmen						
市　区	Urban District	136812	143969	123742	130649	100	105
台山市	Taishan City	277126	313617	261314	296302	282	318
开平市	Kaiping City	184960	206006	169962	189980	270	300
鹤山市	Heshan City	66127	81339	59133	70884	182	223
恩平市	Enping City	112677	126230	100928	113083	225	252

22-6 续表 continued

单位: 吨、公斤/人 (ton, kg/person)

县(市)区	County (County-level City) and District	粮食 Grain 2008	粮食 Grain 2009	#稻谷 Rice 2008	#稻谷 Rice 2009	人均粮食 Per Capita Grain 2008	人均粮食 Per Capita Grain 2009
阳江市	Yangjiang						
市　区	Urban District	83362	106056	69356	90905	126	159
阳春市	Yangchun City	270758	287430	206177	219959	246	260
阳东县	Yangdong County	144856	154849	111053	120061	308	325
阳西县	Yangxi County	128412	136357	95829	103994	257	270
湛江市	Zhanjiang						
市　区	Urban District	148518	169825	111977	127861	99	112
雷州市	Leizhou City	303580	331495	271513	297189	188	203
廉江市	Lianjiang County	365962	419421	268268	317926	226	256
吴川市	Wuchuan City	137353	152743	112744	125899	128	141
遂溪县	Suixi County	210000	229442	144289	157528	205	221
徐闻县	Xuwen County	110300	121369	64244	71832	154	168
茂名市	Maoming						
市　区	Urban District	156915	178692	133801	149848	122	137
信宜市	Xinyi City	279095	321678	215634	238188	207	235
高州市	Gaozhou City	357251	369932	331719	342663	213	219
化州市	Huazhou City	302344	326586	255919	276374	194	207
电白县	Dianbai County	214656	252179	183854	218448	155	179
肇庆市	Zhaoqing						
市　区	Urban District	41581	42773	37263	39230	83	85
四会市	Sihui City	115807	118790	95787	98220	265	270
高要市	Gaoyao City	229009	232323	199323	201978	307	309
广宁县	Guangning County	149029	151285	126815	127502	269	270
德庆县	Deqing County	106954	111921	98970	103606	287	299
封开县	Fengkai County	182535	187374	157852	162252	375	383
怀集县	Huaiji County	254653	259623	226937	230144	253	255
清远市	Qingyuan						
市　区	Urban District	63679	73943	59328	69478	114	115
英德市	Yingde City	202456	213542	162029	175288	185	194
连州市	Lianzhou City	114795	115630	84107	87188	220	220
佛冈县	Fogang County	56339	59493	49794	52583	174	182
清新县	Qingxin County	131758	132048	117810	120968	177	197
连山县	Lianshan County	40799	41576	32381	35118	350	354
连南县	Liannan County	35596	34663	19624	20705	221	212
阳山县	Yangshan County	109739	108586	62820	64716	204	200
潮州市	Chaozhou						
市　区	Urban District	4468	4253	4253	4076	13	12
饶平县	Raoping County	153778	137749	114762	106092	154	137
潮安县	Chao'an County	116748	125547	87045	93301	96	103
揭阳市	Jieyang						
市　区	Urban District	14115	13491	12326	11564	20	19
普宁市	Puning City	205303	209036	116480	121298	92	93
揭东县	Jiedong County	237283	243559	140784	145800	188	191
揭西县	Jiexi County	162008	167561	95270	98457	171	174
惠来县	Huilai County	191340	197661	81641	92283	150	151
云浮市	Yunfu						
市　区	Urban District	52581	53705	47341	47960	180	181
罗定市	Luoding City	235355	241834	204777	211104	203	206
新兴县	Xinxing County	133860	137149	122059	123863	290	294
郁南县	Yunan County	132909	139980	108652	111808	269	279
云安县	Yun'an County	86490	92212	64421	64906	272	290

22-7 各县(市)区糖蔗、花生和蔬菜产量

Output of Sugarcane,Peanut and Vegetable by County (County-level City) and District

单位：吨 (ton)

县(市)区	County (County-level City) and District	糖蔗 Sugarcane 2008	糖蔗 Sugarcane 2009	花生 Peanuts 2008	花生 Peanuts 2009	蔬菜 Vegetable 2008	蔬菜 Vegetable 2009
广州市	Guangzhou						
市　区	Urban District	18482	10038	5037.0	5552	1894736	1902862
从化市	Conghua City			6242.0	6772	320552	314667
增城市	Zengcheng City		260	4027.0	4695	923982	957533
深圳市	Shenzhen	13	12	1.0	9	114086	107203
珠海市	Zhuhai	144544	105474	709.0	816	142540	132689
汕头市	Shantou						
市　区	Urban District			3374.0	3317	1383936	1393420
南澳县	Nan'ao County			103.0	79	16978	17082
佛山市	Foshan	372	116	4940.0	5155	1328123	1411347
韶关市	Shaoguan						
市　区	Urban District	556	3408	24606.0	26182	312457	329685
乐昌市	Lechang City	2807	2854	6796.0	7536	204809	224394
南雄市	Nanxiong City			19400.0	20421	123780	130159
仁化县	Renhua County			22692.0	24527	125780	138511
始兴县	Shixing County			8364.0	8541	139177	160606
翁源县	Wengyuan County	234394	208854	12742.0	11920	221951	236805
新丰县	Xinfeng County	257	418	3206.0	3379	142005	159217
乳源县	Ruyuan County			3337.0	3612	47981	55021
河源市	Heyuan						
市　区	Urban District	3463	3492	1445.0	1313	29110	29739
东源县	Dongyuan County	2356	7570	17000.0	17180	68840	72527
和平县	Heping County			4341.0	4469	73535	75988
龙川县	Longchuan County			11654.0	11780	96984	97334
紫金县	Zijin County	969	1116	13959.0	13660	131427	142052
连平县	Lianping County	9	57	11311.0	11754	47693	49941
梅州市	Meizhou						
市　区	Urban District			771.0	733	81134	85823
兴宁市	Xingning City			3976.0	3905	310915	396000
梅　县	Meixian County			8304.0	8572	339900	369396
平远县	Pingyuan County		8	3653.0	3639	59860	62908
蕉岭县	Jiaoling County			2986.0	3295	59700	72924
大埔县	Dabu County			2018.0	2107	113644	124166
丰顺县	Fengshun County			4456.0	4498	134537	152464
五华县	Wuhua County			4591.0	4872	190473	209082
惠州市	Huizhou						
市　区	Urban District	774	974	16797.0	17907	622922	671798
惠东县	Huidong County	808	884	12542.0	14328	471598	472418
博罗县	Boluo County	69931	56148	14203.0	15114	588794	612720
龙门县	Longmen County	2113	2058	5039.0	5436	130887	145011
汕尾市	Shanwei						
市　区	Urban District			1588.0	1641	52930	59378
陆丰市	Lufeng City		95	12499.0	9721	292199	335231
海丰县	Haifeng County	5250	7350	4862.0	5310	325297	353932
陆河县	Luhe County			2083.0	2238	45312	48974
东莞市	Dongguan	2580	1249	130.0	113	391192	400335
中山市	Zhongshan	23060	12573	330.0	389	522666	534478
江门市	Jiangmen						
市　区	Urban District	10385	7590	1115.0	1179	222613	231331
台山市	Taishan City	67850	82618	10790.0	11874	223004	240278
开平市	Kaiping City	21411	14015	5753.0	6041	241168	247592
鹤山市	Heshan City	3749	3310	4914.0	4592	188411	230261
恩平市	Enping City	45655	50007	4906.0	5490	80217	89763

22-7 续表 continued

单位: 吨 (ton)

县(市)区	County (County-level City) and District	糖蔗 Sugarcane 2008	糖蔗 Sugarcane 2009	花生 Peanuts 2008	花生 Peanuts 2009	蔬菜 Vegetable 2008	蔬菜 Vegetable 2009
阳江市	Yangjiang						
市 区	Urban District	3	3050	3787.0	4557	107876	105116
阳春市	Yangchun City	23981	24567	19953.0	21817	346139	366370
阳东县	Yangdong County	37522	35103	14694.0	14079	188888	197883
阳西县	Yangxi County			8234.0	8663	234481	228966
湛江市	Zhanjiang						
市 区	Urban District	455503	491711	11976.0	11698	227684	235262
雷州市	Leizhou City	3520916	3623652	30172.0	32838	453915	496246
廉江市	Lianjiang County	383157	407105	27118.0	29746	604111	652881
吴川市	Wuchuan City	19395	17590	16117.0	16690	75311	88379
遂溪县	Suixi County	3953897	4099904	27143.0	28608	413419	447921
徐闻县	Xuwen County	1300330	1330071	6804.0	7638	445493	474931
茂名市	Maoming						
市 区	Urban District	4779	6952	19912.0	21227	377185	391548
信宜市	Xinyi City			11792.0	12507	255370	293914
高州市	Gaozhou City	5601	5791	21776.0	21051	512074	531019
化州市	Huazhou City	150251	202146	24363.0	25119	398887	419169
电白县	Dianbai County			31018.0	32003	431302	455216
肇庆市	Zhaoqing						
市 区	Urban District			875.0	906	91168	94831
四会市	Sihui City			12515.0	12761	183227	193037
高要市	Gaoyao City	5070		12220.0	12573	714503	723395
广宁县	Guangning County			7490.0	6405	128255	127722
德庆县	Deqing County			8241.0	8444	130173	135287
封开县	Fengkai County	29331	33630	15588.0	17038	180139	189780
怀集县	Huaiji County	17471	22187	10216.0	10375	311694	319422
清远市	Qingyuan						
市 区	Urban District			9659.0	10541	167692	229428
英德市	Yingde City	175642	240367	28836.0	29621	418544	457587
连州市	Lianzhou City			9463.0	11654	400758	415534
佛冈县	Fogang County			3041.0	3002	38804	47292
清新县	Qingxin County	4380	4073	11405.0	11493	282177	246452
连山县	Lianshan County			2827.0	3182	44151	52758
连南县	Liannan County	41		2082.0	1977	25902	26927
阳山县	Yangshan County	263	262	13858.0	14189	320273	347588
潮州市	Chaozhou						
市 区	Urban District			6.0	6	32594	32986
饶平县	Raoping County	21133	20783	3227.0	2461	187197	181921
潮安县	Chao'an County	49		1284.0	1172	152581	158509
揭阳市	Jieyang						
市 区	Urban District			3.0	3	17946	18691
普宁市	Puning City			1016.0	1116	355530	367965
揭东县	Jiedong County	5327	6020	10230.0	10565	563242	610175
揭西县	Jiexi County	2762	2762	2187.0	2338	177545	202991
惠来县	Huilai County			7889.0	7691	406156	411840
云浮市	Yunfu						
市 区	Urban District	735	792	1994.0	2184	23429	25419
罗定市	Luoding City			18497.0	18069	68750	65677
新兴县	Xinxing County	450		6192.0	6259	167330	176411
郁南县	Yunan County	6501		10132.0	9757	34338	38540
云安县	Yun'an County	5175		5858.0	6663	36329	51380

22-8 各县(市)区生猪年末存栏头数、肉猪出栏头数和猪肉产量

Number of Hogs on Hand at the Year-end, Slaughtered Fattened Hogs and Output of Pork by County (County-level City) and District

县(市)区	County (County-level City) and District	生猪年末存栏头数(万头) Number of Hogs on Hand at the Year-end (10000 heads)		肉猪出栏头数(万头) Slaughtered Fattened Hogs (10000 heads)		猪肉产量(万吨) Output of Pork (10000 tons)	
		2008	2009	2008	2009	2008	2009
广州市	Guangzhou						
市　区	Urban District	65.14	65.09	109.09	112.35	8.11	8.33
从化市	Conghua City	23.17	23.51	31.03	32.18	2.31	2.39
增城市	Zengcheng City	47.72	48.52	75.21	80.71	5.59	5.98
深圳市	Shenzhen	15.92	11.21	32.44	29.83	2.13	2.03
珠海市	Zhuhai	32.12	32.70	37.04	40.49	2.71	2.92
汕头市	Shantou						
市　区	Urban District	43.95	44.65	77.17	81.29	5.57	5.68
南澳县	Nan'ao County	1.98	2.00	3.98	4.08	0.31	0.32
佛山市	Foshan	112.58	113.16	190.76	198.14	13.51	14.00
韶关市	Shaoguan						
市　区	Urban District	19.89	27.35	33.53	38.37	2.45	2.78
乐昌市	Lechang City	18.23	16.72	24.53	25.78	1.79	1.87
南雄市	Nanxiong City	24.01	22.05	33.21	34.96	2.43	2.53
仁化县	Renhua County	12.43	11.27	15.56	15.77	1.14	1.14
始兴县	Shixing County	7.10	6.88	11.54	11.75	0.84	0.85
翁源县	Wengyuan County	10.32	9.82	10.85	11.18	0.79	0.81
新丰县	Xinfeng County	6.74	6.51	7.66	7.72	0.56	0.56
乳源县	Ruyuan County	9.12	8.51	6.50	6.76	0.48	0.49
河源市	Heyuan						
市　区	Urban District	8.17	8.92	6.10	6.81	0.46	0.50
东源县	Dongyuan County	12.26	11.89	15.72	16.52	1.18	1.22
和平县	Heping County	8.25	8.17	11.57	12.91	0.85	0.94
龙川县	Longchuan County	24.97	25.14	26.08	26.13	1.87	1.91
紫金县	Zijin County	16.63	17.02	19.21	19.83	1.42	1.43
连平县	Lianping County	9.78	9.53	12.10	12.27	0.87	0.89
梅州市	Meizhou						
市　区	Urban District	5.75	5.56	14.66	14.69	1.17	1.17
兴宁市	Xingning City	36.79	38.57	47.49	58.87	3.54	4.11
梅　县	Meixian County	26.57	24.64	40.10	40.03	2.94	2.97
平远县	Pingyuan County	10.75	11.94	15.67	13.59	1.17	1.06
蕉岭县	Jiaoling County	12.68	12.39	21.77	21.80	1.62	1.63
大埔县	Dabu County	13.48	14.27	20.25	20.76	1.46	1.46
丰顺县	Fengshun County	21.22	21.81	27.29	25.40	1.94	1.77
五华县	Wuhua County	45.29	45.29	52.69	52.79	3.76	3.96
惠州市	Huizhou						
市　区	Urban District	51.91	49.93	72.77	74.94	5.42	5.54
惠东县	Huidong County	27.37	27.91	33.85	35.42	2.63	2.72
博罗县	Boluo County	50.16	51.78	74.99	78.48	5.12	5.34
龙门县	Longmen County	5.90	6.20	7.01	7.40	0.57	0.60
汕尾市	Shanwei						
市　区	Urban District	4.28	4.43	8.68	8.74	0.53	0.54
陆丰市	Lufeng City	22.99	22.89	37.31	38.82	2.86	2.91
海丰县	Haifeng County	8.44	8.74	14.63	14.72	1.02	1.04
陆河县	Luhe County	8.98	8.57	14.56	14.59	1.02	1.06
东莞市	Dongguan	19.50	18.39	25.91	28.08	1.79	1.91
中山市	Zhongshan	28.58	28.95	51.91	54.61	3.75	3.82
江门市	Jiangmen						
市　区	Urban District	55.66	54.58	92.84	88.80	6.99	6.69
台山市	Taishan City	18.22	18.47	30.09	30.76	2.28	2.29
开平市	Kaiping City	22.38	22.68	36.69	39.51	2.93	3.13
鹤山市	Heshan City	37.71	40.38	60.01	65.67	3.76	3.89
恩平市	Enping City	15.54	15.74	17.08	19.70	1.35	1.77

22-8 续表 continued

县(市)区	County (County-level City) and District	生猪年末存栏头数(万头) Number of Hogs on Hand at the Year-end (10000 heads)		肉猪出栏头数(万头) Slaughtered Fattened Hogs (10000 heads)		猪肉产量(万吨) Output of Pork (10000 tons)	
		2008	2009	2008	2009	2008	2009
阳江市	Yangjiang						
市 区	Urban District	10.56	10.62	16.23	16.43	1.21	1.22
阳春市	Yangchun City	83.17	82.01	100.05	105.06	7.30	7.53
阳东县	Yangdong County	30.47	31.91	32.81	33.40	2.45	2.55
阳西县	Yangxi County	19.08	18.71	26.46	27.07	1.97	2.05
湛江市	Zhanjiang						
市 区	Urban District	24.49	25.40	37.87	39.81	2.81	2.95
雷州市	Leizhou City	28.85	28.93	35.76	36.29	2.65	2.68
廉江市	Lianjiang County	85.03	85.00	125.71	128.24	9.32	9.51
吴川市	Wuchuan City	19.62	19.64	22.88	23.28	1.70	1.72
遂溪县	Suixi County	30.58	30.88	63.31	65.40	4.69	4.82
徐闻县	Xuwen County	14.79	14.85	17.50	18.13	1.30	1.33
茂名市	Maoming						
市 区	Urban District	50.11	50.36	72.81	75.21	5.45	5.62
信宜市	Xinyi City	51.08	51.47	84.70	87.64	6.29	6.58
高州市	Gaozhou City	82.85	83.27	135.30	139.77	10.40	10.50
化州市	Huazhou City	81.34	81.74	134.91	139.36	9.74	10.24
电白县	Dianbai County	69.91	70.26	105.08	107.55	7.90	8.05
肇庆市	Zhaoqing						
市 区	Urban District	22.50	24.90	53.85	53.88	3.94	3.90
四会市	Sihui City	83.12	82.02	114.14	116.88	8.26	8.29
高要市	Gaoyao City	32.84	33.34	71.00	71.62	5.00	5.11
广宁县	Guangning County	21.24	21.92	20.74	20.73	1.50	1.53
德庆县	Deqing County	12.66	12.49	13.27	14.09	0.96	1.00
封开县	Fengkai County	23.47	22.90	21.82	22.42	1.60	1.61
怀集县	Huaiji County	55.00	54.07	86.14	91.66	6.29	6.74
清远市	Qingyuan						
市 区	Urban District	15.49	14.26	17.69	17.50	1.37	1.25
英德市	Yingde City	27.82	27.02	30.03	33.14	2.35	2.36
连州市	Lianzhou City	14.81	35.80	33.24	44.44	1.98	3.16
佛冈县	Fogang County	10.17	5.77	7.20	7.06	0.55	0.50
清新县	Qingxin County	32.44	30.31	36.13	37.15	2.79	2.64
连山县	Lianshan County	2.15	4.40	4.04	5.33	0.30	0.38
连南县	Liannan County	3.41	2.54	4.86	3.11	0.32	0.22
阳山县	Yangshan County	36.82	25.66	30.50	31.35	2.35	2.23
潮州市	Chaozhou						
市 区	Urban District	1.33	1.01	1.67	1.56	0.13	0.14
饶平县	Raoping County	29.73	22.40	35.75	29.06	1.95	2.16
潮安县	Chao'an County	14.71	12.22	24.25	15.93	1.70	1.10
揭阳市	Jieyang						
市 区	Urban District	3.34	3.66	6.50	6.54	0.48	0.48
普宁市	Puning City	31.16	32.13	40.47	40.79	3.05	3.14
揭东县	Jiedong County	14.18	14.25	25.23	25.82	1.80	1.82
揭西县	Jiexi County	33.40	33.24	39.02	40.16	2.86	2.91
惠来县	Huilai County	22.02	20.66	28.20	29.29	2.05	2.12
云浮市	Yunfu						
市 区	Urban District	16.04	16.19	19.49	20.20	1.43	1.44
罗定市	Luoding City	12.72	13.02	16.24	17.70	1.19	1.25
新兴县	Xinxing County	40.61	40.59	67.07	70.75	4.90	5.11
郁南县	Yunan County	7.63	7.60	8.81	9.28	0.64	0.66
云安县	Yun'an County	8.79	8.89	10.13	10.75	0.74	0.76

22-9 各县(市)区固定资产投资（2009年）

Investment in Fixed Assets by County (County-level City) and District (2009)

单位：万元 (10000 yuan)

县(市)区	County (County-level City) and District	全社会 Total		城镇 Urban Area		#房地产投资 Investment in Real Estate Development	
		投资完成额 Completed Investment	新增固定资产 Newly Increased Fixed Assets	投资完成额 Completed Investment	新增固定资产 Newly Increased Fixed Assets	投资完成额 Completed Investment	新增固定资产 Newly Increased Fixed Assets
广州市	Guangzhou						
市　区	Urban District	24458919	13451758	23773054	12798819	7034417	4358152
从化市	Conghua City	765982	304952	675722	240861	338171	86277
增城市	Zengcheng City	1373615	939010	1314499	891117	800861	503621
深圳市	Shenzhen	17091514	7811352	17091514	7811352	4374590	2391454
珠海市	Zhuhai	4105052	3435525	4075674	3417870	1684427	790755
汕头市	Shantou						
市　区	Urban District	2861480	2070166	2203981	1455151	380890	267883
南澳县	Nan'ao County	57478	6710	55216	4598		
佛山市	Foshan	14705603	7960204	7249877	2844696	3582508	1111692
韶关市	Shaoguan						
市　区	Urban District	1928426	2843949	1864718	2801710	308040	311288
乐昌市	Lechang City	421660	174481	345141	92365	54857	20228
南雄市	Nanxiong City	329429	234577	271473	178924	28565	17084
仁化县	Renhua County	217080	43514	189595	40756	11468	4199
始兴县	Shixing County	207312	185102	146116	121344	23132	8235
翁源县	Wengyuan County	173729	123055	113208	101456	10557	6577
新丰县	Xinfeng County	125237	94239	85903	69216	5916	7085
乳源县	Ruyuan County	162106	79266	150867	62747	21923	29543
河源市	Heyuan						
市　区	Urban District	652970	443553	629525	427286	134954	214148
东源县	Dongyuan County	367486	235408	208880	96284	15074	6488
和平县	Heping County	126491	87457	68690	36673	14940	13702
龙川县	Longchuan County	468930	220928	184130	80800	12292	15736
紫金县	Zijin County	197396	149067	106159	59570	12769	14672
连平县	Lianping County	168206	133947	99668	75050	11810	24864
梅州市	Meizhou						
市　区	Urban District	377480	203155	359783	199919	31818	24975
兴宁市	Xingning City	246048	125458	210869	96996	50798	25863
梅　县	Meixian County	357691	187163	312380	157118	23245	8090
平远县	Pingyuan County	75749	94020	66090	85298	9060	7568
蕉岭县	Jiaoling County	66863	55662	62253	51052	1900	2050
大埔县	Dabu County	137323	173140	84826	119643	13613	27365
丰顺县	Fengshun County	140130	82514	79436	54234	15450	4320
五华县	Wuhua County	228525	174279	172511	118265	7876	12000
惠州市	Huizhou						
市　区	Urban District	5653749	4885412	5351411	4662022	1492110	1238599
惠东县	Huidong County	802683	314913	568592	171092	108506	74327
博罗县	Boluo County	913541	458670	611476	231134	138301	88654
龙门县	Longmen County	219709	167047	134986	93314	14415	24863
汕尾市	Shanwei						
市　区	Urban District	691647	181406	644320	148322	39192	60468
陆丰市	Lufeng City	1132486	941746	841657	651709	76869	22140
海丰县	Haifeng County	887134	766317	735927	644326	20985	17760
陆河县	Luhe County	183069	183069	100021	100021	8000	8000
东莞市	Dongguan	10940753	5421597	6389747	2691051	2776623	1207643
中山市	Zhongshan	5456051	3519534	4034629	2566730	1923674	1240498
江门市	Jiangmen						
市　区	Urban District	2383366	1553763	1660984	787826	576133	232367
台山市	Taishan City	1157751	737592	1023932	638605	58136	61935
开平市	Kaiping City	582893	495062	246883	213065	52456	18033
鹤山市	Heshan City	563850	485953	517555	442583	219421	197629
恩平市	Enping City	232838	158906	78128	74016	50357	27250

22-9 续表 continued

单位：万元 (10000 yuan)

县(市)区	County (County-level City) and District	全社会 Total 投资完成额 Completed Investment	全社会 Total 新增固定资产 Newly Increased Fixed Assets	城镇 Urban Area 投资完成额 Completed Investment	城镇 Urban Area 新增固定资产 Newly Increased Fixed Assets	#房地产投资 Investment in Real Estate Development 投资完成额 Completed Investment	#房地产投资 Investment in Real Estate Development 新增固定资产 Newly Increased Fixed Assets
阳江市	Yangjiang						
市　区	Urban District	672194	236712	585221	201487	153639	120089
阳春市	Yangchun City	495352	63347	308609	45967	47469	31027
阳东县	Yangdong County	890762	386662	792214	296555	68278	59294
阳西县	Yangxi County	336638	55806	302433	32936	61500	5000
湛江市	Zhanjiang						
市　区	Urban District	2260617	1238943	2174116	1165494	401713	74483
雷州市	Leizhou City	224870	208131	110515	93776	14731	14731
廉江市	Lianjiang City	570176	509457	230661	198721	26701	26313
吴川市	Wuchuan City	341140	332899	182487	175333	17167	17167
遂溪县	Suixi County	363368	355251	58239	62963	6191	6191
徐闻县	Xuwen County	172098	163241	66160	63438	6225	6950
茂名市	Maoming						
市　区	Urban District	649118	327070	506668	222075	147989	52719
信宜市	Xinyi City	278707	178569	134088	85995	24544	19551
高州市	Gaozhou City	284423	230935	118109	83537	22607	19450
化州市	Huazhou City	292561	281754	127653	138204	7068	14121
电白县	Dianbai County	295290	265926	151823	124017	48216	22058
肇庆市	Zhaoqing						
市　区	Urban District	1363739	672806	1189431	541931	330675	251916
四会市	Sihui City	1217444	680082	783556	371504	130988	83349
高要市	Gaoyao City	781932	609335	249169	203479	69733	84119
广宁县	Guangning County	225460	175949	80368	58321	23775	9856
德庆县	Deqing County	315989	118953	128355	40982	18895	8378
封开县	Fengkai County	342867	59462	327673	44268	11079	5410
怀集县	Huaiji County	380234	337481	278840	232757	21452	16300
清远市	Qingyuan						
市　区	Urban District	3427544	1786156	2453910	1203186	464751	228188
英德市	Yingde City	1584800	602562	562544	195524	74530	13943
连州市	Lianzhou City	413728	324984	218336	157296	21090	23045
佛冈县	Fogang County	1070884	1119773	392098	456478	54486	63445
清新县	Qingxin County	1359576	948332	571335	357243	260208	90865
连山县	Lianshan County	123312	117862	40453	40393		
连南县	Liannan County	90334	69042	31924	14542	4957	44
阳山县	Yangshan County	342224	121451	111194	34960	19927	9961
潮州市	Chaozhou						
市　区	Urban District	726176	668783	695642	600096	130291	148371
饶平县	Raoping County	400914	15905	340229	9796	5170	9500
潮安县	Chao'an County	502672	335202	177273	114772	35843	33990
揭阳市	Jieyang						
市　区	Urban District	1178515	668767	1178515	668767	82145	61445
普宁市	Puning City	1117974	549642	535271	285927	75948	46651
揭东县	Jiedong County	631372	441620	388740	236270	8223	1800
揭西县	Jiexi County	316390	195783	228626	110608	24257	23042
惠来县	Huilai County	690704	311031	545157	187588	2554	12554
云浮市	Yunfu						
市　区	Urban District	1104932	479055	807282	187892	32969	44770
罗定市	Luoding City	422255	148353	176823	61529	31105	1990
新兴县	Xinxing County	345196	213247	113554	68859	34838	21576
郁南县	Yunan County	190671	141873	61555	22968	13346	
云安县	Yun'an County	338888	126865	241458	70584	4817	4817

22-10 各县(市)区社会消费品零售总额

Total Retail Sales of Consumer Goods by County (County-level City)and District

单位：万元 (10000 yuan)

县(市)区	County (County-level City) and District	社会消费品零售总额 Total Retail Sales of Consumer Goods			#批发零售贸易业零售额 Total Retail Sales of Wholesale and Retail Trades		
		2008	2009	2009比2008增长(%) Growth Rate in 2009 over 2008 (%)	2008	2009	2009比2008增长(%) Growth Rate in 2009 over 2008 (%)
广州市	Guangzhou						
市　区	Urban District	30250061	34301889	13.4	26441596	30039879	13.6
从化市	Conghua City	1149212	1316100	14.5	941886	1072380	13.9
增城市	Zengcheng City	474589	539666	13.7	403756	453461	12.3
深圳市	Shenzhen	22765855	25679436	12.8	20021217	22692612	13.3
珠海市	Zhuhai	3601021	4044564	12.3	3112654	3535975	13.6
汕头市	Shantou						
市　区	Urban District	5636448	6521774	15.7	5205314	5787672	11.2
南澳县	Nan'ao County	83650	97776	16.9	77729	80049	3.0
佛山市	Foshan	11957476	14087766	17.8	10184455	12015104	18.0
韶关市	Shaoguan						
市　区	Urban District	1546716	1755020	13.5	1329551	1573289	18.3
乐昌市	Lechang City	233553	272097	16.5	201168	247256	22.9
南雄市	Nanxiong City	173428	207637	19.7	144345	183936	27.4
仁化县	Renhua County	109219	123245	12.8	89974	108592	20.7
始兴县	Shixing County	69146	80903	17.0	59131	73423	24.2
翁源县	Wengyuan County	126445	153386	21.3	112760	143407	27.2
新丰县	Xinfeng County	80726	97772	21.1	73557	91493	24.4
乳源县	Ruyuan County	76510	93537	22.3	65701	83925	27.7
河源市	Heyuan						
市　区	Urban District	437133	461234	5.5	388330	409087	5.3
东源县	Dongyuan County	116443	132174	13.5	111685	128663	15.2
和平县	Heping County	110528	127309	15.2	104101	120750	16.0
龙川县	Longchuan County	322794	368245	14.1	295854	341243	15.3
紫金县	Zijin County	161038	191491	18.9	150323	179940	19.7
连平县	Lianping County	96657	114578	18.5	86387	103922	20.3
梅州市	Meizhou						
市　区	Urban District	406731	449943	10.6	359076	413332	15.1
兴宁市	Xingning City	380367	451930	18.8	358086	440363	23.0
梅　县	Meixian County	476938	584317	22.5	393222	501074	27.4
平远县	Pingyuan County	104589	121458	16.1	95614	114360	19.6
蕉岭县	Jiaoling County	144229	174552	21.0	129903	163777	26.1
大埔县	Dabu County	210143	252036	19.9	186999	231607	23.9
丰顺县	Fengshun County	178456	215594	20.8	158649	199124	25.5
五华县	Wuhua County	387942	429937	10.8	353493	411452	16.4
惠州市	Huizhou						
市　区	Urban District	2631445	3027752	15.1	2273977	2740282	20.5
惠东县	Huidong County	834645	957553	14.7	724548	860932	18.8
博罗县	Boluo County	629413	728901	15.8	572688	693408	21.1
龙门县	Longmen County	172002	196787	14.4	134445	159535	18.7
汕尾市	Shanwei						
市　区	Urban District	455652	561365	23.2	367310	493188	34.3
陆丰市	Lufeng City	774592	926363	19.6	676976	857431	26.7
海丰县	Haifeng County	949702	1147764	20.9	777184	1003784	29.2
陆河县	Luhe County	151457	185090	22.2	133171	175799	32.0
东莞市	Dongguan	8811519	9590727	8.8	7916773	8622475	8.9
中山市	Zhongshan	4802885	5497615	14.5	4235893	4910616	15.9
江门市	Jiangmen						
市　区	Urban District	2107250	2411396	14.4	1769431	2044508	15.5
台山市	Taishan City	871790	997476	14.4	661457	754671	14.1
开平市	Kaiping City	791463	904076	14.2	643965	743282	15.4
鹤山市	Heshan City	758816	852506	12.3	559199	626974	12.1
恩平市	Enping City	403263	455220	12.9	334110	369705	10.7

22-10 续表 continued

单位：万元 (10000 yuan)

县(市)区	County (County-level City) and District	社会消费品零售总额 Total Retail Sales of Consumer Goods 2008	2009	2009比2008增长(%) Growth Rate in 2009 over 2008 (%)	#批发零售贸易业零售额 Total Retail Sales of Wholesale and Retail Trades 2008	2009	2009比2008增长(%) Growth Rate in 2009 over 2008 (%)
阳江市	Yangjiang						
市　区	Urban District	1210776	1370366	13.2	1038928	999845	-3.8
阳春市	Yangchun City	893155	1026459	14.9	803872	785134	-2.3
阳东县	Yangdong County	277022	326050	17.7	227964	229294	0.6
阳西县	Yangxi County	286168	330898	15.6	224796	220386	-2.0
湛江市	Zhanjiang						
市　区	Urban District	2462129	2907345	18.1	1913186	2201837	15.1
雷州市	Leizhou City	519117	614255	18.3	476194	569143	19.5
廉江市	Lianjiang City	597316	713113	19.4	520336	616909	18.6
吴川市	Wuchuan City	407188	485854	19.3	371716	445046	19.7
遂溪县	Suixi County	404235	481697	19.2	360203	433037	20.2
徐闻县	Xuwen County	338554	397167	17.3	312890	358588	14.6
茂名市	Maoming						
市　区	Urban District	1975142	2264491	14.6	1718766	2042711	18.8
信宜市	Xinyi City	805721	977289	21.3	705519	894058	26.7
高州市	Gaozhou City	804653	945724	17.5	682009	845826	24.0
化州市	Huazhou City	751974	894454	18.9	644066	808578	25.5
电白县	Dianbai County	708360	828504	17.0	609794	745448	22.2
肇庆市	Zhaoqing						
市　区	Urban District	848769	979103	15.4	671180	820185	22.2
四会市	Sihui City	405783	468703	15.5	348542	424524	21.8
高要市	Gaoyao City	375260	433027	15.4	320598	386000	20.4
广宁县	Guangning County	192222	223835	16.4	166603	194592	16.8
德庆县	Deqing County	160840	188003	16.9	141384	166551	17.8
封开县	Fengkai County	126189	146054	15.7	115374	139026	20.5
怀集县	Huaiji County	275812	319124	15.7	236186	284132	20.3
清远市	Qingyuan						
市　区	Urban District	916840	1103426	20.4	729314	983546	34.9
英德市	Yingde City	605574	729111	20.4	536044	645950	20.5
连州市	Lianzhou City	296501	355208	19.8	232522	272764	17.3
佛冈县	Fogang County	210950	252296	19.6	169882	200629	18.1
清新县	Qingxin County	269323	324804	20.6	246239	286422	16.3
连山县	Lianshan County	27153	32176	18.5	21831	25026	14.6
连南县	Liannan County	38473	44783	16.4	32921	38042	15.6
阳山县	Yangshan County	162708	193785	19.1	133904	153743	14.8
潮州市	Chaozhou						
市　区	Urban District	487614	578128	18.6	449890	545932	21.3
饶平县	Raoping County	405189	481006	18.7	344432	435550	26.5
潮安县	Chao'an County	835678	1019726	22.0	693903	898707	29.5
揭阳市	Jieyang						
市　区	Urban District	815650	1012651	24.2	771006	957457	24.2
普宁市	Puning City	937979	1164714	24.2	897717	1114718	24.2
揭东县	Jiedong County	486420	602013	23.8	458750	567768	23.8
揭西县	Jiexi County	262855	321366	22.3	238317	291365	22.3
惠来县	Huilai County	256112	313831	22.5	244589	299691	22.5
云浮市	Yunfu						
市　区	Urban District	229864	263688	14.7	184376	212246	15.1
罗定市	Luoding City	302180	350018	15.8	266043	309889	16.5
新兴县	Xinxing County	231461	274380	18.5	186558	220853	18.4
郁南县	Yunan County	187810	220925	17.6	157229	180073	14.5
云安县	Yun'an County	59345	70093	18.1	49982	59642	19.3

22-11 各县(市)区年末在岗职工人数（2009年）

Number of Fully Employed Staff and Workers by County (County-Level City) and District (2009)

单位：人 (person)

县(市)区	County (County-level City) and District	在岗职工人数 Number of Fully Employed Staff and Workers	国有经济 State-owned Units	城镇集体经济 Urban Collective-owned Units	其他各种经济 Units of Other Types of Ownership
广州市	Guangzhou				
市　区	Urban District	2100866	746110	96920	1257836
从化市	Conghua City	69307	22269	201	46837
增城市	Zengcheng City	85049	35245	4929	44875
深圳市	Shenzhen	2201606	428919	13036	1759651
珠海市	Zhuhai	575009	91841	33079	450089
汕头市	Shantou				
市　区	Urban District	302633	157445	58734	86454
南澳县	Nan'ao County	5054	4489	273	292
佛山市	Foshan	543637	189274	27876	326487
韶关市	Shaoguan				
市　区	Urban District	147541	62637	4275	80629
乐昌市	Lechang City	29054	15878	5046	8130
南雄市	Nanxiong City	17482	13154	979	3349
仁化县	Renhua County	16082	9689	1561	4832
始兴县	Shixing County	22909	7727	1316	13866
翁源县	Wengyuan County	18229	12584	703	4942
新丰县	Xinfeng County	15463	8347	4660	2456
乳源县	Ruyuan County	20580	8946	1099	10535
河源市	Heyuan				
市　区	Urban District	112994	27914	5053	80027
东源县	Dongyuan County	27656	13247	2319	12090
和平县	Heping County	15758	12770	922	2066
龙川县	Longchuan County	40060	22263	4311	13486
紫金县	Zijin County	26070	17164	298	8608
连平县	Lianping County	20944	12873	1795	6276
梅州市	Meizhou				
市　区	Urban District	50524	30076	1178	19270
兴宁市	Xingning City	41938	33134	2632	6172
梅　县	Meixian County	29018	17613	1687	9718
平远县	Pingyuan County	12856	9803	310	2743
蕉岭县	Jiaoling County	16274	9132	1340	5802
大埔县	Dabu County	17037	14003	1927	1107
丰顺县	Fengshun County	24356	15557	2880	5919
五华县	Wuhua County	29608	26924	1967	717
惠州市	Huizhou				
市　区	Urban District	555131	93408	16724	444999
惠东县	Huidong County	58786	28226	2352	28208
博罗县	Boluo County	130307	28066	4417	97824
龙门县	Longmen County	21713	13570	1807	6336
汕尾市	Shanwei				
市　区	Urban District	46869	22082	2265	22522
陆丰市	Lufeng City	43216	33257	5724	4235
海丰县	Haifeng County	33113	23303	2564	7246
陆河县	Luhe County	12554	9277	1229	2048
东莞市	Dongguan	225990	116088	35159	74743
中山市	Zhongshan	260147	67842	18443	173862
江门市	Jiangmen				
市　区	Urban District	220876	55004	8286	157586
台山市	Taishan City	46845	25371	3451	18023
开平市	Kaiping City	69288	24196	2887	42205
鹤山市	Heshan City	35848	12070	2783	20995
恩平市	Enping City	33277	14631	8146	10500

22-11 续表 continued

单位：人 (person)

县(市)区	County (County-level City) and District	在岗职工人数 Number of Fully Employed Staff and Workers	国有经济 State-owned Units	城镇集体经济 Urban Collective-owned Units	其他各种经济 Units of Other Types of Ownership
阳江市	Yangjiang				
市　区	Urban District	71032	43895	19287	7850
阳春市	Yangchun City	46658	26819	6768	13071
阳东县	Yangdong County	28800	17013	5655	6132
阳西县	Yangxi County	23337	14795	4962	3580
湛江市	Zhanjiang				
市　区	Urban District	161849	98289	4817	58743
雷州市	Leizhou City	55194	50408	4254	532
廉江市	Lianjiang City	56793	35794	11896	9103
吴川市	Wuchuan City	36193	32274	2071	1848
遂溪县	Suixi County	38717	25009	3664	10044
徐闻县	Xuwen County	36872	30306	3618	2948
茂名市	Maoming				
市　区	Urban District	93832	53454	2933	37445
信宜市	Xinyi City	37480	28698	4197	4585
高州市	Gaozhou City	58228	42444	9442	6342
化州市	Huazhou City	58503	44858	11442	2203
电白县	Dianbai County	50578	35288	11207	4083
肇庆市	Zhaoqing				
市　区	Urban District	127469	42813	1688	82968
四会市	Sihui City	30443	15251	3831	11361
高要市	Gaoyao City	22377	18244	1219	2914
广宁县	Guangning County	16296	12888	685	2723
德庆县	Deqing County	21640	11990	1063	8587
封开县	Fengkai County	16621	13020	596	3005
怀集县	Huaiji County	23786	18831	1923	3032
清远市	Qingyuan				
市　区	Urban District	87598	30162	2188	55248
英德市	Yingde City	39595	25910	927	12758
连州市	Lianzhou City	18847	12599	543	5705
佛冈县	Fogang County	25148	9288	348	15512
清新县	Qingxin County	57358	13574	1707	42077
连山县	Lianshan County	5297	4810	224	263
连南县	Liannan County	9090	6924	154	2012
阳山县	Yangshan County	17181	14181	847	2153
潮州市	Chaozhou				
市　区	Urban District	53083	25932	5443	21708
饶平县	Raoping County	27952	22082	1686	4184
潮安县	Chao'an County	34838	22329	6479	6030
揭阳市	Jieyang				
市　区	Urban District	49978	28430	8288	13260
普宁市	Puning City	57639	43732	4905	9002
揭东县	Jiedong County	32001	23715	3279	5007
揭西县	Jiexi County	28238	18919	8117	1202
惠来县	Huilai County	38785	30215	2247	6323
云浮市	Yunfu				
市　区	Urban District	41211	20830	1797	18584
罗定市	Luoding City	51694	27491	2333	21870
新兴县	Xinxing County	39910	15755	186	23969
郁南县	Yunan County	22552	12422	1137	8993
云安县	Yun'an County	11356	7156	53	4147

22-12 各县(市)区年末在岗职工工资总额及平均工资（2009年）

Total Wages and Average Wage of Fully Employed Staff and Workers by County (County-level City) and District (2009)

县(市)区	County (County-levelCity) and District	合计 Total		国有经济单位 State-owned Units		城镇集体经济单位 Urban Collective-owned Units		其他各种经济单位 Units of Other Types of Ownership	
		工资总额(万元) Total Wages (10000 yuan)	平均工资(元) Average Wage (yuan)	工资总额(万元) Total Wages (10000 yuan)	平均工资(元) Average Wage (yuan)	工资总额(万元) Total Wages (10000 yuan)	平均工资(元) Average Wage (yuan)	工资总额(万元) Total Wages (10000 yuan)	平均工资(元) Average Wage (yuan)
广州市	Guangzhou								
市　区	Urban District	10588768	50822	5038913	68171	260733	26902	5289122	42400
从化市	Conghua City	203500	28416	102810	46347	658	33386	100032	20317
增城市	Zengcheng City	306225	35554	159580	45409	12633	25888	134012	29066
深圳市	Shenzhen	10029764	46723	3051566	72278	31067	24715	6947131	40582
珠海市	Zhuhai	1807933	31764	582134	62253	86225	25893	1139574	25761
汕头市	Shantou								
市　区	Urban District	767004	25492	485141	31068	71949	12348	209913	24279
南澳县	Nanao County	9833	19296	8963	19825	424	15603	446	14710
佛山市	Foshan	1814404	34106	948423	50865	88958	32430	777023	24428
韶关市	Shaoguan								
市　区	Urban District	486506	33727	249843	41510	10045	23669	226618	28393
乐昌市	Lechang City	74250	25542	51563	32442	9376	18581	13311	16373
南雄市	Nanxiong City	44280	24959	34378	26191	2333	25581	7569	20440
仁化县	Renhua County	48002	29872	28211	29147	2791	17914	17000	35182
始兴县	Shixing County	41979	18259	17908	23576	1708	14586	22363	15722
翁源县	Wengyuan County	33962	18729	25732	20359	1115	15443	7115	14910
新丰县	Xinfeng County	28549	18420	19835	23843	4787	10231	3927	15702
乳源县	Ruyuan County	45146	22443	24780	27734	1996	18413	18370	18194
河源市	Heyuan								
市　区	Urban District	288093	26367	106710	39665	10230	21268	171154	22070
东源县	Dongyuan County	63730	22967	34282	25895	4770	20489	24678	20259
和平县	Heping County	31618	20054	27397	21463	1491	15964	2730	13205
龙川县	Longchuan County	85018	21357	58480	26297	5894	14330	20645	15341
紫金县	Zijin County	55898	21835	41228	24279	693	23191	13976	16796
连平县	Lianping County	44130	21371	31473	25118	2169	11631	10488	16770
梅州市	Meizhou								
市　区	Urban District	178353	35594	130883	44219	2051	16771	45419	23550
兴宁市	Xingning City	82493	19684	68908	20818	4840	18325	8745	14181
梅　县	Meixian County	75423	25893	50302	28508	3361	21136	21760	21993
平远县	Pingyuan County	26705	20772	21500	21932	887	28616	4317	15739
蕉岭县	Jiaoling County	32200	19691	21058	23052	1539	11457	9603	16346
大埔县	Dapu County	34040	20005	28977	20693	2217	11416	2846	26576
丰顺县	Fengshun County	49233	20301	35219	22732	5084	17738	8930	15156
五华县	Wuhua County	55119	18495	50033	18426	3044	15708	2041	28746
惠州市	Huizhou								
市　区	Urban District	1454222	26809	406164	44214	36379	22591	1011679	23285
惠东县	Huidong County	134433	22678	79083	28636	4352	18529	50997	17398
博罗县	Boluo County	293143	23538	95197	34034	7489	17657	190457	20502
龙门县	Longmen County	47070	21601	35333	26068	2507	13819	9230	14373
汕尾市	Shanwei								
市　区	Urban District	148294	30302	79801	35922	9102	21522	59392	26402
陆丰市	Lufeng City	73122	17159	58021	17644	8148	15296	6954	15786
海丰县	Haifeng County	77330	23416	56717	24375	6154	25108	14459	19793
陆河县	Luhe County	19716	15699	15432	16627	1537	12504	2747	13414
东莞市	Dongguan	944243	42585	639161	56129	76001	22077	229081	31195
中山市	Zhongshan	907602	36165	368971	56025	50301	28970	488330	29112
江门市	Jiangmen								
市　区	Urban District	631212	28704	242621	44391	19565	23660	369026	23509
台山市	Taishan City	74301	15986	49985	19829	4725	13581	19592	11011
开平市	Kaiping City	131139	19022	62267	25672	4233	15043	64639	15438
鹤山市	Heshan City	81551	23721	42876	35925	6182	22342	32492	16513
恩平市	Enping City	61633	18422	34558	23707	8715	10932	18361	16834

22-12 续表 continued

县(市)区	County (County-levelCity) and District	合计 Total 工资总额(万元) Total Wages (10000 yuan)	合计 Total 平均工资(元) Average Wage (yuan)	国有经济单位 State-owned Units 工资总额(万元) Total Wages (10000 yuan)	国有经济单位 State-owned Units 平均工资(元) Average Wage (yuan)	城镇集体经济单位 Urban Collective-owned Units 工资总额(万元) Total Wages (10000 yuan)	城镇集体经济单位 Urban Collective-owned Units 平均工资(元) Average Wage (yuan)	其他各种经济单位 Units of Other Types of Ownership 工资总额(万元) Total Wages (10000 yuan)	其他各种经济单位 Units of Other Types of Ownership 平均工资(元) Average Wage (yuan)
阳江市	Yangjiang								
市　区	Urban District	158143	22530	121598	27812	23384	12470	13162	17018
阳春市	Yangchun City	102324	22026	69955	26161	8065	12320	24304	18453
阳东县	Yangdong County	59376	20602	39843	23463	9232	16473	10301	16522
阳西县	Yangxi County	41897	18011	28858	19456	7507	15368	5532	15604
湛江市	Zhanjiang								
市　区	Urban District	552992	33771	386197	38913	7894	16080	158898	26535
雷州市	Leizhou City	79585	14646	74205	14643	5080	12250	301	5658
廉江市	Lianjiang City	110103	19708	72959	20712	22839	19532	14305	15985
吴川市	Wuchuan City	54840	15322	51169	16055	2094	10111	1578	8539
遂溪县	Suixi County	61790	16660	45539	18350	5678	15612	10573	12246
徐闻县	Xuwen County	58915	16200	50002	16496	5422	16755	3492	12383
茂名市	Maoming								
市　区	Urban District	326533	35154	196380	37089	6247	24166	123906	33172
信宜市	Xinyi City	78356	21074	64108	22514	8570	20760	5678	12400
高州市	Gaozhou City	122592	21060	102975	24338	11090	11745	8527	13201
化州市	Huazhou City	99829	17189	78166	17576	18935	16614	2727	12368
电白县	Dianbai County	90977	18276	64380	18451	19404	18166	7193	17099
肇庆市	Zhaoqing								
市　区	Urban District	354752	27830	184203	43025	3405	20172	167144	20146
四会市	Sihui City	88077	27390	61171	40107	7321	19323	19585	14932
高要市	Gaoyao City	70035	31946	59656	32753	3710	30862	6669	26600
广宁县	Guangning County	38701	22744	33240	25290	1696	23651	3765	11933
德庆县	Deqing County	42881	18467	29480	23671	1405	13267	11996	12357
封开县	Fengkai County	32614	19795	27992	21220	822	13776	3800	14138
怀集县	Huaiji County	53575	22824	44279	23785	2943	15927	6353	21114
清远市	Qingyuan								
市　区	Urban District	267715	31687	148936	50236	6901	31757	111878	21242
英德市	Yingde City	117333	29441	89332	34438	5167	55205	22834	17595
连州市	Lianzhou City	57193	29864	41289	32845	1465	22998	14439	24296
佛冈县	Fogang County	67743	26457	31457	33640	1813	51360	34473	21680
清新县	Qingxin County	146278	24261	56862	41324	6351	36206	83066	18550
连山县	Lianshan County	14650	28761	13382	28113	592	26787	676	24401
连南县	Liannan County	23615	25671	18986	27291	718	46915	3911	18719
阳山县	Yangshan County	45224	26887	40909	28905	1733	21238	2582	13950
潮州市	Chaozhou								
市　区	Urban District	149930	28549	101340	39165	5618	10413	42971	20225
饶平县	Raoping County	56355	12945	49926	13765	1603	8062	4827	9148
潮安县	Chaoan County	73221	20793	55841	24747	7750	11769	9630	15878
揭阳市	Jieyang								
市　区	Urban District	126367	25614	82277	29379	14635	17703	29455	22550
普宁市	Puning City	107003	18602	91378	20917	3560	7341	12065	13423
揭东县	Jiedong County	66344	20916	52932	22537	5670	17527	7742	15493
揭西县	Jiexi County	50486	17927	38942	20680	9494	11687	2050	16987
惠来县	Huilai County	58287	15052	46257	15319	2272	10107	9758	15536
云浮市	Yunfu								
市　区	Urban District	124991	30523	84700	40894	1499	9785	38791	30739
罗定市	Luoding City	90677	17338	60905	22552	4246	19040	25526	11067
新兴县	Xinxing County	83116	20883	42862	27367	302	15979	39953	16683
郁南县	Yunan County	44087	19519	25251	20264	2492	22270	16344	18146
云安县	Yunan County	22726	20282	17077	24206	71	13922	5578	13608

22-13 各县(市)区财政收支及城乡居民储蓄存款余额

Local Government Revenue and Expenditure and Savings Deposits by Urban and Rural Residents by County (County-level City) and District

单位：万元 (10000 yuan)

县(市)区	County (County-level City) and District	地方财政一般预算收入 Local Government General Budgetary Revenue		地方财政一般预算支出 Local Government General Budgetary Expenditure		城乡居民储蓄存款余额 Savings Deposits by Urban and Rural Residents	
		2008	2009	2008	2009	2008	2009
广州市	Guangzhou						
本　级	Prefectural-city Level	2784780	3156266	2842745	3179792		
市　区	Urban District	3048610	3400330	3808139	4167293	64297700	72530783
从化市	Conghua City	117507	153363	183536	191755	893589	1059361
增城市	Zengcheng City	267458	316568	299088	360315	3172897	3616287
深圳市	Shenzhen	8003603	8808168	8898555	10008394	49059271	57237574
珠海市	Zhuhai	923168	1014106	1056821	1213058	7050627	8053716
汕头市	Shantou						
本　级	Prefectural-city Level	223684	252124	278151	324895		
市　区	Urban District	284581	328414	570539	642836	10030872	11457640
南澳县	Nanao County	3963	4815	25589	25774	67279	75496
佛山市	Foshan	2279940	2546988	2445100	2669855	34360994	38853287
韶关市	Shaoguan						
本　级	Prefectural-city Level	182259	198999	240203	356451		
市　区	Urban District	66712	74101	122986	138129	2368839	2119275
乐昌市	Lechang City	20741	23861	66153	71603	459339	516249
南雄市	Nanxiong City	18386	22621	58703	65858	331664	389447
仁化县	Renhua County	23527	26703	47715	55112	246500	285911
始兴县	Shixing County	10501	12736	38449	41981	247704	281677
翁源县	Wengyuan County	11020	12686	47982	57561	318477	370626
新丰县	Xinfeng County	10190	11608	40321	41660	178658	206640
乳源县	Ruyuan County	20437	23779	50772	57540	157494	184562
河源市	Heyuan						
本　级	Prefectural-city Level	53881	63959	114014	190423		
市　区	Urban District	24489	28652	49613	63517	758565	910548
东源县	Dongyuan County	22789	26045	101608	124345	188617	233713
和平县	Heping County	10960	11525	77133	91615	218979	255607
龙川县	Longchuan County	22543	24411	122190	132224	519307	593913
紫金县	Zijin County	18431	20851	94540	103850	319210	364691
连平县	Lianping County	23017	26396	72931	86429	229083	269918
梅州市	Meizhou						
本　级	Prefectural-city Level	101909	112376	174133	199588		
市　区	Urban District	17511	20399	45224	50957	1113641	1285903
兴宁市	Xingning City	23212	26174	121968	145916	819095	913765
梅　县	Meixian County	46409	54866	110035	130192	674090	767483
平远县	Pingyuan County	12720	13393	47686	57800	201149	233776
蕉岭县	Jiaoling County	18622	21493	49544	59519	251136	283291
大埔县	Dapu County	20176	24585	70272	88803	322603	373544
丰顺县	Fengshun County	17522	19368	79739	97553	428130	481550
五华县	Wuhua County	13010	15045	115083	142290	545748	629707
惠州市	Huizhou						
本　级	Prefectural-city Level	367193	507529	415025	548269		
市　区	Urban District	228380	278911	281098	337414	5017206	4036736
惠东县	Huidong County	61188	76063	147219	178769	1052715	1189770
博罗县	Boluo County	100183	123769	153344	206585	1356087	1486879
龙门县	Longmen County	23713	29379	66299	76490	290557	339004
汕尾市	Shanwei						
本　级	Prefectural-city Level	42234	52854	76959	132547		
市　区	Urban District	17517	21996	44669	52720	477775	560425
陆丰市	Lufeng City	43895	54893	136431	160280	458419	527453
海丰县	Haifeng County	44169	55228	97606	135813	589838	701363
陆河县	Luhe County	9693	12165	45528	50722	143075	164976
东莞市	Dongguan	2092248	2311556	2182626	2326216	26366920	29026557
中山市	Zhongshan	1001232	1104409	1012189	1179019	10588535	12209529
江门市	Jiangmen						
本　级	Prefectural-city Level	172475	184799	197167	220223		
市　区	Urban District	272738	312637	318599	408397	5936231	6675713
台山市	Taishan City	105053	116659	149067	161149	1803193	1993858
开平市	Kaiping City	81925	91986	93897	119632	1880266	2052482
鹤山市	Heshan City	83204	94187	97040	111488	1127942	1230292
恩平市	Enping City	31447	36055	70207	89861	833990	938304

22-13 续表 continued

单位：万元 (10000 yuan)

县(市)区	County (County-level City) and District	地方财政一般预算收入 Local Government General Budgetary Revenue		地方财政一般预算支出 Local Government General Budgetary Expenditure		城乡居民储蓄存款余额 Savings Deposits by Urban and Rural Residents	
		2008	2009	2008	2009	2008	2009
阳江市	Yangjiang						
本 级	Prefectural-city Level	66360	88361	129673	205368		
市 区	Urban District	17886	19454	58249	66364	1217500	1486580
阳春市	Yangchun City	31806	36806	113410	126347	788137	909141
阳东县	Yangdong County	36271	42821	87060	94436	433951	436760
阳西县	Yangxi County	11249	14111	70896	73852	321217	368965
湛江市	Zhanjiang						
本 级	Prefectural-city Level	256003	300425	402914	495565		
市 区	Urban District	82107	87233	157581	163884	3752921	4351704
雷州市	Leizhou City	25172	27839	136900	127547	652878	743775
廉江市	Lianjiang City	30006	36635	140903	158118	919506	1019578
吴川市	Wuchuan City	23314	28395	86972	92681	694740	775828
遂溪县	Suixi County	22378	26206	102249	104986	586679	657662
徐闻县	Xuwen County	18112	19779	82592	89916	467759	559389
茂名市	Maoming						
本 级	Prefectural-city Level	181810	206843	203460	289411		
市 区	Urban District	37994	44066	104398	117610	1816566	2072939
信宜市	Xinyi City	32137	38767	125452	137903	810816	933079
高州市	Gaozhou City	43163	49121	148500	160204	1250398	1393275
化州市	Huazhou City	32710	36970	127800	139699	865371	950692
电白县	Dianbai County	35887	41277	130138	137928	929575	1050800
肇庆市	Zhaoqing						
本 级	Prefectural-city Level	122000	157298	196544	314457		
市 区	Urban District	65037	78523	91347	111460	1943764	2211495
四会市	Sihui City	63689	80913	94336	121438	810891	927152
高要市	Gaoyao City	81888	107833	122249	160619	857232	969751
广宁县	Guangning County	22811	31026	64745	81137	332443	384154
德庆县	Deqing County	24706	32237	60992	76536	298240	339681
封开县	Fengkai County	21836	28993	59044	77084	290218	339635
怀集县	Huaiji County	33604	42328	100685	126605	295201	369499
清远市	Qingyuan						
本 级	Prefectural-city Level	105333	141262	125739	186708		
市 区	Urban District	55417	77509	89513	142962	1765472	1995320
英德市	Yingde City	62160	83918	151307	200497	818832	946718
连州市	Lianzhou City	29159	38552	80719	93835	445188	545086
佛冈县	Fogang County	36938	48838	64226	85854	318924	369578
清新县	Qingxin County	44471	58445	106270	119183	533009	585149
连山县	Lianshan County	5232	7016	28047	34185	80820	79333
连南县	Liannan County	9646	12547	37587	42719	108811	108113
阳山县	Yangshan County	25418	32268	78466	94586	295718	336344
潮州市	Chaozhou						
本 级	Prefectural-city Level	80588	90694	122814	150078		
市 区	Urban District	14517	16410	31588	34120	1766942	2027260
饶平县	Raoping County	20625	23571	103645	116632	593059	678356
潮安县	Chaoan County	44448	51782	116283	142154	1163035	1339203
揭阳市	Jieyang						
本 级	Prefectural-city Level	68793	88199	137274	170210		
市 区	Urban District	26537	33874	44068	54184	1646494	1686699
普宁市	Puning City	63115	79542	154019	188607	2077878	2277754
揭东县	Jiedong County	34702	48153	92127	120678	879448	981528
揭西县	Jiexi County	13827	17122	90841	103044	724892	794713
惠来县	Huilai County	16735	21766	105040	131150	413956	485931
云浮市	Yunfu						
本 级	Prefectural-city Level	47172	48246	76771	93936		
市 区	Urban District	16889	19406	38631	42179	671609	849672
罗定市	Luoding City	30535	34716	104391	127015	725612	810245
新兴县	Xinxing County	37303	45523	82550	99831	551894	619333
郁南县	Yunan County	17638	19962	63688	68881	372260	440722
云安县	Yunan County	16794	19930	47423	53575	131343	153506

注：1. 本级财政收支指市本级地方财政一般预算收支。
2. 城乡居民储蓄存款余额为中资金融机构人民币储蓄存款。

Note: a) The local government revenue and expenditure at the prefectural-city level refer to the budgetary revenue and expenditure directly collected and spent by the same-level local governments.
b) Savings deposits by urban and rural residents are savings deposits in Renminbi in domestic-funded financial institutions.

附录

APPENDIX

附 录

简要说明

一、本篇资料包括部分省市社会经济主要指标、中国香港特别行政区、中国澳门特别行政区、中国台湾省主要统计指标及国际主要统计指标。

二、附录 A、附录 B、附录 C 资料来源于国家统计局编辑、中国统计出版社出版的《中国统计年鉴》和《中国统计摘要》。附录 D 资料来源于国家统计局编辑、中国统计出版社出版的《国际统计年鉴——2009》。

三、一些国际组织及其组成成员：

西方七国（G7）：包括美国、日本、英国、德国、法国、意大利和加拿大。

经济合作与发展组织（经合组织，OECD）：成员国有 30 个：澳大利亚 (1971)、 奥地利、比利时、冰岛、丹麦、德国、法国、芬兰 (1969)、加拿大、荷兰、卢森堡、美国、葡萄牙、日本 (1964)、挪威、瑞典、瑞士、爱尔兰、西班牙、希腊、意大利、新西兰 (1973)、土耳其、英国、墨西哥 (1994.3.24)、捷克 (1995.11.28)、匈牙利 (1996.3.29)、波兰(1996.7.11)、韩国 (1996.10.11)、斯洛伐克（2000.9）。

欧洲联盟（简称欧盟，EU）：成员国共 27 个：法国、德国、意大利、荷兰、比利时、卢森堡（1951 年）、丹麦、爱尔兰、英国（1973 年）、希腊（1981 年）、西班牙、葡萄牙（1986 年）、奥地利、芬兰、瑞典（1995 年）、塞浦路斯、捷克、爱沙尼亚、匈牙利、拉脱维亚、立陶宛、马耳他、波兰、斯洛伐克、斯洛文尼亚(2004 年)、保加利亚和罗马尼亚（2007 年）。

欧洲货币联盟（欧元区，Euro Area）:成员国共 13 个：德国、比利时、奥地利、荷兰、法国、意大利、西班牙、葡萄牙、卢森堡、爱尔兰、芬兰、希腊、斯洛文尼亚。1999 年 1 月 1 日欧元启动起，各成员国与欧元汇率锁定，1 欧元分别相当于 1.95583 德国马克、40.3399 比利时法郎、40.3399 卢森堡法郎、166.386 西班牙比塞塔、6.55967 法国法郎、0.787564 爱尔兰镑、1936.27 意大利里拉、2.20371 荷兰盾、13.7603 奥地利先令、200.482 葡萄牙埃斯库多和 5.94873 芬兰马克。2001 年 1 月 1 日，希腊加入欧元区，其原货币德拉克马与欧元汇率锁定为 1 欧元兑换 340.7502 德拉克马。2002 年 1 月 1 日起，欧元现钞正式取代各成员国原货币全面流通。

北美自由贸易区（NAFTA）：成立于 1994 年 1 月 1 日，至今始终有三个成员国，即加拿大、墨西哥和美国。

东南亚国家联盟（东盟，ASEAN）：成员国共有 10 个：菲律宾、马来西亚、泰国、新加坡、印度尼西亚、文莱（1984 年）、越南（1995 年）、缅甸（1997 年）、老挝（1997 年）和柬埔寨（1999 年）。

四、一些国家(含地区)分类含义：

按收入分组国家：按照世界银行分组标准，高收入国家指 2005 年人均国民总收入 10726 美元及以上国家，上中等收入国家指 2005 年人均国民总收入 3466 美元至 10725 美元的国家，下中等收入国家指 2005 年人均国民总收入 876 美元至 3465 美元的国家，低收入国家指 2005 年人均国民总收入 875 美元及以下的国家。

发达国家与发展中国家：按照联合国分组标准，发达国家具体包括加拿大、美国、原欧盟成员国、澳大利亚、新西兰、日本、以色列和南非，发展中国家则指其他国家。

五、2008 年各省市资料中，除广东为正式年报数外，其余各省市资料均为快速年报数。

六、本篇资料由广东省统计局综合处负责整理、编辑。

Appendix

Brief Introduction

I. The data in this chapter include main social and economic indicators of some provinces and municipalities, main statistical indicators of Hong Kong and Macao Special Administrative Regions and Taiwan Province of the People's Republic of China, as well as main international statistical indicators.

II. Data in Appendices A, B, C come from China Statistical Yearbook and China Statistical Abstract compiled by National Bureau of Statistics and published by China Statistics Press. Data in Appendix D come from International Statistical Yearbook compiled by National Bureau of Statistics and published by China Statistics Press.

III. International organizations and their members included are as follows:

G7 includes the United States, Japan, the United Kingdom, Germany, France, Italy and Canada. Organization for Economic Co-operation and Development (OECD) has 30 members, i.e. Australia (1971), Austria, Belgium, Iceland, Denmark, Germany, France, Finland (1969), Canada, the Netherlands, Luxembourg, the United States, Portugal, Japan (1964), Norway, Sweden, Switzerland, Ireland, Spain, Greece, Italy, New Zealand (1973), Turkey, the United Kingdom, Mexico (Mar. 24, 1994), Czech Republic (Nov. 28, 1995), Hungary (Mar. 29, 1996), Poland (Jul. 11, 1996), the Republic of Korea (Oct. 11, 1996) and Slovakia (Sep， 2000).

European Union (EU) has 27 members, i.e. France, Germany, Italy, the Netherlands, Belgium, Luxembourg (1951), Denmark, Ireland, the United Kingdom (1973), Greece (1981), Spain, Portugal (1986), Austria, Finland, Sweden (1995), Cyprus, the Czech Republic, Estonia, Hungary, Latvia, Lithuania, Malta, Poland, Slovakia, Slovenia (2004), Bulgaria and Romania (2007).

European Monetary Union (Euro Area) has 13 member countries: Germany, Belgium, Austria, the Netherlands, France, Italy, Spain, Portugal, Luxembourg, Ireland, Finland, Greece and Slovenia. Since the launch of the euro on Jan. 1, 1999, the central rates have been fixed between the euro and the currencies of the member countries. One euro equals to 1.95583 Deutsch Mark, 40.3399 Belgium Francs, 40.3399 Luxembourg Francs, 166.386 Spanish Pesetas, 6.55967 French Francs, 0.787564 Irish Pounds, 1936.27 Italian Lire, 2.2037 Dutch Guilders, 13.7603 Austrian Schillings, 200.482 Portugal Escudos and 5.94873 Finnish Mark respectively. Greece joined Euro Area on January 1, 2001, adopting the euro as its currency, with a conversion factor of 340.750 drachmas per euro. Since January 1, 2002, the euro has formally substituted the former local currencies of the member countries.

North American Free Trade Area (NAFTA) was founded on January 1, 1994, with members unchanged hitherto, i.e. Canada, Mexico and the United States.

Association of Southeast Asian Countries (ASEAN) has 10 members, i.e. the Philippines, Malaysia, Thailand, Singapore, Indonesia, Brunei Darussalam (1984), Viet Nam (1995), Myanmar (1997), Lao People's Democratic Republic (1997) and Cambodia (1999).

IV. Countries (territories) are classified as follows:

Countries by income group: According to the criteria by the World Bank, countries and territories (referred to as economies) are classified into high income (higher than $10726), higher middle income (between $3466 and $10725), lower middle income (between $876 and $3465) and low income ($875 and below) groups by their per capita GNI in the year 2005.

Developed and developing countries: According to the classification standard of the United Nations, developed countries include Canada, the United States, the member countries of the former European Union, Australia, New Zealand, Japan, Israel and South Africa while others are developing countries.

V. Among the data of various provinces and municipalities in 2008, all come from flash annual reports except the data of Guangdong, which come from formal annual reports.

VI. The data in this chapter are prepared and compiled by the Division of Comprehensive Statistics of Guangdong Provincial Bureau of Statistics.

附录A 部分省(市)主要统计指标

Appendix A Main Statistical Indicators of Some Provinces and Municipalities

省、市 名称 Province or Municipality	年末总人口(万人) Total Population at the Year-end (10000 persons)			国内(地区)生产总值(亿元) Gross Domestic Product (100 million yuan)		
	2008	2009	2009比2008 增长(%) Growth Rate in 2009 over 2008 (%)	2008	2009	2009比2008 增长(%) Growth Rate in 2009 over 2008 (%)
全 国 National Total	**132802**	**133474**	**0.5**	**314045.4**	**335352.9**	**8.7**
辽 宁 Liaoning	4315	4319	0.1	13668.6	15065.6	13.1
上 海 Shanghai	1888	1921	1.7	14069.9	14900.9	8.2
江 苏 Jiangsu	7677	7725	0.6	30982.0	34061.2	12.4
浙 江 Zhejiang	5120	5180	1.2	21462.7	22832.4	8.9
安 徽 Anhui	6135	6131	-0.1	8851.7	10052.9	12.9
福 建 Fujian	3604	3627	0.6	10823.0	11949.5	12.0
山 东 Shandong	9417	9470	0.6	30933.3	33805.3	11.9
河 南 Henan	9429	9487	0.6	18018.5	19367.3	10.7
湖 北 Hubei	5711	5720	0.2	11328.9	12831.5	13.2
湖 南 Hunan	6380	6406	0.4	11555.0	12930.7	13.6
广 东 Guangdong	9544	9638	1.0	36796.7	39482.6	9.7
四 川 Sichuan	8138	8185	0.6	12601.2	14151.3	14.5

附录A 续表 1 continued

省、市 名称 Province or Municipality	第三产业增加值(亿元) Value-added of the Tertiary Industry (100 million yuan)			人均国内(地区)生产总值(元) Per Capita Gross Domestic Product (yuan)		
	2008	2009	2009比2008 增长(%) Growth Rate in 2009 over 2008(%)	2008	2009	2009比2008 增长(%) Growth Rate in 2009 over 2008 (%)
全 国 National Total	**131340.0**	**142918.0**	**8.9**	**23708**	**25188**	**8.2**
辽 宁 Liaoning	4647.5	5829.0	12.1	31736	34898	12.9
上 海 Shanghai	7350.4	8847.2	12.6	75109	78225	6.4
江 苏 Jiangsu	11548.8	13443.4	13.6	40497	44232	11.7
浙 江 Zhejiang	8811.2	9827.5	12.5	42166	44335	7.7
安 徽 Anhui	3318.7	3654.5	11.1	14447	16391	12.8
福 建 Fujian	4249.6	4954.2	12.5	30122	33051	11.3
山 东 Shandong	10367.2	11543.7	10.7	32936	35796	11.3
河 南 Henan	5271.1	5629.7	10.9	19181	20477	10.0
湖 北 Hubei	4586.8	5126.2	12.3	19858	22450	13.0
湖 南 Hunan	4216.2	5278.8	11.0	18147	20226	13.1
广 东 Guangdong	15323.6	17805.1	11.0	38748	40748	8.4
四 川 Sichuan	4350.0	5198.8	12.4	15495	17339	14.0

注:国内(地区)生产总值、农林牧渔业总产值和工业增加值绝对数按当年价格计算,增长速度按可比价格计算。

Notes: The figures in value terms on gross domestic product, gross output value of farming,forestry,animal husbandry and fishery and value-added of industry are calculated at current prices, whereas the growth rates are calculated at comparable prices.

附录A　续表 2　continued

省、市名称 Province or Municipality		农林牧渔业总产值(亿元) Gross Output Value of Farming, Forestry, Animal Husbandry and Fishery (100 million yuan)			规模以上工业增加值(亿元) Value-added of Industry (100 million yuan)		
		2008	2009	2009比2008增长(%) Growth Rate in 2009 over 2008 (%)	2008	2009	2009比2008增长(%) Growth Rate in 2008 over 2007 (%)
全　国	**National Total**	**58002.2**	**60361.0**	**4.6**			**11.0**
辽　宁	Liaoning	2476.9	2704.6	3.3	6603.1		16.8
上　海	Shanghai	280.4	283.2	-0.5	5649.6	5152.0	3.0
江　苏	Jiangsu	3590.6	3816.0	4.6	14759.0	16727.1	14.6
浙　江	Zhejiang	1780.0	1873.4	2.4	8083.0	8231.7	6.2
安　徽	Anhui	2446.5	2569.5	5.5	3259.7	3987.9	22.6
福　建	Fujian	1965.0	2001.2	5.0	4139.1	4585.2	13.0
山　东	Shandong	5613.0	6003.1	4.6	16718.8	18847.8	14.9
河　南	Henan	4669.5	4871.5	4.5	7305.4		14.6
湖　北	Hubei	2940.5	2985.2	5.4	3824.3	4742.2	20.1
湖　南	Hunan	3324.5	3207.9	5.2	3570.9	4250.1	20.5
广　东	Guangdong	3298.0	3337.6	5.0	17612.9	16148.6	8.9
四　川	Sichuan	3903.4	3689.8	4.2	4939.3	6399.0	21.2

附录A　续表 3　continued

省、市名称 Province or Municipality		粮食产量(万吨) Output of Grain (10000 tons)			油料产量(万吨) Output of Oil-bearing Crops (10000 tons)		
		2008	2009	2009比2008增长(%) Growth Rate in 2009 over 2008 (%)	2008	2009	2009比2008增长(%) Growth Rate in 2009 over 2008(%)
全　国	**National Total**	**52870.9**	**53082.1**	**0.4**	**2952.8**	**3154.3**	**6.8**
辽　宁	Liaoning	1860.3	1591.0	-14.5	48.5	55.3	14.0
上　海	Shanghai	115.7	121.7	5.2	3.6	3.4	-5.6
江　苏	Jiangsu	3175.5	3230.1	1.7	150.3	162.2	7.9
浙　江	Zhejiang	775.6	789.2	1.8	41.3	43.2	4.6
安　徽	Anhui	3023.3	3069.9	1.5	228.0	240.3	5.4
福　建	Fujian	652.3	666.9	2.2	25.4	26.3	3.5
山　东	Shandong	4260.3	4316.3	1.3	340.6	334.5	-1.8
河　南	Henan	5365.5	5389.0	0.4	505.3	533.0	5.5
湖　北	Hubei	2227.2	2309.1	3.7	289.7	314.1	8.4
湖　南	Hunan	2805.0	2902.7	3.5	129.8	179.2	38.1
广　东	Guangdong	1243.4	1314.5	5.7	81.6	84.6	3.7
四　川	Sichuan	3140.0	3194.6	1.7	249.9	261.8	4.8

附录A 续表 4 continued

省、市名称 Province or Municipality		肉类总产量(万吨) Total Output of Meat (10000 tons)			水果总产量(万吨) Output of Aquatic Products (10000 tons)		
		2008	2009	2009比2008增长(%) Growth Rate in 2009 over 2008 (%)	2008	2009	2009比2008增长(%) Growth Rate in 2009 over 2008(%)
全 国	**National Total**	**7278.7**	**7649.9**	**5.1**	**19220.2**	**20395.5**	**6.1**
辽 宁	Liaoning	373.3	389.2	4.3	591.7	655.6	10.8
上 海	Shanghai	26.5	26.4	-0.4	111.1	104.7	-5.8
江 苏	Jiangsu	323.6	344.4	6.4	682.9	715.7	4.8
浙 江	Zhejiang	170.1	170.4	0.2	747.9	712.4	-4.7
安 徽	Anhui	343.9	362.5	5.4	691.9	745.8	7.8
福 建	Fujian	169.4	175.1	3.4	632.5	645.0	2.0
山 东	Shandong	660.3	684.1	3.6	2612.6	2728.3	4.4
河 南	Henan	584.8	615.0	5.2	2129.6	2228.1	4.6
湖 北	Hubei	340.9	367.0	7.7	686.2	725.8	5.8
湖 南	Hunan	446.4	476.3	6.7	663.1	715.7	7.9
广 东	Guangdong	412.0	427.0	3.6	1081.3	1160.8	7.4
四 川	Sichuan	591.5	632.8	7.0	635.1	689.5	8.6

附录A 续表 5 continued

省、市名称 Province or Municipality		汽车产量(万辆) Output of Motor Vehicles (10000 vehicles)			发电量(亿千瓦小时) Output of Electricity (100 million kwh)		
		2008	2009	2009比2008增长(%) Growth Rate in 2009 over 2008(%)	2008	2009	2009比2008增长(%) Growth Rate in 2009 over 2008 (%)
全 国	**National Total**	**934.55**	**1379.50**	**47.6**	**34668.8**	**37146.5**	**7.1**
辽 宁	Liaoning	34.08	50.90	49.4	1139.0	1162.5	2.1
上 海	Shanghai	80.65	125.00	55.0	774.9	778.2	0.4
江 苏	Jiangsu	29.25	50.60	73.0	2777.1	2928.4	5.4
浙 江	Zhejiang	17.39	28.20	62.2	2100.2	2246.3	7.0
安 徽	Anhui	57.14	86.30	51.0	1093.4	1320.2	20.7
福 建	Fujian	5.96	13.50	126.5	1085.4	1170.7	7.9
山 东	Shandong	42.83	55.80	30.3	2753.7	2859.9	3.9
河 南	Henan	8.16	12.50	53.2	1960.6	2055.5	4.8
湖 北	Hubei	75.62	108.20	43.1	1751.9	1818.1	3.8
湖 南	Hunan	7.57	12.00	58.5	880.6	1028.0	16.7
广 东	Guangdong	88.18	113.10	28.3	2662.9	2757.6	3.6
四 川	Sichuan	7.67	7.60	-0.9	1255.6	1578.8	25.7

附录A　续表 6　continued

省、市名称 Province or Municipality		钢材(万吨) Steel (10000 tons)			全社会固定资产投资总额(亿元) Total Investment in Fixed Assets (100 million yuan)		
		2008	2009	2009比2008增长(%) Growth Rate in 2009 over 2008(%)	2008	2009	2009比2008增长(%) Growth Rate in 2009 over 2008 (%)
全　国	**National Total**	**58488.1**	**69626.3**	**19.0**	**172828.4**	**224845.6**	**30.1**
辽　宁	Liaoning	4285.3	4937.3	15.2	10019.1	12292.6	22.7
上　海	Shanghai	2075.0	2181.4	5.1	4823.1	5143.7	6.6
江　苏	Jiangsu	7364.1	7859.7	6.7	15300.6	18950.0	23.9
浙　江	Zhejiang	1748.8	2359.4	34.9	9323.0	10741.6	15.2
安　徽	Anhui	1906.6	2112.0	10.8	6747.0	8985.8	33.2
福　建	Fujian	1107.0	1341.9	21.2	5207.7	6231.2	19.7
山　东	Shandong	5027.4	5854.3	16.4	15435.9	19034.5	23.3
河　南	Henan	2570.8	2882.5	12.1	10490.6	13704.6	30.6
湖　北	Hubei	2150.8	2172.3	1.0	5647.0	7866.9	39.3
湖　南	Hunan	1293.0	1503.6	16.3	5534.0	7703.5	39.2
广　东	Guangdong	2040.3	2285.5	12.0	10868.7	12941.5	19.1
四　川	Sichuan	1577.2	1830.6	16.1	7127.8	11387.3	59.8

注：本表全社会固定资产投资不含跨省项目。
Note: Total investment in fixed assets in this table excludes the investment of trans-province projects.

附录A　续表 7　continued

省、市名称 Province or Municipality		城镇居民人均可支配收入(元) Per Capita Disposable Income of Urban Residents (yuan)			农村居民人均纯收入(元) Per Capita Net Income of Rural Residents (yuan)		
		2008	2009	2009比2008增长(%) Growth Rate in 2009 over 2008 (%)	2008	2009	2009比2008增长(%) Growth Rate in 2009 over 2008 (%)
全　国	**National Total**	**15780.8**	**17174.7**	**8.8**	**4760.6**	**5153.2**	**8.2**
辽　宁	Liaoning	14392.7	15761.4	9.5	5576.5	5958.0	6.8
上　海	Shanghai	26674.9	28837.8	8.1	11440.3	12482.9	9.1
江　苏	Jiangsu	18679.5	20551.7	10.0	7356.5	8003.5	8.8
浙　江	Zhejiang	22726.7	24610.8	8.3	9257.9	10007.3	8.1
安　徽	Anhui	12990.4	14085.7	8.4	4202.5	4504.3	7.2
福　建	Fujian	17961.5	19576.8	9.0	6196.1	6680.2	7.8
山　东	Shandong	16305.4	17811.0	9.2	5641.4	6118.8	8.5
河　南	Henan	13231.1	14371.6	8.6	4454.2	4807.0	7.9
湖　北	Hubei	13152.9	14367.5	9.2	4656.4	5035.3	8.1
湖　南	Hunan	13821.2	15084.3	9.1	4512.5	4909.0	8.8
广　东	Guangdong	19732.9	21574.7	9.3	6399.8	6906.9	7.9
四　川	Sichuan	12633.4	13839.4	9.5	4121.2	4462.1	8.3

附录A 续表 8 continued

省、市名称 Province or Municipality		社会消费品零售总额(亿元) Total Retail Sales of Consumer Goods (100 million yuan)			地方财政一般预算收入(亿元) Local Government Budgetary Revenue (100 million yuan)		
		2008	2009	2009比2008增长(%) Growth Rate in 2009 over 2008 (%)	2008	2009	2009比2008增长(%) Growth Rate in 2009 over 2008 (%)
全 国	**National Total**	**114830.1**	**132678.4**	**15.5**	**28649.8**	**32580.7**	**13.7**
辽 宁	Liaoning	5032.4	5812.6	15.5	1356.1	1591.0	17.3
上 海	Shanghai	4577.2	5173.2	13.0	2358.7	2540.3	7.7
江 苏	Jiangsu	9905.1	11484.1	15.9	2731.1	3228.8	18.2
浙 江	Zhejiang	7533.3	8622.3	14.5	1933.1	2142.4	10.8
安 徽	Anhui	3045.2	3527.8	15.8	724.6	863.9	19.2
福 建	Fujian	3866.7	4481.0	15.9	833.3	932.3	11.9
山 东	Shandong	10658.8	12363.0	16.0	1956.9	2198.5	12.3
河 南	Henan	5815.4	6746.4	16.0	1009.1	1126.1	11.6
湖 北	Hubei	5109.7	5928.4	16.0	710.2	814.8	14.7
湖 南	Hunan	4222.6	4913.7	16.4	722.7	845.0	16.9
广 东	Guangdong	12986.6	14891.8	14.7	3310.3	3649.2	10.2
四 川	Sichuan	4944.8	5758.7	16.5	1041.7	1174.6	12.8

附录A 续表 9 continued

省、市名称 Province or Municipality		外贸进出口总额(亿美元) Total Imports and Exports (USD 100 million)			外贸出口总额(亿美元) Total Exports (USD 100 million)		
		2008	2009	2009比2008增长(%) Growth Rate in 2009 over 2008(%)	2008	2009	2009比2008增长(%) Growth Rate in 2009 over 2008 (%)
全 国	**National Total**	**25632.6**	**22072.2**	**-13.9**	**14285.5**	**12016.6**	**-15.9**
辽 宁	Liaoning	724.3	629.3	-13.1	420.5	334.4	-20.5
上 海	Shanghai	3220.6	2777.5	-13.8	1692.1	1418.8	-16.2
江 苏	Jiangsu	3922.7	3388.3	-13.6	2380.4	1992.4	-16.3
浙 江	Zhejiang	2111.3	1877.3	-11.1	1542.9	1330.2	-13.8
安 徽	Anhui	201.8	156.4	-22.5	113.5	88.9	-21.7
福 建	Fujian	848.2	796.6	-6.1	569.9	533.3	-6.4
山 东	Shandong	1584.1	1389.7	-12.3	930.8	795.0	-14.6
河 南	Henan	174.8	134.4	-23.1	107.1	73.5	-31.4
湖 北	Hubei	207.1	172.3	-16.8	115.9	99.8	-13.9
湖 南	Hunan	125.5	101.5	-19.1	84.1	54.9	-34.7
广 东	Guangdong	6849.7	6110.7	-10.8	4041.9	3589.6	-11.2
四 川	Sichuan	221.1	242.3	9.6	131.1	141.5	7.9

附录A 续表 10 continued

省、市名称 Province or Municipality		居民消费价格指数(%) Consumer Price Index (%)			高等学校在校学生数(万人) Number of Enrolled Students in Institutions of Higher Education (10000 persons)		
		2008	2009	2009比2008增长(%) Growth Rate in 2009 over 2008 (%)	2008	2009	2009比2008增长(%) Growth Rate in 2009 over 2008 (%)
全 国	**National Total**	**105.9**	**99.3**	**-0.7**	**2021.0**	**2144.7**	**6.1**
辽 宁	Liaoning	104.6	100.0	0.0	82.0	85.2	3.9
上 海	Shanghai	105.8	99.6	-0.4	50.3	51.3	2.0
江 苏	Jiangsu	105.4	99.6	-0.4	167.7	165.3	-1.4
浙 江	Zhejiang	105.0	98.5	-1.5	83.2	86.7	4.1
安 徽	Anhui	106.2	99.1	-0.9	80.8	87.8	8.7
福 建	Fujian	104.6	98.2	-1.8	56.3	60.6	7.8
山 东	Shandong	105.3	100.0	0.0	153.4	159.3	3.8
河 南	Henan	107.0	99.4	-0.6	125.0	136.9	9.5
湖 北	Hubei	106.3	99.6	-0.4	118.5	124.9	5.4
湖 南	Hunan	106.0	99.6	-0.4	95.2	101.7	6.8
广 东	Guangdong	105.6	97.7	-2.3	121.6	133.4	9.7
四 川	Sichuan	105.1	100.8	0.8	99.1	103.6	4.5

附录A 续表 11 continued

省、市名称 Province or Municipality		单位地区生产总值能耗（吨标准煤/万元) Energy Consumption per Unit of GDP (ton of SCE/10000 yuan)			规模以上单位工业增加值能耗(吨标准煤/万元) Energy Consumption per Unit of Industrial Value-added above Designated Size (ton of SCE/10000 yuan)		
		2008	2009	上升或下降(±%) Changes (±%)	2008	2009	上升或下降(±%) Changes (±%)
全 国	**National Total**	**1.118**	**1.077**	**-3.61**	**2.189**		
辽 宁	Liaoning	1.617	1.439	-5.08	2.426	2.257	-6.95
上 海	Shanghai	0.801	0.727	-6.17	0.958	0.957	-5.00
江 苏	Jiangsu	0.803	0.761	-5.17	1.265	1.107	-10.17
浙 江	Zhejiang	0.782	0.741	-5.41	1.182	1.123	-4.96
安 徽	Anhui	1.075	1.017	-5.39	2.338	2.100	-11.13
福 建	Fujian	0.843	0.811	-3.81	1.180	1.150	-2.70
山 东	Shandong	1.100	1.072	-5.46	1.698	1.543	-9.20
河 南	Henan	1.219	1.156	-6.16	3.079	2.708	-11.56
湖 北	Hubei	1.314	1.230	-5.97	2.679	2.350	-12.27
湖 南	Hunan	1.225	1.202	-5.10	1.983	1.570	-13.68
广 东	Guangdong	0.715	0.684	-4.27	0.869	0.809	-6.94
四 川	Sichuan	1.381	1.338	-5.83	2.477	2.249	-9.18

附录B-1 中国香港特别行政区主要社会经济指标

Main Statistical Indicators of Hong Kong Special Administrative Region

指标	Item	1990	1995	2000	2008	2009
本地生产总值	**Gross Domestic Product (GDP)**					
按2007年环比物量计算①	At 2005 Link Ratios①					
本地生产总值年增长率 (%)	Annual Growth Rate (%)	3.9	2.3	8.0	2.1	-2.7
本地生产总值 (亿港元)	GDP (HKD 100 million)	7891	10176	11588	16501	16062
人均本地生产总值 (港元)	Per Capita GDP (HKD)	138328	165292	173865	236485	229329
按当年价格计算	At Current Prices					
本地生产总值年增长率 (%)	Annual Growth Rate (%)	11.7	6.5	4.0	3.7	-2.5
本地生产总值 (亿港元)	GDP (HKD 100 million)	5990	11157	13177	16752	16335
人均本地生产总值 (港元)	Per Capita GDP (HKD)	104996	181241	197697	240075	233239
人口及生命统计	**Population and Vital Events**					
年中人口 (万人)	Mid-year Population (10000 persons)	570.4	615.6	666.5	697.8	700.4
粗出生率 (‰)	Crude Birth Rate (‰)	12.0	11.2	8.1	11.3	11.7
粗死亡率 (‰)	Crude Death Rate (‰)	5.2	5.1	5.1	6.0	5.7
劳动、就业	**Labor and Employment**					
劳动人口 (万人)	Labor Force (10000 persons)	274.8	300.1	337.4	364.9	367.7
失业率 (%)	Unemployment Rate (%)	1.3	3.2	4.9	3.6	5.4
实际工资指数(1992年9月=100)	Real Wage Index (September 1992=100)	100.2	101.6	112.8	123.4	120.2
政府收支、货币、金融 (亿港元)	**Public Accounts, Money and Finance(HKD 100 million)**					
政府收入总额②	Total Government Revenue②	895	1800	2251	3166	3085*
政府支出总额②	Total Government Expenditure②	856	1832	2329	3124	2912*
货币供应量M3	Money Supply M3	12880	23640	36928	63023	66268
居民消费物价指数 (2004年10月至2005年9月=100)	**Consumer Price Index** (Oct. 2004 to Sep. 2005 = 100)					
综合消费物价指数	Composite Consumer Price Index	63.8	100.4	107.4	108.9	109.5
工业生产	**Industrial Production**					
工业生产指数 (2008年=100)	Index of Industrial Production (2008=100)				100.0	91.7
工业电力消费量 (万亿焦耳)	Industrial Electricity Consumption (terajoules)	24934	20222	17769	12182	11143
工业煤气消费量 (万亿焦耳)	Industrial Gas Consumption (terajoules)	583	978	982	905	902
运输、旅游	**Transport and Tourism**					
进出香港货运车辆 (万辆)	Inward/Outward Movement of Goods Vehicles	473.35	799.96	937.98	875.70	772.74
集装箱吞吐量 (万标准集装箱单位)	Volume of Containers Handled (10000 TEUs)	510	1255	1810	2449	2104
访港旅客③ (万人次)	Visitor Arrivals③ (10000 person-times)	658	1020	1306	2951	2959
酒店入住率 (%)	Hotel Room Occupancy Rate (%)	79	85	83	85	78
对外商品贸易	**External Merchandise Trade**					
港产品出口 (亿港元)	Domestic Exports (HKD 100 million)	2259	2317	1810	908	577
转口 (亿港元)	Re-exports (HKD 100 million)	4140	11125	13917	27334	24113
进口 (亿港元)	Imports (HKD 100 million)	6425	14911	16580	30253	26924
教育	**Education**					
小学学生人数④ (人)	Student Enrolment in Primary Schools④ (person)	526720	467718	493979	365056	344748
中学学生人数④ (人)	Student Enrolment in Secondary Schools④ (person)	453423	470997	466710	483915	474316

注：本表数据由香港特别行政区政府统计处提供，国家统计局整理编辑。1996年及以前年份数据均指原香港地区。*2009年数字为修订预算。

①按环比物量计算的本地生产总值及其组成部分的参照年，已由2006年重订为2007年。

②财政年度数字。指当年4月1日至第二年3月31日。

③自1998年起包括经澳门访港的非澳门居民旅客人数。

④数字涵盖日、夜校，但不包括特殊学校。

Notes: Data in this table are provided by the Census and Statistics Department of the Government of Hong Kong Special Administrative Region, and further prepared and edited by the National Bureau of Statistics. Data of 1996 and prior to it refer to the original Hong Kong.“ *” Data of 2009 indicate revised figures.

① The chain volume measures of GDP and its components have been re-referenced from 2006 to 2007.

② Refer to the figures of the financial year lasting from Apr.1st in current year to Mar. 31st in the following year.

③ Figures include arrival of non-Macao residents via Macao.

④ The figure covers day and evening schools, but excludes special schools.

附录B-2 中国澳门特别行政区主要社会经济指标

Main Statistical Indicators of Macao Special Administrative Region

指　　标	Item	1990	1995	2000	2008	2009
本地生产总值①	**Gross Domestic Product① (GDP)**					
按2002年不变价格计算	At Constant (2002) Prices					
本地生产总值实际增长率（支出法） (%)	Real Growth Rate of GDP by Expenditure	8.0	3.3	5.7	12.9	1.3
本地生产总值 (亿澳门元)	GDP (100 million MOP)			483.9	1412.2	1430.9
人均木地生产总值(万澳门元)	Per Capita GDP (10000 MOP)			11.2	25.7	26.3
按当年价格计算	At Current Prices					
本地生产总值名义增长率（支出法） (%)	Nominal Growth Rate of GDP by Expenditure	20.4	11.9	3.6	15.5	-2.4
本地生产总值 (亿澳门元)	GDP (100 million MOP)	239.8	522.7	489.7	1735.5	1693.4
人均本地生产总值(万澳门元)	Per Capita GDP (10000 MOP)	7.2	12.8	11.4	31.6	31.1
人口及生命统计	**Population and Vital Events**					
年中人口估计 (万人)	Mid-year Estimates of Population (10000 persons)	33.5	40.9	43.1	55.2	54.4
粗出生率 (‰)	Crude Birth Rate (‰)	20.5	14.4	8.9	8.5	8.8
粗死亡率 (‰)	Crude Death Rate (‰)	4.4	3.3	3.1	3.2	3.1
劳动、就业②	**Labor②**					
劳动人口 (万人)	Labor Force (10000 persons)	16.9	18.7	20.9	33.3	32.9
失业率 (%)	Unemployment Rate (%)	3.2	3.6	6.8	3.0	3.6
对外贸易	**External Trade**					
出口 (亿澳门元)	Exports (100 million MOP)	136.4	159.1	203.8	160.3	76.7
本地产品出口 (亿澳门元)	Domestic Exports (100 million MOP)			170.8	95.8	29.7
转口 (亿澳门元)	Re-exports (100 million MOP)			33.0	64.4	47.0
进口 (亿澳门元)	Imports (100 million MOP)	123.4	162.7	181.0	430.3	369.0
工业生产	**Industrial Production**					
工业电力消耗量 (亿千瓦小时)	Industrial Electricity Consumption (100 million kwh)		1.7	1.6	2.1	1.6
运输、旅游	**Transport and Tourism**					
进出澳门货运车辆数目③(万辆)	Lorries Entering and Departing Macao③(10000 times)	26.4	48.7	45.4	56.4	40.3
访澳旅客 (万人次)	Visitor Arrivals (10000 person-times)	594.2	775.2	916.2	2293.3	2175.3
酒店入住率 (%)	Hotel Room Occupancy Rate (%)	69	57	58	74	71
政府收支、货币、金融(亿澳门元)	**Government Accounts, Money and Finance (100 million MOP)**					
政府总收入①	Total Government Revenue①	60.2	161.9	153.4	622.6	576.4
政府总开支①	Total Government Expenditure①	55.1	154.7	150.2	304.4	338.2
货币供应（广义货币供应量M2)	Money Supply (M2)	307.4	694.4	849.2	1897.9	2121.5
消费价格指数	**Consumer Price Index**					
(2004年7月至2005年6月=100)	(Jul. 2004 to Jun. 2005 = 100)					
综合消费价格指数	Composite Consumer Price Index			83.95	100.23	101.40
教育	**Education**					
小学生 (人)	Students in Primary Education (person)	34972	46703	45474	27481	
中学生 (人)	Students in Secondary Education (person)	17601	23440	38156	39463	
高等教育学生 (人)	Students in Higher Education (person)	7425	6933	8358	20917	

注：本表数据由澳门特别行政区政府统计暨普查局提供,国家统计局整理编辑。1998年及以前数据均指原澳门地区。
①2009年数字在日后得到更多资料时会作出修订。
②自2009年起，劳动人口的年龄下限由14岁调升至16岁。
③自2000年开始包括进出关闸及路(氹)城边检站的数字。而自2007年开始亦包括进出跨境工业区边检站的数字。

Notes: Data in this table are provided by the Statistics and Census Services of the Government of Macao Special Administrative Region, and further prepared and edited by the National Bureau of Statistics. Data of 1998 and prior to it refer to the original Macao."r" indicates rectified figures.
① Figures of 2009 are subject to revision as more data become available.
② Starting from 2009, the minimum age of labor population has been changed from 14 to 16.
③Starting from 2000,data include the figures via inspection stations.Starting from 2007,data include those via inspection stations of the cross-border industrial zone.are also included.

附录C 中国台湾省主要社会经济指标

Main Statistical Indicators of Taiwan Province

指 标	Item	1995	2000	2005	2008	2009
国民经济核算	**National Accounts**					
本地居民生产总值(新台币亿元)	Gross National Product (NT$ 100 million)	71291	101716	120311	130131	129513
本地生产总值 (新台币亿元)	Gross Domestic Product (NT$ 100 million)	70179	100320	117403	126985	125274
经济增长率 (%)	Economic Growth Rate (%)	6.4	5.8	4.7	0.7	-1.9
农业	Agriculture, Forestry, Hunting and Fishery	2.9	1.2	-4.2	0.6	-3.1
工业	Industry	5.1	5.8	6.9	-0.2	-4.6
服务业	Services	7.4	5.9	3.9	0.9	-0.2
产业结构 (%)	Industrial Structure (%)					
农业	Agriculture, Forestry, Hunting and Fishery	3.5	2.0	1.7	1.6	1.6
工业	Industry	36.4	29.1	31.3	29.3	29.9
服务业	Services	60.1	68.9	67.1	69.2	68.6
人均本地居民生产总值	Per Capita Gross National Product					
新台币元	NT$	336042	459729	529313	565846	561290
美元	USD	12686	14721	16449	17941	16997
人口	**Population**					
户籍登记人口数① (万人)	Year-end Population① (10000 persons)	2136	2228	2277	2304	2312
人口自然增加率 (‰)	Natural Population Growth Rate (‰)	9.90	8.08	2.92	2.40	2.07
人口密度 (人/平方公里)	Population Density① (persons/sq.km)	590	616	629	637	639
劳动、就业	**Labor and Employment**					
劳动力人口 (万人)	Labor Force (10000 persons)	921	978	1037	1085	1092
失业率 (%)	Unemployment Rate (%)	1.8	3.0	4.1	4.1	5.9
工业	**Industry**					
受雇者劳动生产力指数 (2006年=100)	Productivity Index (%) (2001=100)			96.3	105.7	106.3
工业生产指数 (2006年=100)	Index of Industrial Production (2006=100)			95.5	105.9	97.3
工业生产总值 (新台币亿元)	Gross Industry Product (NT$ 100 million)	71609	91425	116861	139777	114496
对外贸易	**Foreign Trade**					
贸易额 (亿美元)	Total Value of Imports and Exports					
出口	Exports (USD 100 million)	1117	1520	1984	2556	2037
进口	Imports (USD 100 million)	1036	1407	1826	2404	1744
运输、旅游	**Transportation and Tourism**					
航空 (万人)	Airway (10000 persons)					
省内	Domestic	2874	2665	1929	985	923
国际	Non-domestic	1499	1978	2249	2320	2310
高速公路通行车辆数 (万辆次)	Vehicles for Motorway Transportation(10000 unit-times)	36815	45381	57381	54355	53957
每百人机动车辆数① (辆)	Vehicles per 100 Persons① (unit)	61.8	76.4	87.2	91.6	92.4
港埠货物装卸量 (万收费吨)	Inward and Outward Movements Cargo (10000 tons)	42017	56695	68793	66828	60575
观光 (万人次)	Tourism (10000 person-times)					
出岛旅客	Outbound Tourists	519	733	821	847	814
来台湾旅客	Inbound Tourists	233	262	338	385	440
财政、金融	**Public Accounts and Finance**					
赋税实征净额② (新台币亿元)	Revenue② (NT$ 100 million)	12323	19298	15674	17604	15303
货币供应量M2① (新台币亿元)	Money Supply M2① (NT$ 100 million)	128054	188978	245080	278625	294629
年增长率 (%)	Average Annual Growth Rate (%)	9.4	6.5	6.6	7.0	5.7
存款①③ (新台币亿元)	Deposits①③ (NT$ 100 million)	131309	193087	247095	279779	295559
物价年增率(2006年=100) (%)	**Price Indices Annual Growth Rate (2006=100) (%)**					
批发	Wholesale Trade Price		1.82	0.62	5.15	-8.74
消费者	Consumer Price		1.26	2.31	3.53	-0.87

注：①年底数。

②为年度资料，如2000年度指1999年下半年及2000年度。

③涵盖范围为全部货币机构及邮局储蓄。

Notes: Data are from Statistics Monthly of China Taiwan

① Year-end data.

② Annual data, of which year of 2000 refers to the second half year of 1999 and year of 2000.

③ Data cover all monetary institutions and postal savings.

附录D-1 部分国家和地区主要经济指标（2008年）

Main Economic Indicators of Some Countries and Territories (2008)

国家和地区	Country or Territory	国内生产总值（亿美元）Gross Domestic Product (USD 100 million)	人均国民总收入（美元）Per Capita Gross National Income (USD)	国内生产总值增长率(%) Growth Rate of GDP (%)	GDP支出构成(%) Structure of GDP by Expenditure Approach (%)		
					消费支出 Final Consumption Expenditure	资本形成总额 Gross Capital Formation	净出口 Net Exports
世　界	World	605870	8613	3.0			
发达国家①	Developed Countries①			0.6			
发展中国家①	Developing Countries①						
西方七国	G 7						
欧元区	Euro Area			0.7			
北美自由贸易区	NAFTA						
东南亚国家联盟	ASEAN						
中　国	China	43262	2940	9.0	50.8	42.6	
美　国	United States of America	142043	47580	0.4			
日　本	Japan	49093	38210	-0.7			
加拿大	Canada	14001	41730	0.4			
德　国	Germany	36528	42440	1.3			
英　国	United Kingdom	26456	45390	0.7			
法　国	France	28531	42250	0.3			
意大利	Italy	22930	35240	-1.0			
墨西哥	Mexico	10860	9980	1.4		26.4	
印度尼西亚	Indonesia	5144	2010	6.1	71.1	27.8	
马来西亚	Malaysia	1949	6970	4.6			
泰　国	Thailand	2607	2840	2.6			
新加坡	Singapore	1819	34760	1.2	50.0	30.9	
韩　国	Korea, Rep.	9291	21530	2.2	69.8	31.4	
印　度	India	12175	1070	7.4	67.1	39.2	
巴　西	Brazil	16125	7350	5.1	80.9	18.9	
俄罗斯联邦	Russian Federation	16078	9620	5.6	63.7	25.3	

附录D-1 续表 continued

国家和地区	Country or Territory	GDP三次产业构成(%) Structure of GDP by Production Approach (%) 第一产业 Primary Industry	第二产业 Secondary Industry	第三产业 Tertiary Industry	一次能源生产量(2006年，万吨标准油当量) Primary Energy Production(2006, 10000 tons of SOE)	能源消费总量(2006年，万吨标准油当量) Total Energy Consumption(2006, 10000 tons of SOE)	货物进出口贸易总额(亿美元) Total Merchandise Imports and Exports (USD 100 million)	货物出口总额(亿美元) Merchandise Exports (USD 100 million)	货物进口总额(亿美元) Merchandise Imports (USD 100 million)
世 界	World	3.0①	28.0①	69.0①	1024702	956931	324920	160700	164220
发达国家①	Developed Countries①								
发展中国家①	Developing Countries①								
西方七国	G 7								
欧元区	Euro Area								
北美自由贸易区	NAFTA								
东南亚国家联盟	ASEAN								
中 国	China	11.3	48.6	40.1	146040	151441	25608	14283	11325
美 国	United States				138888	201406	10906	12874	21695
日 本	Japan				3900	43460	15446	7820	7626
加 拿 大	Canada				39715	24034	8748	4565	4183
德 国	Germany				9454	29267	26656	14619	12038
英 国	United Kingdom				17888	21900	10906	4586	6320
法 国	France				4744②	17460②	13110	6054	7056
意 大 利	Italy				2044③	18128③	10929	5380	5549
墨 西 哥	Mexico	3.8	37.1	59.1	23644	15322	6149	2917	3232
印度尼西亚	Indonesia	14.4	48.1	37.5	26132	11290	2654	1393	1262
马来西亚	Malaysia				10055	6459	3564	1995	1569
泰 国	Thailand	10.8①	43.8①	45.3①	4013	8080	3565	1778	1787
新 加 坡	Singapore	0.1	27.8	72.2		1453	6580	3382	3198
韩 国	Korea, Rep.	2.6	37.1	60.3	1514	15590	8573	4220	4353
印 度	India	17.6	29.0	53.4	33090	40786	4709	1775	2934
巴 西	Brazil	6.7	28.0	65.3	14607	15399	3804	1979	1824
俄罗斯联邦	Russian Federation	4.8①	38.6①	56.7①	121012	63932	7635	4716	2919

注：①2006年数据。②包括摩纳哥。③包括圣马力诺。
Notes: ① Data refer to data of 2006. ②Including Monaco. ③Including San Marino.

附录D-2　部分国家和地区国内生产总值

Gross Domestic Product of Some Countries and Territories

单位：亿美元　　(USD 100 million)

国家和地区	Country or Territory	1990	2000	2005	2006	2007	2008
世界总计	**World**	**218133**	**320019**	**452321**	**489478**	**548911**	**605870**
低收入国家	Low Income Countries	1830	2438	3530	3969	4646	5685
中等收入国家	Middle Income Countries	35503	57844	96086	113645	139703	168269
中下等收入国家	Lower Middle Income Countries	13590	26558	46356	54950	68725	83771
中上等收入国家	Upper Middle Income Countries	21940	31288	49709	58668	70943	84454
中、低收入国家	Low and Middle Income Countries	37305	60209	99667	117691	144464	174083
高收入国家	High Income Countries	180808	259836	352764	371963	404623	431899
非经合组织成员国	Non-OECD Countries						
经合组织成员国	OECD Countries						
中　国	China	3569	11985	22359	26579	33823	43262
中国香港	Hong Kong, China	769	1691	1778	1899	2071	2154
中国澳门	Macao, China	30	61	115	142	186	
阿根廷	Argentina	1414	2842	1832	2142	2625	3284
澳大利亚	Australia	3055	4051	6748	7244	8210	10152
孟加拉国	Bangladesh	301	471	603	619	684	790
白俄罗斯	Belarus	174	127	302	370	453	603
巴　西	Brazil	4620	6447	8822	10891	13333	16125
保加利亚	Bulgaria	207	126	272	317	395	499
加拿大	Canada	5827	7249	11347	12750	13299	14001
捷　克	Czech Republic	349	567	1245	1423	1740	2165
埃　及	Egypt	431	998	897	1075	1305	1628
法　国①	France①	12445	13280	21466	22675	25898	28531
德　国	Germany	17145	19002	27914	29133	33174	36528
印　度	India	3175	4602	8102	9149	11769	12175
印度尼西亚	Indonesia	1144	1650	2859	3646	4319	5144
伊　朗	Iran	1160	1013	1920	2229	2861	3851
以色列	Israel	525	1237	1332	1438	1640	1995
意大利	Italy	11334	10973	17764	18567	21016	22930
日　本	Japan	30183	46674	45521	43760	43843	49093
哈萨克斯坦	Kazakhstan	269	183	571	810	1049	1322
韩　国	Korea, Rep.	2638	5334	8449	9518	10492	9291
马来西亚	Malaysia	440	938	1380	1564	1867	1949
墨西哥	Mexico	2627	5814	8470	9489	10228	10860
蒙　古	Mongolia	21	11	23	31	39	53
荷　兰	Netherlands	2949	3851	6330	6703	7658	8603
新西兰	New Zealand	440	509	1084	1084	1357	1307
尼日利亚	Nigeria	285	460	1122	1469	1659	2121
巴基斯坦	Pakistan	400	740	1095	1273	1429	1683
菲律宾	Philippines	443	759	988	1175	1440	1669
波　兰	Poland	590	1713	3040	3417	4248	5270
罗马尼亚	Romania	383	371	989	1226	1660	2001
俄罗斯联邦	Russian Federation	5168	2597	7645	9906	12910	16078
新加坡	Singapore	368	927	1209	1392	1670	1819
南　非	South Africa	1120	1329	2428	2577	2837	2768
西班牙	Spain	5210	5807	11298	12307	14369	16042
斯里兰卡	Sri Lanka	80	163	244	283	324	407
泰　国	Thailand	853	1227	1678	1986	2366	2607
土耳其	Turkey	1506	2672	4840	5299	6559	7942
乌克兰	Ukraine	815	313	861	1078	1427	1804
英　国	United Kingdom	9959	14509	22465	24026	27720	26456
美　国	United States of America	57572	97648	123761	131329	137514	142043
委内瑞拉	Venezuela	470	1171	1455	1845	2281	3138
越　南	Viet Nam	65	312	528	598	686	907

注：①包括法属圭亚那、瓜德罗普、马提尼克和留尼汪。

Notes: ① Including French Guiana, Guadeloupe, Martinique and Réunion.

附录D-3　部分国家和地区国内生产总值增长率

Growth Rates of GDP of Some Countries and Territories

单位：%　　(%)

国家和地区	Country or Territory	年均增长率 Average Annual Growth Rate 1991-2000	2001-2006	1990	2000	2005	2006	2007	2008
世界①	**World ①**			**3.0**	**4.8**	**4.5**	**5.1**	**5.2**	**3.0**
发达国家	Developed Countries			3.1	4.2	2.6	3.0	2.7	0.6
主要发达国家	Major Developed Countries			2.9	3.8	2.4	2.6	2.2	0.3
亚洲新兴工业化国家	Newly Industrialized Asian Countries			7.4	7.7	4.7	5.6	5.7	1.5
发展中国家	Developing Countries			2.8	5.9	7.1	7.9	8.0	
亚洲发展中国家	Developing Asian Countries								
东盟四国②	ASEAN-4②								
中　国	China			3.8	8.4	10.4	11.6	13.0	9.0
中国香港	Hong Kong, China			3.9	8.0	7.1	7.0	6.4	2.4
阿根廷	Argentina			-1.3	-0.8	9.2	8.5	8.7	6.8
澳大利亚	Australia			1.6	3.4	2.8	2.8	4.1	2.4
孟加拉国	Bangladesh			4.6	5.6	6.3	6.5	6.3	6.0
白俄罗斯	Belarus				5.8	9.4	10.0	8.6	10.0
巴　西	Brazil			-4.2	4.3	3.2	4.0	5.7	5.1
保加利亚	Bulgaria			-9.1	5.4	6.3	6.3	6.2	6.0
加拿大	Canada			0.2	5.2	3.0	2.9	2.5	0.4
捷　克	Czech Republi			-1.2	3.7	6.3	6.8	6.1	2.7
埃　及	Egypt			2.4	5.4	4.5	6.8	7.1	7.2
法　国	France			2.6	4.1	1.9	2.4	2.3	0.3
德　国	Germany			5.7	3.2	0.7	3.2	2.5	1.3
印　度	India			6.1	5.7	9.2	9.8	9.4	7.4
印度尼西亚	Indonesia			7.2	5.4	5.7	5.5	6.3	6.1
伊　朗	Iran			19.6	5.1	4.7	5.9	7.8	2.5
以色列	Israel			6.6	9.2	5.1	5.3	5.2	4.0
意大利	Italy			2.1	3.7	0.7	2.0	1.6	-1.0
日　本	Japan			5.2	2.9	1.9	2.0	2.3	-0.7
哈萨克斯坦	Kazakhstan				9.8	9.7	10.7	8.9	3.2
韩　国	Korea，Rep.			9.2	8.5	4.0	5.2	5.1	2.2
马来西亚	Malaysia			9.0	8.7	5.3	5.9	6.2	4.6
墨西哥	Mexico			5.1	6.6	3.2	5.1	3.3	1.4
蒙　古	Mongolia			-2.5	3.9	7.3	8.6	10.2	8.9
缅　甸	Myanmar			2.8	13.7	13.6	13.1	11.9	4.0
荷　兰	Netherlands			4.1	3.9	2.1	3.4	3.6	2.0
新西兰	New Zealand			0.1	3.8	2.8	2.0	3.2	0.2
尼日利亚	Nigeria			12.8	5.3	5.4	6.2	7.0	6.0
巴基斯坦	Pakistan			4.5	4.3	7.7	6.2	5.6	2.0
菲律宾	Philippines			3.0	6.0	5.0	5.3	7.1	3.8
波　兰	Poland			-7.2	4.3	3.6	6.2	6.8	4.9
罗马尼亚	Romania			-5.6	2.9	4.1	7.9	6.2	7.1
俄罗斯联邦	Russian Federation				10.0	6.4	7.7	8.1	5.6
新加坡	Singapore			9.2	10.1	7.3	8.4	7.8	1.2
南　非	South Africa			-0.3	4.2	5.0	5.3	5.1	3.1
西班牙	Spain			3.9	5.1	3.6	4.0	3.6	0.9
斯里兰卡	Sri Lanka			6.2	6.0	6.2	7.7	6.8	6.0
泰　国	Thailand			11.6	4.8	4.6	5.2	4.9	2.6
土耳其	Turkey			9.3	6.8	8.4	6.9	4.7	0.9
乌克兰	Ukraine				5.9	2.7	7.3	7.9	2.1
英　国	United Kingdom			0.8	3.9	2.2	2.9	2.6	0.7
美　国	United States of America			1.9	4.1	3.1	2.7	2.1	0.4
委内瑞拉	Venezuela			6.5	3.7	10.3	10.4	8.4	4.8
越　南	Viet Nam			5.1	6.8	8.4	8.2	8.5	6.2

注：①指国际货币基金组织世界经济展望数据库的180个国家和地区。②印度尼西亚、马来西亚、菲律宾和泰国。

Notes: ① Refer to the 180 countries and territories listed in the IMF World Economic Outlook database. ②Composed of Indonesia,Malaysia, Philippines,Thailand.

附录D-4 部分国家和地区人均国民总收入

Per Capita Gross National Income of Some Countries and Territories

单位：美元 (USD)

国家和地区	Country or Territory	1990	2000	2005	2006	2007	2008
世界总计	**World**	**3850**	**5265**	**7045**	**7487**	**7990**	**8613**
低收入国家	Low Income Countries	268	291	379	414	461	524
中等收入国家	Middle Income Countries	869	1322	2037	2346	2763	3260
下中等收入国家	Lower Middle Income Countries	458	773	1314	1492	1749	2078
上中等收入国家	Upper Middle Income Countries	2334	3397	4832	5659	6707	7878
中、低收入国家	Low and Middle Income Countries	779	1155	1758	2019	2370	2789
高收入国家	High Income Countries	17990	25883	34444	35996	37460	39345
非经合组织成员国	Non-OECD Countries						
经合组织成员国	OECD Countries						
中国	China	310	930	1740	2010	2410	2940
中国香港	Hong Kong, China	11950	26570	28150	29530	31570	31420
阿根廷	Argentina	3010	7470	4460	5140	6040	7200
澳大利亚	Australia	16130	20710	29480	33190	35760	40350
孟加拉国	Bangladesh	250	350	440	450	480	520
白俄罗斯	Belarus		1380	2780	3470	4240	5380
巴西	Brazil	2540	3870	3970	4820	6060	7350
保加利亚	Bulgaria	2140	1600	3490	3900	4460	5490
加拿大	Canada	19040	22130	33160	36880	39650	41730
捷克	Czech Republic		5800	11290	12790	14240	16600
埃及	Egypt	700	1390	1200	1290	1500	1800
法国①	France①	19130	24450	34940	36680	38790	42250
德国	Germany	19500	25500	34990	36870	38990	42440
印度	India	370	450	740	820	950	1070
印度尼西亚	Indonesia	590	590	1250	1410	1650	2010
伊朗	Iran	2350	1670	2570	2960	3540	
以色列	Israel	10270	17840	20060	20920	22170	24700
意大利	Italy	16900	20890	30520	32090	33490	35240
日本	Japan	25300	34620	38950	38710	37800	38210
哈萨克斯坦	Kazakhstan		1260	2930	3860	4970	6140
韩国	Korea, Rep.	5660		16900	18950	21210	21530
马来西亚	Malaysia	2260	3450	5200	5710	6420	6970
墨西哥	Mexico	2670	5110	8080	8740	9400	9980
蒙古	Mongolia	1180	410	810	1000	1290	1680
荷兰	Netherlands	17800	26580	39680	42490	45650	50150
新西兰	New Zealand	12140	13460	24110	24980	27090	27940
尼日利亚	Nigeria	260	270	620	830	970	1160
巴基斯坦	Pakistan	400	490	720	790	860	980
菲律宾	Philippines	690	1030	1260	1370	1600	1890
波兰	Poland		4570	7280	8340	9870	11880
罗马尼亚	Romania	1620	1690	3920	4870	6390	7930
俄罗斯联邦	Russian Federation		1710	4460	5800	7530	9620
新加坡	Singapore	11200	22960	27670	30360	31890	34760
南非	South Africa	3220	3050	4810	5420	5730	5820
西班牙	Spain	11210	15420	25450	27390	29290	31960
斯里兰卡	Sri Lanka	450	880	1200	1350	1540	1780
泰国	Thailand	1410	1960	2670	2590	2660	2840
土耳其	Turkey	2080	3990	6230	7160	8120	9340
乌克兰	Ukraine	1520	700	1540	1950	2570	3210
英国	United Kingdom	15480	25480	38320	40660	43430	45390
美国	United States of America	22080	34410	43570	44890	46090	47580
委内瑞拉	Venezuela	2440	4100	4950	6120	7550	9230
越南	Viet Nam	120	390	620	690	770	890

注：①包括法属圭亚那、瓜德罗普、马提尼克和留尼汪。
Notes: ①Including French Guiana, Guadeloupe, Martinique and Réunion.

附录D-5 部分国家和地区人均国内生产总值增长率

Growth Rates of Per Capita GDP of Some Countries and Territories

单位：% (%)

国家和地区	Country or Territory	2000	2004	2005	2006	2007	2008
世　界	**World**	**2.8**	**2.9**	**2.3**	**2.8**	**2.6**	**0.8**
低收入国家	Low Income Countries	1.8	4.0	4.1	4.5	4.7	4.2
中等收入国家	Middle Income Countries	4.1	6.3	5.8	6.6	7.1	5.0
下中等收入国家	Lower Middle Income Countries	4.7	7.2	7.2	8.3	9.0	6.3
上中等收入国家	Upper Middle Income Countries	3.7	5.7	4.5	5.2	5.2	3.8
中、低收入国家	Low and Middle Income Countries	3.9	6.1	5.6	6.4	6.8	4.9
高收入国家	High Income Countries	3.1	2.6	1.9	2.3	1.8	0.0
非经合组织成员国	Non-OECD Countries	4.7	5.7	4.2	4.2	4.2	0.6
经合组织成员国	OECD Countries	3.1	2.4	1.8	2.2	1.7	0.1
中　国	China	7.6	9.4	9.8	11.0	12.4	8.4
中国香港	Hong Kong, China	7.0	7.6	6.6	6.3	5.3	1.6
中国澳门	Macao, China	4.1	24.6	4.5	13.6	22.1	10.4
孟加拉国	Bangladesh	4.0	4.6	4.3	5.0	4.9	4.7
印　度	India	2.3	6.7	7.9	8.2	7.6	5.7
印度尼西亚	Indonesia	3.6	3.6	4.3	4.3	5.1	4.9
伊　朗	Iran	3.4	3.5	3.1	4.4	6.4	4.2
以色列	Israel	6.1	3.2	3.3	3.3	3.5	2.3
日　本	Japan	2.7	2.7	1.9	2.4	2.1	-0.7
哈萨克斯坦	Kazakhstan	10.1	8.8	8.7	9.5	7.7	1.9
韩　国	Korea, Rep.	7.6	4.2	3.7	4.8	4.8	1.9
马来西亚	Malaysia	6.4	4.8	3.4	3.9	4.6	2.9
蒙　古	Mongolia	-0.3	9.1	5.6	7.3	9.2	7.9
缅　甸	Myanmar	12.5	12.7	12.7	11.7		
巴基斯坦	Pakistan	1.8	4.8	5.1	4.0	3.7	3.7
菲律宾	Philippines	3.9	4.4	3.0	3.4	5.1	2.0
新加坡	Singapore	8.2	8.2	4.8	5.0	3.4	-4.1
斯里兰卡	Sri Lanka	5.4	4.3	5.1	6.5	6.1	5.2
泰　国	Thailand	3.9	5.1	3.6	4.3	4.2	2.0
土耳其	Turkey	5.1	7.9	7.0	5.5	3.3	2.5
越　南	Viet Nam	6.6	6.3	7.0	6.9	7.2	4.8
埃　及	Egypt	3.4	2.1	2.5	4.9	5.1	5.1
尼日利亚	Nigeria	2.7	7.9	2.9	3.7	4.1	3.0
南　非	South Africa	1.6	3.6	3.7	4.2	4.1	1.3
加拿大	Canada	4.3	2.0	2.1	1.7	1.7	-0.6
墨西哥	Mexico	5.1	3.0	2.2	3.7	2.2	0.8
美　国	United States of America	2.5	2.7	2.1	1.9	1.0	0.2
阿根廷	Argentina	-1.8	8.0	8.1	7.4	7.6	6.0
巴　西	Brazil	2.8	4.4	1.9	2.8	4.6	4.1
委内瑞拉	Venezuela	1.8	16.2	8.5	8.5	6.6	3.1
白俄罗斯	Belarus						
保加利亚	Bulgaria						
捷　克	Czech Republic	3.8	4.4	6.1	6.4	5.3	2.3
法　国	France	3.4	1.9	1.3	1.4	1.6	-0.2
德　国	Germany	3.1	1.1	0.8	3.0	2.6	1.5
意大利	Italy	3.6	0.5	-0.2	1.3	0.7	-1.8
荷　兰	Netherlands	3.2	1.9	1.3	2.8	3.3	1.7
波　兰	Poland	4.8	5.4	3.7	6.3	6.8	4.8
罗马尼亚	Romania						
俄罗斯联邦	Russian Federation	10.0	7.7	6.9	7.9	8.4	7.5
西班牙	Spain	4.2	1.6	1.9	2.2	2.1	-0.3
乌克兰	Ukraine	7.0	13.0	3.5	8.0	8.6	2.7
英　国	United Kingdom	3.4	2.7	1.3	2.3	2.4	0.1
澳大利亚	Australia	2.8	2.8	1.5	1.5	1.7	1.9
新西兰	New Zealand	1.8	2.5	1.5	0.3	1.9	-2.5

主要统计指标解释

国民总收入 国内生产总值减去生产税和进口税净额，减去支付给国外的雇员报酬和财产收入，加来自国外的雇员报酬和财产收入（即国内生产总值减去支付给非常住单位的初次收入，加上收到的非常住单位的初次收入）。按市场价格计算国民总收入的另一种方法是各部门所有初次收入的总和。国民总收入即国民生产总值，国民生产总值是以往国民核算中使用的概念。

按购买力平价计算的人均国民总收入 根据购买力平价计算的人均国民总收入。购买力平价国民总收入是用购买力平价比率、以国际元计算的国民总收入。国民总收入中一国际元的购买力等于美国一美元购买力。

香港居民消费价格指数 《香港统计年刊》中称为“消费物价指数”。香港特别行政区政府统计处编制不同的居民消费价格指数数列，以反映消费价格变动对不同开支范围的住户的影响。甲类、乙类及丙类消费价格指数分别根据较低、中等及较高开支范围的住户消费模式编制而成。而综合消费价格指数是根据上述住户的整体开支模式而编制，反映消费价格转变对全体住户的影响。

指　数	约占住户的百分比	住户于 2004 年 10 月至 2005 年 9 月期间的每月平均开支	以 2006 年价格计算的每月平均住户开支
综合消费价格指数	90%	HKD4000-HKD59999	HKD4100-HKD61500
甲类消费价格指数	50%	HKD4000-HKD15499	HKD4100-HKD15800
乙类消费价格指数	30%	HKD15500-HKD27499	HKD15800-HKD28200
丙类消费价格指数	10%	HKD27500-HKD59999	HKD28200-HKD61500

Explanatory Notes on Main Statistical Indicators

Gross National Income is gross domestic product (GDP) minus net taxes on production and imports, minus remuneration and property income for employees abroad, plus the corresponding items from employees abroad (in other words, GDP minus primary incomes payable to non- resident units plus primary incomes receivable from non-resident units). An alternative approach to measuring GNI at market prices is the sum of gross primary incomes from all sectors. Gross national income is identical to gross national product (GNP), as previously used in national accounts.

Per Capita GNI in PPP is per capita GNI based on purchasing power parity (PPP). PPP GNI is gross national income (GNI) converted to international dollars using purchasing power parity rates. An international dollar has the same purchasing power over GNI as a U.S. dollar has in the United States of America.

Consumer Price Index by Residents in Hong Kong refers to a series of consumer price indices reflected in Hong Kong Annual Digest of Statistics. The series of consumer price indices (CPIs) are compiled by the Census and Statistics Department of Hong Kong Special Administrative Region to reflect the impact of consumer price changes on households in different expenditure ranges. The CPI(A), CPI(B) and CPI(C) are compiled based on the expenditure patterns of households in the relatively low, medium and relatively high expenditure ranges. By aggregating the expenditure patterns of all households covered by the above three indices, a composite CPI is also compiled to reflect the impact of consumer price changes on the household sector as a whole.

Index	Percentage of Households Covered	Average Monthly Household Expenditure from Oct.2004 to Sep.2005	Average Monthly Household Expenditure at 2006 Current Prices
Composite CPI	90%	HKD 4000-HKD 59999	HKD 4100-HKD 61500
CPI(A)	50%	HKD 4000-HKD 15499	HKD 4100-HKD 15800
CPI(B)	30%	HKD 15500-HKD 27499	HKD 15800-HKD 28200
CPI(C)	10%	HKD 27500-HKD 59999	HKD 28200-HKD 61500